Rudolf Bultmann – Eine Biographie

Rudolf Bultmann

Eine Biographie

von

Konrad Hammann

Mohr Siebeck

Konrad Hammann, geboren 1955, Studium der ev. Theologie in Marburg, Tübingen, München und Göttingen, 1980–81 wiss. Assistent in München, 1981–83 Vikariat in Verden/A., 1984–91 Pfarrer in Schwalmstadt-Trutzhain, 1988 Promotion, 1991–2003 Pfarrer in Göttingen, 1998 Habilitation, seit 2003 Professor für Systematische sowie Historische Theologie und ihre Didaktik in Münster.

ISBN 978-3-16-148526-8

Die Deutsche Nationalbibliothek verzeichnet diese Publikation in der Deutschen Nationalbibliographie; detaillierte bibliographische Daten sind im Internet über *http://dnb.d-nb.de* abrufbar.

Das Buch wurde von Gulde-Druck in Tübingen gesetzt, auf alterungsbeständiges Werkdruckpapier gedruckt und von der Buchbinderei Spinner in Ottersweier gebunden.

Friedhelm Krocker,
dem Liebhaber der theologischen Biographik,
in alter Freundschaft

Danksagung

Um dieses Buch haben sich freundliche Menschen verdient gemacht, denen ich an dieser Stelle meinen herzlichen Dank sagen möchte. Frau Anna-Elisabeth Bruckhaus (Tübingen) ließ mir in nicht wenigen Fällen ihre ausgezeichnete Kenntnis des Nachlasses Rudolf Bultmanns zugute kommen. Sie stellte in generöser Weise sämtliche von mir erbetenen Materialien aus dem Nachlaß zur Verfügung und engagierte sich überdies erfolgreich bei der Beschaffung der Abbildungen. Frau Kirsten Fromm (Münster) erstellte gewohnt akkurat die Druckvorlage und koordinierte die Literaturrecherche und -beschaffung, für die die studentischen Hilfskräfte am Institut für Evangelische Theologie und ihre Didaktik in Münster verantwortlich zeichneten. Meine Frau half mir, indem sie kontinuierlich die einzelnen Kapitel des Buches in ihren verschiedenen Entstehungsstadien hörte und kommentierte.

Wertvolle Mitteilungen und Hintergrundinformationen verdanke ich Frau Gesine Diesselhorst (Göttingen), den Herren Kollegen Helmut Koester (Harvard/Cambridge), Heinrich Leipold (Niederweimar bei Marburg) und Otto Merk (Erlangen), Rechtsanwalt Jürgen Schlienbecker (Marburg) sowie Bischof i.R. † Christian Zippert (Michelbach bei Marburg). Die Herren Kollegen Andreas Großmann (Hamburg) und Christof Landmesser (Tübingen) gewährten mir vorab Einsicht in ihre Edition des Briefwechsels zwischen Rudolf Bultmann und Martin Heidegger. Herr Kollege Martin Vialon (Istanbul) ermöglichte mir die Berücksichtigung seiner Studie über Erich Auerbach und Rudolf Bultmann schon vor deren Erscheinen. Das Verlagshaus Mohr Siebeck, das seit jeher das Werk Rudolf Bultmanns gepflegt hat und dem Bultmann seinerseits besonders verbunden war, und zumal der Geschäftsführer des Verlags, Herr Dr. Henning Ziebritzki, haben diesem Buch ihr lebhaftes Interesse entgegengebracht. Frau Jana Trispel und weitere Mitarbeiter besorgten die Drucklegung dieser Biographie Bultmanns in der bewährten Qualität des Hauses Mohr Siebeck. Allen Genannten danke ich herzlich für ihre Unterstützung.

Münster, im November 2008 — Konrad Hammann

Inhaltsverzeichnis

Abkürzungen

Die Abkürzungen folgen S. M. Schwertner, Internationales Abkürzungsverzeichnis für Theologie und Grenzgebiete, 1992[2], sowie Redaktion der RGG[4] (Hg.), Abkürzungen Theologie und Religionswissenschaft nach RGG[4], 2007. Zusätzlich werden folgende Abkürzungen verwendet:

AdF	An die Freunde. Vertrauliche d.i. nicht für die Oeffentlichkeit bestimmte Mitteilungen
AEKR Boppard	Archiv der Ev. Kirche im Rheinland, Archivstelle Boppard
AHRp	Arbeiten zur Historischen Religionspädagogik
BK	Bekennende Kirche
Bl.	Blatt, Blätter
BVB	Beiträge zum Verstehen der Bibel
Bw.	Briefwechsel
D.C.	Deutsche Christen
DLA Marbach	Deutsches Literaturarchiv Marbach a.N.
dtv	Deutscher Taschenbuch-Verlag
FAZ	Frankfurter Allgemeine Zeitung
FS	Festschrift
FZ	Frankfurter Zeitung
GStA PK Berlin	Geheimes Staatsarchiv Preußischer Kulturbesitz Berlin
HAZ Oldenburg	Hannah-Arendt-Zentrum der Universität Oldenburg
Jb.	Jahrbuch
JEA Wuppertal	Julius-Ebbinghaus-Archiv der Bergischen Universität Wuppertal
MP	R. Bultmann, Marburger Predigten, 1968[2].
OP	Oberhessische Presse
o.P.	ohne Paginierung
o.T.	ohne Titel
PhAU Konstanz	Philosophisches Archiv der Universität Konstanz
rde	Rowohlts Deutsche Enzyklopädie
Rez.	Rezension
SS	Sommersemester
StA Oldenburg	Niedersächsisches Staatsarchiv Oldenburg
SZ	Süddeutsche Zeitung
UA	Universitätsarchiv
UB	Universitätsbibliothek
UCLA Library	University of California Los Angeles Library
ULB	Universitäts- und Landesbibliothek
VW	R. Bultmann, Das verkündigte Wort, 1984.
WS	Wintersemester

I. Prägejahre (1884–1907)

1. Die Familie

Mein Vater, geboren in Freetown, Sierra Leone (Westafrika), stammte aus einem Bauerngeschlecht aus der Gegend von Bremen; sein Vater war Missionar. Mein Großvater mütterlicherseits war Pfarrer in Baden.[1]

Am 20. August 1884 brachte die dreißigjährige Gattin des gleichaltrigen lutherischen Pfarrers Arthur Kennedy Bultmann, Helene geb. Stern, in Wiefelstede (Großherzogtum Oldenburg) ihr erstes Kind, einen Sohn, zur Welt. Der Vater des Knaben hatte, nachdem er von 1879 an knapp fünf Jahre Pastor in Neuenburg gewesen war, die Pfarrstelle in Wiefelstede erst im Mai 1884 angetreten. So bestand eine seiner ersten Amtshandlungen an der neuen Wirkungsstätte darin, seinen Sohn am 23. September 1884 im Pastorat auf die Namen Rudolf Karl zu taufen. Diese Namen hatten die Eltern in Rücksicht auf die beiden männlichen Paten des Jungen – Rudolf Stern und Karl Eggerking – gewählt, zu denen sich als Patin noch Elise Stern hinzugesellte[2]. In Wiefelstede wurden den Eheleuten Bultmann zwei weitere Kinder geschenkt, nämlich Helene (1885) und Peter (1888). Die Geschwisterschar vervollständigte als Nachzögling der 1897 in Oldenburg geborene Arthur.

Die ursprünglich in einem bäuerlichen Milieu verwurzelte Familie Bultmann hatte schon im 19. Jahrhundert etliche Lehrer und Pfarrer hervorgebracht. An der Wende zum 20. Jahrhundert waren außer Arthur Kennedy noch weitere Bultmanns als Pastoren im Oldenburgischen tätig. Arthur Kennedy Bultmanns Vater hatte sich frühzeitig dem Missionsgedanken der Erweckungsbewegung verschrieben. Fritz Bultmann betätigte sich als Missionar in Kent, Sierra Leone (Westafrika). Nachdem seine zweite Frau im Wochenbett verstorben war, richtete er 1846 einen Heiratsantrag an Elise Ramsauer, die beste Freundin der Verschiedenen. Elise stimmte zu und reiste nach Westafrika aus, ohne ihren künftigen Ehemann zuvor gesehen zu haben[3]. Freilich entsprach dies den in den erwecklichen Missionskreisen üblichen Gepflo-

1 Autobiographische Bemerkungen Rudolf Bultmanns vom 28. 1. 1956, in: B. Jaspert (Hg.), Barth-Bultmann Bw., 1994², (302–311) 303.

2 Angaben nach dem Taufregister 1884 der Ev.-luth. Kirchengemeinde Wiefelstede.

3 Vgl. H. Ramsauer, Johannes Ramsauer und Pestalozzi, Oldenburger Jb. 83 (1983), (49–86) 81; P. Ramsauer, Zieh aus deines Vaters Hause. Die Lebenswanderung des Pädagogen Johannes Ramsauer im Bannkreis Pestalozzis, 2005, 270 f.

genheiten. Fritz und Elise Bultmann kehrten 1860 mit insgesamt zehn Kindern, unter ihnen dem 1854 in Freetown geborenen Arthur Kennedy, nach Oldenburg zurück.

Hatte Fritz Bultmann das geistige Erbe seiner eher bodenständigen Familie bereits durch seine missionarische Tätigkeit auf dem afrikanischen Kontinent angereichert, so bedeutete seine eheliche Verbindung mit Elise Ramsauer einen weiteren familiären Zugewinn. Denn seine dritte Gattin war eine Tochter Johannes Ramsauers, eines Schülers und engen Vertrauten Johann Heinrich Pestalozzis. Der aus dem Kanton Appenzell stammende Schweizer erzog seit 1817, zunächst in Stuttgart, die beiden Prinzen Alexander und Peter, die aus der ersten Ehe der Königin Katharina von Württemberg mit dem Prinzen Georg von Oldenburg hervorgegangen waren. Als die Prinzen 1820 nach Katharinas Tod nach Oldenburg übersiedelten, folgte Ramsauer ihnen, um dort nun nicht nur sie, sondern ab 1826 auch die Kinder des Großherzogs Peter Friedrich Ludwig zu erziehen sowie verschiedene Elementarschulen für Mädchen zu errichten. In seiner weitgespannten schulpraktischen Tätigkeit in Oldenburg suchte Johannes Ramsauer die pädagogischen Anregungen und Prinzipien Pestalozzis umzusetzen sowie besonders im Bereich der vorschulischen Erziehung weiterzuentwickeln. Religiös war er zunehmend von der Erweckungsbewegung geprägt. Da diese im kirchlichen Leben Oldenburgs keine nennenswerte Rolle spielte, pflegten Ramsauer und seine Frau intensive Kontakte zu den erweckten Kreisen um Gottfried Menken und Friedrich Ludwig Mallet in Bremen[4]. Nicht zuletzt diese Einbindung in das Kommunikationsnetz der Erweckten macht erklärlich, daß sich der Missionar Fritz Bultmann mit Ramsauers Tochter Elise verehelichte.

Die eigentümliche Symbiose von pietistisch-erwecklicher Frömmigkeit und einer Erziehung im Geiste Pestalozzis bestimmte mithin das familiäre Umfeld, in dem Arthur Kennedy Bultmann seine Kinder- und Jugendjahre verbrachte. Nach dem Besuch des Gymnasiums in Oldenburg absolvierte er sein Theologiestudium in Erlangen, Tübingen und Göttingen. In Erlangen machte er sich mit der Erfahrungstheologie der Erlanger Schule vertraut, in Tübingen wirkte Johann Tobias Beck mit seiner spekulativ-biblizistischen Reich-Gottes-Theologie stark auf ihn ein. Nach glänzend bestandenem Examen 1878 im Alter von 24 Jahren ordiniert, nahm Arthur Kennedy Bultmann seine pfarramtlichen Aufgaben zunächst in den durch das Elternhaus und seine theologischen Lehrer vorgezeichneten Bahnen wahr. Er bewegte sich also vorerst »mehr auf positiv biblischem Boden«[5]. Dies belegt eine von ihm am Erntedankfest 1888 in Wiefelstede gehaltene Predigt, die eine deutlich biblizistische Diktion aufweist[6].

4 Vgl. H. Ramsauer, Johannes Ramsauer, geb. 28. Mai 1790, gest. 15. April 1848, Lehrer und Prinzenerzieher, Oldenburger Jb. 74 (1974), 33–45; P. Ramsauer (s. Anm. 3), bes. 216f.

5 [Nachruf:] Kirchenrat Bultmann †, Oldenburgisches Kirchenbl. 25 (1919), 51.

6 Vgl. Predigt, gehalten zu Wiefelstede am Erntedankfest 1888 October 19 vom derzeitigen Pfarrer der Gemeinde A. Bultmann, in: W. Zager, Liberale Exegese des Neuen Testaments, 2004, 149–155.

Wie die väterliche bezog auch die mütterliche Linie der Familie, in die Rudolf Bultmann hineingeboren wurde, ihr geistliches Profil aus der Erweckungsbewegung des 19. Jahrhunderts. Helene Bultmann war eine Tochter des Pfarrers Ludwig Rudolf Stern, der nach dem Studium der Theologie in Erlangen, Tübingen und Heidelberg verschiedene Pfarrstellen im Badischen versah, ab 1860 in Leiselheim am Kaiserstuhl und von 1882 bis zu seinem Tod 1899 in Denzlingen bei Freiburg. Rudolf Bultmanns Großvater mütterlicherseits wiederum war ein Sohn Wilhelm Sterns, einer zentralen Figur in der badischen Erweckungsbewegung. Wilhelm Stern, 1792 in Mosbach als Sohn eines Bäckers geboren, trat nach dem Theologiestudium in Heidelberg und Tübingen 1814 eine Stelle an Pestalozzis Schule in Yverdon an – dies eine erste auffällige Parallele zur Geschichte der Familie Bultmann väterlicherseits. Nachdem Stern von 1817 an schulische Lehrtätigkeiten in Karlsruhe und Gernsbach ausgeübt hatte, berief Johann Peter Hebel ihn 1823 an das neugegründete Lehrerseminar in Karlsruhe. Von hier aus förderte Stern theoretisch und praktisch über vierzig Jahre die Lehrerausbildung, seit 1837 als Direktor des Seminars. In seinen pädagogischen Anschauungen war er zunächst den philanthropischen Idealen der Aufklärung verpflichtet. Nach inneren religiösen Kämpfen wandte er sich dann, auch unter dem Eindruck einer Begegnung mit Aloys Henhöfer, der badischen Erwekkungsbewegung zu. Fortan bildete die pietistisch-erweckliche Religiosität einen integralen Bestandteil, ja den Kern seiner pädagogischen Bestrebungen[7]. Darin zeigt sich eine weitere Gemeinsamkeit mit den Intentionen, die Johannes Ramsauer etwa gleichzeitig in Oldenburg verfolgte.

Helene Stern, die Mutter Rudolf Bultmanns, brachte das von ihrem Großvater geprägte geistliche familiäre Erbe in ihre Ehe mit Arthur Kennedy Bultmann ein und bewahrte es zeitlebens. Anders dagegen verhielt es sich mit ihrem Ehemann. Denn Arthur Kennedy Bultmann vollzog in den Jahren nach 1900 einen Richtungswechsel in seinen theologischen Anschauungen[8]. Bereits in der Predigt, mit der er sich 1902 – vergeblich – um die Pfarrstelle Oldenburg II bewarb, entwickelte er den Gedanken des Reiches Gottes im wesentlichen im Sinne der liberalen Eschatologie. Zwar werde das Reich Gottes endgültig erst in der ewigen Zukunft des Tages Christi realisiert, aber der Christ sei dazu berufen, durch sein religiös-sittliches Handeln schon jetzt am Bau des Reiches Gottes in der Geschichte mitzuwirken[9]. Welche Beweggründe Arthur Kennedy Bultmann dazu veranlaßten, sich dem freien Protestantismus anzuschließen, wissen wir nicht. Er versprach sich von der liberalen Theologie offenkun-

7 Vgl. G. Silberer, Wilhelm Stern, der Freund Henhöfers, und das badische Lehrerseminar, in: G. Schwinge (Hg.), Die Erweckung in Baden im 19. Jahrhundert, 1990, 139–153.

8 Vgl. dazu M. Evang, Rudolf Bultmann in seiner Frühzeit, 1988, 107f.; Zager (s. Anm. 6), 140–142.

9 Vgl. A.K. Bultmann, Die Zeichen der Zeit und ihre Mahnung. Predigt am 2. Adventssonntage, in: Drei Wahlpredigten. Gehalten in der Lambertikirche zu Oldenburg am 1., 2. und 3. Advent 1902, o.J. [1903], 12–20. – Obwohl A.K. Bultmann bei der Wahl die meisten Stimmen bekommen hatte, erhielt auf Intervention des Großherzogs ein anderer Bewerber die Pfarrstelle Oldenburg II.

dig mehr Hilfe bei der Bewältigung der die Kirche bedrängenden Gegenwartsprobleme, als sie die biblisch-positive Richtung zu geben vermochte. Im Rahmen einer 1905 in Oldenburg durchgeführten Visitation gab er zu der Frage nach den von ihm in den letzten Jahren getriebenen theologischen Studien an, Werke liberaler Theologen, u. a. von Wilhelm Bousset, Otto Baumgarten und Paul Drews, zu biblischen und praktisch-theologischen Themen durchgearbeitet zu haben[10].

Arthur Kennedy Bultmann dokumentierte seinen theologischen Kurswechsel, indem er 1904 dem »Oldenburger evangelischen Predigerverein« beitrat, der Sammlung der liberalen Theologen im Großherzogtum. Ferner verließ er in jenen Jahren die pietistische »Bremer Norddeutsche Missionsgesellschaft«, um sich dem stärker liberal ausgerichteten »Allgemeinen Evangelisch-Protestantischen Missionsverein« anzuschließen. Für die Ziele dieses Missionsvereins – die Ausbreitung der »christliche[n] Religion und Kultur unter den nichtchristlichen Völkern ... in Anknüpfung an die bei diesen schon vorhandenen Wahrheitselemente« – trat Arthur Kennedy Bultmann auch publizistisch ein. Eine zeitgemäße Mission, so erklärte er unter Berufung auf Ernst Troeltsch, müsse die Erkenntnisse der wissenschaftlichen Theologie berücksichtigen und eher die Botschaft Jesu als die kirchlichen Lehren in das Zentrum ihrer Aktivitäten rücken[11]. Der »Vereinigung der Freunde der Christlichen Welt«, in der die dem freien, modernen Protestantismus verbundenen Laien und Theologen sich organisierten, gehörte Arthur Kennedy Bultmann seit ihrer offiziellen Gründung 1903 an.

Arthur Kennedy Bultmanns theologische Hinwendung zu liberalen Positionen führte zu einer von beiden Seiten schmerzlich empfundenen Entfremdung von seinen früheren Freunden. Auch im eigenen Haus kam es zu Spannungen. Denn Helene Bultmann war nicht bereit, ihrem Mann zu folgen und also ihre pietistische Frömmigkeit aufzugeben. So zog er sich, auch gesundheitlich angeschlagen, im Alter zunehmend in sich zurück. Die religiösen Differenzen zwischen den Eheleuten blieben bis zum Tod Arthur Kennedy Bultmanns am 28. April 1919 bestehen. Der Pastor an St. Lamberti in Oldenburg hatte sich, um sicherzustellen, daß »an seinem Sarge von ihm nicht geredet werden solle«[12], eine Trauerpredigt verbeten. Daher verlas der Pastor bei seinem Begräbnis statt einer Predigt das Gebet, das der Verstorbene in seinen letzten Jahren täglich gesprochen hatte, eine den Geist liberaler Theologie atmende Paraphrase des Vaterunsers[13]. Noch der gemeinsame Grabstein der Eheleute Bultmann auf dem Neuen Friedhof in Oldenburg gibt zu erkennen, was sie religiös trennte. Unter dem Namen Arthur Kennedy Bultmanns findet sich das Credo der liberalen Theologie, wie es Adolf Harnack exemplarisch in seinem »Wesen des Chri-

10 Vgl. Zager (s. Anm. 6), 140 Anm. 17.

11 Vgl. A. K. Bultmann, Die Mission und die sog. moderne Theologie, Oldenburgisches Kirchenblatt 12 (1906), 53 f. (Zitat: 53); vgl. E. Troeltsch, Die Mission in der modernen Welt, ChW 20 (1906), 8–12.26–28.56–59.

12 [Nachruf:] Kirchenrat Bultmann † (s. Anm. 5), 51.

13 Vgl. [Nachruf:] † Kirchenrat Bultmann, Oldenburgisches Kirchenblatt 25 (1919), 99.

Abb. 1: Die Eltern Arthur Kennedy Bultmann und Helene geb. Stern um 1900.

Abb. 2: Die Geschwister Rudolf, Peter, Arthur und Helene Bultmann um 1901.

stentums« entfaltet hatte: »Ich glaube an Gott meinen Vater.« Unter dem Namen Helene Bultmanns, die 1935 verstarb, ist als persönliches Bekenntnis ihres pietistischen Glaubens der Vers Hi 19,25 in den Stein gemeißelt: »Ich weiß, daß mein Erlöser lebt.«

Rudolf Bultmann sollte seine jüngeren Geschwister alle überleben. Sein Bruder Peter führte ein bewegtes Leben. Er engagierte sich als Redakteur der Zeitschrift »Spartakus« zeitweilig für den Kommunismus, konvertierte aber später zur römisch-katholischen Kirche. Beruflich war er als Lehrer in Oldenburg sowie als Bibliothekar in Leipzig tätig. Während des Dritten Reichs emigrierte er mit seiner Frau Frieda und seinen Kindern aus politischen Gründen zunächst nach Wien, dann infolge der Besetzung Österreichs durch das nationalsozialistische Deutschland nach Prag. Rudolf Bultmann und seine Frau wie auch die katholische Kirche unterstützten ihn und seine Familie während dieser Zeit finanziell. Peter Bultmann konnte sich der nationalsozialistischen Verfolgung aber letztlich nicht entziehen. Er starb 1942 unter ungeklärten Umständen in einem Konzentrationslager in den französischen Pyrenäen. Helene Bultmann heiratete 1906 den oldenburgischen Pastor August Pleus und lebte als Haus- und Pfarrfrau sowie Mutter von drei Kindern lange Jahre in Dedesdorf an der Unterweser. Rudolf Bultmann war Pate ihrer 1908 geborenen Tochter Elisabeth, die später Diakonieschwester wurde. Auch traute er am 20. August 1934, seinem 50. Geburtstag, in Dedesdorf Marianne Pleus, die zweite Tochter seiner Schwester, und seinen Schüler Kendrick Grobel, der seit 1934 als Neutestamentler in den USA lehrte, zuletzt an der Vanderbilt University in Nashville/Tennessee[14]. Helene Pleus starb 1974, zwei Jahre vor ihrem ältesten Bruder. Dem Jüngsten der Bultmanns, Arthur, war nur eine kurze Lebenszeit beschieden. Der Kriegsfreiwillige wurde ein Opfer des Ersten Weltkriegs. Arthur Bultmann fiel im Alter von zwanzig Jahren im Februar 1917 in Frankreich.

2. Kindheit und Jugend

Ich war als Kind ein sehr lebhafter und mit reicher Phantasie begabter Junge, daß ich mich noch jetzt darum beneiden kann. Ich habe alles sehr intensiv erlebt und habe deshalb bis in meine früheste Kinderzeit sehr lebendige Erinnerungen, von denen ich viel erzählen könnte.[15]

Seine ersten fünf Lebensjahre verbrachte Rudolf Bultmann in Wiefelstede, einem kleinen Bauerndorf im oldenburgischen Ammerland, etwa »16 km nördlich von Oldenburg, auf der Geest gelegen, mitten in Feldern und Büschen«. In seinen späteren

14 Vgl. R. Bultmann, VW, 274–278.

15 Bultmann an H. Feldmann, 19. 9. 1915, Mn 2-2739. Das Folgende mit Zitaten nach diesem Brief.

Erinnerungen war ihm die dörfliche Idylle, in der er aufwuchs, das Haus, in dem er geboren war, der große Garten des Pastorats mit seinen Bäumen, unter deren Schatten er mit anderen Kindern die »Bremer Stadtmusikanten« aufführte, noch präsent. Freilich, zu dem Zeitpunkt, als er jene Kindheitserinnerungen aufzeichnete, 1915, hatte sich in Wiefelstede viel verändert. Das alte Pastorat, sein Geburtshaus, hatte im Jahr zuvor einem Neubau weichen müssen, etliche Bäume – etwa der »große Wallnußbaum hinter dem Haus« und »mit ihm der Rotdorn, der hinter der Küche leuchtete« – waren inzwischen gefällt worden. Und doch sah Bultmann beim Besuch seines Geburtsortes im September 1915 »kaum das Neue, sondern das Alte ..., wie es gewesen«, schaute er zurück auf unbeschwerte Kindertage, kam ihm auf dem Kirchhof in den Sinn, »wie schön« es dort war und »zwischen den alten strohgedeckten Häusern und den üppigen Bauerngärten!« Noch in der nachträglichen Stilisierung des Erwachsenen leuchtet etwas davon auf, daß der kleine Rudolf in seinen ersten Lebensjahren jene Heimat erfahren haben muß, die »allen in die Kindheit scheint und worin noch niemand war«[16]. Zu seinen frühesten Erinnerungen gehört auch die folgende Episode. Rudolf hielt sich oft in dem alten Bauernhaus der Brügges auf, der Kirche und dem Pastorat gegenüber. Brügges hatten ein Mädchen, »das Liese hieß und volles aschblondes Haar hatte. Meine Mutter erzählt noch, wie ich einst zu Hause am Fenster saß und hinaussah. Draußen stand Liese vor dem Hause im Wind, und ich rief: ›Sieh, Mutter! Brügges Liese hat Sauerkraut auf dem Kopf!‹«[17]

1890 siedelten die Bultmanns von Wiefelstede in das nahe Rastede über, wo Arthur Kennedy Bultmann bis 1897 seine nunmehr dritte Pfarrstelle versah. Rastede, so berichtet Rudolf Bultmann 1915, »hat etwas mehr städtischen Anstrich, ist aber wunderschön gelegen und hat prächtige Wälder ... Hier habe ich die richtige Jungenszeit verlebt (bis zu meinem 13. Jahr), habe Äpfel gestohlen und Fenster eingeworfen, habe die Dorfjugend auf Indianerfahrten kommandiert, habe den Bauern beim Kartoffel-Auskriegen geholfen, habe die ersten Prügel in der Volksschule bekommen, habe auch meine erste Liebesgeschichte erlebt.«[18] Der Ortswechsel bedeutete für den jungen Bultmann eine Erweiterung der Perspektive auf sein unmittelbares Lebensumfeld. Denn in Rastede, um 1895 einem Ort mit etwa 5.500, überwiegend lutherischen Einwohnern, befand sich die Sommerresidenz des Großherzogs von Oldenburg. Der Achtjährige berichtet 1892 stolz seiner in Denzlingen bei ihren Eltern weilenden Mutter: »Heute, als ich aus der Kirche kam, ging der Großherzog an mir vorbei, und ich lupfte den Hut. da sagte er: ›Guten Tag, mein Junge!‹«[19] Freilich hinderte die erhebende Begegnung den Jungen nicht, mit besonderer Vorliebe dem Großherzog im ausgedehnten Park der Sommerresidenz Äpfel und Pflaumen zu stehlen und sich dabei nie von dem Gartenwächter fassen zu lassen[20]. Er war of-

16 E. Bloch, Das Prinzip Hoffnung, Gesamtausgabe, Bd. 5, 1959, 1628.
17 S. Anm. 15.
18 S. Anm. 15.
19 Bultmann an H. Bultmann, o.D. (1892), Mn 2-2740.
20 Vgl. Anm. 15.

fenbar trotz eines Hüftleidens, das er von Geburt an hatte, behende genug, um sich dem Zugriff des Wächters zu entziehen. Auch hielt ihn die körperliche Beeinträchtigung nicht davon ab, sich an den Abenteuern zu beteiligen, die Jungen seines Alters zu unternehmen pflegen.

Aus der Zeit in Rastede ist ein Brief erhalten, in dem der Elfjährige seiner Mutter ausführlich den Verlauf der Feierlichkeiten schildert, die hier wie allerorten im kaiserzeitlichen Deutschland am »Sedantag« stattfanden. In seinem Bericht spielt die patriotische Gesinnung, die in der bei dieser Gelegenheit gehaltenen Rede beschworen worden sein dürfte, keine Rolle. Statt dessen zählt er die Sensationen auf, die an jenem Tag zu bestaunen waren, von den 25 Böllerschüssen, die am frühen Morgen losknallten, der Kinderbelustigung und dem Wetturnen auf dem Markplatz bis hin zum abendlichen Fackelzug und dem abschließenden Feuerwerk. Am wichtigsten aber war ihm die erfreuliche Aussicht: »Fried Heinen will mir eine Fackel schenken.«[21]

Noch im Alter war Bultmann die gute Kameradschaft mit seinen Mitschülern in der Rasteder Volksschule, die er bis 1895 besuchte, erinnerlich: »Ich sehe es«, notiert er in einem späteren Rückblick auf jene Jahre, »als einen großen Gewinn für mein Leben und gerade auch für meine wissenschaftliche Arbeit an, dass ich die erste Jugend in der bäuerlichen Landschaft meiner Heimat verleben durfte, dass mir die Atmosphäre des bäuerlichen Lebensraumes vertraut wurde, dass ich mit meinen Schulkameraden plattdeutsch sprach, an ihren Spielen teilnahm und in ihre Interessen weit verflochten war. Von da aus ist mir nicht nur ein starkes Heimatgefühl erwachsen, sondern daher meine ich auch einen Sinn für volkshaft-bäuerliche Denk- und Redeweise erworben zu haben und einen Anstoss, von der Sprache her die Geschichte des Geistes zu erforschen.«[22] Seinen Wissensdurst konnte er außer in der Volksschule im Hause einer adligen Dame stillen, das zu einem besonderen Anziehungspunkt für den Jungen wurde. Diese Frau von Wicht, ein »sehr vornehmes Fräulein«, besaß nämlich viele Bilder und Bücher und las Rudolf oft vor. »Da wurde ich zum erstenmal in die deutschen Sagen eingeführt und begeisterte mich für Siegfried und Beowulf ... In unserem Garten, der fast so groß war wie ein Park, und in dem deshalb uns ein großes Stück zur freien Verfügung überlassen war, setzte ich alles Gehörte und Gelesene gleich in die Wirklichkeit um. Dort habe ich Drachen getötet und Ritter besiegt.« Jenes Fräulein von Wicht prägte ihm auch, als sie auf einem gemeinsamen Spaziergang einen prächtigen Natureindruck gewannen, »die Lehre ein: immer wenn man etwas Schönes sehe, müsse man es auch anderen Menschen zeigen. Das beschloß ich denn auch zu tun und bin der alten Dame dafür wie für vieles andere dankbar«[23]. Bultmann sollte diesen Rat zeitlebens befolgen, wie

21 Bultmann an H. Bultmann, 23. 8. 1895, Mn 2-2740.

22 R. Bultmann, Lebenslauf (Fragment), o.O. u.D., Mn 2-3437; vgl. H. Fischer-Barnicol, Freiheit zur Zukunft: Der Glaube an das Wort bei Rudolf Bultmann. Ein Porträt im Dialog (Rundfunkinterview vom 23. 8. 1964), Mn 2-323.

23 Bultmann an H. Feldmann, 19. 9. 1915 (s. Anm. 15).

nicht zuletzt die Tausende von Briefen zeigen, durch die er mit seinen Freunden und Gesprächspartnern kommunizierte und in denen er ihnen Anteil an seinen Erlebnissen und seinem Ergehen gab.

Apropos Briefe – der bereits erwähnte Brief an seine Mutter, geschrieben drei Tage nach seinem elften Geburtstag, läßt erahnen, daß sein Verfasser später zu einem ausgesprochenen *homme de lettres* werden sollte. Bultmann berichtet in ihm nicht nur von den Einzelheiten des Sedantags und seines eigenen Geburtstages, erwähnt nicht nur die Geschenke, sondern illustriert den Brief auch mit einer Skizze seines Segelschiffs, um der Mutter einen Eindruck von dessen Zustand nach einer notwendig gewordenen Ausbesserung der Masten zu vermitteln. Die Mutter möge im übrigen Peter, dem mitverreisten Bruder, ausrichten, er habe dessen Gärtchen gut versorgt. Ihm, Rudolf, gehe es, auch in der Schule, gut: »Heimweh nach Dir habe ich nicht auch keine lange Weile.« Köstlich muten Zwischenbemerkungen an wie »Auf das Baden bei Großelehne sehne ich mich gar nicht« und, als »P. S. Darf die Großelehne, welche auch vielmals grüßen läßt meine neue Schulhose waschen?« Formvollendet klingt das Schreiben aus: »Doch nun will ich meinen wunderschönen Brief schließen, in welchem kein vorgesagtes Wort vorkommt. Grüße alle besonders Peter und sei Du am meisten gegrüßt und geküßt von Deinem Rudolf.«[24]

Folgt man den erhaltenen Quellen, verband Bultmann mit seinen Geschwistern ein herzliches Verhältnis. Mit seiner Schwester Helene, die zeitweise in einem Mädchenpensionat lebte, korrespondierte er etwa 1901 über die Frage, wie das Drama »Über die Kraft« des norwegischen Dichters Bjørnsterne Bjørnson zu interpretieren sei[25]. In kaum einem der Briefe, die er seinen Eltern später aus dem Studium schickte, läßt er es daran fehlen, sich nach seinen Geschwistern zu erkundigen und Anteil an ihren Geschicken zu nehmen. Ob Peter eigentlich Ostern konfirmiert werde? Ob Arthur noch Grimms Märchen lese? Er möge ihm doch wieder einmal schreiben. Lene wünsche er »für ihre Zahnschmerzen gute Besserung«, so schreibt er im Januar 1904 aus Tübingen[26]. Insbesondere Arthur erwartete seinen ältesten Bruder sehnsüchtig in den Semesterferien, half dieser ihm doch dabei, seine Defizite in Latein und Griechisch so weit zu beheben, daß er die häufig gefährdete Versetzung stets noch schaffte[27].

Seit Dezember 1895 besuchte Bultmann das Großherzogliche Gymnasium in Oldenburg. 1897 zog er mit seiner Familie nach Oldenburg um, da sein Vater zum Inhaber der Pfarrstelle Oldenburg V (ab 1901: III) ernannt worden war. Zwei Jahre

24 Bultmann an H. Bultmann, 23. 8. 1895, Mn 2-2740.

25 Vgl. Bultmann an H. Bultmann (spätere Pleus), 8. 12. 1901, Mn 2-2747; vgl. A. Bultmann Lemke, Der unveröffentlichte Nachlaß von Rudolf Bultmann, in: H. Wassmann – J. M. Osthof – A.-E. Bruckhaus (Bearb.), Rudolf Bultmann (1884–1976). Nachlaßverzeichnis, 2001, (11–25) 13 f.

26 Bultmann an H. Bultmann, 20. 1. 1904, Mn 2-2740.

27 Vgl. H. Ramsauer, Rudolf Bultmann als Mensch und Lehrer, in: Stadt Oldenburg (Hg.), Gedenkfeier für Rudolf Bultmann 1884–1976, 1985, (11–17) 12.

später, am 26. März 1899, wurde Rudolf dort in St. Lamberti konfirmiert[28]. Wie er den auf die Konfirmation vorbereitenden Unterricht – bei seinem Vater? – erlebte, wissen wir nicht. In einem späteren Votum bezieht er sich auf die aus langjähriger Erfahrung gewonnene Auffassung seines Vaters, der Konfirmandenunterricht sei »als sehr wertvoll«, der Konfirmationsakt als solcher hingegen eher »als töricht und schädlich« zu erachten. Denn zu leicht stelle sich das Mißverständnis ein, »als wolle man die Konfirmanden jetzt vor einen entscheidenden Schritt stellen, als müßten sie ein Gelübde ablegen, als seien sie jetzt in gewissem Sinne ›Fertige‹«. Um so mehr sei es erforderlich, durch besser ausgebildete Pastoren einen »besseren Unterricht« zu gewährleisten[29].

In seiner Schulzeit auf dem Oldenburger Gymnasium erschloß sich Bultmann nochmals eine neue Welt, der Kosmos der humanistischen Bildung. Angeregt durch seine Lehrer, entwickelte er ein ausgeprägtes Interesse an der Kunst und Literatur. Neben dem Religionsunterricht vermochte ihn der Unterricht im Griechischen, im Lateinischen und in der Geschichte der deutschen Literatur zu fesseln. Zu seinen Geburtstagen und zu Weihnachten wünschte er sich nunmehr die Werke der deutschen Klassiker und Shakespeares. »Homer und die griechischen Klassiker las ich ja auf der Schule. Das war so die Welt, in der ich lebte.«[30] Zur bildungsbürgerlichen Atmosphäre des Elternhauses gehörte selbstverständlich auch, daß Rudolf ein Musikinstrument, das Klavier, zu spielen lernte. Seine Passion für die darstellende Kunst dagegen fand zuhause nicht ungeteilte Zustimmung, denn seine Mutter wollte ihm und seinen Geschwistern den Besuch der Oper und des Theaters verbieten. Ihren Willen konnte sie jedoch nicht durchsetzen. Trotz ihres pietistischen Rigorismus lebte sie in der Erinnerung ihrer Kinder und Enkel als gemütvolle und warmherzige Frau fort. Im übrigen bewahrte Bultmann seinen Eltern zeitlebens Dankbarkeit für »die Erweckung der Phantasie, die Freude an der Natur und am Schönen und den Trieb zu lesen und zu fragen, aus dem im Laufe der Zeit die Leidenschaft wissenschaftlichen Fragens und Forschens erwuchs«[31].

War Bultmann in religiöser Hinsicht »als Kind sehr ›orthodox‹ erzogen worden«, so setzte bei ihm in »den letzten Jahren auf dem Gymnasium« ein innerer Klärungsprozeß ein, in dessen Verlauf »die alten Anschauungen allmählich« abfielen, »zuerst unbewußt, indem ich sie gegen andere verteidigte, dann bewußt«. Etwa in der Zeit, als sein Vater sich sukzessive dem freien Protestantismus öffnete, und vermutlich nicht ohne sich mit ihm über die anstehende religiöse Neuorientierung ausgetauscht zu haben, löste sich Bultmann von den alten Vorstellungen, von der ihm in seiner religiösen Erziehung vermittelten orthodoxen Auffassung des Glaubens, »die ohne

28 Vgl. Konfirmationsbuch Oldenburg, Konfirmierte 1899, Archiv des Ev.-luth. Oberkirchenrats Oldenburg.

29 Bultmann an W. Fischer, 23.4.1908, Mn 2-2198.

30 Aussage Bultmanns im Interview mit H. Fischer-Barnicol (s. Anm. 22); vgl. auch Bultmanns autobiographische Bemerkungen von 1956, in: Jaspert (Hg.), Barth-Bultmann Bw., 303.

31 Bultmann, Lebenslauf (s. Anm. 22).

Dingliches in der Religion nicht auskommen« zu können meinte. Dieser Prozeß vollzog sich nicht eben leichthin. Es sei »doch schwer, das Alte zu vergessen«, gesteht Bultmann einem Freund Ende 1904 unter Anspielung auf Phil 3,13 ein und fügt erklärend hinzu: »... beim Schimmer der Weihnachtskerzen leben doch Stimmungen der Kinderzeit wieder auf, und man sieht sich wieder als kleines Kind auf dem Schemel zu Füßen der Mutter sitzen und hört sie vom Heiland erzählen«. Seine eigene Emanzipation von der überkommenen Religionsauffassung wertet Bultmann in dem angeführten Brief als exemplarischen Fall eines allgemeinen, in der gesamten Geschichte sich vollziehenden Transformationsprozesses[32]. In einem späteren autobiographischen Rückblick kam es ihm »wie eine Erlösung« vor, sich »ohne Kompromisse ... von falschen Arbeitsmethoden, von trügerischen Jenseitsvorstellungen« und dem »Zauber jenes alten Kirchentums« getrennt zu haben[33].

Etwa ab der Obersekunda verband Bultmann eine enge Freundschaft mit Leonhard Frank, einem seiner Mitschüler. In der Phase der geistigen und religiösen Selbstfindung, in »den Jahren, da die Kritik am Überlieferten erwacht und das Interesse an philosophischen Fragen lebendig wird«, wurde Frank ihm zum wichtigsten Gesprächspartner. Die Freunde teilten vielfältige Interessen miteinander, lasen »viel zusammen«, diskutierten über »den freien Willen oder die Unsterblichkeit der Seele« und erkundeten auf ihren Wanderungen die Umgebung Oldenburgs. Gerade durch diese gemeinsamen Wanderungen erschloß sich Bultmann »die Schönheit der heimatlichen Landschaft zuerst«. Die tiefe Liebe zu seiner norddeutschen Heimat hat Bultmann sich zeitlebens bewahrt. Die Freundschaft mit Leonhard Frank war getragen von einem Vertrauen, das aus dem »Dringen auf das Wahre und Gute« erwuchs und das auch die Bereitschaft zum Austragen unterschiedlicher Auffassungen mit einschloß. Wenn Bultmann dem Freund etwa eines seiner Gedichte vorlas, war dieser »in seiner nüchternen Art ... immer ein unbestechlicher Richter und konnte [er] bei aller Freundschaft und Güte auch ironisch sein«[34].

In den Schulferien und später in den Semesterferien besuchte Bultmann seinen Freund regelmäßig in dessen Elternhaus. Leonhard Frank war Jude, der Sohn eines Viehhändlers aus Westerstede. Da die Westersteder Juden wegen ihrer geringen Zahl nicht über eine eigene Synagoge verfügten, versammelten sie sich außerhalb der hohen Feiertage zum Gottesdienst in einer Betstube, die sich im Hause der Franks befand[35]. Daß der junge Bultmann bei einem seiner zahlreichen Besuche des Freundes auch einmal einem jüdischen Gottesdienst beiwohnte, kann angenommen, aber nicht sicher belegt werden[36]. In der Beziehung zwischen den beiden Freunden spiel-

32 Bultmann an E. Teufel, 31. 12. 1904, Mn 2-2393.

33 R. Bultmann, VW, (104–114) 106f. (»Diesseits- und Jenseitsreligion«, Predigt vom 12. 7. 1914).

34 Bultmann an H. Feldmann, 12. 7. 1917, Mn 2-3447.

35 Vgl. W. Vahlenkamp, Die Geschichte der Westersteder Juden. Aufstieg und Vernichtung einer kleinen Minderheit, 1988, 34–38.

36 Zum Folgenden vgl. K. Hammann, Rudolf Bultmanns Begegnung mit dem Judentum, ZThK 102 (2005), (35–72) 40–42.

ten religiöse Themen jedenfalls eine erhebliche Rolle. Während der gemeinsamen Studienzeit in Berlin 1904/05 lasen sie miteinander das Alte Testament und schenkten sie sich gegenseitig Adolf Harnacks »Wesen des Christentums«[37].

Durch die Beziehung zu Leonhard Frank wurde Bultmann früh mit den Fragen nach einer eigenständigen Identität und der Zukunft des Judentums im kaiserzeitlichen Deutschland konfrontiert. Sein Freund trat nach der Aufnahme des Jurastudiums in Leipzig einer jüdischen Verbindung bei, da er glaubte, sich so am besten gegen den in der Studentenschaft verbreiteten Antisemitismus zur Wehr setzen zu können. Bultmann äußerte Bedenken gegenüber diesem Schritt Franks. Um den »tief im deutschen Volk« wurzelnden Antisemitismus erfolgreich bekämpfen zu können, erachtete er die Selbstorganisation jüdischer Studenten in eigenen jüdischen Korporationen als ein ungeeignetes Mittel. Sein Freund hielt diesem Einwand jedoch entgegen, seine jüdische Verbindung sei durch ihre nationale Gesinnung und ihre Distanz zu den Ideen des Zionismus weit davon entfernt, sich selbst aus dem Diskurs mit anderen Korporationen zu verabschieden[38]. Im Dezember 1905 gestand Frank seinem Freund ein, angesichts der jüngsten Judenverfolgungen in Weißrußland mit dem Gedanken gespielt zu haben, »zum Christentum überzutreten«. Denn es bestehe keine Aussicht, daß sich der jahrhundertelange Judenhaß zukünftig abmildern werde. Aus diesem elenden Zustand gebe es für die Juden nur einen Ausweg, nämlich das völlige Aufgehen in die sie aufnehmenden Nationen. Ein selbständiges Volk könnten die Juden jedenfalls nicht bilden, »da sie keine gemeinsame Sprache, Kultur und Abstammung mehr« hätten. Im Zuge ihrer Assimilation würden die Juden das sie aufnehmende Volk »in sittlicher und religiöser Beziehung«, durch ihre hervorragenden geistigen Leistungen und ihren glänzenden Familiensinn bereichern und zur fehlenden nationalen Einheit einen entscheidenden Beitrag leisten[39].

Auch wenn Frank die von ihm in einer akuten Situation erwogene Konversion zum Christentum nicht vollzog, zeigen seine Überlegungen exemplarisch an, welch starkem Akkulturationsdruck insbesondere die akademisch gebildeten Juden infolge des Antisemitismus im wilhelminischen Kaiserreich ausgesetzt waren. Wie das deutsche Judentum insgesamt kämpfte auch Frank um die gesellschaftliche Anerkennung und Gleichberechtigung der Juden, indem er seine uneingeschränkte nationale Loyalität betonte. Der junge Bultmann befürwortete auf Grund der Erfahrungen mit seinem jüdischen Freund die Akkulturation der Juden. Er knüpfte sie aber bezeichnenderweise nicht an die Bedingung, die Juden hätten ihre religiöse Identität – durch die Taufe – aufzugeben, sondern sprach sich für ihre ethnische und soziale Akkulturation aus[40]. Für ihn war Frank mit »seinem starken Familiensinn«, mit seiner hohen Auffassung des Berufs, »den er als Dienst für die Allgemeinheit

37 Bultmann an W. Fischer, 8. 12. 1904, Mn 2-2198; Bultmann an H. Feldmann, 12. 7. 1917, Mn 2-3447.

38 Vgl. L. Frank an Bultmann, 25. 5. 1903 u. 5. 8. 1903, Mn 2-765.

39 L. Frank an Bultmann, 3. 12. 1905, Mn 2-765.

40 Vgl. Bultmann an W. Fischer, 8. 10. 1905, Mn 2-2198.

Abb. 3: Rudolf Bultmann als Abiturient.

ansah«, und »in seinem ausgeprägten Sinn für Gerechtigkeit ... ein typischer Jude im besten Sinn«[41].

Ein anderer Schüler, der ebenfalls um die Jahrhundertwende die oberen Klassen des Oldenburger Gymnasiums absolvierte, war Karl Jaspers. Er sah den anderthalb Jahre jüngeren Bultmann wohl auf dem Schulhof – so erinnerte er sich fünfzig Jahre später aus der die Vergangenheit offenkundig verklärenden Perspektive, daß beide inzwischen berühmt geworden waren –, getraute sich aber nicht, näheren Kontakt zu ihm aufzunehmen. So beließ Jaspers es damals dabei, die »leuchtenden Augen« Bultmanns wahrzunehmen und sich des Daseins seines Mitschülers zu freuen[42]. In

41 Bultmann an H. Feldmann, 12. 7. 1917, Mn 2-3447.

42 K. Jaspers, Erwiderung auf Rudolf Bultmanns Antwort (1954), in: K. Jaspers / R. Bultmann, Die Frage der Entmythologisierung, hg. von H. Ott, 1981², (101–142) 138.

der Oberstufe opponierte Jaspers heftig gegen den Geist der Schule, den er als Verbindung von devotem Untertanengeist gegenüber der weltlichen Obrigkeit und einer mit wissenschaftlichem Anstrich versehenen philologischen Sophistik empfand. Er geriet darüber in schwere Konflikte mit der Schulleitung[43]. Derart gegen die gymnasialen Autoritäten zu rebellieren, lag Bultmann fern. Wohl kritisierte er verfehlte pädagogische Methoden, den geistlosen Paukunterricht und die mangelnde persönliche Zuwendung einzelner Lehrer zu ihren Schülern[44], aber insgesamt ging er gern auf seine Schule. Die Prüfungskommission des Großherzoglichen Gymnasiums stellte ihm auf Grund guter oder sehr guter Leistungen in sämtlichen Fächern am 23. Februar 1903 das Reifezeugnis aus. Seine freundschaftlichen Beziehungen zu einigen Lehrern hielt Bultmann weiterhin aufrecht, auch als er Oldenburg längst verlassen hatte[45].

Während seiner Schülerzeit reiste Bultmann mit seiner Familie in den Ferien oft in den Schwarzwald. Das lag insofern nahe, als man bei diesen Gelegenheiten auch die in Denzlingen bei Freiburg lebenden Großeltern mütterlicherseits besuchen konnte. Mit seinem Vater unternahm Bultmann gern auch ausgedehnte Wanderungen im Schwarzwald. Seine Eindrücke hielt er in etlichen Zeichnungen von der Ruine Zähringen und Motiven aus Freiburg wie dem Schwabentor fest, die durchaus eine gewisse künstlerische Begabung zu erkennen geben. Auch verfaßte er dort an Weihnachten 1900 für seinen Bruder Peter ein Gedicht, dem er den Titel »Neujahrsnacht auf dem Kandel. Ein Schwarzwald-Gedicht« gab[46]. Im Juli 1901 fuhr der Sechzehnjährige erstmals allein in die Sommerfrische, auf die seit 1818 zum Großherzogtum Oldenburg gehörende Insel Wangerooge. Das Eiland und das Meer wirkten geradezu überwältigend auf ihn. Mehrfach reiste er in den folgenden Jahren an die See, auf seine Insel. Als er 1908 wieder seiner Sehnsucht folgen kann, schildert er einem Studienfreund die tiefen Empfindungen, die die Nordsee in ihm auslöste: »Wie alles zusammenstimmt! Das Meer, Strand und Dünen und der Himmel mit seinen großartigen Wolken. Und durch die weite, große Linie des Horizontes erhält das Bild seine unvergleichliche Ruhe und Majestät. Und beständig der Klang des Wellenrauschens, schön wie die erhabenste Bachsche Fuge, tausendstimmig in immer neuen Abstufungen und Verschlingungen dasselbe mächtige Thema wiederholend! Und dann: ist es wirklich so, oder scheint es mir nur so, daß unsere Landschaft, und vor allem die Küstenlandschaft, so viel farbenreicher ist als das Gebirge? … es ist eine so wunderbare Harmonie von zarten, reinen Farben in den feinsten Abstufungen.«[47]

43 Vgl. H. Saner, Karl Jaspers in Selbstzeugnissen und Bilddokumenten, 1970[1], 15 f.

44 Vgl. Bultmann an W. Fischer, 22. 12. 1906, Mn 2-2198.

45 Vgl. die Korrespondenzen H. J. Böhnkes (Mn 2-490) und H. Gerkens mit Bultmann (Mn 2-824).

46 Vgl. Mn 2-247; 2-3057.

47 Bultmann an W. Fischer, 31. 8. 1908, Mn 2-2198.

Abb. 4: Zeichnung Bultmanns aus dem Jahre 1901.

Abb. 5: Eduard Thurmann, Annemarie Bultmann (später: Thurmann), Maria Bultmann (später: Cold) und Rudolf Bultmann 1911 auf Wangerooge.

Während seines ersten Aufenthaltes auf Wangerooge 1901 brachte Bultmann den eigentümlichen Reiz, der von der Schönheit der insularen Welt ausging, zeichnend zu Papier. Es waren pittoreske Motive, die er festhielt, etwa ein Fischerboot am Strand, der alte Kirchturm, die Dünen, der Leuchtturm Wangerooges[48]. Zwei Jahre später beteiligte er sich an einem von den Oldenburger »Nachrichten für Stadt und Land« ausgeschriebenen Wettbewerb. Für sein unter dem Motto »Wangeroog« eingereichtes Gedicht »Inselkirchhof« erhielt Bultmann den ersten Preis, den die Zeitung freilich zwischen ihm und einem Mitbewerber aufteilte. So bekam er für sein Gedicht, das am 11. Juli 1903 in den »Nachrichten für Stadt und Land« erschien[49], auch nur die Hälfte der Preissumme, immerhin 25,00 Reichsmark.

Inselkirchhof.

Still vom Mond beschienen
Ruht der ernste Raum.
Drüber schwebt's wie Frieden,
Wie ein sel'ger Traum.

Auf den kleinen Hügeln
Schwanken Gras und Rohr,
Schwarze Kreuze ragen
Still und ernst empor.

Weiße Dünen liegen
Schweigend rings umher,
Ruhig in der Ferne
Rauscht das ew'ge Meer.

Glücklich, wem hier Frieden,
Wem hier Ruhe winkt,
Wem des Meeres Rauschen
Hier sein Grablied singt.

Das Gedicht, seine erste Veröffentlichung, hatte Bultmann während seines ersten Studiensemesters in Tübingen verfaßt. Bald nach seiner Ankunft dort suchte er die nahegelegene Wurmlinger Kapelle auf[50]. Mag sein, daß dieser Besuch und Ludwig Uhlands bekanntes volkstümliches Gedicht »Die Kapelle« ihn zu seinem eigenen poetischen Versuch inspirierten. Freilich führen beide dasselbe Thema, die Vergänglichkeit des Menschen, in ihren Gedichten ganz unterschiedlich durch. Uhland läßt, mitten in die Idylle des Hirtenknaben unten im Tal hinein, die traurigen Glockentöne und den schaurigen Leichengesang von der Kapelle oben auf dem Berg das unerbittliche *Memento mori* künden. Bultmann dagegen sieht das endliche Menschenle-

48 Vgl. Mn 2-3057. Bultmanns Zeichnung »Der alte Kirchturm auf Wangeroog« ist abgebildet o. 15 u. in: R. Rittner (Hg.), Rudolf Bultmann und Oldenburg, 2002, 8.

49 R. Bultmann, Inselkirchhof, in: Nachrichten für Stadt und Land. Zeitschrift für oldenburgische Gemeinde- und Landesinteressen 37 (1903), Nr. 160 vom 11. 7. 1903; vgl. K.W. Müller, Rudolf Bultmanns erste Veröffentlichung, DtPfBl 102 (2002), 235 f.

50 Vgl. Bultmann an A. K. Bultmann, 24. 4. 1903, Mn 2-2735.

ben umfangen von der Unendlichkeit der Ewigkeit, wie sie im Meeresrauschen anschaulich und vernehmbar wird. Gewiß drückt dieses Gedicht die melancholische Gestimmtheit seines gerade die Schwelle zum Erwachsensein überschreitenden Verfassers aus. Zugleich läßt es zwischen den Zeilen etwas von dem Heimweh erahnen, das Bultmann während des ersten Studiensemesters in Tübingen überkam, etwas von der Sehnsucht nach den Stätten seiner Kindheit und Jugend im oldenburgischen Ammerland, in der Wesermarsch und auf Wangeroog. Das Gedicht »Inselkirchhof« mit seinen pantheistischen Anklängen sollte indes nicht das letzte Wort Bultmanns zu einer den Tod transzendierenden Zukunftshoffnung bleiben.

3. Studium der Theologie in Tübingen, Berlin und Marburg

1903 legte ich das Abitur am Gymnasium ab und begann an der Universität Tübingen Theologie zu studieren. Nach drei Semestern ging ich für zwei Semester nach Berlin und schließlich für zwei weitere nach Marburg. Ich belegte ebenso Vorlesungen in Philosophie und Philosophiegeschichte wie in Theologie. Während der Berliner Zeit erfreute ich mich auch an Theater-, Konzert- und Museumsbesuchen. Die theologischen Lehrer, denen ich besonders dankbar bin, waren in Tübingen der Kirchenhistoriker Karl Müller, in Berlin der Alttestamentler Hermann Gunkel und der Dogmenhistoriker Adolf Harnack, in Marburg die Neutestamentler Adolf Jülicher und Johannes Weiß und der systematische Theologe Wilhelm Herrmann.[51]

Am 7. Mai 1903 trug sich Bultmann in die Matrikel der Universität Tübingen ein. Seine Studentenbude bezog er an der Neckarhalde 8, unterhalb des Schlosses. Die neue Umgebung gefiel ihm, jedenfalls während der ersten Wochen, gar nicht. Die Stadt an sich sei »äußerst häßlich«[52]. Er freue sich immer, wenn er »einen Norddeutschen treffe. Und Tübingen selbst ist ja eine Stadt, daß man Prügel haben müßte, wenn man hinzieht, ohne daß man muß! Dagegen ist selbst Oldenburg noch schön!« Wenn überhaupt, wolle er nur wegen der Professoren länger als ein Semester bleiben[53]. Freilich sorgte der Tübinger Sommer für eine gewisse Revision der ersten Eindrücke. Bultmann schilderte seiner Schwester Helene Ende Oktober 1903 ausführlich, wie er sein Zimmer eingerichtet hatte. Das Interieur sollte ihn an Oldenburg erinnern. An den Wänden rahmten Ansichten von Oldenburg und Wangeroogе das Doppelporträt der Eltern ein. Auf der Kommode hatte er nebeneinander Bilder seines jüngsten Bruders Arthur, Goethes und Schillers aufgestellt, davor das unvermeidliche Rauchservice plaziert. Die Aussicht auf das große Stiftsgebäude, den

51 Autobiographische Bemerkungen R. Bultmanns vom 28. 1. 1956, in: B. Jaspert (Hg.), Barth-Bultmann Bw., 1994^2, (302–313) 303.

52 Bultmann an H. Bultmann, 25. 4. 1903, Mn 2-2740.

53 Bultmann an H. Bultmann, 10. 5. 1903, Mn 2-2740.

Neckar, die Platanenallee, bis hin zur Schwäbischen Alb stimmte ihn dann nach und nach versöhnlich auch im Blick auf die anderen lokalen Gegebenheiten[54].

Bultmann fand rasch Anschluß an das studentische Leben in Tübingen. Er sang im Universitätschor mit und nahm an den Veranstaltungen des Akademischen Musikvereins teil. Sein Vetter Peter Ramsauer aus Oldenburg, der in Tübingen Rechtswissenschaften studierte, führte ihn im Sommersemester 1903 in die liberale studentische Verbindung »Igel« ein. Auch wenn Bultmann dort zunächst nur ein Gaststatus eingeräumt wurde[55], gehörte er doch bald zu denjenigen Studenten, die sich besonders rege an den Aktivitäten der Verbindung beteiligten. Er war begeistert vom Gemeinschaftsleben und den Kneipen im »Igel«. Die 1871 gegründete nichtschlagende Verbindung hatte soeben, im Sommer 1902, ein neues Haus auf dem Schloßberg bezogen, »das schönste Gebäude in Tübingen«[56]. Hier fand Bultmann eine Reihe von Freunden, denen er zeitlebens verbunden bleiben sollte, die Theologen Wilhelm Gottschick, Hermann Lahusen, Hermann Noltenius und Eberhard Teufel sowie den Mediziner Walther Fischer. Mit ihnen erwanderte er sich während der Tübinger Semester die nähere und weitere Umgebung der Universitätsstadt, das Neckartal und die Schwäbische Alb. Im Frühjahr 1904 reiste Bultmann mit den Bundesbrüdern nach Florenz, wo er in den Galerien, Kirchen und Palästen, in den Uffizien und im Palazzo Pitti die Kunst der Renaissance studierte. Insbesondere zu Walther Fischer entwickelte sich eine enge Beziehung, in der sich die Freunde über ihr jeweiliges Studienfach hinaus intensiv über Kunst, Literatur und Musik austauschten[57].

Dem ausgeprägten Bedürfnis Bultmanns nach kultivierter Kommunikation kam entgegen, daß die Tübinger Theologieprofessoren ein persönliches Verhältnis zu ihren Studenten pflegten und sie regelmäßig zu offenen Abenden in ihre Wohnungen einluden[58]. Im übrigen beschränkte sich Bultmann in seinen ersten Semestern nicht darauf, Lehrveranstaltungen der Theologie zu belegen[59]. Er hörte bei Karl Voretzsch Volkskundliches zu Volksliedern und Märchen und ließ sich von Hermann von Fischer, dem Vater seines Freundes, in die Geschichte der deutschen Literatur sowie das Leben und Werk Lessings einführen. Der Philosoph Christoph von Sigwart, dessen Metaphysikkolleg Bultmann im Sommersemester 1903 hörte, beeindruckte den jungen Studenten am meisten: »Er ist zwar schon sehr alt, aber er hat einen wunder-

54 Bultmann an (seine Schwester) H. Bultmann, 28. 10. 1903, Mn 2-2747.

55 Vgl. M. Evang, Bultmann, 1988, 12 f.

56 Bultmann an H. Bultmann, 10. 5. 1903 (s. Anm. 53).

57 Vgl. A. Bultmann Lemke, Der unveröffentlichte Nachlaß von Rudolf Bultmann, in: H. Wassmann u. a. (Bearb.), Rudolf Bultmann (1884–1976). Nachlaßverzeichnis, 2001, (11–25) 16–18. – W. Fischer, Sohn des Tübinger Literaturhistorikers Hermann von Fischer, war offenbar Bultmanns »Leibfux«, der den jungen »Fux« mit dem Verbindungsleben vertraut machte. Vgl. auch V. Hoffmann, Leben und Werk von Walther Fischer, Diss. masch. med. Rostock 1999.

58 Vgl. Bultmann an H. Bultmann, 20. 1. u. 28. 2. 1904, Mn 2-2740.

59 Vgl. die Übersichten über die von Bultmann in Tübingen, Berlin und Marburg besuchten Lehrveranstaltungen bei Evang (s. Anm. 55), 8 f. 13 f. 20 f.

schönen Vortrag. Die Sprache ist reich, fließend, musterhaft, und alles ist voll Geist und Gedanken. Ich muß ganz außerordentlich aufpassen, um ihm immer folgen zu können. Sigwart ist, wie wohl von allen anerkannt wird, der bedeutendste der hiesigen Professoren und der Stolz der Tübinger Universität.«[60]

An deren Evangelisch-Theologischer Fakultät gaben zu Beginn des 20. Jahrhunderts Vertreter der Schule Albrecht Ritschls den Ton an: Johannes Gottschick, Theodor Haering und Karl Müller. Freilich hatten pietistische Kreise innerhalb der württembergischen Landeskirche 1897 die Einrichtung einer weiteren theologischen Professur erwirkt, die ein Gegengewicht zu der vorherrschenden, stark historisch-kritisch orientierten Richtung an der Fakultät bilden sollte. Adolf Schlatter, der diese Professur seit 1898 versah, hatte in Tübingen zunächst einen schweren Stand. Der Schweizer Neutestamentler, in mehrfacher Hinsicht ein Außenseiter der akademischen Theologie, galt vielen Studenten als bibelfrommer, aber nicht eigentlich wissenschaftlicher Theologe. Auch Bultmann fand keinen rechten Zugang zu Schlatter: »Nach dem, was ich von Schlatter gehört hatte, war ich *sehr* enttäuscht. Er *langweilt* mich außerordentlich. Er spricht zwar frei und lebhaft, aber pedantisch und gedankenarm.«[61] Für Schlatters Predigtweise konnte sich Bultmann ebenfalls nicht erwärmen[62]. So beließ er es vorerst dabei, seiner pietistischen Mutter zwei gedruckte Predigten Schlatters zu schicken[63]. Später würdigte er trotz aller Kritik durchaus verständnisvoll den Beitrag Schlatters zur neutestamentlichen Exegese[64].

Bei dem Ritschlianer Johannes Gottschick hörte Bultmann zwei Vorlesungen, »Theologische Encyklopädie« und »Luthers Theologie«. Bultmanns Korrespondenz gibt keinen Aufschluß über seine unmittelbaren Höreindrücke. Der Vater seines Studienfreundes Wilhelm Gottschick war bis 1906 der erste Herausgeber der »Zeitschrift für Theologie und Kirche«, des wissenschaftlichen Organs der Ritschlschen Schule. Im Rückblick auf seine Tübinger Studienzeit hielt Bultmann verhalten fest: »Was ich von Gottschick gehabt habe, wird mir erst jetzt allmählich klar.«[65] Einen nachhaltigeren Einfluß auf den jungen Theologiestudenten übte Theodor Haering aus. Haering suchte in seinem Denken das von Albrecht Ritschl übernommene Grundgerüst christlicher Glaubens- und Sittenlehre durch persönliche, zumeist pietistische Elemente auszubauen. Bultmann hörte bei Haering drei systematische und zwei exegetische Kollegs. Haering »ist ein überaus herzlicher, einfacher Mann. Sein Vortrag ist anziehend, tief innerlich, und dabei oft humorvoll«[66]. Auch durch Hae-

60 Bultmann an H. Bultmann, 25. 4. 1903 (s. Anm. 52); diese Passage auch bei BULTMANN LEMKE (s. Anm. 57), 15.

61 Ebd.

62 Bultmann an H. Bultmann, 10. 5. 1903 (s. Anm. 53).

63 Vgl. Bultmann an H. Bultmann, 20. 1. 1904, Mn 2-2740.

64 Vgl. R. BULTMANN, Vier neue Darstellungen der Theologie des Neuen Testaments (1911/12), in: DERS., Theologie als Kritik, 2002, (41–52) 50–52; R. BULTMANN, Theologie des Neuen Testaments, 1961^4, 597 f.

65 Bultmann an E. Teufel, 25. 6. 1906, Mn 2-2393.

66 Bultmann an H. Bultmann, 25. 4. 1903 (s. Anm. 60).

rings Predigten fühlte sich Bultmann angesprochen[67]. Später bereitete er sich anhand der Dogmatik und der Ethik Haerings auf die systematisch-theologischen Prüfungen im Ersten theologischen Examen vor[68].

Nach seiner Lektüre der Dogmatik Haerings fand Bultmann das Urteil Wilhelm Herrmanns bestätigt, diese Dogmatik erfülle »am besten die Forderung, eine *Glaubenslehre* zu sein«[69]. Haering habe »mit wundervoller Klarheit« durchsichtig gemacht, »was es um das Glauben ist; was persönliches Glauben heißt, wie es in der Offenbarung des persönlichen Gottes begründet ist, der Liebe und Heiligkeit ist«. Die gedankliche Transparenz der Haeringschen Dogmatik reflektierte in den Augen Bultmanns letztlich die »Persönlichkeit, die hinter dem Buche steht und die man stets zu sich reden hört«[70]. Es war auch der Systematiker Haering, der mit seiner Römerbriefvorlesung Bultmann im Wintersemester 1903/04 die erste Einführung in die paulinische Theologie gab[71]. Auf die von Haering im Sommersemester 1904 dargebotene Erklärung der Johannesbriefe bezog sich Bultmann noch mehr als zwanzig Jahre später. Als er Haering 1927 seine »Analyse des ersten Johannesbriefes« zusandte, stattete er dem alten Lehrer seinen Dank für dessen exegetische Arbeit ab[72].

Unter den Tübinger Theologen war der Kirchenhistoriker Karl Müller derjenige, der Bultmann am stärksten prägte. Er »gefällt mir außerordentlich. Er ist kein großer Redner, aber fein, geistreich, durchdacht, und fesselnd ist alles, was er sagt«[73]. Müller habe ihn, so erinnerte sich Bultmann 1916, »zuerst für die historische Wissenschaft« begeistert: »... ich verdanke seinen Vorlesungen wie dem persönlichen Verkehr mit ihm sehr viel. Ich war damals in meinen ersten Tübinger Semestern sehr jugendlich draufgängerisch samt meinen Freunden Noltenius und Lahusen, und Müller sagte mir später einmal, die drei Semester, in denen wir mit unter den Studenten in seinem Hause verkehrt hätten, seien für ihn die schönsten im Verkehr mit den Studenten gewesen.«[74]

Als die protestantische Kirchenhistoriographie in der Ära des Historismus ihre große Zeit hatte, gehörte Karl Müller zu den ersten Vertretern seines Faches. In Tübingen führte er eine bedeutende Tradition fort, die mit den Namen von Ferdinand Christian Baur und Carl Heinrich Weizsäcker verbunden war. Freilich distanzierte Müller sich von Ansätzen, die die Kirchengeschichte mit Hilfe ideengeschichtlicher

67 Vgl. Bultmann an E. Teufel, 25. 7. 1906, Mn 2-2393.

68 Vgl. Th. Haering, Das christliche Leben auf Grund des christlichen Glaubens. Christliche Sittenlehre, 1902[1], Ders., Der christliche Glaube (Dogmatik), 1906[1].

69 Bultmann an E. Teufel, 25. 7. 1906 (s. Anm. 67).

70 Bultmann an E. Teufel, 25. 3. 1907, Mn 2-2393.

71 Vgl. Bultmanns Mitschrift: Römerbrief. Theodor Haering. Tübingen W. S. 1903/04, Mn 2-3093; dazu K. de Valerio, Altes Testament und Judentum im Frühwerk Rudolf Bultmanns, 1994, 98–100.

72 Vgl. Bultmann an Th. Haering, o.D. [1927], in: H. Haering, Theodor Haering 1848–1928. Christ und systematischer Theologe, 1963, 400 f. Anm. 277; dazu R. Bultmann, Analyse des ersten Johannesbriefes (1927); in: Ders., Exegetica, 1967, 105–123.

73 Bultmann an H. Bultmann, 25. 4. 1903 (s. Anm. 60).

74 Bultmann an H. Feldmann, 24. 8. 1916, Mn 2-3447.

Entwicklungsvorstellungen oder dogmatischer Normbegriffe zu erfassen suchten. Er verstand die Kirchengeschichte als Bestandteil der allgemeinen Geschichte und brachte die Eigendynamik historischer Epochen zur Geltung. Entsprechend maß er in seinen Werken den kirchengeschichtlichen Realien, den Institutionen, dem Recht und der Verfassung der Kirche, erhebliches Gewicht bei. Diese damals neue und bahnbrechende Gesamtperspektive lernte Bultmann kennen, als er in Tübingen über drei Semester hin Müllers Kolleg über die Kirchengeschichte hörte und an seinem Seminar teilnahm.

Auch in seiner Vorlesung »Konfessionskunde (Symbolik)« bemühte sich Müller darum, seine Studenten nicht nur mit den Lehrvorstellungen, sondern auch mit der Verfassung, dem Kult und der Religiosität der christlichen Konfessionen vertraut zu machen. Hier erhielt Bultmann, der bis dahin mit der katholischen Kirche kaum in Berührung gekommen war, seinen ersten Anschauungsunterricht in Sachen katholische Volksfrömmigkeit. Müller führte katholische Literatur, Andachts- und Erbauungsbücher von Jesuiten vor und zitierte daraus. »Neulich brachte er auch Rosenkränze, Medaillen und Scapuliere mit und gab sie herum. – Ich hatte mir nicht im entferntesten einen Begriff davon gemacht, welches Heidentum in der katholischen Kirche existiert, welcher Götzendienst, welcher Aberglaube, welche alberne Zauberei ... Das nennt sich Christentum! ... Es ist einfach haarsträubend.«[75] Die Überlegenheit des protestantischen Christentums gegenüber der katholischen Kirche, die achtzig Jahre zuvor an gleicher Stätte Ferdinand Christian Baur in seiner Auseinandersetzung mit Johann Adam Möhler mit den Mitteln der Hegelschen Geschichtsphilosophie ideengeschichtlich nachzuweisen versucht hatte, begründete Müller nunmehr mit einer vergleichenden Analyse der Verfassung, des Rechts, des Kultes und der Volksfrömmigkeit in den großen christlichen Konfessionen. Offenkundig teilte er die im liberalen Kulturprotestantismus verbreitete Meinung, die katholische Konfessionskultur sei wegen ihrer weitgehend konservativen, ja teilweise voraufklärerischen Grundausrichtung *per se* moderneunfähig.

Bultmann hoffte – vergeblich –, der zweite Teil des zweiten Bandes der »Kirchengeschichte« Karl Müllers werde noch rechtzeitig erscheinen, um ihm bei den Examensvorbereitungen zur Verfügung zu stehen[76]. Bereits in seiner Studienzeit hatte er, wie eine entsprechende Empfehlung an seinen Freund Walther Fischer belegt, mit sicherem Urteilsvermögen die Qualität des Hauptwerkes seines Tübinger Lehrers erkannt: »Wenn Du mal Gelegenheit hast, so sieh Dir doch die Reformationsgeschichte in Müllers Kirchengeschichte an, die meisterhaft ist; man merkt ihm nur auch immer an, wie leid es ihm ist, daß er nicht immer noch mehr bringen kann; er beherrscht den Stoff nämlich wirklich fabelhaft.«[77] Bultmann verließ Tübingen

75 Bultmann an (seine Schwester) H. Bultmann, 7. 7. 1904, Mn 2-2747; auch in: BULTMANN LEMKE (s. Anm. 57), 15 f.

76 Vgl. Bultmann an E. Teufel, 25. 7. 1906 (s. Anm. 67).

77 Bultmann an W. Fischer, 3. 9. 1906, Mn 2-2198; vgl. K. MÜLLER, Kirchengeschichte, Bd. I, 1892[1]; Bd. II/I, 1902[1]; Bd. II/2, 1919[1].

nach dem Sommersemester 1904. Er war dankbar dafür, daß er dort im Stiftshörsaal die Lehrer hatte hören können, die ihm »zuerst das Verständnis und die wahre Liebe für die Theologie einpflanzten«[78].

Bultmann setzte sein Studium in Berlin fort. Das Leben in der Großstadt bekam ihm äußerst schlecht. Er litt unter Kopfschmerzen, Müdigkeit und Nervosität. Im ersten Berliner Semester konnte er an manchen Tagen überhaupt nicht arbeiten. Um eine Besserung seines Zustandes zu erreichen, begab er sich möglichst oft ins Freie, nach Grunewald oder an den Wannsee. Denn sein Quartier in einem tristen Hinterhaus in der Albrechtstraße 11 war auch nicht dazu angetan, seine Stimmung aufzuheitern. Sehnsüchtig dachte er an die Kneipen im Tübinger »Igel«, an denen er gern teilgenommen hätte, und sang sich in einsamen Stunden die Kommerslieder vor[79]. Als er Weihnachten 1904 zuhause verbrachte, war es ihm »eine Lust, sich mal wieder von einem echten frischen Wind, der von der See her wehte, umbrausen zu lassen, denn in Berlin spürt man von Natur und Ursprünglichkeit überhaupt nichts«[80]. Nach dem Wintersemester 1904/05 fuhr er sogleich wieder nach Oldenburg – und atmete auf, als er »Berlin verlassen hatte. All der Unnatur, der Phrase und Hohlheit entronnen zu sein!«[81]

Die Anonymität der Großstadt machte Bultmann zu schaffen. Auf den persönlichen Austausch zwischen Professoren und Studenten, wie er ihn in Tübingen erlebt hatte, schien in Berlin niemand Wert zu legen. So machte er wenigstens Gebrauch von dem reichen Angebot, das die Hauptstadt in der bildenden und darstellenden Kunst bereithielt[82]. Er besuchte häufig die Aufführungen des Lessing- und des Deutschen Theaters, Wagners Opern »Lohengrin« und »Die Meistersinger« wie auch Shakespeares »Kaufmann von Venedig«, »Macbeth« (mit dem von Bultmann bewunderten Adalbert Matkowski als Hauptdarsteller) und »Sommernachtstraum«. Auch in den Museen der Stadt sah man den zwanzigjährigen Theologiestudenten regelmäßig. Nach Himmelfahrt 1905 gestattete er sich einen mehrtägigen Besuch Dresdens. Dort hielt er sich fast ausschließlich in der Gemäldegalerie auf. Raffaels »Sixtinische Madonna« und die Gemälde der Niederländer, allen voran die Rembrandts, hinterließen tiefe Eindrücke auf ihn[83]. Überhaupt schätzte er Rembrandt, der die Dinge sehe, wie sie seien, der sich aber von einer höheren Warte aus nicht an die Materie verliere. »Rembrandts ›Hundertguldenblatt‹ ist fast mein liebstes Bild; der Christus darauf ist mir der liebste in der ganzen bildenden Kunst.«[84] Aber auch zeitgenössische Maler wie der Worpsweder Heinrich Vogeler vermochten Bultmann zu faszinieren[85].

78 Bultmann an E. Teufel, 25. 6. 1906 (s. Anm. 65).
79 Bultmann an W. Fischer, 8. 12. 1904, Mn 2-2198.
80 Bultmann an W. Fischer, 31. 12. 1904, Mn 2-2198.
81 Bultmann an W. Fischer, 2. 4. 1905, Mn 2-2198.
82 Vgl. Th. Kucharz, Theologen und ihre Dichter, 1995, 169–174.
83 Vgl. Bultmann an W. Fischer, 5. 6. 1905, Mn 2-2198.
84 Bultmann an W. Fischer, 30. 1. 1906, Mn 2-2198.
85 Vgl. Bultmann an W. Fischer, 7. 7. 1905, Mn 2-2198.

In der Berliner Zeit wurde Charles Dickens' »David Copperfield« zu seinem bevorzugten Lesestoff, sogleich gefolgt von Gottfried Kellers »Grünem Heinrich«[86]. Selma Lagerlöfs »Gutsgeschichte« und »Gösta Berling« standen ebenfalls auf seiner umfangreichen Lektüreliste[87]. Als 1905 »Hilligenlei«, der Erfolgsroman des dithmarsischen Landpastors Gustav Frenssen, erschien, gehörte Bultmann zu den begeisterten Lesern dieser Saga von Menschen, die Hilligenlei, heiliges Land, suchen. Fiel die Zustimmung zu diesem Roman so emphatisch aus, weil der Einundzwanzigjährige in jener Zeit selbst auf der Suche nach »heiligem Land« war und für seine theologischen Einstellungen nach tragfähigen Perspektiven Ausschau hielt? Die Schönheit der von Frenssen geschilderten Figuren und Szenen wirkte anziehend auf Bultmann. Auch schien ihm der Schriftsteller ein Bild Jesu und seiner eschatologischen, ethisch-religiösen Botschaft gezeichnet zu haben, das Einsichten der neueren wissenschaftlichen Theologie nahezu kongenial literarisch umsetzte[88].

Die Berliner Studiensemester erwiesen sich für Bultmann darin als fruchtbar, daß er seine Vorstellungen von der Aufgabe der Theologie im Blick auf die Zukunft der Kirche weiter klären konnte. In seine Charakterisierungen der Berliner Theologieprofessoren, deren Lehrveranstaltungen er besuchte, ließ er wiederholt Reflexionen über die gegenwärtige und die anzustrebende Gestalt theologischer Arbeit mit einfließen. Im Falle des Systematikers Julius Kaftan bekamen diese Erwägungen einen überaus negativen Beigeschmack. Anfangs lobte Bultmann noch den Gedankenreichtum und die Präzision des Dogmatikers[89]. Doch mehr und mehr schien ihm Kaftan »ein schrecklicher Sophist und Scholastiker« zu sein[90]. Daß Bultmann im Juni 1905 als seinen augenblicklich größten Ärger die Dogmatik bezeichnete, bezog sich gewiß auch auf Kaftans Dogmatikkolleg, hatte aber einen weiteren Grund in Bultmanns genereller Distanzierung von jeglichem theologischen Traditionalismus. Ihm stand vor Augen, wie zäh in der eigenen Familie – wohl hauptsächlich von der Mutter – an den überkommenen Traditionen festgehalten wurde. Dabei hätte doch eine dringend erforderliche Reform die Dogmatik von überflüssigem Ballast zu befreien! »Was wird da noch für ein Unsinn beibehalten von ›Offenbarung‹, ›Trinität‹, ›Wunder‹, ›göttliche Eigenschaften‹, es ist fürchterlich.«[91] In Bultmanns Sicht war Kaftan nicht der Mann, von dem ein konstruktiver Beitrag zur Neuorientierung der dogmatischen Theologie hätte erwartet werden können. Noch mehr als dreißig Jahre später erinnerte sich Bultmann mit deutlichem Mißfallen daran, bei Kaftan fol-

86 Vgl. Bultmann an W. Fischer, 2. 4. 1905, Mn 2-2198.
87 Vgl. Bultmann an W. Fischer, 8. 10. 1905, Mn 2-2198.
88 Vgl. Bultmann an W. Fischer, 30. 1. 1906, Mn 2-2198; zu den Differenzen zwischen dem Urteil Bultmanns und dem Selbstverständnis des völkischen Schriftstellers G. Frenssen vgl. Kucharz (s. Anm. 82), 173.
89 Vgl. Bultmann an E. Teufel, 28. 10. 1904, Mn 2-2393.
90 Bultmann an W. Fischer, 7. 7. 1905, Mn 2-2198.
91 Bultmann an W. Fischer, 5. 6. 1905, Mn 2-2198.

Abb. 6: Karl Müller.

Abb. 7: Hermann Gunkel.

Abb. 8: Adolf von Harnack.

gende Aussage gehört zu haben: »Ist das Reich Gottes eine eschatologische Größe, so ist es ein für die Dogmatik unbrauchbarer Begriff.«[92]

Wie konnte es mit der Theologie und der Kirche weitergehen, nachdem das schöne feste Lehrgebäude der alten Orthodoxie zusammengebrochen war? Bultmann sah einstweilen nichts Neues, das die unhaltbar gewordenen normativen Verbindlichkeiten des traditionellen Christentums durch ein tragfähiges Konzept ersetzen konnte[93]. Er registrierte durchaus die enormen Leistungen, die die historischen Disziplinen der neueren Theologie erbracht hatten. Zugleich entwickelte er aber auch ein ausgeprägtes Sensorium für die Aporien des Historismus, der das überkommene Lehrsystem der Theologie ausgehöhlt hatte. Es fehle nämlich, so diagnostizierte Bultmann 1905 die theologische Großwetterlage, »an einem Geist, der alle Errungenschaften der historischen Theologie umfaßte und systematisch verwertete, der wirklich eine von Grund aus neue Theologie schaffen würde«[94].

In dem Kirchenhistoriker Adolf Harnack begegnete Bultmann dem überragenden Repräsentanten des liberalen Kulturprotestantismus in der wilhelminischen Ära. Zu

92 R. Bultmann, Johannes Weiß zum Gedächtnis, ThBl 18 (1939), (242–246) 243; vgl. Ders., Jesus Christus und die Mythologie (1958/64), GuV IV, 1975^3, (141–189) 142. Allerdings räumt Bultmann, ebd., ein, Kaftan habe diese Auffassung später noch selbst revidiert.

93 Vgl. Bultmann an W. Fischer, 31. 12. 1904, Mn 2-2198.

94 Bultmann an W. Fischer, 5. 6. 1905, Mn 2-2198; auch in: Bultmann Lemke (s. Anm. 57), 18.

seinem Bedauern erreichte er es zwar nicht, am Seminar Harnacks als ordentliches Mitglied teilnehmen zu können, jedoch blieben dem Gast die »Stunden spannungsreicher und fruchtbarer Arbeit« in dieser Lehrveranstaltung in lebhafter Erinnerung[95]. Bultmann besuchte außerdem zwei Vorlesungen Harnacks, »Dogmengeschichte« im Wintersemester 1904/05 und »Geschichte des Protestantismus (im 19. Jahrhundert)« im Sommersemester 1905. Harnacks Vortrag beeindruckte Bultmann zunächst außerordentlich: »Er spricht *ganz* frei, ruhig, ohne Pathos und ohne blendenden Schmuck, langsam, aber eindrucksvoll. Jeder Satz ist vor dem Aussprechen genau durchdacht, und der Hörer wird von dem Nachdruck seiner Worte gezwungen, ihn wieder mitzudenken ... Ich glaube, daß man Harnack als Dozenten ideal nennen kann.«[96] Freilich, je länger Bultmann den Dogmenhistoriker hörte, desto stärker mischten sich in die anhaltende Bewunderung auch distanzierte Töne. Hätte er nicht bei Karl Müller in Tübingen studiert, wäre Harnack ihm womöglich gefährlich geworden, befand Bultmann Ende 1904[97]. »Harnack läßt zu gern seinen Geist leuchten und spielt mit den Dingen, während Müller in Tübingen immer ernst und immer gründlich war.«[98] Solche Nuancen in der Wahrnehmung ließen Bultmann zu dem Urteil gelangen, Harnack sei »zu sehr Gelehrter« und daher nicht in der Lage, die Theologie grundlegend neu auf ihre kirchliche Verantwortung hin auszurichten[99]. Unbeschadet dieser Einschränkungen bezeugte er dem großen liberalen Theologen unvermindert seinen Respekt[100].

Die theologische Disziplin, die Bultmann in Berlin am intensivsten studierte, war das Alte Testament. Das hatte nicht zuletzt mit der außergewöhnlichen Lehrbegabung Hermann Gunkels zu tun, die dem außerordentlichen Professor für Altes Testament unter den Studenten eine breitere Wirkung als dem jeweiligen Ordinarias seines Faches bescherte[101]. Auch Bultmann, der bei Gunkel vier Lehrveranstaltungen mit insgesamt elf Wochenstunden belegte, war begeistert: »Gunkel ist jung, lebendig, feurig. Er ist äußerst interessant, polemisch, ist aber immer fein und vornehm.«[102] Unter der Anleitung Gunkels, des Mitbegründers der Religionsgeschichtlichen Schule, begann Bultmann also damit, sich mit dem Alten Testament wissenschaftlich näher zu beschäftigen. Dies bedeutete, daß er das Alte Testament von vornherein aus der literatur- und religionsgeschichtlichen Perspektive Gunkels in den Blick nahm[103].

95 R. Bultmann, Rez. über A. von Harnack, Einführung in die alte Kirchengeschichte, 1929 (1930), in: Ders., Theologie als Kritik (s. Anm. 64), (241 f.) 241.

96 Bultmann an E. Teufel, 28. 10. 1904, Mn 2-2393.

97 Vgl. Bultmann an E. Teufel, 31. 12. 1904, Mn 2-2393.

98 Bultmann an W. Fischer, 7. 7. 1905, Mn 2-2198.

99 Bultmann an W. Fischer, 5. 6. 1905, Mn 2-2198.

100 Vgl. Evang (s. Anm. 55), 15 f.

101 Vgl. R. Smend, Hermann Gunkel. 1862–1932, in: Ders., Deutsche Alttestamentler in drei Jahrhunderten, 1989, (160–172) 166.

102 Bultmann an E. Teufel, 28. 10. 1904, Mn 2-2393.

103 Bultmann an W. Fischer, 11. 9. 1904, Mn 2-2393: »Dann beschäftige ich mich mit der sog.

Allerdings kam es noch nicht in der Berliner Zeit, sondern erst im Sommer 1908 auf Wangerooge zu einem engeren persönlichen Kontakt zwischen Bultmann und Gunkel. Gleichwohl blieb Bultmann präsent, was er schon während seiner Studienzeit und darüber hinaus von dem Wegbereiter der formgeschichtlichen Arbeit am Alten Testament gelernt hatte[104]. Was Gunkel im Berliner Hörsaal vortrug, hielt Bultmann in zwei Vorlesungsmitschriften fest. Ihnen zufolge waren sowohl das Kolleg zur »Theologie des Alten Testaments«, die Gunkel als Religionsgeschichte des Alten Testaments entfaltete, als auch die Vorlesung »Die Entstehung des Alten Testaments«, in der er eine Literaturgeschichte Israels bot, nach dem gleichen Gliederungsprinzip disponiert. Nach einer Einführung handelte der erste Hauptteil von der Volksreligion bzw. der Volksdichtung Israels. Dem folgte im zweiten Hauptteil eine Darstellung der prophetischen Bewegung bzw. der großen Schriftsteller, der Propheten und Psalmisten. Ein knapper Schlußabschnitt war dem Judentum bzw. der jüdischen Literatur gewidmet[105].

Auch außerhalb der Lehrveranstaltungen Gunkels befaßte sich Bultmann mit dem Alten Testament. Er las es zusammen mit seinem jüdischen Freund Leonhard Frank, der sein in Leipzig begonnenes Jurastudium in Berlin fortsetzte. »Es ist doch ein großartiges Buch! Teilweise reicht es vollkommen an die griechischen Epen«, so lautete das offenkundig an der ästhetischen Betrachtungsweise Gunkels orientierte Fazit Bultmanns[106]. Freilich stellte er sich die Frage, ob die alten Sagen der Genesis oder die Erzählungen von Saul und David wirklich die geeigneten Stoffe für die religiöse Erziehung der Kinder seien. Er hielt die alttestamentlichen Geschichten für unverzichtbar, so lange man sie nicht durch irgend etwas Gleichwertiges ersetzen könne. Auf Dauer jedoch sei es fatal, »Geschichten zu erzählen, die im betreffenden Alter für wahr gehalten werden ..., später aber durch Aufklärung für unwahr erklärt werden müssen«[107].

Die zwei Semester in Berlin brachten Bultmann also durchaus wissenschaftliche Anregungen. Mit der Stadt indes konnte er sich nicht wirklich anfreunden. Beide Aspekte flossen mit ein in seine Bilanz der Berliner Studienzeit: »Schön war's trotz allem.«[108] Gänzlich ungetrübt erlebte Bultmann demgegenüber die letzte Phase seines Studiums in Marburg. Noch in der späteren Erinnerung klingt an, daß er im Herbst 1905 bereits mit großen Erwartungen in die hessische Universitätsstadt kam. Marburg »war ja vom ersten Semester an das Ziel meiner Sehnsucht gewesen, und im sechsten durfte ich erst hingehen. Ich weiß noch gut, wie ich als Student die Marburger Zeit, deren Schwerpunkt damals für mich ganz in den Vorlesungen und der

Einleitung ins Alte Testament, d.h. der Entstehungsgeschichte des A.T. Wegen der religionsgeschichtlichen Fragen ist es recht interessant.«

104 Vgl. R. Bultmann, Die Geschichte der synoptischen Tradition, 1921, 4*.

105 Vgl. die Analyse der Vorlesungsmitschriften Bultmanns bei de Valerio (s. Anm. 71), 50–96.

106 Bultmann an W. Fischer, 8. 12. 1904, Mn 2-2198.

107 Bultmann an W. Fischer, 31. 12. 1904, Mn 2-2198; vgl. Bultmann an E. Teufel, 31. 12. 1904, Mn 2-2393.

108 Bultmann an W. Fischer, 8. 10. 1905, Mn 2-2198.

Abb. 9: Wilhelm Herrmann.

Abb. 10: Wilhelm Heitmüller.

Abb. 11: Johannes Weiß.

Abb. 12: Adolf Jülicher.

Arbeit bestand, genoß!«[109] Ungestört von lästigen Begleitumständen, stürzte sich Bultmann voll in die Arbeit[110]. Er absolvierte ein enormes Pensum, im Wintersemester 1905/06 dreizehn Lehrveranstaltungen mit 27 Wochenstunden und im Sommersemester 1906 immerhin noch acht Kollegs und Seminare mit siebzehn Wochenstunden.

Bei der Wahl der Lehrveranstaltungen ließ sich Bultmann von deren Eignung als Präparation für das näherrückende Examen und von der Präferenz für bestimmte Dozenten leiten. Daneben besuchte er auch Kollegs, deren Themen als solche sein Interesse weckten. Dazu gehörten die konfessionskundlichen Vorlesungen, die Friedrich Wiegand zur Geschichte der christlichen Sekten und Carl Mirbt zur neueren Geschichte der christlichen Konfessionen hielten. Mirbt, innerhalb der zeitgenössischen protestantischen Theologie einer der besten Kenner des römischen Katholizismus, vermochte insbesondere in seinem Spezialgebiet zu überzeugen[111]. Ferner widmete sich Bultmann in Marburg von neuem der Philosophie. Hier zeigte er sich weniger von Martin Rades Einführung in die Religionsphilosophie Kants als vielmehr von einer vierstündigen Logikvorlesung Paul Natorps beeindruckt. Mit ihm hörte Bultmann den neben Hermann Cohen maßgeblichen Repräsentanten des Marburger Neukantianismus. Natorp »ist ein großartiger Kantkenner, und dadurch ist mir das Kolleg besonders wertvoll«[112]. Schließlich konnte Bultmann in zwei kleineren Vorlesungen, die der Praktische Theologe Johannes Bauer zur religiösen Lyrik im 19. Jahrhundert und zur Geschichte des protestantischen Kirchenbaus anbot, seinen ästhetischen Neigungen nachgehen.

Unter den klassischen theologischen Disziplinen hatte Bultmann das Alte Testament bei Hermann Gunkel in Berlin schon so ausgiebig studiert, daß er das Lehrangebot des Marburger Alttestamentlers Karl Budde kaum in Anspruch nahm[113]. Statt dessen konzentrierte er sich nun auf das Neue Testament, das in Marburg durch Adolf Jülicher und Johannes Weiß glänzend vertreten wurde. Mehrfach plazierte Bultmann auf seiner Bewertungsskala der Marburger Professoren Jülicher ganz oben. »Er ist hier mein liebster Lehrer, von unbedingter Wahrhaftigkeit, Selbstverleugnung und Gewissenhaftigkeit; dabei voll Wärme und Glut für seine Arbeit. Persönlich hat er mir manchmal mit seinem Rat geholfen.«[114] Bultmann besuchte zwar nur zwei Lehrveranstaltungen Jülichers[115], bewahrte dem Neutestamentler aber

109 Bultmann an H. Feldmann, 25. 9. 1916, Mn 2-3447.

110 Bultmann an W. Fischer, 9. 11. 1905, Mn 2-2198: »Man … lebt ganz in der Wissenschaft.«

111 Vgl. Bultmann an E. Teufel, 25. 6. 1906, Mn 2-2393.

112 Ebd.

113 Vgl. die autobiographischen Aufzeichnungen R. Bultmanns aus dem Frühsommer 1969, in: Jaspert (s. Anm. 51), (311–313) 311.

114 Bultmann an E. Teufel, 25. 6. 1906 (s. Anm. 111); vgl. auch Bultmann an W. Fischer, 9. 11. 1905, Mn 2-2198.

115 Immerhin schrieb er im WS 1905/06 in Jülichers kirchengeschichtlichem Seminar zum Gnostizismus eine Hausarbeit: »Die Theologie des Herakleion nach den Resten seines Kommentars zu Joh. 4«.

über den Tag hinaus erkennbaren Respekt. Dieser bezog sich insbesondere auf Jülichers strenges Bemühen um eine rein geschichtliche Auffassung des Urchristentums. So fand Bultmann Jülichers Darstellung der Religion Jesu in der »Kultur der Gegenwart« ausgezeichnet[116]. Als Wilhelm Herrmann 1906 in seinem Kolleg das Jesusbild Jülichers wie auch dasjenige Julius Wellhausens als »die beiden besten, die wir hätten«, bezeichnete, allerdings monierte, bei beiden sei der Grundsatz »*Christum cognoscere, hoc est: beneficia eius cognoscere*« nicht hinreichend befolgt worden, mochte Bultmann diesem Urteil nicht beipflichten. Für ihn bestand der Vorzug des Christusbildes Jülichers gerade darin, daß es als ausschließlich historisch erschlossenes die *beneficia Christi* transparent zu machen vermochte[117].

Bei Johannes Weiß besuchte Bultmann die meisten Lehrveranstaltungen zum Neuen Testament, zwei Vorlesungen und zwei Seminare. Der Neutestamentler war nach Hermann Gunkel der zweite Repräsentant der Religionsgeschichtlichen Schule, bei dem Bultmann studierte. Weiß sei »immer interessant« und imponiere »durch seine Anschauungskraft«[118]. Diesen 1906 notierten Eindruck hat Bultmann 1939 in seinem Gedenkartikel auf den Lehrer um Reminiszenzen aus der Marburger Studienzeit ergänzt. Danach verkörperte Weiß in geradezu idealtypischer Weise die Einheit des Forschers und Lehrers. »Er übte die Vorlesungstätigkeit mit großem Eifer und Freude. Sein Vortrag war fließend und lebendig, dabei klar gegliedert und geformt. Vom Kollegheft war er sehr unabhängig, ja mitunter (etwa bei der Erklärung der Korintherbriefe) sprach er völlig frei und hatte als Grundlage des Vortrags nur den Text des NT.« In seinem akademischen Unterricht folgte Weiß der Maxime, »in seinen Hörern die Lust zu eigener Arbeit und die Fähigkeit zu selbständigem Urteil« zu wecken[119].

Die beiden Marburger Semester wurden für Bultmann zur beglückendsten Zeit seines Studiums. Das lag nicht nur an den theologischen Anregungen, die er im Hörsaal erhielt, sondern auch an der eigentümlichen Atmosphäre an der liberalen Fakultät. Anders als in Berlin pflegten hier Professoren und Studenten persönliche Kontakte. Nicht zuletzt deshalb fand Bultmann Marburg »ideal für die Theologie«[120]. Er nahm die Einladungen der Professoren zu offenen Abenden, zum geselligen Austausch über Kunst und Literatur wie auch zum gemeinsamen Musizieren gern an. Besonders häufig zu Gast war er im Hause Martin Rades, des Herausgebers der »Christlichen Welt«. Rade kümmerte sich sehr um Bultmann. Sein theologischer Einfluß auf den jungen »Freund der Christlichen Welt« blieb freilich begrenzt. Bultmann empfand von Anfang an im persönlichen Verhältnis zu Rade eine deutliche

116 Vgl. Bultmann an W. Fischer, 3. 9. 1906, Mn 2-2198; vgl. A. Jülicher, Die Religion Jesu und die Anfänge des Christentums bis zum Nicaenum (325), in: P. Hinneberg (Hg.), Die Kultur der Gegenwart, I/4/1, 1906, 41–128.

117 Bultmann an E. Teufel, 25. 7. 1906, Mn 2-2393.

118 Bultmann an E. Teufel, 25. 6. 1906, Mn 2-2393.

119 R. Bultmann, Johannes Weiß zum Gedächtnis, ThBl 18 (1939), (242–246) 244 f.

120 Bultmann an W. Fischer, 30. 1. 1906, Mn 2-2198.

Distanz, die sich, wie er später selbst einräumte, mitunter in kühler Abweisung äußern konnte. Unbeschadet dieser Einschränkung bewahrten Bultmann und Rade einander gegenseitige Achtung[121].

Unter den Marburger Theologieprofessoren war der Systematische Theologe Wilhelm Herrmann wohl der einzige, zu dem Bultmann keine nähere persönliche Beziehung aufbauen konnte[122]. Er nahm im Sommersemester 1906 an Herrmanns Kolleg »Dogmatik I« und an seinem Seminar teil. Der bedeutendste Systematiker der Schule Albrecht Ritschls sollte langfristig mit seinem Werk nachhaltig auf das theologische Denken Bultmanns einwirken. Dessen Wahrnehmung des *Dozenten* Herrmann trug einstweilen ambivalente Züge. »In bezug auf klares Durch*denken* der Probleme befriedigt er mich nicht. Er verwischt oft die Fragestellungen. Aber dem Eindruck seiner gewaltigen religiösen und sittlichen Persönlichkeit kann man sich nicht entziehen. Fast jede Stunde ist wie ein Gottesdienst; stets herrscht eine eigentümlich weihevolle Stimmung; und stets geht man fort mit dem Gefühl: man muß und kann besser werden.«[123] Der in diese Schilderung der religiösen Aura Wilhelm Herrmanns hinein verwobene Vorbehalt im Blick auf die innere Stringenz seiner dogmatischen Argumentation gehörte zu den stimulierenden Fragen, deren Bearbeitung sich Bultmann später selbst zur zentralen theologischen Aufgabe machte.

Das Studium der Praktischen Theologie setzte herkömmlich Kenntnisse und Kompetenzen in den exegetischen Fächern, der Kirchen- und Theologiegeschichte sowie der Systematischen Theologie voraus. Folglich besuchte Bultmann erst in seinen beiden letzten Semestern verstärkt auch praktisch-theologische Lehrveranstaltungen. Dabei richtete sich sein Interesse weniger auf die Katechetik, in die er sich durch Ernst Christian Achelis in einem Kolleg über die Katechismen Luthers einführen ließ, als vielmehr auf die Homiletik. Er nahm an zwei homiletischen Übungen teil, die der Praktische Theologe Johannes Bauer in einer ansprechenden Weise zu gestalten verstand. »Bauer hat ein feines Verständnis für die Schwierigkeiten, die wir beim Gedanken an das praktische Amt empfinden, dabei ist er so klar, so frisch und siegesgewiß.«[124]

Soweit diese mit der Ausübung des Pfarramtes gegebenen Probleme die Predigt als gebundene gottesdienstliche Rede betrafen, bezog Bultmann sie bereits während des Studiums in sein Nachdenken über die Aufgabe der Theologie in ihrer Ausrichtung auf die kirchliche Praxis mit ein. Er kam auf diese Schwierigkeiten im April 1906 zu sprechen, im Rahmen einer Kritik an einer Karfreitagspredigt, die ein Vetter über die Schächer am Kreuz gehalten hatte. Bultmann stieß sich daran, daß in jener Predigt der biblische Text vergewaltigt worden sei. Noch mehr mißfiel ihm, daß der Prediger sich damit begnügt habe, die »alten bequemen Formeln« zu verwenden. Das wahre Christentum, das die Predigt zu befördern habe, könne aber nur dann

121 Vgl. Bultmann an H. Feldmann, 4./5. 10. 1916, Mn 2-3447.

122 Vgl. ebd.

123 Bultmann an E. Teufel, 25. 6. 1906, Mn 2-2393.

124 Ebd.

angemessen zur Sprache kommen, wenn es in die Gedanken- und Lebenswelt der Hörer hinein ausgelegt werde. Diese grundsätzliche hermeneutische Aufgabe sei als solche nicht einmal erkannt geschweige denn bearbeitet, wenn ein Prediger seine Sache lediglich mit den »alten dogmatischen Formeln« zum Vortrag bringe[125].

Als gelungene Beispiele einer modernen Predigt galten dem jungen Bultmann die »Dorfpredigten« Gustav Frenssens. »Ich habe grade wieder in diesen Tagen einige davon gelesen und finde sie fast ideal. Er versteht es, die alten Geschichten ins Norddeutsche zu übersetzen und sie brauchbar zu machen, ohne gesucht zu werden, auf wunderbare feine Weise. Solche Predigten sind wirklich ein Muster, neben ihnen kenne ich als gute nur noch die von Dörries und (allenfalls) teilweise Naumanns Andachten«[126]. In den ersten beiden Jahrzehnten nach 1900 avancierten die »Dorfpredigten« des dithmarsischen Pastors und Romanciers zur erfolgreichsten deutschsprachigen Predigtsammlung. Sie verdankten ihre breite Rezeption vornehmlich im liberalen Kulturprotestantismus auch dem Umstand, daß sie gleichsam intuitiv fundamentale Forderungen der homiletischen Reformbewegung zu Beginn des 20. Jahrhunderts erfüllten. Sie kamen nicht im üblichen Kanzeljargon daher, Frenssen bediente sich vielmehr einer schlichten, verständlichen Sprache. Er übersetzte das Evangelium in die Gegenwart, in die Lebens- und Vorstellungswelt seiner Hörer und Leser, nicht nur in das ländliche Milieu, sondern auch in das der akademisch Gebildeten. Frenssen reduzierte die komplexen Gehalte der kirchlichen Tradition ganz im Sinne liberaler Theologie auf ein einfaches, undogmatisches Christentum[127].

Was Bultmann an Frenssens »Dorfpredigten« musterhaft erschien – der Verzicht auf eine antiquierte Sprache und die überkommene Dogmatik sowie die Offenheit für Einsichten moderner Theologie –, gehörte zum festen Kanon liberaler Homiletik. Johannes Bauer, Bultmann homiletischer Lehrer, war einer der Protagonisten der »modernen Predigt«. Unter diesem programmatischen Schlagwort suchten um 1900 evangelische Homiletiker angesichts der vielfältigen Modernisierungs- und Umwälzungsprozesse im wilhelminischen Kaiserreich nach Wegen, den Bezug der kirchlichen Verkündigung zur offenkundig veränderten Lebenswirklichkeit der Hörer neu herzustellen. Dabei verstand Johannes Bauer die gottesdienstliche Predigt in der homiletischen Tradition Schleiermachers als darstellendes Handeln, durch das der Prediger seinen eigenen Glauben und den der Hörer zur Erbauung der Gemeinde durchsichtig zu machen hatte. Da aber nach Bauers Auffassung sowohl die religiöse Erfahrung der Gemeinde als auch in besonderer Weise diejenige des Predigers auf das Zeugnis der Heiligen Schrift angewiesen war, hatte der Prediger seinen per-

125 Bultmann an W. Fischer, 19.4. 1906, Mn 2-2198; vgl. zum Folgenden Evang (s. Anm. 55), 136–148.

126 Bultmann an W. Fischer, 2.4. 1905, Mn 2-2198; vgl. G. Frenssen, Dorfpredigten. Gesamtausgabe, o.J. (= I, 1905[9]; II, 1906[8]; III, 1905[5]).

127 Vgl. außer Evang (s. Anm. 55), 136–138, bes. A. Crystall, Gustav Frenssen. Sein Weg vom Kulturprotestantismus zum Nationalsozialismus, 2002, 116–150.

sönlichen Glauben »in engem Anschluß an den reinen Gedankeninhalt eines Textes« zu entfalten[128].

Dieses hier nur knapp umrissene Predigtverständnis eignete sich Bultmann in den Seminarübungen Bauers an. Es diente ihm als Leitfaden in den Anfängen seiner alsbald einsetzenden eigenen Predigtpraxis[129]. Dabei war er sich schon während seines Studiums darüber klar, »wie schwer es ist, eine wirklich vernünftige Predigt zu halten, von der die Zuhörer etwas haben!«[130]. Als sich sein Studium dem Ende näherte, sehnte er sich freilich »danach, bald praktisch arbeiten zu können«, zu predigen und an der Aufgabe mitzuwirken, »unser modernes Christentum den Gemeinden zu bringen«[131]. Zuvor hatte er sich in Oldenburg dem Ersten theologischen Examen zu unterziehen.

4. Examen und Unterrichtstätigkeit in Oldenburg

Mit dem Examen bin ich nun ein klein wenig weiter, da ich vor 14 Tagen die Klausur erledigt habe ... Die Themata waren sehr leicht und die ganze Sache entsetzlich stumpfsinnig ... Im neuen Testament hatte ich die Areopag-Rede des Paulus aus der Apostelgeschichte; leider blieb mir nichts anderes übrig, als wahrheitsgemäß ihren guten Anfang zu loben und ihren schlechten Schluß zu tadeln. In Kirchengeschichte hatte ich den recht interessanten Papst Nicolaus I. (858–67) und den recht undankbaren Wiklif. Letzteren entsetzte ich nach K. Müller und Harnack seiner Würde als »Vorreformator«. – Du siehst also, daß ich mich ziemlich ketzerisch geäußert habe, und ich möchte wohl wissen, mit welchen Gefühlen meine Examinatoren meine unanfechtbaren Häresien lesen![132]

Im April 1906 teilte Bultmann seinem Freund Walther Fischer mit, er habe sich Anfang des Monats beim Oberkirchenrat in Oldenburg für das Examen gemeldet und warte täglich auf die Themen für die Hausarbeiten. »Jetzt habe ich natürlich genug zu tun, und sitze die ganzen Tage bei dem herrlichen Wetter auf der Veranda bei meinen Büchern. Ich arbeite wirklich mit voller Befriedigung in der Theologie.«[133]

128 J. BAUER, Predigten über Worte Jesu, 1903, VII; zu Bauers Begründung der Textbindung der Predigt vgl. EVANG (s. Anm. 55), 139–142.

129 Ob sich Bultmann bereits während seines Studiums den zu J. Bauers Predigtdefinition zumindest in einer gewissen Spannung stehenden Grundsatz Ernst Christian Achelis' »*Predige nicht dich selbst*, desto mehr *dir* selbst«, zu eigen gemacht hat, kann aus den Quellen nicht entschieden werden. Zum Problem und zu Bultmanns späteren Bezugnahmen auf den Grundsatz Achelis' vgl. EVANG (s. Anm. 55), 141 f. – Vgl. E.Ch. ACHELIS, Lehrbuch der Praktischen Theologie, Bd. I, 1898[2], 145.

130 Bultmann an W. Fischer, 31. 12. 1904, Mn 2-2198.

131 Bultmann an W. Fischer, 19. 4. 1906, Mn 2-2198.

132 Bultmann an W. Fischer, 22. 12. 1906, Mn 2-2198.

133 Bultmann an W. Fischer, 19. 4. 1906, Mn 2-2198.

Eine erste Bestandsaufnahme dieser Arbeit sollte nun das theologische Examen erbringen. Die drei schriftlichen Examensarbeiten – eine Abhandlung über I Kor 2,6–16, einen Katechisationsentwurf zu Mt 13,31–33 sowie eine Predigt über Phil 2,12 f. – reichte Bultmann fristgerecht am 18. Juni 1906 ein[134].

In seiner neutestamentlichen Hausarbeit über I Kor 2,6–16 bietet Bultmann zusätzlich zur Exegese des Textes zunächst einen Exkurs, in dem er die Herkunft des alttestamentlichen Zitats I Kor 2,9 erörtert und die Frage nach dem Recht des allegorischen Schriftgebrauchs dahingehend beantwortet, daß die Allegorese aus der Perspektive des evangelischen Schriftverständnisses abzulehnen sei[135]. Sodann nimmt er – und dies ist bezeichnend für sein ausgeprägtes Interesse an prinzipiellen theologischen Problemstellungen – den Text und sein Thema zum Anlaß, um sich in einem zweiten Exkurs ausführlich über das Verhältnis zwischen Glauben und Wissen zu äußern[136]. Bultmann sieht die Pointe der schroffen Gegenüberstellung von göttlicher und menschlicher Weisheit in I Kor 1 und 2 darin, daß Paulus sich hier gegen eine Philosophie wende, die in dem Wahn, »die letzten Fragen des Lebens … lösen zu können«, die menschlichem Erkennen gesetzten Grenzen überschreite. In der Geschichte der Theologie und Philosophie hätten freilich erst Kant mit seiner kritischen Philosophie und sodann Schleiermacher mit seiner Bestimmung der Religion als einer »Sache des fühlenden, wollenden Subjekts … die Grenzen wissenschaftlichen und religiösen Erkennens« exakt beschrieben. Der Glaube – so bestimmt Bultmann ihn im Anschluß an Wilhelm Herrmann – ist nämlich »kein Fürwahrhalten von Objekten, die sich von den Objekten des erkennenden Geistes gar nicht prinzipiell unterscheiden, sondern er ist persönliche Überzeugung, entsprungen aus dem Erlebnis der Berührung mit einer unbedingten Macht«.

Bultmann beläßt es freilich nicht bei der bloßen antithetischen Abgrenzung von Glauben und Wissen, zumal für ihn das wissenschaftliche Erkennen »zunächst religiös ganz indifferent« ist. Denn die Vereinigung beider Erkenntnisweisen »in *einem* menschlichen Geistesleben« führt nicht nur dazu, daß die Religion wie auch die Wissenschaft sich in der Anerkennung ihrer unterschiedlichen Erkenntnisbereiche wechselseitig regulieren. Darüber hinaus leistet das wissenschaftliche Erkennen dem religiösen insofern einen unverzichtbaren Dienst, als das Wissen um die Welt der Phänomene in Natur und Geschichte das persönliche religiöse Leben in der Welt fördert. In der Welt nämlich kann das Reich Gottes nur dann erlebt und verwirklicht werden, wenn wir eine hinreichende Kenntnis von dieser Welt haben. Bultmann betont also beides, die scharfe Unterscheidung von Glauben und vernünftiger Er-

134 Vgl. zum Folgenden die Prüfungsakte Rudolf Karl Bultmann, StA Oldenburg, 250 B. XXIX Nr. 316, und die Personalakte Rudolf Karl Bultmann, StA Oldenburg, 250 B. XXIX a Nr. 316.

135 Vgl. R. Bultmann, Abhandlung über 1. Kor. 2,6–16, in: Prüfungsakte (s. Anm. 134), (1–80) 72.

136 Vgl. Bultmann, aaO 73–80, abgedruckt in: Zager, Liberale Exegese des Neuen Testaments, 2004, 163–168 (danach die folgenden Zitate). Eine ausführliche Analyse dieses Exkurses bietet Evang, Bultmann, 253–256.

kenntnis wie auch ihre positive Relation zueinander unter dem Primat des religiösen, auf Offenbarung beruhenden Erkennens.

Der Erstgutachter der Examensabhandlung Bultmanns, Pfarrer Heinrich J. Iben (Vechta), lobte sowohl die Zusammenfassung der eigentlichen Exegese (»einige ganz ausgezeichnete Gedankengänge«) als auch insbesondere Bultmanns Exkurs zum Verhältnis »von wissenschaftlichem und religiösem Erkennen« als »in dieser Kürze und Klarheit vorzüglich«[137]. Weniger positiv fiel das Urteil über die Examenspredigt des Kandidaten aus. Der Erstkorrektor, der Geheime Oberkirchenrat Theodor H.F. Hansen (Oldenburg), meinte, Bultmann habe »auf seine Weise den Text ernstlich durchdacht«, »seine homiletische Textbehandlung« sei jedoch »nicht höher als ›ziemlich gut‹« einzustufen. Die Disposition beurteilte Hansen als »logisch unanfechtbar, aber homiletisch unzweckmäßig«. Die Sprache der Predigt sei »sachgemäß, aber z.T. zu doktrinär«. Im Zweitgutachten sprach Pfarrer Iben der Predigt sogar die Textgemäßheit ab. Der Verfasser habe den Aufruf des Paulus »zum ernsten Schaffen, zu heiliger Wachsamkeit, zum Mutbehalten« und den soteriologischen Gehalt des Textes nicht genügend herausgestellt[138].

Bultmann hatte seine Examenspredigt bereits am 17. Juni 1906 in zwei Dörfern nahe Marburg – möglicherweise in Goßfelden und Sarnau – gehalten[139], »ohne stekken zu bleiben«[140]. Seine Auslegung von Phil 2,12 f. behandelt das Thema »Unsere ernste Arbeit an der Seligkeit, wie sie begründet ist durch Gottes Arbeit an uns«[141]. Damit ist ein Leitmotiv intoniert, das sich in den kommenden Jahren wie ein *cantus firmus* durch die Predigtarbeit Bultmanns ziehen wird, das Gegenüber von Arbeit und Geschenk. In dieser ersten Predigt liegt der Hauptakzent noch auf der eigenen »ernsten Arbeit an der Seligkeit«[142], zu der die Religion, die Erfahrung des Gnadenwirkens Gottes an und in uns, ermächtigt und verpflichtet. So verleiht die Religion aller menschlichen Arbeit ihren Wert und tieferen Sinn, wie Bultmann im Einklang mit dem zeitgenössischen lutherischen Arbeitsethos feststellt, und dementsprechend ordnet er die Verkündigung des Evangeliums funktional der Predigt des Gesetzes unter.

Nachdem Bultmann am 8. Dezember 1906 die Klausuren im Alten Testament zu I Sam 15,13–23 und im Neuen Testament über Apg 17,22–31 sowie zwei Tage später die kirchengeschichtliche Klausur über Papst Nikolaus I. und Wyklif geschrieben hatte[143], trug er den ersten Teil seiner Examenspredigt zur Eröffnung der mündlichen Prüfung am 31. Januar 1907 auf der Kanzel der Lamberti-Kirche in Oldenburg

137 Bultmann, Abhandlung über 1. Kor. 2,6–16 (s. Anm. 135), 80.

138 Vgl. die Prüfungsakte (s. Anm. 134); die Voten der Gutachter sind z.T. auch wiedergegeben in: R. Bultmann, VW, X f. (Einleitung).

139 Vgl. die Angaben in: Bultmann, aaO 324 Anm. 1.

140 Bultmann an W. Fischer, 3. 9. 1906, Mn 2-2198.

141 Die Predigt ist abgedruckt in: Bultmann, VW, 1–7; vgl. dazu interpretierend K. de Valerio, Altes Testament und Judentum im Frühwerk Rudolf Bultmanns, 1994, 107–116.

142 Bultmann, aaO 1; vgl. aaO 5–7.

143 S. o. Anm. 132.

(erneut) vor. Mit Bultmanns Leistungen im Examen waren seine Prüfer – außer Hansen und Iben gehörte noch Kirchenrat Georg A. L. Püschelberger (Bad Zwischenahn) zu ihnen – außerordentlich zufrieden, mit einer Einschränkung, die der Bericht des Oberkirchenrats an den Großherzog vom 31. Januar 1907 festhält: »Wenn auch seine praktischen Arbeiten und besonders die Predigt noch zu wünschen übrig lassen, so überragt seine wissenschaftliche Gesamtbildung in den verschiedensten Fächern doch so sehr das mittlere Maß der Leistungen eines Tentanden, daß die Prüfungskommission es für geboten erachtete, ihm die Note I^b ›vorzüglich‹ zuzuerkennen.«[144] Bultmann quittierte das ausgezeichnete Zeugnis mit dem Hinweis auf die familiäre Tradition als »doppelt erfreulich ..., da ich der erste darin bin seit dem Examen meines Vaters«[145]. Den Antrag des Oberkirchenrats, den Kandidaten Bultmann bei gegebenem Bedürfnis provisorisch in den Kirchendienst zu übernehmen, beschied das Staatsministerium in Oldenburg am 9. Februar 1907 positiv[146].

Über ein Dreivierteljahr zog sich die Examensprozedur hin, für den Kandidaten eine allzu lange Zeit. Um nicht bei seinen »Eltern herumzuliegen«, ließ Bultmann sich noch während des Examens im September 1906 als Hauslehrer bei dem Graf Beissel in Flensburg engagieren. »Graf und Gräfin sind prachtvolle, sehr fein gebildete Menschen; ich werde ungeheuer liebenswürdig behandelt.« Zu tun hatte Bultmann »nichts außer von 5–7 ½ Uhr nachmittags dem Sohne die Schularbeiten nachzusehen und zuweilen von 3–4 Uhr einen Spaziergang mit ihm zu machen. Für diese Mühe erhalte ich 80 M und freie Station!«[147] Als er im Sommer 1907 ein zweites Mal, diesmal in Darmstadt, im Haus des Grafen Privatunterricht erteilte, befriedigte ihn diese Tätigkeit freilich nicht mehr. Denn zwischenzeitlich hatte er »die Freude gekostet ..., vor einer Klasse zu stehen und die Menge von interessierten Gesichtern zu befriedigen«[148]. Das war von Oktober 1906 bis September 1907 der Fall, als Bultmann vertretungsweise als »Oberlehrer« am Gymnasium in Oldenburg unterrichtete[149]. Umfaßte sein Lehrdeputat im Winterhalbjahr 1906/07 achtzehn Stunden, verteilt auf die Fächer Deutsch, Geschichte und Erdkunde, so belief es sich im Sommer 1907 auf 23 Stunden, unter ihnen nunmehr auch vier Stunden Religionsunterricht. Eingesetzt wurde Bultmann in Klassen von der Sexta bis zur Obertertia.

Durch seine Unterrichtstätigkeit konnte Bultmann das pädagogische Erbe seiner Familie gewissermaßen neu aktivieren. Dies bereitete ihm augenscheinlich große Freude. Vor Probleme stellte ihn lediglich der Geschichtsunterricht in den höheren Klassen, für den er eine »Unmenge« durchzulesen hatte, »um den Stoff beherrschen

144 Abschrift des Berichts des Oberkirchenrats über die Prüfung Bultmanns an den Großherzog vom 31. 1. 1907, in: Personalakte Bultmann (s. Anm. 134).

145 Bultmann an E. Teufel, 25. 3. 1907, Mn 2-2393.

146 Vgl. Evang, Bultmann, 28.

147 Bultmann an W. Fischer, 3. 9. 1906, Mn 2-2198.

148 Bultmann an E. Teufel, 17. 7. 1907, Mn 2-2393.

149 Das Folgende inklusive der Zitate nach: Bultmann an W. Fischer, 22. 12. 1906, Mn 2-2198; in Auszügen abgedruckt in: R. Rittner (Hg.), Rudolf Bultmann und Oldenburg, 2002, 11.

und auswählen zu können«, sowie die Geographie – »auch da fehlt es mir an genügenden Kenntnissen«. Der Deutschunterricht dagegen ging ihm leichter von der Hand. »Gedichte zu lesen, Aufsätze durchzunehmen, ist mir immer eine Freude; und ich merke den Schülern das Interesse immer ab.« Um die disziplinarischen Voraussetzungen für den Erfolg seines Unterrichts zu schaffen, wählte Bultmann die damals gängige Methode, teils »mit Strafen, teils durch Milde. Im ganzen richtet man aber durch Strenge mehr aus; d.h. man muß streng anfangen und die Jungens merken lassen, daß man sich nichts gefallen läßt; gemütlich werden kann man nachher immer noch. Unter den Strafen sind die zwar verbotenen Prügel weitaus die wirksamste, und ich wende fast nur diese an.«

Innovatorische Akzente setzte Bultmann anderswo. Daß »manche Lehrer ihre Aufgabe nur im Einpauken des Stoffes« sahen »und gar keine persönliche Teilnahme an den Schülern« nahmen, war ihm als Schüler »ehemals oft schmerzlich« gewesen. Er versuchte »deshalb, den Jungens auch immer« sein »persönliches Interesse zu zeigen.« Und empfand er es in seiner eigenen Schulzeit als einen großen Fehler, »daß wir zur Unehrlichkeit geradezu erzogen wurden, teils durch zu große häusliche Aufgaben, teils durch Nachlässigkeit der Lehrer«, so bemühte er sich »jetzt nach Kräften, den Jungens einige Begeisterung für die Wahrheit beizubringen«. Im Rahmen seiner Oldenburger Lehrtätigkeit konnte Bultmann nicht nur erste unterrichtspraktische Erfahrungen sammeln, sondern auch seine Menschenkenntnis erweitern. Insbesondere unter seinen Kollegen lernte er beim Stammtisch »eine Reihe interessanter Menschen kennen«. Dabei erlebte er diejenigen, die er einst »als Schüler wenig« geschätzt hatte, aus der kollegialen Perspektive nun »ganz anders«.

Im Religionsunterricht, den er im Sommerhalbjahr 1907 in zwei Quarten zu erteilen hatte, behandelte Bultmann, wie vom Lehrplan vorgegeben, Geschichten aus dem Alten Testament, die Gleichnisse und Wunder aus dem Neuen Testament – letztere bereiteten ihm erhebliche Schwierigkeiten – sowie das Apostolische Glaubensbekenntnis nach dem Kleinen Katechismus Luthers[150]. Wie seine Briefe an Eberhard Teufel und Walther Fischer belegen, nahm der pädagogische Autodidakt Bultmann seine Unterrichtstätigkeit mit viel Engagement und Freude wahr. Während dieser beruflichen Übergangszeit tauschte er sich von Oldenburg mit seinen Freunden weiter über religiöse Fragen und theologische Neuerscheinungen aus, etwa über Gunkels »Elias«, Jülichers Darstellung »Die Religion Jesu und die Anfänge des Christentums bis zum Nicaenum (325)« und Wellhausens neu aufgelegte »Israelitische und jüdische Geschichte«[151]. Emil Balla, sein Berliner Studienfreund, hielt Bultmann über neue Veröffentlichungen zum Alten Testament, insbesondere auch über Ballas

150 Vgl. Bultmann an E. Teufel, 25. 3. 1907, Mn 2-2393; Bultmann an W. Fischer, 26. 3. 1907, Mn 2-2198.

151 Vgl. Bultmann an W. Fischer, 3. 9. 1906 u. 26. 3. 1907, Mn 2-2198. – Vgl. H. Gunkel, Elias. Jahve und Baal, 1906; A. Jülicher, Die Religion Jesu und die Anfänge des Christentums bis zum Nicaenum (325), in: P. Hinneberg (Hg.), Die Kultur der Gegenwart, I/4/1, 1906, 41–128; J. Wellhausen, Israelitische und jüdische Geschichte, 1907[6].

wissenschaftliche Kontakte zu Hermann Gunkel und dessen Publikationsvorhaben, auf dem Laufenden[152]. So war Bultmann in Oldenburg nicht gänzlich abgeschnitten von dem für ihn so ungemein wichtigen akademisch-wissenschaftlichen Diskurs. Die Möglichkeit, daß er nach dem bestandenen Examen wieder in die Welt der universitären Theologie würde zurückkehren können, hatte sich im übrigen schon vor seinem Aufenthalt in Oldenburg abgezeichnet.

152 Vgl. de Valerio (s. Anm. 141), 39 f.

II. Auf dem Weg in das akademische Lehramt (1907–1916)

1. Repetent in Marburg

Ende September ist die Tätigkeit am Gymnasium zu Ende, und ich fahre nach Marburg. Dort denke ich mich für die nächsten Jahre aufzuhalten. Ich habe nämlich – und das ist das Schönste, das ich Dir mitzuteilen habe – einen »Ruf« erhalten dorthin als Repetent an der Stipendiatenanstalt.[1]

Im Juli 1907 forderte die Marburger Theologische Fakultät Bultmann dazu auf, sich um die im Herbst frei werdende Stelle des zweiten Repetenten an der Hessischen Stipendiatenanstalt in Marburg zu bewerben. Insbesondere Johannes Weiß setzte sich dafür ein, Bultmann mit diesem Amt zu betrauen und ihm dadurch die Möglichkeit zu eigener wissenschaftlicher Arbeit zu eröffnen[2]. Die Theologische Fakultät und die Verwaltungskommission der Stipendiatenanstalt hatten gemäß dem Regulativ der Einrichtung aus dem Jahre 1849 gemeinsam einen Vorschlag zu unterbreiten, nach dem dann das Kuratorium der Universität für jeweils zwei Jahre einen neuen Repetenten anstellte[3]. Am 27. Juli 1907, nachdem Bultmann seine Bewerbung eingereicht hatte, richtete Wilhelm Herrmann als Ephorus der Stipendiatenanstalt und als stellvertretender Dekan an den Königlichen Universitätskurator die Bitte, »dem *cand. theol.* Rudolf Bultmann ... die zweite Repetentenstelle am Seminarium Philippinum für zwei Jahre verleihen zu wollen. Wir kennen Herrn Bultmann aus seiner hiesigen Studentenzeit als einen hochbegabten, ernsten und fleißigen Mann«[4]. Der Kurator entsprach dieser Bitte. Als Nachfolger des Neutestamentlers Walter Bauer trat Bultmann das Repetentenamt am 1. Oktober 1907 an.

Bultmann kam an eine akademische Institution, die beinahe so alt war wie die *Philippina* selber, die älteste protestantische Universität der Welt. In dem umfassenden Bildungsprogramm, das Franz Lambert von Avignon für die *Reformatio Ecclesiarum Hassiae* 1526 entwickelt hatte, stellte die Stipendiatenanstalt einen wichtigen

1 Bultmann an W. Fischer, 30. 7. 1907, Mn 2-2198.

2 Vgl. Bultmann an E. Teufel, 29. 12. 1907, Mn 2-2393; J. Weiß an Bultmann, 9. 6. 1908, Mn 2-2020; zum Folgenden vgl. Evang, Bultmann, 30–35.

3 Vgl. das Regulativ für die Stipendiaten-Anstalt zu Marburg vom 11. Februar 1849, o.J., 7 (§ 14).

4 W. Herrmann an den Königlichen Universitäts-Kurator, 27. 7. 1907, zit. nach Evang (s. Anm. 2), 31.

Baustein dar[5]. Landgraf Philipp der Großmütige setzte diese Konzeption im Zuge der Einführung der Reformation in seinem Territorium sukzessive um. Er ließ, um die Ausbildung der Kirchen- und Staatsdiener Hessens im reformatorisch-humanistischen Geist sicherzustellen, 1529 die Höhe der von den hessischen Städten aus dem Kirchenvermögen zu finanzierenden Stipendien und die Regularien für die Präsentation geeigneter Kandidaten durch die Städte festlegen. Das Marburger Stipendium hatte Modellcharakter, diente es doch alsbald als Muster für das 1534 errichtete, später noch berühmter gewordene Tübinger Stift. Der mit der Marburger Einrichtung von Anfang an verbundene Gedanke der studentischen Lebensgemeinschaft ließ sich 1546 dauerhaft realisieren, als man das säkularisierte Kugelhaus, das Fraterhaus der Brüder vom gemeinsamen Leben, zum Domizil der Stipendiaten bestimmte. Freilich verlor im Unterschied zum Stift in Tübingen die Marburger Anstalt im 19. Jahrhundert ihren Charakter als Konvikt der Stipendiaten. Denn auf Grund der Baufälligkeit des Kugelhauses, wohl auch wegen des Widerstandes der Studenten gegen die Reglementierung ihrer Freiheiten entfiel seit 1812 die Verpflichtung der Stipendiaten zum gemeinschaftlichen Leben. Erst nach dem Zweiten Weltkrieg gelang es, die Hessische Stipendiatenanstalt im ehemaligen Marstallgebäude des Marburger Schlosses als regelrechten Konvikt zu restituieren.

Als Bultmann sein Amt 1907 antrat, existierte die Stipendiatenanstalt jedenfalls in einer gegenüber ihren Anfängen deutlich reduzierten Gestalt. Dem entsprechend hielt sich der Pflichtenkatalog des neuen Repetenten in überschaubaren Grenzen. »Zwar gibt es«, so berichtete Bultmann Ende Dezember 1907 Eberhard Teufel über die Marburger Verhältnisse, »dort kein Stift wie in Tübingen, sondern nur 20–30 Studenten, die Stipendien beziehen. Sie haben völlige Freiheit in Wohnung, Mittagstisch etc. und haben nur in den jüngeren Semestern die alttestamentlichen und neutestamentlichen Übungen der beiden Repetenten zu hören und in höheren Semestern schriftliche Arbeiten zu machen, deren Korrektur den Repetenten obliegt. Wenn ich nun noch hinzufüge, daß ich am zweiten Weihnachts-, Oster- und Pfingsttag predigen muß, so sind meine Amtspflichten aufgezählt. Ich bin der Repetent für die neutestamentlichen Übungen, an denen übrigens auch andere Hörer teilnehmen dürfen, und habe die Korrektur der neutestamentlichen und kirchengeschichtlichen Arbeiten.«[6]

Einen Monat später hatte Bultmann die ersten Stipendiatenarbeiten korrigiert. Ihr Thema war die Erläuterung der Worte vom Menschensohn im Johannesevangelium. Das Urteil des Repetenten über die eingereichten Arbeiten fiel vernichtend aus: »Eine solche Fülle von Ignoranz, Denkunfähigkeit und Faulheit hätte ich für unmöglich gehalten … Absolute Unzuverlässigkeit im Zitieren. Ein Gedankengang? keine Rede! Auf jeder Seite wird mindestens 3mal das Gegenteil von dem vorhin

5 Vgl. W. Heinemeyer (Hg.), Studium und Stipendium. Untersuchungen zur Geschichte des hessischen Stipendiatenwesens, 1977.

6 Bultmann an E. Teufel, 29. 12. 1907 (s. Anm. 2).

Gesagten behauptet. Also alles in allem: eine Qual! Das sind hessische Theologen!« Der gestrenge Herr Repetent kündigte an, aus diesen niederschmetternden Ergebnissen Konsequenzen zu ziehen. Er werde sich in seinen Übungen die neuen Stipendiaten »ganz gehörig vornehmen, daß sie nicht in den nächsten Semestern solche unsinnigen Arbeiten liefern«[7].

Neben den exegetischen Übungen mit den Stipendiaten und den Korrekturen ihrer Semesterarbeiten gehörten Predigten in der Reformierten Stadt- und Universitätskirche, jeweils an den zweiten Feiertagen der hohen Feste, zu den Verpflichtungen des Repetenten. Im Wechsel mit seinem alttestamentlichen Repetentenkollegen, Pfarrer *extr.* Paul Behnke, nahm Bultmann diesen Predigtdienst von 1907 bis 1910 nach der überkommenen Regelung wahr. Beide Repetenten empfanden es allerdings zunehmend als unglücklich, daß sie durch ihren Predigtauftrag oft daran gehindert waren, an den hohen Festen mit ihren Familien zu feiern oder Freunde zu besuchen[8]. Sie baten daher im Januar 1911 darum, ihren gottesdienstlichen Verpflichtungen statt an den zweiten Festtagen an Sonntagen während des laufenden Semesters nachkommen zu dürfen[9]. Adolf Jülicher, der Ende 1910 die Nachfolge Wilhelm Herrmanns als Ephorus der Stipendiatenanstalt angetreten hatte, gab den Wunsch Behnkes und Bultmanns am 5. Mai 1911 mit einer entsprechenden Eingabe an das Königliche Konsistorium in Kassel weiter. Jülicher wies zur Begründung des Antrags zusätzlich darauf hin, daß die Repetentenpredigten ursprünglich als homiletische Muster für die Stipendiaten eingerichtet worden seien. Diesen Zweck könnten sie aber derzeit nicht erfüllen, da die Stipendiaten an den hohen Festen gar nicht in Marburg präsent seien. Das Konsistorium ließ sich von dieser Argumentation überzeugen. Es erklärte sich am 24. November 1911 damit einverstanden, daß die beiden Repetenten ihre Predigten zukünftig in zwei Gottesdiensten während des Wintersemesters und in einem Gottesdienst im Sommersemester halten konnten.

Für seine Repetententätigkeit erhielt Bultmann ein nominelles Jahresgehalt von 975 Mark, das regelmäßig um 200–300 Mark aus dem Dispositionsfonds der Stipendiatenanstalt aufgestockt wurde. Dies war, auch in der Summe, ein eher bescheidenes Salär. Es lag deutlich niedriger als das Jahreseinkommen von 1500 Mark, das ein Marburger Institutsassistent seit dem April 1908 bezog. Die Verwaltungskommission der Stipendiatenanstalt unternahm seit 1910 mehrfach den Versuch, den preußischen Minister für die geistlichen, Unterrichts- und Medizinal-Angelegenheiten zu einer Erhöhung der Repetentenbezüge zu bewegen. Die Kommission berief sich dabei auch auf eine dem Ephorus gegebene Zusicherung, man werde das Gehalt der Repetenten dem der Institutsassistenten angleichen. Erfolg war diesen Bemühungen nicht beschieden. Die zuständige Ministerialbehörde konnte sich jahrzehntelang nicht zu einer Gehaltserhöhung für die Repetenten durchringen[10].

7 Bultmann an W. Fischer, 24. 1. 1908, Mn 2-2198.

8 Vgl. Bultmann an W. Fischer, 17. 7. 1908, Mn 2-2198.

9 Vgl. zum Folgenden Evang (s. Anm. 2), 33 f.

10 Vgl. Evang (s. Anm. 2), 32 f.

Trotz der mäßigen Dotierung der Stelle empfand Bultmann seine Anstellung an der Stipendiatenanstalt als persönlichen Glücksfall. Er konnte nach dem Examen und der Unterrichtstätigkeit in Oldenburg wieder in das akademische Milieu zurückkehren. Der Austausch mit seinen Lehrern, mit Wilhelm Herrmann, Adolf Jülicher, Martin Rade und Johannes Weiß, bedeutete ihm menschlich und wissenschaftlich viel[11]. Das Repetentenamt bot ihm zudem alle Voraussetzungen, um sich auf die Anfertigung seiner Licentiatenarbeit zu konzentrieren. Damit rückte für Bultmann als zweite berufliche Option neben dem Pfarramt der Weg in das akademische Lehramt in den Bereich des Möglichen. Das Wissen um die damit verbundenen Unwägbarkeiten deutete er Ende Juli 1907 lakonisch an: »Was in Zukunft wird, muß sich finden.«[12]

2. Promotion und Habilitation

> JOH. WEISS *wies, vor allem in seinem Kommentar zu 1. Kor., auf die Elemente kynischer und stoischer Popularphilosophie hin, die sich besonders in der Paränese des Paulus finden. Auf seine Anregung hin habe ich zu zeigen versucht, daß der Stil mancher Stücke der paulinischen Briefe durch den Stil der kynisch-stoischen Diatribe beeinflußt ist.*[13]

Schon bevor Bultmann im Sommer 1906 Marburg verließ, um in Oldenburg sein Examen zu machen, hatte Johannes Weiß ihm als Gebiet für seine Dissertation »das Verhältnis der Theologie des Paulus zur Stoa« genannt. Diese Vorgabe veranlaßte Bultmann, sich alsbald mit der stoischen Philosophie zu beschäftigen[14]. Freilich bereitete ihm im Frühjahr 1907 die Lektüre Epiktets nur manchmal Freude. »Im ganzen bin ich enttäuscht. Die ›Freiheit‹ des Menschen ist doch wesentlich ein negatives Ideal bei dem Stoiker, und von dem πάντα μοι ἔξεστιν [I Kor 6,12] ist wenig zu spüren.«[15] Während der ersten Marburger Repetentenjahre, von 1907 bis 1910, arbeitete Bultmann seine Dissertation aus. Deren genaues Thema kristallisierte sich gegen Ende 1908 heraus: »Der Stil des Paulus im Verhältnis zu der stoisch-kynischen Diatribe«[16]. Bultmanns Hoffnung, die Arbeit noch 1909 fertigstellen zu können[17], erfüllte sich nicht. Dafür erwies sich das Thema als zu umfangreich. Daß Johannes Weiß infolge seines Wegganges von Marburg nach Heidelberg im Jahre 1908 als

11 Vgl. Bultmann an E. Teufel, 29. 12. 1907 (s. Anm. 2).
12 Bultmann an W. Fischer, 30. 7. 1907 (s. Anm. 1).
13 R. BULTMANN, Zur Geschichte der Paulus-Forschung, ThR NF 1 (1929), (26–59) 45.
14 Bultmann an W. Fischer, 3. 12. 1906, Mn 2-2198. – Zum Folgenden vgl. M. EVANG, Bultmann, 35–37.
15 Bultmann an W. Fischer, 26. 3. 1907, Mn 2-2198.
16 Bultmann an W. Fischer, 21. 12. 1908, Mn 2-2198.
17 Vgl. Bultmann an W. Fischer, 17. 1. 1909, Mn 2-2198.

kompetenter Gesprächspartner seines Schülers ausfiel, wirkte sich ebenfalls hemmend auf den Fortgang der Arbeit aus[18].

Am 14. März 1910 reichte Bultmann seine Dissertation mit dem »Gesuch um Zulassung zur Promotion zum Lizentiaten der Theologie« bei der Marburger Theologischen Fakultät ein[19]. Wilhelm Heitmüller, der als Erstgutachter fungierte, würdigte die Untersuchung Bultmanns – unbeschadet mancher Einwände – »als einen *verdienstvollen beachtenswerten* Beitrag zur Erforschung der paulinischen Briefe«[20]. Adolf Jülicher hob in seinem Korreferat hervor, der Doktorand habe in seiner förderlichen Analyse die Beziehungen zwischen Paulus und der griechischen Kultur behutsam nachgezeichnet[21]. Nachdem die Fakultät am 22. Juli 1910 die Annahme der Arbeit beschlossen hatte, erteilte sie Bultmann am 30. Juli unter Berücksichtigung seiner Leistungen im mündlichen Examen die Gesamtnote *cum laude*. Der Promovend fand seine mündliche Prüfung selbst »sehr wenig glänzend«. Er habe zwar im Neuen Testament Bescheid gewußt, »aber in den anderen Fächern meist Pech« gehabt[22]. Dank der Vermittlung Heitmüllers konnte Bultmann seine Dissertation im Herbst 1910 in den »Forschungen zur Religion und Literatur des Alten und Neuen Testaments« veröffentlichen.

»Der Stil der paulinischen Predigt und die kynisch-stoische Diatribe« – der Titel der Arbeit gibt zu erkennen, mit welcher Methodik der Autor sein Thema angeht. In den Bahnen der Religionsgeschichtlichen Schule führt Bultmann einen Stilvergleich zwischen Passagen der Paulusbriefe und der hellenistischen Diatribe durch. Wie beim Religionsvergleich überhaupt besteht das Ziel der stil- bzw. gattungsvergleichenden Analyse verschiedener Textgruppen darin, das Fremde vom Eigenen eines Autors zu scheiden und so seine Eigenart als Schriftsteller allererst herauszuarbeiten. Dabei knüpft Bultmann an die auf philologischer Seite von Eduard Norden, Paul Wendland und Ulrich von Wilamowitz-Moellendorff sowie im neutestamentlichen Bereich von Georg Heinrici und Johannes Weiß geleisteten Vorarbeiten zu seinem Thema an. Freilich will er den Argumentationsstil des Paulus nicht ausschließlich aus der griechisch-hellenistischen Literatur ableiten. Das »rechte Bild von der literarischen Persönlichkeit des Paulus« lasse sich erst zeichnen, wenn auch die alttestamentlichen und jüdischen Einflüsse auf seine Predigtweise und Rhetorik berücksichtigt würden. Dies sei aber derzeit wegen der unbefriedigenden literargeschichtlichen Erforschung der alttestamentlichen und jüdischen Texte noch nicht möglich. Sich also auf den hellenistischen Kontext des Paulus konzentrierend, fragt Bultmann danach, ob sich in den Ausdrucksformen eine Verwandtschaft zwischen

18 Vgl. Bultmann an A.K. Bultmann, 9. 11. 1908, Mn 2-2735; Ders. an W. Fischer, 17. 7. 1908 u. 17. 1. 1909, Mn 2-2198.

19 Vgl. die Promotionsakte Rudolf Bultmann, UA Marburg, 307a acc. 1950/1, Nr. 63.

20 Vgl. das Gutachten W. Heitmüllers vom 9. 7. 1910, aaO Bl. (1–7) 7.

21 Vgl. das Gutachten A. Jülichers vom 12. 7. 1910, aaO o.P.

22 Bultmann an A.K. Bultmann, 31. 8. 1910, Mn 2-2735.

der Predigt des Paulus und der kynisch-stoischen Volkspredigt nachweisen lasse[23]. Der zu diesem Zweck angestellt Stil- und Gattungsvergleich orientiert sich an dialogischen und rhetorischen Elementen, der Gedankenanordnung und Argumentationsweise sowie dem Ton und der Stimmung in beiden Textkorpora.

Bultmann gelangt zu dem Ergebnis, daß Paulus sich partiell ähnlicher Ausdrucksformen bedient habe wie die kynisch-stoische Volkspredigt. Diese Formähnlichkeiten hätten historisch die Annahme der Missionspredigt des Paulus etwa in Korinth ermöglicht. Freilich habe Paulus trotz aller Anklänge gegenüber der Ausdrucksweise der Diatribe seine literarische Eigenständigkeit gewahrt: »... der Mantel des griechischen Redners hängt zwar um die Schultern des Paulus, aber Paulus hat keinen Sinn für kunstgerechten Faltenwurf, und die Linien der fremden Gestalt schauen überall durch«[24]. Im übrigen könne die weitergehende Frage, ob zwischen Paulus und der Diatribe außer der konstatierten (partiellen) stilistischen Nähe auch eine geistige Verwandtschaft bestehe, durch Stilanalysen allein nicht beantwortet werden. Ob Paulus außer bestimmten Formen auch Gedankeninhalte und Ideen von der kynisch-stoischen Popularphilosophie übernommen habe, werde sich nur klären lassen durch ein Verfahren, das inhaltliche und stilistische Aspekte gleichermaßen berücksichtige[25].

Erweist sich Bultmann in der stilkritischen Analyse als getreuer Eleve der Religionsgeschichtlichen Schule, insbesondere Hermann Gunkels und Johannes Weiß'[26], so gilt dies auch für seine Erklärung der literarischen Eigenständigkeit des Paulus. In ihr komme das persönliche Wesen des Apostels zum Ausdruck, hier erweise er sich als Subjekt seines religiösen Lebens und seines literarischen Schaffens. Paulus »hat zu wenig vom Künstler, vom Dichter. Er ist überall viel zu heiß interessiert, als daß er sich einmal an den Worten, abgesehen von der Sache, freuen könnte«[27]. Die literarische Differenz des Paulus zur Diatribe beruhe wie überhaupt seine religiöse Gewißheit zutiefst »auf dem innersten Erlebnis, nicht auf philosophischen Sätzen«[28]. Der Apostel gewinne »seine Sätze nicht auf gedanklichem Wege, sondern durch Erlebnis und Intuition«[29]. Eben deshalb könne er sich in völliger Freiheit gegebenenfalls auch an die Predigt der kynischen Bettelphilosophen anlehnen. Diese möge ihm dann dabei geholfen haben, sich selbst seines religiösen Erlebnisses als eines geistigen Besitztums zu vergewissern[30]. So entwickelt Bultmann aus der liberalen Kategorie der religiösen Persönlichkeit die Unterscheidung zwischen den Ideen des Paulus,

23 R. Bultmann, Der Stil der paulinischen Predigt und die kynisch-stoische Diatribe, 1910 (Nachdruck 1984), 1–4.

24 AaO 108.

25 Vgl. aaO 109.

26 Vgl. H. Gunkel, Ziele und Methoden der alttestamentlichen Exegese, MKP 4 (1904), 521–540; J. Weiss, Die Aufgaben der Neutestamentlichen Wissenschaft in der Gegenwart, 1908.

27 Bultmann (s. Anm. 23), 94.

28 AaO 101.

29 AaO 68.

30 Vgl. aaO 85.109.

die auf sein eigenes Erleben zurückgehen, und der variablen Gestaltwerdung dieser Gedanken in Form und Stil.

Die gelehrte Fachwelt nahm Bultmanns wissenschaftliches Erstlingswerk durchweg positiv auf. Die Rezensenten würdigten seine Dissertation wohlwollend[31]. Er erhielt »freundliche Zuschriften« – etwa von Johannes Bauer und Karl Müller, die das Buch mit Zustimmung gelesen hatten[32]. Am meisten dürfte Bultmann das Lob gefreut haben, das ihm die mit der Materie seiner Arbeit besonders vertrauten Neutestamentler aussprachen: C. F. Georg Heinrici, Hans Lietzmann und Johannes Weiß. Heinrici und Lietzmann erklärten sich mit Bultmanns Untersuchung völlig einverstanden und hoben noch besonders hervor, daß Bultmann zu Recht die Eigenart des Paulus im Vergleich mit dem Hellenismus betont habe[33]. Auch Johannes Weiß nahm die »ausgezeichnete« stilkritische Studie seines Schülers »mit großer Freude« zur Kenntnis. Freilich registrierte Weiß bei aller Anerkennung auch gewisse Differenzen zwischen seiner und Bultmanns Sicht: »Manchmal betonen Sie den Unterschied stärker und geflissentlicher, als ich tun würde.«[34]

Während Bultmanns Licentiatenarbeit von 1910 in der Forschung zur Formkritik der paulinischen Briefe über Jahrzehnte hin ein beachtlicher Stellenwert zukam[35], ist seine erst posthum veröffentlichte Habilitationsschrift forschungsgeschichtlich völlig wirkungslos geblieben. Bultmann hatte schon während der Arbeit an seiner Dissertation erwogen, sich »für alte Kirchengeschichte zu habilitieren, was augenblicklich vorteilhafter ist«[36]. Adolf Jülicher schlug ihm vor, in der Habilitationsschrift »die Exegese der antiochenischen Schule, speziell des Theodor von Mopsuestia« zu behandeln[37]. Im Mai 1912 legte Bultmann der Marburger Theologischen Fakultät die fertiggestellte Untersuchung mit seinem »Gesuch um Erteilung der *venia legendi* für das Fach der neutestamentlichen Theologie« vor[38]. Jülicher, der das Hauptgutachten erstellte, fand, die Arbeit hätte ebenso gut für das Fach Kirchengeschichte

31 Vgl. die Rez. von A. Steinmann, BZ 9 (1911), 217; E. Vischer, ThR 16 (1913), 259f.; W. Wilbrand, ThRv 10 (1911), 273f.

32 Bultmann an W. Fischer, 29. 11. 1910, Mn 2-2198; vgl. J. Bauer an Bultmann, 7. 11. 1910, Mn 2-414; K. Müller an Bultmann, 10. 11. 1910, Mn 2-1430.

33 C. F. G. Heinrici an Bultmann, 27. 11. 1910, Mn 2-959, H. Lietzmann an Bultmann, 16. 12. 1910, Mn 2-1292 (bei K. Aland [Hg.], Glanz und Niedergang der deutschen Universität, 1979, nicht abgedruckt).

34 J. Weiß an Bultmann, 14. 12. 1910, Mn 2-2020.

35 Relativiert wurden die Thesen Bultmanns erst durch St.K. Stowers, The Diatribe and Paul's Letters to the Romans, 1981. Nach Stowers gibt die Diatribe nicht die kynisch-stoische Volkspredigt wieder. Vielmehr handelt es sich hier um didaktisch angelegte, fiktive Lehrtexte aus der Philosophenschule. Die Diatribe prägte auch nicht die Missionspredigt des Paulus, allerdings seine Lehrunterweisung in bereits bestehenden Gemeinden.

36 Bultmann an W. Fischer, 21. 12. 1908, Mn 2-2198; zum Folgenden vgl. Evang (s. Anm. 14), 37–39; R. Bultmann, Die Exegese des Theodor von Mopsuestia, hg. von H. Feld u. K.H. Schelkle, 1984, 13–16 (Einleitung der Herausgeber); B. Dieckmann, Entmythologisierung als Lebensaufgabe, ThGl 77 (1987), (88–107) 89–94.

37 Bultmann an W. Fischer, 29. 11. 1910, Mn 2-2198.

38 Vgl. die Habilitationsakte Rudolf Bultmann, UA Marburg, 307a acc. 1950/1, Nr. 24.

eingereicht werden können. Immerhin, so räumte er ein, liege das Hauptaugenmerk der auslegungsgeschichtlichen Studie Bultmanns auf den Kommentaren Theodors von Mopsuestia zu den Paulusbriefen. Insofern sei die Erteilung der *venia legendi* für die neutestamentliche Exegese gerechtfertigt[39].

Jülichers Gutachten verrät – weniger in den die Arbeit Bultmanns lobenden und affirmativ unterstreichenden Partien als vielmehr in den kritischen Aussagen – einiges über seinen Verfasser und dessen Einschätzung des jungen Habilitanden. Der auf philologische Präzision bedachte Gutachter war ziemlich verärgert über die orthographischen Fehler Bultmanns, insbesondere über Nachlässigkeiten in der Akzentsetzung bei griechischen Wörtern. »Viel Mühe hat er auf die Form offenbar nirgends verwandt.«[40] Offenkundige Probleme hatte Jülicher auch mit dem Versuch Bultmanns, Historie und Theologie konstruktiv miteinander zu verbinden. Zwar sah er eine der Stärken Bultmanns darin, »daß er nicht bloß Neutestamentler ist«, aber dieser vermeintliche Vorzug konnte bisweilen einen negativen Beigeschmack bekommen. Als Resümee seiner Untersuchung formulierte Bultmann die theologische Perspektive, auf der Linie der Exegese des Theodor von Mopsuestia werde die Schrift aus dem zu erklärenden Objekt der Auslegungsgeschichte zu deren wahren Subjekt. Jülicher versah diese These am Rand mit einem großen Fragezeichen[41]. Unbeschadet solcher Anfragen nahm die Theologische Fakultät Marburg Bultmanns Habilitationsschrift auf Grund der beiden Gutachten Jülichers und Heitmüllers[42] am 19. Juli 1912 an.

Bultmann hat seine Habilitationsschrift selbst nicht publiziert. Über die Gründe hierfür sind verschiedene Mutmaßungen angestellt worden. Möglicherweise sah er, nachdem 1913 die Monographie Louis Pirots über Theodor von Mopsuestia erschienen war, seine »eigene Arbeit teilweise als überholt« an[43]. Vielleicht verhinderten auch die schwierigen Publikationsbedingungen während des Ersten Weltkrieges eine zeitnahe Veröffentlichung[44]. Ausschlaggebend bleibt freilich, daß die Habilitationsschrift Bultmanns dem Gutachten Jülichers zufolge von vornherein nicht zur Publikation bestimmt war[45] und daß auch der Autor im Laufe der Zeit sein Interesse an ihrer Drucklegung mehr und mehr verlor.

Theodor von Mopsuestia (um 352–428) war der wohl bedeutendste Schriftausleger der antiochenischen Schule. Diese wirkmächtige Richtungspartei der Alten Reichskirche entwickelte und behauptete ihr besonderes theologisches Profil im be-

39 Vgl. das Gutachten A. Jülichers vom 1. 6. 1912, aaO Bl. (1–4) 4; in Auszügen abgedruckt bei Dieckmann (s. Anm. 36), 91–93.

40 AaO Bl. 3.

41 Vgl. Bultmann (s. Anm. 36), 127; weitere Beispiele bei Dieckmann (s. Anm. 36), 91–93.

42 Vgl. das Gutachten W. Heitmüllers vom 10. 7. 1912, in der Habilitationsakte R. Bultmann (s. Anm. 38), o.P.; abgedruckt bei Dieckmann (s. Anm. 36), 94.

43 H. Feld u. K. H. Schelkle, in: Bultmann (s. Anm. 36), 14; vgl. R. Bultmann, Rez. über L. Pirot, L'Oeuvre exégétique de Théodore de Mopsueste, 1913, (1914) aaO 134 f.

44 So Evang (s. Anm. 14), 38.

45 Vgl. Jülichers Gutachten (s. Anm. 39), Bl. 3; bei Dieckmann (s. Anm. 36), 92.

ständigen Widerstreit mit der alexandrinischen Theologie. In seiner Habilitationsschrift handelt Bultmann über die Exegese des Bischofs von Mopsuestia, ohne sie vollständig im breiten Strom der altkirchlichen Bibelauslegung zu verorten[46]. Im Medium dieses historischen Exegeseparadigmas reflektiert der achtundzwanzigjährige Habilitand nun zugleich seine eigenen hermeneutischen Grundsätze im Blick auf die Auslegung der Schrift. Von daher sind die Teile der Arbeit, in denen Bultmann historische Befunde wie die Disposition der Kommentare Theodors, seine Erklärung biblischer Form- und Sprachcharakteristika oder die literarkritischen Kompetenzen des antiochenischen Exegeten vorführt[47], unter biographischen Gesichtspunkten wenig ergiebig. Dagegen läßt Bultmann seine eigenen theologischen Überlegungen stark mit einfließen, wo er die »Erfassung des inneren Lebens der [biblischen] Schriften« durch Theodor thematisch macht[48].

Bultmann leitet diesen Abschnitt seiner Habilitationsschrift mit einer hermeneutischen Grundsatzerklärung über die Aufgabe der Bibelexegese ein. Erweist sich ein Ausleger wie Theodor von Mopsuestia darin als kompetent, daß er die literarische »Einheit und Gliederung einer Schrift zu erfassen« vermag, so wird er zwangsläufig auch die Frage nach dem »innere[n] Leben einer Schrift« stellen. Die »tiefste Kunst« des Exegeten besteht nämlich darin, »sich von der Schrift selbst sagen zu lassen, wo ihr Lebensmittelpunkt liegt, von dem aus sie als lebendige Einheit erscheint; den Kristallisationspunkt zu entdecken, nach dessen Erfassung die Linien der inneren Struktur sich dem Auge deutlich zeigen«[49]. Bultmann bewegt sich hier, wie das verwendete Vokabular zu erkennen gibt, offenkundig im Deutungsrahmen der Hermeneutik Schleiermachers, möglicherweise auch Wilhelm Diltheys[50]. Die genialisch-intuitiv geschaffene Literatur kann nur in einem Akt reproduktiven Verstehens aus ihrem inneren Strukturprinzip heraus angeeignet werden.

Um das »innere Leben« einer Schrift zu erschließen, hat man nach Bultmann zwei Aufgaben wahrzunehmen. Zum einen gilt es, die »*tragenden Ideen*« der Schrift zu erkennen. Zum anderen ist »*das Individuelle in der Ausprägung dieser Ideen*« zu beachten – hierzu gehört die »historische Situation der Schrift«, insbesondere aber die »*Persönlichkeit des Verfassers*«[51]. Auch wenn der Wechselwirkung zwischen beiden Richtungen des fragenden Verstehens durchgängig Rechnung getragen werden sollte, stellt sich für die Darstellung der Exegese Theodors das Problem, welcher der beiden Schritte zuerst vollzogen werden sollte. Bultmann hält es prinzipiell für möglich, dem in der Exegese üblichen Weg von der Einzelerscheinung zu der ihr zugrunde liegenden religiösen Grundidee zu folgen. Allerdings wählt er – hier der exegeti-

46 Vgl. Bultmann (s. Anm. 36), 17 f. – Ausführliche Analysen der Habilitationsschrift Bultmanns bieten Evang (s. Anm. 14), 178 f.208–210.221 f.224–226, und K. de Valerio, Altes Testament und Judentum im Frühwerk Rudolf Bultmanns, 1994, 202–229.

47 Bultmann (s. Anm. 36), 28–43.44–68.69–82.

48 Vgl. aaO 83–125.

49 AaO 83.

50 Vgl. dazu abgewogen Evang (s. Anm. 14), 230–232.

51 Bultmann (s. Anm. 36), 83.

schen Option seines Lehrers Johannes Weiß folgend – das umgekehrte Verfahren. Denn, so lautet die Begründung, das »letzte Ziel der Exegese« bestehe nicht darin, »die Grundideen kennenzulernen, sondern die Einzelerscheinungen zu verstehen, die einzelne Schrift, den einzelnen Satz«[52].

Unter der Überschrift »Theodors Verhältnis zum religiösen Leben der Schriften« behandelt Bultmann in vier Themenkreisen zunächst die religiösen Grundideen. Theodor vermag erstens die alttestamentliche Religiosität nicht wirklich nachzuempfinden. Er hat beständige Schwierigkeiten, die anthropomorphen Züge des alttestamentlichen Gottesbildes mit seinem eigenen Gottesverständnis in Einklang zu bringen. Zweitens erweist sich der Gedanke vom erzieherischen göttlichen Handeln in der Geschichte als zentral für Theodor. Allerdings hat er diese Idee bloß aus der Bibel übernommen, sie ist ihm nicht etwa »aus seinem eigenen religiösen Leben erwachsen«[53]. In Theodors Interpretation der neutestamentlichen Religion zeigt sich drittens exemplarisch, wie die naturhaften Begriffe der griechischen Philosophie zu den geschichtlichen Begriffen der Bibel in Spannung stehen. Einerseits macht Theodor das Neue des Neuen Testaments – die Erlösung vom Alten – mit geschichtlichen Begriffen verständlich. Er erfaßt daher einzelne neutestamentliche Anschauungen durchaus sachgemäß, etwa den Geist als »die Kraft des zukünftigen Lebens« oder das neue christliche Leben in seiner sittlichen Ausrichtung[54]. Andererseits bleibt er aber dem Denken in naturhaften philosophischen Kategorien verhaftet, so daß er den Sinn der paulinischen Gesetzes- und Sündenlehre verfehlt und überhaupt den Zusammenhang der Erlösung mit der Person Jesu Christi nicht recht darlegen kann. Viertens entwickelt Theodor von Mopsuestia Verständnis für den Gedanken »der Religion als des in der Geschichte uns zuwachsenden göttlichen Lebens«. Er erkennt sogar »die Paradoxie der christlichen Geschichtsauffassung«, die das religiöse Leben als durch und durch geschichtlich bestimmt sieht, die aber zugleich »einen Bruch in der Geschichte, den Übergang in ein prinzipiell Neues für jeden einzelnen wie für die Gesamtheit fordert«[55].

Geradezu emphatisch lobt Bultmann sodann, daß der altkirchliche Exeget die historische Situation der Schriften adäquat erfaßt habe. Theodor beachtet das reziproke Verhältnis zwischen den einzelnen Erscheinungen und ihrem geschichtlichen Gesamtzusammenhang. Er will letztlich »die Schriften mit Bewußtsein rein historisch verstehen«[56]. Auch vermag er sich psychologisch einfühlsam »in die geschichtliche und persönliche Situation der Schriftsteller« hineinzuversetzen[57]. So nimmt er nicht nur den Inhalt und Argumentationsgang, sondern auch »die Stimmung eines

52 AaO 83 f.; vgl. Evang (s. Anm. 14), 221 f.; Weiss (s. Anm. 26), 22.25. Zu Weiß vgl. auch R. Bultmann, Johannes Weiß zum Gedächtnis, ThBl 18 (1939), (242–246) 244.

53 Bultmann (s. Anm. 36), 87.

54 AaO 90.

55 AaO 93.

56 AaO 99.

57 AaO 110.

Abb. 13: Die Universität Marburg – Aula mit Universitätskirche.

Abb. 14: Ein Lieblingsaufenthaltsort Bultmanns.

Abb. 15: Rudolf Bultmann als Repetent in Marburg um 1912.

Abb. 16: »So wie auf dem Bilde muß ich nächsten Sonnabend meine Probevorlesung halten ...« – Zeichnung Bultmanns für seine Nichte Elisabeth Pleus, 22. Juli 1912.

Abschnitts oder Briefes« wahr[58]. Theodor erscheint mithin als Vertreter einer Exegese, die die biblischen Texte historisch zu verstehen sucht: »... nicht nur sein Verfahren, sondern auch seine Resultate muten dabei oft ganz modern an«[59]. Solche Applikation der Schriftauslegung des altkirchlichen Theologen auf die Gegenwart verstärkt Bultmann im Schlußteil seiner Habilitationsschrift noch. Für ihn ist die exegetische Arbeit Theodors nicht von dogmatischen oder praktischen Motiven bestimmt, sondern allein von dem »Willen[,] die Schrift zu verstehen«. Die Entstehung der historischen Auslegung der Bibel, wie sie bei Theodor begegnet, läßt sich ihrerseits mit innerer Stringenz »aus dem Wesen des Christentums als geschichtlicher Religion« erklären[60]. Die geistige Auseinandersetzung mit dem Neuen Testament als dem Ursprungsdokument der christlichen Religion konnte und kann nur im historisch-kritischen Umgang mit den Texten geführt werden. Allein auf diese Weise ist es möglich, die Gründungsurkunde des Christentums dogmatischen und praktischen Überfremdungen zu entziehen. Gerade indem die historische Exegese »alle äußere Unterwerfung unter die Schrift« ausschließt, dient sie dem Geist der Bibel[61].

Am 19. Juli 1912 hatte die Marburger Theologische Fakultät ein Thema aus drei von Bultmann eingereichten Vorschlägen für die Probevorlesung auszuwählen:

1. Was läßt die Spruchquelle über die Urgemeinde erkennen?
2. Die Chronologie des Paulus
3. Die Ethik des Paulus

Die Fakultät entschied sich für das erste Thema, über das Bultmann am 27. Juli referierte. Mit seinem Vortrag verfolgte er das Ziel, über die Redenquelle Q auf die älteste Schicht des Urchristentums, die Jerusalemer Urgemeinde, zurückzugehen. Bultmann beschreibt die Urgemeinde in der Druckfassung der Vorlesung – ähnlich wie in seinem 1913 erschienenen Lexikonartikel[62] – im Anschluß an Julius Wellhausen als eine jüdische Sekte, die auf alttestamentlich-jüdischem Wurzelgrund erwachsen und durch eine eigentümliche Verknüpfung eschatologischer und ethischer Vorstellungen gekennzeichnet sei. Allerdings gelangte die Urgemeinde noch nicht zu der Einsicht, daß das Christentum im Kern eine sittliche Erlösungsreligion darstelle. Dies meint Bultmann an der ambivalenten Haltung der Urgemeinde zum Gesetz aufzeigen zu können. Einerseits hielt sie am Alten Testament und an den jüdischen Kult- und Ritualgesetzen fest, andererseits führte sie, wie die markinischen Streitgespräche deutlich machen, den Kampf gegen die zeitgenössische jüdische Gesetzespraxis. Den später von Paulus zur Geltung gebrachten universalen und religiös-sittlichen Charakter des Christentums konnte die Urgemeinde also noch nicht erfassen.

58 AaO 119.
59 AaO 102.
60 AaO 126.
61 AaO 127.
62 Vgl. R. Bultmann, Art. Urgemeinde, christliche, RGG[1], V, 1913, 1514–1523; s. dazu u. 375–377.

Immerhin vermochte sie, indem sie die evangelische Tradition von Jesus bewahrte und an die Heidenchristen weitergab, die Freiheit vom Gesetz ansatzweise zu realisieren[63]. Im Anschluß an seine Probevorlesung mußte Bultmann »etwa ½ Stunde mit Heitmüller über den Stoff reden, was zur Zufriedenheit ausfiel. Die anderen Professoren verzichteten oder begnügten sich mit einigen Bemerkungen. Um ½ 12 war alles fertig«[64]. Nach dem Kolloquium erteilte Heitmüller als Dekan Bultmann die *venia legendi* für die neutestamentliche Wissenschaft. Seine Antrittsvorlesung hielt Bultmann am 31. Juli 1912 über das Thema »Die Bedeutung der Eschatologie für das Urchristentum«[65]. »Das Auditorium war erfreulich gefüllt; es standen sogar auch Leute.«[66]

Um sich von den Strapazen des Habilitationsverfahrens zu erholen, fuhr Bultmann im August 1912 zunächst mit Rudolf Günther zu einer Kunstausstellung nach Frankfurt. Anschließend besuchte er die große Sonderbund-Ausstellung in Köln mit Werken »der modernsten französischen Malern [!] ..., wie man sie kaum je – wenigstens in Deutschland – wieder sehen wird«[67]. Dem Kunstgenuß, den die Gemälde Paul Cezannes, Vincent van Goghs und Edvard Munchs, Georges Braques, Pablo Picassos und anderer Vertreter der Avantgarde Bultmann in Köln bereiteten, folgte die Freude auf die Ferien. In ihnen hatte der nunmehr zum Privatdozenten ernannte Repetent Bultmann für das Wintersemester 1912/13 seine erste Vorlesung auszuarbeiten: »Einleitung in die Apokryphen und Pseudepigraphen des Alten Testaments«[68].

3. Lehr- und Forschungstätigkeit

Ich weiß noch gut ... [:] Wie es mich das erstrebenswerteste Ziel dünkte, in Marburg einmal Privatdozent zu sein.[69]

Mit dem Erwerb der *venia legendi* erweiterte sich der Pflichtenkreis Bultmanns. Neben den neutestamentlichen Übungen, deren Durchführung ihm als Repetenten oblag, übernahm er regelmäßig Anfängerkurse im Griechischen. Vor allem hatte er nunmehr als Privatdozent Vorlesungen zu halten. Seiner Lehrtätigkeit kam zugute,

63 Vgl. R. Bultmann, Was läßt die Spruchquelle über die Urgemeinde erkennen?, Oldenburgisches Kirchenbl. 19 (1913), 35–37.41–44.

64 Bultmann an A. K. u. H. Bultmann, 3. 8. 1912, Mn 2-2735.

65 Bultmann griff das Thema 1917 – allerdings stark verändert – wieder auf in: Die Bedeutung der Eschatologie für die Religion des Neuen Testaments, ZThK 27 (1917), 76–87; vgl. dazu Evang (s. Anm. 14), 274–276.

66 Bultmann an A. K. u. H. Bultmann, 3. 8. 1912 (s. Anm. 64).

67 Ebd.

68 Ebd. – Diese Angabe Bultmanns erledigt das bei Evang (s. Anm. 14), 39 Anm. 40, angezeigte Desiderat.

69 Bultmann an H. Feldmann, 26. 9. 1916, Mn 2-3447.

daß Walter Bauer, der seit 1903 Privatdozent für Neues Testament in Marburg war, zum Sommersemester 1913 einem Ruf nach Breslau folgte. Dadurch vergrößerte sich für Bultmann der Spielraum in der Auswahl der Kollegthemen[70]. Er debütierte im Wintersemester 1912/13 mit einer »Einleitung in die Apokryphen und Pseudepigraphen des Alten Testaments«[71]. Während seiner vierjährigen Privatdozentenzeit las Bultmann ferner je zweimal »Das apostolische Zeitalter der christlichen Kirche« sowie »Literatur und Religion des Judentums in der Zeit des Neuen Testaments«. In exegetischen Fachkollegs behandelte er die Pastoralbriefe und die Johannesapokalypse. Während seine Vorlesungen in der Regel zweistündig angelegt waren, trug er lediglich im Wintersemester 1914/15 »Einleitung in das Neue Testament« vierstündig vor[72].

Über mangelnden Zulauf brauchte sich Bultmann nicht zu beklagen. Im Sommersemester 1913 zählte er in seiner Vorlesung acht Hörer und in den Übungen zweiundvierzig Teilnehmer[73]. Im Wintersemester 1913/14 stieg die Frequenz seiner Veranstaltungen weiter an: »28 Leute im Kolleg über die Pastoralbriefe, zumal bei Konkurrenz von Rade zur selben Stunde, und 61 Leute in den Übungen sind eine höchst erfreuliche Tatsache.«[74] Freilich, mit zunehmender Dauer des Krieges lichteten sich die Reihen der männlichen Studierenden in seinem Hörsaal. Statt ihrer bildeten nach und nach Damen das Hauptkontingent seiner Zuhörerschaft. »Die wenigen Herren, die darunter sitzen, tragen meist das Band vom Eisernen Kreuz im Knopfloch.«[75] Bultmann war sich noch nicht sicher, ob das Damenstudium der Wissenschaft als solcher förderlich sei. Es hebe auf jeden Fall die Frauenbildung und die gesellschaftliche Bildung überhaupt, wie sich das Studium von Frauen auch bereits günstig auf die akademische Atmosphäre ausgewirkt habe[76].

In Bultmanns eigener wissenschaftlicher Arbeit kam dem Rezensieren fremder Bücher von Anfang an eine besondere Bedeutung zu. Buchbesprechungen und Forschungsberichte zu verfassen, war ihm alles andere als eine lästige Pflicht, die er etwa allein zu dem Zweck erfüllt hätte, um sich in der Fachwelt als kompetenter Nachwuchswissenschaftler zu profilieren. Als Martin Rade ihm 1907 die Besprechung der neutestamentlichen Neuerscheinungen in der »Christlichen Welt« anvertraute, zeigte sich der gerade einmal dreiundzwanzigjährige Repetent darüber hocherfreut. Mit

70 Vgl. Bultmann an W. Fischer, 7. 4. 1913, Mn 2-2198.

71 Vgl. Bultmann an A. K. u. H. Bultmann, 3. 8. 1912, Mn 2-2735.

72 Vgl. M. Evang, Bultmann, 1988, 39. – Aus den Jahren 1912–1916 sind weitere Werkmanuskripte Bultmanns zu Apg und I Thess 1–4 erhalten. Vgl. O. Merk, Die Apostelgeschichte im Frühwerk Rudolf Bultmanns, in: B. Jaspert (Hg.), Rudolf Bultmanns Werk und Wirkung, 1984, 303–315; O. Merk, Zu Rudolf Bultmanns Auslegung des 1. Thessalonicherbriefes, in: Ders., Wissenschaftsgeschichte und Exegese, 1998, 350–359. Freilich lagen diese Manuskripte nicht den Vorlesungen, sondern den Übungen Bultmanns 1912 ff. zugrunde. Vgl. Evang, aaO 40.

73 Vgl. Bultmann an W. Fischer, 4. 5. 1913, Mn 2-2198.

74 Bultmann an W. Fischer, 2. 11. 1913, Mn 2-2198.

75 Bultmann an W. Fischer, 3. 2. 1916, Mn 2-2198.

76 Vgl. Bultmann an W. Fischer, 21. 10. 1915, Mn 2-2198.

dem Grund seiner Freude gab Bultmann zugleich das zentrale Motiv an, das ihn in seiner zukünftigen Rezensionstätigkeit leiten sollte: »Natürlich ist es mir höchst angenehm, auf diese Weise mich ein wenig am theologischen Leben zu beteiligen.«[77]

Bultmann rezensierte ab 1908 regelmäßig in der »Christlichen Welt« und veröffentlichte von 1908 bis 1912 fünf Einzelrezensionen und Forschungsberichte in der »Monatsschrift für Pastoraltheologie«. Deren Mitherausgeber und Redakteur Rudolf Günther, Privatdozent und später Extraordinarius für christliche Kunstgeschichte in Marburg, dürfte den ihm freundschaftlich verbundenen jungen Doktoranden als Mitarbeiter gewonnen haben. Nach seiner Habilitation war Bultmann ferner seit 1914 für die renommierte »Theologische Literaturzeitung« sowie die »Theologische Rundschau« – bis zu deren kriegsbedingter Einstellung 1917 – tätig. Während seiner Marburger Repetenten- und Privatdozentenzeit verfaßte er neununddreißig Buchbesprechungen und Forschungsüberblicke. Ihre Zahl erhöhte sich im Laufe seines Lebens auf 240. Bultmann dürfte insgesamt weit mehr als sechshundert Bücher rezensiert haben. Seine intensive Rezensionstätigkeit unterstützte den Aufbau einer eigenen Forschungsbibliothek. »Ein hübscher Nebenvorteil ist ja auch der, daß die Exemplare der recensierten Bücher mein Eigentum bleiben.«[78]

Schon in Bultmanns frühen Buchbesprechungen zeichnete sich die thematische Weite der Forschungsinteressen ab, die sein Werk in charakteristischer Weise prägen sollte. In der »Christlichen Welt« zeigte er, dem populären Zuschnitt der Zeitschrift entsprechend, neben Literatur zum Neuen Testament und der Geschichte der Alten Kirche auch allgemeinverständliche Schriften zu biblischen Themen an. Darüber hinaus stellte der profunde Kenner der Romandichtung in den belletristischen Weihnachtsempfehlungen der Zeitschrift des liberalen Kulturprotestantismus 1912 und 1913 Romane Claude Tilliers, William Makepeace Thackerays, Fedor Michailowitsch Dostojewskis, Peter Roseggers und Camille Lemonniers vor[79]. Fernab von jeglichem Spezialistentum befaßte sich Bultmann in seinen Rezensionen nicht nur mit seinem eigenen wissenschaftlichen Fachgebiet, dem Neuen Testament, sondern ebenso mit dem philosophie- und religionsgeschichtlichen Kontext der antiken Kulturwelt, in der sich das junge Christentum als ganz eigenständige Größe entfaltete und behauptete. Der Rezensent entwickelte mit der Zeit seinen eigenen Stil[80], richtete seine Buchbesprechungen auf die Verständnisvoraussetzungen seiner Leser aus,

77 Bultmann an A.K. u. H. Bultmann, 10.11. 1907, Mn 2-2735; auch in: Ders., Theologie als Kritik, 2002, 514.

78 Ebd.

79 Eine Auswahl der Rezensionen und Forschungsberichte Bultmanns bietet R. Bultmann, Theologie als Kritik (s. Anm. 77); dort auch ein alphabetisches Verzeichnis der von ihm rezensierten Bücher (aaO 523–572) und ein chronologisches Verzeichnis seiner Rezensionen und Forschungsberichte (aaO 573–577).

80 Vgl. U.H.J. Körtner, Rez. über R. Bultmann, Theologie als Kritik, 2002, ThR 69 (2004), (228–232) 232; F.W. Graf, Individualismus, aber bitte nur methodisch. Das Rezept des Rezensenten: Auch Langweiler wußte Rudolf Bultmann geisteserotisch aufzubereiten, FAZ Nr. 93, 22.4.2002, 48.

beschrieb sachlich Gegenstände und Ergebnisse der in den Büchern versammelten Forschungsarbeit und gab schließlich nach behutsamer Abwägung sein eindeutiges Urteil ab. Selbst den Autoren, deren Position er nicht zu teilen vermochte, begegnete er mit Respekt. Nicht selten sprach er zumal den Geistreichen unter ihnen bei aller Kritik auch Dank aus für die Belehrung, die ihm bei der Lektüre ihrer Arbeiten zuteil geworden war.

»Der Leser findet mehr, als er erwartet.«[81] So beginnt die – einer formgeschichtlichen Studie Georg Heinricis gewidmete – erste Rezension Bultmanns. Wer seine Buchbesprechungen und Forschungsberichte heute liest, findet in ihnen mehr als nur wissenschaftsgeschichtlich interessantes Material zu den rezensierten Werken und ihrer zeitgenössischen Rezeption. Vor allem lassen sich diesen für den wissenschaftlichen Alltagsbetrieb konzipierten Gebrauchstexten wichtige Hinweise zur theologischen Biographie Bultmanns, der Ausbildung bestimmter Positionen sowie den diskursiven Kontexten entnehmen, in denen sich sein Denken formierte und bewegte[82]. Den Diskurs, in dem er die »neutestamentliche Forschung 1905–1907« lozierte, deutete Bultmann 1908/09 mit dem »Bild des Meeres am Tage nach dem Sturm« an[83]. Gemeint war der Sturm, den die Religionsgeschichtliche Schule mit ihren Programmschriften verursacht hatte.

Den von jenem Sturm ausgelösten Wellen geht Bultmann in seinem ersten längeren Forschungsbericht nach[84]. Dabei nimmt er die einzelnen Bücher in der für seine weitere Rezensionstätigkeit typischen Weise aus einer dezidiert problemgeschichtlichen Perspektive in den Blick. Zunächst erklärt Bultmann, zur synoptischen Frage habe Julius Wellhausen im Bearbeitungszeitraum das wichtigste Werk vorgelegt[85]. Er lehnt allerdings – mit Jülicher – Wellhausens Annahme einer Priorität des Markusevangeliums gegenüber der Redenquelle Q ab. Den Hinweis Wellhausens auf die Bedeutung der vorliterarischen Überlieferung in den Evangelien nimmt Bultmann hingegen positiv auf. Zum Verhältnis zwischen dem Neuen Testament und der allgemeinen Religions- und Kulturgeschichte bespricht er sodann Arbeiten Wilhelm Boussets, Hans Schmidts und Paul Wendlands. Beiläufig und doch zugleich programmatisch weist Bultmann hier der religionsvergleichenden Arbeit die Aufgabe zu, »die allgemeingültigen Gesetze der inneren Entwicklung einer Religion und das ihr Eigentümliche zu erkennen«[86]. Zur eigentlichen Exegese charakterisiert er neu erschienene Kommentare Theodor Zahns, Erich Klostermanns und Hans Lietzmanns mit ihren jeweiligen Vorzügen und Aporien. Bezeichnenderweise rühmt er

81 R. Bultmann, Rez. über C.F.G. Heinrici, Der literarische Charakter der neutestamentlichen Schriften, 1908 (1908), in: Ders., Theologie als Kritik (s. Anm. 77), 3.

82 Vgl. M. Dreher, Rudolf Bultmann als Kritiker in seinen Rezensionen und Forschungsberichten, 2005.

83 R. Bultmann, Die neutestamentliche Forschung 1905–1907 (1908/09), in: Ders., Theologie als Kritik (s. Anm. 77), (7–26) 7.

84 Vgl. Bultmann, aaO 7–26; dazu Dreher (s. Anm. 82), 25–53.

85 Vgl. J. Wellhausen, Einleitung in die drei ersten Evangelien, 1905[1].

86 Bultmann (s. Anm. 83), 12.

das von der Religionsgeschichtlichen Schule hervorgebrachte Sammelwerk zum Neuen Testament. Wiewohl es sich an gebildete Laien wende, werde dieses Dokument einer lebensvollen, den Geist der biblischen Autoren nachempfindenden Exegese auch Fachleuten reichen Gewinn bringen[87].

Im negativen Urteil über die Möglichkeit, ein Leben Jesu zeichnen zu können, weiß sich Bultmann mit Albert Schweitzer einig, dessen Lösung des Problems, die konsequente Eschatologie, er jedoch ablehnt. Unter den zeitgenössischen Darstellungen Jesu findet er diejenige Jülichers am besten. Im Rückgriff auf aufklärerische, seit Johann Salomo Semler benutzte Terminologie hebt Bultmann hervor, Jülicher habe die Hülle und den Kern der Gestalt Jesu, »Jüdisches und Überjüdisches«, Jesu Judesein und seine Siegesgewißheit, klar zur Anschauung gebracht[88]. An William Wredes Paulus-Buch kritisiert er hingegen, daß in ihm Paulus einseitig als Dogmatiker erscheine, der angeblich die schlichte Religion Jesu verdorben habe. Weil Wrede das religiöse Erleben des Apostels nicht hinreichend gewürdigt habe, könne er weder die Theologie des Paulus noch das Verhältnis seiner Religion zu derjenigen Jesu angemessen erfassen[89]. Hinsichtlich des Johannesevangeliums beschränkt sich Bultmann darauf, im Anschluß an die literarkritischen Arbeiten insbesondere Wilhelm Heitmüllers, Julius Wellhausens und Eduard Schwartz' vorerst ungeklärte Fragen zu konstatieren.

Eine vorläufige Zwischenbilanz der bis 1911 auf dem Gebiete des Neuen Testaments geleisteten Forschungsarbeit zieht Bultmann in der Besprechung neuerer »Darstellungen der Theologie des Neuen Testaments«. Als Parteigänger der Religionsgeschichtlichen Schule erweist er sich in dieser Rezension weniger durch seine Einschätzung historischer und theologischer Detailfragen als vielmehr durch die grundsätzliche Reflexion über die Möglichkeit, eine Theologie des Neuen Testaments zu entwerfen, und die Kriterien, an denen sich die Durchführung dieser Aufgabe zu orientieren habe. Seine Gedanken dazu entwickelt er im Rahmen der Besprechung des »Lehrbuchs der neutestamentlichen Theologie« Heinrich Julius Holtzmanns, das er in vielerlei Hinsicht als »Meisterwerk« anerkennt. Freilich erhebt Bultmann in freier Anknüpfung an William Wredes Programmschrift »Über Aufgabe und Methode der sogenannten Neutestamentlichen Theologie«[90] einen gravierenden Einwand gegen die Darstellung Holtzmanns. Dessen Verfahren, die Theologie des Neuen Testaments mit – aus der Dogmatik geschöpften – Lehrbegriffen zu rekonstruieren, erfasse lediglich die intellektuellen Aspekte der Texte, nicht

87 Vgl. aaO 17; J. Weiss (Hg.), Die Schriften des Neuen Testaments neu übersetzt und für die Gegenwart erklärt, I, 1907[2]; II, 1908[2].

88 Bultmann, aaO 20; vgl. A. Jülicher, Die Religion Jesu und die Anfänge des Christentums bis zum Nicaenum (325), in: P. Hinneberg (Hg.), Die Kultur der Gegenwart, I/4/1, 1906, 41–128.

89 Vgl. Bultmann, aaO 22 f.; W. Wrede, Paulus, 1904[1].

90 Vgl. W. Wrede, Über Aufgabe und Methode der sogenannten Neutestamentlichen Theologie, 1897.

jedoch die religiös-sittlichen Lebenskräfte, die die »Einheit der Geschichte« der neutestamentlichen Religion allererst gewährleisteten[91].

Bultmann fordert daher, eine Darstellung der neutestamentlichen Religion habe die geschichtlichen Einzelphänomene, die Religion der maßgeblichen Persönlichkeiten des Neuen Testaments – Jesus, Paulus, Johannes –, von dem übergreifenden sachlichen Gesichtspunkt her zu verstehen, »was das Charakteristische der neuen Religion« sei. Eben dies manifestiere sich im neuen religiösen Erleben des Menschen, in seiner neuen Relation zu Gott[92]. An diesem Leitfaden orientiert sich Bultmanns Vorstellung und Beurteilung der neutestamentlichen Theologien Heinrich Weinels, Paul Feines und Adolf Schlatters. Weinels Unternehmen, die Theologie des Neuen Testaments als urchristliche Religionsgeschichte zu entfalten, begrüßt er weitgehend. In der Darstellung Feines, eines Vertreters der »positiven Theologie«, findet Bultmann dagegen die historische Erkenntnis noch zu stark von dogmatischen Vorgaben eingehegt. Schlatter gesteht er zu, den religiösen Gehalt des Neuen Testaments nachempfunden zu haben, allerdings bringe Schlatter nur wenig Verständnis für die zeithistorischen Bedingtheiten der neutestamentlichen Vorstellungen auf[93].

Zwei Jahre später hatte Bultmann erneut ein Werk Paul Feines zu besprechen. Dabei fiel seinem Scharfsinn auf, daß der Hallenser Neutestamentler weite Partien seiner »Einleitung« wörtlich aus Jülichers »Einleitung« übernommen hatte. Heitmüller als Mitherausgeber der »Theologischen Rundschau«, in der die Rezension erscheinen sollte, und Jülicher konnten Bultmann, auch mit dem Hinweis auf dessen Berufsaussichten, zu gewissen Entschärfungen des Textes bewegen. Die Feine-Rezension sprach den auf umfangreiches Belegmaterial gestützten Plagiatvorwurf denn auch nur implizit aus. Ansonsten nahm Bultmann mit sichtlicher Ironie zur Kenntnis, daß Feine als Vertreter der »positiven Theologie« die Ergebnisse der historisch-kritischen Forschung anzuerkennen beginne[94]. Feine versuchte daraufhin, den Plagiatvorwurf mit der Auskunft zu entkräften, er habe die betreffenden Passagen aus Jülichers »Einleitung« einst in sein Kollegheft und aus diesem später, nicht mehr um ihre Herkunft wissend, in sein Buchmanuskript übernommen[95]. Durch diese Erklärung sah Bultmann sich wiederum veranlaßt, nunmehr »die direkte literarische Abhängigkeit Feines von Jülicher« breit nachzuweisen[96]. Feines wenig überzeugender Rechtfertigungsversuch war der unmittelbare Anlaß der »Antwort« Bult-

91 R. Bultmann, Vier neue Darstellungen der Theologie des Neuen Testaments (1911/12), in: Ders., Theologie als Kritik (s. Anm. 77), (41–52) 43 f.; vgl. Evang (s. Anm. 72), 211 f.; Dreher (s. Anm. 82), 64–69.

92 Bultmann, aaO 45 f.

93 Vgl. Bultmann, aaO 46–52; dazu H. Weinel, Biblische Theologie des Neuen Testaments, 1911; P. Feine, Theologie des Neuen Testaments, 1911²; A. Schlatter, Die Theologie des Neuen Testaments, 2 Bde., 1909/10.

94 Vgl. R. Bultmann, Einleitung (1914), in: Ders., Theologie als Kritik (s. Anm. 77), (56–67) 56–60; dazu Evang (s. Anm. 72), 48–51.

95 Vgl. P. Feine, Erwiderung (1914), in: Bultmann, aaO 514–517.

96 R. Bultmann, Antwort (1914), aaO (67–71) 67.

manns. Dieser führte freilich für seine unnachgiebige Haltung intern auch universitätspolitische Motive an. Denn mit dem Hallenser Ordinarius konnte Bultmann eine »erste Größe im Lager der sog. Modernpositiven (Seeberg etc.)« der unwissenschaftlichen Arbeitsweise überführen, jener theologischen Richtung, die nach seiner Überzeugung von der preußischen Regierung bei Lehrstuhlbesetzungen gegenüber der liberalen Partei bevorzugt wurde[97].

An Aufsätzen veröffentlichte Bultmann bis zum Ende seiner Privatdozentenzeit außer seiner Probevorlesung[98] eine Untersuchung zum Verhältnis der Ethik Epiktets zum Neuen Testament sowie einen Vortrag über den Bezug der wissenschaftlichen Theologie auf die Praxis der Kirche. Die Studie zum religiösen Moment des ethischen Ansatzes Epiktets war thematisch und zeitlich im Umfeld der Dissertation über Paulus und die kynisch-stoische Diatribe entstanden. Für ihre Publikation gestaltete Bultmann sie zu einem Alternativentwurf zu dem zwischenzeitlich erschienenen Buch Adolf Bonhöffers »Epiktet und das Neue Testament« aus[99]. Die Schärfe, in der er sich von diesem Werk des ausgewiesenen Epiktet- und Stoaexperten distanzierte – es sei unbeschadet seiner umfassenden Gelehrsamkeit »sowohl in der Anlage wie in der Erfassung des Problems verfehlt«[100] –, löste bei Bonhöffer verständlicherweise Befremden aus. In seiner Erwiderung auf Bultmanns Aufsatz verteidigte Bonhöffer die stoische Philosophie gegen die Kritik des christlichen Theologen und sah sich in der Sache, im Erkennen der generellen Differenz zwischen der christlichen und der stoischen Religiosität, in großer Übereinstimmung mit Bultmann[101].

In seinem Vergleich zwischen der Philosophie Epiktets und der Religion des Neuen Testaments operiert Bultmann mit der Unterscheidung zwischen religiösen Ideen, gedanklichen Vorstellungen und Begriffen auf der einen Seite und dem sich in jenen mannigfachen Objektivationen explizierenden religiösen Leben andererseits. Da sich die urchristliche Religion anders als die stoische Philosophie nicht in einer festen Begrifflichkeit ausdrückt, kann die entscheidende Differenz zwischen diesen beiden geistigen Mächten nicht aus den unterschiedlichen Vorstellungskomplexen erhoben, sondern nur im nachempfindenden Rekurs auf das ihnen zugrundeliegende religiöse Leben erfaßt werden. So lassen sich die Unterschiede im Verständnis des Menschen und des ihm auferlegten Gebots, in der Auffassung der persönlichen Gemeinschaft mit Gott wie auch im Vorsehungsglauben letztlich auf ein je eigentüm-

97 Bultmann an A.K. Bultmann, 19.10. 1913, Mn 2-2735; auch in: Bultmann, aaO 517. Zum Hintergrund vgl. A. Jülicher, Die Entmündigung einer preußischen theologischen Fakultät in zeitgeschichtlichem Zusammenhange, 1913.

98 Vgl. R. Bultmann, Was läßt die Spruchquelle über die Urgemeinde erkennen?, Oldenburgisches Kirchenbl. 19 (1913), 35–37.41–44; s. dazu o. 53f.

99 Vgl. R. Bultmann, Das religiöse Moment in der ethischen Unterweisung des Epiktet und das Neue Testament, ZNW 13 (1912), 97–110.177–191; A. Bonhöffer, Epiktet und das Neue Testament, 1911. – Zum Folgenden vgl. Evang (s. Anm. 72), 43f.; Dreher (s. Anm. 82), 68 Anm. 2.

100 Bultmann, aaO 97.

101 Vgl. A. Bonhöffer, Epiktet und das Neue Testament, ZNW 13 (1912), 281–292.

liches Persönlichkeitsbewußtsein zurückführen. Epiktet bestimmt das Individuum primär intellektualistisch als vernunftbegabtes Wesen, das durch den rechten Gebrauch der Vernunft das sittliche Ideal zu verwirklich vermag. Das Neue Testament sieht das Individuum durch die Kraft einer lebendigen Religion und persönlichen Gottesbeziehung zu wahrhaft eigenem Leben erweckt[102].

Bultmanns frühe Lehr- und Forschungstätigkeit vollzog sich in den von der Religionsgeschichtlichen Schule vorgezeichneten Bahnen. In seinen Äußerungen zur Exegese biblischer Texte zeigte er sich den methodischen Standards liberaler Theologie bezüglich der historischen Forschung und den grundsätzlichen hermeneutischen Überlegungen verpflichtet, die insbesondere Hermann Gunkel, Johannes Weiß und William Wrede zur Aufgabe der Bibelauslegung angestellt hatten. Mit einem bloßen historischen Positivismus konnte sich die biblische Exegese nach Meinung der Religionsgeschichtler nicht begnügen[103]. Am 29. September 1913 hielt Bultmann in der »Freien Vereinigung« des Oldenburgischen General-Predigervereins ein Referat, in dem er das Verhältnis zwischen der allein an der Wahrheit interessierten theologischen Wissenschaft und der kirchlichen Praxis erörterte[104].

In diesem Vortrag plädiert Bultmann für eine historische Wissenschaft – und eine solche ist die biblische Exegese –, die im Blick auf ihre möglichen Ergebnisse völlig voraussetzungslos arbeitet. Die so verstandene Geschichtswissenschaft sieht ihre vornehmliche Aufgabe allerdings nicht in der bloßen Rekonstruktion von sogenannten Fakten, sondern gemäß idealistischer Tradition in der Erkenntnis der ewigen Kräfte, die sich in den zeitgeschichtlichen Phänomenen abbilden. Entsprechend zielt die Exegese nicht darauf ab, aus dem Neuen Testament Dogmen oder Lehrvorstellungen zu erheben, die dann für wahr zu halten wären. Vielmehr hat die historisch-kritische Bibelauslegung durch die Oberfläche des Textes und der in ihm verwendeten Vorstellungen hindurch dem hier sich explizierenden religiösen Leben in all seinen einzelnen Erscheinungen nachzuspüren[105]. Die historische Bibelwissenschaft hat dabei freilich eine Prämisse zu beachten: »Wer nicht im lebendigen Zusammenhang einer Geschichte steht, kann sie nicht schreiben.«[106] Ohne existentielle Beteiligung, ohne eigenes religiöses Erleben desjenigen, der verstehen möchte, läßt sich das religiöse Leben, das sich im Neuen Testament unter zeitbedingten Formen verbirgt, nicht erfassen.

102 Vgl. Bultmann (s. Anm. 99), 97 f. 182–191; dazu Evang (s. Anm. 72), 199–203.

103 Vgl. H. Gunkel, Ziele und Methoden der alttestamentlichen Exegese, MKP 4 (1904), 521–540; J. Weiss, Die Aufgaben der Neutestamentlichen Wissenschaft in der Gegenwart, 1908; W. Wrede (s. Anm. 90). – Vgl. Evang (s. Anm. 72), 236–248.

104 Vgl. R. Bultmann, Theologische Wissenschaft und kirchliche Praxis, Oldenburgisches Kirchenbl. 19 (1913), 123–127.133–135; dazu Evang (s. Anm. 72), 191–198; Ch. Landmesser, Rudolf Bultmann: Religion, Kultur und Existenz, in: V. Drehsen u. a. (Hg.), Kompendium Religionstheorie, 2005, (121–134) 125 f.

105 Vgl. Bultmann, aaO 126.135.

106 AaO 125 f.

Abgesehen davon, daß historische Forschung »keine absoluten Ergebnisse, sondern nur relative« kennt, kann das von ihr ermittelte Wissen – so betont Bultmann mit Wilhelm Herrmann – niemals den Glauben begründen. Historisch-kritische Exegese vermag, indem sie das Zufällige und Zeitgeschichtliche in der Schrift von den zentralen Glaubensgedanken scheidet, immerhin den falschen Anstoß an der christlichen Heilsbotschaft beiseitezuräumen. Das Wesen evangelischen Glaubens aber tritt nicht im Wissen, sondern in dem »die Stimme Gottes« hörenden Gewissen rein hervor. Allein unser »eigenes Erleben ist das einzig Gewisse, was wir haben« und dem sich die einzige »große Tatsache« des evangelischen Glaubens, die Offenbarung, mitteilt: »Gottes in der Schrift, in Jesus offenbar werdende erlösende Gnade«[107].

4. Modernes Christentum und die Predigt

> *Wie Schleiermacher überhaupt gegen die Bekehrungssucht polemisiert, so sollten die Prediger sich immer sagen, daß ihr Predigen die Hörer nicht bekehren und belehren darf, sondern nur zur Aussprache bringen soll, was in allen vorhanden ist, im einen bewußt, im anderen unbewußt. Das ist mir immer als Ideal der Predigt erschienen: mich möglichst in das Herz der Hörer zu versetzen und in ihm zu wecken und [zur] Klarheit zu bringen, was darin vorhanden ist, so daß der Hörer die Predigt als Befreiung, gewissermaßen als eigene Aussprache empfindet.*[108]

Während seines Studiums hatte sich Bultmann von überkommenen Formen der Frömmigkeit und einer orthodoxen Theologie distanziert, um für ein modernes, dem Wesen des Glaubens und den Erfordernissen der Gegenwart gleichermaßen entsprechendes Christentum einzutreten. Die Opposition gegen bestimmte, als überholt empfundene Gestalten traditioneller Kirchlichkeit bedeutete nicht die generelle Infragestellung der Kirche als institutionalisierter Erscheinungsform des Christentums. In seiner kritischen Haltung ließ Bultmann sich vielmehr von dem konstruktiven Motiv leiten, die kirchliche Praxis aus dem Prokrustesbett eines gedankenlosen Traditionalismus zu befreien und durch geeignete Reformmaßnahmen zukunftsfähig zu machen. Auch wenn er 1907 nach der Lehrtätigkeit am Oldenburger Gymnasium nicht den Weg in das Pfarramt antrat, sondern die vergleichsweise unsichere Universitätslaufbahn einschlug, behielt er die gegen Ende seines Studiums als Selbstverpflichtung formulierte »Aufgabe, unser modernes Christentum den Gemeinden zu bringen«[109], weiterhin beständig im Auge.

107 AaO 135.
108 Bultmann an H. Feldmann, 2./3. 11. 1916, Mn 2-3447.
109 Bultmann an W. Fischer, 19. 4. 1906, Mn 2-2198.

Bultmanns Plädoyer für ein modernes Christentum enthielt mehrere Facetten[110]. Auf sicherem Terrain bewegte sich der Nachwuchswissenschaftler mit seiner Empfehlung, die Theologie möge den Diskurs mit interessierten Laienkreisen in der Kirche und an ihrem Rand intensivieren. Im Winter 1906/07 referierte Bultmann in Oldenburg vor den »Freunden der Christlichen Welt« über die Taufe und die Bedeutung des Todes Jesu[111], Ende 1913 hielt er vor der Oldenburger Religionslehrer-Konferenz einen Vortragszyklus zum Judentum und zur Entstehung des Christentums[112]. Er setzte große Hoffnungen auf die Volksschullehrer, die nach seinen Beobachtungen jedenfalls im Oldenburgischen religions- und kirchenkritische Positionen zunehmend zugunsten eines positiven religiösen Interesses aufgaben[113]. Sollten die gebildeten und religiös interessierten Laien eine aktive Rolle im anvisierten Modernisierungsprozeß spielen, war es notwendig, sie mit der Arbeit und den Resultaten der wissenschaftlichen Theologie, insbesondere der historischen Forschung, vertraut zu machen. Der vom angelsächsischen Bereich ausgehende Trend einer *popular science* hatte auch die protestantische Theologie im wilhelminischen Kaiserreich erfaßt. Die von der Religionsgeschichtlichen Schule unternommenen publizistischen Anstrengungen, die Welt der Religion, des Christentums, der Kirche, wie sie im Lichte der modernen historisch-kritischen Theologie erschien, durch populäre Darstellungen breiten Leserschichten zu erschließen, fanden Bultmanns vorbehaltlose Zustimmung.

Zu den gelungenen Beispielen solcher populartheologischer Publizistik rechnete Bultmann zumal die von Friedrich Michael Schiele im Tübinger Verlag Mohr Siebeck herausgegebenen »Religionsgeschichtlichen Volksbücher für die deutsche christliche Gegenwart«[114], das unter der Ägide von Johannes Weiß entstandene Kommentarwerk zum Neuen Testament[115] sowie das wiederum bei Mohr Siebeck realisierte »Handwörterbuch in gemeinverständlicher Darstellung«, das unter dem Titel »Die Religion in Geschichte und Gegenwart« zum Kompendium der religionsgeschichtlichen Forschungsrichtung wurde[116]. All diesen publizistischen Unternehmungen war gemeinsam, daß sie dem gegenwärtigen religiösen Leben insbesondere der bildungsbürgerlichen Adressaten durch die vorbehaltlose Aufklärung über die historischen Zusammenhänge des Christentums dienen wollten. Eben deshalb bejahte Bultmann 1904 das Erscheinen der ersten »Religionsgeschichtlichen Volksbücher«: »Unsere Kirche hat den Laien viel von Kritik und Wissenschaft vorenthalten und muß das Versäumte schnell nachholen, wenn sie nicht bitter büßen will. Nur durch Bildung kann auch die katholische Kirche besiegt werden. Da wird andres

110 Vgl. auch M. Evang, Bultmann, 1988, 101–133.

111 Vgl. Bultmann an E. Teufel, 25. 3. 1907, Mn 2-2393.

112 Vgl. Bultmann an W. Fischer, 11. 1. 1914, Mn 2-2198.

113 Vgl. Bultmann an E. Teufel, 17. 7. 1907, Mn 2-2393.

114 Vgl. dazu G. Hübinger, Kulturprotestantismus und Politik, 1994, 204 f.214–219.

115 Vgl. J. Weiss (Hg.), Die Schriften des Neuen Testaments neu übersetzt und für die Gegenwart erklärt, I, 1907²; II, 1908².

116 Vgl. dazu Hübinger (s. Anm. 114), 198–203.

schwerlich helfen.«[117] Er räumte ein, die Popularisierung der Wissenschaft könne mitunter auch Halbbildung hervorbringen, hielt freilich Unwissenheit für ein noch größeres Übel als die – gewiß nicht anzustrebende – Halbbildung. Die Theologie müsse mit der allgemeinverständlichen Vermittlung ihrer Erkenntnisse das Vertrauen der Laien in die Wahrhaftigkeit des wissenschaftlichen Umgangs mit dem Christentum als einer zutiefst geschichtlichen Religion stärken. »Da wir nun einmal die Bibel als historische Urkunde der christlichen Religion und als Grundlage von Kultus und Gottesdienst haben, läßt es sich gar nicht umgehen, dem Volk das Urteil der Wissenschaft irgendwie mitzuteilen«[118].

Wie das verfaßte Christentum auf die sozialen Probleme der Kaiserzeit eingehen und auf die Entfremdung der Industriearbeiterschaft von der Kirche reagieren sollte, gehörte zu den Fragen, die Bultmann bis zu seiner Breslauer Zeit kaum beschäftigten. Im ländlichen Milieu des Verwaltungsstandorts Oldenburg aufgewachsen, war er bisher mit den sozialen Problemkonstellationen, wie sie sich in den industriellen Zentren des kaiserzeitlichen Deutschland darboten, noch nicht in unmittelbare Berührung gekommen. Sein persönliches Interesse an gesellschaftspolitischen Themen hielt sich zudem in Grenzen. Während seiner Berliner Studienzeit besuchte er im Herbst 1904 den Reichstag »und hörte einige interessante Reden. Freilich hat mir der ganze Reichstag recht wenig imponiert. *Sachlich* geredet wurde selten. Die Sozialdemokraten benahmen sich sehr unfein«[119]. Gemeinsam mit seinem »für soziale und politische Fragen« ungleich aufgeschlosseneren Freund Leonhard Frank betrieb Bultmann 1904/05 »Studien im Berliner Leben«[120]. Bei einem dieser Erkundungsgänge nahm er Menschen in Augenschein, »die man mit dem trostlosen Wort ›Gefallene‹ nennt«. In der nachträglichen Reflexion des Wahrgenommenen sinnierte der zwanzigjährige Theologiestudent über geeignete Maßnahmen, mit denen dem großstädtischen Sittenverfall vorzubeugen sei. Neben der Arbeit der Heilsarmee und der Stadtmission, so glaubte er, könne möglicherweise auch das Theater – freilich nicht mit seinem klassischen Programm – zur »Hebung von Sitte und Bildung« beitragen[121]. Bultmann setzte also auf ein gleichsam idealpolitisches Konzept, das nicht direkt auf die politische Aufhebung sozialer Mißstände abzielte, sondern mit der langfristigen Wirkung einer an Bildung und Sitte als den Voraussetzungen sozialer Gerechtigkeit orientierten Erziehungsarbeit rechnete. Freilich sollten der Erste Weltkrieg und die Revolution zu einer deutlichen Erweiterung der politischen und sozialen Kompetenz Bultmanns beitragen[122].

117 Bultmann an W. Fischer, 8. 12. 1904, Mn 2-2198; vgl. dazu W. D. Dennison, Rudolf Bultmann: Pastor?, CTJ 34 (1999), 179–187.

118 Bultmann an W. Fischer, 30. 7. 1907, Mn 2-2198.

119 Bultmann an W. Fischer, 8. 12. 1904, Mn 2-2198.

120 Bultmann an H. Feldmann, 12. 7. 1917, Mn 2-3445.

121 Bultmann an E. Teufel, 28. 10. 1904, Mn 2-2393.

122 S. u. 93–101.

Seine Vorstellungen über das anzustrebende moderne Christentum intendierten im übrigen keine frei vagierende Religiosität einzelner Individuen, sondern eine erneuerte Gestalt *kirchlichen* Christentums. Bultmann setzte auf eine behutsame Reform der Kirche möglichst »ohne Zerbrechen der alten kirchlichen Formen«. Die Notwendigkeit, daß das Christentum als eine dezidiert gemeinschaftliche Religion einer entsprechenden institutionellen Ausprägung bedurfte, war ihm bewußt. »Jede Religion braucht und bildet schließlich doch eine Kirche; am besten also, wenn eine Modernisierung sich an die gegebenen Formen der äußeren Organisation anschließt.«[123]

Als Keimzelle des modernen Christentums betrachtete Bultmann offenkundig die Vereinigung der »Freunde der Christlichen Welt«. Am 6. Oktober 1908 nahm er an deren Jahresversammlung in Eisenach teil. Dort hielt der Gubener Amtsrichter Constantin von Zastrow einen vielbeachteten Vortrag, der im Kreis der »Freunde der Christlichen Welt« erregte Debatten auslöste[124]. In seinem Referat setzte sich von Zastrow auf der Basis einer rationalistisch-intellektualistischen Religionsauffassung mit der »Theologie der Christlichen Welt« auseinander. Diese Theologie paktiere in mehrfacher Hinsicht mit dem unhaltbar gewordenen Kirchenglauben. Sie verfahre auch insofern theologisch inkonsequent, als sie der im Gegensatz zur geistigen Religion stehenden kirchlichen Kultus- und Sakramentenpraxis den längst fälligen Abschied noch nicht gegeben habe. Von Zastrow forderte die »Freunde« auf, endlich mit der abständigen Vergangenheit des Kirchenglaubens zu brechen und dem Pantheismus als der (vermeintlich) neuen religiösen Idee des freien Christentums zum Durchbruch zu verhelfen. Die Zastrowschen Auslassungen veranlaßten Bultmann dazu, seine eigene Auffassung vom Verhältnis des modernen Christentums zur bestehenden Kirche einerseits und zu konkurrierenden Weltanschauungen andererseits zu präzisieren.

Den Vorwurf von Zastrows, die »Freunde der Christlichen Welt« verhielten sich mit ihrem Festhalten an überkommenen Formen vor allem im Gottesdienst unwahrhaftig, wies Bultmann zurück. Zwar stelle die Benutzung der alten Liturgien und die Predigt über die vorgeschriebenen Texte ein Problem dar; dieses lasse sich jedoch nicht durch eine radikale Revision der Gottesdienstordnungen lösen. »So bleibt uns nur übrig, die alten Formen nach Möglichkeit zu beleben. Für einen Menschen, der historischen Sinn hat, ist das nicht so schwer.«[125] Für noch wichtiger als die Anpassung der liturgischen Formulare hielt Bultmann die Klärung inhaltlicher, theologischer Fragen. Es sei dringend erforderlich, daß sowohl Laien als auch Theologen aus dem Kreis der »Christlichen Welt« die Sache des Christentums in der Öffentlichkeit klar und überzeugend darlegten. Fröhliche Siegeszuversicht und ge-

123 Bultmann an W. Fischer, 19. 4. 1906, Mn 2-2198.

124 Vgl. C. VON ZASTROW, Die Theologie der Christlichen Welt in Laienbeurteilung, AdF Nr. 27 vom 8. 2. 1909, 257–270; dazu J. RATHJE, Die Welt des freien Protestantismus, 1952, 221 f.; EVANG (s. Anm. 110), 122.

125 Bultmann an W. Fischer, 25. 10. 1908, Mn 2-2198.

dankliche Klarheit bedingten sich gegenseitig. Für Bultmann erbrachte »jeder Blick in eine Zeitung, auf eine Anschlagsäule, in das Schaufenster eines Buchhändlerladens, jede Unterhaltung im Eisenbahnkupee auf der Fahrt mit wildfremden Menschen« den Beweis, daß das Engagement für ein vertieftes Verständnis der christlichen Religion in der Kirche auf eine positive Resonanz stoßen werde[126].

Des weiteren hatte von Zastrow den »Freunden« ein inkonsequentes Paktieren mit dem Kirchenglauben vorgehalten. Sofern der Gubener Jurist damit von den Theologen, insbesondere den Predigern, Klarheit hinsichtlich des von ihnen für wahr gehaltenen Weltbildes einklagte, konnte Bultmann dem ohne weiteres zustimmen. Freilich zeigte ihm die Forderung, die »Freunde der Christlichen Welt« sollten sich den Monismus und den Pantheismus zu eigen machen, daß von Zastrow die im Kreis der »Freunde« vertretene Religionsauffassung und überhaupt »das Wesen religiösen Erlebens« nicht verstanden hatte[127]. Allerdings hätten auch die Theologen – unter ihnen Adolf Harnack und Wilhelm Bousset – auf der Eisenacher Tagung die Eigenart der Religion in ihrem schlechthinnigen Gegenüber zur gesetzmäßig verfaßten Erscheinungswirklichkeit nicht transparent zu machen vermocht. Für Bultmann hatte hingegen – bei anderer Gelegenheit – Wilhelm Herrmann »ganz glänzend den Dualismus dargestellt, in dem der religiöse Mensch sich schlechterdings befinden *muß*.«[128] Die Einsicht in diesen Dualismus zwischen dem persönlichen, letztlich irrationalen Erleben der Wirklichkeit Gottes und der rational erfaßbaren Erscheinungswelt ließ Bultmann den antikirchlichen Liberalismus und weltanschaulichen Synkretismus von Zastrows als völlig inakzeptabel ablehnen. »Die religiöse Überzeugung trägt ihre Gewißheit in sich selbst, und [man] kann sie weder aus der Erfahrungswelt ableiten noch überhaupt mit ihr vereinen.«[129]

Was bedeutete all dies für die Aufgabe des Pfarrers? Auf diese Frage ging Bultmann ein, als er am 29. September 1913 vor der Oldenburger »Freien Vereinigung« über das Verhältnis zwischen wissenschaftlicher Theologie und kirchlicher Praxis referierte. In seinem Vortrag verteidigt er vehement die Notwendigkeit der wissenschaftlichen Ausbildung zum kirchlichen Amt. Sie ergibt sich unmittelbar aus der konstitutiven Bedeutung der Heiligen Schrift für die Kirche. »Hat die Kirche die Schrift nötig, so hat sie auch die Arbeit nötig, die systematisch zu erkennen sucht, was in der Schrift steht; und eben das ist die historische Bibelwissenschaft.«[130] Je intensiver ein Theologe das wissenschaftliche Studium betrieben hat, desto weniger wird er als Pfarrer der Gefahr erliegen, die Kanzel mit dem Katheder zu verwechseln und die Gemeinde mit den neuesten Erkenntnissen der Wissenschaft zu behelligen.

126 R. BULTMANN, Leserbrief o.T. [Nr. 18], AdF Nr. 29 vom 1. 8. 1909, (298 f.) 299.

127 AaO 298.

128 Bultmann an W. Fischer, 25. 10. 1908 (s. Anm. 125); vgl. W. HERRMANN, Der Christ und das Wunder (1908), in: DERS., Schriften zur Grundlegung der Theologie, Teil II, 1967, 170–205.

129 Bultmann an W. Fischer, 25. 10. 1908 (s. Anm. 125).

130 R. BULTMANN, Theologische Wissenschaft und kirchliche Praxis, Oldenburgisches Kirchenbl. 19 (1913), (123–127.133–135) 125.

Denn seine Aufgabe besteht weniger in der Kritik »als in der positiven Verkündigung der einen großen Hauptsache, damit die Hörer selbst mündig werden, Haupt- und Nebensachen zu unterscheiden«[131]. Dazu leistet ihm allerdings die historische Bibelwissenschaft einen unverzichtbaren Dienst, schärft sie doch den Blick für die Differenz zwischen den zentralen Glaubensgedanken und den bloß zufälligen, zeitgeschichtlichen Formen des Christentums im Neuen Testament. Im übrigen hat der Pfarrer in seinem Verkündigungsamt nicht »die Sätze der Schrift als Lehren vorzutragen, die der Hörer annehmen soll, ... sondern zu zeigen, welche Lebenskräfte in der Schrift lebendig sind, wie sie uns ergreifen, uns Leben schenken und in unserer Gegenwart wirken können«[132].

An der Wahrnehmung dieser Aufgabe beteiligte sich Bultmann selbst, nachdem er das Erste theologische Examen bestanden und die *licentia concionandi* erworben hatte. Zwischen 1906 und dem Ende seiner Marburger Repetenten- und Privatdozentenzeit 1916 hielt er 44 Predigten[133]. In Marburg predigte er überwiegend in der Reformierten Kirche, was zu seinen Pflichten als Repetent an der Hessischen Stipendiatenanstalt gehörte, daneben gelegentlich auch in besonderen Studentengottesdiensten sowie während des Ersten Weltkriegs im lokalen Reservelazarett. Darüber hinaus übernahm Bultmann häufig Predigtdienste in seiner oldenburgischen Heimat. Hier half er im Sommer 1907, als er am Oldenburger Gymnasium unterrichtete, bei Vakanzen in Atens, Ofen und Rastede aus, jeweils wohl auf Grund eines vom Evangelischen Oberkirchenrat eigens erteilten Auftrags. Ansonsten entfiel die Mehrzahl der von Bultmann im Oldenburgischen gehaltenen Gottesdienste auf Vertretungen seines Vaters und verwandter Pastoren aus den Familien Bultmann und Ramsauer. Seinen Onkel Johannes August Bultmann in Hammelwarden vertrat er allein siebzehnmal. Daß er in dem Dorf an der Unterweser besonders gern und häufig die Kanzel betrat, dürfte freilich auch an der besonderen Atmosphäre des Hammelwardener Pfarrhauses gelegen haben, die Bultmann schon in seiner Schüler- und Jugendzeit außerordentlich angezogen hatte[134].

In aller Regel folgte Bultmann der analytischen Predigtmethode, dies freilich nicht in dem engen Sinne, daß er Vers um Vers des zugrundegelegten biblischen Textes erklärt und zur Anwendung gebracht hätte. Vielmehr ließ er sich vom Text das Thema und meist auch die Partition der Predigt vorgeben. So entfaltete er im Vollzug der Textauslegung das Thema der Kanzelrede. Bis 1916 hielt er lediglich zwei regelrechte Themapredigten ohne Bindung an einen bestimmten Text. Diese beiden Ausnahmen von seiner sonstigen Praxis waren bedingt durch ihren besonderen Sitz im Leben. Bultmann trug seine Predigten »Leben und Erleben« sowie »Diesseits-

131 AaO 127.

132 AaO 126.

133 Vgl. die tabellarische Übersicht in: R. Bultmann, VW, 316–325; dazu Evang (s. Anm. 110), 148–152.

134 Vgl. Bultmann an W. Fischer, 2.4.1905, Mn 2-2198; z.T. abgedruckt in: R. Rittner (Hg.), Rudolf Bultmann und Oldenburg, 2002, 6.

und Jenseitsreligion« in den Marburger Studentengottesdiensten vor, die nach dem Willen ihrer Initiatoren lediglich aus religiösen Vorträgen und kurzen Choralgesängen bestanden[135]. Bei den in regulären Gottesdiensten gehaltenen Predigten hielt Bultmann sich nur 1907 an die vorgesehenen Perikopen. In den beiden folgenden Jahrzehnten wählte er zunehmend selbst Texte für seine Kanzelreden aus. Anfangs bot er die Predigttexte der hörenden Gemeinde nicht nach der Lutherbibel, sondern nach zeitgenössischen Übersetzungen dar. Dies schien ihm dem Ideal einer zeitgemäßen Verkündigung zu entsprechen. »Das Volk soll die Bibel in der Sprache hören, in der es spricht! Wenn wir ihm die Religion nicht in der Sprache nahebringen, die ihm geläufig ist, in der es täglich spricht, so leisten wir ihm den denkbar schlechtesten Dienst.«[136] Doch befolgte er diesen Grundsatz nur für kurze Zeit. Auch in seiner Predigtpraxis setzte sich langfristig die Lutherbibel mit ihrer unvergleichlichen sprachlichen Kraft und Prägnanz durch.

Das Hauptthema, das der junge Bultmann in seinen Predigten wieder und wieder traktierte, war die religiöse Deutung der Wirklichkeit mit Hilfe der Begriffe »Arbeit« und »Geschenk«[137]. Die wechselseitige Zuordnung dieser beiden Momente der Wirklichkeitserfahrung, der religiösen Auffassung des Lebens als Geschenk und der spezifisch neuzeitlichen, in der Arbeit sich vollziehenden Relation zur Wirklichkeit, unterlag dabei einer deutlichen Entwicklung. Am 10. Dezember 1911 predigte Bultmann in Marburg über I Kor 7,29–31. Er beschrieb der Gemeinde zunächst das Phänomen der Arbeit in seiner Bedeutung für das alltägliche Leben, für Kultur und Sittlichkeit sowie die Institutionen der Familie und des Staates. Im Kontrast dazu stellte er sodann die eschatologische Distanz heraus, die sich nach dem Predigttext in der inneren Fremdheit des Christen gegenüber der Welt äußert. Beide Motive suchte er miteinander durch den Gedanken zu versöhnen, die Arbeit sei zu tun »nicht um unseretwillen, sondern um einer ewigen Zukunft willen, die wir als göttliche Aufgabe erfahren haben«[138]. Freilich nahm er diese Problemlösung im letzten Teil der Predigt partiell wieder zurück. Denn die Religion als Erfahrung geschenkten Lebens und Glaube an eine unverdiente Zukunft eröffne die Möglichkeit, den Glauben an die eigene Arbeit zu transzendieren und sich der Zukunft als der Tat und dem Werk Gottes zu öffnen. In dieser Predigt verstand Bultmann die Religion noch ganz im Kontext der von der Arbeit dominierten sittlichen Weltordnung. Mochte die Erfahrung des Geschenks auch die der Arbeit überbieten, so blieb die Religion doch dem Sittlichen funktional zugeordnet. Das Evangelium sprach sich im Horizont des Gesetzes aus.

135 Vgl. die Predigten »Leben und Erleben« vom 23. 6. 1912 und »Diesseits- und Jenseitsreligion« vom 12. 7. 1914, in: Bultmann, VW, 86–95.104–114; zu den Studentengottesdiensten vgl. E. Simons, Prediger = Professoren?, ChW 31 (1917), (305–309) 308.

136 Bultmann an E. Teufel, 17. 7. 1907, Mn 2-2393.

137 Vgl. dazu eingehend E. Hauschildt, Rudolf Bultmanns Predigten. Existentiale Interpretation und lutherisches Erbe, 1989, 20–59.

138 Bultmann, VW, (65–75) 71.

Zweieinhalb Jahre später tarierte Bultmann das Verhältnis zwischen Arbeit und Geschenk neu aus. In der Predigt »Diesseits- und Jenseitsreligion«, die er am 12. Juli 1914 im Marburger Studentengottesdienst vortrug, erschienen Arbeit und Geschenk als gegensätzliche Größen. Bultmann strich kräftig den genuinen Charakter des religiösen Erlebens als Geschenk heraus. Religion, so vernahmen seine studentischen Hörer, sei zutiefst verschieden von jeglicher Arbeit. »Aus der Welt der Religion ist alle Arbeit, alles Tun, alles Gestalten verbannt. Hier gilt nur: offen sein, stille sein, alles von sich abfallen lassen, sich ganz füllen, alles mit sich geschehen lassen wollen. Es ist eine Welt des Schenkens, der Gnade. Ihre Gestalten werden nicht gesucht vom Geist, nicht gefunden und nicht geschaffen: sie offenbaren sich.«[139] Die kontingente religiöse Erfahrung hatte sich nicht mehr aus ihrer funktionalen Zuordnung zu dem durch Arbeit und Gesetzmäßigkeit konstituierten sittlichen Wertesystem zu legitimieren. Vielmehr verstand Bultmann die Arbeit jetzt als eine Vorstufe, die allenfalls an die geoffenbarte und geschenkte Religion heranführen konnte. »Nur der Mensch ist fähig, zum Jenseits der Religion zu gelangen, der das Diesseits überhaupt verlassen hat, der an jener Welt des Geistes arbeitet.«[140]

Bereits im Januar 1905 hatte Bultmann die Existenzberechtigung des Protestantismus darin gesehen, »daß er die christliche Religion (nicht Sittlichkeit) vertritt. Eine Kirche soll ihren Mitgliedern nicht Sittlichkeit geben, sondern Religion … Die Sittlichkeit an sich kann nie ein Motiv sein, ich muß sie sozusagen in die Religion auflösen«[141]. Das 1905 aufgestellte Postulat löste Bultmann in seiner Predigtarbeit sukzessive ein. Dabei führte er auf der Kanzel das implizite kritische Gespräch mit Wilhelm Herrmanns Sicht des Verhältnisses zwischen Sittlichkeit und Religion in ihrer Beziehung zueinander wie auch in ihrer Differenz. Indem Bultmann die Religion aus ihrer Einbindung in den übergreifenden Kontext der Ethik zu lösen begann und dem Evangelium eine eigene, nicht vom Gesetz dominierte Sphäre einräumte, vollzog er schrittweise den Bruch mit der kulturtheologischen Auffassung von Religion, wie sie in der Generation seiner Lehrer vertreten wurde[142]. Insofern bestätigen Bultmanns frühe Predigten die von ihm später, 1928, geäußerte Einschätzung, für die Genesis seiner Theologie sei weniger das Kriegserleben als vielmehr »die innere Auseinandersetzung mit der Theologie unserer Lehrer« maßgebend gewesen[143].

139 Bultmann, VW, (104–114) 110.

140 AaO 113; zu Bultmanns Predigt »Diesseits- und Jenseitsreligion« vgl. ausführlich Evang (s. Anm. 110), 257–262; Hauschildt (s. Anm. 137), 36–42.

141 Bultmann an W. Fischer, 27. 1. 1905, Mn 2-2198.

142 Dies gilt unbeschadet des Festhaltens an bestimmten Fragestellungen und Einsichten W. Herrmanns durch Bultmann. Vgl. am Beispiel der Predigt vom 1. 4. 1907 zu Lk 24, 13–32 »Wie kommt es zur Gewißheit des Sieges des Lebens über den Tod?« eingehend Evang (s. Anm. 110), 152–170.

143 Bultmann an E. Foerster, (?) 1928, in: W. Schmithals (Hg.), Ein Brief Rudolf Bultmanns an Erich Foerster, in: B. Jaspert (Hg.), Rudolf Bultmanns Werk und Wirkung, 1984, (70–81) 74.

In seiner Predigttätigkeit nahm Bultmann sich nicht als einen religiösen Virtuosen wahr, der der Gemeinde Anteil am Reichtum seines persönlichen Erlebens zu geben vermocht hätte. Zu sehr empfand er sich noch als Suchenden, auch wenn er sich der Sache gewiß war, für die er auf der Kanzel eintrat. Die Differenz zwischen seiner Selbstwahrnehmung und der Erwartung der Gemeinde suchte er einstweilen durch den Optimismus auszugleichen, »daß man selbst durch die Sache wachsen wird; und wenn man sich selbst den Anschein gibt, als wäre man schon weiter, als man ist, so ist das auch nur eine Selbstverleugnung um der Sache willen, die sein muß«[144]. Beschwerlich wurde Bultmann das Predigen nicht, weil er sich auf der Kanzel als Vertreter einer modernen Theologie präsentierte. Bemühte er sich doch darum, durch taktvolles Vorgehen unnötige Konflikte mit der traditionsorientierten Gemeinde zu vermeiden[145]. Als gravierender erachtete er das Problem, zu einer Sprache zu finden, die der Sache der Predigt einen zeitgemäßen Ausdruck zu verleihen vermochte. »Es ist schrecklich schwer, der traditionellen Predigt*sprache* zu entgehen; viel schwerer, als den traditionellen *Gedanken* ... zu modern darf auch eine Predigt nicht klingen, sonst stößt sich die Gemeinde unnötig«[146].

Indes sah Bultmann die Hauptschwierigkeit seiner Kanzeldarbietungen darin, daß sie dem von seinem homiletischen Lehrer Johannes Bauer übernommenen Ideal der gottesdienstlichen Rede nur selten zu genügen schienen. In der Predigt sollte sich der Glaube des Predigers der Gemeinde mitteilen. Aber Bultmann erkannte: »Es ist so furchtbar schwer, über die Religion zu reden, oder besser ausgedrückt: *aus* Religion reden«[147]. Dies Problem konnte während der Predigtvorbereitung mitunter zu der inneren Unsicherheit führen, ob ein »mit wahrem Gefühl« niedergeschriebener Gedanke beim erneuten Durchgehen des Manuskripts nicht doch »wie eine Selbsttäuschung« erschien. Bultmann wurde der Zwiespalt zwischen dem Anspruch, die Predigt habe Rede aus religiösem Erleben zu sein, und der Erfordernis einer angemessenen Vorbereitung des Kanzelvortrags deutlich: »In der Predigt soll man frei, wie es aus dem Herzen kommt, reden; und doch muß man sich ... sorgfältig vorbereiten und alles überlegen. Ich glaube, diesen Widerspruch muß der Prediger eben einfach um der Sache willen tragen. Aber deshalb gehört auch viel Selbstkritik dazu, daß man nichts zu sagen sich vornimmt, was man nicht wirklich innerlichst vertreten kann.«[148]

144 Bultmann an W. Fischer, 23. 4. 1908, Mn 2-2198.
145 Ebd.
146 Bultmann an W. Fischer, 1. 1. 1910, Mn 2-2198.
147 Bultmann an W. Fischer, 22. 12. 1907, Mn 2-2198.
148 Bultmann an H. Feldmann, 21./23./24. 5. 1917, Mn 2-3447.

5. Gelebte und gesuchte Gemeinschaft

1908 wurde mein Lehrer Johannes Weiß nach Heidelberg berufen. Mit seinem Nachfolger, Wilhelm Heitmüller, hatte ich bald ein freundschaftliches Verhältnis, und ihm fühle ich mich besonders verpflichtet. Während dieser Jahre verbrachte ich einen großen Teil meiner Zeit im Hause von Martin Rade. Ich war ein eifriger Leser der Zeitschrift »Die Christliche Welt«, die er herausgab, und ich war auch Mitglied der Vereinigung der »Freunde der Christlichen Welt« und besuchte wie zeitlebens mein Vater regelmäßig ihre jährlichen Treffen.[149] *– In Marburg erlebte ich in meiner letzten Zeit dort vor dem Kriege und am Anfang des Krieges mit Freuden, wie neues geistiges Leben in der Studentenschaft rege wurde und sich zum Teil höchst erfreuliche Formen schuf. Ich habe damit auch immer noch ein wenig Zusammenhang behalten und setze Hoffnungen darauf.*[150]

In den Jahrzehnten nach der preußischen Annexion Kurhessens (1866) expandierte die Universität Marburg in einem qualitativ wie quantitativ erstaunlichen Ausmaß. Der preußische Staat ließ im Rahmen seiner Hochschulpolitik zumal den neupreußischen Universitäten, also auch Marburg, fast jede nur erdenkliche Förderung angedeihen. Die Hochschule, die seit 1885 offiziell den Namen »Königlich-preußische Universität Marburg« trug, vermochte so nach der Gründung des Deutschen Reichs 1871 im Ensemble der preußischen Universitäten ein beachtliches Profil zu entwikkeln. Die Veränderungen im Marburger Stadtbild spiegelten den Ausbau der Universität während der preußischen Ära signifikant wider. Man erweiterte vorhandene Kliniken und errichtete neue, insbesondere die Naturwissenschaften erhielten eigene Institutsgebäude und ein neues Auditoriengebäude – die heutige »Alte Universität« – verlieh der prosperierenden Hochschule seit 1878 repräsentativen Glanz.

Die Marburger Theologische Fakultät partizipierte an diesem gesamtuniversitären Aufschwung. Ihre Mitglieder sorgten freilich ihrerseits durch bedeutende Lehr- und Forschungsleistungen dafür, daß Marburg für Theologen ein Studienort mit wachsender Attraktivität wurde. Die Zahl der Theologiestudenten nahm von 77 im Jahre 1866 kontinuierlich bis auf 309 im Sommersemester 1914 zu. Reichsweit zählte Marburg zu den führenden Theologischen Fakultäten. Trotz der Expansion, die die Universität als ganze nach 1871 erheblich verwandelte, wird man das zeitgenössische Urteil Adolf Harnacks, die deutsche Universität sei im Kaiserreich zu einem wissenschaftlichen Großbetrieb geworden, auf die Marburger Verhältnisse allerdings nur bedingt anwenden können. Denn die *Philippina* stieg lediglich zu einer Hochschule mittlerer Größe auf. Auch die Stadt Marburg stellte sich im Kaiserreich als überschaubares Gemeinwesen dar. Ihre Einwohnerzahl nahm zwar zwischen

149 Autobiographische Bemerkungen R. Bultmanns vom 28. 1. 1956, in: B. Jaspert (Hg.), Barth-Bultmann Bw., 1994², (302–311) 304.

150 Bultmann an W. Fischer, 8. 9. 1919, Mn 2-2198.

1866 und 1914 von 7.718 auf 22.200 rasant zu, noch größere Zuwachsraten erzielten in diesem Zeitraum jedoch die Studenten. Ihre Zahl schnellte von 257 auf 2.464 hoch, ihr Anteil an der Bevölkerung erhöhte sich von 3,3 auf 11,1 Prozent[151]. Die lokalen Kommunalpolitiker betrieben vor dem Ersten Weltkrieg eine antiurbane Politik. Sie verzichteten weitgehend auf die Ansiedlung von Industrie, um Marburg als naturnahen Hochschulstandort zu profilieren. So bestimmte die Universität nachhaltig das öffentliche Leben in der Stadt. Was der Heimatschriftsteller Ernst Koch unter anderen Bedingungen schon 1838 als ein Charakteristikum Marburgs ausgemacht hatte, galt erst recht zu Beginn des 20. Jahrhunderts: Andere Städte wie etwa Göttingen hätten eine Universität, Marburg hingegen *sei* eine Universität[152].

Wer freilich aus einem großstädtischen Umfeld in die kleine hessische Universitätsstadt kam, mochte befremdet sein über die Provinzialität, die er hier anzutreffen wähnte. Andere schätzten an Marburg gerade, daß sie hier in Ruhe arbeiten konnten und, sofern sie wollten, rasch Anschluß an das gesellige und kulturelle Leben in der Stadt fanden. Rudolf Bultmann gehörte zu ihnen. In seiner Marburger Repetentenzeit wohnte er zunächst in der Wilhelmstraße 29, ab April 1909 in der Renthofstraße 8, um schließlich von August 1910 bis zu seinem Wechsel nach Breslau 1916 im Haus Barfüßertor 2 Quartier zu beziehen. Von all diesen Unterkünften aus konnte er in wenigen Fußminuten das Auditoriengebäude und die am Schloßberg oder im Südviertel gelegenen Wohnungen der Theologieprofessoren erreichen. Bultmann vergrub sich nicht hinter seinen Büchern, sondern suchte Geselligkeit und Kommunikation. Innerhalb des Beziehungsgeflechts, in dem sich sein Leben von 1907 bis 1916 entfaltete, gab es vier Hauptstränge. Bultmann pflegte weiterhin die engen Verbindungen zu seiner Familie in Oldenburg, zu seinem Schulfreund Leonhard Frank und zu seinen Studienfreunden, insbesondere zu Walther Fischer. Darüber hinaus erschlossen sich ihm nun durch seine wissenschaftliche Tätigkeit neue Beziehungen. Er trat in nähere, teilweise freundschaftliche Kontakte zu einzelnen Theologieprofessoren und zu Nachwuchswissenschaftlern aus anderen Fakultäten. Ferner nahm er an den Bestrebungen der Jugendbewegung teil, in der Studentenschaft neue Formen der Gemeinschaft und des geistigen Lebens zu entwickeln.

Das Verhältnis zwischen Bultmann und seinen Eltern war von großem wechselseitigen Vertrauen getragen. Daß es hier zu irgendwelchen Dissonanzen gekommen wäre, läßt sich den in großer Zahl erhaltenen Briefen, die der Sohn und seine Eltern einander schrieben, nicht entnehmen. In den Semesterferien fuhr Bultmann häufig nach Hause ins Oldenburgische. Ansonsten berichtete er den Eltern ausführlich und regelmäßig per Post über sein Ergehen in Marburg. Dabei ließ er sie nicht nur an seinen persönlichen Erlebnissen und an seinem beruflichen Werdegang teilhaben. Insbesondere seinen wissenschaftlich interessierten Vater bezog Bultmann auch in

151 Vgl. B. VOM BROCKE, Marburg im Kaiserreich 1866–1918, in: E. DETTMERING u. R. GRENZ (Hg.), Marburger Geschichte. Rückblick auf die Stadtgeschichte in Einzelbeiträgen, 1982², (367–540) 377.

152 Vgl. E. KOCH, Prinz Rosa=Stramin, (1834) 1965 (Nachdruck von 1922), 81.

das Gespräch über Entwicklungen in der Theologie, neu erschienene Bücher oder ihn selbst gerade beschäftigende Problemkonstellationen mit ein. Als der Vater den Entschluß gefaßt hatte, sich aus gesundheitlichen Gründen vorzeitig pensionieren zu lassen, schrieb ihm der Sohn einen einfühlsamen, beinahe seelsorgerlich gehaltenen Brief. Er versicherte seinem Vater, nachempfinden zu können, daß die nicht eben leicht getroffene Entscheidung zu einer gewichtigen Zäsur in seinem Leben führen werde. »Es tut mir jetzt auch leid, daß ich nicht verheiratet bin und Euch gleich einladen kann.«[153]

Bultmanns Schwester Helene heiratete 1906 den oldenburgischen Pastor August Pleus. Zwei Jahre später wurde Bultmann Pate ihrer ersten Tochter Elisabeth. Als seine Patentochter fünf Jahre alt war, begann er damit, auch ihr und ihrer 1910 geborenen Schwester Marianne regelmäßig zu schreiben. Was er seinen Nichten von sich zu erzählen hatte, illustrierte er auf den Rückseiten seiner Postkarten mit eigenhändigen Zeichnungen: »Das ist der Zug, mit dem ich nach Marburg gefahren bin … Eine lange Pfeife und eine kurze Pfeife … So sieht es hier morgens beim Baden aus … So kam gestern abend Onkel Arthur als Wandervogel hier an … Hier liegt Onkel Rudolf zum Mittagsschlaf auf seinem Sofa und liest das schöne Buch, das Eure Mama ihm geschenkt hat … Jetzt ist das Semester zu Ende und bald kann eine Spinne ihr Netz vor meinen Schreibtisch spinnen … So müßt Ihr nächsten Sonntag Onkel Rudolf die Tür aufmachen!«[154]

Wie Bultmann sich mit sichtlicher Freude seinen kleinen Nichten zuwandte, so suchte er schon länger bestehende Verbindungen lebendig zu halten. In der Woche nach Pfingsten 1909 etwa unternahm er allein zu Besuchszwecken eine Reise nach Süddeutschland. Im Schwarzwald kehrte er bei Verwandten ein, in Tübingen machte er Theodor Haering, Karl Müller und Hermann von Fischer, dem Vater seines Freundes, seine Aufwartung. Natürlich verbrachte er auch einige »schöne Stunden« im »Igel«. In Tübingen, berichtete er nicht ohne Wehmut, »ist es doch zu schön im Grünen, am Fluß, gegenüber den herrlichen Platanen. Könnte ich doch noch einmal ein paar erste Semester studieren!«[155] Auf der Rückfahrt machte er dann noch für einen Tag Station bei Johannes Weiß in Heidelberg, um sich mit dem Lehrer auszutauschen.

Sofern Bultmann sich nicht hin und wieder in den Semesterferien mit seinem Schulfreund Leonhard Frank und mit seinem Tübinger Studienfreund Walther Fischer traf, hielt er die enge Beziehung zu ihnen von Marburg aus auf dem Korrespondenzweg aufrecht. Während seine Briefe an Frank leider nicht erhalten sind[156], gewährt uns der Briefwechsel mit Fischer biographisch wichtige Einblicke in Bult-

153 Bultmann an A. K. Bultmann, 19. 10. 1913, Mn 2-2735.

154 Bultmann an E. Pleus, 18. 1.–29. 11. 1913, Mn 2-3455.

155 Bultmann an A. K. Bultmann, 13. 6. 1909, Mn 2-2735.

156 Vgl. K. Hammann, Rudolf Bultmanns Begegnung mit dem Judentum, ZThK 102 (2005), (35–72) 41 Anm. 23.

manns enormes Interesse an der Kunst, insbesondere der Literatur[157]. Im Sommer 1908 las er Karl Philipp Moritz' psychologischen Roman »Anton Reiser«, »ein künstlerisches Meisterwerk«, in dem Bultmann »unendlich viel Eigenes« wiederfand. Der Roman machte ihn neugierig auf die Zeit der Aufklärung und ließ ihn vermuten, die Gegenwart könne von den aufklärerischen Literaten außerordentlich viel lernen, was die »Verschmelzung der Religion mit den modernen Kulturformen« angehe[158]. Bultmann beobachtete an sich selbst, daß er mitunter die Gestalten der von ihm gelesenen Romane, etwa derjenigen Charles Dickens', in seiner Umgebung zu entdecken glaubte. »Die Lektüre von Dickens hat die eigentümliche Wirkung, daß man selbst mit Dickens' Augen zu sehen beginnt. Sitzt man im Kupé auf einer Eisenbahnfahrt, oder sitzt man abends in einer Ecke im Gasthaus vor seinem Glas Bier, so betrachtet man die Menschen, die man um sich sieht so, als ob man sie in Dickens Schilderung läse. Jede Person wird zu einem Original, man findet bestimmte Typen wieder; es ist eigentümlich und amüsant.«[159]

Bultmann verband die Schilderung seiner Lektüreeindrücke meist mit Bewertungen der Autoren, deren Rang er nach ästhetischen und inhaltlichen Kriterien bemaß. Dostojewskis »Schuld und Sühne« etwa beurteilte er – wie viele andere Werke – vornehmlich unter psychologischen Aspekten: »Die Kunst der psychologischen Analyse in *dieser* Vollendung habe ich sonst nirgends gefunden. Freilich ist die Lektüre nicht immer erquicklich, sondern manchmal direkt angreifend.«[160] Weit gespannt war der Bogen der Autoren, die Bultmann las. Romane und Dramen aus dem 19. Jahrhundert, aber auch Neuerscheinungen standen auf seiner umfangreichen Literaturliste obenan, lyrische Texte spielten kaum eine Rolle. Die literarischen Sujets, die ihn besonders ansprachen, waren Schilderungen der Natur, etwa der See, und psychologisch einfühlsame Darstellungen des einfachen, mit der Natur verbundenen Lebens im ländlichen Milieu. Nicht zufällig fanden Schriftsteller wie Selma Lagerlöf, Wilhelm Raabe, Bernhard Kellermann, Jeremias Gotthelf oder Gottfried Keller sein Gefallen. Freilich ließ er sich auch durch Dickens, Dostojewski, Frank Wedekind und Franz Werfel zur Auseinandersetzung mit den Problemen der urbanen Zivilisation anregen.

Einen ähnlich hohen Stellenwert wie die Literatur nahm die Musik im Leben des Marburger Repetenten ein. Nicht nur besuchte Bultmann regelmäßig Konzerte und gelegentlich – meist in Kassel – Opernaufführungen, er beteiligte sich in den geselligen Kreisen, in denen er in Marburg verkehrte, auch aktiv am gemeinsamen Musizieren. Die Liebe zur Literatur und zur Musik verband ihn über die Wissenschaft hinaus zuerst mit Johannes Weiß. Noch 1939, im Gedenkartikel auf den Lehrer, erinnerte Bultmann daran, daß Weiß und seine Ehefrau Auguste, eine Tochter Al-

157 Vgl. Th. KUCHARZ, Theologen und ihre Dichter, 1995, 168–184.

158 Bultmann an W. Fischer, 31. 8. 1908, Mn 2-2198.

159 Bultmann an W. Fischer, 2. 4. 1909, Mn 2-2198.

160 Bultmann an W. Fischer, 21. 11. 1910, Mn 2-2198; vgl. auch R. BULTMANN, Rez. über F. M. Dostojewski, Schuld und Sühne, 1912, ChW 26 (1912), 1206.

brecht Ritschls, in ihrem Haus Geselligkeit auf hohem Niveau pflegten. Gemeinsam mit seinen Gästen und also auch mit Bultmann zu musizieren, gehörte für Weiß zu den Selbstverständlichkeiten häuslicher Lebenskultur. Der Neutestamentler schätzte Bach und Brahms über alles. Zu Beginn der Bekanntschaft mit Bultmann machte Weiß seinem Schüler klar, wen er als das Maß aller Musik zu betrachten habe: »Solange Bach nicht Ihr tägliches Brot ist, ist es mit Ihrer Musik noch nichts.« Vor seinem Wechsel nach Heidelberg verabschiedete sich Weiß 1908 von Bultmann, indem er ihm die »Ernsten Gesänge« von Johannes Brahms vortrug[161].

Bultmann empfand den Weggang Weiß' auch deshalb als besonders schmerzlich, weil dessen Nachfolger Wilhelm Heitmüller in den ersten Monaten seiner Marburger Zeit durch seine eigene Arbeit und die Vorbereitungen zu seiner Hochzeit derart in Anspruch genommen war, daß er sich zu dem von Bultmann erhofften wissenschaftlichen Austausch zunächst nicht bereitfand[162]. Dies sollte sich indes im Laufe der Zeit ändern. Bultmann musizierte bereits seit dem Herbst 1908 allwöchentlich mit Heitmüllers Ehefrau Else[163], und seine Beziehung zu beiden Eheleuten entwickelte sich bald zu einer intensiven Freundschaft, die zu den beglückendsten Erfahrungen seiner Marburger Jahre bis 1916 gehörte[164]. Ein Ausdruck dieser engen Beziehung war, daß Bultmann 1911 das Patenamt für den Heitmüller-Sohn Hanfried übernahm. Nach dem Tod Wilhelm Heitmüllers am 29. Januar 1926 setzte Bultmann dem verstorbenen Freund in der »Christlichen Welt« ein literarisches Denkmal. Er würdigte ihn als Wissenschaftler, akademischen Lehrer und Menschen, der im Sinne von Joh 8,32 ein wahrhaft freier Mann gewesen sei, der sich in seiner theologischen Arbeit allein vom radikalen Willen zur Wahrheit habe leiten lassen[165]. Dasjenige Erbteil der liberalen Theologie, dem er selbst zeitlebens verpflichtet blieb, sah Bultmann also durch Wilhelm Heitmüller in vorbildlicher Weise repräsentiert.

Auf Grund seiner Rezensionstätigkeit für die »Christliche Welt« war Bultmann auch bei Martin Rade regelmäßig zu Gast[166]. Allerdings wahrte er bei aller persönlichen Wertschätzung eine deutliche Distanz zu dem Haupt der »Freunde der Christlichen Welt«, von dem er theologisch kaum etwas profitieren konnte. 1916, im Rückblick auf seine zweite Marburger Zeit, empfand Bultmann die Umtriebigkeit und die stets um Einflußnahme bemühte, etwas diktatorische Art Rades als größte Hemmnisse für die Ausbildung einer noch näheren Beziehung[167]. Im Hause Rades machte Bultmann auch die Bekanntschaft mit einem zwei Jahre jüngeren Schweizer Theologen, der 1908/09 als Redaktionsgehilfe für die »Christliche Welt« tätig war: Karl Barth. Der älteste erhaltene Brief Bultmanns an Barth ist auf den 11. Juni 1911 da-

161 R. Bultmann, Johannes Weiß zum Gedächtnis, ThBl 18 (1939), (242–246) 245 f.
162 Vgl. Bultmann an W. Fischer, 17. 7. 1908 u. 17. 1. 1909, Mn 2-2198.
163 Vgl. Bultmann an A. K. Bultmann, 29. 11. 1908, Mn 2-2735.
164 Vgl. Bultmann an H. Feldmann, 4./5. 10. 1916, Mn 2-3447; vgl. auch o. Anm. 149.
165 Vgl. R. Bultmann, Wilhelm Heitmüller, ChW 40 (1926), (209–213) 211–213.
166 S. o. Anm. 149.
167 Vgl. Bultmann an H. Feldmann, 4./5. 10. 1916 (s. Anm. 164); dazu Evang, Bultmann, 24 f.

tiert. Er enthält die Glückwünsche des Marburger Repetenten zur Verlobung Barths mit Nelly Hoffmann in Genf[168].

Im Sommer 1908 lernte Bultmann den Alttestamentler Hermann Gunkel, dessen Kollegs er in den beiden Berliner Studiensemestern besucht hatte, während eines Ferienaufenthaltes auf Wangerooge näher kennen. In den folgenden Jahren konnte er den persönlichen und wissenschaftlichen Austausch mit Gunkel, der inzwischen in Gießen lehrte, intensivieren. So berichtet er Walther Fischer am 17. Januar 1909 erfreut von einem Besuch bei dem Alttestamentler: »Welche Erquickung war … der heutige Nachmittag bei Gunkel! Da habe ich wieder soviel gelernt, wie sonst in Wochen nicht.«[169]

Während Bultmann in den ersten Jahren seiner Repetentenzeit gesellige Kontakte hauptsächlich zu den genannten Marburger Theologieprofessoren und ihren Familien unterhielt, trat er mit zunehmender Dauer der Arbeit an seiner Habilitationsschrift verstärkt in Beziehung zu einigen etwa gleichaltrigen Nachwuchswissenschaftlern. Um einen gemeinsamen Mittagstisch bildete sich ein Kreis junger Gelehrter aus verschiedenen Fakultäten. Dieser akademische Zirkel erwies sich für Bultmann menschlich und wissenschaftlich als Bereicherung seines Lebensumfelds. Die Freundschaften mit dem Philosophen Nicolai Hartmann sowie den Klassischen Philologen Christian Jensen und Friedrich Pfister wirkten sich förderlich auf Bultmanns eigene Arbeit aus[170]. Andere Teilnehmer am Mittagstisch ermöglichten ihm, über den Tellerrand der neutestamentlichen Exegese hinweg zu schauen und Einblicke in ihm fremde Fachgebiete zu gewinnen. Daß Bultmann in dieser akademischen Gemeinschaft freundschaftlichen Umgang auch mit drei jüdischen Privatdozenten pflegte, nämlich mit dem Mathematiker Ernst Hellinger, dem Indogermanisten Hermann Jacobsohn und dem Klassischen Archäologen Paul Jacobsthal, sei nur am Rande erwähnt. Später gesellten sich dem Kreis noch zwei Alttestamentler hinzu, Bultmanns alter Studienfreund Emil Balla, der 1914–1915 als Privatdozent in Marburg tätig war, und der Schweizer Walter Baumgartner. Baumgartner hatte Bultmann schon zwei Jahre zuvor »bei irgendwelcher Einladung im Hause Jülichers oder Heitmüllers« kennengelernt. Ihre Beziehung vertiefte sich, als der Schüler Gunkels ab dem Sommer 1915 in Marburg Hebräisch unterrichtete. Mehr noch als die gemeinsame Lektüre gnostischer Texte verband Baumgartner mit Bultmann das Interesse an »der volkskundlichen Arbeitsweise« wie auch die »Freude an der bunten Welt der Märchen«. Beide Motive reichten schon in den Entstehungskontext der »Geschichte der synoptischen Tradition« hinein[171].

Den Mittagstisch, so beschrieb Bultmann im Alter die Atmosphäre unter den Privatdozenten, machten »teils humoristische, teils kritische Gespräche lebendig …,

168 Vgl. Bultmann an K. Barth, 11. 6. 1911, in: Jaspert (s. Anm. 149), 3.

169 Bultmann an W. Fischer, 17. 1. 1909, Mn 2-2198.

170 Vgl. die Aufzeichnungen R. Bultmanns vom Frühsommer 1969, in: Jaspert (s. Anm. 149), (311–313) 312.

171 W. Baumgartner, Rudolf Bultmann. Zu seinem 70. Geburtstag, ThR NF 22 (1954), 1 f.

sodaß er auch in den Ruf einer lästernden Gesellschaft geriet«[172]. Man wird vermuten dürfen, daß die Privatdozenten hin und wieder mit Sarkasmus einander die Wunden leckten, wenn erhoffte Berufungen auf Lehrstühle nicht zustande gekommen waren. Bultmann schätzte für seine Person die Chancen, einen Ruf zu erhalten, lange als gering ein. Dem liberal gesinnten und an der historischen Kritik orientierten Privatdozenten war klar, daß die zunehmenden kirchenpolitischen Auseinandersetzungen zwischen der liberalen und der orthodox-positiven Richtung in der preußischen Landeskirche und der Druck des rechten kirchlichen Flügels auf die preußische Berufungspolitik die akademischen Karrieren liberaler Nachwuchstheologen zumindest verzögerten[173]. Die Benachteiligung der kritischen Theologen durch die einseitige Berufungspolitik des preußischen Kultusministeriums hatte gerade eben, 1913, Adolf Jülicher in einer Philippika heftig angeprangert. Unter den herrschenden Umständen sei es heutzutage leider die Pflicht aller verantwortungsvollen Ordinarien, »›freie‹ Theologen vor dem zwar nicht überfüllten, aber wegen Seuchengefahr *für sie gesperrten* Beruf des theologischen Dozenten zu warnen«[174]. Jülichers Kritik an der preußischen Ministerialbürokratie erregte in der Öffentlichkeit einiges Aufsehen. Seine Schrift geriet rasch in den Strudel der kirchenpolitischen Machtkämpfe, sogar das preußische Abgeordnetenhaus befaßte sich am 5. April 1913 mit ihr. Wie die kirchliche Rechte auf Jülichers berechtigte Vorwürfe reagierte, konnte Bultmanns Skepsis im Blick auf seine eigenen Aussichten freilich nur verstärken. »Man wird seine Arbeit eben weiter treiben und vorläufig die Hoffnung nicht verlieren«, ließ er Anfang 1914 verlauten[175].

Als Bultmann zweieinhalb Jahre später dem Ruf in ein Breslauer Extraordinariat folgte, zeigte sich, daß er selbst viel für den Kreis der Kollegen um den Mittagstisch getan hatte[176]. »Ich weiß ja, daß man mich gerne hatte und ungern gehen sieht, besonders im Kränzchen«, berichtet er Anfang Oktober 1916 über den Abschied von den Marburger Freunden[177]. Für ihn stellte der akademische Zirkel des Mittagstisches so etwas wie eine *universitas litterarum in nuce* dar. Die kollegiale Gemeinschaft, die ihm vorschwebte, schloß den Austausch über die Grenzen der eigenen Fachwissenschaft hinaus ebenso ein wie den zwanglosen persönlichen Verkehr mit anderen jungen Gelehrten. Kultivierte Geselligkeit bildete für ihn einen unverzichtbaren Bestandteil der Persönlichkeitsentfaltung.

Was Bultmann für sich im Kreis der Privatdozenten fand, sah er im wissenschaftlichen Betrieb der Universität ansonsten weitgehend verlorengegangen. Die Univer-

172 Aufzeichnungen R. Bultmanns vom Frühsommer 1969 (s. Anm. 170), 312.

173 Vgl. Bultmann an W. Fischer, 2. 11. 1913, Mn 2-2198; zum Folgenden vgl. auch EVANG (s. Anm. 167), 54–56.

174 A. JÜLICHER, Die Entmündigung einer preußischen theologischen Fakultät in zeitgeschichtlichem Zusammenhange, 1913, 36.

175 Bultmann an W. Fischer, 11. 1. 1914, Mn 2-2198.

176 Vgl. schon Ch. Jensen an Bultmann, 11. 5. 1912, Mn 2-1069; W. Baumgartner an Bultmann, 11. 5. 1917, Mn 2-420; vgl. auch W. Heitmüller an Bultmann, 7. 11. 1916, Mn 2-964.

177 Bultmann an H. Feldmann, 4./5. 10. 1916, Mn 2-3447.

sität sei zu einer »Summe von einzelnen Arbeitsbetrieben geworden, die meist die gegenseitige Fühlung verloren haben und Facharbeit, wenn nicht gar Berufsarbeit treiben«. Sie könne daher eine ihrer vornehmsten Aufgaben, »die Selbstbesinnung auf *die* Wissenschaft, die alles wissenschaftliche Arbeiten trägt, und die Besinnung auf ihren Zusammenhang mit dem Leben«, gar nicht erfüllen[178]. Um so freudiger begrüßte Bultmann die Bestrebungen der Jugendbewegung, in der Studentenschaft neue Formen des geistigen und gemeinschaftlichen Lebens zu entwickeln. In Marburg beteiligte er sich seit dem Sommer 1914 an den Veranstaltungen der »Akademischen Vereinigung«, die im Herbst 1913 eine entscheidende Rolle bei der Formierung der verschiedenen jugendbewegten Gruppen und Verbände zur »Freideutschen Jugend« auf dem Hohen Meißner bei Eschwege gespielt hatte. Was er auf den Festen und an den Diskussionsabenden der »Akademischen Vereinigung« erlebte, erinnerte ihn einerseits an seine Zeit im Tübinger »Igel«, andererseits aber spürte er, daß hier neue Ideen und Kräfte Gestalt annahmen. In einem Brief an Walther Fischer vom 4. Juni 1914 schildert Bultmann seine Eindrücke. Er schwanke noch, wie er das »Treiben« in der »Akademischen Vereinigung« aufzunehmen habe. Wohl sei noch nicht ausgemacht, daß in der Gruppe auch die rechte Kameradschaft, der rechte Leichtsinn und »Übermut seine Stätte« habe. Aber das hohe geistige Niveau der Mitglieder, ihr Interesse an interdisziplinärer wissenschaftlicher Arbeit und an der Kunst, insbesondere die hier gepflegte »feine, vornehme Art der Geselligkeit« lasse ihn für die Zukunft hoffen[179].

Bultmann verstand den Aufbruch der Jugendbewegung als Alternative zur Welt der Arbeit, in der wahres Leben zu ersticken drohe. Die Jugend habe vor dem Ausbruch des Krieges, so schaute er in seiner Breslauer Predigt vom 1. Juli 1917 auf seine eigenen Erfahrungen in Marburg zurück, zu Recht »das Leben in der Natur und mit der Natur« gesucht, die »Freude am Spiel ..., am zwecklosen Dasein« neu entdeckt und dem Feiern des Festes seinen Sinn zurückgegeben, nämlich die Selbstdarstellung des aus den Zwängen der Arbeitskultur befreiten Ich zu ermöglichen[180]. Bultmann bezog die Begrifflichkeit, mit der er seit etwa 1912 die Suche nach jenem qualifizierten Leben beschrieb[181], aus der Lebensphilosophie, wie sie ihm etwa in den Texten Wilhelm Diltheys begegnete[182]. Dieses philosophische Verständnis des Lebens schlechthin, das ständig in Bewegung und im Flusse sei, das sich stets neu zwischen gegensätzlichen Mächten, zwischen Natur und Geist, zu entscheiden habe, ermöglichte ihm, die nicht zuletzt in der eigenen Erfahrung wahrgenommenen Phä-

178 R. Bultmann, Beitrag o.T., in: Akademische Vereinigung (Hg.), Ockershäuser Bl. 4 (1916), (13–17) 15.

179 Bultmann an W. Fischer, 4. 6. 1914, Mn 2-2198; abgedruckt bei Evang (s. Anm. 167), 59.

180 Predigt vom 1. 7. 1917 zu Mk 10,13–16, VW, (148–162) 159; ähnlich Bultmann, Beitrag o.T. (s. Anm. 178), 16.

181 Vgl. die Predigt vom 23. 6. 1912, die Bultmann im Marburger Studentengottesdienst über das Thema »Leben und Erleben« hielt, VW, 86–95.

182 Vgl. G. Sinn, Christologie und Existenz. Rudolf Bultmanns Interpretation des paulinischen Christuszeugnisses, 1991, 142–146.

nomene gelebter Gemeinschaft offenzuhalten für die religiöse Frage nach dem Ursprung, Gehalt und Ziel wahrhaftigen Lebens. Der »Wille zum gemeinsamen Erleben«[183] galt ihm als unabdingbare Voraussetzung für die Gestaltung des äußeren Gemeinschaftslebens wie auch für das Erlebnis der Religion, der Offenbarung, des sich selbst durchsichtigen Lebens[184].

Als Bultmann Anfang Oktober 1916 nach Breslau ging, empfand er das Ende des Zusammenseins in und mit der Marburger »Akademischen Vereinigung« als »besonders schmerzlich ... Für das Zusammenarbeiten mit den Studenten war dort doch ein Anfang gemacht, und wie gern hätte ich nach dem Kriege gerade dort mit Hand angelegt, um, was der Krieg unterbrochen hatte, wieder mit fortführen zu helfen«[185]. Er schrieb diese Zeilen Helene Feldmann, mit der er sich im August 1916 verlobt hatte. In der Verbindung mit ihr fand Bultmann nun freilich eine höchst besondere Form der Gemeinschaft, wie sie ihm seine bisherigen freundschaftlichen und geselligen Kontakte nicht zu bieten vermochten.

183 Bultmann, Beitrag o.T. (s. Anm. 178), 16.
184 Predigt vom 23. 6. 1912 (s. Anm. 181), 92.
185 Bultmann an H. Feldmann, 4./5. 10. 1916, Mn 2-3447.

III. Professor in Breslau und Gießen (1916–1921)

1. Eheschließung mit Helene Feldmann

Es überkommt mich, wenn ich abends am Arbeitstisch sitze, nicht mehr das Gefühl der Heimatlosigkeit, das Gefühl, daß ich bei aller Liebe und Güte, die ich von anderen erfahre, doch immer nur zu Gaste bin und wieder allein weiter wandern muß. Sondern beglückend umfängt mich ein Gefühl der Sicherheit, daß ich bei Dir ausruhen kann und daß Du bei mir ausruhen kannst. Und wenn wir auch dauernd auf der Wanderschaft sein wollen, – so ist das ein ganz anderes Wandern als früher.[1]

Im März 1915 bat die Studentin Helene Feldmann aus Essen Bultmann um Rat. Ob das von ihr auf dem Lyzeum bis zur Obersekunda absolvierte Pensum in Latein und Griechisch ausreiche, um das begonnene Lehramtsstudium erfolgreich fortsetzen zu können?[2] Die junge Frau hatte im Wintersemester 1914/15 an dem griechischen Sprachkurs Bultmanns teilgenommen. Bultmann redete ihr zu, sie möge ihr Studium nach ihren persönlichen Neigungen einrichten – diese gingen offenkundig in Richtung Naturwissenschaften –, dann aber ihre Gastrolle in den Geisteswissenschaften nicht als verlorene Zeit betrachten[3]. Nach diesem kurzen Briefwechsel kamen Bultmann und Helene Feldmann sich im Sommer 1915 näher. Beide nahmen an den geselligen und kulturellen Veranstaltungen der »Akademischen Vereinigung« teil. Der Privatdozent und die Studentin fanden Gefallen aneinander. Sie verabredeten sich zu Konzerten, zur Ruderpartie auf der Lahn, zu Spaziergängen auf dem Schloßberg. All dies taten sie heimlich, aus Scheu davor, eine unzeitige Öffentlichkeit könnte die zwischen ihnen geknüpften zarten Bande womöglich durchtrennen. Ohnehin befand sich der Seelenhaushalt der beiden noch nicht im Gleichgewicht. Es gehe ihm, berichtete Bultmann im August 1915 dem »Fräulein Feldmann«, »ähnlich, wie Sie von sich schreiben: ich habe mich noch nicht zurechtgefunden. Ich mag nicht an den Erinnerungen des Marburger Sommers hängen, sondern muß erst einmal einen Schleier darüber bereiten, damit sie mir später reiner und schöner leuchten können. Und so schwebe ich fast im Leeren.«[4]

1 Bultmann an H. Feldmann, 12. 10. 1916, Mn 2-3447.
2 Vgl. H. Feldmann an Bultmann, 13. 3. 1915, Mn 2-2681.
3 Vgl. Bultmann an H. Feldmann, 21. 3. 1915, Mn 2-2739.
4 Bultmann an H. Feldmann, 14. 8. 1915, Mn 2-2739.

Bultmann schrieb diese Zeilen sechs Tage vor seinem 31. Geburtstag. Er hegte keineswegs die Absicht, sich dauerhaft in seinem Junggesellendasein einzurichten. Vom herben Charme Helene Feldmanns fühlte er sich angezogen. Auch teilte die Studentin seine Vorlieben für die Literatur und die Musik. Sie hatte ursprünglich eine Ausbildung zur Konzertsängerin beginnen wollen. Die Erfüllung dieses Berufswunsches scheiterte am Veto ihrer Mutter. Luise Feldmann war der Meinung, ihre Tochter werde mit dem angestrebten Beruf ihren Lebensunterhalt nicht sicherstellen können. Angesichts der tiefen gemeinsamen Interessen konnten auch kleine atmosphärische Störungen das sich anbahnende Verhältnis zwischen Bultmann und Helene Feldmann nicht gefährden. Als es einmal zu einem Mißverständnis gekommen war, schrieb die lebenspraktisch veranlagte Helene dem »lieben Herrn Bultmann« eine Karte, die lediglich folgenden Inhalt hatte: »Wie fänden Sie Jesaja 30,15? – ›Wenn ihr umkehrtet und stille bliebet, so würde euch geholfen, durch Stillesein und Hoffen würdet ihr stark sein!‹«[5] Stillesein und Hoffen sollten der Beziehung Bultmanns zu Helene Feldmann langfristig zugute kommen.

Vorerst blieb es, zumal in den Semesterferien, beim Schreiben von Briefen, die Bultmann nicht als »Selbstbespiegelungen«, sondern als »Ersatz für den mündlichen Austausch« verstanden wissen wollte. Denn »über das lyrische und pathetische Alter«, in dem man Briefe statt in kommunikativer Absicht zur Selbstreflexion schreibe, sei er längst hinaus. Die Kommunikation mit seiner Briefpartnerin fand Bultmann indes noch nicht gänzlich frei von Hindernissen. »Sie haben, wie Sie selbst gelegentlich sagen, eine Mauer errichtet, die auch jetzt noch nicht völlig niedergerissen ist.«[6] Hatte die Mauer, hinter der Helene Feldmann Schutz suchte, mit dem Schatten zu tun, der seit ihrem siebten Lebensjahr auf ihrem Dasein lag? Ihr Vater, der Architekt Heinrich Feldmann, war 1899 mitbetroffen von einem Bankenkonkurs. Verzweifelt über die daraus resultierende Vernichtung seiner beruflichen Existenz, war er aus dem Leben geschieden. Seither hatte Helenes Mutter die vierköpfige Familie allein durchzubringen.

Bultmann wählte einen ungewöhnlichen Weg, um die junge Frau dazu zu bewegen, ihre innere Zurückhaltung aufzugeben. Er schrieb ihr ein Märchen, das er seinem Brief vom 5. April 1916 beilegte. Seine »Geschichte von Klumpe-Dumpe, der die Treppe herunterfiel und doch die Prinzessin kriegte«, knüpft an Hans Christian Andersens Märchen »Der Tannenbaum« an. Die bei Andersen nur angedeutete Geschichte erzählt Bultmann ganz neu und ausführlich. Sie handelt davon, daß der soziale Gegensatz zwischen der Prinzessin und dem einfachen Jungen Klumpe-Dumpe das Zusammenkommen der beiden Liebenden am Ende doch nicht verhindern kann[7].

5 H. Feldmann an Bultmann, 9. 1. 1916, Mn 2-2681; vgl. dazu Bultmann an H. Feldmann, 16. 1. 1916, Mn 2-2739; H. Feldmann an Bultmann, 17. 1. 1916, Mn 2-2681.

6 Bultmann an H. Feldmann, 21. 4. 1916, Mn 2-3447.

7 Vgl. R. Bultmann, Wachen und Träumen, hg. von W. Zager, 2005, 13–20.

Abb. 17 und 18: Die Verlobten Helene Feldmann und Rudolf Bultmann 1916.

Helene Feldmann schickte Bultmann am 19. Juni 1916 eine Karte mit dem von Hans von Volkmann gestalteten Bildmotiv »Wogendes Kornfeld« – »als Vorbereitung für die Kornfelder bei Rauschenberg«[8]. In dem unweit von Marburg am Südrand des Burgwaldes gelegenen Ort trafen sich die beiden am letzten Junitag, um von dort aus zur Stadt zurückzuwandern. An diesem Abend bekannten sie einander ihre Liebe[9]. Von nun an war alles anders in ihrer Beziehung. Sie: »Liebster! Weißt Du weshalb ich Dir schreibe? Eigentlich nur, um das Wort [Liebster] einmal zu schreiben.«[10] Er seiner »lieben Deern«: »Aber noch etwas mehr sollst du wissen, daß ich von der Arbeit nicht nur dann und wann einen Blick auf Dein Bild werfe, sondern daß es immer dazu klingt wie ein wundervoller ferner Geigenton, – warm und glücklich.«[11]

Helene und Rudolf hatten ihre Liaison vor ihren Freunden geheimgehalten. So wurden viele von ihnen überrascht, als die beiden sich Anfang August 1916 in Marburg verlobten[12]. Nicolai Hartmann fragte besorgt an, ob Bultmann seinen Prinzipien untreu geworden sei. Denn bei seiner Braut handele es sich ja offenkundig nicht

8 H. Feldmann an Bultmann, 19. 6. 1916, Mn 2-2681.
9 Vgl. Bultmann an H. Feldmann, 30. 6. 1917, Mn 2-2739 (im Rückblick nach einem Jahr).
10 H. Feldmann an Bultmann, 3. 7. 1916, Mn 2-2681.
11 Bultmann an H. Feldmann, 30. 6. 1916, Mn 2-2739.
12 Vgl. die Verlobungsanzeige Helene Feldmanns und Rudolf Bultmanns, ChW 30 (1916), 655; dazu die Glückwünsche L. Franks an Bultmann, 15. 7. 1916, Mn 2-765; H. Gunkels an Bultmann, 5. 8. 1916, Mn 2-883.

um eine Oldenburgerin![13] Freuten sich die Familien und Freunde mit am Glück der beiden Verlobten[14], so glaubte Bultmann, daß die Bindung zu Helene seinen sonstigen Freundschaften reinigend und befruchtend zugute kommen werde[15]. Beide, Rudolf und Helene, waren überwältigt vom Geheimnis der Liebe, vom Wunder einer unverhofften Nähe, in der sie einander »immer klarer schauen« konnten[16]. Bultmann sah seine altvertraute Umgebung ganz neu, wie durch einen Zauber verändert. Ihn hatte »das Gefühl des Wunders unserer Liebe so neu und tief erfaßt, daß ich wie träumend bin«[17]. In einem weiteren Märchen für Helene ließ er seine Empfindungen in ein Gedicht einfließen[18]:

Wachen und Träumen!
Wer mag von beiden,
Träumen und Wachen,
wählen und scheiden?

Dünkt dir dein Träumen
Wachen zu sein, –
Wachen im Traume
gilt dir als Schein.

Was sich aus Wachen
in Träume verlor,
steigt aus den Träumen
als Wachen empor.

Schlingt sich aus Wachen
der Träume Kranz,
quillt aus den Träumen
dem Wachen der Glanz.

Aber dann tanzen
Teufel den Reihn,
schlingen dein Wachen
in Träume hinein.

Wirbeln die Träume
ins Wachen empor,
wirrender Bilder
betörender Chor. –

Träumendes Wachen –
wer findet Rat,
– wachendes Träumen –
den sicheren Pfad?

13 Vgl. N. Hartmann an Bultmann, 15. 8. 1916, Mn 2-936.
14 Vgl. Bultmann an H. Feldmann, 14. 8. 1916, Mn 2-2739.
15 Vgl. Bultmann an H. Feldmann, 14. 10. 1916, Mn 2-3447.
16 H. Feldmann an Bultmann, 20. 6. 1917, Mn 2-2681.
17 Bultmann an H. Feldmann, 13. 8. 1916, Mn 2-2739.
18 Bultmann, Wachen und Träumen (s. Anm. 7), 43.

Zwischen Ende August 1916 und Anfang Februar 1917 ersann Bultmann drei weitere Märchen für seine Verlobte. Der Gattung entsprechend sind die Orte der Handlungen fast ganz ohne Lokalkolorit gezeichnet. Nur im »Märchen vom Lachen« fungiert die Dammühle bei Wehrshausen als einer der Schauplätze des Geschehens. Das allen Märchen gemeinsame Thema, die Beziehung zwischen den Geschlechtern, läßt in sämtlichen Varianten seiner Durchführung Momente der konkreten Liebesgeschichte des Autors und seiner Leserin durchschimmern. Dies ist besonders in den Märchen der Fall, die davon erzählen, wie einer der beiden Liebenden gleichsam in einem unsichtbaren inneren Gefängnis verschlossen der Befreiung durch den liebenden Partner bedarf. Im »Märchen vom Lachen« schafft es der Müllerbursche Hans mit der ihm eigenen Gabe kindlichen Zutrauens, seiner schwermütigen Liebsten Lisbeth das verlorengegangene Lachen wiederzuschenken[19]. Im »Traum-Märchen« ist es die Prinzessin, die den Prinzen durch ihre Hingabe so zu bewegen vermag, daß er auf dem Weg der Selbstfindung allmählich lernt, das Wachen vom Träumen zu unterscheiden. Freilich kann, wie der Mond im »Traum-Märchen« zu verstehen gibt, letztlich allein die eigene Liebe den Partner erlösen[20]:

Kann ich nicht schenken!
Kannst Du nicht finden!
Nimm's von dir selber!
Das nur kann binden!

Die beiden letzten Märchen schickte Bultmann seiner Verlobten schon von Breslau aus, wo er im Oktober 1916 seine Lehrtätigkeit als Extraordinarius für Neues Testament aufgenommen hatte. Im »Märchen vom goldenen Vlies« steht ein tausend Meilen langer, aus allerfeinstem Gold gesponnener, wunderbar glänzender Schleier symbolisch für eine Liebe, die zwei Menschenseelen auch über große Hindernisse hinweg fest miteinander verbindet[21]. Helene Feldmann und Bultmann überbrückten die zwischen ihnen entstandene räumliche Distanz durch Hunderte von Briefen und Karten. Wahre Herzensströme ergossen sich auf dem Postweg zwischen Breslau und Essen hin und her.

Dabei vollzog sich die Beziehung nicht etwa in einem gegen die Außenwelt hermetisch abgeschlossenen Raum privater Glückseligkeit. Die Kriegszeit sorgte dafür, daß die Härte der Realität die beiden Verlobten erreichte. Der Tribut an Menschenleben, den der Krieg auch unter den Bekannten und Freunden Helene Feldmanns und Bultmanns forderte, provozierte die Frage nach dem Sinn des Grauens. Der Tod sei »für jedes natürliche Lebensgefühl … etwas Entsetzliches«, fand Bultmann im April 1916. Er fügte aber hinzu: »Daß man ihn in sein Leben aufnehmen kann, indem man ihn zur lebendigen Tat macht, ist das Große, das viele draußen auf den Schlachtfeldern erleben.« Freilich gestand Bultmann ein, es bleibe »immer ein

19 Vgl. aaO 21–38.
20 AaO (39–54) 50.
21 Vgl. aaO 55–78; dazu H. Feldmann an Bultmann, 9. 1. 1917, Mn 2-2681.

Schmerz und ein Rätsel, daß begonnenes Schaffen durch den Tod abgebrochen und verheißungsvolle Gemeinschaft zerrissen wird«. Auch wenn sich dieses Rätsel niemals lösen lasse, müsse man das Leid und den Tod in die Lebensrechnung mit einstellen. Nur wenn man das Leid und den Schmerz annehme, werde eine Hoffnung über den Tod hinaus möglich, wie sie ein kirchliches Dogma nicht zu geben vermöge[22].

In den Monaten und Wochen vor ihrer Hochzeit erreichten Bultmann und seine Verlobte Nachrichten, die ihnen besonders nahegingen. Helenes Bruder Hanns und Bultmanns jüngster Bruder Arthur fielen im Frühjahr 1917. An der Front verunglückte am 8. Juli 1917 Bultmanns Jugendfreund Leonhard Frank tödlich. Auf Bitten einer Tante Franks schrieb Bultmann für die Westersteder Lokalzeitung einen Nachruf, in dem er das Leben und Wesen des Freundes würdigte[23]. Seiner Verlobten schilderte er eindringlich seinen Schmerz über den Verlust Leonhard Franks und die Bedeutung dieser Freundschaft für seine eigene Selbstwerdung[24]. Bultmann nahm den Tod seines Bruders wie auch den Leonhard Franks als einschneidende Zäsur wahr. Ihm wurde bewußt, daß für ihn die endgültige Trennung von seiner Oldenburger Heimat und Vergangenheit anstand[25]. Was ihn in diesen Tagen der Trauer bewegte, erkannte er wieder in der ersten Strophe von Eduard Mörikes Gedicht »Rückkehr«[26]:

Bei jeder Wendung deiner Lebensbahn
Auch wenn sie glückverheißend sich erweitert
Und du verlierst um Größres zu gewinnen:
– Betroffen stehst du plötzlich still, den Blick
Gedankenvoll auf das Vergangne heftend;
Die Wehmut lehnt an deine Schulter sich
Und wiederholt in deine Seele dir,
Wie lieblich alles war, und daß es nun
Damit vorbei auf immer sei, auf immer!

Andererseits freute sich Bultmann natürlich auf die gemeinsame Zukunft mit Helene. Im Juli 1917 schrieb er ihr, mit ihm werde es immer schlimmer. Erst habe er in der Elektrischen seinen Rucksack, dann auf dem Fundbüro auch noch ein Buch und sein Vorlesungsmanuskript liegengelassen, schließlich die Zuckerkarte für den August verloren und zudem vergessen, seine Lebensmittelkarten rechtzeitig abzugeben. »Deern, es wird höchste Zeit, daß Du kommst!«[27] Bevor sie nach Breslau kam, reiste er nach Essen. Dort heirateten sie am 6. August 1917. Die kirchliche Trauung vollzog

22 Bultmann an H. Feldmann, 21. 4. 1916, Mn 2-3447.

23 Vgl. [R. Bultmann,] Nachruf o.T. [auf Dr. Leonhard Frank], in: Der Ammerländer Nr. 162 vom 14. 7. 1917, 3.

24 Vgl. Bultmann an H. Feldmann, 12. 7. 1917, Mn 2-3447.

25 Vgl. Bultmann an H. Feldmann, 6.7. u. 12. 7. 1917, Mn 2-3447.

26 Bultmann an H. Feldmann, 6. 7. 1917, Mn 2-3447.

27 Bultmann an H. Feldmann, 19. 7. 1917, Mn 2-2739.

Pfarrer Rudolf Becker in der Wohnung der Feldmanns in der Gutenbergstraße 17[28]. Bultmanns Eltern nahmen aus Rücksicht über den Verlust ihres jüngsten Sohnes Arthur an der Feier nicht teil. Die frisch Vermählten brachen noch am Tag ihrer Trauung zur Hochzeitsreise auf, die sie in den Schwarzwald, in das Berghaus Wiedener Eck über dem Münstertal, führte.

Ende August 1917 bezogen die Eheleute Bultmann in Breslau, Auenstraße 33, in der Nähe der Universitätskliniken ihre erste gemeinsame Wohnung. In der schlesischen Metropole erwarteten sie schwierige Lebensverhältnisse. Dem »Steckrübenwinter« 1916/17 sollte eine noch härtere kalte Jahreszeit 1917/18 folgen. Die Versorgungslage in der Stadt war katastrophal. Während einem Einwohner Münchens 1917 täglich 1.750 Kalorien zur Verfügung standen, mußten die Breslauer mit 1.132 Kalorien pro Person auskommen. Kälte und Krankheiten wie die Tuberkulose führten während der Kriegsjahre zu 8.000 Opfern unter der Zivilbevölkerung. Die Einwohnerzahl der schlesischen Hauptstadt verringerte sich von 544.000 im Jahre 1914 auf 472.000 am Ende des Krieges[29]. Unter diesen Umständen begann das eheliche Leben von Rudolf und Helene Bultmann.

2. Lehr- und Vortragstätigkeit in Breslau

Im Herbst 1916 wurde ich als außerordentlicher Professor nach Breslau berufen, wo ich bis 1920 wirkte ... In den harten Zeiten der letzten Kriegsjahre und der Nachkriegszeit mit mancherlei Entbehrungen sahen wir viel Not und Elend ... Wir erfuhren aber auch viel Freundschaft und Hilfe.[30]

Am 8. September 1916 erhielt Bultmann den Ruf auf das Extraordinariat für Neues Testament an der Evangelisch-Theologischen Fakultät der Schlesischen Friedrich-Wilhelms-Universität zu Breslau. Er nahm den Ruf zum Wintersemester 1916/17 an, nachdem er sich kurzfristig von seinen Verpflichtungen als Repetent an der Marburger Stipendiatenanstalt hatte entbinden lassen[31]. Bultmann zog noch im September 1916 nach Breslau um, wo er im Klinikviertel, am Hobrechtufer 15, im Haus einer Dame namens Marga Koztowska zwei Zimmer bezog. Die Übersiedlung aus dem beschaulichen Marburg in die schlesische Großstadt machte Umstellungen in der Gestaltung des alltäglichen Lebens erforderlich. Manche Besorgungen und insbesondere Besuche waren für Bultmann nun auf Grund der größeren Entfernungen trotz der Straßenbahn mit einem erhöhten Zeitaufwand verbunden.

28 Vgl. das Trauungsbuch der Ev. Kirchengemeinde Essen-Altstadt, Trauregister 1917, Nr. 168.

29 Vgl. N. Davies / R. Moorhouse, Die Blume Europas. Breslau – Wroclaw – Vratislavia, 2002[1], 348.

30 R. Bultmann, Autobiographische Bemerkungen vom 28. 1. 1956, in: B. Jaspert (Hg.), Barth-Bultmann Bw., 1994[2], (302–311) 304.

31 Vgl. M. Evang, Bultmann, 1988, 34 f.

Die Eindrücke, die Bultmann auf seinen ersten Erkundungstouren durch Breslau gewann, fielen ambivalent aus. Ihm gefielen Bauwerke wie die Maria-Magdalenen-Kirche, eine schlichte gotische Backsteinkirche, das im selben Stil ausgeführte alte Rathaus auf dem Ring, das barocke Universitätsgebäude – das ehemalige Jesuitenkolleg – wie auch das einheitliche Ensemble der Dominsel und manche Patrizier- und Kaufmannshäuser mit ihren Renaissance- oder Barockgiebeln. Ihn störten die modernen Geschäftshäuser aus der Gründerzeit, die mit ihren baulichen Geschmacklosigkeiten das Bild der Stadt beeinträchtigten. »Man hat also seine Freude am einzelnen; der Gesamteindruck der Stadt ist, finde ich, unerfreulich. Das wird dadurch verstärkt, daß das Großstädtische ziemlich dünn aufgetragene Farbe ist. Berlin imponiert doch durch wirklich große Verhältnisse in den eigentlichen Geschäftsstraßen. Hier erhebt alles nur den Anspruch, groß zu sein«[32].

Breslau hatte sich in der wilhelminischen Kaiserzeit zu einer kosmopolitischen Gewerbe- und Industriestadt mit einer enormen Anziehungskraft auf Zuwanderer aus ländlichen Gebieten in Schlesien, Polen und Österreich-Ungarn entwickelt. Eine Folge dieses rasanten Wachstumsprozesses bestand darin, daß sich die Stadt unbeschadet der deutsch-protestantischen Identität der Bevölkerungsmehrheit als Schmelztiegel unterschiedlichster Ethnien, Nationalitäten und Religionen darbot[33]. Bultmann verschaffte sich bei seinen Erkundungsgängen durch Breslau erste Einblicke in diese für ihn fremde Welt. Er suchte die »Ohlen«, die alten Gassen der Stadt, und die Wohngebiete auf, in denen die »Kleinjuden« – meist ostjüdische Migranten aus Oberschlesien, Österreich-Ungarn und der Provinz Posen – ihr kümmerliches Dasein fristeten[34]. Hier hatte der schlesische Schriftsteller Gustav Freytag in »Soll und Haben« Veitel Itzig und den orthodoxen Ostjuden Schmeie Tinkeles wohnen lassen, die beiden mit stark antijüdischen Klischees gezeichneten jüdischen Hauptfiguren seines im 19. Jahrhundert vielgelesenen Gesellschaftsromans.

Die Breslauer Elendsquartiere unweit des Rings, die Bultmann trotz der gegenteiligen Empfehlung seines gedruckten Stadtführers in Augenschein nahm, wirkten bedrückend auf ihn. Auch die Menschen, denen er im Oktober 1916 beim Sonntagsspaziergang auf dem Deich an der Oder begegnete, konnten seine Stimmung nicht aufheitern. Bultmann kam »nicht viel über die Konstatierung hinaus, daß es eine langweilige Spießergesellschaft sei wie überall auf der Welt«, mußte sich »dabei aber wiederum schelten, denn man sollte sich freuen, daß all die Leute, die die Woche hindurch in den grauen und unerquicklichen Häusermauern, in stumpfen Läden, staubigen Schreibstuben und dunklen Zimmern oder Kellern sitzen, diese Freude

32 Bultmann an H. Feldmann, 15. 10. 1916, Mn 2-3447.

33 Vgl. N. Davies / R. Moorhouse, Die Blume Europas. Breslau – Wroclaw – Vratislavia, 2002[1], 375–383.

34 Während seiner Breslauer Jahre beschränkten sich Bultmanns persönliche Kontakte zu Juden auf das akademische Milieu. So nahm 1918 an seiner *Graeca* (außer dem Religionsphilosophen Heinrich Scholz, dem Philosophen Julius Stenzel und dem Klassischen Philologen Konrat Ziegler) auch Edith Stein teil, die damals noch nicht zum Katholizismus konvertiert war. Vgl. Bultmanns Chronik 1917–1945, Mn 2-224, Bl. 5.

am Sonntag haben«. Bultmann selbst konnte sich immerhin auf dem Rückweg daran erfreuen, wie sich über der Oderniederung und dem ruhig dahinziehenden Strom die Umrisse der mächtigen Weiden und die imposante Silhouette von Breslau vor dem blutrot gestreiften Abendhimmel abhoben[35].

Ansonsten erfaßte Bultmann in den ersten Breslauer Wochen ein starkes Heimweh nach Marburg. Er behalf sich damit, »wieder und wieder« die von dem Gießener Kunsthistoriker Christian Rauch herausgegebenen *Annuaria* »Hessen-Kunst« aufzuschlagen. So konnte er beim Betrachten der von Carl Bantzer, Hermann Kätelhön, Wilhelm Thielmann, Otto Ubbelohde, Walter Waentig und anderen zeitgenössischen Künstlern geschaffenen Illustrationen wenigstens in Gedanken in die hessischen Landschaften und das geliebte Marburg einkehren. Auch die Lektüre der Habilitationsschrift Walter Sohms »Territorium und Reformation in der hessischen Geschichte 1526–1555« rief Bultmann zahlreiche eigene Assoziationen zu den in jener historischen Darstellung geschilderten Vorgängen und Orten in Erinnerung[36]. Freilich wäre er wohl nicht so weit gegangen wie im 19. Jahrhundert der Nationalökonom Lujo Brentano, der, 1872 nach Breslau berufen, die Stadt an der östlichen Peripherie des Deutschen Reiches als Ort seines Exils betrachtete[37].

Als Extraordinarius hatte Bultmann in Breslau regelmäßig die »Neutestamentlichen Übungen für Anfänger« durchzuführen[38]. Daneben las er je zweimal »Neutestamentliche Theologie« und »Einleitung in das Neue Testament«. Außerdem behandelte er in den fachexegetischen Kollegs, ebenfalls mehrfach, schwerpunktmäßig das Johannesevangelium und die paulinischen Briefe, unter letzteren insbesondere zweimal den Galater- und einmal den Römerbrief. Zu diesen Vorlesungen, die auch nach seiner Breslauer Zeit zum festen Kanon seiner Lehrtätigkeit gehören sollten, traten noch ein Kolleg »Geschichte des apostolischen und nachapostolischen Zeitalters« sowie eine »Einführung in die allgemeine Religionsgeschichte« hinzu. Bei der lediglich einmal, nämlich im Sommersemester 1918 dargebotenen »Erklärung der synoptischen Evangelien« dürfte es sich um die Rohfassung der im wesentlichen 1919 abgeschlossenen und 1921 publizierten »Geschichte der synoptischen Tradition« gehandelt haben. Auch außerhalb der Lehrveranstaltungen pflegte Bultmann den Kontakt mit seinen Studenten. Die nahmen sein Angebot, »alle 14 Tage am Dienstag Abend ... eine Zigarre bei mir zu rauchen«[39], offenbar gern an. Bultmann stellte hinsichtlich der Interessen der schlesischen Studenten gewisse Begrenzungen

35 Bultmann an H. Feldmann, 16. 10. 1916, Mn 2-3447.

36 Ebd. – Vgl. W. Sohm, Territorium und Reformation in der hessischen Geschichte 1526–1555, 1915. Walter Sohm, ein Sohn des Leipziger Juristen Rudolph Sohm, verunglückte auf dem Weg zur Front tödlich, bevor er sein Habilitationsverfahren in Marburg abschließen konnte.

37 Vgl. Davies / Moorhouse (s. Anm. 33), 359.

38 Zum Folgenden vgl. die Auflistung der Lehrveranstaltungen Bultmanns vom WS 1916/17 bis zum SS 1920 bei Evang (s. Anm. 31), 63 f.

39 Bultmann an H. Feldmann, 21. 11. 1916, Mn 2-2739.

fest, die er auf die »ausgedehnte Stipendiatenwirtschaft« zurückführte. Er fand aber, die Studenten in Breslau seien »gewandter und lebendiger als die in Hessen«[40].

Die Breslauer Evangelisch-Theologische Fakultät, in die Bultmann 1916 eintrat, galt als Durchlaufstation für aufstrebende junge Gelehrte. Trotz der daraus resultierenden überdurchschnittlichen personellen Fluktuation gab es immer auch Lehrkräfte, die für eine gewisse Kontinuität der Fakultät sorgten[41]. Bultmann lag viel daran, mit seinen Kollegen in nähere Beziehung zu treten. Ihm schwebte ein geselliger und wissenschaftlicher Austausch innerhalb der Fakultät vor, wie er ihn von Marburg her kannte. Seine Antrittsbesuche bei dem Alttestamentler Carl Steuernagel, seinem neutestamentlichen Fachkollegen Gustav Hoennicke, dem Kirchenhistoriker Carl Franklin Arnold und dem Praktischen Theologen Johannes Steinbeck zeigten ihm, daß die Fakultät ihn freundlich aufzunehmen bereit war[42]. Indes stellte sich zu seinem Leidwesen bald heraus, daß die meisten Breslauer Kollegen sein ausgeprägtes Interesse an einer intensiven, über den förmlichen Kontakt hinausgehenden wissenschaftlichen Zusammenarbeit nicht teilten[43].

Lediglich zu Rudolf Otto ergab sich eine nähere Beziehung, die Bultmann als Bereicherung seiner Gedankenwelt empfand[44]. Er sah sich, als er den Religionsphilosophen zum ersten Mal besuchte, in »eine bunte Welt« hineinversetzt, »in der man sich vorkommt wie im Zimmer eines originellen Kauzes bei Dickens oder Raabe«. Otto, der sich gerade von einer Malaria erholte, hatte seine Wohnung nämlich mit zahlreichen Mitbringseln von seinen Auslandsreisen regelrecht zugestopft. Chinesische Teppiche, türkische Waffen, Renaissance-Madonnen, mongolische Wasserflaschen, asiatische Pferdepeitschen, Buddha-Statuen, »ein Stück der Deckenverkleidung aus dem Chinesischen Kaiserpalast (echt!)« – was später teilweise den Grundstock der von Otto eingerichteten Religionskundlichen Sammlung in Marburg bilden sollte, kam Bultmann 1916 in Breslau wie das Sammelsurium eines Raritätenladens vor[45]. Die Konversation mit Otto erlebte er als »immer äußerst interessant«, wenn auch »merkwürdig sprunghaft«[46]. Bei einem dieser Gespräche, während eines Spaziergangs entlang der Oder, machte Otto seinen jungen Kollegen auch mit den Grundgedanken seines im Druck befindlichen neuen Buches »Das Heilige« vertraut[47]. Das Werk sollte ein theologischer Bestseller werden. Daß sein Verfasser nach dem Sommersemester 1917 Breslau verließ, um in Marburg die

40 Bultmann an H. Feldmann, 22./24. 11. 1916, Mn 2-3447.

41 Vgl. D. Meyer, Zur Geschichte der evangelisch-theologischen Fakultät der Universität Breslau (1811–1945), JSKG 68 (1989), 149–174.

42 Vgl. Bultmann an H. Feldmann, 9./12. 10. 1916, Mn 2-3447.

43 Vgl. Bultmann an A. Jülicher, 18. 12. 1916, UB Marburg, Nachlaß Jülicher, Ms. 695/294.

44 Vgl. Bultmann an M. Rade, 3. 6. 1917, UB Marburg, Nachlaß Rade, Ms. 839.

45 S. Anm. 42.

46 Ebd.

47 Bultmann an H. Feldmann, 14. 10. 1916, Mn 2-3447; vgl. R. Otto, Das Heilige. Über das Irrationale in der Idee des Göttlichen und sein Verhältnis zum Rationalen, 1917[1].

Nachfolge Wilhelm Herrmanns anzutreten, bedauerte Bultmann[48]. Denn ihm schien die Breslauer Fakultät außer Otto keine »wirklich bedeutende Persönlichkeit« aufzuweisen[49].

Zu Heinrich Scholz, der Ottos Lehrstuhl in Breslau übernahm, konnte Bultmann ebensowenig nähere Kontakte knüpfen[50] wie zu Erich Schaeder, dem 1918 nach Breslau berufenen Vertreter einer theozentrischen Theologie. Daß Schaeder durch seine persönlich gewinnende Art für frischen Wind in der Fakultät sorgte, begrüßte Bultmann[51]. Er hielt es aber für verhängnisvoll, daß Schaeders Lehrerfolg unter den Studenten mit der dezidierten Absage an eine historisch, insbesondere religionsgeschichtlich orientierte Theologie einherging[52]. Auch wenn sich Bultmanns anfängliche Hoffnung auf ein enges Zusammenarbeiten mit seinen Breslauer Kollegen insgesamt nicht erfüllte, trat doch eine gewisse Änderung der für ihn unbefriedigenden Situation ein, als 1918 Hans von Soden das Extraordinariat für Kirchengeschichte in der Fakultät übernahm. Der Schüler Harnacks verband eine gediegene historische Bildung mit der Bereitschaft, sich an dem – spätestens mit dem Ende des Ersten Weltkrieges notwendig gewordenen – Neubau der evangelischen Kirche zu beteiligen[53]. Die Freundschaft zwischen Bultmann und von Soden, die in Breslau begann, sollte sich in Marburg fortsetzen und bewähren.

Weitere freundschaftliche Beziehungen unterhielt Bultmann in Breslau zu den Pfarrern Wilhelm Gottschick und Ernst Moering[54]. Mit seinem Bundesbruder Gottschick war er seit dem gemeinsamen Studienjahr in Tübingen befreundet. Die beiden Pfarrer gehörten wie Bultmann zur Breslauer Gruppe der »Freunde der Christlichen Welt«. Insbesondere Moering wurde zu einem anregenden Gesprächspartner Bultmanns. Der Schüler Ernst Troeltschs hatte in Heidelberg bei Johannes Weiß mit einer formgeschichtlichen Arbeit promoviert. In seinen volksmissionarischen Publikationen trat Moering dafür ein, daß die Kirche viel stärker als bisher die Lebenswirklichkeit der Menschen zumal in den entkirchlichten Großstädten wahrzunehmen habe. Nur so könne die kirchliche Verkündigung die Hindernisse überwinden, die der Entstehung von Glauben und Religion vielfach im Wege stünden. Moerings apologetisches Interesse an einer wirklich adressatenbezogenen kirchlichen Arbeit berührte sich mit der Intention Bultmanns, ein kirchlich orientiertes und zugleich modernes Christentum zur Geltung zu bringen. Bultmann schätzte seinen Freund

48 Vgl. Bultmann an M. Rade, 2. 12. 1917, UB Marburg, Nachlaß Rade, Ms. 839.

49 S. Anm. 42. – Zu den späteren Spannungen zwischen Bultmann und Otto s. u. 129 f. u. 161 f.

50 Vgl. Bultmann an M. Rade, 2. 12. 1917, 7. 7. u. 1. 9. 1918, UB Marburg, Nachlaß Rade, Ms. 839; s. aber auch o. Anm. 34.

51 Vgl. Bultmann an M. Rade, 7. 7. 1918 (s. Anm. 50).

52 Vgl. Bultmann an M. Rade, 16. 1. 1920, UB Marburg, Nachlaß Rade, Ms. 839.

53 Vgl. Bultmann an M. Rade, 7. 7. 1918 u. 19. 3. 1919, UB Marburg, Nachlaß Rade, Ms. 839.

54 Vgl. A. Bultmann Lemke, Der unveröffentlichte Nachlaß von Rudolf Bultmann, in: H. Wassmann u. a. (Bearb.), Rudolf Bultmann (1884–1976). Nachlaßverzeichnis, 2001, (11–25) 19; Evang (s. Anm. 31), 67–70.

gerade auch als Prediger[55]. Wie zwei gedruckte Predigtbände belegen, war Moering ein Kanzelredner, der sein Predigtamt mit einem dem Christentumsverständnis Søren Kierkegaards verpflichteten Ernst und mit großem homiletischen Geschick auszuüben verstand[56]. Nach der Lektüre der Predigten Moerings soll Rudolf Otto geäußert haben, »wenn er *so* predigen könne, würde er seine Professur aufgeben und als Prediger herumziehen«[57]. Moerings gesellschafts- und kirchenpolitisches Engagement, sein Eintreten für soziale Gerechtigkeit und seine Forderung, die Kirche habe auch die gesellschaftlichen Implikationen der christlichen Botschaft deutlich herauszustellen, dürften Bultmanns Einstellungen zu diesen Fragen vertieft haben. Jedenfalls konnte der Breslauer Pfarrer ihn dazu bewegen, sich durch Vorträge über den universitären Raum hinaus am Diskurs über die anstehenden Probleme zu beteiligen[58].

Bultmann hielt diese Vorträge vor unterschiedlichen Foren[59]. Im kirchlichen Milieu, vor den »Freunden der Christlichen Welt« und im Breslauer »Theologischen Verein«, behandelte er 1917 Themen wie »das ethische Problem des Urchristentums« oder »Troeltschs Auffassung vom Urchristentum in seinen ›Soziallehren‹«. Später, nach dem Ausbruch der Revolution im November 1918, ließ er sich für Vorträge im lokalen Bildungswesen gewinnen. Als Mitglied des »Rates geistiger Arbeiter« (1918) und der aus diesem hervorgegangenen »Kulturpolitischen Arbeitsgemeinschaft« (1919) wie auch im »Humboldt-Verein für Volksbildung« referierte er zu Themen der Bildung, der Religion, der Weltanschauung. In der Jugendvereinigung der Deutschen Demokratischen Partei leitete er seit Anfang 1919 gemeinsam mit Wilhelm Gottschick die »Abteilung für Fragen der Religion und Weltanschauung«. Hier hielt er 1919 seinen Vortrag »Religion und Kultur«[60] und eine Vortragsreihe zur »Weltanschauung der Aufklärung« mit anschließender kursorischer Lektüre der »Reden« Schleiermachers. Zur Übernahme all dieser zusätzlichen Verpflichtungen erklärte sich Bultmann notgedrungen auch deshalb bereit, weil er so seine bescheidenen Einnahmen als Extraordinarius aufbessern konnte. Die Kehrseite seiner Vortragstätigkeit lernte er freilich auch zur Genüge kennen: »Aber die schöne Zeit und Arbeitskraft, die das immer kostet!«[61]

In Breslau predigte Bultmann vergleichsweise selten. Die drei erhaltenen Predigten hielt er wahrscheinlich alle in den Gemeindekirchen seiner Freunde Gottschick und Moering[62]. Seine am Pfingstsonntag 1917 in der Königin-Luise-Gedächtniskir-

55 Vgl. Bultmann an H. Feldmann, 1. 12. 1916, Mn 2-3447; dazu Evang (s. Anm. 31), 69; Bultmann an H. von Soden, 20. 4. 1922, Mn 2-2385.

56 Vgl. E. Moering, In ungemessene Weiten. Kanzelreden I/II, 1922.

57 Bultmann an H. von Soden (s. Anm. 55).

58 Vgl. Bultmann Lemke (s. Anm. 54), 19.

59 Vgl. die Auflistung (mit Nachweisen) bei Evang (s. Anm. 31), 74 f.

60 S. u. 120–122.

61 Bultmann an W. Fischer, 8. 9. 1919, Mn 2-2198.

62 Vgl. Evang (s. Anm. 31), 151 f.; die drei Breslauer Predigten sind abgedruckt in: VW, 135–147.148–162.163–172.

che vorgetragene Kanzelrede über I Kor 2,9–12 »Vom geheimnisvollen und vom offenbaren Gott« ließ Bultmann auf Anraten Rudolf Ottos, der die Predigt gehört hatte, in der »Christlichen Welt« abdrucken[63].

In dieser Pfingstpredigt schlägt Bultmann nachdenkliche Töne bei der religiösen Deutung der Gegenwart an. Angesichts des jammervollen Zustands der Verwundeten in den Lazaretten, der Not der Frontkämpfer und des grausamen Schicksals der Gefallenen lasse sich Pfingsten nicht mehr einfach wie noch vor dem Krieg als frohes, lichtes Freudenfest feiern. Das Kriegserleben sei jedoch grundsätzlich offen für das Erleben des Geheimnisses Gottes in Demut und Ehrfurcht. Dabei müsse man sich vor einer allzu raschen und eindeutigen geschichtstheologischen Einbindung des Krieges in das Weltregiment Gottes hüten. Der Krieg dürfe nicht unmittelbar als Strafgericht Gottes verstanden und zum Anlaß für Bußpredigten genommen werden. Umgekehrt solle man aber nicht in Abrede stellen, daß Gott mit dem Krieg und seinem Grauen durchaus etwas zu tun habe. Gott lege nämlich der Menschheit mit dem Krieg eine Last auf wie nie zuvor. Sei es auch unsere Pflicht, dafür zu sorgen, »daß etwas so Entsetzliches wie dieser Krieg nicht wieder über die Erde kommt«, so habe der Krieg doch »Gotteskräfte im Menschentum offenbart« und »einen Opfersinn und ein Heldentum« generiert, wie es in der Friedenszeit nicht möglich gewesen sei[64]. Letztlich leuchte aber nur im Bild des gekreuzigten Christus das Licht der Verheißung auf, das die im Krieg ebenfalls offenbar gewordenen dunklen, dämonischen Kräfte im Menschen zu vertreiben vermöge. Bultmanns Predigt »Vom geheimnisvollen und vom verborgenen Gott« kann man als Momentaufnahme seiner theologischen Zeitdiagnose im Entscheidungsjahr 1917 betrachten. Seine Breslauer Jahre fielen mitten in die Kriegs- und Nachkriegszeit mit ihren gewaltigen gesellschaftlichen und politischen Veränderungen. Wie erlebte er den Umbruch der Zeiten und wie verhielt er sich zu ihm?

63 Vgl. R. Bultmann, Vom geheimnisvollen und vom offenbaren Gott. Pfingstpredigt 1917, ChW 31 (1917), 572–579; auch in: VW, 135–147.

64 VW, 142.144.

3. Im Umbruch der Zeiten

Ich war zu Anfang des Krieges wie fast alle von der Gerechtigkeit unserer Sache überzeugt und habe an unsern Sieg geglaubt; seit 1916/17 beides aber nicht mehr. Ich bin schon länger für die Verständigung eingetreten und habe schon 1917 schweren Herzens die Abtretung von Elsaß-Lothringen als notwendig vorausgesehen. Mehr und mehr ist mir auch die Korrumpierung des offiziellen Geistes in Deutschland und des Bürgertums deutlich geworden, und jetzt stehe ich auf der Seite der Radikalen, nämlich wesentlich der »Unabhängigen«. Diese haben auch jetzt in der Friedensfrage wieder m. E. den einzig möglichen Standpunkt eingenommen.[65]

In den Pfingstferien 1913 unternahm Bultmann mit seinem Freund Rudolf Günther eine Tour zu der noch im Bau befindlichen Edertalsperre bei Hemfurth. Er fand die fast fertige Talsperre, ein technisches Großprojekt der Elektrizitäts- und Wasserwirtschaft im wilhelminischen Kaiserreich, imposant. Merkwürdig berührten ihn freilich auf der Wanderung durch das Edertal die Dörfer Asel, Berich und Bringhausen, die wegen des Stausees aufgegeben werden mußten. Die Bewohner hatten ihre Häuser größtenteils bereits verlassen. »Gepackte Möbelwagen standen in den Höfen; manche Leute wollen ihre Toten mitnehmen und haben die Särge aus dem Kirchhof geholt. Fast rührend zu sehen war es, daß die wenigen, die noch in den alten Häusern wohnten, ihr Haus mit Pfingststräuchern geschmückt hatten inmitten dieser untergehenden Welt.«[66] Kam dieser Eindruck unbeabsichtigt einem Menetekel auf die nicht lange danach im Ersten Weltkrieg untergehenden Welten gleich?

Bultmann teilte den kollektiven Enthusiasmus, der die Mehrheit der Deutschen beim Ausbruch des Ersten Weltkriegs im August 1914 ergriff[67]. Daß er wegen seines Hüftleidens keinen Kriegsdienst ableisten konnte, belastete ihn. Nur zeitweilig hatte er an einer Lahnbrücke bei Marburg Wache zu schieben[68]. Daß ihm »das Größere – der Dienst mit der Waffe – verschlossen« blieb[69], versuchte er wenigstens etwas mit der Überlegung zu kompensieren: »Es muß auch solche geben, die diese Zeit in der Heimat miterleben. Man hat auch hier seine Aufgabe, sich zu bemühen, daß das Miterleben rein und ohne Mißklang sei.«[70] Solch solidarisches Gedenken »an die, die draußen stehen«, sei die sittliche Pflicht aller in der Heimat Gebliebenen, mahn-

65 Bultmann an W. Fischer, 23. 6. 1919, Mn 2-2198.

66 Bultmann an A. K. u. H. Bultmann, 18. 5. 1913, Mn 2-2735.

67 S. Anm. 65.

68 Vgl. A. Bultmann Lemke, Der unveröffentlichte Nachlaß von Rudolf Bultmann, in: H. Wassmann u. a. (Bearb.), Rudolf Bultmann (1884–1976). Nachlaßverzeichnis, 2001, (11–25) 18.

69 Bultmann an W. Fischer, 3. 2. 1916, Mn 2-2198. – Einen (neuerlichen?) Antrag Bultmanns auf Einberufung zum Kriegsdienst bei der Fliegertruppe lehnte das Berliner Kriegsministerium im Sommer 1916 unter Verweis auf sein Beinleiden ab. Vgl. Kriegsministerium an Bultmann, 25. 7. 1916, Mn 2-3049.

70 Bultmann an W. Fischer, 21. 4. 1915, Mn 2-2198.

te Bultmann seine Predigthörer[71]. Dieser Maxime gemäß verhielt er sich gegenüber seinem Bruder Arthur, seinen Freunden und den Kollegen vom Marburger Mittagstisch, die zum Kriegsdienst eingezogen waren. Er intensivierte die brieflichen Kontakte zu Leonhard Frank, Emil Balla, Nicolai Hartmann, Hermann Jacobsohn und Friedrich Pfister. Auch schickte er den Freunden wissenschaftliche Literatur, die *Biblia Hebraica*, das *Novum Testamentum Graece*, Cognac und Zigarren an die Front[72]. Leonhard Frank bedankte sich im November 1914 für die Zusendung der Bibel: »Das ist es, was man jetzt nötig hat.«[73]

In seinen Kriegspredigten gab sich Bultmann anfangs fest davon überzeugt, »daß unsere Sache Gottes Sache ist«[74]. Am 20. September 1914 sprach er in Hammelwarden über »Gottes Vorsehung im Kriege«. Dabei bediente er sich der für die Kriegspredigt typischen Topoi. Der Krieg sei gerecht und notwendig, er befreie den Einzelnen und das Volk vom Egoismus und der Genußsucht, in ihm vollziehe sich Gottes Erziehungsarbeit am deutschen Volk. »Opfersinn und Mut, Gemeinschaftssinn und Ewigkeitssinn weckt Gott in einem jeden von uns.«[75] Freilich, mit zunehmender Dauer des Krieges überlagerten mehr und mehr nachdenkliche Töne die 1914 an den Tag gelegte patriotische Gewißheit. In der Pfingsten 1917 in Breslau gehaltenen Predigt zu I Kor 2,9–12 war von einer sittlichen Aufgabe und Kraft des Krieges nicht mehr die Rede. Bultmann warnte nunmehr ausdrücklich davor, »den Krieg und sein Elend in Gottes Weltregiment einzuordnen«. Es sei die Pflicht der Menschheit, dafür zu sorgen, »daß etwas so Entsetzliches wie dieser Krieg nicht wieder über die Erde kommt«. Eine religiöse Valenz gestand der Prediger dem Krieg jetzt nur noch in der Hinsicht zu, daß er falsche Gottesbilder zertrümmert habe. Auf diese Weise habe das Kriegserleben »alles an uns so fremd« werden lassen, daß »nur unser nacktes Ich Gott gegenübergestellt« sei[76].

Im Februar 1917 fiel Bultmanns jüngster Bruder Arthur, fünf Monate später verunglückte sein Jugendfreund Leonhard Frank tödlich an der Front. Im selben Jahr zeichnete sich ab, daß das Deutsche Reich seine ursprünglichen Kriegsziele nicht würde realisieren können. Die öffentliche Debatte um die deutsche Kriegszielpolitik spitzte sich auf die Alternative zu, ob man weiterhin auf einen »Siegfrieden« mit einer expansiven Annexionspolitik setzen oder aber einen »Verständigungsfrieden« mit der europäischen Völkergemeinschaft anstreben sollte. Bultmann plädierte für die Verständigung[77], eine Option, zu der sich 1917 auch die maßgeblichen Vertreter des liberalen Kulturprotestantismus, Adolf von Harnack und Ernst Troeltsch, be-

71 Vgl. seine im August und September 1915 mehrfach im Oldenburgischen gehaltene Predigt zu Gal 6,2 »Unsere Pflichten gegenüber denen im Felde«, in: R. Bultmann, VW, (126–134) 128.

72 Vgl. im einzelnen K. de Valerio, Altes Testament und Judentum im Frühwerk Rudolf Bultmanns, 1994, 132 f.; Bultmann Lemke (s. Anm. 68), 18.

73 L. Frank an Bultmann, 22. 11. 1914, Mn 2-765.

74 Bultmann, VW, (115–125) 121.

75 AaO 123. – Predigttext war Mt 10,28–31.

76 Bultmann, VW, (135–147) 141 f.; vgl. dazu o. 93.

77 S. o. Anm. 65.

kannten. Mitte 1918 trat Bultmann dem im Dezember 1917 von Troeltsch und anderen liberalen Protestanten gegründeten »Volksbund für Freiheit und Vaterland« bei. Der »Volksbund« positionierte sich vor allem gegen die annexionistische »Deutsche Vaterlandspartei« außenpolitisch für einen Verständigungsfrieden und innenpolitisch für eine maßvolle demokratische Reformpolitik. Freilich schätzte Bultmann die tatsächlichen politischen Möglichkeiten des »Volksbundes« eher als gering ein: »... ich verspreche mir nicht viel davon«[78].

Die Novemberrevolution 1918, die ihr folgenden heftigen politischen und kirchenpolitischen Auseinandersetzungen und schließlich die Entstehung des Weimarer Staates erlebte Bultmann von Breslau aus. Er trat, wie seine Korrespondenz aus dieser Zeit – insbesondere die mit Martin Rade – deutlich macht, für eine generelle Neuordnung des Verhältnisses von Staat und Kirche ein, begrüßte – jedenfalls anfangs – den revolutionären Umbruch und befürwortete den Aufbau eines demokratischen Staatswesens[79]. Unbeschadet einzelner Abweichungen entsprachen Bultmanns Voten zum kirchlichen und politischen Neubeginn in Deutschland dem linksliberalen Kurs, den Martin Rade als Abgeordneter der Deutschen Demokratischen Partei in der Preußischen Landesversammlung und als kirchenpolitischer Impulsgeber verfolgte[80]. Als Rade und der Chemnitzer Pfarrer Hermann B. Gay am 14. November 1918 dazu aufriefen, überall Volkskirchenräte zu gründen, um die Kirche aus ihrer Verbindung mit dem Staat zu lösen und die konsistorial bestimmten kirchlichen Leitungsstrukturen durch das Volkskirchenräte-Modell zu ersetzen, erklärte sich Bultmann bereit, diese Initiative zu unterstützen[81]. Allerdings versah er seine Bereitschaft wie auch die Mitarbeit an der Gründung einer Ortsgruppe des »Bundes für freie Volkskirche« in Breslau mit dem prinzipiellen Vorbehalt, er sehe den für die Bemühungen um eine Neuordnung der Kirche reklamierten Begriff der Volkskirche noch nicht hinreichend klar bestimmt[82]. Von der Arbeit des – von einer konfessionell-konservativen Mehrheit dominierten – ersten deutschen evangelischen Kirchentages, der Anfang September 1919 in Dresden die Gründung des Deutschen Evangelischen Kirchenbundes vorzubereiten hatte, hielt Bultmann nicht viel. »Höchst kläglich ist ja auch, was wir in der Kirche erleben. Was für Gesellen tagten beim Kirchentag zusammen!«[83]

In seinen beiden letzten Breslauer Jahren wurde Bultmann nicht unmittelbar politisch oder kirchenpolitisch aktiv, auch wenn er einzelne Initiativen in diesen Bereichen unterstützte. »Politische Aktionen mitzumachen, bin ich nicht der Mann; aber

78 Bultmann an M. Rade, 7. 7. 1918, UB Marburg, Nachlaß Rade, Ms. 839.

79 Zum Folgenden vgl. auch M. Evang, Bultmann, 1988, 75–84; H. Oelke, Bultmann und Weimar. Rudolf Bultmanns wissenschaftliches Wirken in den zwanziger Jahren aus kirchenhistorischer Sicht, in: U. H. J. Körtner (Hg.), Wort Gottes – Kerygma – Religion, 2003, (77–117) 90–100.

80 Vgl. A. Ch. Nagel, Martin Rade – Theologe und Politiker des Sozialen Liberalismus, 1996, 161–232.

81 Vgl. Bultmann an M. Rade, 27. 1. 1919, UB Marburg, Nachlaß Rade, Ms. 839.

82 Vgl. Bultmann an M. Rade, 6. 3. 1919, UB Marburg, Nachlaß Rade, Ms. 839.

83 Bultmann an W. Fischer, 8. 9. 1919, Mn 2-2198.

an dem, was ich für die Hauptsache halte, kann ich doch mitarbeiten und habe guten Mut, daß aus der großen κρίσις doch noch etwas Gutes für unser Vaterland herauskommt. Die Hauptsache ist doch die geistige Erneuerung«[84]. Entsprechend dieser Prioritätensetzung engagierte sich Bultmann bildungspolitisch in verschiedenen Gremien und Kreisen. So ließ er sich etwa von den beiden befreundeten Breslauer Pfarrern Wilhelm Gottschick und Ernst Moering dazu bewegen, in der lokalen Jugendabteilung der liberalen Deutschen Demokratischen Partei Vorträge und Lektürekurse zu religiösen und weltanschaulichen Themen zu halten[85]. Das bildungspolitische Engagement zugunsten der Parteijugend schloß allerdings eine Mitgliedschaft oder gar die parteipolitische Arbeit Bultmanns in der DDP keineswegs mit ein. Daß er in Breslau Mitglied der SPD geworden wäre[86], läßt sich weder belegen noch völlig ausschließen. Wahrscheinlich ist es nicht, selbst wenn er später in Marburg als Sozialdemokrat gegolten haben sollte, wofür es im übrigen ebenfalls keinen Beleg gibt[87]. Jedenfalls zog Bultmann parteipolitischen Aktivitäten die volkspädagogische Mitarbeit an einer umfassenden geistigen Erneuerung vor, weil ihm diese geistige Neuorientierung als unabdingbare Voraussetzung für den Aufbau einer neuen gesellschaftlichen und politischen Ordnung nach dem Zusammenbruch des wilhelminischen Kaiserreichs galt.

Als Walther Fischer im Sommer 1919 nach einem mehrjährigen Auslandsaufenthalt in Shanghai nach Deutschland zurückkehrte, schilderte Bultmann dem Freund in zwei Briefen, wie er die politische Lage einschätzte. Im Rückblick auf die Kriegszeit war ihm »die Korrumpierung des offiziellen Geistes in Deutschland und des Bürgertums deutlich geworden«[88]. Bultmann symphatisierte mit den »Unabhängigen Sozialisten«, die sich 1916/17 von der SPD wegen unüberbrückbarer Differen-

84 Bultmann an W. Fischer, 23. 6. 1919, Mn 2-2198.

85 S. o. 92.

86 So (ohne Belege) W. Schmithals, Das wissenschaftliche Werk Rudolf Bultmanns, in: Stadt Oldenburg (Hg.), Gedenkfeier für Rudolf Bultmann 1884–1976, 1985, (19–28) 26.

87 Zum Problem vgl. Evang (s. Anm. 79), 77 f.; Oelke (s. Anm. 79), 99. – Eine Mitgliedschaft Bultmanns in der SPD läßt sich nicht mehr verifizieren, da die Mitgliedskarteien der SPD aus der Zeit vor 1933 im Dritten Reich vernichtet wurden. – Ein Eintritt Bultmanns in die SPD bereits in Breslau ist ganz unwahrscheinlich, da er in der Umbruchzeit 1918/19 in der Jugendabteilung der DDP mitarbeitete und offene Sympathien für die USPD entwickelte. – Gegen einen Beitritt Bultmanns zur SPD während der Marburger Jahre nach 1921 spricht nicht nur das Fehlen entsprechender Belege, sondern auch der Umstand, daß Bultmann 1933 jedenfalls nicht wegen einer etwaigen SPD-Mitgliedschaft in Schwierigkeiten geriet. Einen Hinweis darauf, daß Bultmann um 1925 der SPD angehört habe, wollen Evang, ebd., und Oelke, ebd., der Ansprache entnehmen, die Bultmann am 1. 3. 1925 in Marburg zum Gedenken an die Gefallenen des Ersten Weltkrieges hielt. In dieser Rede bekennt sich Bultmann zur Weimarer Republik und zur demokratischen Ordnung. Er bezieht den wenige Tage zuvor verstorbenen Reichspräsidenten Friedrich Ebert in sein Gedenken an die Kriegstoten mit ein. Freilich würdigt er Ebert hier offenkundig nicht als SPD-Mitglied, sondern als den Repräsentanten der Weimarer Demokratie, »der an der Spitze unserer geliebten Republik gestanden« hat (R. Bultmann, Gedenken an die gefallenen Brüder, in: VW, [216–221] 219).

88 Bultmann an W. Fischer, 23. 6. 1919, Mn 2-2198.

zen in Fragen der Kriegszielpolitik getrennt hatten. Freilich setzte er seine Hoffnungen weniger auf die Politik der Unabhängigen als vielmehr »auf die geistigen Strömungen, die in ihren Kreisen lebendig sind«[89]. An der radikalen linken Partei gefiel ihm, daß sie kompromißlos den Friedensvertrag von Versailles unterstützte. Dies entsprach seiner Position in der Friedensfrage. Bultmann distanzierte sich von den Vertretern eines ideologischen Nationalismus, die durch ihre polemischen Proteste die Unterzeichung des Friedensvertrags verhindern wollten. »Ich hoffe, daß die Welt Bismarcks – den ich nie verehrt habe – endgültig versunken ist, die Welt der Realpolitik und des Kreaturentums und des Kultus des ›Offiziellen‹.«[90] Allerdings mußte er desillusioniert zur Kenntnis nehmen, daß auch nach der Revolution die staatliche Verwaltung von der Kaste der alten Ministerialbürokratie und die Nationalversammlung von den »alten Partei-Bonzen« beherrscht wurden. Ihm schien höchst bedenklich zu sein, daß man in Schlesien zwar eine »Siedelungs-Kommission« gebildet, diese aber mit lauter Adeligen und Großgrundbesitzern besetzt hatte – so waren in der Nahrungs-, Strom- und Wohnungsversorgung keine Verbesserungen zu erwarten. »Kurz, wenn nicht noch eine zweite und diesmal wirkliche Revolution kommt, so bleibt alles beim alten oder wird vielmehr noch schlimmer.«[91]

Die Kritik, der Prozeß der politischen Erneuerung nach der Revolution komme nur zögerlich oder überhaupt nicht voran, formulierte Bultmann unter dem Eindruck der Lektüre Lenins, insbesondere von dessen Schrift »Staat und Revolution«[92]. In Lenins Beschreibung der Entwicklung nach der Februar-«Revolution« 1917 in Rußland sah er wie in einem Spiegel die Verhältnisse im nachrevolutionären Deutschland abgebildet. Bultmann entwickelte Sympathien für Lenin, weil der russische Revolutionär schon 1917 exakt die Reaktion und Restauration als unmittelbare Folgen der bürgerlichen Revolution beschrieben hatte, wie sie 1919 auch für Deutschland zu konstatieren waren. »Seit ich Lenin gelesen habe, bin ich für seine Persönlichkeit begeistert. Ich fürchte nur, wir haben keinen Lenin.«[93] Bultmann hielt sogar eine »Periode der ›Diktatur‹« vor dem Aufbau einer neuen staatlichen Ordnung für unvermeidbar. »Man braucht das Totschießen ja nicht so weit zu treiben wie in Rußland (und wird es bei uns ja nicht ...), aber wenn man eine genügende Anzahl von Bonzen und Spießern inner- und außerhalb der Universität kaltstellen könnte, wäre es schon gut.«

Allerdings wurde Bultmann, so begeistert er 1919 auch Lenin las, darüber nicht zum Marxisten. Lenins kommunistische Gesellschaftstheorie und die mit ihr verbundene universalgeschichtliche Revolutionskonzeption übernahm er nicht. Anders

89 Bultmann an W. Fischer, 8. 9. 1919, Mn 2-2198.

90 Ebd.

91 Ebd.

92 Zum Folgenden vgl. ausführlich Evang (s. Anm. 79), 80–84; vgl. W. I. Lenin, Staat und Revolution. Die Lehre des Marxismus vom Staat und die Aufgaben des Proletariats in der Revolution, Werke 25, 1981[6], 393–507.

93 Bultmann an W. Fischer, 8. 9. 1919, Mn 2-2198.

als Lenin sprach Bultmann weder von einer Diktatur des Proletariats noch davon, daß das Proletariat zuerst die Staatsmaschinerie gewaltsam zerschlagen und dann die ausbeuterische kapitalistische Gesellschaftsordnung durch den Aufbau einer wahrhaft gerechten, kommunistischen Gesellschaft ersetzen werde. Er war zutiefst davon überzeugt, daß die gesellschaftlichen, staatlichen und ökonomischen Verhältnisse im nachrevolutionären Deutschland nur auf der Basis einer geistigen Neuorientierung reformiert werden könnten[94].

Der Bildungsbürger Bultmann träumte von einer besseren Moderne, deren Sieg über die marode »alte Welt der Realpolitik, der wirtschaftlichen Interessen, des Materialismus, der Zweckmäßigkeit, Bürgerlichkeit, des Spießertums« er prognostizierte. Vorboten der neuen Zeit erkannte er in den Ideen der Jugendbewegung sowie den avantgardistischen Strömungen in der Kunst und Literatur. Seitdem ihm die Kölner Sonderbund-Ausstellung 1912 an den Werken Cézannes und van Goghs die Augen für die moderne Malerei geöffnet hatte, verfolgte er »mit wachsender Freude« die expressionistische Kunst Oskar Kokoschkas, Emil Noldes und Max Pechsteins. Gleichfalls angetan zeigte er sich von der neueren Dichtung, deren Vertreter – etwa Rainer Maria Rilke, Georg Trakl, Frank Wedekind oder Franz Werfel – ihm als »ausgezeichnete Erscheinungen« galten. Bultmann sah in der Jugendbewegung, im Expressionismus und in der Lebensphilosophie Kräfte am Werk, die den radikalen Bruch mit der obsolet gewordenen bürgerlichen Welt der Vorkriegszeit vollzogen. Mit expressionistischer Emphase deutete er die Entwicklung der modernen Kunst: »Nietzsches beste Gedanken sind lebendig, dies Erleben des Irrationalen, der Sinn für den zwecklosen Wert des Daseins und das Vermögen der Selbstdarstellung, ein Verhältnis zu den elementaren Kräften der Natur und der menschlichen Seele«[95]. Die geistige Dynamik, die sich hier zu entfalten begann, würde letztlich auch zu gesellschaftlichen Veränderungen führen, war Bultmanns Überzeugung. Deshalb faßte er als seine eigene politische Aufgabe in der Zeit des Umbruchs während und nach der Revolution die bildungspolitische Arbeit auf.

Mit seiner in den Breslauer Jahren ausgebildeten und vertieften liberalen staatspolitischen Einstellung fand Bultmann ein affirmatives Verhältnis zur Weimarer Demokratie. Innerhalb der evangelischen Universitätstheologie wie auch überhaupt im deutschen Protestantismus gehörte er damit der Minderheit der liberalen Vernunftrepublikaner an, die sich im Unterschied zur antidemokratischen Mehrheit im protestantischen Milieu dem fragilen demokratischen Staat gegenüber loyal verhielten[96]. Als Bultmann am 1. März 1925 in Marburg eine Gedenkfeier für die Toten des Ersten Weltkriegs hielt, appellierte er an seine Zuhörer, sich tatkräftig einzusetzen für das »Deutschland der Zukunft ..., in dem Recht und Gerechtigkeit herrschen ...

94 Vgl. auch R. Bultmann, Religion und Sozialismus, Sozialistische Monatshefte 28 (1922/I), 424–447.

95 Bultmann an W. Fischer, 8. 9. 1919, Mn 2-2198.

96 Vgl. K. Nowak, Evangelische Kirche und Weimarer Republik, 1988[2]; Ders., Geschichte des Christentums in Deutschland, 1995, 222–230.

Dazu gehört in erster Linie unsere politische Pflicht, daß wir mutig eintreten für unsere Überzeugung, für Republik und Demokratie.«[97]

Zweifellos trugen die Breslauer Erfahrungen, sowohl die nähere Wahrnehmung der sozialen Probleme im großstädtischen Kontext als auch die Reflexion des politischen Umbruchs nach dem Ende der wilhelminischen Ära, zur Erweiterung der sozial- und staatspolitischen Kompetenzen Bultmanns bei. Von der Entwicklung der Beurteilung konkreter politischer Gegebenheiten unberührt blieb freilich seine politische Grundüberzeugung, die er bereits 1916 in Briefen an seine Verlobte darlegte. Um soziale Mißstände zu beheben, sei gewiß auch praktische Arbeit erforderlich, die so weit wie möglich Not im einzelnen lindere. Eine ebenso wichtige Aufgabe bestehe jedoch darin, »die Mißstände an der Wurzel zu treffen und die Herbeiführung idealer Zustände zu versuchen«. Zum Beispiel könne die Einführung der allgemeinen Volksschule für Kinder der gehobenen Schichten *und* des Proletariats dazu beitragen, daß manche gebildeten Kreise mit den brennenden sozialen Problemen direkt konfrontiert würden. Von ihnen sei dann auch ein stärkeres Engagement in diesem Bereich zu erwarten. Zukunftsträchtige Maßnahmen etwa auf dem Bildungssektor vermöge freilich nur eine Politik in die Wege zu leiten, für die der »reine Staats- und Rechtsgedanke im Gegensatz zur Klassen- und Interessenpolitik« Grundlage des legislativen Handelns sei[98]. Politik als Angelegenheit der sittlichen Gemeinschaft setzte den sittlichen Geist und die staatsbürgerliche Mündigkeit der Mitglieder dieser Gemeinschaft voraus.

Wies Bultmann den Staat mithin dem Bereich der autonomen Sittlichkeit zu, so war in dieser idealpolitischen Grundanschauung die Unterscheidung von Staat und Kirche zugleich mit angelegt. Die Religion der Gnade, deren Sinn Luther entdeckt habe, erschließe nämlich die Erfahrung, »daß das Ewige nicht die Welt ist, die wir erarbeiten, sondern eine Welt, die sich uns offenbart«, erklärte Bultmann in seiner Predigt vom 1. Juli 1917[99]. Von daher war für ihn ein politisches Mandat der Kirche ausgeschlossen. Die vierte Rede Schleiermachers »Über die Religion«, insbesondere die in ihr enthaltene Kritik an der Verbindung von Staat und Kirche, kam Bultmann wie »aus dem Herzen geschrieben« vor. Schleiermacher habe zu Recht herausgestellt, »daß die Religion nicht mit der staatlichen Erziehungsarbeit vermischt werden« dürfe. Solche Vermischung führe nur zur Korruption sowohl der Religion als auch der Sittlichkeit. Die Kirche dürfe den Staat nicht aus seiner sozialen Verpflichtung entlassen, vielmehr komme es darauf an, ein lebendiges Staatsgefühl zu wecken, den »Sinn für alle Pflichten, die aus der staatlichen Gemeinschaft erwachsen«[100].

Die strikte Unterscheidung von Staat und Kirche entwickelte Bultmann in struktureller Analogie zur Differenz zwischen Kultur und Religion. In beiden Lebenskreisen hat der Christ die Spannungen zwischen den jeweiligen Bezugsgrößen auszuhal-

97 Bultmann (s. Anm. 87), 218 f.

98 Bultmann an H. Feldmann, 19. 3. 1916, Mn 2-3447.

99 Bultmann, VW, (148–162) 158 f.

100 Bultmann an H. Feldmann, 2./3.1916, Mn 2-3447.

ten und das Gleichgewicht zwischen ihnen herzustellen. »Jeder Mensch hat für sich den Weg zwischen seiner innern Anteilnahme an der Weltgestaltung und seiner innern Freiheit von der Welt zu finden.«[101] Diese Aufgabe läßt sich nicht ein für allemal bewältigen, sondern sie ist stets neu anzugehen. Am 18. Januar 1928 hielt Bultmann die Rede zur Reichsgründungsfeier der Philipps-Universität Marburg. Im Medium der historischen Rekonstruktion des Verhältnisses zwischen Urchristentum und Staat beschrieb er die doppelte Herausforderung, die sich aus dem ambivalenten Verhältnis des Christen zur Welt wie auch zum Staat ergibt. Zwar sind die Sphären dessen, was des Kaisers, und dessen, was Gottes ist, »radikal geschieden, und doch ist der Mensch beiden verpflichtet«. Jesu Wort Mt 22,21 läßt sich daher gegenwärtig so paraphrasieren: »Gebt der Republik, was der Republik gehört ..., und Gott, was Gottes ist«. Den Sinn der kritischen Forderung Jesu aber vermag nur ein staatspolitisches Handeln einzuholen, das sich selbst als Dienst der Liebe versteht[102].

Da Bultmann den Staat als autonome, dem unmittelbaren Wirkungsbereich der Religion enthobene Gegebenheit der Kultur verstand, berührten sich seine staatsethischen Vorstellungen um 1920 partiell mit der Negation der Kultur und der Welt, die in der frühen Phase der Dialektischen Theologie Friedrich Gogarten in kompromißloser Einseitigkeit und Karl Barth in einer abgemilderten Form vertraten. Jedoch maß Bultmann der Weltgestaltung des Christen ein größeres Gewicht bei als Gogarten und Barth[103]. So sehr die Religion in ihrer Jenseitsbezogenheit die Welt transzendiert, so wenig erschöpft sich ihr Verhältnis zum Weltlichen in der bloßen Negation des Diesseits. Vielmehr ermöglicht gerade die kulturkritische Funktion der Religion die konstruktive Zuwendung zur Welt. »Wer ... die religiöse Freiheit von der Welt nicht äußerlich auffaßt[,] sondern als innere Freiheit, der kann sich nicht unter religiösem Vorwand seiner Pflicht der Weltgestaltung entziehen.«[104]

4. »Die Geschichte der synoptischen Tradition«

Ich habe ordentlich zu arbeiten; ich hoffe nämlich in diesem Semester und den kommenden Ferien ein Buch zum Abschluß zu bringen. Freilich erscheint die Zeit kaum geeignet zum Bücherschreiben, zumal wenn es eine formgeschichtliche Untersuchung urchristlicher Literatur ist. Indes, ganz abgesehen, daß es als Frucht meiner Arbeiten allmählich gereift ist und ich mit meiner Arbeit trotz der Zeitverhältnisse lebendig verbunden bin, – wegen der Zukunft ist es nötig, daß ich wieder einmal etwas herausbringe, mag die Zukunft auch recht unsicher sein.[105]

101 Bultmann (s. Anm. 94), 447.

102 R. Bultmann, Urchristentum und Staat, Universitätsbund Marburg e.V. Mitteilungen Nr. 28 (1928), (1–4) 4.

103 Vgl. dazu Oelke (s. Anm. 79), 111–117.

104 Bultmann (s. Anm. 94), 446.

105 Bultmann an W. Fischer, 23. 6. 1919, Mn 2-2198.

Schon bald nach seiner Habilitation hatte Bultmann damit begonnen, sich wissenschaftlich näher mit der synoptischen Tradition zu beschäftigen. In einer Besprechung literaturgeschichtlicher Arbeiten Johannes Weiß' und Paul Wendlands zum Neuen Testament entwickelte er bereits 1914 recht genau die Grundlinien seines eigenen Arbeitsprogramms zur literatur- und formgeschichtlichen Erschließung des Überlieferungsstoffs in den Synoptikern[106]. Seine Lehrverpflichtungen, dazu seine Vortragstätigkeit in Breslau sowie nicht zuletzt die schwierigen Arbeitsbedingungen und die schlechte Ernährungslage während der Kriegs- und Nachkriegszeit erschwerten allerdings eine zeitnahe Realisierung des Buchprojekts[107]. So konnte Bultmann das Manuskript seiner »Geschichte der synoptischen Tradition« erst im Dezember 1919, später als erhofft, abschließen[108]. Er hegte zunächst die Absicht, dem Buch ein Wort des Gedenkens an David Friedrich Strauß voranzustellen. Indes gelang es Wilhelm Heitmüller, ihn davon abzubringen. Zwar sei die Widmung an David Friedrich Strauß von der Sache her zu begrüßen, sie könne jedoch auch als Provokation aufgenommen werden. Solange Bultmann noch nicht etatmäßiger Ordinarius sei, möge er daher in seinem eigenen Interesse eine solche Widmung unterlassen[109]. Der Extraordinarius folgte diesem Rat. Er widmete das Buch der Marburger Theologischen Fakultät sowie deren Mitgliedern Wilhelm Heitmüller und Eduard Simons[110].

Bei der Drucklegung des Werkes kam es zu Problemen. Obwohl Wilhelm Bousset dem Verlag Vandenhoeck & Ruprecht empfohlen hatte, die Untersuchung Bultmanns in die »Forschungen zur Religion und Literatur des Alten und Neuen Testaments« aufzunehmen[111], lehnte der Verlag das Manuskript ab[112]. Erst nachdem Bultmann auf Vorschlag Hermann Gunkels hin die Nachfolge des am 8. März 1920 verstorbenen Bousset als Mitherausgeber der »Forschungen« angetreten hatte, erklärte sich der Göttinger Verlag dazu bereit, das Buch Bultmanns »jetzt gerne übernehmen« zu wollen[113]. Es erschien schließlich Anfang April 1921. In noch ungedruckter Gestalt war die »Geschichte der synoptischen Tradition« ausschlaggebend für die Berufungen Bultmanns nach Gießen 1920 und nach Marburg 1921[114].

Mit seinem Buch avancierte Bultmann zu einem der Meinungsführer in dem innovativen Forschungsdiskurs, der nach dem Ersten Weltkrieg in der neutestament-

106 Vgl. R. Bultmann, Einleitung (1914), in: Ders., Theologie als Kritik, 2002, (56–71) bes. 61–63; vgl. auch Bultmann an W. Fischer, 21. 6. 1914, Mn 2-2198.

107 Vgl. Bultmann an W. Fischer (s. Anm. 105); 8. 9. 1919, Mn 2-2198. Zum Folgenden vgl. M. Evang, Bultmann, 1988, 70–72.

108 Vgl. Bultmann an W. Bousset, 1. 2. 1920, Mn 2-2149.

109 Vgl. W. Heitmüller an Bultmann, 30. 4. 1920, Mn 2-964.

110 Vgl. R. Bultmann, Die Geschichte der synoptischen Tradition, 1921[1], 3*; ab der zweiten Auflage 1931 war das Buch dem »Andenken Wilhelm Heitmüllers« gewidmet.

111 Vgl. W. Bousset an Bultmann, 12.2. u. 27./29. 2. 1920, Mn 2-518.

112 Vgl. H. Gunkel an Bultmann, 31. 3. 1920, Mn 2-883.

113 Vgl. H. Gunkel an Bultmann, 19. 7. 1920, Mn 2-883.

114 Vgl. dazu u. 113 f., 127 f.

lichen Wissenschaft um die sogenannte Formgeschichte geführt wurde. Freilich reichten die Wurzeln der formgeschichtlichen Betrachtung des Neuen Testaments, insbesondere der synoptischen Evangelien, in das 18. Jahrhundert zurück, bis zu Johann Gottfried Herder. Für die Entstehung der formgeschichtlichen Arbeit an der Evangelienüberlieferung und ihren forschungsgeschichtlichen Kontext sah Bultmann selbst hauptsächlich folgende Erkenntnisstadien als konstitutiv an[115]. Die ältere Forschung in der zweiten Hälfte des 19. Jahrhunderts war, bestärkt durch die Zweiquellentheorie, noch davon ausgegangen, daß man aus dem Markusevangelium (und der Redenquelle Q) die Grunddaten des Lebens Jesu und seiner Verkündigung erheben könne. Diese Annahme brachte William Wrede 1901 durch den Nachweis ins Wanken, daß Markus als das älteste Evangelium keineswegs einen biographisch verwertbaren Bericht über die Geschichte Jesu bietet. Vielmehr hat der Evangelist Markus die ihm vorliegenden älteren Überlieferungen in einen nach Gesichtspunkten der Gemeindetheologie konstruierten biographischen Rahmen eingeordnet. Ebenso verdanken sich die Angaben über die Entwicklung des messianischen Bewußtseins Jesu allein der theologischen Konzeption des Evangelisten[116]. Mit der durch die Einsichten Wredes gestellten Aufgabe, in den synoptischen Evangelien zwischen alten Überlieferungen und deren redaktioneller Bearbeitung zu unterscheiden, befaßten sich zunächst Forscher wie Johannes Weiß und Emil Wendling. Auch wenn sie noch nicht die Komplexität der in sich verwickelten Schichtung von Tradition und Redaktion im Markusevangelium erkannten, gab doch zumal Bultmanns Lehrer Johannes Weiß wichtige Anstöße zur Ausbildung der neutestamentlichen Formgeschichte[117].

Als noch zukunftsweisender stufte Bultmann die Beiträge Julius Wellhausens zur Synoptikerforschung ein. Denn Wellhausen erkannte, daß in den drei synoptischen Evangelien vorliterarische Traditionen, einzelne Geschichten oder Gruppen von Erzählungen, durch die Hand von Redaktoren, den Evangelisten, zu literarischen Einheiten verknüpft waren. Freilich gelangte Wellhausen nach dem Urteil Bultmanns noch nicht zu »einem endgültigen, die Ergebnisse sichtenden und zusammenfassenden Resultat ... er durchschaute die Kompliziertheit des Problems und machte bei der Erkenntnis halt: ›Man kommt doch nicht aus mit einer Redaktion bloß der mündlichen Überlieferung ... Das Wichtigste ist allerdings die Anerkennung, daß überhaupt sekundäre Stoffe in der Tradition vorkommen‹«[118]. Die formgeschichtliche Analyse der synoptischen Überlieferung konnte weiterhin an die Arbeiten Hermann Gunkels und seiner Schüler zum Alten Testament anknüpfen. Gunkel hatte

115 Vgl. zum Folgenden R. Bultmann, Die Geschichte der synoptischen Tradition, 1921[1], 4* (Vorwort).1–3; Ders., Die Erforschung der synoptischen Evangelien, 1930[2], 5–16.

116 Vgl. W. Wrede, Das Messiasgeheimnis in den Evangelien, 1901.

117 Vgl. W. Schmithals, Johannes Weiß als Wegbereiter der Formgeschichte, ZThK 80 (1983), 389–410; dazu Evang (s. Anm. 107), 52–54.

118 Bultmann, Die Geschichte der synoptischen Tradition (s. Anm. 115), 2; vgl. auch R. Smend, Julius Wellhausen. Ein Bahnbrecher in drei Disziplinen, 2006, 36–40.

die literarischen und vorliterarischen Traditionen in der Genesis – Legenden, Mythen und Sagen – sowie weitere Gattungen der volkstümlichen altisraelitischen Literatur rekonstruiert und von ihrem jeweiligen »Sitz im Leben« her zu verstehen gesucht. Freilich stellten sich die Dinge im Neuen Testament anders dar als im Alten. Auch sollten sich die theologischen Implikationen der neutestamentlichen Formgeschichte durchaus von den religiösen Intentionen unterscheiden, die Gunkel mit seinem gattungsgeschichtlichen Ansatz verband.

Die formgeschichtliche Methode hielt in der Synoptikerexegese nach dem Ersten Weltkrieg mit den drei einschlägigen, unabhängig voneinander entstandenen Werken Martin Dibelius', Karl Ludwig Schmidts und Rudolf Bultmanns Einzug. Karl Ludwig Schmidt zeigte 1919 in einer Untersuchung, die er ausdrücklich als eine literarkritische verstanden wissen wollte, daß die älteste Tradition von Jesus, abgesehen von der Passionsgeschichte, im wesentlichen aus kleinen Einzelstücken bestand und insofern »Perikopen-Überlieferung« war. Den Rahmen der Evangelien, in den diese Einzelüberlieferung eingefügt wurde, schufen die Evangelisten, die sich dabei aber mit derart sparsamen Regieanweisungen begnügten, daß weder ein vollständiger chronologischer Zusammenhang noch ein zusammenhängendes Itinerar die Geschichte Jesu strukturierte. Hatte Schmidt in dieser Weise zwar erstmals Tradition und Redaktion zumal im Markusevangelium voneinander geschieden, so unterzog er allerdings noch nicht die einzelnen Perikopen einer genaueren formgeschichtlichen Analyse[119].

Dies unternahm Martin Dibelius, wie Schmidt ein Schüler Adolf Deißmanns, in seinem Buch »Die Formgeschichte des Evangeliums«. Dibelius rechnete die synoptischen Evangelien zur antiken Kleinliteratur, die keine dezidiert ästhetischen und literarischen Interessen verfolgte. Die Evangelien nahmen weitgehend anonyme, volkstümliche Gemeindeüberlieferung in sich auf. Die Evangelisten traten demzufolge nicht als Schriftsteller, sondern lediglich als Sammler und Redaktoren dieses tradierten Stoffes in Erscheinung. Da sich die Formen jener kleinen Überlieferungseinheiten bereits vor ihrer Aufnahme in die Evangelien abschließend ausgebildet hatten, mußte die »Formgeschichte des Evangeliums« hinter die literarische Gestalt der Evangelien zurückgehen und die Gesetze ermitteln, nach denen sich die Entstehung und Geschichte jener kleinen Gattungen vollzogen hatte. Um dieses Ziel zu erreichen, wandte Dibelius eine »konstruktive Methode« an. Er ging von bestimmten Bedürfnissen und Motiven des Gemeindelebens aus und fragte von ihnen her danach, wie und nach welchen Gesetzen sich die synoptische Überlieferung entwikkelt und welche Formen sie dabei ausprägt hatte[120].

Bultmann hielt das von Dibelius gewählte Verfahren für problematisch. Es schien ihm eine präzise Bestimmung der beiden von Dibelius als Novellen und Paradig-

119 Vgl. K. L. SCHMIDT, Der Rahmen der Geschichte Jesu, 1919; dazu R. BULTMANN, Rez. über K. L. Schmidt, op. cit., (1920,) in: DERS., Theologie als Kritik, 2002, 104–111.

120 Vgl. M. DIBELIUS, Die Formgeschichte des Evangeliums, 1919; dazu R. BULTMANN, Rez. über M. Dibelius, op. cit., (1919,) in: DERS., Theologie als Kritik, 2002, 92–94.

men bezeichneten Gattungen der synoptischen Überlieferung eher zu verhindern als zu befördern[121]. Bultmann zog daher der konstruktiven Methode eine analytische Vorgehensweise vor. Er untersuchte zunächst die einzelnen Traditionsstücke, um auf dieser Grundlage eine verläßliche Anschauung von der ältesten christlichen Gemeinde, von der Geschichte der durch sie hervorgebrachten und gepflegten literarischen Formen und deren Bezug zum Gemeinschaftsleben der Urchristenheit zu gewinnen. In der zweiten Auflage der »Geschichte der synoptischen Tradition« relativierte Bultmann allerdings die Differenz zwischen seinem und dem Dibeliusschen Ansatz. Beide Verfahren ergänzten und korrigierten einander, erklärte er unter Verweis auf den hermeneutischen Zirkel historischen Erkennens, der auch in der formgeschichtlichen Arbeit greife. Wie ihm selbstverständlich ein wenn auch »vorläufiges Bild von der urchristlichen Gemeinde und ihrer Geschichte« vorschwebe, dessen genaue Konturen erst die Einzelanalyse zu zeichnen erlaube, so habe umgekehrt Dibelius bereits in seiner Auffassung von der Gemeinde und ihren kultischen Bedürfnissen Einzelbeobachtungen an den Formen der literarischen Überlieferungen berücksichtigt[122]. Auch wenn Bultmann 1931, nach mehr als einem Jahrzehnt formgeschichtlicher Arbeit an den synoptischen Evangelien, bemüht war, den grundsätzlichen Konsens mit Dibelius herauszustellen, kam der in diesem Rahmen gleichwohl erkennbaren methodischen Differenz zwischen den beiden Hauptrepräsentanten der neutestamentlichen Formgeschichte mehr als nur eine marginale Bedeutung zu.

Der analytische Zugriff auf die synoptische Tradition entspricht nämlich der Grundintention Bultmanns, »eine wirkliche *Geschichte* der einzelnen Traditionsstücke (in ihren verschiedenen Gattungen) zu schreiben ... und die Gesetze der Überlieferung« zu eruieren[123]. Er will sich nicht auf eine rein formgeschichtliche, stilkritisch orientierte Beschreibung der Gattungen beschränken. Vielmehr geht es ihm in erster Linie darum, den vielschichtigen Traditionsprozeß zu erfassen, der sich in der Geschichte der Formen als solcher wie auch in den Modifikationen innerhalb der einzelnen Formen abbildet. Bultmann möchte das Problem der Entstehung und Entwicklung der synoptischen Überlieferung also traditionsgeschichtlich bearbeiten und auf diese Weise zugleich die Geschichte des Urchristentums transparent machen. Dabei gelangt er zu einem differenzierteren Bild von den diversen Schichten der Überlieferung als Dibelius. Sein besonderes Augenmerk liegt auf der Zuordnung der einzelnen Traditionsstücke zur authentischen Verkündigung Jesu, zur jüdischen oder judenchristlichen, palästinischen, judenchristlich-hellenistischen oder heidenchristlich-hellenistischen Überlieferungsschicht. Zu diesem Zweck bringt Bultmann

121 Vgl. Bultmann, aaO 93.

122 R. Bultmann, Die Geschichte der synoptischen Tradition, 1931², 5 f.; vgl. etwas zurückhaltender im Blick auf den von Bultmann festgestellten Konsens M. Dibelius, Rez. über R. Bultmann, Die Geschichte der synoptischen Tradition, 1931², DLZ 53 [NF 3] (1932), 1105–1111.

123 Bultmann an W. Bousset, 1. 2. 1920, Mn 2-2149; zum Folgenden vgl. auch E. Baasland, Theologie und Methode, 1992, 163–303.

als Arbeitshypothese die durch Wilhelm Heitmüller angebahnte und von Wilhelm Bousset entfaltete neue Sicht der Geschichte des Urchristentums zur Geltung. Das Verhältnis zwischen der palästinischen Urgemeinde und dem hellenistischen Urchristentum näher zu bestimmen und damit »das eine Hauptproblem der Geschichte des Urchristentums« weiterer Klärung zuzuführen[124], erscheint ihm in diesem Zusammenhang unerläßlich. Freilich räumt er ein, daß sich mitunter einzelne Traditionsstücke den postulierten Überlieferungsschichten nicht sicher zuordnen lassen. Hier gilt es dann, möglichst plausible Hypothesen zu entwickeln und die gattungs- und stilkritische Analyse um sachkritische Argumente zu ergänzen. Darin läßt sich Bultmann auch durch den von Dibelius erhobenen Einwand, er habe damit »formale Beobachtungen zur Geschichtskritik verwendet, deren sachkritische Bedeutung fraglich ist«, und insofern »ein Feld betreten, das außerhalb der formgeschichtlichen Arbeit liegt«[125], nicht irremachen. Denn für ihn macht der Bezug der literarischen Formen zum Leben und der Geschichte der Urchristenheit solche sachkritischen Erwägungen unbedingt erforderlich[126].

Überhaupt eröffnet der traditionsgeschichtliche Ansatz die Möglichkeit, die formkritische Analyse der synoptischen Überlieferung mit weiteren Teilmethoden zu verknüpfen. Deshalb kann Bultmann für seine »Geschichte der synoptischen Tradition« in einem erheblichen Ausmaß die literarkritischen Untersuchungen Julius Wellhausens fruchtbar machen[127]. Des weiteren rekurriert er viel stärker als Dibelius auch auf volkskundliche Parallelen – Anekdoten, Märchen, Sagen und Volkslieder –, zumal diese folkloristischen Analogien die gleichen Gesetzmäßigkeiten wie die synoptische Überlieferung zu erkennen geben. Dabei vertritt Bultmann allerdings nicht die romantische Vorstellung, das »Volk« – in diesem Fall die urchristliche Gemeinde – habe als gleichsam schöpferisches Kollektiv die Evangelienüberlieferung allererst hervorgebracht. Vielmehr rechnet er mit einzelnen Persönlichkeiten wie urchristlichen Lehrern und Propheten, Aposteln und schriftgelehrten Gemeindegliedern, die die Traditionsstücke schufen. Das Kollektiv gab dann die Überlieferung weiter, wobei sich dieser Prozeß nach den überall gleichen Gesetzen der Vermittlung volkstümlicher Rede- und Erzählstoffe vollzog.

Wie Dibelius ordnet Bultmann die synoptischen Evangelien der antiken Kleinliteratur zu. Die formgeschichtliche Betrachtungsweise im engeren Sinn verfolgt das Ziel, die »ursprüngliche Form eines Erzählungsstückes, eines Herrenwortes, eines Gleichnisses zu erkennen«[128]. Als ursprüngliche Form gilt Bultmann in der Regel die reine, einfache, von späteren Erweiterungen oder Übermalungen noch nicht be-

124 Bultmann (s. Anm. 122), 6.

125 M. Dibelius, Zur Formgeschichte der Evangelien, ThR NF 1 (1929), (185–216) 214; vgl. Ders., Rez. über R. Bultmann, Die Geschichte der synoptischen Tradition, 1921, DLZ 43 (1922), (128–134) 130.132 f.

126 Bultmann (s. Anm. 122), 6.

127 Vgl. Baasland (s. Anm. 123), 167–171.300–303.

128 Bultmann (s. Anm. 122), 7.

rührte Form. Obwohl er auch diese Prämisse des formgeschichtlichen Ansatzes Dibelius' teilt, richtet sich ja sein eigentliches Interesse darauf, die synoptische Traditionsgeschichte zu rekonstruieren. Daher kann er ungeachtet der von ihm ebenfalls geteilten Überzeugung, man habe sich die älteste Überlieferung als mündliche vorzustellen, die Frage nach der mündlichen oder schriftlichen Gestalt des Traditionsgutes für nicht besonders wichtig erklären. »Eine prinzipielle Grenze zwischen der mündlichen und der schriftlichen Überlieferung gibt es nicht« – so hält Bultmann diese Konsequenz seiner traditionsgeschichtlichen Perspektive fest[129].

Von ihr her nimmt Bultmann eine Klassifikation der Formen vor, die wesentlich differenzierter und vollständiger als diejenige von Dibelius ausfällt[130]. Er unterteilt das Material zunächst in die übergeordneten Rubriken der Wortüberlieferung und der Erzähltradition. An den Gattungsbezeichnungen zeigt sich sodann, daß Bultmann außer der stilkritisch zu erhebenden Form auch den Inhalt, den Stoff der betreffenden Überlieferung zur Bestimmung der Gattung mit heranzieht. So unterscheidet er innerhalb der Wortüberlieferung Apophthegmata – zu ihnen gehören die Streit- und Schulgespräche sowie die biographischen Apophthegmata – und Herrenworte – diese gliedern sich auf in Weisheitslogien, apokalyptische und prophetische Worte, Gesetzesworte, Gemeinderegeln, Ich-Worte sowie Gleichnisse und verwandte Formen. Der Erzähltradition subsumiert Bultmann die Wundergeschichten – Heilungen und Naturwunder – sowie die Geschichtserzählungen und Legenden – nämlich einzelne Traditionsstücke aus der Zeit zwischen der Taufe Jesu und seinem Einzug in Jerusalem, die Passionsgeschichte, die Osterberichte und die Vorgeschichten, also die Geburtserzählungen. Offenkundig ist es Bultmann darum zu tun, die synoptische Überlieferung möglichst eindeutig und umfassend zu rubrizieren. Daher rechnet er auch nur in Ausnahmefällen mit Mischformen. Als solche gelten ihm etwa die Geschichten von der Syrophönizierin (Mk 7,24–31) und vom Hauptmann in Kapernaum (Mt 8,5–13), deshalb bespricht er sie als Anhang zu den Apophthegmen[131].

Bei der Analyse der Apophthegmen, der gerahmten Worte Jesu, tritt die traditionsgeschichtliche Arbeitsweise Bultmanns besonders deutlich hervor[132]. In der Regel handelt es sich bei Apophthegmen um Traditionsstücke, bei denen ein Logion durch ein bestimmtes theologische Motiv oder eine historische Reminiszenz in einen narrativen Kontext eingefügt ist. Freilich sind es weniger einheitliche formkritische Kriterien als vielmehr inhaltliche Aspekte, die Bultmann dazu bewegen, den

129 AaO 347; vgl. auch aaO 50.58.64.

130 K.L. Schmidt, Rez. über R. Bultmann, Die Geschichte der synoptischen Tradition, 1921, ThLZ 47 (1922), (396–398) 397: »In bezug auf die Vollständigkeit der Stoffdarbietung und die Klarheit der kritischen Maßstäbe ist hier eine Darstellung geboten, die abgesehen von Jülichers großem Werk über die Gleichnisse Jesu nicht ihresgleichen hat.« Vgl. auch Dibelius, Rez. über R. Bultmann (s. Anm. 125), 133, zu Bultmanns Rubrizierung der Herrenworte und des Erzählstoffs außer den Apophthegmen und den Wundergeschichten.

131 Vgl. Bultmann, Geschichte, 1921^1, 19f.; 1931^2, 38f.

132 Vgl. Bultmann, Geschichte, 1931^2, 8–73; dazu Baasland (s. Anm. 123), 250–253.276–280.

Apophthegmata teilweise disparates Material zuzurechnen. Unbeschadet der auch innerhalb dieser Gattung im einzelnen zu konstatierenden Vielfalt stellt er vor allem die traditionsgeschichtliche Frage nach der Entstehung und Überlieferung der Apophthegmen. Für ihn hat ein Wort Jesu, sobald seine ursprüngliche Situation in der Gemeinde vergessen war oder nicht mehr verstanden wurde, eine neue »ideale« Szene oder Situation generiert, die das Logion vor dem veränderten Zeithorizont neu zu illustrieren suchte. Bultmann schreibt den Apophthegmata eine »zeugende Kraft« zu, die sich aus dem Prozeß der Aneignung und Weitergabe eines ursprünglich rahmenlosen Wortes Jesu gleichsam auf natürliche Weise ergeben habe[133]. Allerdings sind sowohl seine generalisierende Annahme, im allgemeinen hätten »die Worte eine Situation erzeugt, nicht umgekehrt«[134], als auch überhaupt seine traditionsgeschichtlich verfahrende Beschreibung der Apophthegmen von Martin Dibelius bezeichnenderweise als »Überschreitung der Grenzen rein formgeschichtlicher Methode« kritisch beurteilt worden[135].

Zur klassischen Formgeschichte gehört neben der Form eines Traditionsstücks gleichursprünglich dessen »Sitz im Leben« als unverzichtbares Element hinzu. Es fällt auf, daß dieser zentrale Begriff in den frühen bahnbrechenden Arbeiten zur neutestamentlichen Formgeschichte nicht eben häufig vorkommt[136]. Dibelius und Schmidt verwenden den Ausdruck überhaupt nicht, Bultmann gebraucht ihn 1919 zur Beschreibung des von Dibelius eingeschlagenen Verfahrens und 1921 in einem relativ unspezifischen Sinne[137]. Erst in der zweiten Auflage der »Geschichte der synoptischen Tradition« weist er dem *terminus technicus* »Sitz im Leben« eine konstitutive Bedeutung zu[138]. Was die mit diesem Begriff bezeichnete Sache angeht, so sehen Dibelius und Bultmann sie übereinstimmend als einen nicht ästhetisch, sondern soziologisch zu erfassenden Sachverhalt an. Dibelius sucht freilich vornehmlich die Gebrauchssituation zu erkennen, die der synoptischen Überlieferung einheitliche Formen aufprägte. Er findet sie in der urchristlichen Gemeinde- und Missionspredigt, die jedenfalls für die Paradigmen und die Passionsgeschichte den unmittelbaren institutionellen Haftpunkt abgab. Bultmann ist demgegenüber nicht primär religionsphänomenologisch an den Institutionen der urchristlichen Gemeinde interessiert. Ihm geht es vielmehr darum, die einzelnen Traditionsstücke an ihrem

133 Vgl. Bultmann, aaO 53.58.65.

134 Bultmann, aaO 20.49.

135 Dibelius, Rez. über R. Bultmann (s. Anm. 125), 132; vgl. Schmidt, Rez. über R. Bultmann (s. Anm. 130), 397. – In der weiteren Forschung setzten sich allerdings Bultmanns Gattungsbezeichnungen gegenüber denjenigen Dibelius', gegebenenfalls mit Abwandlungen, weitgehend durch. Vgl. G. Theissen, Nachwort, in: R. Bultmann, Die Geschichte der synoptischen Tradition, 1995[10], (409–452) 415–417.

136 Zum Folgenden vgl. W. Schmithals, Kritik der Formkritik, ZThK 77 (1980), (149–185) 164–170; Baasland (s. Anm. 123), 192–196.

137 Vgl. Bultmann, Rez. über M. Dibelius (s. Anm. 120), 92; Ders., Geschichte, 1921[1] (s. Anm. 110), 4.

138 Vgl. Bultmann, Geschichte, 1931[2] (s. Anm. 122), 5.8.

jeweiligen »Entstehungs= und Pflegeort in der Gemeinde« zu lozieren[139]. Faktisch begreift Bultmann den Sitz im Leben eines Textes religionsgeschichtlich als den konkreten historischen Ort seiner Entstehung und Weitergabe. Deshalb gilt es bei der Rekonstruktion des Ursprungs eines Textes die Bedürfnisse und Motive der Gemeinde zu beachten, die sich im Text widerspiegeln. Von daher vermag Bultmann für die synoptische Überlieferung eine Vielzahl an Sitzen im Leben anzunehmen. Wie Dibelius exklusiv die Predigt als traditionsbildenden Entstehungsort der synoptischen Überlieferung auszugeben, hält er für eine einseitige Sicht. »Apologetik und Polemik wie Gemeindebildung und Disziplin sind ebenso in Rechnung zu setzen und daneben schriftgelehrte Arbeit.«[140] Freilich, bei der präzisen Bestimmung des Sitzes im Leben der Traditionsstücke stößt man nach Bultmanns eigenem Eingeständnis an Grenzen: »... so gewiß man etwa die Wundergeschichten für Apologetik und Propaganda als Messiasbeweise benutzt haben wird, so wenig ist es möglich, ein spezielles Interesse als beherrschenden Faktor anzusehen; wie es denn überhaupt nicht richtig ist, *nur* nach Zweck und Bedürfnis zu fragen; denn ein geistiger Besitz objektiviert sich auch ohne spezielle Zwecke«[141].

Nicht wenigen der frühen Rezensenten erschien die »Geschichte der synoptischen Tradition« vor allem als ein hyperkritisches Buch. Einige von ihnen tadelten Bultmanns vermeintlich überzogene historische Skepsis[142]. Andere lobten gerade die Radikalität, mit der er allen Versuchen, aus den synoptischen Evangelien ein Leben Jesu zu rekonstruieren, endgültig den Boden entzogen habe[143]. In der Tat vermochte Bultmann vergleichsweise wenige Traditionsstücke in dem Sinne als echt anzusehen, daß sie die Verkündigung und das Wirken Jesu unmittelbar widerspiegelten. Im Unterschied zur liberalen Jesusforschung verfolgte er nicht vordringlich die Intention, aus den Synoptikern authentisches Jesusgut zu erheben. Jedoch schloß sein Interesse an der Geschichte der synoptischen Überlieferung die durchgängige Berücksichtigung der Echtheitsfrage mit ein.

Ob ein Text auf Jesus selbst zurückgeht oder als nachösterliche Gemeindebildung einzuschätzen ist, läßt sich nach Bultmanns Überzeugung manchmal nicht eindeutig oder jedenfalls nur hypothetisch klären. Bultmann verwendet allerdings eine Reihe von Kriterien, die es ihm erlauben, ein relativ sicheres Urteil über die Authentizität oder den sekundären Charakter vieler Texte zu fällen. Zunächst bringt er als sachliches Kriterium ein bestimmtes Verständnis Jesu in Anschlag, nämlich das Bild Jesu als des eschatologischen Propheten. Von daher sind Logien um so eher als Prägungen Jesu zu identifizieren, »je individueller ihr Gehalt ist, je charakteristischer

139 AaO 8.

140 AaO 64; vgl. auch aaO 393.

141 AaO 393.

142 Vgl. Schmidt (s. Anm. 130), 398; M. Werner, Zwei Schriften zum Christusproblem der Gegenwart, Kirchenbl. für die reformierte Schweiz 38 (1923), (29–31.33–35) 33 f.; dazu Bultmann, Geschichte, 1931² (s. Anm. 122), 6 Anm. 2 (unter Verweis auf M. Kähler).

143 Vgl. G. Bertram, Die Geschichte der synoptischen Tradition, ThBl 1 (1922), (9–13) 13; Dibelius, Rez. über R. Bultmann (s. Anm. 125), 132.

für Jesus als den Prediger der Buße und der kommenden Gottesherrschaft, als den Forderer der Wahrhaftigkeit« sie erscheinen[144]. Sodann orientiert er sich bei den Gleichnissen an dem – später von Ernst Käsemann auf die gesamte Evangelienüberlieferung ausgeweiteten – doppelten Differenzkriterium. »Wo der Gegensatz zur jüdischen Moral und Frömmigkeit und die spezifisch eschatologische Stimmung, die das Charakteristikum der Verkündigung Jesu bilden, zum Ausdruck kommt, und wo sich andrerseits keine spezifisch christlichen Züge finden, darf man am ehesten urteilen, ein echtes Gleichnis Jesu zu besitzen.«[145] Daneben macht Bultmann gelegentlich das Kohärenzkriterium geltend, hin und wieder schließt er von der Gattung auf die Echtheit eines Textes, wie er auch formale und sprachliche Kriterien in die Urteilsfindung mit einbeziehen kann.

Die kritische Sichtung der synoptischen Überlieferung führt zu dem Ergebnis, daß der Hauptanteil authentischen Jesusgutes auf die Wortüberlieferung entfällt. Die Erzähltradition dagegen bewahrt nur in wenigen Fällen echtes Material auf, obwohl sie sich in der Regel aus einem historischen Kern heraus entwickelt hat. Unter den Gattungen der Wortüberlieferung weisen die Gleichnisse die meisten echten Jesusworte auf, gefolgt von den apokalyptisch-prophetischen und den Weisheitsworten. Sind nur relativ wenige Gesetzesworte und Ich-Worte als echt zu erweisen, so kann keine der Gemeinderegeln Anspruch auf Authentizität erheben. Traditionsgeschichtlich ist lediglich ein verschwindend geringer Teil der Apophthegmen als echt anzusehen. Allerdings hält Bultmann viele der in den Apophthegmen gegebenen Mitteilungen – etwa über Jesu Sabbatheilungen, seinen Umgang mit den Zöllnern, seine Lehrtätigkeit als Rabbi, seine Beziehung zu seinen Verwandten oder die Tempelreinigung – für historisch glaubwürdig. Außerdem schreibt er etlichen der im Kontext von Apophthegmen tradierten Logien Echtheit zu. Die Erzählüberlieferung ist wie der Bestand an Apophthegmen traditionsgeschichtlich ganz überwiegend als sekundär zu betrachten. Dies schließt wiederum nicht aus, daß einzelne Traditionsstücke durchaus zuverlässige historische Bezüge aufweisen. So ist in der Passionsgeschichte »ein kurzer Bericht geschichtlicher Erinnerung von Jesu Verhaftung, Verurteilung und Hinrichtung« verarbeitet worden[146]. Auch die Wundergeschichten, die Bultmann sämtlich als Gemeindebildungen auffaßt, bewahren die historisch zutreffende Erinnerung an den Wundertäter Jesus, der Heilungen vollzog und Dämonen austrieb[147]. Der Befund zeigt insgesamt, daß authentisches Jesusgut am ehesten in der palästinischen Überlieferungsschicht zu finden ist, während die hellenistische Tradition eine deutliche Distanz zu Jesus erkennen läßt. Insofern be-

144 Bultmann, Geschichte, 1931² (s. Anm. 122), 106; zum Folgenden vgl. Baasland (s. Anm. 123), 230–261.

145 Bultmann, Geschichte, 1931² (s. Anm. 122), 222.

146 AaO 298.

147 Vgl. aaO 234.244. Freilich verortet Bultmann nur die apophthegmatischen Wundergeschichten im palästinischen Urchristentum, alle übrigen Wundergeschichten sieht er durch hellenistische Motive der Gattung geprägt.

stätigt die Analyse der synoptischen Tradition für Bultmann die historische Annahme, nicht schon in der palästinischen Urgemeinde, sondern erst im hellenistischen Urchristentum habe der christliche Glaube seine genuine, vom Judentum unterschiedene Gestalt angenommen.

Nach Bultmanns Auffassung ist die synoptische Überlieferung bereits vor ihrer endgültigen Redaktion durch die Evangelisten kontinuierlich redaktionell bearbeitet worden. In einem frühen Stadium kam es zur Verschriftlichung und Rahmung einzelner Traditionsstücke, was allerdings nicht bei allen Gattungen im gleichen Ausmaß und in gleicher Intensität geschah. Die redaktionelle Bearbeitung des Stoffes verknüpfte des weiteren einzelne Logien miteinander, verband Erzählungen zu größeren Komplexen und fügte später Stücke der Wortüberlieferung in die zusammenhängenden Erzählungen ein. An diese Sammlung und Reihung des Traditionsstoffes in der palästinischen Urgemeinde konnten die Evangelisten anknüpfen. Das Evangelium, wie Markus es zuerst geschaffen hat, entstand auf dem Boden des hellenistischen Urchristentums. Es setzt nicht allein voraus, daß die hellenistische Gemeinde palästinische Tradition übernahm. Darüber hinaus brachten neue Motive im hellenistischen Urchristentum mit einer gewissen Notwendigkeit das Evangelium allererst hervor. Denn das Evangelium hatte als »Ergänzung und Veranschaulichung … *des christlichen Kerygmas*« zu dienen. Da Bultmann die urchristliche Christusverkündigung mit der Religionsgeschichtlichen Schule als »Kultuslegende« begreift, kann er die Evangelien als »*erweiterte Kultuslegenden*« bezeichnen[148]. Erwachsen »aus dem Christuskult und =mythos des hellenistischen Christentums«, stellt das Evangelium näherhin »*eine original christliche Schöpfung*« dar[149]. Auf Grund seiner kerygmatischen Intention kann es, wie Bultmann in Übereinstimmung mit den übrigen Vertretern der klassischen Formgeschichte betont, auch nicht aus Analogien der antiken Biographie oder anderer volkstümlicher Überlieferungen abgeleitet werden.

Zusammen mit den Arbeiten von Dibelius und Schmidt stimulierte Bultmanns »Geschichte der synoptischen Tradition« die weitere Erforschung der neutestamentlichen Formgeschichte bereits während der 1920er Jahre in einem erheblichen Maß. An der von Anfang an kontrovers geführten Debatte über die Möglichkeiten und Grenzen der formgeschichtlichen Methode beteiligten sich Wissenschaftler nicht nur aus dem deutschen Sprachgebiet, sondern auch aus dem angelsächsischen und skandinavischen Bereich[150]. Bultmann rezensierte bis 1931 verschiedene Neuerscheinungen zur Formgeschichte der synoptischen Evangelien und publizierte auch einige eigene Beiträge zum Thema[151]. In der zweiten Auflage der »Geschichte der

148 AaO 396.

149 AaO 399 f.

150 Vgl. F. Hahn, Die Formgeschichte des Evangeliums, in: Ders., Zur Formgeschichte des Evangeliums, 1985, (427–477) 454–462.

151 Vgl. u. a. R. Bultmann, The New Approach to the Synoptic Problem, JR 6 (1926), 337–362; Ders., Urchristliche Religion (1915–1925), ARW 24 (1926), (83–164) 117 f. (zu W. Bussmann), 120 (zu M. Albertz), 121 (zu E. Fascher), 130 (zu A. Fridrichsen), 132 (zu L. Brun); Ders., Rez. über E. Fascher, Die formgeschichtliche Methode, 1924, (1925,) in: Ders., Theologie als Kri-

synoptischen Tradition« berücksichtigte er die seit 1921 geleistete Forschungsarbeit, die er sei es zustimmend, sie es ablehnend in seine Darstellung einarbeitete. Die von ihm dabei angewandte Strategie gab ein ausländischer Beobachter so wieder: »Bultmanns Methode, auf Einwände zu antworten, besteht darin, seine anfängliche These zu wiederholen; es ist genauso, als ob er sagte: ›Aber haben Sie überhaupt gehört, was ich gesagt habe? Lassen Sie mich es noch einmal sagen!‹«[152] Das ursprünglich 232 Seiten umfassende Buch wuchs durch diese Ergänzungen und kleinere Modifikationen, aber auch durch eine großzügigere Gestaltung des Druckbildes auf 408 Seiten an[153]. In der Fassung von 1931 wurde es zu einem Klassiker der neutestamentlichen Wissenschaft im 20. Jahrhundert, von dem nachhaltige Wirkungen auf die Forschung ausgingen[154]. Es dürfte in der zweiten Jahrhunderthälfte im universitären Ausbildungsbetrieb nur wenige neutestamentliche Proseminare gegeben haben, in denen Bultmanns Standardwerk zu den synoptischen Evangelien keine Rolle spielte.

Die »Geschichte der synoptischen Tradition« war anschlußfähig für Grundaxiome der Dialektischen Theologie. Auch dies trug langfristig mit zum großen Einfluß des Buches bei. Der christliche Glaube könne nicht durch sogenannte historische Tatsachen begründet werden, hatte schon Wilhelm Herrmann eingeschärft. Bultmann zeigte im Medium der historischen Kritik, daß der synoptischen Überlieferung allenfalls die Grundzüge der Verkündigung Jesu zu entnehmen sind. Die Evangelien bieten aber keinen Bericht über das Leben und Wirken des historischen Jesus. Gegenstand ihrer Botschaft ist vielmehr, diesen Schluß legte die form- und traditionsgeschichtliche Analyse der Evangelien nahe, allein Jesus als der gekreuzigte und auferstandene Kyrios, der menschgewordene Gottessohn.

Die Affinität zwischen der formgeschichtlichen Arbeit an der synoptischen Jesusüberlieferung und einer am Ereignis des Wortes Gottes sich orientierenden Theologie[155] spiegelt sich in Bultmanns Verwendung des Begriffs »Kerygma« in der »Geschichte der synoptischen Tradition« signifikant wider. Bultmann gebrauchte das offenkundig von Martin Dibelius übernommene Wort erstmals 1919, um mit ihm die – allererst vom hellenistischen Urchristentum hervorgebrachte – genuin christliche Verkündigung zu bezeichnen, die die Bedeutung des Todes und der Auferste-

tik, 2002, 140–146; Ders., Rez. über L. Köhler, Das formgeschichtliche Problem des Neuen Testaments, 1927, ThLZ 52 (1927), 578–580; Ders., Die Erforschung der synoptischen Evangelien (s. Anm. 115).

152 V. Taylor, Die Formung der Evangelienüberlieferung (1933), in: F. Hahn (Hg.), Zur Formgeschichte des Evangelium, 1985, (364–414) 375.

153 War das Buch 1921 nur broschiert erschienen und der Text aus Kostengründen eng (auf dem schlechten Papier der Nachkriegszeit) gedruckt worden, so brachte der Verlag es in der zweiten Auflage 1931 mit gutem Papier, einem deutlich verbesserten Druckbild und in Leinen gebunden heraus.

154 Vgl. G. Theissen (s. Anm. 135), 451. – Das Buch erschien bis 1995 in zehn Auflagen.

155 Vgl. dazu auch – am Beispiel von M. Dibelius – G. Theissen, Die »Formgeschichte des Evangeliums« von Martin Dibelius und ihre gegenwärtige Bedeutung, in: Ch. Burchard u. G. Theissen (Hg.), Lese-Zeichen für Annelies Findeiß zum 65. Geburtstag am 15. März 1984, 1984, (143–158) 143–148.

hung Jesu durch den Christusmythos explizierte[156]. In diesem Deutungsrahmen bewegte sich die Verwendung des Kerygmabegriffs auch in der ersten Auflage der »Geschichte der synoptischen Tradition«[157]. Zehn Jahre später, in der zweiten Auflage, hatte sich nicht allein die Zahl der Stellen, an denen Bultmann vom Kerygma der urchristlichen Gemeinde sprach, mehr als verdoppelt[158]. Darüber hinaus machte er außer dem religionsgeschichtlichen Gesichtspunkt nunmehr den eigentümlichen Gehalt »*des christlichen Kerygmas*« als maßgeblichen theologischen Faktor für die Entstehung der synoptischen Evangelien geltend. Diese verkündigen, an das Kerygma der hellenistischen Gemeinde anknüpfend, nicht den historischen Jesus, sondern »den Christus des Glaubens und des Kultes«. Die Evangelien stellen deshalb die Tradition aus theologischer Notwendigkeit als eine Einheit dar, »daß in ihr der redet, daß in ihr von dem erzählt wird, der als Gottessohn auf Erden gelebt hat, gelitten hat, gestorben, auferstanden und zur himmlischen Herrlichkeit erhöht ist«[159].

5. Ordinarius in Gießen

Die Arbeit hier macht stets mehr Freude. Referate und Debatten im Seminar stehen auf beträchtlicher Höhe; ich bin in eine höchst erfreuliche Tradition hineingekommen. Das Verhältnis zu den Kollegen in und außerhalb der Fakultät ist sehr angenehm, der Verkehr zwanglos und nett.[160]

Im März 1920 bekam Bultmann Post aus Gießen. Hermann Gunkel bat ihn um die Zusendung seines Manuskripts der »Geschichte der synoptischen Tradition«[161]. Bultmann hatte diese Untersuchung wenige Wochen zuvor Wilhelm Bousset zur Veröffentlichung in den »Forschungen zur Religion und Literatur des Alten und Neuen Testaments« angeboten[162]. Am 8. März 1920 war Bousset verstorben. Für seine Nachfolge im Gießener Ordinariat für Neues Testament faßte Gunkel außer Er-

156 Vgl. Bultmann, Rez. über M. Dibelius (s. Anm. 120), 93; Ders., Rez. über K.L. Schmidt (s. Anm. 119), 109.

157 Vgl. Bultmann, Geschichte, 1921¹ (s. Anm. 110), 167.211 f.214; dazu die freilich vorläufigen begriffsgeschichtlichen Beobachtungen bei G. Ebeling, Theologie und Verkündigung. Ein Gespräch mit Rudolf Bultmann, 1963², (109–114) bes. 112–114.

158 Sind es in der ersten Auflage sechs Belegstellen, so in der zweiten Auflage vierzehn. Dabei weisen die neu hinzugekommenen Stellen jeweils eine exponierte Bedeutung auf. Vgl. Bultmann, Geschichte, 1931² (s. Anm. 122), 297 f.362.372.374.376.396 f.399. – Dibelius (s. Anm. 122), 1105 f., hat die Betonung des kerygmatischen Aspektes durch Bultmann als Indiz für die Richtigkeit seiner eigenen, bei der urchristlichen Predigt ansetzenden formgeschichtlichen Konzeption gewertet.

159 Bultmann, aaO 396; vgl. auch aaO 362.

160 Bultmann an H. von Soden, 23. 12. 1920, Mn 2-2385.

161 Vgl. H. Gunkel an Bultmann, 13. 3. 1920; vgl. auch H. Gunkel an Bultmann, 24. 3., 25. 3. 1920, Mn 2-883.

162 Vgl. Bultmann an W. Bousset, 1. 2. 1920, Mn 2-2149, zu den Einzelheiten s.o. 102.

win Preuschen und Hans Windisch auch Bultmann ins Auge. Dieser sollte gegebenenfalls die Fortführung der von Gunkel selber und Bousset an der Gießener Theologischen Fakultät etablierten religionsgeschichtlichen Arbeit sicherstellen[163]. Ein soeben erschienener Forschungsbericht, in dem Bultmann die Beiträge der Religionsgeschichtlichen Schule zur neutestamentlichen Wissenschaft überaus positiv würdigte, ließ die von Gunkel gehegte Erwartung mehr als berechtigt erscheinen. So bejahte Bultmann in jenem Überblick über die neuere Forschung ausdrücklich Gunkels Auffassung des Urchristentums als einer synkretistischen Religion. Ferner erklärte er die von Heitmüller angebahnte und durch Bousset voll zur Geltung gebrachte Unterscheidung zwischen der palästinischen Urgemeinde und dem hellenistischen Urchristentum als dem eigentlichen Beginn der christlichen Religion zur bedeutsamsten Einsicht nicht nur der neutestamentlichen Wissenschaft, sondern der neueren Theologie überhaupt[164].

Für Gunkel, der Bultmann auf Grund jahrelanger persönlicher Bekanntschaft ohnehin hochschätzte[165], gab freilich das Manuskript der »Geschichte der synoptischen Tradition« den Ausschlag, um Bultmann zunächst auf die Berufungsliste zu setzen und schließlich auch seine Berufung nach Gießen voranzutreiben[166]. Allerdings sah der von Gunkel begründete Listenvorschlag der Gießener Theologischen Fakultät für Bultmann lediglich den dritten Platz hinter Erwin Preuschen und Hans Windisch vor. Während die beiden Erstplazierten bereits 1915 auf der Berufungsliste der Fakultät für die dann von Bousset übernommene Professur Berücksichtigung gefunden hatten, brachte Gunkel 1920 Bultmann als vielversprechenden Nachwuchswissenschafter ins Spiel. Er rühmte die noch nicht gedruckte Arbeit Bultmanns zur ältesten Überlieferung der synoptischen Evangelien als innovativen Beitrag, der der formgeschichtlichen Methode im Bereich des Neuen Testaments zum Durchbruch verhelfen werde[167]. Da Erwin Preuschen am 24. Mai 1920 verstarb und Hans Windisch den Ruf nach Gießen nicht annahm, war der Weg für Bultmann frei. Auch Wilhelm Heitmüller hatte von Marburg aus diesen Personalvorschlag nachhaltig unterstützt[168]. So erhielt Bultmann schließlich im Juni 1920 den Ruf auf die neutestamentliche Professur in Gießen[169]. Mit seiner Familie siedelte er im September

163 Dies um so mehr, als Gunkel im Juni 1920 einen Ruf nach Halle annahm.

164 Vgl. R. Bultmann, Die neutestamentliche Forschung im 20. Jahrhundert (1919), in: Ders., Theologie als Kritik, (96–104) bes. 101–104; s. dazu u. 375–377.

165 Vgl. W. Klatt, Hermann Gunkel, 1969, 168 Anm. 14; dazu H. Gunkel an Bultmann, 11. 12. 1909, 27.1. u. 28. 1. 1914, 5. 8. 1916, 30. 10. 1916, Mn 2-883.

166 Vgl. H. Gunkel an Bultmann, 31.3., 10.5., 11. 5. 1920, Mn 2-883.

167 Vgl. den – von der Gießener Theologischen Fakultät am 8. 4. 1920 angenommenen – Bericht H. Gunkels vom 29. 3. 1920, UA Gießen, Akten, betreffend die Wiederbesetzung der durch das Ableben des Dr. Bousset erledigten ordentlichen Professur für das Neue Testament, 1920, PrA Theol 2, Bl. 17 f.

168 Vgl. E. u. W. Heitmüller an Bultmann, 18.4., 27.4., 30.4., 22. 6. 1920, Mn 2-962; -964.

169 Vgl. Hessisches Landesamt für das Bildungswesen an Bultmann, 23. 6. 1920, Mn 2-3037; vgl. Bultmann an den Dekan der Theologischen Fakultät Gießen, 3. 7. 1920, UA Gießen, Akten der Theologischen Fakultät, Theol K 11: »So groß meine Freude über den Ruf ist, in der Mitte der

nach Gießen über. Dort bezogen die Bultmanns im Haus der Witwe des Systematischen Theologen Samuel Eck in der Löberstraße 20, ganz in der Nähe der Universität, ihre neue Wohnung[170]. Bultmanns Nachfolger im Breslauer Extraordinariat wurde Ernst Lohmeyer, ein Schüler Adolf Deißmanns und Martin Dibelius'. Sogleich nach seiner Ernennung nahm Lohmeyer Kontakt zu Bultmann auf, der seinem Nachfolger in Breslau noch eine Pension für die Übergangszeit vermitteln konnte[171]. Das war der Beginn einer langjährigen Beziehung, die sich unbeschadet der Divergenzen zwischen den von den beiden Neutestamentlern vertretenen theologischen Ansätzen im Laufe der Zeit zu einer intensiven Gelehrtenfreundschaft entwickeln sollte.

Hermann Gunkel bedauerte es außerordentlich, wegen seines Wechsels nach Halle nun doch nicht, wie zunächst erhofft, gemeinsam mit Bultmann in einer Fakultät zusammenarbeiten zu können. Jedoch versuchte er, Bultmann die neue Wirkungsstätte schmackhaft zu machen. Gießen habe »viele große Vorzüge: nette Lage, angenehme Verhältnisse in der Universität, freundschaftlicher Verkehr in der Fakultät, keine Parteiungen, ein wohl beackerter Boden unter den Studierenden«[172]. Die Theologische Fakultät an der *Ludovicina* hatte in der Tat seit ihrer grundlegenden organisatorischen Erneuerung unter dem Alttestamentler Bernhard Stade 1878 einen steten Aufschwung genommen. Das beträchtliche wissenschaftliche Niveau der weitgehend von liberalen Theologen dominierten Fakultät schlug sich auch im kontinuierlichen Anstieg der Studierendenfrequenz bis 1920 nieder.

Bultmann fühlte sich in Gießen von Anfang an sehr wohl. Noch im Alter schaute er auf seine beiden Gießener Semester »mit besonderer Freude zurück, weil der freundschaftliche geistige Austausch mit den Kollegen – und zwar nicht nur innerhalb der theologischen Fakultät – außerordentlich lebendig war«[173]. In der Gießener Theologischen Fakultät sorgten »Kollegialität und Sachlichkeit« für ein gutes Arbeitsklima. Eine enge persönliche Beziehung verband Bultmann bald mit dem Kirchenhistoriker Gustav Krüger, »den ich immer mehr schätzen lerne; seine geistige Elastizität ist bewundernswert und die Vornehmheit seines Charakters immer wohltuend«. Mit dem Alttestamentler Gustav Hölscher, der als Nachfolger Gunkels nach Gießen gekommen war, pflegte Bultmann ebenfalls freundschaftlichen und wissenschaftlichen Austausch. Hölschers »absolute Interesselosigkeit für prinzipielle Fragen« erweise sich dabei zwar als hemmend, seine intellektuelle Regsamkeit und per-

Hochwürdigen Theologischen Fakultät der Universität Giessen arbeiten zu dürfen, so schmerzlich ist es mir, daß dort der Platz für mich durch den allzufrühen Tod D.W. Boussets frei wurde. Und ein Gefühl des Zagens erfüllt mich angesichts der Aufgabe, die Arbeit dieses Meisters unserer Wissenschaft weiterzuführen.«

170 Vgl. Bultmanns Chronik 1917–1945, Mn 2-224.

171 Vgl. E. Lohmeyer an Bultmann, 10.10. u. 5.12. 1920, in: U. Hutter, Theologie als Wissenschaft. Zu Leben und Werk Ernst Lohmeyers (1890–1946), JSKG 69 (1990), (123–169) 154 f.

172 H. Gunkel an Bultmann, 28.6. 1920; vgl. auch Gunkel an Bultmann, 19.7. 1920, Mn 2-883.

173 Autobiographische Bemerkungen R. Bultmanns von 1956, in: B. Jaspert (Hg.), Barth-Bultmann Bw., 1994², (302–311) 304; vgl. Bultmann an H. von Soden, 23.12. 1920 (s. Anm. 160).

sönliche Lauterkeit glichen dies Defizit aber aus, fand Bultmann. Ähnlich zurückhaltend fiel sein Urteil über die wissenschaftlichen Fähigkeiten des Systematikers Emil Walter Mayer und des Praktischen Theologen Martin Schian aus, denen er jedoch einen liebenswürdigen und menschlichen Umgang, auch mit den Studenten, bescheinigte[174].

Besonders dankbar nahm Bultmann den Eifer und die Arbeitsbereitschaft seiner Studenten in Gießen wahr. Er führte den Ernst und die Freude, mit der sie sich wissenschaftlich auf den Pfarrerberuf vorbereiteten, darauf zurück, daß die meisten von ihnen am Krieg teilgenommen hatten. Man spüre, »wie der Krieg charakterbildend auf sie gewirkt hat, – eine ja leider nicht allzu häufige und umso erfreulichere Beobachtung«. Das ausgeprägte prinzipielle theologische Interesse der Studenten registrierte Bultmann erfreut, zumal es nicht die Beschäftigung mit den historischen Problemen verdrängte. Dies kam seiner eigenen Intention entgegen, »daß wir uns nicht in die philologische Seite des Historischen verlieren dürfen, sondern daß Geschichte im vollen Sinn nicht ohne den Zusammenhang mit der Systematik getrieben werden kann«[175].

Angetan war Bultmann auch von dem intensiven Gemeinschaftsleben, das die Theologenschaft in Gießen durch wöchentliche Leseabende, Weihnachts- und Semesterabschlußfeiern förderte[176]. Dazu gehörte der akademische Gottesdienst, der 1917 unter schwierigen Begleitumständen neu belebt worden war[177]. Er fand, da die Universität nicht über eine eigene Kirche verfügte, meist in der Aula statt. Der Gießener Universitätsgottesdienst habe, wie Bultmann positiv vermerkte, mit einer eigenen Liturgie und einer auf die akademische Zuhörerschaft ausgerichteten Predigt erreicht, »daß Studen[ten]- und Dozentenschaft aller Fakultäten sich in starkem Maße beteiligte und ein wirkliches Gemeindegefühl lebendig wurde, wie es nach meinen Erfahrungen bei der Verbindung von Universitäts- und Gemeindegottesdienst nicht aufkommen kann«[178].

Im Gießener Universitätsgottesdienst hielt Bultmann zwei Predigten. Am Sonntag Invokavit 1921 entwickelte er in einer Auslegung von II Kor 4,5–7.16 unter dem Titel »Der Weg zu sich selbst« Gedanken zur Selbstwerdung des Menschen. In der Selbstbesinnung von der Erfahrung der Selbstentfremdung ausgehend, nennt Bultmann zunächst Kriterien für die Lebendigkeit des Ich: die Fähigkeit zum Spiel, zur Gemeinschaft und zur Einsamkeit. Die Grenzsituation der tiefen Einsamkeit weckt indes nicht nur die Sehnsucht nach dem wahren Ich, sondern führt auch zur Selbstanklage angesichts der Erfahrung des Zwiespalts zwischen Wollen und Tun entspre-

174 Bultmann an H. von Soden, 3. 4. 1921, Mn 2-2385; zu Hölscher vgl. auch Bultmanns autobiographische Bemerkungen von 1956 (s. Anm. 173), 306.

175 Bultmann an H. von Soden, 3. 4. 1921 (s. Anm. 174).

176 Vgl. Bultmann an H. von Soden, 3.4. u. 1. 8. 1921, Mn 2-2385.

177 Vgl. K. Hammann, Der Gießener Universitätsgottesdienst 1917–1936, JHKGV 45 (1994), 99–123.

178 Bultmann an H. von Soden, 21. 12. 1921, Mn 2-2385.

chend Röm 7,15. Aus diesem Zwiespalt vermag nur dasjenige Ich, das sich als Geschenk, als Gedanken Gottes wahrnimmt, zu seinem wahren Selbst zu gelangen[179]. Sowohl in der Wahl als auch in der Durchführung des Themas der Ich- und Selbstfindung knüpfte Bultmann an Hermann Hesses Roman »Demian« an[180]. Freilich sah Bultmann im Unterschied zu Hesse die Selbstfindung allererst ermöglicht und vermittelt durch die Offenbarung Gottes. Er griff 1922 in seiner Rezension der zweiten Auflage von Karl Barths »Römerbrief« noch einmal das Wort aus Hesses »Demian« auf: »Das Leben jedes Menschen ist ein Weg zu sich selber hin ...«[181]. Bultmann wollte damit die Auffassung Barths illustrieren, der Glaube sei kein Besitztum und wir könnten nur glauben, daß wir glauben. Barth gab Bultmann allerdings zu verstehen, er wolle nicht gern mit Hermann Hesse in einem Atemzug genannt werden[182]. Dem damit ausgesprochenen Wunsch, die Passage mit dem Zitat aus dem »Demian« in der Rezension zu streichen, kam Bultmann indes nicht nach. In dem Vorgang deuteten sich unmerklich spätere Differenzen in der Beurteilung des Stellenwerts der Anthropologie für die Theologie an.

In seiner zweiten Gießener Predigt befaßte sich Bultmann am 5. Juni 1921 im Anschluß an Röm 8,26 f. mit dem Beten. Das Sprichwort »Not lehrt beten« werde von der Aussage des Apostels Paulus noch verschärft, nach der der Beter im Gebet die Not mit dem Beten, nämlich sein Verstummen vor dem Gedanken Gottes, seinen Tod erfahre. Wer freilich die Macht, vor der er sich im Gebet beuge, gegen allen Anschein als die Wirklichkeit Gottes spüre, werde in der Beschämung des Gebets frei, um das Geschenk der Gnade zu empfangen und Vertrauen in die Macht Gottes zu fassen. So werde ihm das rechte Beten und mit ihm auch die Welt mit ihren Aufgaben und Pflichten neu erschlossen[183].

Nach dem Sommersemester 1921 konnte Bultmann »mit großer Freude und Dankbarkeit auf das Gießener Jahr« zurückblicken. »Was die Anfänge versprachen, hat der Schluß gehalten; es war ein ideales Zusammenarbeiten mit Kollegen und Hörern«. Er »habe bei den Studenten viel Vertrauen gefunden«[184]. Als Bultmann diese Eindrücke seinem Freund von Soden schilderte, stand freilich schon fest, daß er, wenn auch schweren Herzens, von Gießen Abschied nehmen würde.

179 Vgl. R. Bultmann, VW, 173–181.

180 Vgl. Bultmann, aaO 173.178 f.331; dazu H. Hesse, Demian. Die Geschichte von Emil Sinclairs Jugend, in: Gesammelte Werke, Bd. 5, 1970, 5–163; interpretierend dazu Th. Kucharz, Theologen und ihre Dichter, 1995, 190–195. – Vgl. auch allgemein S. G. J. Jones, »The Play of a Delicate Shadow«: Bultmann and Hesse in the Magic Theatre, JLT 2 (1988), 96–111.

181 R. Bultmann, Karl Barths »Römerbrief« in zweiter Auflage (1922), in: J. Moltmann (Hg.), Anfänge der dialektischen Theologie, Teil 1, 1977[4], (119–142) 129 f.

182 Vgl. K. Barth an Bultmann, 14. 4. 1922, in: Jaspert (s. Anm. 173), (5–9) 8.

183 Vgl. R. Bultmann, VW, 182–189; dazu E. Hauschildt, Rudolf Bultmanns Predigten, 1989, 55 f.

184 Bultmann an H. von Soden, 1. 8. 1921, Mn 2-2385.

6. Religion als Thema der Theologie

... als Aufgabe der systematischen Theologie [sehe ich] immer noch das [an], was Schleiermacher und Herrmann dafür gehalten haben: die Darstellung des Inhalts des religiösen Bewußtseins[185].

Im Januar 1917 konnten die deutschen Buchhändler ihren Kunden eine theologische Neuerscheinung präsentieren, die sich bald als Verkaufsschlager erweisen sollte: Rudolf Ottos »Das Heilige«. Der Autor nahm sich in diesem Buch einer zentralen Fragestellung der liberalen Theologie in der Nachfolge Schleiermachers an. Wie konnten die Eigenart und das Wesen der Religion sachgemäß bestimmt werden? Otto führte die Religion als solitäres Phänomen auf die *a priori* gegebene Organisationsstruktur des menschlichen Geistes zurück. Er sah das religiöse Apriori durch die von Jakob Friedrich Fries transzendentalphilosophisch entwickelte Hypothese gestützt, es gebe ein Wahrheitsgefühl, das allein zu erleben, nicht etwa zu beweisen sei. Um das religiöse Gefühl näher zu erfassen, legte Otto seinen religionsphänomenologischen Analysen den Begriff des Heiligen zugrunde. Als zentrale Kategorie der Religion sollte das Heilige freilich nicht länger in ethischen oder rationalen Auslegungskontexten verortet bleiben. Vielmehr wies Otto dem Heiligen eine kontingente, lediglich der religiösen Erfahrung sich erschließende Bedeutung zu. Die schlechthinnige Singularität des Heiligen brachte er mit dem Begriff des Numinosen zur Geltung. Das numinose »Ganz Andere« zeigt sich einmal im *mysterium tremendum* und zum anderen im *mysterium fascinosum*. Freilich bilden das erschreckende Schauervolle und das faszinierende Wundervolle des »Ganz Anderen« eine spannungsreiche Einheit. Otto verifizierte dieses Verständnis von Religion sowohl in der außerchristlichen Religionsgeschichte als auch in der Bibel. Jedoch richtete sich sein Hauptaugenmerk nicht auf die Geschichte der Religion, sondern auf deren Spezifikum, die religiöse Erfahrung des ganz Anderen[186].

Otto hatte Bultmann von seinem Buchprojekt bereits im Herbst 1916 auf einem der gemeinsamen Spaziergänge in Breslau erzählt[187]. Bultmann las das Buch sogleich nach seinem Erscheinen und dann noch mehrmals. Zuvor hatte er sich intensiv mit Schleiermachers »Reden« beschäftigt[188]. Vor diesem Hintergrund wirkte das Werk Ottos stimulierend auf Bultmanns eigenes Nachdenken über das Wesen der Religion. Am 6. April 1918 richtete er brieflich Anfragen an Otto, die dessen Religionsauffassung und Schleiermacherinterpretation galten[189]. Durch die Auseinandersetzung

185 Bultmann an H. von Soden, 19. 3. 1922, Mn 2-2385.

186 Vgl. R. Otto, Das Heilige. Über das Irrationale in der Idee des Göttlichen und sein Verhältnis zum Rationalen, 1917[1].

187 Vgl. Bultmann an H. Feldmann, 14. 10. 1916, Mn 2-3447.

188 Vgl. Bultmann an H. Feldmann, 2./3. 11. 1916, Mn 2-3447.

189 Vgl. Bultmann an R. Otto, 6. 4. 1918, in: H.-W. Schütte, Religion und Christentum in der Theologie Rudolf Ottos, 1969, 130–139; dazu M. Evang, Rudolf Bultmanns Berufung auf

mit Otto wollte sich Bultmann freilich primär »selbst Klarheit über die bei der Lektüre aufsteigenden Gedanken ... verschaffen«[190]. Insofern legte er in diesem – übrigens unbeantwortet gebliebenen – Brief nicht zuletzt dar, in welchem Stadium sich seine eigenen Bemühungen um einen angemessenen Religionsbegriff im Frühjahr 1918 befanden.

Zunächst moniert Bultmann, Otto habe lediglich psychische Phänomene als vermeintlich genuin religiöse Gefühlszustände ausgegeben, auf diese Weise aber das Wesen der Religion gerade nicht erfaßt. Gegenüber solchem psychologischen Mißverständnis der Religion müsse darauf insistiert werden, daß Religion in *dem* Erleben des Individuums bestehe, das sich durch die Relation »zu einer jenseitigen Wirklichkeit des Lebens« konstituiert wisse. Das religiöse Subjekt erlebe diese Wirklichkeit, wie Bultmann im Anschluß an Schleiermacher formuliert, »in dem Gefühl der schlechthinnigen Abhängigkeit«. Dieses Gefühl entspreche aber nicht, wie Otto glaube, einem psychischen Zustand und bezeichne auch nicht »die Urteilskraft der ästhetischen Vernunft«. Es sei vielmehr mit Schleiermacher als ein Selbstbewußtsein zu bestimmen[191]. Bultmann siedelt Ottos Religionsverständnis in der Nähe der neukantianischen Religionsphilosophie Paul Natorps an. Dessen auf Otto stark einwirkende Auffassung, Religion als »Erfassung einer jenseitigen Welt« stelle eine Projektion psychischer Zustände dar, kann Bultmann nur als Aufhebung des transzendentalen Bezuges der Religion zurückweisen[192]. Gegen solche Auflösung der Religion in die Illusion macht er in seiner Auslegung des schlechthinnigen Abhängigkeitsgefühls dessen »Objektsbeziehung« zur jenseitigen Wirklichkeit geltend. Zwar vermöge diese Beziehung ihren Gegenstand nicht rational zu erfassen, aber umgekehrt *offenbare* sich die jenseitige Wirklichkeit als Mysterium, als Geheimnis in einem positiven Sinne, sofern diese Offenbarung stets neuen Seinsgewinn entberge. Für das Verständnis der Religion seien demnach die psychischen Zustände, in denen sich das von Otto sogenannte Kreaturgefühl entäußere, nicht von Bedeutung. Entscheidend bleibe die doppelseitige Ausrichtung des religiösen Selbstbewußtseins. Einmal habe es »in den Beziehungen zur diesseitigen Welt und in der Teilnahme an der Formung des Erfahrungsstoffes durch die Vernunftkräfte seinen Inhalt«. Zum anderen erfahre es gerade *in* dieser Relation zum Diesseits, daß »seinem individuellen Leben« ein Inhalt zuströme, der ihm die Gewißheit eines in der Transzendenz begründeten Lebens schenke[193].

Trotz seiner Fundamentalkritik an Ottos Religionsverständnis stimmte Bultmann dem Verfasser des »Heiligen« darin zu, daß zwischen dem »Ganz Anderen« und der Idee des Guten streng unterschieden werden müsse. Die Heterogenität von Religion

Friedrich Schleiermacher vor und um 1920, in: B. Jaspert (Hg.), Rudolf Bultmanns Werk und Wirkung, 1984, (3–24) 5–13.

190 Bultmann an R. Otto (s. Anm. 189), 130.

191 AaO 137.

192 AaO 134; vgl. Evang (s. Anm. 189), 7–11.

193 Bultmann an R. Otto (s. Anm. 189), 138 f.

und Sittlichkeit erweise sich schon an den unterschiedlichen Modi, unter denen die beiden Größen zu erfassen seien. Während es sich nämlich bei der Religion um das *Erleben* der jenseitigen Wirklichkeit handele, stelle die Idee des Guten eine Angelegenheit der sittlichen *Erkenntnis* dar[194]. In dieser Auffassung teilte Bultmann das Religionsverständnis Wilhelm Herrmanns ebenso wie in dem Bemühen, eine völlige Diastase von Religion und Kultur zu vermeiden. Die spannungsreiche Relation zwischen der Religion und den drei durch die Vernunft konstituierten Kulturbereichen Kunst, Sittlichkeit und Wissenschaft suchte Bultmann zwischen 1917 und 1920 in mehreren Anläufen näher zu beschreiben.

In seinem Beitrag zu der 1917 erschienenen Festschrift für Wilhelm Herrmann geht Bultmann der Frage nach dem Wesen der Religion nach, indem er die »Bedeutung der Eschatologie für die Religion des Neuen Testaments« herausarbeitet. Dabei knüpft er an seine frühen exegetischen Arbeiten und die in ihnen verwendeten hermeneutischen und geschichtstheoretischen Prämissen an[195]. Das eschatologische Bewußtsein des Urchristentums hält Bultmann hier lediglich für die zwar geschichtlich notwendige, aber doch zeitbedingte Einkleidung des psychischen Zustands des Urchristentums, nicht jedoch für das Wesentliche der neutestamentlichen Religion selber. Das Wesen der Religion, nämlich »die Beziehung des Menschen zum Transzendenten, zu einer göttlichen Welt, zu Gott«, wird dem Menschen nur durch Erlebnisse zuteil, die er als Offenbarung auffaßt und in denen er sich als »schlechthin abhängig« wahrnimmt[196]. Eine Darstellung der urchristlichen Religionsgeschichte vermag daher allenfalls die kulturhistorisch bedingten Explikationen der urchristlichen Religion nachzuzeichnen, nicht aber die Religion in ihrem spezifischen Charakter zu erfassen. Als durch Offenbarung konstituiertes Phänomen *sui generis* kann die Religion keine Geschichte haben. Allerdings ermöglicht es die Analyse ihrer mittelbaren, historisch bedingten Explikationen – exemplarisch etwa des eschatologischen Bewußtseins des Urchristentums –, die Beziehungen der einzelnen religiösen Subjekte zur transzendenten Wirklichkeit durchsichtig zu machen.

Wahrscheinlich im Frühjahr 1919 hielt Bultmann vor der Jugendvereinigung der DDP in Breslau einen Vortrag zum Thema »Religion und Kultur«. In der Korrespondenz mit Martin Rade, die der Drucklegung des Vortrags in der »Christlichen Welt« vorausging, bestand Bultmann darauf, die in seine Abhandlung eingearbeiteten Schleiermacher-Zitate seien unbedingt mit abzudrucken. Offenkundig maß er der Berufung auf Schleiermacher in seinem Aufsatz eine prinzipielle Bedeutung bei. Sie gab deutlich mehr zu erkennen als bloß den pflichtgemäßen Reflex auf den 150. Geburtstag des berühmten Sohnes der Stadt Breslau, den die Universität der schlesi-

194 Vgl. Bultmann an H. von Soden, 3.4.1921, Mn 2-2385; abgedruckt bei M. Evang, Bultmann, 1988, 329 Anm. 144.

195 Vgl. besonders R. Bultmann, Art. Urgemeinde, christliche, RGG[1], V, 1913, 1514–1523; dazu Evang, aaO 264–276.

196 R. Bultmann, Die Bedeutung der Eschatologie für die Religion des Neuen Testaments, ZThK 27 (1917), (76–87) 81.

schen Metropole soeben, am 21. November 1918, mit einer Schleiermacher-Feier gewürdigt hatte[197]. In der Zeit des politischen Umbruchs, in der in bezug auf das neu zu gestaltende Verhältnis zwischen Kirche und Staat ein erheblicher kirchenpolitischer Klärungsbedarf bestand, fragte Bultmann grundsätzlich nach der Kulturbedeutung der Religion.

Der Blick in die Geschichte ergibt ein ambivalentes Bild. *Prima vista* spricht viel dafür, die Religion als Kulturfaktor anzuerkennen. Denn die Wissenschaft, Kunst und Sittlichkeit umfassende Kultur ist aus religiösen Wurzeln erwachsen. Näherem Zusehen freilich bleibt nicht verborgen, daß sich die Kultur aus ihrer anfänglichen Verbundenheit mit der Religion emanzipiert hat. Diese – nicht selten durch die Religion gehemmte – Entwicklung zur Autonomie entspricht durchaus dem Wesen der Kultur. Drei Momente sind für sie charakteristisch. Kultur ist eine Aktivität des menschlichen Geistes. Sie verfährt streng methodisch, nach bestimmten Gesetzmäßigkeiten also, und sie zielt in ihren objektiven Gestaltungen auf das Überindividuelle ab. Zu dieser im neukantianischen Sinne verstandenen Kultur befindet sich die Religion wesensmäßig in einem Gegensatz, denn sie ist von der Passivität des Sich-Schenkenlassens geprägt. Die Religion verfügt über kein allgemein anwendbares methodisches Instrumentarium. Ihr Sinn besteht auch nicht in objektiver Gestaltung, »*sondern im Verwirklichtwerden, d.h. in dem, was mit dem Individuum geschieht*«[198]. In der Religion, die Bultmann mit Schleiermacher näherhin als Bewußtsein schlechthinniger Abhängigkeit bestimmt, unterwirft sich nämlich das Ich »in freier Selbsthingabe« einer es allererst befreienden Macht[199].

Aus der strikten Abgrenzung der Religion von der Kultur ergeben sich Konsequenzen. Zum einen erkennt die Religion die Autonomie der Kultur an, indem sie sich ihr gegenüber neutral verhält. Zum anderen gibt es auf Grund des individuellen Zuschnitts des religiösen Erlebens »*keine Geschichte der Religion*«[200]. Lediglich die Objektivierungen der Religion lassen sich im Rahmen der Kulturgeschichte zusammenhängend beschreiben, die Religion als solche nicht. So gelangt Bultmann zu dem vorläufigen Ergebnis, daß die Religion keinen geschichtsmächtigen Kulturfaktor darstelle. Allerdings darf man nun nicht den positiven Zusammenhang zwischen Religion und Kultur übersehen. Er hat mit der Teilhabe des Menschen an Kultur und Natur gleichermaßen zu tun. Jedes Individuum erfährt sich in diesen Bezügen als ein lebendiges Ich, das sich nach Sinn, nach einer sein Schicksal von der Natur erlösenden Macht sehnt. Weder die Kultur noch die Natur vermögen diese Sehn-

197 Zum Entstehungskontext des Vortrags und der aus ihr erwachsenen gleichnamigen Abhandlung Bultmanns vgl. EVANG (s. Anm. 189), 14f.

198 R. BULTMANN, Religion und Kultur (1920), in: J. MOLTMANN (Hg.), Anfänge der dialektischen Theologie, II, 1967², (11–29) 19; zum Folgenden vgl. EVANG (s. Anm. 189), 16–20; DERS. (s. Anm. 194), 278–280; D. KORSCH, Religion – ein Bezugsbegriff der liberalen, dialektischen und hermeneutischen Theologie Rudolf Bultmanns, in: U.H.J. KÖRTNER (Hg.), Wort Gottes – Kerygma – Religion, 2003, (119–137) 123–125.

199 BULTMANN, aaO 18.

200 AaO 22.

sucht zu erfüllen. Dazu bedarf es der Erfahrung einer Kultur und Natur transzendierenden Macht, die dem Menschen den Reichtum sinnerfüllten Lebens schenkend zueignet. Dieses Erlebnis der schlechthinnigen Abhängigkeit, »der freien Selbsthingabe, ist die Geburtstunde der *Religion*«[201]. Die Religion vermittelt dem suchenden Ich die Gewißheit, sich im Augenblick des Erlebens je und je seiner selbst bewußt zu sein.

Von daher sieht Bultmann »nicht eigentlich die Religion gerechtfertigt vor der Kultur, sondern *die Kultur gerechtfertigt durch die Religion*«. Weil nur die Religion imstande ist, »den Menschen zum Menschen« zu machen, kann man sie doch als einen Kulturfaktor betrachten, wenn auch als einen höchst besonderen[202]. Denn die Religion vermag den Sinn der Kultur zu erschließen, wie sie umgekehrt den Geltungsanspruch der Kultur limitiert. Gegen die Vergöttlichung und Verabsolutierung der Kultur haben nach Bultmanns Einschätzung sowohl moderne Dichter wie Dostojewski und Franz Werfel als auch auf seine Weise der Kommunismus Widerspruch eingelegt. Solcher Protest gilt Bultmann als »der stärkste Ausdruck für das Sehnen nach religiöser Neugeburt«. Allerdings hängt man hier, besonders im Kommunismus, der gefährlichen Meinung an, die Kultur oder der Staat hätten für die Verwirklichung des wahren individuellen Lebens zu sorgen. Dies aber kann keinesfalls Sache der Kultur oder des Staates sein. Denn »für das Individuum gibt es Höheres als Kultur; sein Leben, sein Glück, das so zu heißen verdient, wird nicht erarbeitet, sondern als Geschenk empfangen. Höher als Schaffen steht das Erleben.«[203]

Mit seinem Vortrag »Religion und Kultur« bewegte sich Bultmann noch weitgehend in den Bahnen der Religionsauffassung Wilhelm Herrmanns. Mochte er hier und da, etwa in der strikten Trennung zwischen Moral und Religion, andere Akzente gesetzt haben als Herrmann, so blieb er doch im Grundsätzlichen dem Religionsverständnis und auch der Schleiermacherrezeption des Marburger Lehrers verpflichtet[204]. Dies sollte sich wenig später an *einem* Punkt signifikant ändern, in der Beurteilung der Bedeutung des historischen Jesus für die gegenwärtige Religion. Am 29. September 1920 hielt Bultmann auf der Jahrestagung der »Freunde der Christlichen Welt« auf der Wartburg bei Eisenach den ersten Hauptvortrag über »Ethische

201 AaO 25.

202 AaO 27f.

203 AaO 28f.; vgl. auch die Analogien zu dieser Passage in: R. Bultmann, Religion und Sozialismus, Sozialistische Monatshefte 28 (1922/I), 442–447.

204 Bultmann hat später wiederholt auf die Bedeutung W. Herrmanns für die Ausarbeitung seiner Existentialtheologie hingewiesen. Herrmann habe, wenn auch nur im Ansatz und mit unzureichender Terminologie, das Problem der Geschichte und der Geschichtlichkeit des menschlichen Daseins erfaßt. Vgl. Bultmann an W. de Boor, 22. 3. 1926, in: W. Schmithals, Ein unveröffentlichter Brief Rudolf Bultmanns, ThR 54 (1989), 212–214; Bultmann an G.W. Ittel, 13. 5. 1955, in: G.W. Ittel, Der Einfluß der Philosophie M. Heideggers auf die Theologie R. Bultmanns, KuD 2 (1956), (90–108) 92f.; Bultmann an F.W. Sticht, 11. 3. 1964, in: F.W. Sticht, Die Bedeutung Wilhelm Herrmanns für die Theologie Rudolf Bultmanns, 1965, 35 Anm. 116.

und mystische Religion im Urchristentum«[205]. Einen Tag später beschwor Friedrich Gogarten im zweiten Hauptvortrag »Die Krisis der Kultur«[206]. Beide Vorträge riefen unter den »Freunden« ein erhebliches, überwiegend kritisches Echo hervor. Die Kritik an Bultmann entzündete sich hauptsächlich an dessen Aussagen zum historischen Jesus und seiner Bedeutung für die christliche Religion.

Im ersten Teil des Vortrags erklärt Bultmann das seit Ferdinand Christian Baur vorherrschende Bild von der urchristlichen Religionsgeschichte als einer organischen, im wesentlichen durch sittliche Motive dominierten Entwicklung von Jesus zu Paulus und Johannes für nicht mehr haltbar. Denn die religionsgeschichtliche Forschung hat gezeigt, daß der Hellenismus die Geschichte des Urchristentums bereits vor Paulus stark beeinflußt hat. Bultmann stimmt mithin dem von Wilhelm Heitmüller und Wilhelm Bousset entwickelten neuen Geschichtsbild zu, demzufolge zwischen der palästinischen Urgemeinde und Paulus das hellenistische Urchristentum die christliche Religion entscheidend prägte[207]. Hatte die palästinische Urgemeinde Jesus als eschatologischen Bußprediger, Propheten und Weisheitslehrer aufgefaßt, so bildete das hellenistische Urchristentum den Christusmythos und den Kyrioskult aus. Während das palästinische Urchristentum vom Typus her eine ethische Religion vertrat, repräsentierte das hellenistische Urchristentum eine mystisch-kultische Religion. Mit dieser soziologischen Differenzierung greift Bultmann auf Ernst Troeltschs Beschreibung des spezifischen Typus der christlichen Gemeinde zurück. Freilich sieht er im Unterschied zu Troeltsch die Gedanken einer rein religiösen Gemeinschaft und einer spezifisch religiösen Ethik noch nicht bei Jesus und in der palästinischen Urgemeinde, sondern erst im hellenistischen Urchristentum voll realisiert[208].

Auf Grund seiner ethischen Botschaft gehört »Jesus als Abschluß und Erfüllung in die Geschichte des Judentums« hinein[209]. Mit dieser These verschärft Bultmann im Grunde noch die Feststellung Julius Wellhausens, Jesus sei nicht Christ, sondern Jude gewesen[210]. Denn analog zu der Auffassung Hermann Cohens, die wesentlich ethisch bestimmte Religion der alttestamentlichen Propheten stelle noch nicht Religion im eigentlichen Sinne dar[211], sieht Bultmann das Charakteristische der ethischen Verkündigung Jesu darin, »durch das Bewußtsein der sittlichen Forderung«

205 Vgl. R. Bultmann, Ethische und mystische Religion im Urchristentum (1920), in: Moltmann (s. Anm. 198), 29–47; dazu ausführlich Evang (s. Anm. 194), 290–332.

206 Vgl. F. Gogarten, Die Krisis unserer Kultur (1920), in: Moltmann (s. Anm. 198), 101–121. – Zum Entstehungskontext und dem beim Erstabdruck nicht korrekt wiedergegebenen Titel des Vortrags vgl. H. G. Göckeritz (Hg.), Bultmann-Gogarten Bw., 2002, 4 Anm. 3.

207 Vgl. dazu auch u. 375–377.

208 Vgl. Bultmann (s. Anm. 205), 34–36; E. Troeltsch, Die Soziallehren der christlichen Kirchen und Gruppen (GS I), 1923³, 16–58. – Vgl. auch Evang (s. Anm. 194), 293.297 f.

209 Bultmann, aaO 35.

210 Vgl. J. Wellhausen, Einleitung in die drei ersten Evangelien, 1905, 113.

211 Vgl. H. Cohen, Der Begriff der Religion im System der Philosophie, 1915, 100; dazu Evang (s. Anm. 194), 299–303.

den Gottesgedanken inhaltlich allererst formiert zu haben[212]. Damit ist allerdings zugleich gesagt: Wohl repräsentiert Jesus im jüdischen Kontext eine Religion des Ethos, aber noch nicht Religion im Vollsinn. Was bedeutet dies nun für das Verhältnis zwischen Frömmigkeit und Geschichte sowie nicht zuletzt für die gegenwärtige christliche Religion?

Zunächst, die liberale Theologie, zu der Bultmann sich selbst rechnet, ist darin zu kritisieren, daß sie die Frömmigkeit mit Hilfe der historisch-kritischen Arbeit meint begründen zu können. Die Funktion der historisch-kritischen Theologie kann jedoch nur die einer kritischen Selbstbesinnung auf »den geistigen Bestand des Bewußtseins« sein[213]. Sodann, an der liberalen Theologie ist weiter zu monieren, daß sie die Religion des historischen Jesus zur normativen Grundlage des Christentums gemacht hat. Aber »eine begrenzte geschichtliche Person«, und sei es auch die Gestalt Jesu, die ja unter historischen Aspekten noch gar nicht das Christentum repräsentiert, kann unmöglich die Religion begründen[214]. Plädiert Bultmann aus prinzipiellen Erwägungen dafür, die Religion jeglicher geschichtlicher Normierung zu entziehen, so verweist er für den speziellen Fall der Religion Jesu auf das von der Forschung ermittelte höchst unsichere Bild. Soweit die Quellen überhaupt ein Urteil erlauben[215], läßt sich Jesus allenfalls als religiöser Moralist begreifen. Solange sich die »liberale Theologie« an *diesem* Jesus orientiert, redet sie lediglich einem religiösen Moralismus das Wort. Die wahre Religion hingegen richtet den Menschen vom Tun auf das ihm geschenkte Sein, von der Gesinnung auf das Erlebnis der göttlichen Gnade aus[216].

Auf die Veröffentlichung von Bultmanns Eisenacher Vortrag in der »Christlichen Welt« reagierte Paul Wernle mit schärfstem Widerspruch. Der Schweizer liberale Theologe empörte sich darüber, daß das Blatt Martin Rades »den Bultmannschen Unsinn« abgedruckt habe[217]. Wie Bultmann die Hypothesen Boussets und Heitmüllers einfach ohne Begründung »als fertige Dogmen« voraussetze und wie er zumal Jesus als einen braven Juden »mit ein paar Moralsprüchen & ein bischen Vorsehungsglaube, aber nicht eigentlich wirklicher tiefer Religion« darstelle, bedeute »einen Tiefpunkt der Entgleisung kritischer Forschung«[218]. Gegenüber Rade, der ihm die Kritik Wernles zugänglich gemacht hatte, erläuterte Bultmann noch einmal die

212 Bultmann (s. Anm. 205), 35.

213 AaO 41.

214 AaO 42.

215 Vgl. aaO 32; dazu Bultmann an M. Rade, 19. 12. 1920, in: B. Jaspert, Rudolf Bultmanns Wende von der liberalen zur dialektischen Theologie, in: Ders. (Hg.), Rudolf Bultmanns Werk und Wirkung, 1984, (25–43) 30–33, bes. 31: »Es kam hinzu …, daß wir von der Religion des historischen Jesus kaum etwas wissen. Ich mußte die Jesus-Frömmigkeit der ›liberalen Theologie‹ für eine Selbst-Illusion halten … Man muß die Frömmigkeit von der m. E. gänzlich unhaltbaren Bindung an die Geschichte befreien, in der sie die ›liberale Theologie‹ festhalten wollte.«

216 Vgl. Bultmann (s. Anm. 205), 44 f.

217 P. Wernle an M. Rade, 6. 12. 1920, in: Jaspert (s. Anm. 215), (28 f.) 29.

218 P. Wernle an M. Rade, 13. 2. 1921, in: Jaspert, aaO (33–35) 34.

Beweggründe seiner Selbstdistanzierung vom liberalen Jesusbild. Er bedauerte, daß Wernle von seinen Voraussetzungen her kein Verständnis für die »kritische Selbstbesinnung« aufzubringen vermochte, als die der Vortrag auf der Wartburg gedacht war[219]. Mehr noch schmerzte ihn Wernles mangelndes Gespür dafür, »wie aus Gogarten Religion mit gewaltigster und erschütternder Kraft« spreche[220].

Die suggestive Wirkung, die von Gogartens Vortrag »Die Krise der Kultur« ausging, hatte außer Bultmann auch andere Teilnehmer des Treffens auf der Wartburg erfaßt[221]. Gedanken, die Gogarten in seinem »wundervollen Büchlein ›Religion weither‹« entwickelt hatte, zog Bultmann in seinem Vortrag »Ethische und mystische Religion im Urchristentum« heran, um seine eigene Sicht des Verhältnisses zwischen Religion und Geschichte zu verdeutlichen. Gogarten habe zu Recht sowohl die Geschichtlichkeit des religiösen Erlebens betont als auch eine geschichtliche Normierung der Religion ausgeschlossen[222]. Bultmann fand bei Gogarten mithin ansatzweise ausgesprochen, was er bei Wilhelm Herrmann vergeblich gesucht hatte[223]. Offen ließ er in seinem Wartburg-Vortrag allerdings, wo denn die Wirklichkeit Gottes zu erleben sei, worin sich Gott uns offenbare, wenn die Religion Jesu dies nicht zu erkennen gab[224]. Daß hier eine Aporie vorlag, räumte Bultmann gegenüber Hans von Soden ein. Im Aufsatz »Religion und Kultur« und im Eisenacher Vortrag habe er sich bemüht, den »Inhalt des Erlebnisses des ›Ganz anderen‹ anzugeben ..., ohne behaupten zu wollen, daß es mir bisher gelungen ist«[225]. Diese Problemanzeige konstruktiv aufzunehmen, sah Bultmann als zentrale Aufgabe seiner künftigen theologischen Arbeit an. Den in der Auseinandersetzung mit seinen theologischen Lehrern eingeschlagenen Denkweg verfolgte er dabei konsequent weiter. Dieser Weg führte ihn zur aktiven Beteiligung an jener Bewegung, die unter der Fremdbezeichnung »Dialektische Theologie« für »eine wichtige Umkehr in der Geschichte der Theologie« sorgen sollte[226].

219 Vgl. Bultmann an M. Rade, 19. 12. 1920 u. 24. 3. 1921, in: JASPERT, aaO (30–33.37 f.) 30.

220 AaO 32.

221 Vgl. BULTMANN (s. Anm. 205), 45 Anm. 7; dazu die späte Erinnerung an die erste Begegnung mit Gogarten in: Bultmann an F. Gogarten, 10. 1. 1957, in: GÖCKERITZ (s. Anm. 206), 254; ausführlich M. KROEGER, Friedrich Gogarten, Bd. 1, 1997, 221–228.280–285.315 f.

222 BULTMANN (s. Anm. 205), 45 Anm. 7 sowie 40 f.; F. GOGARTEN, Religion weither, 1917, 59–74; dazu EVANG (s. Anm. 194), 308–310.

223 Bultmann an M. Rade, 19. 12. 1920 (s. Anm. 219), 30.

224 Vgl. BULTMANN (s. Anm. 205), 43 f.

225 Bultmann an H. von Soden, 3. 4. 1921, Mn 2-2385.

226 Autobiographische Bemerkungen R. Bultmanns vom 28. 1. 1956, in: B. JASPERT (Hg.), Barth-Bultmann Bw., 1994^2, (302–311) 308.

IV. Theologische Existenz im Aufbruch (1921–1933)

1. Die Anfänge im Marburger Lehramt

In Marburg ist die Strömung der modernen Mystik und der Abneigung gegen die Historie sehr stark zu spüren, was unter Ottos und Heilers Einfluß begreiflich ist. Ich gelte als der radikale Kritiker und philologische Historiker und werde manche Widerstände zu überwinden haben.[1]

Als Wilhelm Heitmüller zum Wintersemester 1920/21 einem Ruf nach Bonn folgte, versuchte die Marburger Theologische Fakultät zunächst, Heinrich Weinel und Hans Lietzmann für das durch Heitmüllers Weggang erledigte neutestamentliche Ordinariat zu gewinnen. Allerdings zogen es beide vor, in Jena zu bleiben[2]. Die durch ihre Absagen notwendig gewordenen Beratungen konnte die Fakultät Ende 1920 durch die Erstellung einer neuen Liste abschließen. Der Vorschlag der Fakultät sah nunmehr vor, *primo loco* Walter Bauer (Göttingen) und *pari passu* Rudolf Bultmann (Gießen) sowie drittens Erich Klostermann (Münster) für die Berufung ins Auge zu fassen.

In den Verhandlungen, die der Verabschiedung der Liste vorausgegangen waren, hatte sich Heitmüller von Bonn aus für Bultmann stark gemacht[3]. Dies nicht ohne Grund, denn Adolf Jülicher und Rudolf Otto standen einer Berufung Bultmanns wegen dessen Eisenacher Vortrags »Ethische und mystische Religion im Urchristentum« anfangs ablehnend gegenüber. Innerhalb der Fakultät trat Heinrich Hermelink für Bultmann ein. Er hatte sich in Gießen die Druckbogen der »Geschichte der synoptischen Tradition« abgeholt, die letztendlich auch Jülicher derart überzeugten, daß Bultmann zum eigentlichen Wunschkandidaten der Fakultät avancierte[4]. Diese Präferenz machte die Fakultät denn auch in der Begründung ihrer neuen Berufungsliste deutlich. Sowohl Bauer als auch Bultmann seien »bekannt als tüchtige Gelehrte«. Während die Fakultät aber Bauers Leistungen eher summarisch würdigte, wurde sie bei Bultmann konkret. Von ihm liege »soeben ein umfassendes Werk vor über die Geschichte der synoptischen Tradition. Es ist durch uns geprüft worden. Es ist

1 Bultmann an H. von Soden, 1. 8. 1921, Mn 2-2385.

2 Vgl. H. Weinel an die Marburger Theologische Fakultät, 5. 11. 1920; H. Lietzmann an die Marburger Theologische Fakultät, 4. 12. 1920, jeweils UA Marburg, 307a acc. 1962/12 Nr. 7.

3 Vgl. W. Heitmüller an Bultmann, 7. 1. 1921, Mn 2-964.

4 Vgl. Bultmann an H. von Soden, 20. 2. 1921, Mn 2-2385.

ein Werk tiefgreifender, selbstständiger Forschung, beweist gründliche Gelehrtsamkeit [!], Scharfsinn und genaue Methode und wird in der neutestamentischen [!] Forschung einen wichtigen Platz einnehmen und seinem Verfasser einen Namen machen.« Bultmann »würde nach Richtung und Methode von allen heutigen Neutestamentlern seinem Vorgänger wohl am meisten entsprechen«[5].

Nachdem Bauer, wie von der Marburger Fakultät erwartet, die Berufung ausgeschlagen hatte, nahm Bultmann den ihm am 15. Februar 1921 erteilten »Ruf nach Marburg als eine große Ehre« an[6]. Seine Lehrverpflichtung schloß neben der neutestamentlichen Theologie und Exegese auch die Enzyklopädie der Theologie mit ein, was seinen systematisch-theologischen Ambitionen entgegenkam[7]. Freilich fiel es Bultmann »unendlich schwer«, Gießen zu verlassen. War er doch dort »von Kollegen und von Studenten mit Vertrauen aufgenommen« worden und hatte sich ihm in seiner kurzen Gießener Zeit »ein so reicher Kreis der Aufgaben und ein so schönes Zusammenarbeiten eröffnet«, daß ihm die Entscheidung für Marburg nicht eben leicht wurde. Ausschlaggebend war schließlich das Empfinden, »die größere Pflicht« liege in Marburg und den im Vergleich zu Gießen »größeren Aufgaben« dort habe er in Zukunft seine ganze Kraft zu widmen[8]. Aus Rücksicht auf seine bisherige Fakultät nahm Bultmann aber seine Gießener Lehrverpflichtung im Sommersemester 1921 noch wahr und hielt zusätzlich an zwei Wochentagen in Marburg Lehrveranstaltungen ab[9].

In der Marburger Fakultät lehrten damals noch Bultmanns alter Lehrer Adolf Jülicher als Ordinarius für Neues Testament und ältere Kirchengeschichte (bis 1923), der Kirchenhistoriker Heinrich Hermelink sowie Martin Rade und Rudolf Otto, die beide ordentliche Lehrstühle für Systematische Theologie innehatten. Die Praktische Theologie vertraten Karl Bornhäuser und der 1922 nach Marburg berufene Friedrich Niebergall. Der Alttestamentler Gustav Hölscher, mit dem Bultmann seit der »gemeinsamen Zeit in Gießen herzliche Freundschaft verband«[10], war wie Bultmann 1921 in die Fakultät eingetreten. Außerdem wirkte an ihr Friedrich Heiler, der die Religionsgeschichte und Religionspsychologie zu bearbeiten hatte. Extraordinariate versahen Walter Baumgartner (Altes Testament), Rudolf Günther (Christliche Kunstgeschichte) und Horst Stephan (als persönlicher Ordinarius für Systematische Theologie).

5 Theologische Fakultät Marburg an den Minister für Wissenschaft, Kunst und Volksbildung, 30. 12. 1920, UA Marburg, 307a acc. 1962/12 Nr. 7.

6 Bultmann an die Marburger Theologische Fakultät, 17. 2. 1921, UA Marburg, 307a acc. 1962/12 Nr. 7.

7 Universitätskurator an die Theologische Fakultät Marburg, 8. 4. 1921, UA Marburg, 307a acc. 1962/12 Nr. 7.

8 Bultmann an A. Jülicher, 18. 2. 1921; vgl. Bultmann an H. von Soden, 20. 2. 1921, Mn 2-2385; dazu die autobiographischen Bemerkungen Bultmanns von 1956, in: B. Jaspert (Hg.), Barth-Bultmann Bw., 1994², (302–311) 304.

9 Universitätskurator an die Theologische Fakultät Marburg, 8. 4. 1921 (s. Anm. 7).

10 Aufzeichnungen Bultmanns von 1969, in: Jaspert (s. Anm. 8), (311–313) 312.

Bultmanns Hoffnung, es werde in der Fakultät zu einem regen kollegialen Austausch kommen, erfüllte sich in seinen ersten Marburger Semestern nur sehr bedingt. Jülicher, der ihm zwar »mit Freundlichkeit und Vertrauen« entgegenkam, »freilich in vielen Dingen alt und steif geworden« war[11], wie auch Otto entwickelten kein sonderliches Interesse an den von Bultmann gewünschten persönlichen Begegnungen. An den Fakultätstreffen, die seit dem Sommersemester 1922 Gelegenheit zu näheren Kontakten bieten sollten, und an sporadischen Zusammenkünften mit den Gießener Theologen beteiligten sich vor allem die jüngeren Fakultätsmitglieder[12]. In seinen Einschätzungen einzelner Kollegen, etwa Heilers und Niebergalls, schwankte Bultmann in den Anfängen seiner Marburger Zeit durchaus noch, wie seine Briefe an Hans von Soden belegen[13].

Demgegenüber fielen die ersten Eindrücke, die er von Hermelink und Otto gewann, relativ eindeutig aus. »Am häufigsten«, so berichtet Bultmann im September 1922 nach Breslau, »war ich mit Hermelink zusammen, der meine Vorlesung über neutestamentliche Theologie hörte. Im Wesen sind wir uns ziemlich fremd, aber meine Achtung vor seinen menschlichen und wissenschaftlichen Qualitäten ist gestiegen. Sein Bestreben, stets zu vermitteln und Konflikte zu vermeiden, liegt mir gar nicht. Aber ich sehe, daß dies Bestreben bei ihm einem inneren Bedürfnis entspringt; er hat ein sehr starkes kirchliches Empfinden, und die pietistischen Traditionen wirken bei ihm sehr stark. Ich hörte 2 ausgezeichnete Predigten von ihm. Leider hat er das ausgeprägte Bedürfnis, immer etwas zu unternehmen und zu arrangieren; er vereinigt zahllose Ämter und Ämtchen in seiner Hand. Darunter leidet auch seine wissenschaftliche Tätigkeit, ebenso wie unter einer gewissen Disziplinlosigkeit seiner Arbeitsweise ... Aber er ist ideenreich, vielseitig und von großer Arbeitskraft. Ein Gespräch mit ihm ist stets fruchtbar, und in unserem historisch-philologischen Kränzchen ist er eines der anregendsten, besten Elemente.«[14] Mochte Bultmann 1922 noch die Hoffnung hegen, Hermelink werde sich aktiv an der Neugestaltung der theologischen Arbeit beteiligen, wie sie sich im Aufbruch der Dialektischen Theologie abzuzeichnen begann, so mußte er freilich im Lauf der nächsten Jahre ernüchtert zur Kenntnis nehmen, daß Hermelink zu stark im liberalen Kulturprotestantismus verwurzelt war, als daß er jene Erwartung zu erfüllen vermocht hätte[15].

Weitaus schwieriger gestaltete sich das Verhältnis zu Rudolf Otto – noch im Alter erinnerte sich Bultmann an die Spannungen in der Beziehung zu diesem Kollegen: »Wir waren, obwohl wir uns einst in Breslau angefreundet hatten, einander doch so fremd geworden, daß auch unsere Studenten den Gegensatz zwischen seiner und

11 Bultmann an H. von Soden, 1. 8. 1921, Mn 2-2385.

12 Bultmann an H. von Soden, 8. 9. 1922, Mn 2-2385.

13 Vgl. Bultmann an H. von Soden, 1. 8. 1921, 19. 3. u. 8. 9. 1922 (zu Heiler); 30. 4. u. 8. 9. 1922 (zu Niebergall), Mn 2-2385.

14 Bultmann an H. von Soden, 8. 9. 1922, Mn 2-2385.

15 Vgl. K. Hammann, Heinrich Hermelink in Marburg – Kirchenhistoriker in der Weimarer Ära, in: Verein für hessische Geschichte und Landeskunde e.V. (Hg.), Die Philipps-Universität Marburg zwischen Kaiserreich und Nationalsozialismus, 2006, 85–106.

meiner Arbeit empfanden.«[16] Bultmann störte 1922 nicht, daß Otto sich theologisch gegen ihn positionierte, sondern die unkollegiale Weise, wie er dies tat. »Otto hat sich über mein Buch wie über meine Vorlesungen so geärgert, weil sie angeblich die ›Grundlagen seiner Dogmatik untergraben‹, daß er seine Vorlesung über Dogmatik ganz zu einer Leben-Jesu-Vorlesung ausgestaltete und das ganze Semester hindurch gegen mich polemisierte. Ich habe in meinen Vorlesungen absichtlich keine Beziehung darauf genommen, sondern einfach meine Sache entwickelt, was sich auf die Dauer auch als das Richtige erwies ... Es ist merkwürdig, wie stark bei Otto die konservativen Neigungen werden. Am Leben Jesu der Synoptiker muß alles ›echt‹ sein; sogar die Geschichte vom 12jährigen Jesus und von der Sturmbeschwörung verteidigt er als historisch (letztere beruht nach ihm einerseits auf Jesu Pneumatikertum, das sich die Macht über die Naturgewalten zuschreibt, andrerseits auf dem Zufall, daß der Sturm im passenden Augenblick aufhörte!). Er zeichnet Jesus als den Pneumatiker; sein Leben müsse den biologischen Gesetzen der *vita religiosa* entsprechen. Zu solchen Gesetzen gehört u.a. das Gesetz des ›Kalifats‹, d.h. der Pneumatiker begründete eine Kirche mit der Sukzessionsordnung; *also* ist Jesu Wort von der Schlüsselgewalt an den Felsenmann historisch! Solche Dinge trägt er in seiner glänzenden Diktion mit großer Sicherheit und durch eine Fülle religionsgeschichtlichen Materials illustriert vor und macht natürlich auf manche Eindruck. Mir ist das freilich an sich nicht ärgerlich oder auch nur unwillkommen, weil für die Hörerschaft diese Gegensätze zwischen ihm und mir ja höchst instruktiv sind und zu methodischen Erörterungen und zu energischem Durchdenken Anlaß geben.«[17]

»Höchst unerfreulich« hingegen fand Bultmann »Ottos persönliches Verhalten dabei; nicht nur die Art seiner Polemik in den Vorlesungen, sondern für mein Empfinden vor allem der Umstand, daß er sich mir gegenüber mit keinem Wort ausgesprochen hat«. Otto vermied zudem die ihm mehrfach angebotene Aussprache, was Bultmann als unkollegial empfand und was ihn dazu bewog, »den persönlich-kollegialen Verkehr« mit Otto abzubrechen. Bultmann bedauerte diese Entwicklung sehr, zumal Otto nicht ihm, sondern nur sich selbst schade und seine eigene Wirksamkeit einschränke[18]. Den bleibenden Gegensatz zu Ottos Jesus-Deutung hat Bultmann fünfzehn Jahre später in seiner umfangreichen Besprechung von dessen Buch »Reich Gottes und Menschensohn« (1934) abschließend markiert[19].

Hielten sich Bultmanns Kontakte zu den Marburger Kollegen vorerst in Grenzen – immerhin, Baumgartner, Günther, Hermelink, Hölscher und Rade waren seine bevorzugten Gesprächspartner –, so konnte er das, was ihm ein Mangel zu sein

16 Aufzeichnungen Bultmanns von 1969 (s. Anm. 10), 312; vgl. auch seine autobiographischen Bemerkungen von 1956 (s. Anm. 8), 306; dazu M. Lattke, Rudolf Bultmann on Rudolf Otto, HThR 78 (1985), 353–360.

17 Bultmann an H. von Soden, 8.9.1922, Mn 2-2385.

18 Ebd.

19 Vgl. R. Bultmann, Reich Gottes und Menschensohn (1937), in: Ders., Theologie als Kritik, 328–353; dazu Lattke (s. Anm. 16), 359 f.

schien, durch den persönlichen Austausch und das Zusammensein mit seinen Studenten über die Lehrveranstaltungen hinaus in gewisser Weise kompensieren. »Oft hatten wir abends Studenten, und diese Abende waren in der Regel interessanter als die – übrigens recht wenigen – Abende, wenn man mit Kollegen zusammen war.«[20] So sehr Bultmann die zusätzlichen »Besuche von Leuten, die ihre Probleme vortragen oder auch ihre Ideen entwickeln«, als »ein erfreuliches Zeichen für das Interesse der Hörer« wertete, war doch seine »starke persönliche Inanspruchnahme ... manchmal aufreibend« für ihn[21]. Dies nicht von ungefähr, denn Bultmann ließ sich gern und häufig auf seine Studenten ein, die in der gärenden Nachkriegszeit, zumal unter dem Eindruck der von Karl Barth und Friedrich Gogarten ganz neu aufgeworfenen theologischen Problemstellungen, ein großes Bedürfnis danach hatten, ihre existentiellen und religiösen Fragen im Gespräch zu thematisieren und zu klären.

Dieses in der Studentenschaft ausgeprägte Interesse entsprach im übrigen Bultmanns eigener Vorstellung, daß sich die theologische Arbeit im akademischen Kontext vornehmlich im Gespräch, in der offenen Diskussion zwischen Lehrern und Schülern zu vollziehen und zu bewähren habe. Anlässe dafür, sich als Gesprächspartner zur Verfügung zu stellen, boten sich Bultmann in jenen ersten Jahren im Marburger Lehramt genug. So richtete er auf Bitten seiner Hörer, die durch Ottos Polemik gegen »den Rationalisten«[22] verwirrt waren, im Sommersemester 1922 einen Abend zur Klärung der durch den Gegensatz zu Ottos Mystizismus aufgebrochenen methodischen und sachlichen Fragen ein[23]. Auch Bultmanns eigene Auseinandersetzung mit der Phänomenologie ging auf die Anregung seiner Studenten zurück, die ihn mit ihren Fragen zu den in der Marburger Theologischen Fakultät namentlich durch Wilhelm Mundle vertretenen phänomenologischen Ideen »einzeln ... oder in Gruppen abends« aufsuchten[24]. Außer durch »Ottos und Heilers mystische Anschauungen« und die von der Phänomenologie ausgehenden Anregungen sah Bultmann sich durch die »biblizistischen Tendenzen, die in der DCSV [der Deutschen Christlichen Studentenvereinigung] herrschen«, herausgefordert, so daß er in seine Vorlesung über »Einleitung in das Neue Testament« im Wintersemester 1921/22 mehrere Diskussionsstunden einschaltete[25].

Der Bedarf nach derartigen Gesprächen verstärkte sich noch, als Barths und Gogartens Publikationen unter den Marburger Theologiestudenten zu wirken begannen. »Die meistgelesenen Bücher unter den Theologen hier sind wohl Gogartens ›religiöse Entscheidung‹ (darin der m. E. ausgezeichnete Aufsatz über Mystik und

20 Bultmann an H. von Soden, 19. 3. 1922, Mn 2-2385.

21 Bultmann an H. von Soden, 23. 12. 1922, Mn 2-2385.

22 Nach der Erinnerung Hermann Mörchens soll Otto in seinen Veranstaltungen Bultmann nicht namentlich genannt, sondern ihn immer nur als »den Rationalisten« tituliert haben. Vgl. H. Mörchen, Heidegger und die Marburger Theologie, in: P. Kemper (Hg.), Martin Heidegger – Faszination und Erschrecken, 1990, (72–85) 75.

23 Vgl. Bultmann an H. von Soden, 8. 9. 1922, Mn 2-2385.

24 Bultmann an H. von Soden, 21. 12. 1921, Mn 2-2385.

25 Ebd.

Offenbarung) und Barths Römerbrief (2. Aufl.) ... Ich will ... hier nur sagen, daß mir die 2. Aufl. einen sehr starken Eindruck gemacht hat und einen großen Fortschritt über die 1. Auflage hinaus bedeutet. Auch bei einem Besuch hier über einen Sonnabend und Sonntag machte Barth einen persönlich angenehmen Eindruck. Er war hier eingeladen von einem Studentenkreis, der sich zur Lektüre seines Buchs zusammengefunden hatte und nun mit ihm disputieren wollte. Mich hatte die Theologenschaft gebeten, ihr einen Vortrag über das Buch zu halten, was ich dann auch tat; eine Diskussion schloß sich an; außerdem benutzte ich die letzten 14 Tage meiner Römerbrief-Vorlesung (nachdem ich mit der Exegese des Briefs fertig war), um mit den Hörern über Barths Römerbrief zu disputieren. – Auch Gogarten war, von der Theologenschaft geladen, im Februar [1922] hier und hielt einen Vortrag ›Zeit und Offenbarung‹ ... Das Problem war in der Tiefe erfaßt, und der Vortrag war in der 1. Hälfte ergreifend.«[26] Die Aktivitäten der Marburger Theologenschaft unterstützte Bultmann auch sonst. »Die Theologenschaft veranstaltet häufig Abende, so 2 Abende über Studienreform, die ich durch ein Referat einleiten mußte[27]; an einem Abend war K.L. Schmidt aus Giessen hier, um über Eschatologie und Mystik im Urchristentum zu sprechen[28]. ... Im Januar [1923] wollen Gogarten und K. Barth kommen. Sie sehen, es geht ganz lebendig zu«[29].

Bei aller Lebendigkeit des theologischen Diskurses legte Bultmann von vornherein Wert darauf, daß die eher die Systematische Theologie berührenden Gegenwartsfragen nicht unter Sistierung der historischen Probleme erörtert wurden. Freilich stieß er mit dieser Intention ausgerechnet im liberalen Marburg zumindest anfänglich auf Ablehnung, wie sein Eindruck aus dem Sommersemester 1921 belegt: »In Marburg ist die Strömung der modernen Mystik und der Abneigung gegen die Historie sehr stark zu spüren, was unter Ottos und Heilers Einfluß begreiflich ist. Ich gelte als der radikale Kritiker und philologische Historiker und werde manche Widerstände zu überwinden haben. Immerhin hatte ich eine Gruppe von Leuten, die offenbar Vertrauen zu mir gefaßt hatte, namentlich Schwaben, die in diesem Fall als die Verehrer der Historie erschienen.«[30] Bultmann vermochte durch sein Wirken jedoch bald die »Abneigung gegen Historie und Kritik«[31] aufzubrechen, denn am 19. März 1922 meldete er seinem Freund von Soden erfreut, die Studenten beteiligten sich überraschend fleißig an der Arbeit im Seminar und in den Kollegs. Die »Hörer der Einleitung wünschten noch am 2. und 3. März 2 Extrastunden. Ich bin besonders froh darüber, daß ich im allgemeinen darin Glück gehabt habe, meine Hörer

26 Bultmann an H. von Soden, 19. 3. 1922, Mn 2-2385. – Vgl. F. GOGARTEN, Die religiöse Entscheidung, 1921; K. BARTH, Der Römerbrief, 1922²; F. GOGARTEN, Offenbarung und Zeit, in: DERS., Von Glauben und Offenbarung. Vier Vorträge, 1923, 20–40.

27 Vgl. als spätere Frucht dieses Referats R. BULTMANN, Zur Frage der Reform des theologischen Studiums (1933), in: DERS., GuV II, 1968⁵, 294–300.

28 Vgl. K.L. SCHMIDT, Eschatologie und Mystik im Urchristentum, ZNW 21 (1922), 277–291.

29 Bultmann an H. von Soden, 23. 12. 1922, Mn 2-2385.

30 Bultmann an H. von Soden, 1. 8. 1921, Mn 2-2385.

31 Bultmann an H. von Soden, 21. 12. 1921, Mn 2-2385.

zum Interesse und zur Arbeit an den historischen Problemen zu bringen und in dieser Beziehung manches Mißtrauen und Abneigung zu überwinden.«[32] In den folgenden Semestern konnte Bultmann dies historische Interesse unter seinen Studenten auch außerhalb der regulären Lehrveranstaltungen wachhalten. In einer Arbeitsgemeinschaft, die sich im Wintersemester 1922/23 aus seiner Vorlesung über das Johannesevangelium heraus bildete, las man gemeinsam Richard Reitzensteins »Poimandres«[33]. Im Sommersemester 1923 befaßte sich diese Arbeitsgemeinschaft, an der nun auch Gustav Hölscher teilnahm, mit den »Oden Salomos«[34]. Bultmanns eigenen Forschungsinteressen kam die Lektüre dieser beiden Texte unmittelbar zugute, beschäftigte er sich doch in jener Zeit verstärkt damit, den religionsgeschichtlichen Hintergrund des Johannesevangeliums neu zu bestimmen[35].

1956 erinnerte sich Bultmann dankbar der Anfänge seiner Marburger Lehrtätigkeit in den 1920er Jahren: »Die Arbeit mit den Studenten, die noch von der ›Jugendbewegung‹ vom Anfang des Jahrhunderts geprägt waren, war höchst erfreulich.«[36] Erfreulich für ihn war auch die Resonanz auf sein Lehrangebot. Zwischen dem Sommersemester 1921 und dem Wintersemester 1923/24 nahm die Zahl der Hörer seiner Vorlesungen und Teilnehmer an seinen Seminaren stetig zu. Von etwa 200–250 Theologiestudenten in Marburg besuchten im Sommersemester 1922 siebzig seine Synoptiker-Vorlesung, achtzig sein Kolleg über neutestamentliche Theologie und mehr als hundert seine Vorlesung über das Leben Jesu. Oder, um ergänzend die Zahlen aus dem Sommersemester 1923 zu nennen, waren es nunmehr über hundert Hörer seiner Vorlesung über die Synoptiker und fast hundert im Kolleg über die Korintherbriefe. Die Zahl der Teilnehmer an seinen Seminaren mußte er regelmäßig begrenzen[37].

Der enorme Zulauf, den Bultmann hatte, dürfte den Lehrerfolg, den zur gleichen Zeit Karl Barth in Göttingen erzielte[38], noch um einiges übertroffen haben. Bultmann selbst führte die Attraktivität seiner Lehrveranstaltungen darauf zurück, daß er »die Bedeutung der historischen Bildung für die systematischen Probleme stark betone« und sich, »vor allem im persönlichen Zusammensein, gern auf die systematischen Fragen einlasse«[39]. Seine Studenten lohnten ihm jedenfalls diese Bereitschaft, auf die sie – und nicht zuletzt ja auch ihn selbst – bewegenden Fragen im theologischen Gespräch einzugehen. Sie waren offenkundig auch bereit, von ihrem Lehrer zu lernen, daß die Sache der Theologie nur durch die Verknüpfung ihrer systemati-

32 Bultmann an H. von Soden, 19. 3. 1922, Mn 2-2385.

33 Vgl. Bultmann an H. von Soden, 23. 12. 1922, Mn 2-2385; vgl. R. Reitzenstein, Poimandres. Studien zur griechisch-ägyptischen und frühchristlichen Literatur, 1904.

34 Vgl. Bultmann an H. von Soden, 11. 6. 1923, Mn 2-2385.

35 S. dazu u. 296 f.

36 Autobiographische Bemerkungen Bultmanns von 1956 (s. Anm. 8), 305.

37 Vgl. die nach Bultmanns Briefen an H. von Soden zusammengestellte Übersicht bei Evang, Bultmann, 94 f.

38 Vgl. E. Busch, Karl Barths Lebenslauf, 1978^3, 144.

39 Bultmann an H. von Soden, 19. 3. 1922, Mn 2-2385.

schen und ihrer historischen Dimension angemessen würde erfaßt werden können. Ein ungewollter, Bultmann aber nicht unwillkommener Nebeneffekt seines Lehrerfolgs stellte sich darin ein, daß seinem neutestamentlichen Kollegen Jülicher die Hörer wegliefen. Jülicher las vor zwölf Hörern über den Römerbrief, während zur gleichen Zeit über hundert Studenten Bultmanns Kolleg über das Johannesevangelium besuchten[40]. Jülicher reichte daher, offenbar auch unter dem Eindruck dieser für ihn ungünstigen Entwicklung, früher als erwartet sein Gesuch um Emeritierung zum Ende des Sommersemesters 1923 ein. Damit wiederum war der Weg frei für die Berufung Hans von Sodens nach Marburg, die Bultmann schon lange gewünscht hatte und die nach seinem späteren Bericht den »größten Gewinn nicht nur für die theologische Fakultät, sondern für die ganze Universität bedeutete«[41].

2. Dialektische Theologie

> *Karl Barth, Der Römerbrief (The Epistle to the Romans [new ed. 1922]). From this book it became decisively clear to me (1) that the essence of Christian faith does not consist in an attitude of the soul, but in its relation to its object, God's revelation; and (2) that the interpretation of a text presupposes a personal relation to the matter of which the text speaks.*[42]

Zu Beginn des Jahres 1919 erschien in Bern eine Auslegung des Römerbriefs, deren Verfasser dem Paulus zuschrieb, eine »Botschaft von *Gott*« statt einer menschlichen Religionslehre zu verkünden, »objektive Erkenntnis« statt subjektiver »Erlebnisse, Erfahrungen und Empfindungen« zu bieten[43]. Karl Barth, ein junger Schweizer Pfarrer, distanzierte sich mit diesen Worten kategorisch von der theologischen Tradition, die sich auf Schleiermacher berufen konnte und die bis zum Ersten Weltkrieg das Erscheinungsbild des Protestantismus im deutschsprachigen Raum nachhaltig geprägt hatte. Barths »Römerbrief« avancierte bald nach seinem Erscheinen zum Gründungsdokument einer theologischen Bewegung, die unter dem Eindruck der im Ersten Weltkrieg sich verdichtenden Krise der Moderne aufbrach, um inmitten der Trümmer bisher geltender Lebens- und Werteordnungen durch die Neubesinnung auf die Botschaft der Bibel Halt und Orientierung zu suchen. Bultmann bezog in seinem am 29. September 1920 auf der Wartburg gehaltenen Vortrag »Ethische und mystische Religion im Urchristentum« am Rande Stellung zu Barths erstem »Römerbrief«. Er bejahte Barths religiöse Kritik an der Kultur, konnte aber in den

40 Vgl. Bultmann an H. von Soden, 30. 3. 1923, Mn 2-2385.

41 Aufzeichnungen Bultmanns von 1969 (s. Anm. 10), 312 f.

42 R. Bultmann, Milestones in Books. IV, ET 70 (1958/59), 125; auch in: Ders., Theologie als Kritik, 2002, 513 (aus Bultmanns Votum zu den Büchern, denen er für seine theologische Arbeit eine entscheidende Bedeutung beimaß).

43 K. Barth, Der Römerbrief, 1919^1, 1 f.

positiven Partien seines Buches allenfalls »eine willkürliche Zustutzung des paulinischen Christusmythus« erkennen[44]. Bultmann monierte insbesondere, Barth habe in seiner Auslegung der Bedeutung der historisch-kritischen Arbeit für die Religion nicht hinreichend Rechnung getragen[45].

An der religiös-sozialen Tagung in Tambach, auf der Barth am 25. September 1919 seinen Vortrag »Der Christ in der Gesellschaft« hielt, nahm Bultmann teil[46]. Wie er Barths Ausführungen aufnahm, ist indes nicht bekannt. Während Barth und Friedrich Gogarten in Tambach in einen intensiven Austausch eintraten, kam es dort zwischen Bultmann und Gogarten noch nicht zu persönlicher Bekanntschaft. Gleichwohl gewann Bultmann über die theologischen Anstöße des Stelzendorfer Pfarrers den Zugang zu jener sich ihrerseits ja gerade erst formierenden Gruppe, die unter der ihr 1922 angehängten Fremdbezeichnung »Dialektische Theologie« für einen Umbruch in der evangelischen Theologie sorgen sollte[47]. Bultmann und Gogarten lernten einander näher kennen im September 1920 während der Tagung der »Freunde der Christlichen Welt« auf der Wartburg. Bultmann zeigte sich dort außerordentlich beeindruckt von Gogartens religiöser Diagnose der »Krisis der Kultur«. In seinem eigenen Vortrag »Ethische und mystische Religion im Urchristentum« nahm er zudem affirmativ Bezug auf das Verständnis von der Geschichtlichkeit des religiösen Erlebens, das Gogarten in seinem Büchlein »Religion weither« entwickelt hatte[48]. Bultmann näherte sich der Gruppe um Barth und Gogarten ab 1922 theologisch unter dem Vorzeichen der Affinität zu Gogartens Geschichtsdenken an. Die Möglichkeit dafür, mit Barth und Gogarten überhaupt ein konstruktives Gespräch beginnen zu können, hatte Bultmann durch seine Auseinandersetzung mit der Religionsauffassung der liberalen Theologie geschaffen. Dagegen maß er dem Kriegserleben keine Bedeutung für seinen theologischen Denkweg bei. »Für viele sind freilich die Eindrücke des Krieges die Veranlassung zu einer Revision ihrer Daseinsbegriffe gewesen; ich gestehe Ihnen, daß das für mich nicht zutrifft ..., daß der Krieg für mich kein erschütterndes Erlebnis war. Natürlich unendlich viel Einzelnes, aber nicht der Krieg als solcher ... Ich bin der Meinung, daß, wenn nach der Genesis unsrer Theologie gefragt werden soll, die innere Auseinandersetzung mit der Theologie unsrer Lehrer eine ungleich größere Rolle spielt, als Eindrücke des Krieges oder der Dostojewskilektüre.«[49]

44 R. Bultmann, Ethische und mystische Religion im Urchristentum (1920), in: J. Moltmann (Hg.), Anfänge der dialektischen Theologie II, 1967², (29–47) 43.

45 Vgl. aaO 40.

46 Vgl. Bultmanns Chronik 1917–1945, Mn 2-224, Bl. 5.

47 Freilich geht die Fremdbezeichnung »Dialektische Theologie« auf den Sprachgebrauch K. Barths und E. Thurneysens zurück. Vgl. M. Kroeger, Friedrich Gogarten, Bd. 1, 1997, 315. Zu den Anfängen der Beziehung zwischen Bultmann und F. Gogarten vgl. Kroeger, aaO 315–317 m. Anm. 78.

48 S. o. 125.

49 Bultmann an E. Foerster, (?) 1928, in: W. Schmithals (Hg.), Ein Brief Rudolf Bultmanns an Erich Foerster, in: B. Jaspert (Hg.), Rudolf Bultmanns Werk und Wirkung, 1984, (70–80) 72–

Zu Beginn des Jahres 1922 erschien die zweite, vollständig revidierte Auflage des Barthschen »Römerbriefs«. Schon am 18. Februar 1922 kam Barth, der inzwischen in Göttingen lehrte, nach Marburg, um mit der Theologenschaft über sein Buch zu diskutieren. Bultmann hielt das Einführungsreferat und nutzte überdies die beiden letzen Wochen seiner eigenen Vorlesung zum Römerbrief, um mit den Studenten Barths Auslegung zu erörtern. Beide Theologen fanden bei ihrem Treffen in Marburg auch persönlich Gefallen aneinander[50]. Bultmann würdigte Barths neuerlichen Anlauf, das theologische Anliegen des Paulus zu erfassen, in einer Rezension, die – entsprechend der Bedeutung des besprochenen Werkes – so umfangreich ausfiel, daß Martin Rade sie auf vier Nummern der »Christlichen Welt« verteilen mußte[51]. Die Besprechung war von einem weitgehenden Einverständnis mit Barths zweitem »Römerbrief« getragen. Allerdings machte Bultmann im Rahmen dieses grundsätzlichen Konsenses auch einige nicht minder prinzipielle Bedenken geltend[52].

Auf Grund der Intention, *»die Selbständigkeit und Absolutheit der Religion«* zu erweisen, kann man Barths »Römerbrief« in gewisser Weise den »Reden« Schleiermachers und Rudolf Ottos »Das Heilige« zur Seite stellen, ja als kongeniale Aufnahme der Absicht des Paulus verstehen, die Eigenheit der Religion deutlich zu machen[53]. Bultmann sieht Barths Kampf gegen das nicht nur in der liberalen Theologie, sondern auch in anderen theologischen Strömungen und im modernen Geistesleben verbreitete psychologisierende und historisierende Verständnis der Religion als berechtigt an. Wenn Barth sich von jeglichem Erlebniskult und von der Auffassung der Religion als eines Kulturphänomens distanziert, tut er es in dem paulinischen Radikalismus, der sich über den Gehalt der Gnade und des Glaubens völlig klar ist. Indes nimmt Barth damit nur die moderne Polemik gegen den »Historismus« und »Psychologismus« auf, wie Bultmann sie bereits bei Wilhelm Herrmann klar ausgeprägt sieht[54].

Originell ist Barth vor allem in der klaren und wuchtigen Begrifflichkeit, in der er *»die große Paradoxie des Glaubens«* beschreibt: *»die Setzung des anschaulichen mit dem unanschaulichen Ich*, des unerlösten Menschen mit dem gerechtfertigten«[55]. Auf diese Weise überwindet Barth die aporetische Auffassung Wilhelm Herrmanns, der

74. – Die Briefe und Texte Bultmanns aus dem Zeitraum 1914–1920 bestätigen diese spätere Selbsteinschätzung aus dem Jahre 1928.

50 Vgl. Bultmann an H. von Soden, 19. 3. 1922, Mn 2-2385; dazu E. Busch, Karl Barths Lebenslauf, 1978³, 149.

51 Vgl. H. Thyen, Rudolf Bultmann, Karl Barth und das Problem der »Sachkritik«, in: Jaspert (s. Anm. 49), (44–52) 44 f.

52 Vgl. R. Bultmann, Karl Barths »Römerbrief« in zweiter Auflage (1922), in: J. Moltmann (Hg.), Anfänge der dialektischen Theologie I, 1977⁴, 119–142; dazu B. Jaspert, Sachkritik und Widerstand. Das Beispiel Rudolf Bultmanns, ThLZ 115 (1990), (161–182) 163–168; M. Dreher, Rudolf Bultmann als Kritiker in seinen Rezensionen und Forschungsberichten, 2005, 151–186.

53 Bultmann, aaO 119.

54 Vgl. aaO 120–124.

55 AaO 130.

Glaube lasse sich als »Erlebnis« psychologisch verständlich machen[56]. Von daher charakterisiert Barth den Glauben zutreffend als »Gehorsam«, »Wunder«, »Wagnis«, »Sprung ins Leere« oder »unmögliche Möglichkeit«[57]. Freilich scheint er die Paradoxie des Glaubens überspannt zu haben, wenn er konstatiert, wir könnten nur glauben, »daß wir *glauben*«. Einen solchen »Glauben jenseits des Bewußtseins« hält Bultmann aber in *jeder* Hinsicht für »eine Absurdität«[58]. Der Glaube ist nämlich »durchaus eine eigentümliche Bestimmtheit der Inhalte unseres Bewußtseins«[59]. Um dieselben in ihrem Sinn zu erfassen, gilt es das Verhältnis von Glaube und Logos näher zu bestimmen.

Weiteren Klärungsbedarf meldet Bultmann hinsichtlich des Verhältnisses Barths zum biblischen Text an. Er bekräftigt die Kritik, die Adolf Jülicher an der historisch-philologischen Exegese Barths und seiner sachlichen Auffassung des Römerbriefs geübt hatte[60]. In den Augen Bultmanns vergewaltigt Barth den Römerbrief und den in ihm sich mitteilenden Reichtum des Paulus. Hinter seiner Exegese scheint ein »modernes Inspirationsdogma« zu stehen, das es verhindert, die Bemühung um das Verstehen der Sache des Römerbriefs konsequent durchzuführen[61]. Es ist aber erforderlich, gegebenenfalls Sachkritik am Text zu üben, denn Paulus redet nicht durchweg »nur aus der Sache heraus« und in seinen Worten sprechen sich auch andere Geister aus als der Geist Christi[62].

Auf die ihm von Martin Rade vorab zur Verfügung gestellte Rezension Bultmanns reagierte Barth umgehend mit einem Brief und später ausführlich im Vorwort zur dritten Auflage des »Römerbriefs«. Er fühlte sich von Bultmann »in einer eigentümlichen Weise *verstanden* ... und dann doch an einem letzten entscheidenden Punkt auch *noch nicht* verstanden«[63]. Für Barth ist die von Bultmann geforderte Sachkritik an Paulus »eine Stilwidrigkeit«[64]. Denn man kann nicht den Geist Christi nur in bestimmten Texten finden. Umgekehrt kommen jene anderen Geister in den menschlichen Worten des Paulus durchgängig zur Sprache. Deshalb hält Barth Sachkritik für sinnlos. Es kommt vielmehr darauf an, den Geist Christi als »die Krisis« zu begreifen, »in der sich das *Ganze* befindet. *Alles* ist litera«, alles will als Ausdruck der Sache, als Stimme des Geistes Christi verstanden werden[65]. Des Exegeten Aufgabe erkennt Barth darin, unablässig herauszufinden und zu zeigen, inwiefern

56 Vgl. aaO 135. – Vgl. aber auch Bultmanns Apologie der Theologie W. Herrmanns aaO 121 Anm. 1.

57 Vgl. aaO 127–130.

58 AaO 131.

59 AaO 132.

60 Vgl. aaO 141 Anm. 4; dazu Bultmann an K. Barth, 25. 5. 1922, in: B. Jaspert (Hg.), Barth-Bultmann Bw., 1994^2, (9 f.) 10. – Vgl. A. Jülicher, Ein moderner Paulus-Ausleger (1920), in: Moltmann (s. Anm. 52), 87–98.

61 Bultmann (s. Anm. 52), 141.

62 AaO 142.

63 K. Barth an Bultmann, 14. 4. 1922, in: Jaspert (s. Anm. 60), (5–9) 5.

64 AaO 7.

65 K. Barth, Der Römerbrief. Vorwort zur dritten Auflage (1922), in: Moltmann (s. Anm. 52),

Abb. 19: Ordinarius in Marburg, um 1922.

Abb. 20: Dialektische Theologie: Friedrich Gogarten, Eduard Thurneysen und Karl Barth auf dem »Bergli« im Sommer 1922.

jene anderen Geister »tatsächlich doch dem Pneuma Christi irgendwie dienstbar sind«. Der Ausleger hat dann aber zu entscheiden, ob er sich »in ein *Treue*verhältnis zu seinem Autor begeben« und seinen Kommentar *mit* Paulus oder aber lediglich *über* ihn schreiben will[66].

In seiner Replik erklärte sich Bultmann grundsätzlich einverstanden mit Barths Empfehlung, der Ausleger habe sich in einem Treueverhältnis zum Autor zu bewegen. Er sah aber nicht, warum dies ausschließen sollte, das kritische Verstehen mit allen Konsequenzen auch auf die biblischen Texte zu beziehen. Für ihn machte die Erkenntnis, »daß der Geist Christi nicht mit andern Geistern zu koordinieren ist, sondern die Krisis des Ganzen ist«, Sachkritik keineswegs überflüssig[67]. So unverkennbar sich 1922 zwischen Barth und Bultmann eine Gemeinsamkeit in der theologischen Ausrichtung der biblischen Exegese abzeichnete, so deutlich differierten sie in den hermeneutischen Implikationen ihrer Schriftauslegung. Freilich waren beide Theologen in den folgenden Jahren einstweilen um gegenseitiges Verstehen bemüht. Am 6. Februar 1924 reiste Barth mit zwölf Göttinger Studenten *incognito* nach Marburg, um einen Vortrag Bultmanns zu hören. Er war höchst erfreut darüber, daß »die *bisherige* Marburger Theologie« in diesem Vortrag »wirklich schlecht und die gute Sache wirklich gut wegkam«. Auch das Zusammensein am nächsten Tag im Theologischen Seminar, in dem Barth und Bultmann »als die zwei Rabbis in einsamer Würde *pfeifenrauchend* ›obenan‹ saßen« und ihre Sache erläuterten, bestätigte den Eindruck einer weitreichenden theologischen Übereinstimmung. Barth meldete in die Schweiz: »Marburg ist nun wirklich wieder zu einem der Punkte auf der mitteleuropäischen Karte geworden, auf denen das Auge befriedigt ruhen kann.«[68]

Tatsächlich dokumentiert der aus dem Vortrag vom 6. Februar 1924 hervorgegangene Aufsatz »Die liberale Theologie und die jüngste theologische Bewegung« Bultmanns Parteinahme für die Dialektische Theologie, zugleich aber auch spezifische Akzentsetzungen, die Differenzen zu Barths theologischem Ansatz deutlich werden lassen. Bultmann übt zunächst scharfe Kritik an der liberalen Theologie. »Der Gegenstand der Theologie ist Gott, und der Vorwurf gegen die liberale Theologie ist der, daß sie nicht von Gott, sondern von Menschen gehandelt hat. Gott bedeutet die radikale Verneinung und Aufhebung des Menschen; die Theologie, deren Gegenstand Gott ist, kann deshalb nur den λόγος τοῦ σταυροῦ zu ihrem Inhalt haben; dieser aber ist ein σκάνδαλον für den Menschen. Und so ist der Vorwurf gegen die

(147–152) 148. Vgl. auch E. Jüngel, Die theologischen Anfänge. Beobachtungen, in: Ders., Barth-Studien, 1982, (61–126) 96–98.

66 Barth, aaO 149. – Vgl. als weitere Reaktion auf Bultmanns Rezension F. Gogarten an Bultmann, 30. 6. 1922, in: H. G. Göckeritz (Hg.), Bultmann-Gogarten Bw., 2002, 10–15.

67 Bultmann an K. Barth, 31. 12. 1922, in: Jaspert (s. Anm. 60), (14–18) 17.

68 K. Barth an E. Thurneysen, 4. 3. 1924, in: E. Thurneysen (Hg.), Barth-Thurneysen Bw., Bd. 2, 1921–1930, 1974, 231; vgl. K. Barth an Bultmann, 15. 4. 1924, in: Jaspert (s. Anm. 60), 31 f.

liberale Theologie der, daß sie sich diesem σκάνδαλον zu entziehen oder es zu erweichen suchte.«[69]

Diese grundsätzliche Kritik führt Bultmann näher aus, indem er den Versuch der liberalen Theologie, das Christentum als Phänomen der Religionsgeschichte, Jesus als geniale religiöse Stifterfigur und den Glauben als psychisches Erlebnis zu erweisen, für gescheitert erklärt. Dieses Unternehmen scheiterte zwangsläufig, weil es verkannte, daß »Gottes Jenseitigkeit die Durchstreichung des ganzen Menschen, seiner ganzen Geschichte bedeutet«[70]. Den Glauben überhaupt begründen zu wollen, widerspricht seinem Wesen. Da Gott die totale Verneinung des Menschen ist, kann der Mensch von sich aus keine Beziehung zu Gott aufbauen. Nur im Glauben, der als Antwort auf das Wort Gottes die Aufhebung des Menschen durch Gott anerkennt, vollzieht sich diese Beziehung in paradoxer Weise. Wie in der Rezension von Barths zweitem »Römerbrief« grenzt Bultmann den Glauben scharf ab von jeder Erlebnisreligion und Frömmigkeit. Anders als 1922 erklärt er nunmehr sogar, der Glaube sei kein Zustand des Bewußtseins[71]. Da er Gottes Schöpfung im Menschen ist, läßt sich der Glaube weder durch menschliche Aktivitäten herbeiführen noch im natürlichen Leben anschaulich machen. Der Glaubende ist niemals der natürliche Mensch, sondern stets »der von Gott getötete und erweckte Mensch«[72]. Die Identität des im Glauben neuen, jenseitigen Menschen mit dem alten, diesseitigen Menschen bleibt gänzlich unanschaulich. Deshalb kann Bultmann – im Unterschied zu der von ihm 1922 vertretenen Position – jetzt auch Barths Erneuerung der paradoxen Aussage Luthers gutheißen, wir könnten »nur *glauben*, daß wir glauben«[73].

Obwohl Bultmann seinen Anschluß an die Dialektische Theologie 1924 in der kritischen Auseinandersetzung mit Grundannahmen der liberalen Theologie vollzieht, bleibt er deren Erbe verpflichtet, insbesondere soweit es die »Erziehung zur Kritik« und den »Ernst der radikalen Wahrhaftigkeit« umfaßt[74]. Zudem nimmt er am Ende seines Aufsatzes die zu Beginn geübte Kritik an der liberalen Theologie, sie habe von Menschen statt von Gott geredet, zumindest partiell wieder zurück. Denn nach seiner Auffassung hat die Theologie von Gott als ihrem Gegenstand zu reden, »indem sie redet vom Menschen, wie er vor Gott gestellt ist, also vom Glauben aus«[75]. Mit diesem letzten Satz aber macht sich Bultmann faktisch ein Anliegen der liberalen Theologie zu eigen. Ob und wieweit seine Auffassung der Theologie als Explikation des Glaubens und das am Wort Gottes orientierte Theologieverständnis Barths miteinander kompatibel waren, mußte sich erst noch herausstellen.

69 R. Bultmann, Die liberale Theologie und die jüngste theologische Bewegung, GuV I, 1933[1], (1–25) 2.

70 AaO 13.

71 Vgl. aaO 22. – S. anders o. Anm. 58.

72 AaO 20.

73 AaO 24. – S. anders o. Anm. 58.

74 AaO 2.

75 AaO 25.

Die Protagonisten der Dialektischen Theologie zeigten von Anfang an ein starkes Interesse daran, ihre Studenten in den theologischen Diskurs mit einzubeziehen. Sie ließen sich daher gern von solchen Theologischen Fakultäten zu Vorträgen einladen, deren Mitglieder zur offenen Debatte über die neu aufgebrochenen Fragen bereit waren. In Marburg referierte am 23. Januar 1925 Emil Brunner über »Die Menschheitsfrage im Humanismus und Protestantismus«. Der Schweizer Systematiker hatte, wie er später bekundete, einen schlechten Tag erwischt. Bultmann fand Brunners Auftritt ärgerlich und seine Ausführungen äußerst »schwach, geradezu blamabel«[76]. Insbesondere Martin Heidegger und Paul Tillich setzten dem auswärtigen Referenten mit ihren kritischen Voten ordentlich zu. Nicht ganz so schlimm war es wenige Tage zuvor Paul Althaus in Marburg ergangen[77].

Den Gesprächsfaden zu Barth nahm Bultmann wieder auf, als er am 6. Februar 1925 einen Vortrag vor der Göttinger Theologenschaft hielt. Wegen seiner schwierigen Stellung in der Göttinger Theologischen Fakultät war Barth daran gelegen, daß er und Bultmann in dem nach dem Vortrag zu erwartenden »Gladiatorenkampf« in der Göttinger »Arena« zumal gegenüber Emanuel Hirsch eine gemeinsame Front bildeten und Differenzen nicht *publice*, sondern in der internen Aussprache klärten[78]. Bultmann seinerseits gab Barth zu verstehen, er könne und werde zum »Problem einer theologischen Exegese des Neuen Testaments« keinesfalls etwas bereits Ausgereiftes, sondern lediglich vorläufige Gedanken vortragen und zur Diskussion stellen[79].

In seinem Göttinger Vortrag versucht Bultmann, das durch die Dialektische Theologie mit neuer Dringlichkeit gestellte Problem des Verhältnisses von Theologie und historischer Bibelauslegung zu klären. Er plädiert dafür, statt von einem distanzierten, vermeintlich neutralen Standpunkt aus zu konstatieren, was ein Text sagt, sich dem vom Text erhobenen Anspruch zu stellen, sein *Wort* zu hören und es im Verstehen *Ereignis* werden zu lassen. Dies impliziert, daß der Interpret sich der *Sache*, von der der Text redet, auszusetzen hat und die Auslegung von der Wahrheitsfrage geleitet sein muß. Die Exegese des Neuen Testaments hat zwar methodisch den allgemeinen Standards wissenschaftlicher Textauslegung zu folgen, aber sie wird zu einem sinnvollen Unternehmen nur, sofern sie als *theologische* Exegese den Glauben voraussetzt. Darin entspricht sie der »*Theologie überhaupt*«, die ebenfalls den Glauben voraussetzt, ohne daß sie über diese Voraussetzung verfügen könnte[80]. Weil die

76 Bultmann an K. Barth, 24. 1. 1925, in: Jaspert (s. Anm. 60), (39 f.) 40. – Grundgedanken des Vortrags Brunners sind zusammen mit einer nachträglichen Erwiderung auf die kritischen Diskussionsvoten wiedergegeben in: E. Brunner, Gesetz und Offenbarung. Eine theologische Grundlegung (1925), in: Moltmann (s. Anm. 52), 290–298; vgl. F. Jehle, Emil Brunner. Theologe im 20. Jahrhundert, 2006, 238 f.

77 Vgl. Bultmann an F. Gogarten, 10. 3. 1925, in: Göckeritz (s. Anm. 66), (71–74) 73.

78 Vgl. K. Barth an Bultmann, 26. 1. 1925, in: Jaspert (s. Anm. 60), 41–43.

79 Vgl. Bultmann an K. Barth, 24.1. u. 3. 2. 1925, aaO 39 f.44 f.

80 R. Bultmann, Das Problem einer theologischen Exegese des Neuen Testaments (1925), in: Ders., Neues Testament und christliche Existenz, hg. von A. Lindemann, 2002, (13–38) 33.

echte historische Exegese in eine existentielle Begegnung mit der Geschichte, mit der im Text gemeinten Sache hineinführt, »fallen im Grunde Theologie und Exegese oder systematische und historische Theologie zusammen«[81].

Barth fand Bultmanns Ausführungen zur theologischen Exegese ausgezeichnet und freute sich daran, daß sich der von Hirsch unternommene Versuch, sie zu bekämpfen, als manifester Mißerfolg erwies. Wie miteinander abgesprochen, hielten Barth und Bultmann in der Öffentlichkeit zusammen – immerhin waren in Bultmanns Gefolge etwa dreißig bis vierzig Schüler nach Göttingen angereist. Die Differenzen wurden *privatim* erörtert. Barth warf Bultmann in diesen Privatgesprächen vor, »zu anthropologisch-kierkegaardisch-lutherisch (+ ›gogartenisch‹)« zu denken und »die historizistischen Eierschalen noch nicht« losgeworden zu sein. Bultmann wiederum hielt Barth vor, er arbeite in seiner Theologie ohne eine klare Begrifflichkeit[82]. Noch in seinem letzten Lebensjahr hat Barth als eine der »unvergeßlichsten Einzelerinnerungen« seines Erdendaseins festgehalten, wie Bultmann ihm 1925 während seiner Visite in Göttingen »bei Kaffee und Streuselkuchen stundenlang aus den von ihm in Marburg gehörten und mitgeschriebenen Vorlesungen – Martin Heideggers« vorlas. »Zweck der Übung: in dieser (eben ›existenzialen‹) Richtung hätten wir uns um das Verständnis wie aller geistigen Größen so auch des im Neuen Testament dokumentierten Evangeliums zu bemühen.«[83] Freilich bewertete Barth die bei jenem Göttinger Treffen deutlich gewordenen Gegensätze so, daß man über sie »mit Nutzen weiterreden« könne[84].

Zwischen Barth und Bultmann kam es wenige Monate später noch einmal zum theologischen Schulterschluß, als der Bonner Neutestamentler und Patristiker Erik Peterson mit seiner Schrift »Was ist Theologie?« zum Generalangriff auf die Dialektische Theologie blies. Peterson war empört über Bultmanns Aufsatz »Welchen Sinn hat es, von Gott zu reden?«, bezog in seine Kritik aber auch Barths Elgersburger Vortrag »Das Wort Gottes als Aufgabe der Theologie« mit ein, weil für ihn beide Texte Aporien der Dialektischen Theologie dokumentierten[85]. Sowohl Barth als auch Bultmann sahen in Peterson sofort einen ernstzunehmenden Gegner. »*So* ist uns bisher noch keiner auf den Leib gerückt«, erklärte Bultmann in der »Christlichen Welt«[86]. Mit Peterson sei endlich ein Kontrahent auf den Plan getreten, »mit

81 AaO 34; vgl. auch 38.

82 K. Barth an E. Thurneysen, 15. 2. 1925, in: Thurneysen (s. Anm. 68), 306 f.

83 K. Barth, Nachwort, in: H. Bolli (Hg.), Schleiermacher-Auswahl, 1968 (290–312) 299. Zu Barths Datierungsirrtum (1922 statt 1925) vgl. Busch (s. Anm. 50), 170 u. 527 Anm. 160.

84 S. o. Anm. 82, 307.

85 Vgl. R. Bultmann, Welchen Sinn hat es, von Gott zu reden? (1925), GuV I, 1933[1], 26–37; zu diesem Aufsatz s. u. 219–221. – K. Barth, Das Wort Gottes als Aufgabe der Theologie (1922), in: Moltmann (s. Anm. 11), 197–218. – Zum Folgenden vgl. E. Jüngel, Von der Dialektik zur Analogie. Die Schule Kierkegaards und der Einspruch Petersons, in: Ders., Barth-Studien, 1982, (127–179) 130–134; B. Nichtweiss, Erik Peterson. Neue Sicht auf Leben und Werk, 1994[2], 512–517.

86 R. Bultmann, Rez. über G. Krüger, Der Historismus und die Bibel, 1925, u. E. Peterson, Was ist Theologie?, 1925 (1925), in: Ders., Theologie als Kritik, 2002, (139 f.) 140.

dem die Diskussion sich lohnt!«[87] Barth zeigte sich ebenfalls getroffen und herausgefordert: »Ich habe lange nichts gelesen, was mich so angeregt und geärgert hätte wie diese glänzenden und in jeder Beziehung unverschämten Pamphlete, durch die wir Alle wieder in *eine* Ecke mit Herrmann gerückt werden.«[88] Eine von Barth und Bultmann zunächst ins Auge gefaßte gemeinsame Replik auf die Kritik Petersons kam nur auf Grund eines Mißverständnisses nicht zustande[89]. Ihre unabhängig voneinander konzipierten »Petersoniaden« standen dann 1926 »sehr schön beieinander« im selben Heft von »Zwischen den Zeiten«, der Zeitschrift der Dialektischen Theologie[90]. Beide Arbeiten ergänzten einander und waren daher, wie Barth fand, geeignet, um Peterson, den »Freund mit den violetten Strümpfen«, ins Kreuzverhör zu nehmen[91].

In seiner Radikalkritik an der Dialektischen Theologie hatte Peterson gegenüber Bultmann behauptet, ausschließlich der Sohn Gottes könne für sein Reden von Gott in Anspruch nehmen, daß er darin zugleich von sich selber rede[92]. Für Peterson gab es Theologie nur im Christentum, und zwar ausschließlich auf Grund der Prämisse, daß der fleischgewordene Logos zuvor von Gott geredet habe. Die Theologie vollziehe sich als argumentative Prolongation der im Dogma der Kirche sich ausprägenden Logosoffenbarung[93]. Bultmann machte den eigentlichen Dissens zu Peterson an dessen katholisierender These fest, im Dogma der Kirche komme es zur ungebrochenen Verlängerung der Christusoffenbarung und folglich bestehe zwischen dem Offenbarungsgeschehen und der Kirchengeschichte eine undialektische Kontinuität[94]. Die Dogmen können aber in Bultmanns Sicht lediglich indirekt auf die in der Schrift bezeugte Offenbarung Gottes verweisen. Als Ergebnisse theologischer Arbeit haben sie sich an der Schrift zu legitimieren. Da die Offenbarung Gottes den alleinigen Gegenstand der Theologie bildet und da das Offenbarungsgeschehen in der Schrift bezeugt ist, hat sich die Theologie ihrer Form nach als Schriftauslegung zu vollziehen. Inhaltlich muß die Theologie so von der Offenbarung reden, daß sie die Exi-

87 Bultmann an K. Barth, 19. 7. 1925, in: Jaspert (s. Anm. 60), (49–51) 50.

88 K. Barth an Bultmann, 25. 9. 1925, in: Jaspert, aaO 56. – Zu den von Barth gemeinten Schriften Petersons vgl. Jaspert, aaO 56 Anm. 3.

89 Vgl. Bultmann an K. Barth, 23. 9. u. 19. 10. 1925, in: Jaspert, aaO 55.57 f.

90 K. Barth an Bultmann, 3. 12. 1925, in: Jaspert, aaO (60 f.) 61.

91 K. Barth an Bultmann, 26. 10. 1925, in: Jaspert, aaO (58–60) 59. – Vgl. K. Barth, Kirche und Theologie (1926), in: Ders., Die Theologie und die Kirche. Gesammelte Vorträge, Bd. 2, 1928, 302–328.

92 Vgl. E. Peterson, Was ist Theologie?, 1925, 15 f. Zum Folgenden vgl. J. Rohls, Rudolf Bultmanns frühe Marburger Theologie, in: Verein für hessische Geschichte und Landeskunde (Hg.), Die Philipps-Universität Marburg zwischen Kaiserreich und Nationalsozialismus, 2006, (63–83) 72 f.

93 Vgl. Peterson, aaO 18–25.

94 Vgl. R. Bultmann, Die Frage der »dialektischen« Theologie. Eine Auseinandersetzung mit Peterson (1926), in: Moltmann (s. Anm. 44), (72–92) 79 f.

stenz des von Gott bestimmten Menschen im Lichte des biblischen Zeugnisses begrifflich expliziert[95].

Ein weiterer Einwand Petersons gegen die Dialektische Theologie betraf deren Verwendung dialektischer Denkformen. Peterson hielt insbesondere Barth vor, ein Wissen, das sich im Gewand der Dialektik darbiete, könne Gott nicht die ihm gebührende Ehre geben. Denn ein solches dialektisches Reden von Gott nehme Gott nicht ernst. Gottes Ernst bestehe gerade darin, »daß er konkret sichtbar und daß er ganz undialektisch da ist«[96]. Gott habe sich in seiner Menschwerdung in Jesus Christus geoffenbart und zu erkennen gegeben. Eben dieser Sachverhalt ermögliche allererst die Theologie. In seiner Auseinandersetzung mit dieser Kritik räumt Bultmann ein, daß es möglicherweise mißverständlich sei, von einer »dialektischen« Theologie zu reden. Vom sokratischen διαλέγεσθαι her kann aber der Sinn theologischer Dialektik erschlossen werden. Das Offenbarungsgeschehen als Voraussetzung der Theologie ist durchaus undialektisch, weshalb von ihm nur in der Weise der Verkündigung angemessen zu reden ist[97]. Entsprechend undialektisch ist auch der das Wort aufnehmende Gehorsam des Glaubens[98]. Die Theologie freilich, sofern sie sich im Bewußtsein der Differenz zwischen ihrem eigenen Reden und dem göttlichen Reden vollzieht, muß sich als »dialektische« verstehen. Denn sie bringt damit zur Geltung, »daß alles auch noch so ernste Reden von Gott ... unter dem Vorbehalte« des im Jüngsten Gericht sich manifestierenden Ernstes Gottes steht[99]. Zudem hält Bultmann im Anschluß an Søren Kierkegaard die Dialektik deshalb für unerläßlich, weil »der *wirkliche* Mensch in seiner Jeweiligkeit« nicht über sich selbst verfügt, sondern sich nur vom rechtfertigenden Gott her begreifen kann[100]. Das dialektische Reden von der menschlichen Existenz vollzieht sich also auf dem Grund des Glaubens und als Ausdruck desselben.

Der Angriff Petersons bestärkte Karl Barth darin, den von ihm schon zuvor als Aufgabe erkannten Umbau seiner Theologie energisch voranzutreiben. Je länger Barth auf dem Weg von einer dialektischen zu einer dogmatischen Theologie des Wortes Gottes, von der Dialektik zur Analogie voranschritt, desto mehr sah er in Bultmanns Bemühen um eine Verknüpfung von Theologie und Anthropologie den entscheidenden Punkt, an dem der Dissens unvermeidlich aufbrechen mußte. Bultmann dagegen machte als maßgeblichen Grund für seine Differenzen mit Barth die unterschiedliche theologische Gewichtung der Geschichte aus. Barths Geschichtsbegriff kam ihm, von beiden Römerbriefauslegungen an, defizitär vor[101]. Bultmann hielt es aber bezeichnenderweise für seine Aufgabe, »an der Kritik des bisherigen

95 Vgl. Bultmann, aaO 89–92.

96 Peterson (s. Anm. 92), 7.

97 Vgl. Bultmann (s. Anm. 94), 77 f.

98 Vgl. aaO 81 f.

99 AaO 79.

100 AaO 75.

101 S. o. Anm. 45 u. 60; vgl. Bultmann an K. Barth, 24. 1. 1925 (s. Anm. 76), 40; Bultmann an F. Gogarten, 22. 12. 1923, in: Göckeritz (s. Anm. 66), 51–56.

Betriebes der Historie in der Theologie eben als Historiker mitzuarbeiten«, und zwar auf Grund nicht primär der Krise der bürgerlichen Kulturwelt, sondern der aus der Historie selber erwachsenden kritischen Selbstbesinnung der Theologie[102]. Er teilte das Axiom der Dialektischen Theologie, daß sich der christliche Glaube nicht aus der Geschichte begründen lasse. Er erachtete es allerdings im Unterschied zu Barth als eine bleibende Verpflichtung der Theologie, das Verhältnis von Glaube und Geschichte so zu bestimmen, daß unter Anerkennung der Begründung des Glaubens durch die Offenbarung plausibel werden konnte, inwiefern der aus dem Wort der Verkündigung hervorgehende Glaube in paradoxer Weise ein Wunder, die Schöpfung Gottes und zugleich einen menschlichen Akt des Gehorsams darstellt[103].

Innerhalb der Dialektischen Theologie fand Bultmann in Friedrich Gogarten den Gesprächspartner, mit dem er die Fragen im Umkreis des Geschichtsproblems durchdenken konnte[104]. Dieses Gespräch vollzog sich sowohl bei gegenseitigen Besuchen in Marburg, Stelzendorf und Dorndorf als auch auf dem Korrespondenzweg. Freilich erwies sich Gogarten als einer der entschiedensten Parteigänger der »antihistoristischen Revolution«. Er gehörte zu denen, die die Legitimationskrise des Historismus als des leitenden wissenschaftlichen Paradigmas in der bürgerlichen Kultur nach 1918 zu überwinden suchten, indem sie einen radikalen Enthistorisierungsprozeß in den Kulturwissenschaften im allgemeinen und in der evangelischen Theologie im besonderen in Gang setzten[105]. Gogarten teilte Bultmann am 3. November 1924 mit, er wage »fast die Behauptung ..., daß es Geschichte überhaupt nur als *gegenwärtiges* Geschehen« gebe. Die Theologie müsse den Geschichtsbegriff völlig freimachen »von dem Sinn der Geschichtsbetrachtung, des Geschichtswissens, der Geschichtsphilosophie und all diesen Geschichtsbegriffen, die von der Idee des wissenden und begreifenden und also isolierten und ganz auf sich gestellten Ichs ausgehen«[106]. Bultmanns Erwiderung auf diesen Brief ist zwar nicht erhalten, seine Position in der von Gogarten aufgeworfenen Frage machte er jedoch wenig später in der Rezension eines Buches seines Fachkollegen Martin Dibelius und in einem Bericht über die gegenwärtige Arbeit der wissenschaftlichen Theologie in der »Frankfurter Zeitung« – zumindest vorläufig – deutlich.

102 Bultmann an F. Gogarten, 11. 6. 1923, in: Göckeritz, aaO (31–36) 32.

103 Vgl. Bultmann an F. Gogarten, 31. 12. 1922, aaO 17–21.

104 Zu Bultmanns Verhältnis zu Gogarten s. auch o. 125, 132, 153–155, 159–161, 267f.

105 Vgl. K. Nowak, Die »antihistoristische Revolution«. Symptome und Folgen der Kritik historischer Weltorientierung nach dem Ersten Weltkrieg in Deutschland, in: H. Renz u. F. W. Graf (Hg.), Umstrittene Moderne. Die Zukunft der Neuzeit im Urteil der Epoche Ernst Troeltschs, 1987, 133–171; F. W. Graf, Die »antihistoristische Revolution« in der protestantischen Theologie der zwanziger Jahre, in: J. Rohls u. G. Wenz (Hg.), Vernunft des Glaubens. Wissenschaftliche Theologie und kirchliche Lehre. FS W. Pannenberg, 1988, 377–405; F. W. Graf, Geschichte durch Übergeschichte überwinden. Antihistoristisches Geschichtsdenken in der protestantischen Theologie der 1920er Jahre, in: W. Küttler, J. Rüsen, E. Schulin (Hg.), Geschichtsdiskurs 4, 1997, 217–244.

106 F. Gogarten an Bultmann, 3. 11. 1924, in: Göckeritz (s. Anm. 66), (63–66) 64.

In »Zwischen den Zeiten« unterzog Bultmann 1926 die Schrift Dibelius' »Geschichtliche und übergeschichtliche Religion im Christentum« einer ebenso umfänglichen wie harten Analyse. Man wird sagen können, daß diese Besprechung den Intentionen, die Dibelius mit seinem Büchlein verfolgte, nicht gerecht wurde[107]. Dibelius trat in seiner Publikation für ein differenziertes, insgesamt affirmatives Verhältnis des Protestantismus zum modernen Kulturleben ein. Die Autonomie der Kultur gegenüber jeder Konfession, eine historische Folge des protestantischen Weltverhältnisses, sei durchaus als legitim anzusehen. Bultmann stieß sich an der von Dibelius verwendeten Begrifflichkeit, die ihm aus der Perspektive der Dialektischen Theologie als anachronistisch erschien[108]. Vor allem aber wies er den Versuch, die geschichtliche Wirklichkeit des Christentums durch einen irrationalen, übergeschichtlichen Bestand an neuem Sein und ethischen Werten anreichern zu wollen, als naive Verkennung des Wesens des christlichen Glaubens zurück. Denn dieser lasse sich nicht einfach als Phänomen der Religion anderen Kulturphänomenen gleichsetzen[109]. Vielmehr sei der Glaube die gehorsame Tat des Menschen, in der er seine konkrete geschichtliche Existenz als von Gott und von Gottes Zukunft her bestimmt wahrnehme[110].

Auf der Linie dieser Argumentation erklärte Bultmann im September und Oktober 1926 im »Abendblatt der Frankfurter Zeitung« die Auseinandersetzung mit dem modernen Historismus zum eigentlichen Thema der gegenwärtigen theologischen Arbeit. Erik Peterson habe zu Recht von neuem die Frage gestellt, was die Theologie überhaupt sei. Die Repräsentanten der älteren Generation – Adolf von Harnack und Ernst Troeltsch sowie auf dem Gebiet der Bibelwissenschaften Hermann Gunkel und Wilhelm Bousset – begriffen »das Christentum als ein Phänomen der gesamten Kultur- und Religionsgeschichte« und faßten dementsprechend die Theologie als eine historische Kulturwissenschaft auf. Dies führte im Ergebnis zu einem Relativismus, unter dessen Einfluß sich die Dogmatik als die zentrale theologische Disziplin in eine Kulturphilosophie auflöste[111]. Für Bultmann kann sich die Theologie aber nicht damit begnügen, den Glauben phänomenologisch in der Psyche des Menschen oder in der Kultur- und Religionsgeschichte aufzuweisen. Vielmehr hat sie die Intentionalität des Glaubens stets mitzubedenken. Handelt die Theologie vom Glauben, muß sie also »notwendig auch vom Gegenstand des Glaubens handeln«, muß

107 Vgl. auch Bultmann an F. Gogarten, 29. 7. 1925, aaO (84–87) 87. – Im übrigen war Bultmann der Meinung: »die meisten Rezensenten sind viel zu ängstlich und milde« (Bultmann an F. Gogarten, 12. 7. 1927, aaO [112–114] 112).

108 Vgl. R. Bultmann, Geschichtliche und übergeschichtliche Religion im Christentum? (1926), GuV I, 1933[1], (65–84) 68–70. – Vgl. M. Dibelius, Geschichtliche und übergeschichtliche Religion im Christentum, 1925. – Wie Dibelius auf die Kritik Bultmanns reagierte, zeigt S. Geiser, Verantwortung und Schuld. Studien zu Martin Dibelius, 2001, 60–62 Anm. 61.63.

109 Vgl. Bultmann, aaO 75–79.84.

110 Vgl. Bultmann, aaO 80 f.

111 R. Bultmann, Die evangelisch-theologische Wissenschaft in der Gegenwart (1926), in: Ders., Theologie als Kritik, 2002, (156–166) 156 f.

sie »als Wissenschaft vom Glauben ... zugleich Wissenschaft von Gott sein« – und umgekehrt[112]. Nach Bultmanns Eindruck versuchen alle theologischen Strömungen der Nachkriegszeit in irgendwelcher Weise, den Historismus zu überwinden. Am wirkungsvollsten tut dies die Dialektische Theologie. Im Anschluß an Barths zweiten »Römerbrief«, der die Theologie revolutioniert hat, ist in dem Kreis um Barth und Gogarten der Glaube wieder als das durch die Offenbarung Gottes in Jesus Christus begründete eschatologische Geschehen erfaßt worden. Damit einhergehend lehnt die Dialektische Theologie jegliche idealistische Kultursicht und insbesondere die Auffassung Jesu als einer heroischen religiösen Persönlichkeit ab. Vor allem Gogarten führt die prinzipielle Auseinandersetzung mit dem idealistischen Historismus und sucht als Schüler Troeltschs die von diesem noch selbst erkannten Aporien des Historismus zu verarbeiten.

Freilich räumte Bultmann in jenem Bericht in der »Frankfurter Zeitung« ein, die Dialektische Theologie sei »weit davon entfernt, ein theologisches System vorzulegen«. Sie stehe vielmehr »am Anfang der theologischen Arbeit«[113]. Sofern diese Notiz auf die grundsätzliche Offenheit des theologischen Diskurses gemünzt war, hatte sie gewiß keinen änigmatischen Sinn. Allerdings hob Bultmann mit seinem Votum konkret auf die innerhalb der Dialektischen Theologie 1926 noch völlig offene Diskussionslage ab. Nicht zuletzt enthält jene beiläufige Bemerkung einen versteckten Hinweis auf den von Bultmann selbst längst begonnenen Versuch, die religiöse Kulturkritik der frühen Dialektischen Theologie auch auf ihr positives Potential hin zu vertiefen[114] und in der Auseinandersetzung mit dem Historismus eben nicht auf die totale Enthistorisierung der Theologie zu setzen. Dieser Weg führte Bultmann über kurz oder lang in kontroverse Diskussionen mit Barth *und* mit Gogarten. Diesen Weg zu beschreiten, machte für ihn aber auch dringlich, sein Verhältnis zu derjenigen theologischen Tradition zu klären, aus der er kam. Die »Christliche Welt« Martin Rades repräsentierte diese Tradition auch nach 1918.

112 AaO 158.
113 AaO 162.
114 Vgl. ebd.

3. Der kritische Freund der »Christlichen Welt«

Aber während ich das Gefühl habe, daß nach der philosophischen Seite von Männern wie Gogarten und Bultmann das durchgearbeitet wird, was unsre Zeit braucht, und während ich zugebe, daß die ganze sogenannte dialektische Theologie der heranwachsenden Generation Antwort gibt, wo wir nicht antworten können – freilich keine letzte Antwort –, bin ich außer Stande ihnen zuzugestehen: ‚Ja, ihr steht drin im wahren Verständnis des Evangeliums, und wir stehen draußen! Und das wollen sie eigentlich. Das heißt: sie wollen unsere Bekehrung. Daher auch ihre schöne Leidenschaft.[115]

Das publizistische Flaggschiff des liberalen Kulturprotestantismus, die »Christliche Welt«, geriet nach dem Ersten Weltkrieg zunehmend ins Schlingern. Die politische Betätigung Martin Rades in der DDP führte zu Irritationen im Kreis der »Freunde der Christlichen Welt«. Einige von ihnen bestellten die Zeitschrift ab[116]. Die Kritik, die Hans von Soden im Juli 1920 am Kurs der »Christlichen Welt« übte, rückte die Frage nach deren Zukunft in den Vordergrund. Unbeschadet politischer und kirchenpolitischer Optionen, die durchaus divergieren könnten, müsse das Blatt die wissenschaftliche Theologie als das den Freundeskreis einende Band wieder stärker zum Ausdruck bringen. Auch habe die »Christliche Welt« angesichts der drängenden kirchlichen und religiösen Probleme der Gegenwart den religiösen Liberalismus nicht in Distanz, sondern im engen Bezug zur Kirche zu vertreten. Seine Forderungen unterstrich von Soden mit dem Hinweis: »Unser Freund Bultmann ... sieht viele Dinge anders als ich, und im Politischen ist er oft entgegengesetzter Meinung; aber er teilt das Bedauern, daß die ›Christliche Welt‹ so untheologisch geworden ist, und ist mit mir der Meinung, daß sie aufhören müßte, es zu sein, wenn sie bestehen und wachsen soll.«[117]

Auf der Linie dieser grundsätzlichen Argumentation opponierten Bultmann, Wilhelm Gottschick und von Soden von Breslau aus gegen die seit dem Frühjahr 1920 betriebene Vereinigung der »Freunde der Christlichen Welt« mit verschiedenen regionalen liberalprotestantischen Gruppierungen zu einem »Bund für Gegenwartschristentum«. Es war daran gedacht, die neue Dachorganisation des freien Protestantismus kirchenpolitisch mit dem »Deutschen Protestantenverein« zusammenzuführen. Diese Pläne lehnten die Breslauer ab. Sie plädierten dafür, daß sich die »Christliche Welt« und ihr Freundeskreis ihre theologische Prägung bewahren sollten. Wer in der Kirchenpolitik aktiv werden wolle, könne dies im Protestantenverein tun. Trotz solcher Bedenken beschloß die Mitgliederversammlung der »Freunde der

115 M. Rade, Eine ungehaltene Diskussionsrede, AdF Nr. 94, 5. 11. 1929, (1098 f.) 1099 (das Wort »Bekehrung« ist im Original gesperrt gedruckt).

116 Vgl. J. Rathje, Die Welt des freien Protestantismus, 1952, 273–275; M. Evang, Bultmann, 1988, 85–89.

117 H. von Soden an M. Rade, Juli 1920, in: Rathje, aaO 291–293.

Christlichen Welt« am 1. Oktober 1920 in Eisenach die Gründung des »Bundes für Gegenwartschristentum«. Freilich sollte sich bald zeigen, daß die neue Vereinigung einen dauerhaften Beitrag zur Lösung der internen konzeptionellen Probleme der »Freunde der Christlichen Welt« nicht würde leisten können.

Als 1921 der in Marburg ansässige »Verlag der Christlichen Welt« aus wirtschaftlichen Gründen aufgegeben werden mußte, stellte sich die Frage, ob und wie sich die Zeitschrift fortführen ließ. An den Beratungen darüber[118] nahm auch Bultmann teil. Allerdings fanden seine Vorstellungen über den zukünftigen Kurs der »Christlichen Welt« letztlich keine Berücksichtigung. Er hielt es zunächst für »ein schlimmes Zeichen für unsere Sache, daß man niemanden nennen kann, der der gegebene Mann wäre«, die »Christliche Welt« anstelle Rades oder gemeinsam mit ihm herauszugeben. Mehr noch nahm er Anstoß an einem von Rade und Rudolf Otto formulierten Programm für die neue Ära der Zeitschrift. Bultmann trug Rade und Otto seine kritischen Einwände vor. Ihr Programm sei viel zu allgemein und unklar gehalten, es weise vor allem keine konkreten Aussagen auf, »was man Neues wolle im Unterschied zu früher«. Um dieses Defizit zu beheben, arbeitete Bultmann einen Gegenvorschlag zu den Vorstellungen Rades und Ottos aus[119].

In seinem programmatischen Entwurf zur Weiterführung der in die Krise geratenen »Christlichen Welt« entwickelt Bultmann Gedanken zu vier Themenkreisen, deren theologische Durchdringung er 1921 zu den vordringlichen Aufgaben der Gegenwart rechnet: Geschichte und Wissenschaft, Kultur, Mystik und Gottesdienst. Zu jedem dieser Bereiche formuliert er zwei Thesen, deren erste jeweils die – nicht für Bultmann selbst, aber für die Herausgeber und Leser der »Christlichen Welt« – neue Sicht im Verhältnis zur betreffenden Sache und deren zweite jeweils das im Blick auf sie zu Bewahrende darlegt.

Hinsichtlich des Verhältnisses zur *Geschichte* fordert Bultmann, »über den Historismus der vergangenen Generation« hinauszugehen und das übergeschichtliche Wirken Gottes zu erfassen. Der Wissenschaft, zumal der Geschichtswissenschaft, kann zwar keine glaubensbegründende Funktion zukommen, aber an ihrer bleibenden Notwendigkeit auf dem Gebiet der Religion ist festzuhalten. Denn sie erzieht zur Wahrhaftigkeit und trägt zur Klärung der Kräfte und Motive des inneren religiösen Lebens bei. Was das Verhältnis zur *Kultur* angeht, mahnt Bultmann an, sie nicht ohne weiteres mit dem Reich Gottes ineinszusetzen. »Gottes Welt ist jenseits der Welt unserer Arbeit.« Es gilt aber weiterhin eine Verbindung zwischen dem Leben in Gott und dem tätigen Leben im Diesseits anzustreben. Denn die Spannung zwischen der Aufgabe der Kultur und der auf das Jenseits ausgerichteten Religion bereichert das innere Leben.

Die *Mystik* bejaht Bultmann insoweit, als sie das von Gott geschenkte Leben erschließt und transparent macht. Die Mystik ist jedoch nach wie vor abzulehnen,

118 Vgl. Rathje, aaO 287–290.
119 Bultmann an H. von Soden, 30. 10. 1921, Mn 2-2385; vgl. Evang (s. Anm. 116), 86.

wenn sie als eine religiöse Methode mit dem Ziel praktiziert wird, »das Göttliche durch eigene Anstrengung und Seelenleitung zu erfassen«. Orientiert Bultmann sich im Verhältnis zur Mystik am Kriterium der reformatorischen Rechtfertigungslehre, so geht in seine Bestimmung der Aufgabe des *Gottesdienstes* die reformatorische Hochschätzung des Wortes mit ein. Der Kultus hat keine pädagogischen Funktionen. Er stellt vielmehr »die Feier der in Gott verbundenen Gemeinde vor den Augen des Ewigen« dar. Nach wie vor bildet das »Wort« das Zentrum des Gottesdienstes. Nur müssen die gottesdienstliche Verkündigung und überhaupt der ganze Kultus, wie Bultmann im Anschluß an Schleiermacher betont, aus innerem religiösen Leben erwachsen und neu zu innerem religiösen Leben hinführen[120].

Der Programmentwurf Bultmanns ist in die weiteren Beratungen und Entscheidungen über die Zukunft der »Christlichen Welt« nicht unmittelbar eingegangen[121]. Für die Zeitschrift konnte nach intensiven Verhandlungen schließlich ein neuer Verlag gefunden werden. Ab Juli 1922 erschien die »Christliche Welt« im Hause Friedrich Perthes in Gotha/Stuttgart. Rade blieb Herausgeber, der Philosoph Hinrich Knittermeyer übernahm die Schriftleitung[122]. Für die ersten Ausgaben, die nach dem Verlagswechsel erschienen, schrieb Bultmann immerhin mehrere meditative Leitglossen: »Gott in der Natur«, »Unruhe und Ruhe«, »Vom Beten«, »Vom Schicksal«[123]. Bis 1930 erschienen auch weiterhin Rezensionen Bultmanns in der »Christlichen Welt«. Freilich blieb die Zeitschrift Rades nicht das einzige Medium, über das Bultmann ein breiteres Lesepublikum mit Problemstellungen und Diskussionen der wissenschaftlichen Theologie vertraut machte. Seit 1921 veröffentlichte er seine für eine solche Leserschaft bestimmten Buchbesprechungen und Forschungsberichte bevorzugt in der liberalen »Frankfurter Zeitung«, die zu den wenigen demokratischen Tageszeitungen der Weimarer Ära gehörte. Das bis 1924 von Rudolf Geck und danach von Benno Reifenberg geleitete Feuilleton der »Frankfurter Zeitung« war bis 1933 wie für Bultmann, so auch für zahlreiche andere Geistesgrößen der Zeit ein gern genutztes publizistisches Forum.

Trotz seiner Kritik am konturenlosen Erscheinungsbild der »Christlichen Welt« hegte Bultmann vorerst weiter die Hoffnung, das Blatt des freisinnigen Protestantismus und der Freundeskreis könnten sich den neueren theologischen Entwicklungen in den 1920er Jahren öffnen und den konstruktiven Diskurs mit der eigenen liberaltheologischen Tradition und der sich sukzessive formierenden Dialektischen Theo-

120 Bultmann an H. von Soden, 30. 10. 1921 (s. Anm. 119); der Text ist abgedruckt bei Evang (s. Anm. 116), 87. Vgl. auch die Paraphrase bei Evang, aaO 338 f.

121 Nicht einmal über H. von Sodens Reaktion auf Bultmanns Programm wissen wir Näheres, da sein Antwortschreiben auf Bultmanns Brief vom 30. 10. 1921 nicht erhalten ist.

122 Vgl. Rathje (s. Anm. 116), 288 f. – Nach dem Ausscheiden von Leopold Klotz aus dem Verlag Perthes 1925 erschien die »Christliche Welt« bis zu ihrem Verbot 1941 im Verlag Leopold Klotz/Gotha.

123 Vgl. R. Bultmann, Gott in der Natur, ChW 36 (1922), 489–491.513 f.553 f.; Ders., Unruhe und Ruhe, ChW 36 (1922), 569 f.; Ders., Vom Beten, ChW 36 (1922), 593 f.; Ders., Vom Schicksal, ChW 36 (1922), 609 f.

logie aufnehmen. Anfang Oktober 1923 kamen im Rahmen einer Tagung des »Bundes für Gegenwartschristentum« in Weimar die »Freunde der Christlichen Welt« zu ihrer Mitgliederversammlung zusammen. Bultmann nahm an der Veranstaltung nicht teil, nutzte aber die Gelegenheit, um seine Reformvorstellungen Hans von Soden mitzuteilen, der sie in Weimar vertreten sollte[124]. Bultmann plädierte dafür, daß die »Freunde der Christlichen Welt« nicht mehr gemeinsam mit dem »Bund für Gegenwartschristentum« tagen und vor allem bei ihren Zusammenkünften entschieden und konzentriert Theologie treiben sollten. Zu solcher theologischen Diskussion gehöre selbstverständlich auch die Erörterung kirchenpolitischer Fragen hinzu. Nur müsse die »Christliche Welt« sich von der Chimäre verabschieden, sie könne »ein Organ für den Gesamt-Protestantismus oder für moderne Protestantische Geisteskultur (analog etwa dem ›Hochland‹)« sein[125].

Ein Jahr später ergriff Bultmann erneut die Initiative, um den Freundes-Tagungen ein verändertes Profil zu verleihen. Er nahm, wenn auch eher auf Drängen seiner Frau als auf eigenen Wunsch hin, an der Tagung des »Bundes für Gegenwartschristentum« und der »Freunde der Christlichen Welt« teil, die vom 6.–8. Oktober 1924 in Frankfurt/Main stattfand. Die Zusammenkunft hinterließ auf ihn den Eindruck einer schlechten Mixtur von Vorträgen unterschiedlicher Qualität, miserablen Diskussionen und eines völlig verunglückten geselligen Beiprogramms. Bultmann schilderte Gogarten voller Sarkasmus, was er in Frankfurt erlebt hatte, und kündigte an, wenn es so weitergehe, nicht mehr mitmachen zu wollen[126]. Freilich gab er vorher seine Bedenken gegenüber der für ihn unbefriedigenden Tagungspraxis zu Protokoll und unterbreitete Vorschläge, wie sich die Versammlungen der »Freunde der Christlichen Welt« zukünftig auf einer einheitlichen konzeptionellen Basis neu strukturieren ließen[127].

Im Zentrum der Tagungen sollte die gemeinsame theologische Arbeit stehen. Sie legte die Konzentration auf *ein* Thema nahe, das ausgiebig zu erörtern war[128]. Der Teilnehmerkreis hatte dem Sachverhalt Rechnung zu tragen, daß die theologische Debatte »*Denken* erfordert, und daß sie *schwierig* und nicht für Jedermann ist«. Bultmann empfahl, alle ästhetisierenden und erbaulichen Nebenveranstaltungen rigoros vom Tagungsprogramm zu streichen. Inhaltlich forderte er, die Besinnung auf die gegenwärtige theologische Situation zum Thema der theologischen Arbeit zu machen. Denn seine Erfahrungen bei der Frankfurter Tagung hatten ihm deutlich werden lassen, daß er »*diametral entgegengesetzter* Meinung« im Blick auf das war,

124 Vgl. Bultmann an F. Gogarten, 31. 8. 1923, in: H. G. GÖCKERITZ (Hg.), Bultmann-Gogarten Bw., 2002, (40–43) 43.

125 Bultmann an H. von Soden, 29. 9. 1923, Mn 2-2385; vgl. auch den Bericht über die Weimarer Tagung, in: F. Gogarten an Bultmann, 9. 10. 1923, in: GÖCKERITZ, aaO (44–46) 44 f.

126 Vgl. Bultmann an F. Gogarten, 19. 10. 1924, in: GÖCKERITZ, aaO (58–63) 61.

127 Zum Folgenden vgl. R. BULTMANN, Zur Frankfurter Tagung, AdF Nr. 78, 5. 11. 1924, 853 f.

128 Vgl. Bultmann an F. Gogarten, 19. 10. 1924 (s. Anm. 126), 60 f.: »... wenn ein solches Thema wie Kant und der Protestantismus verhandelt wird, genügen nicht zwei Stunden für die Debatte, sondern sind zwei Tage das mindeste.«

was dort die Pfarrer Johannes Herz und Paul Luther als das Gemeinsame des Freundeskreises der »Christlichen Welt« ausgegeben hatten. Bultmann empfand es als erschütternd, daß ein großer Teil der »Freunde« gar nicht imstande war, die Problemstellungen und Intentionen der neueren theologischen Bewegung zu erkennen[129]. Er diagnostizierte als Kernproblem, über das auf den Tagungen – natürlich anhand konkreter Einzelthemen – zu debattieren sich allein lohne, den Generationen- oder auch theologischen Richtungsstreit zwischen der älteren liberalen und der Dialektischen Theologie[130]. Nennenswerte Reaktionen rief der Artikel Bultmanns im Freundeskreis nicht hervor. Einzig Martin Rade versuchte das Votum Bultmanns als Gesprächsanregung aufzunehmen, erzielte damit allerdings keine Resonanz[131].

Nachdem seine verschiedenen Initiativen, die »Christliche Welt« und ihren Freundeskreis für den theologischen Dialog insbesondere mit der Dialektischen Theologie zu öffnen, gescheitert waren, sah Bultmann keinen Anlaß zu weiteren Aktivitäten in dieser Sache. Dies um so weniger, als seit 1927 die jährlichen Tagungen der »Alten Marburger« exakt das theologische Arbeitsforum wurden, zu dem Bultmann bis 1924 die Zusammenkünfte der »Freunde der Christlichen Welt« hatte machen wollen. Ein gewisses Äquivalent für die »Christliche Welt«, jedenfalls für deren wissenschaftliche Partien, schufen Bultmann und Hans von Soden zudem, als sie die während des Ersten Weltkrieges eingestellte »Theologische Rundschau« wiederbelebten. Am 28. Januar 1928 fand in Marburg die entscheidende Vorbesprechung zur Neugründung der »Theologischen Rundschau« statt. An dieser Besprechung nahmen Dr. Oskar Siebeck und der Lektor Dr. Oskar Rühle vom Verlag Mohr Siebeck in Tübingen sowie die Hauptherausgeber Bultmann (Neues Testament) und von Soden (Kirchengeschichte) teil, dazu als Fachvertreter Walter Baumgartner (Altes Testament), Friedrich Gogarten (Systematische Theologie), Hermann Faber (Praktische Theologie) und Martin Heidegger (Philosophie).

Die Herausgeber und Fachberater kamen darin überein, daß die »Theologische Rundschau« grundsätzlich für Mitarbeiter verschiedener theologischer Richtungen offen sein sollte. Bultmann lag insbesondere daran, nicht den falschen Eindruck aufkommen zu lassen, als handele es sich bei der Zeitschrift um ein Unternehmen der Dialektischen Theologie[132]. Er sorgte jedoch dafür, daß »*eine* theologische Gruppe von der Mitarbeit ausgeschlossen« wurde, »weil sie in ihrer theologischen Arbeit Sauberkeit und Reinheit vermissen lässt: die positive Rechte, die sich etwa in Reinhold Seeberg und Althaus charakteristisch verkörpere«[133]. Die »Theologische Rundschau« sollte kein Rezensionsorgan sein, sondern umfassend Orientierung über die

129 Bultmann (s. Anm. 127), 854.

130 Vgl. Bultmann an F. Gogarten, 19. 10. 1924 (s. Anm. 126), 61.

131 Vgl. M. Rade, Beitrag o.T., AdF Nr. 78, 5. 11. 1924, 854.

132 Bultmann an F. Gogarten, 5. 8. 1928, in: Göckeritz (s. Anm. 124), 133 f. – Bezeichnenderweise sah Gogarten eine Gefahr bei der Zusammensetzung der Fachberater eher darin, daß die »Theologische Rundschau« als ein liberales Unternehmen erscheinen könnte. Vgl. F. Gogarten an Bultmann, in: Göckeritz, aaO (135 f.) 135.

133 Protokoll der Besprechung vom 28. 1. 1928, Mn 2-2484.

Probleme und Ergebnisse der Forschung auf allen Gebieten der Theologie geben. Als Adressaten faßten die Initiatoren außer den Vertretern der akademischen Theologie gerade auch Pfarrer, Religionslehrer und theologisch interessierte Laien ins Auge. Bultmann und von Soden knüpften an die mit der »Theologischen Rundschau« bereits seit ihrem ersten Erscheinen 1897 verbundene Intention an, zwischen der wissenschaftlichen Theologie und der beruflichen Praxis in Kirche und Schule zu vermitteln. Dabei betonten die Herausgeber der ab 1929 erscheinenden »Neuen Folge« der Zeitschrift, der christliche Glaube stelle keine isolierte Lebenssphäre dar, sondern beanspruche den ganzen Menschen in allen seinen Lebensvollzügen. Daher müsse die theologische Wissenschaft durch ihre Arbeit mit dazu beitragen, daß der Glaube und das Leben der Kirche nicht verkümmerten oder gar überfremdet würden[134].

Karl Barth nahm es als eine implizite Absage an seine Theologie auf, daß Bultmann »sich mit der Neugründung der Theologischen Rundschau mit Hans v. Soden öffentlich an einen Tisch« gesetzt habe[135]. Als er dieses Urteil fällte, war Barth freilich schon so sehr von der Unüberbrückbarkeit der Differenzen im Lager der Dialektischen Theologie überzeugt, daß er in der Wiederbelebung der »Theologischen Rundschau« höchst undifferenziert nur die Rückkehr zu liberalen Positionen sehen konnte[136]. Unter Verweis auf seine theologische Distanz zu Bultmann und Gogarten hatte Barth bereits zwei Jahre zuvor seine Teilnahme an der Herbsttagung des »Bundes für Gegenwartschristentum« in Eisenach 1929 abgesagt. Auf Rades Einladung zu dieser Tagung[137] reagierte Barth mit der lakonischen Auskunft, er wolle »*Bultmann* und *Gogarten* ihre Sache lieber allein« in Eisenach vertreten lassen. Denn er habe mit der Verantwortung für seinen eigenen Weg genug zu tun[138].

Rade setzte große Erwartungen in die Eisenacher Tagung. Sie sollte den in den Jahren zuvor nicht wirklich geführten Dialog zwischen den im »Bund für Gegenwartschristentum« organisierten liberalen Protestanten und maßgeblichen Vertretern der Dialektischen Theologie herbeiführen. Die Präliminarien des Treffens gestalteten sich schwierig. Bultmann bestand auf einem einheitlichen Thema und einer einheitlichen Rednerliste für die Tagung. Die Zustimmung zu diesem Vorschlag konnte Rade dem Vorstand des »Bundes für Gegenwartschristentum« nur mit Mühe abgewinnen[139]. Bultmann wiederum hatte einige Überzeugungsarbeit zu leisten, um

134 Vgl. A. Lindemann, Zur Geschichte der Theologischen Rundschau, ThR 69 (2004), 1–3; dazu den Rundbrief an künftige Mitarbeiter der ThR NF, in: Göckeritz (s. Anm. 124), 289–291.

135 K. Barth an Bultmann, 20.6. 1931, in: B. Jaspert (Hg.), Barth-Bultmann Bw., 1994², (122–127) 126.

136 S. dazu auch u. 221–226.

137 Vgl. M. Rade an K. Barth, 18.7. 1929, in: Ch. Schwöbel (Hg.), Barth-Rade Bw., 1981, 244–246.

138 K. Barth an M. Rade, 24.7. 1929, in: Schwöbel, aaO 246.

139 Vgl. M. Rade, Eisenach 1929, AdF 92, 15.3. 1929, 1059f.; dazu Bultmann an F. Gogarten, 17.2., 24.2. u. 20.3. 1929, in: Göckeritz (s. Anm. 124), (154f.) 155.(155f.)156.162–164.

Gogarten dazu zu bewegen, sich mit einem Vortrag an der Tagung zu beteiligen[140]. Denn Gogarten hatte sich nicht nur längst von der liberalen Theologie losgesagt, er verspürte auch wenig Neigung, das in seinen Augen sinnlose Gespräch mit den »Kulturgläubigen«[141], wie er die liberalen Protestanten verächtlich bezeichnete, zu führen. Allein Bultmanns Werben und die Aussicht, »eine Klärung unseres Verhältnisses zu der CW oder vielmehr der CW zu uns« herbeizuführen, ließen Gogarten einlenken[142].

Am 2. Oktober 1929 hielten Bultmann und Gogarten in Eisenach ihre Vorträge zum Thema »Wahrheit und Gewißheit«[143]. Einen Tag später kam es zur Aussprache, an der sich außerordentlich viele der 192 Tagungsteilnehmer mit teilweise ausführlichen Beiträgen beteiligten[144]. Der auf Ausgleich zwischen den theologischen Richtungen bedachte Rade nahm in der Debatte eine harmonische Stimmung wahr. Ihm blieb lange verborgen, was Bultmann und Gogarten in ihren Schlußworten schonungslos offenlegten: das vollständige Scheitern des Versuchs, eine theologische Verständigung zwischen den älteren »Liberalen« und den jüngeren »Dialektikern« zu erreichen. Bultmann zeigte sich in seinem Schlußvotum enttäuscht über den Verlauf der Diskussion, in der sich lediglich Ernst Bizer und Rudolf Paulus auf sein und Gogartens Anliegen eingelassen hätten. »Eine deprimierende Situation ist durch dies Durcheinander entstanden, wie eine babylonische Sprachverwirrung.«[145] Es lohne sich allenfalls noch über das Wort Gottes miteinander zu diskutieren. Gogarten erklärte gar, die Fortführung des Gesprächs in diesem Kreis mache keinen Sinn. Rade gab die Schuld an dem Desaster nicht den beiden Rednern, sondern denjenigen Liberalen, die der Versammlung ferngeblieben seien oder auf ihr geschwiegen hätten. Enttäuscht darüber, daß der »Bund für Gegenwartschristentum« als Forum für die theologische Auseinandersetzung versagt hatte, legte Rade den Vorsitz des »Bundes« nieder. Aus Eisenach nahm er aber nicht den Eindruck mit, daß Bultmann und Gogarten »mit uns Aelteren gebrochen hätten«. Rade gab daher seinen Nachfolgern im Vorstand des »Bundes für Gegenwartschristentum« als Vermächtnis mit auf den Weg, den Dialog mit der Dialektischen Theologie fortzusetzen[146].

140 Vgl. die Anm. 139 aufgeführten Briefe Bultmanns an Gogarten.

141 F. Gogarten an Bultmann, 16. 8. 1923, in: Göckeritz, aaO (38–40) 39.

142 F. Gogarten an Bultmann, 26. 2. 1929, in: Göckeritz, aaO (157 f.) 157; vgl. auch F. Gogarten an Bultmann, 11. 5. 1929, aaO 168 f.

143 Vgl. R. Bultmann, Wahrheit und Gewißheit, in: Ders., Theologische Enzyklopädie, hg. von E. Jüngel u. K.W. Müller, 1984, 183–205; F. Gogarten, Wahrheit und Gewißheit, ZZ 8 (1930), 96–119. – Als dritter Redner war Pfarrer Karl Aé (Dresden) vorgesehen. Da Aé krankheitsbedingt ausfiel, übernahm es Pfarrer Karl Fischer (Lauenstein/Sachsen), in einem Referat das Tagungsthema auf das kirchliche Leben hin auszurichten.

144 Vgl. E. Stier, Bund für Gegenwartschristentum, AdF Nr. 94, 5. 11. 1929, 1078–1098; R. Paulus, Wahrheit und Gewißheit, ChW 43 (1929), 1018–1026; Rathje (s. Anm. 116), 375 f.

145 Schlußvotum Bultmanns, in: Stier, aaO 1097; vgl. auch Bultmann an K. Barth, 14. 11. 1929, in: Jaspert (s. Anm. 135), (94 f.) 95.

146 M. Rade, Zur Orientierung für die nächste Vorstandssitzung des BGC, AdF Nr. 94, 5. 11. 1929, (1099 f.) 1100.

Die Bereitschaft Bultmanns, mit den älteren Liberalen im Freundeskreis der »Christlichen Welt« die theologische Debatte zu führen, war spätestens nach dem Mißlingen der Eisenacher Tagung 1929 erschöpft. Daß Rade noch im Oktober 1929 – entgegen seinen öffentlichen Stellungnahmen zu den Eisenacher Vorträgen Bultmanns und Gogartens – Karl Barth vor Gogarten und dessen angeblicher geistiger Unzurechnungsfähigkeit gewarnt haben soll, gehörte zu den atmosphärischen Störungen, die es Bultmann zusätzlich erschwerten, in die Beziehung zu Rade und seinem Kreis weiter irgendwelche Erwartungen zu setzen[147]. Er führte seine sukzessive Entfremdung von Rade und den »Freunden der Christlichen Welt« aber hauptsächlich auf deren Unvermögen zurück, sich konstruktiv mit den von der neueren theologischen Bewegung ausgehenden Impulsen auseinanderzusetzen[148].

4. Fakultätsangelegenheiten

> *Der Star von Marburg ist Rudolf Bultmann (N. T.), ein ebenso fleißiger wie belesener Gelehrter ... Bultmanns Vorlesungen und Seminar sind die Frucht von bewundernswerter Genauigkeit und Scharfsinn. Seine historisch-kritische Arbeit führt oft zu exegetischen Ergebnissen, die einem nüchternen Holländer wohl manchmal etwas gewagt erscheinen.*[149]

Die diesem Kapitel vorangestellte Charakterisierung der Lehrtätigkeit Bultmanns entstammt der Feder des niederländischen Theologiestudenten Jonkheer Willem van Lennep, der im Sommer 1933 seine Eindrücke aus einem zweisemestrigen Auslandsstudium in Marburg niederschrieb. Sein Bericht, ein Panegyrikus auf die Marburger Philipps-Universität und ihre Theologische Fakultät, erschien ein Jahr später in einer niederländischen Zeitschrift. Entsprechend der Intention des Verfassers, seine niederländischen Kommilitonen für ein Auslandsstudium in Marburg zu begeistern, war die Darstellung als eine Art Werbetext konzipiert. Gleichwohl gewähren die Beobachtungen, Impressionen und knappen Analysen van Lenneps instruktive Einblicke in die damaligen Studienverhältnisse in Marburg und ihr Umfeld, den Lehrbetrieb an der Theologischen Fakultät und die Forschungsschwerpunkte der einzelnen Theologieprofessoren. So hat der ausländische Beobachter durchaus zutreffend erfaßt, daß die Fakultät, obwohl ihre Mitglieder durchweg dem Ethos einer strengen, an der historischen Kritik orientierten Wissenschaftlichkeit verpflichtet

147 Vgl. F. Gogarten an Bultmann, 21. 10. 1929, in: Göckeritz (s. Anm. 124), (174 f.) 175; Bultmann an K. Barth, 25. 11. 1929, in: Jaspert (s. Anm. 135), (96 f.) 97.

148 Vgl. Bultmann an K. Barth, 9. 12. 1928, in: Jaspert, aaO (92 f.) 93; Bultmann an F. Gogarten, 11. 12. 1928, in: Göckeritz, aaO (149–151) 149 f.

149 H. Schneider (Hg.), Marburg, das irdische Paradies der Theologen. Eindrücke des niederländischen Studenten Jonkheer van Lennep im Sommersemester 1933, alma mater philippina WS 1995/96, (24–30) 29.

waren, 1933 kein homogenes Erscheinungsbild abgab. Auch wegen der hier angetroffenen theologischen Vielfalt kam van Lennep der Studienort Marburg »vor allem im Sommer« wie »das irdische Paradies der Theologen« vor[150].

Nimmt man, was dem auswärtigen Zeitzeugen nicht möglich war, die Verhältnisse aus der historischen Distanz näher in Augenschein, dann zeigt sich freilich, daß auch die Marburger Theologische Fakultät ihre Arbeit jenseits von Eden zu verrichten hatte. Bultmann jedenfalls war, seitdem er der Fakultät angehörte, nicht gewillt, sich auf sein neutestamentliches Fachgebiet zu beschränken und ansonsten den Lehrbetrieb einfach weiterlaufen zu lassen. Vielmehr richtete er sein Bestreben von Anfang an darauf, daß sich die Marburger Theologische Fakultät als ganze aktiv an dem Neubau der Theologie beteiligte, wie er sich in der Bewegung der Dialektischen Theologie abzeichnete. Dabei entwickelte Bultmann nur wenig Interesse an der akademischen Gremienarbeit, auch wenn er sich den mit ihr verbundenen Pflichten nicht entzog. Noch weniger Verständnis brachte er dafür auf, daß sich einzelne Kollegen wie etwa der Kirchenhistoriker Hermelink oder Martin Rade in diversen Ämtern auf der universitären oder politischen Ebene betätigten. Solches Engagement erschien Bultmann als eine Verzettelung der Kräfte, die für die konzentrierte Arbeit an der Sache der Theologie dringender benötigt würden. Er selbst beteiligte sich in dem Jahrzehnt nach 1921 auf andere Weise an der Aufgabe, die Zukunft seiner Fakultät mitzugestalten.

Schon im Wintersemester 1921/22 beschäftigte Bultmann die Frage, ob und wie der Marburger akademische Gottesdienst auf eine neue konzeptionelle Basis gestellt werden könne[151]. Er empfand die Predigtdarbietungen der beiden Universitätsprediger Karl Bornhäuser und Friedrich Niebergall als unbefriedigend. Mehr noch mißfiel ihm, daß der Universitätsgottesdienst in Marburg traditionell in Verbindung mit dem regulären Gemeindegottesdienst der Reformierten Stadt- und Universitätskirche gefeiert wurde. Bultmann strebte hier eine grundlegende Strukturreform an. Ihm schwebte die Einrichtung eines eigenständigen, aus der Verflechtung mit der Parochie gänzlich gelösten Universitätsgottesdienstes vor. Dieser Gottesdienst könnte – wie etwa in Gießen – durch eine geeignete liturgische Gestaltung und adressatenorientierte Predigten das Gemeinschaftsbewußtsein der Dozenten und Studierenden aller Fakultäten lebendig werden lassen. Alle Professoren der Theologie – nicht allein die beiden Universitätsprediger – sollten am Halten der Predigten beteiligt sein.

Ein solches Modell in Marburg durchzusetzen, erwies sich als schwierig. Die amtierenden Universitätsprediger Bornhäuser und Niebergall zeigten wenig Neigung, auf ihre angestammten Rechte zugunsten der übrigen Mitglieder der Fakultät zu verzichten. Um trotzdem eine neue Regelung zu erreichen, ging Bultmann zweiglei-

150 AaO 25.

151 Vgl. Bultmann an H. von Soden, 21. 12. 1921, Mn 2-2385; Einzelheiten zum Folgenden bei K. Hammann, Rudolf Bultmann und der Universitätsgottesdienst in Marburg, ZThK 90 (1993), 87–116.

sig vor. Unterstützt von den in dieser Sache mit ihm gleichgesinnten Hermelink und Rade, führte er zunächst am 1. Juni 1922 den Beschluß der Theologischen Fakultät herbei, zusätzlich zu den von den Universitätspredigern gehaltenen Gottesdiensten zwölf weitere akademische Gottesdienste pro Jahr einzurichten. Diese von den Theologieprofessoren und der Theologenschaft gemeinsam verantworteten zusätzlichen Universitätsgottesdienste konnten von Pfingsten 1923 an im »Michelchen«, der am Berghang gegenüber der Elisabethkirche gelegenen Michaelskapelle, gefeiert werden.

Darüber hinaus ging es Bultmann um eine grundsätzliche Klärung der rechtlichen Gegebenheiten im Zusammenhang mit dem Universitätsgottesdienst und dem Universitätspredigeramt. So gab die Theologische Fakultät am 14. Mai 1923 ein Gutachten über die Rechtslage des Universitätsgottesdienstes in Auftrag. Sie bestellte den durch kirchenrechtliche Studien einschlägig ausgewiesenen Marburger Rechtswissenschaftler Johann Victor Bredt zum Gutachter[152]. Das von Bredt bereits am 28. Juli vorgelegte Gutachten führte die rechtliche Struktur des mit dem Gottesdienst der reformierten Gemeinde verbundenen Universitätsgottesdienstes historisch auf eine Vereinbarung aus dem Jahre 1676 zurück. Bei der kirchenrechtlichen Beurteilung des historischen Befundes gelangte Bredt zu dem Ergebnis, daß – unbeschadet der eigentümlichen Stellung des Universitätspredigeramtes im Spannungsfeld zwischen Staat und Kirche – das Abkommen von 1676 weiterhin die Rechtsgrundlage des akademischen Gottesdienstes bilde. Dies gelte auch unabhängig von den neueren Entwicklungen im Verhältnis zwischen Staat und Kirche nach der Aufhebung des landesherrlichen Summepiskopats durch die Verfassung des Deutschen Reichs vom 11. August 1919[153].

Obwohl das Gutachten Bredts auf die Empfehlung hinauslief, am *Status quo* des Universitätsgottesdienstes festzuhalten, ließ Bultmann nicht locker in seinen Reformbemühungen. Dabei konnte er sich bestärkt fühlen durch Erwägungen, die Hans von Soden zum staatskirchenrechtlichen Status des Universitätsgottesdienstes und des mit ihm verbundenen Amtes angestellt hatte. Im Gegensatz zu Bredt begriff von Soden das Ende des Staatskirchentums als eine tiefe Zäsur, die nicht ohne Folgen für die ganze Institution bleiben könne. Er plädierte dafür, den Universitätsgottesdienst vollständig in die Verantwortung der Theologischen Fakultäten zu überstellen. Die akademische Lehrfreiheit schließe das Recht der Theologischen Fakultäten mit ein, auf der Basis der allgemeinen Kultus- und Religionsfreiheit auch geistliche Funktionen im Universitätsgottesdienst auszuüben[154]. Gestützt auf die

152 J.V. Bredt (1879–1940) lehrte seit 1910 Rechtswissenschaften in Marburg. Er verfaßte u.a. ein mehrbändiges Werk über das evangelische Kirchenrecht für Preußen. Bredt versah ab dem 31.3. 1930 das Amt des Reichsjustizministers.

153 Vgl. J.V. Bredt, Das Amt des Universitäts-Predigers in Marburg, Typoskript 1923, UA Marburg, 307a acc. 1950/1 Nr. 52; dazu Hammann (s. Anm. 151), 100–108.

154 Vgl. H. von Soden, Rez. über U. Stutz, Das Bonner evangelische Universitätspredigeramt in seinem Verhältnis zu Staat, Kirche und Gemeinde (SPAW.PH 1921, 171–193), Korrespondenzbl. des Gesamtvereins der deutschen Geschichts= und Altertumsvereine 96 (1921), 262–264.

Beurteilung der Rechtslage durch von Soden, ergriff Bultmann in Sachen Universitätsgottesdienst noch einmal die Initiative, als er im Wintersemester 1924/25 das Dekanat der Theologischen Fakultät innehatte. Er veranstaltete unter den deutschen Evangelisch-Theologischen Fakultäten eine Umfrage zu den Gegebenheiten des Universitätsgottesdienstes, seinen rechtlichen und finanziellen Rahmenbedingungen sowie möglichen Veränderungen im Zusammenhang mit der Neugestaltung des Verhältnisses von Staat und Kirche[155]. Zweifellos erhoffte sich Bultmann von der Umfrage Resultate, die sich gegebenenfalls bei der Umsetzung der geplanten Reform in Marburg verwenden lassen könnten. Dazu kam es jedoch nicht. Die institutionellen und personellen Konstellationen im Bereich des Universitätsgottesdienstes, dies zeigten die Antworten von fünfzehn Fakultäten, waren derart disparat, daß sich aus ihnen eine eindeutige Präferenz der von Bultmann bevorzugten Konzeption nicht ableiten ließ. Auch auf diesem Weg konnte eine Reform der Verhältnisse an der Marburger Universitätskirche also nicht realisiert werden.

Acht Jahre später erreichte die Theologische Fakultät auf Betreiben Bultmanns und von Sodens immerhin, daß bis auf weiteres alle dazu bereiten Mitglieder der Fakultät die Universitätsgottesdienste halten sollten. Infolge des Todes Friedrich Niebergalls 1932 und der Emeritierung Karl Bornhäusers 1933 waren die bislang von den Universitätspredigern gehaltenen akademischen Gottesdienste verwaist. Die durch Bultmann und von Soden dominierte Fakultät traf daraufhin im Mai 1933 mit der reformierten Gemeinde eine Vereinbarung über die Verteilung der Universitätsgottesdienste an die Theologieprofessoren. Die Fakultät wäre nach dem Gutachten Bredts zu diesem Schritt gar nicht befugt gewesen. Die gefundene pragmatische Regelung bildete die Voraussetzung dafür, daß der Marburger Universitätsgottesdienst von 1933 bis 1945 für Bultmann und von Soden zu einem wichtigen Forum der geistig-theologischen Auseinandersetzung mit dem Nationalsozialismus wurde[156].

Im sensiblen Bereich der Berufungsangelegenheiten schaltete sich Bultmann besonders dort ein, wo Professuren zu besetzen waren, denen nach seinem Urteil profilbildende Bedeutung für die Marburger Theologische Fakultät zukam. An der Regelung der Nachfolge Adolf Jülichers hatte er als unmittelbar betroffener Fachkollege ein naheliegendes Interesse. Die adäquate Besetzung des systematisch-theologischen Lehrstuhls sicherzustellen, hielt er für ein Erfordernis, das sich aus der spezifischen Rolle der Systematischen Theologie im Zusammenspiel der theologischen Einzeldisziplinen ergab.

Schon bald nach seinem Dienstantritt in Marburg faßte Bultmann den Gedanken, seinen Freund Hans von Soden für die in absehbarer Zeit frei werdende Professur Jülichers gewinnen zu können[157]. Als Jülichers Emeritierung nahte und die Fakultät

155 Vgl. den Wortlaut der Umfrage Bultmanns vom 3. 2. 1925 bei HAMMANN (s. Anm. 151), 110 f.
156 S. u. 258, 272–274.
157 Vgl. Bultmann an H. von Soden, 30. 10. 1921, Mn 2-2385.

dem Ministerium Vorschläge für die Besetzung seines Lehrstuhls zu unterbreiten hatte, gelang es Bultmann ohne Schwierigkeiten, von Soden *primo loco* der Fakultätsliste zu plazieren. Auch Jülicher war damit einverstanden, daß der Harnack-Schüler sein Nachfolger werden sollte[158]. In der Begründung ihrer Berufungsliste hob die Fakultät hervor, von Soden gehöre zu den wenigen Gelehrten, die sowohl im Neuen Testament als auch in der Kirchengeschichte über ausgezeichnete, durch eigene Forschungen abgedeckte Kenntnisse verfügten. Auf Grund seiner zahlreichen Studienreisen sei er bestens geeignet für die Verwaltung der mit dem Lehrstuhl verbundenen Christlichen Archäologie. Vor allem aber – und hier spiegelt der Wortlaut das vitale Interesse wider, das Bultmann an der Berufung seines Freundes hatte – nehme von Soden »als ausgesprochene theologische Persönlichkeit an den kirchlichen und religiösen Problemen unserer Zeit mit dem ruhigen Urteil und der Sachkenntnis des Historikers und mit charaktervoller Sicherheit des Willens teil«[159]. Den Ruf nach Marburg nahm von Soden 1924 an[160]. Den Erwartungen, die Bultmann mit seinem Kommen verband, sollte von Soden in den Jahren seiner Marburger Wirksamkeit mehr als gerecht werden.

Ohne Erfolg blieben Bultmanns Bemühungen, Friedrich Gogarten nach Marburg zu holen. Er faßte den Stelzendorfer Pfarrer erstmals Ende 1921 als Kandidaten für das Extraordinariat für Systematische Theologie ins Auge, das durch den Weggang Horst Stephans nach Halle frei wurde. Bultmann richtete daher an Gogarten die vertrauliche Anfrage, ob dieser sich eine Mitarbeit in der stark historisch-kritisch ausgerichteten Marburger Fakultät vorstellen könne. Er nehme eine große Nähe zwischen Gogartens Versuch, »über die alte ›liberale‹ Theologie hinauszukommen«, und seiner eigenen theologischen Arbeit wahr. Um mit innerer Gewißheit für Gogarten eintreten zu können, erbitte er von ihm ein Votum zu der Frage, welches Gewicht er dem positiven Erbe der historischen Theologie bei der Bewältigung der zukünftigen theologischen Aufgaben zuzumessen gedenke[161]. Bultmanns Klärungsbedarf in dieser Sache war verständlich, wollte er doch einen Pfarrer in ein akademisches Lehramt bringen, der sich zwar in den jüngsten theologischen Debatten mit unverwechselbarer Stimme zu Wort gemeldet hatte, dem aber jede formale Qualifikation für eine akademische Laufbahn fehlte. Allerdings stellte sich die Initiative Bultmanns ohnehin bald als gegenstandslos heraus, da das für Gogarten in Erwä-

158 Vgl. Bultmann an H. von Soden, 30. 3. 1923, Mn 2-2385.

159 Theologische Fakultät Marburg an den Minister für Wissenschaft, Kunst und Volksbildung, 19. 5. 1923, UA Marburg, 307a acc. 1962/12 Nr. 7. – Die Fakultät setzte H. Windisch an die zweite Stelle sowie W. Sattler und E. Peterson auf die weiteren Plätze der Liste. Sie erklärte eine Berufung des von F. Heiler vorgeschlagenen ehemaligen katholischen Liturgiewissenschaftlers L. Fendt für nicht erwünscht, da mit Heiler bereits ein Konvertit an der Fakultät tätig sei.

160 Der Lehrauftrag von Sodens umfaßte Neues Testament und Kirchengeschichte, daneben auch Christliche Archäologie und Kirchenrecht.

161 Bultmann an F. Gogarten, 19. 12. 1921, in: H. G. Göckeritz (Hg.), Bultmann-Gogarten Bw., 2002, (1–3) 2; vgl. Gogartens Antwort an Bultmann vom 23. 12. 1921, aaO 3–6.

gung gezogene Extraordinariat nicht mehr mit einem Systematiker besetzt wurde[162]. Indes markierte Bultmanns persönliche Kontaktaufnahme zu Gogarten den Beginn einer langjährigen freundschaftlichen Beziehung, in der die von Bultmann Ende 1921 aufgeworfene Frage nach dem Verhältnis von Theologie und Historie, Glaube und Geschichte das zentrale Thema bleiben sollte.

Den zweiten Anlauf, Gogarten einen Ruf nach Marburg zu verschaffen, unternahm Bultmann 1929. Als die Professur für Systematische Theologie neu zu besetzen war, schlug die Fakultät am 4. Februar 1929 auf ihrer Berufungsliste an erster Stelle Heinrich Frick, auf dem zweiten Platz Paul Tillich sowie an dritter Stelle gemeinsam Theodor Siegfried und Georg Wünsch vor. Freilich hatte sich das preußische Kultusministerium schon vor Eröffnung des Berufungsverfahrens auf Frick als Nachfolger Rudolf Ottos festgelegt. Frick war Schüler und Freund Ottos, dieser aber hatte sich vom Ministerium zusichern lassen, daß seine Stelle nicht ohne sein Einverständnis besetzt werde[163]. Bultmann entschloß sich, ein Separatvotum vorzulegen, obwohl ihm klar war, daß er damit angesichts der bereits geschaffenen Fakten kaum etwas würde erreichen können.

In seinem Sondervotum vom 27. Januar 1929 grenzte Bultmann sich zunächst vom Listenvorschlag der Fakultät ab. Heinrich Frick sei wohl ein tüchtiger Theologe mit der Begabung zum Religionshistoriker, jedoch kein produktiver Systematiker. Die Arbeit Theodor Siegfrieds zeichne sich durch Gelehrsamkeit aus, ein theologisches Motiv werde in ihr freilich nicht wirksam. Georg Wünsch habe sich in der Sozialethik Verdienste erworben, was jedoch nicht ausreiche, um ihn für die Systematische Professur in Betracht zu ziehen. Paul Tillich sei eher spekulativer Religionsphilosoph als Systematischer Theologe. Gegen ihn spreche, daß sein Verhältnis zur dogmatischen Tradition ungeklärt und zudem durch unzureichende Kenntnisse belastet sei. Als problematisch stelle sich auch der rein aus ästhetischen Motiven gespeiste Wille Tillichs zur Systemkonstruktion dar[164]. Sodann präsentierte Bultmann seine eigenen Wunschkandidaten: Friedrich Gogarten, Karl Barth und Friedrich Karl Schumann. Obwohl er die ausgezeichnete, »mit glänzenden Intuitionen« durchgeführte theologische Arbeit Barths anerkenne, könne er ihn doch nur an zweiter Stelle hinter Gogarten nennen. Denn bei Barth trete das wissenschaftliche

162 Vgl. Bultmann an F. Gogarten, 29. 1. 1922, aaO 6 f.

163 Vgl. Bultmann an F. Gogarten, 4. 11. 1928, aaO (142–147) 145; dazu L. Vogel, Die Sondervoten von Rudolf Bultmann und Karl Barth zugunsten Friedrich Gogartens aus dem Jahre 1929, ZNThG 7 (2000), 127–150. – Vgl. auch die Berichte Bultmanns an M. Heidegger, 16. 12. 1928 u. 8. 1. 1929, in: A. Grossmann / Ch. Landmesser (Hg.), Bultmann-Heidegger Bw., 2009, 83 f., 89–91. Über den Verlauf des Verfahrens war Bultmann verärgert: »Es ist jämmerlich, daß man nicht ein kleines Vermögen hat, um den Leuten den Kram vor die Füße zu werfen« (aaO 84). – Zum Verfahren vgl. auch A. Christophersen, Kairos, 2008, 146–150.

164 Vgl. R. Bultmann, Sondervotum vom 27. Januar 1929 zur Nachfolge von Professor D. Rudolf Otto in Marburg, in: Göckeritz (s. Anm. 161), (291–297) 291–293; vgl. auch E. Sturm, Rudolf Bultmann über Paul Tillich, Internationales Jb. für die Tillich-Forschung 1 (2005), 175–181.

Interesse hinter der Ausrichtung der Theologie auf die Kirche zurück[165]. Gogarten dagegen habe wie kein anderer energisch die »eigentliche theologische Aufgabe« angefaßt und »die Frage nach den Grundbegriffen« im Anschluß an Luther so gestellt, daß diese nur »aus der Selbstbesinnung des Glaubens auf die christliche Existenz« erwachsen könnten. Unabhängig von der Phänomenologie sei Gogarten Wege gegangen, die parallel zu neueren philosophischen Ansätzen in der Phänomenologie oder bei Jaspers verliefen. Dabei suche er seine Position aber nicht mit der philosophischen, sondern mit der theologischen Tradition, insbesondere mit Luther, zu legitimieren[166]. Mit diesem vehementen Sondervotum zugunsten Gogartens konnte Bultmann den Lauf der Dinge letztlich nicht aufhalten. Der preußische Kultusminister berief Heinrich Frick im Februar 1929 zum Ordinarius für Systematische Theologie in Marburg.

Schon vor dem Berufungsverfahren von 1929 hatte sich Bultmann verschiedentlich in Opposition gegen die Fakultätsmehrheit gebracht. 1923 trat die Fakultät mit Ausnahme Bultmanns dem Beschluß des Senats bei, den Christlich-archäologischen Apparat in das Landgrafenhaus zu verlegen, um so in der Alten Universität mehr Raum für das Kunstgeschichtliche Seminar zu schaffen. Bultmann protestierte beim Rektor der Universität gegen diese Maßnahme, da für ihn der Christlich-archäologische Apparat und das Theologische Seminar aufeinander angewiesen waren und mit ihren Bibliotheken im selben Haus untergebracht sein mußten. Auch hielt er es für unverantwortlich, die Arbeitsbedingungen des Christlich-archäologischen Apparats ausgerechnet vor dem Dienstantritt des zukünftigen Leiters zu verschlechtern[167]. Er beschränke sich in solchen Fällen »auf den notwendigsten Widerspruch, aber schon der wird mir übel genommen«, berichtete Bultmann über die Reaktion in der Fakultät[168].

In Rücksicht auf das angespannte Verhältnis zu Martin Rade und Rudolf Otto wollte Bultmann ursprünglich nicht weiter ausbreiten, warum er die von Otto vorgeschlagene Feier zum 400jährigen Jubiläum des Marburger Religionsgesprächs von 1529 ablehnte. Weil er die Pläne Ottos und Hermelinks zur Gestaltung der Gedächtnisfeier aber für »Unfug« hielt[169], rang er sich dann doch dazu durch, der Fakultät seine Position in dieser Sache näher zu erläutern. Otto und Hermelink hatten am 31. Oktober 1925 einen Mehrheitsbeschluß der Fakultät erreicht, nach dem die Jubiläumsfeier 1929 das Wesen und die Einheit des Protestantismus sowie seine zukünftigen Aufgaben transparent machen sollte. Angesichts der Herausforderung durch die ökumenische Bewegung müsse die geplante Veranstaltung zu einer auch institutio-

165 Bultmann, aaO 296.

166 AaO 294 f. – Zu Bultmanns Votum zu F. K. Schumann vgl. aaO 296 f.

167 Vgl. Bultmann an den Rektor der Universität Marburg, 3. 8. 1923, Mn 2-2385.

168 Bultmann an H. von Soden, 22. 7. 1923, Mn 2-2385. – Der Christlich-archäologische Apparat fand unter der Ägide H. von Sodens 1926 im »Jubiläumsbau«, dem heutigen Ernst von Hülsen-Haus, eine dauerhafte Bleibe.

169 Bultmann an F. Gogarten, 3. 11. 1925, in: Göckeritz (s. Anm. 161), (94 f.) 95.

nell sichtbaren Stärkung des internationalen Protestantismus beitragen, diese Intention verfolgten Otto und Hermelink[170].

Bultmann hielt es dagegen von vornherein für illusorisch, durch die Jubiläumsfeier das protestantische Gemeinschaftsgefühl stärken zu können. Ein solches Gemeinschaftsgefühl sei in der bestehenden Volkskirche nicht einmal im Ansatz zu erkennen. Nehme man die fortgeschrittene Entkirchlichung ernst, dann stelle der deutsche Protestantismus »im besten Fall eine Armee von Führern ohne Truppen« dar[171]. Weiter kritisierte Bultmann, daß das Projekt Ottos und Hermelinks die »deutsch-lutherische Eigenart« herausstellen sollte. Mit dem ästhetischen Begriff der Eigenart verfehle man insofern den echten Sinn geschichtlichen Handelns, als man die Eigenart einer Person oder einer Gruppe als etwas Gegebenes betrachte und sich dabei selbst aus der Geschichte ausschalte. Es komme aber auf »eine geschichtliche Tat« an, die »nur aus der Erfassung des Entscheidungscharakters des Augenblicks wachsen« könne[172]. Schließlich wandte sich Bultmann gegen die Absicht, durch die Jubiläumsfeier »die geschichtliche Bedeutung des Weltprotestantismus« sichtbar zu machen[173]. Schon der Begriff »Weltprotestantismus«, eine Wortschöpfung nach Analogie der römisch-katholischen Weltkirche, müsse als ein mit dem evangelischen Verständnis von Kirche unvereinbarer terminologischer Fehlgriff abgelehnt werden. Inhaltlich dürfe es dem Protestantismus nicht um seine eigene Weltgeltung, sondern nur um die von ihm an die Welt auszurichtende Botschaft gehen. Der Wahrnehmung dieser zentralen Aufgabe diene allein ernsthafte theologische Arbeit, nicht hingegen eine Tagung mit einem derart diffusen Programm, wie Otto und Hermelink es planten.

Durch diese harsche Kritik Bultmanns ließen sich Otto und Hermelink keineswegs davon abhalten, ihr Projekt weiter voranzutreiben und schließlich auch zu realisieren[174]. Der Vorgang machte Bultmann einmal mehr bewußt, was ihn und die Majorität der Fakultät voneinander trennte. »Die Verhältnisse in der Fakultät sind nicht erfreulich. Ottos anmaßliche Haltung und seine Bereitwilligkeit, sich nun auch in Intrigen einzulassen, sind unerträglich. Die meisten der Kollegen sind weichlich. V. Soden, der einzige wirkliche Charakter, ist zwar absolut zuverlässig und sachlich, mir auch durch Freundschaft verbunden, aber theologisch doch fernstehend. Von

170 Vgl. K. Hammann, Heinrich Hermelink in Marburg – Kirchenhistoriker in der Weimarer Ära, in: Verein für hessische Geschichte und Landeskunde (Hg.), Die Philipps-Universität Marburg zwischen Kaiserreich und Nationalsozialismus, 2006, (85–106) 104 f.

171 F. Wolff, Das Zirkular des Professor D. Dr. Rudolf Bultmann vom 9. November 1925, in: G. Bezzenberger (Hg.), Marburg im Kontext. Gedenkbuch an das Marburger Religionsgespräch, 1980, (49–59) 55.

172 AaO 56 f.

173 AaO 57.

174 Freilich distanzierte sich auch der Vorsitzende des Deutschen Evangelischen Kirchenausschusses, Hermann Kapler, von der Veranstaltung. Vgl. Wolff (s. Anm. 171), 50 f. – Zu konkreten Ergebnissen im Blick auf die intendierte institutionelle Formierung des internationalen Protestantismus führte die Jubiläumsfeier von 1929 in Marburg nicht.

ihm abgesehen herrscht eine Atmosphäre der Eifersucht und des Mißtrauens, wenn wir uns auch äußerlich gut vertragen. In wirklichem Austausch stehe ich außer mit v. Soden nur mit Heidegger und dem klassischen Philologen Friedländer. Umso erfreulicher ist freilich die Arbeit mit den Studenten.«[175] Anlaß zu Irritationen und Kontroversen innerhalb der Fakultät bot mehrfach der Religionsgeschichtler Friedrich Heiler. Er bezeichnete seine theologische Haltung als evangelisch-katholisch und legte Wert darauf, der evangelischen Kirche anzugehören, ohne aus der römisch-katholischen Kirche ausgetreten zu sein. Bultmann und von Soden hielten dies für eine selbstillusionäre Verbrämung der tatsächlichen Position Heilers, die sie als katholisch einschätzten und ablehnten[176].

Ende 1929 zeichnete sich für Bultmann die Möglichkeit ab, die teilweise unerquicklichen Verhältnisse in Marburg hinter sich lassen zu können. In Leipzig plante man, einen zweiten Lehrstuhl für Neues Testament zu errichten, um vorhandene Defizite in der Vertretung der Disziplin auszugleichen[177]. Eine Mehrheit der Leipziger Theologischen Fakultät legte dem sächsischen Ministerium für Volksbildung am 10. Dezember 1929 eine Berufungsliste vor, die gleichberechtigt Rudolf Bultmann, Martin Dibelius und Hans Windisch nannte. Der Neutestamentler Johannes Leipoldt, nicht gerade eine Leuchte seines Faches, distanzierte sich von diesem Listenvorschlag mit einem Separatvotum. Leipoldt bekundete bei dieser Gelegenheit seine starken Vorbehalte zumal gegenüber einer Berufung Bultmanns, dessen »hyperkritische Theologie« keinerlei Aussicht auf eine gedeihliche Zusammenarbeit biete[178]. Davon unbeeindruckt, entschied Ministerpräsident Wilhelm Bünger, der das Ministerium für Volksbildung mitverwaltete, Bultmann den Ruf zu erteilen und mit ihm Verhandlungen aufzunehmen.

Bultmann reiste am 6. Januar 1930 nach Dresden, um mit dem zuständigen Ministerialrat Robert Ulich zu verhandeln. Das Gespräch im Ministerium verlief für beide Seiten zufriedenstellend. Das Gehalt Bultmanns sollte etwa 21.000 Reichsmark im Jahr betragen, was eine leichte Verbesserung gegenüber den in Marburg erhaltenen Bezügen bedeutet hätte[179]. Auch die Wohnungsfrage ließ sich einvernehmlich

175 Bultmann an F. Gogarten, 29. 7. 1925, in: Göckeritz (s. Anm. 161), (84–87) 85.

176 Vgl. Bultmann u. H. von Soden an F. Heiler, 25. 7. 1932, UB Marburg, Nachlaß Rade, Ms 839/65. Anlaß dieses Briefes war der Protest Heilers gegen E. Foerster, Kirche wider Kirche. Rez. über F. Heiler, Im Ringen um die Kirche, 1931, ThR NF 4 (1932), 131–170. Bultmann und von Soden lehnten Heilers Forderung ab, in der ThR eine Replik auf Foersters Rezension zu veröffentlichen, da sie die Kritik Foersters durch Heilers »Richtigstellungen« nicht widerlegt sahen. Vgl. auch Bultmann u. H. von Soden an F. Heiler, 16. 8. 1932 (Fragment), Mn 2-2241. Heiler mußte seine Erwiderung an anderem Ort veröffentlichen. Vgl. F. Heiler, Wider gröbliche Verkennung unseres evangelischen Denkens, HKi 14 (1932), 343–349.

177 Zum Folgenden vgl. G. Wartenberg, Verpaßte Chance oder vergebliche Mühe? Dokumente zu dem Versuch, Rudolf Bultmann Anfang des Jahres 1930 nach Leipzig zu berufen, in: Ders., Wittenberger Reformation und territoriale Politik. Ausgewählte Aufsätze, 2003, 285–301.

178 Sonderbericht J. Leipoldts vom 6. 12. 1929, zit. nach Wartenberg, aaO (289 f.) 290.

179 Die Summe von 21.000 Reichsmark setzte sich zusammen aus einem Grundgehalt von 17.100 Reichsmark und Kolleggeldern, Kinder- und Wohnungszulage von 3.900 Reichsmark.

klären. Bultmann konnte ferner die Zusage erreichen, daß eine wissenschaftliche Hilfskraft eingestellt werden sollte. Mit seinem Fachkollegen Leipoldt verständigte er sich in Leipzig über die Regularien der Verwaltung des neutestamentlichen Seminars. Alles schien darauf hinauszulaufen, daß er den Ruf nach Leipzig annehmen würde. In diesem Verhandlungsstadium suchte Bultmann in Dresden den sächsischen Landesbischof Ludwig Ihmels zu einer Unterredung auf. Der von dem Besuch sichtlich überraschte Bischof teilte Bultmann offen mit, daß das Konsistorium seine Berufung ablehne, ihn gegebenenfalls nicht in die landeskirchliche Prüfungskommission aufnehmen und im übrigen gegenüber der Regierung das Recht geltend machen werde, an der Berufung von Theologieprofessoren beteiligt zu werden. Bultmann gab Ihmels daraufhin zu verstehen, es sei der Sache nicht dienlich, wenn das sächsische Konsistorium die grundsätzliche Frage einer kirchlichen Beteiligung an der Berufung von Theologieprofessoren mit seiner oder einer anderen aktuellen Berufungsangelegenheit verknüpfen würde. Auch wenn er seine Entscheidung nicht etwa von der Haltung der sächsischen Kirchenleitung abhängig zu machen gedachte[180], mußte Bultmann das ihm entgegenschlagende Mißtrauen des Konsistoriums in seine Erwägungen doch mit einbeziehen.

Zusätzlich stellte sich als erschwerend heraus, daß Bultmann im Blick auf die Leipziger Theologische Fakultät »nicht das Gefühl einer Gemeinsamkeit des Wollens und Arbeitens gehabt [hätte] – von Herrn Rückert abgesehen«[181]. Der Kirchenhistoriker Hanns Rückert unternahm in der Tat besondere Anstrengungen, um Bultmann für Leipzig und die Mitarbeit an einer Erneuerung der theologischen Ausrichtung der sächsischen Landeskirche zu gewinnen. Der Schüler Karl Holls hoffte darauf, als einer der führenden Vertreter der Dialektischen Theologie werde Bultmann dazu beitragen, die theologische Isolation der sächsischen Landeskirche aufzubrechen[182]. Mit seinem persönlichen Vorstoß hatte Rückert allerdings keinen Erfolg. Bultmann lehnte den Ruf nach Leipzig am 18. Januar 1930 ab. Er begründete seine Entscheidung weniger mit dem Mißtrauen der sächsischen Kirche seiner Person gegenüber als vielmehr damit, seine fruchtbare Lehrtätigkeit in Marburg nicht gegen eine höchst ungewisse Wirksamkeit in Leipzig eintauschen zu können[183].

Nach der Absage an Leipzig fand Bultmann schon bald in der Auseinandersetzung um den Fakultätenartikel im preußischen Kirchenvertrag zu neuer Gemeinsamkeit mit seinen Kollegen in der Marburger Theologischen Fakultät. Der neue preußische Kultusminister Adolf Grimme forcierte nach seinem Amtsantritt im Frühjahr 1930 die ins Stocken geratenen Verhandlungen über den Abschluß eines Kirchenvertrags

180 Vgl. Bultmann an Ministerialrat R. Ulich, 13. 1. 1930, in: Wartenberg, aaO (293 f.) 293.

181 Bultmann an Ministerialrat R. Ulich, 18. 1. 1930, in: Wartenberg, aaO (298 f.) 298.

182 Vgl. H. Rückert an Bultmann, 14. 1. 1930, Mn 2-1659; abgedruckt in: Wartenberg, aaO 295–297.

183 Vgl. Bultmann an Ministerialrat R. Ulich, 18. 1. 1930 (s. Anm. 181). – In den Bleibeverhandlungen, die Bultmann am 14. 1. 1930 mit dem preußischen Ministerialdirektor Dr. Werner Richter in Berlin führte, erreichte er das Recht, Förderungsstipendien für Doktoranden oder Habilitanden beantragen zu dürfen.

zwischen dem Freistaat Preußen und den evangelischen Landeskirchen Preußens. Der von dem Bonner Kirchenrechtler Johannes Heckel ausgearbeitete Vertragsentwurf sah in Artikel 11 Absatz 2 vor, daß der zuständigen kirchlichen Behörde das Recht zustehen sollte, vor der Berufung eines Theologieprofessors an eine evangelisch-theologische Fakultät gutachterlich Stellung zu beziehen. Ein vergleichbares Verfahren wurde gemäß einer Kabinettsordre König Friedrich Wilhelms IV. seit 1855 bei der Berufung der Theologieprofessoren an den altpreußischen Fakultäten praktiziert[184]. Diese Regelung sollte nun von den neupreußischen Landeskirchen für die Theologischen Fakultäten Göttingen, Kiel und Marburg übernommen werden.

Die altpreußischen Fakultäten stimmten der von der altpreußischen Generalsynode 1929 geforderten Vereinheitlichung des Verfahrens zu. Auch in den neupreußischen Landeskirchen sah man vereinzelt eine Mitwirkung der Kirchen an der Berufung von Theologieprofessoren als von der Sache her geboten an. Dagegen erhoben jedoch die neupreußischen Fakultäten schärfsten Widerspruch, an ihrer Spitze die Marburger Theologische Fakultät. Hans von Soden, Heinrich Frick und Heinrich Hermelink wiesen in einer Erklärung vom 16. November 1930 die Kirchenregierungen in Nassau und Hessen-Kassel auf die schwerwiegenden Konsequenzen hin, die eine Durchsetzung der geplanten Neuregelung nach sich ziehen würde. Wenn die hessischen Kirchen, wie eine Besprechung am 7. November 1930 in Kassel zeigte, den Fakultätenartikel des preußischen Kirchenvertrags nicht aus dogmatischen Gründen, sondern lediglich aus Solidarität mit den übrigen Landeskirchen in Preußen annehmen wollten, versuchten sie »eine Gewissensfrage mit rein kirchenpolitischen Rücksichten zu erledigen«. Sollten die hessischen Kirchen die »Vergewaltigung der zweitgrößten Theologischen Fakultät Preußens« zulassen, müßten sie – die unterzeichnenden Professoren – ihre theologischen Lehrämter niederlegen und aus ihrer »unevangelisch gewordenen« Landeskirche austreten[185]. Bultmann und Emil Balla schlossen sich am 22. Dezember 1930 dieser Stellungnahme an[186].

Der Protest der Marburger Theologischen Fakultät gegen die neue Regelung löste eine heftige Debatte aus. Der Streit um den Fakultätenartikel im preußischen Kirchenvertrag nahm einen unglücklichen, von zahlreichen Mißverständnissen belasteten Verlauf. Das hatte auch damit zu tun, daß die Auseinandersetzung auf höchst heterogenen Ebenen geführt wurde. In der »Christlichen Welt« und in den »Theologischen Blättern« fand der publizistische Austausch der Meinungen *pro* und *contra* statt. Einzelne Theologische Fakultäten verhandelten mit ihren Landeskirchen wie auch mit dem preußischen Kultusministerium. Die Hauptakteure des Streits be-

184 Allerdings war nach der Kabinettsordre von 1855 das Kultusministerium nicht an das Votum des Evangelischen Oberkirchenrats gebunden.

185 H. von Soden an die Kirchenregierung der Evangelischen Landeskirche zu Nassau, 16. 11. 1930, in: B. Jaspert (Hg.), Barth-Bultmann Bw., 1971[1], (240–242) 242.

186 Vgl. Jaspert, aaO 242 f.

mühten sich außerdem auf dem Korrespondenzweg um Zustimmung zu den von ihnen vertretenen Positionen[187].

Für die Außendarstellung der Haltung der Marburger Theologen zum Fakultätenartikel erwies sich als fatal, daß der Emeritus Martin Rade in einem kurzen Artikel eine Auffassung vertrat, die die übrigen Marburger Professoren, insbesondere Bultmann und von Soden, nicht teilten. Rade ging von der Erwägung aus, eine Theologische Fakultät stelle in gleicher Weise wie die oberste Kirchenbehörde ein kirchliches Organ dar. Von daher sei es unsinnig, die Kirchenbehörde mit der Feststellung des Bekenntnisses und der Lehre eines zu berufenden Theologieprofessors zu befassen, falle diese Aufgabe doch in den Kompetenzbereich der Theologischen Fakultät[188]. Als schlechterdings unhaltbar wies der Bonner Neutestamentler Karl Ludwig Schmidt die Meinung Rades umgehend zurück. Schmidt verwies demgegenüber auf die staatliche Aufsicht, der die Theologischen Fakultäten in der Weimarer Republik unterstanden. Vor allem aber stellte er den engen Zusammenhang zwischen Kirchenleitung und kirchlicher Lehre heraus, der in biblischer und historischer Perspektive sehr wohl einen Einfluß der empirischen Kirche auf die an den staatlichen Theologischen Fakultäten erfolgende Ausbildung begründe[189].

Ein Resultat dieses auch brieflich geführten Disputes bestand darin, daß Schmidt glaubte, mit der Position Rades auch die Kritik der übrigen Marburger Theologen am Fakultätenartikel kennengelernt zu haben. Ähnlich bewertete Karl Barth, der sich in Bonn freilich nur von Schmidt über die Sache auf dem Laufenden halten ließ, den Marburger Widerstand gegen den Fakultätenartikel »als eine eindeutig liberale Angelegenheit«[190]. Diese Fehleinschätzung vermochte Bultmann trotz wiederholter Versuche nicht zu korrigieren[191]. Ein von den Marburgern kurzfristig beantragter außerordentlicher Fakultätentag, auf dem die strittigen Fragen hätten ausdiskutiert werden können, kam im Januar 1931 nicht zustande. Die altpreußischen Fakultäten lehnten den Marburger Antrag ab. Karl Ludwig Schmidt war – in der zweifelhaften Gesellschaft mit Erich Seeberg – maßgeblich daran beteiligt, das Marburger Anliegen zu hintertreiben[192]. Daß die Marburger Professoren für den Fall der Durchsetzung des Fakultätenparagraphen die Amtsniederlegung und den Austritt aus ihrer Landeskirche angekündigt hatten, empfand man weithin als unangemessene Dro-

187 Vgl. Bultmann an F. Gogarten, 24. 1. 1931, in: Göckeritz (s. Anm. 161), 190–197; dazu den Briefwechsel zwischen H. von Soden und H. Lietzmann, in: K. Aland (Hg.), Glanz und Niedergang der deutschen Universität, 1979, 628–630.

188 Vgl. M. Rade, Missio canonica für die evangelischen Fakultäten?, ChW 44 (1930), 170 f.; dazu H. Liebing, Die Marburger Theologische Fakultät im Preußischen Staate, in: Ders., Humanismus – Reformation – Konfession, 1986, (261–275) 272 f.

189 Vgl. K.L. Schmidt, Evangelisch-Theologische Fakultät und Evangelische Kirche, ThBl 9 (1930), 235–240; dazu A. Mühling, Karl Ludwig Schmidt, 1997, 118–121.

190 K. Barth an Bultmann, 20. 6. 1931, in: Jaspert (s. Anm. 185), (125–130) 126.

191 Vgl. Bultmann an K. Barth, 14. 6. 1931, aaO (121–125) 121–123; Bultmann an F. Gogarten, 24. 1. 1931 (s. Anm. 187), 197.

192 Vgl. die bei Jaspert (s. Anm. 185), 248–257, und bei Mühling (s. Anm. 189), 123–130, abgedruckten Briefstücke.

hung, die eine unvoreingenommene Besprechung der strittigen Fragen nicht zulasse[193]. Wiederum ging in der hektischen Betriebsamkeit des Konflikts unter, daß jedenfalls Bultmann und von Soden mit ihrer Ankündigung keine politische Drohung aussprechen, sondern den existentiellen Ernst ihrer Auffassung unterstreichen wollten[194].

Bultmann leiteten keineswegs antikirchliche Ressentiments in seiner Opposition gegen den Fakultätenartikel. Die lokale Erinnerung an das Veto des Evangelischen Oberkirchenrats, das 1888 die Berufung Adolf Harnacks von Marburg nach Berlin beinahe verhindert hätte, und an kirchliche Lehrbeanstandungen, die Paul Tillich und Rudolf Otto galten, war ihm präsent, spielte aber in seiner Argumentation ebensowenig eine Rolle wie die noch frische eigene Erfahrung mit dem massiven Versuch des sächsischen Konsistoriums, seine Berufung nach Leipzig zu verhindern. Ihn störte, daß die Kirchenbehörde und der Staat über den Fakultätenartikel verhandelten, ohne die Fakultäten in die Beratungen mit einzubeziehen. Ihn ärgerte, daß die Frage von den beteiligten Kirchen ohne Not machtpolitisch instrumentalisiert wurde. Ihm schwebte freilich vor, die kirchliche Verantwortung der Fakultäten und deren Verbindung mit den Kirchenbehörden noch weiter zu stärken, als es nach dem preußischen Kirchenvertrag vorgesehen war[195].

Bultmann hat seine Sicht der Dinge am 18. Januar 1931 in einer Denkschrift zu Protokoll gegeben. Die funktionale Zuordnung der Theologie zur Kirche voraussetzend, gesteht er hier dem Anspruch der Kirchenleitung, die wissenschaftliche Theologie zu kontrollieren, berechtigte Motive zu. Denn die kirchliche Lehre, zu deren Wahrnehmung die Theologischen Fakultäten ausbilden, muß von der Irrlehre unterschieden werden. Diese Unterscheidung hat die Kirche stets neu durchzuführen. Jedoch kommt die Befugnis, über rechte Lehre und Irrlehre zu entscheiden, nicht etwa der Kirchenleitung zu, die Bultmann offenkundig lediglich als eine Verwaltungsinstanz auffaßt. Vielmehr ergibt sich aus dem gemeinsamen Bezug von kirchlicher Lehre und Theologie auf ihren einen Gegenstand, die Offenbarung Gottes, daß nur die Theologie das Lehramt in der evangelischen Kirche ausüben kann. Zwar unterliegt die Theologie der Kontrolle durch das kirchliche Leben, aber diese Kontrolle kann nicht die Kirchenbehörde, sondern nur die Theologie selbst in ihrem Gegenstandsbezug ausüben[196].

193 Vgl. exemplarisch K. Barth an Bultmann, 27. 5. 1931, in: Jaspert (s. Anm. 185), (116–121) 116f.

194 Vgl. Bultmann an F. Gogarten, 24. 1. 1931 (s. Anm. 187), 196. – Bultmann zog als *ultima ratio* in Erwägung, sich in der Philosophischen Fakultät einer außerpreußischen Universität (etwa in Freiburg) zu habilitieren und dann als Honorarprofessor weiterhin im akademischen Rahmen Theologie zu treiben. Vgl. Bultmann an M. Heidegger, 21. u. 26. 1. 1931, in: Grossmann / Landmesser (s. Anm. 163), (145–150) 150, (154–159) 155f.

195 Wichtig vor allem Bultmann an F. Gogarten, 24. 1. 1931 (s. Anm. 187), 192–195.

196 Vgl. R. Bultmann, Denkschrift (18. 1. 1931), in: Jaspert (s. Anm. 185), 243–248; W. Härle u. H. Leipold (Hg.), Lehrfreiheit und Lehrbeanstandung, Bd. 1: Theologische Texte, 1985, 145–147.

Auch wenn Bultmann mit seinen Ausführungen einer theologischen Neutralisierung der empirischen Kirche durchaus wehren wollte, empfand Barth die hier vertretene Verteilung der Verwaltungs- und der Lehrfunktion auf das Kirchenregiment und die Fakultäten als zu »mechanisch«[197]. Die Marburger Theologen erreichten mit ihren Aktivitäten und diversen Voten[198] letztlich nicht die angestrebte grundlegende Revision des Fakultätenartikels. Sie konnten sich aber mit der neuen Regelung dann doch noch abfinden, weil das Schlußprotokoll zum Fakultätenartikel sicherstellte, daß das kirchliche Gutachten lediglich konsultativen Charakter habe und es daher nur in Ausnahmefällen zu einem Dissens zwischen Fakultät und Kirchenleitung kommen könne[199]. Erklärungen der Synoden von Nassau und Hessen-Kassel, die Freiheit der Lehre und Forschung an der Marburger Theologischen Fakultät nicht antasten zu wollen, erleichterten es den Marburger Professoren zusätzlich, der endgültigen Fassung des Fakultätenartikels zuzustimmen[200].

Hans Lietzmann, einer der Gegner der Marburger Position, gab in der entscheidenden Phase des Streits um den Fakultätenartikel die Diagnose ab, die Situation für Kirche und Theologie sei »furchtbar ernst«. Angesichts der ungewissen Zukunft des Staates sei die »Zeit des Theoretisierens« vorbei, jetzt aber »jedes Wort zur Sache entscheidende Tat«[201]. Zwei Jahre später hatten Kirche und Theologie es nicht mehr mit einem weltanschaulich neutralen, sondern mit dem totalitären Staat zu tun. Unbeschadet ihrer Divergenzen in der Auseinandersetzung von 1930/31 wußten Karl Barth und Karl Ludwig Schmidt auf der einen wie auch Bultmann und Hans von Soden auf der anderen Seite gleichermaßen sehr genau darum, was die Theologie nun in ihrer Verantwortung für die Kirche zu tun hatte.

5. Paulus als Interpret des christlichen Daseinsverständnisses

Ich denke, je mehr man sich den existentiellen Charakter des paulinischen Denkens klarmacht, desto mehr wird man wieder sehen, daß die weltgeschichtliche Bedeutung des Paulus nirgends anders als darin liegt, daß er Theologe war.[202]

Im ersten Heft der neubegründeten »Theologischen Rundschau« veröffentlichte Bultmann 1929 einen Aufsatz über die Geschichte der Erforschung der paulinischen Theologie. In diesem Beitrag verzichtete er darauf, ausgiebig über einzelne Neuerscheinungen zu referieren. Vielmehr ging es ihm in programmatischer Absicht dar-

197 K. Barth an Bultmann, 20. 6. 1931 (s. Anm. 190), 126.

198 Vgl. auch die Denkschriften H. von Sodens von 1929 und H. Fricks von 1930, in: Härle u. Leipold (s. Anm. 196), 139–143 u. 143 f.

199 Vgl. Liebing (s. Anm. 188), 273 f.

200 Vgl. Härle u. Leipold (s. Anm. 196), 138 f.

201 H. Lietzmann an einen (Göttinger?) Kollegen, 19. 1. 1931, in: Aland (s. Anm. 187), (630–632) 631.

202 R. Bultmann, Zur Geschichte der Paulus-Forschung, ThR NF 1 (1929), (26–59) 59.

um, den Stand und die Aufgabe gegenwärtiger Bemühung um das Paulusverständnis im Lichte einer kritischen Forschungsgeschichte durchsichtig zu machen. Diesem Unternehmen mußte in mehrfacher Hinsicht große Bedeutung zukommen. Die vergleichsweise fest umrissene Gestalt des Apostels aus Tarsus bildete seit dem Aufkommen des historisch-kritischen Bewußtseins den natürlichen Haftpunkt für alle Versuche, ein geschichtliches Bild des Urchristentums zu gewinnen. Wie immer man die Theologie des Paulus interpretierte und im Kontext der antiken Religionsgeschichte situierte –, es stand stets in einem reziproken Verhältnis zu einer bestimmten historischen und theologischen Gesamtanschauung des Neuen Testaments[203]. Wer bereit war, seine eigene Paulusdeutung dem hermeneutischen und theologischen Problembewußtsein auszusetzen, das Luthers Paulusexegese auszeichnete – und Bultmann war dazu bereit[204] –, der hatte zumal die Frage nach dem Stellenwert der Rechtfertigungslehre im Denken des Apostels und nach ihrem Sinn zu beantworten.

Auf dem Weg der Paulusforschung seit dem 19. Jahrhundert setzten nach Bultmanns Auffassung Ferdinand Christian Baur, William Wrede, Adolf Schlatter und Karl Barth die entscheidenden Marksteine. Ferdinand Christian Baur vermochte ein Paulusbild von imponierender Geschlossenheit zu zeichnen, weil er sich in seiner Interpretation der paulinischen Theologie von einem bestimmten Verständnis der menschlichen Existenz leiten ließ. Dies ist ihm grundsätzlich zugute zu halten, auch wenn man das von Hegel übernommene Existenzverständnis Baurs und seine Deutung des paulinischen Geistbegriffs auf das christliche Selbstbewußtsein der Kritik zu unterziehen hat. Innerhalb der Religionsgeschichtlichen Schule brachte William Wrede die Einheit von Religion und Theologie bei Paulus zu Recht wieder zur Geltung. Auch durch eine Reihe zutreffender Einzelinterpretationen antizipierte Wrede partiell die Paulusauffassung Karl Barths und der Dialektischen Theologie. Allerdings fehlte ihm, wie seine Marginalisierung der paulinischen Rechtfertigungslehre exemplarisch zeigt, die Einsicht in das Daseinsverständnis des Paulus und die aus ihm erwachsene eigentümliche Begrifflichkeit. Die Auffassung von der Geschichtlichkeit der menschlichen Existenz liegt dagegen der Paulusdeutung Adolf Schlatters durchaus zugrunde. Denn Schlatter vermag die Theologie des Apostels als einheitlichen Ausdruck von Denk- und Lebensakt zu entfalten. Freilich leidet seine intuitive Auslegung an dem Manko, die Grundbegriffe paulinischen Denkens keiner systematischen Analyse unterzogen zu haben. Auch wenn schließlich Karl Barth sein Paulusverständnis nicht als Beitrag zur gelehrten Forschung entwickelt hat, dient es indi-

203 Vgl. aaO 27–29. – Der Text erwuchs aus dem von Bultmann im WS 1927/28 gehaltenen Seminar »Neuere Paulus-Forschung«. Vgl. dazu B. Jaspert (Hg.), Sachgemäße Exegese. Die Protokolle aus Rudolf Bultmanns Neutestamentlichen Seminaren 1921–1951, 1996, 48–53.

204 In der entscheidenden Phase der Ausarbeitung seines eigenen Paulusverständnisses hielt der Neutestamentler (!) Bultmann im SS 1927 ein Seminar zu »Luthers Auslegung des Galaterbriefes« (vgl. Jaspert, aaO 46–48) und im SS 1930 ein Seminar zu »Luthers Erklärung des Römerbriefs« (vgl. Jaspert, aaO 65–67).

rekt der wissenschaftlichen Exegese. Denn ohne daß bei Barth die paulinischen Seinsbegriffe wirksam würden, hat er doch im Gegenschlag zur liberalen Auslegungstradition zentrale Motive und Intentionen der Theologie des Paulus in situativer Zuspitzung zutreffend herausgestellt[205].

In seinem forschungsgeschichtlichen Überblick erwähnte Bultmann an eigenen Arbeiten außer seiner Dissertation nur beiläufig den Aufsatz zur Ethik des Paulus als »einen ersten Versuch ..., zur Erfassung des paulinischen Daseinsverständnisses vorzudringen«[206]. Diese Zurückhaltung ließ freilich nicht sichtbar werden, daß Bultmann bereits bis 1929 in einigen wichtigen Studien die Umrisse eines neuen Gesamtbildes der paulinischen Theologie entwickelt hatte, einer einheitlichen Auffassung, die er dann 1930 in seinem RGG-Artikel »Paulus« nahezu vollständig zur Entfaltung bringen sollte. Er arbeitete seine neue Paulusdeutung in dem Dezennium zwischen 1923 und 1932 aus. Mit diesem Zeitraum ist auch der Diskursrahmen abgesteckt, in dem Bultmann sein Verständnis von Paulus als dem Interpreten der christlichen Existenz entwickelte. Zu den Polen dieses Spannungsfeldes gehörte die kritische Auseinandersetzung mit dem Paulusbild der Religionsgeschichtlichen Schule, das Bultmann noch bis etwa 1920 weitgehend geteilt hatte[207], ebenso hinzu wie die kritische Adaption der Impulse, die von Karl Barths Kommentaren zu verschiedenen Paulusbriefen ausgingen. Dazu kam das Gespräch mit Martin Heidegger, in dessen Daseinsontologie Bultmann den geeigneten hermeneutischen Schlüssel zur Erschließung der paulinischen Begriffswelt fand. Außerdem suchte Bultmann seine Konzeption in der Auseinandersetzung mit den Paulusinterpretationen insbesondere Ernst Lohmeyers und Albert Schweitzers zu bewähren, denen ebenfalls konzeptionelle Absichten zugrundelagen.

Vor dem Hintergrund seiner Auseinandersetzung mit Barths »Römerbrief«[208] hielt Bultmann im Wintersemester 1923/24 ein Seminar zur Ethik des Paulus, an dem auch der soeben nach Marburg berufene Philosoph Martin Heidegger teilnahm[209]. In dem aus der Seminararbeit hervorgegangenen Aufsatz »Das Problem der Ethik bei Paulus« will Bultmann den von Exegeten wie Paul Wernle und Hans Windisch konstatierten Widerspruch zwischen Indikativ und Imperativ bei Paulus als »eine echte Antinomie« erweisen[210]. Indikativ und Imperativ sind als sich wider-

205 Vgl. Bultmann (s. Anm. 202), 29–33.46–49.52–54.

206 Bultmann, aaO 58.

207 Vgl. G. Sinn, Christologie und Existenz. Rudolf Bultmanns Interpretation des paulinischen Christuszeugnisses, 1991, 37–117.118–128; Ders., Existenz durch das Wort. Rudolf Bultmanns Paulusdeutung angesichts der theologischen Gegenwart, LM 32 (1993), 27–31. – Zum Folgenden vgl. außerdem W. G. Kümmel, Rudolf Bultmann als Paulusforscher, in: B. Jaspert (Hg.), Rudolf Bultmanns Werk und Wirkung, 1984, 174–193.

208 Bultmann an H. von Soden, 23. 12. 1923, Mn 2-2385: Barths »Römerbrief ist doch ein außerordentliches Buch, und so sehr seine Exegese oft künstlich oder allegorisierend ist, so fruchtbar ist seine Fragestellung auch für die Interpretation. Das bestätigt sich mir auch im Seminar«.

209 Vgl. Jaspert (s. Anm. 203), 26–33. – S. u. 194 f.

210 R. Bultmann, Das Problem der Ethik bei Paulus (1924), in: Ders., Exegetica, 1967, (36–54)

sprechende Aussagen gleichwohl auf einen einheitlichen Sachverhalt bezogen. Paulus begründet die Ethik mit der Rechtfertigung. Er versteht das jenseitige Heilsgut der Rechtfertigung als ein Ereignis, das im Urteil Gottes begründet ist und das sich in der Heilstat Gottes, im Christusgeschehen, vollzogen hat. Der Indikativ der Gerechtigkeit oder Sündlosigkeit bezeichnet demgemäß nicht etwa eine naturhafte, empirisch aufweisbare »Veränderung der sittlichen Qualität des Menschen«. Vielmehr kann die im Urteil Gottes bestehende Gerechtigkeit lediglich dem Glauben zugänglich werden[211].

In gleicher Weise besteht auch die Sünde nicht primär in etwas, was am empirischen Menschen wahrzunehmen ist. Allein im Lichte des Glaubens wird die Sünde überhaupt erkennbar – nämlich dort, wo sie vergeben wird (vgl. Röm 7,7–25). Daher läßt sich auch die Identität des gerechtgesprochenen mit dem empirischen Menschen ausschließlich glauben. Gott schenkt also die neue Existenzweise in der Gerechtigkeit, wie er ebenfalls durch den Geist den Gehorsam wirkt, mit dem der von der Sünde Befreite der Forderung nach Heiligung seines Lebens nachzukommen sucht. Deshalb ist für den Glauben die Paradoxie zwischen dem Indikativ und dem Imperativ völlig klar: εἰ ζῶμεν πνεύματι, πνεύματι καὶ στοιχῶμεν (Gal 5,25). Gegenüber dieser Konzeption Bultmanns erhob Hans Windisch den Einwand, für Paulus vollziehe sich das neue Sein des Gerechtfertigten durchaus in einer auch empirisch greifbaren Gestalt[212]. Freilich traf diese Kritik nach Bultmanns Urteil nicht das Zentrum seiner These von der prinzipiellen Unanschaulichkeit des Glaubens und der ethischen Praxis des Erlösten[213].

Das Gespräch mit Barth führte Bultmann zunächst in Gestalt des am 6. Februar 1925 in Göttingen gehaltenen Vortrags über das »Problem einer theologischen Exegese des Neuen Testaments« fort[214]. Hier bekräftigte und präzisierte er seine Forderung nach einer Sachkritik der neutestamentlichen Texte, die das in den Texten Gesagte am Kriterium der gemeinten Sache zu messen habe. Die Probe aufs Exempel der so verstandenen theologischen Exegese eines Paulustextes lieferte Bultmann, als er sich 1926 ausführlich mit Barths Kommentar zum ersten Korintherbrief ausein-

36. Bultmann hat das Begriffspaar »Indikativ und Imperativ« zur Charakterisierung des Ethik des Paulus allererst geprägt. Zur enormen Wirkungsgeschichte des Bultmannschen Modells vgl. U. Schnelle, Die Begründung und die Gestaltung der Ethik bei Paulus, in: R. Gebauer u. M. Meiser (Hg.), Die bleibende Gegenwart des Evangeliums. FS für O. Merk zum 70. Geb., 2003, 109–131; R. Zimmermann, Jenseits von Indikativ und Imperativ, ThLZ 132 (2007), (259–284) 259–264.

211 Bultmann, aaO 49.

212 Vgl. H. Windisch, Das Problem des paulinischen Imperativs, ZNW 23 (1924), 265–281.

213 Vgl. Bultmann an F. Gogarten, 10.4. 1927, in: H.G. Göckeritz (Hg.), Bultmann-Gogarten Bw., 2002, 106f. – Ob R. Bultmann, Theologie des Neuen Testaments, 1961[4], 332–335, sich wieder der Position Windischs angenähert hat, kann man zumindest fragen.

214 Vgl. R. Bultmann, Das Problem einer theologischen Exegese des Neuen Testaments (1925), in: Ders., Neues Testament und christliche Existenz, hg. von A. Lindemann, 2002, 13–38; dazu Bultmann an K. Barth, 24.1. u. 3.2. 1925, in: B. Jaspert (Hg.), Barth-Bultmann Bw., 1994[2], 39f.44f. – S.o. 141f.

andersetzte. Er weiß sich mit Barth darin einig, daß die Eschatologie das diesen Brief bestimmende Grundthema ist. Paulus sieht das Sein des Glaubenden strukturell von der Hoffnung auf die eschatologische Zukunft Gottes her geprägt. Daher vollzieht sich die eschatologische Existenz des Christen nach I Kor 7,29–31 »in einem eigentümlich gebrochenen Verhältnis zur Welt«, zwar in der Welt, aber essentiell aus der Zukunft Gottes[215]. Der eschatologische Leitgedanke des ersten Korintherbriefs läßt sich nun zugleich als kritischer Maßstab an die Einzelaussagen des Paulus zum Thema anlegen.

Während Barth das 15. Kapitel als den Höhepunkt dieses Paulusbriefes ansieht, betrachtet Bultmann die Kapitel 12–14 als eigentliches Ziel der Argumentation des Paulus, und zwar als deren Klimax insbesondere das 13. Kapitel, realisiert sich doch das eschatologische Geschehen in der ἀγάπη (I Kor 13,4–8)[216]. In I Kor 15 dagegen bleibt Paulus teilweise hinter dem eigenen Anspruch zurück, unsere in der Auferstehung Christi begründete Auferstehung als eine Realität unserer Existenz transparent zu machen (vgl. I Kor 15,20–22). Denn I Kor 15,1–11 unternimmt Paulus nach dem Urteil Bultmanns den untauglichen apologetischen Versuch, die Historizität der Auferstehung Christi zu erweisen. Damit aber gerät der Apostel »in Widerspruch mit sich selbst« (vgl. I Kor 15,20–22)[217], und von daher sind alle Aussagen im vorletzten Kapitel des Briefes, die die Auferstehung Christi nicht als inneren Ermöglichungsgrund der eschatologischen Existenz des Christen zur Sprache bringen, der Sachkritik zu unterziehen. Im Grunde interpretiert freilich auch Barth, sofern er die kosmologische Eschatologie des Paulus durch das *futurum aeternum* ersetzt, den Apostel kritisch. Nur muß eine solche, die Sachkritik mit einschließende theologische Exegese viel stärker als bei Barth durch historische Kontextuntersuchungen und präzise Begriffsanalysen fundiert werden[218].

Verschiedene Paulusstudien Wilhelm Mundles überzeugten Bultmann zwar nicht, verhalfen ihm aber zu weiterer Klärung seiner eigenen Paulusinterpretation. Mundle, der Bultmanns Nachfolger als Repetent an der Hessischen Stipendiatenanstalt in Marburg und der letzte Schüler Adolf Jülichers war, suchte 1923 das religiöse Leben des Paulus nicht aus einer zeitgeschichtlichen Perspektive, sondern in seiner inneren gesetzmäßigen Struktur nachzuzeichnen. Bultmann fand, daß Mundle dabei nicht wie angegeben phänomenologisch, sondern lediglich psychologisch verfahren sei, wenn er die Frömmigkeit des Paulus aus dessen Bekehrung abgeleitet habe[219]. Be-

215 R. Bultmann, Karl Barth, »Die Auferstehung der Toten« (1926), GuV I, 1933[1], (38–64) 46; vgl. K. Barth, Die Auferstehung der Toten, 1924.

216 Vgl. Bultmann, aaO 49–51.

217 AaO 54 f.

218 Vgl. aaO 63.

219 Vgl. W. Mundle, Das religiöse Leben des Apostels Paulus, 1923; dazu R. Bultmann, Urchristliche Religion (1915–1925), ARW 24 (1926), (83–164) 141 f.; Ders. (s. Anm. 202), 57. – Vgl. auch Bultmann an H. von Soden, 29. 1. 1922, Mn 2-2385, zit. in: M. Evang, Bultmann 1988, 98 Anm. 73. Eine ausführliche Kritik an Mundle bietet Bultmann an W. Mundle, 21. 11. 1925, AEKR Boppard, Nachlaß W. Mundle, 7 NL 124 B, Nr. 874.

sonders scharf fiel die Metakritik an Mundles Widerspruch gegen Bultmanns Bestimmung des Verhältnisses von Indikativ und Imperativ aus[220]. Für Bultmann verfehlte Mundle mit seiner Rede vom »religiösen Glauben« die Intentionalität des Glaubens. Denn Paulus meine mit Glauben gerade nicht Religion, eine menschliche Haltung oder ein Kulturphänomen. Hob Mundle gegen Bultmann hervor, die πίστις als ὑπακοή müsse als Tat begriffen werden, so verwies Bultmann ihn darauf, daß er dies längst so vertrete[221]. Mundle habe das Problem der Ethik bei Paulus nicht erfaßt, wenn er es vor dem Horizont des Verhältnisses »von Erlösungs*bewußtsein* und Imperativ« diskutiere. Tatsächlich gehe es um das Verhältnis »von *Erlöstsein* und Imperativ« und damit um den Stellenwert der Rechtfertigungslehre in der Theologie des Paulus[222].

Bereits 1924 hatte sich Bultmann von der These William Wredes distanziert, die Rechtfertigungslehre sei eine nebensächliche »Kampfeslehre«, die Paulus bloß aus missionsstrategischen Gründen vertreten habe, um die Überlegenheit der christlichen Erlösungsreligion gegenüber dem Judentum und dem Judenchristentum aufzuzeigen[223]. In dem 1930 in Uppsala und Oslo gehaltenen Vortrag über die »Christologie des Neuen Testaments« legte Bultmann die zentrale Funktion der Rechtfertigungslehre in der paulinischen Theologie dar. Hier setzte er sich zunächst kritisch mit der Theorie seines Lehrers Johannes Weiß auseinander, Paulus habe schon vor seiner Bekehrung zum Christentum über eine mythologische »Christologie« verfügt und von der Persönlichkeit Jesu einen überwältigenden Eindruck gehabt, den er dann in jenen mythologischen Vorstellungen – als Christologie im eigentlichen Sinne – zum Ausdruck gebracht habe[224].

Gegenüber solcher der Phantasie entsprungenen Konstruktion macht Bultmann den inneren Zusammenhang zwischen der Christologie und der Rechtfertigungslehre des Paulus geltend. Als direkte Anrede ist die Christologie die Verkündigung der in Jesus Christus geschehenen eschatologischen Tat Gottes. Als indirekte Anrede expliziert die Christologie das durch das Heilsgeschehen ermöglichte neue Selbstverständnis des Glaubenden. Von daher erweist sich die Rechtfertigung als die Explikation der Christologie, wie sich umgekehrt die Rede von Christus als Implikation des Rechtfertigungsgeschehens begreifen läßt. Indem Paulus die Christologie pointiert

220 Vgl. W. Mundle, Religion und Sittlichkeit bei Paulus in ihrem inneren Zusammenhang, ZSTh 4 (1926), 456–482; dazu M. Dreher, Rudolf Bultmann als Kritiker in seinen Rezensionen und Forschungsberichten, 2005, 383. Bei Dreher ist allerdings der Brief Bultmanns an Mundle, 13. 11. 1927, AEKR Boppard, Nachlaß W. Mundle, 7 NL 124 B, Nr. 874, nicht berücksichtigt.

221 Vgl. R. Bultmann, Zur Frage der Christologie (1927), GuV I, 1933[1], (85–113) 101 f.

222 Bultmann an Mundle, 13. 11. 1927 (s. Anm. 220). – Mundle schloß sich später zu Bultmanns Bedauern evangelikalen Kreisen an. Vgl. Bultmann an W. Mundle, 10. 11. 1963, aaO; W. Mundle an Bultmann, 6. 12. 1964, Mn 2-1443.

223 Vgl. Bultmann, Das Problem der Ethik bei Paulus (s. Anm. 210), 53 Anm. 11; dazu W. Wrede, Paulus, 1904[1], 72–74.

224 Vgl. R. Bultmann, Die Christologie des Neuen Testaments, GuV I, 1933[1], (245–267) 246–252.

als Rechtfertigungslehre entfaltet, stellt er klar, daß die verstehende Aneignung des Christusgeschehens »nicht Spekulation, sondern Selbstbesinnung, Durchdenkung der eigenen neuen Existenz ist«[225]. Unter diesem Aspekt kann Bultmann der Wredeschen Auffassung der Rechtfertigungslehre als einer Kampfeslehre eine *particula veri* abgewinnen, freilich nur entgegen der Intention Wredes. Denn die zentrale Bedeutung der Rechtfertigungslehre für Paulus zeigt sich daran, daß er mit ihren Grundgedanken nicht nur das Judentum, sondern auch die Gnosis in Korinth bekämpft. Im Kreuz Christi ergeht das göttliche Gericht »über alles menschliche Rühmen ..., mag es sich auf die ἔργα νόμου oder auf menschliche σοφία gründen«. Durch das Gericht, das alle menschliche Selbstsicherheit zerschlägt, wird der Mensch von sich selbst befreit, und eben darin vollzieht sich die rechtfertigende Gnade Gottes[226].

In seiner Auseinandersetzung mit Johannes Weiß ging Bultmann am Rande auch auf die Frage »Jesus und Paulus« ein. Für die Religionsgeschichtliche Schule verbarg sich unter diesem Titel ein Problem, das sie von ihren Prämissen her kaum zu lösen vermochte. Sie hatte die Differenzen zwischen der Verkündigung Jesu und der Predigt des Völkerapostels religionsgeschichtlich herausgearbeitet. Mit der Bewertung dieses Befundes taten sich die Religionsgeschichtler schwer. Meist zogen sie sich auf die Auskunft zurück, an die Stelle der einfachen, volkstümlichen Religion Jesu sei die hochreflektierte theologische Theorie des Paulus getreten. Vor dem Hintergrund der Unterscheidung zwischen Religion und Theologie gab man der Religion Jesu den Vorzug vor der Theologie des Paulus – dieser galt nurmehr als »der zweite Stifter des Christentums«[227]. Für Bultmann gehörte das Thema »Jesus und Paulus« in den Umkreis *des* Problems »der neutestamentlichen Theologie überhaupt«, wie zu verstehen sei, »daß aus dem Verkündiger Jesus der Verkündigte Jesus Christus« wird[228]. In dem im Herbst 1928 gehaltenen Vortrag über die »Bedeutung des geschichtlichen Jesus für die Theologie des Paulus« erläuterte Bultmann seine Sicht der Dinge[229].

Im wesentlichen – dies zeigt der exegetische Befund – hat die Verkündigung Jesu für die theologischen Anschauungen des Paulus keine Bedeutung. Die Gemeinsamkeiten und Unterschiede, die zwischen der Predigt Jesu und der Theologie des Paulus hinsichtlich der Auffassung des Gesetzes oder der eschatologischen Vorstellungen festzustellen sind, lassen sich nicht ideengeschichtlich – etwa vom Entwicklungsgedanken her – recht erfassen. Vielmehr besteht die entscheidende Differenz darin, »daß Paulus dasjenige, was für Jesus Zukunft ist, als Gegenwart bzw. als in der Vergangenheit angebrochene Gegenwart ansieht«[230]. Für die Entstehung der Chri-

225 AaO 262.

226 AaO 261 f.

227 Wrede (s. Anm. 223), 104.

228 Bultmann an K. Barth, 10. 12. 1926, in: Jaspert (s. Anm. 214), (64–67) 65.

229 Vgl. R. Bultmann, Die Bedeutung des geschichtlichen Jesus für die Theologie des Paulus (1929), GuV I, 1933[1], 188–213. – Bultmann hielt diesen Vortrag am 23. 8. 1928 in Carlshof (Ostpreußen) und auf der zweiten Tagung der »Alten Marburger«, die vom 22.–24. 10. 1928 in Marburg stattfand.

230 Bultmann, aaO 201.

stologie sieht Bultmann nun zunächst zwei Stadien als bedeutsam an. Jesus verstand sich selbst als Träger des Wortes Gottes in der Endzeit. Sein Entscheidungsruf angesichts seiner Person implizierte eine Christologie. Die Urgemeinde sodann verstand, indem sie sich zu dem gekreuzigten Jesus als dem Messias bekannte, das Kreuz als eschatologische Tat Gottes und sich selbst von ihr her neu. Paulus hat das, was implizit im Kerygma der Urgemeinde vorlag, in seiner *Theologia crucis* expliziert, nämlich die Bedeutung des Kreuzes als des entscheidenden Heilsfaktums für das Selbstverständnis des Glaubenden. Da Jesus Christus dem Menschen aber ausschließlich im verkündigten Wort begegnet, darf man »nicht hinter das Kerygma zurückgehen, ... um einen ›historischen Jesus‹ ... zu rekonstruieren«. Eben dies hat Paulus theologisch durchdacht: »Nicht der historische Jesus, sondern Jesus Christus, der Gepredigte, ist der Herr.«[231] Paulus interpretiert also in seiner Theologie das neue Selbstverständnis derjenigen, die den im Kerygma präsenten Christus als Herrn über ihre Existenz glauben.

Wie aber legt Paulus das christliche Daseinsverständnis näherhin aus? Bultmann erörterte diese Frage im Rahmen des Vortrags, den er im Oktober 1927 vor großem Publikum[232] auf dem Ersten deutschen evangelischen Theologentag in Eisenach hielt. Hier interpretierte er im Anschluß an die von Martin Heidegger in »Sein und Zeit« vorgelegte Analyse des Verstehens das Seinkönnen, durch das »der Mensch nicht je *etwas für sich* wählt, sondern *sich selbst als seine Möglichkeit* wählt«, als Ausdruck der Geschichtlichkeit des menschlichen Daseins[233]. Dies illustrierte Bultmann an der paulinischen Begrifflichkeit. So bezeichnet Paulus mit σῶμα nicht ein Was am Menschen – der Mensch hat nicht einen Leib, sondern er *ist* Leib. Mithin steht σῶμα als Chiffre für das geschichtliche Dasein mit seinen alternativen Möglichkeiten, »durch Gott oder durch die Sünde bestimmt zu sein. Das Wie des durch die Sünde bestimmten σῶμα heißt σάρξ, das Wie des neuen Menschen ist das πνεῦμα[234].

In dem hochkarätig besetzten[235] Seminar zur paulinischen Anthropologie, das Bultmann im Wintersemester 1925/26 anbot, bildete die Exegese von Röm 7,7–25 einen Schwerpunkt der Arbeit. Angeregt durch dieses Seminar und die entsprechenden Hinweise Bultmanns[236], machte Werner Georg Kümmel in seiner von Hans von Soden betreuten Dissertation ein neues Verständnis von Röm 7 plausibel. Das in diesem Abschnitt redende Ich ist nicht biographisch auf Paulus persönlich zu bezie-

231 AaO 208.

232 Vgl. A. Titius (Hg.), Deutsche Theologie. Bericht über den ersten deutschen Theologentag zu Eisenach (Herbst 1927), 1928, 97 f.

233 R. Bultmann, Die Bedeutung der »dialektischen Theologie« für die neutestamentliche Wissenschaft (1928), GuV I, 1933^1, (114–133) 118. – S. dazu u. 198 f.

234 AaO 130 f.

235 Es nahmen u. a. teil Hannah Arendt, Ernst Bizer, George Boobyer, Günter Jacob, Hans Jonas, Ernst Käsemann, Gerhard Krüger, Werner Georg Kümmel, Hermann Mörchen, Martin Rang, Martin Schmidt, Martin Stallmann, Wilhelm Weischedel. Vgl. Jaspert (s. Anm. 203), 39–42.

236 Vgl. Bultmann (s. Anm. 233), 131 f.

hen. Es bezeichnet vielmehr die Situation des vorgläubigen Seins unter dem Gesetz, wie sie im Lichte der Christusoffenbarung transparent geworden ist[237]. An diese Deutung anknüpfend, erörterte Bultmann 1932 in seinem Beitrag zur Festschrift für Gustav Krüger die Frage, worin der Röm 7,14–25 dargestellte Zwiespalt der Existenz unter dem Gesetz bestehe. Paulus sieht den Menschen hier »garnicht primär als bewußtes Subjekt«, sondern als Wesen, das sich unter der Herrschaft entweder der σάρξ oder des πνεῦμα befindet. Diese »Mächte« repräsentieren freilich »in Wahrheit die Möglichkeiten geschichtlichen Seins«[238]. Von daher *ist* der Mensch jener Zwiespalt, weil er zwar die Eigentlichkeit des Lebens erlangen will, sie in seinem Tun aber faktisch verfehlt. In der eschatologischen Existenz er selbst zu sein, ist dem Menschen nur dann möglich, wenn er sich im Gehorsam des Glaubens ganz dem Anspruch Gottes preisgibt[239].

Bultmann sah also in Röm 7 die Geschichtlichkeit der menschlichen Existenz mit ihren Möglichkeiten, sich vom Kerygma her zwischen der Eigentlichkeit und Uneigentlichkeit des Lebens zu entscheiden, *par excellence* ausgesprochen. Deshalb nahm er von diesem Text her den hermeneutischen Zugang zu seiner Darstellung der Theologie des Paulus, die er 1930 vorlegte. Freilich entwickelten in jener Zeit andere Neutestamentler Alternativen zu seiner Paulusdeutung. Die wohl bedeutendsten unter ihnen stammten von Ernst Lohmeyer und Albert Schweitzer. Bultmann setzte sich sowohl mit Lohmeyers als auch mit Schweitzers Gesamtdarstellung der paulinischen Theologie kritisch auseinander.

In seiner ausführlichen Besprechung des Lohmeyerschen Buches »Grundlagen paulinischer Theologie« zeigt sich Bultmann außerordentlich bemüht, dem Inhalt und den Intentionen des rezensierten Werkes – nicht nur angesichts der symbolistischen, bisweilen schwer verständlichen Diktion seines Verfassers – Gerechtigkeit widerfahren zu lassen[240]. Bultmann lobt den Versuch Lohmeyers, die Theologie des Paulus – statt sie einfach nur historistisch-psychologisch zu reproduzieren – kritisch zu verstehen und »in der Sphäre moderner Begrifflichkeit« anzueignen. Um so entschiedener lehnt Bultmann aber »die ganze Darstellung ... als eine vollständige Umdeutung der paulinischen Theologie in Transzendentalphilosophie« ab. Für ihn hat Lohmeyer in den Bahnen des idealistischen Geschichtsverständnisses Ferdinand Christian Baurs das Denken des Paulus völlig verzeichnet. Indem er den Gegensatz von Gott und Welt als Gegensatz von Idee und Erscheinung, Geist und Natur auffasse, verkenne Lohmeyer den existentiellen Charakter der paulinischen Theologie.

237 Vgl. W.G. Kümmel, Römer 7 und die Bekehrung des Paulus, 1929.

238 R. Bultmann, Römer 7 und die Anthropologie des Paulus (1932), in: Ders., Exegetica, 1967, (198–209) 201.

239 Vgl. aaO 208f.

240 Vgl. R. Bultmann, Rez. über E. Lohmeyer, Grundlagen paulinischer Theologie, 1929 (1930), in: Ders., Theologie als Kritik, 2002, 244–251; dazu E. Lohmeyer, Grundlagen paulinischer Theologie, 1929. – Zu Lohmeyers Paulusdeutung vgl. A. Köhn, Der Neutestamentler Ernst Lohmeyer, 2004, 254–259; D. Kuhn, Metaphysik und Geschichte. Zur Theologie Ernst Lohmeyers, 2005, 95–120.

»Nach Paulus transzendiert der Glaube nicht die Sphäre des Geschichtlichen, sondern im Glauben als geschichtlicher Tat des Gehorsams transzendiert das Ich sich«, sofern es sich dem vergebenden Wort Gottes und damit der »Möglichkeit einer neuen geschichtlichen Existenz im Gehorsam« öffnet[241].

Albert Schweitzers »Mystik des Apostels Paulus« erkennt Bultmann als große Konzeption an, die Paulus als Denker zu begreifen suche[242]. Bultmann bedauert zunächst, daß Schweitzer im Gegensatz zur Religionsgeschichtlichen Schule die Theologie des Paulus nicht aus den hellenistischen Mysterienreligionen ableite, sondern als Weiterführung jüdisch-eschatologischer Anschauungen verstehe. Schweitzer habe aber die paulinische Theologie zu Recht als eschatologische Mystik dargestellt[243]. Paulus will mit seiner Eschatologie vor allem existentiell klären, »daß in Jesu Auferstehung das entscheidende kosmisch-eschatologische Ereignis geschehen ist, mit dem die Endzeit beginnt, und daß doch die Vollendung noch aussteht, bis Jesus wiedergekommen ist«[244]. Schweitzers Auskunft, Paulus greife hierzu auf vorhandene apokalyptische Motive zurück, hält Bultmann jedoch für unbefriedigend. Da Paulus das menschliche Dasein als geschichtliches auffaßt, interpretiert er das eschatologische Geschehen nicht mit den kosmisch-naturhaften Vorstellungen der Apokalyptik, sondern in einer der eschatologischen Gnosis entnommenen Begrifflichkeit[245].

In der zweiten Auflage der RGG gab Bultmann 1930 eine zusammenhängende Darstellung seines Paulusverständnisses. Er schrieb den immerhin 27 Lexikonspalten umfassenden Artikel »Paulus«, gleichsam die Summe seiner bisherigen Aussagen zum Thema, im April 1930 während eines Kuraufenthaltes im »Schwarzen Bock« in Wiesbaden binnen vierzehn Tagen nieder[246]. In seiner Darstellung ist der Theologie des Paulus deutlich mehr Raum als den biographischen Realien – der Herkunft und dem Bildungsweg, der Bekehrung und dem Wirken des Apostels – zugestanden[247]. Ableitungen der paulinischen Theologie aus dem Bekehrungs*erlebnis* oder aus der Persönlichkeit des Apostels, wie sie in der Religionsgeschichtlichen Schule *en vogue* waren, erteilt Bultmann eine kategorische Absage. Die Bekehrung des Paulus, so ex-

241 Bultmann, aaO 250f.; vgl. auch Ders., Rez. über E. Lohmeyer, Der Brief an die Philipper, 1928, u. Dens., Kyrios Jesus, 1928 (1930), in: Ders., Theologie als Kritik, 2002, 252–259.

242 Vgl. R. Bultmann, Rez. über A. Schweitzer, Die Mystik des Apostels Paulus, 1930 (1931), in: Ders., Theologie als Kritik, 2002, 263–266; A. Schweitzer, Die Mystik des Apostels Paulus, 1930. – Vgl. auch Bultmann an A. Schweitzer, 28. 8. 1930, in: W. Zager (Hg.), Albert Schweitzer. Theologischer und philosophischer Briefwechsel 1900–1965, 2006, 180–182.

243 Nur sei das Wort »Mystik« durch den sachgemäßeren Begriff »Gnosis« zu ersetzen.

244 Bultmann (s. Anm. 242), 264.

245 Vgl. aaO 265f. – Vgl. auch als Reaktion A. Schweitzer an Bultmann, 11. 10. 1931, in: Zager (s. Anm. 242), 183f.

246 Vgl. Bultmanns Chronik 1917–1945, Mn 2-224, Bl. 17. Bultmann hatte den Artikel kurzfristig – auf Wunsch des Verlegers – übernommen, nachdem »Komplikationen bei der Besetzung dieses für die neue Auflage [der RGG] so wichtigen Artikels in letzter Stunde noch entstanden« waren (O. Siebeck an Bultmann, 23. 12. 1929, Mn 2-2485).

247 Vgl. R. Bultmann, Art. Paulus, RGG^2 IV, 1930, (1019) 1020–1026 (Lebensgang); 1026–1045 (Theologie).

zeptionell sie auch vonstatten ging, stellt als Konversion vom Gesetz zu Christus, vom alten Ich zu einem neuen Selbstverständnis den exemplarischen Vorgang dar, wie grundsätzlich jeder Mensch zum Glauben gelangen kann. Eben dies in der Gestalt existentiellen Denkens bedacht zu haben, macht die genuine Bedeutung des Apostels aus, der »als *Theologe* dem christlichen Glauben das sachgemäße Verständnis seiner selbst gegeben hat«[248]. Als sachliche Voraussetzungen der Theologie des Paulus kommen einerseits sein Selbstverständnis als Jude unter dem Gesetz sowie seine Anknüpfung an das Kerygma der Urgemeinde, andererseits die religionsgeschichtlichen Motive und Vorstellungen, in denen sich sein Denken bewegte, in Betracht[249].

Für die Darstellung der Theologie des Paulus gewinnt Bultmann die Disposition aus dem Sachverhalt, daß Paulus Gott bzw. Christus und den Menschen als zusammengehörige Korrelate versteht. Die Theologie des Paulus läßt sich insoweit als Anthropologie entfalten, als diese die Stellung des Menschen *coram Deo* berücksichtigt. Da der Mensch aber durch das Christusgeschehen im Glauben »eine neue Möglichkeit der Stellung zu Gott gewonnen hat«, legt sich folgende Disposition nahe: »1. der Mensch vor der Offenbarung des Glaubens, 2. der Mensch unter dem Glauben«[250]. So behandelt Bultmann zunächst das vorgläubige Dasein, den Menschen als Geschöpf Gottes, die stets den ganzen Menschen bezeichnenden anthropologischen Begriffe, die Geschichtlichkeit des Daseins und die im Selbstseinwollen des Menschen zum Ausdruck kommende Sünde[251]. Danach beschreibt Bultmann das Sein unter dem Glauben, die von Gott geschenkte Gerechtigkeit als »Eigentlichkeit« des Menschen, die im Tod und in der Auferstehung Jesu Christi sich vollziehende Heilstat Gottes, den Glauben als neues Selbstverständnis des Menschen, die Predigt als das sich stets neu ereignende eschatologische Heilsgeschehen und das neue, vom Geist bestimmte Leben. Existierte der Mensch vor und außerhalb der Christusoffenbarung unter der Herrschaft von Gesetz, Sünde und Tod, so lebt er unter dem Glauben in der Freiheit von diesen Mächten, um im Dienst am Nächsten die Liebe zu verwirklichen, die das Gesetz erfüllt[252].

Dem im RGG-Artikel 1930 gezeichneten Paulusbild mitsamt dem hier gegebenen Aufriß der paulinischen Theologie gab Bultmann etwa zwei Jahrzehnte später in seiner »Theologie des Neuen Testaments« eine nur wenig modifizierte, die gleichsam vollendete Gestalt. Albert Schweitzer fand schon 1930, Bultmanns Paulusartikel sei »ein wirkliches Buch«, das sich durch die außerordentlich klare Disposition des Stoffes auszeichne[253].

248 AaO 1025 f.; vgl. 1026 f.

249 Vgl. aaO 1027–1031.

250 AaO 1031. – Diese Disposition setzt cf. Röm 7,7–25 voraus, daß auch das vorgläubige Daseinsverständnis allererst vom Glauben her erkennbar geworden ist.

251 Vgl. aaO 1031–1037.

252 Vgl. aaO 1037–1043.

253 A. Schweitzer an Bultmann, 15. 10. 1930, in: Zager (s. Anm. 242), 182.

6. Das Jesus-Buch und die Frage der Christologie

So gewinnt es das Ansehen, als ob der Kritiker, wenn er aus dem Brande, den seine Kritik angerichtet, doch das Dogma noch retten will, für seinen Standpunkt etwas Unwahres unternähme, sofern er [das], was ihm selbst kein Kleinod ist, aus Accommodation an den Glauben als solches behandelt[254].

Der historische Jesus … fordert weder unmittelbar etwas von uns, noch richtet er uns wegen einer Tat, mit der wir uns gegen ihn vergangen haben … Ich habe ihm nichts zu Leide getan, und er hat mir nichts zu vergeben.[255]

Ich habe mich in meinem kritischen Radikalismus noch nie unbehaglich gefühlt, sondern ganz behaglich. Ich habe aber vielfach den Eindruck, daß meine konservativen Kollegen im Neuen Testament sich recht unbehaglich fühlen; denn ich sehe sie immer bei Rettungsarbeiten begriffen. Ich lasse es ruhig brennen; denn ich sehe, daß das, was da verbrennt, alle die Phantasiebilder der Leben-Jesu-Theologie sind, und daß es der Χριστὸς κατὰ σάρκα *selbst ist. Aber der* Χριστὸς κατὰ σάρκα *geht uns nichts an; wie es in Jesu Herzen ausgesehen hat, weiß ich nicht und will ich nicht wissen.*[256]

War 1926 ein »Jahr am Rand der Zeit«?[257] In diesem Jahr fand kein Ereignis statt, dem eine außergewöhnliche symbolische Bedeutung zugekommen wäre. Ein Schwellenjahr, an dem man exemplarisch Gesetzmäßigkeiten wirkungsgeschichtlich weitreichender historischer Prozesse hätte aufzeigen können, war 1926 zweifelsohne nicht. Bedarf es überhaupt des Blickes ausgerechnet auf jenen begrenzten Zeitabschnitt von zwölf Monaten, um die verbreitete Überzeugung zu destruieren, der Mensch könne aus der Geschichte lernen? Läßt sich der Versuch, eine bestimmte vergangene Wirklichkeit in der Perspektive historischer Gleichzeitigkeit wahrzunehmen, nicht in gleicher Weise wie an 1926 an jeder anderen beliebigen Zeitspanne durchführen?[258] Immerhin schrieb Martin Heidegger zwischen April und Dezember 1926 am Rand der Zivilisation – nämlich zumeist in seiner Hütte oberhalb von Todtnauberg – sein frühes, unvollendetes Hauptwerk »Sein und Zeit«. Eine der Intentionen, die Heidegger mit seiner Fundamentalontologie verfolgte, bestand darin, das die neuere Philosophiegeschichte beherrschende Subjekt-Objekt-Paradigma durch die Ausarbeitung der Frage nach dem Sein als Frage nach dem Sinn von Sein zu überwinden. Immerhin erschien in eben jenem Jahr 1926 in der Deutschen Bibliothek Verlagsgesellschaft des jüdischen Verlegers Wolf Wertheim das Jesus-Buch Rudolf Bultmanns. Der Band eröffnete eine Reihe mit dem Titel »Die Unsterblichen.

254 D. F. Strauss, Das Leben Jesu, kritisch bearbeitet, Bd. 2, 1835, 687.

255 R. Bultmann, Zur Frage der Christologie (1927), GuV I, 1933[1], (85–113) 95.97.

256 AaO 101.

257 Vgl. H. U. Gumbrecht, 1926. Ein Jahr am Rand der Zeit, 2001, 445–480.

258 Vgl. Gumbrecht, aaO 466–470.

Die geistigen Heroen der Menschheit in ihrem Leben und Wirken«[259]. In seinem Büchlein bemühte sich Bultmann auf seine Weise darum, eine Begegnung mit der Geschichte – in diesem Falle mit der Verkündigung Jesu – zu ermöglichen, die nicht länger vom Subjekt-Objekt-Denken präjudiziert, sondern von einer Hermeneutik der Gleichzeitigkeit geleitet sein sollte[260].

Über die Entstehung von Bultmanns Jesus-Buch liegen widersprüchliche Angaben vor, die in der Forschung entsprechend kontroverse Diskussionen nach sich zogen. Im Alter erinnerte sich Bultmann gegenüber Otto Merk, er habe den Text binnen einer Woche geschrieben, dabei aber noch nicht sogleich die umfangreichen biblischen Belege eingearbeitet[261]. Im Juni 1972 bezeichnete Bultmann in einem Brief an Hans Hübner die Meinung, er habe das Jesus-Buch unter dem Einfluß der Philosophie Martin Heideggers verfaßt, als ganz falsch. »Ich habe es geschrieben, ehe ich von Heidegger etwas wußte und von seinen philosophischen Gedanken etwas kannte. Ich habe das Manuskript samt Vorrede Heidegger vorgelesen, und damit begann unser Austausch. Von ihm stammt nur der in Klammern gesetzte Terminus ›Wirkungszusammenhang‹ in der Vorrede, den einzufügen er mir riet.«[262] Bultmann bestätigte diese Aussage ausdrücklich, als Günther Bornkamm ihn bei seinem letzten Besuch im Frühjahr 1976 auf das Thema ansprach[263].

Diese Auskünfte des alten Bultmann lassen sich nur zum geringsten Teil mit den relevanten zeitnahen Quellen zur Deckung bringen. Die Thematik des Jesus-Buches griff Bultmann ausführlich erstmals im Sommersemester 1922 in seiner Vorlesung »Leben Jesu« sowie in seinem Seminar »Probleme der Leben-Jesu-Forschung« auf[264]. Einen Beleg dafür, daß er unmittelbar im Anschluß an diese beiden Lehrveranstaltungen mit der Niederschrift des Jesus-Buches begonnen hätte, gibt es nicht. Im Herbst 1923 kam Heidegger nach Marburg und lernte Bultmann bald kennen. Im Wintersemester 1923/24 nahm Heidegger an Bultmanns Seminar über »Die Ethik des Paulus« teil, und in den folgenden Monaten und Jahren pflegten der Philosoph und der Theologe intensive Kontakte zueinander. Den ersten konkreten Hinweis auf Bultmanns Arbeit am Jesus-Buch enthält ein Brief Karl Barths, bei dem Bultmann nach seinem Göttinger Vortrag am 6. Februar 1925 übernachtet hatte: »Er schreibt an einem kleinen ›Leben Jesu‹, von dem ich eigentlich nichts Gutes erwarte nach

259 Dem Jesus-Buch Bultmanns folgten in dieser Reihe Bände über Buddha, Konfuzius, Friedrich Nietzsche, Giordano Bruno und Zarathustra.

260 Vgl. R. Bultmann, Jesus, o.J. [1926¹]. – Im Folgenden benutze ich auch die Ausgabe: UTB 1272, 1988.

261 Vgl. O. Merk an K. Hammann, 2./10. 1. 2006.

262 Bultmann an H. Hübner, 5. 6. 1972, zit. nach H. Hübner, Bultmanns »existentiale Interpretation« – Untersuchungen zu ihrer Herkunft, ZThK 100 (2003), (280–324) 286.

263 Vgl. G. Bornkamm, *In memoriam* Rudolf Bultmann. * 20. 8. 1884 † 30. 7. 1976, NTS 23 (1977), (235–242) 239.

264 Vgl. B. Jaspert (Hg.), Sachgemäße Exegese. Die Protokolle aus Rudolf Bultmanns Neutestamentlichen Seminaren 1921–1951, 1996, 21–23.210.

dem, was er mir darüber verraten.«[265] Bultmann hatte das Manuskript des Jesus-Buches laut Vertrag im April 1925 abzuliefern. Entsprechend stand er mit der Abfassung des Buches unter Zeitdruck, wie er Friedrich Gogarten Anfang März 1925 wissen ließ: »Da ich im Semester dazu nicht kam, schreibe ich jetzt in einiger Bedrängnis fast vom Morgen bis zum Abend daran und habe reichlich den dritten Teil fertig gebracht.«[266] Anfang April 1925 war Bultmann mit dem Manuskript immer noch nicht fertig[267]. Jedoch gelang es ihm, die Arbeit bis zum Ende des Monats abzuschließen und die Druckvorlage des Buches vereinbarungsgemäß beim Verlag einzureichen[268]. Bultmann hat demnach mit der Niederschrift seines Jesus-Buches im Wintersemester 1924/25 begonnen, den Text aber größtenteils von Februar bis April 1925 zu Papier gebracht[269]. Entgegen seiner Alterserinnerung[270] verfaßte er das Buch mithin zu einer Zeit, als er bereits im intensiven Austausch mit Heidegger stand[271].

In diesem Kontext dürfte der Hinweis Bultmanns, Heidegger habe ihm (lediglich) zur Einfügung des Begriffs »Wirkungszusammenhang« in die Einleitung geraten, die zutreffende Erinnerung an die Bedeutung der Geschichtsphilosophie Wilhelm Diltheys sowie der Existenzdialektik Søren Kierkegaards für das Gespräch mit Heidegger in den Jahren 1923 bis 1925 und für die hermeneutische Konzeption des Jesus-Buches bewahren[272]. Eine weitere *particula veri* enthält die Aussage des alten Bultmann insofern, als das Jesus-Buch noch ohne größere Anleihen bei der ausge-

265 K. Barth an E. Thurneysen, 15.2. 1925, in: E. Thurneysen (Hg.), Barth-Thurneysen Bw., Bd. 2, 1974, (301–310) 307.

266 Bultmann an F. Gogarten, in: H.G. Göckeritz (Hg.), Bultmann-Gogarten Bw., 2002, (71–74) 72.

267 Vgl. Bultmann an F. Gogarten, 9.4. 1925, in: Göckeritz, aaO 77.

268 Vgl. Bultmann an F. Gogarten, 6.5. 1925, in: Göckeritz, (79–82) 79; Bultmann an H. Roth, 16.6. 1925, Mn 2-2349.

269 Vgl. W. Schmithals, Jesus verkündigt das Evangelium – Bultmanns Jesus-Buch, in: Paulus, die Evangelien und das Urchristentum. Beiträge von und zu Walter Schmithals zu seinem 80. Geb., hg. von C. Breytenbach, 2004, (388–428) 394f.

270 S.o. Anm. 261–263.

271 Es ist nicht nötig, den Altersirrtum Bultmanns durch die Hypothese zu retten, er habe eine ursprüngliche Fassung des Jesus-Buches vor dem Herbst 1923 geschrieben und diese im Laufe der Zeit mehrfach überarbeitet (so Hübner [s. Anm. 262], 287f.; unkritisch übernommen von C. Bartels, Kierkegaard receptus I. Die theologiegeschichtliche Bedeutung der Kierkegaard-Rezeption Rudolf Bultmanns, 2008, 254–256 Anm. 771). Gegen diese Hypothese spricht so gut wie alles. Es gibt keinen einzigen zeitnahen Beleg für eine Abfassung des Jesus-Buches vor 1925 (oder gar vor dem WS 1923/24). Heidegger kam 1928 in seinem Rückblick auf sein erstes Treffen mit Bultmann im Herbst 1923 mit keinem Wort auf das Jesus-Buch zu sprechen (vgl. M. Heidegger an Bultmann, 2.4. 1928, in: A. Grossmann / Ch. Landmesser [Hg.], Bultmann-Heidegger Bw., 2009, [55–58] 55f.). In der Korrespondenz mit H. von Soden 1920–1924 erwähnt Bultmann das Jesus-Buch nicht. Dies hat insofern Gewicht, als Bultmann seinem Freund (sonst) von sämtlichen Arbeitsvorhaben und Publikationsprojekten erzählte. Schließlich zeigt der Wortlaut der o. Anm. 265–268 angeführten zeitnahen Quellen eindeutig, daß Bultmann 1925 nicht einen bereits vorliegenden Text *überarbeitete*, sondern das Jesus-Buch allererst *schrieb*.

272 Vgl. dazu Schmithals (s. Anm. 269), 400–404; Hübner (s. Anm. 262), 288–300; Bartels, aaO 269–313.

prägten Begrifflichkeit Heideggers auskommt[273]. Dieses sprachliche Indiz stützt die – in verschiedenen Varianten erhaltene – Feststellung Bultmanns, ihm sei die Einsicht in die Geschichtlichkeit der menschlichen Existenz bereits durch Wilhelm Herrmann vermittelt worden, ehe Heidegger in »Sein und Zeit« die – bei Herrmann gedanklich und begrifflich freilich nur im Ansatz entwickelte – Analyse des menschlichen Daseins vorgelegt habe[274]. Bultmann hat sein Jesus-Buch also in einer Phase verfaßt, in der er die ihn seit langem bewegende Frage nach der Geschichtlichkeit und Zeitlichkeit der menschlichen Existenz mit Heidegger durchsprach, in der er aber die Daseinsontologie des Philosophen noch nicht in ihrer vollen Ausgestaltung kannte[275].

Dies zeigt auch der Vortrag zum »Problem einer theologischen Exegese des Neuen Testaments«, den Bultmann am 6. Februar 1925 in Göttingen hielt, zu der Zeit, in der er ansonsten intensiv mit der Niederschrift seines Jesus-Buches befaßt war. In jenem Vortrag trat er dafür ein, die wissenschaftliche Auslegung des Neuen Testaments habe sich sinnvoller Weise in der durchgängigen Verschränkung mit der Selbstauslegung des Menschen zu vollziehen. Diese Selbstauslegung könne den Menschen als geschichtliches Individuum nur dann erfassen, wenn sie sich als Auslegung der Geschichte realisiere[276]. Die *philosophische Exegese* befrage die Geschichte von vornherein auf die Möglichkeiten menschlichen Daseins hin. Sie tue dies unter der Voraussetzung, »daß der Mensch von sich aus die Existenzfrage stellen kann und die Möglichkeit der freien Tat hat, in der er seine Existenz gewinnt«. Dem gegenüber habe sich die *theologische Exegese* der Behauptung des Neuen Testamentes zu stellen, »der Mensch verfüge über seine Existenz nicht einmal insoweit, daß er von sich aus die Existenzfrage stellen könne und die Möglichkeit der freien Tat habe«[277].

Die im Göttinger Vortrag noch nicht abgeschlossene Denkbewegung[278] ist in der Einleitung zum Jesus-Buch an ihr vorläufiges Ziel gelangt. Bultmann entwickelt hier die Grundlinien des hermeneutischen Programms, das unter der Bezeichnung »existentiale Interpretation des Neuen Testaments« in die Theologiegeschichte des 20. Jahrhunderts eingehen sollte. Gedanken Wilhelm Diltheys aufnehmend[279], erläutert

273 Vgl. dazu (m.E. etwas zu apodiktisch) Schmithals, aaO 393; Anklänge an Heideggers Begrifflichkeit fehlen im Jesus-Buch nicht gänzlich, wie die u. Anm. 295 zitierte Aussage zeigt.

274 Vgl. mit Belegen Schmithals, aaO 400–402; s. auch o. 122 Anm. 204.

275 Erst nach dem Abschluß des Manuskripts des Jesus-Buches hörte Bultmann im Sommersemester 1925 Heideggers Vorlesung »Geschichte des Zeitbegriffs«. »Sein und Zeit« erschien ohnehin nach Bultmanns Jesus-Buch. Bultmann hatte aber am 25. 7. 1924 Heideggers Vortrag »Der Begriff der Zeit« gehört; s. u. 196 f.

276 Vgl. R. Bultmann, Das Problem einer theologischen Exegese des Neuen Testaments (1925), in: Ders., Neues Testament und christliche Existenz, hg. von A. Lindemann, 2002, (13–38) 34; s. dazu auch o. 141 f.

277 Bultmann, aaO 32.

278 Bultmann beurteilte seinen Göttinger Vortrag selbst als »immer noch recht fragwürdig«; das in ihm Gesagte markiere »ein Stadium der Diskussion« (Bultmann an K. Barth, 19. 7. 1925, in: B. Jaspert [Hg.], Barth-Bultmann Bw., 1994², [49–51] 49).

279 Vgl. Hübner (s. Anm. 262), 288–290; Bartels (s. Anm. 271), 271–282.

Bultmann zunächst den Unterschied, der sich zwischen dem Verhältnis des Menschen zur Geschichte und seiner Beziehung zur Natur wahrnehmen läßt. Während der Mensch die Natur in der Betrachtung derselben als etwas außerhalb seiner selbst Vorhandenes erkennt[280], kann er in der Hinwendung zur Geschichte nicht in gleicher Weise einfach etwas Vorhandenes konstatieren. Denn er ist ja mit seinem Sein in die Geschichte, in ihren »Wirkungszusammenhang« verflochten. Der Mensch redet also, wenn er etwas Substantielles über die Geschichte sagt, in gewisser Hinsicht zugleich auch von sich selbst. Wer nun das Wesentliche eines geschichtlichen Phänomens erfassen möchte, kann dies daher auch nur im beständigen Dialog, in einer wirklichen Begegnung mit der Geschichte erreichen. Dabei hat der Geschichtsschreiber seine Subjektivität durchaus in Frage zu stellen, muß er bereit sein, die Geschichte wirklich zu befragen und als Autorität zu hören.

Nur in solchem Dialog mit der Geschichte erschließt sich deren eigentliches Wesen, das darin besteht, dem Menschen »die Möglichkeiten seiner Existenz« transparent zu machen[281]. Ein Verstehen der Gedankenwelt Jesu kann von daher nichts anderes sein »als die Auslegung der eigenen, in der Bewegung, in der Ungesichertheit, in der Entscheidung befindlichen Existenz; als der Ausdruck für eine Möglichkeit, diese Existenz zu erfassen; als der Versuch, über die Möglichkeiten und Notwendigkeiten des eigenen Daseins klarzuwerden«[282]. Da es Bultmann also darum geht, »jedes Jenseits der Geschichte gegenüber zu vermeiden und innerhalb der Geschichte Platz zu finden«[283], kann sich seine Darstellung nicht am Leben Jesu oder an seiner Persönlichkeit orientieren. In deutlicher Distanz zum Titel der Reihe, in der das Jesus-Buch erscheint, will Bultmann jeden Anklang an wertende Bezeichnungen Jesu als eines großen Mannes, eines religiösen Genies oder Heros von vornherein ausgeschlossen wissen. Für eine Begegnung mit Jesus, die sich von der Frage nach dem menschlichen Existenzverständnis leiten läßt, kann nur das relevant sein, was Jesus gewollt hat. Da Jesus durch das Wort gewirkt hat, läßt sich sein Wollen ausschließlich durch die verstehende Aneignung seiner Lehre erfassen. Die Lehre Jesu darf freilich nicht als System allgemeingültiger Lehrsätze mißverstanden werden. Vielmehr gilt es die Verkündigung Jesu als Frage zu vernehmen, wie wir unsere eigene Existenz auffassen wollen.

Während wir nur wenig über das Leben und die Persönlichkeit Jesu wissen, reichen unsere Kenntnisse von seiner Verkündigung aus, um diese in einem zusammenhängenden Bild wiederzugeben. Dabei ist als Ergebnis historisch-kritischer Forschung vorausgesetzt, daß sich die Verkündigung Jesu »nach überwiegender Wahrscheinlichkeit« aus der ältesten Überlieferungsschicht der synoptischen Evangelien erheben läßt. Sollte Jesus nicht in dem Ausmaß, wie die Überlieferung es zu erken-

280 Bultmann, Jesus, 1988 (s. Anm. 260), 7, setzt hier (1926!) noch das Weltbild der klassischen Physik voraus.

281 AaO 9.

282 AaO 12.

283 AaO 10.

nen gibt, der Träger der in jener ältesten Schicht tradierten Gedanken gewesen sein, würde dies doch nichts an der Darstellung der Verkündigung Jesu ändern. Und jedem Leser wäre es dann unbenommen, das »Jesus« in Anführungsstriche zu setzen »und nur als abkürzende Bezeichnung für das geschichtliche Phänomen« gelten zu lassen, das den Gegenstand dieses Jesus-Buches bildet[284]. Im September 1928 erklärte Bultmann dazu gegenüber dem Ahlhorner Pastor Hans Roth, er habe in seinem Jesus-Buch nicht einen »Jesus Christus« nach den Synoptikern oder dem Johannesevangelium dargestellt. »Einen ›historischen Jesus‹ habe ich beschrieben, freilich nicht (wenigstens der Absicht nach) im Sinne des Historismus, der Jesus als ein Phänomen der Vergangenheit nimmt, sondern so, wie er zu dem geschichtlichen Verständnis spricht, das sich durch die Geschichte anreden lassen will, das sich also nicht ›betrachtend‹ außerhalb der Geschichte befindet.«[285]

Die Disposition des Jesus-Buches orientiert sich an der Darstellung der Verkündigung Jesu in Adolf Harnacks »Wesen des Christentums«. Lediglich in der Reihung der Themen weicht Bultmann von Harnack ab: das Kommen der Gottesherrschaft, der Wille Gottes und Jesu Gottesverkündigung[286]. Diese Themen bilden drei konzentrische Kreise. »In jedem Kreis handelt es sich letztlich um das Gleiche und um das Ganze.«[287] Wie Bultmann die Botschaft Jesu methodisch erschließt, entspricht ebenfalls dem von Harnack im »Wesen des Christentums« gewählten, überhaupt für liberale Jesusdarstellungen typischen Verfahren. Bultmann erhebt die Verkündigung Jesu aus ihrem jüdischen Kontext und arbeitet ihre Konturen durch den Vergleich mit dem jüdischen Umfeld heraus. Freilich steckt er vor dem Abschreiten der drei konzentrischen Kreise noch mit ein paar Bemerkungen den »zeitgeschichtlichen Rahmen des Auftretens Jesu« ab. Er gibt hier anhand weniger zentraler Begriffe wie Gesetz und Gehorsam, Verheißung und Hoffnung ein Bild der jüdischen Religion um die Zeitwende, berührt kurz die diversen messianischen Bewegungen, die sich im jüdischen Volk während der römischen Herrschaft regten, und skizziert abschließend die von Johannes dem Täufer und Jesus angestoßenen messianischen Bewegungen in ihrer Eigenart und ihrem äußeren Verlauf. Was in traditionellen Darstellungen des »Lebens Jesu« breiten Raum einnahm, ist also bei Bultmann reduziert auf die relativ sicheren Daten zur Person und dem Auftreten Jesu. Schon der knappe Umfang dieser zeithistorischen Einführung markiert unübersehbar die Konsequenzen, die Bultmann aus dem Scheitern der liberalen Leben-Jesu-Forschung zieht[288].

284 AaO 14.

285 Bultmann an H. Roth, 25. 9. 1928, Mn 2-2349.

286 Bei A. von Harnack, Das Wesen des Christentums, 1977, 40, folgt der Botschaft vom Reich Gottes zunächst Jesu Gottesverständnis und dann erst die Ethik Jesu. – Das Verhältnis des Jesus-Buches Bultmanns zu Harnacks Jesusdarstellung behandelt F. Wittekind, Gott – die alles bestimmende Wirklichkeit?, in: I. U. Dalferth, J. Fischer, H.-P. Grosshans (Hg.), Denkwürdiges Geheimnis, FS E. Jüngel zum 70. Geb., 2004, (583–604) 587–600.

287 Bultmann, Jesus, 1988 (s. Anm. 260), 14.

288 Vgl. E. Lohmeyer, Rez. über R. Bultmann, Jesus, o.J. [1926], ThLZ 52 (1927), (433–439) 434.

Im äußeren Kreis behandelt Bultmann die Eschatologie, die Botschaft Jesu von der kommenden Gottesherrschaft. Da mit der Gottesherrschaft das eschatologische Heil kommt, ist der Mensch »vor das große Entweder – Oder gestellt, ob er sich für die Gottesherrschaft entscheiden und dann ihr alles zum Opfer bringen will«[289]. Jesus faßt die Gottesherrschaft nicht zuständlich auf. Sie ist weder ein höchstes Gut, wie die Ethik es kennt, noch eine Größe, die sich in der Geschichte des Menschen verwirklicht. Jesus verbindet mit der Gottesherrschaft auch nicht die auf einen Zustand der endzeitlichen Herrlichkeit fokussierten Hoffnungen des zeitgenössischen Judentums. Ebenso sind ihm universalistische oder individualistische Vorstellungen fremd; in solchen humanistischen Begriffen würde ein für Jesus nicht gegebener Anspruch des Menschen gegenüber Gott erhoben. Das schlechthin Überweltliche und Wunderbare der Gottesherrschaft erschließt sich demjenigen, der angesichts ihrer Verkündigung erkennt, daß sie das zukünftige Handeln Gottes und insofern die die Gegenwart völlig bestimmende Macht ist. Als »das auf den Menschen Zukommende« stellt die Gottesherrschaft den Menschen in die Entscheidung. Sie gibt ihm zu verstehen, daß »sein eigentliches Wesen« eben darin besteht, in der Entscheidung zu stehen[290]. Dies bedeutet für den Menschen negativ, die Gegenwart seines Lebens als Fremde aufzufassen, und positiv, die Gegenwart seines Lebens gemäß dem Willen Gottes zu gestalten[291].

Mit Jesu Verkündigung des Willens Gottes befaßt sich Bultmann im mittleren Kreis. Er hebt Jesu Wirken als jüdischer Rabbi hervor, dem die Autorität des Gesetzes selbstverständlich ist. Entsprechend der jüdischen Tradition orientiert sich die Ethik Jesu am Gehorsam gegenüber der Forderung Gottes. Sie unterscheidet sich darin fundamental »vom griechischen Menschenideal und von moderner rationaler Ethik der Autonomie oder modernster Wertethik«. Im Unterschied zur jüdischen Ethik, die den Gehorsam auf eine formale Autorität bezieht, hat Jesus freilich »den Gedanken des Gehorsams radikal gedacht«[292]. Denn Jesus sieht den ganzen Menschen in der Entscheidung stehen. Nicht *etwas* wird dem Menschen abverlangt, sondern er selbst ist in seinem *Sein* gefordert, und im Gehorsam existiert er, sofern er »ganz in dem ist, was er tut«[293]. Daher beruft sich Jesus auch nicht auf die äußere Autorität des Gesetzes. Vielmehr traut er dem Menschen zu, selbst zu erkennen, was der Wille Gottes ist. Jenseits von ethischen Theorien, die am Individuum oder an der Gemeinschaft orientiert sind und die den Menschen zum Kriterium des Handelns erheben, sieht Jesus »den Menschen und seine Existenz ... in einer absoluten Ungesichertheit gegenüber dem, was ihm begegnet«. Indem der Mensch so »gleichsam im leeren

289 Bultmann, Jesus, 1988 (s. Anm. 260), 25; vgl. aaO 28; dazu J. Hess, Art. Jesus, Rudolf Bultmann, in: M. Eckert u. a. (Hg.), Lexikon der theologischen Werke, 2003, 413 f.

290 Bultmann, aaO 39.

291 Vgl. aaO 41. – Zur Eschatologie im Jesus-Buch Bultmanns vgl. auch F. Wittekind, Eschatologie zwischen Religion und Geschichte. Zur Genese der Theologie Bultmanns, in: U. H. J. Körtner (Hg.), Die Gegenwart der Zukunft, 2008, (55–84) 78–84.

292 Bultmann, aaO 53.

293 AaO 56.

Raume steht«, ist damit Ernst gemacht, daß die Forderung des Guten wirklich diejenige des jenseitigen Gottes ist[294].

Den Gehorsam gegenüber dem Willen Gottes hat der Mensch in der Selbstverantwortung für sein Tun und Lassen jetzt, in der Entscheidung, zu realisieren. Dabei wählt er in dieser existentiellen Grundsituation »nicht etwas für sich, sondern er entscheidet sich mit jeder Wahl im Grunde für seine eigene Möglichkeit«[295]. Dies läßt sich exemplarisch am Doppelgebot der Liebe ablesen. Für Jesus ist die Liebe weder eine Tugend noch ein ethisches Prinzip. Vielmehr stellt die Liebe die Forderung des Gehorsams dar und sie zeigt zugleich, wie der Gehorsam in der konkreten Begegnung mit anderen Menschen Gestalt annehmen kann und soll. Eben dies verdeutlicht auch das Doppelgebot der Liebe mit seiner dialektischen Bestimmung des Verhältnisses zwischen Gottes- und Nächstenliebe. Die Liebe ist bei Jesus als »eine bestimmte Haltung des Willens« verstanden[296]. Sein Wort »Ihr sollt vollkommen sein, wie euer himmlischer Vater vollkommen ist« (Mt 5,48) bezeichnet vor diesem Hintergrund die Situation der definitiven Entscheidung, in die der Mensch *coram Deo* gestellt ist. Die Zukunft der Gottesherrschaft legt diese Situation frei, in der der Mensch »seine Existenz im Jetzt« gewinnt. Indem der Mensch eine echte Entscheidung zwischen den ihm von Gott her eröffneten Möglichkeiten trifft, wird er »zum Sünder oder zum Gerechten«[297].

Ob aber in diesem Sinne echte, unverfügbare Zukunft überhaupt auf den Menschen zukommen kann, hat die Auslegung des Gottesgedankens Jesu zu klären. Im inneren Kreis wendet sich Bultmann daher in Anknüpfung an die jüdische Vorstellung des fernen und des nahen Gottes der Frage zu, inwiefern der Gott der Zukunft gerade als solcher zugleich auch der Gott der Gegenwart sei. Denn Jesus redet von Gott nur so, daß er von seinem Handeln am Menschen spricht. Jesus tut dies, indem er – Bultmann vergegenwärtigt hier noch einmal den äußeren und mittleren Kreis – dem Menschen zeigt, »daß er in der letzten Stunde steht, in der Entscheidung, daß er in seinem Willen von Gott beansprucht ist«[298]. Charakteristisch für Jesu Verkündigung ist nun, daß sie die unauflösliche Einheit zwischen der Zukunft und der Gegenwart Gottes durchgängig betont. Einzelne Aspekte der Botschaft Jesu wie der Vorsehungsglaube und die Theodizee, der Wunder- und der Gebetsglaube geben denn auch die Paradoxie des Glaubens an den zukünftigen und gegenwärtigen, den fernen und nahen Gott hinreichend zu erkennen.

Der Sinn der Paradoxie vom fernen und zugleich nahen Gott läßt sich vor allem an Jesu Verständnis von Sünde und Vergebung erfassen. Jesus versteht die Sünde im Horizont des auf den ganzen Menschen sich richtenden Anspruches Gottes. Der

294 AaO 61.

295 AaO 63.

296 AaO 82. – Zu Bultmanns Bezugnahme auf S. Kierkegaards Interpretation des Doppelgebotes der Liebe (aaO 81) vgl. Bartels (s. Anm. 271), 302–306.

297 Bultmann, aaO 91.

298 AaO 105.

Mensch steht demnach »vor Gott als Sünder, d.h. seine Sünde hat nicht relativen, sondern absoluten Charakter«[299]. So radikal wie die Sünde ist die Vergebung aufgefaßt. Der Mensch beugt sich, gerade indem er die Vergebung annimmt, dem Gericht Gottes. Die Vergebung aber bedeutet, daß Gott dem Menschen die Möglichkeit einräumt, ein neuer zu werden. »Gott ist der Gott der Gegenwart für den Sünder, gerade dadurch, daß er ihn in die Gottferne verstößt, und er ist zugleich der Gott der Zukunft, weil er an seinem Anspruch auf den Sünder festhält und ihm neue Zukunft eröffnet in seiner Vergebung, zu neuem Gehorsam.«[300] Dabei weist Jesus nicht auf allgemein wahrnehmbare Ereignisse hin, die einen der Vergebung vergewissern könnten. Vielmehr *verkündigt* er die Vergebung, und sie ereignet sich in seinem Wort, sofern es den Hörer trifft. Die Wahrheit dieses Wortes sucht Jesus nicht durch irgendwelche Garantien auszuweisen, wohl aber ist Jesus der von Gott gesandte Träger des Wortes. Weil er die Vergebung nur im Wort bringt, ist der Hörer in die Entscheidung gestellt, ob er Jesu Wort als Wahrheit nehmen, ob er Jesus als von Gott gesandt glauben will. Es bleibt also »bei Jesu Wort: *Heil dem, der nicht Anstoß nimmt an mir!*« (Mt 11,6)[301]

In der akademischen Theologie rief Bultmanns Jesus-Buch ein kritisches Echo hervor[302]. Karl Barth äußerte gegenüber dem Vareler Pastor Edmund Haake, er verstehe nicht, was Bultmann mit seiner Darstellung wolle[303]. Barth monierte, »in dem Buche sei noch zuviel Suchen nach dem historischen Jesus«, und ließ zugleich mit leicht ironischem Unterton anklingen, Bultmanns Jesus »sei offenbar schon dialektischer Theologe gewesen«[304]. Ernst Lohmeyer urteilte, in Bultmanns Auslegung der Verkündigung Jesu komme »nichts anderes ... als die Apologie des eigenen religiösen Verhaltens« zum Ausdruck. Die Stärke dieses Jesus-Buches, das den Glauben in der persönlichen Begegnung mit der Geschichte, quasi in religiöser Ursprünglichkeit, erschließe, stelle sich unter wissenschaftlichen Aspekten als Schwäche heraus. Das Buch sei ein Dokument der religiösen Apologetik, es könne und wolle aber nicht historische Erkenntnis bieten[305]. In ähnlicher Weise, wenn auch von anderen Voraussetzungen her, bezweifelte der liberale Frankfurter Theologe Erich Foerster, daß Bultmann die Botschaft Jesu in möglichst einfacher Rekonstruktion der ältesten Überlieferungsschicht der synoptischen Evangelien nachgezeichnet habe. Das Buch sei vielmehr »geschrieben unter dem starken Einluß der sogenannten Barthschen Theologie« oder besser der philosophisch-theologischen Impulse, die von neueren Kultur- und Lebensphilosophien wie denjenigen Kierkegaards, Tolstois, Nietzsches

299 AaO 135.

300 AaO 143.

301 AaO 148.

302 Der Hauptanteil an den 41 von Bultmann aufbewahrten Besprechungen (vgl. Mn 2-3120) entfiel freilich auf Kirchen- und Gemeindeblätter.

303 Vgl. Bultmann an K. Barth, 10. 12. 1926, in: Jaspert (s. Anm. 278), (64–67) 64.

304 Mitteilung K. Barths an Bultmann, durch H. Roth an Bultmann, 12. 9. 1928, Mn 2-1650.

305 Lohmeyer (s. Anm. 288), 437; vgl. aaO 439; dazu D. Lührmann, Ernst Lohmeyers exegetisches Erbe, in: W. Otto (Hg.), Freiheit in der Gebundenheit, 1990, (53–87) 73–79.

und anderer ausgegangen seien. Es handele sich im ganzen nicht um das Werk eines Neutestamentlers, sondern um das eines Systematikers[306]. Bultmann zog im Blick auf die Aufnahme des Jesus-Buches folgendes Resümee: »Daß der Systematiker den Neutestamentler vergewaltigt habe, ist ein durchgehender Vorwurf.«[307]

Mit diesem Vorwurf setzte sich Bultmann auseinander, indem er sowohl Barth als auch Foerster darzulegen versuchte, welchem theologischen Problem er sich mit dem Jesus-Buch gestellt habe. Es war dies die in seinen Augen zentrale Frage der neutestamentlichen Theologie, »wie es zu verstehen (natürlich nicht: kausal zu erklären!) ist, daß aus dem Verkündiger Jesus der Verkündigte Jesus Christus wird«[308]. Bultmann wollte also mit seinem Jesus-Buch einen Beitrag zur präzisen *Erfassung* des Problems leisten, in welchem sachlichen Verhältnis die Botschaft Jesu und die urchristliche Predigt von Jesus Christus zueinander stehen. Er habe diese Frage im Jesus-Buch allerdings nicht explizit gestellt, gerade um sie in ihrer Dringlichkeit hervortreten zu lassen. Dadurch sei bei vielen Lesern der falsche Eindruck entstanden, bereits die Verkündigung Jesu enthalte das Evangelium im Sinne der christlichen Predigt. Eben dies sei aber – so erklärte Bultmann unter Berufung auf die Religionsgeschichtliche Schule – nicht der Fall; erst die urchristliche Verkündigung stelle das Evangelium im eigentlichen Sinne dar[309]. Freilich lasse sich das Kernproblem der neutestamentlichen Theologie nur dann klar erfassen, wenn man zunächst einmal die Verkündigung des geschichtlichen Jesus in den Blick nehme. Gegenüber Barth und Foerster insistierte Bultmann vorläufig darauf, daß sein Jesus-Buch im Kontext der Unterscheidung von Gesetz und Evangelium »den Leser gleichsam in die Situation vor Tod und Auferstehung Jesu ... als die Situation von Gesetz und Verheißung« bringen wolle[310].

Sollte das Jesus-Buch das skizzierte theologische Problem zunächst einmal anzeigen, enthielt es doch bereits implizit einen Hinweis, welche Linie von der Verkündigung Jesu zum Christuskerygma der Urgemeinde führen könnte. Am Ende des Buches wies Bultmann auf die Autorität hin, die Jesus als dem Träger des Wortes der Vergebung zukomme. Er sah diesen Vollmachtsanspruch durch Jesu Wort Mt 11,6 zur Geltung gebracht[311]. Wenig später prägte Bultmann für die gemeinte Sache den Begriff der impliziten Christologie. Wiederum im Anschluß an Mt 11,6 sowie Lk 12,8 f. vertrat er 1929 die Auffassung: Jesu »Entscheidungsruf angesichts seiner Per-

306 E. Foerster, Rudolf Bultmanns Jesusbuch, ZThK NF 9 (1928), (28–50) 29.

307 Bultmann an E. Foerster, o.D. [1928], in: W. Schmithals (Hg.), Ein Brief Rudolf Bultmanns an Erich Foerster, in: B. Jaspert (Hg.), Rudolf Bultmanns Werk und Wirkung, 1984, (70–81) 71.

308 Bultmann an K. Barth, 10. 12. 1926 (s. Anm. 303), 65; Ders. an E. Foerster, aaO 74 f.; vgl. zum Folgenden Schmithals (s. Anm. 269), 404–410.417 f. (mit wichtigen Hinweisen zum Unterschied zwischen der von Bultmann 1925/26 vertretenen Position und seiner Sicht der Dinge im Wartburg-Vortrag »Ethische und mystische Religion im Urchristentum« von 1920).

309 Vgl. Bultmann an E. Foerster, aaO 75.

310 Ebd.; vgl. Bultmann an K. Barth, 10. 12. 1926 (s. Anm. 303), 66.

311 Vgl. Bultmann, Jesus, 1988 (s. Anm. 260), 148.

son *impliziert eine Christologie*«[312], die ihrerseits als Bekenntnis der Urgemeinde zu Jesus Christus nichts anderes sein kann als die Explikation des Gehorsams gegenüber dem Wort Jesu und damit der Entscheidung für Jesus. Freilich war dieser Zusammenhang am Schluß des Jesus-Buches eher angedeutet als ausgeführt. Folgerichtig entzündete sich besonders daran, daß Bultmann aus seiner Darstellung der Verkündigung Jesu die Frage nach der Person Jesu ausgeklammert hatte, die Kritik der ersten Rezensenten. Ernst Lohmeyer konstatierte in diesem Kontext lapidar, Bultmann habe »ein Buch von Jesus ohne Jesus« geschrieben[313]. Zumal Emanuel Hirsch stellte in seiner Auseinandersetzung mit Bultmann nachdrücklich die Frage nach der Bedeutung der Person Jesu für die Christologie.

In seiner Besprechung von Bultmanns Jesus-Buch sieht Hirsch davon ab, die methodologischen Prämissen zu diskutieren, die zu Bultmanns kritischem Radikalismus und historischem Skeptizismus geführt hätten[314]. Er zollt Bultmann Anerkennung dafür, die Lehre Jesu als eine gegenwärtige, den Menschen in seiner Existenz angehende Botschaft erfaßt zu haben. »Bultmann tut das Höchste, was ein Theolog tun kann: er macht seinen Lesern ihr eigenes Gottesverhältnis zur Entscheidungsfrage.«[315] Jedoch habe Bultmann in seiner Bestimmung des Verhältnisses von Sünde und Gnade in Jesu Wort noch nicht hinreichend deutlich gemacht, daß der Wille Gottes *zugleich* Gehorsam fordere und Vergebung schenke, daß letztlich das Gnadenwort Gottes die von Jesus geforderte Entscheidung bewirke. Die innere Einheit der Verkündigung Jesu von Sünde und Vergebung aber sei im Gottesbewußtsein Jesu begründet. Dies habe Bultmann verkannt, wie seine Ausführungen zu Jesus als dem Träger des Wortes zeigten. Es komme, wenn das Wort den Menschen in eine persönliche Beziehung zu Gott führen solle, alles darauf an, »daß es nicht als gedrucktes Buch vom Himmel gefallen ist, sondern von einem lebendigen Menschen gesagt wird«. Als Träger des Wortes unterscheide sich Jesus also sehr wohl von jedem beliebigen Hafenarbeiter, der irgendeinen Sack mit welchem Inhalt auch immer trage. Erst vom Herzen Jesu her erschließe sich der Glaube, daß sein Entscheidungsruf von Gott her an uns ergehe[316].

Die Rezension Hirschs versetzte Bultmann in eine unangenehme Situation: »Sie ist trotz großer kritischer Beanstandungen von größter Liebenswürdigkeit, sodaß ich mit meiner Besprechung seines Jesus-Buches in fataler Lage bin.«[317] Gemeint war Hirschs Buch »Jesus Christus der Herr«, das Bultmann in »Zwischen den Zeiten« rezensieren sollte[318]. Bultmann entschied sich dazu, die Schrift seines Göttinger

312 R. Bultmann, Die Bedeutung des geschichtlichen Jesus für die Theologie des Paulus (1929), GuV I, 1933[1], (188–213) 204.

313 Lohmeyer (s. Anm. 288), 433.

314 Vgl. E. Hirsch, Bultmanns Jesus, ZW 2 (1926), (309–313) 309.

315 AaO 311.

316 AaO 312; vgl. U. Barth, Die Christologie Emanuel Hirschs, 1992, 76–78.

317 Bultmann an H. von Soden, 24. 8. 1926, Mn 2-2385; vgl. ähnlich Bultmann an E. Lohmeyer, 23. 8. 1926, GStA PK Berlin, VI. HA Nachlaß E. Lohmeyer, Nr. 5/260.

318 Vgl. E. Hirsch, Jesus Christus der Herr, 1926[1].

Antipoden nicht für sich zu besprechen, sondern zusammen mit Hirschs Rezension seines Jesus-Buches zum Ausgangspunkt einer grundsätzlichen Diskussion über den Ansatz und die Begründung der Christologie zu nehmen. Dabei bezog Bultmann in die Auseinandersetzung insbesondere seinen Lehrer Wilhelm Herrmann mit ein, da Hirsch ihm die durch Herrmann repräsentierte liberale Tradition fortzuführen schien[319]. Genauerhin hatten sich für Bultmann in der Christologie Hirschs der Pietismus und der Rationalismus miteinander verschwistert[320].

Bultmann hält seinem Kontrahenten zugute, theologisch von Jesus Christus reden zu wollen. Hirsch sei jedoch dadurch, daß er die Christologie vom Menschen Jesus und seinem Gottesbild her entwickele, in die eigentlich überwundene Leben-Jesu-Theologie zurückgefallen[321]. Der von Hirsch mittels psychologischer Analyse gezeichnete Jesus sei allenfalls der Χριστὸς κατὰ σάρκα (vgl. II Kor 5,16). Dieser historische Jesus komme als persönliches Gegenüber des Glaubenden prinzipiell nicht in Betracht. In dem von Hirsch mit idealistischen Zügen ausgestatteten Seelenbild des *vergangenen* Jesus werde »der Jesus Christus, der die Vollmacht hat, *Sünden zu vergeben*, nicht sichtbar«[322]. Der inneren Erfahrung die Funktion beizumessen, den Glauben zu begründen, weist Bultmann als theologisch illegitim zurück[323]. In Analogie zur zwischenmenschlichen Ich-Du-Beziehung ein Vertrauensverhältnis zu Jesus aufzubauen, ist bereits dadurch ausgeschlossen, daß Jesus »für uns als Du im Sinne eines Mitmenschen vergangen« ist[324]. Statt den Glauben mit Hirsch auf die innere Erfahrung des Glaubenden an und mit dem individuellen Menschen Jesus oder mit Wilhelm Herrmann auf das »innere Leben« Jesu gründen zu wollen, gilt es Röm 10,17 ernstzunehmen: »Der Glaube wird auf das Wort und auf die autorisierte Verkündigung verwiesen. Für das Wort ist also keine andere Legitimation zu fordern und keine Basis zu schaffen, als es selbst ist.«[325]

319 Vgl. R. Bultmann, Zur Frage der Christologie (1927), GuV I, 1933¹, (85–113) 101.

320 Vgl. aaO 95.98.

321 Vgl. aaO 98.

322 AaO 97.

323 Vgl. aaO 93 f.105 f.

324 AaO 106.

325 AaO 107. – Barth (s. Anm. 316), 150, meint, II Kor 5,16 habe bei Bultmann »die Rolle eines theologischen Schlüsselargumentes« für die »Bestreitung der dogmatischen Legitimität einer auf historische Wahrnehmung gegründeten Christologie« (sc. der Hirschs) übernommen. Bultmann zitierte zwar II Kor 5,16, um damit Hirschs christologischen Ansatz als defizitär zu kennzeichnen. Freilich berührte er in seinem Disput mit Hirsch keine exegetischen Details (so auch Barth, aaO 149). Der Nachweis Hirschs, daß in II Kor 5,16 die präpositionale Wendung κατὰ σάρκα nicht auf Χριστόν, sondern auf ἐγνώκαμεν zu beziehen ist, konnte Bultmanns historische und theologische Argumentation gegen eine am irdischen Jesus ansetzende Christologie denn auch nicht erschüttern. Vgl. E. Hirsch, Eine Randglosse zu 1. Kor. 7, ZSTh 3 (1926), (50–62) 58–60; Ders., Antwort an Rudolf Bultmann, ZSTh 4 (1927), (631–661) 645 f.; dazu Barth, aaO 147–156; G. Lüdemann, Emanuel Hirsch als Erforscher des frühen Christentums, in: J. Ringleben (Hg.), Christentumsgeschichte und Wahrheitsbewußtsein. Studien zur Theologie Emanuel Hirschs, 1991, (15–36) 24 f. – Vgl. Bultmann (s. Anm. 312), 206 f.; Ders., Theologie des Neuen Testaments, 1961⁴, 239. – Als »Schlüsselargumente« machte Bultmann

Das theologische Problem, das er bei der Abfassung des Jesus-Buches beständig mit im Blick hatte und dessen Klärung je auf ihre Weise auch Erich Foerster, Emanuel Hirsch und Ernst Lohmeyer anmahnten, griff Bultmann 1929 in seinem Aufsatz zur »Bedeutung des geschichtlichen Jesus für die Theologie des Paulus« und 1936 in seiner Studie »Paulus und Jesus« wieder auf[326]. Für seine weitere theologische Arbeit blieb das Jesus-Buch insofern maßgebend, als er davon überzeugt war, unbeschadet der komplexen Überlieferungsproblematik die Verkündigung Jesu 1926 weitgehend adäquat erschlossen zu haben[327]. Die von Jesus handelnden Kapitel im Büchlein über das Urchristentum von 1948 und in der »Theologie des Neuen Testaments« von 1948–1953 boten denn auch, von Kürzungen und marginalen Modifikationen abgesehen, inhaltlich kein anderes Bild als die Darstellung von 1926. So ambivalent die Rezeption des Jesus-Buches in der akademischen Theologie blieb[328], so durchschlagend war sein rascher Erfolg vor allem in der akademischen Jugend[329]. Offenkundig traf Bultmann in den 1920er Jahren verbreitete antibürgerliche Stimmungen, wenn er psychologische oder historistische Betrachtungsweisen der Ver-

tatsächlich gegen Hirsch geltend: Die synoptischen Evangelien geben schlechterdings nicht zu erkennen, »wie es in Jesu Herzen ausgesehen hat« (s. Anm. 256). Der Glaube muß in seiner intentionalen Bezogenheit auf das ihn schaffende Wort erfaßt werden. Der Glaube unterwirft sich dabei nicht etwa einer supranaturalen Autorität, sondern er richtet sich »auf etwas, was mir *begegnet*, d. h. was nicht innerhalb der mir verfügbaren Lebensmöglichkeiten liegt« (Bultmann [s. Anm. 319], 111). Zur Kontroverse zwischen Bultmann und Hirsch vgl. zuletzt Bartels (s. Anm. 271), 353–389. – E. Hirsch leistete den theologischen Offenbarungseid auf seine Christologie spätestens 1939, als er nicht mehr nur vorgab zu wissen, »wie es in Jesu Herzen ausgesehen« habe, sondern auch den »Beweis« dafür antreten zu können glaubte, wie es um Jesu »Rasse« bestellt gewesen sei: »... nach aller Regel wissenschaftlicher Wahrscheinlichkeit ist Jesus nichtjüdischen Bluts gewesen« (E. Hirsch, Das Wesen des Christentums, 1939, 161 [vgl. aaO 158–165: »Anhang zur dritten Vorlesung. Die Abstammung Jesu«]).

326 Vgl. Bultmann (s. Anm. 312); Ders., Paulus und Jesus, in: Jesus Christus im Zeugnis der Heiligen Schrift und der Kirche, 1936, 68–90.

327 Vgl. Schmithals (s. Anm. 269), 406, gegen E. Käsemann, Das Problem des historischen Jesus (1954), in: Ders., Exegetische Versuche und Besinnungen, Bd. 1, 1970[6], (187–213) 188. – Den überraschenden Sachverhalt, daß Bultmann in seinem Jesus-Buch etliche Worte Jesu berücksichtigte, die er dem historischen Jesus in der »Geschichte der synoptischen Tradition« noch abgesprochen hatte, sah bereits J. Schniewind, Zur Synoptiker-Exegese, ThR NF 2 (1930), (129–189) 173, als durchaus begründet an: »Vielmehr bildet die Jesusüberlieferung einen eigenartigen Komplex von Worten, die in der Gesamtheit ihres Charakters allem, was die Gemeinde verkündet, vorausgesetzt sind. Diese Tatsache ist völlig unabhängig von der nachweislichen ›Echtheit‹ des einzelnen Wortes, der einzelnen Geschichte.« Bultmann las Schniewinds Forschungsbericht »mit dem lebhaftesten Interesse und aufs Wesentliche gesehen mit freudiger Zustimmung« (Bultmann an J. Schniewind, 13. 3. 1930, ULB Sachsen-Anhalt in Halle/Saale, Nachlaß J. Schniewind, Yi 25 I B 12).

328 Vgl. außer den o. angeführten kritischen Rezensionen exemplarisch K. Barth, Die christliche Dogmatik im Entwurf, Bd. I, 1927, 236; H. J. Iwand, Theologiegeschichte des 19. und 20. Jahrhunderts, hg. von G. C. den Hertog, 2001, 391–400.

329 Vgl. exemplarisch das euphorische Votum des dänischen Studenten Aage Benjamin Kilch: »... wenn es Unsterblichkeit unter der Sonne gäbe, dann wäre Ihr Buch meiner Meinung dazu würdig« (A. B. Kilch an Bultmann, 9. 12. 1928, Mn 2-1127). – Zur frühen Druckgeschichte vgl. Schmithals (s. Anm. 269), 388–392.

kündigung Jesu für obsolet erklärte und sich überhaupt rigoros von jeglichem Interesse an der »Persönlichkeit« Jesu distanzierte. Wie Bultmann von der Ungesichertheit der menschlichen Existenz redete und in einer luziden Sprache mit einem Wortschatz von erstaunlich geringem Umfang den Gehorsam des Glaubens als die allein von Gott ermöglichte Selbstwerdung menschlicher Existenz umschrieb, empfahl seine Auslegung der Botschaft Jesu nicht wenigen Zeitgenossen[330]. Freilich blieb sein Jesus-Buch, wie die 62.000 zwischen 1926 und 1988 gedruckten und bis 2008 verkauften Exemplare der deutschen Fassung sowie acht Übersetzungen belegen[331], wie sonst kaum ein anderes Werk dieses Genres beständig und in hoher Auflagenzahl auf dem Buchmarkt des 20. Jahrhunderts präsent.

7. Theologie und Philosophie – Martin Heidegger

Es ist ein Jammer, wie gänzlich desorientiert die protestantische Theologie in ihren Grundlagen ist. Bultmann ist der einzige hier, von dem ich noch lernen kann – Oldenburger, scharf und vorsichtig, er will um jeden Preis aus der Religionsgeschichtlichen Theologie heraus, in der er aufwuchs.[332]

Draußen ist's herrlich, an der Universität nichts los, verschlafen, mäßigster Durchschnitt, keine Aufregung, kein Stimulus. Der einzige Mensch: der Theologe Bultmann, mit dem ich jede Woche zusammenkomme. Gar nicht muffig.[333]

In den ersten Wochen des Wintersemesters 1923/24 ging der soeben nach Marburg auf ein Extraordinariat mit den Rechten eines persönlichen Ordinarius berufene Philosoph Martin Heidegger[334] hinauf zur *Villa Sibiria*, um Bultmann seinen Antrittsbesuch abzustatten. Der Schüler des Freiburger Phänomenologen Edmund Husserl besaß bis zu jenem Zeitpunkt keine Kenntnisse über die Verhältnisse in der Marburger Theologischen Fakultät. Er wußte auch von Bultmann lediglich das, was man über die Forschung und Lehre eines auswärtigen Kollegen in Erfahrung bringen konnte[335]. Dieser ersten Begegnung im Herbst 1923 sollten bald viele weitere

330 Vgl. dazu E. Schulz, Die frühe Auslöschung des Mythos. Wieder gelesen: Rudolf Bultmanns »Jesus« (1926), FAZ Nr. 245, 21. 10. 1977, 25.

331 Das Jesus-Buch Bultmanns erschien in acht fremdsprachigen Ausgaben: schwedisch (1928), dänisch (1930), japanisch (1933), englisch (1934), wieder japanisch (1963), französisch (1968), norwegisch (1968), italienisch (1972).

332 M. Heidegger an J. Ebbinghaus, 4. 1. 1924, JEA Wuppertal, Nachlaß J. Ebbinghaus, H 4; zit. auch in: O. Pöggeler, Heideggers Weg von Luther zu Hölderlin, in: N. Fischer / F.-W. von Herrmann (Hg.), Heidegger und die christliche Tradition, 2007, (167–187) 177.

333 M. Heidegger an K. Jaspers, 18. 6. 1924, in: W. Biemel u. H. Saner (Hg.), Heidegger-Jaspers Bw., 1990, (48 f.) 49.

334 Vgl. B. Martin, Heidegger zwischen Marburg und Freiburg, in: Verein für hessische Geschichte und Landeskunde (Hg.), Die Philipps-Universität Marburg zwischen Kaiserreich und Nationalsozialismus, 2006, 107–122.

335 Vgl. (im Rückblick) M. Heidegger an Bultmann, 2. 4. 1928, in: A. Grossmann / Ch. Landmes-

Gespräche zwischen dem Theologen und dem Philosophen folgen. Bultmann konnte Hans von Soden bereits in seinem Weihnachtsbrief 1923 erfreut berichten, daß Heidegger an seinem Seminar teilnehme: »Er kommt aus dem Katholizismus, ist aber ganz Protestant, was er neulich in der Debatte nach einem Vortrag Hermelinks über Luther und das Mittelalter bewies. Er hat nicht nur eine vortreffliche Kenntnis der Scholastik, sondern auch Luthers und brachte Hermelink einigermaßen in Verlegenheit; er hatte offenbar die Frage tiefer erfaßt als dieser. – Es war mir interessant, das[s] Heidegger – auch sonst mit der modernen Theologie vertraut und besonders ein Verehrer Herrmanns – auch Gogarten und Barth kennt und besonders den ersteren ähnlich einschätzt wie ich.«[336]

In der Kleinwelt Marburgs erregte Heideggers Auftritt von Anfang an Aufsehen[337]. Nicht daß er es auf den Bruch mit den akademischen Konventionen angelegt hätte –, aber er inszenierte sich und sein Denken in einer Weise, die viele als ungewöhnlich empfanden. Schon äußerlich hob sich der katholische Mesnerssohn aus dem alemannisch-badischen Meßkirch von seinen distinguierten, zumeist protestantischen Professorenkollegen in Marburg ab. Er pflegte einen von dem Goßfeldener Kunstmaler Otto Ubbelohde entworfenen Anzug zu tragen. Was seine Studenten den »existentiellen Anzug« nannten, war eine hessischen Bauerntrachten nachempfundene neuartige Herrenkleidung – der Philosoph präsentierte sich im Sonntagsgewand des Landmannes. Im Winter konnte er mitunter auch – sehr zur Überraschung seines elegant in Erscheinung tretenden Kollegen Nicolai Hartmann – im Skianzug in die Vorlesung kommen, um dort über das Skilaufen zu referieren. Als die Universität Marburg 1927 ihr 400jähriges Jubiläum beging – sie stellte immerhin die erste protestantische Universitätsgründung dar[338] – und die Mehrheit des akademischen Lehrkörpers in der Reformierten Stadt- und Universitätskirche den Festgottesdienst feierte, sah man Heidegger mit finsterer Miene und im ungewohnten schwarzen Anzug in die von ihm sonst nicht aufgesuchte katholische Kirche gehen[339].

SER (Hg.), Bultmann-Heidegger Bw., 2009, (55–58) 55 f. – Die *Villa Sibiria* war das – schwer beheizbare – Haus Hainweg 6, in dem die Familie Bultmann 1921–1924 wohnte.

336 Bultmann an H. von Soden, 23. 12. 1923, Mn 2-2385; vgl. Ders. an F. Gogarten, 22. 12. 1923, in: H. G. GÖCKERITZ (Hg.), Bultmann-Gogarten Bw., 2002, (51–56) 52 f.

337 Vgl. A. VON BUGGENHAGEN, Philosophische Autobiographie, 1975, 133–140; W. WEISCHEDEL, Beitrag o.T., in: L. J. PONGRATZ (Hg.), Philosophie in Selbstdarstellungen, Bd. II, 1975, (316–341) 320 f.; H.-G. GADAMER, Einzug in Marburg, in: G. NESKE (Hg.), Erinnerung an Martin Heidegger, 1977, 109–113; H.-G. GADAMER, Philosophische Lehrjahre, 1977, 214–218; K. LÖWITH, Mein Leben in Deutschland vor und nach 1933 (1940), 1986, 29–32; R. SAFRANSKI, Ein Meister aus Deutschland. Heidegger und seine Zeit, 1994, 154–166; MARTIN (s. Anm. 334), 112–115.

338 Die eigentlich erste evangelische Universität der Welt wurde 1526 in Liegnitz gegründet. Sie hielt sich jedoch nicht lange.

339 Vgl. H. MÖRCHEN, Heidegger und die Marburger Theologie, in: P. KEMPER (Hg.), Martin Heidegger – Faszination und Erschrecken, 1990, (72–85) 74.

Auf den regelmäßigen Austausch mit den Ordinarien anderer Disziplinen und Fakultäten legte der Philosoph ohnehin keinen sonderlichen Wert. Unter der Ägide Rudolf Ottos kam es 1927 zur Gründung einer »Gesellschaft der Wissenschaften«, einer Art Marburger Akademie der Wissenschaften. Bultmann hielt das Projekt von vornherein für eine Farce, nahm aber, um Schlimmeres zu verhindern, die Wahl zum ordentlichen Mitglied zunächst an. Er versuchte, auch Heideggers Mitgliedschaft in der neuen akademischen Institution durchzusetzen, erreichte aber nur seine Wahl zum außerordentlichen Mitglied. Die Vorgänge in der Gründungsphase bestärkten Bultmann darin, am 25. März 1927 seinen Austritt aus der »Gesellschaft der Wissenschaften« zu erklären. Heidegger schloß es kategorisch aus, daß er und Bultmann sich durch derlei »Krimskrams« davon abhalten ließen, die von ihnen erkannten »positive[n] Aufgaben für die Zukunft« zu bearbeiten[340].

Bei den Studenten kam Heideggers eindringliche Art zu lehren an. Und dies, obwohl er in den ersten Semestern frühmorgens um 7 Uhr zu lesen begann. Bald besuchten 150 Studenten sein Kolleg. Heideggers außerordentlicher Lehrerfolg hatte auch zur Folge, daß seinem Kollegen und Konkurrenten Nicolai Hartmann die Hörer ausblieben. Hartmann nahm unter dem Eindruck dieser Entwicklung 1925 gern einen Ruf nach Köln an. Heidegger las nicht eigentlich *über* etwas, ein philosophisches System, ein Buch oder ein Problem. Er hielt im Grunde keine Lehrveranstaltungen im herkömmlichen Stil ab, da es ihm nicht darum ging, seinen Hörern eine Lehre oder bloßes Wissen zu vermitteln. Er wollte zu denken geben. Die Leidenschaft seines Denkens und Fragens teilte sich seinem Auditorium in einer gleichsam unpathetischen Gestalt mit. Wie er immer wieder durch alle Tradition hindurch nach dem ursprünglichen Sinn eines Wortes oder einer Aussage fragte und der dadurch erschlossenen Sache auf den Grund ging, das faszinierte viele. Ernst Fuchs hielt im Rückblick fest: »Ein neuer Plato schien angetreten.«[341] Heidegger, so schilderte Gerhard Krüger im November 1923 seine ersten Eindrücke, habe »ein wirkliches Verhältnis zur Sache«. Er spreche »gar nicht ›objektiv‹ mit so einer lächelnden Distanz wie oft Hartmann, sondern agressiv gegen die Hörer«. Es komme »ihm viel auf Erschütterung des Bewußtseins von den ›Errungenschaften‹ der Wissenschaft an, besonders der Naturwissenschaft, – man soll lernen, die Sachen selbst ohne theoretische Verbildung zu sehen, wie sie sich selbst zeigen (φαίνεσθαι) und sie in *existentieller* Auseinandersetzung in ihrem wirklichen Dasein ›ansprechen‹ (λόγος)«[342].

Bereits in seinem ersten Marburger Semester nahm Heidegger an dem Seminar Bultmanns teil, das die Ethik des Paulus zum Thema hatte. Er hielt hier am 14. und 21. Februar 1923 ein Referat über Luthers Sündenverständnis. Im Rekurs auf die

340 M. Heidegger an Bultmann, 14. 3. 1927, in: Grossmann / Landmesser (s. Anm. 335), (19–22) 20; vgl. Bultmann an M. Heidegger, 13. u. 27. 3. 1927, aaO 5–18, 23.

341 E. Fuchs, Aus der Marburger Zeit, in: Ders., Wagnis des Glaubens. Aufs. u. Vortr., hg. von E. Grötzinger, 1979, (73–75) 73.

342 G. Krüger an F. Gogarten, 14. 11. 1923, in: Göckeritz (s. Anm. 336), (273–278) 275 f.

frühen Disputationen Luthers von 1516–1518 stellte der katholische Philosoph zunächst den von Luther in kritischer Abgrenzung zur mittelalterlichen Scholastik herausgearbeiteten Zusammenhang zwischen Sünde (*peccatum*) und Urstandsgerechtigkeit (*iustitia originalis*) dar, um dann im Anschluß an die späte Genesisvorlesung von 1535–1545 Luthers Interpretation der Geschichte vom Sündenfall Gen 3,1–15 zu bedenken. Als Grundwiderspruch gegen den Glauben richtet sich die Sünde gegen Gott und sein Wort. Die Sünde Adams und Evas zeigt sich denn auch darin, daß sie dem Wort der Schlange Gehör schenken, das eben nicht Gottes Wort ist[343]. Die Menschen verlieren ihr ursprüngliches Sein *coram Deo*, weil sie sich überhaupt auf eine *disputatio* über Gottes Willen einlassen. Um so barmherziger erweist sich Gott nach dem Sündenfall des Menschen. Er schweigt nicht, sondern redet. Das Sein Gottes ereignet sich als *verbum*, die Relation des Menschen zu Gott vollzieht sich als *audire*[344].

Die Arbeitsgemeinschaft zwischen Bultmann und Heidegger mutierte zur Kampfgemeinschaft, wenn auswärtige Gäste in Marburg Vorträge hielten. Auf diesen »theologischen Schlachtfesten«, wie Hans-Georg Gadamer sie genannt hat[345], bildeten der Neutestamentler und der Philosoph stets eine gemeinsame Front, um die Gastredner gegebenenfalls in die Enge zu treiben, die Aporien ihrer Ausführungen aufzudecken und die existentielle Ausrichtung der Theologie zu betonen[346]. Das Sendungsbewußtsein, das Bultmann und Heidegger bei solchen Gelegenheiten an den Tag legten, sorgte freilich für Unmut unter den übrigen Marburger Theologieprofessoren, die sich teilweise zu Dozenten zweiter Klasse degradiert fühlten[347]. Der »großen Marburger Union von Theologie und Philosophie«, wie Hans Jonas sie 1929 vergegenwärtigte[348], maßen Bultmann und Heidegger bereits in den Anfängen ihrer Beziehung allerdings nicht die Bedeutung zu, die Theologie im interdisziplinären Gespräch mit der Philosophie und von dieser her wissenschaftlich zu begründen[349]. Heidegger rief nach der Erinnerung Gadamers in der Diskussion über einen Vortrag Eduard Thurneysens die Theologie zu ihrer ureigenen Aufgabe, die allein

343 Gen 3,5b: »... und ihr werdet sein wie Gott und wissen, was gut und böse ist«.

344 Vgl. das von einem nicht genannten Seminarteilnehmer und H. Schlier erstellte Protokoll des Referats Heideggers in: B. Jaspert (Hg.), Sachgemäße Exegese. Die Protokolle aus Rudolf Bultmanns Neutestamentlichen Seminaren 1921–1951, 1996, 28–33; dazu O. Pöggeler, Neue Wege mit Heidegger, 1992, 467; A. Grossmann, Reformatorische Impulse. Heidegger und Luther, in: Ders., Heidegger-Lektüren. Über Kunst, Religion und Politik, 2005, (11–26) 22–24.

345 Vgl. Gadamer, Philosophische Lehrjahre (s. Anm. 337), 37.

346 Bultmann an K. Barth, 24. 1. 1925, in: B. Jaspert (Hg.), Barth-Bultmann Bw., 1994^2, (39 f.) 40: »Heidegger hat ihn [*sc.* E. Brunner] fürchterlich mitgenommen.« – Kritisch zu diesen Marburger »Verhören«: K. Barth an Bultmann, 20. 6. 1931, aaO (122–127) 124–126.

347 Vgl. M. Heidegger an E. Heidegger, 30. 6. 1925, in: G. Heidegger (Hg.), »Mein liebes Seelchen!« Briefe Martin Heideggers an seine Frau Elfride 1915–1970, 2005, (140–142) 141.

348 H. Jonas an G. Krüger, 23. 5. 1929, UB Tübingen, Nachlaß G. Krüger, Mn 13.

349 Vgl. E. Jüngel, Gott entsprechendes Schweigen? Theologie in der Nachbarschaft des Denkens von Martin Heidegger, in: [J. Busche u. a.,] Martin Heidegger. Fragen an sein Werk. Ein Symposion, 1977, (37–45) 37–42.

darin bestehe, jenes Wort zu suchen und zu finden, das zum Glauben rufen und im Glauben bewahren könne[350].

Schon bald intensivierten Bultmann und Heidegger ihre Kontakte zueinander. Ab dem Oktober 1924 trafen sie sich jeweils am Samstagnachmittag, um miteinander das Johannesevangelium zu lesen[351]. Wie Bultmann ein Kolleg Nicolai Hartmanns besucht hatte, hörte er nun zwei Vorlesungen Heideggers, im Sommersemester 1925 »Prolegomena zur Geschichte des Zeitbegriffs«[352] und im Wintersemester 1925/26 »Logik«[353]. Im August 1926 verbrachte Bultmann mit seiner Familie den Sommerurlaub in Todtnauberg. Während dieser Ferien las er mit seiner Frau den für ihn philosophisch und theologisch höchst aufschlußreichen Briefwechsel zwischen Wilhelm Dilthey und dem Grafen Yorck[354]. Heidegger arbeitete in jenem Sommer sein Manuskript von »Sein und Zeit« um und bereitete es endgültig für die Drucklegung vor[355]. Er und Bultmann befaßten sich bei ihren Treffen oben auf der Hütte mit Kierkegaards »Philosophischen Brocken«[356]. Bereits 1924 und 1925 hatte Bultmann mehrfach den Versuch unternommen, Heidegger in den damals noch offenen Diskurs innerhalb der Dialektischen Theologie mit einzubeziehen[357]. Allerdings kam eine Begegnung zwischen Barth und Heidegger nicht zustande, was zunächst daran lag, daß beiden die Zeit dazu fehlte. Langfristig indes war Barth an der Diskussion mit Heidegger überhaupt nicht interessiert, weil nach seiner Auffassung die Philosophie als solche – also nicht etwa nur diejenige Heideggers – »der Theologie und in der Theologie nichts zu sagen« hatte[358]. Bultmann wiederum erachtete diese Position Barths als der Sache der Theologie nicht dienlich. Der zwischen beiden Theologen bereits seit 1922 latent bestehende Dissens verstärkte sich angesichts dieser gravierenden Meinungsverschiedenheit fast zwangsläufig[359].

Der Einladung Bultmanns folgend, hält Heidegger am 25. Juli 1924 vor der Marburger Theologenschaft den Vortrag »Der Begriff der Zeit«. Er nimmt in ihm Gedanken vorweg, die er wenig später in »Sein und Zeit« entfalten wird. Heidegger

350 Vgl. Gadamer (s. Anm. 345), 37.

351 Vgl. Bultmann an F. Gogarten, 19. 10. 1924, in: Göckeritz (s. Anm. 336), (58–63) 62.

352 Vgl. Bultmann an F. Gogarten, 6. 5. 1925, aaO (79–82) 81; M. Heidegger, Prolegomena zur Geschichte des Zeitbegriffs (Marburger Vorlesung Sommersemester 1925), GA II/20, hg. von P. Jaeger, 1979.

353 Vgl. Bultmann an F. Gogarten, 21. 11. 1925, aaO (96 f.) 97; M. Heidegger, Logik. Die Frage nach der Wahrheit (Marburger Vorlesung Wintersemester 1925/26), GA II/21, hg. von W. Biemel, 1976.

354 Vgl. Bultmann an H. von Soden, 24. 8. 1926, Mn 2-2385; S. von der Schulenburg (Hg.), Briefwechsel zwischen Wilhelm Dilthey und dem Grafen Paul Yorck von Wartenburg 1877–1897, 1923.

355 Vgl. M. Heidegger an Bultmann, 13. 10. 1926, in: Grossmann / Landmesser (s. Anm. 335), 4 f.; dazu Th. Kisiel, The Genesis of Heidegger's *Being and Time*, 1993, (477–489) 484.

356 Vgl. Bultmann an H. von Soden (s. Anm. 354).

357 Vgl. Bultmann an K. Barth, 4. u. 18. 7. 1924; 24.1., 3.2. u. 19. 7. 1925, in: Jaspert (s. Anm. 346), 35 f.36 f.39 f.(44 f.)45.(49–51)50; Bultmann an F. Gogarten (s. Anm. 351), 63.

358 K. Barth an Bultmann, 20. 6. 1931, in: Jaspert (s. Anm. 346), (122–127) 127.

359 S. u. 221–226.

redet als Philosoph zu den Theologen. Der Sinn der Zeit läßt sich eigentlich nur von der Ewigkeit, von Gott her erfassen. Deshalb besteht die Aufgabe der Theologie eben darin, das menschliche Dasein in seiner Relation zur Ewigkeit und die Zeit als eine durch das Kommen des Gottessohnes allererst qualifizierte Zeit (vgl. Gal 4,4; Mk 1,15) auszulegen. Dem Philosophen aber, der nicht glaubt, ist dieser Zugang zur Zeit von der Ewigkeit Gottes her verschlossen. Der Philosoph hat »*die Zeit aus der Zeit zu verstehen*«[360]. Die fundamentalen Strukturen des Daseins – das In-der-Welt-Sein, das Mit-einander-Sein, die Selbstauslegung des Daseins im Sprechen, das je eigene und als eigenes jeweilige Dasein – sind sämtlich von der Zeitlichkeit des Daseins bestimmt. Diese Zeitlichkeit gibt sich als »unbestimmte Gewißheit der eigensten Möglichkeit des Zu-Ende-seins« zu verstehen[361]. Als jemeiniges weiß das Dasein um seinen Tod. »*Es ist ein Vorlaufen des Daseins zu seinem Vorbei als einer in Gewißheit und völliger Unbestimmtheit bevorstehenden äußersten Möglichkeit seiner selbst.*«[362] Mit diesen Gedanken distanziert sich Heidegger von der überaus wirkmächtigen Tradition der Metaphysik, die Gott als der Zeit enthobenes *summum ens* und den Menschen aus seiner Relation zu Gott und zur Ewigkeit begriff.

Eben diese Philosophie der Zeitlichkeit und Geschichtlichkeit[363] des Daseins schien Bultmann Wege aus den Aporien einer die alte Metaphysik ungebrochen fortsetzenden Theologie wie auch aus dem Relativismus des Historismus zu eröffnen. In seiner Auseinandersetzung mit Ernst Lohmeyers Büchlein »Vom Begriff der religiösen Gemeinschaft« deutete Bultmann dies 1927 programmatisch an. Die Theologie kann sich ihren Gegenstand und ihren Umgang mit demselben von einer Philosophie, die sich als System aller Wahrheit exponiert, keinesfalls vorgeben lassen. Jedoch tut die Theologie gut daran, sich auf die »Philosophie als eine kritische Wissenschaft vom *Sein*« zu beziehen und ihre eigenen Begriffe vom Sein der Kontrolle durch die so verstandene Philosophie auszusetzen[364]. Bultmann hat sowohl in zeitnahen als auch in späteren Äußerungen sein Gespräch mit Heidegger stets in den Zusammenhang des ihm sich von Wilhelm Herrmann her aufdrängenden Problems der Geschichte und Geschichtlichkeit des menschlichen Daseins gerückt. Für den Austausch mit Heidegger wurden auch die Existenzdialektik Kierkegaards und das Geschichtsverständnis Wilhelm Diltheys bedeutsam[365]. Heidegger seinerseits verhielt sich stets reserviert gegenüber Versuchen, sein Denken oder einzelne Motive desselben genealogisch abzuleiten. Jedoch konnte er schon am 15. September 1925 seinem Schüler Gerhard Krüger schreiben, es wundere ihn nicht, daß Krüger bei Wilhelm Herrmann »Verwandtes« zur Daseinsanalyse finde. Freilich sei Herrmann

360 M. Heidegger, Der Begriff der Zeit (1924), hg. von H. Tietjen, 1989[1], 6; vgl. Safranski (s. Anm. 337), 164 f.

361 Heidegger, aaO 16.

362 AaO 17.

363 Vgl. dazu aaO 24–26.

364 R. Bultmann, Rez. über E. Lohmeyer, Vom Begriff der religiösen Gemeinschaft, 1925 (1927), in: Ders., Theologie als Kritik, 2002, (189–200) 199.

365 S. o. 122 Anm. 20; 204 Anm. 181 f.

ebensowenig wie Dilthey zur vollen Einsicht in die Geschichtlichkeit des menschlichen Daseins gelangt[366]. In dem 1928 unter dem Namen Bultmanns erschienenen, tatsächlich weitgehend von Heidegger selbst entworfenen Personenartikel »Heidegger, Martin« in der RGG² werden als Referenzdenker für das Daseinsverständnis des Philosophen Augustin, Luther und Kierkegaard, für sein Geschichtsverständnis Dilthey sowie für die Erfassung bestimmter ontologischer Fragestellungen Aristoteles und die Scholastik aufgeführt[367].

Jener Lexikonartikel endet mit der Feststellung, die Philosophie Heideggers verfolge keine theologischen oder weltanschaulichen Intentionen, sie biete jedoch Ansätze, die der Theologie zur ontologischen Selbstvergewisserung verhelfen könnten[368]. Unter dieser Prämisse las Bultmann »Sein und Zeit«, das 1927 erschienene frühe Hauptwerk seines Freundes. Dabei griff ihn die Lektüre des Buches derart an, daß er jedesmal nach dem Lesen »körperlich erledigt« war, »aber nicht etwa wegen der physischen Anstrengung des Nachdenkens, sondern weil es so unheimlich ›konkret‹ ist«[369]. Wie Heidegger hier von der Geworfenheit der menschlichen Existenz und der Zeitlichkeit des Daseins sprach, vom Sein zum Tod und der Sorge, von der Flucht des Menschen in die Uneigentlichkeit und der Möglichkeit des Seinkönnens, das schien Bultmann die existentialen Strukturen menschlichen Daseins adäquat zu erfassen und zu beschreiben. Die Evidenz dieser Daseinsanalytik lag für den Theologen, der die Texte des Neuen Testaments in ihrer Relevanz für die Gegenwart auslegen wollte, auf der Hand.

Hatte Bultmann bereits seit 1925 einzelne Elemente der Heideggerschen Daseinsontologie in seinen Vorträgen und Aufsätzen berücksichtigt, so konnte er nach dem Erscheinen von »Sein und Zeit« die existentiale Hermeneutik in ihrer Bedeutung für die Theologie weiter ausbauen. Auf dem Ersten deutschen evangelischen Theolo-

366 M. Heidegger an G. Krüger, 15. 9. 1925, UB Tübingen, Nachlaß G. Krüger, Mn 13.

367 Vgl. R. Bultmann, Art. Heidegger, Martin, RGG² II, 1928, (1687 f.) 1688. – Den Lexikonartikel über Heidegger sollte ursprünglich Georg Wünsch schreiben. Wünsch wandte sich in dieser Sache an Bultmann, der wiederum Heidegger um Angaben zu den Motiven seiner Philosophie bat. Heideggers Skizze – »eine Aufzählung von Motiven, aus denen man gleichsam zusammengesetzt ist« – übernahm Bultmann dann fast wörtlich in den Artikel. Vgl. Bultmann an M. Heidegger, 29. 12. 1927 u. 7. 1. 1928, sowie M. Heidegger an Bultmann, 31. 12. 1927, in: Grossmann / Landmesser (s. Anm. 335), 43–47, 50 f., 47–49. – Angesichts dieser Entstehung und Herkunft des Artikels sind die Zweifel, die H. Hübner, Bultmanns »existentiale Interpretation« – Untersuchungen zu ihrer Herkunft, ZThK 100 (2003), (280–324) 300, an der adäquaten Wiedergabe der Intentionen Heideggers in diesem Artikel geäußert hat, hinfällig. Unverständlich ist auch die Kritik, die Martin (s. Anm. 334), 118 f., an Heideggers Beitrag zur Geschichte der Marburger Philosophie seit 1866 geübt hat. Daß »Heidegger seine Vorgänger als simple Vorgänger seiner selbst« (aaO 118) behandelt habe, trifft nicht zu. Vgl. M. Heidegger, Zur Geschichte des philosophischen Lehrstuhles sei 1866, in: H. Hermelink u. S. A. Kaehler, Die Philipps-Universität zu Marburg 1527–1927. Fünf Kapitel aus ihrer Geschichte (1527–1866). – Die Universität Marburg seit 1866 in Einzeldarstellungen, 1927, 681–687.

368 Bultmann, aaO 1688.

369 Bultmann an M. Heidegger, 14. 9. 1927, in: Grossmann / Landmesser (s. Anm. 335), (36–40) 39.

gentag in Eisenach hielt Bultmann am 19. Oktober 1927 den vielbeachteten Vortrag »Die Bedeutung der ›dialektischen Theologie‹ für die neutestamentliche Wissenschaft«. Er sah in dem Schlagwort ›dialektische Theologie‹ jetzt die Geschichtlichkeit des menschlichen Daseins, sein Seinkönnen, angezeigt. Das Dasein ist der Verfügung des Menschen entzogen, aber es steht jeweils in den konkreten Entscheidungssituationen auf dem Spiel, »in denen der Mensch nicht je *etwas für sich* wählt, sondern *sich selbst als seine Möglichkeit* wählt«[370]. Für die neutestamentliche Exegese bedeutet dies, daß sie die Texte nicht als Quellen für die Rekonstruktion eines Stücks Vergangenheit benutzt, sondern als Zeugnisse menschlichen Existenzverständnisses interpretiert, die mir die Möglichkeit eröffnen, ein neues Verständnis meiner selbst zu gewinnen. Dabei setzt eine solche Auffassung des Textes ein Vorverständnis von den Dingen voraus, von denen der Text handelt. Zugleich führt dieses Verstehen, da es ja stets auf meine eigene Möglichkeit hin ausgerichtet ist, zur Entscheidung, sei es des Bejahens, sei es des Verneinens jener Existenzmöglichkeit[371].

Auch in fachexegetischer Hinsicht machte Bultmann die existentiale Daseinsanalyse Heideggers fruchtbar, und zwar für die Interpretation sowohl der paulinischen[372] als auch der johanneischen Theologie. So übernahm er 1928 in einer begriffsgeschichtlichen Untersuchung zu ἀλήθεια für den Bereich der griechischen Literatur Heideggers Wiedergabe des ursprünglichen Sinnes des Wortes ἀλήθεια mit Unverborgenheit oder Erschlossenheit[373]. Ebenfalls 1928 knüpfte Bultmann an Heideggers Interpretation des Aus-der-Welt-Seins des Menschen als dessen Selbstpreisgabe an das »Man« an und bestimmte das menschliche Verfallensein an die Welt theologisch – also von der Offenbarung her – als Sünde[374]. Das Offenbarungsgeschehen macht nämlich zwei Daseinsmöglichkeiten aktuell, die als solche durch das Kommen Jesu als des Offenbarers aufgedeckt werden. Entweder legt sich der Mensch auf sein Weltsein – und damit auf den Tod – fest oder er ergreift die durch die Offenbarung eröffnete Möglichkeit des Seinkönnens – und damit das Leben. In der Stellungnahme zur Sendung des Offenbarers – im Glauben oder im Unglauben – vollzieht sich mithin die eschatologische Krisis, genauerhin in dem Augenblick, der durch die Verkündigung des Gekommenseins Jesu qualifiziert ist[375].

370 R. Bultmann, Die Bedeutung der »dialektischen Theologie« für die neutestamentliche Wissenschaft (1928), GuV I, 1933[1], (114–133) 118.

371 Vgl. aaO 117–128; dazu J. Rohls, Rudolf Bultmanns frühe Marburger Theologie, in: Verein für hessische Geschichte und Landeskunde (s. Anm. 334), (63–83) 76 f.

372 Dazu s. o. 175 f.

373 Vgl. R. Bultmann, Untersuchungen zum Johannesevangelium. A. Ἀλήθεια (1928), in: Ders., Exegetica, 1967, (124–173) 144–161; dazu M. Heidegger, Sein und Zeit I, 1927, 212–230.

374 Vgl. R. Bultmann, Die Eschatologie des Johannes-Evangeliums (1928), GuV I, 1933[1], (134–152) 135–139; dazu Heidegger, aaO 126–130. – Vgl. auch A. Christophersen, Kairos. Protestantische Zeitdeutungskämpfe in der Weimarer Republik, 2008, 133 f. 139–141.

375 Vgl. Bultmann, aaO 139–145.

Und Heidegger? »Die Theologie ehren wir, indem wir von ihr schweigen«, erklärte er gelegentlich im Seminar[376]. An diese restriktive Selbstauflage eines beredten Schweigens zur Theologie hielt er sich freilich in seinem intensiven Dialog mit Bultmann zumindest bis 1928 nicht. In seinem am 9. März 1927 in Tübingen und am 14. Februar 1928 in Marburg gehaltenen Vortrag »Phänomenologie und Theologie« äußerte sich Heidegger zum Verhältnis zwischen Philosophie und Theologie und zum Wissenschaftscharakter der Theologie[377]. Der Vortrag weist teilweise wörtliche Übereinstimmungen mit Bultmanns Kollegmanuskript zur Theologischen Enzyklopädie auf. Unter Berücksichtigung der verschiedenen Fassungen, in denen Bultmann seine Enzyklopädievorlesung vor und nach dem Vortrag Heideggers gehalten hat, läßt sich heute kaum mehr zweifelsfrei erweisen, »welche Gedanken welcher der beiden Denker zuerst gedacht hat«[378]. Wie dem auch sei – beide Texte dokumentieren sowohl in den zahlreichen Gemeinsamkeiten als auch in den nicht weniger signifikanten Differenzen so etwas wie das vorläufige Ergebnis des in der deutschen Philosophie- und Theologiegeschichte des 20. Jahrhunderts einzigartigen Gedankenaustausches, den Bultmann und Heidegger zwischen 1923 und 1928 pflegten[379].

Für Heidegger kommt es ebensowenig wie für Bultmann in Betracht, die Spannung zwischen Theologie und Philosophie durch eine Art christliche Philosophie zu nivellieren – letztere wäre ein »hölzernes Eisen«[380]. Denn als eine positive oder ontische Wissenschaft (unter anderen) ist die Theologie absolut verschieden von der Philosophie, die als *die* ontologische Wissenschaft auf das Sein bezogen ist. Wiederum im Konsens mit Bultmann – und in Abgrenzung von Schleiermacher – erklärt Heidegger, nicht das geschichtliche Phänomen des Christentums, sondern der Glaube als eine durch das Geglaubte, also »*nicht aus* dem Dasein und *nicht durch* es aus freien Stücken« generierte »Existenzweise des menschlichen Daseins« stelle das der Theologie zugängliche Seiende dar. Dieses Geglaubte »ist für den ›christlichen‹ Glauben Christus, der gekreuzigte Gott«[381]. In formaler Hinsicht ist der Glaube als Existenzverhältnis zum Gekreuzigten eine Weise des geschichtlichen Daseins »in einer Geschichte, die sich erst im Glauben und nur für den Glauben enthüllt«. Von daher hat man die Theologie als eine historische Wissenschaft zu bestimmen, die

376 Safranski (s. Anm. 337), 162.

377 Eine Rohfassung des Vortrags trug Heidegger (wohl schon 1926) im Marburger Professorenkränzchen vor.

378 E. Jüngel, Glauben und Verstehen. Zum Theologiebegriff Rudolf Bultmanns, in: Ders., Wertlose Wahrheit. Zur Identität und Relevanz des christlichen Glaubens. Theologische Erörterungen III, 1990, (16–77) 34.

379 Vgl. M. Heidegger, Phänomenologie und Theologie, 1970; R. Bultmann, Theologische Enzyklopädie, hg. von E. Jüngel u. K.W. Müller, 1984. – Zum Folgenden vgl. Jüngel (s. Anm. 378), 31–36; A. Grossmann, Zwischen Phänomenologie und Theologie. Heideggers »Marburger Religionsgespräch« mit Rudolf Bultmann, ZThK 95 (1998), (37–62) 42–54; M. Jung, Heidegger und die Theologie. Konstellationen zwischen Vereinnahmung und Distanz, in: D. Thomä (Hg.), Heidegger-Handbuch. Leben – Werk – Wirkung, 2003, (474–481) 475 f.

380 Heidegger, aaO 23.

381 AaO 18.

entsprechend der mit dem Glauben gegebenen besonderen Geschichtlichkeit des Offenbarungsgeschehens eine historische Wissenschaft *sui generis* darstellt[382]. Ihr zugleich systematischer Charakter besteht nicht darin, daß sie ein Lehrsystem erstellt, sondern er äußert sich in ihrem Bemühen, »das christliche Geschehen als solches« so auf den Begriff zu bringen, »*wie es sich im Glauben für den Glauben bezeugt*«[383]. Begründet allein durch den Glauben, bedarf die Theologie folglich »nicht der Anleihe bei anderen Wissenschaften«, um ihren Gegenstand zu sichern oder »die Evidenz des Glaubens zu steigern«[384].

Gleichwohl tut die Theologie gut daran, sich der philosophisch-ontologischen Besinnung zu öffnen. Denn sofern der christliche Glaube die »existenzielle Überwindung der vorchristlichen Existenz« ist, liegt »in der gläubigen Existenz das überwundene vorchristliche Dasein existenzial-ontologisch mitbeschlossen«[385]. In diesem Zusammenhang vermag die Philosophie der Theologie den Dienst zu erweisen, »*als ein Korrektiv des ontischen, und zwar vorchristlichen Gehaltes der theologischen Grundbegriffe*« zu fungieren[386]. In dieser Funktion übernimmt die Philosophie aber keineswegs die Direktion der Theologie und deren eigentümlicher, aus dem Glauben erwachsender Begrifflichkeit. Die Philosophie freilich bedarf der Theologie nicht. Als »das freie Fragen des rein auf sich gestellten Daseins« steht die Philosophie dem durch Offenbarung begründeten Glauben antagonistisch gegenüber[387]. Mehr noch – und dieser Satz Heideggers wühlte die studentischen Hörer seines Vortrags regelrecht auf[388] –, der *Glaube* bleibt »in seinem innersten Kern als eine spezifische Existenzmöglichkeit gegenüber der wesenhaft zur *Philosophie* gehörigen und faktisch höchst veränderlichen *Existenzform* der Todfeind«. Diesen existentiellen Gegensatz gilt es nach Heidegger in aller Härte aufrechtzuerhalten, damit es zu einer echten Kommunikation zwischen Theologie und Philosophie kommen kann[389].

Die Bemerkung Heideggers zur Todfeindschaft zwischen dem Glauben und der philosophischen Lebensform dürfte Bultmann im Unterschied zu den Studenten 1928 kaum aufgeschreckt haben. Im Gegenteil, er gelangte unter anderen Prämissen als Heidegger zu einer ähnlichen Einschätzung wie dieser. Für Bultmann stellt unter allen Wissenschaften außer der Theologie vorrangig die Philosophie die Frage nach der Wahrheit[390]. Die Philosophie weiß – ebenso wie der Glaube – auch um die Begrenztheit menschlicher Existenz und fragt nach der Eigentlichkeit des Daseins. Jedoch bestreitet der Glaube, daß der Mensch in der entschlossenen Übernahme des Daseins von sich aus seine Eigentlichkeit gewinnen könne. »Der Glaube kann die

382 AaO 21f.
383 AaO 23.
384 AaO 26.
385 AaO 29.
386 AaO 30.
387 AaO 31.
388 Vgl. Mörchen (s. Anm. 339), 76.
389 Heidegger, aaO 32.
390 Vgl. Bultmann, Theologische Enzyklopädie (s. Anm. 379), 49.

Wahl der philosophischen Existenz nur als einen Akt der sich selbst begründenden Freiheit des Menschen beurteilen, der seine Gebundenheit an Gott verleugnet.«[391]

Wenige Tage nachdem Heidegger in Marburg seinen Vortrag »Phänomenologie und Theologie« gehalten hatte, erhielt er am 25. Februar 1928 einen Ruf nach Freiburg, an seine alte Universität. Er nahm den Ruf auf den Lehrstuhl Husserls an. Gegenüber Karl Jaspers erklärte er, nichts anführen zu können, was für Marburg spräche, außer der Verbindung zu den Theologen. »Ich habe mich keine Stunde wohl gefühlt.«[392] Lediglich das persönliche Verhältnis zu Bultmann, so ließ Heidegger diesen wissen, habe ihm die Entscheidung für Freiburg schwer gemacht[393]. In der späteren Erinnerung hingegen vergegenwärtigte er die Marburger Jahre wiederholt als die glücklichste Phase seines Lebens[394]. Mochte diese Rückschau auch verklärende Momente enthalten, so bewahrte sie doch die Erfahrung des intensiven Dialogs und der persönlichen Gemeinschaft mit Bultmann. Als Heidegger nach Freiburg zurückkehrte, gingen die Freunde zum vertraulichen »Du« über.

Dem Vorschlag Bultmanns, seine eigene Studie »Der Begriff der Offenbarung im Neuen Testament«[395] und Heideggers Vortrag »Phänomenologie und Theologie« als Dokumente der gemeinsamen Marburger Zeit zusammen zu veröffentlichen, vermochte Heidegger allerdings nicht zu folgen. In seiner Begründung nahm er den Ansatz seines Vortrags partiell zurück, der noch zu sehr von seinem Anlaß – der eher praktischen Klärung des Verhältnisses von Theologie und Phänomenologie – bestimmt sei. Eine erneute Bearbeitung des Themas müsse *den* Charakter der Theologie herausarbeiten, »der sie in gewisser formaler Weise der Philosophie insofern gleichstellt, als sie auch auf das Ganze geht, aber ontisch«[396]. Deutlicher und kompromißloser sprach Heidegger seine Vorbehalte in einem Brief an Elisabeth Blochmann vom 8. August 1928 aus. Eine Publikation des Vortrags könnte den fatalen Eindruck erwecken, als gehe es dem Philosophen Heidegger um eine Apologie der christlichen Theologie. Als »Dokument der *Marburger* Zeit« – also des Austausches mit Bultmann – sei der Vortrag auf die Hilfe fokussiert, die die Philosophie der Theologie leisten könne. Das grundsätzliche Problem, ob die Theologie überhaupt eine Wissenschaft und »was Wissenschaft selbst sei«, habe er noch gar nicht angeschnitten[397]. Etwas zurückhaltender ließ Heidegger am 18. Dezember 1928 gegen-

391 AaO 89. – In *dieser* Auffassung war es begründet, daß Bultmann sich im Jahr 1933 politisch anders als Heidegger entschied. S. u. 257 f.

392 M. Heidegger an K. Jaspers, 13. 5. 1928, in: Biemel u. Saner (s. Anm. 333), (95 f.) 96.

393 M. Heidegger an Bultmann, 2. 4. 1928, in: Grossmann / Landmesser (s. Anm. 335), (55–58) 55.

394 Vgl. Mörchen (s. Anm. 339), 75 f.; dazu H. Ott, Martin Heidegger. Unterwegs zu seiner Biographie, 1988, 123 f. – S. auch u. 489 f.

395 Vgl. R. Bultmann, Der Begriff der Offenbarung im Neuen Testament (1929), GuV III, 1960[1], 1–34.

396 M. Heidegger an Bultmann, 23. 10. 1928, in: Grossmann / Landmesser (s. Anm. 335), (62–69) 62; vgl. zum Folgenden Grossmann (s. Anm. 379), 54–57.

397 M. Heidegger an E. Blochmann, 8. 8. 1928, in: J. W. Storck (Hg.), Heidegger-Blochmann Bw., 1990[2], (24–26) 25 f.

über Bultmann verlauten, die Theologie unterscheide sich in ihrer Positivität von den anderen positiven Wissenschaften und stehe »in einer ganz anderen Weise als die Philosophie außerhalb der Wissenschaften«[398]. Mit der Selbstdistanzierung von seinem Vortrag verband Heidegger den Wunsch, aus dem Kreis der Herausgeber der »Theologischen Rundschau« auszuscheiden. Seine Beteiligung an einer theologischen Zeitschrift fördere letztlich nur die verbreiteten Tendenzen, Theologie und Philosophie miteinander zu vermengen. Es sei aber um der Sache willen »reinlicher und ehrlicher, wenn die Philosophie zunächst einmal schweigt«[399].

Obwohl Bultmann den Rückzug Heideggers aus dem Gespräch zwischen Theologie und Philosophie bedauerte[400] und mit der Zeit auch wahrnahm, daß beider Wege weiter auseinandergingen, »als es in der Marburger Zeit vorauszusehen war«[401], hielt er die Freundschaft mit Heidegger aufrecht ebenso wie dieser mit ihm[402]. Die persönliche Beziehung gestaltete sich denn auch bis 1933 weitgehend problemlos, zumal Heidegger der theologischen Arbeit Bultmanns mehr als einmal seine Anerkennung aussprach. Er sah in Bultmann den einzigen Theologen, der begriffen habe, daß die Theologie die philosophische Besinnungsarbeit aus sich selbst und auf sich selbst zu vollziehen habe[403]. Eine Theologie, die ausschließlich auf den Glauben ausgerichtet sei und dessen Lebendigkeit dienen solle, könne ihrer Aufgabe am besten »mit Barths Gleichgültigkeit *gegen* die Philosophie, aber mit dem Verständnis *für* sie«, wie Bultmann es sich erarbeitet habe, gerecht werden[404].

Nicht zufällig stieg Heidegger aus dem Dialog über das Verhältnis von Theologie und Philosophie in der Phase aus, in der er die »Kehre« vom daseinsontologischen zum seinsgeschichtlichen Denken vorbereitete und vollzog. Auf dem Denkweg, der ihn schließlich in die Sprache als das Haus des Seins führte, ließ Heidegger »jeden existentiellen Sinn ... der Rede von der Eigentlichkeit des Daseins und damit den Begriff der Eigentlichkeit selbst« hinter sich[405]. Damit fiel er letztlich als philosophischer Gesprächspartner für den Theologen Bultmann aus, der das neutestamentliche Kerygma als Ruf zum Glauben auslegte, als Ruf in die Eigentlichkeit einer sich nicht selbst aus dem Verfügbaren konstituierenden, sondern von dem kommenden Gott geschenkten neuen Existenz. Es hatte mit dieser Grundausrichtung seiner theologischen Arbeit zu tun, daß Bultmann den Denkweg Heideggers nach der

398 M. Heidegger an Bultmann, 18. 12. 1928, in: Grossmann / Landmesser (s. Anm. 335), (84–89) 87.

399 M. Heidegger an Bultmann, 23. 10. 1928 (s. o. Anm. 396), 64.

400 Vgl. Bultmann an M. Heidegger, 29. 10. 1928, in: Grossmann / Landmesser (s. Anm. 335), 69–78.

401 Bultmann an M. Heidegger, 11./14. 12. 1932, aaO (182–189) 184.

402 M. Heidegger an Bultmann, 16. 12. 1932, aaO (189–192) 189 f.: »Unsere Freundschaft ist glücklicherweise nicht abhängig von der Bestimmung des Verhältnisses zwischen Theologie und Philosophie.«

403 Ebd.

404 M. Heidegger an Bultmann, 14. 11. 1931, aaO (171–173) 172.

405 H.-G. Gadamer, Martin Heidegger und die Marburger Theologie, in: E. Dinkler (Hg.), Zeit und Geschichte. Dankesgabe an Rudolf Bultmann zum 80. Geburtstag, 1964, (479–490) 487.

»Kehre« nicht mitzugehen bereit war[406]. Es lag ebenfalls in der Konsequenz des die Freiheit der Theologie gegenüber der Philosophie wahrenden Ansatzes Bultmanns, daß er »Sein und Zeit« faktisch nicht entsprechend den fundamentalontologischen Intentionen Heideggers, sondern im Sinne einer Fundamentalanthropologie verstand und rezipierte[407]. Auch wenn er durchaus auf der Linie von »Sein und Zeit« die ontologische Differenz von ontologisch und ontisch sowie von existential und existentiell zur Geltung brachte[408], ignorierte er letztlich Heideggers Konzentration auf das Sein als das ausschließliche Thema der Philosophie.

Nachdem der Jenaer Philosoph Eberhard Grisebach bereits 1928 die Forderung erhoben hatte, eine kritische Theologie dürfe die vermeintlich deutungsfreie Daseinsphilosophie Heideggers keinesfalls in ihre eigene Grundlegung übernehmen[409], setzte sich Grisebachs Schüler Gerhardt Kuhlmann 1929 kritisch mit Bultmann auseinander. Er stimmte Bultmann zu, soweit dieser in seiner Theologie den Existenzbegriff zum methodischen Ausgangspunkt gemacht habe. Jedoch bezweifelte Kuhlmann die Neutralität einer philosophischen Methode. Vielmehr setze die Theologie immer dann, wenn sie sich einer philosophischen Methode bediene, ihren Gegenstand unnötigerweise der Überfremdung durch die Philosophie aus. Dies treffe zumal auf die Adaption der Philosophie Heideggers durch Bultmann zu. Denn die Daseinsontologie Heideggers stelle entgegen der Annahme ihres theologischen Rezipienten keine kritische Wissenschaft vom Sein dar, sondern ziele von vornherein darauf ab, als einziges mögliches Sein das Dasein aufzudecken. Insofern sei die Philosophie Heideggers durchgängig Metaphysik. »Weil die Existentialanalyse den vollen ›Horizont‹ des Daseins ständig im Blick hat, kann sie nicht dulden, daß eine Theologie eine neue Seinsmöglichkeit als eigenen Gegenstand entdeckt, d.h. sich ›offenbaren‹ läßt«[410]. Aus dieser Perspektive verleihe Bultmann dem von Heidegger im natürlichen Dasein aufgewiesenen dialektischen Verhältnis zwischen uneigentlicher und eigentlicher Existenz allenfalls nachträglich eine mythologische Gestalt. Die Theologie habe aber die Aufgabe, im Lichte des paradoxen Offenbarungsgeschehens die Begrenzung des je eigenen menschlichen Daseins durch das fremde Sein Gottes zu bedenken.

Die kritischen Anfragen Kuhlmanns brachten Bultmann einigermaßen in Bedrängnis[411]. In den Pfingstferien 1929 ging er die von Kuhlmann aufgeworfenen

406 Vgl. aber als Relativierung dieser *opinio communis* der Forschung H. Hübner, Wahrheit und Wort, in: Ders., Wahrheit und Wirklichkeit, hg. von A. Labahn u. M. Labahn, 2005, (139–161) 159–161.

407 Vgl. Jüngel (s. Anm. 378), 27 f. Anm. 44.

408 Vgl. H. Hübner, »Existentiale« Interpretation bei Rudolf Bultmann und Martin Heidegger, ZThK 103 (2006), (533–567) 562–565.

409 Vgl. E. Grisebach, Gegenwart. Eine kritische Ethik, 1928, 511 f. Anm. 1).

410 G. Kuhlmann, Zum theologischen Problem der Existenz. Fragen an Rudolf Bultmann, ZThK NF 10 (1929), (28–57), 50.

411 Vgl. Bultmann an M. Heidegger, 15. 7. 1929, in: Grossmann/Landmesser (s. Anm. 335), (112–115) 112.

Probleme in Freiburg gemeinsam mit Heidegger durch. Bei der Niederschrift der Antwort an seinen Kritiker kamen ihm freilich neue Bedenken[412]. Bultmann hoffte Heidegger insoweit nicht mißzuverstehen, »als es sich in der Daseins-Ontologie um die Erarbeitung der Struktur von Dasein überhaupt handelt, ... aber in der Frage nach der Verwurzelung der Ontologie im ontischen Dasein und deshalb in der Frage nach der letzten Absicht der Philosophie sehe ich noch nicht klar durch«[413].

In seiner Erwiderung an Kuhlmann erörtert Bultmann das Verhältnis von Theologie und Philosophie in grundsätzlicher Absicht. Beide Wissenschaften befassen sich mit demselben Gegenstand, dem Dasein, sie tun dies freilich in unterschiedlicher Weise. Die Philosophie handelt vom Sein des je konkreten Daseins und macht deshalb das *Daß* des *Wie* des Daseins thematisch. Die Philosophie arbeitet mithin die formal-ontologischen Strukturen des Daseins heraus. Demgegenüber redet die Theologie von einem bestimmten *Wie* des Daseins, nämlich von dem konkreten Dasein, »sofern es glaubt (bzw. nicht glaubt, was für sie nicht ein Negativum, sondern ein Positivum ist), sofern sein Wie dadurch charakterisiert ist, daß es von einer bestimmten Verkündigung getroffen ist oder getroffen werden soll«[414].

Die Theologie kann die Daseinsontologie Heideggers deshalb übernehmen, weil diese – so Bultmann – nicht im Sinne einer systematischen Philosophie eine bestimmte Idee vom Sein voraussetzt, sondern als Phänomenologie lediglich »die Phänomene selbst zum Sich-Zeigen bringen will«[415]. Gerade in ihrer neutralen Ausrichtung auf die Strukturen des Daseins vermag die Philosophie der Theologie einen unverzichtbaren Dienst zu erweisen. Denn wenn die Theologie sich selbst als Wissenschaft – und nicht nur als Predigt – versteht, wird sie auf die philosophische Daseinsanalyse schon deshalb rekurrieren, um die ontologisch-existentiale Möglichkeit der Gegebenheiten des gläubigen Daseins wie Offenbarung und Leben, Gnade und Vergebung aufzuzeigen. Sofern die Theologie die gläubige Existenz thematisch macht, muß sie sich auf die philosophische Existenzanalyse beziehen, denn das gläubige Dasein ist nach wie vor Dasein und theologische Begriffe wie Sünde und Vergebung lassen sich in ihrem Sinn nicht ohne ihre formal-ontologischen Bezüge recht erfassen. Dies bedeutet natürlich nicht, daß die Theologie von der philosophischen Daseinsanalyse oder einer Wissenschaftstheorie her zu begründen wäre. Vielmehr hat die Theologie als »eine Bewegung des Glaubens selbst« ihren nicht von außen her aufweisbaren Grund ausschließlich in der gläubigen Existenz selbst[416].

412 Vgl. Bultmann an M. Heidegger, 19. 1. 1930, aaO (124–127) 126.

413 Bultmann an M. Heidegger, 24. 8. 1930, aaO (130–135) 133.

414 R. Bultmann, Die Geschichtlichkeit des Daseins und der Glaube. Antwort an Gerhardt Kuhlmann (1930), in: Ders., Neues Testament und christliche Existenz, hg. von A. Lindemann, 2002, (59–83) 62; vgl. dazu Rohls (s. Anm. 371), 78 f.

415 AaO 64.

416 AaO 67. – Vgl. auch die Replik von G. Kuhlmann, Krisis der Theologie?, ZThK NF 12 (1931), 123–146; dazu M. Heidegger an Bultmann, 22. 5. 1931, in: Grossmann / Landmesser (s. Anm. 335), (159–161) 160: »Die Herren sollen es nur einmal zeigen, wie eine wirkliche Theologie ohne Philosophie aussieht. Und dann werden wir es erleben, das zu prophezeien ist nicht

In seiner Auseinandersetzung mit Kuhlmann bekräftigte Bultmann seine Auffassung, bei der Daseinsontologie handele es sich um einen neutralen, bloß formalen Zugang zum Dasein. Eben diese Prämisse bestritt jedoch Karl Löwith 1930 in zwei aufeinander bezogenen Aufsätzen[417]. Er sah in Heideggers Ontologie ein diese bestimmendes ontisches Existenzideal vorausgesetzt. Bei den von Heidegger herausgearbeiteten Existentialien handele es sich mitnichten um neutrale ontologische Grundkategorien, sondern um säkularisierte Begriffe der theologischen Tradition. Offenkundig »wäre die Bestimmung des Daseins durch ›Tod‹, ›Angst‹, ›Schuld‹, ›Gewissen‹ und ›Sorge‹ nicht deshalb theologisch verwendbar, weil etwa diese Existenzialien Ausdruck sind für eine schlechterdings natürliche Daseinsverfassung, sondern weil sie Ausdruck sind für ein solches philosophisches Verständnis der menschlichen Existenz, *welches die christliche Daseinsauslegung*, im Hegelschen Doppelsinne, *in sich ›aufgehoben‹ hat*[,] d.h. aufbewahrt und zugleich beseitigt«[418]. Heideggers kritische Anknüpfung an ein spezifisch protestantisches Existenzverständnis, nämlich vor allem an den Existenzbegriff Kierkegaards, mache verständlich, warum Bultmann dieser Daseinsanalyse eine so eminente Bedeutung für die ontologische Selbstvergewisserung der Theologie beimesse.

Während Bultmann sich mit Kuhlmann ausführlich auseinandersetzte, ging er auf die kritischen Anfragen Löwiths nur vergleichsweise knapp ein[419]. In seiner Replik beharrte er darauf, daß Heideggers Begriff der Eigentlichkeit nicht einem bestimmten Existenzideal entspringe, sondern die Geschichtlichkeit des Daseins als eines immer schon mit dem Dasein gegebenen Grundphänomens zum Ausdruck bringe[420]. Mit seiner Sicht der Dinge, wie er sie in der Debatte mit Kuhlmann dargelegt hatte, vermochte Bultmann allerdings Karl Barth nicht zu überzeugen[421]. So war dafür gesorgt, daß das Verhältnis von Theologie und Philosophie als zunehmend kontrovers aufgefaßtes und diskutiertes Thema auf der Agenda der Dialektischen Theologie blieb[422].

schwer, daß sie mit einer ganz unsauberen Alltagsphilosophie ihres mehr oder minder guten Bildungswissens arbeiten.«

417 Vgl. K. Löwith, Grundzüge der Entwickelung der Phänomenologie zur Philosophie und ihr Verhältnis zur protestantischen Theologie, ThR NF 2 (1930), 26–64; Ders., Phänomenologische Ontologie und protestantische Theologie, ZThK NF 11 (1930), 365–399.

418 Löwith, Phänomenologische Ontologie und protestantische Theologie (s. Anm. 417), 366.

419 Bultmann sah durch Löwith weniger seine eigene theologische Arbeit als vielmehr die existentiale Daseinsauslegung Heideggers als solche in Frage gestellt.

420 Vgl. Bultmann (s. Anm. 414), 65 Anm. 8.

421 Vgl. K. Barth an Bultmann, 5.2. 1930 u. 27.5. 1931, in: Jaspert (s. Anm. 346), (98–101) 99.(114–118) 117.

422 S. dazu u. 221–226.

8. Die »Theologische Enzyklopädie«

Für das Wort der Verkündigung ist ... keine andere Legitimation zu fordern und keine andere Basis zu schaffen, als es selbst ist ... Cf. Luther: ›... Last uns der sorg gantz absten, das euangelion darff unser hilff nichtz, es ist für sich selbs gnugsam krefftig, bevelet es got allein des es ist ... Ich habs dem lieben got befollen, es ist ie sein wort, er ist mans gnug dartzu das ehrs verfechten wirdt und beschutzen‹.[423]

Im Sommersemester 1926 hielt Bultmann erstmals die zweistündige Vorlesung »Einführung in das Theologische Studium«. Dieses Kolleg wiederholte er 1928, 1930, 1933 und 1936 in mehrfach ergänzter und überarbeiteter Fassung unter dem Titel »Theologische Enzyklopädie«. Enzyklopädische Vorlesungen gehörten zum traditionellen Lehrangebot Theologischer Fakultäten. In Marburg hatte vor Bultmann zuletzt Martin Rade im Sommersemester 1925 »Einführung in das Studium der Theologie« gelesen. Daß Bultmann diese Standardvorlesung ab 1926 übernahm, entsprach seiner Lehrverpflichtung, die außer der neutestamentlichen Exegese und Theologie auch die Enzyklopädie der Theologie umfaßte[424]. Über »Theologische Enzyklopädie« zu lesen, lag darüber hinaus aber auch im Gefälle der Auffassung, die Bultmann im Hinblick auf die Aufgabe der neutestamentlichen Exegese vertrat. Die exegetische Arbeit konnte sich für ihn keinesfalls im historischen Positivismus erschöpfen. Sie hatte vielmehr durchgängig die systematisch-theologischen Implikationen der sie leitenden Fragen und der von ihr aus den biblischen Texten zu erschließenden Antworten (und neuen Fragen) zu bedenken. Was der Neutestamentler seinen Hörern in den exegetischen Fachvorlesungen immer schon nahezubringen suchte, das konnte er nunmehr in dem dezidiert systematisch angelegten Enzyklopädiekolleg breit entfalten: die enge Korrelation zwischen der Auslegung des Neuen Testaments und der dogmatischen Rechenschaft über das Selbstverständnis der Theologie als Wissenschaft.

Die Vorlesung wollte Bultmann ursprünglich zu einem Buch ausarbeiten, das die von ihm selbst herausgegebene Reihe »Neue theologische Grundrisse« im Verlag J. C. B. Mohr (Paul Siebeck) eröffnen sollte[425]. Dem von seinem Verleger am 11. Februar 1930 an ihn herangetragenen Wunsch, die »Theologische Enzyklopädie« bald publikationsreif zu machen, gedachte Bultmann durchaus nachzukommen. Dies belegen seine Antwort an Oskar Siebeck vom 12. Februar sowie die briefliche Mitteilung an Martin Heidegger vom 24. August 1930, er glaube in seiner Enzyklopädie

423 R. Bultmann, Theologische Enzyklopädie, hg. von E. Jüngel u. K.W. Müller, 1984, 152; cf. M. Luther, Sermon zu St. Michael zu Erfurt getan vom Glauben und Werken (21. Oktober 1522), WA 10 III, 354,18–24.

424 Vgl. Universitätskurator an die Theologische Fakultät Marburg, 8. 4. 1921, UA Marburg, 307a acc. 1962/12 Nr. 7.

425 Zum Folgenden vgl. das Vorwort der Herausgeber, in: Bultmann (s. Anm. 1), IX; E. Jüngel, Glauben und Verstehen. Zum Theologiebegriff Rudolf Bultmanns, in: Ders., Wertlose Wahrheit, 1990, (16–77) 19–21.

»wieder ein Stück weitergekommen zu sein«[426]. Zur Veröffentlichung des geplanten Bandes kam es aber nicht. Bultmann wollte, wie er Oskar Siebeck zu Beginn des Jahres 1936 mündlich zu verstehen gab, »die ›Enzyklopädie‹ solange zurückstellen, bis die theologische Lage noch etwas mehr geklärt ist«[427].

Mit dieser Erklärung spielte Bultmann offenkundig auf Entwicklungen im Umfeld der Machtergreifung der Nationalsozialisten an, die »die theologische Lage« 1936 allerdings verworren erscheinen lassen mußten. 1933 war die Dialektische Theologie als Arbeits- und Kampfgemeinschaft zerbrochen. Karl Barth und Bultmann hatten in der Bekennenden Kirche von neuem Gemeinsamkeiten in ihren theologischen Intentionen entdeckt und für den Kampf gegen die nationalsozialistische Kirchenpolitik fruchtbar gemacht. Friedrich Gogarten dagegen schloß sich 1933 zeitweise den »Deutschen Christen« an. Daß er den Volksnomos als Gestalt des Gesetzes Gottes ausgeben zu können glaubte, rief Bultmanns vehementen Widerspruch hervor. Martin Heideggers 1933 gehaltene Rektoratsrede nahm Bultmann ebenfalls äußerst reserviert zur Kenntnis. Sowohl zu Gogarten als auch zu Heidegger ging Bultmann in der Folgezeit auf Distanz. Da er sich in der Enzyklopädievorlesung – überwiegend affirmativ – auf Texte Barths und Gogartens gleichermaßen bezog, da er zudem im Problemhorizont der Philosophie Heideggers den Dialog zwischen Philosophie und Theologie führte, hätte eine Publikation des Kollegmanuskripts in den Jahren nach 1933 Mißverständnisse evoziert, an denen Bultmann nicht gelegen sein konnte.

Nach 1945 waren andere Publikationsvorhaben Bultmanns sowie seine Beanspruchung durch die Entmythologisierungsdebatte dem Druck der »Theologischen Enzyklopädie« nicht förderlich. Im Alter betraute er Erich Dinkler mit der Aufgabe, das Manuskript für die Veröffentlichung vorzubereiten. Nachdem dieser Plan infolge des Todes Dinklers nicht hatte realisiert werden können, legten Eberhard Jüngel und Klaus W. Müller zum 100. Geburtstag Bultmanns 1984 eine mustergültige Edition der »Theologischen Enzyklopädie« vor. Die Herausgeber orientierten sich an der Letztgestalt des Kollegmanuskripts von 1936, dokumentierten aber, soweit dies möglich war, zusätzlich die verschiedenen Bearbeitungsstufen des Textes. So bietet diese Ausgabe die Möglichkeit, Entwicklungen im Denken Bultmanns zwischen 1926 und 1936 an den unterschiedlichen Manuskriptfassungen oder auch seine im Sommersemester 1933 in den Text eingearbeitete Kritik an der nationalsozialistischen Weltanschauung verifizieren zu können[428].

Bultmann verfolgte mit seinem Enzyklopädiekolleg nicht die Absicht, im Sinne einer Realenzyklopädie den Wissensstoff der Theologie darzubieten[429]. Sein Interes-

426 Vgl. O. Siebeck an Bultmann, 11. 2. 1930, in: Bultmann (s. Anm. 423), IX Anm. 20; Bultmann an O. Siebeck, 12. 2. 1930, aaO IX Anm. 21; Bultmann an M. Heidegger, 24. 8. 1930, in: A. Grossmann / Ch. Landmesser (Hg.), Bultmann-Heidegger Bw., 2009, (130–135) 133.

427 O. Siebeck an Bultmann, 18. 2. 1936, in: Bultmann (s. Anm. 423), IX Anm. 22.

428 Vgl. Bultmann (s. Anm. 423), 7 f. 40 f. 63–65.

429 Vgl. aaO 1.

se galt auch nicht der Klärung des Verhältnisses der theologischen Disziplinen zueinander und zur Sache der Theologie insgesamt. Freilich enthielt sein Theologieverständnis genügend Anknüpfungspunkte, um gegebenenfalls auch jene Fragen konstruktiv bearbeiten zu können. Bultmann tat dies später selbst, als er 1941 auf der Gesamttagung der »Gesellschaft für evangelische Theologie« in Alpirsbach außer seinem Vortrag über »Neues Testament und Mythologie« ein Referat über »Theologie als Wissenschaft« hielt. Er bot in diesem zweiten Alpirsbacher Vortrag nicht nur eine Kurzfassung seiner Enzyklopädievorlesung, sondern erläuterte auch ausführlich die wissenschaftlichen Aufgaben der einzelnen theologischen Disziplinen sowie ihr Verhältnis zueinander und zur Theologie als ganzer[430].

In der »Theologischen Enzyklopädie« geht Bultmann von Hegels Begriff der formalen Enzyklopädie aus, demzufolge sich die Enzyklopädie auf die Prinzipien und Grundbegriffe der speziellen Wissenschaften zu konzentrieren hat. An dieser Auffassung der Enzyklopädie ist auch der klassische Entwurf einer protestantischen theologischen Enzyklopädie, Schleiermachers »Kurze Darstellung des theologischen Studiums«, orientiert. Schleiermacher bestimmt die Theologie als eine positive Wissenschaft. Dabei leitet er die Positivität der Theologie nicht aus ihrem Gegenstand, sondern aus ihrer Funktion ab. Nur in bezug auf den praktischen Zweck der Theologie, die Kirchenleitung, können wissenschaftliche Erkenntnisse überhaupt zu theologischen Erkenntnissen werden. Die christliche Theologie ist also »der Inbegriff derjenigen wissenschaftlichen Kenntnisse und Kunstregeln, ohne deren Besitz und Gebrauch eine zusammenstimmende Leitung der christlichen Kirche ... nicht möglich ist«[431].

Bultmann erklärt die Theologie ebenfalls zu einer positiven Wissenschaft[432]. Im Verständnis dieser Bestimmung unterscheidet er sich jedoch fundamental von Schleiermacher. Bultmann kritisiert an Schleiermacher, daß dieser die Theologie nicht von dem ihr eigentümlichen Gegenstand her bestimmt, sondern aus der als Geschichtsphilosophie verstandenen Ethik abgeleitet habe. Ihren Gegenstand kann sich die Theologie, sofern sie positive Wissenschaft ist, aber nicht von der Philosophie vorgeben lassen[433]. Als ihr Gegenstand kommt auch »nicht das Christentum als historische Erscheinung« in Betracht, sondern nur »dasjenige, was das Christentum erst zum Christentum macht und so das Christentum und die Theologie selbst konstituiert«[434]. Aus diesen – im Austausch mit Heidegger entwickelten[435] – Gedanken

430 Vgl. R. Bultmann, Theologie als Wissenschaft (1941), ZThK 81 (1984), (447–469) 459–467; dazu K.W. Müller, Zu Rudolf Bultmanns Alpirsbacher Vortrag über »Theologie als Wissenschaft«, ZThK 81 (1984), 470 f.

431 F. Schleiermacher, Kurze Darstellung des theologischen Studiums zum Behuf einleitender Vorlesungen, hg. von H. Scholz, 1910, 2 (§ 5).

432 Bultmann (s. Anm. 423), 10.

433 AaO 5–7.

434 AaO 12.

435 Vgl. dazu bes. Jüngel, Glauben und Verstehen (s. Anm. 425), 31–36.

zieht Bultmann den Schluß, daß die Aufgabe der theologischen Enzyklopädie in der Selbstbesinnung der Theologie auf den sie konstituierenden Gegenstand bestehe.

Als dieser Gegenstand wäre vorläufig die rechte Lehre zu begreifen. Die Theologie wäre dann die Wissenschaft von der rechten Lehre, von dem, was die Kirche bzw. die Predigt zu verkündigen hat. Den Gegenstand der Theologie bildet also die *fides quae creditur*. Wenn man dagegen die Theologie dezidiert als Glaubenslehre, mithin ausschließlich als Wissenschaft vom Glauben im Sinne der *fides qua creditur* versteht, hat man ihren eigentlichen Gegenstand auch schon verfehlt. Schleiermacher etwa, den Bultmann als prononcierten Vertreter eines solchen Weges kritisiert, hat verkannt, daß der Glaube nur aus der intentionalen Beziehung zu seinem Gegenstand recht begriffen werden kann, »daß also über den Glauben nur geredet werden kann, wenn zugleich über Gott geredet wird«[436]. Der Sachverhalt, daß das Wesen der Theologie nicht von einer anderen Wissenschaft her, sondern allein im Vollzug der Selbstbesinnung der Theologie auf den sie konstituierenden Gegenstand erfaßt werden kann, impliziert eine Zirkelstruktur des Erkennens, die Bultmann für unvermeidlich und in der Sache begründet hält[437].

Um die Frage, was Theologie sei, beantworten zu können, distanziert Bultmann sich zunächst vom Theologieverständnis der liberalen Theologie des 19. Jahrhunderts einerseits und der altprotestantischen Orthodoxie andererseits. Der liberalen Theologie hält er kritisch entgegen, daß sie den Glauben lediglich als *fides qua creditur* auffasse. Indem sie sich ganz auf den mittels des Religionsbegriffs interpretierten Glaubensakt konzentriert, verliert sie die *fides quae creditur* als Gegenstand der Theologie aus dem Blick. Damit aber hat sich die liberale Theologie von der Wahrheitsfrage dispensiert. Denn wer die *fides qua creditur* thematisiert, ohne ihre Beziehung zu dem sie konstituierenden Gegenstand zu berücksichtigen, mißversteht letztlich auch die *fides qua creditur* als eine menschliche Haltung und übersieht, daß der Glaube »nur als ein konkretes geschichtliches Verhalten zu einem bestimmten Gegenstand« angemessen zu erfassen ist[438].

Der altprotestantischen Orthodoxie gesteht Bultmann zu, im Unterschied zur liberalen Theologie durchaus an der Wahrheit der *fides quae creditur* und am intentionalen Bezug des Glaubens auf seinen Gegenstand, das Heilswirken Gottes, interessiert zu sein. Jedoch hat die Orthodoxie durch die Art und Weise, wie sie den Glaubensbegriff in die Momente *notitia* (Erkenntnis), *assensus* (Zustimmung) und *fiducia* (Vertrauen) zergliedert, ihren vermeintlichen Vorzug selbst zunichte gemacht. Denn indem sie dem eigentlichen Glauben als notwendige Stufe die Anerkennung bestimmter Heilstatsachen vorschaltet, mißversteht sie die *fides qua creditur* als bloße Zustimmung zur reinen Lehre. Die Orthodoxie verwechselt so das Kerygma und die wissenschaftliche Theorie, das Ereignis des Wortes Gottes und die

436 Bultmann (s. Anm. 423), 21.

437 AaO 28; vgl. W. Härle, Rez. über R. Bultmann, Theologische Enzyklopädie, 1984, RBS 13 (1986), (162–164) 163.

438 Bultmann (s. Anm. 423), 31.

dieses Ereignis auslegende menschliche Lehre miteinander[439]. Um die Fehler des Liberalismus und der Orthodoxie zu vermeiden, müssen die *fides qua creditur* und die *fides quae creditur* in ihrer wechselseitigen Beziehung zueinander bedacht werden. Daraus ergibt sich für Bultmann »die Aufgabe, das Wesen der Theologie aus ihrem Gegenstand in seiner einzig möglichen Zugangsart zu bestimmen, aus der fides quae creditur und qua creditur. Was Gott ist, kann nicht verstanden werden, wenn nicht verstanden wird, was Glaube ist, und umgekehrt. Theologie ist also Wissenschaft von Gott, indem sie Wissenschaft vom Glauben ist, und umgekehrt«[440].

Wie alle anderen Wissenschaften stellt die Theologie reflektiertes Wissen dar, welches im Umgang mit den das Leben bestimmenden Gegenständen immer schon präsent ist. Das Wissen hat sein ursprüngliches Motiv in der das Dasein bewegenden Sorge des Menschen um sich selbst, aus der die Frage nach dem Wozu des Daseins erwächst. Diese in Anknüpfung an Heidegger gegebene Bestimmung der Wissenschaft schließt für Bultmann sowohl die idealistische Deduktion der Wissenschaft aus der Vernunft als auch die neukantianische Auffassung der Wissenschaft als eines Selbstzweckes aus. Gerade im letzteren Fall verliert die so verstandene Wissenschaft nicht nur ihr Lebensverhältnis zu ihrem Gegenstand, sondern auch diesen selber. »Echtes Wissen ist also nicht etwas, was nachträglich zum Leben hinzukommt, sondern was ein Stück des Lebens selbst ist. Wissenschaft ist ... nur ein unter besondere Absicht gestelltes Verhalten des Daseins überhaupt.«[441] Daher kann echtes Wissen methodisch nicht abgesehen von dem Lebensverhältnis zu seinem Gegenstand Erkenntnis gewinnen wollen, sondern nur so, daß es sich diesem Gegenstand öffnet und seinem Anspruch aussetzt.

Ist echtes Wissen durch seinen Gegenstand bestimmt, dann bedeutet Wahrheit, wie Bultmann wiederum im Anschluß an Heidegger betont, »die Erschlossenheit des Gegenstandes«[442]. Wahrheit bezeichnet mithin den Inbegriff und das Maß derjenigen Erkenntnis, die ihren Gegenstand so wahrnimmt, wie er sich ihr zu erkennen gibt. Die Frage nach der Wahrheit ist dem Dasein inhärent. Denn das Dasein muß sich selbst verstehen, will es bei sich sein und zu seiner Eigentlichkeit gelangen. Da Dasein zudem stets Handeln bedeutet, muß ich auch deshalb nach der Wahrheit fragen, um zu erkennen, was ich jeweils zu tun habe. Nach Bultmanns Überzeugung kann die Frage nach der Wahrheit aber nicht im Horizont des griechisch-idealistischen Denkens adäquat beantwortet werden, da man in dieser Tradition Wahrheit nicht im Bereich »des Endlichen und Zeitlichen«, sondern ausschließlich »in der Sphäre des Ewigen, Zeitlosen, der Idee« meint finden zu können[443]. Das menschliche Dasein ist aber geschichtlich verfaßt. Das Sein des Daseins macht im Kern ein Seinkönnen aus, wie Bultmann mit Heidegger gegenüber dem »in der aristotelischen

439 AaO 31 Anm. 7: »Fides quae creditur = quod deus dixit! Theologie = was der Mensch sagt.«

440 AaO 34.

441 AaO 43.

442 AaO 35.42.45; vgl. M. Heidegger, Sein und Zeit I, 1927[1], 212–230.

443 Bultmann (s. Anm. 423), 49.

Tradition behaupteten ontologischen Primat der Wirklichkeit vor der Möglichkeit« betont[444]. Nach der Wahrheit zu fragen, kann daher nur den Sinn haben, daß ich nach der Wahrheit meines jeweiligen Augenblicks frage, daß ich mein Dasein als Entscheidungszeit wahrnehme. Dann aber meldet sich – jedenfalls für die Theologie – in der Frage nach der Wahrheit die Frage nach Gott zu Wort. Denn Gott hat, »wenn er überhaupt gedacht« wird, »als die das Jetzt beherrschende Macht zu gelten«[445].

Freilich stellt sich hier das Problem, daß Gott als der Allmächtige kein möglicher Erkenntnisgegenstand einer positiven Wissenschaft sein kann. Denn als der dem Dasein schlechthin Transzendente kann »*Gott nicht zum Objekt unseres Verhaltens gemacht werden*«[446]. Die Unverfügbarkeit Gottes ergibt sich auch aus der Unverfügbarkeit des Menschen über seine eigene Existenz. Um Gott denken zu können, müßten wir nämlich über unsere Existenz verfügen. Erst dann könnten wir Gott wirklich als den unsere Existenz Bestimmenden denken und von ihm »als dem *Wie unserer Existenz reden*«[447]. Dies aber liegt nicht im Bereich menschlicher Möglichkeiten. Damit der Mensch, der nur jeweils im Augenblick existiert, Gott erkennen und damit zugleich in die Eigentlichkeit des Daseins gelangen kann, bedarf es demnach der Selbsterschließung Gottes, die als solche allein im Glauben vernommen werden kann.

Die Erörterung dieser beiden zentralen Themen, des Gedankens der Offenbarung und des Glaubensbegriffs, dominiert den weiteren Verlauf der Enzyklopädievorlesung Bultmanns. Dies zeigt sich bereits formal in der kunstvoll angelegten Komposition der betreffenden Kapitel 4 und 5[448]. Dem Paragraphen 11, der die »Offenbarung als geschichtliches Ereignis« behandelt, korrespondiert der Paragraph 14, in dem der »Glaube als geschichtliche Tat« zur Darstellung gelangt. Diesen Ausführungen stellt Bultmann in kritischer Absicht jeweils die Charakterisierung und Ablehnung des überkommenen kirchlichen Offenbarungs- bzw. Glaubensbegriffs in den Paragraphen 10 und 12 voran. Die strenge Systematik in Bultmanns Gedankengang durchbricht lediglich der Paragraph 13, dessen Thema »Mystik und Glaube« wie ein unorganischer Einschub in das Ganze anmutet. Man wird aber gerade hier in Rechnung zu stellen haben, daß Bultmann die Paragraphen 12–14 noch nicht abschließend bearbeitet hat[449].

Bultmann entwickelt sein Offenbarungs- und Glaubensverständnis in kritischer Abgrenzung gegenüber der kirchlichen Tradition. In seinen Augen verfehlen die mittelalterliche Scholastik und die altprotestantische Orthodoxie je auf ihre Weise die biblische Bestimmung des Zusammenhangs von Offenbarung und Glauben, weil für sie »der Glaube eine Art Wissen und die Offenbarung eine Vermittlung des Wis-

444 Jüngel, Glauben und Verstehen (s. Anm. 425), 57; vgl. Bultmann (s. Anm. 423), 50.199.
445 Bultmann, aaO 50.
446 AaO 55.
447 AaO 63.
448 Vgl. dazu Härle (s. Anm. 437), 163.
449 Vgl. das Vorwort der Herausgeber, in: Bultmann (s. Anm. 423), VII.

sens« bedeuten[450]. Hier ist der Charakter der Offenbarung als eines gegenwärtigen Geschehens verkannt. In der Romantik, die den Offenbarungsakt mit dem religiösen Erlebnis identifiziert, geht umgekehrt verloren, »daß im Akt der Offenbarung etwas offenbar wird«[451]. Nach biblischem Verständnis ist Offenbarung demgegenüber ein geschichtliches Ereignis, nämlich das dem Augenblick des menschlichen Daseins zukommende Wort Gottes, »das die Wahrheit des Augenblicks sichtbar und so Gott sichtbar macht«[452]. Die Offenbarung vollzieht sich näherhin als Anrede Gottes, die als das Wort von der Vergebung die von der Sünde bestimmte Geschichte des Menschen unterbricht. Das Wort der vergebenden Liebe Gottes ruft den Menschen nämlich aus der stets von seinem eigenen Tun bestimmten Vergangenheit in die Entscheidung, damit er das Jetzt seines Daseins als die aus der Zukunft Gottes auf ihn zukommende neue Möglichkeit eigentlichen Daseins ergreifen kann. Bultmann bestreitet in diesem Zusammenhang ausdrücklich, »daß der Mensch im todbereiten Entschluß in die Situation seine Eigentlichkeit gewinnen könne«[453]. Diesen hier offenkundig insbesondere gegen Heidegger geltend gemachten Einspruch muß der Glaube gegen die Philosophie generell erheben. Darüber kann der Glaube, wenn er seine Eigenständigkeit gegenüber der Philosophie wahren will, nicht einmal mit der Philosophie diskutieren. Er »kann die Wahl der philosophischen Existenz nur als einen Akt der sich selbst begründenden Freiheit des Menschen beurteilen, der seine Gebundenheit an Gott verleugnet«[454].

Begründet ist die Möglichkeit, im Glauben an das zugesprochene Wort Gottes sich selbst neu zu verstehen, in dem geschichtlichen Ereignis der Offenbarung, die Jesus Christus als das Wort Gottes darstellt. Der Glaube ist primär die gehorsame Annahme des Kerygmas von Jesus Christus, freilich nicht etwa als »unkritische Hinnahme einer historischen Mitteilung«. Vielmehr impliziert der Glaube ein Verstehen, das den Glaubenden seiner selbst gewiß macht. Der Glaube ist selber diese »Gewißheit, daß durch das historische Faktum Jesus Christus die Geschichte qualifiziert ist als eine Geschichte des Heils«. Denn der Glaubende verläßt sich ganz auf das ihm zugesagte Wort von der Sündenvergebung. So komme ich »als Gerechtfertigter in mein Jetzt, um ... als Geliebt-Liebender die Frage des Augenblicks zu verstehen und das Was meines Tuns zu entdecken«[455]. Dabei reduziert sich das dem Glaubenden mit dem Glauben zukommende neue Selbstverständnis keineswegs darauf, in *splendid isolation* um sich selbst zu kreisen: »Ein Glaube, der bei sich selbst verweilt, ist so wenig Glaube, wie eine Liebe, die bei sich selbst verweilt, Liebe ist«[456].

450 Bultmann, aaO 69; vgl. entsprechend zur Orthodoxie aaO 71 f.
451 AaO 81.
452 AaO 88.
453 AaO 89.
454 Ebd. – S. auch o. 201 f.
455 Bultmann, aaO 130.
456 AaO 157.

Bultmann hebt nun den Geschenkcharakter des Glaubens durchaus hervor. Der Mensch empfängt im Glauben die Sündenvergebung und das neue Leben in Christus. Er *wird* von Gott gerechtfertigt. So, als Gegenstand des göttlichen Handelns, ist der Glaubende passiv. Im gleichen Atemzug aber betont Bultmann, der Glaube vollziehe sich als geschichtliche Tat. Indem Bultmann auf dem Tatcharakter des Glaubens insistiert, wendet er sich vordergründig gegen ein Mißverständnis der Passivität des Glaubens, welches er in der Mystik festzustellen meint. Die Mystik versuche, durch bestimmte Methoden – etwa das Schweigen – »den Menschen zur reinen Passivität« zu bringen, übersehe aber dabei, daß die Praktizierung jeglicher Methode tatsächlich bereits Aktivität sei[457]. Freilich hat die Bestimmung des Glaubens als einer geschichtlichen Tat noch einen tieferen Grund. Dies gibt bereits rein äußerlich der Umfang des Paragraphen 14 zu erkennen, in dem Bultmann – nicht zufällig unter fortlaufender, sowohl zustimmender als auch kritischer Bezugnahme auf Wilhelm Herrmann – seine Auffassung des Glaubens als geschichtlicher Tat darlegt.

Bultmann teilt die in der zeitgenössischen Philosophie etwa von Heidegger und Max Scheler, aber auch in der Theologie von Karl Barth vertretene Auffassung, daß sich das Dasein stets im Handeln vollziehe, daß der Mensch folglich »in seinem Tun« er selbst sei[458]. Auf dem Hintergrund dieser Annahme operiert Bultmann – wie schon im Aufsatz »Welchen Sinn hat es, von Gott zu reden?« – mit der Unterscheidung zwischen Tat und Werk, um den Glauben als geschichtliche Tat begrifflich explizieren und vor Fehlinterpretationen schützen zu können. Jene in einer gewissen Analogie zur aristotelischen Differenzierung von πρᾶξις und ποίησις zu verstehende Unterscheidung besagt, daß das Werk allenfalls das Resultat des Tuns darstellt, »etwas, was dann vorhanden ist«, während die Tat »nur im Tun da« und insofern »nie ›vorhanden‹« ist[459]. Versteht nun der Mensch sein Sein aus seinen Werken, legt er sich selbst auf die Wirklichkeit eines Vorhandenen fest. Damit verfehlt er aber die Möglichkeit des freien Seinkönnens. Diese Möglichkeit vermag der Mensch allein in der Tat zu ergreifen. Nur im konkreten Vollzug seines Menschseins kann er in die Eigentlichkeit des Daseins gelangen. Daran hindert ihn jedoch faktisch seine Bindung an das Werk, an das Vorfindliche. Aus dieser Unfreiheit befreit das Kerygma den Menschen, indem es ihm stets neu die Möglichkeit zuspricht, sein Seinkönnen in der Offenheit für die Zukunft Gottes zu vollziehen und in solchem Tun sich selbst in der Wahrheit des Augenblicks neu zu entdecken. Im Glauben empfängt der Mensch einerseits passiv, was das Wort Gottes ihm zusagt. Andererseits vollzieht er genau in dieser Passivität des Empfangens die Tat der Entscheidung, sich selbst nunmehr so wahrzunehmen, wie das Wort Gottes es ihm nahelegt. Er muß sein Dasein nicht länger als ein durch die eigene Vergangenheit determiniertes übernehmen.

457 AaO 120.

458 AaO 134; vgl. zum Folgenden Jüngel (s. Anm. 425), 59–61, sowie die dort (aaO 72 f.) gegen Bultmann kritisch geltend gemachten Einwände.

459 Bultmann, aaO 134.

Vielmehr vermag er in der freien Tat des Gehorsams gegenüber dem Kerygma sich selbst neu zu verstehen als von Gott geliebtes und zur Liebe befreites Geschöpf.

Der abschließende Paragraph 15 nimmt noch einmal die Leitfrage der »Theologischen Enzyklopädie« auf: »Was ist Theologie?« Dieser Paragraph bildet – unbeschadet der heute nicht mehr zu klärenden Frage, ob Bultmann ihn dem Kapitel 5 der Vorlesung zurechnen oder als eigenständiges Schlußkapitel betrachten wollte – »gleichsam das Gegenstück zum ersten Kapitel und dessen Entfaltung des Themas«[460]. Bultmann zieht hier das Resümee seiner Ausführungen. Die Theologie läßt sich nicht aus der Idee anderer positiver Wissenschaften oder der Philosophie deduzieren. Ihr zureichendes Motiv findet sie allein im Glauben. Als »begriffliche Explikation der gläubigen Existenz« setzt theologische Arbeit also voraus, daß »*sie dem Glauben aus dem Glauben und für den Glauben auferlegt ist*«[461]. Da der Gegenstand der Theologie nicht objektivierbar, sondern unverfügbar ist und da er sich allein dem Glauben zugänglich macht, kann der Wahrheitsanspruch der christlichen Lehre nicht allgemeiner wissenschaftlicher Kontrolle unterliegen. Vielmehr sind die Sätze der Theologie »nur wahr, wenn es Gott gefällt, sie wahrzumachen«[462]. Daraus folgt, daß die Theologie den für sie geltenden kritischen Maßstab »der als Verkündigung gehörten Verkündigung« zu entnehmen hat[463]. Die überlieferten Texte der Schrift, des Dogmas und der Theologiegeschichte im Hinblick auf echte oder falsche Verkündigung kritisch zu sichten, macht deshalb die eigentliche, in der Substanz historische Arbeit der Theologie aus.

Dabei kommt der Schrift die exklusive autoritative Bedeutung für die theologische Arbeit zu. Die Schrift stellt nicht nur das ursprüngliche Zeugnis der christlichen Verkündigung dar, sondern sie redet vor allem in einer qualifizierten Weise von der menschlichen Existenz als einer von Gott bestimmten und durch das geschichtliche Geschehen der Offenbarung konstituierten. Die Theologie hat sich von daher durchgängig als existentiale Auslegung der Schrift zu vollziehen. »Daneben gibt es dann also keine besondere systematische Theologie mehr, die nach eigenen Prinzipien ein System christlicher Lehre darstellte.«[464] In diesem Rahmen kann die Aufgabe der systematischen Theologie, wie Bultmann selbst sie in seiner »Theologischen Enzyklopädie« exemplarisch wahrnimmt, nur die kritische »Selbstverständigung über die historische Arbeit der Exegese selbst sein«[465].

Bultmann legte seine Enzyklopädievorlesung als fundamentaltheologischen Diskurs ausschließlich über die Frage nach dem Wesen der Theologie an. In dieser entschlossenen Konzentration der enzyklopädischen Thematik auf die Aufgabe der Theologie präsentierte sich der Neutestamentler den Hörern seines Enzyklopädie-

460 Vorwort der Herausgeber, in: Bultmann, aaO XII Anm. 12; vgl. Bultmann, aaO 12.
461 AaO 163. – Zur entsprechenden Auffassung M. Heideggers s. o. 200 f.
462 Bultmann, aaO 166.
463 AaO 168.
464 AaO 170.
465 Ebd.

kollegs als Systematiker von Rang. Freilich konnten seine Hörer, sofern sie die bisher publizierten Texte Bultmanns aufmerksam gelesen hatten, in der Vorlesung nicht wenige Gedankengänge wieder entdecken, die Bultmann in anderen Zusammenhängen ähnlich oder genauso entwickelt und vorgetragen hatte. Dies gilt insbesondere von dem 1925 veröffentlichten Aufsatz »Welchen Sinn hat es, von Gott zu reden?« Das trifft auch auf andere Aufsätze mit systematisch-theologischem Anspruch zu. Daß Bultmann diese Texte, in denen sich etwa ein Jahrzehnt seiner theologischen Arbeit widerspiegelte, 1933 in Gestalt eines Aufsatzbandes von neuem zugänglich machte, bot in gewisser Weise einen vorläufigen Ersatz für den nicht zustande gekommenen Druck der »Theologischen Enzyklopädie«.

Freilich ging bereits von der Enzyklopädievorlesung eine starke unmittelbare Wirkung auf Bultmanns Hörer aus. Der junge Gerhard Ebeling hörte während seines ersten Studiensemesters im Sommer 1930 dieses Kolleg, obwohl Bultmann seinem Auditorium prophylaktisch zu verstehen gegeben hatte, es sei nur für fortgeschrittene Studenten bestimmt[466]. Wie mit seinen exegetischen Vorlesungen weckte Bultmann gerade auch mit der »Theologischen Enzyklopädie« in Ebeling »die Sensibilität für die hermeneutische Aufgabe«[467]. Walter Schulz gehörte im Sommersemester 1936 zu den Hörern der Enzyklopädievorlesung Bultmanns, die den später in Tübingen lehrenden Schüler Hans-Georg Gadamers nachhaltig dazu anregte, das Verhältnis von Theologie und Philosophie eigenständig zu durchdenken. So wurde für den jungen Schulz in der Theologie »der Eindruck *Bultmanns* – seine methodische Strenge und sein unprätentiöses Engagement – überwältigend, er verstärkte sich noch durch *Bultmanns* Einsatz im Kirchenkampf«[468].

466 Vgl. G. Ebeling an Bultmann, 14. 11. 1933, Mn 2-669.

467 G. Ebeling, Evangelische Evangelienauslegung. Eine Untersuchung zu Luthers Hermeneutik, 1991[3], 549 (Nachwort); vgl. Ders., Mein theologischer Weg, Hermeneutische Bl., Sonderheft Oktober 2006, (5–66) 7. – Als Bultmann dreißig Jahre später aus Altersgründen und wegen anderer Verpflichtungen den Plan aufgab, seine Enzyklopädievorlesung zu einer Publikation aus- und umzuarbeiten, trug er G. Ebeling die Aufgabe an, in den »Neuen Theologischen Grundrissen« neben der »Dogmatik« und »Ethik« auch noch die »Theologische Enzyklopädie« zu übernehmen. Vgl. Bultmann an G. Ebeling, 15. 11. 1960, Mn 2-2189. Verschiedene fundamentaltheologische Arbeiten Ebelings bestärkten Bultmann in der Hoffnung, Ebeling werde die »Theologische Enzyklopädie« schreiben. Vgl. Bultmann an G. Ebeling, 5. 9. 1965, 1. 3. 1971, 31. 1. 1972, UA Tübingen, Nachlaß G. Ebeling, 633/616. – Vgl. schließlich G. Ebeling, Studium der Theologie. Eine enzyklopädische Orientierung, 1975[1].

468 W. Schulz, Beitrag o.T., in: L. J. Pongratz (Hg.), Philosophie in Selbstdarstellungen, Bd. II, 1975, (270–315) 274; vgl. auch W. Schulz an Bultmann, 4. 10. 1958 u. 14. 7. 1964, Mn 2-1794.

9. »Glauben und Verstehen«

Die meisten dieser Aufsätze sind früher schon in Zeitschriften erschienen. Indessen handelt es sich hier nicht um eine Sammlung von Zufallsarbeiten, sondern um die grundlegenden Aufsätze eines Denkers, der nicht eher ruht, als bis seine Gedanken die klarste, durch ihre Einfachheit oft überraschende Form gefunden haben.[469]

Als Bultmann seinem Tübinger Verleger im Frühjahr 1932 empfahl, die Dissertation seines Schülers Ernst Käsemann in den »Beiträgen zur historischen Theologie« zu veröffentlichen, erteilte Oskar Siebeck ihm am 9. April 1932 einen abschlägigen Bescheid. Er habe in letzter Zeit Dissertationen generell nicht in die genannte Reihe aufgenommen, sei doch für Manuskripte dieser Art nur mit einem äußerst beschränkten Absatz zu rechnen. Daher müsse er auch die Arbeit Käsemanns, ohne Bultmanns Urteil über deren außergewöhnliche Qualität berücksichtigen zu können, aus prinzipiellen Erwägungen ablehnen[470]. Der Verleger mußte in der Tat scharf kalkulieren, gerade 1932, als die Wirtschaftskrise auf ihren Höhepunkt zusteuerte, und nicht zuletzt im Blick auf die theologische Sparte seines Hauses. In diesem Jahr sollte zwar die zweite Auflage des renommierten Handwörterbuchs »Die Religion in Geschichte und Gegenwart« ihren Abschluß finden. Für die Solidität des theologischen Verlagsprogramms sorgten indes langfristig vor allem Lehrbücher, die hohe Absatzziffern erwarten ließen, nicht hingegen Qualifikationsarbeiten junger Wissenschaftler.

Schon seit 1925 stellte Oskar Siebeck Überlegungen an, wie er das traditionell auf den liberalen Protestantismus konzentrierte theologische Programm des Verlags für neue Richtungen, insbesondere die Dialektische Theologie, öffnen könnte[471]. Im Rahmen der konzeptionellen Weiterentwicklung der theologischen Sparte des Hauses Mohr Siebeck fiel nach und neben Emil Brunner bald auch Bultmann eine zentrale Rolle zu. Bultmann war Initiator und Mitherausgeber der Neuen Folge der »Theologischen Rundschau«. Als Herausgeber und einer der Autoren der »Neuen theologischen Grundrisse« übernahm er in vorderster Linie Mitverantwortung für ein ebenso prestigeträchtiges wie ökonomisch unverzichtbares Projekt des Verlags. Die »Neuen theologischen Grundrisse«, die das alte, weitgehend der liberalen Theologie verpflichtete Sammelwerk »Grundriß der theologischen Wissenschaften« ablösen sollten, markierten unübersehbar die neuen Akzente im theologischen Pro-

469 H. Herrigel, Ein protestantischer Theologe, FZ vom 23. 9. 1934.

470 O. Siebeck an Bultmann, 9. 4. 1932, Mn 2-2488. – Freilich konnte Bultmann langfristig seinen Einfluß beim Verleger zugunsten des Druckes der Arbeit Käsemanns geltend machen. Vgl. E. Käsemann, Leib und Leib Christi, 1933.

471 Zum Folgenden vgl. S. Knappenberger-Jans, Verlagspolitik und Wissenschaft. Der Verlag J. C. B. Mohr (Paul Siebeck) im frühen 20. Jahrhundert, 2001, 200–224, bes. 214–223.

gramm des Verlags[472]. Bultmann repräsentierte einerseits die historisch-kritische Theologie, deren Pflege seit jeher ein Hauptanliegen des Verlags war. Andererseits hatte er sich in den nach dem Ende des Ersten Weltkriegs neu aufgebrochenen theologischen Debatten als einer der Wortführer der Dialektischen Theologie mit ebenso gewichtigen wie unverwechselbaren Beiträgen Gehör verschafft.

All dies macht verständlich, daß Oskar Siebeck die Veröffentlichung eines Bandes mit Aufsätzen des Marburger Neutestamentlers lebhaft begrüßte. Nachdem er Bultmann in dem erwähnten Brief vom 9. April 1932 sein Interesse an diesem Projekt signalisiert hatte[473], konnten Autor und Verleger in den folgenden Monaten Einverständnis über die Regularien der Publikation herstellen. Der auf den 29. Oktober 1932 datierte Verlagsvertrag sah vor, daß der Sammelband im großen Format der »Gesammelten Schriften« von Ernst Troeltsch und in einem Umfang von 25 Bogen erscheinen sollte. Die Höhe der ersten wie auch aller weiteren Auflagen wurde auf jeweils 2.000 Exemplare festgelegt. Bultmann sollte ein Pauschalhonorar von 300 Reichsmark pro Auflage sowie zehn Prozent vom Ladenpreis jedes verkauften broschierten Exemplars erhalten[474].

Was den zum Zeitpunkt der Vertragsvereinbarung noch nicht feststehenden[475] Titel des Buches betraf, unterbreitete Bultmann seinem Verleger nach eingehenden Beratungen mit Hans von Soden im Dezember 1932 den Vorschlag »Glauben und Verstehen«. Eine »andere Formulierung, die knapp zum Ausdruck brächte, dass es sich in den Aufsätzen einerseits um die Frage handelt, was eigentlich als der Sinn des christlichen Glaubens zu bestimmen sei, und andrerseits um die Frage, wie die Texte, in denen sich der Glaube ausspricht, also vor allem das Neue Testament, zu verstehen seien, – fanden wir nicht«[476]. In der Selbstanzeige des Buches präzisierte Bultmann den mit dem Titel »Glauben und Verstehen« formulierten programmatischen Anspruch. Die Aufsätze des Bandes »bewegen sich im Grunde alle um das Problem, welches Verstehen mit dem christlichen Glauben gegeben sei. Das ist einmal die Frage, wie das Kerygma, das den Glauben begründet, zu verstehen sei, aber auch die Frage, wie unter dem Kerygma der Mensch sich selbst als Glaubender zu verstehen habe«[477].

Ab dem 5. November 1932 sandte Bultmann dem Verlag zunächst die Druckvorlagen der bereits – in den »Theologischen Blättern« oder in »Zwischen den Zeiten« – erschienenen Aufsätze zu, dann nach und nach auch die Manuskripte der bisher noch nicht veröffentlichten Studien. Zuletzt ging am 22. Dezember 1932 der Aufsatz

472 Übrigens hatte Karl Müller, der Herausgeber der alten »Grundrisse der theologischen Wissenschaften«, O. Siebeck vorgeschlagen, Bultmann die Herausgeberschaft der »Neuen theologischen Grundrisse« anzuvertrauen. Vgl. O. Siebeck an Bultmann, 22. 5. 1928, Mn 2-2484.

473 S. Anm. 470.

474 Vgl. den Verlagsvertrag vom 29. 10. 1932, Mn 2-2488.

475 Vgl. Bultmann an O. Siebeck, 27. 10. 1932, Mn 2-2609.

476 Bultmann an O. Siebeck, 13. 12. 1932, Mn 2-2609.

477 Selbstanzeige von »Glauben und Verstehen«, Bultmann an O. Siebeck, 16. 12. 1932, Mn 2-2609.

»Die Bedeutung des Alten Testaments für den christlichen Glauben« nach Tübingen, ein Text, in dem Bultmann bereits gegenüber den »Deutschen Christen« das Daseinsrecht des Alten Testaments als eines unverzichtbaren Bestandteils der geschichtlichen Tradition des Christentums verteidigte[478]. Dem Wunsch des Autors entsprechend ließ der Verlag die Aufsatzsammlung in der Antiqua setzen. Ab Februar 1933 konnten die Buchhändler das im vornehmen Indigoblau gebundene Werk in ihren Auslagen anbieten.

»Glauben und Verstehen« erlaubt eine mehrperspektivische Lektüre. Die Anordnung der Texte folgt dem chronologischen Prinzip. Dies erleichtert dem Leser, den Denkweg Bultmanns zwischen 1924 und 1932 nachzuvollziehen. Die sich daraus ergebende Möglichkeit, einzelne Aufsätze des Bandes in ihrem ursprünglichen Entstehungskontext aufzusuchen, drängt sich zumal für eine biographische Darstellung wie die vorliegende mit einer unmittelbaren Plausibilität auf[479]. Daneben kann gefragt werden, ob ein einzelner Beitrag so etwas wie die Klimax der gesamten Sammlung darstellt, ob in seinem Licht und von ihm her dann auch die Intention und der Gehalt der übrigen Aufsätze erschlossen werden können. Eine solche Schlüsselstellung kommt zweifellos, wie bereits die ersten Rezensenten von »Glauben und Verstehen« erkannten[480], dem Aufsatz »Welchen Sinn hat es, von Gott zu reden?« aus dem Jahre 1925 zu.

Dieser Text geht zurück auf einen Vortrag, den Bultmann auf Einladung seines Schülers Hans Roth am 25. März 1925 in Oldenburg vor einem Kreis von Pfarramtskandidaten hielt[481]. Roth hatte nach seinem Studium 1923 und 1924 im brieflichen Austausch mit Bultmann Fragen zur Sprache gebracht, die aus seiner Beschäftigung mit der frühen Dialektischen Theologie, insbesondere mit den ihm unverständlich erschienenen paradoxen Aussagen Barths, erwachsen waren. Bultmann gab seinem ehemaligen Studenten am 12. August 1924 zu verstehen, für ihn sei es hilfreich gewesen, die Roth und ihn selbst bewegenden Probleme mit seinem philosophischen Kollegen Heidegger durchsprechen zu können. Im selben Brief deutete Bultmann die Richtung an, die er bei der Bearbeitung der angesprochenen Fragen einzuschlagen gedachte: »Ein theologisches Reden von Gott kann nur die Aufdeckung der Bestimmtheit meiner eigenen Existenz sein, und ist nur wahr, wenn dies Reden selbst ein Vorgang meiner durch Gott bestimmten Existenz ist. Es kann sich also nie in allgemeingültigen Sätzen, allgemeinen Wahrheiten bewegen, sonst ist die existenti-

478 Vgl. R. Bultmann, Die Bedeutung des Alten Testaments für den christlichen Glauben, GuV I, 1933[1], (313–336) 324f. Anm. 1); s. u. 289–291.

479 Dieses Verfahren ist daher auch weitgehend für unsere Darstellung gewählt worden. S. für einzelne Aufsätze die Kap. IV.2.5–7 und V.2–5.

480 Vgl. Herrigel (s. Anm. 469); W. Kamlah, Zur christlichen Glaubenslehre, ...; R. Winkler, Rez. über Bultmann, Rudolf: Glauben und Verstehen, 1933, ThLZ 59 (1934), (164f.) 164; ähnlich H. Stephan, Rez. über Rudolf Bultmann, Glauben und Verstehen, 1933, ZThK NF 14 (1933), 282f.

481 Zum Folgenden vgl. R. Rittner, Hans Roth und Rudolf Bultmann – oder das Ringen um moderne Theologie, Oldenburger Jb. 100 (2000), 137–159.

elle Situation verlassen«[482]. Roth bat Bultmann im Frühjahr 1925 um einen Vortrag zum Verständnis des Menschen in der Bibel und in der Moderne. Denn unter den Akademikern in Oldenburg seien große Unsicherheiten hinsichtlich der Auffassung von »Glauben« festzustellen[483]. Was Roth ihm berichtete, machte Bultmann wiederum Lust, für den Vortrag am 25. März 1925 »das Thema ›Welchen Sinn hat es, von Gott zu reden?‹ zu wählen«[484].

In diesem Vortrag bestimmt Bultmann zunächst den Gottesbegriff dahingehend, daß »Gott der Allmächtige, d.h. die Alles bestimmende Wirklichkeit« ist[485]. Dieser Gedanke schließt ein Reden *über* Gott aus. Denn ein solches Reden setzt voraus, daß ich einen neutralen Standpunkt außerhalb dessen beziehe, worüber ich rede. Einen solchen Standpunkt kann es im Blick auf Gott deshalb nicht geben, weil Gott die Alles bestimmende Wirklichkeit ist. Im Reden *über* Gott würde der Mensch Gott zu einem Objekt machen, etwa indem er wissenschaftlich allgemeingültige Wahrheiten über Gott aussagen würde. Solch objektivierendes Reden von Gott wäre nicht sachgemäß, würde es doch sowohl die Wirklichkeit Gottes als auch die des Menschen verfehlen. Als die Alles bestimmende Wirklichkeit ist Gott nämlich auch die meine Existenz bestimmende Wirklichkeit. Daher kann der Mensch von Gott nur reden, indem er zugleich von sich selbst, von seiner je konkreten Existenz redet.

Bultmann bezieht nun auch den von Rudolf Otto stammenden, auf die frühe Dialektische Theologie prägend wirkenden Gedanken von »*Gott als dem ganz Anderen*« in seine Überlegungen mit ein[486]. Dieser Gedanke besagt freilich nicht – hier distanziert sich Bultmann von Otto –, daß Gott als das ganz Andere eine metaphysische Größe oder das Irrationale außerhalb meiner selbst wäre, zu dem ich gelangen könnte, indem ich meiner konkreten Existenz entfliehe. Vielmehr kann die doppelte Bestimmung Gottes als der meine Existenz bestimmenden Wirklichkeit und als des ganz Anderen nur den Sinn haben, daß Gott »mir als dem Sünder gegenübersteht als *der* Ganz Andere«[487]. Nur die Einsicht in das Sündersein des Menschen, das ein rechtes Reden von Gott und von der eigenen Existenz unmöglich macht, verleiht also dem Gedanken von Gott als dem ganz Anderen seinen genuinen Sinn.

Wie mit Gott verhält es sich auch mit unserer Existenz. *Über* sie reden können wir nicht. Dies gilt zumal im Horizont des neuzeitlichen Weltbildes, in dem sich der Mensch – selbst dann, wenn er sich als Subjekt von anderen Objekten unterscheidet, – von außen als Objekt betrachtet und so gerade nicht zu erfassen vermag. Rechtes Reden von Gott müßte aber immer zugleich Reden von unserer Existenz als einer in Gott gegründeten sein und umgekehrt. Eben deshalb stimmt Bultmann hier dem von ihm auch sonst gern zitierten Satz seines Lehrers Wilhelm Herrmann zu: »Von

482 Bultmann an H. Roth, 12. 8. 1924, Mn 2-2349; vgl. Rittner, aaO 150.

483 H. Roth an Bultmann, 22. 2. 1925, Mn 2-1650.

484 Bultmann an H. Roth, 25. 2. 1925, Mn 2-2349; als Faksimile bei Rittner (s. Anm. 481), 152.

485 R. Bultmann, Welchen Sinn hat es, von Gott zu reden?, GuV I, 1933[1], (26–37) 26.

486 AaO 30.

487 Ebd.

Gott können wir nur sagen, was er an uns tut«[488]. Bultmann gibt dieser Aussage allerdings die für ihn charakteristische Interpretation, daß er das Tun Gottes mit dem Wort Gottes in eins setzt. »Der Sinn dieses Wortes Gottes, dieses Tuns Gottes an uns wäre aber offenbar der, daß Gott, indem er uns die Existenz gibt, uns aus Sündern zu Gerechten macht, indem er die Sünde vergibt, uns rechtfertigt.«[489] Der Glaube als die freie Tat des Gehorsams[490] bejaht das Tun, das Wort Gottes an uns. So wird »der Glaube der archimedische Punkt«, von dem aus der Mensch stets neu von dem rechtfertigenden Gott und zugleich von seiner sündigen und begnadigten Existenz reden kann[491].

Der Aufsatz »Welchen Sinn hat es, von Gott zu reden?« wurde zu einem Klassiker der Theologiegeschichte des 20. Jahrhunderts[492]. In diesem Text umriß Bultmann erstmals die Grundlinien seiner Existentialtheologie, die er nach 1925 – bald auch unter Verwendung der Heideggerschen Begrifflichkeit – konsequent entfaltete. Die in »Glauben und Verstehen« abgedruckten Aufsätze dokumentieren insofern den Weg, der Bultmann zunächst in den Kreis der Dialektischen Theologen führte und auf dem er dann sein existentialtheologisches Programm der wechselseitigen Interpretation der Wirklichkeit Gottes und der menschlichen Existenz ausarbeitete. Die damit einhergehende zunehmende theologische Entfremdung zwischen Barth und Bultmann bildete sich ebenfalls in »Glauben und Verstehen« ab. Äußerlich gesehen, war es ein Zufall, daß das Buch in dem Jahr erschien, in dem die Dialektische Theologie als Arbeits- und Kampfgemeinschaft endgültig zerbrach. Freilich markierte dieser Sachverhalt symbolträchtig den vorläufigen Abschluß einer Entwicklung, die sich schon lange vor 1933 abgezeichnet hatte. Der latent bereits seit 1922 vorhandene Dissens zwischen Barth und Bultmann trat in der zweiten Hälfte der 1920er Jahre offen zutage. Die Differenzen bezogen sich auf nur graduell zu unterscheidende Themenfelder, das Verhältnis von Philosophie und Theologie sowie – vor allem in der Wahrnehmung Barths – das Problem der natürlichen Theologie. Im Kern ging es freilich, wie auch in der Auseinandersetzung Barths mit Emil Brunner und Friedrich Gogarten, um die Frage, welche Bedeutung die Wirklichkeit des Menschen als Bezugsgröße des Wortes Gottes in der theologischen Reflexion habe. Fiel das neuzeitliche Wahrheitsbewußtsein in den Gegenstandsbereich der Theologie, oder war

488 AaO 36; vgl. W. Herrmann, Die Wirklichkeit Gottes, 1914, 42.

489 Bultmann (s. Anm. 485), 36.

490 Dazu s. o. 214 f.

491 Bultmann, aaO 37.

492 Vgl. G. Ebeling, Zum Verständnis von R. Bultmanns Aufsatz: »Welchen Sinn hat es, von Gott zu reden?«, in: Ders., Wort und Glaube II, 1969, 343–371; W. Pannenberg, Problemgeschichte der neueren evangelischen Theologie in Deutschland, 1997, 205–232; F. Wittekind, Gott – die alles bestimmende Wirklichkeit?, in: I. U. Dalferth u. a. (Hg.), Denkwürdiges Geheimnis. FS E. Jüngel, 2004, 583–604. – Bultmann erklärte sich übrigens mit der – ihm durch E. Fuchs vor der Drucklegung zugänglich gemachten – Interpretation seines Aufsatzes durch Ebeling, und zwar auch mit dessen Kritik, vorbehaltlos einverstanden. Vgl. Bultmann an G. Ebeling, 13. 9. 1967, UA Tübingen, Nachlaß G. Ebeling, 633/616.

es ein im Kontext der kontingenten Selbstoffenbarung Gottes zu vernachlässigendes Thema?

Bultmann begrüßte im Juni 1928 Barths »Christliche Dogmatik im Entwurf« zwar generell »als einen Anfang echter dogmatischer Arbeit«, übte aber Kritik an ihrer Durchführung. Insbesondere mißbilligte er, daß Barth sich nicht auf das Gespräch mit der modernen Philosophie – zumal mit der Phänomenologie – eingelassen, sondern unreflektiert die überholte Ontologie der altkirchlichen und scholastischen Dogmatik übernommen habe. Die Theologie könne sich aber ein Ignorieren der Philosophie nicht erlauben. »Denn da der Glaube der Glaube des *Glaubenden*, d.h. eines existierenden Menschen ist (ich kann auch sagen: da der Gerechtfertigte der *Sünder* ist), kann auch die Dogmatik nur in existentialontologischen Begriffen reden; diese aber werden (aus einem ursprünglichen Daseinsverständnis entsprungen) von der Philosophie ausgearbeitet.«[493] Bultmann empfahl, gerade um die Freiheit der Theologie von einer Philosophie mit systematischem Anspruch zu wahren, die Philosophie auf dem Gebiet der Begriffsbildung als *ancilla theologiae* in Anspruch zu nehmen. Barth bekannte sich demgegenüber in seiner Antwort zu seiner »tiefen Abscheu ... angesichts des Schauspiels, wie die Theologie es immer wieder vor Allem der Philosophie ihrer Zeit recht machen wollte und daneben ihr eigenes Thema vernachlässigte«. Er habe schon im »Römerbrief«, aber auch jetzt in der »Christlichen Dogmatik« die Begriffe verwendet, die er »eben fand und am geeignetsten fand, ohne über das Problem einer prästabilierten Harmonie zwischen der Sache und diesen *bestimmten* Begriffen nachzudenken, weil ich alle Hände [voll] damit zu tun hatte, daß ich etwas ganz Bestimmtes *sagen* wollte«[494]. Bultmann habe ihm, so gestand Barth immerhin ein, die Grenzen aufgedeckt, die er möglicherweise nicht überschreiten könne. Freilich zeigte Barth nur wenig Neigung, sich selbst aktiv an derartigen Auseinandersetzungen über das Verhältnis zwischen Theologie und Philosophie zu beteiligen[495].

Als Barth am 20. Januar 1930 in Marburg vor der Theologischen Fachschaft einen Vortrag über »Theologische und philosophische Ethik« hielt, besuchte er bei dieser Gelegenheit auch Bultmann, der ihm seine Erwiderung auf Gerhardt Kuhlmanns Kritik an seinem existentialtheologischen Ansatz vorlas[496]. Jener Aufsatz Bultmanns, die Gespräche mit ihm und die Diskussion nach seinem eigenen Vortrag ließen Barth »richtig bekümmert von Marburg« wieder nach Hause fahren. Barth rechnete

493 Bultmann an K. Barth, 8.6. 1928, in: B. Jaspert (Hg.), Barth-Bultmann Bw., 1994², (81–83) 81 f.; vgl. K. Barth, Die christliche Dogmatik im Entwurf, Bd. I, 1927. Zum Folgenden vgl. B. Jaspert, Sachkritik und Widerstand. Das Beispiel Rudolf Bultmanns, ThLZ 115 (1990), (161–182) 172–176.

494 K. Barth an Bultmann, 12.6. 1928, in: Jaspert (Hg.), Barth-Bultmann Bw., (84–88) 85 f.

495 Vgl. K. Barth an Bultmann, 24.7. 1928, in: Jaspert, aaO 90–92.

496 Vgl. G. Kuhlmann, Zum theologischen Problem der Existenz. Fragen an Rudolf Bultmann, ZThK NF 10 (1929), 28–57; R. Bultmann, Die Geschichtlichkeit des Daseins und der Glaube. Antwort an Gerhardt Kuhlmann (1930), in: Ders., Neues Testament und christliche Existenz, hg. von A. Lindemann, 2002, 59–83. – S.o. 204–206.

Bultmann nun mit Brunner, Gogarten und Friedrich Karl Schumann zu einer Gruppe, die »so etwas wie eine großartige Rückkehr zu den Fleischtöpfen Ägyptens« vollziehe. Sie alle seien »miteinander dabei, den Glauben aufs neue – gewiß in einer sehr neuen und von der Theologie des 19. Jahrhunderts sehr verschiedenen Weise – als eine menschliche Möglichkeit oder ... als begründet in einer menschlichen Möglichkeit verstehen zu wollen und damit die Theologie aufs neue der Philosophie in die Hände zu liefern«. Bultmann spiele, so sah Barth es, »mit der Möglichkeit einer natürlichen Theologie«, wenn er »die Theologie im Rahmen eines untheologisch gewonnenen Vorverständnisses« treibe[497]. Ein solches Unternehmen konnte Barth nur als Abfall von dem ursprünglichen Anliegen werten, um dessentwillen die Dialektische Theologie einst gegen den theologischen Liberalismus angetreten war. Das Stichwort »natürliche Theologie« bildete fortan das Deutungsmuster, mit dem Barth die theologische Arbeit Bultmanns in den Blick nahm und sich von ihr distanzierte. Bultmann habe, so lautete der Vorwurf, mit seiner Auffassung des Verhältnisses zwischen Anthropologie und Theologie letztlich »das alte unverschämte Diktat der modernen Philosophie unter dem neuen Heideggerschen Vorzeichen« anerkannt. Von daher meinte Barth urteilen zu können, »daß das neue Marburg dem alten nur zu verwandt sei«[498].

Bultmann nahm Barths Kritik vom 5. Februar 1930 in der Hoffnung auf, sie möge »der Anfang einer bisher leider vermiedenen ernsthaften Auseinandersetzung« sein. Er insistierte auf der Notwendigkeit, den Glauben als eine ontologische Möglichkeit verständlich zu machen, und bewertete im übrigen die Differenzen zwischen seiner Arbeit und derjenigen Barths anders als dieser[499]. Hatte Barth moniert, seine Auffassung des Wortes Gottes sei möglicherweise nie für Bultmann ein Anliegen gewesen[500], so reagierte Bultmann darauf zumindest implizit, als er am 6. Oktober 1930 auf dem Dritten deutschen Theologentag in Breslau über den »Begriff des Wortes Gottes im Neuen Testament« referierte.

In diesem Vortrag analysiert Bultmann zunächst den Sprachgebrauch von »Wort« und »Wort Gottes« im religionsgeschichtlichen Umfeld des Neuen Testaments. Im Alten Testament, im antiken Judentum wie auch in der Verkündigung Jesu bezieht sich das Wort Gottes nicht auf den Intellekt, sondern auf den Willen. Es ist nicht zu sehen, sondern zu hören und deshalb auch nicht durch wissenschaftliche Forschung, sondern allein im Gehorsam zu vernehmen. Demgegenüber fehlt dem Wort im griechisch-hellenistischen Sprachgebrauch das charakteristische Moment der Anrede, so daß es hier auch nicht als ein zeitliches Geschehen in einer konkreten geschichtlichen Situation aufgefaßt ist. Das Neue Testament knüpft an den alttestamentlich-jüdischen Sprachgebrauch an, versteht nun allerdings das Wort Gottes pointiert als

497 K. Barth an Bultmann, 5. 2. 1930, in: Jaspert (s. Anm. 494), (98–101) 99 f.
498 K. Barth an Bultmann, 27. 5. 1931, in: Jaspert, aaO (114–118) 117.
499 Bultmann an K. Barth, 16. 2. 1930, in: Jaspert, aaO (102–104) 102.
500 K. Barth an Bultmann, 5. 2. 1930 (s. Anm. 497), 101.

Anrede, die »in menschlicher Rede an den Menschen ergeht«[501]. Als solche Anrede verlangt das Wort Gottes Anerkennung, ohne dabei der Legitimation durch eine neutrale menschliche Instanz fähig zu sein oder zu bedürfen. Inhalt des Wortes Gottes ist im Neuen Testament allein Jesus Christus, näherhin sein Kreuz und seine Auferstehung. Als das Wort Gottes schlechthin bedeutet das Christusgeschehen »*das Ende des alten Äon*«, Christus »ist das letzte Wort, das Gott gesprochen hat und spricht«[502].

Der Mensch kann daher Christus als dem Wort Gottes nur dort begegnen, wo dieses Wort Ereignis wird. Dies geschieht in der Predigt der Kirche, die die vergangene Geschichte Jesu als das Wort Gottes, »in dem Gericht und Vergebung, Tod und Leben Ereignis werden«, vergegenwärtigt[503]. Diese Ausführungen dürften mit Barths Verständnis des Wortes Gottes noch konform gehen. Die Differenz zu Barth wird darin sichtbar, daß Bultmann im Anschluß an das paulinische und johanneische Zeugnis den Glauben als ein Verstehen durchsichtig macht. So sehr sich das Wort Gottes jeder Legitimation versagt, so wenig fordert es blinden Gehorsam. Als Anrede impliziert es vielmehr ein Verstehen. Genauerhin eröffnet das Wort Gottes dem Menschen die Möglichkeit, sich selbst zu verstehen, und zwar so, wie das Wort es ihm zumutet. Dann aber gilt es, den Sinn des Glaubens als einer ontologischen Möglichkeit des Daseins transparent zu machen. »Die Möglichkeit des Wortes, verstanden zu werden, fällt zusammen mit der Möglichkeit für den Menschen, sich selbst zu verstehen.«[504]

Im Februar 1930 startete Bultmann eine Initiative, um Barth, Thurneysen, Gogarten, Brunner und sich selbst zu einer klärenden Aussprache über die im Lager der Dialektischen Theologie entstandenen Differenzen zusammenzubringen[505]. Das Treffen war für den Herbst 1930 in Marburg avisiert. Es sollte im Rahmen einer Tagung der »Alten Marburger« zur Frage der natürlichen Theologie stattfinden. Die Begegnung kam nicht zustande. Zunächst sagten Brunner und Gogarten aus Termingründen ab. Daraufhin zog auch Barth kurzfristig seine Zusage zurück, vor den »Alten Marburgern« über das Problem der natürlichen Theologie zu sprechen. Da mit Gogarten sein Hauptkontrahent nicht nach Marburg komme, sei der wesentliche Grund für seine Teilnahme an der Tagung entfallen, so Barth[506]. Bultmann empfand Barths Absage als Affront gegen die Marburger Theologie und war entsprechend verärgert. Aber er hatte zur Kenntnis zu nehmen, daß Barth nicht willens war, sich wirklich mit der theologischen Arbeit der Marburger und der Philosophie Hei-

501 R. Bultmann, Der Begriff des Wortes Gottes im Neuen Testament, GuV I, 1933[1], (268–293) 280.

502 AaO 293.

503 AaO 292.

504 AaO 284.

505 Zum Folgenden vgl. die Korrespondenzen K. Barth-Bultmann vom 16. 2. 1930–14. 6. 1931, in: Jaspert (s. Anm. 494), 102–122; Bultmann-F. Gogarten vom 6. 3.–6. 9. 1930, in: H. G. Göckeritz (Hg.), Bultmann-Gogarten Bw., 2002, 178–190.

506 K. Barth an Bultmann, 30. 9. 1930, in: Jaspert, aaO (109 f.) 110.

deggers auseinanderzusetzen. Die Weigerung Barths hatte eine deutliche Verschlechterung des Gesprächsklimas zur Folge. Zwischen dem Oktober 1931 und dem Juli 1933 kam der Briefwechsel zwischen Barth und Bultmann ganz zum Erliegen.

Als die »Alten Marburger« ihre 1930 ausgefallene Tagung im Herbst des folgenden Jahres nachholten, übernahm Bultmann selbst die ursprünglich Barth zugedachte Aufgabe, einen Vortrag über das »Problem der ›natürlichen Theologie‹« zu halten. Eine »natürliche Theologie« im herkömmlichen Sinn als fundamentaltheologischen Unterbau christlicher Dogmatik lehnt Bultmann hier kategorisch ab. Die in der katholischen Tradition gelehrte natürliche Gotteserkenntnis einerseits verfehlt Gott, der sich nur durch seine Offenbarung und nur dem Glauben zu erkennen gibt. Das religionsphilosophische Bemühen um den Aufweis eines religiösen Apriori andererseits verkennt, daß der Glaube keine menschliche Haltung ist, und nimmt Gott nicht als transzendentes Gegenüber des Menschen ernst. Gleichwohl verweist die – von Bultmann zumeist in Anführungszeichen gesetzte – Chiffre »natürliche Theologie« auf drei Themen, die zu bearbeiten Aufgabe der protestantischen Theologie bleibt.

Zunächst impliziert der Glaube als das durch die Offenbarung ermöglichte neue Selbstverständnis des Menschen den konstitutiven Bezug auf das Vorverständnis des Glaubens, welches aber nicht etwa als Anknüpfungspunkt für die Offenbarung mißverstanden werden darf. Vielmehr hat eine »natürliche Theologie« im Lichte der Offenbarung aufzuhellen, »inwiefern die ungläubige Existenz und ihr Selbstverständnis von ihrer Fragwürdigkeit beherrscht und bewegt wird, die als solche erst dem gläubigen Daseinsverständnis sichtbar geworden ist«[507]. Sodann birgt jede Religion, auch wenn der Glaube sie als Götzendienst und – auf der Linie der Religionskritik Feuerbachs – als Illusion entlarvt, ein nichtwissendes Ahnen – weniger von dem wahren Gott als vielmehr von der Fraglichkeit der ungläubigen Existenz. Wenn der Glaube die Religion als Unglauben und damit als Sünde aufdeckt, knüpft er also nicht an eine vorausgesetzte Gottbezogenheit des Menschen an. Der Glaube treibt hier aber insofern »natürliche Theologie«, als er von der Offenbarung her die Frage des Unglaubens als solche allererst formuliert und beantwortet[508]. Schließlich behandeln Theologie und Philosophie das gläubige und das ungläubige Dasein nicht als zwei gänzlich voneinander getrennte Themenkreise. Zumal die Theologie kann nicht mit einem doppelten Wirklichkeitsbegriff operieren. Daher muß und kann sie die formale Daseinsanalyse der philosophischen Ontologie übernehmen. Freilich weiß sie darum, daß die dem Dasein von der Philosophie zugeschriebene Freiheit in der Perspektive des Glaubens Unglaube ist und Unglaube »die Grundverfassung des menschlichen Daseins überhaupt« darstellt[509]. Gerade die Ontologie des Unglau-

507 R. Bultmann, Das Problem der »natürlichen Theologie«, GuV I, 1933[1], (294–312) 298.

508 Vgl. aaO 304; dazu Ch. Gestrich, Neuzeitliches Denken und die Spaltung der dialektischen Theologie, 1977, 360–363.

509 Bultmann (s. Anm. 507), 309; Gestrich (s. Anm. 508), 368 f.; dort auch 370–380 Erwägungen zur Verortung der Position Bultmanns in der damaligen Kontroverse zwischen Barth, Brunner und Gogarten.

bens eignet sich nun nach Bultmann in ausgezeichneter Weise dazu, an der begrifflichen Explikation des Rechtfertigungsgeschehens mitzuwirken. Denn mit ihr läßt sich das Geheimnis des rechtfertigenden Glaubens wahren, daß dieser »*kein Phänomen des Daseins*«, sondern das innerweltlich nicht ausweisbare eschatologische Ereignis ist[510].

Mit seinem Marburger Vortrag zum »Problem der ›natürlichen Theologie‹« bezog Bultmann im Koordinatengefüge der damaligen Kontroverse zwischen Barth und Brunner sowie Gogarten eine ganz solitäre Position. Er plädierte für eine Theologie, die unter dem Primat und im Rahmen von Offenbarung und Glauben die Wirklichkeitserfahrung des modernen Menschen angemessen berücksichtigte. Als Bultmanns Vortragstext Anfang 1933 in »Glauben und Verstehen« erschien, war sein eigentlicher Gesprächspartner Karl Barth[511] bereits allzu sehr auf die Auseinandersetzung mit Brunner und Gogarten fixiert, als daß er die von den Auffassungen dieser beiden Theologen deutlich abweichende Argumentation Bultmanns in ihren besonderen Akzentsetzungen hätte wahrnehmen können. Mochte sich Barth im Herbst 1933 bei seinem Abschied von »Zwischen den Zeiten« explizit vor allem von Brunner und Gogarten distanzieren[512], so meinte er außer ihnen jedenfalls noch im Frühjahr 1933 auch Bultmann vorwerfen zu müssen, sie alle hätten mit ihren »erschütternden Äußerungen« maßgeblich zur »völligen Verdunkelung der theologischen Lage« während der letzten Jahre beigetragen[513]. Von seinen theologischen Prämissen her war es Barth in jener Zeit der Scheidungen nicht gegeben, Bultmanns Anliegen anders als mit derart pauschalisierenden und schon deshalb irreführenden Vorwürfen zu kommentieren. Bultmann seinerseits ließ im Dezember 1932 *privatim* enttäuscht verlauten: »Von Barths Arbeit habe ich in der letzten Zeit nichts mehr lernen können. Er wird immer eigensinniger und in der Abweisung der Auseinandersetzung mit Andern nervöser.«[514]

Paul Friedländer empfand zwar als Humanist manchen Widerspruch gegen einzelne Aufstellungen in »Glauben und Verstehen«, zollte Bultmann aber »Bewunderung für die Schärfe und Energie Ihres Denkens, den Ernst Ihrer durchgehenden Haltung, die Fülle der sachlichen und gedanklichen Belehrung«. Friedländer las »Glauben und Verstehen« in dem Bewußtsein, daß »der Freund diese Aufsätze geschrieben hat«[515]. Bultmann widmete das Buch Martin Heidegger »in dankbarer Freundschaft«[516], um zum Ausdruck zu bringen, daß die in dem Band abgedruckten Beiträge »zu einem großen Teil die Frucht der Gemeinschaft« mit dem Philosophen

510 Bultmann, aaO 311.
511 Vgl. die Auseinandersetzung mit E. Thurneysen bei Bultmann, aaO 305; entsprechend Bultmann an K. Barth, 25. 5. 1931, in: Jaspert (s. Anm. 494), (132–134) 134.
512 Vgl. K. Barth, Abschied, ZZ 11 (1933), 536–544.
513 K. Barth, Das erste Gebot als theologisches Axiom, ZZ 11 (1933), (297–315) 313.
514 Bultmann an M. Heidegger, 14. 12. 1932, in: A. Grossmann / Ch. Landmesser (Hg.), Bultmann-Heidegger Bw., 2009, (184–189) 187.
515 P. Friedländer an Bultmann, 18. 2. 1933, Mn 2-787.
516 R. Bultmann, GuV I, 1933[1], III; vgl. Bultmann an O. Siebeck, 22. 12. 1932, Mn 2-2609.

waren[517]. Heidegger nahm die Widmung erfreut auf[518]. – Bultmann gab dem Text der Widmung nach dem Ende des Dritten Reiches in der zweiten Auflage des nunmehr ersten Bandes von »Glauben und Verstehen« 1954 eine neue, vielsagende Fassung: »MARTIN HEIDEGGER bleibt dieses Buch gewidmet in dankbarem Gedenken an die gemeinsame Zeit in Marburg«[519].

Der 1933 veröffentlichten Aufsatzsammlung traten nach dem Zweiten Weltkrieg noch drei weitere Bände zur Seite[520], die allesamt weite Verbreitung fanden. Auf die meisten – nämlich bisher neun – Auflagen kam freilich der erste Band von »Glauben und Verstehen«, der damit noch vor dem zwischen 1921 und 1948 in sieben Auflagen erschienenen Luther-Buch Karl Holls die Spitzenstellung unter allen im 20. Jahrhundert gedruckten Aufsatzbänden evangelischer Theologen einnimmt. Darin dürfte ein nicht unerheblicher Indikator für die bleibende Bedeutung der in »Glauben und Verstehen« versammelten Aufsätze Bultmanns zu sehen sein.

10. Der Lehrer im Austausch mit Schülern und Kollegen

Als etwa im Jahre 1930 der Romanist Leo Spitzer der Berufung von Marburg nach Köln folgte und ein Abschiedsfest aus diesem Anlaß gab, hielt er eine Rede über die Frage: »Was ist Marburg?« Ich erinnere mich gut, wie er eine Reihe von Institutionen und Namen nannte und von ihnen sagte – einige waren daraufhin beleidigt –: »Das alles ist nicht Marburg«, und daß der erste Name, von dem er sagte: »Das ist Marburg« der Name von Rudolf Bultmann war.[521]

Im Juli 1925 wandte sich der neunzehnjährige Bonner Theologiestudent Ernst Käsemann mit der Bitte an Bultmann, ihn im Wintersemester 1925/26 als Mitglied seines Seminars aufzunehmen. An sich, beschied Bultmann den Bittsteller, nehme er jüngere Semester nur ausnahmsweise auf, aber hier wolle er eine solche Ausnahme machen. Vor einer endgültigen Zusage möge Käsemann ihm eine kleine Arbeit im Umfang von nicht mehr als dreißig Seiten vorlegen. Das erste der vier von Bultmann für

517 Bultmann an M. Heidegger, 14. 12. 1932 (s. Anm. 514), 185. In das Heidegger dedizierte Exemplar trug Bultmann handschriftlich die Widmung ein: »Martin Heidegger mit herzlichem Gruß! πλὴν εἰς ὃ ἐφθάσαμεν, τῷ αὐτῷ στοιχεῖν (Phil 3,16).« Vgl. GROSSMANN / LANDMESSER (s. Anm. 514), 190 Anm. 2.

518 M. Heidegger an Bultmann, 16. 12. 1932, in: GROSSMANN / LANDMESSER (s. Anm. 46), (189–192) 190: »So freue ich mich über Deine Widmung ganz besonders; sie soll nicht ein Vergangenes dokumentieren, sondern eine Forderung anzeigen, deren Erfüllung ja nicht an die Gefolgschaft meiner Arbeit gegenüber gebunden ist. Daß ich aber zugleich vor all dem über diesen Ausdruck Deiner Freundesgesinnung beglückt und dafür dankbar bin, bedarf keiner weitläufigen Versicherung.«

519 R. BULTMANN, GuV I, 1954², III.

520 Vgl. E. HERMS, Art. Glauben und Verstehen, in: M. ECKERT u. a. (Hg.), Lexikon der theologischen Werke, 2003, 346–348.

521 H.-G. GADAMER, Philosophische Lehrjahre, 1977, 14.

diese »Skizze« vorgeschlagenen, durchweg anspruchsvollen Themen lautete: »Die Bedeutung von Röm. 7 im Zusammenhang des Römerbriefes (und die Konsequenzen dieser Stellung für die Exegese im Einzelnen)«[522]. – In den Pfingstferien 1941 wollten die Theologiestudenten Gustav Hammann und Jochen Niemöller an der »Theologischen Woche« in Alpirsbach teilnehmen und dort Bultmanns Vortrag »Neues Testament und Mythologie« hören. Da sie aus Kostengründen nur mit dem Fahrrad nach Alpirsbach gelangen konnten, hätten sie allerdings bei der nächsten Sitzung des neutestamentlichen Seminars fehlen müssen. Damit war Bultmann nicht einverstanden: »Das kommt gar nicht in Frage. Im Seminar seid ihr beide da!« Hammann und Niemöller fuhren nach Alpirsbach und erschienen pünktlich zur ersten Seminarsitzung nach den Pfingstferien. – Der Privatdozent Ernst Fuchs schickte 1946 den Theologiestudenten Helmut Koester nach dem Besuch des neutestamentlichen Proseminars zu Bultmann. Fuchs gab Koester eine Liste mit mehr als einem Dutzend Büchern, die er zur Vorbereitung auf die mündliche Aufnahmeprüfung für das Seminar Bultmannns zu lesen hatte. Die Prüfung eröffnete Bultmann dann mit der Frage »Nun, Herr Koester, haben Sie Wredes ›Messiasgeheimnis‹ gelesen?« Nach einer halben Stunde war Koester in das Seminar aufgenommen, ein paar Jahre später wurde er einer der letzten Promovenden Bultmanns.

Unterlag bereits der Eintritt in das neutestamentliche Seminar Bultmanns einer strikten Reglementierung, so stellte auch die Arbeit im Seminar hohe Anforderungen an die Studierenden. Bultmann war ein überaus strenger akademischer Lehrer. Die Teilnehmer an seinem Seminar hatten ausreichende Vorkenntnisse zum Thema der Lehrveranstaltung nachzuweisen. Verlauf und Ergebnisse jeder Sitzung waren in einem Protokoll festzuhalten, das in der darauffolgenden Sitzung einer kurzen kritischen Betrachtung unterzogen wurde[523]. Bultmann legte erst am Ende jeder Sitzung fest, wer das Protokoll anzufertigen hatte. Schon dieses Verfahren stellte die ungeteilte Aufmerksamkeit der Seminarteilnehmer sicher[524]. Die neutestamentlichen und sonstigen antiken Texte, die zur Diskussion standen, galt es nicht nur richtig zu übersetzen, sondern auch flüssig in der Ursprache zu lesen. Machte ein Student dabei einen Fehler, nahm Bultmann seine Pfeife aus dem Mund und erteilte mitleidlos eine Rüge: »Nun, Ihr Griechisch scheint ja nicht besonders gut zu sein.«[525] Auch wenn sich die Erinnerung Helmut Thielickes an das Studium bei Bultmann nicht verallgemeinern läßt, dürfte sie doch ein Wahrheitsmoment enthalten: »Im Seminar

522 Bultmann an E. Käsemann, 20. 7. 1925, Mn 2-2251; vgl. auch E. Käsemann, 70 Jahre Theologie in meinem Leben, in: J. Adam / H.-J. Eckstein / H. Lichtenberger (Hg.), Dienst in Freiheit. Ernst Käsemann zum 100. Geburtstag, 2008, (91–104) 95.

523 Vgl. B. Jaspert (Hg.), Sachgemäße Exegese. Die Protokolle aus Rudolf Bultmanns Neutestamentlichen Seminaren 1921–1951, 1996.

524 Vgl. H. Urner-Astholz, Erinnerungen an Rudolf Bultmann, in: Dies., Spiegelungen, 1984 (206–209) 207; H. Ramsauer, Rudolf Bultmann als Mensch und Lehrer, in: Stadt Oldenburg (Hg.), Gedenkfeier für Rudolf Bultmann 1884–1976, 1985, (11–15) 13.

525 Vgl. D. Trautwein, Komm Herr segne uns. Lebensfelder im 20. Jahrhundert, 2003, 104; P. Biehl / P. Schulz, Autobiographische Miniaturen, 2006, 51.

zitterten wir alle vor ihm, zumindest, wenn wir nicht sehr genau präpariert waren.«[526] Die akribische philologische Kleinarbeit am Wortlaut und Sinn der Texte erachtete Bultmann für unerläßlich, um der Sache, von der die Texte sprachen, auf die Spur zu kommen. Diese Bemühung um eine exakte Exegese und religionsgeschichtliche Verortung der Zeugnisse der neutestamentlichen und antiken Literatur mutete er selbstverständlich auch seinen Studenten zu.

Das pädagogische Charisma Bultmanns haben Erich Dinkler – noch zu Lebzeiten des Meisters – sowie Hans-Georg Gadamer, Otto Kaiser und Eduard Schweizer – nach dem Tod des Lehrers – je auf ihre Weise literarisch gewürdigt. Für Wilhelm Weischedel wurde Bultmann »der theologische Lehrer katexochen. Die unbedingte Redlichkeit seines Forschens, das leidenschaftliche Beteiligtsein an seiner Sache, der Eindruck einer innersten Überzeugung, die bei aller oldenburgischen Zurückhaltung doch spürbare Zuwendung zu den Studenten, ließen ihn mir als Vorbild eines akademischen Lehrers erscheinen.«[527] Wohl am eindrücklichsten hat Hans Jonas die außergewöhnliche Lehrbefähigung Bultmanns auf die Konvergenz von Gegenstand und Methode seines akademischen Unterrichts zurückgeführt: »Die protestantische Freiheit galt auch im Lehrverhältnis: Er bestand auf Verstehen, aber nicht auf Übereinstimmung. Es ging gründlich zu, aber niemals apodiktisch. Im Gespräch war Erwägen der Stil, nicht Behaupten. Überhaupt war jede *ex cathedra*-Manier ihm fremd und er drängte wie selbstverständlich auf Ebenbürtigkeit der Partner, wie es nur große innere Sicherheit vermag und nur im Verein mit Demut auch tut. Unbesonnenes Gerede, im voraus beschämt, kam vor solcher Ehrung und dem ständigen Beispiel der Besonnenheit nicht auf. Und kein Feuerwerk des eristischen Arguments. So lernte man das Neue Testament interpretieren als wagend-erprobenden Versuch, dem Gelehrsamkeit die Beglaubigung, aber nicht schon das Gelingen verleiht. Eine unvergeßliche Schule fragenden Denkens.«[528]

Daß es sich lohne, in diese Schule zu gehen, sprach sich unter den Theologiestudenten auch außerhalb Marburgs seit den frühen zwanziger Jahren bald herum. Der

526 H. Thielicke, Zu Gast auf einem schönen Stern. Erinnerungen, 1984^4, 172. – Wenn Thielicke, aaO 173, zu berichten weiß, Bultmann habe darauf bestanden, daß die Mitglieder seines Seminars seine eigene – von Heidegger übernommene – Begrifflichkeit zu gebrauchen hätten, so widersprechen dem so gut wie alle übrigen verfügbaren Erinnerungen an Bultmanns Seminarstil.

527 W. Weischedel, Beitrag o.T., in: L.J. Pongratz (Hg.), Philosophie in Selbstdarstellungen, Bd. II, 1975, (316–341) 318; vgl. E. Dinkler, Rudolf Bultmann als Lehrer und Mensch (1959), in: Ders., Im Zeichen des Kreuzes. Aufsätze, hg. von O. Merk u. M. Wolter, 1992, (421–432) 423 f.; H.-G. Gadamer, Gedenkworte für Rudolf Bultmann, Orden Pour le mérite für Wissenschaften und Künste, Reden und Gedenkworte, 13. Bd. 1976/77, (131–139) 132; E. Schweizer, Jesus, das Gleichnis Gottes. Was wissen wir wirklich vom Leben Jesu?, 1995, 11–13; O. Kaiser, Worte des Gedenkens an Rudolf Bultmann, in: Freundeskreis Marburger Theologie, Mitgliederrundbrief Nr. 8 (März 2007), (40–43) 41 f. – Vgl. auch die zeitnahen Eindrükke M. Stallmanns, in: E. Stallmann, Martin Stallmann – Pfarramt zwischen Republik und Führerstaat, 1989, 42–49.

528 H. Jonas, Im Kampf um die Möglichkeit des Glaubens, in: O. Kaiser (Hg.), Gedenken an Rudolf Bultmann, 1977, (41–70) 42.

Lehrerfolg Bultmanns schlug sich in der hohen Frequentierung seiner Lehrveranstaltungen unmittelbar nieder[529]. Zu den Hörern seiner Vorlesungen und Teilnehmern an seinen Seminaren gehörten zwischen 1921 und 1951 über siebzig Studenten, die später selbst Theologieprofessoren wurden[530]. Wie zwischen 1923 und 1928 Theologiestudenten in Marburg die Lehrveranstaltungen Heideggers besuchten, so machten in jener Zeit des intensiven Dialogs zwischen Theologie und Philosophie auch Schüler des Philosophen vom theologischen Lehrangebot Bultmanns Gebrauch: Wilhelm Anz, Hannah Arendt, Hans Jonas, Wilhelm Kamlah, Gerhard Krüger und Wilhelm Weischedel. Unter ihnen erwies sich namentlich Gerhard Krüger als theologisch versierter Nachwuchsphilosoph, der im Laufe der Zeit zum kongenialen Gesprächspartner und Freund Bultmanns wurde. Krüger, der 1921 nach Marburg gekommen war, verfolgte mit großem Interesse die Anfänge der Dialektischen Theologie, die er auch publizistisch aus philosophischer Perspektive kommentierte, und Bultmanns Weg zur existentialtheologischen Auslegung des christlichen Glaubens. Krügers eigene Bemühungen galten der konstruktiven Bestimmung des Verhältnisses zwischen Denken und Glauben, Philosophie und christlicher Theologie, und zwar in kritischer Abgrenzung zum Selbstanspruch der sich autonom setzenden neuzeitlichen Subjektivität. Ihm lag insbesondere daran, im Rekurs auf die religiöse abendländische Tradition die Möglichkeit eines philosophisch verantworteten Glaubens freizulegen[531].

Krüger gehörte auch neben Hans-Georg Gadamer, Günther Bornkamm, Heinrich Schlier sowie später Erich Dinkler zu Bultmanns *Graeca*. Etwa fünfzehn Jahre kam diese Gruppe allwöchentlich am Donnerstagabend in der Wohnung Bultmanns zusammen, um mit ihm die Klassiker der griechischen Antike zu lesen. Einer aus dem Kreis las eine deutsche Übersetzung vor, die anderen folgten dem griechischen Original. Auch in seiner *Graeca* achtete Bultmann penibel darauf, daß die von ihm gesetzten Regeln eingehalten wurden. Die gemeinsame Lektüre begann pünktlich um 20.15 Uhr und endete um 23.00 Uhr. Wenn sich gelegentlich an einem Lesegegenstand eine Diskussion entzündete, mahnte Bultmann seine jungen Kollegen, doch wieder die Lektüre aufzunehmen. Rauchen durfte man während des Lesens, freilich nur Brazilzigarren oder Pfeife. Zigaretten waren verboten: »Die s-tinken.« Nach der Lektüre begann um 23.00 Uhr der gesellige Teil der Sitzung. Bei einer Flasche Wein ergötzte sich die Runde am neuesten akademischen Klatsch und an Witzen. »Wie ersterer sehr boshaft, durften die letzteren sehr deftig sein, und vor allem Günther Bornkamm feierte mit seiner Erzählgabe wahre Triumphe. Bultmann notierte die Witze, die ihm dessen würdig schienen, und in späteren Jahren griff er, auch in diesem Punkte das Vorbild eines echten Gelehrten, auf den seit langem angesammelten

529 Vgl. die Angaben zu den Teilnehmerzahlen bei Jaspert (s. Anm. 523), *passim*. Zu einem Einbruch der Frequentierung der Seminare Bultmanns kam es lediglich während des Zweiten Weltkriegs.

530 Vgl. Jaspert, aaO 6 f.

531 Vgl. F. Lilie (Hg.), Bultmann-Krüger Bw. I, ZNThG 4 (1997), (281–309) 282–286.

Vorrat schmunzelnd zurück.«[532] Sogar seine Sammlung von Witzen ordnete er genau nach Schlagwörtern von »Arzt« bis »Witz«[533]. Ungeachtet der Freude, die Bultmann und seinen Freunden die gemeinsame Lektüre der Griechen und der gesellige Austausch bereitete, stellte seine *Graeca* alles andere als bloß die Pflege einer musealen Liebhaberei dar. Vielmehr bildete sie einen Teil seines beharrlichen Interesses, im kontrastierenden Vergleich mit der außerchristlichen Antike die Eigentümlichkeit des christlichen Kerygmas zu erfassen[534]. Bultmann lud im übrigen Hans-Georg Gadamer zu einer Zeit in seine *Graeca* ein, als den Schüler Heideggers tiefe Zweifel befallen hatten, ob er sich für die Wissenschaft und die Philosophie eigne. Die Einladung wurde Gadamer, wie er Bultmann fünf Jahrzehnte später schrieb, zur Ermutigung, den Weg in die Wissenschaft weiter zu beschreiten[535].

Da Bultmann sein akademisches Lehramt als Dienst an der Kirche und ihrer Verkündigung auffaßte, sah er in der exegetisch-theologischen Ausbildung der zukünftigen Pfarrer und Religionslehrer die Hauptaufgabe seiner Lehrtätigkeit. Er begnügte sich nicht damit, seine zahlreichen Studenten mit examensrelevantem Schulwissen zu versorgen, sondern beteiligte sie fordernd und fördernd an der theologischen Forschung. Das schloß mit ein, besonders begabte Studenten zur eigenen wissenschaftlichen Arbeit zu ermutigen und sie auf dem Weg zur Qualifikation für die Ausübung des akademischen Lehramts zu begleiten. Bultmann verlangte ihnen ab, wozu er sich selbst verpflichtet wußte, Wahrhaftigkeit theologischen Denkens und Solidität historisch-kritischer Arbeit, Freiheit zur Kritik wie auch selbständige Verantwortung des Erarbeiteten.

Einer der ersten Promovenden Bultmanns war Heinrich Schlier[536]. Stark beeindruckt von Karl Barths Römerbriefauslegungen, empfing Schlier während seines Studiums in Marburg entscheidende Anregungen von seinem theologischen Lehrer Bultmann und dem frühen Martin Heidegger. Nachdem er im Juli 1924 das Erste theologische Examen abgelegt hatte, arbeitete Schlier an seiner Dissertation, einer von Bultmann angeregten religionsgeschichtlichen Arbeit zu den Ignatiusbriefen, mit der er 1926 in Marburg promovierte[537]. Anschließend absolvierte er in der thüringischen Landeskirche die praktische Ausbildung zum Pfarramt, um ab 1927 in Casekirchen den Pfarrdienst zu versehen. 1928 habilitierte er sich in Jena mit einer

532 Gadamer (s. Anm. 521), 38 f.; vgl. aaO 225 f. – Neben Bultmanns *Graeca* gab es noch eine weitere *Graeca*, der nur Professoren angehörten: R. Bultmann, P. Friedländer, M. Heidegger, P. Jacobsthal und H. von Soden sowie später E. Frank.

533 Vgl. Bultmanns Sammlung von Witzen, Mn 2-3053.

534 Vgl. G. Bornkamm, *In memoriam* Rudolf Bultmann, NTS 23 (1977), (235–242) 240.

535 Vgl. H.-G. Gadamer an Bultmann, 16. 8. 1974, Mn 2-802; dazu J. Grondin, Hans-Georg Gadamer. Eine Biographie, 1999, 141.

536 Vgl. R. von Bendemann, Heinrich Schlier. Eine kritische Analyse seiner Interpretation paulinischer Theologie, 1995; R. Schwerendt, Heinrich Schlier als Schüler seiner Lehrer Rudolf Bultmann, Martin Heidegger und Karl Barth in den Jahren 1920–1926, Cath(M) 57 (2003), 263–286.

537 Vgl. H. Schlier, Religionsgeschichtliche Untersuchungen zu den Ignatiusbriefen, 1929.

von Karl Ludwig Schmidt betreuten Untersuchung zum Verhältnis von Christologie und Ekklesiologie im Epheserbrief[538]. Einem Angebot Bultmanns folgend, kehrte Schlier 1930 nach Marburg zurück, wo er einige Jahre einen Lehrauftrag für Biblisches Griechisch und Neutestamentliche Zeitgeschichte wahrnahm. Getragen von einem weitgehenden theologischen Konsens, hatte sich das Lehrer-Schüler-Verhältnis zwischen Bultmann und Schlier um 1926 zu einer freundschaftlichen Beziehung entwickelt. Am 30. November 1927 hielt Bultmann in Elberfeld die kirchliche Trauung von Heinrich und Erna Schlier, geb. Haas[539].

Die wissenschaftliche Begabung des Theologiestudenten Günther Bornkamm war außer Bultmann auch Hans Lietzmann in Berlin aufgefallen. Lietzmann hätte Bornkamm gern habilitiert, erklärte sich aber damit einverstanden, daß Bornkamm die ihm von Bultmann angetragene Promotion zuvor in Marburg durchführen konnte[540]. Bultmann setzte seinen Schüler auf ein Thema an, das die ihn selbst interessierenden Beziehungen zwischen dem frühen Christentum, der Gnosis und dem Manichäismus tangierte[541]. So erwarb Bornkamm 1931 in Marburg den *Lic. theol.* mit einer Arbeit zu den apokryphen Thomasakten[542], für die außer den beiden Gutachtern – Bultmann und von Soden – auch Lietzmann höchst anerkennende Worte fand[543]. Bornkamm habilitierte sich dann aber nicht bei Lietzmann, sondern 1935 bei Julius Schniewind in Königsberg mit einer Untersuchung zum urchristlichen Bekenntnisbegriff[544]. Auch in seinem Fall entwickelte sich aus der Schülerschaft ein freundschaftliches Verhältnis zu Bultmann[545].

Aus dem Tübinger Stift kam 1924 Ernst Fuchs nach Marburg. Er hatte unter dem Eindruck eines Kollegs Adolf Schlatters das Jurastudium aufgegeben und sich der Theologie zugewandt. Die auswärtigen Marburger Semester, zumal die Begegnung mit Bultmann und Heidegger, stellten die entscheidenden Weichen für den weiteren Weg des originellen Schwaben[546]. Bei Bultmann lernte er außer dem hermeneutisch reflektierten Umgang mit dem Neuen Testament vor allem, daß man »nicht gut an

538 Vgl. H. Schlier, Christus und die Kirche im Epheserbrief, 1930.

539 Vgl. Bultmanns Traupredigt über I Kor 7,29–31, Mn 2-3435. – Erna Haas hatte wie ihr Mann bei Bultmann studiert. Sie gehörte zu den Frauen, auf deren Initiative die Gründung des »Verbandes evangelischer Theologinnen Deutschlands« 1925 zurückging. – Bultmann wurde 1930 Taufpate von Christoph Schlier.

540 Vgl. Bultmann an H. Lietzmann, 21. 2. 1930, in: K. Aland (Hg.), Glanz und Niedergang der deutschen Universität, 1979, 601; H. Lietzmann an E. Brunner, 8. 5. 1931, aaO (656–658) 657.

541 Vgl. Bultmann an G. Bornkamm, 20. 5. 1928, Mn 2-2147.

542 Vgl. G. Bornkamm, Mythos und Legende in den apokryphen Thomas-Akten, 1933.

543 Vgl. H. Lietzmann an G. Bornkamm, 6. 3. 1933, in: Aland (s. Anm. 540), 729 f.

544 Vgl. D. Lührmann, Günther Bornkamm (8. 10. 1905–18. 2. 1990), JWKG 85 (1991), 284–286; G. Theissen, Theologie und Exegese in den neutestamentlichen Arbeiten von Günther Bornkamm, EvTh 51 (1991), 308–332. – S. auch H. Lietzmann an G. Bornkamm, 6. 3. 1933 (s. Anm. 543).

545 Bultmann war Pate von Bornkamms Tochter Anna Elisabeth. Vgl. Bultmann an G. Bornkamm, 28. 03. 1940, Mn 2-2147.

546 Vgl. E. Fuchs, Aus der Marburger Zeit, in: Ders., Wagnis des Glaubens. Aufsätze und Vorträge, hg. von E. Grötzinger, 1979, 73–75.

sich vorbei glauben« könne[547]. Nach dem Examen trat Fuchs 1927 in den Ausbildungsdienst der württembergischen Landeskirche ein. In seiner ersten Veröffentlichung hob er die Bedeutung des von Heidegger in »Sein und Zeit« ausgearbeiteten Verständnisses von Sein und von der Zeitlichkeit und Geschichtlichkeit des menschlichen Daseins für die Theologie hervor[548].

Die württembergische Kirchenleitung ermöglichte es Fuchs, 1928/29 wieder nach Marburg zu gehen und dort zu promovieren. Mit einer von Bultmann angeregten Untersuchung über »Das Verhältnis des Glaubens zur Tat im Hermasbuch« erwarb Fuchs 1930 den *Lic. theol.* Der Doktorvater hielt diese Arbeit zwar für »eine tüchtige Leistung«, mochte sie aber nicht in die »Forschungen zur Religion und Literatur des Alten und Neuen Testaments« aufnehmen. Denn sie leide an dem Manko, daß ihr Verfasser sich sprachlich und stilistisch über Gebühr von der existentialanalytischen Begrifflichkeit Heideggers abhängig gemacht habe. Gleichwohl vertrat Bultmann die Meinung: »Fuchs, ein hoch begabter, etwas zum Spintisieren geneigter Schwabe, verdient jede Förderung.« Deshalb fragte Bultmann bei Hans Lietzmann an, ob nicht in der »Zeitschrift für die neutestamentliche Wissenschaft« ein Kapitel der Fuchsschen Arbeit erscheinen könne[549]. Lietzmann winkte ab. Er bringe grundsätzlich keine Aufsätze, die er selbst nicht verstehen könne[550]. Fuchs veröffentlichte seine Dissertation dann in Auszügen separat[551]. Nachdem er 1930 die Assistentenstelle bei Karl Ludwig Schmidt übernommen hatte, habilitierte er sich 1932 in Bonn[552].

Anders als Bornkamm, Fuchs und Schlier interessierte Ernst Käsemann während seiner Marburger Studienzeit nicht vordringlich die von Bultmann und Heidegger repräsentierte Problemkonstellation bezüglich des Verhältnisses zwischen Theologie und Philosophie. Der Westfale kam nach einem Semester in Bonn, wo Erik Petersons Auslegung des Römerbriefs ihn außerordentlich fasziniert hatte, nach Marburg, um bei Bultmann und von Soden solide Exegese des Neuen Testaments zu betreiben[553]. Käsemann hielt, als er sein Studium bei Adolf Schlatter in Tübingen fortsetzte, 1929 das Erste theologische Examen ablegte und anschließend in das Vikariat ging, den Kontakt zu Bultmann aufrecht. Schon als junger Theologe stellte er unerschrocken seinem zu jener Zeit längst renommierten Marburger Lehrer kritische Fragen. Müßte nicht das Verhältnis zwischen der Verkündigung Jesu und der ur-

547 E. Fuchs, Am Ostersonntag, in: Ders., Wagnis des Glaubens (s. Anm. 546), (165–167) 165.

548 Vgl. E. Fuchs, Sein und Zeit. Eine Besprechung (1927), in: Ch. Möller (Hg.), Freude an Gott. Hermeneutische Spätlese bei Ernst Fuchs, 2003, 285–289.

549 Bultmann an H. Lietzmann, 24. 5. 1931, in: Aland (s. Anm. 540), 666 f.; vgl. auch die Kritik Bultmanns an der Dissertation Fuchs' in: Bultmann an M. Heidegger, 15. 7. 1929, in: A. Grossmann / Ch. Landmesser (Hg.), Bultmann-Heidegger Bw., 2009, (112–115) 113 f.

550 Vgl. H. Lietzmann an Bultmann, 29. 5. 1931, in: Aland, aaO (667 f.) 667.

551 Vgl. E. Fuchs, Glaube und Tat in den Mandata des Hirten des Hermas, 1931.

552 Vgl. E. Fuchs, Christus und der Geist bei Paulus. Eine biblisch-theologische Untersuchung, 1932.

553 Vgl. E. Käsemann, Aspekte der Kirche, in: Ders., Kirchliche Konflikte, Bd. 1, 1982, (7–36) 8 f.; Ders. (s. Anm. 522), 95.

Abb. 21: Rudolf Bultmann und Günther Bornkamm im Gespräch.

christlichen Botschaft von Christus anders als durch »ein blosses Umschlagen« erklärt werden? Hätten nicht ganz »reale Ereignisse« – Jesu Kreuz und Auferstehung – die Basis der christlichen Verkündigung abzugeben?[554] Und wie stehe es mit »der Bedeutung der Sündenvergebung in der christlichen Predigt«?[555] Bultmann entzog sich den Fragen des Studenten Käsemann nicht. Im Gegenteil, er freute sich über das Gespräch mit ihm. »Denn ich bin nicht der Meinung, etwas Abschließendes gesagt zu haben, fühle vielmehr jedesmal, bei solchem Gespräch, wie sehr wir noch in den Anfängen der theologischen Arbeit stecken.«[556] Bultmann stimmte zu, als Käsemann von sich aus das Projekt und das Thema seiner Dissertation vorschlug[557]. Der von Anfang an eigenständigste unter den Schülern Bultmanns promovierte 1931 mit seiner Dissertation »Leib und Leib Christi« zum *Lic. theol.* Bereits in seiner Erstlingsarbeit setzte Käsemann – in der Interpretation des neutestamentlichen Begriffs σῶμα und seiner Verwendung durch Paulus – deutlich andere Akzente als Bultmann. Er wunderte sich später, daß der Lehrer trotz dieser unübersehbaren Differenzen die Dissertation mit großem Lob bedachte[558]. Hatte dies damit zu tun, daß Bultmann

554 E. Käsemann an Bultmann, 23. 3. 1927, Mn 2-1083.
555 E. Käsemann an Bultmann, 7. 9. 1927, Mn 2-1083.
556 Bultmann an E. Käsemann, 15. 4. 1927, Mn 2-2251.
557 Vgl. E. Käsemann an Bultmann, 8. 10. 1929 u. ö., Mn 2-1083; Bultmann an E. Käsemann, 13. 7. 1930 u. ö., Mn 2-2251; dazu Käsemann, Aspekte der Kirche (s. Anm. 553), 8.
558 Vgl. E. Käsemann, Leib und Leib Christi, 1933; dazu Ders., Aspekte der Kirche (s. Anm. 553), 8–12.

Abb. 22: Erich Dinkler.

bei der Betreuung seiner Promovenden sich selbst eine Hebammenrolle im sokratischen Sinne zuwies?

Zum engeren Kreis der ersten Schüler Bultmanns gehörte schließlich noch Hans Jonas hinzu. Der jüdische Philosophiestudent hielt im Sommersemester 1925 in Bultmanns Seminar ein Referat über die »Gnosis im Johannesevangelium«[559]. Bultmann fand den Vortrag so überzeugend, daß er Jonas aufforderte, das Thema in einer Dissertation zu bearbeiten, und er konnte Heidegger dafür gewinnen, sich als Mentor im Promotionsverfahren zur Verfügung zu stellen[560]. Jonas erwarb 1928 mit seiner Arbeit zum »Begriff der Gnosis« den philosophischen Doktorgrad, und Bultmann nahm die Untersuchung in die von ihm herausgegebenen »Forschungen zur Religion und Literatur des Alten und Neuen Testaments« auf[561]. Nur die Machtergreifung der Nationalsozialisten verhinderte die Habilitation von Jonas. Jedoch setzte Bultmann 1934 gegen Widerstände die Veröffentlichung des von Jonas eigentlich als Habilitationsschrift gedachten ersten Teils seines großen Werkes über die Gnosis durch[562]. Noch kurz vor seinem Tod, in einer seiner letzten schriftlichen Verlautbarungen, gedachte Bultmann dankbar der Freundschaft und des wissenschaftlichen Austausches mit Jonas, ohne dessen Forschungen er seine Kommentare zum Johan-

559 Vgl. Jaspert (s. Anm. 523), 39.
560 Vgl. H. Jonas, Erinnerungen, 2003, 117–120.
561 Vgl. H. Jonas, Der Begriff der Gnosis, 1930.
562 S. u. 283 f.

nesevangelium und den Johannesbriefen nicht hätte schreiben können[563]. Blieb Jonas die Habilitation auf Grund seiner jüdischen Herkunft verwehrt, so erhielten Bultmanns neutestamentliche Schüler während des Dritten Reichs wegen ihrer Zugehörigkeit zur Bekennenden Kirche keine ordentlichen Lehrstühle an den staatlichen Theologischen Fakultäten. Erst nach dem Zweiten Weltkrieg sollte sich dies ändern.

In der Weimarer Ära entwickelte die aus der Jugendbewegung hervorgegangene »Akademische Vereinigung« in Marburg zahlreiche Aktivitäten. In diesem Kreis fand sich »eine Elite theologischer und philosophischer Jugend« zusammen[564], um aktuelle wissenschaftliche Fragen in einer Art *studium generale* zu diskutieren und Geselligkeit auf hohem Niveau zu pflegen. Bultmann und seine Frau, die vor dem Ersten Weltkrieg selbst in der »Akademischen Vereinigung« aktiv gewesen waren, unterstützten diese Bestrebungen, fernab von den Gepflogenheiten der bestehenden studentischen Korporationen ein anspruchsvolles studentisches Gemeinschaftsleben aufzubauen. So gaben denn Schüler Bultmanns in der »Akademischen Vereinigung« bald den Ton an. Gerhard Krüger fungierte als ihr philosophischer Zensor, Heinrich Schlier übernahm den entsprechenden theologischen Part. Die aktuellen theologischen Diskussionen in Bultmanns Schülerkreis fanden darüber hinaus ab 1927 einen festen organisatorischen Rahmen, nämlich die jährlichen Tagungen der »alten und neuen Marburger«[565].

Diese Zusammenkünfte entsprachen genauestens den Vorstellungen Bultmanns, wie sich theologische Arbeit zu vollziehen habe. Für ihn war theologische Erkenntnis im ergebnisoffenen Dialog zu bewähren. Rede und Gegenrede bildeten zusammen die unverzichtbaren Bestandteile des theologischen Diskurses. Die theologische Arbeitsgemeinschaft »Alte Marburger« begann – eine vorerst freilich noch recht konturenlose – Gestalt anzunehmen, als sich im Oktober 1926 die Absolventen des Marburger Fakultätsexamens aus dem Vorjahr mit Bultmann im Schloßcafé trafen. Die auf diesem Treffen beschlossene erste regelrechte Tagung fand vom 24.–26. Oktober 1927 im Haus der »Akademischen Vereinigung«, Nikolaistraße 6, nahe der Lutherischen Pfarrkirche, statt. Die »Alten Marburger« setzten sich zunächst aus Schülern Bultmanns und den ihm nahestehenden Philosophen Gerhard Krüger, Hans-Georg Gadamer und Karl Löwith zusammen. Sie baten außer den einheimischen Kräften – Bultmann, Krüger und Schlier – auch auswärtige Theologen, unter ihnen Karl Barth, Friedrich Gogarten, Günter Jacob, Heinrich Vogel und Ernst Wolf, um Vorträge. Die Themen der zunächst bis 1934 durchgeführten[566] Arbeitstagungen

563 Vgl. Bultmann an H. Jonas (1976), in: B. Aland (Hg.), Gnosis. FS H. Jonas, 1978, 13.

564 Gadamer (s. Anm. 521), 225; vgl. auch 37. Zur »Akademischen Vereinigung« vgl. ausführlich Stallmann (s. Anm. 527), 35–41; Urner-Astholz (s. Anm. 524), 207.

565 Bultmann an F. Gogarten, 26. 6. 1927, in: H. G. Göckeritz (Hg.), Bultmann-Gogarten Bw., 2002, (111 f.) 111; vgl. zum Folgenden W. von Rohden, Geschichte der »Alten Marburger« bis 1934, Typoskript, Mn 2-3084.

566 Die Tagung 1930 mußte wegen der Absagen K. Barths und F. Gogartens ausfallen. S. o. 224.

Abb. 23: Ernst Käsemann, Jugenheim 1958.

Abb. 24: Ernst Fuchs, Bonn 1931.

Abb. 25: Tagung der »Alten Marburger« 26.–28. Oktober 1931 in Marburg: Heinrich Schlier und Rudolf Bultmann im Gespräch, im Hintergrund Friedrich Gogarten.

Abb. 26: Freizeit der Marburger Theologenschaft 6./7. Februar 1937 in Kirchvers: Gerhard Krüger und Rudolf Bultmann.

lagen nahe am Puls der Zeit, wie er sich durch die Diskussionen im Lager der Dialektischen Theologie einerseits und die politische Entwicklung bis 1933 andererseits deutlich vernehmbar machte[567]: Theologie oder Geistesgeschichte? (1927), Jesus und Paulus (1928), Christologie (1929), die Frage der natürlichen Theologie (1931), die Hoheit des Staates und das Recht der Revolution (1932), politische Religion und das theologische Verständnis des Gesetzes (1933), Staat und Kirche (1934). Für die »Alten Marburger« gab es keine sakrosankten theologischen Positionen. Das schmeckte freilich nicht jedem. Karl Barth monierte im Mai 1931, »das eigentümliche Marburger Selbstbewußtsein«, das die Schüler Bultmanns in Diskussionen an den Tag legten, schränke die Entfaltung anderer theologischer Auffassungen – Barth meinte hauptsächlich seine eigene – von vornherein unzulässig ein[568]. Bultmann wies diesen Vorwurf als unberechtigt zurück. Die Debattier- und Kritikfreudigkeit seines Marburger Kreises beruhe allein darauf, daß er sich seiner »Offenheit und des Forschungscharakters theologischer Arbeit bewußt« sei[569].

Solche Bereitschaft zum theologischen Dialog traf Bultmann in seiner eigenen Fakultät nur sehr bedingt an. Wohl war er dem Alttestamentler Gustav Hölscher und seinem neutestamentlichen Fachkollegen Hans von Soden freundschaftlich verbunden. Hölscher ging mit Bultmann in historischen Fragen, etwa auf dem Gebiet der Evangelienkritik, konform, ihm fehlte jedoch nach seinem eigenen Eingeständnis »das Organ«, um die mehr systematisch-theologisch ausgerichteten Aufsätze Bultmanns verstehen zu können[570]. Und so sehr das enge Verhältnis zwischen Bultmann und von Soden auch den wissenschaftlichen Austausch mit einschloß, empfanden beide doch deutlich, daß sie mit ihrer theologischen Arbeit unterschiedliche Wege beschritten[571]. Angesichts der eingeschränkten Möglichkeiten, mit den Kollegen in der eigenen Fakultät das interdisziplinäre Gespräch führen zu können, war es für Bultmann um so erfreulicher, daß er über die Grenzen seines Faches hinaus außer mit Heidegger insbesondere mit dem Klassischen Philologen Paul Friedländer eine höchst intensive, ihn menschlich wie wissenschaftlich bereichernde freundschaftliche Beziehung unterhielt[572].

567 Die Themen sind bei VON ROHDEN (s. Anm. 565) nur unvollständig angegeben; zum Folgenden vgl. auch GÖCKERITZ (s. Anm. 565), *passim*.

568 K. Barth an Bultmann, 27. 5. 1931, in: B. JASPERT (Hg.), Barth-Bultmann Bw., 1994², (114–118) 117; vgl. auch aaO 124–126.

569 Bultmann an K. Barth, 14. 6. 1931, in: JASPERT, aaO (119–122) 121.

570 Vgl. G. HÖLSCHER, Aus meinem Leben, Teil 2, o.J. [nach 1945], 270 f.

571 Vgl. Bultmann an F. Gogarten, 29. 7. 1925, in: GÖCKERITZ (s. Anm. 565), (84–87) 85; zu Bultmanns Verhältnis zu seiner Fakultät s. auch o. 155–168.

572 R. BULTMANN, Autobiographische Bemerkungen vom 28. 1. 1956, in: JASPERT (s. Anm. 568), (302–311) 307: »Besonders erwähnen muß ich meine Freundschaft mit dem klassischen Philologen Paul Friedländer, der damals in Marburg lehrte und dem ich mich sehr verpflichtet fühle.« Vgl. auch Bultmanns autobiographische Skizze aus dem Frühsommer 1969, in: JASPERT, aaO (311–313) 313; dazu P. FRIEDLÄNDER, Platon. I, 1928¹, VIII.

Abb. 27: Hans von Soden.

Abb. 28: Ernst Lohmeyer.

Abb. 29: Paul Friedländer.

Abb. 30: Martin Heidegger (1927).

Von 1920 bis 1932 lehrte Friedländer in Marburg, und diese Phase gehörte mit zu den fruchtbarsten seines Gelehrtenlebens[573]. In der Marburger akademischen Kultur der zwanziger Jahre brachte der Altphilologe seine unverwechselbare Stimme im Kreis von Wissenschaftlern zu Gehör, die wie er zu den herausragenden Repräsentanten ihrer Disziplinen zählten. Friedländer suchte und pflegte den Austausch mit Bultmann und Heidegger, dem Archäologen Paul Jacobsthal sowie den Romanisten Ernst Robert Curtius und Leo Spitzer. In Marburg entstanden seine bahnbrechenden Aufsätze zur griechischen Tragödie. Hier gelang ihm zudem mit seinem zweibändigen Platonwerk ein großer Wurf. Friedländers Darstellung nahm in der Platonforschung der Zeit nach dem Ersten Weltkrieg eine anerkannte Sonderstellung ein und behauptete über Jahrzehnte ihren Rang als Standardwerk[574]. Seine Interpretationen zielten nicht vorrangig darauf ab, die platonischen Dialoge und andere Zeugnisse antiker Dichtung und Kunst mittels einer historistischen Rekonstruktion gleichsam zu objektivieren. Vielmehr wollte Friedländer die Gegenwärtigkeit der platonischen Gedankenwelt wie überhaupt der antiken Kultur im Vollzug eines Verstehens erschließen, für das die Einheit von geistigem Sinngehalt und ästhetisch-literarischer Formgebung der betreffenden Werke Maß und Ziel zugleich abgab. Dabei blieb Friedländer den Standards, wie sie zumal sein Lehrer Ulrich von Wilamowitz-Moellendorff für die historisch-philologische Analyse gesetzt hatte, durchaus verpflichtet. Seine Arbeit galt aber im Grunde der Überwindung des Historismus, in dessen Sog auch die Klassische Philologie in die Krise geraten war. Dies macht erklärlich, warum Friedländer für Bultmann zu einem anregenden Gesprächspartner wurde. Denn der Theologe machte in seiner eigenen Wissenschaft vergleichbare Krisenphänomene aus und begegnete ihnen wie sein Freund mit dem Konzept eines unmittelbaren Verstehens der Geschichte, für das die Einsicht in die Geschichtlichkeit des menschlichen Daseins konstitutiv war[575]. Wollte man die zahlreichen Freundschaften Bultmanns danach gewichten, welche lebensgeschichtliche Bedeutung sie für ihn hatten, stünde seine Beziehung zu Friedländer auf einer solchen Werteskala ganz oben.

573 Vgl. W. Bühler, Paul Friedländer †, Gnomon 41 (1969), 619–623; A. Lesky, Rez. über P. Friedländer, Studien zur antiken Literatur und Kunst, 1969, DLZ 92 (1971), 862–865; R. Bultmann, Paul Friedländer (1882–1968), in: I. Schnack (Hg.), Marburger Gelehrte in der ersten Hälfte des 20. Jahrhunderts, 1977, 91–93 (95).

574 Vgl. P. Friedländer, Platon. I, 1928[1]; II, 1930[1]; dazu H.-G. Gadamer, Die neue Platoforschung, in: Ders., Griechische Philosophie I, 1985, (212–229) 221–227. – Kritisch äußerte sich M. Heidegger über den ersten Band des Werkes Friedländers: »Vieles hat mir gut gefallen, aber diese Georgesche Kreis-Philosophie geht mir auf die Nerven und wird doch am Ende steril – und vor allem, vieles Erarbeitete verliert seine Schärfe und Bedeutung.« (M. Heidegger an Bultmann, 27. 1. 1929, in: Grossmann / Landmesser [s. Anm. 549], [95–98] 96.) – Vgl. auch später die wohlwollenden Besprechungen von Friedländers Platon-Darstellung durch R. Bultmann, Zum Thema: Christentum und Antike, ThR NF 23 (1955), (207–229) 218 f.; Ders., Christentum und Antike, ThR NF 33 (1968), (1–17) 16.

575 Vgl. Bultmann (s. Anm. 573), 92.

Zwischen 1915 und 1930 hat Bultmann nicht weniger als neun Bücher und Schriften Ernst Lohmeyers rezensiert[576]. Der Schüler Adolf Deißmanns wiederum setzte sich literarisch mit dem Jesus-Buch und in einem Referat mit dem Entmythologisierungsvortrag Bultmanns kritisch auseinander[577]. Die beiden Rezensenten schenkten einander nichts[578]. Ihr Dissens betraf nicht exegetische Einzelheiten, sondern die grundsätzliche Bestimmung des Verhältnisses von Glaube und Geschichte. Lohmeyer sah den prinzipiellen Fehler des Jesus-Buches Bultmanns darin, daß in ihm »Gesichtspunkte des Glaubens zu Invarianten der wissenschaftlichen Forschung« erhoben seien[579]. Bultmann hatte schon vorher, 1925, gegen Lohmeyer eingewandt, er habe in seinem Büchlein »Vom Begriff der religiösen Gemeinschaft« ungeachtet mancher feiner Einzelbeobachtungen letztlich die urchristliche Theologie in eine idealistische Geschichtsphilosophie umgebogen und so sei ihm die Theologie zur *ancilla philosophiae* geworden[580]. Freilich erklärte Bultmann am Ende seiner außergewöhnlich umfangreichen Besprechung, ihn verbinde mit Lohmeyer »ein tiefes gemeinsames Interesse« hinsichtlich der »Aufgabe der Exegese«. Denn Lohmeyer habe erkannt, daß es nicht ausreiche, religiöse Phänomene und Begriffe bloß aus ihrem geschichtlichen Kontext zu erklären, sondern daß sie allein »aus ihrem Ursprung in der Erfassung der menschlichen Existenz selbst« recht zu verstehen seien[581].

Wie Lohmeyer diese Aufgabe – im Rekurs auf Gedanken seines philosophischen Gewährsmannes Richard Hönigswald – bearbeitete, hielt Bultmann weithin für verfehlt. Er schätzte seinen Nachfolger in Breslau aber wie sonst keinen weiteren deutschsprachigen Neutestamentler seiner Generation gerade deshalb, weil er in seinem erstaunlich produktiven Werk die Selbstbeschränkung der Exegese auf einen historistischen Positivismus aufbrach und die systematisch-theologischen Implikationen der wissenschaftlichen Auslegung biblischer Texte im Blick behielt[582]. Ende 1931 focht Lohmeyer einen heftigen Streit mit Hans Lietzmann aus, der ein von Lohmeyer für die »Zeitschrift für die neutestamentliche Wissenschaft« eingereichtes Manuskript abgelehnt hatte. In dieser Kontroverse ging es nicht primär, wie Lietzmann glaubte, um Fragen der historischen Methodik oder der Wissenschaftssprache. Vielmehr prallten in der Auseinandersetzung gegensätzliche Positionen zur

576 Vgl. die Übersicht in: R. Bultmann, Theologie als Kritik, 2002, 548 f.

577 S. dazu o. 187 und u. 318.

578 Vgl. D. Lührmann, Ernst Lohmeyers exegetisches Erbe, in: W. Otto (Hg.), Freiheit in der Gebundenheit. Zur Erinnerung an den Theologen Ernst Lohmeyer anläßlich seines 100. Geburtstages, 1990, (53–87) 72–85; A. Köhn, Der Neutestamentler Ernst Lohmeyer, 2004; D. Kuhn, Metaphysik und Geschichte. Zur Theologie Ernst Lohmeyers, 2005.

579 E. Lohmeyer, Rez. über R. Bultmann, Jesus, 1926, ThLZ 52 (1927), (433–439) 439.

580 Vgl. R. Bultmann, Vom Begriff der religiösen Gemeinschaft. Zu Ernst Lohmeyers gleichnamigen Buch (1927), in: Ders. (s. Anm. 576), (189–200) 195.

581 AaO 200.

582 Vgl. (als Reflexe) E. Lohmeyer an Bultmann, 10. 12. 1935; 7. 8. 1937; 2. 3. 1939 u. ö., Mn 2-1315. Bultmanns Briefe an Lohmeyer aus der Zeit nach 1931 sind, von wenigen Ausnahmen abgesehen (vgl. Mn 2-2287), nicht erhalten.

theologischen Zielsetzung der neutestamentlichen Exegese aufeinander[583]. Lohmeyer bat außer Martin Dibelius und Richard Hönigswald auch Bultmann um Rat, wie er auf die Zurückweisung seines Aufsatzes durch Lietzmann reagieren solle[584]. Bultmann konnte Lietzmanns Entscheidung nicht nachvollziehen. Er bedauerte allerdings auch, daß Lohmeyer sein »berechtigtes Anliegen« in dem betreffenden Aufsatz »ins Extrem getrieben habe«. Er empfahl Lohmeyer, die Studie in einer anderen Zeitschrift zu veröffentlichen. Um eine der Sache nicht dienliche Eskalation des Konfliktes zu vermeiden, möge Lohmeyer davon absehen, die näheren Umstände des Streites publik zu machen[585].

Während des Dritten Reiches vertieften sich Bultmanns Beziehungen sowohl zu Paul Friedländer als auch zu Ernst Lohmeyer. Mit seinem Fachkollegen verband ihn überdies das Interesse, das Gespräch zwischen der deutschen und der ausländischen Forschung zu intensivieren. Bultmann und Lohmeyer fanden in Anton Fridrichsen einen Gesprächspartner, der seinerseits ähnliche Absichten verfolgte[586]. Der norwegische Exeget, der zuerst in Oslo und von 1928 bis zu seinem Tod in Uppsala lehrte, hatte sein Theologiestudium teilweise in Deutschland absolviert. Seitdem stand bei ihm die deutsche neutestamentliche Wissenschaft in großem Ansehen. Besonders die in Marburg betriebene exegetische Arbeit galt Fridrichsen als vorbildlich. Deren hohes Niveau repräsentierten für ihn Jülichers »Gleichnisreden Jesu« und Bultmanns »Geschichte der synoptischen Tradition«[587]. Fridrichsen erkannte früh die Bedeutung der formgeschichtlichen Methode und vermittelte den neuen Ansatz an die skandinavische Forschung[588]. Mit einer Untersuchung zu den urchristlichen Wundergeschichten lieferte er selbst einen beachtlichen Beitrag zur formgeschichtlichen Erforschung des Neuen Testaments[589]. Bultmann nahm auf diese Studie in der zweiten Auflage der »Geschichte der synoptischen Tradition« mehrfach – meist zustimmend – Bezug[590].

583 Vgl. dazu ausführlich Lührmann (s. Anm. 578), 60–69; Köhn (s. Anm. 578), 224–238.

584 Vgl. E. Lohmeyer an Bultmann, 13. 12. 1931, in: U. Hutter, Theologie als Wissenschaft. Zu Leben und Werk Ernst Lohmeyers (1890–1946), JSKG 69 (1990), (123–169) 156.

585 Vgl. Bultmann an E. Lohmeyer, 18. 12. 1931, GStA PK Berlin, VI. HA Nachlaß E. Lohmeyer, Nr. 5/405. Bultmann stellte in diesem Brief auch in Aussicht, nach Rücksprache mit H. von Soden in der strittigen Sache bei H. Lietzmann vorstellig zu werden. Aus den erhaltenen Quellen geht nicht hervor, ob es dazu kam.

586 Vgl. W. Bauer, Zur Erinnerung an Anton Fridrichsen, ZNW 45 (1954), 123–129; B. Gerhardsson, Anton Fridrichsen, Rudolf Bultmann, Form Criticism and Hermeneutics, in: H. Cancik, H. Lichtenberger, P. Schäfer (Hg.), Geschichte – Tradition – Reflexion. FS M. Hengel z. 70. Geb., Bd. III, 1996, 657–675.

587 Vgl. A. Fridrichsen an Bultmann, 17. 8. 1927, Mn 2-783. – Leider hat Fridrichsen die an ihn gerichteten Briefe Bultmanns nicht aufbewahrt. Lediglich ein Briefentwurf Bultmanns ist erhalten (vgl. Mn 2-3478).

588 Vgl. A. Fridrichsen an Bultmann, 20. 1. 1924, Mn 2-783.

589 Vgl. A. Fridrichsen, Le problème du miracle dans le christianisme primitif, 1925.

590 Vgl. Fridrichsens Dank an Bultmann, 28. 12. 1931, Mn 2-783.

Die Marburger Theologische Fakultät verlieh Anton Fridrichsen zur 400-Jahrfeier der Philipps-Universität 1927[591] die theologische Ehrendoktorwürde. Bultmann hatte die Initiative für diese Auszeichnung ergriffen. In seinem Gutachten vom 22. Februar 1927 begründete er den Vorschlag, Fridrichsen den *D. theol.* zu verleihen, nicht nur mit den wissenschaftlichen Leistungen des norwegischen Kollegen auf den Gebieten der neutestamentlichen Formgeschichte und der Literaturgeschichte des Urchristentums, sondern auch mit seinem unermüdlichen Einsatz für die Verbindung zwischen der deutschen und der skandinavischen theologischen Arbeit[592]. Später entwickelte Fridrichsen die Idee, eine deutsch-schwedische *Societas Neotestamentica* zu bilden, als deren deutsche Mitglieder er Walter Bauer, Rudolf Bultmann, Martin Dibelius, Joachim Jeremias und Ernst Lohmeyer ins Auge faßte[593]. Zweimal, 1930 und 1947, lud er Bultmann zu Vorträgen und Forschungsaufenthalten nach Uppsala ein. Die beiden Gelehrten stimmten auch in ihrer ablehnenden Haltung gegenüber dem Nationalsozialismus überein. Fridrichsen schickte mehrfach, während der Inflation und in den Jahren nach dem Zweiten Weltkrieg, Pakete mit Nahrungsmitteln nach Marburg, Bultmann versorgte den befreundeten Kollegen in Uppsala dafür mit Zeitschriften und wissenschaftlicher Literatur[594]. Er widmete Anton Fridrichsen, »dem treuen Freund in guten und bösen Tagen«, 1952 den zweiten Band von »Glauben und Verstehen«[595].

Neben der fachbezogenen und der persönlichen Seite hatte der wissenschaftliche Austausch über Ländergrenzen hinweg für Bultmann auch eine politische Bedeutung. Worin ihm diese zu liegen schien, verdeutlichte er 1929/30 in einer akuten Auseinandersetzung, die das Verhältnis zwischen deutschen und französischen Theologen betraf. Zu der seit 1921 von der protestantischen Theologischen Fakultät zu Straßburg herausgegebenen »Revue d'Histoire et de Philosophie religieuses« hatten verschiedentlich deutsche Theologen Aufsätze beigesteuert. Ihre Mitarbeit an einer französischen, im ehemals deutschen »Grenzland« Elsaß erscheinenden Zeitschrift erfuhr freilich alsbald die harsche Kritik nicht nur ehemaliger deutscher Straßburger Theologieprofessoren, die durch jene Kooperation mit der Straßburger »Revue« vermeintlich deutsche Interessen zugunsten Frankreichs aufgegeben sahen. Nachdem sich Bultmann bei den für die Zeitschrift Verantwortlichen von der Halt-

591 Bultmann ließ die Feierlichkeiten zum Universitätsjubiläum »in einem Wechsel von Ärger, Empörung und Belustigung« über sich ergehen: »Die beste Gabe des Jubiläums ist zweifellos das Schloß-Kaffee, auf dessen Terrasse man wunderschön sitzt und bei guten leiblichen Genüssen (es gibt ausgezeichnetes Bier) die Aussicht das Lahntal hinab genießen kann.« (Bultmann an M. Heidegger, 14. 9. 1927, in: GROSSMANN/LANDMESSER [s. Anm. 549], [36–40] 36 f.).

592 Vgl. das Gutachten Bultmanns vom 22. 2. 1927, UA Marburg, Ehrendoktoren der Theologischen Fakultät Marburg 1921–1932, 307a acc. 1962/12 Nr. 8.

593 Vgl. GERHARDSSON (s. Anm. 586), 665 f.; dazu auch A. Fridrichsen an Bultmann, 20. 5. 1948, Mn 2-783. – Die Gründung der *Studiorum Novi Testamenti Societas* 1947 machte die Realisierung dieses Planes Fridrichsens überflüssig.

594 Vgl. A. Fridrichsen an Bultmann, 18. 10. 1923; 13. 6. 1946; 24. 10. 1948, Mn 2-783.

595 Vgl. R. BULTMANN, GuV II, 1968[5], III.

losigkeit derartiger Vorwürfe überzeugt hatte, setzte er sich in einer Miszelle in den »Theologischen Blättern« öffentlich dafür ein, mit ausländischen Forschern die Gemeinschaft wissenschaftlicher Arbeit zu pflegen. »Sollten etwa wir deutschen Theologen es den Holländern und Schweizern, den Skandinaviern und Angelsachsen allein überlassen, den wissenschaftlichen Austausch zu pflegen, und sollten wir beide Teile der Früchte berauben, die solcher Austausch bringen kann?« Gerade im Blick auf das belastete Verhältnis zwischen Deutschen und Franzosen leiste die Straßburger Zeitschrift in der geschichtlichen Tradition des französischen Protestantismus einen wichtigen Beitrag, »die Gemeinschaft derer, die *bonae voluntatis* sind, über die Grenzen hinüber zu erhalten«[596].

Solche Bereitschaft zu einem auch der Völkerverständigung dienenden Dialog unterstrich Bultmann, indem er selbst in der nächsten Ausgabe der Straßburger »Revue« einen Aufsatz in französischer Sprache veröffentlichte. Zwar erwähnte er in ihm nicht die Vorgänge, die den Anlaß der Publikation bildeten, aber mit dem Thema seines Beitrags bezog er sich unverkennbar auf sie: »Das christliche Gebot der Nächstenliebe«. Die christliche Liebe, erklärte Bultmann, kenne niemanden mehr »nach dem Fleisch« (II Kor 5,16). Nur sofern sie die im Christusgeschehen offenbar gewordene Liebe Gottes bejahe und diese in der Liebe zum Nächsten widerspiegele, sei sie in der Lage, das Mißtrauen und den Haß zwischen Menschen und Völkern zu überwinden[597].

596 R. Bultmann, Mitarbeit an der Straßburger *Revue d'Histoire et de Philosophie religieuses*?, ThBl 8 (1929), (251 f.) 252. – Gegen Bultmann wandte der Pfarrer Paul Diesner von einem nationalistischen Standpunkt aus ein, das Elsaß sei vorerst »noch kein geeigneter Boden für deutsch=französische Verständigung« (P. Diesner, Noch einmal: Mitarbeit an der Straßburger *Revue d'Histoire et de Philosophie religieuses*?, ThBl 9 [1930], [359 f.] 360). Vgl. dazu R. Bultmann, Antwort, ThBl 9 (1930), 360–362. Die Straßburger protestantische Theologische Fakultät dankte Bultmann ausdrücklich für sein Engagement. Vgl. R. Will an Bultmann, 11. 9. u. 21. 12. 1930, Mn 2-2060.

597 R. Bultmann, Das christliche Gebot der Nächstenliebe (1930), GuV I, 1933[1], (229–244) 244; zum Kontext der Studie vgl. auch K. Stock, Das Ethos des Glaubens nach Rudolf Bultmann, in: U. H. J. Körtner (Hg.), Christliche Ethik – evangelische Ethik?, 2004, (68–89) 79 Anm. 34.

11. Familienleben

Echt menschliche Gemeinschaft ist, kurz gesagt, die zwischen Mensch und Mensch; d.h. diejenige Gemeinschaft, in der der Mensch durch die Hingabe seiner selbst an den anderen zu sich selbst kommt. Echt menschliche Gemeinschaft gibt es nur zwischen Menschen, die sich einander in ihrem Selbst offenbaren und füreinander und voneinander sie selbst sind.[598]

In Breslau waren Rudolf und Helene Bultmann zwei Töchter geboren worden, Antje am 27. Juli 1918 und Gesine am 1. Juli 1920. Die Breslauer Freunde hatten die Mädchen getauft, Wilhelm Gottschick Antje und Ernst Moering Gesine. Als Dritte im Bunde der Bultmann-Töchter erblickte am 21. Februar 1924 in Marburg Heilke das Licht der Welt. Auf Wunsch der Eltern übernahm Hans von Soden die Taufe »der Kleinsten, die, wohl gedeihend, mit roten Bäckchen im Wagen« lag, »zwischen Schlafen und zufriedenem Plappern abwechselnd«[599]. Die Paten der drei Mädchen kamen aus den Familien und dem Freundeskreis der Eltern. Im Falle Antjes waren dies Helene Pleus, die Schwester des Vaters, sowie Anne Haun und Benny Henke, zwei Freundinnen der Mutter. Gesine erhielt gleich vier Paten: die beiden Großmütter Helene Bultmann und Luise Feldmann, Else Heitmüller, die Frau Wilhelm Heitmüllers, und Hans von Soden. Die Patenschaft über Heilke übertrugen die Eltern den Freunden Walther Fischer, Paul Friedländer und Nicolai Hartmann.

Bultmann berichtete in den ersten Marburger Jahren Hans von Soden ausführlich und regelmäßig über die Entwicklung der beiden älteren Töchter. Antje »ist merkwürdig nachdenklich und fragt weniger nach Ursachen und Ursprüngen, als daß sie selbst Hypothesen darüber aufstellt; Phantasie hat sie offenbar. Für ihre kleine Schwester hat sie sehr viel Liebe. Im übrigen macht die Mischung von Eigensinn und Weichheit in ihrem Wesen ihr das Leben schon jetzt nicht immer leicht, und die Erziehung ist oft schwer. Ein einfacheres Menschenkind scheint Gesine zu sein, die immer voll Vergnügen und Lachen ist, aber auch recht wütend werden kann. Körperlich ist sie in bester Verfassung und Entwicklung, spricht viel nach und zeigt überhaupt großen Nachahmungstrieb«[600]. Langfristig freilich, so beobachtete es der Vater, unterlagen die Reifungsprozesse der Mädchen durchaus Schwankungen: »... beide sind sehr frisch und machen gute Fortschritte. Antje erweist sich auf die Dauer als leichter zu erziehen als Gesine, bei der die Eigenschaften des Egoismus und der Eitelkeit viel ausgeprägter sind als bei Antje, die im Grunde weichen Gemütes ist. Mit gutem Verstand scheinen beide begabt zu sein; an Anmut ist Gesine überle-

598 R. Bultmann, Formen menschlicher Gemeinschaft (1952), GuV II, 1968^5, (262–273) 263.

599 Bultmann an F. Gogarten, 19. 10. 1924, in: H.G. Göckeritz (Hg.), Bultmann-Gogarten Bw., 2002, (58–63) 58. – Alle Daten in diesem Kapitel nach Bultmanns Chronik 1917–1945, Mn 2-224.

600 Bultmann an H. von Soden, 1. 8. 1921, Mn 2-2385.

gen.«[601]. Solche Wahrnehmungen waren Momentaufnahmen, die jeweils nur ein Entwicklungsstadium wiedergaben und im Laufe der Zeit entsprechende Modifizierungen erfuhren.

Wie in anderen bürgerlichen Familien war der Jahreskreis im Hause Bultmann durch die Geburtstage und die hohen christlichen Feste strukturiert. »Der ›Nikolaus‹, der am 6. Dezember [1921] erschien, machte den Kindern viel Freude; leider ließ er (es war einer meiner Studenten) das *Tremendum* zu sehr hinter dem *Fascinosum* zurücktreten, und Antje behauptete am nächsten Tage, nur die Ermahnungen für Gesine gehört zu haben.«[602] In der Bultmannschen Familienkultur kam dem Weihnachtsfest schon um der Kinder willen höchste Bedeutung zu. Den Maßstab aller Vorbereitungen und Geheimnisse, aller Freude und Gemeinschaft behielt das Oberhaupt der Familie fest im Blick: »Läßt man sich durch alle Not der Zeit auch die Familienfreude des Weihnachtsfestes nicht verkümmern, so wird man doch immer mehr seinen Sinn auf die eigentliche Bedeutung des Festes richten und sich freuen, daß man in diesen trübseligen Zeiten eine Welt des Lichtes besitzen darf.«[603]

Das Familienleben der Bultmanns gestaltete sich nicht etwa als biedermeierliche Idylle. Dies verhinderten schon die widrigen äußeren Lebensbedingungen in den Jahren nach dem Ersten Weltkrieg. Die obligatorischen Kinderkrankheiten, die Antje, Gesine und Heilke zu überstehen hatten, nahmen freilich nicht nur wegen der allgemeinen Versorgungsengpässe, sondern auch auf Grund der speziellen Probleme der Familie mit ihrer ersten Marburger Wohnung einen mitunter drastischen Verlauf. Dabei machte das Quartier Hainweg 6, ein an der Nordseite des Schloßberges gelegenes Fachwerkhaus, anfangs einen guten Eindruck: »Das Haus steht ganz einsam und frei in großem Garten, in nächster Nähe des Schlosses und von diesem abgesehen wohl das höchste Haus in Marburg ... der Nebel erreicht uns nicht, und es ist prächtig zu sehen, wie er am Morgen sich wie ein weißer Strom durch das Lahntal wälzt und die Höhen der gegenüberliegenden Bergkette herüberschauen und die Türme der Elisabethkirche mitten aus dem Nebel herausragen. Die Aussicht ist nach allen Seiten wunderschön, vor allem nach dem Schloß«[604]. Die gute Aussicht wurde indes bald von der ernüchternden Wahrnehmung der Realität überlagert. Das dünnwandige Fachwerkgebäude ließ sich nicht genügend heizen. In den Wintermonaten sorgten eisige Temperaturen in der *Villa Sibiria*, wie die Bultmanns ihr unwirtliches Domizil zu nennen pflegten, mit einiger Regelmäßigkeit für heftige chronische Erkrankungen Helene Bultmanns und der Kinder. Die Probleme mit der ungeliebten Wohnung führten fast zwangsläufig auch zu Konflikten mit den Hauseigentümern, welche sich beharrlich weigerten, die prekären Wohnverhältnisse ihrer Mieter zu verbessern. Verhandlungen mit dem Wohnungsamt über die Zuweisung einer neuen Bleibe blieben lange ohne den erhofften Erfolg. In dieser Situation

601 Bultmann an H. von Soden, 8. 9. 1922, Mn 2-2385.
602 Bultmann an H. von Soden, 21. 12. 1921, Mn 2-2385.
603 Bultmann an H. von Soden, 23. 12. 1923, Mn 2-2385.
604 Bultmann an H. von Soden, 30. 10. 1921, Mn 2-2385.

brachte Bultmann als Druckmittel die Absicht ins Spiel, er werde in ein Oldenburger Pfarramt wechseln, falls man ihm in Marburg nicht eine bessere Wohnung zur Verfügung stelle. Dabei wäre für ihn »freilich der Weg ins Pfarramt ... nicht nur ein Gebot der Not« gewesen, sondern er hätte ihn auch »mit Freuden« auf sich genommen[605]. Dazu kam es allerdings nicht. Im November 1924 konnten die Bultmanns endlich im Marburger Südviertel, in der Friedrichstraße 1, eine neue Wohnung beziehen. Als die Töchter größer geworden waren, zog man am 1. März 1930 nochmals um in eine geräumigere Wohnung in der nahegelegenen Bismarckstraße 7.

Im Gefüge der in sich gespaltenen deutschen Gesellschaft der Weimarer Ära[606] gehörte die Familie Bultmann den gehobenen sozialen Schichten an. Wie in Professorenhaushalten allgemein üblich, ging auch Helene Bultmann eine »Stütze«, meist ein unverheiratetes Mädchen aus der ländlichen Umgebung Marburgs, bei den Besorgungen und Verrichtungen in Haus und Familie zur Hand. Gleichwohl hatten sich die Bultmanns in Bescheidenheit einzurichten. Die entbehrungsreiche Breslauer Zeit, in der sie dankbar die Nahrungspakete aus dem Oldenburgischen, unter anderem von der Familie Leonhard Franks, in Empfang genommen hatten, wirkte durchaus nach[607]. Bei Antje spürten die Eltern noch lange »die Folgen der Breslauer Kriegs- und Hungerjahre, und sie hätte eigentlich an die See gesollt, was aber der Kosten wegen nicht ging«[608]. So schickten sie, als sich die Möglichkeit dazu bot, ihre an Rachitis leidende älteste Tochter 1923 mit einem Kindertransport in die Schweiz, nach Pany im Kanton Graubünden. Der achtwöchige Aufenthalt in der fremden Umgebung rief bei der gerade erst Fünfjährigen, zumal sie das Schwyzerdütsch nicht verstand, unsägliches Heimweh und bei den Eltern erheblichen Trennungsschmerz hervor[609].

In der ersten Hälfte der 1920er Jahre war aus finanziellen Gründen an längere Erholungsreisen der ganzen Familie nicht zu denken[610]. Daher behalfen sich Bultmann und seine Frau mit Notlösungen, sei es daß er im Sommer 1922 allein mit Antje zur Mutter nach Oldenburg fuhr, sei es daß er und seine Frau ohne die Kinder 1921 im Pastorat seines Bundesbruders Hermann Noltenius in Rinteln sowie 1923 im Pastorat in Langwarden zwischen der Wesermarsch und dem Wattenmeer Erholung suchten. Seit der Stabilisierung der ökonomischen Verhältnisse ab etwa 1925 konnten die Bultmanns dann auch gemeinsam mit ihren Kindern in die Sommerfrische verreisen, 1925 auf die Insel Langeoog und 1926 nach Todtnauberg im Schwarz-

605 Bultmann an H. von Soden, 22.7. 1923, Mn 2-2385; auch Ders. an Dens., 27.1. 1924: »Hier war grimmige Kälte, am kältesten Morgen 29 Grad; kein Wasser in der Wohnung, nur *ein* Zimmer zu heizen (wenigstens für gewöhnlich)!«

606 Vgl. dazu H.A. Winkler, Weimar 1918–1933. Die Geschichte der ersten deutschen Demokratie, 1993[1], 285–305.

607 Vgl. Bultmanns Chronik 1917–1945, Mn 2-224, 5; H. Frank an Bultmann, 18.11. 1918, Mn 2-762; J. Lewy geb. Frank an Bultmann, 30.8. 1917; 18.3., 25.4. u. 27.11. 1918, Mn 2-1280.

608 Bultmann an H. von Soden, 1.8. 1921, Mn 2-2385.

609 Bultmann an F. Gogarten, 31.8. 1923, in: Göckeritz (s. Anm. 599), (40–43) 43.

610 Vgl. Bultmann an F. Gogarten, 17.7. 1923, in: Göckeritz, aaO (36f.) 37.

wald. Daß Leni Bultmann 1927 und 1928 mit den Kindern zum Badeurlaub nach Langeoog fuhr, ermöglichte dem zu Hause bleibenden Familienvater, einige Wochen in ungestörter Ruhe arbeiten zu können.

Ab dem 1. Oktober 1922 gehörte auch Bultmanns Schwiegermutter zum Haushalt. Luise Feldmann hatte durch die Inflation ihren gesamten Besitz verloren. Ihr Wäschegeschäft in Essen mußte sie aufgeben. Ihre Tochter und ihr Schwiegersohn nahmen sie bei sich auf, anfangs nicht ohne Bedenken angesichts der zusätzlichen materiellen Belastung des Haushalts[611]. Für Lenis Mutter war die erzwungene Aufgabe ihrer selbständigen Existenz nicht leicht zu bewältigen[612]. Doch mit der Zeit fügte sie sich in ihr Schicksal. Da sie ein feines Gespür dafür entwickelte, wann Rudolf und Leni Stunden vertrauter Zweisamkeit allein verbringen wollten, kam es zu einem harmonischen Miteinander. Den Enkelinnen bedeutete die Präsenz der Oma viel. Von unschätzbarem Wert war auch, daß sie bereitwillig einhütete, wenn Tochter und Schwiegersohn ohne die Kinder auf Reisen gingen. Auch Heinrich und Erna Schlier halfen hier aus und nahmen die Bultmann-Töchter im Sommer 1929 für einige Wochen im Casekirchener Pfarrhaus auf[613].

Rudolf und Helene Bultmann nahmen sich in regelmäßigen Abständen Auszeiten von ihren vielfältigen beruflichen und familiären Verpflichtungen. In diesen Phasen der Regeneration waren die Eheleute nur füreinander da. Es »bestand eine schwärmerische Liebe zwischen den beiden«, berichtet Gustav Hölscher, der im Winter 1921/22 auf der Suche nach einer eigenen Behausung bei den Bultmanns in der *Villa Sibiria* untergekommen war. Hölscher und seine (erste) Ehefrau Borghild, eine gebürtige Norwegerin, gingen mit Leni Bultmann zur Tanzstunde, »um die modernen Tänze zu lernen«. Rudolf konnte zwar wegen seines Hüftleidens nicht mittanzen, schaute seiner Frau aber gern dabei zu[614]. Beide verband ein großes Interesse an Kunst, Literatur und Musik miteinander. Helene Bultmann sang gern mit ihrer schönen Altstimme. Hin und wieder ließ sie sich dazu bewegen, an Kirchenkonzerten, Advents- und Weihnachtsfeiern solistisch mitzuwirken[615]. Gelegentlich besuchten die Eheleute auch zusammen ein Kolleg, so im Wintersemester 1922/23 »eine ausgezeichnete Vorlesung« Nicolai Hartmanns über die Geschichte der antiken Philosophie[616].

Mit der Zeit bildeten sich bei den gemeinsamen Unternehmungen feste Gewohnheiten aus. In den Pfingstferien brachen Rudolf und Leni Bultmann zu kürzeren Reisen auf, die meist der Bildung dienten. Ziele waren Büdingen und Gelnhausen (1922), der Main (1924), Basel, Luzern und Zürich (1926), der Bodensee (1927),

611 Vgl. Bultmanns Ankündigung an H. von Soden, 8. 9. 1922, Mn 2-2385.

612 Vgl. Bultmann an H. von Soden, 23. 12. 1922, Mn 2-2385.

613 Antje und Gesine hatten bereits den Sommer 1924 bei Erna Haas, der zukünftigen Frau H. Schliers, im Harz verbracht.

614 G. Hölscher, Aus meinem Leben, Teil 2, o.J. (nach 1945), 300 f.

615 Bultmann an H. von Soden, 23. 12. 1922, Mn 2-2385.

616 Ebd.

Jena und Casekirchen (1928), Freiburg mit einem Besuch Heideggers (1929) sowie das – mit den inzwischen älter gewordenen Töchtern gemeinsam erkundete – Lahntal mitsamt dem Rheintal (1931). Zu den Tagungen der »Freunde der Christlichen Welt« fuhren die Eheleute in der Regel zusammen. Wenn irgend möglich, begleitete Leni ihren Mann auch zu dessen auswärtigen Vorträgen. Nur zur Badekur, die er seit 1926 in fast jedem Frühjahr in Wiesbaden absolvierte, machte sich Bultmann allein auf den Weg. Unvergeßlich blieben beiden Ehepartnern die Bildungserlebnisse, die ihnen während einer Reise nach Italien im April 1929 zuteil wurden. Der Lago Maggiore, Como, Lecco, Bergamo, Brescia, der Gardasee mit Riva sowie Verona bildeten die Reisestationen, die den Zusammenklang von Kunst, Landschaft und Musik eindrücklich erfahren ließen.

Rudolf und Helene Bultmann lag viel daran, ihren Kindern altersgemäße Zugänge zur Welt der humanistischen Bildung zu ermöglichen. Antje, Gesine und Heilke lernten beizeiten Musikinstrumente, so daß sie schon in jungen Jahren an der Hausmusik mitwirken konnten. Der Vater machte sie früh auch mit der schönen Literatur vertraut. Als die Töchter im Kleinkindalter waren, erzählte er ihnen Geschichten und Märchen, die er sich zum Teil selbst ausgedacht hatte. Später gab es regelrechte Leseabende, an denen Bultmann seinen Töchtern Werke von Charles Dickens, Fritz Reuter und Adalbert Stifter nahebrachte. Dabei konnte der Vater sich, wie die Töchter erinnern, emotional derart tief in die Atmosphäre seiner Lesewelten hineinbegeben, daß ihm bisweilen die Tränen kamen[617]. Für ihn war die Weitergabe literarischer Bildung wesentlich Anleitung zur Selbstbesinnung und freien Entfaltung des Individuums.

Eine Erziehung, die sich derart selbstverständlich im Milieu humanistischer Bildung vollzog, konnte nicht ohne Wirkung bleiben. Antje, die älteste der Bultmann-Töchter, war fasziniert von Albert Schweitzer und seiner Arbeit in Lambarene. Eines Tages teilte sie ihren Eltern mit, sie wolle Medizin studieren und dann dem berühmten Urwaldarzt am Kongo helfen. Ihr Vater berichtete dies Albert Schweitzer und fügte – vermutlich nicht ohne ein mildes Lächeln – hinzu, mit der Realisierung dieses Planes »hätte es freilich noch gute Weile«, denn Antje sei erst zwölf Jahre alt[618]. Albert Schweitzer verstand. Er sandte seiner jungen Verehrerin umgehend eine Postkarte mit einem Photo vom »Austeilen der Essensration« im Spital zu Lambarene. Dazu schrieb der Humanist dem »lieben Fräulein Bultmann« folgende Zeilen: »Alle diese Schwarzen lassen Sie herzlich grüssen! Sie wünschen Ihnen gute Gesundheit für das Medizinstudium. Aber zuerst sollen Sie noch Ihre Jugend gut geniessen. Und ja nicht vergessen gut kochen zu lernen. Viel Liebes Ihr Albert Schweitzer.«[619]

Dem Freiheitsprinzip entsprechend vollzog sich die religiöse Sozialisation der Töchter Bultmanns ohne äußeren Druck. Die familiäre Frömmigkeitspraxis kam

617 Vgl. E. Hauschildt, Rudolf Bultmanns Predigten, 1989, 270.

618 Bultmann an A. Schweitzer, 28. 8. 1930, in: W. Zager (Hg.), A. Schweitzer. Theologischer und philosophischer Briefwechsel 1900–1965, 2006, (180–182) 182.

619 A. Schweitzer an A. Bultmann, 11. 10. 1931, in: Zager, aaO 185.

ohne Übertreibungen aus. Zu den festen Riten gehörten das Abendgebet mit den Kindern und das Tischgebet. Ein Gebet wie »Komm, Herr Jesu, sei unser Gast« kam Bultmann nicht über die Lippen, da für ihn Bitte und Dank im Blick auf die elementaren Güter des Lebens zum ersten Artikel gehörten. Er bevorzugte Tischgebete, die das Lob des Schöpfers aussprachen. Am Sonntag morgen las er seinen Töchtern eine Zeit lang Geschichten aus dem Alten Testament vor. Anstatt massiv auf ihre religiösen Überzeugungen einzuwirken, schien es ihm förderlicher zu sein, ihnen Glaubensinhalte bei passender Gelegenheit indirekt zu vermitteln, etwa durch Erläuterungen zum Sinn der gemeinsam gesungenen Weihnachtschoräle. Gegen die religiöse Beeinflussung seiner Töchter durch Außenstehende wandte sich Bultmann vehement. Als Antje im Kindergarten »allerlei unverdauliche Vorstellungen vom lieben Gott und Heiland« kennenlernte, reagierte der Vater verärgert darüber, »daß man so den unkontrollierbaren Einflüssen anderer gerade auf einem Gebiet ausgesetzt ist, wo Vorsicht am nötigsten ist. Jedenfalls habe ich mir vorgenommen, die Kinder in den ersten Schuljahren vom Religionsunterricht abzumelden«[620].

Auch wenn Bultmann diese Absicht dann doch nicht realisierte, blieb er gegenüber einer allzu extensiven Auslegung der Aufgabe des schulischen Religionsunterrichts kritisch eingestellt. Als nach dem Ende des Staatskirchentums überall die Fragen einer neuen verfassungsmäßigen Bestimmung des Verhältnisses zwischen Kirche und Schule und der zukünftigen Gestalt des Religionsunterrichts diskutiert wurden, meldete sich in der Oldenburger Debatte Bultmanns Vater zu Wort. Arthur Kennedy Bultmann trat in einem Artikel, der 1919 zuerst im Organ der kritischen Lehrerschaft Oldenburgs erschien, dafür ein, Kirche und Staat radikal voneinander zu trennen und auf bisherige kirchliche Privilegien zu verzichten. Nicht ein kirchlich-konfessioneller, sondern nur ein staatlicher Religionsunterricht könne erreichen, daß zukünftig jeder Staatsbürger zu eigener lebendiger Religion gelange. Ein solcher Unterricht habe Kenntnisse in Religion zu vermitteln und insbesondere anhand der Lebensbilder von Frauen und Männern aller Länder und Zeiten, Konfessionen und Religionen Einblicke in »wirkliche« Religion zu gewähren[621]. Diesen sichtlich von liberalen Vorstellungen geprägten Ausführungen seines Vaters dürfte Rudolf Bultmann weitgehend zugestimmt haben[622].

Das pädagogische Erbe seiner Familie, die eigene väterliche Erziehungsverantwortung und die Einsicht in die hermeneutische Aufgabe der Theologie sorgten dafür, daß Bultmann sich ebenfalls, die Grenzen seines Faches überschreitend, an der zeitgenössischen religionspädagogischen Diskussion aktiv beteiligte. Eingeladen als Vertreter der neueren theologischen Bewegung um Barth und Gogarten, sprach er

620 Bultmann an H. von Soden, 23.12. 1922, Mn 2-2385; abgedruckt in: Hauschildt (s. Anm. 617), 270 Anm. 5.

621 Vgl. A.K. Bultmann, Staat – Kirche – Religion [-] Schule, 1919.

622 Leider sind Briefe Bultmanns an seine Eltern aus dem Jahr 1919 nicht erhalten. Vgl. aber A. Bultmann Lemke, Theology for Freedom and Responsibility: Rudolf Bultmann's Views on Church and State, Syracuse University Library Associates courier 21 (1986), (3–15) 4.

am 11. Juni 1925 in Düsseldorf vor der 50. Versammlung der evangelischen Religionslehrer an den höheren Lehranstalten der Rheinprovinz. Bultmann stellte in seinem Referat »Der christliche Sinn von Glaube, Liebe, Hoffnung« freilich weniger die religionsdidaktischen als vielmehr die prinzipiellen theologischen Aspekte des Themas heraus.

Bultmann geht es hier durchgehend darum, die paulinische Trias Glaube, Liebe, Hoffnung gegen ein idealistisches Mißverständnis abzusichern. Der Glaube stellt weder eine Weltanschauung noch ein allgemeines Gottvertrauen noch eine mystische Beziehung der Seele zu Gott dar, er ist vielmehr »die Haltung des Menschen, der sich in der konkreten Situation seines Hier und Jetzt vor den Anspruch Gottes gestellt sieht«. Die Liebe darf nicht humanistisch-idealistisch als sittliche Tugend, allgemeine Menschenliebe oder als Prinzip einer Ethik verstanden werden, denn sie besteht in der »Haltung des der Forderung Gottes gehorsamen Menschen dem anderen gegenüber«, in der letztlich nur dem Glauben möglichen »Haltung des Ich zum Du in der konkreten Situation des Hier und Jetzt«. Die Hoffnung schließlich gründet sich nicht auf die Vorstellung von der Unsterblichkeit der Seele, sondern richtet sich ganz »auf eine wunderbare, von Gott gegebene Zukunft«, die zugleich das Ende »aller weltlichen und menschlichen Dinge« bedeutet[623]. Auf der Jubiläumsveranstaltung der rheinischen Religionslehrer sprach gegen Bultmann der Duisburger Oberstudiendirektor *Lic. Dr.* Friedrich Karl Feigel. Er sah in der neueren theologischen Bewegung den von vornherein zum Scheitern verurteilten Versuch, sich vom Neuprotestantismus und damit vom deutschen Idealismus abzusetzen. Bultmann bescheinigte Feigel, »das ›*deus in nobis*‹ mit rührend-naiver Begeisterung« vertreten zu haben[624], und fand im übrigen die Diskussionen, die sich den beiden Vorträgen anschlossen, interessant. Zu einer breiteren religionspädagogischen Rezeption des existentialtheologischen Ansatzes Bultmanns kam es in Düsseldorf noch nicht. Sein theologisches Denken erwies sich jedoch auf Dauer für die Religionspädagogik als überaus fruchtbar[625].

623 R. Bultmann, Der christliche Sinn von Glaube, Liebe, Hoffnung, ZEvRU 36 (1925), (170–172.197) 197.

624 Bultmann an F. Gogarten, 29. 7. 1925, in: Göckeritz (s. Anm. 599), (84–87) 86 f.

625 Ich kann hier nur summarisch auf einige Vertreter unterschiedlicher religionspädagogischer Konzeptionen verweisen, die Hörer oder Schüler Bultmanns waren oder die sich von seiner Theologie inspirieren ließen: Martin Rang, Gerhard Bohne, Martin Stallmann, Hans Stock, Klaus Wegenast, Peter Biehl und Marie Veit.

V. Zeit der Bewährung (1933–1945)

1. Die Auseinandersetzung mit dem Nationalsozialismus

Kennen wir nicht mehr den Spruch des Gewissens, der uns in die letzte Einsamkeit stellt? seinen Richterspruch, *der uns* verurteilt? *Es wäre ein trauriges Zeichen für die sittliche Kraft der nationalen Bewegung, wenn einzelne Mißgriffe, Härten und Ungerechtigkeiten zwar anerkannt werden, aber mit der allgemeinen Weisheit entschuldigt werden, daß es bei einem solchen Umschwung nicht ohne Härten abgeht. Wo Holz gehackt wird, da fallen Späne. Gewiß, das muß der Betroffene sich zum Troste sagen, und dieses Urteil kann auch die Geschichte sprechen, aber nicht der verantwortlich Handelnde selbst. Vor Gott ist er mit dieser Weisheit nicht entschuldigt. Wissen wir nicht mehr, was Schuld und Sünde heißt?*[1]

Im »deutschen Schicksalsjahr« 1933 eröffnete Rudolf Bultmann seine Vorlesung im Sommersemester am 2. Mai mit einer Erklärung zur »Aufgabe der Theologie in der gegenwärtigen Situation«. Er wollte seine Stellungnahme ausdrücklich nicht als ein politisches Votum verstanden wissen. Jedoch hielt er es für notwendig, angesichts der politischen Ereignisse und der ihnen innewohnenden großen »*Möglichkeiten* für die Zukunft« danach zu fragen, »welche Verantwortung wir gerade als *Theologen*« in dieser Situation haben[2]. Bultmann entwickelt seine Überlegungen zu dieser Verantwortung, indem er die lutherische Lehre von den zwei Reichen oder Regimenten Gottes aufnimmt und ihr kritisches Potential im Lichte der paulinischen Rede vom ὡς μή, dem »Haben, als hätte man nicht« (I Kor 7,29–31), gegenüber einer allzu freudigen Bejahung der nationalsozialistischen Machtergreifung zur Geltung bringt. Der Glaube hat nicht etwa eine negative Beziehung zur Welt, sein positives Verhältnis zur Welt und ihren Ordnungen ist allerdings ein grundsätzlich kritisches. Denn der Glaube bezieht sich auf den Gott, der als Schöpfer zugleich der Richter der Welt ist. Daraus ergibt sich für die Ordnungen, in denen wir unser Leben zu gestalten haben, eine strukturelle Ambivalenz. »Sie sind *Gottes* Ordnungen, aber nur, sofern

1 R. Bultmann, Gott ruft uns. Predigt im Akademischen Gottesdienst zu Marburg am 2. Juli 1933 (1933), in: Ders., VW, 1984, (247–260) 257 f.

2 R. Bultmann, Die Aufgabe der Theologie in der gegenwärtigen Situation (1933), in: Ders., Neues Testament und christliche Existenz, hg. von A. Lindemann, 2002, (172–180) 172.

sie uns zu unserer konkreten Aufgabe im Dienst rufen. Sie sind Ordnungen der *Sünde* in ihrer bloßen Gegebenheit.«[3]

In der Gegenwart hat der christliche Glaube seine kritische Kraft in der Besinnung auf die Möglichkeiten und Versuchungen zu bewähren, die den weltlichen Ordnungen des Staates und des Volkstums eigentümlich sind. Insbesondere im Hinblick auf das zunehmend als Schöpfungsordnung verstandene Volkstum muß die Besinnung auf die Zweideutigkeit dieser Ordnung ebenso lebendig bleiben wie die Frage, »was echte Forderung des Volkstums ist, und was nicht«[4]. Der Christ hat sich in seinem Dienst an Staat und Volk ausschließlich am Gebot der Liebe zu orientieren. Bultmann sieht die Theologen dabei besonders in der Pflicht, an der Zukunft Deutschlands durch das Zeugnis der Wahrheit mitzuarbeiten. Er illustriert diese Forderung an drei Beispielen, an der vorschnellen Umbenennung von Straßen in Marburg, am Denunziantentum und an der Diffamierung anders Denkender, speziell der deutschen Juden[5]. In alledem kann es, so mahnt Bultmann seine studentischen Zuhörer, nur um die Entscheidung gehen, »ob christlicher Glaube für uns Geltung haben soll oder nicht ... Es gilt: Entweder-Oder!« Freilich wird diese Entscheidungsfrage – nicht nur angesichts der »Verfälschungen des Glaubens durch eine völkische Religiosität« – in der Zukunft immer wieder neu zu beantworten sein[6].

Wie Karl Barth in seiner weit verbreiteten Schrift »Theologische Existenz heute!«[7] empfahl auch Bultmann in seiner Kollegerklärung, unter den veränderten politischen Bedingungen des »Revolutionsjahres« 1933 weiter seriös Theologie zu treiben. Gerade darin sah er den unentbehrlichen kritischen Beitrag, den die Theologie zur politischen Neuordnung Deutschlands zu leisten hatte. Seine Wahrnehmung der politischen Entwicklung nach der Machtergreifung der Nationalsozialisten führte ihn bald zu der kritischen Beurteilung der »nationalen Erhebung«, die er am 2. Mai 1933 im Hörsaal vortrug und im Juni in den »Theologischen Blättern« publik machte[8]. Im Spektrum der zahlreichen, mehrheitlich euphorischen Stellungnahmen, die evangelische Kirchenvertreter und Theologieprofessoren zur politischen Wende 1933 abgaben[9], vertrat Bultmann eine bemerkenswert klare und in ihrer Skepsis ge-

3 AaO 175.

4 AaO 176.

5 Vgl. aaO 178 f.; zu der Passage, in der sich Bultmann gegen das den deutschen Juden angetane Unrecht wendet, s. u. 276 f.

6 AaO 180.

7 Vgl. K. Barth, Theologische Existenz heute! (1933), hg. von H. Stoevesandt, 1984².

8 Bultmann ließ seine Erklärung drucken, nicht weil er »sie für besonders gelungen« hielt, sondern weil es ihm »unerträglich war, daß noch kein Theologe öffentlich für die kritische Aufgabe der Theologie in der gegenwärtigen Situation eingetreten war« (Bultmann an M. Heidegger, 18. 6. 1933, in: A. Grossmann / Ch. Landmesser [Hg.], Bultmann-Heidegger Bw., 2009, [193–196] 196).

9 Vgl. A. Lindemann, Neutestamentler in der Zeit des Nationalsozialismus. Hans von Soden und Rudolf Bultmann in Marburg, WuD 20 (1989), (25–52) 26 f.; K. Nowak, Protestantische Univer-

genüber den sich für viele 1933 eröffnenden »großen Möglichkeiten« solitäre Position[10].

Im Jahr zuvor hatte Bultmann zwischenzeitlich auf Grund der Eindrücke, die er »bei prächtigen nationalsozialistischen Studenten gewonnen hatte, große Hoffnung auf die Bewegung gesetzt«. Jedoch war ihm diese Hoffnung alsbald zerstoben. Schon 1932 nahm er desillusioniert zur Kenntnis, daß sich die nationalsozialistische Bewegung als *Partei* in keiner Weise von anderen Parteien unterschied, daß dort, wo sie – wie in seiner oldenburgischen Heimat – die Macht übernahm, die Korruption einzog und Parteiegoismen die Überhand gewannen[11]. Am 27. Mai 1933 hielt Martin Heidegger zum Antritt des Rektorats an der Universität Freiburg seine Rede »Die Selbstbehauptung der deutschen Universität«. Im Unterschied zu den zahlreichen Stimmen, die Heideggers Rektoratsrede rühmten – es sei nur an das Lob erinnert, das Karl Jaspers ihr zuteil werden ließ[12] –, reagierte Bultmann mit Befremden auf die Rede, deren Inhalt er zunächst nur aus der Freiburger Presse kannte. Er sehe, ließ er Heidegger wissen, durchaus »die *positiven Möglichkeiten* der Gegenwart«. Er sei auch bereit, an ihnen mitzuarbeiten. Anders als Heidegger schöpfe er den »Mut, Alles zu riskieren«, allerdings nicht aus dem politischen Umbruch, sondern aus der geistesgeschichtlichen Wende, die bereits mit dem Denken Kierkegaards und Nietzsches eingesetzt habe. Bultmann stieß sich besonders an dem Satz, mit dem Heidegger – unter Berufung auf das freilich sehr eigenwillig übersetzte Wort Platons, alles Große stehe im Sturm – seine Philosophie und die deutsche Universität in den völkischen Aufbruch einfügte: »Wir wollen uns selbst!« Solches Wollen schien Bultmann blind zu sein. »Wie sehr steht dies Wollen jeden Augenblick in Gefahr, sich selbst zu verfehlen.« Bultmann konnte jedenfalls nicht »den gleichen klaren Mut zur Gegenwart« aufbringen wie Heidegger, und zwar deshalb nicht, weil er sah, »daß eine Atmosphäre der ὕβριϛ und der verdeckten Angst sich beklemmend verbreitet«[13].

Zu Heideggers Engagement für den Nationalsozialismus ging Bultmann von Anfang an auf Distanz. Zwischen dem Theologen und dem Philosophen kam es zu einer spürbaren Entfremdung. Der einst intensive Gedankenaustausch fand kaum mehr statt, die Korrespondenz versiegte während des Dritten Reichs fast ganz. Nach

sitätstheologie und »nationale Revolution«, in: L. Siegele-Wenschkewitz u. C. Nicolaisen (Hg.), Theologische Fakultäten im Nationalsozialismus, 1993, 89–112.

10 Vgl. E. Jüngel, Redlich von Gott reden. Bemerkungen zur Klarheit der Theologie Rudolf Bultmanns, EK 7 (1974), (475–477) 476. – Vgl. freilich auch die »Erklärung Hans von Sodens in der Vorlesung« vom 4. 5. 1933, in: E. Dinkler u. E. Dinkler-von Schubert (Hg.), Theologie und Kirche im Wirken Hans von Sodens, 1986², 37–43.

11 Bultmann an M. Heidegger, 11./14. 12. 1932, in: Grossmann / Landmesser (s. Anm. 8), (182–189) 188.

12 Vgl. K. Jaspers an M. Heidegger, 23. 8. 1933, in: W. Biemel u. H. Saner (Hg.), Heidegger-Jaspers Bw., 1990, (155–157) 155; dazu R. Safranski, Ein Meister aus Deutschland. Heidegger und seine Zeit, 1994, 291–293.

13 Bultmann an M. Heidegger, 18. 6. 1933, in: Grossmann / Landmesser (s. Anm. 8), (193–196) 194 f. Vgl. M. Heidegger, Die Selbstbehauptung der deutschen Universität (1933), durchgesehene Neuauflage, hg. von H. Heidegger, 1983, 19.

dem Scheitern seines Rektorats kam Heidegger vom 8.–11. März 1935 noch einmal nach Marburg, um mit Bultmann »in aller Ruhe die schwebenden Fragen« zu besprechen[14]. Bei einem abendlichen Gespräch, an dem auch Heinrich Schlier teilnahm, ging es hauptsächlich um das Dritte Reich. Nach Schliers Erinnerung erfuhr Heidegger dabei harsche Kritik »wegen seines Verhaltens 1933«. Seinen politischen Irrtum vermochte Heidegger freilich schon damals nicht einzugestehen[15].

Am 2. Juli 1933 – zwei Wochen nach seiner brieflichen Reaktion auf Heideggers Rektoratsrede – predigte Bultmann im Marburger Universitätsgottesdienst über I Joh 4,7–12. Er sprach seine Hörer auf das verbreitete Bewußtsein an, »eine entscheidende Wendung der Geschichte erlebt zu haben«[16]. Das aus diesem Bewußtsein erwachsene Urteil, die abgelaufene Epoche des Individualismus sei durch den entschiedenen Willen der Gegenwart zur völkischen Gemeinschaft endgültig überwunden, erklärte Bultmann für zu pauschal und gegenüber dem Wollen früherer Generationen für ungerecht. Überhaupt mahnte er die Gemeinde, sich im Rausch der nationalen Erhebung nicht selbst zu betäuben, »über der Entdeckung der Volksgemeinschaft« nicht zu vergessen, daß der egoistische Individualismus nur durch denjenigen Menschen überwunden werden könne, der zu sich selbst gekommen sei und seine Verantwortung der Gemeinschaft gegenüber erkannt habe. Das war die *eine* zentrale Frage, die Bultmann der nationalen Bewegung zu stellen hatte: War sie bereit, den Individualismus anzuerkennen, »ohne den kein Sozialismus, auch der völkische nicht, Substanz und Kraft hat?« Auf diesem Individualismus, der die Selbstwerdung des Menschen intendierte, mußte die christliche Verkündigung allerdings bestehen. Denn »daß der Mensch bei sich sei, heißt, daß er vor Gott steht, und wenn sie den Menschen zu sich selbst ruft, so ruft sie ihn vor Gott«[17]. Eben dies tat Bultmann, indem er das in den vergangenen Monaten bereits geschehene Unrecht offen ansprach und die dafür Verantwortlichen bei ihrer Schuld vor Gott behaftete[18].

Es gehörte Mut dazu, solche Kritik an den illegalen und pseudolegalen Maßnahmen, an der Gewalt und dem Unrecht der NS-Diktatur im ersten Halbjahr 1933 zu äußern und zu veröffentlichen[19]. Bultmann verfügte in den Anfängen der Diktatur möglicherweise nur in Ansätzen über politische Kategorien, mit denen er den Um-

14 M. Heidegger an Bultmann, 15. 2. 1935, in: Grossmann / Landmesser (s. Anm. 8), (199 f.) 199.

15 H. Schlier, Denken im Nachdenken, in: G. Neske (Hg.), Erinnerung an Martin Heidegger, 1977, (217–221) 221; vgl. O. Pöggeler, Neue Wege mit Heidegger, 1992, 89 f. 323 f. – Zu Schliers Datierungsirrtum vgl. Grossmann / Landmesser, aaO 199 f. Anm. 4. – In Bultmanns Gästebuch 1: 1917–1954, Mn 2-3041, Bl. 32, rückte Heidegger seinen »schönen erinnerungsreichen Aufenthalt« im März 1935 unter das Wort Hölderlins »Das Bleibende aber stiften die Dichter«.

16 Bultmann (s. Anm. 1), 247.

17 AaO 255.

18 S. o. Anm. 1.

19 Bultmann veröffentlichte die Predigt in der Zeitschrift »Neuwerk«. Vgl. Bultmann, VW, 1984, 337.

bruch von der Weimarer Republik zum Dritten Reich in all seinen politischen und wirtschaftlichen Dimensionen hätte erfassen können[20]. Es war vor allem sein an den biblischen Texten geschultes theologisches Urteilsvermögen, das ihn im Rausch der »nationalen Erhebung« 1933 kühlen Kopf bewahren und die politische Entwicklung an den Maßstäben des christlichen Glaubens, der Humanität und der Rechtsstaatlichkeit messen ließ. Zur Auseinandersetzung mit dem Nationalsozialismus sah sich Bultmann in den folgenden Jahren in unterschiedlichen institutionellen und thematischen Kontexten herausgefordert. Was diese verschiedenen Zusammenhänge im Kern miteinander verband, war der Anspruch des NS-Regimes, sämtliche Lebensbereiche des deutschen Volkes dem Diktat der eigenen Doktrin zu unterwerfen.

Die Gleichschaltung der Universität Marburg mit dem NS-Staat erzeugte einen Politisierungsdruck, dem vornehmlich der Lehrkörper ausgesetzt war. Bultmann versuchte, sich den mit dieser Politisierung verbundenen Zwängen zu entziehen und gegebenenfalls ihre negativen Auswirkungen auf Forschung und Lehre zu minimieren. Gemeinsam mit Hans von Soden trat er am 22. Juli 1933 im Senat – vergeblich – dafür ein, die neu angeordnete politische und wehrsportliche Ausbildung der Studenten in die Ferienmonate zu verlegen, um den Vorlesungsbetrieb von solchen zusätzlichen Verpflichtungen zu entlasten[21]. Als der Rektor der Universität die Hochschullehrer zur Teilnahme an dem von der NSDAP organisierten Festzug am 1. Mai 1934, dem Tag der nationalen Arbeit, verpflichtete, meldete sich Bultmann wegen seines Hüftleidens ab[22]. Als einzige Professoren der Theologischen Fakultät lehnten Bultmann und von Soden es 1938 ab, den ihnen mit Nachdruck nahegelegten Beitritt zur Nationalsozialistischen Volkswohlfahrt zu vollziehen. Sie begründeten ihre Weigerung hauptsächlich damit, daß sich die staatliche Wohlfahrtsarbeit teilweise aggressiv gegen das bewährte diakonische Engagement der christlichen Kirche positioniert habe[23].

Für beständigen Konfliktstoff sorgten die staatlichen Eingriffe in die Ausbildung und Förderung des wissenschaftlichen Nachwuchses. Der preußische Minister für Wissenschaft, Kunst und Volksbildung teilte Bultmann und von Soden am 30. November 1933 mit, daß er das von ihnen für Götz Harbsmeier beantragte Förderungsstipendium nicht bewilligen könne. Sowohl Bultmann als auch von Soden stand aber, nachdem sie Rufe an andere Universitäten abgelehnt hatten, das Recht zu, solche Förderungsstipendien für Promovenden in Anspruch zu nehmen. Trotz des Hinweises auf diese Rechtslage nahm der Minister seinen abschlägigen Bescheid nicht zurück[24]. Als 1935 neue Habilitationsordnungen eingeführt werden sollten,

20 Zu diesem Defizit der deutschen Universitätstheologie überhaupt vgl. (in der Retrospektive!) Nowak (s. Anm. 9), 111 f.

21 Vgl. A.Ch. Nagel (Hg.), Die Philipps-Universität Marburg im Nationalsozialismus. Dokumente zu ihrer Geschichte, 2000, 164.

22 Vgl. Nagel, aaO 189 Anm. 22.

23 Vgl. A. Lippmann, Marburger Theologie im Nationalsozialismus, 2003, 260 f.

24 Vgl. Dinkler u. Dinkler-von Schubert (s. Anm. 10), (68–73) 71 f.

wandte sich Bultmann an Heidegger, um diesen dazu zu bewegen, durch eine Denkschrift oder eine persönliche Intervention das Kultusministerium von seinen Plänen abzubringen. Denn die neuen Habilitationsordnungen konnten in den Augen Bultmanns nur dazu führen, daß »der akademische Nachwuchs in kurzer Zeit aus Kreaturen und Strebern bestehen wird«[25]. Um dem signifikanten Rückgang des akademischen Nachwuchses entgegenzuwirken, gründeten das Reichserziehungsministerium und der nationalsozialistische Dozentenbund 1936 das »Reichsdozentenwerk e. V.« Wie von Soden lehnte auch Bultmann den von den staatlichen Stellen gewünschten Beitritt zum »Reichsdozentenwerk« kategorisch ab. Denn – so begründete er seine Haltung – die geltenden Habilitationsbestimmungen beschränkten in einem erheblichen Ausmaß »sowohl die Freiheit der Fakultäten« als auch »vor allem die freie Entwicklung der jungen Forscher selbst«. Statt den Habilitanden das Zeugnis ihrer politischen Zuverlässigkeit abzuverlangen, solle man ihnen wieder die Freiheit einräumen, sich durch ihre wissenschaftlichen Leistungen für die akademische Laufbahn zu qualifizieren[26].

In seinen eigenen Lehrveranstaltungen und im Verhältnis zu seinen Promovenden und Habilitanden konnte Bultmann die Freiheit der Wissenschaft während des gesamten Dritten Reichs problemlos in Anspruch nehmen. Anders verhielt es sich mit der Freiheit der Kirche, die infolge der nationalsozialistischen Kirchenpolitik verlorenzugehen drohte und zu deren Verteidigung es erheblicher Anstrengungen bedurfte. Noch bevor es zur Bildung kirchlicher Bekenntnisgruppierungen kam, die sich der Gleichschaltung der evangelischen Kirche mit dem NS-Staat widersetzten, ergriffen in Marburg Bultmann und von Soden verschiedene Initiativen, um zu verhindern, daß der von Hitler im April 1933 zu seinem Beauftragten für Kirchenfragen berufene »Deutsche Christ« Ludwig Müller zum Reichsbischof der neu zu bildenden Reichskirche gewählt wurde. Bultmann signalisierte in dieser frühen Phase des »Kirchenkampfs« am 13. Juli 1933 Karl Barth seine volle Zustimmung zu dessen Schrift »Theologische Existenz heute!«[27] Beide Theologen entdeckten in den folgenden Monaten von neuem Gemeinsamkeiten in ihren theologischen Intentionen, die sie in der Verantwortung für die von der Gleichschaltung mit dem neuen völkischen Staat bedrohte Kirche geltend machten[28].

Mit sämtlichen Kollegen der Marburger Theologischen Fakultät sprach sich Bultmann in der »Marburger Erklärung« vom 17. Juni 1933 dafür aus, dem von den meisten Vertretern der deutschen Kirchenleitungen favorisierten Leiter der Betheler Anstalten Friedrich von Bodelschwingh d.J. das Amt des Reichsbischofs zu übertra-

25 Bultmann an M. Heidegger, 27. 1. 1935, in: Grossmann / Landmesser (s. Anm. 8), 198.

26 Bultmann an den Prorektor der Universität Marburg P. Gieseke, 4. 10. 1936, UA Marburg, 305a acc. 1975/79 Nr. 728, Bl. 24. – Vgl. auch H. von Soden an den Prorektor der Universität Marburg P. Gieseke, 3. 10. 1936, UA Marburg, 305a acc. 1975/79 Nr. 728, Bl. 25 f.; dazu Nagel (s. Anm. 21), 47 f.

27 Vgl. Bultmann an K. Barth, 13. 7. 1933, in: B. Jaspert (Hg.), Barth-Bultmann Bw., 1994², 135.

28 Vgl. B. Jaspert, Sachkritik und Widerstand. Das Beispiel Rudolf Bultmanns, ThLZ 115 (1990), (161–182) 169–172.

gen[29]. Nachdem die Nationalsynode am 27. September 1933 in Wittenberg schließlich doch Ludwig Müller zum Reichsbischof gewählt hatte, intensivierten Bultmann und von Soden ihre Auseinandersetzung mit dem deutschchristlichen Kirchenregiment. Zusammen mit dem Privatdozenten Heinrich Schlier erörterten sie am 11./12. November 1933 in Marburg mit den Bonner Kollegen Karl Barth, Gustav Hölscher, Fritz Lieb und Ernst Wolf die kirchliche Situation. Dieser Kreis verständigte sich darauf, einen von Hans von Soden entworfenen »Offenen Brief« an den Reichsbischof zu schicken. In diesem Brief klagten die Bonner und Marburger Theologen die »Glaubensbewegung Deutsche Christen« an, »das Wesen der evangelischen Kirche durch ihre ... schrift- und bekenntniswidrige Lehre« zu verleugnen und zu verderben. Auch wiesen sie die Unterstellung Müllers, »rein politische Gründe« bestimmten den Widerstand gegen die »Deutschen Christen«, auf das Schärfste zurück und kritisierten den von den »Deutschen Christen« auf nicht unabhängige Pfarrer und Gemeindeglieder ausgeübten Druck[30].

Karl Barth war bei dem Besuch der Bonner Theologen in Marburg in einer ihn »selber überraschenden Weise angetan von Herrn von Soden«[31], in dem er zuvor lediglich einen Repräsentanten des theologischen Liberalismus gesehen hatte. Barth gestand Bultmann zudem im Nachtgespräch vom 11./12. November 1933, er habe fest damit gerechnet, Bultmann würde auf Grund seiner Theologie zu den »Deutschen Christen« gehen. Dies Eingeständnis Barths traf Bultmann hart[32]. Barth konnte sich anscheinend nicht vorstellen, daß jemand, der andere theologische Auffassungen vertrat als er selbst, gleichwohl wie er die Häresien der »Deutschen Christen« entschieden bekämpfte. Immerhin leistete er Bultmann Abbitte für seinen Irrtum: »Es ist nun einfach durch die Tatsachen bewiesen, daß ich mich in diesem Fall verrechnet hatte und daß also auch in meinem grundsätzlichen Bedenken etwas nicht gestimmt haben kann.«[33] Bultmann und von Soden regten nach dem gelungenen Treffen im November 1933 eine weitere Zusammenkunft mit den Bonner Kollegen an[34], die Anfang Mai 1934 in Bonn stattfand. Gegenstand der Besprechung war die Frage, wie den Plänen der deutschchristlichen Leitung der Deutschen Evangelischen Kirche, die rechtliche Eigenständigkeit der nicht zur Altpreußischen Union

29 Vgl. den Text der Erklärung in: Dinkler u. Dinkler-von Schubert (s. Anm. 10), 49 f. Anm. 11. – E. Hirsch leitete die »Marburger Erklärung« am 20. 6. 1933 an das preußische Kultusministerium weiter – mit dem Kommentar, die in ihr »zutagetretende Propaganda« sei »untragbar und ... mit den Pflichten eines Staatsbeamten unvereinbar« (zit. nach K. Meier, Die Theologischen Fakultäten im Dritten Reich, 1996, 106).

30 Dinkler u. Dinkler-von Schubert (s. Anm. 10), (362–364) 363 f. – Die Bonner und Marburger Theologen verzichteten nur deshalb auf eine Veröffentlichung dieses »Offenen Briefes«, weil sich Müller nach dem »Sportpalastskandal« vom 13. 11. 1933 partiell von der Entschließung dieser Veranstaltung der »Deutschen Christen« distanzierte. Vgl. H. von Soden an Kollegen, 20. 11. 1933, in: Dinkler u. Dinkler-von Schubert, aaO 65.

31 K. Barth an Bultmann, 13. 11. 1933, in: Jaspert (s. Anm. 27), (136 f.) 136.

32 Vgl. Bultmann an K. Barth, 7. 7. 1934, aaO (148–150) 149 f.

33 K. Barth an Bultmann, 10. 7. 1934, aaO (150–152) 151.

34 Vgl. Bultmann an K. Barth, 24. 2. 1934, aaO (140–142) 140 f.

gehörenden Landeskirchen aufzuheben, wirksam begegnet werden konnte. Die beteiligten Bonner und Marburger Theologen machten sich eine von Hans von Soden entworfene Erklärung zu eigen, die die Geltung der Heiligen Schrift und der reformatorischen Bekenntnisse auch in Fragen der kirchlichen Ordnung reklamierte und im übrigen auf der Grundlage der Unterscheidung von Kirche und Staat das von den »Deutschen Christen« in der evangelischen Kirche eingeführte Führerprinzip als schriftwidrig ablehnte[35].

Dem im September 1933 gegründeten Pfarrernotbund und der aus ihm hervorgegangenen Bekennenden Kirche schlossen sich Bultmann und von Soden sofort an. Mit ihren Gutachten gegen die von den »Deutschen Christen« geforderte Einführung des sogenannten Arierparagraphen in der evangelischen Kirche trugen sie maßgeblich zur theologischen Klärung dessen bei, was nach dem biblischen Zeugnis und den reformatorischen Bekenntnissen zum Wesen der christlichen Kirche gehörte und was nicht[36]. Hans von Soden übernahm am 1. August 1934 die Leitung des Landesbruderrates der Bekennenden Kirche in Kurhessen. Wenige Tage später versetzte ihn der preußische Kultusminister unter Berufung auf Paragraph 6 des Gesetzes zur Wiederherstellung des Berufsbeamtentums vom 7. April 1933 in den Ruhestand[37]. Die Maßnahme, eine Reaktion auf von Sodens theologisches und kirchenpolitisches Engagement für die Bekennende Kirche, entbehrte tatsächlich jeder Rechtsgrundlage. Bultmann verfaßte daraufhin eine Eingabe an den preußischen Kultusminister, die eine Überprüfung der Entscheidung sowie die Anhörung des Betroffenen forderte. Auch brachte er die Verpflichtung der evangelischen Hochschullehrer in Erinnerung, sich an den kirchlichen Auseinandersetzungen der Gegenwart zu beteiligen[38]. Die von fünfzig Theologieprofessoren unterzeichnete Solidaritätserklärung trug entscheidend mit dazu bei, daß der preußische Kultusminister am 24. Oktober 1934 die Wiedereinsetzung von Sodens als Ordinarius anordnete.

Wie fragil die Stellung der für die Bekennende Kirche eintretenden Professoren an den staatlichen Theologischen Fakultäten war, machten einen Monat später die Vorgänge um die Suspendierung Karl Barths besonders deutlich. Seit dem 20. August 1934 hatten die Beamten des Deutschen Reichs den Eid auf den Führer Adolf Hitler persönlich zu schwören. Barth erklärte sich zum Ablegen dieses Eides »von unendli-

35 Vgl. [H. von Soden,] Bekenntnis und Verfassung in den evangelischen Kirchen (1934), in: Dinkler u. Dinkler-von Schubert (s. Anm. 10), 364–368. Zu den 35 Unterzeichnern der am 23. 5. 1934 – unmittelbar vor der Barmer Bekenntnissynode – veröffentlichten Erklärung gehörten (aus Bonn) K. Barth, G. Hölscher, F. Horst, H. E. Weber und E. Wolf und (aus Marburg) K. Bornhäuser, R. Bultmann, R. Günther, A. Jülicher, W. Maurer, H. Schlier, Th. Sippell und H. von Soden.

36 S. dazu u. 277–283.

37 Vgl. Dinkler u. Dinkler-von Schubert (s. Anm. 10), 101–103.

38 Vgl. [R. Bultmann,] Eingabe theologischer Hochschullehrer an den Reichs- und Preußischen Minister für Wissenschaft, Erziehung und Volksbildung vom 13. 8. 1934, in: Dinkler u. Dinkler-von Schubert, aaO 103–105.

chem also unübersichtlichem Inhalt«[39] nur unter der Voraussetzung bereit, daß er in die Eidesformel den einschränkenden Zusatz einfügen dürfe: »... soweit ich es als evangelischer Christ verantworten kann«[40]. Auf diese Weise wollte er die totale persönliche Verpflichtung gegenüber dem Führer unter Vorbehalt stellen, mithin den totalitären Anspruch des Führer-Eides öffentlich zurückweisen[41]. Letztlich ging es Barth darum, mit seinem individuellen Zusatz die Bekennende Kirche dazu zu bewegen, ihrerseits öffentlich einen analogen Vorbehalt gegenüber der totalen Eidesverpflichtung zu formulieren[42].

Wie Hans von Soden befürchtete Bultmann, daß Barths Verweigerung des Eides gravierende negative Konsequenzen für die Glaubwürdigkeit der Bekennenden Kirche hinsichtlich ihres Verhältnisses zum Staat nach sich ziehen könnte. Barths Verhalten erschwere die Diskussion über den Totalitätsanspruch des Staates, die die Kirche eines Tages werde notwendig aufnehmen müssen[43]. In der Sache hielt Bultmann es für ausgeschlossen, daß sich der Staat auf die von Barth geforderte Klausel einlassen werde. Er dürfe dies auch gar nicht tun. Denn der Staat könne seine allgemeinen Forderungen nicht durch die besondere christliche Gehorsamspflicht einzelner Beamter gegenüber Gott zur Disposition stellen lassen. »Ich kann die Sache nur so ansehen, daß der von Ihnen geforderte Vorbehalt allerdings für jeden Christen selbstverständlich ist, daß der Christ aber nicht den Staat auf diesen Vorbehalt verpflichten kann, sondern daß er im *Konfliktsfall* auf sein unter diesem Vorbehalt übernommenes Amt verzichten muß.«[44] In Übereinstimmung mit der staatskirchenrechtlich stringenten Argumentation von Sodens schloß Bultmann das Ansinnen aus, den profanen Staat unter christliches Sonderrecht stellen zu wollen. Christen konnten gegenüber dem Staat nicht abstrakt und prophylaktisch ein Widerstandsrecht geltend machen. Erst dann, wenn das christliche Bekenntnis die Erfüllung einer bestimmten staatlichen Forderung ausschloß, galt es, Widerstand zu leisten und leidend die Konsequenzen dieses Widerstandes zu tragen[45].

Am 28. Februar 1935 untersagte der Reichs- und preußische Kultusminister Bernhard Rust den Evangelisch-Theologischen Fakultäten und den Theologieprofesso-

39 Erklärung K. Barths vor dem Bonner Landgericht am 27. 11. 1934, in: B. Jaspert (Hg.), Barth-Bultmann Bw., 1971[1], (265–267) 266.

40 K. Barth an Bultmann, 27. 11. 1934, in: Jaspert (s. Anm. 27), (153 f.) 154. – Zu den Hintergründen der Entlassung Barths aus dem deutschen Staatsdienst und der Rolle E. Hirschs in diesem Zusammenhang vgl. H. Assel, »Barth ist entlassen ...«. Emanuel Hirschs Rolle im Fall Barth und seine Briefe an Wilhelm Stapel, ZThK 91 (1994), 445–475.

41 Vgl. K. Barth an H. von Soden, 5. 12. 1934, in: Jaspert (s. Anm. 39), (273–279) 274–276.

42 K. Barth an H. von Soden, aaO 278; vgl. Assel (s. Anm. 40), 464 f.

43 Vgl. Bultmann an K. Barth, 3. 12. 1934, in: Jaspert (s. Anm. 27), (154–156) 155; H. von Soden an K. Barth, 2. 12. 1934, in: Jaspert (s. Anm. 39), (269–273) 271 f.

44 Bultmann an K. Barth, 3. 12. 1934, aaO 155; vgl. dazu Lindemann (s. Anm. 9), 38–40; G. Klein, Rudolf Bultmann – ein unerledigtes theologisches Vermächtnis, ZThK 94 (1997), (177–201) 198 f.

45 Zur weiteren Entwicklung des Falles Barth vgl. E. Busch, Karl Barths Lebenslauf, 1978[3], 268–275; Assel (s. Anm. 40), 465–475.

ren, im »Kirchenstreit« öffentlich Stellung zu beziehen[46]. Gegen diesen »Maulkorberlaß« protestierten aus Marburg am 11. März 1935 Hans von Soden, Rudolf Günther, Heinrich Schlier und Theodor Sippell sowie einen Tag später Rudolf Bultmann[47]. Unter Verweis auf die direkte Ausrichtung der Theologie auf das Leben der Kirche erklärte Bultmann dem Minister, es sei ihm unmöglich, sich in der Kontroverse um die Kirche einer öffentlichen Stellungnahme zu enthalten. Sein Engagement für eine dem Leben der Kirche verpflichtete und damit auch indirekt dem Leben von Volk und Staat zugute kommende theologische Wissenschaft, so fügte Bultmann mit taktischem Kalkül hinzu, entspreche doch genauestens dem von den Nationalsozialisten propagierten Lebensbezug aller Wissenschaft[48]. Als der Minister im Sommer 1935 seinen Erlaß noch verschärfte, geriet einmal mehr Hans von Soden auf Grund seiner Teilnahme an der Synode der Bekennenden Kirche in Augsburg im Juni 1935 in die Schußlinie der administrativen Zwangsmaßnahmen des Kultusministeriums. Freilich zeigte sich von Soden davon unbeeindruckt: »Der Herr Minister kann der Natur der Sache nach theologische Entscheidungen weder gebieten noch verbieten, und es ist nicht an dem, daß die eigene Verantwortung der Theologie an der staatlichen Zuständigkeit des Herrn Ministers ihre Grenze fände, sondern umgekehrt.«[49] Solch entschiedener Widerspruch trug wesentlich mit dazu bei, daß der Minister den »Maulkorberlaß« 1936 wieder aufhob.

Nach dem Scheitern des Versuchs, die evangelische Kirche unter maßgeblicher Beteiligung der »Deutschen Christen« mit dem NS-Staat gleichzuschalten, änderte Hitler die Strategie seiner Kirchenpolitik. Er berief am 16. Juli 1935 den Minister ohne Geschäftsbereich Hanns Kerrl zum Reichskirchenminister. Der neue Minister sollte als gleichsam staatliche Leitungsinstanz die streitenden Kirchenparteien befrieden und die Einheit der evangelischen Kirche wiederherstellen. Kerrl installierte zu diesem Zweck im Oktober 1935 einen Reichskirchenausschuß, der unter dem Schein der paritätischen Beteiligung der verschiedenen kirchlichen Gruppierungen letztlich die staatlichen Interessen durchsetzen sollte. Bultmann nahm ein Mal, am 29./30. Juni 1936 in Berlin, an der Sitzung einer theologischen Kammer des Reichskirchenausschusses teil. Die Beratungen zeigten ihm jedoch, daß der Reichskirchenausschuß unter seinem Vorsitzenden, dem westfälischen Generalsuperintendenten i.R. Wilhelm Zoellner, nicht wirklich an einer theologischen Klärung der Kirchenfrage interessiert war. Deshalb stellte Bultmann seine Mitarbeit schon am 2. Oktober 1936 wieder ein. Er erhielt daraufhin nochmals die Anfrage, ob er bereit sei, im Reichskirchenausschuß mitzuarbeiten. Er erteilte dem Reichskirchenausschuß aber

46 Vgl. den Ministerialerlaß vom 28. 2. 1935, in: Nagel (s. Anm. 21), 213–215.

47 Vgl. H. von Soden an Kultusminister B. Rust, 11. 3. 1935, in: Dinkler u. Dinkler-von Schubert (s. Anm. 10), 135–140; dazu Lippmann (s. Anm. 23), 210–213.

48 Vgl. Bultmann an Kultusminister B. Rust, 12. 3. 1935, in: Nagel (s. Anm. 21), 215 f.

49 H. von Soden an Kultusminister B. Rust, 4. 9. 1935, in: Dinkler u. Dinkler-von Schubert (s. Anm. 10), (178–182) 179. – Bultmann erreichte es, »daß 70–80 Theologieprofessoren in gleichem oder ähnlichen Sinne an den Minister geschrieben haben« (Bultmann an E. Käsemann, 26. 4. 1936, Mn 2-2251).

wiederum eine Absage. Bultmann gab als Begründung zu Protokoll, der vom Staat beauftragte Reichskirchenausschuß habe bisher in seinem Handeln und in seinen Verlautbarungen noch nicht den Nachweis seiner kirchlichen Legitimation erbracht[50].

Während Hans von Soden sich in verzehrendem Einsatz kirchen- und universitätspolitisch betätigte und in zahlreichen Gremien der Bekennenden Kirche leitende Verantwortung übernahm[51], trat Bultmann vornehmlich in seinen Lehrveranstaltungen, Predigten und Publikationen für die Sache der Bekennenden Kirche ein. Freilich nahm er bei Bedarf auch zu aktuellen Auseinandersetzungen Stellung. Im Mai 1937 machte sich ein Pfarrerkreis dafür stark, die Gegensätze zwischen den »Deutschen Christen« und der Bekennenden Kirche durch eine geeinte evangelische Reichskirche zu überwinden, die sich auf den biblischen Glauben gründen und zugleich mit dem Dritten Reich solidarisieren sollte. Von Heinz Kloppenburg, dem Leiter der Oldenburger Bekenntnisgemeinschaft, um eine Stellungnahme zu dieser Initiative gebeten, hob Bultmann hervor, daß die Frage der Einheit der Kirche nur theologisch, durch die Besinnung auf die Wahrheit der christlichen Verkündigung, entschieden werden könne. Der Pfarrerkreis vertrete mit seiner Forderung nach kirchlicher Einheit ein lediglich formales Kirchenideal, da er weniger aus einem kirchlichen Motiv als vielmehr primär aus dem politischen Interesse an der Einheit von Volk und Staat die organisatorische Einheit der Kirche propagiere. Die Einheit der Kirche sei aber essentiell gebunden an die Einheit der Verkündigung und des Glaubens. Deshalb habe die Kirche die Irrlehre zu benennen und auszuscheiden. Gerade weil in der Gegenwart bestimmte Mächte – gemeint war natürlich vor allem der Nationalsozialismus – den Kampf gegen das Christentum voll entfacht hätten, müsse die Kirche ihrerseits »die antichristlichen Mächte innerhalb und ausserhalb der Kirche« bekämpfen[52].

Der NS-Staat versuchte wiederholt, die von Bultmann und von Soden gebildete Bekenntnisfront an der Marburger Theologischen Fakultät zu schwächen. Allerdings führten entsprechende Maßnahmen wie die Berufung zweier dezidierter »Deutscher Christen« nach Marburg, des Kirchenhistorikers Ernst Benz und des Praktischen Theologen Alfred Uckeley, langfristig nicht zu dem erhofften Erfolg[53]. Dies um so

50 Die Vorgänge sind minutiös wiedergegeben bei H.G. Göckeritz (Hg.), Bultmann-Gogarten Bw., 2002, 211–213 Anm. 6; vgl. R. Bultmann, Brief an den Reichskirchenausschuß vom 22. 10. 1936, in: Protokoll der Tagung »Alte Marburger« 3.–5. Januar 1994 in Hofgeismar, o.J. [1995], 6.

51 Vgl. dazu außer Dinkler u. Dinkler-von Schubert (s. Anm. 10) zuletzt W. Kinzig, Evangelische Patristiker und Christliche Archäologen im »Dritten Reich«. Drei Fallstudien: Hans Lietzmann, Hans von Soden, Hermann Wolfgang Beyer, in: B. Näf (Hg.), Antike und Altertumswissenschaft in der Zeit von Faschismus und Nationalsozialismus, 2001, (535–601) 559–564.

52 R. Rittner (Hg.), Ein Brief Rudolf Bultmanns aus dem Jahre 1937, in: Protokoll der Tagung »Alte Marburger« 2.–4. Januar 1995 in Hofgeismar, o.J. [1996], (7–14) 14.

53 Vgl. Lippmann (s. Anm. 23), 219–231.

weniger, als sich an der Fakultät im Sommersemester 1934 Studenten, die der Bekennenden Kirche angehörten, zu einer Gruppe zusammenschlossen, die im Laufe der folgenden Jahre stetig wuchs. Bultmann und von Soden unterstützten die Arbeit der Bekenntnisstudenten, indem sie sich regelmäßig an deren Andachten, Vortragsveranstaltungen und Semesterfreizeiten beteiligten[54]. Die Geheime Staatspolizei hielt in einem internen Bericht vom 2. Juni 1936 mit Unverständnis fest, daß die Bekenntnisstudenten an der Marburger Theologischen Fakultät unter der Protektion Bultmanns und von Sodens ihre rege und im Einzelfall durchaus staatskritische Arbeit überhaupt durchführen konnten[55]. Bereits im Jahr zuvor hatte die Gestapo intern mit Bedauern die »bedeutende Rolle« der beiden Bekenntnisprofessoren Bultmann und von Soden »und ihren verhängnisvollen Einfluss auf die Theologiestudenten« registriert[56]. Eugen Mattiat, der Vertrauensmann Emanuel Hirschs im Reichs- und preußischen Kultusministerium, kündigte im Oktober 1937 im Blick auf Bultmann und von Soden an, »bei sich bietender Gelegenheit beide oder einen von beiden von Marburg wegzuberufen oder zu versetzen, um aufbauwilligeren Kräften Platz zu machen«[57]. Allerdings bot sich solche Gelegenheit vorerst nicht. Der NS-Staat dürfte von einer Maßregelung Bultmanns und von Sodens auch aus Rücksicht auf deren internationales wissenschaftliches Renommee abgesehen haben.

Grundsätzlich schloß Bultmann nicht aus, daß die zunehmend aggressiver vorgehende nationalsozialistische Kirchenpolitik über kurz oder lang die Existenz der Theologischen Fakultäten gefährden könnte. Im Kontext der innerkirchlichen Konflikte und der nationalsozialistischen Bestrebungen, die Kirche aus dem öffentlichen Leben zu verdrängen, stellte sich die Ausbildung der Theologen ohnehin als ein komplexes Problem dar. In langwierigen Verhandlungen setzten Bultmann und von Soden zunächst bis 1935 durch, daß die theologischen Examina in Marburg als reine Fakultätsprüfungen und nicht, wie von den »Deutschen Christen« gefordert, unter Aufsicht der deutschchristlichen Kommissarischen Kirchenregierung durchgeführt wurden[58].

Nachdem im Juni 1935 die dritte Reichsbekenntnissynode in Augsburg die Voraussetzungen für die Gründung von Kirchlichen Hochschulen geschaffen hatten, ermöglichte die Errichtung entsprechender Einrichtungen in Berlin-Dahlem und Wuppertal-Elberfeld in der theologischen Ausbildung Alternativen zum herkömm-

54 Vgl. LIPPMANN, aaO 292–322. Zur Fortführung dieser studentischen Arbeit während des Zweiten Weltkriegs vgl. E. DINKLER-VON SCHUBERT (Hg.), Feldpost: Zeugnis und Vermächtnis. Briefe und Texte aus dem Kreis der evangelischen Studentengemeinde Marburg/Lahn und ihrer Lehrer (1939–1945), 1993; dazu s. u. 343.

55 Vgl. LIPPMANN, aaO 312 Anm. 155.

56 Th. KLEIN (Hg.), Die Lageberichte der Geheimen Staatspolizei über die Provinz Hessen-Nassau 1933–1936, Bd. 1, 1986, 293.

57 LIPPMANN (s. Anm. 23), 188 Anm. 136.

58 Vgl. Bultmann an G. Bornkamm, 2. 9. 1935, Mn 2-2147; zu den Hintergründen ausführlich LIPPMANN, aaO 271–277.

lichen Studium an den Theologischen Fakultäten. Hans von Soden wollte zwar eine Konkurrenz zwischen den staatlichen Fakultäten und den Kirchlichen Hochschulen vermieden wissen, sah aber unter dem Eindruck der restriktiven Wissenschaftspolitik des Dritten Reichs in den neuen Ausbildungsstätten der Kirche Möglichkeiten, sowohl den kirchlichen Charakter der Theologie zu stärken als auch die Freiheit der theologischen Forschung und Lehre zu sichern[59]. Bultmann plädierte gegenüber Ernst Käsemann 1936 dafür, die Theologie trotz der ihr vom Staat auferlegten Fesseln so lange wie möglich an den Universitäten zu belassen. Es sei durchaus denkbar, »daß die staatlichen theologischen Fakultäten ihre Legitimation, kirchliche Lehrstätten zu sein, in den nächsten Jahren völlig einbüßen«. Solange aber noch ungehindert gelehrt werden dürfe, sei es notwendig, die Theologie an den Universitäten zu halten und möglichst durch solche Lehrer vertreten zu lassen, die – wie in Marburg von Soden und er selbst – den Bezug der Theologie zur Kirche herausstellten. Bultmann sprach sich parallel dazu für den allmählichen Aufbau Kirchlicher Hochschulen aus. Freilich verhehlte er nicht, daß sich die Bekenntnisprofessoren in ihrem Engagement für eine kirchliche Ausrichtung der wissenschaftlichen Theologie von den Kirchen selbst im Stich gelassen fühlten[60]. Als Günther Bornkamm ein Lehramt an der Theologischen Schule Bethel übernahm, begrüßte Bultmann diesen Schritt. Freilich mahnte er seinen Schüler, sich nicht über Gebühr durch kirchliche Aufgaben in die Pflicht nehmen zu lassen. »Die theologische Arbeit ist *als solche* kirchlich, und wird es nicht erst durch Nebenbeteiligungen ...«[61].

An der Einstellung zum Dritten Reich, an den hier wirksam werdenden theologischen Optionen und ihren kirchenpolitischen Konsequenzen schieden sich für Bultmann die Geister. Das hatte Folgen auch für seine persönlichen und wissenschaftlichen Beziehungen zu anderen Theologen. Bultmann hatte Friedrich Gogarten bereits 1930 zu verstehen gegeben, »ziemlich ratlos« über dessen Schrift »Wider die Ächtung der Autorität« zu sein. Er sah durch Gogarten die Differenz zwischen der Rechtsordnung und der Liebesordnung, zwischen der den Zwang mit einschließenden staatlichen Autorität und der auf Vertrauen beruhenden echten Autorität im menschlichen Miteinander nicht hinreichend berücksichtigt. Bultmann widersprach der Meinung Gogartens, die Theologie und die Kirche könnten direkt Wege aus den politischen Nöten der Gegenwart weisen. Insbesondere zeigte er sich entsetzt darüber, daß der Verlag Gogartens Abhandlung »als politische Kampfschrift« offeriert

59 Vgl. Lippmann, aaO 267–269.

60 Bultmann an E. Käsemann, 26. 4. 1936, Mn 2-2251.

61 Bultmann an G. Bornkamm, 19. 5. 1937, Mn 2-2147. – Gegenüber H.-G. Gadamer plädierte Bultmann dafür, daß für den Fall der Aufhebung der Theologischen Fakultäten durch den NS-Staat und die völlige Verlagerung der theologischen Ausbildung an kirchliche Unterrichtsstätten gleichwohl einzelne Theologen weiterhin an der Universität – etwa in der Philosophischen Fakultät – lehren sollten, um das unverzichtbare interdisziplinäre Gespräch zu pflegen. Vgl. Bultmann an H.-G. Gadamer, 19. 11. 1939, DLA Marbach, Bestand A: Gadamer, ZN: HS. 2005.0056.

und daß man anhand dieses Textes die Theologie Gogartens parteipolitisch ausgeschlachtet hatte[62].

Im Juni 1933 lehnte Bultmann es ab, eine von Gogarten verfaßte Denkschrift über das Verhältnis von Staat und Kirche zu unterzeichnen. Er erkannte durchaus die Intention der Denkschrift an, die »Selbständigkeit des Amtes der kirchlichen Verkündigung« auch in der durch »die nationale Erhebung« geschaffenen neuen politischen Wirklichkeit zu sichern[63]. Jedoch, so befürchtete Bultmann, werde man die Denkschrift ausschließlich im Sinne derjenigen lesen, die wie die »Deutschen Christen« die Kirche für die Zwecke des Staates mißbrauchten. Gerade jetzt sei aber eine Denkschrift notwendig, »die gegen den Totalitätsanspruch eines Staates protestiert, der nicht nur über die politische, sondern auch über die glaubende Existenz verfügen will; die protestiert gegen die direkte Gleichsetzung des empirischen Staates mit dem gottgewollten«[64]. Infolge des hier von Bultmann markierten theologischen und kirchenpolitischen Dissenses brach der Kontakt zu Gogarten in den Jahren nach 1933 ab. Bultmann traf Gogarten erstmals wieder im Juni 1936 in einem Gutachterkreis von Theologieprofessoren[65]. Freilich wurde Bultmann die kirchenpolitische Haltung Gogartens weder auf jener Tagung noch durch sein Buch »Gericht oder Skepsis« plausibler. Daß Gogarten im Volkstum das Gesetz Gottes gegeben fand und den Volksnomos als Gestalt des göttlichen Gesetzes ausgab, erachtete Bultmann als unverständlich, ja für theologisch unmöglich[66].

Das Verhältnis zwischen Bultmann und Emanuel Hirsch war bis 1933 unbeschadet ihrer theologischen Differenzen von gegenseitigem Respekt bestimmt gewesen. Bultmann hielt Hirsch »bei all seinen Schwächen für einen wertvollen und unglücklichen Menschen ..., der unter seiner hervorragenden Begabung m. E. deshalb leidet, weil sie negativ-kritisch und nicht produktiv ist«[67]. Als Gogarten und Hirsch 1928 in einen heftigen Disput miteinander gerieten, nahm Bultmann Hirsch sogar in Schutz. Gogarten habe nicht genügend Verständnis für das legitime theologische Anliegen Hirschs entwickelt, das Vernehmen der Offenbarung als ein Verstehen, genauer als ein Sich-selbst-Verstehen des Hörers des geoffenbarten Wortes, aufzufassen[68]. Um der Klärung der theologischen Situation willen unternahm Bultmann den Versuch, zwischen den beiden zerstrittenen Theologen eine Verständigung herbeizuführen.

62 Bultmann an F. Gogarten, 6. 9. 1930, in: Göckeritz (s. Anm. 50), (181–190) 184.187. – Vgl. F. Gogarten, Wider der Ächtung der Autorität, 1930.

63 Vgl. F. Gogarten, Denkschrift zum Verhältnis von Staat und Kirche (1933), in: Göckeritz, aaO (300–302) 302.300.

64 Bultmann an F. Gogarten, 26. 6. 1933, aaO (209 f.) 210.

65 Vgl. dazu Einzelheiten bei Göckeritz, aaO 211–213 Anm. 6.

66 Vgl. Bultmann an F. Gogarten, 18. 4. 1937, aaO 211–213. Vgl. F. Gogarten, Gericht oder Skepsis. Eine Streitschrift gegen Karl Barth, 1937. – Zu den Aussagen über den Volksnomos vgl. F. Gogarten, Einheit von Evangelium und Volkstum?, 1933. – Zu Gogartens Mitgliedschaft bei den »Deutschen Christen« von August bis November 1933 vgl. Göckeritz, aaO 207 Anm. 6.

67 Bultmann an F. Gogarten, 25. 3. 1928, aaO (116–119) 117.

68 Vgl. aaO 118.

Hirsch reagierte auf diesen Vorstoß mit einem neunseitigen Antwortbrief, in dem er auf Bultmanns Initiative mit Dank reagierte[69]. Im Dritten Reich stellte sich der Göttinger Theologe als Chefideologe der »Deutschen Christen« und »christlicher Volkstribun«[70] in einem extremen Maße wie sonst kein deutscher Theologieprofessor in den Dienst des Nationalsozialismus. Bultmann trat nur noch ein einziges Mal – im April 1936 – mit Hirsch in Kontakt, um nämlich seine Beziehung zu ihm für beendet zu erklären[71].

Aus dem engeren Schülerkreis Bultmanns engagierten sich Günther Bornkamm, Ernst Fuchs und Heinrich Schlier in der Bekennenden Kirche. Mit ihnen korrespondierte Bultmann intensiv über die Entwicklung des Kirchenkampfs, durch sie erhielt er wertvolle Informationen über den jeweiligen Stand der Auseinandersetzungen in Württemberg, Ostpreußen und Westfalen[72]. Unter seinen Schülern war Ernst Käsemann der einzige, der sich 1933 den »Deutschen Christen« anschloß. Seit dem 12. Februar 1933 als Pfarrer in Gelsenkirchen-Rotthausen tagtäglich mit den Problemen der kirchlichen Arbeit in einer Arbeitergemeinde im Ruhrgebiet konfrontiert[73], erhoffte sich Käsemann von der Umsetzung der volksmissionarischen Impulse der »Deutschen Christen« die Überwindung der durch Klassen, Stände und Parteien inmitten der Gesellschaft gezogenen Grenzen[74]. Nachdem Käsemann seinem Lehrer in Marburg seinen Übergang zu den »Deutschen Christen« mitgeteilt und bei dieser Gelegenheit auch Barths »Theologische Existenz heute« als im Ansatz verfehlt kritisiert hatte[75], zeigte sich Bultmann verwundert und schmerzlich berührt von dem Schritt seines Schülers. Er machte Käsemann deutlich, daß die Bejahung der volksmissionarischen Aufgabe lediglich den »Deutschen Christen« ein gutes Gewissen für alles gebe, »was sie gegen den Sinn der Kirche und des Evangeliums tun«[76]. Merkwürdigerweise wandte sich Käsemann nicht schon nach der skandalösen Sportpa-

69 Vgl. E. Hirsch an Bultmann, 26. 3. 1928, Mn 2-997. Vgl. schon E. Hirsch an Bultmann, 26. 9. 1927, Mn 2-997: »Wunderlich, mit Ihnen und mit [H.] Knittermeyer verstehe ich mich so gut, nur mit Ihrer beider Freund Gogarten gehts nicht.«

70 Nowak (s. Anm. 9), 109.

71 Dies geht hervor aus: E. Hirsch an Bultmann, 21. 4. 1936, Mn 2-997. Welcher konkrete Anlaß Bultmann zu seinem Schritt bewog, läßt sich nicht mehr eruieren, da sein Brief an Hirsch anscheinend nicht mehr vorhanden ist. Hirsch soll nach Auskunft seiner Erben die an ihn gerichtete Korrespondenz bei Kriegsende vernichtet haben.

72 Vgl. exemplarisch J. Heise u. U. Schoenborn (Hg.), Kostproben aus dem Briefwechsel zwischen Ernst Fuchs und Rudolf Bultmann, in: Ch. Möller (Hg.), Freude an Gott. Hermeneutische Spätlese bei Ernst Fuchs, 2003, 290–322. – Eine Edition der Korrespondenz Bultmann – Bornkamm ist derzeit in Vorbereitung.

73 Vgl. (im Vorausblick) E. Käsemann an Bultmann, 31. 1. 1933, Mn 2-1083.

74 Vgl. R. Walter, Ernst Käsemanns Wirken als Gemeindepfarrer im Kirchenkampf in Westfalen 1933–1946, KZG 12 (1999), (199–224) 201 f.; J. Kampmann, Engagiert – positioniert – wagemutig. Ernst Käsemann und die verfaßte evangelische Kirche, in: J. Adam / H.-J. Eckstein / H. Lichtenberger (Hg.), Dienst in Freiheit. Ernst Käsemann zum 100. Geburtstag, 2008, (23–57) 30 f.

75 Vgl. E. Käsemann an Bultmann, 4. 8. 1933, Mn 2-1083.

76 Bultmann an E. Käsemann, 19. 9. 1933, Mn 2-2251.

lastkundgebung am 13. November 1933 von den »Deutschen Christen« ab. Erst sein vehementer Protest gegen die Eingliederung der evangelischen Jugendverbände in die Hitlerjugend führte Anfang 1934 zu seinem Ausschluß aus der »Glaubensbewegung«. Käsemann erkannte nun, nicht zuletzt auch durch die Voten Bultmanns zum Arierparagraphen überzeugt, daß er »einen Irrweg gegangen« war[77]. Freilich fand er danach nur mühsam den Weg in die Bekennende Kirche. Sein Verhältnis zu ihr blieb bis zu seinem Austritt aus der Westfälischen Bekenntnissynode im November 1940 spannungsreich[78]. Bultmann versuchte in all diesen Jahren, Käsemanns Vorbehalte gegen einzelne Schritte der Bekennenden Kirche entweder auszuräumen oder aber mit seinem Schüler gemeinsam nach Alternativen Ausschau zu halten[79].

Während des Dritten Reiches machte Bultmann es seinen Studenten zur Pflicht, in der von Karl Barth 1933 gewiesenen Richtung theologisch »weiter zu arbeiten, als sei nichts vorgefallen«. Jedoch müßten sie mit dem Wort, um dessen Verständnis sie sich im Studium bemühten, dann auch »gerade in die Kämpfe der Zeit« hinausgehen[80]. An diesem Kurs festzuhalten, fiel Bultmann zumal nach dem Ausbruch des Zweiten Weltkrieges nicht leicht. Er versuchte gleichwohl seine Arbeit weiter zu treiben: »... zwar bin ich der Überzeugung, daß sie niemals so wichtig war wie heute, wo sie unwichtig scheinen mag; aber es kostet doch immer einen angestrengten Entschluß, sich aus der Betäubung, die einen immer wieder befallen will, dazu aufzuraffen«[81]. Seine theologische Arbeit schlug sich nicht nur im Widerstand gegen die nationalsozialistische Kirchenpolitik, sondern auch in der kritischen Auseinandersetzung mit zentralen Elementen der nationalsozialistischen Ideologie und Staatsauffassung nieder. Dabei distanzierte er sich explizit oder implizit von lutherischen Theologen wie Paul Althaus, Werner Elert, Friedrich Gogarten oder Emanuel Hirsch, die dem Dritten Reich in verschiedenen Variationen die höhere Weihe theologischer Legitimität verliehen, indem sie die geschichtlich-natürlichen Gegebenheiten

77 E. Käsemann an Bultmann, 15. 1. 1934, Mn 2-1083.

78 Vgl. dazu Walter (s. Anm. 74), 204–222; Kampmann (s. Anm. 74), 32–37.

79 Vgl. schon Bultmann an E. Käsemann, 27. 5. 1934, Mn 2-2251, u. ö. – Als Käsemann im Spätsommer 1937 wegen angeblichen Vergehens gegen das Heimtückegesetz für drei Wochen inhaftiert wurde (vgl. Walter, aaO 213 f.), versicherte der darüber bestürzte Bultmann ihm seine Anteilnahme. Vgl. Bultmann an (E. Käsemann durch) Superintendent E. Kluge, 22. 8. 1937, Mn 2-2267. – Eine Edition des Briefwechsels Bultmann-Käsemann ist in Vorbereitung.

80 So der Bericht von D. Stoevesandt an K. Barth, 24. 2. 1937, in: S. Holtmann / P. Zocher (Hg.), Als Laien die Führung der Bekenntnisgemeinde übernehmen. Briefe aus dem Kirchenkampf von Karl Barth und Karl und Dorothee Stoevesandt (1933–1938), 2007, (108–112) 112; vgl. ähnlich schon Bultmann an E. Käsemann, 19. 9. 1933, Mn 2-2251.

81 Bultmann an H.-G. Gadamer, 5. 9. 1939, DLA Marbach, Bestand A: Gadamer, ZN: HS. 2005.0056; vgl. ähnlich Bultmann an G. Bornkamm, 27. 1. 1940, Mn 2-2147. – Als während des Zweiten Weltkrieges Theologen, die im Heeresdienst standen, eine Reduzierung des theologischen Studiums forderten, trat Bultmann dem vehement entgegen. Gerade um der kirchlichen Praxis willen seien die methodisch reflektierte wissenschaftliche Auslegung der biblischen Texte und als deren Voraussetzung die Kenntnis der alten Sprachen unerläßlich. Vgl. R. Bultmann, Zur Frage der wissenschaftlichen Ausbildung der Theologen, in: E. Fascher (Hg.), Studienbetreuung der Kriegsteilnehmer der Martin-Luther-Universität Halle, November 1944, 34–40.

menschlicher Lebenswirklichkeit in durchaus unlutherischer Weise als unmittelbare Erscheinungsformen des Gesetzes Gottes begriffen.

In einer Studie zum »Sinn des christlichen Schöpfungsglaubens« nimmt Bultmann 1936 Gedanken aus seiner Semestereröffnungserklärung vom Mai 1933 auf, indem er die Zweideutigkeit der neuerdings sogenannten Schöpfungsordnungen herausarbeitet[82]. Er kritisiert zunächst den inflationären Gebrauch des Begriffs der Schöpfungsordnung in der Theologie, um sodann deutlich zu machen, daß der Staat nicht zur eigentlichen Schöpfungsordnung gehöre, sondern allenfalls »als Ordnung der sündigen Schöpfung anzuerkennen« sei. Bultmann stellt gegen die zeitgenössische lutherische Ordnungstheologie fest: »Es ist nicht möglich, aus den natürlichen Gegebenheiten, die jeweils unsere Situation bestimmen, eindeutige Forderungen als Gottes Forderungen abzulesen.«[83] Dies gilt sowohl für das Volkstum, das durch seine Einbindung in die Geschichte[84] stets der Möglichkeit des Bösen ausgesetzt ist, als auch für den Staat, der mit seiner Rechtsgewalt lediglich im Zorn Gottes begründet ist. Insofern die staatliche Ordnung ihren Ursprung letztlich in der Sünde hat, ist jede Apotheose des Staates von vornherein und also gerade auch 1936 ausgeschlossen[85].

Im selben Jahr geht Bultmann in seinem Beitrag zur Festschrift für Karl Barth noch einen Schritt weiter. Hier widerspricht er in einer eminent gegenwartsbezogenen Auslegung der »Antigone« des Sophokles dem totalitären Anspruch des nationalsozialistischen Regimes. Bultmann macht als das Problem der »Antigone« das Verhältnis zwischen der durch Kreon repräsentierten staatlichen Macht und der von Antigone und dem Gott Hades zum Maß des gemeinschaftlichen Lebens erhobenen göttlichen Norm aus. Kreon sieht in seiner Herrschaft den Willen Gottes verwirklicht – und besteht daher darauf, daß die Gesetze der Polis uneingeschränkt gültig sind –, in Wirklichkeit aber tritt er mit seiner göttlich legitimierten tyrannischen Willkür die Ehre der Götter mit Füßen. Demgegenüber übertritt Antigone die Gesetze, ohne daß sie sich dafür auf eine Rechtssatzung berufen könnte. Sie folgt allein dem alten »Wissen, daß menschliches Dasein und gerade auch die Existenz der Polis durch die jenseitige Macht des Hades begrenzt ist«[86]. Für Bultmann verkörpert Kreon offenkundig den nationalsozialistischen Willkürstaat, während er in Antigone den Menschen erkennt, der sich dem totalen Staat deshalb verweigert, weil er sich

82 R. Bultmann, Der Sinn des christlichen Schöpfungsglaubens, ZMRW 51 (1936), (1–20) 18.

83 AaO 19.

84 Bultmann, ebd., rechnet bezeichnenderweise die Rasse – »das Blut« – nicht zu den natürlichen Gegebenheiten menschlichen Lebens.

85 Vgl. aaO 19f.; dazu R. Bultmann, Die Bergpredigt Jesu und das Recht des Staates, in: Forschungen und Fortschritte. Nachrichtenbl. der Deutschen Wissenschaft und Technik 12 (1936), 100–102.

86 R. Bultmann, Polis und Hades in der Antigone des Sophokles (1936), GuV II, 1968[5], (20–31) 22.

vom göttlichen Jenseits das Gesetz zu lieben als die exklusive Norm seines Handelns diktieren läßt[87].

In seinem Johannes-Kommentar – inzwischen ist der Zweite Weltkrieg ausgebrochen – führt Bultmann seine Kritik am NS-Staat fort. Er legt die Szene »Jesus vor Pilatus« Joh 18,28–19,16 in einer im Verhältnis zur bisherigen Exegese analogielosen Weise als Paradigma für »die eigentümliche Zwischenstellung des Staates zwischen Gott und Welt« aus[88]. Pilatus erscheint nicht mehr bloß als Repräsentant des (vergangenen) römischen Staates, er vertritt den Staat an sich, der seine Autorität nicht aus der Welt, sondern allein aus seiner Relation zu Gott bezieht. Pilatus weiß um die damit gegebene Verantwortung des Staates vor Gott. Der Staat unterscheidet sich dadurch vom gottfeindlichen Kosmos, daß er aus seinen Handlungen persönliche Interessen ausscheidet. Er kann sich freilich durch die Welt korrumpieren lassen, wie es im Fall des Pilatus dann auch geschieht. Indem der von der Welt instrumentalisierte Staat unsachlich handelt, verliert er freilich noch nicht gänzlich seine Autorität. Denn wie Joh 19,11–16 zu verstehen gibt, hat Pilatus »gar kein persönliches Interesse am Tode Jesu« und wahrt er in seinem ungerechten Urteil immerhin noch die äußere Form und Autorität des Rechts[89]. Eben darin unterscheidet sich – diesen Schluß legt Bultmann seinen Lesern 1941 zwingend nahe – der durch Pilatus verkörperte Staat immer noch von dem gegenwärtigen deutschen Staat. Der nationalsozialistische Staat kann, da er nicht einmal mehr den Anschein des Rechts wahrt, auf keinen Fall den Anspruch erheben, Staat im Sinne der neutestamentlichen Überlieferung zu sein. Dieser pervertierte Staat ist nichts anderes als eine Manifestation des gottfeindlichen Kosmos, er ist das institutionalisierte Böse[90].

Auch in seinen Predigten ließ Bultmann es nicht an offenen Worten der Kritik an der nationalsozialistischen Weltanschauung fehlen. Vom christlichen Schöpfungsglauben her wandte er sich gegen die Vergötzung der Kräfte, die in der Natur wirken, und des Nomos, der Volk und Staat formt. Diese Mächte identifizierte Bultmann mit Paulus angesichts des einen Gottes, der dem Leben allein Sinn und Ziel gibt, als nichtige Verkehrungen der göttlichen Schöpfermacht[91]. In diesem Zusammenhang

87 Vgl. aaO 29–31; dazu Lindemann (s. Anm. 9), 43; O. Pöggeler, Schicksal und Geschichte. Antigone im Spiegel der Deutungen und Gestaltungen seit Hegel und Hölderlin, 2004, 169f. – Möglicherweise ist Bultmanns Deutung der »Antigone« in den von Alfred Döblin 1937–1943 im Exil geschriebenen ersten Teil seines Romans »November 1918« eingegangen. Vgl. dazu H. Flashar, Inszenierung der Antike. Das griechische Drama auf der Bühne der Neuzeit 1585–1990, 1991, 170.

88 R. Bultmann, Das Evangelium des Johannes, 1941[10/1], 513; vgl. D. Lührmann, Der Staat und die Verkündigung. Rudolf Bultmanns Auslegung von Joh 18,28 bis 19,16, in: C. Andresen u. G. Klein (Hg.), Theologia crucis – signum crucis. FS E. Dinkler, 1979, 359–375.

89 Bultmann, ebd.

90 Bultmann hat diese eminent zeitbezogene Deutung der Szene »Jesus vor Pilatus« und insbesondere seine Identifizierung des Pilatus mit dem Staat nach dem Zweiten Weltkrieg zurückgenommen bzw. modifiziert. Vgl. dazu im einzelnen Lührmann (s. Anm. 88), 370–375.

91 Vgl. R. Bultmann, Der Glaube an Gott den Schöpfer, VW, 261–273 (Predigt über I Kor 8,4–6 am 1.7.1934); Ders., MP, 1968[2], 26–40 (Predigt über Gen 8,22 am 9.5.1937).

erfuhr insbesondere die nationalsozialistische Rassenideologie schärfste Ablehnung. Die Verherrlichung von Blut und Boden, die Apotheose der Rasse[92], erwuchs für Bultmann nicht etwa aus einem natürlichen, gleichsam ursprünglichen Heidentum. Vielmehr – so machte er in dem Jahr, in dem die Nationalsozialisten die Nürnberger Rassengesetze erließen, deutlich – konnte es ein solches naives Heidentum dort, wo das Christentum seine Botschaft bereits verkündigt hatte, gar nicht mehr geben, war die Vergöttlichung der Rasse und des Volkstums letztlich nur die krampfhafte Empörung gegen das Christentum. Denn dies jedenfalls hatten die Befürworter der nationalsozialistischen Weltanschauung richtig erkannt: das Christentum, das sie bekämpften, war mit seinem dialektischen Verhältnis zur Welt die große Störung der Welt, die sich aus sich selbst zu begreifen suchte und sich selbst konstituieren zu können glaubte[93].

Schon während des Dritten Reichs entwickelte Bultmann auf der Kanzel Konturen seines später voll ausgeführten Bildes von der nationalsozialistischen Ideologie[94]. Neben dem Rassenwahn gehörten eine utilitaristische Auffassung des menschlichen Lebens, das nackte Streben nach ökonomischem Erfolg vor dem Hintergrund sozialdarwinistischer Überzeugungen[95] sowie die Instrumentalisierung der Technik für die Beherrschung – letztlich: die Zerstörung – der Natur[96] zu den tragenden Elementen der nationalsozialistischen Weltanschauung. Für ihn war diese Ideologie nichts als der Ausdruck des verzweifelten Bemühens, mittels eigener Kräfte dem Leben die verlorengegangene, jedenfalls nicht einfach zuhandene Sicherheit zu verschaffen, in der der Mensch seiner selbst mächtig war[97].

Der Nationalsozialismus, der sich diesem Ziel verschrieben hatte, mußte in der Sicht Bultmanns mit innerer Notwendigkeit die christliche Verkündigung unterdrücken[98]. Denn sofern diese Botschaft über alle menschlichen Bestrebungen, eigenmächtig über das Leben zu verfügen und seinen Sinn innerweltlich herzustellen, das Gericht Gottes ausrief, erwies sie sich als »die *große Störung* der Weltgeschichte und des weltlichen Lebens«[99]. Deshalb war sich Bultmann über die Rolle der Kirche in der Diktatur illusionslos im Klaren: »Allein die Existenz der christlichen Kirche in der Welt ist ein Protest gegen die Welt; ein Protest dagegen, daß die Welt sich anmaßt, letzte Bindung und Verpflichtung, letzte Erfüllung geben zu können ... Deshalb empfindet die Welt die Kirche als Fremdkörper; und fügt sich die Kirche nicht

92 Vgl. Bultmann, aaO 34; Ders., Echtes Bekenntnis, VW, (278–292) 292 (Predigt über Joh 6,60–69 am 6. 4. 1935).

93 Vgl. R. Bultmann, Advents-Bereitschaft, VW, (293–304) 299 (Predigt über Röm 13,11 f. am 1. 12. 1935); dazu Jaspert (s. Anm. 28), 177 f.

94 S. dazu u. 353, 365 f.

95 Vgl. R. Bultmann, MP (s. Anm. 91), (60–70) 63 f. (Predigt über Röm 8,18–27 am 2. 7. 1938).

96 Vgl. R. Bultmann, MP, (1–13) 6–10 (Predigt über Apg 17,22–32 am 7. 6. 1936).

97 Vgl. Bultmann, aaO 6 f.; Ders. (s. Anm. 95), 67 f.; Ders., aaO (118–125) 121 f. (Predigt über Joh 3,14–20 am 8. 12. 1940).

98 Vgl. Bultmann, aaO (48–59) 58 f. (Predigt über Joh 16,5–15 am 15. 5. 1938).

99 Bultmann (s. Anm. 93), 299.

der Macht der Welt in ihren Zielen und Gaben, nun so soll sie ihre Macht in ihrem Zorn erfahren.«[100]

Am 22. Juni 1941 überfiel Hitlers Wehrmacht die Sowjetunion. Der Geistliche Vertrauensrat der Deutschen Evangelischen Kirche übermittelte Hitler »in diesen hinreißend bewegten Stunden aufs neue die umwandelbare Treue und Einsatzbereitschaft der gesamten evangelischen Christenheit des Reiches« und erklärte, der deutsche Überfall auf die Sowjetunion diene im Sinne Gottes der Rettung der »abendländisch-christlichen Kultur«[101]. Bultmann hingegen sprach an dem Tag, als Deutschland den Krieg mit der Sowjetunion begann, in seiner Predigt von der »große[n] Sorge, die heute auf uns allen liegt«, und machte die von den Nationalsozialisten betriebene Entkirchlichung der deutschen Gesellschaft zum Gegenstand seiner kritischen Besinnung. »Wir wissen alle, daß Deutschland heute kein christliches Land mehr ist; daß das kirchliche Leben nur noch ein Rest ist, und daß manche wünschen und hoffen, daß auch dieser Rest bald verschwinde.«[102]

Die Kraft und das Motiv zu solchem Widerstand gegen den Ungeist des Nationalsozialismus bezog Bultmann aus der neutestamentlichen Christusbotschaft, die ihm allererst »die freie Sicherheit des Lebens« vermittelte, deren es zumal unter den unfreien Bedingungen der Diktatur bedurfte[103]. Das biblische Wort ruft nämlich den Christen, indem es ihm sein Fremdsein in der Welt vor Augen führt, zu der »radikalen inneren Ehrlichkeit«, in der allein er zu sich selbst gelangen kann[104]. Dieses Wort erweist sich zugleich als Gnade, da es dem Menschen die Möglichkeit zuspricht, aus der Zukunft Gottes zu leben[105]. Dieses Wort wirkte darin befreiend, daß es gerade in der Situation äußerer Unfreiheit die Bereitschaft zum offenen Widerspruch weckte, die Bereitschaft auch zum Opfer[106], zum Leiden[107] sowie nicht zuletzt zur tätigen Solidarität mit denjenigen, die Opfer des nationalsozialistischen Rassenwahns wurden.

100 Bultmann (s. Anm. 98), 53.

101 Telegramm des Geistlichen Vertrauensrates der Deutschen Evangelischen Kirche an den Führer A. Hitler vom 30. 6. 1941, in: J. Beckmann (Hg.), Kirchliches Jahrbuch für die Evangelische Kirche in Deutschland 1933–1944, 1976[2], 458.

102 R. Bultmann, MP (s. Anm. 91), (126–136) 127.129 (Predigt über Lk 14,16–24 am 22. 6. 1941).

103 R. Bultmann, MP, (107–117) 115 (Predigt über Lk 18,9–14 am 4. 8. 1940).

104 Bultmann (s. Anm. 93), 300.

105 Vgl. Bultmann (s. Anm. 95), 66–70 (cf. I Kor 7,29–31).

106 Vgl. R. Bultmann, MP, (14–25) 24 f. (Predigt über Mt 6,25–33 am 15. 11. 1936).

107 Vgl. Bultmann (s. Anm. 92), 282 f.; dazu Bultmann an E. Käsemann, 26. 4. 1936, Mn 2-2251.

2. Die verfolgten Juden

Der Theologe Bultmann lud uns zusammen mit meinen nächsten Kollegen (Gadamer, Krüger und Frank) am Abend vor meiner Abreise zum Abschied ein: ein Vertreter protestantischer Christlichkeit war bezeichnender Weise der einzige Gastgeber eines hinausgeworfenen Juden, der in seinen Vorlesungen den Studenten der Theologie den Verfall des Christentums dargestellt hatte![108]

Der rassische Antisemitismus bildete einen zentralen Bestandteil der nationalsozialistischen Weltanschauung. Im Jahre 1933 erkannten indes nur wenige Zeitgenossen die konstitutive Bedeutung, die die Judenfeindschaft für die Politik der neuen Machthaber haben sollte. Gewiß – viele Theologen und Kirchenvertreter gingen innerlich auf Distanz zu dem Radauantisemitismus, der sich im März 1933 auf den Straßen deutscher Großstädte austobte, und zu dem »spontanen«, tatsächlich von Hitler befohlenen Boykott jüdischer Geschäfte, Arzt- und Rechtsanwaltspraxen am 1. April 1933. In diesen Aktionen sah man weithin bedauerliche eruptive Begleiterscheinungen der noch gärenden Übergangsphase der »nationalen Revolution«, Exzesse, die sich nach der Konsolidierung der nationalsozialistischen Herrschaft nicht wiederholen würden.

Das »Gesetz zur Wiederherstellung des Berufsbeamtentums« vom 7. April 1933, das die Ausschaltung politisch mißliebiger Beamter ermöglichte, rief in Kirche und Theologie, von Ausnahmen abgesehen, keine Reaktionen hervor. Das Gesetz enthielt in Paragraph 3 die Bestimmung, Beamte nichtarischer Abstammung seien in den Ruhestand zu versetzen. Zu einer offiziellen Stellungnahme gegen diesen staatlichen Arierparagraphen sahen sich Kirchenleitungen schon gar nicht veranlaßt, schien er doch kirchliche Belange nicht zu tangieren. Zudem hielten nicht wenige evangelische Christen, Theologen und Kirchenvertreter 1933 ein maßvolles Vorgehen des Staates gegen die Juden für berechtigt. Die Meinung, die Juden seien in bestimmten Berufszweigen überproportional vertreten und sie übten einen schädlichen, »zersetzenden« Einfluß auf den Volksorganismus aus, war durchaus auch in den protestantischen Kreisen anzutreffen, die den rassischen Antisemitismus des Nationalsozialismus ablehnten.

Bultmann erwies sich schon vor 1933, gestützt auf sein unbestechliches theologisches Urteil und bestärkt durch seine zahlreichen Freundschaften mit Juden und Christen jüdischer Herkunft, als resistent gegenüber jeder Form von Antisemitismus. Mit seinem Jugendfreund Leonhard Frank hatte er zu Beginn des 20. Jahrhunderts das Problem des kaiserzeitlichen Antisemitismus und Möglichkeiten seiner Überwindung erörtert[109]. In der Korrespondenz mit dem ihm freundschaftlich ver-

108 K. Löwith, Mein Leben in Deutschland vor und nach 1933. Ein Bericht [1940], 1986, 81.
109 Vgl. K. Hammann, Rudolf Bultmanns Begegnung mit dem Judentum, ZThK 102 (2005), (35–72) 41 f.

bundenen Marburger Indogermanisten Hermann Jacobsohn spielte die Auseinandersetzung mit dem rassischen Antisemitismus eine gewichtige Rolle[110]. Bezeichnend für Bultmanns Haltung war die Szene, zu der es bei Hannah Arendts Anmeldung für sein neutestamentliches Seminar im Wintersemester 1925/26 kam. Als die junge Philosophiestudentin ihrem Gesuch um Aufnahme forsch die Erklärung hinzufügte, es dürfe aber »keine antisemitischen Bemerkungen« geben, versicherte ihr Bultmann in seiner ruhigen Art, falls etwas Derartiges vorkommen sollte, »werden wir zwei schon mit der Situation fertig werden«[111].

Als einer der ersten Professoren an der Marburger Universität erhielt Hermann Jacobsohn am 25. April 1933 die Mitteilung über seine vorläufige Suspendierung vom Dienst. Da Paragraph 3 des Berufsbeamtengesetzes auf den bereits vor 1914 in den Staatsdienst eingetretenen jüdischen Gelehrten keine Anwendung finden konnte, wurde er aus politischen Gründen – wegen seines liberaldemokratischen Engagements für die Weimarer Republik – unter Bezugnahme auf Paragraph 6 des Gesetzes entlassen. Jacobsohn nahm sich am Tag nach dem Erhalt der Nachricht aus Verzweiflung das Leben[112]. Sein Schicksal rief im Hause Bultmann große Bestürzung hervor. Es dürfte Bultmann den letzten Anstoß gegeben haben, eine Woche später in seiner Vorlesungserklärung zur Eröffnung des Sommersemesters 1933 auch die einsetzende Diskriminierung der Juden zu thematisieren. Soeben, im April 1933, hatte die Deutsche Studentenschaft in einer Kundgebung antisemitische Parolen verbreitet. Darauf eingehend, protestierte Bultmann gegen die »Diffamierung der Juden«, die eine »dämonische Verzerrung« darstelle und »nicht vom Geiste der Liebe getragen« sei: »Ich muß als Christ das Unrecht beklagen, das gerade auch den deutschen *Juden* durch solche Diffamierung angetan wird.«[113] Wenn überhaupt, dann war nur in wenigen deutschen Hörsälen zu diesem Zeitpunkt ein ähnlich eindeutiges und mutiges Wort zu vernehmen. Welcher Wissenschaftler außer Bultmann wagte es, solch offene Kritik auch noch zu publizieren? Martin Buber jedenfalls vermerkte in der Kontroverse, die er 1933 mit dem Tübinger Neutestamentler Gerhard Kittel über dessen antijüdisches Segregationsprogramm austrug, Bultmanns Eintreten für die Juden als positives Beispiel[114]. Es gab kaum vergleichbare Voten anderer christlicher Theologen, die Buber für seine Sache hätte anführen können.

110 Vgl. Hammann, aaO 44 f.

111 E. Young-Bruehl, Hannah Arendt. Leben, Werk und Zeit. Aus dem Amerikanischen von H. G. Holl, 1986, 108; vgl. H. Jonas, Erinnerungen. Nach Gesprächen mit R. Salamander, hg. von Ch. Wiese, 2003, 111.

112 Vgl. H. Maier-Metz, Hermann Jacobsohn: Sein Leben, in: R. Verroen/W. Burger/R. Stumm (Hg.), Leben Sie? Die Geschichte der deutsch-jüdischen Familie Jacobsohn, 2000, (57–81) 71–80.

113 R. Bultmann, Die Aufgabe der Theologie in der gegenwärtigen Situation (1933), in: Ders., Neues Testament und christliche Existenz. Theologische Aufsätze, hg. von A. Lindemann, 2002, (172–180) 179.

114 Vgl. M. Buber, Offener Brief an Gerhard Kittel (1933), in: Ders., Der Jude und sein Judentum. Gesammelte Aufsätze und Reden, 1993^2, (607–610) 608.

In seiner Vorlesungserklärung vom 2. Mai 1933 berief sich Bultmann im Zusammenhang seiner Absage an die Diffamierung der Juden »auf ein Wort Ad. Hitlers ..., daß die anders Denkenden nicht unterdrückt, sondern gewonnen werden« sollten[115]. Offenkundig tat Bultmann dies aus taktischen Gründen. Daß er nach dem, was bereits geschehen war, die tragende Rolle des Antisemitismus in der nationalsozialistischen Politik Anfang Mai 1933 noch nicht erkannt hätte, ist völlig ausgeschlossen[116]. Solche Naivität lag ihm fern, wie er noch im Verlauf des Sommersemesters 1933 deutlich machte. Bultmann las »Theologische Enzyklopädie« und ergänzte den Text dieses bereits 1926, 1928 und 1930 vorgetragenen Kollegs um eine Passage, in der er sich kritisch mit der biologisch-rassischen Volkstumsideologie des Nationalsozialismus auseinandersetzte. Volkstum sei »nie ein eindeutiges Gegebenes als Vorhandenes, sondern ... immer zugleich ein Aufgegebenes; ... keine naturhafte biologische Größe, sondern eine geschichtliche«. Und in diesem Zusammenhang statuierte Bultmann unmißverständlich: »Volk ist im echten Sinne kein biologisches, sondern ein geschichtliches Phänomen, das heißt unsere Teilhabe daran ist nicht eine Frage der Abstammung, sondern ist eine Frage der Existenz.«[117] Deutlicher konnte und mußte die Kritik am Rassenantisemitismus nicht ausfallen. Bultmann hatte seinen Hörern klargemacht, welche Position er vertrat, gerade auch im Hinblick auf die vom NS-Staat mit dem Instrument des Arierparagraphen begonnene Entjudungspolitik.

Die am 6. Mai 1933 erlassene Durchführungsverordnung zum Berufsbeamtengesetz bestimmte ausdrücklich, das Gesetz finde auf »Beamte, Angestellte und Arbeiter der öffentlich-rechtlichen Religionsgesellschaften ... keine Anwendung«[118]. In dieser Hinsicht übte der NS-Staat also keinerlei Druck auf die Kirchen aus. Gleichwohl erhoben sich alsbald einzelne Stimmen, die die Einführung eines kirchlichen Arierparagraphen befürworteten, so etwa Gerhard Kittel[119]. Zudem nutzten die »Deutschen Christen« nach ihrem Sieg bei den Kirchenwahlen im Juli 1933 ihre neu errungenen Machtpositionen in etlichen Kirchenleitungen, um die von ihnen vehement propagierte Entlassung »judenstämmiger« Pastoren und Kirchenbeamter aus dem Dienst legislativ in die Wege zu leiten. Dem entsprechenden Beschluß der Generalsynode der Altpreußischen Union vom 6. September 1933 folgten bald die Landeskirchen Sachsen, Braunschweig, Lübeck, Schleswig-Holstein, Thüringen, Mecklenburg und Nassau-Hessen. Aus Sorge, die neue – ebenfalls deutschchristlich dominierte – Nationalsynode der Deutschen Evangelischen Kirche könne den Arierparagraphen allgemein verbindlich machen, ersuchten am 11. September 1933 die Vertreter des kurhessischen Kirchentages aus den drei oberhessischen Kirchen-

115 Bultmann (s. Anm. 113), 179.

116 Dies zu A. Lippmann, Marburger Theologie im Nationalsozialismus, 2003, 128.

117 R. Bultmann, Theologische Enzyklopädie, hg. von E. Jüngel/K.W. Müller, 1984, 65.

118 Zit. nach H. Liebing (Hg.), Die Marburger Theologen und der Arierparagraph in der Kirche, 1977, 5.

119 Vgl. G. Kittel, Die Judenfrage, 1933.

kreisen die Theologischen Fakultäten Marburg und Erlangen um klärende Gutachten[120].

Das von Hans von Soden verfaßte und von der Fakultät am 19. September einstimmig beschlossene Marburger Gutachten stellte die Unvereinbarkeit des Arierparagraphen »mit dem Wesen der christlichen Kirche« fest. Um der Unabhängigkeit ihres Auftrags willen könne die Kirche nicht von vornherein politische oder kirchenpolitische Normen außerkirchlicher Instanzen akzeptieren. Die freie Wahrnehmung ihres geistlichen Auftrags schließe für die Kirche gegebenenfalls auch die Kritik an »Vorgängen im staatlichen und kirchlichen Leben« ein. Der Arierparagraph sei schrift- und bekenntniswidrig, da er die Christen nichtarischer Herkunft »zu Kirchengliedern minderen Rechts und minderer Würde« degradiere. Die Botschaft von Jesus Christus richte sich jedoch gleichermaßen an alle Völker und Rassen und schließe alle Glaubenden und Getauften zur Kirche Christi zusammen. Alle Kirchenglieder seien untereinander Brüder. Daher müsse jegliche Rechtsungleichheit zwischen ihnen, insbesondere auch eine Sonderstellung der Judenchristen, ausgeschlossen werden. Wie die Kirchengeschichte und »das Staats- und Kirchenrecht aller Völker« das Judentum bisher nicht als Rasse, sondern als Konfession begreife, so seien umgekehrt getaufte Juden für die Kirche keine Juden mehr. Wenn auch der Staat neuerdings meine, rassischen Aspekten Rechnung tragen zu müssen, könne die Kirche, zumal sie niemals »staatsbürgerrechtliche Beschränkungen für den getauften Juden« vertreten habe, in ihrem Bereich solche Erwägungen nicht anerkennen. Denn die Kirche dürfe »die Einheit des Leibes Christi«, die sich in der »volle[n] Einheit zwischen jüdischen und nichtjüdischen Christen in der Kirche« realisiere, keinesfalls preisgeben. Auch sei »unbestreitbar, daß Gott sein Wort« im Alten und Neuen Testament »durch Juden verkündigt und seinen Sohn aus den Juden erwählt« habe. Versuche, aus Jesus einen Arier zu machen, entbehrten jeder geschichtlichen Basis. Die göttliche Heilsgeschichte werde offen abrogiert, wenn man Christen jüdischer Herkunft entrechten wolle[121].

Die Eindeutigkeit des Marburger Votums erreichte das von Paul Althaus und Werner Elert erarbeitete Erlanger Gutachten vom 25. September 1933 bei weitem nicht. Die Erlanger Theologen gingen zwar davon aus, daß es auf Grund der Gemeinschaft der Glaubenden mit Christus »keinen Unterschied zwischen Juden und Nichtjuden« *coram Deo* gebe, brachten dann aber biologisch-völkische Aspekte ins Spiel. In der äußeren Kirchenordnung müsse der »Grundsatz von der völkischen Verbundenheit der Amtsträger mit ihrer Gemeinde« beachtet werden. Da die Kirche die Aufgabe zu erfüllen habe, »Volkskirche der Deutschen zu sein«, stelle »in der jetzigen Lage die Besetzung ihrer Ämter mit Judenstämmigen im allgemeinen eine schwere Belastung« dar. Die Kirche müsse »daher die Zurückhaltung ihrer Juden-

120 Vgl. im einzelnen Lippmann (s. Anm. 116), 137.

121 Gutachten der Theologischen Fakultät der Universität Marburg zum Kirchengesetz über die Rechtsverhältnisse der Geistlichen und Kirchenbeamten (1933), in: Liebing (s. Anm. 118), 9–15.

christen von den Ämtern fordern«, zumal das deutsche Volk die Juden stärker denn je als fremdes Volkstum empfinde. Zwar empfahlen Althaus und Elert der Kirche, Ausnahmen von der Regel zuzulassen, etwa bewährte Geistliche jüdischer Herkunft im Amt zu belassen, aber ihr Gutachten lief faktisch auf eine vorsichtige Bejahung des Arierparagraphen in der Kirche hinaus[122].

Das Marburger Gutachten trug entscheidend mit dazu bei, daß sich verstärkt innerkirchlicher Widerstand gegen den Arierparagraphen formierte. Angesichts der Gefahr, daß die für den 27. September 1933 anberaumte Nationalsynode eine Ariergesetzgebung für die gesamte Deutsche Evangelische Kirche beschließen könnte, hielt Bultmann es aber für erforderlich, den Protest gegen diese drohende Entwicklung zu verschärfen und auszuweiten. Er verfaßte ein weiteres Gutachten »Neues Testament und Rassenfrage«[123], das ab dem 23. September in den »Theologischen Blättern« und in der »Jungen Kirche« publik gemacht wurde. Das von 21 deutschen Neutestamentlern unterschriebene Gutachten argumentierte exegetisch vom Gegensatz »Jude – Heide« her, der im Neuen Testament nicht als »Gegensatz natürlicher oder geistiger Volksindividualitäten verstanden« werde. Das Heilsgeschehen in Christus habe diesen Gegensatz irrelevant gemacht. Auch nach Paulus sei die Differenz zwischen Juden und Heiden hinfällig geworden. Der historische »Konflikt zwischen Juden- und Heidenchristentum« sei nicht an völkischen und rassischen Fragen, sondern am Problem der Relevanz des alttestamentlichen rituellen Gesetzes orientiert gewesen. Paulus legitimiere prinzipiell die Ablehnung der Auffassung, daß Differenzen »innerhalb der menschlichen Sphäre« – also auch rassenbiologisch begründete Unterschiede – *coram Deo* bedeutsam seien.

Nach dem Zeugnis des Neuen Testaments stelle »die christliche Kirche eine Kirche aus ›Juden und Heiden‹« dar. Allein der Glaube und die Taufe seien für die Kirchenzugehörigkeit maßgebend. Biologisch-rassischen Wertungen dagegen komme hier keine Bedeutung zu. So seien auch für die vom Heiligen Geist gewirkten Ämter in der Kirche Juden und Heiden gleichermaßen geeignet. Die Kirche berufe zu Amtsträgern einzelne Christen nur nach dem Maß des Glaubens, der Lebensführung und der persönlichen Eignung[124].

Hans Lietzmann überreichte der Einstweiligen Leitung der Deutschen Evangelischen Kirche am 20. September das Neutestamentler-Gutachten[125]. Bereits fünf Tage zuvor hatte der schwedische Erzbischof Erling Eidem in einem Brief an Ludwig Müller für den Fall, daß der Arierparagraph in der gesamten deutschen Kirche eingeführt würde, den Abbruch der Beziehungen der schwedischen zur Deutschen

122 Theologisches Gutachten über die Zulassung von Christen jüdischer Herkunft zu den Aemtern der deutschen evangelischen Kirche (1933), in: Liebing (s. Anm. 118), 20–23.

123 Zur Verfasserschaft Bultmanns vgl. E. Dinkler, »Neues Testament und Rassenfrage«. Zum Gutachten der Neutestamentler 1933, in: Ders., Im Zeichen des Kreuzes. Aufsätze, hg. von O. Merk u. M. Wolter, 1992, (409–420) 410.412.

124 [R. Bultmann,] Neues Testament und Rassenfrage (1933), in: Liebing (s. Anm. 118), 16–19.

125 Vgl. H. Lietzmann an H. von Soden, 21. 9. 1933, in: K. Aland (Hg.), Glanz und Niedergang der deutschen Universität, 1979, 749 f.; vgl. auch aaO 748 f.750 f.

Evangelischen Kirche angedroht. Müller zeigte sich sowohl von dem Votum der Neutestamentler als auch von der Drohung der schwedischen Kirche sichtlich beeindruckt und verzichtete darauf, den Arierparagraphen durch die am 27. September in Wittenberg tagende Nationalsynode in die kirchliche Gesetzgebung übernehmen zu lassen. Mit diesem Zwischenerfolg seiner Bemühungen gab sich Bultmann allerdings nicht zufrieden, zumal die vorläufige Sistierung der Ariergesetzgebung offenkundig allein dem taktischen Kalkül des neu installierten Reichsbischofs Müller zu verdanken war. Um seiner Initiative eine noch größere Stoßkraft zu verleihen, bat Bultmann seinen Zürcher Kollegen Werner Georg Kümmel am 16. Oktober 1933 darum, »die Zustimmung möglichst vieler außer-reichs-deutscher Neutestamentler« zum Neutestamentler-Gutachten einzuholen[126]. Kümmel und sein Zürcher Fachkollege Gottlob Schrenk kamen dieser Bitte umgehend nach und erreichten, daß 56 von siebzig angeschriebenen Neutestamentlern im europäischen und amerikanischen Ausland die Erklärung »Neues Testament und Rassenfrage« durch ihre Unterschrift unterstützten[127]. Freilich hatte die von Bultmann initiierte Aktion Kümmels und Schrenks umgekehrt zur Folge, daß mit Alfred Juncker und Julius Schniewind (Königsberg) sowie Karl Heim (Tübingen) drei der Erstunterzeichner am 30. Oktober ihre Unterschrift zurückzogen, da sie dem »Anschein«, »mit den ausländischen Kritikern Deutschlands gemeinsame Sache« zu machen, entgegentreten wollten[128].

Namentlich Heim schwenkte darin, daß er das (angebliche) Interesse des deutschen Volkstums nun über die exegetisch begründete theologische Wahrheitserkenntnis stellte, auf die von seinem Kollegen Gerhard Kittel vorgezeichnete Position der Tübinger Theologischen Fakultät in der Frage des kirchlichen Arierparagraphen ein. Sich ausdrücklich zur Denkschrift ihres Kollegen Kittel »Kirche und Judenchristen«[129] bekennend, traten die Tübinger Theologen der »Werbung« um die Zustimmung ausländischer Theologen gegen den Arierparagraphen entgegen. Die ganze Angelegenheit sei gar nicht »eine Frage des Glaubens, des Bekenntnisses und der Reinheit biblischer Verkündigung«. Vielmehr handele es sich bei dem Problem, ob Judenchristen Ämter »in einer ihrer Eigenart sich bewußt werdenden Volkskirche« übernehmen könnten, bloß um »eine Frage der Verwaltung dieser Volkskirche«. Wie diese Frage zu entscheiden sei, machte die Tübinger Fakultät dadurch deutlich, daß sie den Judenchristen empfahl, eigene Gemeinden außerhalb der deutschen Volkskirche zu bilden[130].

Das Erlanger Gutachten, die Tübinger Stellungnahme und die Distanzierung Heims, Junckers und Schniewinds vom Neutestamentler-Gutachten signalisierten

126 Bultmann an W. G. Kümmel, 16. 10. 1933, in: Dinkler (s. Anm. 123), 411.

127 Vgl. Dinkler (s. Anm. 123), 412–414.

128 Vgl. Liebing (s. Anm. 118), 46 f.

129 Vgl. G. Kittel, Die Judenfrage, 1933^{2}, 101–113.

130 Vgl. die Voten der Evangelisch-Theologischen Fakultät Tübingen vom 9.11. sowie Anlage 1 dazu vom 1. 11. 1933, in: Liebing (s. Anm. 118), 47 f.

unübersehbar, daß der maßgeblich von Bultmann und von Soden betriebene Widerstand gegen den kirchlichen Arierparagraphen innerhalb der deutschen akademischen Theologie alles andere als breite Unterstützung erhielt. Mit dem Göttinger Religionspsychologen Georg Wobbermin trat zudem ein weiterer Gegner der Marburger Position auf den Plan. Der »Deutsche Christ« Wobbermin propagierte in seiner Stellungnahme unverhohlen die nationalsozialistische Rassendoktrin. Er beanstandete, das Marburger Fakultätsgutachten und die Neutestamentler-Erklärung seien von vornherein insofern inkonsequent, als sie den Arierparagraphen zwar für den Raum der Kirche radikal ablehnten, seine Geltung im Staat aber nicht etwa in Frage stellten. Der Arierparagraph gehöre allein in »die menschliche Sphäre«, die durch ein konkretes geschichtliches Problem gekennzeichnet sei, nämlich »das ungeheuerliche Uebermaß jüdischen Einschlages und Einflusses im deutschen Geistesleben«. Die evangelische Kirche habe diese »Notlage« durch die Taufe zahlreicher Juden seit dem 19. Jahrhundert mit verschuldet. Der Arierparagraph trage nur zur Behebung jener Not bei. Im übrigen hätten die Marburger Gutachter nicht hinreichend erkannt, daß die Judenfrage ausschließlich ein rassisches Problem sei. Erst Hitler habe diesen Sachverhalt verdienstvollerweise einer breiteren Öffentlichkeit bewußt gemacht. Daß das Neue Testament die Rassenthematik überhaupt nicht anspreche, nötige keineswegs dazu, die Judenfrage nicht unter rassischen Aspekten zu behandeln[131].

Bultmann war derjenige unter den Marburger Theologen (und den deutschen Neutestamentlern), der sich durch die Aufstellungen Wobbermins zu einer Erwiderung genötigt sah. Seine Apologie der Marburger Position erschien noch im Dezember 1933. Sie fiel ebenso umfangreich wie scharf aus. Bei dieser Gelegenheit deckte Bultmann auch Halbheiten und theologisch unhaltbare Aussagen in den Voten Kittels, der Erlanger und der Tübinger Theologischen Fakultät, ganz zu schweigen von den offenkundigen Verirrungen des Jenaer Neutestamentlers Heinrich Weinel, schonungslos auf. Insbesondere die von den Erlanger und Tübinger Theologen wie auch vom Reichsbischof Ludwig Müller verfolgte Beschwichtigungsstrategie, der Ausschluß nichtarischer Christen vom kirchlichen Amt tangiere deren Christsein nicht, identifizierte Bultmann als inakzeptable Verletzung der Grundsätze des reformatorischen Kirchen- und Amtsverständnisses. »Wäre ich ein nichtarischer oder nichtrein-arischer Christ, ich würde mich schämen, einer Kirche anzugehören, in der ich zwar hören darf, aber schweigen muß.« Bultmann lehnte es ab, sich von Wobbermin »zu der grundsätzlich anderen Frage abdrängen [zu] lassen, ob und wieweit die staatliche Gesetzgebung selbst von der Kirche zu beanstanden sei«. In der akuten Auseinandersetzung erklärte er nochmals die Einführung des Arierparagraphen in der Kirche für schrift- und bekenntniswidrig. Die bisherigen Marburger Voten noch verschärfend, stellte Bultmann zudem fest, der hinter dem Arierparagraphen ste-

131 G. Wobbermin, Zwei theologische Gutachten in Sachen des Arier-Paragraphen – kritisch beleuchtet (1933), in: Liebing (s. Anm. 118), 28–31.

hende ideologische Gedanke widerspreche »der Wahrheit der Kirche Christi«. Unbeschadet der Frage, ob der Staat in seiner Rechtssetzung auf diese christliche Wahrheit Rücksicht nehmen wollte oder nicht, hatte Bultmann damit auch gegen die staatliche Ariergesetzgebung seinen Widerspruch eingelegt.

In der Kontroverse mit Wobbermin erteilte Bultmann den Verteidigern des Arierparagraphen anhand der Auslegung der von ihnen angeführten Texte I Kor 14,34f. und I Kor 7,17–24 eine exegetische Lektion, wie sie eindeutiger nicht hätte ausfallen können. Inhaltlich machte Bultmann geltend, daß das Evangelium stets »*an* das Volk, nie *aus* dem Volk« ergehe. Die Kirche bleibe gegenüber dem Volk »immer Missionskirche«. Als eschatologische Größe könne die Kirche nicht »alle Sitten und Ordnungen eines Volkes« übernehmen. Sie habe ihren Auftrag – auch gegenüber Volk und Staat – vielmehr in ständiger Spannung zum Volksbewußtsein zu erfüllen. Wenn heute (angeblich) dieses Volksbewußtsein die Amtstätigkeit Geistlicher jüdischer Herkunft als anstößig empfinde, dann handele es sich um »das Bewußtsein eines *unchristlichen* Volkes, das seine Begrenzung durch Gott vergessen hat«[132].

Der Druck, den die »Deutschen Christen« in Sachen Arierparagraph ausübten, hatte innerkirchlich fatale Folgen. Denn die Gegner der kirchlichen Ariergesetzgebung traten wohl für die Rechte der Christen jüdischer Herkunft innerhalb der evangelischen Kirche ein. Sie erkannten es aber nicht als ihre Aufgabe, in gleicher Weise der mit dem staatlichen Arierparagraphen einsetzenden gesellschaftlichen Entrechtung der Juden überhaupt entgegenzutreten. Aus der komfortablen Position des Nachgeborenen, dem das ganze Ausmaß der nationalsozialistischen Judenverfolgung bekannt ist, läßt sich dieses Defizit leicht beanstanden. Freilich muß hier beachtet werden, daß die von Hans von Soden und Bultmann verantworteten Stellungnahmen von ihrem Entstehungskontext her dezidiert die Frage nach der Geltung des Arierparagraphen in der Kirche zu beantworten hatten. Auf die Forderung Wobbermins, die Kirche müsse als deutsche Volkskirche den staatlichen Arierparagraphen übernehmen, mußte Bultmann mit der strikten Beschränkung der theologischen Problemerörterung auf den Raum der Kirche reagieren. In diesem Rahmen allerdings distanzierte Bultmann sich auch von der staatlichen Ariergesetzgebung. Er tat dies explizit, indem er die hinter ihr stehende Vorstellung für unvereinbar mit der christlichen Wahrheit erklärte. Er tat dies implizit, indem er seine Kritik in Formulierungen wie der folgenden andeutete: »Mag es mit der Gesetzgebung des Staates wie immer bestellt sein ...«[133].

Unter den Bedingungen der Diktatur kam all dies dem unzweideutigen Widerspruch gegen die nationalsozialistische Judenpolitik gleich. Auch darin – wie schon in ihrer kompromißlosen und klaren biblischen Fundierung – ragten Bultmann Voten aus dem Spektrum der verschiedenen kirchlich-theologischen Stellungnahmen

132 R. Bultmann, Der Arier-Paragraph im Raum der Kirche (1933), in: Liebing (s. Anm. 118), 32–45.

133 Bultmann, aaO 32; zur ganzen Frage vgl. Hammann (s. Anm. 109), 48–50.

zur geplanten Ariergesetzgebung in der Kirche weit heraus. Karl Barth hatte im Juni 1933, in seiner Kampfschrift »Theologische Existenz heute!«, die Parole ausgegeben, jetzt – nach der nationalsozialistischen Machtergreifung – komme es darauf an, »nach wie vor und als wäre nichts geschehen ... Theologie und nur Theologie zu treiben«. Das nämlich sei »auch eine Stellungnahme, ... indirekt sogar eine politische Stellungnahme«[134]. Bultmann setzte gerade mit seiner strikt theologisch begründeten Ablehnung des Arierparagraphen ein solches, ein eminent politisches Zeichen.

Durch seine jüdischen Freunde und Schüler wurde Bultmann von Anfang an persönlich mit den Auswirkungen der nationalsozialistischen Judenpolitik konfrontiert. Hans Jonas war einer der ersten Juden, die Deutschland verließen. Er besuchte Bultmann im Sommer 1933 ein letztes Mal vor seiner Ausreise. Am Mittagstisch berichtete Jonas, daß der Allgemeine Deutsche Blindenverein soeben seine nichtarischen Mitglieder ausgeschlossen habe. Entsetzt über diesen infamen Beschluß redete sich Jonas immer mehr in Rage und – »stockte, denn mein Auge fiel auf Bultmann und ich sah, daß eine tödliche Blässe sein Gesicht überzogen hatte, und in seinen Augen eine solche Pein, daß mir das Wort im Munde erstarb. In dem Augenblick wußte ich, daß man sich im grundlegend Menschlichen einfach auf Bultmann verlassen kann, daß hier Worte, Erklärungen, Argumente, vor allem Rhetorik ganz abwegig sind«[135].

Im Jahr darauf gab Bultmann dem Gnosis-Buch seines inzwischen emigrierten jüdischen Schülers ein – von diesem angesichts der Zeitumstände verständlicherweise als großherzig und mutig empfundenes – Vorwort mit auf den Weg. Bultmann bekannte hier, durch das Werk seines Schülers sei ihm die Bedeutung der Gnosis »in der Wende des Weltverständnisses von der Antike zum Christentum ... erst im vollen Umfang erschlossen« worden. Der von Jonas beschrittene Weg, den Sinn des geschichtlichen Phänomens der Gnosis mit Hilfe der philosophischen Existenzanalyse zu erschließen, habe sich glänzend bewährt[136]. Bultmann deutete an, daß sein Vorwort durch Irritationen veranlaßt war, die im Vorfeld der Publikation entstanden waren. Jonas hatte bereits sein – aus einem Augustin-Seminar bei Heidegger hervorgegangenes – Erstlingswerk in den von Bultmann herausgegebenen »Forschungen zur Religion und Literatur des Alten und Neuen Testaments« veröffentlicht[137]. Der katholische Dogmenhistoriker Hugo Koch unterzog dieses Buch 1930 einer geradezu vernichtenden Rezension. Ohne sich näher auf den Inhalt der Schrift einzulassen, echauffierte sich Koch über das an Heideggers existentialistischen Sprachstil sich anlehnende »Kauderwelsch« Jonas'. Es sei eine Zumutung, solch

134 K. Barth, Theologische Existenz heute! (1933), hg. von H. Stoevesandt, 1984, 26.

135 H. Jonas, Im Kampf um die Möglichkeit des Glaubens, in: O. Kaiser (Hg.), Gedenken an Rudolf Bultmann, 1977, (41–70) 44; vgl. Jonas (s. Anm. 111), 235 f.

136 R. Bultmann, Vorwort, in: H. Jonas, Gnosis und spätantiker Geist, Teil 1. Die mythologische Gnosis, 1934, V.

137 H. Jonas, Augustin und das paulinische Freiheitsproblem, 1930.

»groben Unfug« und Verstoß »gegen den hl. Geist der deutschen Sprache« überhaupt besprechen zu müssen[138]. Unter dem Eindruck dieser negativen Kritik teilte der Verleger Wilhelm Ruprecht Bultmann mit, er müsse seine Zusage, auch Jonas' Buch über die Gnosis in den »Forschungen zur Religion und Literatur des Alten und Neuen Testaments« herauszubringen, zurückziehen. Daraufhin verbürgte sich Bultmann gegenüber dem Verleger für die Qualität der Arbeit seines Schülers. Falls Ruprecht aber kein Vertrauen in sein Urteil habe, werde er als Herausgeber der Reihe zurücktreten. Und Bultmann versprach, um das Zutrauen Ruprechts zu stärken, werde er dem Buch ein Vorwort beigeben. Dieses in jeder Hinsicht ungewöhnliche Versprechen löste Bultmann 1934 ein[139].

Denjenigen jüdischen Hochschullehrern, die noch nicht auf Grund des Berufsbeamtengesetzes hatten entlassen werden können, entzog das Reichserziehungsministerium in Umsetzung der »Nürnberger Rassengesetze« zum 31. Dezember 1935 die *venia legendi*. Aus Bultmanns Bekannten- und Freundeskreis waren davon betroffen der Romanist Erich Auerbach, der Philosoph Erich Frank, der Archäologe Paul Jacobsthal und der Privatdozent der Philosophie Karl Löwith, alle in Marburg, auswärts die Klassischen Philologen Paul Friedländer (Halle) und Eduard Fraenkel (Göttingen) sowie der Mathematiker Ernst Hellinger (Frankfurt). Hinzu kamen der Marburger Pädiater Ernst Freudenberg und der in Kassel lehrende Literaturhistoriker Friedrich Carl Sell, die der NS-Staat 1937 entließ, weil sie beide mit jüdischen Frauen verheiratet waren. Sie alle zogen aus der Zerstörung ihrer beruflichen Existenz über kurz oder lang, oft schweren Herzens, die Konsequenz, Deutschland zu verlassen.

Bultmann blieb seinen jüdischen Freunden nach deren Entlassung aus dem Staatsdienst in unverbrüchlicher Treue zugetan und unterstützte sie, wo er nur konnte. Für Erich Auerbach, der in Istanbul im türkischen Exil unter schwierigen bibliothekarischen Bedingungen arbeiten mußte, besorgte er wiederholt wissenschaftliche Literatur und erteilte ihm bibliographische Auskünfte[140]. Seine Frau Helene sorgte illegal dafür, daß die Bratsche Ada Löwiths, der Frau Karl Löwiths, ihre bereits emigrierte Besitzerin erreichte[141]. Um seinem Freund Friedrich Carl Sell den Start im US-amerikanischen Exil zu erleichtern, bemühte sich Bultmann – unter Umgehung der Briefzensur – um finanzielle Zuwendungen zugunsten Sells[142]. Auto-

138 H. Koch, Rez. über H. Jonas (s. Anm. 137), ThLZ 55 (1930), (469 f.) 469.

139 Vgl. H. Jonas (s. Anm. 111), 238–240.

140 Vgl. E. Auerbach an Bultmann, 26. 12. 1937, 21.5. u. 26. 11. 1939, Mn 2-379; Auerbachs Anfragen bezogen sich auf theologiegeschichtliche Literatur zu Fragen im Umkreis der Figuraldeutung. Vgl. E. Auerbach, Figura (1938/39), in: Ders., Ges. Aufs. zur romanischen Philologie, 1967, (55–93) 75; dazu M. Vialon, Erich Auerbach und Rudolf Bultmann. Probleme abendländischer Geschichtsdeutung, in: M. Bormuth / U. von Bülow (Hg.), Marburger Hermeneutik zwischen Tradition und Krise, 2008, (176–206) 189.

141 Vgl. A. Löwith an H. Bultmann, 21. 12. 1934 u. ohne Datum, Mn 2-2863.

142 Vgl. Bultmann an K. Grobel, 23. 3. 1937, Mn 2-2743; dazu K. Grobel an Bultmann, 14. 4. 1937, Mn 2-2700.

ren jüdischer Herkunft ermöglichte Bultmann, ihrer Verfemung durch den NS-Staat zum Trotz, weiterhin Forschungsberichte in der von ihm gemeinsam mit Hans von Soden herausgegebenen »Theologischen Rundschau« zu publizieren[143]. Umgekehrt forderte er Gerhard Kittel, den Herausgeber des »Theologischen Wörterbuchs zum Neuen Testament«, 1937 dazu auf, den antisemitischen Neutestamentler Walter Grundmann aus dem Kreis der Mitarbeiter an jenem Wörterbuch auszuschließen[144].

Wie er es im Falle Jonas' und Löwiths getan hatte, lud Bultmann auch Erich Frank und die Familie des Mediziners Ernst Freudenberg vor deren Emigration zum Abschied in sein Haus ein[145]. Mit dem Jaspers-Schüler Frank hatte sich Bultmann in den 1930er Jahren regelmäßig – wöchentlich – zum freundschaftlich-wissenschaftlichen Austausch getroffen. Der Philosoph, ein Junggeselle mit liebenswürdigen, aber auch etwas lebensfremden Zügen, verkannte noch nach seiner Zwangsemeritierung Ende 1935 lange die ihm drohende Gefahr. Die Eheleute Bultmann und andere Freunde drängten Frank zunächst vergeblich zur Emigration. Erst als Bultmanns Freunde Ernst Hellinger und Paul Friedländer in der Reichspogromnacht 1938 verhaftet und in die Konzentrationslager Dachau bzw. Sachsenhausen deportiert worden waren[146], erkannte Frank den Ernst der Lage. Relativ spät – im April 1939 – gelang ihm noch die Ausreise, nachdem Bultmann quasi in letzter Minute die erforderlichen Papiere beschafft und dem in Amsterdam auf seine Ausschiffung wartenden Freund nachgesandt hatte[147].

Auch Studenten jüdischer Herkunft wie Dr. Klaus Oppenheimer ließ Bultmann seine Hilfe zuteil werden[148]. Als einer der letzten Juden, die noch zur Promotion zugelassen wurden, reichte im Januar 1934 Friedemann Boschwitz seine Dissertation über Julius Wellhausen bei der Philosophischen Fakultät in Marburg ein. Der Alttestamentler Emil Balla lehnte es unter Verweis auf seine mangelnde Kompetenz ab, das Zweitgutachten zu dieser unter der Ägide des Historikers Wilhelm Mommsen entstandenen Arbeit zu übernehmen. Bultmann stellte sich statt Ballas als Kor-

143 U.a. E. Frank, K. Löwith, dem Neutestamentler »halbjüdischer« Herkunft W. G. Kümmel (und F. C. Sell).

144 Vgl. Bultmann an G. Kittel, 4. 4. 1937, Mn 2-2264.

145 Eintrag der Eheleute Ernst und Ida Freudenberg sowie ihrer beiden Töchter in Bultmanns Gästebuch 1: 1917–1954, 10. 6. 1938 »auf dem Wege nach Basel«, Mn 2-3041; Eintrag E. Franks aaO am 9. 3. 1939: »In Erinnerung an alle die schönen Stunden in diesem Hause beim letzten Abschied in aufrichtiger Dankbarkeit.«

146 Mit Ernst Hellinger hielt Bultmann während der 1930er Jahre die freundschaftlichen Beziehungen brieflich aufrecht. Nachdem Hellinger am 9. 11. 1938 verhaftet und in das KZ Dachau eingeliefert worden war, emigrierte er 1939 in die USA, wo er in Evanston (Illinois) Mathematik lehrte. Vgl. E. Hellinger an Bultmann, bes. 4. 2. 1939, Mn 2-965.

147 Vgl. E. Frank an Bultmann, 1. 4., 14. 4 u. 24. 4. 1939 (aus Amsterdam), Mn 2-760; vgl. die Andeutungen Bultmanns gegenüber H.-G. Gadamer, 23. 11. 1938, dazu Ders. an H.-G. Gadamer, 30. 4. 1939, DLA Marbach, Bestand A: Gadamer, ZN: HS. 2005.0056: »Daß Erich seine Seereise macht, werden Sie gehört haben.«

148 Vgl. K. E. H. Oppenheimer an Bultmann, 3. 7. 1935, Mn 2-1499; M. Sulzbach an Bultmann, 1. 8. u. 10. 11. 1933, Mn 2-1893.

referent zur Verfügung und beriet Boschwitz, der 1935 nach Palästina emigrierte, später bei der Drucklegung seiner Dissertation[149].

Unter dem Druck der nazistischen Entjudungspolitik festigten sich die Freundschaftsbande zumal zwischen Bultmann und Paul Friedländer. Als der Klassische Philologe 1932 einem Ruf nach Halle gefolgt war, hatte er bereits in Bultmanns Gästebuch eingetragen:

> Dünkt Euch nicht auch in diesen Abschiedsstunden,
> Dass uns das Scheiden nur noch mehr verbunden?[150]

Ab dem Juni 1933 gingen die beiden Freunde in ihrer Korrespondenz vom distanzierten »Sie« zum vertraulichen »Du« über. Im August 1933, am Ende seines ersten Besuches in Marburg nach der nationalsozialistischen Machtergreifung, gab Friedländer seiner Gewißheit über die Freundschaft mit Bultmann beredten Ausdruck:

> Mag die Zeit gewaltsam an uns handeln,
> Unser Wesen wird sie nicht verwandeln.[151]

Friedländers Prognose sollte sich in den folgenden Jahren restlos erfüllen.

Die Beziehung zwischen den beiden Gelehrten war getragen von einer *humanitas christiana* im Grundsätzlichen, die die Bereitschaft zum Austragen unterschiedlicher Auffassungen in wissenschaftlichen Detailfragen wie selbstverständlich mit einschloß. Während des Dritten Reichs tauschten sich Bultmann und Friedländer besonders intensiv miteinander aus. Mitunter hielten sie Woche um Woche den brieflichen Kontakt zueinander lebendig. Aus der gesamten Korrespondenz sind 175 Briefe und 25 Karten Friedländers an Bultmann erhalten. Bultmanns Briefe an Friedländer dagegen sind leider, von drei Ausnahmen abgesehen, verschollen. Trotz dieses Ungleichgewichts gewährt der vorhandene Bestand instruktive Einblicke in biographische und wissenschaftsgeschichtliche Zusammenhänge – nicht zuletzt auch in die unprätentiöse Noblesse und die allein der Wahrhaftigkeit verpflichtete persönliche Gesinnung beider Briefpartner.

Der Dialog zwischen dem Klassischen Philologen und dem evangelischen Theologen war thematisch weitgespannt. Persönliche und familiäre Angelegenheiten, die kirchenpolitische Entwicklung und die Auseinandersetzung der Bekennenden Kirche mit der nationalsozialistischen Kirchenpolitik besprachen die Freunde ebenso wie ihre eigenen Publikationen, Probleme der Interpretation neutestamentlicher Begriffe und antiker philosophischer Autoren oder die neuesten Veröffentlichungen Barths und Heideggers. Nicht zuletzt für die philologischen Fragen der Johannesexegese wurde Friedländer Bultmanns durchgängig und dankbar in Anspruch ge-

149 Vgl. F. Boschwitz an Bultmann, 2. 9. 1936, Mn 2-512; dazu F. Boschwitz, Julius Wellhausen. Motive und Maßstäbe seiner Geschichtsschreibung, 1938. Vgl. auch M. Lemberg, »... eines deutschen akademischen Grades unwürdig«. Die Entziehung des Doktortitels an der Philipps-Universität Marburg 1933–1945, 2002, 56–59.

150 Eintrag P. Friedländers in Bultmanns Gästebuch 1: 1917–1954, Oktober 1932, Mn 2-3041.

151 Eintrag P. Friedländers aaO, 14.–16. 8. 1933, Mn 2-3041.

nommener Gesprächspartner. Angesichts dieses menschlich wie wissenschaftlich reichen Austauschs wirkte um so bedrückender, was Friedländer nach Marburg über die Repressionen zu berichten hatte, denen er mit seiner Familie zunehmend ausgeliefert war[152].

Noch zeigte Friedländer sich erstaunt, als die ihm anfangs möglich erschienene Katastrophe der Entlassung aus dem Universitätsamt zunächst nicht eintrat (2. Juni 1933). Bultmanns Erklärung zur Eröffnung des Sommersemesters 1933 nahm er dankbar wahr (2. Juli 1933). Auf den Beschluß der Generalsynode der Altpreußischen Union, den Arierparagraphen in der Kirche einzuführen, reagierte Friedländer, indem er u.a. Gal 3,28 zitierte. Er vermutete, Bultmann werde traurig über diese Entwicklung sein, und fragte, ob nicht auch für ihn »hier eine Grenze erreicht oder vielmehr überschritten« sei (9. September 1933). Im Jahr 1935 sollte Bultmann in St. Andrews (Schottland) die Ehrendoktorwürde empfangen. Friedländer bat den Freund darum, auf der britischen Insel zu sondieren, ob er nicht zu Vorträgen dorthin eingeladen werden könne, da »man ›uns‹ möglichst bald loswerden will« (25. Mai 1935). Bald darauf ahnte er: »Meine Abhalfterung ist anscheinend ganz nahe und nur das Wie wohl noch eine Frage ... das Ganze soll unter der Hand erledigt werden« (23. September 1935). Nach der Entlassung Ende 1935 zeichnete sich für Friedländer die Möglichkeit ab, in Berlin eine neue Stelle als bibliothekarischer Mitarbeiter antreten zu können. Dort sei eine geplante Schule für christliche nichtarische Kinder aber noch nicht genehmigt (31. Dezember 1935). In die Hauptstadt umgezogen, ersuchte Friedländer den Althistoriker Wilhelm Weber, den geschäftsführenden Direktor »seines« alten Instituts für Altertumskunde, darum, die Bibliothek des Instituts benutzen zu dürfen. Der Nationalsozialist Weber lehnte ab: »›Sie werden verstehen ...‹ Ich verstehe durchaus! Schwein bleibt Schwein, das ist eine biologische Tatsache« (29. November 1936)[153]. Auch die »Göttingischen Gelehrten Anzeigen« ließen Friedländer wissen, auf seine Rezensionen zukünftig verzichten zu wollen (13. Februar 1937).

Die Friedländers gaben ihre Tochter Dorothee 1937 gezwungenermaßen in eine jüdische Privatschule: »Das neue Ghetto sieht seltsam aus ... an einer jüdischen Schule gibt es Evgl. Religionsunterricht« (o.D. [1937]). Ab dem Frühjahr 1938 stand Friedländers Entschluß fest, wenn irgend möglich zu emigrieren. Er intensivierte die Kontakte zu Leo Spitzer, dem mit ihm befreundeten Romanisten, der bereits in die USA gegangen war (2. März 1938). Zwischenzeitlich wurde ihm der Paß abgenommen (3. Juni 1938). Er trieb gleichwohl unverdrossen weiter Englisch und arbeitete englische Vorträge aus – für eine Möglichkeit, »die vielleicht nie eintritt« (20. Juni 1938). In seiner Antwort machte Bultmann Friedländer Mut, seine wissenschaftlichen Zukunftspläne nicht ganz von den »gegenwärtigen Sorgen« verdrängen zu las-

152 Das Folgende nach Friedländers Briefen an Bultmann, Mn 2-787.

153 Zu W. Weber vgl. K. Christ, Klios Wandlungen. Die deutsche Althistorie vom Neuhumanismus bis zur Gegenwart, 2006, 69–73.

sen. Er versicherte seinem Freund, daß er »an diesen Sorgen herzlich teilnehme«[154]. Die drei erhaltenen Briefe Bultmanns an Friedländer aus dem Sommer 1938 sind im übrigen Problemen der Johannesexegese gewidmet, insbesondere den Fragen der Authentizität von Joh 4,22 und der ursprünglichen literarischen Gestalt der Kapitel 5–8[155]. Friedländers existentielle Sorgen waren auf jeden Fall Gegenstand der persönlichen Gespräche, zu denen die beiden Gelehrten zwischen 1933 und 1939 sei es in Marburg, sei es in Halle und später in Berlin immer wieder zusammenkamen[156].

Anfang November 1938 meldete Friedländer voller Zuversicht nach Marburg: »Wenn mein Plan gelingt, steige ich in sechs Wochen zu Schiff (dies für Dich)« (6. November 1938). Doch es kam anders. In der Reichspogromnacht vom 9./10. November 1938 brannten die NS-Schergen überall in Deutschland die Synagogen nieder. Tausende von Juden wurden grundlos verhaftet. Auch die Marburger Synagoge wurde in Brand gesetzt und zerstört. Bultmann und Hans von Soden schickten die Hörer ihrer Vorlesungen am 10. November wieder nach Hause: »Wenn die Synagogen brennen, können wir keine Vorlesung halten.«[157] Wenig später erhielt Bultmann einen verzweifelten Brandbrief Charlotte Friedländers. Ihr Mann war im Zuge des Novemberpogroms in Berlin verhaftet und, wie sich erst später herausstellte, in das KZ Sachsenhausen eingeliefert worden[158]. Bultmann bemühte sich unverzüglich darum, die Entlassung seines Freundes aus dem KZ zu erwirken. Da Ernst von Hülsen, der Kurator der Marburger Universität, »sich nicht mit der Sache befassen« wollte, schaltete Bultmann Hans Lietzmann ein[159]. Dank der guten Beziehungen Lietzmanns zu Berliner Ministerien gelang es schließlich, Friedländers Entlassung aus dem KZ zu erreichen. Aus seiner fünfwöchigen Haft, während der er u. a. Bultmanns »Jesus« als Erbauungs- und Trostbuch höherer Ordnung gelesen hatte, kehrte Friedländer Ende Dezember mit einer physischen Verletzung zurück. Zudem hatte er sich, wie Bultmann bei einem Besuch des Freundes im Januar 1939 in Berlin erfuhr, im KZ auch eine Krankheit zugezogen[160]. Friedländer konnte dann noch in

154 Bultmann an P. Friedländer, 11. 7. 1938, UCLA Library, Paul Friedländer collection, collection 1551.

155 Bultmann an P. Friedländer, 11. 7., 15. 7. und 19. 8. 1938 (s. Anm. 154).

156 Nach Bultmanns Chronik 1917–1945, Mn 2-224, besuchten sich Bultmann und Friedländer, teilweise mit ihren Familien, zwischen 1933 und 1939 elfmal.

157 Zit. nach A. Lippmann (s. Anm. 116), 348 m. Anm. 125. – Einer anderen mündlichen Überlieferung zufolge soll Bultmann am Morgen nach dem Synagogenbrand in einem Hörsaal des Landgrafenhauses die Fenster geöffnet und im Brandgeruch statt seiner Vorlesung eine längere Zeit der Stille gehalten haben; vgl. Hammann (s. Anm. 109), 53 Anm. 94.

158 Vgl. Ch. Friedländer an Bultmann, 14. 11. u. 26. 11. 1938, Mn 2-785.

159 Bultmann an H. Lietzmann, 16. 11. 1938, in: K. Aland (Hg.), Glanz und Niedergang der deutschen Universität, 1979, 930; vgl. auch aaO 932.

160 Vgl. Friedländer an Bultmann, o.D. (ca. Ende Dezember 1938), Mn 2-787; außerdem die – wegen der Briefzensur verbrämte – Mitteilung Bultmanns über seinen Besuch bei Friedländer am 22. 1. 1939 an A. Bultmann Lemke, 29. 1. 1939, Mn 2-3452: »Wir hatten einige schöne Stunden zusammen. Er hat sichere Aussichten auf eine Stelle [in den USA], muß sich aber erst noch erholen; denn er ist aus seinem Ferienaufenthalt [!] mit einer schweren Erkältung zurückgekommen, da sein Hotelzimmer [!] nicht heizbar war. Er hatte noch Fieber, und ich hoffe, daß

die USA emigrieren[161], wo er zunächst in Baltimore, dann in Los Angeles lehrte. Daß seine durch die nationalsozialistische Judenverfolgung erzwungene Ausreise auch die Trennung von Bultmann bedeutete, erfüllte ihn mit Schmerz: »Dein Johannes muss ja nun seinem Abschluss zugehen – wann rechnest Du damit? Ja, wie schön wäre gemeinsame Arbeit – oder bescheidener gesagt meine aktive Teilnahme an Deiner Arbeit – bis zum Schluss gewesen!«[162]

Während des Dritten Reichs beließ Bultmann es nicht dabei, für die Rechte der Christen jüdischer Herkunft in der Kirche einzutreten und seine diskriminierten und verfolgten jüdischen Freunde offen oder im Verborgenen zu unterstützen. Darüber hinaus bemühte er sich, jedenfalls in Ansätzen, um die theologische Klärung des Verhältnisses zwischen Judentum und Christentum. Mit seinem Aufsatz »Die Bedeutung des Alten Testaments für den christlichen Glauben« bezog er, der Neutestamentler (!), früh Position in einer Debatte, die die evangelische Theologie nicht zufällig in den 1930er Jahren mit zunehmender Intensität beschäftigen sollte. Bultmann hatte im Wintersemester 1931/32 im Rahmen einer Vortragsreihe der Marburger Theologischen Fakultät über »Das Verhältnis des Alten Testaments zur christlichen Verkündigung« gesprochen. Der Aufsatz spitzte das Thema aber deutlich erkennbar auf die aktuelle Auseinandersetzung um das Alte Testament zu[163].

Bultmann weist hier zunächst den Lösungsversuch der liberalen Theologie als theologisch irrelevant zurück. Die religionsgeschichtliche Betrachtung vermag nämlich die alttestamentliche und die neutestamentliche Religion allenfalls »von außen her ... als historische Phänomene« zu erfassen, nicht aber zu klären, ob das Wort des Alten Testaments für meinen Glauben und die christliche Kirche gegenwärtig eine Bedeutung hat[164]. Die existentiale Interpretation hingegen wendet sich dem Alten Testament unter der »echt geschichtliche[n] Fragestellung« zu, »welche Grundmöglichkeit menschlichen Daseinsverständnisses in ihm ihren Ausdruck finde«[165]. Das klassische, an Paulus und Luther orientierte Verständnis des Alten Testaments als

seine Lunge, die ja zart ist, nicht angegriffen ist.« – Zu Friedländers KZ-Haft vgl. auch R. Bultmann, Paul Friedländer (1882–1968), in: I. Schnack (Hg.), Marburger Gelehrte in der ersten Hälfte des 20. Jahrhunderts, 1977, (91–95) 91.

161 Bultmann an H.-G. Gadamer, 5.9. 1939, DLA Marbach, Bestand A: Gadamer, ZN: HS. 2005.0056: »Daß Paul Fr[iedländer] am 14. August seine große Reise angetreten hat, werden Sie wissen.«

162 P. Friedländer an Bultmann, 4. 5. 1939, Mn 2-787.

163 Vgl. R. Bultmann, Die Bedeutung des Alten Testaments für den christlichen Glauben (1933), GuV I, 1933[1], 313–336. Bultmann hatte das Manuskript dieses Aufsatzes dem Verlag Mohr Siebeck am 22. 12. 1932 zugesandt. – Eingehender als dies im Folgenden möglich ist interpretieren den Text A. H. J. Gunneweg, Altes Testament und existentiale Interpretation, in: B. Jaspert (Hg.), Rudolf Bultmanns Werk und Wirkung, 1984, (332–347) 334–340; H. Hübner, Rudolf Bultmann und das Alte Testament, KuD 30 (1984), (250–272) 252–263; M. Wolter, Das Judentum in der Theologie Rudolf Bultmanns, in: B. Jaspert (Hg.), Erinnern – Verstehen – Versöhnen. Kirche und Juden in Hessen 1933–1945, 1992, (15–32) 19–24; K. de Valerio, Altes Testament und Judentum im Frühwerk Rudolf Bultmanns, 1994, 370–377.

164 Bultmann, aaO 317.

165 AaO 318.

Ausdruck des fordernden Gotteswillens bejaht Bultmann im Prinzip. Denn die Verkündigung des Evangeliums, das den Glaubenden vom Gesetz befreit, bedarf stets eben dieses Gesetzes als des Vorverständnisses, das erforderlich ist, um das durch das Evangelium geschenkte neue Sein allererst ergreifen und verstehen zu können. Allerdings haben die kultischen und rituellen Forderungen des Alten Testaments für uns keine Gültigkeit mehr. Seine sittlichen Forderungen können, wie Paulus Röm 1,32; 2,14f. zeigt, auch nicht beanspruchen, das Gesetz exklusiv zu repräsentieren. Folglich kann es lediglich pädagogische Gründe haben, daß das Alte Testament in der Kirche die Funktion des Gesetzes übernimmt[166].

Nun kommt indes ein gewichtiges Moment hinzu. Das Daseinsverständnis des Alten Testaments, wie es sich im Schöpfungsglauben und in dem ihm eigentümlichen Geschichtsbewußtsein artikuliert, entspricht nämlich vollkommen dem des Neuen Testaments. In beiden Fällen wird der Mensch »in seiner Zeitlichkeit und Geschichtlichkeit gesehen«. Schon von daher ist es für denjenigen, der »auch nur ein Minimum von geschichtlicher Besinnung vollzogen hat, ... sinnlos, das Christentum festhalten zu wollen, und das Alte Testament zu verwerfen. Er kann sicher sein, daß das Christentum, das er festhalten will, kein Christentum mehr ist. Es gilt Entweder-Oder, Beides oder Keines von Beiden«[167]. Mit diesen Feststellungen weist Bultmann insbesondere den Versuch zurück, das Alte Testament als »Ausdruck eines bestimmten völkischen Geistes (des israelitisch-jüdischen)« zu verstehen und zu relativieren[168]. Eben damit erteilt er der Forderung der »Deutschen Christen«, das Alte Testament als »artfremd« aus der christlichen Bibel zu verbannen, schon früh eine eindeutige Absage.

Wenn das Daseinsverständnis im Alten wie im Neuen Testament dasselbe ist, stellt sich die Frage nach dem »Neuen« im Neuen Testament. Bultmanns Antwort lautet: »Sofern in Israel der Gedanke Gottes radikal gedacht ist, indem die Gedanken der Sünde und der Gnade radikal erfaßt sind, ist der Glaube des Alten Testaments Hoffnung und ihm steht *der Glaube des Neuen Testaments* gegenüber *als der Glaube, der die Erfüllung hat.*«[169] Dies gilt, sofern der christliche Glaube das eschatologische Handeln Gottes allein in Christus wahrnimmt, durch den Gott die Welt mit sich versöhnt hat (II Kor 5,19). Daher kann das Alte Testament, auch wenn in ihm Gesetz und Evangelium begegnen, auch wenn in ihm die Gnade Gottes dem Gesetz vorausgeht, nicht unmittelbar Offenbarung, Wort Gottes sein. Denn das Alte Testament bindet die Offenbarung Gottes an eine bestimmte, empirisch greifbare Volksgeschichte. Das Christusgeschehen aber, indem es solche Begrenzung des Handelns Gottes aufhebt, stellt die eigentliche eschatologische Offenbarung dar. Von Christus her kann dann freilich das Alte Testament »in vermittelter Weise Gottes Wort« sein,

166 Vgl. aaO 319–322.
167 AaO 324f.
168 AaO 325 Anm. 1.
169 AaO 331.

das als Verheißung und Vorbereitung des christlichen Seinsverständnisses zu Recht in der Verkündigung der Kirche Berücksichtigung findet[170].

Wie Bultmann solchermaßen die Daseinsberechtigung des Alten Testaments in der christlichen Kirche verteidigte, so empfand er es als besonders dringliche Aufgabe, die Exegese des Neuen Testaments von antijüdischen Erblasten der Auslegungstradition zu befreien. Dies betraf zum einen die Interpretation der Auseinandersetzung des Apostels Paulus mit dem jüdischen Gesetzes- und Heilsverständnis. Wenige Wochen nach dem Novemberpogrom und einen Tag vor seinem Besuch des gerade aus dem KZ entlassenen Paul Friedländer sprach Bultmann am 21. Januar 1939 in Halle auf Einladung der dortigen Theologischen Fakultät über »Christus des Gesetzes Ende«. Vor dem Vortrag ergab sich noch die Möglichkeit zu einem ausgiebigen Gespräch mit den Hallenser Theologen Julius Schniewind, in dessen »höchst erfreulichen Hause« Bultmann zu Gast war, Friedrich Karl Schumann und Ernst Wolf[171]. Bultmann erläuterte seiner Tochter Antje die hermeneutische Intention seiner Auslegung der paulinischen These, daß Christus das Ende des Gesetzes sei (Röm 10,4). Es kam ihm darauf an »zu zeigen, daß der Kampf des Paulus gegen das jüdische Gesetz nicht eine spezifisch jüdische Angelegenheit, sondern eine allgemein menschliche ist. Denn wenn Paulus gegen den jüdischen Gesetzeseifer kämpft, der vor Gott seine ›eigene Gerechtigkeit‹ aufrichten will, so kämpft er damit gegen den allgemein menschlichen Geltungsdrang, der durch Leistung seine Sicherheit gewinnen will und nicht erkennt, daß das menschliche Leben nicht durch Leistung, sondern durch Gnade seine Sinnerfüllung erhält, durch das, womit der Mensch beschenkt wird. Das Geltungsbedürfnis vergiftet ja heute wieder in besonderer Stärke (und natürlich in einer historisch besonders ausgeprägten Form) das Leben«[172].

In seinem 1940 gedruckt erschienenen Vortrag vom 21. Januar 1939 distanziert sich Bultmann gleich von mehreren antijüdischen Vorurteilen der protestantischen, insbesondere der lutherischen Sicht jüdischer Gesetzesfrömmigkeit. Wie ihm die Thora als solche im Kontext der Erwählungsgeschichte Israels als »ein Erweis der Gnade Gottes«[173] gilt, so stimmt er ausdrücklich dem Hinweis der jüdischen Exegeten zu, daß das Judentum das Gesetz nicht etwa als eine drückende Last empfinde. Der fromme Jude erfreut sich vielmehr des Gesetzes, der Weisung zum Leben. Auch Paulus hat nicht unter dem Gesetz gelitten (vgl. Phil 3,4–7) und den falschen Gesetzesgehorsam etwa deshalb ausgeschlossen[174]. Ebensowenig können in der christlichen Theologie angestellte psychologische Erwägungen über ein Sündenbewußtsein und eine Selbstverurteilung des mit seiner unvollkommenen Gesetzeserfüllung hadernden Täters, über einen inneren Zwiespalt zwischen dem Wollen des Guten und

170 AaO 335 f.

171 Bultmann an A. Bultmann Lemke, 29. 1. 1939 (s. Anm. 160).

172 Ebd.

173 Bultmann, Bedeutung des Alten Testaments (s. Anm. 163), 326.

174 R. Bultmann, Christus des Gesetzes Ende (1940), GuV II, 1968[5], (32–58) 33–35; zum Folgenden vgl. Hammann (s. Anm. 109), 60–64.

dem Wirken des Bösen oder über den vermeintlichen Widerstreit von Fleisch und Vernunft erklären, warum Paulus das Gesetz bekämpft[175]. Schon gar nicht entzündet sich des Apostels Kritik am Inhalt des Gesetzes, ist es doch als von Gott gegebenes Gebot heilig, gerecht und gut (Röm 7,12) und will es als die verbindliche Forderung Gottes durch entsprechende »Werke des Gesetzes« erfüllt werden[176].

Für Paulus erweist sich vielmehr im Licht der Christusoffenbarung, also in der Perspektive des Glaubens, das soteriologische Unvermögen des Gesetzes. Die eigentliche Sünde besteht nämlich darin, durch die Erfüllung des Gesetzes die eigene Gerechtigkeit aufrichten, mithin das eigene Sein durch Leistungen konstituieren zu wollen. In eben diesem »Wahn«, der völlig verkennt, daß sich das Sein wie auch das Heil des Menschen allein der Gnade Gottes verdanken, sieht Paulus nach Bultmann »die Juden befangen«, da sie sich mittels der »Werke des Gesetzes« selbst sichern und vor Gott behaupten wollen und so ihr καύχημα suchen, statt der eigenen Geschöpflichkeit und des Angewiesenseins auf die Gnade Gottes gewahr zu werden und Gott die Ehre zu geben[177]. Eben deshalb, so konstatiert Bultmann, ist »der Wille als Tatwille ... von vornherein böse, weil er, auch wenn er will, was das Gesetz will, nämlich das Gute tun, um zu leben, doch das Böse will, nämlich die eigene Gerechtigkeit aufrichten«[178].

Bultmann leitete die religiöse Insuffizienz des menschlichen Seins unter dem Gesetz nicht etwa aus einem vorausgesetzten Negativbild jüdischer Thorafrömmigkeit ab. Im Gegenteil, das Sich-selbst-behaupten-Wollen vor Gott ist gar nicht allein den Juden eigentümlich. Jenes Geltungsbedürfnis entspricht nämlich einem allgemeinen menschlichen Streben, das die ihre Geschöpflichkeit verkennenden Heiden (Röm 1,20 f.) ebenso wie die sich ihrer eigenen Weisheit rühmenden Gnostiker in Korinth (I Kor 1,18–31) kennzeichnet. Auch in dem Gebet des Pharisäers Lk 18,11 f. spricht sich »nichts spezifisch Jüdisches, sondern etwas allgemein Menschliches« aus[179]. Diesen Gedanken hob Bultmann auch hervor, als er am 4. August 1940 über das Gleichnis vom Pharisäer und Zöllner im Tempel (Lk 18,9–14) predigte[180].

Bultmann entwickelte seine Interpretation der Rechtfertigungslehre und Gesetzeskritik des Paulus systematisch-theologisch als Gegenmodell zu einem Daseinsverständnis, das man als spezifisch neuzeitlich charakterisieren kann. Dieses Daseinsverständnis ist vom Willen bzw. dem Zwang des Menschen zur Selbstkonstituierung und -rechtfertigung des eigenen Seins beherrscht. Im Gegenzug zu diesem in die Unfreiheit führenden Selbstverständnis des Menschen vor der πίστις eröffnet der Glaube dem Menschen die Möglichkeit eines neuen Selbstverständnisses, das das

175 Vgl. Bultmann, aaO 34–36.43–46 (unter Bezug auf P. Althaus, Paulus und Luther über den Menschen, 1938[1]; vgl. dazu M. Meiser, Paul Althaus als Neutestamentler, 1993, 198–205).

176 Vgl. Bultmann, aaO 40.

177 AaO 40–43.

178 AaO 45.

179 AaO 39.

180 Vgl. R. Bultmann, Marburger Predigten, 1968[2], (107–117) 110.

neue Sein des Sünders allein durch die rechtfertigende Gnade Gottes konstituiert weiß und das deshalb auf jeglichen Versuch der Selbstrechtfertigung durch welches Werk, welche Leistung auch immer verzichten kann. Mit dieser Konzeption legte Bultmann den Rechtfertigungsglauben dezidiert in der Frontstellung gegen das – sagen wir: neuzeitliche – Verständnis des sich von seinem Handeln, seinen Werken, seinen Leistungen her definierenden Menschen aus. Darin erwies »sich der Marburger Theologe als einer der bedeutsamsten Interpreten der reformatorischen Lehre von der Rechtfertigung des Gottlosen allein aus Glauben«[181]. Zwar führte Bultmanns Interpretationsansatz zu einer gewissen Verzeichnung der jüdischen Thoraobservanz als Leistungsfrömmigkeit. Jedoch gelang es ihm mit diesem hermeneutischen Modell, die Auslegung der paulinischen Gesetzeskritik aus ihrer traditionellen Fixierung auf das Judentum zu lösen und damit antijüdischen Projektionen der christlichen Theologie den Boden zu entziehen. Nicht zufällig hielt Bultmann ausdrücklich fest, daß ein frommer Jude der von Paulus im Lichte des Glaubens an Christus erkannten Insuffizienz des Seins unter dem Gesetz unmöglich zustimmen könne[182].

Eine weitere neuralgische Frage der neutestamentlichen Exegese betraf die Auslegung der antijüdischen Aussagen im Johannesevangelium. Bultmann legte sich schon in einem frühen Stadium der Arbeit an seinem Johannes-Kommentar auf eine Interpretation fest, die liberale Exegeten wie Otto Pfleiderer, Heinrich Julius Holtzmann, Wilhelm Heitmüller oder Walter Bauer vorgezeichnet hatten[183]. Danach traten »die Juden« im vierten Evangelium als Repräsentanten der gottfeindlichen Welt auf. Bultmann setzte dabei freilich einen besonderen Akzent mit der Auffassung, daß der Verfasser des Johannesevangeliums »die Judenfeindschaft nur als literarisches Motiv übernahm«, während etwa Walter Bauer die antijüdischen Aussagen des Evangelisten auf entsprechende zeitgenössische Einstellungen zurückführte[184].

In seiner Sicht der Dinge konnte sich Bultmann durch die unverhohlen antijüdische Deutung des Johannesevangeliums, die Emanuel Hirsch 1936 vorlegte, nur bestärkt sehen. In seiner kritischen Besprechung der Arbeiten Hirschs zum vierten Evangelium erwies Bultmann zunächst die exegetische Unhaltbarkeit der These seines Göttinger Antipoden, der »alles beherrschende Grundgedanke des Evangeliums« sei darin zu sehen, »daß zwischen Christentum und Judentum, zwischen dem freimachenden Glauben an das Wort, der das Leben hat, und dem jüdischen Dienst, der Knechtschaft bedeutet, ein unversöhnlicher Widerstreit besteht«[185]. Weiter deckte Bultmann die Willkür auf, mit der Hirsch die Hirtenrede Jesu Joh 10 allegorisierend

181 E. Jüngel, Art. Glaube IV. Systematisch-theologisch, RGG^4 III, (953–974) 970.

182 Vgl. Bultmann, Christus des Gesetzes Ende (s. Anm. 174), 47.

183 Zum Folgenden vgl. ausführlich Hammann (s. Anm. 109), 65–72.

184 R. Bultmann, Rez. über W. Bauer, Das Johannesevangelium, 1925^2 (1926), in: Ders., Theologie als Kritik. Ausgewählte Rezensionen und Forschungsberichte, hg. von M. Dreher / K.W. Müller, 2002, (146–148) 147 f.; vgl. W. Bauer, Das Johannesevangelium, 1925^2, 29.

185 E. Hirsch, Das vierte Evangelium in seiner ursprünglichen Gestalt verdeutscht und erklärt, 1936, 78 f.; vgl. dazu kritisch R. Bultmann, Hirsch's Auslegung des Johannes-Evangeliums (1937), in: Ders., Theologie als Kritik (s. Anm. 184), (353–377) 361.366 f.

dahingehend deutete, Jesus führe hier die Seinen »aus dem ummauerten Schafhof des jüdischen Gesetzes auf die freie Weide des Evangeliums«[186]. Ferner verwahrte er sich gegen den Versuch Hirschs, den angeblichen »*Kampf gegen die jüdische Gesetzlichkeit* und den jüdischen Messianismus« im Johannesevangelium kirchenpolitisch gegen die Bekennende Kirche zu instrumentalisieren. Kurz, gegen Hirschs antijüdische Exegese stellte Bultmann klar, daß im vierten Evangelium der Kampf der Offenbarung nicht gegen eine jüdische Gesetzlichkeit, sondern gegen die Weltlichkeit geführt werde, in der Menschen sich dem Glauben verschließen[187].

Bultmann war also von vornherein darauf bedacht, einer antijüdischen Deutung der Aussagen des vierten Evangeliums über »die Juden« den Boden zu entziehen. Entsprechend erklärte er im 1937–1941 erschienenen Johannes-Kommentar, seinen existentialtheologischen Interpretationsansatz konsequent umsetzend, den Ausdruck οἱ Ἰουδαῖοι auf der textinternen Ebene des Evangeliums in seiner theologischen Funktion: »Das für den Ev[an]g[e]listen charakteristische οἱ Ἰουδαῖοι faßt die Juden in ihrer Gesamtheit zusammen, so wie sie als Vertreter des Unglaubens (und damit ... der ungläubigen ›Welt‹ überhaupt) vom christlichen Glauben aus gesehen werden.«[188] Um auch formal deutlich zu machen, daß der Evangelist nicht das empirische jüdische Volk meine, setzte Bultmann die Chiffre »die Juden« an Schlüsselstellen der Auslegung meist in Anführungszeichen. Das hermeneutische Verfahren der existentialen Interpretation bot ihm günstige Voraussetzungen, um eine antijüdische Interpretation des Johannesevangeliums auszuschließen. Denn es enthob ihn der Notwendigkeit, die negativen Aussagen des Evangelisten über »die Juden« historisch näher kontextualisieren zu müssen. Die christliche Gemeinde sei längst aus der Synagoge ausgeschlossen worden und der Evangelist gebe seine Darstellung aus einer großen Distanz zum Judentum, erklärte Bultmann denn auch lapidar[189]. Für das Auftreten der Juden im vierten Evangelium sei allein dessen Anlage als *vita Jesu* ausschlaggebend gewesen. Weiterhin verortete Bultmann alle Aussagen über »die Juden« im Horizont des johanneischen Entscheidungsdualismus. Von daher erschienen »die Juden« ausschließlich als Repräsentanten des ungläubigen Kosmos, der den Offenbarer ablehnt und der sich damit gegen Gott und das wahre Leben entscheidet. Ein problematischer Nebeneffekt dieser Interpretation bestand darin, daß Bultmann die heilsgeschichtliche Bedeutung verkannte, die, wie die spätere Exegese herausfand[190], »den Juden« bzw. Israel im Johannesevangelium doch auch zukommt. Gleichwohl bot seine (etwas mehr als die Hälfte aller Belegstellen von οἱ Ἰουδαῖοι im vierten Evangelium zutreffend erfassende) Auslegung zumal un-

186 Hirsch, aaO 254; dazu kritisch Bultmann, aaO (363 f.) 364: »... die Deutung des Schafstalles auf das jüdische Gesetz ist eine Ungeheuerlichkeit«.

187 Vgl. Bultmann, aaO 367.

188 R. Bultmann, Das Evangelium des Johannes, 1941, 59; vgl. auch Ders., Art. Johannesevangelium, RGG³ III, 1959, (840–850) 845.

189 Vgl. aaO 59.428.

190 Vgl. dazu im einzelnen Hammann (s. Anm. 109), 68 f.71.

ter den historischen Gegebenheiten des Dritten Reichs eine hinreichende Basis, um Versuche einer antijüdischen Instrumentalisierung des Johannesevangeliums exegetisch zurückzuweisen.

3. Das Johannesevangelium und sein Kommentar[191]

Sein Kommentar stellt die Glanzleistung der ersten Hälfte des [20.] Jahrhunderts dar. Rudolf Bultmanns imponierende Leistung ist darin großartig, daß er dialektische Theologie, existentiale Interpretation, Religionsgeschichte, Quellenkritik und Redaktionsgeschichte mit ›faszinierender Geschlossenheit‹ zu einer so erhabenen Einheit verschmolzen hat, daß kaum ein Kritiker mit ihm in dieser Höhe und Weise diskutieren konnte – eine glänzende Gesamtlösung ..., die leider nicht stimmt.[192]

Bereits die ersten Rezensenten erkannten mit sicherem Gespür, daß Bultmann mit seinem Kommentar zum Johannesevangelium ein großer Wurf gelungen war, mit dem er die bis dahin unternommenen Bemühungen um eine Lösung der johanneischen Frage zu einem definitiven Abschluß gebracht hatte. Mehr noch, Martin Dibelius, Joachim Jeremias und wenig später auch Ernst Käsemann konstatierten einhellig, Bultmann habe mit seinem *opus magnum*, insbesondere durch die in ihm meisterhaft realisierte Synthese von exegetischen, hermeneutischen und systematisch-theologischen Aspekten, »die gesamte johanneische Forschung auf eine neue Basis gestellt«[193] und den »Durchbruch ... zu einem ... sachgemäßen und fruchtbaren Verständnis« des vierten Evangeliums vollzogen[194].

Bultmanns Erklärung des Johannesevangeliums stellt das Ergebnis einer mehr als zwanzigjährigen Forschungsarbeit dar. In der Reihe der Meyerschen »Kritisch-exegetischen Kommentare über das Neue Testament« hatte Bernhard Weiß seit 1880 das johanneische Schrifttum – vergleichsweise konservativ – ausgelegt. Ursprünglich sollte sein Sohn Johannes Weiß, Bultmanns Lehrer, die Neubearbeitung der Kommentare zum Johannesevangelium und zu den Johannesbriefen übernehmen. Sein früher Tod 1914 verhinderte indes die Verwirklichung dieses Plans. So übertrug der Verlag Vandenhoeck & Ruprecht schließlich, einem Vorschlag Wilhelm Heitmüllers entsprechend, Bultmann die Aufgabe der Neukommentierung der johannei-

191 E. Haenchen, Das Johannesevangelium und sein Kommentar, ThLZ 89 (1964), (881–898) 881.

192 J.M. Robinson, Vorwort, in: E. Haenchen, Das Johannesevangelium. Ein Kommentar, hg. von U. Busse, 1980, (V–IX) V.

193 J. Jeremias, Rez. über Rudolf Bultmann, Das Evangelium des Johannes, 1941$^{10/1}$, DLZ 64 (1943), (414–420) 420.

194 M. Dibelius, Ein neuer Kommentar zum Johannes-Evangelium, ThLZ 67 (1942), (257–264) 264; vgl. E. Käsemann, Rez. über Rudolf Bultmann, Das Evangelium des Johannes, 1941$^{10/1}$, VuF 3 (1942/46), 182–201.

schen Schriften. Der zwischen dem Verlag und Bultmann abgeschlossene Vertrag vom 17. März 1918 sah vor, daß der Johannes-Kommentar dreißig Druckbogen umfassen und im Herbst 1920 fertiggestellt sein sollte. Dieser Termin ließ sich jedoch nicht einhalten, was Bultmann in den 1920er Jahren gegenüber dem Verleger mehrfach mit der damals noch ganz ungeklärten Forschungssituation begründete[195]. Der Kommentar erschien dann erst zwischen dem 31. August 1937 und dem 27. März 1941 in sieben Lieferungen zu je fünf Bogen zum Preis von jeweils drei Reichsmark. Er war schon mit der letzten Lieferung vergriffen. Unter den restriktiven Bedingungen des Krieges konnte ein sofortiger Nachdruck nicht ernsthaft ins Auge gefaßt werden.

In Bultmanns Korrespondenz und in seinen Veröffentlichungen zum johanneischen Schrifttum seit etwa 1922 spiegeln sich sowohl die angesprochene Offenheit der Forschungssituation als auch sein eigenes sukzessives Fortschreiten auf dem Weg zu der im Kommentar gebotenen Gesamtschau der Theologie des Evangelisten Johannes wider. Vor 1920 hatte Bultmann das vierte Evangelium noch unter dem Einfluß Wilhelm Boussets und Wilhelm Heitmüllers im Kontext der alexandrinisch-hellenistischen Mystik verstanden[196]. Ab 1922 leitete er die johanneische Vorstellungswelt religionsgeschichtlich aus dem gnostisch-synkretistischen Milieu palästinisch-syrischer Täuferkreise ab[197]. Daß er nunmehr gewillt war, der im 19. Jahrhundert von Ferdinand Christian Baur bis Albert Schweitzer vorherrschenden idealistischen Deutung des Johannesevangeliums den Abschied zu geben, machte er auch in seinem Kolleg im Wintersemester 1922/23 klar. Sein Kollege Friedrich Heiler, der diese Vorlesung hörte, war »freilich entsetzt« darüber, daß Bultmann »die geliebte Mystik weginterpretierte«[198]. Etwa gleichzeitig mit Walter Bauer und energischer noch als dieser stellte er 1925 die Bedeutung der von Mark Lidzbarski publizierten mandäischen Texte und anderer gnostischer Quellen für die religionsge-

195 Vgl. Evang, Bultmann, 72 f.

196 Vgl. R. Bultmann, Die Bedeutung der Eschatologie für die Religion des Neuen Testaments, ZThK 27 (1917), (76–87) 79; Ders., Biblische Theologie (1916), in: Ders., Theologie als Kritik, 2002, (81–90) 88–90.

197 Bultmann an H. von Soden, 23. 12. 1922, Mn 2-2385: »… das Johannesevangelium (über 90 Hörer) verlangt umso mehr Arbeit, als ich es ja für den Meyerschen Kommentar bearbeiten muß. Auch ist es in der Tat das schwierigste Buch im NT und nur allmählich beginnt sich das Dunkel zu lichten. Ich glaube zeigen zu können, daß täuferische Quellen auch außer im Prolog benutzt worden sind, und daß täuferische Gedanken auch in freier Form stark eingewirkt haben. Dabei handelt es sich im wesentlichen um den von Bousset und Reitzenstein nachgewiesenen bzw. vermuteten ἄνθρωπος-Mythos. Daß beide Forscher das Johannesevangelium kaum berücksichtigt haben, ist merkwürdig und wohl nur so zu erklären, daß sie im Bann der alten Anschauung stehen, daß das Johannesevangelium von der alexandrinischen Religionsphilosophie beeinflußt sei, woran der falsch gedeutete Logos des Prologs schuld ist. Je mehr ich Philo kennen lerne, desto deutlicher sehe ich, daß das ein Irrweg war; Philo und Johannes sind 2 ganz verschiedene Welten«; vgl. R. Bultmann, Der religionsgeschichtliche Hintergrund des Prologs zum Johannes-Evangelium (1923), in: Ders., Exegetica, 10–35.

198 Bultmann an K. Barth, 16. 7. 1923, in: B. Jaspert (Hg.), Barth-Bultmann Bw., (19 f.) 20.

schichtliche Einordnung des Johannesevangeliums heraus[199]. Im Wintersemester 1924/25, in dem Bultmann das Evangelium erneut im Kolleg und die Johannesbriefe im Seminar behandelte, las er zusätzlich »mit Heidegger wöchentlich an einem Nachmittag das Johannes-Evangelium« – in der Hoffnung, »dabei noch allerhand zu lernen«[200].

Hatte Bultmanns vornehmliches Interesse bis 1926 der religionsgeschichtlichen Fragestellung gegolten, so entwickelte er in einem Forschungsbericht 1927 die Ansätze der existentialen Interpretation, die er in einer »mythologiegeschichtliche[n]« Auslegung des Johannesevangeliums zur Geltung zu bringen suchte[201]. Im Jahr darauf umriß er in einem programmatischen Aufsatz die Grundlinien seines eschatologischen Verständnisses der johanneischen Theologie[202]. Mit begriffsgeschichtlichen Untersuchungen, u. a. zu ἀλήθεια, unternahm er es sodann, das Vorverständnis der betreffenden Begriffe, an das der Evangelist anknüpfte und mit dem er sich auseinandersetzte, freizulegen – im Sinne einer unerläßlichen Vorarbeit für das Verständnis der johanneischen Begriffssprache[203]. Um 1930 hatte Bultmann die Grundkonturen seiner Johannesexegese – die autororientierte, theologische Interpretation des Textes mit Hilfe der existentialtheologischen Begrifflichkeit und die konzentrierte Explikation der johanneischen Eschatologie – vollständig ausgearbeitet. In den 1930er Jahren mußte er lediglich die Einzelexegese vorantreiben, was freilich unter den Bedingungen der weiterlaufenden akademischen Verpflichtungen und angesichts der in der NS-Zeit sich neu stellenden theologischen und kirchenpolitischen Herausforderungen schwer genug war[204]. Dabei scheint er seine literarkritische Position erst relativ spät, nämlich in der Auseinandersetzung mit Emanuel Hirschs Auslegung des vierten Evangeliums, endgültig gefunden zu haben. Bultmann lehnte Hirschs dezidiert antijüdische Interpretation zwar grundsätzlich ab, da sein Göttinger Antipode den eschatologischen Grundzug des Johannesevangeliums völlig verkannt und zudem mit dem angeblichen Kampf des Evangelisten gegen die »jüdische Gesetzlichkeit« ein exegetisch nicht haltbares Motiv zu dessen Hauptintention erklärt habe. Gleichwohl scheint Hirschs relativ umfängliche Zuweisung von Textstük-

199 Vgl. W. Bauer, Das Johannesevangelium, 1925²; dazu R. Bultmann, Rez. über W. Bauer, op. cit. (1926), in: Ders., Theologie als Kritik, 2002, 146–148; Ders., Die Bedeutung der neuerschlossenen mandäischen und manichäischen Quellen für das Verständnis des Johannesevangeliums (1925), in: Ders., Exegetica, 1967, 55–104.

200 Bultmann an F. Gogarten, 19. 10. 1924, in: H. G. Göckeritz (Hg.), Bultmann-Gogarten Bw., (5–63) 62.

201 R. Bultmann, Das Johannesevangelium in der neuesten Forschung (1927), in: Ders., Theologie als Kritik, 2002, (204–215) 214.

202 Vgl. R. Bultmann, Die Eschatologie des Johannes-Evangeliums (1928), in: Ders., GuV I, 1933¹, 134–152.

203 Vgl. R. Bultmann, Untersuchungen zum Johannesevangelium. A. Ἀλήθεια (1928), in: Ders., Exegetica, 1967, 124–173; B. Θεὸν οὐδεὶς ἑώρακεν πώποτε (Joh 1,18) (1930), in: Ders., Exegetica, 174–197.

204 Vgl. schon vorher Bultmanns Klage gegenüber F. Gogarten, 3. 4. 1927, in: Göckeritz (s. Anm. 200), (103–106) 104 f.

ken an die kirchliche Redaktion Bultmann dazu gebracht zu haben, seine eigene Auffassung der redaktionellen Interpolationen im Evangelium zu präzisieren und die im Kommentar in Anschlag gebrachte »Blattvertauschungshypothese« auszuarbeiten[205].

Die dem Kommentar 1941 vorangestellte verklausulierte Widmung »Den alten Marburger Freunden« galt den vom Nazi-Regime vertriebenen Kollegen Erich Frank, Paul Friedländer und Friedrich Carl Sell. Zumal Friedländer konnte sich zu Recht mit diesem Zeichen der unbeirrten Treue Bultmanns zu seinen durch das Dritte Reich verfemten Freunden gemeint wissen[206]. Denn der Klassische Philologe war in der langen Entstehungsphase des Kommentars derjenige Gelehrte gewesen, mit dem Bultmann – während Friedländers Marburger Zeit mündlich, nach seiner Berufung nach Halle 1932 und nach seiner Zwangsemeritierung 1935 auf dem Korrespondenzweg – durchgängig zahlreiche Detailfragen der Johannesexegese besprach[207]. Auf Wunsch des Verlags gab Bultmann dem abgeschlossenen Werk 1941 ferner ein auf einem losen Blatt gedrucktes »Nachwort« mit auf den Weg, in dem er – sichtlich unwillig – seine Entscheidung legitimierte, dem Kommentar keine Einleitung vorangestellt zu haben. Die üblicherweise in einer Einleitung erörterten Probleme, etwa die Frage nach der literargeschichtlichen Eigenart des Textes, literarkritische Details oder das Problem des religionsgeschichtlichen Ortes des Evangeliums, seien im Kommentar selber ausgiebig behandelt, erklärt Bultmann hier. Und »die Diskussion der Verfasserfrage« trage »für die Exegese gar nichts aus«; sie gehöre »in das Gebiet der ›Einleitung in das Neue Testament‹ bzw. in das der alten Kirchengeschichte«[208].

Damit hatte Bultmann zum einen unmißverständlich die in der früheren Forschung heftig diskutierte Verfasserfrage und die mit ihr häufig verknüpfte Problematik der »Echtheit« des seit Irenäus immer wieder auf den Zebedaiden Johannes zurückgeführten Evangeliums als für die Auslegung bedeutungslos beiseite geschoben. Zum anderen stellte er mit seinem »Nachwort« klar, daß den sei es in die eigentliche Auslegung integrierten, sei es in den Anmerkungen oder Exkursen behandelten klassischen Einleitungsfragen keine selbständige Relevanz, sondern lediglich eine der theologischen Auslegung des Textes dienende und letztere historisch und literarisch absichernde Funktion zukomme. Insofern schlägt sich bereits in der eigentümlichen Anlage des Kommentars, nämlich im Verzicht auf eine Einleitung und in der

205 Vgl. R. Bultmann, Hirsch's Auslegung des Johannes-Evangeliums (1937), in: Ders., Theologie als Kritik, 2002, (353–377) 354–359.

206 P. Friedländer an Bultmann, 24. 4. 1949, Mn 2-787.

207 Leider sind aus dieser Korrespondenz, von wenigen Ausnahmen abgesehen, nur noch Friedländers Briefe an Bultmann erhalten. Vgl. Mn 2-787. Zu den Ausnahmen s. o. 288 Anm. 155. – H.-G. Gadamer unterstützte Bultmann beim Korrekturlesen der einzelnen Lieferungen des Kommentars. Vgl. Bultmann an H.-G. Gadamer, 23. 11. 1938, 30.04., 4.10. u. 19. 11. 1939, DLA Marbach, Bestand A: Gadamer, ZN: HS. 2005.0056.

208 R. Bultmann, Nachwort, zit. nach: W. Schmithals, Johannesevangelium und Johannesbriefe. Forschungsgeschichte und Analyse, 1992, 166.

Erörterung der Einleitungsfragen innerhalb des überaus umfänglichen Kleingedruckten, die Intention seines Verfassers nieder, die historischen, literar- und religionsgeschichtlichen Aspekte der dezidiert theologischen Interpretation des vierten Evangeliums zuzuordnen und dienstbar zu machen. Partiell dürfte Bultmann also seinen Johannes-Kommentar bewußt analog zum »Römerbrief« Karl Barths von 1922 konzipiert haben. Seine Nähe und zugleich seine Distanz zu Barths Auslegung des Römerbriefs hatte sich im übrigen schon früh abgezeichnet, wie Barths Anfrage nach dem Fortgang der Arbeit Bultmanns am Johannes-Kommentar aus dem Frühjahr 1924 zu erkennen gibt: »Wie werden Sie die Diagonale zwischen Walter Bauer und mir ziehen und damit die Probe aufs Exempel liefern?!«[209] Mit dieser Frage dürfte Barth auf ein Gespräch mit Bultmann anspielen, in dem dieser angedeutet haben muß, in dem geplanten Kommentar die Diagonale zwischen der Johannesexegese Walter Bauers und Barths »Römerbrief« ziehen zu wollen, sprich die durch Bauer repräsentierte historische Kritik mit der durch Barth in allzu großer Einseitigkeit zur Geltung gebrachten theologischen Bemühung um die Sache des Textes zu einer adäquaten Synthese zu verbinden.

Die theologische Geschlossenheit des Bultmannschen Johannes-Kommentars beruht methodisch auf einer autorzentrierten Textauffassung, die Bultmann durch literarkritische Analysen und die Aufhellung des religionsgeschichtlichen Hintergrundes des vierten Evangeliums abzustützen sucht. In dieser Perspektive erscheint der Evangelist, mag er auch gleichsam mechanisch die ihm vorliegenden Quellen verarbeitet haben, insgesamt gesehen doch als ein schöpferischer Theologe von Rang, der das Christusgeschehen in seinem ganz eigenständigen Werk derart überzeugend und zukunftsweisend interpretierte, daß es als Paradigma einer sachgemäßen gegenwärtigen Auslegung der eschatologischen Christusoffenbarung zu gelten hat. Insofern dürfte die Beobachtung zutreffen, das von Bultmann gebotene Bild des Evangelisten sei in Wahrheit »ein Spiegelbild seines Interpreten«[210].

Bultmanns literarkritische Operationen dienen daher von vornherein der Absicht, aus dem von zahlreichen literarischen Brüchen und inhaltlichen Spannungen gekennzeichneten überlieferten Text das ursprüngliche Evangelium als das stilistisch und theologisch einheitliche Werk des Evangelisten zu rekonstruieren. Hatte die ältere Literarkritik – etwa die von den Göttingern Julius Wellhausen und Eduard Schwartz vorgelegte – die literarischen Aporien vor allem mit Hilfe der Hypothese einer von einem Bearbeiter vielfach ergänzten und korrigierten Grundschrift zu erklären versucht, so schlägt Bultmann in Abwendung von der der Forschung kaum überzeugend erschienenen Grundschriften-Hypothese einen anderen Weg ein. Mit einem breit gefächerten methodischen Instrumentarium, mit stil-, form- und traditionskritischen Analysen, gegebenenfalls auch anhand inhaltlicher, an seiner eige-

209 K. Barth an Bultmann, 15. 4. 1924, in: Jaspert (s. Anm. 198), (31 f.) 32.

210 Schmithals (s. Anm. 208), 171; vgl. auch J. Frey, Die johanneische Eschatologie, Bd. I. Ihre Probleme im Spiegel der Forschung seit Reimarus, 1997, 141–145.

nen Sicht der Theologie des Evangelisten gewonnenen Kriterien, will Bultmann zunächst aufzeigen, daß der Evangelist mehrere Quellen aufgenommen und sie kritisch kommentierend in seine eigene Darstellung integriert habe.

Zu diesen vorgegebenen Quellen gehört zunächst eine Sammlung von Wundergeschichten, die Semeiaquelle, aus der der Evangelist die sieben Wunderberichte seiner Darstellung übernahm und der wohl auch als Einleitung Joh 1,35–50 sowie als Schluß 12,37 f. und 20,30 f. zuzurechnen sind, ferner einige kleinere Textstücke. Freilich hat der Evangelist die Semeiaquelle kritisch bearbeitet. Insbesondere das von ihr vertretene massive Verständnis der Wunder als Mirakel ist durch den Evangelisten korrigiert worden; er deutet die Wunder nunmehr symbolisch, als »Zeichen« für das grundlegende Wunder der Offenbarung. Ferner rechnet Bultmann damit, daß der Evangelist verschiedene schriftlich vorliegende Stücke aus der synoptischen Überlieferung – etwa Joh 1,19–34 (Berufung der Jünger), 2,13–22 (Tempelreinigung) und 12,1–19 (Jesu Einzug in Jerusalem) –, insbesondere auch aus Passions- und Osterberichten rezipiert habe. Freilich läßt sich diese Vorlage wegen ihrer vielfachen Überarbeitung durch den Evangelisten ebensowenig wie die Semeiaquelle exakt rekonstruieren.

Von zentraler Bedeutung ist schließlich eine gnostische Quelle von Offenbarungsreden, die Bultmann bereits in seinen Analysen des Prologs 1923[211] und des ersten Johannesbriefs 1927[212] geltend gemacht hatte. Diese Quelle, die auch dem Prolog zugrunde liegt, lieferte die Grundelemente der breit ausgeführten Jesusreden des Evangeliums. Dessen Verfasser hat die Offenbarungsreden eines gnostischen Gesandten, die im Stil semitischer Poesie durch apodiktische begründungslose Sätze, häufig durch einen antithetischen *Parallelismus membrorum* gekennzeichnet sind[213], vielfach bearbeitet, kommentiert, bisweilen auch in Dialoge verwandelt und disloziert. Da der Evangelist die ursprünglich im Milieu gnostischer Täufersekten anzusiedelnden Offenbarungsreden der geschichtlichen Gestalt Jesu zugeordnet und zudem der gesamten Komposition seines Evangeliums zugrunde gelegt hat, kommt dieser gnostischen Quelle und ihrer kritischen Verarbeitung durch den Evangelisten eine hermeneutische Schlüsselfunktion für das Verständnis des gesamten Werkes zu.

Darüber hinaus geht Bultmann davon aus, daß das ursprüngliche Evangelium von einer Redaktion bearbeitet und in der heute vorliegenden Gestalt herausgegeben worden sei. Motiviert vom Interesse, die radikale Theologie des Evangelisten zu entschärfen und den orthodoxen gemeinkirchlichen Auffassungen wie auch den synoptischen Darstellungen anzugleichen, hat diese kirchliche Redaktion dem Evangelium den Nachtrag Joh 21 hinzugefügt. Weiterhin sind der kirchlichen Redaktion

211 S. o. Anm. 197.

212 Vgl. R. Bultmann, Analyse des ersten Johannesbriefes (1927), in: Ders., Exegetica, 1967, 105–123.

213 Vgl. R. Bultmann, Das Evangelium des Johannes, 1941[10/1], 100 Anm. 2.117 Anm. 1.136 Anm. 5.

alle Texte mit Bezugnahmen auf die Sakramente (u.a. Joh 3,5; 6,51b-58; 19,34b-35) zuzurechnen. Sodann hat sie, um die präsentische Eschatologie des Evangelisten mit der gängigen apokalyptisch-endgeschichtlichen Zukunftserwartung der kirchlichen Orthodoxie auszugleichen, alle rein futurisch gehaltenen eschatologischen Aussagen in das Werk des Evangelisten eingefügt (u.a. Joh 5,27b-29; z.T. 6,39.40.44.54 und 12,48).

Vor allem aber schreibt Bultmann der kirchlichen Redaktion den Versuch zu, den bereits vor seiner Herausgabe durch unerklärliche Gründe – möglicherweise durch Blattvertauschung – in Unordnung geratenen Text neu zu ordnen, ein Unterfangen, das freilich noch nicht zu einem überzeugenden Ergebnis führte. Daher unternimmt Bultmann es selbst, die ursprüngliche Ordnung des Evangeliums durch Textumstellungen wieder herzustellen. Zum Beispiel faßt er Joh 8,12; 12,44–50; 8,21–39; 12,34–36 und 10,19–21 zu einer Lichtrede zusammen, die er an Joh 9,1–41 sich anschließen läßt. Bultmanns kühne und umfassende Textumstellungen bilden neben seiner Quellentheorie und seiner Redaktionshypothese einen weiteren wichtigen Baustein für die Rekonstruktion der ursprünglichen Komposition des Textes, dessen literarkritisch untermauerte theologische Einheitlichkeit wiederum eine kohärente Auslegung des Evangeliums allererst möglich macht. Anders, kritisch gewendet, interpretiert Bultmann »ein Evangelium, das er ... selbst zu einem erheblichen Teil mitgestaltet hat«[214]. Dabei folgt er, was die Komposition des ursprünglichen Evangeliums angeht, im wesentlichen der vermuteten Struktur der vorausgesetzten Offenbarungsredenquelle, d.h. dem in dieser Quelle enthaltenen gnostischen Erlösermythos. In Analogie zu jenem – mit Richard Wagner zu reden – Drama vom »erlösten Erlöser« gliedert Bultmann das ursprüngliche Evangelium wie folgt auf: »Die Begegnung mit dem Offenbarer«, »die Offenbarung als κρίσις, »der Offenbarer im Kampf mit der Welt«, »der geheime Sieg des Offenbarers über die Welt«, »der Abschied des Offenbarers« sowie »Passion und Ostern«[215].

Der religionsgeschichtlichen Annahme, der Evangelist habe in seinem Werk den postulierten vorchristlichen gnostischen Erlösermythos aufgenommen und durch die Anwendung auf die geschichtliche Gestalt Jesu kritisch interpretiert, kommt mithin für Bultmanns Auslegung des Evangeliums eine hermeneutische Schlüsselfunktion zu. In seiner Rekonstruktion dieses gnostischen Mythos vom erlösten Erlöser schließt sich Bultmann weitgehend den Forschungen Richard Reitzensteins zu manichäischen und mandäischen Texten sowie insbesondere der unter dem Einfluß der Daseinsontologie Heideggers verfaßten Arbeit seines Schülers Hans Jonas zur mythologischen Gnosis an[216]. Zwar verwendet der Evangelist die mythologische Sprache der gnostischen Vorlage, denn der Mythos weiß bereits darum, wie der Mensch sich in seiner Verlorenheit in der Welt fraglich ist, er kennt den radikalen

214 Haenchen (s. Anm. 191), 886.

215 Bultmann (s. Anm. 213), 5*–8*.

216 Vgl. H. Jonas, Gnosis und spätantiker Geist. I. Die mythologische Gnosis, 1934[1]; Bultmann, aaO 41–43; zum forschungsgeschichtlichen Kontext vgl. Frey (s. Anm. 210), 133–140.

Gedanken der Offenbarung, er beschreibt das Erlösungsdrama ansatzweise als Entweltlichung. Aber der Mythos vermag doch bloß die Möglichkeit des den Menschen betreffenden Heilsgeschehens aufzuweisen, während demgegenüber der vierte Evangelist als christlicher Offenbarungstheologe die paradoxe Wirklichkeit des eschatologischen Erlösungsgeschehens in der geschichtlichen Sendung Jesu, in der Verkündigung seines Werkes durch die Gemeinde und in der Existenz des Glaubenden darstellt. Der Evangelist knüpft also an die gnostische Begrifflichkeit des Erlösermythos an, um im kritischen Bezug auf das in ihm ausgesprochene Daseinsverständnis das durch die geschichtliche Offenbarung im irdischen Jesus ermöglichte neue, eschatologische Seins- und Selbstverständnis des Glaubens zu entfalten.

Die antignostische Interpretation des gnostischen Mythos durch den Evangelisten zeigt sich im einzelnen an der Ausscheidung verschiedener für den Mythos elementarer Vorstellungen wie derjenigen von der Präexistenz der Seelen und der Substanzhaftigkeit des Erlösers und der Erlösten. Ferner ist das Erlösungsgeschehen im Evangelium nicht kosmisch-naturhaft, sondern geschichtlich aufgefaßt, so daß der kosmologische Substanzdualismus der gnostischen Vorlage zu einem Entscheidungsdualismus umgewandelt und der Determinismus des gnostischen Mythos als Interpretament für die Macht der Sünde benutzt wird. Führt der Mythos die Erschaffung der Welt auf widergöttliche dämonische Mächte zurück, so legt demgegenüber das Evangelium alles Gewicht auf das Wesen des Kosmos, der sich gegenüber dem Anspruch des Offenbarers schuldhaft verschließt und so seine göttliche Bestimmung verfehlt.

Im Grunde hat der Evangelist Bultmanns Programm einer existentialen Interpretation der neutestamentlichen Texte exemplarisch vorweggenommen, indem er das Erlösungsdrama vergeschichtlicht und als ein auf die Existenz bezogenes Geschehen versteht, das den Menschen in die Entscheidung des Glaubens hineinstellt. Dieser existentialen Interpretation unterzieht der Evangelist zumal die überkommenen apokalyptischen Vorstellungen der jüdischen und christlichen Eschatologie, die er sämtlich entmythologisiert. Statt am Ende der Geschichte ereignet sich das künftige universale Gericht bereits in dem eschatologisch qualifizierten Augenblick der Sendung Jesu und der Verkündigung der christlichen Gemeinde als definitive Scheidung. Da die Auferstehung als gegenwärtige im Glauben an den das Leben bringenden Offenbarer vollständig erfaßt wird, ist die Hoffnung auf eine künftige Auferstehung belanglos geworden. Gleiches gilt von der traditionellen Erwartung einer Parusie Christi am Ende aller Tage, ereignet sich doch sein Advent bereits in der österlichen Gestalt der christlichen Existenz und in der Sendung des Parakleten. Da der Evangelist Johannes das eschatologische Heilsgeschehen nach Bultmann in einer für das Urchristentum singulären Weise als streng gegenwärtiges versteht und folgerichtig von jeglicher inhaltlichen Objektivierung des Heils Abstand nimmt, kann sein Werk als die theologisch maßgebende Interpretation des eschatologischen Seins- und Selbstverständnisses des christlichen Glaubens in Anspruch genommen werden.

In seiner Auslegung des Johannesevangeliums zeigt sich Bultmann durchweg fundamentalen Einsichten der Dialektischen Theologie verpflichtet. Die monumentale Geschlossenheit seiner theologischen Interpretation des vierten Evangeliums verdankt sich freilich nicht zuletzt seinem existentialtheologischen Ansatz, mit dem er das Anliegen des Evangelisten unter Anwendung der wissenschaftlich geklärten Begrifflichkeit der Daseinsontologie Heideggers im Verstehenshorizont des modernen Menschen eigenständig und neu zu formulieren vermag. Dabei dürfte ein weiterer Faktor für den raschen und durchschlagenden Erfolg seines Kommentars im übrigen auch darin zu sehen sein, daß Bultmann den exklusiven Anspruch des vom Johannesevangelium gezeichneten Offenbarers ohne Abstriche gegen ein Sein in und aus der Welt zur Geltung brachte. Der aufmerksame Leser der ersten, 1937–1941 erschienenen Auflage dieses Kommentars konnte zwischen seinen Zeilen genügend Hinweise finden, daß damit den totalitären Ansprüchen des zeitgenössischen nationalsozialistischen Weltanschauungs- und Sinngebungsmonopols eine schroffe Absage erteilt wurde.

Die Theologie des Johannesevangeliums vollzieht sich als Auslegung des Satzes ὁ λόγος σὰρξ ἐγένετο (Joh 1,14). In der Fleischwerdung des Gottessohnes ereignet sich die Offenbarung, deren Paradoxie eben darin liegt, daß das eschatologische Heil in der Unanschaulichkeit des geschichtlichen Ereignisses des Kommens und Gehens des Offenbarers präsent wird. Die vor dem Forum der Welt unausweisbare Gestalt der Offenbarung spiegelt sich insbesondere darin, daß der johanneische Jesus die Offenbarung nicht etwa inhaltlich-lehrhaft vorstellt, sondern »daß seine Glorie in nichts anderem besteht als darin, der Offenbarer zu sein«[217]. Jesus offenbart in seinem umfassenden Wirken Gott, er offenbart die Herrlichkeit Gottes und seinen Namen, er vollzieht die Werke Gottes und redet seine Worte. So begegnet in seiner Gestalt Gott selbst in der Niedrigkeit und Tiefe menschlichen Daseins.

Das darin beschlossene Ärgernis, der Anstoß der Inkarnation ist nicht etwa nur für die Generationen gegeben, die keine unmittelbaren Augenzeugen der *vita Jesu* mehr sind, sondern in gleicher Weise für die Jünger erster Hand. Denn zum Offenbarer wird Jesus ja erst in der Gesamtheit seiner Sendung, in der gleichursprünglichen Einheit seines Kommens und Gehens, und als Offenbarer in diesem Sinne stellt er seine Zeitgenossen ebenso wie die Nachgeborenen in gleicher Weise in die eschatologische κρίσις, vor die Entscheidung nämlich, ob sie im Glauben an den Offenbarer Leben und Heil von Gott empfangen und ihr Sein von Gott her neu verstehen wollen oder ob sie sich im Unglauben dem Wort des Offenbarers verschließen und sich so schon jetzt Tod und Unheil zuziehen wollen. Ist dem Menschen auf Grund der Geschichtlichkeit seines Daseins immer schon die ontologische Möglichkeit gegeben, in der Eigentlichkeit wahren Lebens zu existieren, so ist jene Möglichkeit in der Offenbarung ontisch realisiert für denjenigen, der sich vom Wort des Offenba-

217 Bultmann, aaO 47.

rers in die Eigentlichkeit des sich von Gott und seiner Gnade her verstehenden Lebens rufen läßt.

Durch die Worthaftigkeit der Offenbarung Gottes, wie sie der Evangelist Johannes bereits im Prolog zu verstehen gibt, erweist sich, daß das Offenbarungsgeschehen als echte Begegnung zwischen dem redenden Gott und der geschöpflichen Welt aufgefaßt ist. Dabei vergeht dieses Wort – anders, als Goethe im »Faust« meinte, – nicht als »bloßer Schall und Rauch«, sondern es stellt die wirkmächtige Tat Gottes dar, der durch das Wort des Offenbarers seinen Advent in der gottentfremdeten Welt proklamiert und ihr so Heil und Leben vermittelt. Der Wortcharakter der Offenbarung sichert das eschatologische Heilsgeschehen insbesondere vor dem Mißverständnis ab, als ob dieses mit der Person und der Sendung Jesu identifizierte Ereignis mit dem Abschied Jesu von den Seinen zu einem Faktum der historischen Vergangenheit geworden wäre. Vielmehr wird es als eschatologisches Geschehen nur dann recht begriffen, wenn es in seinem je neuen Gegenwärtigwerden im Kerygma der christlichen Gemeinde wahrgenommen und im glaubenden Hören als der einzig angemessenen »Antwort auf die Frage der göttlichen Liebe« ernstgenommen wird[218]. Den echten καιρός, das Jetzt der Offenbarung und damit der Entscheidung für oder gegen die Welt, vermag also allein der zu erfassen, der sich der Begegnung mit dem Offenbarer öffnet[219].

Im Glauben, der dem Wort des Offenbarers je neu entspricht, vollzieht sich die eschatologische Existenz, die als solche das Paradox der Offenbarung reflektiert. Wie die Sendung Jesu das nicht aufweisbare eschatologische Ereignis und zugleich ein geschichtliches Geschehen darstellt, wie in der Geschichte des Offenbarers die Hoheit Gottes in der Niedrigkeit des Menschen Jesus erscheint, so ist auch der Glaube kein objektivierbarer Besitz, sondern eine stets neu zu fällende Entscheidung, die die Anstößigkeit und das Ärgernis der Offenbarung überwinden muß. Gerade so aber versetzt der Glaube denjenigen, der sich im Hören des Wortes der Zukunft des kommenden Gottes öffnet, in die eschatologische Existenz. In ihr entscheidet sich der Glaubende dafür, den Ursprung und das Ziel seines Daseins in der Welt nicht aus der Welt, sondern aus der unverfügbaren Gnade Gottes zu verstehen. Insofern meint eschatologische Existenz ein Sein in der Entweltlichung, insofern ist der Glaubende bereits in der Welt frei von der Welt, insofern kann er schon jetzt die eschatologische Heilsgabe des Lebens empfangen, »jene Eigentlichkeit der Existenz, die in der Erleuchtung des definitiven Sichverstehens geschenkt wird«[220]. Anders ausgedrückt: Die eschatologische Existenz des Glaubens, die allein durch die Offenbarung ermöglicht wird, realisiert sich, indem sich der Mensch von Gott die durch die Sünde verlorengegangene Freiheit zurückgeben läßt, »seine Eigentlichkeit zu ergreifen«[221],

218 Bultmann, aaO 113; vgl. auch 430–433.
219 Vgl. Bultmann, aaO 220 f.; dazu A. Christophersen, Kairos, 2008, 143 f.
220 Bultmann, aaO 194.
221 Bultmann, aaO 115.

mithin in der Freiheit von der Welt, von der Vergangenheit, von sich selbst und letztlich also in der Freiheit von der Sünde zu leben[222].

Die Welt freilich, sofern sie sich in ihrer Vorfindlichkeit selbst genügt und sich durch sie hinreichend konstituiert zu sein wähnt, ist blind für das Licht, das mit dem Kommen Gottes in die Welt kommt und das Dasein in ihr allererst erhellt. Jene Blindheit des gottfeindlichen Kosmos tritt in den grotesken Mißverständnissen, mit denen die Hörer auch auf die eindeutigsten Worte Jesu reagieren, offen zutage. Diese Verblendung derjenigen, die nicht die eschatologische Möglichkeit des Glaubens ergreifen, sondern »sich auf ihr Blindsein festlegen«[223], ist eben durch diese ihre Entscheidung eine selbstverschuldete, und insofern ziehen sich die Nichtglaubenden selbst das Gericht über die Sünde zu, die als solche freilich erst durch die Offenbarung aufgedeckt wird.

Die frühen Rezensenten rühmten einhellig Bultmanns entschieden theologische Interpretation des Johannesevangeliums und sprachen auch seiner religionsgeschichtlichen Ableitung der johanneischen Vorstellungswelt aus der mythologischen Gnosis einen hohen Grad an Plausibilität zu[224]. Freilich meldeten Martin Dibelius, Joachim Jeremias und Ernst Käsemann wie später auch Emanuel Hirsch und Ernst Haenchen Zweifel an Bultmanns literarkritischen Operationen an[225], insbesondere an seinen umfassenden Textumstellungen und an der die angenommene Unordnung des überlieferten Textes erklärenden Blattvertauschungshypothese[226]. Es dürfte denn auch primär der konzise theologische Ansatz der Auslegung des vierten Evangeliums durch Bultmann für die – bereits äußerlich an den bisher erschienenen zwölf Auflagen und mehr als 45.000 gedruckten Exemplaren ablesbare – Wirkung seines Johannes-Kommentars und dessen dominante Rolle in der weiteren Forschung bis etwa 1970 verantwortlich gewesen sein.

Bultmann hat dem Kommentar in den späteren Auflagen ein Ergänzungsheft beigegeben, das die jeweils neu erschienene Literatur verzeichnete und in dem er kleinere, teilweise aber auch gewichtige Korrekturen und Verbesserungen seiner Textauslegung wie etwa die partielle Revision seiner ursprünglichen Deutung der Pila-

222 Bultmann, aaO 336.

223 Bultmann, aaO 259.

224 Vgl. Dibelius (s. Anm. 194), 259 f. 262 f.; Jeremias (s. Anm. 193), 418–420; Käsemann (s. Anm. 194), 190–196. – Bultmann fand die bereits 1942 abgeschlossene kritische Besprechung seines Johannes-Kommentars durch E. Käsemann so weiterführend, daß er sie in der »Theologischen Rundschau« abdrucken wollte. Dies unterblieb nur wegen der restriktiven Maßnahmen des NS-Staates gegenüber kirchlichen und theologischen Publikationen, von denen auch die »Theologische Rundschau« betroffen war. Vgl. Bultmann an E. Käsemann, 1. 8. 1942, 17. 5. 1943 u. 16. 12. 1945, Mn 2-2251.

225 Vgl. Dibelius, aaO 260–62; Jeremias, aaO 416–418; Käsemann, aaO 183–188; E. Hirsch, Stilkritik und Literaranalyse im vierten Evangelium, ZNW 43 (1950/51), 128–143; Haenchen (s. Anm. 191), 882–884.

226 Vgl. J. Jeremias, Johanneische Literarkritik, ThBl 20 (1941), 33–46; Haenchen, aaO 885 f.

tus-Szene[227] vornahm. Das geschlossene Bild der Theologie des Evangelisten Johannes, das Bultmann in seinem Kommentar und später in seiner »Theologie des Neuen Testaments« entwarf, war unbestreitbar von einem mehrfach wirksamen hermeneutischen Zirkel geprägt. Der wechselseitige Bezug zwischen literarkritischer Analyse und religionsgeschichtlicher Rekonstruktion sowie der theologischen Interpretation einerseits und die Verknüpfung eigener – von der Dialektischen Theologie bestimmter – theologischer sowie – von Kierkegaard und der phänomenologischen Daseinsanalyse Heideggers geleiteter – philosophischer Interpretationsprämissen mit der exegetischen Erarbeitung des Textsinnes andererseits sicherten seine Auslegung sowohl gegenüber historischer Einzelkritik als auch umgekehrt gegenüber systematisch-theologischen Einwänden ab[228].

Exemplarisch dafür mag Bultmanns Beharren auf seiner religionsgeschichtlichen Hypothese von der vorchristlichen Existenz eines gnostischen Erlösermythos stehen. Nachdem bereits Erik Peterson 1926 gegenüber Walter Bauer Einwände gegen die Ansetzung der mandäischen Schriften in vorchristliche Zeit erhoben hatte, bestritt insbesondere Hans Lietzmann, daß die Texte der Mandäer die Entwicklung des Urchristentums beeinflußt hätten, eher sei es umgekehrt gewesen[229]. Ähnlich problematisierte Carsten Colpe die Heranziehung manichäischer Texte zur Rekonstruktion eines vorchristlichen gnostischen Erlösermythos als historisch fragwürdig[230]. Im Anschluß an Hans Jonas, der freilich den gnostischen Mythos weniger religionsgeschichtlich exakt verortet als ihn vielmehr religionsphänomenologisch interpretiert hatte, hielt Bultmann indes – angesichts seines hermeneutischen Ansatzes bei der Frage nach dem dem Neuen Testament vorausliegenden und ihm als Folie dienenden Daseinsverständnis des gnostischen Mythos verständlich – stets daran fest, daß die vorchristliche Existenz jenes Mythos hinreichend verifiziert sei[231].

Keiner Erwähnung bedarf freilich, daß Bultmann die Einsicht in die grundsätzliche Unabgeschlossenheit wissenschaftlichen Erkennens auch auf seine eigene Arbeit am Johannesevangelium angewandt wissen wollte. Mit dem ihm eigenen Humor nahm er daher auch die aus dem Englischen stammende Persiflage seiner Blattvertauschungshypothese auf. Sie handelt von jener Sekretärin, »die im Dienste des Evangelisten Johannes stehend bei Aufnahme des Diktates von einem Windstoß überrascht wurde und sich schier verzweifelt über das Sammeln und Ordnen der am

227 Vgl. D. Lührmann, Der Staat und die Verkündigung. Rudolf Bultmanns Auslegung von Joh 18,28 bis 19,16, in: C. Andresen u. G. Klein (Hg.), Theologia crucis – signum crucis. FS E. Dinkler, 1979, 359–375.

228 Vgl. Frey (s. Anm. 210), 154 f.

229 Vgl. H. Lietzmann, Ein Beitrag zur Mandäerfrage, 1930; dazu die Rez. von R. Bultmann (1931), in: Ders., Theologie als Kritik, 2002, 260–262. – Über Erik Petersons Beiträge zum Mandäerproblem handelt B. Nichtweiss, Erik Peterson. Neue Sicht auf Leben und Werk, 1994², 321–327.

230 Vgl. C. Colpe, Die religionsgeschichtliche Schule. Darstellung und Kritik ihres Bildes vom gnostischen Erlösermythos, 1961.

231 Vgl. Frey (s. Anm. 210), 137–140.

Fußboden verstreuten Blätter machen wollte, als plötzlich Johannes ihre Sisyphusarbeit mit dem Hinweis abbrach: ›Never mind. There is a guy at Marburg – he will put it in order.‹«[232]

Ob Bultmanns theologische Gesamtschau des Johannesevangeliums auch unabhängig von seinen literarkritischen und religionsgeschichtlichen Annahmen als prinzipiell legitim anerkannt werden kann, ist in der gegenwärtigen Exegese umstritten[233]. Unbestritten jedoch markiert sein Kommentar in der Geschichte der Auslegung des vierten Evangeliums einen Höhepunkt, wie er seither nicht wieder erreicht worden ist. Mehrere Generationen von Pfarrern konnten seiner wissenschaftlichen Interpretation des Textes, die durchgängig die hermeneutische Frage nach der Möglichkeit gegenwärtigen Sichverstehens im Lichte des Offenbarungsgeschehens mit einbezieht, vielfältige Anregungen und unmittelbare Hilfe für ihre Predigtarbeit entnehmen[234].

4. Alpirsbach 1941 – der Entmythologisierungsvortrag

Ich schicke Dir den merkwürdigen Vortrag Bultmanns, der ihn, den im persönlichen Verkehr so unendlich Vielseitigen, Beweglichen, humoristisch Duldsamen, in einem fast furchtbaren Ernst enthüllt: in einem Ernst, dessen Radikales nicht nur für religiös Unentschiedene, sondern wohl auch für viele Theologen strikter Observanz aufregend und herausfordernd ist. Ich finde freilich das Meiste bedeutend und großartig. Natürlich stellen sich bei dem näheren regelmäßigen Verkehr zwischen ihm und mir ungeheure Verschiedenheiten heraus, aber ich bin froh, ihn zu haben, und ehre ihn von Herzen; und finde es großartig von ihm, daß er so viel für mich übrig hat.[235]

Nach Abschluß der Arbeit am Johannes-Kommentar machte sich Bultmann daran, einen schon länger gehegten Plan auszuführen. Er wollte in einer kleinen Schrift die theologischen Probleme erörtern, die sich aus den mythologischen Vorstellungen des Neuen Testaments ergaben. Wilhelm Kamlahs 1940 erschienenes Buch »Christentum und Selbstbehauptung« trug wesentlich dazu bei, »daß der Plan endlich ausgeführt wurde«[236]. Denn Bultmann sah in dem Werk seines Schülers »das Entwe-

232 E. Dinkler, Rudolf Bultmann als Lehrer und Mensch, in: Ders., Im Zeichen des Kreuzes. Aufsätze, 1992, (421–432) 431.

233 Vgl. dazu divergierend Schmithals (s. Anm. 208), 173 f.; Haenchen (s. Anm. 191), 210; Frey (s. Anm. 210), 142.

234 Vgl. exemplarisch H. Braun, Die Paradoxie der Offenbarung, VF 6 (1951/52), (25–34) 32 f.

235 M. Kommerell an E. Kommerell, 20. 4. 1942, in: I. Jens (Hg.), Max Kommerell. Briefe und Aufzeichnungen 1919–1944, 1967, 37.

236 Bultmann an W. Kamlah, 19. 7. 1942, PhAU Konstanz, WK 2-13-2. – Vgl. W. Kamlah, Christentum und Selbstbehauptung, 1940; vgl. auch Bultmann an G. Bornkamm, 14. 4. 1941, Mn 2-2147.

der-Oder: eschatologisches oder politisches Seinsverständnis, mit großer Klarheit und Schärfe gestellt und dabei den Kampf gegen die Eschatologie nicht nur mit großer Sachkenntnis und außergewöhnlicher Einsicht geführt, sondern auch in einer wahrhaft adeligen Weise«. Der Philosoph Kamlah fordere die Theologie zur kritischen Selbstbesinnung heraus, »in der es um ihr Sein oder Nichtsein« gehe[237].

Als seinen Beitrag zu dieser der Theologie aufgegebenen Selbstbesinnung verstand Bultmann den Vortrag »Neues Testament und Mythologie«, den er am 21. April 1941 auf einer Regionaltagung der »Gesellschaft für evangelische Theologie« in Frankfurt/Main und nochmals am 4. Juni 1941 auf der Gesamttagung dieser Gesellschaft in Alpirsbach hielt[238]. Die »Gesellschaft für evangelische Theologie« hatte sich Anfang Februar 1940 in Berlin konstituiert. Mit ihrer Gründung reagierten die beteiligten Theologen der Bekennenden Kirche[239] auf die Bedrohung, der das Christentum durch die aggressive Kirchenpolitik der Nationalsozialisten ausgesetzt war. Die »Gesellschaft für evangelische Theologie« verfolgte mit ihrer Arbeit das Ziel, wissenschaftliche Theologie und kirchliche Verkündigung eng miteinander zu verbinden, um die weltanschaulichen Angriffe des NS-Staates gegen das Christentum abwehren zu können. Daß die theologische Auseinandersetzung mit der nationalsozialistischen Weltanschauung und der von ihr durchsetzten Heterodoxie innerhalb der Kirche notwendig sei, war auch Bultmanns Überzeugung. Deshalb publizierte er seinen Vortrag »Neues Testament und Mythologie« zusammen mit dem Vortrag zur »Frage der natürlichen Offenbarung«, den er bereits im Oktober 1940 in Alpirsbach gehalten hatte[240]. In diesem Aufsatz erörterte er die Frage, ob es angesichts der exklusiven Offenbarung Gottes in Jesus Christus auch eine Offenbarung Gottes in Natur und Geschichte gebe. Gegenüber der im Dritten Reich vertretenen Ideologie, der

237 Bultmann an W. Kamlah, 2. 4. 1941, PhAU Konstanz, WK 2-13-2. – Vgl. auch R. Bultmann, Bemerkungen zu W. Kamlah, Christentum und Selbstbehauptung, 1940, Typoskript o.J. [1941], PhAU Konstanz, WK 2-13-2. Dieser Text von immerhin 35 Seiten ist teilweise mit eingegangen in: R. Bultmann, Neues Testament und Mythologie (1941), hg. von E. Jüngel, 1988^3, 42–48. – In den Kontext dieser Abhandlung gehören auch R. Bultmann, Rez. über E. Hirsch, Die Auferstehungsgeschichten und der christliche Glaube, 1940 (1940), in: Ders., Theologie als Kritik, 2002, 389–394; sowie Ders., Rez. über W. Nestle, Vom Mythos zum Logos, 1940 (1942), in: Ders., Theologie als Kritik, 2002, 394–397.

238 Zum Folgenden vgl. H. Wassmann, Der »Fall Bultmann« in Württemberg (1941–1953), in: V. Schäfer (Hg.), Bausteine zur Tübinger Universitätsgeschichte, Folge 4, 1989, (137–176) 141–144; W. Schmithals, Zum Problem der Entmythologisierung bei Rudolf Bultmann, ZThK 92 (1995), (166–206) 167–170.

239 In den Vorstand der »Gesellschaft für evangelische Theologie« wurden am 7./8. 2. 1940 Ernst Wolf, Hans von Soden, Martin Fischer und Joachim Beckmann gewählt.

240 Vgl. R. Bultmann, Offenbarung und Heilsgeschehen. I. Die Frage der natürlichen Offenbarung; II. Neues Testament und Mythologie. Das Problem der Entmythologisierung der neutestamentlichen Verkündigung, 1941. – Der erste Beitrag ist auch abgedruckt in: GuV II, 1968^5, 79–104. – Den ebenfalls auf der Gesamttagung der »Gesellschaft für evangelische Theologie« am 5. 6. 1941 gehaltenen Vortrag »Theologie als Wissenschaft« publizierte Bultmann dagegen nicht selbst. Vgl. R. Bultmann, Theologie als Wissenschaft, ZThK 81 (1984), 447–469; dazu K.W. Müller, Zu Rudolf Bultmanns Alpirsbacher Vortrag über »Theologie als Wissenschaft«, ZThK 81 (1984), 470f.

Wille Gottes offenbare sich in der Geschichte des deutschen Volkes, wies Bultmann auf die Zweideutigkeit aller Phänomene der Geschichte und Gegenwart hin. Unmißverständlich erklärte er hier, das »Wesen des deutschen Volkes« liege »nicht als eindeutiges Kriterium« vor, »kraft dessen wir das Recht unseres Tuns klar beurteilen könnten«. Vielmehr erweise sich in der Konfrontation mit der Forderung Gottes und seiner Heiligkeit, daß die Geschichte zutiefst von der Sünde des Menschen bestimmt sei und daß sie daher Gott gerade verhülle[241].

Mit dieser eminent politischen Aussage gab Bultmann 1940/41 ein Exempel der theologischen Auseinandersetzung mit den aktuellen Mythen. Sein Entmythologisierungsvortrag gehörte mit in diesen politischen Kontext hinein, er richtete sich aber auch gegen bestimmte Tendenzen innerhalb der Bekennenden Kirche. Bultmann war besorgt darüber, daß sich die Bekennende Kirche allzu sehr auf die bloße Repristinierung der kirchlichen Bekenntnisse beschränkte und so Gefahr lief, den christlichen Glauben nur noch in der Gestalt einer vergangenen Sprache und eines überholten Weltbildes aussagen zu können. Aber kam es nicht zumal im Blick auf die weltanschauliche Auseinandersetzung der Gegenwart darauf an, die christliche Botschaft verständlich und glaubwürdig zu entfalten? Bultmann deutete das Problem Anfang Januar 1941 in seinem Gruß an die im Felde stehenden Marburger Studenten an. Er hatte Weihnachten eine Predigt gehört, die er dogmatisch korrekt und von der Form her gelungen fand. Gleichwohl war er »tief enttäuscht und deprimiert« aus dem Weihnachtsgottesdienst nach Hause gegangen. Denn der Prediger hatte es nicht vermocht, »das Evangelium so in die Sprache der Gegenwart« zu übersetzen, daß der Hörer es als eine ihn angehende Botschaft wahrnehmen konnte[242].

Vor diesem Hintergrund beschreibt Bultmann in seinem Alpirsbacher Vortrag zunächst das Problem und die Aufgabe der Entmythologisierung des neutestamentlichen Kerygmas. Nicht nur das Weltbild des Neuen Testaments, auch seine Darstellung des Heilsgeschehens ist mythisch. Die dabei verwendeten Motive sind der zeitgenössischen »Mythologie der jüdischen Apokalyptik und des gnostischen Erlösungsmythos« entnommen[243]. Da das mythische Weltbild für den heutigen Menschen obsolet geworden ist, stellt sich für ihn die mythologische Rede als unglaubhaft dar. Das naturwissenschaftliche Weltbild und das Selbstverständnis des modernen Menschen schließen es aus, daß die christliche Verkündigung weiterhin an den mythologischen Vorstellungen des Neuen Testaments festhält. Zu den Motiven, die Bultmann

241 R. Bultmann, Die Frage der natürlichen Offenbarung (1941), GuV II, 1968[5], 92f.; vgl. E. Dinkler, Die christliche Wahrheitsfrage und die Unabgeschlossenheit der Theologie als Wissenschaft, in: O. Kaiser (Hg.), Gedenken an Rudolf Bultmann, 1977, (15–40) 29f. – Der politische Kontext des Entmythologisierungsvortrags blieb freilich in der durch ihn ausgelösten Debatte von Anfang an nahezu unbeachtet.

242 Vgl. Bultmanns Grußwort zu Jahresbeginn Januar 1941, in: E. Dinkler-von Schubert (Hg.), Feldpost: Zeugnis und Vermächtnis, 1993, (142–145) 143.145; dazu schon Bultmann an E. Käsemann, 11.8.1937, Mn 2-2251: »Die in der B.K. mehr und mehr sich festigende Orthodoxie scheint mir eine schwere Gefahr zu sein.«

243 Bultmann, Neues Testament und Mythologie (s. Anm. 237), 13.

schroff für »erledigt« erklärt, gehören die Geschichte von der Himmelfahrt Christi, der Geister- und Dämonenglaube, die Wunder als reale Geschehnisse, die mythische Eschatologie, der Gedanke an ein supranaturales Wirken des Pneuma und der Sakramente, die Auffassung des Todes als Sündenstrafe, die Satisfaktionslehre sowie das Verständnis der Auferstehung als eines physischen Geschehens. Bultmanns Fazit aus dem Befund, soweit dieser die Wunder betrifft: »Man kann nicht elektrisches Licht und Radioapparat benutzen, in Krankheitsfällen moderne medizinische und klinische Mittel in Anspruch nehmen und gleichzeitig an die Geister- und Wunderwelt des Neuen Testaments glauben.«[244]

Hinsichtlich des mythischen Weltbilds schuldet der Theologe und Prediger seinen Hörern intellektuelle Klarheit darüber, was man für wahr halten kann und was nicht. Für den theologischen Umgang mit den mythologischen Vorstellungen des Neuen Testaments empfiehlt sich deren Entmythologisierung als einzig sinnvolle Alternative. Die Entmythologisierung entspricht schon dem Wesen des Mythos. Der Mythos will nämlich kein objektives Weltbild im Sinne einer Kosmologie geben, sondern ein bestimmtes Selbstverständnis des Menschen zum Ausdruck bringen. Er tut dies freilich so, daß er das Göttliche als Menschliches, das Jenseitige als Diesseitiges darstellt und insofern die Differenz zwischen Gott und Mensch aufhebt. Durch diese objektivierende Redeweise verstellt der Mythos aber zugleich seine eigentliche Intention. Denn er will zu erkennen geben, daß der Mensch nicht Herr seiner selbst, sondern mitsamt der ihm bekannten Welt von transzendenten Mächten abhängig ist. In dieser Diskrepanz zwischen objektivierender Sprache und eigentlicher Intention des Mythos ist das Motiv zur Kritik seiner objektivierenden Vorstellungen bereits enthalten.

Für das Neue Testament, das immerhin ansatzweise die Kritik am Mythos vollzieht, drängt sich eine Entmythologisierung schon deshalb auf, weil es einander widersprechende Vorstellungen vom Menschen enthält: »einerseits ist der Mensch als kosmisches Wesen verstanden, anderseits als selbständiges Ich, das in der Entscheidung sich gewinnen oder verlieren kann«[245]. Bultmann hält nun das Verfahren, mit dem die kritische Theologie des 19. Jahrhunderts die neutestamentliche Verkündigung entmythologisierte, für unsachgemäß. Denn die ältere liberale Theologie schied in Anwendung der Differenz von Schale und Kern zunächst die zeitbedingten mythologischen Vorstellungen als unwesentlich aus, eliminierte faktisch aber auch das Kerygma in seinem spezifischen Charakter als Verkündigung der Person Jesu Christi als des entscheidenden Heilsereignisses[246]. Demgegenüber hat die Entmythologisierung die Wahrheit des Mythos im allgemeinen und diejenige des neutestamentlichen Kerygmas im besonderen aufzudecken. Dies vermag nur die existentiale Interpretation der mythologischen Aussagen des Neuen Testaments zu leisten. Die

244 AaO 16.

245 AaO 24.

246 Bultmann, aaO 26, verweist als Beispiel auf A. Harnack, Das Wesen des Christentums, 1905[52. Tsd.].

von Hans Jonas durchgeführte Analyse der mythologischen Gnosis scheint Bultmann dafür wegweisend zu sein, weil sie dezidiert nach dem Existenzverständnis des Mythos fragt[247].

Im zweiten Teil des Alpirsbacher Vortrags führt Bultmann die Entmythologisierung des Neuen Testaments in Grundzügen durch. Er kontrastiert zunächst aus christlicher Perspektive das menschliche Sein außerhalb des Glaubens mit dem Sein im Glauben. Außerhalb des Glaubens lebt der Mensch vom Sichtbaren und Verfügbaren, das vergänglich ist. Damit verfällt er dem Tode und verliert er seine eigentliche Existenz. Echtes Leben dagegen empfängt sich aus dem Unsichtbaren und Unverfügbaren. Es vollzieht sich im Vertrauen, daß das Unverfügbare dem Menschen als Liebe begegnet und ihm nicht den Tod, sondern Leben und Zukunft bringt. Dieser Glaube bezieht sich auf die sündenvergebende Gnade Gottes, die den Menschen von seiner Vergangenheit, von der Selbstbindung an das Verfügbare und Vergehende befreit. Im Glauben realisiert sich die gehorsame Wendung des Menschen weg von sich selbst hin zu Gott. Daher versetzt der Glaube den Menschen auch in die eschatologische Existenz der Entweltlichung. Der Glaubende existiert, was sein Verhältnis zur Welt betrifft, nach I Kor 7,29–31 in der Haltung des »als ob nicht« (ὡς μὴ), in der distanzierten Freiheit gegenüber der Welt. In dieser Weise ganz von Gott her zu leben, bedeutet ein neues Geschöpf zu sein (II Kor 5,17). Da für den Glaubenden die Zukunft bereits Gegenwart geworden und die Heilszeit schon angebrochen ist, hat im Neuen Testament das Johannesevangelium die apokalyptische Eschatologie eliminiert und durch eine präsentische Eschatologie ersetzt, während bei Paulus die gnostische Eschatologie entmythologisiert ist[248].

Indes versteht das Neue Testament den Glauben als Inbegriff des christlichen Seinsverständnisses pointiert und exklusiv als Glauben an Christus. Der Glaube ist allererst möglich geworden infolge des Christusgeschehens. Von daher stellt sich die Frage, ob diese Behauptung einen mythologischen Rest enthält, der zu entmythologisieren wäre, ob also »*das christliche Seinsverständnis vollziehbar ist ohne Christus*«[249]. Offenkundig kommt nämlich das, was Karl Jaspers mit seiner Existenzphilosophie und insbesondere Martin Heidegger mit seiner existentialen Daseinsanalyse über den Menschen sagen, dem neutestamentlichen Seinsverständnis sehr nahe, ohne daß sie dafür auf die Christusoffenbarung rekurrieren müßten. Es mag hier graduelle Unterschiede geben, etwa zwischen Heidegger und Wilhelm Kamlah. Einig ist sich die Philosophie darin, daß der Mensch in seine Eigentlichkeit gebracht werden könne, wenn man ihm seine Natur aufzeigt[250]. Dieser Selbstanspruch der Philosophie muß jedoch vom Neuen Testament her bestritten werden. Denn das

247 Vgl. Bultmann, aaO 29; dazu H. Jonas, Gnosis und spätantiker Geist. I. Die mythologische Gnosis, 1934.

248 Vgl. Bultmann, aaO 32–38.

249 AaO 39.

250 Vgl. aaO 42–45; dazu Kamlah (s. Anm. 236), 326: »Als das wahre Verständnis des Seins macht die Philosophie die natürliche Hingabe zu ihrer ganzen Wahrheit frei.«

Neue Testament weist die Realisierung echten Seins nicht dem Menschen, sondern allein Gott, seinen Möglichkeiten und seiner Heilstat, zu. Der christliche Glaube gesteht der Philosophie durchaus zu, das Wissen um die Verfallenheit und die Eigentlichkeit des Lebens im Sinne von Existentialien aufdecken zu können. Doch er bestreitet die Annahme der Philosophie, der Mensch verfüge auch über die Möglichkeit, von sich aus in die Eigentlichkeit zu gelangen. Denn der Mensch ist ja dem Tode verfallen, und im Licht der Offenbarung erweist sich gerade sein verzweifelter Versuch, das echte Sein aus eigener Kraft zu realisieren, als Ausdruck seiner Eigenmächtigkeit, mithin seiner Sünde. Unter diesem Vorzeichen besteht der Sinn des Christusgeschehens insbesondere darin, daß Gott durch die Offenbarung seiner Liebe den Menschen von sich selbst befreit. Eben darin ermöglicht Gott dem Menschen, in der Hingabe der eschatologischen Existenz und in der Offenheit für die Zukunft Gottes zu leben[251].

Wenn allein der Glaube an Christus den Menschen aus seiner Weltverfallenheit zu befreien vermag, stellt sich die Frage, ob nicht auch das Christusgeschehen als dasjenige Ereignis, in dem sich Gottes Liebe offenbart hat, einen mythischen Charakter aufweist. In der Person Jesu Christi sind Historie und Mythos eigentümlich verschlungen, denn das Neue Testament identifiziert den präexistenten Sohn Gottes mit Jesus von Nazareth, einem bestimmten historischen Menschen. Soweit die Evangelien in ihren Schilderungen in gleicher Weise Historisches und Mythisches ineinander fließen lassen, legt sich die Vermutung nahe, daß die mythologische Rede die Bedeutung der historischen Gestalt Jesu als des Heilsbringers und seiner Geschichte als des Heilsgeschehens herausstellen soll. Bultmann erörtert dies Problem nicht an sämtlichen Einzelmotiven, die unter Mythologieverdacht stehen, sondern an Kreuz und Auferstehung als dem zentralen Kerygma[252].

Das Kreuz Christi wird vom Neuen Testament durchaus auch als mythisches Geschehen aufgefaßt, etwa durch die Lehre vom stellvertretenden Opfertod Christi. Freilich soll so letztlich die Bedeutsamkeit des Kreuzes für uns herausgestellt werden. Das Kreuz stellt nämlich keinesfalls ein objektives Ereignis dar, dessen Wirkung Gott uns gleichsam nachträglich zueignen würde. Vielmehr ist das Kreuz als das entscheidende eschatologische Geschehen für den Glauben stets Gegenwart: »an das Kreuz glauben, heißt, das Kreuz Christi als das eigene übernehmen, heißt, sich mit Christus kreuzigen lassen«[253]. Die Auferstehung Christi aber kann nicht etwa, einem Mirakel gleich, die Heilsbedeutung des Kreuzes beglaubigen, denn sie ist selbst Gegenstand des Glaubens. Der Auferstehungsglaube ist mit dem Glauben an das Kreuz Christi als Heilsereignis identisch. Der gekreuzigte und auferstandene Christus begegnet uns ausschließlich im Wort der Verkündigung. Der verstehende Glaube, den dieses Wort weckt, ist nichts anderes als der Osterglaube, der das Wort der Verkün-

251 Vgl. BULTMANN, aaO 45–52.

252 Vgl. aaO 52–54; dazu SCHMITHALS (s. Anm. 238), 186 f. 200 f.

253 BULTMANN, aaO 55.

digung als »legitimiertes Gotteswort« annimmt[254]. Wie das Kreuz und die Auferstehung Christi zusammen das Heilsgeschehen ausmachen, das im verkündigten Wort präsent wird, so gehören dieses Wort und auch die das Wort verkündigende Kirche mit in das eschatologische Geschehen hinein.

Bultmanns Forderung nach einer Entmythologisierung des Neuen Testaments war von Anfang an umstritten. Bereits die intensive Debatte, die seinem Vortrag in Alpirsbach folgte und an der sich Ernst Bizer, Günther Bornkamm, Peter Brunner, Friedrich Delekat, Hermann Diem, Erich Foerster, Ernst Fuchs, Gerhard Krüger, Edmund Schlink, Richard Widmann und Ernst Wolf beteiligten, ließ die Brisanz des Themas deutlich werden[255]. Gänzlich gespalten fiel das Echo aus, das der Entmythologisierungsvortrag nach seinem Erscheinen in den von Ernst Wolf herausgegebenen »Beiträgen zur evangelischen Theologie« innerhalb der Bekennenden Kirche auslöste. Als erfreulich empfand Bultmann noch das Gespräch mit der »Kirchlich-theologischen Sozietät Württemberg«, das im August 1941 während eines dreitägigen Seminars in Ebersbach in Gang kam. Obwohl die Exegese des ersten Johannesbriefes im Zentrum der Seminararbeit stand, diskutierten die Sozietätler, die Anstöße des Alpirsbacher Vortrags aufnehmend, mit Bultmann auch Fragen der praktischen Umsetzung seines Entmythologisierungsprogramms. Auf Wunsch las Bultmann ihnen einige seiner Predigten vor, darunter die – wenige Wochen zuvor, am 13. Juli 1941, in Marburg gehaltene – Predigt zur Perikope vom wundersamen Fischzug Petri Lk 5,1–11, gleichsam als Exempel der Entmythologisierung im Vollzug[256]. Mit seinen Predigten fand er zwar nicht die ungeteilte Zustimmung der Sozietätspfarrer, jedoch stimmten ihn die Gespräche in Ebersbach hoffnungsvoll. Denn er bildete sich nicht etwa ein, mit dem Alpirsbacher Vortrag »einen endgültigen Lösungsvorschlag vorgelegt zu haben«, sondern verstand ihn vielmehr als Anstoß zur Diskussion[257].

Ganz im Sinne Bultmanns befaßte sich die Berlin-Brandenburger Sektion der »Gesellschaft für evangelische Theologie« auf mehreren Tagungen 1942 kritisch-kontrovers mit seinem Entmythologisierungskonzept[258]. Aus Berlin ließen sich allerdings auch andere Stimmen vernehmen. Auf einem Generalkonvent der Berliner Bekennenden Kirche erklärte der Studentenpfarrer Otto Dilschneider, es sei höchst bedauerlich, daß die Bekennende Kirche Papier für die Publikation Bultmanns zur Verfügung gestellt habe[259]. Ernst Wolf sah sich dadurch zu der Erklärung veranlaßt,

254 AaO 61.

255 Vgl. E. Fuchs, Protokoll der Gesamttagung der Gesellschaft für evangelische Theologie in Alpirsbach 1941, Typoskript 1941, Mn 2-3086.

256 Vgl. R. Bultmann, MP, 1968², 137–147.

257 Bultmann an H.H. Schrey, 16.11.1941, Mn 2-2376; vgl. Wassmann (s. Anm. 238), 144–147. – An dem Seminar der Sozietät in Ebersbach nahmen u.a. Hermann Diem, Karl Dieterich, Ernst Fuchs, Friedrich Höltzel und Richard Widmann teil.

258 Vgl. E. Bethge, Dietrich Bonhoeffer, 1978⁴, 799.

259 Zum Folgenden vgl. E. Konukiewitz, Hans Asmussen. Ein lutherischer Theologe im Kirchenkampf, 1985², 234–238.275 – Einige Stücke der Korrespondenz zwischen H. Asmussen und E.

für Bultmanns Vortrag sei *sein* Papier, nicht das der Bekennenden Kirche verwendet worden[260]. Im Auftrag des Berliner Konvents legte Hans Asmussen, der Vorsitzende des Berliner Bruderrats der Bekennenden Kirche, bei Wolf schärfsten Protest gegen die Publikation Bultmanns ein[261]. Asmussen forderte, den Ausführungen Bultmanns könne »die Christenheit nicht anders begegnen als den Irrtümern der D.C.« Für Asmussen gab es nur ein kirchliches Christentum, das sich in Fundamentalopposition zur Welt im allgemeinen und zu der von der Aufklärung geprägten Moderne im besonderen befand. Die Welt Christi stehe grundsätzlich »im Gegensatz zum Säkulum mit Radio, Telephon und Flugzeug«, und Bultmann könne kein Gesprächspartner *intra muros* der Bekennenden Kirche werden[262]. Wolf verwahrte sich umgehend gegen diese heftige Polemik Asmussens, der nicht über das theologische Differenzierungsvermögen verfügte, um sich sachlich mit Bultmanns Entmythologisierungsprogramm auseinandersetzen zu können. Wolf wies ebenfalls den Versuch Asmussens zurück, die Bekennende Kirche zur Zensur unangenehmer theologischer Meinungen zu veranlassen. Freilich gelang es weder Wolf noch Bultmann selbst, den ebenso streitbaren wie starren Bekenntnistheologen zu einer sachbezogenen Auseinandersetzung zu bewegen[263]. Ähnlich wie Asmussen lehnte Hans Joachim Iwand den Vortrag Bultmanns rundweg als eine »Erscheinung von Senilität« ab[264].

Es gab allerdings in der Bekennenden Kirche auch Theologen, die sich von derlei Verdikten distanzierten. Als führende Vertreter der kurhessischen Bekennenden Kirche verlangten, Bultmanns Aussagen seien öffentlich als bekenntniswidrig zurückzuweisen, da sie die zentralen Heilstatsachen des christlichen Glaubens leugneten[265], trat Hans von Soden auf den Plan. Er empfand zwar einzelne Formulierungen in Bultmanns Alpirsbacher Vortrag wie auch dessen Anleihen bei der Philosophie Hei-

Wolf befinden sich als Durchschläge auch in der Korrespondenz E. Wolfs an Bultmann, Mn 2-2072. – Vgl. O. Dilschneider, Mythus?!, DtPfBl 46 (1942), 153 f.

260 Im Hintergrund standen der kriegsbedingte Papiermangel und die seit Februar 1942 wirksame Unterbindung der Papierzuteilung für theologische Publikationen seitens des NS-Staates. Vgl. Wassmann (s. Anm. 238), 141 Anm. 8.

261 Die Mehrzahl der Konventsmitglieder hatte freilich Bultmanns Text nicht einmal gelesen.

262 H. Asmussen an E. Wolf, 21. 3. 1942, in: Konukiewitz (s. Anm. 259), 236.

263 Bultmann erklärte sich zu einem Gespräch mit Asmussen unter *einer* Voraussetzung bereit. Asmussen müsse das Verfahren des Berliner Konvents, den Alpirsbacher Vortrag Bultmanns verurteilt zu haben, ohne daß die meisten Konventsmitglieder ihn gelesen hatten, eindeutig für falsch erklären. Vgl. Bultmann an H. Asmussen, 21.1., 17.2. u. 6. 3. 1943, Mn 2-2126. Asmussen wand sich um eine eindeutige Stellungnahme herum. Daher fand das Gespräch nicht statt. Vgl. H. Asmussen an Bultmann, 24.1., 13.2. u. 12. 3. 1943, Mn 2-376. – In der oldenburgischen Landeskirche machte sich E. Osterloh zum Sachwalter des Entmythologisierungsprogramms Bultmanns im Gegenüber zu H. Asmussen und H. Kloppenburg. Vgl. P. Zocher, Edo Osterloh – Vom Theologen zum christlichen Politiker, 2007, 115–118.

264 H. J. Iwand an E. Wolf, 30. 3. 1942 (Briefabschrift), Mn 2-2997; vgl. auch H. J. Iwand an G. Bornkamm, 16. 3. 1942, in: J. Seim, Hans Joachim Iwand. Eine Biografie, 1999², 271 f.

265 Vgl. die Korrespondenz B. Heppe – Bultmann 1940–1942, Mn 2-972 (mit Durchschlägen von Stellungnahmen des Bruderrats der Bekennenden Kirche Kurhessen-Waldeck vom Juni und vom 30. 9. 1942) und Mn 2-2243.

deggers als problematisch, hielt aber das theologische Anliegen der Entmythologisierung für absolut berechtigt. Daß Asmussen und Dilschneider den Ernst der von Bultmann angesprochenen Probleme völlig verkannten und den theologischen Dialog verweigerten, erachtete von Soden nicht nur von der Form her als inakzeptabel, sondern auch als höchst gefährlich für die Bekennende Kirche. »Die Aufnahme von Bultmanns Vortrag in der BK macht mir sehr ernste Sorgen, nicht um meinen Freund Bultmann, sondern um die BK. Ich fürchte, daß sie hier einer ernsten Frage gegenüber – leider nicht zum ersten Mal – geistig und geistlich versagen und darüber in Spaltungen geführt werden könnte ... Die BK ist in Gefahr, die theologische Unwahrhaftigkeit bzw. Wahrheitsscheu zu pflegen, die das Leben und Wirken unserer Landeskirchen innerlich ausgehöhlt hat.«[266]

Der Bruderrat der kurhessischen Bekennenden Kirche empfahl am 30. September 1942 in einem Votum zur Entmythologisierung, die von Bultmann aufgeworfenen Fragen im brüderlichen Gespräch weiter zu besprechen. Schon vorher war Pfarrer Friedrich Hochgrebe (Gemünden/Wohra) an Bultmann mit der Bitte herangetreten, in einer Arbeitsgemeinschaft mit Pfarrern und Religionslehrern Möglichkeiten und Probleme der Entmythologisierung in der kirchlichen und schulischen Praxis zu erörtern. Bultmann konnte sich dies Anliegen ohne weiteres zu eigen machen, denn es entsprach genauestens den Intentionen, die er mit der existentialen Interpretation verband[267]. So traf sich zunächst in Kassel, bald in Marburg im Philippshaus einmal im Monat ein Kreis interessierter Theologen, um mit Bultmann Exegese zu treiben und neu erschienene theologische Literatur zu diskutieren. Bultmann leitete das Gespräch, die Pfarrer Hochgrebe und Franz Berthoud (Rauschenberg) hatten bis 1956 den Vorsitz des Kreises inne, danach übernahm Pfarrer Helmut Adamek (Marburg) diese Funktion. Für mehr als zwei Jahrzehnte wurde die Arbeitsgemeinschaft Philippshaus zu einem Forum des fruchtbaren Austauschs zwischen akademischer Theologie und theologischer Arbeit in Gemeinde und Schule. Sie bot Bultmann zudem die Möglichkeit, eigene Publikationsvorhaben und Vorträge zur Diskussion stellen zu können[268].

Zu den Theologen der Bekennenden Kirche, die in der beginnenden Debatte um die Entmythologisierung zugunsten Bultmanns Partei ergriffen, gehörte auch Dietrich Bonhoeffer. Er erklärte 1942 den Johannes-Kommentar und den Alpirsbacher Vortrag Bultmanns zu den wichtigsten neueren theologischen Publikationen[269] und

266 H. von Soden an Kreispfarrer B. Heppe (Cölbe), 31. 5. 1942, in: E. Dinkler u. E. Dinkler-von Schubert (Hg.), Theologie und Kirche im Wirken Hans von Sodens, 1986², (342–346) 343.345; vgl. auch H. von Soden an E. Dinkler, 12. 9. 1942, in: Dinkler-von Schubert (s. Anm. 242), 85.

267 Vgl. Bultmann an F. Hochgrebe, 2. 9. 1942, Mn 2-3085; Ders. an G. Bornkamm, 15. 12. 1942, Mn 2-2147.

268 Vgl. H. Adamek, Aus der Tätigkeit der Theologischen Arbeitsgemeinschaft mit Rudolf Bultmann von 1942–1967, Hektographie o.J. [1967], Mn 2-3085, Bl. 19–32. – Referate hielten auch u. a. Peter Biehl, Marie-Luise Keller und Walter Schmithals.

269 Vgl. Bethge (s. Anm. 258), 799.

freute sich darüber, daß Bultmann mit seinem Vorstoß ein von vielen verdrängtes Problem mit intellektueller Redlichkeit in die Diskussion gebracht habe. In der »Dünkelhaftigkeit« und dem »Glaubenspharisäismus« Asmussens und Dilschneiders sah Bonhoeffer »für die Bekennende Kirche eine wirkliche Schande«[270]. Freilich konnte er sich der Position Bultmanns nicht vollständig anschließen: »Ich spräche gern mit Bultmann darüber und möchte mich der Zugluft, die von ihm kommt, gern aussetzen. Aber das Fenster muß dann wieder geschlossen werden. Sonst erkälten sich die Anfälligen zu leicht.«[271] Später, während der Tegeler Haft, meinte Bonhoeffer, Bultmann sei noch nicht weit genug gegangen. Man müsse nicht nur die mythologischen, sondern alle religiösen Begriffe einer nicht-religiösen Interpretation unterziehen[272].

In der frühen Auseinandersetzung um Bultmanns Entmythologisierungsvortrag konzentrierten sich die Anfragen und Einwände seiner kritischen Leser auf einige Motive, die auch in der Debatte nach 1945 eine zentrale Rolle spielen sollten. Sein Schüler Jochen Niemöller, der älteste Sohn Martin Niemöllers, gab zu bedenken, das von der Wissenschaft entwickelte geschlossene Weltbild sei doch allenfalls der Besitz von Wenigen, die »ihre *ratio* sehr in der Zucht haben«[273]. Auch der mit Bultmann befreundete Literaturwissenschaftler Max Kommerell stellte in Zweifel, daß »wir alle« durch das naturwissenschaftliche Weltbild bestimmt seien[274]. Bultmann erwiderte solche Kritik mit dem Hinweis, die Wissenschaft als solche setze das geschlossene Weltbild voraus und lasse sich von dieser Prämisse methodisch leiten, »ob sich nun der einzelne Wissenschaftler darüber klar ist oder nicht«. Jene Voraussetzung bestimme seit dem 16. Jahrhundert das alltägliche Leben der Menschen und also auch das der Christen[275]. Ähnlich wie Kommerell meldete auch Marie Luise

270 D. Bonhoeffer an E. Wolf, 24. 3. 1942, in: Ders., Konspiration und Haft 1940–1945, 1996, (248 f.) 248; Ders. an W. Krause, 25. 7. 1942, in: Ders., aaO 344 f.; Ders. an E. Wolf, 13. 9. 1942, in: Ders., aaO (356–358) 358. – E. Wolf gab Bultmann die Passage aus Bonhoeffers Brief vom 24. 3. 1942 als Abschrift zur Kenntnis. Vgl. E. Wolf an Bultmann, 30. 3. 1942, Mn 2-2072.

271 D. Bonhoeffer an W. Krause (s. Anm. 270), 345.

272 Vgl. D. Bonhoeffer, Widerstand und Ergebung. Briefe und Aufzeichnungen aus der Haft, 1998, 414; etwas anders aaO 482. – Bultmann bedauerte später im Blick auf Bonhoeffers fragmentarische Aussagen zur Entmythologisierung außerordentlich, »daß man mit Bonhoeffer nicht mehr diskutieren kann« (Bultmann an G. Harbsmeier, 25. 6. 1956, Mn 2-2232). – Vgl. G. Harbsmeier, Die »nicht-religiöse Interpretation biblischer Begriffe« bei Bonhoeffer und die Entmythologisierung, in: E. Bethge (Hg.), Die mündige Welt, II. Bd., 1956, 74–91.

273 Zit. nach Bultmann an J. Niemöller, 21. 3. 1943, in: Dinkler-von Schubert (s. Anm. 242), (153–156) 153 f.

274 M. Kommerell an Bultmann, 26. 3. 1942, Mn 2-1181: »›Wir alle‹ wissen mehr oder weniger naturwissenschaftliche Einzelheiten ... Im Grund aber sehen wir Baum, See, Vogel, Wolken u.s.f. – aber auch die menschliche Gestalt, und die menschlichen Gefühle – und zumal was wir ›Kosmos‹ nennen, ein wenig mit wissenschaftlichem Dilettantismus, großenteils aber dichterisch, mythologisch, enthusiastisch, sympathetisch: die Dichter und Religiosen aller Zeit halbverarbeitet in unserem Leib beherbergend. Naturwissenschaftlich denken wir eigentlich nur, wenn wir etwas im Konversationslexikon nachschlagen.«

275 Bultmann an J. Niemöller (s. Anm. 273), 154.

Kaschnitz eher gefühlsmäßige Vorbehalte gegen Bultmanns Entmythologisierungskonzept an. Freilich nahm sich die Schriftstellerin dabei selbst als gleichsam religiös unmusikalisch zurück. Sie müsse »erst versuchen, eine gleiche Stufe der inneren Aufrichtigkeit und unbedingten Wahrhaftigkeit zu erreichen« wie Bultmann. »Und vielleicht hat ein Mensch, auf den nur der vagueste Begriff von religiöser Empfindung zutreffend wäre, überhaupt kein Recht [,] über diese Dinge zu reden.«[276]

Eine deutliche Asymmetrie machte sich beim Interesse am Begriff des Mythos bemerkbar. Bultmann hatte in Alpirsbach den Mythos lakonisch so definiert, »wie die religionsgeschichtliche Forschung ihn versteht«[277]. Paul Althaus und Ernst Lohmeyer monierten, Bultmanns Definition des Mythos sei zu weit und zu formal ausgefallen, als daß sie eine brauchbare Grundlage für sein Anliegen bilden könnte[278]. Bultmann zeigte demgegenüber von Beginn der Diskussion an nur wenig Neigung, sich zu einer anderen Bestimmung des bereits in der Antike mit höchst divergierenden Konnotationen behafteten Mythosbegriffs durchzuringen. Denn ihm schien die relativ neutrale Fassung des Begriffs besonders gut geeignet zu sein, um das ihn vordringlich bewegende hermeneutische Problem zu verdeutlichen, wie die neutestamentliche Botschaft trotz ihrer Fremdheit für den heutigen Menschen verständlich gemacht werden könne[279].

Bultmann konnte sich mit dem Vorwurf Helmut Thielickes, das Historische aus dem Christusgeschehen eliminiert und die christliche Theologie einer bestimmten Philosophie ausgeliefert zu haben, noch eingehend literarisch auseinandersetzen[280]. Die restriktive staatliche Kirchenpolitik machte solche öffentlich ausgetragenen Debatten mehr und mehr unmöglich[281]. Bultmann bedauerte, daß keine zweite Auflage

276 M. L. Kaschnitz an Bultmann, 1.4. o.J. [1942], Mn 2-1101; ungenau zitiert bei P. Wagner, Jesus als Spiegelbild der *conditio humana*. Zum Jesusbild im Werk von Marie Luise Kaschnitz, in: G. Langenhorst (Hg.), Auf dem Weg zu einer theologischen Ästhetik. Eine Freundesgabe für K.-J. Kuschel zum 50. Geb., 1998, (57–72) 64 f. – Bultmann und M. L. Kaschnitz kannten einander von ihrem gemeinsamen Lesezirkel her; s. u. 340 f.

277 Bultmann, Neues Testament und Mythologie (s. Anm. 237), 22 f. Anm. 20. – Zur möglichen Herkunft des Mythosbegriffs Bultmanns vgl. Schmithals (s. Anm. 238), 170–178.

278 Vgl. P. Althaus, Neues Testament und Mythologie, ThLZ 67 (1942), (337–344) 337 f.; dazu M. Meiser, Paul Althaus als Neutestamentler, 1993, 367–370. – Vgl. E. Lohmeyer, Die rechte Interpretation des Mythologischen (1944), in: H.-W. Bartsch (Hg.), KuM I, 1954³, (139–149) 140 f.; dazu D. Kuhn, Metaphysik und Geschichte. Zur Theologie Ernst Lohmeyers, 2005, 52–57.

279 Vgl. Bultmann an P. Althaus, 22. 1. 1943, in: E. Wolf (Hg.), Mythologie und Kerygma im Neuen Testament, Hektographie 1945, (91 f.) 91; Bultmann an E. Lohmeyer, 21. 10. 1944, Mn 2-2287. – Vgl. auch Schmithals (s. Anm. 238), 170 f.

280 Vgl. H. Thielicke, Von der Entmythologisierung des Neuen Testaments, DtPfBl 46 (1942), 129–131; dazu R. Bultmann, Zur Frage der Entmythologisierung des Neuen Testaments, DtPfBl 47 (1943), 3 f. (auch in: KuM I [s. Anm. 278], 221–226).

281 Wohl deshalb wurde die Replik Bultmanns auf die von Althaus (s. Anm. 278), 342–344, vorgetragene Kritik, die Entmythologisierung der Eschatologie führe zu einer unzulässigen Ausscheidung der endgeschichtlichen Eschatologie, die ihrerseits auf mythologische Vorstellungen angewiesen bleibe, erst 1945 publiziert. Vgl. Bultmann an P. Althaus, 22. 1. 1943 (s. Anm. 279). In diesem Brief beharrte Bultmann auf der Einheit des eschatologischen Handelns

seiner rasch vergriffenen Schrift »Offenbarung und Heilsgeschehen« erscheinen durfte, in der er sich mit Einwänden und Kritik an seinem Entmythologisierungsvortrag hätte auseinandersetzen können[282]. Statt dessen sah er sich durch die Beantwortung zahlreicher brieflicher Anfragen und Kritiken in Beschlag genommen. »Ich seufze oft darunter und würde lieber still für mich weiterarbeiten.«[283] Ihn ereichten durchaus auch verständnisvolle Zuschriften. Er gewann jedoch »aufs Ganze gesehen ... den Eindruck völliger Blindheit für das Problem bzw. einer krampfhaften Flucht vor der Wahrheit«[284].

Um so dankbarer war er für die kritische Würdigung, die Ernst Lohmeyer dem Entmythologisierungskonzept in einem am 9. Januar 1944 in Breslau gehaltenen Vortrag zuteil werden ließ. Bultmann fand, anders als die meisten seiner bisherigen Kritiker habe sein Freund das hermeneutische Problem erfaßt, um das es gehe[285]. Lohmeyer pflichtete in seinem posthum veröffentlichten Vortrag Bultmann darin bei, daß der Mythos zu interpretieren sei. Nur habe man »den Mythos als die Art zu begreifen, in der Gott sich offenbart«[286]. Die Entmythologisierung könne daher den Mythos lediglich historisch interpretieren. Daneben bleibe es aber die Aufgabe der Theologie, den Mythos »neu zu schaffen«, seine hinfällig gewordenen Gestalten »abzuschaffen« und seine wahren und lebendigen Möglichkeiten »umzuschaffen« zu neuer Religion[287]. Denn der Mythos sei »die Sprache aller Religionen«[288]. In seiner Replik führte Bultmann die Divergenzen zu Lohmeyer auf Unterschiede im Theologieverständnis zurück. Er bekräftigte seine Auffassung, die existentiale Interpretation werde dem Mythos in seiner zweifachen Intention, von der menschlichen Existenz und von der diese bestimmenden Gottheit zu reden, sehr wohl gerecht. Im übrigen stellte er unbeschadet einzelner Verständnisprobleme fest, mit Lohmeyer in der Erfassung der Aufgabe weitgehend einig zu sein, daß der Mythos auszulegen sei[289].

Gottes und eines bestimmten geschichtlichen Geschehens, »wobei der Glaube gänzlich darauf verzichtet, für dieses Ereignis auch ein weltlich sichtbares Ausgezeichnetsein zu behaupten, wie es der Mythos tut, der göttliches Handeln nur als eine Durchbrechung des Zusammenhangs des natürlichen oder geschichtlichen Geschehens auffassen kann«. Im übrigen warf Bultmann Althaus vor, nicht hinreichend beachtet zu haben, daß die Auferstehung Christi *in einem* Grund und Gegenstand des Glaubens sei (aaO 92).

282 Vgl. Bultmann an J. Niemöller, 1. 3. 1943, in: Dinkler-von Schubert (s. Anm. 242), (150–152) 152.

283 Bultmann an H. Bousset, 17. 1. 1943, Mn 2-2148; Ders. an G. Bornkamm, 15. 3. 1942, Mn 2-2147.

284 Bultmann an W. Kamlah, 19. 7. 1942 (s. Anm. 236).

285 Vgl. Bultmann an E. Lohmeyer, 21. 10. 1944, Mn 2-2287.

286 Lohmeyer (s. Anm. 278), 144; vgl. dazu D. Lührmann, Ernst Lohmeyers exegetisches Erbe, in: W. Otto (Hg.), Freiheit in der Gebundenheit. Zur Erinnerung an den Theologen Ernst Lohmeyer anläßlich seines 100. Geburtstages, 1990, (53–87) 83–85; Kuhn (s. Anm. 278), 52–54.65 f.

287 Lohmeyer, aaO 147 f.

288 AaO 140: »... eine religiöse Verkündigung, welcher Art immer sie sei, entmythologisieren heißt deshalb, jede Religion zum Stumm-sein und damit zum Nichtsein verurteilen.«

289 Vgl. Bultmann an E. Lohmeyer, 21. 10. 1944, Mn 2-2287; dazu E. Lohmeyer an Bultmann,

Infolge der zunehmenden Verschärfung des Zweiten Weltkriegs kam die Debatte um Bultmanns Programm der Entmythologisierung vorerst zum Erliegen. Seine Parteigänger, aber auch die Verständigen unter seinen Kritikern zollten ihm Anerkennung für die Entschiedenheit, mit der er dafür eintrat, die Wahrheit der neutestamentlichen Botschaft gegenüber dem Wirklichkeitsverständnis der Moderne zu verantworten[290]. Bultmann selbst hatte 1941 in Alpirsbach davon gesprochen, daß alles von ihm zur *Aufgabe* der Entmythologisierung Gesagte auch schon vor dreißig oder vierzig Jahren in ähnlicher Weise hätte gesagt sein können[291]. Was er zum *Vollzug* der Entmythologisierung vortrug, lag überdies vollständig im Gefälle seiner bisherigen theologischen Arbeit[292]. Bultmann war durchaus nicht der einzige evangelische Theologe des 20. Jahrhunderts, der den christlichen Glauben dezidiert im neuzeitlichen Problemkontext zu bedenken suchte. Allerdings erreichte wohl kaum ein anderer theologischer Entwurf die Radikalität und die breite öffentliche Wirkung seines Entmythologisierungsprogramms über den Binnenbereich von Theologie und Kirche hinaus. Dies sollte sich in den beiden Jahrzehnten nach dem Ende des Zweiten Weltkriegs im Streit um die Entmythologisierung herausstellen.

5. Der Prediger

Bultmanns Predigten reden bewußt von Gott, indem sie vom Menschen reden. Barths Predigten reden ebenso bewußt vom Menschen und zum Menschen, indem sie ihm von Gott reden. Barth redet direkt von Gott und indirekt nur vom Menschen. Bultmann spricht direkt vom Menschen und indirekt von Gott. Deshalb sind seine Predigten auch nur indirekt »Christus-Predigten«. Sie sind aber und wollen Christus-Predigten sein und nichts anderes als dies![293]

6. 11. 1944, in: U. Hutter, Theologie als Wissenschaft. Zu Leben und Werk Ernst Lohmeyers (1890–1946), JSKG 69 (1990), (123–169) 159: »Die Hauptdifferenz scheint mir nach wie von in den methodischen Fragen zu liegen: Wie ist Theologie als Wissenschaft vom Glauben möglich?« (Korrektur nach dem Original Mn 2-1315.)

290 Vgl. Althaus (s. Anm. 278), 340; Lohmeyer (s. Anm. 278), 139.

291 Vgl. Bultmann, Neues Testament und Mythologie (s. Anm. 237), 24.

292 Dies gilt unbeschadet der Frage, wann Bultmann den Begriff »Entmythologisierung« erstmals verwendet hat. Geprägt wurde das Kunstwort wohl von H. Strathmann, Rez. über W. Herrmann, Ethik, 1913[5], ThLB 37 (1914), 143. Bultmann dürfte den Begriff freilich eher von H. Jonas, Augustin und das paulinische Freiheitsproblem, 1930, 68, übernommen haben. Vgl. auch die Andeutungen bei H. Jonas, Heidegger und die Theologie, EvTh 24 (1964), (621–642) 640. Bultmann gebrauchte den Ausdruck wohl zum ersten Mal 1934. Vgl. R. Bultmann, Rez. über H.-D. Wendland, Die Eschatologie des Reiches Gottes bei Jesus, 1931 (1934), in: Ders., Theologie als Kritik, 2002, (307–312) 309. – Zur Sache vgl. bereits R. Bultmann, Die Bedeutung des Alten Testaments für den christlichen Glauben (1933), GuV I, 1933[1], (313–336) 315 f.

293 G. Harbsmeier, Gedruckte Predigten, MPTh 46 (1957), (226–235) 229.

Im Dezember 1935 wandte sich Bultmann an Karl Barth mit der Bitte, zwei seiner Predigten in der »Theologischen Existenz heute« zu veröffentlichen. Bultmann hegte dabei die Hoffnung, die Aufnahme der beiden Predigten in Barths Schriftenreihe könne die ihn und Barth trotz unübersehbarer Differenzen verbindende Gemeinsamkeit im Kampf »für die gleiche Sache« sichtbar machen[294]. Barth lehnte ab. Er sah in Bultmanns Predigten »nicht eigentlich Christus verkündigt, sondern ... den glaubenden Menschen expliziert« und fand sie schlicht »langweilig«. Den von ihm nach wie vor stark empfundenen Gegensatz zu Bultmann führte Barth auf die »Differenz über das Verhältnis von Christologie und Anthropologie« zurück[295]. Bultmann seinerseits hatte zuvor, wohl wissend daß er sein Anliegen damit nicht gerade fördern würde, Barths Predigten als schwer erträglich bezeichnet: »Der Text wird von Ihnen nach dem Rezept einer Dogmatik abgefragt und redet nicht mit seiner eigenen Stimme. Nach wenigen Sätzen weiß man schon alles, was Sie sagen werden, und fragt sich nur gelegentlich, wie wird er das jetzt aus den folgenden Textworten herausbringen? ... von dieser Exegese werde ich nicht getroffen; der Text redet mich nicht an, sondern die Decke der Dogmatik wird darüber gelegt.« Ins Positive gewendet, hatte die Predigt nach Bultmanns Überzeugung aber der Aufgabe zu dienen, »daß dem Hörer unter dem Wort seine Existenz durchsichtig wird«[296].

Das hier antithetisch gegen Barth gezeichnete Anforderungsprofil einer sachgemäßen Auslegung des biblischen Textes in der Kanzelrede bildete das Hauptkriterium, an dem Bultmann sein Urteil über gehörte und gelesene Predigten orientierte. Denn er war zunächst einmal selbst Hörer und Leser von Predigten. Die elitäre Attitüde eines mit ihm befreundeten Theologen, der die Universitätskirche seiner Stadt nur dann betrat, wenn er selbst zu predigen hatte, war Bultmann fremd. Er besuchte regelmäßig den Gottesdienst seiner Gemeinde in der Lutherischen Pfarrkirche, zumal in der Zeit zwischen 1936 und 1951, als er das Amt des Kirchenvorstehers versah[297]. Gerade in den Jahren, als der NS-Staat verstärkt auf einen administrativen und weltanschaulichen Konfrontationskurs gegenüber den Kirchen überging, verrichtete Bultmann gewissenhaft den Kirchendienst und sammelte im Gottesdienst die Kollekte ein. Die Gemeindeglieder und auch seine Studenten nahmen dies als stilles, aber gerade so sprechendes Zeichen der Bekenntnistreue und Kirchlichkeit des Theologieprofessors wahr. Wenn eine schlechte Predigt zu erwarten war, konnten sich Rudolf und Helene Bultmann mitunter aber auch damit begnügen, zuhause einander eine Predigt vorzulesen. Noch im Alter von über siebzig Jahren nahmen beide öfter die Mühen der beschwerlichen Anreise mit Bus, Bahn und Fußweg auf

294 Bultmann an K. Barth, 10. 12. 1935, in: B. Jaspert (Hg.), Barth-Bultmann Bw., 1994^2, (159–162) 159 f.

295 K. Barth an Bultmann, 22. 12. 1935, in: Jaspert, aaO (162–164) 162 f.

296 Bultmann an K. Barth, 10. 12. 1935 (s. Anm. 294), 161.

297 Vgl. die Mitteilung des Kirchenvorstands der Lutherischen Pfarrkirchengemeinde Marburg vom 5. 2. 1936, Bultmann sei in den Kirchenvorstand gewählt worden, Mn 2-3049.

sich, um in Treysa Dr. Hans Schimmelpfeng, den von ihnen geschätzten Leiter der Anstalten Hephata, predigen zu hören[298].

Gelegentlich, etwa in seinem Urlaub in Todtnauberg 1926 oder während der Badekuren in Wiesbaden, besuchte Bultmann auch katholische Gottesdienste. Was er dort zu hören bekam, sagte ihm oft mehr zu als manche evangelische Predigt[299]. Die Predigt, so bilanzierte Bultmann 1939 seine Hörerfahrungen, sei »– wenigstens heutzutage – für die meisten evangelischen Pfarrer eine ihre Kräfte übersteigende Aufgabe ... Warum lesen sie nicht mehr Texte vor und beschränken sich nicht auf wenige Texterklärungen und knappe Anwendungen!«[300] Ein Hauptmotiv seines zwei Jahre später in Alpirsbach gehaltenen Entmythologisierungsvortrags bildete ja auch die homiletische Forderung, die christliche Botschaft sei im Horizont des neuzeitlichen Wahrheitsbewußtseins verständlich zu machen[301]. Was für Bultmann zu einer gelungenen Predigt gehörte, legte er 1954 im Rahmen einer kritischen Würdigung von zwei Predigten des Marburger Pfarrers Helmut Adamek dar. Der Prediger hat zunächst den theologischen Gehalt eines biblischen Textes adäquat herauszuarbeiten. Die Predigt darf sich allerdings nicht in der bloßen Wiedergabe dogmatischer Richtigkeiten erschöpfen. Sie muß vielmehr den existentiellen Sinn der theologischen Aussagen so erschließen, daß die empirische Gemeinde sich in einen Verstehensprozeß hineingenommen sieht, der sie aus der Erfahrung des Gesetzes in die Erfahrung des Evangeliums gelangen läßt[302].

Bultmanns gottesdienstliches Teilnahmeverhalten und seine eigene Predigtpraxis standen in einem reziproken Verhältnis zu seiner Auffassung, die Predigt gehöre als Verkündigung des Wortes Gottes in das Zentrum der theologischen Arbeit. In dieser Hinsicht wußte er sich mit Karl Barth und den übrigen Vertretern der Dialektischen Theologie grundsätzlich einig. Die Theologie hat sich an der Predigt und auf sie hin zu orientieren[303]. Denn zwischen dem Wort Gottes und der Kirche besteht eine wechselseitige Relation, die Bultmann 1929 in ekklesiologischer Perspektive beschrieb. Die Kirche – in ihrer Aspektverschiedenheit als »Kultusgemeinde«, als »eschatologisches Faktum« und als »eine durch Taten und Worte der Gottheit berufene Gemeinde, die also an eine Geschichte gebunden ist«, – wird einerseits durch das christliche Kerygma konstituiert. Andererseits besteht der wesenhafte Auftrag der Kirche darin, nun auch ihrerseits das Wort von dem in Jesus Christus erschienenen Heil Gottes zu bezeugen und weiterzugeben. Wort Gottes und Kirche sind unlöslich

298 Vgl. E. Hauschildt, Rudolf Bultmanns Predigten. Existentiale Interpretation und lutherisches Erbe, 1989, 270. Zur Wertschätzung der Predigten Schimmelpfengs durch Bultmann vgl. schon Bultmann an G. Krüger, 19.11. 1939, in: F. Lilie (Hg.), Bultmann-Krüger Bw. II, ZNThG 5 (1998), 143.

299 Vgl. Bultmann an G. Krüger, 13.7. u. 19.8. 1926, in: Lilie (Hg.), Bultmann-Krüger Bw. I, ZNThG 4 (1997), 292.294; 19.11. 1939 (s. Anm. 298), 143.

300 Bultmann an G. Krüger, 19.11. 1939 (s. Anm. 298), 143.

301 S. o. 309.

302 Vgl. Bultmann an H. Adamek, 9.5. 1954, Mn 2-2121; dazu Hauschildt (s. Anm. 298), 265 f.

303 Vgl. Bultmann an K. Barth, 8.6. 1928, in: Jaspert (s. Anm. 294), (81–83) 81.

aufeinander bezogen. Die Kirche wird durch das Wort konstituiert, das Wort wiederum ist autorisierte Tradition. Das Wort nämlich macht das eschatologische Heilsgeschehen allererst in der Kirche präsent, und insofern gilt, wie Bultmann etwas überspitzt formuliert: »Jesus Christus ist nur in der Predigt zugänglich.«[304]

Die zentrale Bedeutung der Predigt für den Glauben und die Theologie läßt sich auch unter soteriologischen Aspekten beschreiben. Das eschatologische Heilsgeschehen, die Vergebung der Sünde, bedarf zu seiner Vergegenwärtigung einer der Vergebung strukturell analogen Weise der Mitteilung. Weil Vergebung sich nur in der Begegnung ereignet, kann sie auch nur im Wort zugesagt und im Glauben angenommen werden. Dabei können und dürfen sowohl die Vergebung als solche wie auch der Anspruch des Vergebungswortes, das eschatologische Geschehen zu vergegenwärtigen, nicht in irgendeiner Weise menschlich ausgewiesen oder legitimiert werden. Die christliche Theologie hat diese Grenze, nämlich die Unverfügbarkeit Gottes in seiner Offenbarung, gerade auch um der Wahrhaftigkeit der kirchlichen Verkündigung strikt zu achten[305].

Nach seiner Repetentenzeit von 1907–1916 hatte Bultmann keinen festen Predigtauftrag mehr wahrzunehmen. Der von ihm in den frühen 1920er Jahren unternommene Versuch, einen neuen Modus für den akademischen Gottesdienst in Marburg durchzusetzen, scheiterte zunächst. Daher konnte sich Bultmann bis 1933 nicht aktiv an dem von den beiden Universitätspredigern beanspruchten Predigtdienst im Universitätsgottesdienst beteiligen. Notgedrungen begnügte er sich für mehr als ein Jahrzehnt mit der kleinen homiletischen Form. Er sprach in den von Friedrich Heiler im »Michelchen«, der Kapelle am Berghang gegenüber der Elisabethkirche, eingerichteten Wochenschlußandachten. Ferner hielt er Andachten und Gottesdienste zum Semesterbeginn und -schluß und in der Adventszeit sowie Bibelarbeiten, dies alles vor überwiegend studentischer Zuhörerschaft[306].

Am 20. September 1932 verstarb in Marburg der Universitätsprediger Friedrich Niebergall. Ende März 1933 wurde der Universitätsprediger Karl Bornhäuser emeritiert. Die von ihnen bislang ausgeübten Ämter wurden nicht wieder besetzt. Damit war der Weg frei für die übrigen Mitglieder der Theologischen Fakultät, die akademischen Gottesdienste zukünftig gemeinschaftlich nach einem bestimmten Turnus zu gestalten. Das entsprach dem Interesse vor allem Bultmanns und von Sodens. Am 2. Juli 1933 eröffnete Bultmann mit einer Predigt zu I Joh 4,7–12 die Reihe der nunmehr von der ganzen Theologischen Fakultät verantworteten Universitätsgottes-

304 R. Bultmann, Kirche und Lehre im Neuen Testament (1929), GuV I, 1933[1], (153–187) 153 f. 180.

305 Vgl. Hauschildt (s. Anm. 298), 117.

306 Vgl. die Bibliographie der Predigten und religiösen Reden Bultmanns bei Hauschildt (s. Anm. 298), XIII–XIX, die zu korrigieren ist mit K. Hammann, Rudolf Bultmann und der Universitätsgottesdienst in Marburg, ZThK 90 (1993), (87–116) 90 Anm. 19. Das Verzeichnis Hauschildts ist inzwischen zu ergänzen um die Traupredigt, die Bultmann am 30. 11. 1927 in Elberfeld für Heinrich Schlier und Erna, geb. Haas, hielt. Vgl. Mn 2-3435.

dienste[307]. Die Gemeinde bekam sogleich eine eminent politische Predigt zu hören. Bultmann zeigte ihr, wie sie mitten im Rausch der »nationalen Erhebung« des Jahres 1933 von der Botschaft des Neuen Testaments her zu einer nüchternen Einschätzung der gegenwärtigen Lage gelangen konnte. Zu solch unbestechlicher Urteilskraft gehörte für ihn, bestimmten Maßnahmen des neuen Staates offen die ethische und rechtliche Legitimität abzusprechen[308].

Der Marburger akademische Gottesdienst wurde für Bultmann bis zu seiner Emeritierung 1951 zum bevorzugten Ort seiner Predigttätigkeit. Daneben übernahm er gelegentlich Gottesdienste in seiner eigenen Gemeindekirche und weiterhin, wie schon in den 1920er Jahren, Andachten und Bibelarbeiten vor studentischem Publikum. Hinzu kamen noch Kasualreden, die er in der Regel auf Wunsch der Betroffenen in seinem familiären Umfeld sowie in seinem Freundes- und Schülerkreis hielt. Während des Zweiten Weltkriegs häuften sich die Anlässe – Trauungen und insbesondere Trauerfeiern –, zu denen Bultmann um seinen Predigtdienst gebeten wurde. In fast allen Fällen betrafen diese Kasus Menschen, die zu ihm in einer engen Beziehung standen und die wie er dem Milieu des akademisch gebildeten Bürgertums angehörten. Nach seiner Emeritierung hielt Bultmann nur noch sporadisch Andachten oder Predigten, etwa während seiner Auslandsaufenthalte in Cambridge 1953 und in Syracuse (New York) 1959[309] sowie 1954 beim Stiftungsfest seiner Verbindung »Igel« in Tübingen. Ansonsten bediente er sich nun, in den frühen Jahren der Bundesrepublik, verstärkt eines anderen Mediums, durch das er seine religiösen Betrachtungen einem breiteren Publikum vermitteln konnte, nämlich der Zeitung und der Zeitschrift[310].

Die Marburger Gottesdienste, in denen Bultmann predigte, waren nach den Erinnerungen von Zeitzeugen meist gut besucht[311]. Die gottesdienstliche Gemeinde setzte sich aus mehreren Zuhörergruppen zusammen. In den Bänken der Universitätskirche, die in Marburg als Kirche für die gehobenen Schichten galt, hatte der Prediger ein bildungsbürgerliches Publikum vor sich, Studenten, Angehörige der Universität und des städtischen Bürgertums. Hier wie auch in der Lutherischen Pfarrkirche besuchten während des Dritten Reichs insbesondere die Anhänger der Bekennenden Kirche die von Bultmann gehaltenen Gottesdienste. Das bekenntnistreue Christentum bestimmte zwischen 1933 und 1945 ohnehin das kirchliche Leben in Marburg – die Marburger Pfarrer gehörten mehrheitlich der Bekennenden Kirche an[312]. In

307 Vgl. Hammann, aaO 114f.

308 Vgl. R. Bultmann, Predigt zu I Joh 4,7–12, VW, 1984, 247–260; s. auch o. 255, 258.

309 Vgl. R. Bultmann, Sermon. Hendricks Chapel. Syracuse, NY, 26. April 1959, in: H. Gollwitzer u. H. Traub (Hg.), Hören und Handeln. FS Ernst Wolf, 1962, 47–51.

310 Vgl. H. U. Gumbrecht, Zorn über die Verdorbenheit der Atmosphäre. Rudolf Bultmanns Zeitungsveröffentlichungen in den frühen Jahren der Bundesrepublik, FAZ Nr. 68, 21. 3. 2001, N5.

311 Die folgenden, auf den Erinnerungen von Hörern Bultmanns beruhenden Eindrücke werden nach Hauschildt (s. Anm. 298), 261–263, gegeben.

312 Es waren dies u. a. die lutherischen Pfarrer Gottfried Schmidmann, Dr. Friedrich S. Geller,

der Lutherischen Pfarrkirche suchten neben den akademisch Gebildeten natürlich auch andere Gemeindeglieder den Gottesdienst ihres Parochialbezirks auf, Beamte, Handwerker, Gewerbebetreibende und die Mädchen aus der ländlichen Umgebung, die in den bürgerlichen Haushalten der Universitätsstadt angestellt waren. Wenn Bultmann in seinen Predigten das homiletische »wir« gebrauchte, dann trat er gewissermaßen als Repräsentant und Sprecher des städtischen Bildungsbürgertums, der Bekennenden Kirche und seiner Studenten auf. Dieser Gemeinde legte er die biblischen Texte aus, mit ihr schloß sich der Prediger im Prozeß des Verstehens, in der Bemühung um das Gewinnen eines neuen Selbstverständnisses zusammen.

Bultmann bereitete seine Predigten sorgfältig vor. Wie die erhaltenen Manuskripte zeigen, waren die Texte seiner Kanzelreden vollständig ausformuliert, als er sie im Gottesdienst vortrug. Hier und da versah er sie noch mit ergänzenden oder korrigierenden Randbemerkungen, in den Anfängen seiner Predigtpraxis schrieb er am Rand oder auf einem Extrablatt auch die Disposition der Predigt auf[313]. Den ausgearbeiteten Text las er in der Regel – gleichsam zur eigenen Kontrolle – erst zuhause seiner Frau vor, bevor er ihn der Gemeinde zu Gehör brachte. Auf der Kanzel hielt er sich an das Manuskript, verfuhr aber beim Vorlesen der Predigt anscheinend so geschickt, daß seine Hörer den Eindruck hatten, er trage seine Gedanken weitgehend frei vor.

Den akademischen Vortragsstil, den seine Studenten aus dem Hörsaal kannten, behielt Bultmann auf der Kanzel im wesentlichen bei. Mit gelehrtem Ballast beschwerte er die Gemeinde gleichwohl nicht. Ruhig und sachlich, mit eher leiser Stimme, suchte er den Dialog mit seinen Hörern. Diese empfanden seine Predigten teils als trocken, teils – wie etwa seine Schüler Marie Veit und Erich Vellmer – aber auch gerade in ihrer Schlichtheit als anrührend und bewegend. Ein kritischer Leser nahm später noch in den gedruckten »Marburger Predigten« einen Hauch von »dem eigentümlich verhaltenen, norddeutsch kühlen Klima dieser Verkündigung« wahr[314]. Jedenfalls verzichtete Bultmann darauf, einzelnen Predigtaussagen durch mimische und gestische Mittel Nachdruck zu verleihen. Ebenso fremd war ihm rhetorisches Pathos. Sein Repertoire in dieser Hinsicht dürfte ohnehin zu begrenzt gewesen sein, als daß er von der Kanzel aus rhetorischen Glanz hätte verbreiten können. Zudem erfüllte er mit seiner Predigtweise das von der Theologie des Wortes Gottes betonte homiletische Postulat, der Prediger habe als Zeuge des Evangeliums hinter dem Zeugnis zurückzutreten. Keinesfalls sollte er sich auf der Kanzel als religiöser Virtuose präsentieren, der mit seiner Persönlichkeit die Glaubwürdigkeit und den Wahrheitsanspruch des Evangeliums verbürgte. Freilich, auch in seiner einfachen sprachlichen Diktion blieb Bultmann authentisch. Denn diese entsprach im Formalen ge-

Otto E. Waltemath, Franz Bücking, Dr. Hans Schimmelpfeng und der Pfarrer der reformierten Gemeinde Dr. Karl-Bernhard Ritter. Lediglich der reformierte Pfarrer Karl Veerhof schloß sich den »Deutschen Christen« an.

313 Vgl. E. Grässer, Einleitung, in: R. Bultmann, VW, 1984, (V–XIII) XII f.

314 K. Ihlenfeld, Marburger Predigten, EvW 14 (1960), (192 f.) 192.

nauestens seiner theologischen Auffassung, daß die Verkündigung das Kerygma in seiner existentiellen Bedeutung *pro me* herauszustellen habe. Dazu aber mußte das Kerygma radikal entgegenständlicht, mußte es sei es vom Mythos, sei es von der unsicheren Historizität einzelner biblischer Geschehnisse, sei es von metaphysischer Überfremdung befreit werden[315].

Bultmann distanzierte sich 1957 von den zu Beginn des 20. Jahrhunderts von dem Bremer Pastor Julius Berggraf publizierten Goethe- und Schillerpredigten. Solche Predigten über lyrische Texte vermittelten allenfalls allgemeine Wahrheiten, Verkündigung im eigentlichen Sinne waren sie nicht. Denn der Verkündigungscharakter der Predigt besteht in der autoritativen »Anrede des Wortes Gottes, das paradoxerweise durch einen Menschen, eben den Prediger, gesprochen wird«. Als Verkündigung ist die Predigt genauerhin dadurch gekennzeichnet, daß sie einen Text der Heiligen Schrift auslegt[316]. Nur in seiner Frühzeit hielt Bultmann gelegentlich Predigten ohne Bindung an einen biblischen Text, etwa 1914 die Predigt »Diesseits- und Jenseitsreligion« oder 1922 im »Michelchen« die Andacht »Nacht« über einen Nietzschevers. Karl Barth, der gelegentlich eines Besuches in Marburg an dieser Andacht teilnahm, apostrophierte die Veranstaltung wenig später in einem Rundbrief spöttisch-ironisch als »Michelchen-Kult«[317]. Nach 1922 jedoch legte Bultmann seinen Predigten durchgängig biblische Texte zugrunde.

Die Textbindung allein bot allerdings noch keine Gewähr dafür, daß eine Predigt auch schriftgemäß war. Bultmann empfahl seinen Studenten zwar »angesichts der Verderbnis der Thema-Predigten und aus erzieherischen Gründen« die Homilie, trat aber gegenüber Barth für die Gleichberechtigung von Homilie und Themapredigt ein: »Es ist ja auch weder durch die Form der Homilie die Schriftgemäßheit garantiert, noch durch die Form der Thema-Predigt die Schriftautorität preisgegeben«.[318] Entsprechend bediente sich Bultmann beider homiletischer Genera. Die angestrebte »Koinzidenz von Auslegung und thematischer Erörterung«[319] gestattete ihm, sowohl die Form der Homilie als auch die der Themapredigt variabel zu verwenden. Am 12. Dezember 1943 legte er homilieartig die Seligpreisungen Mt 5,3–10 textnah und doch zugleich unter der einheitlichen adventlichen Perspektive von Verheißung und Erwartung aus[320]. Umgekehrt konnte Bultmann in lockerer Anknüpfung an einen einzigen Bibelvers ein übergreifendes Thema in seiner die Hörer gegenwärtig angehenden Bedeutung erörtern. So handelte er am 9. Mai 1937 im Anschluß an Gen 8,22 vom christlichen Schöpfungsglauben und von der Freude an

315 Vgl. J. Konrad, Zu Form und Gehalt der Marburger Predigten Rudolf Bultmanns, ThLZ 82 (1957), (481–494) 487 f.

316 Vgl. R. Bultmann, Allgemeine Wahrheiten und christliche Verkündigung (1957), GuV III, 1960[1], (166–177) 166 f.

317 Vgl. Barths Rundbrief vom 26. 2. 1922, in: E. Thurneysen (Hg.), Barth-Thurneysen Bw., Bd. 2, 1921–1930, 1974, 48.

318 Bultmann an K. Barth, 10. 12. 1935 (s. Anm. 294), 160.

319 Konrad (s. Anm. 315), 485.

320 R. Bultmann, MP, 1968[2], 180–188.

der Gegenwart Gottes in der Natur. Dabei grenzte er sich entschieden von der zeitgenössischen Vergötzung der Natur, des Blutes und des Volkes sowie von jeglicher natürlicher Theologie ab[321]. Oder er nahm am Ende des Sommersemesters 1938 Jesu Abschiedswort an seine Jünger Joh 14,27 auf, um in der bedrängenden Friedlosigkeit und Unruhe der Zeit, im Kontrast zu dem Frieden, wie ihn die Welt gibt, den Frieden der Ewigkeit, wie ihn Jesu Wort verheißt, anzusagen[322].

Den Wirklichkeitsbezug der biblischen Botschaft zu entdecken und zu erschließen, war zu jeder Zeit eine der zentralen Aufgaben christlicher Predigt. Im zeitgeschichtlichen Kontext, zumal während des Dritten Reichs und der ersten Nachkriegsjahre, stellte sich dies Problem in gesteigerter Intensität. Bultmann sprach die damit gegebenen Nöte und Sorgen in seinen Predigten an, ging auf die jeweilige Situation ein, auf die Machtergreifung der Nationalsozialisten, die weltanschauliche Bedrängnis des Christentums durch die völkische Ideologie, den Kriegsausbruch, den Zusammenbruch des Dritten Reichs[323]. Er hielt sich dabei durchaus nicht zurück. Häufig fand er offene Worte der Kritik an bedenklichen Entwicklungen im Volks- und gesellschaftlichen Leben sowie nicht zuletzt am Unrecht des Regimes. Mitunter ließ er seine Gravamina auch in subtilen Andeutungen anklingen. Seine Hörer, die dem alltäglichen Druck der Diktatur unmittelbar ausgesetzt waren, dürften die politischen Implikationen dieser Predigten so oder so wahrgenommen haben.

Die ruhige Besonnenheit, in der Bultmann die Ereignisse und Mächte der Zeit in das Predigtgeschehen einholte und dort zugleich relativierte, verdankte sich nicht nur seiner persönlichen Ausstattung mit moderatem Temperament. Vielmehr reflektierte sich in ihr jene eigentümliche Freiheit von der Welt, die dem Glaubenden in der Bereitschaft für die Zukunft Gottes zugeeignet wird. Die Dialektik der eschatologischen Existenz, die Bultmann seit 1909 paradigmatisch im paulinischen ὡς μή, dem »Haben, als hätte man nicht« I Kor 7,29–31, beschrieben fand, umschloß Weltdistanz und Weltnähe zugleich. Wer sich aus unserer unheimlichen Welt von Gott in seine Welt rufen läßt, so predigte Bultmann am 22. Juni 1941, als soeben die Nachricht vom Beginn des Krieges auch mit Rußland eingetroffen war, der erfährt bereits in diesem irdischen, vorläufigen Leben den Segen des kommenden Gottes[324]. Wer bereit ist, sich durch die Macht der Liebe von sich selbst und von aller Weltbindung befreien zu lassen, vermag sich selbst als zukünftige Möglichkeit Gottes neu zu verstehen, desgleichen aber auch den anderen Menschen und die Welt, auch wenn diese nur der Schauplatz vorläufigen und unerfüllten Lebens sein kann[325].

321 Vgl. Bultmann, MP, 26–40.
322 Vgl. Bultmann, MP, 79–86.
323 S. dazu o. 255.258.272–274 und u. 353 f.
324 Vgl. Bultmann, MP, (126–136) 132–136 (Predigt über Lk 14,16–24).
325 Vgl. Bultmann, MP, (60–70) 66–70 (Predigt über Röm 8,18–27 und in Anknüpfung an I Kor 7,29–31).

Nachdem Bultmann ab etwa 1921, angeregt insbesondere durch Gogarten, Texte Luthers neu für sich entdeckt hatte, bezog er auch in seine Predigten verstärkt Lutherzitate mit ein. Sie fungierten nicht als dekoratives Beiwerk, sondern dienten der Vergewisserung eigener Predigtaussagen an der Theologie des Reformators. Bultmann hob den *pro me*-Charakter des Heilsgeschehens hervor, grenzte den Fiduzialglauben von der bloßen *fides historica* ab, verstand den Menschen als *simul iustus et peccator* und stellte die Anstößigkeit des Wortes vom Kreuz in das Zentrum seiner Verkündigung. Mit der eigenständigen Neuinterpretation der lutherischen Lehre von der Rechtfertigung des Sünders allein aus Glauben, wie Bultmann sie im Gegenüber von Arbeit und Geschenk vollzog[326], verband sich nun auch die homiletische Rezeption der »Lehre« Luthers von Gesetz und Evangelium. Was Luther zur höchsten Kunst des Theologen erklärt hatte, nämlich zwischen Gesetz und Evangelium recht zu unterscheiden, das führte Bultmann in seinen Predigten in immer neuen Variationen durch. Weil er die christliche Botschaft auch auf der Kanzel existential zu interpretieren suchte, wurde die Unterscheidung von Gesetz und Evangelium für ihn in zweifacher Hinsicht unverzichtbar. Zum einen war die Predigt des Gesetzes – im Sinne von Luthers *usus theologicus legis* – der Predigt des Evangeliums funktional zugeordnet. Im Lichte des Evangeliums kam dem Gesetz – sei es dem allgemeinen Sittengesetz, sei es der spezifischen Forderung des offenbarten Gotteswillens – die Aufgabe zu, die Hörer auf die Verkündigung des Evangeliums und damit auf die – ihrerseits freilich unverfügbare – Möglichkeit christlicher Existenz vorzubereiten. Die konkrete Gestalt des Gesetzes unterlag allerdings zum anderen dem geschichtlichen Wandel. Deshalb hatte sich die Predigt, wollte sie den christlichen Glauben in der Gegenwart verständlich machen, auf gegenwärtige Erscheinungsformen des Gesetzes zu beziehen. Bultmann nahm – über Luther hinausgehend – das Gesetz als Chiffre für die Geschichtlichkeit des Menschen.

Auf diesen formalen Verstehenshorizont, auf die Wirklichkeit des modernen Menschen, hatte sich die Mitteilung des Evangeliums in Anknüpfung und Widerspruch zu beziehen. Deshalb konnte Bultmann in seinen Predigten ebenso unbefangen wie kritisch die Nähe und zugleich die Distanz des christlichen Glaubens zu den ambivalenten Größen der vorfindlichen Religion[327], der Naturfrömmigkeit[328] und des Idealismus[329] betonen. Er brachte das Evangelium durchaus als kritisches Korrektiv menschlichen Versagens und menschlicher Selbstentfremdung zur Geltung. Das hielt ihn aber nicht davon ab, die positiven Möglichkeiten und die gelungenen Vollzüge menschlichen Daseins gleichsam als Vorschein des Evangeliums kräftig zum Leuchten zu bringen.

326 Zu den einzelnen Etappen dieses Erkenntnisprozesses Bultmanns vgl. Hauschildt (s. Anm. 298), 16–155.

327 Vgl. Bultmann, MP, 1–13 (Predigt über Apg 17,22–32 am 7. 6. 1936).

328 Vgl. Bultmann, MP, 26–40 (Predigt über Gen 8,22 vom 9. 5. 1937).

329 Vgl. Bultmann, MP, 189–200 (Predigt über II Kor 4,6–11 vom 17. 6. 1945).

In diesen Kontext gehört die intensive Literaturrezeption, die den Predigten Bultmanns, auch im Rahmen der Predigtgeschichte des 20. Jahrhunderts, eine ganz eigentümliche Note verlieh. Nicht durchgängig, aber ungewöhnlich häufig zitierte Bultmann in seinen Kanzelreden Texte christlicher und außerchristlicher Literatur, Märchen, Sprichwörter, hin und wieder philosophische Texte, Strophen aus Gesangbuchliedern, vor allem aber poetische Texte. Vermutlich nach 1935 legte sich Bultmann zwei Literaturkladden an, die eine zu griechischen Texten der klassischen Antike[330], die andere zu neuzeitlichen Autoren des 19. und 20. Jahrhunderts[331]. Hier sammelte er zu 398 Schlagwörtern von »Aberglaube« bis »Zweifel« – meist theologisch relevanten Existentialien – Zitate aus der deutschen Literatur. Aus diesem Literaturkonto konnte er sich gegebenenfalls bedienen, etwa in der am 25. Juli 1950 gehaltenen Predigt über Mk 13,31–33. Allein in diese Predigt flocht Bultmann außer Psalmen- und Koheletzitaten nicht weniger als elf literarische Zeugnisse der Antike und der Moderne ein, Texte von Tibull und Horaz, Pascal und Johann M. Usteri, Friedrich Hebbel, Hugo von Hofmannsthal und Paul Graf Yorck von Wartenburg, Wilhelm Raabe, Friedrich Rückert und Ludwig Tieck, Marcel Proust und schließlich Gerhard Tersteegen[332]. Wo Bultmann nicht auf seine Literaturkladde zurückgriff, konnte er aus dem ohnehin reichen Fundus seiner enormen Belesenheit schöpfen, wie er es 1937 in der Predigt zu Gen 8,22 tat. In diesem literarischen Dialog zwischen christlichem Schöpfungsglauben und Formen der Naturfrömmigkeit ließ Bultmann fünf Autoren mit elf zumeist lyrischen Texten zu Wort kommen, Goethe, Schiller, Joseph von Eichendorff, Wilhelm Raabe sowie Friedrich Gottlieb Klopstock[333].

Diese ausgiebige homiletische Verwendung literarischer Zeugnisse könnte den Eindruck erwecken, als sei hier der lebensgeschichtlich zutiefst in die humanistische und literarische Bildung verwobene Prediger seiner überwiegend bildungsbürgerlichen Gemeinde ein gebildeter Bürge geworden[334]. War nicht schon Paulus um des Evangeliums willen den Juden ein Jude und denen, die ohne Gesetz waren, wie einer ohne Gesetz geworden (vgl. I Kor 9,19–23)? Freilich zielte Bultmanns homiletische Literaturrezeption nicht primär darauf ab, im Zwiegespräch mit der gebildeten Gemeinde Einverständnis über das gemeinsame ästhetische Erbe herzustellen. Vielmehr bediente er sich der poetischen Tradition, weil er in ihr Lebenserfahrungen und Deutungen menschlichen Daseins besonders dicht ausgesprochen fand. Eben deshalb eigneten sich literarische Texte dazu, um sowohl auf der Ebene des Gesetzes die Geschichtlichkeit des Menschen als auch im Horizont des Evangeliums Aspekte der eigentlichen Existenz transparent zu machen. In der Literatur sah Bultmann das

330 Vgl. R. Bultmann, Zitate aus griechischer Literatur: Homer, Euripides ..., o.J., Mn 2-3059.

331 Vgl. R. Bultmann, Zitate aus deutscher Literatur, o.J., Mn 2-3058; dazu Th. Kucharz, Theologen und ihre Dichter, 1995, 185–187.

332 Vgl. Bultmann, MP, 216–226; dazu Hauschildt (s. Anm. 298), 158–183; Kucharz, aaO 206–211.

333 Vgl. Bultmann, MP, 26–40 (s. Anm. 321); dazu Kucharz, aaO 201–205.

334 Vgl. Kucharz, aaO 220.

Wissen des Menschen um seine Vergänglichkeit, seine Begegnung mit Gott und seine Suche nach Gott in der Natur ebenso prägnant wiedergegeben wie das dialektische Selbst- und Weltverhältnis des Menschen, die spezifisch christliche Gotteserfahrung oder andere Momente des gläubigen Daseins.

Den ersten Rezensenten fiel fast durchweg auf, daß Bultmann in seinen »Marburger Predigten« das Thema »Entmythologisierung« vergleichsweise selten explizit erörterte. Freilich dürfte sowohl im Erstaunen darüber[335] als auch in der Apologie des Sachverhalts[336] verkannt worden sein, daß die Entmythologisierung für Bultmann lediglich einen Sonderfall der existentialen Interpretation darstellte. Dem Problem stellte er sich indes auch auf der Kanzel. Wenige Wochen nach dem Alpirsbacher Vortrag gab er ein Exempel der dort geforderten Wahrhaftigkeit, als er am 13. Juli 1941 über die Perikope vom Fischzug des Petrus Lk 5,1–11 predigte. Um die Gemeinde nicht im Unklaren zu lassen, erklärte Bultmann ihr, er halte die Geschichte »für eine fromme Dichtung«[337]. Der christliche Glaube fordert niemandem das *sacrificium intellectus* ab, die neutestamentlichen Wunder wider alle Erfahrung für historische Begebenheiten zu halten. Christlicher Wunderglaube besteht vielmehr im Glauben an Jesus Christus als Befreier vom Gesetz und vom Tod. Bereits der Glaube an Gott den Schöpfer impliziert das Vertrauen in die Wunder Gottes, in sein wunderbares schöpferisches Handeln. Fassen kann diesen keineswegs einfachen Glauben nur, wer sich dessen gewiß ist: »Ich glaube, daß *mich* Gott geschaffen hat samt allen Kreaturen«[338]. Von diesem Wunderglauben her erschließt sich auch das eigentliche Wunder in der Geschichte vom Fischzug des Petrus. Wie Jesus den sündigen Menschen Petrus in seinen Dienst stellt und dadurch neu macht, so schafft »uns das in Jesus begegnende Wort der erlösenden Gnade Gottes neu«, indem »es uns von uns selbst ... befreit«[339].

Mußte der christliche Wunderglaube von den mirakelhaften Zügen in den neutestamentlichen Wundergeschichten gelöst werden[340], so suchte Bultmann auch die christliche Zukunftshoffnung von mythologischen Bildern aus dem apokalyptischen Vorstellungsarsenal zu befreien. Am Sonntag Rogate 1943 predigte er über die Abschiedsrede Jesu Joh 16,22–33. Die eschatologische Verheißung Christi an seine Jünger »... ich will euch wiedersehen, und euer Herz soll sich freuen« wollte Bultmann nicht wörtlich, gegenständlich verstanden wissen. Denn den Gegenstand jener zu-

335 Vgl. Ihlenfeld (s. Anm. 314), 192 f.; Konrad (s. Anm. 315), 485.

336 Vgl. Harbsmeier (s. Anm. 293), 226 f.

337 Bultmann, MP, (137–147) 140.

338 M. Luther, Der Kleine Katechismus (1529), BSLK, 1976[7], 510,33 f.; modernisiert zit. bei Bultmann, aaO 142.

339 Bultmann, MP, 146. – Für Bultmann bezog sich das befreiende Handeln Christi auf den ganzen Menschen, nicht etwa nur auf die »Seele«. Vgl. seine Stellungnahme (zu D. Meyer, Predigt zu Mk 7,31–37, in: U.H.J. Körtner [Hg.], Jesus im 21. Jahrhundert. Bultmanns Jesusbuch und die heutige Jesusforschung, 2001, 201–206), in: Bultmann an D. Meyer, 10. 10. 1952, aaO 207 f.

340 Vgl. R. Bultmann, Zur Frage des Wunders (1933), GuV I, 1933[1], 214–228.

künftigen Freude zu benennen, würde nur dem untauglichen Versuch gleichkommen, die unaussprechliche eschatologische Freude weltlich zu objektivieren. Gerade die unbestimmte Freude der Freiheit von der Welt, mithin der Freiheit von uns selbst, entspricht in ihrer inhaltlichen Offenheit dem Wagnischarakter des Glaubens[341]. Mit dieser Sistierung des mythischen Bildes vom Wiedersehen, von der endgültigen Verbundenheit zwischen dem erhöhten Christus und den Glaubenden, hatte Bultmann freilich zugleich die christliche Zukunftshoffnung von ihrem Grund und Inhalt, dem sich selbst verheißenden Christus, abgelöst[342].

Mit der Verwandlung der futurisch-gegenständlichen Zukunftserwartung in die präsentisch-existentiale Eschatologie der Entscheidung des Glaubens zog Bultmann letztlich nur den radikalen Schlußstrich unter eine lange theologiegeschichtliche Entwicklung. Die sukzessive voranschreitende Krise der endgeschichtlichen Eschatologie in der Neuzeit und deren faktische Eliminierung durch Bultmann und andere Theologen des 20. Jahrhunderts hatte jene »Nacht der Bildlosigkeit«[343] zur Folge, die unmöglich das letzte Wort der christlichen Theologie zur Hoffnung des Glaubens bleiben konnte. Aber welchem Theologen, welchem Prediger auch immer könnte ernsthaft das ohnehin zweifelhafte Prädikat zuerkannt werden, das letzte Wort gesagt zu haben?

6. Leben in der Familie und im Kreis der Freunde

Die Umstände hatten die früheren Formen akademischer Geselligkeit ganz zerstört, und nur wenige öffentliche Einrichtungen boten überhaupt noch einen Rahmen dafür. Zu ihnen zählte der Verein der Freunde des humanistischen Gymnasiums, dessen Vorsitzender Bultmann wurde und dessen Vortragsveranstaltungen unverändert weitergingen[344].

In den frühen 1930er Jahren entschlossen sich die Bultmanns zum Bau eines eigenen Wohnhauses. Sie erwarben ein Grundstück in der Calvinstraße, in einer bevorzugten Wohngegend Marburgs. Dort, an dem steilen Hang zwischen dem Dammelsberg und dem Schloßberg, entstand 1934 das neue Domizil. Die Planung und Aufsicht über die Bauarbeiten lag ganz in den Händen Helene Bultmanns, die den dafür erforderlichen praktischen Sinn mitbrachte. Nach ihrem Konzept wurde das Gebäude aus Kostengründen als Doppelhaushälfte errichtet. Ihr vielbeschäftigter Ehemann soll die Baustelle zum ersten Mal betreten haben, als am 22. Juni 1934 das Richtfest

341 Vgl. Bultmann, MP, 169–179 (Predigt über Joh 16,22–33 vom 30. 5. 1943).
342 Vgl. Konrad (s. Anm. 315), 489.493 f.
343 E. Hirsch, Das Wesen des reformatorischen Christentums, 1963, 17.
344 H.-G. Gadamer, Philosophische Lehrjahre, 1977, 55.

gefeiert wurde. Der Umzug von der Bismarckstraße in die Calvinstraße 14 erfolgte dann vom 26.–29. September[345].

Helene Bultmann sorgte dafür, daß die neuen Räumlichkeiten den vielfältigen Bedürfnissen der Familie angepaßt waren. Wie die drei Töchter erhielt auch die Oma Luise Feldmann, die seit 1922 in der Familie ihrer Tochter lebte, ein eigenes Zimmer. So konnte Lenis Mutter weiterhin am familiären und geselligen Leben teilnehmen, sich aber auch bei Bedarf, etwa wenn Rudolf und Leni abends allein sein wollten, in ihren eigenen Wohnbereich zurückziehen. Das Arbeitszimmer und die Bibliothek des Hausherrn lagen im ersten Obergeschoß. Sie erhielten, wie er es sich ausbedungen hatte, einen Anstrich in den oldenburgischen Landesfarben blau und rot. Freilich hatte der Maler irrtümlich ein pompejanisches Rot gewählt, das Bultmann denn doch die Ferne der oldenburgischen Heimat visuell in Erinnerung rief[346]. Seinem Wunsch entsprach es ebenfalls, daß sich die Fenster wie in Norddeutschland nach außen öffnen ließen. So konnte er seine Blumen auf der inneren Fensterbank bequem pflegen. Von seinem Arbeitszimmer ging der Blick über die Dächer des Marburger Südviertels weit hinaus in das Lahntal bis hinüber nach Cappel mit den Ausläufern der Lahnberge auf der einen sowie Gisselberg mit dem Weimarschen Kopf und dem Hasenkopf auf der anderen Seite.

Die angrenzende Doppelhaushälfte bezogen Wilhelm und Marie Therese Mommsen mit ihren vier Söhnen Karl, Friedrich Jens und den Zwillingen Wolfgang Justin und Hans. Wilhelm Mommsen, ein Enkel des berühmten Literaturnobelpreisträgers Theodor Mommsen, war 1929 auf den Lehrstuhl für Mittlere und Neuere Geschichte nach Marburg berufen worden. Das Verhältnis zwischen Bultmann und Mommsen ließ sich anfangs unkompliziert an. Beide schrieben die Gutachten zu der von Bultmanns Schülerin Hildegard Astholz 1932 bei der Marburger Philosophischen Fakultät eingereichten Dissertation, einer Arbeit über das Geschichtsverständnis Johann Gustav Droysens[347]. Auch an dem Promotionsverfahren des jüdischen Studenten Friedemann Boschwitz, das der NS-Studentenführer Rudolf Kluge – vergeblich – zu verhindern versucht hatte, wirkten Mommsen, der Doktorvater, und Bultmann als Zweitgutachter 1934 noch kollegial zusammen[348]. Allerdings belasteten in der Folgezeit mehr und mehr Spannungen die Beziehung zwischen den beiden Nachbarn. Wie sein Lehrer Friedrich Meinecke hatte sich Wilhelm Mommsen während der Weimarer Ära als liberaler Vernunftdemokrat der Deutschen Demokratischen Partei angeschlossen. Nach der Selbstauflösung der DDP 1930 trat Mommsen der

345 Alle Daten in diesem Kapitel werden nach Bultmanns Chronik 1917–1945, Mn 2-224, gegeben.

346 Vgl. W. Schmithals, Das wissenschaftliche Werk Rudolf Bultmanns, in: Stadt Oldenburg (Hg.), Gedenkfeier für Rudolf Bultmann 1884–1976, 1985, (19–28) 19f.; dazu (im Rückblick auf den Hausbau) Bultmann an E. Käsemann, 30. 8. 1959, Mn 2-2251.

347 Vgl. H. Astholz, Das Problem »Geschichte« untersucht bei Johann Gustav Droysen, 1933. Die Verfasserin orientierte sich in ihrer Dissertation an dem von Bultmann entwickelten Verständnis des Christentums und der Geschichte. Vgl. Astholz, aaO 28.

348 Vgl. W. Mommsen an Bultmann, 1. 6. 1934, Mn 2-1417. Zum Vorgang s. o. 285f.

Deutschen Staatspartei bei. Seit Anbruch des Dritten Reichs mutierte der politisch hochambitionierte Historiker sukzessive zum überzeugten Parteigänger des Nationalsozialismus[349]. Die Nachbarschaft dieses Nachbarn wurde für Bultmann zunehmend zu einer Gefahr. Die von Frau Mommsen wiederholt ausgesprochene Einladung, die Bultmann-Töchter könnten am Volksempfänger der Mommsens die Reden des »Führers« mitverfolgen, ließ sich noch relativ leicht ausschlagen. Als weitaus schwieriger erwies sich der Umgang mit Mommsen selbst und mit seinem Engagement für den nationalsozialistischen Staat.

Überhaupt wurde Bultmann durch die Herrschaft des NS-Regimes auf Dauer eine verstärkte Verantwortung für die Familie abverlangt. Das war ihm von Anfang an klar. Im Sommer 1934 besuchte er mit seiner Familie die Oldenburger Heimat. Am 20. August 1934 traute er in Dedesdorf an der Unterweser seinen Schüler Kendrick Grobel und seine Nichte Marianne Pleus. Auf diesen Tag fiel auch sein 50. Geburtstag, der ihm »deutlich genug zum Bewußtsein« brachte, »wie reich und glücklich die hinter mir liegenden 50 Jahre sind«. Ebenso nahm Bultmann aber auch die Schatten wahr, »die die Sorgen um Staat und Kirche und Familie auf diese Tage werfen«. Dabei habe er für seine Person »keine Sorge, es mit der bedrohlichen Zukunft aufzunehmen; für Frau und Kinder muß ich mir natürlich meine Gedanken machen«, vertraute er von Soden an[350]. Das Familienleben und die Geselligkeit der Bultmanns vollzogen sich während des Dritten Reichs denn auch unter Bedingungen, die es von vornherein nicht dazu kommen ließen, daß sich hier eine private Idylle abseits der politischen Realitäten entwickelte.

In der religiösen Erziehung ihrer Töchter verzichteten Rudolf und Helene Bultmann darauf, irgendwelchen Zwang auszuüben. Dies um so weniger, als Antje, Gesine und Heilke in der Elisabethschule ja ohnehin dem propagandistischen Druck des NS-Regimes ausgesetzt waren. Antje wurde 1933 von Pfarrer Dr. Friedrich S. Geller, einem äußerst gebildeten Theologen, in der Lutherischen Pfarrkirche konfirmiert. Bultmann schätzte Gellers Predigten[351]. Weniger einverstanden waren die Eheleute Bultmann mit den rigiden Erziehungsmethoden, die Geller in Antjes Konfirmandengruppe besonders gegenüber den Jungen anwandte. Daher gingen Gesine und Heilke in den Konfirmandenunterricht zu Dr. Karl Bernhard Ritter, dem Pfarrer der reformierten Gemeinde an der Universitätskirche. Ritter gehörte wie Geller und die meisten übrigen Pfarrer Marburgs der Bekennenden Kirche an. Er verstand es, die Jugendlichen mit seinem Unterricht anzusprechen. Auch in der Gestaltung der Gottesdienste setzte Ritter, der 1931 die Evangelische Michaelsbruderschaft gegrün-

349 Zu den Hintergründen vgl. A. Ch. Nagel, »Der Prototyp der Leute, die man entfernen soll, ist Mommsen«. Entnazifizierung in der Provinz oder die Ambiguität moralischer Gewißheit, Jb. zur Liberalismusforschung 10 (1998), 55–91; P. Köpf, Die Mommsens, 2004, 44–63.121–146.166–183.193–212; dazu kritisch S. Rebenich, Die Guten und die Bösen. Peter Köpf banalisiert die Geschichte der Familie Mommsen, SZ Nr. 259, 8. 11. 2004, 16.

350 Bultmann an H. von Soden, 21. 8. 1934 (aus Dedesdorf), Mn 2-2385. – Die von Bultmann am 20. 8. 1934 in Dedesdorf gehaltene Traupredigt ist abgedruckt in: VW, 274–278.

351 Vgl. Bultmann an A. Bultmann Lemke, 28. 12. 1939, Mn 2-3452.

det hatte, ganz neue, für Marburg ungewohnte Akzente. Er konfirmierte Gesine 1935 und Heilke 1939.

Im Hause Bultmann praktizierte man herkömmliche Formen gestalteter Religion wie etwa das Tischgebet in einer selbstverständlichen Weise. Auch das Kirchenjahr bot genügend Anlässe, um die religiöse Dimension des Lebens je und je präsent werden zu lassen. Dabei bildeten sich feste familiäre Traditionen aus wie die, daß Bultmann an Silvester Psalm 90 und am Neujahrstag Psalm 103 vorlas. Bultmann war allerdings kein Freund frommen Gehabes. Wenn er aus gegebenem Anlaß von religiöser Sprache Gebrauch machte, hatte dies dann um so mehr Gewicht. Als Gesine während des Krieges mit ihrem studentischen Kammerorchester zu einer gefährlichen Reise aufbrach, gab der Vater ihr mit auf den Weg: »Geh mit Gott!« Und beim Luftangriff, wenn sich die Verängstigten im Luftschutzkeller versammelten, sprach er: »Jetzt möge Gott uns beschützen!«

Alljährlicher Höhepunkt des Familienlebens war das Weihnachtsfest. Unter dem Christbaum der Bultmanns wurde nicht entmythologisiert, sondern wie in anderen Familien des akademischen Bildungsbürgertums gefeiert. Als die soeben verheiratete Antje 1939 Weihnachten erstmals nicht zuhause verbrachte, schilderte Bultmann ihr in einem sechsseitigen Brief ausführlich den Verlauf des Festes: den Kirchgang, die letzten Vorbereitungen im Haus, die festliche Kleidung aller Familienmitglieder, das Treffen im Zimmer der Mutter, das Vorlesen der Weihnachtsgeschichte, das Anzünden der Baumlichter und »dann – Du weißt es ja: das Glöckchen leutet! ›Ihr Kinderlein kommet!‹ ›O du fröhliche!‹ Und dabei umfing uns wieder Glanz und Duft des Weihnachtsbaumes, und wir waren sehr glücklich, wenngleich mit einem wehmütigen Gedanken an die fehlende Antje«. Es folgten die Bescherung, erst unten, dann oben bei der Oma, das Abendessen, das wegen des Krieges bescheidener ausfiel als sonst, schließlich die Besichtigung der Geschenke. Den Dank für die Zigarren, die Antje ihm geschenkt hatte, stattete Bultmann mit einem Zitat aus dem Tagebuch des Grafen Yorck ab, das *mutatis mutandis* auch auf ihn selbst zutraf: »Im Besitze meines Tabaks *und somit ganz bei mir* ...« Der erste Weihnachtstag war dann mit Lesen, Singen und Musizieren ausgefüllt. Gesine und Heilke brachten der Hausgemeinschaft ihr Weihnachtsgeschenk zu Gehör, das sie mit einem großen Blatt auf dem Gabentisch der Eltern angekündigt hatten:

»Einmaliger Vortrag berühmter Künstlerinnen!

Am 25.12. 1939 um 10–11 Uhr im Eßzimmer des Hauses Bultmann. 1. Bach Invention Nr. 4, 2. Invention von Joh. Seb. Bach Nr. 8. Cello und Querflöte. Ausführende: Gesine Bultmann: Querflöte, Heilke Bultmann: Cello. Eintritt frei!«

Am zweiten Weihnachtstag versah Bultmann zunächst den Kirchendienst in der Pfarrkirche. Ansonsten bot der Tag die Gelegenheit zu gegenseitigen Besuchen im Freundeskreis. 1939 waren es die Ehepaare Birtner und Steinmeyer sowie Lorenz Krüger, die mit den Bultmanns zusammenkamen und viele Weihnachtslieder sangen. Damit nicht genug: »Wir hatten beschlossen, den 27. Dezember als richtigen dritten Weihnachtstag zu feiern.« Und von neuem standen Lektüre, Musik, Singen und Besuche – diesmal von Reidemeisters – auf dem Programm des verlängerten Festes[352].

Schon Anfang 1933 konstatierte Bultmann »die Zerstörung eines gehaltvollen Gemeinschaftslebens in Familie und Gesellschaft«[353]. In seinen Augen forcierte der NS-Staat letztlich nur den bereits begonnenen Prozeß der Destruktion echter Gemeinschaft, indem er mit Hilfe von Organisation, Propaganda und Technik allenfalls eine Pseudogemeinschaft hervorbrachte[354]. Zu den Formen echter menschlicher Gemeinschaft, die im Grunde in der religiösen Gemeinschaft des Glaubens ihre Wurzeln hatte, rechnete Bultmann die Kunst, die Literatur, die Musik. Entsprechend hoch war ihr Stellenwert im familiären und geselligen Leben der Bultmanns bemessen. Dies galt zumal von der Musik. Bultmann stimmte sich allmorgendlich auf den Tag ein, indem er auf dem Klavier einen Choral Johann Sebastian Bachs spielte. Unter den Komponisten schätzte er Mozart über alles. Das verband ihn mit Karl Barth, nur daß Bultmann im Unterschied zu Barth diese persönliche Vorliebe nicht öffentlich zum Gegenstand der theologischen (Selbst-) Interpretation machte. Wenn er allein zu Hause war, sang Bultmann gelegentlich Partien aus Mozart-Opern, etwa die Sarastro-Arien aus der »Zauberflöte«. Seine Frau verfügte über eine schöne Alt-Stimme. In geistlichen Abendmusiken und Kirchenkonzerten, die der Universitätsmusikdirektor Hermann Stephani in Marburg und an anderen Orten aufführte, wirkte Helene Bultmann wiederholt als Solistin mit. Über die Musik kam auch der freundschaftliche Kontakt mit der Familie des Musikwissenschaftlers Herbert Birtner zustande. Von Birtner am Klavier begleitet, studierte Helene Bultmann nach und nach viele Schubert-Lieder ein. Von der musikalischen Atmosphäre des Elternhauses früh angesteckt, trugen Antje (Violine), Gesine (Querflöte) und Heilke (Cello) bald mit dazu bei, daß kaum ein geselliger Abend in der Calvinstraße 14 stattfand, an dem nicht musiziert worden wäre. In seiner Chronik hielt Bultmann akribisch alle Haus- und öffentlichen Konzerte fest, an denen seine Frau und seine Töchter – unter ihnen besonders Gesine – solistisch mitwirkten[355].

Auch die Ausflüge, Wanderungen und Reisen, die Bultmann mit seiner Frau, anfangs auch mit seinen Töchtern, unternahm, zeichnete er mitsamt den Reiserouten und den wichtigsten Stationen in seiner Chronik auf, ebenso die Reisen, zu denen Antje, Gesine und Heilke aufbrachen, als sie eigene Wege zu gehen begannen. Im Alter stellte er, wohl zur eigenen Vergewisserung, eine Liste seiner Auslandsreisen zusammen[356]. Sofern diese im Zusammenhang mit seinen wissenschaftlichen Akti-

352 Ebd.

353 R. Bultmann, Zur Frage der Reform des theologischen Studiums (1933), GuV II, 1968[5], (294–300) 295.

354 R. Bultmann, Formen menschlicher Gemeinschaft (1952), GuV II, 1968[5], (262–273) 266 f.

355 Vgl. Bultmanns Chronik 1917–1945, Mn 2-224.

356 Vgl. den Anhang »Reisen« zur Chronik 1917–1945, Mn 2-224, Bl. 50.

Abb. 31: Das 1934 errichtete Haus Calvinstr. 14.

Abb. 32: Familie Bultmann im März 1936: Antje, Helene, Heilke, Rudolf und Gesine Bultmann.

Abb. 33: Rudolf Bultmann in Alpirsbach im Juni 1941.

Abb. 34: Helene und Rudolf Bultmann in Marburg 1949.

vitäten standen, wird noch eigens von ihnen zu berichten sein[357]. Die drei-, mitunter vierwöchigen Reisen in den Ferien nach dem Sommersemester dienten in erster Linie der Erholung, daneben auch der Bildung. Gern und ausführlich schilderte Bultmann seinen Briefpartnern die Erlebnisse, die er und seine Frau unterwegs hatten, und seine Eindrücke von Landschaften, Städten, Denkmälern, Kunstwerken und Menschen. War einmal keine Ansichtspostkarte zur Hand, so gestaltete er einfach selbst eine, wie in seinem vorerst letzten Erholungsaufenthalt während des Krieges 1943 im Schwarzwald mit der Zeichnung »Badenweiler, Blick in die Rheinebene und auf die Vogesen«[358]. Führte die Reise ins Oldenburgische oder nach Süddeutschland, nutzte Bultmann die Gelegenheit, um der weit verzweigten Verwandtschaft in seiner Heimat und im Badischen Besuche abzustatten. Auch bei befreundeten Theologen machte er regelmäßig Station. Während seiner Reisen in die Schweiz pflegte er den Alttestamentler Walter Baumgartner in Basel aufzusuchen. Baumgartner und seine Frau waren Abstinenzler. Bultmann wußte dies. Während eines Besuches in Basel nahte der Abend, an dem die Gäste erfahrungsgemäß auf dem Trockenen sitzen bleiben würden. Bultmann entschuldigte sich bei seinen Gastgebern. Er müsse noch einmal zum Bahnhof, er sei dort mit einem Freund verabredet. Nach seiner Rückkehr fragte Baumgartner ihn neugierig, wie denn der Freund heiße, den er im Bahnhof getroffen habe. Bultmann gab bereitwillig Auskunft: »Der heißt *Châteauneuf-du-Pape* ...«

Die wohl interessantesten Reiseeindrücke prägten sich Bultmann und seiner Frau im Frühherbst 1938 in Italien und auf Sizilien ein. Zürich, Bologna, Neapel, Messina, Palermo, Agrigent, Syrakus, Taormina, Messina, Paestum, Neapel, Rom, Mailand und Basel waren die Stationen dieser ausgesprochenen Bildungsreise. Seine Impressionen teilte Bultmann umgehend und fortlaufend Gerhard Krüger mit. Die Straßen Palermos seien »erfüllt von einer Atmosphäre, in der sich Benzin und gebackene Fische, Käse und Parfüms (noch viel penetranter als Nivea) mischen ... Es schwindelt einen aber ... zu sehen, wie hier die Denkmale der Geschichte nebeneinanderstehen: griechische Antike (die Metropen von Selinunt!!), maurische, byzantinische Kunst, spanischer Barock.« Aus Syrakus, der Stadt des Archimedes, gab es Einschränkendes zu berichten: »Die Zunge klebt am Gaumen, und die hiesigen Getränke sind nicht geeignet, einen oldenburgischen Durst zu stillen.« Dann die Überfahrt nach Capri »auf vollgestopftem Dampfer ... eingehüllt in den Dunst von Schiffsöl und Zigaretten; bebrüllt von Schallplatten-Musik. Bewegte See, das Schiff schlingerte, und Opfer wurden dem Poseidon links und rechts von uns dargebracht ... So weit unser Zustand ein Urteil gestattet, ist Capri freilich und überhaupt der Golf von Napoli wunderbar schön«. Schließlich stellte sich als »Höhepunkt unserer Reise ... ein klassischer Tag« in Rom heraus: »Wir waren in Tivoli, und hier erschloß sich uns das Italien Goethes in bestrickender Pracht. Die Rückfahrt durch die Campagna,

357 S. u. 409–419.

358 Bultmann an A. Bultmann Lemke, 17. 9. 1943, Mn 2-3452.

hinter der die Sonne unterging, war großartig.«[359] Freilich, so beeindruckend sich Italien auch präsentierte, vermochte es doch Bultmanns Werteskala nicht wirklich ins Wanken zu bringen. In Rom sprach er, wie die gut bezeugte Familienfama überliefert: »Hier ist es wunderschön, fast so schön wie in Oldenburg!«

Der Erquickung von Leib und Seele diente die vierwöchige Badekur, die Bultmann im Abstand von zwei Jahren regelmäßig in Wiesbaden absolvierte. Dort umschwebten ihn die »Geister der heißen Quellen, des Rheins und Weins und der Klänge der Saiten und des Gesangs«[360]. Die Kur mit ihrem konstanten Tagesablauf – Baden, Tanzen, Schlafen, Spaziergang auf einen Schoppen Rheingauer Riesling nach Biebrich oder Eltville, Lesen, Nichtstun – ließ Bultmann, wie er fand, »wesentlich sarkisch« existieren[361]. Der Aufenthalt in Wiesbaden half, sein Hüftleiden spürbar zu lindern. Darüber hinaus bestand die besondere Attraktivität des Kurortes am Taunus für ihn darin, daß er hier seiner Leidenschaft frönen konnte, dem Besuch der Oper. Im Bereich des Musiktheaters waren Mozart und Verdi seine klaren Favoriten. Wagner, dem die nationalsozialistische Kulturpolitik zu beherrschender Präsenz auf den deutschen Opernbühnen, auch in Wiesbaden, verholfen hatte, lehnte Bultmann dagegen ab[362]. Häufig konnte man ihn bei der Abreise in die Kur auf dem Marburger Bahnsteig in Anspielung auf Dantes »Göttliche Komödie« sagen hören: »Jetzt kommt der Zug der Seligen!« Aus dem warmen Klima des Rheingaus brachte ihn dann der »Zug der Verdammten« wieder zurück nach Marburg, das ihm übermäßig viele Tage mit Nebel und Regen aufzuweisen schien.

Innerhalb der Marburger Universität hielt Bultmann in den ersten Jahren des Dritten Reichs regen Kontakt zu dem Philosophen Erich Frank. Mit dem Jaspers-Schüler traf er sich wöchentlich im Schloßcafé zum freundschaftlich-wissenschaftlichen Austausch. Frank, der Junggeselle war, nahm gern auch am geselligen Leben der Bultmanns teil. Eine weitere Möglichkeit zum interdisziplinären Gespräch bot der Stammtisch in der »Sonne« am Marktplatz, an dem sich Bultmann, der Alttestamentler Emil Balla, der Biologe Jürgen Harms, der Mediziner Felix Klewitz und der Literaturhistoriker Friedrich Carl Sell einmal in der Woche abends zusammenfanden. Nachdem Frank, Friedländer und Sell emigriert waren, konnte Bultmann den ihm ungemein wichtigen wissenschaftlichen Dialog über die Grenzen des eigenen Fachs hinaus vorerst nur noch mit Gerhard Krüger führen[363]. Von dieser wissenschaftlich wie menschlich dichten Beziehung zwischen dem philosophisch interessierten Theologen und dem theologisch interessierten Philosophen vermittelt der inzwischen publizierte Briefwechsel Bultmann-Krüger – unbeschadet der erhebli-

359 Bultmann an G. Krüger, 25.9., 30.9., 10.10., 16. 10. 1938, in: F. Lilie (Hg.), Bultmann-Krüger Bw. I, ZNThG 4 (1997), 302–305.

360 Bultmann an G. Krüger, 5. 3. 1932, in: Lilie (Hg.), aaO 297.

361 Bultmann an G. Krüger, 2. 3. 1936, in: Lilie (Hg.), aaO 299.

362 Vgl. Bultmann an G. Krüger, 12. 3. 1936, 2. 3. 1938, in: Lilie (Hg.), aaO 300 f.; 22.3., 29. 3. 1940, in: Lilie (Hg.), Bultmann-Krüger-Bw. III, ZNThG 5 (1998), 274 f.; Bultmann an A. Bultmann Lemke, 10. 3. 1938, Mn 2-3452.

363 Vgl. Bultmann an A. Bultmann Lemke, 11. 2. 1940, Mn 2-3452.

chen Mängel dieser Edition – einen anschaulichen Eindruck. Als Heinrich Schlier, Günther Bornkamm und Hans-Georg Gadamer Marburg längst verlassen hatten, blieb Krüger der einzige Teilnehmer an Bultmanns einst blühender *Graeca*, der weiterhin mit dem Freund die klassischen Texte der griechischen Literatur las. Nachdem Krüger 1940 einem Ruf nach Münster gefolgt war, setzte Bultmann die Lektüre allein[364], hin und wieder auch mit Max Kommerell und Wilhelm Anz fort[365]. Aber ihre alte Solidität gewann seine *Graeca* nicht mehr zurück. Zu groß waren die Fluktuation der Teilnehmer und deren unterschiedlichen Voraussetzungen. Kommerell etwa hatte seine liebe Mühe und Not mit der philologischen Seite der Lektüre[366].

An der Schnittstelle von Universität und städtischer Bildungsöffentlichkeit lag Bultmanns Engagement im »Verein der Freunde des humanistischen Gymnasiums«. Kurt Steinmeyer, der 1932 das Direktorat der Schule übernommen hatte, brachte frischen Wind in die Gemäuer der altehrwürdigen, wie die Marburger Universität 1527 von Landgraf Philipp dem Großmütigen gegründeten Bildungsanstalt. Steinmeyer bemühte sich während der Zeit der NS-Diktatur mit einigem Erfolg darum, das Gymnasium Philippinum als einen Ort geistiger Freiheit zu erhalten. Er konnte Bultmann für den Vorsitz des »Vereins der Freunde des humanistischen Gymnasiums« gewinnen. Unter Bultmanns Leitung erlebte der Verein »eine einzigartige Blüte«[367]. Die nationalsozialistische Hochschulpolitik hatte zwar binnen kürzester Zeit die überkommenen Institutionen akademischer Gemeinschaftskultur zerschlagen, aber die Vortragsabende des Vereins boten dafür einen gewissen Ersatz. Die Aula des Philippinums wurde zu einem Forum geistiger Unabhängigkeit. Hier setzte man der politischen und weltanschaulichen Indoktrination durch den Nationalsozialismus eine humanistischen Traditionen verpflichtete Geistigkeit entgegen.

Bultmann lud die Referenten ein und leitete die anschließenden Diskussionen, die er nach der Erinnerung Arthur Henkels »mit scharfsinnigen Fragen und kenntnisreichen Einwänden« in Gang zu bringen pflegte[368]. Bultmann selber trug dort

364 Vgl. Bultmann an G. Krüger, 3.3., 26.3. 1941, in: Lilie (Hg.), Bultmann-Krüger Bw. III, ZNThG 5 (1998), 287 f.; Bultmann an H.-G. Gadamer, 22.1. 1941, DLA Marbach, Bestand A: Gadamer, ZN: HS.2005.0056.

365 Vgl. Bultmann an G. Krüger, 6.12. 1941, in: Lilie (Hg.), aaO 295.

366 M. Kommerell an K. Reinhardt, 10.1. 1943, in: I. Jens (Hg.), Max Kommerell. Briefe und Aufzeichnungen 1919–1944, 1967, (409–413) 410: »... bei Bultmann tauch' ich regelmäßig auf, Graeca, griechische Lyrik; manchmal schön, und immer schwierig – jetzt klebt er und der 3. im Bunde, der Lehrer Antz [!], an dem zähen, nicht enden wollenden Theognis, dessen Beziehung zur Poesie ich nicht entdecken kann, und der minütlich über die Beiden Erleuchtungen bringt, in denen sich Plato und Nietzsche die Hand reichen – ich fühle mich ausgestoßen und brüte demütig über den Vokabeln. Aesthetische Diskussionen mit Bultmann sind jetzt, da sich zwischen seiner Kampffreudigkeit und meiner Kampfmüdigkeit nichts rechtes mehr abspielen will, aufgegeben, und wir leben im friedlichen Genuß der wechselseitigen Unverständlichkeit.« Vgl. Bultmann an G. Krüger, 27.1. 1942, in: Lilie (Hg.), aaO 297 f.; 27.8. 1944, in: Lilie (Hg.), Bultmann-Krüger Bw. IV, ZNThG 6 (1999), 136: »... unsere Graeca vegetiert weiter«.

367 A. Henkel, Die erste – und folgenreiche, in: G. Figal (Hg.), Begegnungen mit Hans-Georg Gadamer, 2000, (11–20) 15.

368 Ebd. – Vgl. zum Folgenden auch Gadamer (s. Anm. 344), 55.

erstmals seine dann Jahre später publizierten Forschungen über die antike Lichtsymbolik vor[369]. Karl Löwith sprach über »Kierkegaard und Nietzsche«, Karl Reinhardt interpretierte die Rätselsprüche Heraklits. Max Kommerell, der damals noch in Frankfurt lehrte, beteiligte sich mit einer Annäherung an das Helena-Thema im Faust II an den Vorträgen. Hans-Georg Gadamer wagte sich hier mit seiner Arbeit »Plato und die Dichter« an eine größere Öffentlichkeit. Er veröffentlichte diese Studie 1934 unter dem vielsagenden Goethe-Motto: »Wer philosophiert, ist mit den Vorstellungsarten seiner Vor- und Mitwelt uneins«[370]. *Cum grano salis* traf dieses Motto auf alle Vortragsabende zu, die im Philippinum unter der Ägide Bultmanns und Steinmeyers stattfanden. Bultmann hielt diese Vorträge auch deshalb für notwendig, weil sie ungeachtet ihrer thematischen Vielfalt ihre geistige Einheit in der unerläßlichen Frage nach dem Segen und der Problematik des Humanismus fanden. Die im universitären Bereich »überhand nehmenden Vorträge« dagegen wurden ihm »immer mehr zu einer die Bildung vollends ruinierenden Plage. Warum setzen sich die Menschen – und vor allem die Studenten – nicht in ihre Bude und studieren zusammenhängend ein geschlossenes Wissens- oder Interessengebiet? sie hätten mehr davon als von der ständigen ›Anregung‹!«[371]

Für mehr Inspiration sorgte der Literaturkreis, der sich um Bultmann und Steinmeyer bildete. Er kam einmal in der Woche nachmittags zusammen, meist in der Calvinstraße 14, gelegentlich in der Wohnung Steinmeyers am Rollwiesenweg. Hier trafen sich Gleichgesinnte, die das Interesse an der Literatur und die Ablehnung des Nationalsozialismus miteinander teilten. Kurt und Jane Steinmeyer, Rudolf und Helene Bultmann sowie der Mathematiker Kurt Reidemeister und seine Frau Annemarie waren anfänglich die Mitglieder dieses privaten Lesezirkels. Ihnen gesellten sich später Wilhelm und Margarete Anz, der Germanistikstudent Arthur Henkel, die Schriftstellerin Marie Luise Kaschnitz und ihr Mann, der Archäologe Guido Kaschnitz-von Weinberg, sowie der Literaturhistoriker Max Kommerell und seine Frau Erika hinzu[372]. Man las mit verteilten Rollen Theaterstücke von Shakespeare und Hugo von Hofmannsthal, Molières »Tartuffe«, Werner Bergengruens »Der Großtyrann und das Gericht«, auch von den Nazis verbotene Autoren. Marie Luise Kaschnitz machte den Kreis später mit der Lyrik Paul Celans vertraut, die damals in Deutschland noch völlig unbekannt war. Man las und diskutierte das Gelesene und baute sich so eine lichte, geistige Gegenwelt zur bleiernen Wirklichkeit im NS-Staat auf.

369 Vgl. R. Bultmann, Zur Geschichte der Lichtsymbolik im Altertum (1948), in: Ders., Exegetica, 323–355.

370 Vgl. H.-G. Gadamer, Plato und die Dichter, 1934, 5; dazu J. Grondin, Hans-Georg Gadamer. Eine Biographie, 1999, 189–192.

371 Bultmann an A. Bultmann Lemke, 20. 1. 1938, Mn 2-3452.

372 Vgl. zum Folgenden Bultmann an G. Krüger, 9. 2. 1941, in: Lilie (Hg.), Bultmann-Krüger Bw. III, ZNThG 5 (1998), 285 f.; D. von Gersdorff, Marie Luise Kaschnitz. Eine Biographie, 1993², 116.208; Th. Kucharz, Theologen und ihre Dichter. Literatur, Kultur und Kunst bei Karl Barth, Rudolf Bultmann und Paul Tillich, 1995, 167.

Hin und wieder nahmen auch Antje, Gesine und Heilke Bultmann an den Lesenachmittagen teil. Die gemeinsame Lektüre kam dem ausgeprägten Bedürfnis Bultmanns entgegen, sich mit anderen Menschen über Literatur auszutauschen und seine wie auch ihre Leseeindrücke zu reflektieren. Dabei war sein Umgang mit Literatur von dem Interesse geleitet, die in der Dichtung wie überhaupt in der Kunst aufgedeckten menschlichen Daseinsmöglichkeiten wahrzunehmen, im Schönen das Wahre zu entdecken[373]. Weniger die formal-ästhetische als vielmehr die inhaltlich-existentielle Perspektive bestimmte seine Rezeption von Kunst, Literatur und Musik. Als Marie Luise Kaschnitz ihm zwei Gedichte schenkte, dankte Bultmann mit einem Interpretationsversuch: »Die *Pietà*, die ich ja noch nicht kannte, dünkt mich in ihrer Konzentriertheit fast noch schöner zu sein als die *Semele*, die mir schon, von Ihnen vorgelesen, so starken Eindruck machte. Es ist sehr merkwürdig, wie Sie beide Themen, das griechische wie das christliche, auf das gleiche Motiv gleichsam reduzieren: die Tragik, die für das weibliche Leben (aber man darf wohl verallgemeinernd sagen: für das menschliche Leben, das im weiblichen am reinsten Gestalt gewinnt) daraus entspringt, daß göttlicher Wille fordernd in seinen Lebenskreis tritt.«[374]

Mit der Marburger Kunstszene verband Rudolf und Helene Bultmann eine Reihe von Beziehungen zu Künstlern, die allesamt den Nationalsozialismus und seine rassisch-völkische Kulturpolitik ablehnten. Ein besonders enges, freundschaftliches Verhältnis entwickelte sich zwischen den Familien Bultmann und Bantzer. Mit dem Maler und Universitätszeichenlehrer Karl Francis Bantzer, seiner Frau Elsita und ihren Kindern Christoph, Veronika, Franziska, Claus und Effi kamen die Bultmanns und ihre Töchter nicht nur alljährlich am Silvesternachmittag zusammen, sondern unternahmen auch sonst vieles gemeinsam[375]. Karl Francis' Vater, der »alte« Bantzer, hatte der hessischen Malerei durch seine Genrebilder wie »Abendmahl in einer hessischen Dorfkirche« (1892) oder »Schwälmer Tanz« (1897/98), aber auch durch seine naturalistisch-realistischen Landschaftsgemälde und Bildnisse ein überregionales Ansehen erworben. Bultmann schätzte die Kunst Carl Bantzers[376]. Er leitete auch die Trauerfeier für den Maler, die am 23. Dezember 1941 in dessen Atelier stattfand. In seiner Ansprache über Ps 90 und Mt 5,8 erinnerte Bultmann daran, daß Bantzer mit seinem Werk das Wesen der hessischen Heimat, die Schönheit ihrer Landschaft und Menschen, erschlossen habe. Vor allem aber habe er in seinen Bildern, den Porträts, insbesondere den Bauernköpfen und Bildnissen alter Frauen, den Blick auf das Wesen des vor die Ewigkeit gestellten und ihrem Licht entgegengehenden Menschen

373 Vgl. KUCHARZ, aaO 229–234.

374 Bultmann an M. L. Kaschnitz, 26. 5. 1939, DLA Marbach, Nachlaß M. L. Kaschnitz, Bestand A: Kaschnitz; die Gedichte »Pieta« und »Semele« sind abgedruckt in: M. L. KASCHNITZ, Gesammelte Werke, Bd. 5. Die Gedichte, 1985, 34.70 f.; vgl. dazu P. WAGNER, Jesus als Spiegelbild der *conditio humana*. Zum Jesusbild im Werk von Marie Luise Kaschnitz, in: G. LANGENHORST (Hg.), Auf dem Weg zu einer theologischen Ästhetik. Eine Freundesgabe für K.-J. Kuschel zum 50. Geb., 1998, (57–72) 59–63.

375 Vgl. auch die Korrespondenzen zwischen beiden Familien, Mn 2-399–401, 2-573, 2-2130.

376 Vgl. Bultmann an C. Bantzer, 10. 8. 1937 (Briefentwurf), Mn 2-2131.

gelenkt[377]. Während Bultmann sprach, betraten sechs Bauern aus Willingshausen in ihrer Schwälmer Abendmahlstracht das Atelier. In Willingshausen, der ältesten deutschen Künstlerkolonie, hatte der Verstorbene häufig gemalt. Nun waren diese Schwälmer nach Marburg gekommen, um dem alten Bantzer die letzte Ehre zu erweisen[378]. Ihr bloßes Erscheinen unterstrich in eindrücklicher Weise Bultmanns Worte.

Im Gästebuch Bultmanns findet sich die Skizze eines Zeus-Kopfes vor einem dorischen Tempel, darunter der Hinweis: »Dem Alten verdanken wir dieses Zusammensein«[379]. Der Maler Franz Frank und seine Frau Erika spielten damit darauf an, daß sie sich Anfang Februar 1939 für ihre bevorstehende Sizilien-Reise nach den Erfahrungen erkundigten, die die Bultmanns im Jahr zuvor in Italien gemacht hatten. Franz Frank, ein Enkel des bedeutenden Erlanger Theologen Franz Hermann Reinhold Frank, war nach der Schließung der Pädagogischen Akademie Kassel 1932 mit seiner Familie nach Goßfelden übergesiedelt. Dort bezogen die Franks im Haus des 1922 verstorbenen Malers Otto Ubbelohde eine Wohnung. Die Nationalsozialisten entließen Frank 1933 aus dem Staatsdienst und verhinderten oder schlossen in der Folgezeit mehrfach Ausstellungen seiner Bilder. Da die NS-Kulturpolitik sein Werk als »entartete Kunst« diffamierte und aus der Öffentlichkeit verbannte, befand Frank sich beruflich und existentiell in einer schwierigen Situation. Rudolf und Helene Bultmann erwarben zwei Gemälde des Künstlers, eine Landschaft »Mohnfeld auf der Schwäbischen Alb« und ein Marburger Stadtbild mit der Schwanallee, der alten Tabakfabrik und dem Haus, in dem Martin Heidegger gewohnt hatte. Sporadisch kam es zum freundschaftlichen Austausch zwischen Frank, Bultmann und Gerhard Krüger[380]. Gesine Bultmann und Elsita Bantzer standen dem Künstler 1938 Modell für einen zwölf Zeichnungen umfassenden Zyklus zur Odyssee, den Frank allerdings erst 1964 herausbrachte. Während eines Fronturlaubs im Winter 1940 schuf Frank aus eigener Initiative Porträts von Bultmann und Krüger[381]. Zwar lag seine Stärke nicht unbedingt in der Porträtmalerei, aber das Bildnis Bultmanns, in der Formung seines »eindringlichen und geistvollen Antlitzes«[382], dürfte zu den künstlerisch gelungenen Arbeiten Franks auf diesem Gebiet gehören. Das Bild zeigt Bultmann in seinem Arbeitszimmer. Der äußere Lebenskontext ist im Hintergrund angedeutet: ein Bücherregal und die im oldenburgischen Blau gestrichene Wand, an der eine »Seelandschaft«, ein kolorierter Steindruck, hängt. Mit zusammengelegten Händen, ein wenig auf sein Schreibpult sich abstützend, strahlt Bultmann eine große innere Gelassenheit aus. Der feste Blick seiner klaren Augen scheint anzudeuten, daß er sich gleichsam in der Zeitlichkeit des Seins einer transzendenten Wirklichkeit

377 Vgl. Bultmanns Traueransprache für C. Bantzer vom 23. 12. 1941, VW, 305–310.

378 Vgl. B. Küster, Carl Bantzer, 1993, 315.

379 Eintrag F. und E. Franks in Bultmanns Gästebuch, 10.–12. Februar 1939, Mn 2-3041.

380 Vgl. R. Zimmermann, Franz Frank. Leben und Werk des Malers, 1985, 184.

381 Eintrag Bultmanns in seiner Chronik 1917–1945, Mn 2-224: »27. 2.–1. 3. [1940] Frank malt den Hausherrn.«

382 Herbert von Buttlar, 1950, zit. nach Zimmermann (s. Anm. 380), 146.

öffnet. Das Marburger Universitätsmuseum erwarb das Bildnis 1964 von Frank. Es hängt heute als Leihgabe des Museums im Dekanat des Fachbereichs Evangelische Theologie in Marburg.[383]

Die von Frank im Bild festgehaltene innere Ruhe Bultmanns war mit zunehmender Dauer des Zweiten Weltkrieges manchen Anfechtungen ausgesetzt. In den Wochen nach dem Beginn des Krieges konnte sich Bultmann noch darüber wundern, wie rasch »man« sich auch an solch grundlegend veränderte Lebensverhältnisse gewöhne – wie ein Märchen erschien ihm, daß er genau vor einem Jahr in Italien gewesen war! Bultmann drängte es danach, die philosophischen und theologischen Aspekte des Sich-Gewöhnens mit Gerhard Krüger zu durchdenken, überhaupt existentielle Fragen, die der Krieg aufwarf, mit dem Freund zu besprechen. Was bedeuteten all die Motive, die ihnen aus den alten Texten wohl bekannt waren, nun aber ganz nahe an das eigene Leben heranrücken konnten, die Ergebung in den Willen Gottes, das Ertragen des Schicksals, die μίμησις des Leidens Christi, überhaupt die Frage nach einem Sinn des Lebens?[384]

Noch bedrängender wurden diese Fragen für diejenigen, die aus ihrem bisherigen Lebenskontext herausgerissen und in die Wehrmacht eingezogen worden waren. Von Marburg aus begannen im Oktober 1939 Mitglieder der Evangelischen Studentengemeinde damit, die Verbindung zwischen den Soldaten im Feld und den Professoren und Studenten in der Heimat durch einen regelmäßig versandten Rundbrief aufrechtzuerhalten. Ein Freundeskreis um Hans von Soden trug das mit persönlichen Risiken verbundene illegale Unternehmen. Zunächst Erich Dinkler und, nach seiner Einberufung zur Wehrmacht, seine Frau Erika Dinkler-von Schubert stellten die Rundbriefe aus Feldpostbriefen der Soldaten, Predigten und Grußworten der akademischen Lehrer zusammen. Bultmann unterstützte diese außergewöhnliche Initiative von Anfang an. Mehrfach wandte er sich mit ebenso seelsorgerlich gehaltenen wie theologisch die Aufgabe der kirchlichen Verkündigung bedenkenden Grußworten an die im Felde stehenden Studenten[385]. Seine Predigt vom 22. Juni 1941, dem Tag des deutschen Überfalls auf die Sowjetunion, und sein Entmythologisierungsvortrag aus dem selben Jahr sorgten zusammen mit Texten von Sodens, Gerhard von Rads und Erich Dinklers dafür, daß die Adressaten den Rundbrief der Evangelischen Studentengemeinde Marburg dankbar in Anspruch nahmen – ein eindrückliches Zeugnis christlicher Erbauungsliteratur in bedrängender Zeit[386].

Derweil wurde Wilhelm Mommsen im »geistigen Kriegseinsatz« aktiv. Mit zahlreichen Vorträgen vor Wehrmachtsoffizieren, in Kasernen und Lazaretten, auf SS-

383 Das Porträt Bultmanns ist abgebildet bei Zimmermann, aaO 81.

384 Vgl. den Briefwechsel Bultmann-Krüger, 16. 10., 2. 11., 9. 11., 22. 11., 28. 11. 1939, in: Lilie (Hg.), Bultmann-Krüger Bw. II, ZNThG 5 (1998), 138–150.

385 Vgl. Bultmanns Grußworte vom 22. 11. 1939, Anfang Februar 1940, Jahresbeginn 1941, in: E. Dinkler-von Schubert (Hg.), Feldpost: Zeugnis und Vermächtnis, 1993, 25 f. 30 f. 142–145.

386 Die Texte sind bei Dinkler-von Schubert (s. Anm. 385) publiziert. Vgl. auch Bultmann an E. Dinkler, 20. 12. 1943, 9. 5. 1944, aaO 10 f.

Ordensburgen und vor NS-Verbänden suchte er die Wehrkraft der Truppe und der Bevölkerung zu stärken. Dies Engagement brachte ihm 1941 die Aufnahme in die Partei und 1943 das Kriegsverdienstkreuz 2. Klasse ein[387]. An der »Heimatfront« betätigte sich Bultmanns Nachbar als Luftschutzwart seines Wohngebiets. Unentwegt instruierte er die Bewohner seines Blocks an Schulungsabenden über die Belange des Luftschutzes und ließ das Gelernte in großen Luftschutzübungen in der Calvinstraße und am Rotenberg umsetzen[388]. Bultmann nahm 1940 an vier Abenden des Luftschutzkurses teil. Das »wenige Nützliche«, das er dort erfahren habe, könnte auch »auf einem kurzen Merkblatt verzeichnet sein und man würde viel Zeit sparen«, fand er[389]. Fortan fehlte Bultmann immer wieder bei den Luftschutzschulungen. Nachbar Mommsen zeigte ihn daraufhin bei der zuständigen Luftschutzdienststelle an[390]. Zu Bultmanns Glück wurde diese Anzeige nicht weiter verfolgt. Daß er und seine Familie gefährdet waren, zeigte sich auch im März 1942. Helene Bultmann wurde von der Kriminalpolizei zum Verhör vorgeladen. Der Brief einer Freundin aus Afrika hatte genügt, um sie unter Spionageverdacht zu stellen. Nach mehreren Stunden ließ sich die Angelegenheit zu ihren Gunsten aufklären[391].

Über das tatsächliche Geschehen auf den Kriegsschauplätzen erhielt Bultmann hin und wieder Nachrichten, die von den offiziellen Verlautbarungen der NS-Propaganda stark abwichen[392]. Insbesondere Ernst Lohmeyer, dessen Korrespondenz mit Bultmann sich während des Krieges nachhaltig intensivierte, hatte Erschütterndes aus Polen und Belgien zu berichten[393]. Bultmann unterstrich viele Passagen in Lohmeyers Briefen mit rotem Stift. Wo sein Freund von »dem vielen Gesindel« sprach, mit dem man sich herumschlagen müsse, merkte Bultmann an: »Ohne Zweifel ist SS und SA gemeint!«[394] Aus Polen schrieb Lohmeyer: »Es ist so viel Unmögliches und Unsagbares in dem besetzten Gebiet geschehen, dass es tausend mal besser gewesen wäre, nicht anzufangen. Gewalt gegen Gewalt, Barbarei gegen geringere Barbarei ... moralisch haben wir alles verloren in diesen Gebieten«[395]. Auch aus Belgien konnte er nur die »erniedrigende Härte des Kampfes, nur das Aufkommen all der platten Niedrigkeit, die sich leicht daran knüpft«, beklagen[396]. 1941 bedankte sich Lohmeyer bei Bultmann mit einer Kiste Zigarren für die Zusendung der letzten Lieferung des Johannes-Kommentars. Er glaube nicht, fügte er hinzu, »dass ich noch mit Ihnen

387 Vgl. Nagel (s. Anm. 349), 79 f.; Köpf (s. Anm. 349), 206–211.
388 Vgl. Bultmann an A. Bultmann Lemke, 25. 7. 1944, Mn 2-3452.
389 Bultmann an A. Bultmann Lemke, 24. 7. 1940, Mn 2-3452.
390 Vgl. Köpf (s. Anm. 349), 243.246.
391 Vgl. Bultmann an A. Bultmann Lemke, 20. 3. 1942, Mn 2-3452.
392 Vgl. zu den Vorgängen in Italien Bultmann an A. Bultmann Lemke, 27. 8. 1943, Mn 2-3452.
393 Zu Lohmeyers Kriegseinsätzen vgl. A. Köhn, Der Neutestamentler Ernst Lohmeyer, 2004, 104–113.
394 E. Lohmeyer an Bultmann, 18. 9. 1939, Mn 2-1315.
395 E. Lohmeyer an Bultmann, 8. 11. 1939, Mn 2-1315.
396 E. Lohmeyer an Bultmann, 26. 6. 1940, Mn 2-1315.

zusammen von den Brazilzigarren rauchen werde«[397]. Diese Ahnung sollte sich auf tragische Weise erfüllen.

Der Alltag der Bultmanns war wie bei den meisten Deutschen mit zunehmender Kriegsdauer von erheblichen Entbehrungen geprägt. Der Mangel an Nahrungsmitteln, der fast völlige Entfall von Genußmitteln wie Kaffee, Tabak und Wein, all dies bedeutete mehr als nur einen Verlust an Lebensqualität. Auf Anweisung des Wohnungsamtes hatte Heilke im März 1944 ihr Zimmer für Ausgebombte zu räumen[398]. Unter dem Eindruck des verheerenden Luftangriffs auf Kassel am 22. Oktober 1943 fand der Hausherr Verständnis für diese Maßnahme[399]. Seine Frau mußte gegen Kriegsende wegen Gas- und Kohlemangels zum Kochen den Herd von Frau Mommsen mitbenutzen[400]. Der Krieg bürdete allen Familienmitgliedern zusätzliche Verpflichtungen auf. Im Zuge der vorübergehenden Schließung der Universität zum Wintersemester 1939/40 erhielt Bultmann den Auftrag, am Philippinum neun Wochenstunden Griechisch und Latein zu unterrichten. Er nahm die neue pädagogische Herausforderung gern an, bedauerte es aber, daß ihm durch den Unterricht die ersten Vormittagsstunden an fünf Tagen für seine wissenschaftliche Arbeit verlorengingen[401]. Helene Bultmann tat Dienst beim Roten Kreuz, Gesine und Heilke hatten wiederholt studentischen Arbeitsdienst abzuleisten. Durch ihre Arbeit in den Munitionsfabriken in Allendorf war Heilke dabei besonders der Gefahr von Luftangriffen ausgesetzt.

Weitaus schwerer als diese Belastungen wog der Verlust an Menschenleben, den auch die Familie Bultmann zu beklagen hatte. Besonders schmerzlich für Gesine, aber auch für ihre Eltern war das Schicksal des Musikwissenschaftlers Werner Wegner, der bei Birtner promoviert hatte. Gesine und Wegner hatten sich Neujahr 1940 miteinander verlobt. Seit Dezember 1941 war Wegner in Rußland vermißt. Später, nach Wochen des Hoffens und Bangens, stellte sich heraus, daß er schwer verwundet in russische Gefangenschaft geraten und dort verstorben war. Die traurige Nachricht gelangte von Dinkler, zu dessen Division Wegner gehört hatte, über Hans von Soden an Bultmann[402]. Im September 1942 fiel, ebenfalls in Rußland, Wegners Doktorvater Herbert Birtner. Bultmann hielt am 31. Oktober die Gedenkfeier für den Musikwissenschaftler, der sich Heinrich Schütz und der protestantischen Musiktra-

397 E. Lohmeyer an Bultmann, 25. 1. 1941, Mn 2-1315.

398 Vgl. Bultmann an A. Bultmann Lemke, 5. 3. 1944, Mn 2-3452.

399 Vgl. Bultmann an A. Bultmann Lemke, 12. 11. 1943, Mn 2-3452; Bultmann an G. Krüger, 13. 11. 1943, in: Lilie (Hg.), Bultmann-Krüger Bw. III, ZNThG 5 (1998), 307.

400 Vgl. Bultmann an A. Bultmann Lemke, 4. 3. 1945, Mn 2-3452.

401 Vgl. Bultmann an G. Krüger, 19. 9. 1939, in: Lilie, Bultmann-Krüger Bw. II, ZNThG 5 (1998), 136; 5. 11. 1941, in: Lilie, Bultmann-Krüger Bw. III, ZNThG 5 (1998), 293.

402 Vgl. H. von Soden an Bultmann, 8. 2. 1942, Mn 2-2385; vgl. auch R. Bultmann, Bericht über unser Ergehen in Marburg seit 28. März 1945 (1945), in: H. G. Göckeritz (Hg.), Bultmann-Gogarten Bw., 2002, 309.

dition seit der Reformation in dem Bewußtsein gewidmet hatte, daß die Musik den Menschen mit der unsichtbaren Welt Gottes verbinde[403].

Bultmanns älteste Tochter Antje hatte noch unmittelbar vor dem Krieg den Mediziner und Psychiater Rudolf Lemke geheiratet[404]. Die Ehe stand unter keinem glücklichen Stern. Sie wurde nach zwei Jahren geschieden. Nachdem Antje an der Universitätsbibliothek Leipzig eine Ausbildung zur Bibliothekarin absolviert hatte, fand sie eine Anstellung in der Thüringischen Landesbücherei in Jena. Dort lernte sie an einem Hausmusikabend bei Gerhard von Rad, an dem sie zusammen mit dem Alttestamentler und seiner Frau Luise musizierte, die Schriftstellerin Ricarda Huch kennen. Antje freundete sich bald mit der Dichterin, ihrer Tochter Marietta Böhm und deren Ehemann Franz Böhm an. 1944 siedelte Antje ganz zu Ricarda Huch in den Jenaer Philosophenweg 72 über. In den nächsten Jahren wurde sie der betagten, zunehmend sehgeschwächten Dichterin zu einer unentbehrlichen Stütze[405]. Durch Antje lernte Bultmann Ricarda Huch bei einem Besuch in Jena im Mai 1940 persönlich kennen[406]. Er schätzte ihr dichterisches Werk, etwa ihr Buch »Luthers Glaube«, er schätzte sie in gleicher Weise wegen ihrer Menschlichkeit und unbeugsamen Haltung während der NS-Diktatur[407].

Gesine schloß ihre Ausbildung zur Flötistin in Berlin ab und verbrachte die letzten Kriegsmonate seit dem Sommer 1944 – sehr zur Freude ihrer Eltern – in Marburg[408]. Heilke nahm nach dem Abitur zunächst in Marburg das Studium der Philologie auf. Hier gab ihr namentlich Max Kommerell durch seine Vorlesungen Anregungen. Jedoch erwies sich langfristig Heilkes »Leidenschaft zur Musik ... als zu stark«. So gab sie das Studium auf, um sich auf die Ausbildung als Cellistin vorzubereiten[409]. Bultmann machte es sich zur Gewohnheit, seinen Töchtern regelmäßig zu schreiben und sie mit Kunstpostkarten und Gedichten zu erfreuen, als sie nach und nach das Elternhaus verließen. Im Falle Antjes wurden das bis zu seinem Lebensende nicht weniger als 61 Karten und 1054 Briefe – eine reiche Fundgrube für jeden an einer Chronik seines Lebens Interessierten.

403 Vgl. Bultmanns Predigt zu Röm 8,31.35.37–39 in der Gedenkfeier für H. Birtner am 31. 10. 1942, Mn 2-147.

404 Vgl. Bultmanns Traupredigt für R. Lemke und A. Bultmann vom 24. 8. 1939, Mn 2-136; dazu Bultmann, Bericht (s. Anm. 402), 309 f.

405 Vgl. C. Koepcke, Ricarda Huch. Ihr Leben und ihr Werk, 1996, 261.269–283; B. Bronnen, Fliegen mit gestutzten Flügeln. Die letzten Jahre der Ricarda Huch 1933–1947, 2007, 63–65.129–132.159–164. – R. Huch an H. Bultmann, 29. 12. 1942, in: R. Huch, Briefe an die Freunde, 1955, (259 f.) 260: »Mich besonders umgibt Antje mit einer Sorgfalt, die ich gar nicht gewöhnt bin. Damit will ich meine Angehörigen nicht anklagen – meine Tochter weiß eben, daß ich trotz meines Alters noch gesund und kräftig bin – Gott sei Dank dafür! – Antje fällt mein etwas zusammengeschrumpftes Äußeres mehr auf ...«

406 Vgl. Bultmanns Chronik 1917–1945, Bl. 40 (11. 5. 1940).

407 Vgl. Bultmann an A. Bultmann Lemke, 19. 7. 1964, Mn 2-3452. Vgl. auch R. Huch an Bultmann, 20. 8. 1946, Mn 2-1027.

408 Vgl. Bultmann, Bericht (s. Anm. 402), 309.

409 AaO 310.

Als im Sommer 1944 Bultmanns 60. Geburtstag nahte, warf der vorzeitige Tod Max Kommerells einen dunklen Schatten auf den Kreis seiner Freunde. Bultmann hatte Kommerells Berufung an die Marburger Universität nachhaltig unterstützt[410]. Nachdem der Literaturwissenschaftler 1941 nach Marburg gekommen war, zählte er bald zu Bultmanns engeren Freunden. Kommerells außergewöhnliche dichterische und interpretatorische Begabung, die sich mitunter in einer eigenwilligen, andere befremdenden Diktion äußern konnte, ließ ihn zu einem anregenden, schwierigen und daher geschätzten Gesprächspartner Bultmanns werden[411]. In den letzten, in der Phase der schweren Erkrankung Kommerells ausgetauschten Briefen verdichtete sich die höchst intensive Beziehung zwischen dem Theologen und dem Literaturwissenschaftler noch einmal. Bultmann nahm Kommerells Interpretation von Gedichten Goethes in einer derart verständnisvollen Art auf[412], wie es Kommerell »nur sehr selten widerfahren« war[413]. Freilich richtete Kommerell seinerseits an den Theologen die vorsichtige Frage: »... ist Ihnen die teils indifferente, teils aber tief verehrende Haltung des alten Goethe gegen Christus und die Unmittelbarkeit, mit der er ihn, wo er es vermag, aufnimmt, nicht lieber, im Grund nicht christlicher als die sich doch furchtbar hybrid und eigenwillig an ihm vergreifende Christologie eines Hölderlin, eines Novalis?« Der Dialog galt indes nur vordergründig dem Problem, wie Goethes Poesie in der Gegenwart von neuem ihren Zauber entfalten könnte. In Wahrheit stellten sich beide Partner der viel tieferen Frage nach dem angemessenen Umgang mit der schweren Erkrankung Kommerells[414]. Bultmann erwies sich dabei als einfühlsamer Begleiter und Seelsorger seines todkranken Freundes, dem Bultmanns »wahrhaft väterliche Zartheit und Fürsorge ... wirklich ans

410 Vgl. Bultmann an M. Kommerell, 3.5. 1939, DLA Marbach, Bestand A: Kommerell, ZN: 84.1523/2; dazu Bultmann an H.-G. Gadamer, 22. 1. 1941, DLA Marbach, Bestand A: Gadamer, ZN: HS. 2005.0056.

411 Vgl. Bultmann an G. Krüger, 9.2. u. 6.7. 1941, 27. 1. 1942, in: Lilie (Hg.), Bultmann-Krüger Bw. III, ZNThG 5 (1998), 285.295.297. – Vgl. M. Kommerell an Bultmann, 3.5. 1944, in: Jens (s. Anm. 366), 445–447; vgl. auch Bultmann an E. Kommerell, 24.9. 1944, DLA Marbach, Bestand D: Kommerell, ZN: HS 2002.0166.00001.

412 Vgl. Bultmann an M. Kommerell, 4.6. 1944, DLA Marbach, Bestand A: Kommerell, ZN: 84.1523/3: »... nachdem ich unter Ihrer Leitung mich wieder in Goethes Gedichte vertiefte, hat mich eine Besessenheit befallen, und ich bin zugleich Ihr und Goethes Opfer geworden. ... Was das Ende sein wird, weiß ich noch nicht«. Bultmann bezieht sich hier auf M. Kommerell, Gedanken über Gedichte, 1943.

413 M. Kommerell an Bultmann, 7.6. 1944, in: Jens (s. Anm. 366), 450; vgl. auch aaO 451: »... da ich mir nie verleugnet habe, daß oft unsere Gedankenbahnen schmerzlich weit auseinander fliehen, genieße ich es nun, daß Sie unter den alten fruchtreichen und schattenspendenden Baum treten und mit mir erklären – hier ist gut verweilen!«

414 Vgl. Bultmann an M. Kommerell, 4.6. 1944 (s. Anm. 412); dazu M. Kommerell an Bultmann, aaO 450: »Auf Ihre persönlichen Fragen, ob mir das Kranksein mehr ist als bloß Erlittenes, kann ich freilich wenig erwidern. Mit dem Grauen der Nächte werde ich schwer fertig, aber das hat so bestimmte Gründe in Fieber usw., daß darüber nicht zu grübeln lohnt. Sonst frage ich manche stille Stunde, auch manche schwierige, was sie mir will, aber die Antwort bleibt undeutlich. Wird sie einmal klarer, so meine ich zu hören: – werde unsichtbar, namenlos, geruchlos, vergiß und sorge vor allem, daß man Dich vergißt.«

Herz« drang[415]. Bultmann empfand den Verlust Kommerells nicht nur persönlich, sondern wegen seines Lehrerfolgs und seines positiven Einflusses auf die akademische Jugend auch in sachlicher Hinsicht als schweren Schlag[416]. Er hielt für ihn am 29. Juli 1944 die Trauerfeier. In seiner Trauerpredigt würdigte er die Person und das Werk des Freundes, den seine eigene Zunft verkannte und der doch nächst Walter Benjamin der vielleicht bedeutendste Literaturwissenschaftler seiner Generation war: »Wer ihn kannte, empfand die Weisheit seines Wesens und sieht sie jetzt klarer im Lichte der Todesmajestät, – diese Weisheit, die sich bald in verstehender Güte kundtat, bald in skeptischer Frage oder auch in zürnendem Protest gegen allzu sichere Meinungen und gegen große Worte, bald in lächelndem Humor, bald sogar in spielendem Narrentum. Ja, es scheint im Rückblick, als sei es seine Devise gewesen: Wer unter euch sich dünkt, weise zu sein, der werde ein Narr in dieser Welt, daß er möge weise sein« (vgl. I Kor 3,18–23)[417].

Drei Wochen später wurde Bultmann 60 Jahre alt. Der 20. August 1944 »war in dieser dunklen Zeit ein erquickender Tag«, der ihm die in seinem Leben erfahrene Liebe deutlich bewußt werden ließ. Bultmann empfand große Dankbarkeit für die Gemeinschaft in der Familie, die Treue der Freunde und Schüler, von denen sich Günther Bornkamm, Ernst Fuchs, Hans-Georg Gadamer, Ernst Käsemann, Gerhard Krüger und Heinrich Schlier mit Briefen zum Geburtstag meldeten, auch für die Möglichkeit der wissenschaftlichen Arbeit. Zur persönlichen Gratulation stellten sich in der Calvinstraße Emil Balla sowie die Ehepaare Reidemeister und Steinmeyer ein. Hedwig von Soden brachte die Glückwünsche ihres Mannes mit, der mit seinem kranken Herzen den Weg hinauf zum Freund nicht mehr schaffte. Ricarda Huch hatte »rührender Weise« den Kaffee für die Feier gespendet, die manche erheiternde Erinnerung wieder aufleben ließ. Abends besuchten Bultmann, Leni und Heilke noch das Grab Max Kommerells auf dem Ockershäuser Friedhof, um seiner zu gedenken[418].

Im Herbst 1944 nahmen die Bultmanns in ihrem Haushalt Uta Heinemann auf, die siebzehnjährige Tochter von Gustav und Hilda Heinemann. Utas Mutter hatte in den 1920er Jahren bei Bultmann studiert. Während des Krieges in Essen ausgebombt, fand Hilda Heinemann mit ihren vier Töchtern in Winterberg eine vorübergehende Bleibe. Ihre Bitte, Uta in Marburg den regelmäßigen Schulbesuch zu ermöglichen, erfüllten Bultmann und seine Frau ohne weiteres. So nahm Uta bis zum Kriegsende am Familienleben der Bultmanns teil. Für sie wurde dies eine unvergeß-

415 AaO 450; vgl. auch M. Kommerell an Bultmann, 26. 6. 1944, in: Jens (s. Anm. 366), 453.

416 Vgl. Bultmann an G. Krüger, 27. 8. 1944, in: Lilie (Hg.), Bultmann-Krüger Bw. IV, ZNThG 6 (1999), 136; Bultmann, Bericht (s. Anm. 402), 312.

417 Bultmanns Trauerpredigt für M. Kommerell vom 29. 7. 1944, Mn 2-151; dazu E. Hauschildt, Rudolf Bultmanns Predigten, 1989, 242 f. – Zu Kommerell vgl. Gadamer (s. Anm. 344), 93–110; W. Busch u. G. Pickerodt (Hg.), Max Kommerell. Leben – Werk – Aktualität, 2003. Zu Kommerells Zugehörigkeit zum Kreis um Stefan George (bis 1928) vgl. Th. Karlauf, Stefan George. Die Entdeckung des Charisma. Biographie, 2007[4], *passim*.

418 Bultmann an G. Krüger, 27. 8. 1944 (s. Anm. 416), 134 f.

liche Zeit. Sie genoß unter anderem den Vorzug, an jedem Dienstag- und Freitagnachmittag zwei Stunden Privatunterricht bei Bultmann zu erhalten. Dabei hatte sie Plato zu übersetzen. Der Professor erklärte der Gymnasiastin dann die Gedankenwelt des griechischen Philosophen[419].

Nach einem langen Winter des Hungerns und Frierens vernahm Bultmann Anfang März 1945 in seinem Haus aus »der Ferne auch ein dumpfes Dröhnen, vermutlich von der Front, mit deren Näherrücken man ja rechnen muß«[420]. Marburg war während des Krieges nur wenig zerstört worden. Zwei Luftangriffe hatten 1944 und 1945 zwar Schäden in der Gegend um den Bahnhof, im Klinikviertel, in Weidenhausen und am Friedrichsplatz verursacht, aber die Marburger Altstadt – und auch die Wohngegend Bultmanns – weitgehend verschont. Am Vormittag des 28. März 1945 war es dann so weit. Amerikanische Truppen besetzten kampflos die Stadt. Von seinem Arbeitszimmer aus konnte Bultmann sehen, wie die Amerikaner von Gießen her das Lahntal heraufzogen und in Marburg einrückten. Ihren Einzug begrüßten Rudolf und Helene Bultmann »als Erlösung und Befreiung ... von dem verbrecherischen Regiment der Nazis«[421].

419 Vgl. U. Ranke-Heinemann, Nein und Amen. Mein Abschied vom traditionellen Christentum, 2002, 9–11. – Später berief sich die 1953 zur römisch-katholischen Kirche konvertierte Theologin Ranke-Heinemann in ihrer Dogmen- und Kirchenkritik auch auf Bultmann. Freilich blieb sie dabei um Lichtjahre von dem Problemhorizont entfernt, in dem sich Bultmanns Denken bewegte.

420 Bultmann an A. Bultmann Lemke, 4. 3. 1945, Mn 2-3452.

421 Bultmann, Bericht (s. Anm. 402), 308 f.

VI. Zeit der Ernte (1945–ca. 1953)

1. Das Ende des Dritten Reichs als Befreiung und Verpflichtung

Die Blindheit dafür, daß auch solche Parteigenossen, die persönlich keine Verbrechen begangen haben, die Verantwortung für das Geschehene mit übernehmen müssen (wenn sie nämlich ohne Zwang der Partei beitraten und sie durch ihr Eintreten für ihre »Ideale« förderten), scheint unheilbar zu sein. Daß die Verhandlungen in Nürnberg und jetzt noch ganz besonders der Prozeß gegen die KZ-Ärzte in Deutschland durchweg nicht mehr Entsetzen und Abscheu hervorgerufen haben, mag man daher verstehen, daß die meisten Menschen zu sehr mit ihren persönlichen Nöten beschäftigt sind. Aber traurig ist es doch ... was hier gesündigt worden ist, mit dem ist alles bisher in der Geschichte an Greueln Verübte unvergleichbar, weil es systematisch, nicht aus Leidenschaft, sondern planmäßig, in rohem Zynismus verübt worden ist.[1]

Am Nachmittag des 7. September 1945 erhielt Bultmann unerwarteten Besuch. Seine Frau öffnete auf das Klingelzeichen hin die Haustür. Vor ihr stand ein Fremder mit dem Barett auf dem Kopf, ein britischer Sergeant in seiner khakifarbenen Uniform. Es dauerte ein oder zwei Sekunden, bis sie den Fremden erkannte: »Herr Jonas! Herr Jonas, sind Sie es wirklich?!« Sie brach in eine Sturzflut von Tränen und Worten aus und geleitete den Besucher dann in das Arbeitszimmer ihres Mannes: »Rudolf, du hast Besuch!«[2] Hans Jonas hat die Szene des Wiedersehens nach den zwölf Jahren der erzwungenen Trennung unzählige Male neu durchlebt und in bewegenden Worten vergegenwärtigt: Bultmann saß wie immer in seinem Studierzimmer »am Schreibtisch, bleich und abgezehrt, Kragen und Kleider zu weit geworden, aber mit friedevollem Gesicht. In augenblicklichem Erkennen eilte er mir in die Mitte des Zimmers entgegen. Und dort, kaum fertig mit dem hastigen Austausch erster Begrüßungen, kaum hinweg über die Erschütterung des unerwarteten Wiedersehens – wir beide noch stehend – sagte er etwas, wegen dessen ich diese hochpersönliche Geschichte erzähle. Ich war von Göttingen gekommen und hielt ein Buch unterm Arm, das mir der Verleger Ruprecht ... für Bultmann mitgegeben hatte. Auf dieses

1 Bultmann an F. C. Sell, 24. 4. 1947, Mn 2-2380.
2 H. Jonas an Bultmann, 12. 5. 1973, in: A. Grossmann, »Und die Gnosis ruft mich immer noch ...«, Journal Phänomenologie 20 (2003), (30 f.) 30.

wies er und fragte: ›Darf ich hoffen, daß dies der zweite Band der Gnosis ist?‹ Da zog auch in meine Seele, noch zerrissen von dem Unsagbaren, das ich eben erst in meiner Heimat erfahren hatte – das Schicksal meiner Mutter und der zahllosen anderen – zum ersten Male wieder so etwas wie Frieden ein: vor der Beständigkeit des Gedankens und des liebenden Interesses über den Zusammensturz einer Welt hinweg. Ich wußte plötzlich, daß man wiederaufnehmen und fortfahren kann mit dem, wozu ein Glaube an den Menschen nötig ist.«[3]

Nahm Bultmann das Ende des Zweiten Weltkriegs im Unterschied zu den meisten Deutschen schon 1945 als Befreiung von der nationalsozialistischen Gewaltherrschaft wahr[4], so zeichnete sich durch das überraschende Wiedersehen mit Hans Jonas ab, daß die neu gewonnene Freiheit ganz elementar die Revitalisierung bislang unterbundener Beziehungen ermöglichen würde. Nach dem Kriegseintritt der USA im Dezember 1941 hatten die NS-Behörden die Briefe Bultmanns an seine Freunde im amerikanischen Exil als unzustellbar zurückgehen lassen. Nun, im Sommer 1945, gelang es ihm, die Verbindung zu Erich Frank, Paul Friedländer und Friedrich Carl Sell auf dem Korrespondenzweg wiederherzustellen. Für sie verfaßte Bultmann Anfang Dezember 1945 einen Bericht, in dem er Mitteilungen über das Erleben seiner Familie mit solchen zur Entwicklung der Universität nach dem Kriegsende, Diagnosen des öffentlichen Lebens in seinem gegenwärtigen Zustand mit Reflexionen über den zukünftigen Weg von Gesellschaft und Universität verband.

Die Schilderung der vielfältigen Not – des Mangels an Lebensmitteln, Kleidung und Gebrauchsgegenständen sowie der Kälte infolge fehlender Heizstoffe – nahm in Bultmanns Bericht einen erheblichen Raum ein. Indes relativierte er seine Jeremiaden über die Bedrängnisse der ersten Nachkriegsmonate selbst. Die Einquartierung zweier Familien und weiterer obdachloser Personen in seinem Haus führte ihm das ungleich bedrückendere Elend derjenigen vor Augen, die ausgebombt oder aus dem Osten geflohen waren und jetzt völlig mittellos dastanden. Als im Januar 1946 ein Offizier einer neu nach Marburg gekommenen amerikanischen Einheit das Haus Bultmanns beschlagnahmen wollte und für die Räumung eine Frist von lediglich zwei Stunden gewährte, ließ sich dies durch die Intervention Samson Benjamin Knolls und Edward Yarnall Hartshornes, zweier Offiziere der amerikanischen Militärregierung, zu Bultmanns Glück in letzter Minute abwenden[5]. Freilich blieb die Wohnungssituation ebenso wie die Versorgung mit Nahrung, Brennstoffen und

3 H. Jonas, Im Kampf um die Möglichkeit des Glaubens, in: O. Kaiser (Hg.), Gedenken an Rudolf Bultmann, 1977, (41–70) 44f.; vgl. auch H. Jonas, Erinnerungen, hg. von Ch. Wiese, 2003, 234–237.

4 Vgl. Bultmann an F. Gogarten, 10.6.1945, in: H.G. Göckeritz (Hg.), Bultmann-Gogarten Bw., 2002, (232–234) 232; R. Bultmann, Bericht über unser Ergehen in Marburg seit 28. März 1945, in: Göckeritz, aaO (308–317) 308f.

5 Vgl. Bultmann an F. Bultmann, 20.1.1946, Mn 2-3418; dazu W. Bernsdorff / M. Vialon, Vom Um-Erzieher zum Freund. Interview mit Samson B. Knoll – Offizier der amerikanischen Militärregierung in Marburg, in: B. Hafeneger u. W. Schäfer (Hg.), Aufbruch zwischen Mangel und Verweigerung. Marburg in den Nachkriegsjahren 2, 2000, (21–44) 36; E.Y. Hartshorne an

Strom in Marburg wie anderenorts auf Monate, ja Jahre hin katastrophal. Daß Studenten und Einheimische zunehmend die amerikanische Besatzungsmacht für diese Zustände verantwortlich machten, hielt Bultmann für eine fatale Entwicklung[6]. Allerdings war er der Überzeugung, nur auf der Grundlage einer wirtschaftlichen Beruhigung der Verhältnisse lasse sich eine stabile und zukunftsträchtige neue politische Ordnung etablieren.

Obwohl die Marburger Universität im Sommer 1945 geschlossen blieb, führte die Theologische Fakultät ab Ende Mai die Universitätsgottesdienste fort. Bultmann predigte am 17. Juni 1945, wenige Wochen nach dem Waffenstillstand, in der Reformierten Stadt- und Universitätskirche über II Kor 4,6–11. In seiner Predigt legte er das Paradoxon des Kreuzes Christi als Signatur des christlichen Lebens aus. Die die Gegenwart beherrschende Frage, »wie wir herauskommen aus der Not; wie wir eine bessere Zukunft aufbauen«[7], wollte er modifiziert wissen, galt es doch zunächst einmal, *in* der Bedrängnis Halt und Frieden zu finden. »Die Kraft des Paulus kommt daher, daß er in zwei Welten lebt; nicht nur in der sichtbaren Welt der Unbeständigkeit, der Tränen, des Todes, in der Welt, da wir ›allenthalben Trübsal haben‹, da ›uns bange ist‹, – sondern auch in der unsichtbaren Welt, in der es keine Angst und kein Versagen gibt.«[8] Bultmann sah den Christen, den Menschen überhaupt immer schon in diesen beiden Welten existieren. Freilich nahm er auch Stimmen wahr, die die wiedergewonnene geistige Freiheit angesichts der bedrückenden Not der ersten Nachkriegswochen gegen das vermeintliche äußere Wohlergehen unter dem alten Regime eintauschen würden. Solcher Wunsch entsprach für ihn dem Herabsinken auf die niedrigste Stufe menschlichen Daseins[9]. Gerade die letzten Jahre zeigten doch überdeutlich, daß das deutsche Volk sich der inneren und äußeren Katastrophe ausgeliefert hatte, weil »ihm der Glaube an die Welt des Geistes und der Gehorsam unter ihren Anspruch« verlorengegangen war[10].

Unter diesem Leitmotiv analysierte Bultmann die nationalsozialistische Weltanschauung, die er nur als »die letzte, radikale Konsequenz« einer bereits im 19. Jahrhundert einsetzenden Entwicklung zu begreifen vermochte[11]. Der nationalistische Machtwille, utilitaristische Vorstellungen, eine rein auf ökonomischen Erfolg ausgerichtete Lebensführung und die Instrumentalisierung der Wissenschaften für Politik

E. F. Hartshorne, 18. 1. 1946, in: J. F. Tent (Hg.), Academic Proconcul. Harvard Sociologist Edward Y. Hartshorne and the Reopening of German Universities 1945–1946, 1998, (242 f.) 242.

6 Vgl. Bultmann an F. C. Sell, 21. 11. 1946, Mn 2-2380; dazu J. Gimbel, Eine deutsche Stadt unter amerikanischer Besatzung. Marburg, 1945–1952, 1964, 47–50.78–81.102–116. – E. Y. Hartshorne urteilte über Bultmanns Bericht: »The longer letter from Professor Bultmann seems to me one of the finest expressions of ›the good German‹ I have seen.« (E. Y. Hartshorne an E. F. Hartshorne, 17. 12. 1945, in: Tent [s. Anm. 5], 227.)

7 R. Bultmann, MP, 1968[2], (189–200) 189; vgl. A. Lippmann, Marburger Theologie im Nationalsozialismus, 2003, 450 f.

8 Bultmann, aaO 190.

9 Vgl. aaO 197.

10 AaO 194.

11 Ebd.

und Technik bündelten sich in der nationalsozialistischen Ideologie. Deren Umsetzung zerstörte jahrhundertealte Errungenschaften der menschlichen Zivilisation, das Recht und die Sittlichkeit, die Wahrheit und das Schöne sowie nicht zuletzt die Religion und setzte an deren Stelle den Selbstbehauptungstrieb und Machtwillen der Rasse. Angesichts dieser zerstörerischen Fehlentwicklung ohnegleichen war es lebensnotwendig, sich durch das Wort von der Gnade Gottes von neuem der unsichtbaren geistigen Welt zuwenden zu lassen. »Ein praktisch erfolgreiches Leben ist noch lange kein Leben, das den Namen eines echten menschlichen Lebens verdient.«[12]

Wie sich das akademische Leben in Marburg in Zukunft gestalten würde, war im Juni 1945 noch keineswegs ausgemacht. Die amerikanische Militärregierung forcierte die Maßnahmen, die die Wiedereröffnung der Universität bereits am 25. September 1945 möglich machten[13]. Die Wiederaufnahme des Lehrbetriebs in der Theologischen Fakultät war überschattet vom Tod Hans von Sodens[14]. Der Gesundheitszustand des mit einem angeborenen Herzfehler Belasteten hatte sich während des Zweiten Weltkriegs kontinuierlich verschlechtert. Seine Arbeit in den Gremien der Bekennenden Kirche mußte er seit 1940 einschränken. Lehrveranstaltungen konnte er unter Aufbietung aller verbliebenen physischen Kräfte zuletzt nur noch zu Hause, oft auf dem Sofa liegend, abhalten. In seinem unermüdlichen Engagement für Theologie und Kirche hatte sich von Soden seinen Studenten und den Pfarrern der Bekennenden Kirche in Kurhessen-Waldeck als verläßlicher Ratgeber und Seelsorger erwiesen – eine wahrhaft priesterliche Gestalt.

Am 2. Oktober 1945 besuchte Bultmann von Soden in dessen Wohnung[15]. Eine Woche zuvor hatte eine Notsynode in Treysa ein neues Leitungsgesetz für die Evangelische Kirche in Kurhessen-Waldeck angenommen. Diese Kirchenverfassung verdankte sich im wesentlichen der Arbeit von Sodens. Er las nun an jenem Oktobertag voller Freude Bultmann das Schreiben vor, in dem Präses Friedrich Happich über die Annahme der neuen Kirchenverfassung berichtete, die von Sodens Wirken für die evangelische Kirche gleichsam krönte. Während des Gesprächs mit Bultmann erlitt er dann den Herzanfall, der nach einer Viertelstunde zu seinem Tod führte. Für Bultmann bedeutete der Verlust des Freundes einen tiefen Schmerz. Obwohl es ihm »nicht leicht« wurde, hielt er, dem Wunsch Hedwig von Sodens entsprechend, am 8. Oktober 1945 in der Universitätskirche die Trauerfeier für Hans von Soden[16]. In seiner Traueransprache zeichnete Bultmann im Anschluß an das Wort des Paulus I Kor 4,1–4 ein sehr persönliches Bild – nicht vom Leben und Wirken, sondern – vom *Wesen* des Verstorbenen, der als Theologe und Mensch in seinen vielfältigen Lebens-

12 AaO 195.

13 In der amerikanischen Besatzungszone eröffneten zuerst die Universitäten Marburg, Erlangen und Heidelberg im WS 1945/46 den Lehrbetrieb an sämtlichen Fakultäten.

14 Vgl. R. Bultmann, Hans Frhr. von Soden †, Marburger Presse 1 Nr. 9, 9. 10. 1945, 3.

15 Das Folgende nach dem zeitnahen Bericht Bultmanns an G. Harbsmeier, 14. 10. 1945, Mn 2-2232; etwas anders E. Dinkler, Einleitung, in: Ders. u. E. Dinkler-von Schubert (Hg.), Theologie und Kirche im Wirken Hans von Sodens, 1986², (15–35) 33 f.

16 Bultmann an G. Harbsmeier (s. Anm. 15).

bezügen nichts anderes sein wollte als ein »Diener Christi und Haushalter über Gottes Geheimnisse« (I Kor 4,1)[17].

Das tragische Schicksal seines Freundes Ernst Lohmeyer ging Bultmann ebenfalls sehr nahe. Anfang März 1946 erreichte ihn eine bereits am 18. Februar in Greifswald abgeschickte Postkarte Melie Lohmeyers. Sie enthielt die Nachricht, daß Lohmeyer verhaftet worden war. Seine Frau verklausulierte ihren Hilferuf wegen der Postzensur in der sowjetischen Besatzungszone: »Onkel Ernst ... mußte leider am 15.ten eine anscheinend lange, unbequeme Reise antreten. Wir sind sehr in Sorge um ihn. Er müßte unbedingt ein anderes Tätigkeitsfeld mit besserem Klima haben. Aber das ist ja heute schwer.«[18] Bultmann verstand. Er bot Melie Lohmeyer an, aus den an ihn gerichteten Briefen ihres Mannes Belege dafür zusammenzustellen, daß Lohmeyer den Militarismus und Nationalsozialismus entschieden abgelehnt habe[19]. Ferner setzte Bultmann sich umgehend mit Martin Dibelius in Verbindung, um mit ihm darüber zu beraten, wie Lohmeyer am besten geholfen werden könnte[20], und unternahm gemeinsam mit Dibelius mehrere entsprechende Versuche[21]. Die Bemühungen der Familie und einiger dem Verhafteten nahestehender Wissenschaftler – zu ihnen gehörten außer Bultmann und Dibelius etwa Martin Buber, Hans von Campenhausen, Ernst Joseph Cohn, Rudolf Hermann, Richard Hönigswald und Julius Schniewind –, die Entlassung Lohmeyers aus der Haft zu erreichen, blieben jedoch ohne Erfolg. Auch die Appelle der Kirchenführer Otto Dibelius, Martin Niemöller und Theophil Wurm riefen bei den sowjetischen Militärbehörden keinerlei Resonanz hervor. Erst Jahre später wurde bekannt, daß Lohmeyer unter nie vollständig geklärten Umständen von einem sowjetischen Militärtribunal zu Unrecht zum Tode verurteilt und bereits am 19. September 1946 in Greifswald hingerichtet worden war[22]. An dem von Werner Schmauch 1951 herausgegebenen Gedenkband für Lohmeyer beteiligte sich Bultmann mit einer exegetischen Studie zum ersten Johannesbrief[23]. Er nahm das Werk seines Freundes »Gottesknecht und Davidsohn« auf die

17 Vgl. R. Bultmann, Am Sarge Hans von Sodens, in: Dinkler u. Dinkler-von Schubert (s. Anm. 15), 347–351; einige Formulierungen aus dieser Predigt sind eingegangen in: R. Bultmann, Vorwort, in: H. von Soden, Urchristentum und Geschichte, Bd. 1, hg. von H. von Campenhausen, 1951, V–IX. – Sowohl für das Amt des Bischofs der Evangelischen Kirche in Kurhessen-Waldeck als auch für das des Ratsvorsitzenden der nach dem Krieg neu zu bildenden Evangelischen Kirche in Deutschland hatten hochrangige Kirchenvertreter von Soden ins Auge gefaßt.

18 M. Seyberth an Bultmann, 17./18. 2. 1946, Mn 2-1314. – Wohl wegen der Zensur schrieb Lohmeyers Frau unter ihrem Mädchennamen.

19 Vgl. Bultmann an M. Lohmeyer, 1. 3. 1946, GStA PK Berlin, VI. HA Nachlaß E. Lohmeyer, Nr. 6/3.

20 Vermerke Bultmanns vom 1.3. u. 2. 3. 1946 auf der Anm. 18 zitierten Postkarte.

21 Vgl. Bultmann an M. Lohmeyer, 20. 4. 1946, GStA PK Berlin, VI. HA Nachlaß E. Lohmeyer, Nr. 6/7.

22 Vgl. A. Köhn, Der Neutestamentler Ernst Lohmeyer. Studien zu Biographie und Theologie, 2004, 137–156.

23 Vgl. R. Bultmann, Die kirchliche Redaktion des ersten Johannesbriefes (1951), in: Ders., Exegetica, 1967, 381–393.

Bitte Melie Lohmeiers hin 1953 in die »Forschungen zur Religion und Literatur des Alten und Neuen Testaments« auf[24].

Die amerikanische Militärregierung hatte ein starkes Interesse an der Wiederaufnahme des Lehrbetriebs an der Marburger Universität, weil sie den Hochschulen in ihrer Besatzungszone eine wichtige Funktion im Zusammenhang der *reeducation* der Deutschen zugedacht hatte. Die Universitäten sollten die angestrebte Demokratisierung und geistig-moralische Erneuerung der deutschen Gesellschaft unterstützen. Für das Hochschulwesen in der amerikanischen Besatzungszone war der Universitätsoffizier Edward Yarnall Hartshorne zuständig, ein früherer Harvard-Soziologe. Er hatte in Berlin bei Friedrich Meinecke studiert und verfügte über ausgezeichnete Kenntnisse hinsichtlich der Verhältnisse an den deutschen Universitäten nach 1933[25]. Um die Diskussion über die Zukunft der Hochschulen und ihre Rolle in einem demokratischen Gemeinwesen in Gang zu bringen, initiierte Hartshorne die Marburger Hochschulgespräche, die vom 12.–15. Juni 1946 stattfanden[26].

Wie in der Predigt vom 17. Juni 1945 sah Bultmann in seinem im Rahmen der Hochschulgespräche gehaltenen Referat »Hochschule, Antike und Christentum« in der nationalsozialistischen Ideologie die Folgeerscheinung des modernen Relativismus, der seit dem 19. Jahrhundert in vielfältigen Ausprägungen die Gedanken des Wahren, des Guten und der Gerechtigkeit aufgelöst habe[27]. Zwar seien durch das Ende des Dritten Reichs die praktischen Folgen jener zutiefst antihumanen Entwicklung gestoppt worden, jedoch bedrohe der in ihr wirksam gewordene Nihilismus weiterhin insbesondere die junge Generation. Diese klammere sich teils noch an die ihr durch die nationalsozialistische Erziehung infiltrierten »Werte«, teils flüchte sie sich auch in die starren Dogmen der Kirche. Andererseits hege die Jugend als schon einmal betrogene Generation starke Vorbehalte gegenüber jeglicher Form

24 Vgl. E. Lohmeyer, Gottesknecht und Davidsohn, 1953[2]; dazu M. Lohmeier an Bultmann, 28. 2. 1952, Mn 2-1314. – Bultmann unterstützte M. Lohmeier mit Nahrungsmitteln, Kaffee etc.; vgl. M. Lohmeier an Bultmann, 11. 1. 1950 u. 28. 2. 1952, Mn 2-1314.

25 Vgl. E. Y. Hartshorne, The German Universities and National Socialism, 1937. – Zum Wirken Hartshornes vgl. Tent (s. Anm. 5).

26 An diesen Gesprächen nahmen außer den Rektoren der hessischen Universitäten Darmstadt, Frankfurt, Gießen und Marburg u. a. teil der Mediziner Victor von Weizsäcker, der Sozialwissenschaftler Alfred Weber, der Soziologe Alexander Mitscherlich, der Mediävist Gerd Tellenbach, der Klassische Philologe Bruno Snell, der Literaturhistoriker Ernst Beutler, der Philosoph Gerhard Krüger, aus Marburg die Professoren Balla, Benz, Bultmann, Frick und Heiler (Theologie), Ebbinghaus (Philosophie), Hamann (Kunstgeschichte), Reidemeister (Mathematik) und Versé (Pathologie), daneben auch ausländische Wissenschaftler wie der italienische Religionsphilosoph Enrico Castelli und sein philosophischer Kollege Ernesto Grassi. Zu Castellis Aufzeichnungen über seine Reise nach Deutschland im Juni 1946 vgl. F.-R. Hausmann, Heidegger zieht die Hand zurück, FAZ Nr. 106, 7. 5. 2008, 36. – Zum weiteren Geschick der Marburger Hochschulgespräche, deren Funktion nach 1947 von der Rektorenkonferenz übernommen wurde, vgl. Lippmann (s. Anm. 7), 417 f. Anm. 68.

27 Vgl. R. Bultmann, Hochschule, Antike und Christentum, in: Marburger Hochschulgespräche 12. bis 15. Juni 1946, 1947, 137–143.

von Indoktrinierung. Daher forderte Bultmann einen akademischen Unterricht, der zum selbständigen und kritischen Denken anleiten sollte. Dabei müßten der aus der Antike hervorgegangene Humanismus und das Christentum den Kampf gegen den Relativismus als Bundesgenossen aufnehmen. Der Humanismus bedürfe des Christentums, »damit die Vernunfterkenntnis nicht in der Sphäre der Theorie bleibt, sondern zur existentiellen Erkenntnis wird«. Das Christentum wiederum bedürfe des Humanismus, weil »dieser das, was der Wille Gottes ist, das Wahre, das Gute, das Rechte, verständlich macht und als verpflichtendes Gesetz einsehen läßt«[28].

Eine an solchen Prinzipien orientierte Arbeit an der Universität setzte einen Lehrkörper voraus, der unbelastet von der NS-Vergangenheit den notwendigen Neuanfang in Forschung und Lehre zu gewährleisten vermochte. Um dies zu erreichen, setzten die Amerikaner im Sommer 1945 einen Planungsausschuß ein, der zwar keinerlei Entscheidungskompetenzen besaß, aber die für die Entnazifizierung zuständige *Special Branch* der *Public Safety Division* durch Gutachten über die politische Einstellung und Betätigung der Marburger Dozenten im Dritten Reich zu beraten hatte[29]. Dem Planungsausschuß gehörten die Theologen Emil Balla und Rudolf Bultmann, der Philosoph Julius Ebbinghaus, der Kunsthistoriker Richard Hamann, der Romanist Werner Krauss, der Psychiater Ernst Kretschmer und der Mathematiker Kurt Reidemeister an. Bultmann hatte dem Universitätsoffizier Hartshorne zufolge bereits auf der amerikanischen »pre-occupation White List of Marburg« gestanden, – »a theologian, a liberal, an active supporter of our policies and program«[30]. Die Amerikaner ernannten Ebbinghaus zum *Acting Rector* der Universität, nachdem der gerade erst zum Rektor gewählte Theologe Heinrich Frick sein Amt aus gesundheitlichen Gründen schon im September 1945 niedergelegt hatte. Ebbinghaus könne nun, so kommentierte Bultmann den Vorgang, »den platonischen Satz bestätigen, dass es erst besser im Staate wird, wenn die Philosophen Könige sind«[31]. Freilich – Platos eigener Versuch, in Syrakus Einfluß auf die Politik zu nehmen, war fehlgeschlagen. Auch das Rektorat Ebbinghaus scheiterte.

Während des Dritten Reichs hatte Julius Ebbinghaus mit der Moralphilosophie Kants im Gepäck den Weg in die innere Emigration angetreten. Im Sommer 1945 gewann er das Vertrauen der Amerikaner[32], die hofften, mit seiner Hilfe die Purifikation des Lehrkörpers der Universität erfolgreich durchführen zu können[33]. Tatsächlich erfaßte eine erste Entlassungswelle mehr als ein Drittel des Lehrpersonals, nämlich sechzig Dozenten. Jedoch konnten 34 von ihnen, von ihrem Widerspruchs-

28 AaO 142.

29 Zum Folgenden vgl. Lippmann (s. Anm. 7), 426 f.; A.Ch. Nagel, »Der Prototyp der Leute, die man entfernen soll, ist Mommsen«. Entnazifizierung in der Provinz oder die Ambiguität moralischer Gewißheit, Jb. zur Liberalismusforschung 10 (1998), (55–91) 81 f.

30 E.Y. Hartshorne an E.F. Hartshorne, 18. 1. 1946 (s. Anm. 5), 242.

31 Bultmann, Bericht (s. Anm. 4), 312.

32 Vgl. die Tagebuchaufzeichnungen Hartshornes ab dem 1. 5. 1945, in: Tent (s. Anm. 5), 38 f.58 f.63.66.75.77.92.

33 Vgl. Hartshornes Eintrag vom 20. 7. 1945, in: Tent, aaO 75–77.

recht Gebrauch machend, schon bald ihre Wiedereinstellung in den Hochschuldienst erwirken. Ebbinghaus gehörte innerhalb der Universität wie etwa Bultmann, Krauss und Reidemeister zu denjenigen, die eine umfassende Entnazifizierung der Dozentenschaft befürworteten. Dem setzte schon früh eine Mehrheit der Marburger Professoren ihren Widerstand entgegen. An ihre Spitze traten Mitglieder der Juristischen Fakultät, die zahlreiche belastete Kollegen durch Rechtsgutachten zu entlasten suchten. Bultmann nahm in der Gruppierung, die den Reformbemühungen der Amerikaner distanziert gegenüberstand oder sie ablehnte, konservativ-nationale Einstellungen wahr. Für ihn verkannten diese Kollegen, daß »Hitlers Politik nur das Ende des von der bismarckschen Politik eingeschlagenen Weges war«[34]. Der amerikanische Universitätsoffizier Hartshorne wollte unter dem Eindruck der Widerstände gegen seine Politik Marburg im Dezember 1945 sogar für eine Weile den Rücken zukehren. »The reactionaries there are getting on my nerves.«[35]

Im Januar 1946 forderte Hartshorne den *Acting Rector* Ebbinghaus auf, Fritz von Hippel, den Dekan der Rechts- und Staatswissenschaftlichen Fakultät, zu entlassen, da von Hippel durch seine Gutachtertätigkeit die Säuberung des akademischen Lehrkörpers systematisch verhindere. Dagegen legte von Hippel umgehend seinen Protest ein – der Streit um die Entnazifizierung an der Universität Marburg beschäftigte bald die Öffentlichkeit über die Stadt hinaus. Der Senat der Universität wählte Ebbinghaus, den Protagonisten einer radikalen ideologischen Purifikation, im Juli 1946 ab und statt seiner den Archäologen Friedrich Matz zum neuen Rektor. Bultmann blickte »mit bangen Sorgen in die Zukunft« der Hochschule, weniger auf Grund der Person des neuen Rektors – er hielt Matz für integer – als vielmehr wegen der anhaltenden restaurativen Tendenzen in der Professorenschaft[36]. Bereits zu diesem Zeitpunkt zeichnete sich das Scheitern der ursprünglichen amerikanischen Pläne ab, sämtliche politisch belasteten Dozenten aus dem Lehrkörper der Marburger Universität zu entfernen.

Vor dem Hintergrund dieser Entwicklung empfand Bultmann es als eine gewisse Erleichterung, nach der Einführung der Spruchkammerverfahren nicht länger an der zeitraubenden Arbeit des Planungsausschusses beteiligt zu sein[37]. Allerdings blieb er in zwei Fällen in den Entnazifizierungsprozeß über 1946 hinaus involviert. Der eine betraf den Neuhistoriker Wilhelm Mommsen, der als einer der ersten Marburger Professoren im November 1946 entlassen worden war. Die Grundlage für diese Maßnahme bildete ein Bericht, den Samson Benjamin Knoll, der *Chief Interrogator* der amerikanischen Militärregierung in Marburg, im Frühsommer 1945

34 Bultmann, Bericht (s. Anm. 4), 313; vgl. auch Bultmann an F. Bultmann, 20. 1. 1946 (s. Anm. 5).

35 E. Y. Hartshorne an E. F. Hartshorne, 19. 12. 1945, in: Tent (s. Anm. 5), 229.

36 Bultmann an F. C. Sell, 21. 11. 1946, Mn 2-2380; vgl. Bultmann an G. Krüger, 19. 8. 1946, in: F. Lilie (Hg.), Bultmann-Krüger Bw. IV, ZNThG 6 (1999), (134–158) 142.

37 Vgl. Bultmann an G. Krüger, 19. 8. 1946 (s. Anm. 36), 142.

über Mommsen erstellt hatte[38]. Knoll befragte außer Mommsen selbst zehn Zeugen und konsultierte drei Veröffentlichungen des Historikers aus der Zeit des Dritten Reichs. Alle Befragten stellten Mommsen ein denkbar ungünstiges Zeugnis aus und plädierten für seine Relegation von der Universität[39]. Am vehementesten taten dies Ebbinghaus und Reidemeister, der den Historiker als den »Prototyp der Leute, die man entfernen soll«, bezeichnete[40]. In seinem Bericht zeigte Knoll, daß und wie sich der ehemalige liberale Demokrat Mommsen nach 1933 in seinen Publikationen und auch in der Lehre den Vorstellungen der neuen Machthaber angepaßt hatte. Knolls Fazit fiel ebenso eindeutig wie undifferenziert aus. Mommsen, der »ehrlose Enkel eines berühmten Großvaters«, sei auf Grund seiner Rolle im Nationalsozialismus aus dem Universitätsdienst zu entlassen[41].

Als Bultmann erstmals im April 1945 von dem für einige Tage in seinem Haus einquartierten Leutnant Richard J. Eaton zu Mommsen befragt wurde, erteilte er in Rücksicht auf seine Nachbarschaft zu dem Historiker keine Auskunft[42]. Bei der späteren amtlichen Befragung durch Knoll gab Bultmann in der Sache an – für die Wiedergabe seiner Aussagen in Knolls Bericht konnte er keine Verantwortung übernehmen –, er sehe in Mommsens Verhalten während der Nazi-Herrschaft eine »Charakterlosigkeit ohne gleichen«. Bultmann wollte dabei die Luftschutz-Angelegenheit, in der Mommsen ihn mit einer Anzeige überzogen hatte, als eine nicht politische Frage aus der Erörterung ausgeklammert wissen und bestand gegenüber Knoll darauf, daß Mommsens Anzeige nicht als Denunziation zu bewerten sei. Als Lehrer der akademischen Jugend komme Mommsen vor allem deshalb nicht länger in Betracht, weil er als einstiger liberaler Demokrat in die NSDAP eingetreten sei, »und das zu einer Zeit, als der Charakter dieser Partei einem Manne wie Ihnen längst klar

38 Vgl. Nagel (s. Anm. 29), 60–67; problematisch die Darstellung bei P. Köpf, Die Mommsens. Von 1848 bis heute – die Geschichte einer Familie ist die Geschichte der Deutschen, 2004, 236–263.280–293; kritisch dazu S. Rebenich, Die Guten und die Bösen. Peter Köpf banalisiert die Geschichte der Familie Mommsen, SZ Nr. 259, 8. 11. 2004, 16.

39 Knoll befragte Bultmann, Ebbinghaus, Kretschmer, den Soziologen Max Graf zu Solms und Reidemeister, dazu außerhalb des universitären Milieus den Rechtsanwalt Hans Natorp, den Buchhändler Otto Roppel, Oberbürgermeister Eugen Siebecke, Oberstudiendirektor Kurt Steinmeyer sowie eine namentlich nicht genannte Studentin, die – wie Bultmann und Natorp – in der Nachbarschaft Mommsens wohnte.

40 Zit. nach Nagel (s. Anm. 29), 67.

41 Nagel, ebd., wundert sich darüber, warum Knoll zu seinem »derart ablehnenden Urteil kam«. Dazu ist zu bemerken, daß es kaum entlastende Aspekte gab, die Knolls Einschätzung Mommsens gravierend hätten relativieren können. Außerdem ist auf die Nagel, aaO 60 Anm. 15, noch unbekannte Biographie Knolls hinzuweisen. Samson B. Knoll, ein in Galizien geborener Jude, studierte 1930–1933 Geschichte und Deutsche Literatur in Berlin und wurde dort Schüler Kurt Breysigs. Nach der Machtergreifung der Nationalsozialisten emigrierte er über Paris und London in die USA. Vgl. Bernsdorff / Vialon (s. Anm. 5), 23 f.

42 Das Folgende nach Bultmann an W. Mommsen, 30. 12. 1948, Mn 2-2309. Dieser Brief war veranlaßt durch Mommsens Anfrage an Bultmann, ob die im Bericht Knolls von 1945 wiedergegebenen Äußerungen Bultmanns tatsächlich von ihm gemacht worden seien. Vgl. W. Mommsen an Bultmann, 29. 12. 1948, Mn 2-1417; zum Sachverhalt Nagel, aaO 84 f.

sein musste, als zumal die Grausamkeiten der Judenverfolgung von 1938 schon geschehen waren«[43]. Bultmann sah Mommsens opportunistische Haltung nach 1933 durch Angst bestimmt, orientierte seine Bewertung dieses Verhaltens aber primär daran, daß der Betroffene das Unrecht des NS-Regimes faktisch ideologisch gefördert, jedenfalls billigend in Kauf genommen habe[44].

Während Bultmann im Entnazifizierungsverfahren Mommsens lediglich als ein Belastungszeuge unter vielen anderen auftrat, übernahm er im Fall des Sozialethikers Georg Wünsch eine Hauptrolle[45]. Der ehemalige Religiöse Sozialist und Gegner des Nationalsozialismus hatte sich nach 1933 deutsch-christlichen Positionen angenähert und in seiner »Evangelischen Ethik des Politischen« christliche Grundgedanken mit zentralen Elementen der nationalsozialistischen Weltanschauung zur Dekkung gebracht[46]. Einer Initiative Bultmanns folgend, sorgte die amerikanische Militärregierung im September 1945 für die sofortige Entlassung Wünschs aus dem Universitätsdienst. Ein daraufhin von der Stadt Marburg und der Universität eingesetzter Untersuchungsausschuß gelangte zu keinem eindeutigen Ergebnis. Während ein universitäres Votum Wünschs Publikation als Anbiederung an die NSDAP bewertete, kritisierte die Theologische Fakultät zwar auch die von Bultmann monierten Äußerungen Wünschs, stufte dessen Buch aber insgesamt als nicht von nationalsozialistischem Gedankengut bestimmt ein. Der Rechtswissenschaftler Fritz von Hippel, einer der produktivsten Arbeiter in der lokalen »Mitläuferfabrik«[47], verschaffte Wünsch dann mit einem Rechtsgutachten Entlastung. Die Spruchkammer sprach den Sozialethiker auf der Basis des Plädoyers von Hippels am 30. April 1947 von dem Vorwurf frei, den Nationalsozialismus unterstützt zu haben.

Mit dieser Entwicklung konnte Bultmann nicht einverstanden sein. Er machte sein Gutachten über Wünschs »Evangelische Ethik des Politischen« in Gestalt einer Rezension öffentlich. In seiner Analyse gelangte er zu dem Ergebnis, daß Wünsch die nationalsozialistische Ideologie mit ihren Bestandteilen des Führerprinzips, des totalen Staats, der Relativierung des Rechts, des Rassegedankens und der Entrechtung des Individuums in einen harmonisierenden Ausgleich mit dem Gedanken der christliche Liebe zu bringen versucht habe. Wünsch habe so die »religiöse Weltanschauung des Nationalsozialismus« mit dem christlichen Schöpfungsglauben, dem Glauben des ersten Artikels gleichgesetzt[48]. Für Bultmann war der Sozialethiker da-

43 Bultmann an W. Mommsen, 30. 12. 1948 (s. Anm. 42).

44 Dies zu Nagel (s. Anm. 29), 84.91; s. o. Anm. 1. – Zu Mommsens Versuchen nach 1945, seine Entlassung rückgängig zu machen und seine Professur zurückzuerhalten, vgl. Nagel, aaO 83–89.

45 Zum Folgenden vgl. ausführlich Lippmann (s. Anm. 7), 427–435; M. Wolfes, Art. Wünsch, Georg, BBKL 14 (1998), (103–156) 130 f.

46 Vgl. G. Wünsch, Evangelische Ethik des Politischen, 1936.

47 Zu diesem Begriff vgl. L. Niethammer, Die Mitläuferfabrik. Die Entnazifizierung am Beispiel Bayerns, 1982.

48 R. Bultmann, Rez. über G. Wünsch, Evangelische Ethik des Politischen, 1936 (1946/47), in: Ders., Theologie als Kritik, 2002, (422–435) 435. – K. Löwith, Mein Leben in Deutschland vor

mit als theologischer Lehrer untragbar geworden[49]. Da sich die amerikanische Militärregierung nicht dem Urteil der Spruchkammer, sondern der Position Bultmanns anschloß, konnte Wünsch erst 1950 auf seinen Lehrstuhl zurückkehren[50].

Aufs Ganze gesehen war die Entnazifizierung der Universitäten in der amerikanischen Besatzungszone alles andere als eine Erfolgsgeschichte. Unter den gegebenen Umständen konnte eine rigorose Lösung der Entnazifizierungsfrage, wie Bultmann und Ebbinghaus sie in Marburg anstrebten, inneruniversitär nicht mehrheitsfähig sein. Innerhalb der Theologischen Fakultät vertrat Bultmann denn auch eine Minderheitenposition[51]. Über die unerfreuliche Situation, während der letzten Jahre seiner Lehrtätigkeit in der eigenen Fakultät »völlig isoliert« zu sein, half ihm die Erfahrung hinweg, »daß man auch als Einzelner mehr für die Studenten – oder wenigstens für die besseren – bedeuten kann als die Übrigen«[52]. Mochten andere das Dritte Reich als einen Betriebsunfall der deutschen Geschichte ansehen und rasch wieder zur Tagesordnung übergehen – Bultmann blieb seiner Überzeugung treu, daß ein wirklicher Neuanfang die Bereitschaft der Betroffenen voraussetzte, gegebenenfalls die Verantwortung für das Geschehene mit zu übernehmen[53].

Am 30. Juni 1956 suchte der Neutestamentler Georg Bertram, der bis 1945 in Gießen gelehrt hatte, Bultmann auf. Bertram, ein früher Anhänger der formgeschichtlichen Methode, hatte während des Dritten Reichs in seinen Publikationen antisemitische Ressentiments verbreitet. Nun machte er sich Hoffnungen ausgerechnet auf eine alttestamentliche Professur in Frankfurt. Ob Bultmann sich für ihn verwenden könne? Bultmann fand es bereits unbegreiflich, daß die Evangelische Kirche in Hessen-Nassau Bertram 1945 als Pfarrer übernommen hatte. Er erklärte ihm, daß er ihn auf Grund seines Verhaltens in der NS-Zeit »nicht für qualifiziert halten könne, wieder eine Professur in einer Theologischen Fakultät« zu versehen.

und nach 1933. Ein Bericht, 1986, 74, urteilte 1940 ähnlich wie später Bultmann über das Buch und die politische Einstellung Wünschs in der NS-Zeit.

49 Zu Bultmanns Rezension (s. Anm. 48) nahm F. von Hippel, Nochmals: Georg Wünsch, Evangelische Ethik des Politischen (1949), in: R. Bultmann, Theologie als Kritik (s. Anm. 48), 517–519, Stellung. Hippel verwies auf den Ausgang des Spruchkammerverfahrens gegen Wünsch und auf die Meinung der Kammer, Bultmann habe in seinem Gutachten Zitate aus dem Buch Wünschs aus dem Zusammenhang gerissen und hinter der ganzen Angelegenheit verberge sich eine grundsätzliche theologische und persönliche Gegnerschaft zwischen Bultmann und Wünsch. Inhaltlich ging von Hippel auf Bultmanns Rezension nicht ein. Vgl. auch Bultmanns Entgegnung auf die Ausführungen von Hippels, aaO 519 f.

50 Zu Einzelheiten vgl. Lippmann (s. Anm. 7), 429. – Lippmann, aaO 434, fragt, ob die Spruchkammer auch dann zu ihrem Urteil gelangt wäre, hätte sie eine Predigt Wünschs aus dem Jahr 1941 berücksichtigt, in der der einstige Pazifist die nationalsozialistische Kriegspolitik theologisch legitimierte. Vgl. zu dieser Predigt Lippmann, aaO 397–401.

51 Vgl. E. Benz an W. Krauss, 30. 12. 1947 u. 19. 5. 1948, in: P. Jehle (Hg.), Werner Krauss. Briefe 1922 bis 1976, 2002, (400–402) 400.(457–459) 457 f. – Ebbinghaus war wegen seiner entschiedenen Haltung in der Entnazifizierungsfrage sogar Ziel mehrerer Verleumdungskampagnen.

52 Bultmann an E. Käsemann, 12. 3. 1954, Mn 2-2251.

53 Vgl. in der Sache ähnlich M. Dibelius, Selbstbesinnung des Deutschen (1946), hg. von F. W. Graf, 1997, 34–48.

Bertrams Einwand, man müsse doch nach zehn Jahren vergessen können, bestärkte Bultmann nur in seiner ablehnenden Haltung[54].

In den ersten Nachkriegsjahren registrierte Bultmann in weiten Kreisen »eine allgemeine reaktionäre und nationalistische Gesinnung« und in der Marburger Studentenschaft politisches Desinteresse, geistige Müdigkeit, jedenfalls nicht das selbständige Denken und Fragen, das die Generation nach dem Ersten Weltkrieg geprägt habe[55]. Die Studenten, so erschien es ihm, verfolgten ausschließlich das Ziel, möglichst rasch in einen Beruf zu gelangen[56]. Nationalistisch gesinnte Studenten meldeten sich lautstark zu Wort, als Hans Asmussen im Dezember 1945 vor der Marburger Studentengemeinde über den Humanismus und das Evangelium sprach. Sie spendeten demonstrativ Beifall, als Asmussen in seiner Rede heftige Kritik an den Alliierten übte. Bultmann dagegen hatte »einen unglaublich oberflächlichen und primitiven Vortrag« gehört. »Es war der rechte Propaganda-Vortrag im Nazi-Stil, geeignet, eine Kirchen-SA heranzuziehen.«[57] Die Zulassung der 1945 zunächst verbotenen farbentragenden studentischen Korporationen wertete Bultmann ebenfalls als Zeichen einer unguten Restauration. »Der 20. Juli wurde geschmackvoller Weise auf Einladung der Stadt von den Korporationen (in Farben) durch einen Frühschoppen auf dem Markplatz gefeiert!«[58] Was Bultmanns in die USA emigrierter Freund Erich Frank aus dem Nachkriegsdeutschland zu hören bekam, machte ihm den Gedanken schwer, auch nur zu Besuch wieder in dieses Land zu kommen[59]. Als die Marburger Philosophische Fakultät unter dem Dekanat Kurt Reidemeisters 1947 beschloß, Erich Auerbach die durch den Weggang von Werner Krauss nach Leipzig erledigte romanistische Professur (wieder) anzutragen, riet Bultmann dem inzwischen in den USA

54 Bultmann an A. Bultmann Lemke, 1.7.1956, Mn 2-3452.

55 Bultmann an F.C. Sell, 11.2.1947, Mn 2-2380; vgl. Bultmann an G. Krüger, 27.1.1946, in: Lilie (s. Anm. 36), 141.

56 Bultmann an F.C. Sell, 16.12.1946, Mn 2-2380.

57 Bultmann an G. Krüger, 16.12.1945, in: Lilie (s. Anm. 36), (139f.) 140; vgl. Bultmann an E. Käsemann, 16.12.1945, Mn 2-2251; Bultmann an F. Bultmann, 20.1.1946 (s. Anm. 5). – Als Konsequenz der Vorfälle bei Asmusssens Vortrag entzog der Rektor der Studentengemeinde das Recht, universitäre Räume für Vorträge nutzen zu dürfen. Vgl. Lippmann (s. Anm. 7), 458.

58 Bultmann an F.C. Sell, 3.8.1952, Mn 2-2380.

59 Vgl. E. Frank an Bultmann, 28.7.1947, Mn 2-760. Frank befürchtete, in Deutschland Ressentiments gegen jüdische Emigranten ausgesetzt zu sein. Vgl. F.C. Sell an Bultmann, 15.1.1947, Mn 2-1816. – Frank entschloß sich dann 1949 doch, nach Deutschland zu kommen, hauptsächlich um Bultmann und seinen Lehrer K. Jaspers zu besuchen. Vgl. E. Frank an H. Bultmann, 29.5. u. 7.6.1949, Mn 2-2821. Als er nach der Überfahrt am 17.6.1949 in Rotterdam nach elf Jahren erstmals wieder europäischen Boden betrat, erlag er einem Herzschlag. Vgl. H.-G. Gadamer, Rez. über E. Frank, Philosophical Understanding and Religious Truth, 1945, ThR 18 (1950), (260–266) 260. – Vgl. Bultmann an K. Jaspers, 2.7.1949, DLA Marbach, Bestand A: Jaspers, ZN: 75.10579/4: »In gleicher Weise – denke ich – stehen wir unter dem erschütternden Eindruck des plötzlichen Todes unseres gemeinsamen Freundes Erich Frank. Nur wenige Tage vorher erhielten wir (d.h. meine Frau und ich) noch einen Brief voll von Freude auf das Wiedersehen. Und was hatten wir uns von diesem Wiedersehen und dem Austausch versprochen! Ich habe wenig Menschen von gleichem Adel der Seele und gleicher Güte des Herzens gekannt. ... Sie werden wie ich außer dem persönlichen Verlust auch den sachlichen beklagen.«

lehrenden Romanisten davon ab, nach Marburg zurückzukehren. Für »Marburg (und speziell für unseren Freundeskreis)« sei es zwar nur wünschenswert, wenn Auerbach den Ruf erhalte und ihn dann auch annehme. Bultmann sah sich jedoch dazu verpflichtet, Auerbach zu raten, in den USA zu bleiben. Denn die Atmosphäre an der Universität in Marburg sei, wie der Entnazifizierungsprozeß überdeutlich zeige, »höchst unerfreulich«[60]. Offenkundig nötigten die Einstellungen und Phänomene, die Bultmann nach 1945 wahrnahm, ebenso wie das Geschehen, das überhaupt zur »Stunde Null« geführt hatte, zur Reflexion darüber, wie sich das Leben in Staat und Gesellschaft zukünftig gestalten ließ und woran es sich orientieren sollte.

2. Beiträge zur geistigen Neuorientierung

> *... weder die protestantische noch die katholische Kirche wird sich als Bildungsmacht erweisen. Ich weiß keinen Rat als den Rückgriff auf den, mit dem Christentum zu spannungsvoller Einheit zu verbindenden Humanismus; und daß von da aus auch die Probleme des modernen technischen Lebens philosophisch zu bewältigen seien, scheint mir eine richtige Forderung von K. Jaspers (»Die Idee der Universität«) zu sein, wenn ich auch noch nicht sehe, wie das konkret zu geschehen hat.*[61]

Zwei Neuerscheinungen des Jahres 1946 fand Bultmann bemerkenswert, Friedrich Meineckes »Die deutsche Katastrophe« und Alfred Webers »Abschied von der bisherigen Geschichte«. Bultmann blieb nicht verborgen, daß der Altmeister der deutschen Historiographie und der Heidelberger Kultur- und Sozialwissenschaftler im einzelnen durchaus divergierende Diagnosen der jüngsten deutschen Geschichte vorlegten. Wichtiger als dies schien ihm das beiden Büchern Gemeinsame zu sein, die Aufdeckung des unheilvollen Bündnisses von Geist und Macht im 19. Jahrhundert, die Kritik am Machtstaatsgedanken, an Bismarck, am preußischen Militarismus. Dabei entdeckte Bultmann für sich in Meineckes Erklärung des Nationalsozialismus mit den Mitteln der politischen Ideengeschichte kaum Neuigkeiten. Er hoffte indes, daß Meineckes Buch zur kritischen Selbstbesinnung des deutschen Bildungsbürgertums, insbesondere der preußisch und national gesinnten Kreise, beitragen werde. Inhaltlich interessanter kamen ihm Alfred Webers weit ausgreifende Analysen der abendländischen Geschichte vor. Webers Ausführungen zum Nihilismus als der letzten, entscheidenden Voraussetzung des Nationalsozialismus und seine Forderung, man müsse zur »Transzendenz« eine neue Beziehung gewinnen, mochten

60 Bultmann an E. Auerbach, 18. 6. 1948, DLA Marbach, Bestand A: Auerbach; dazu M. Vialon, Erich Auerbach und Rudolf Bultmann. Probleme abendländischer Geschichtsdeutung, in: M. Bormuth / U. von Bülow (Hg.), Marburger Hermeneutik zwischen Tradition und Krise, 2008, (176–206) 183–187.

61 Bultmann an F. C. Sell, 16. 12. 1946, Mn 2-2380.

theologisch vage anmuten. Seine Interpretation der deutschen Katastrophe im Kontext der durch die naturwissenschaftlichen Entdeckungen und technischen Neuerungen geprägten europäischen Moderne besaß für Bultmann gleichwohl einen hohen Grad an Plausibilität[62].

Einzelheiten der historischen Prozesse, die zum Nationalsozialismus geführt hatten, zu einem konzisen Erklärungsmodell zusammenzufügen, war Bultmanns Sache nicht. Das überließ er denen, die von ihrer Profession her über die Kompetenzen verfügten, historiographische Theorien zur vielschichtigen Genese des Dritten Reichs zu entwickeln. In der Nachkriegszeit betätigte er sich auch nicht wie Karl Jaspers als politischer Schriftsteller. Im Unterschied zu seinem Heidelberger Fachkollegen Martin Dibelius schließlich entwarf Bultmann kein Memorandum, in dem er zur Schulddiskussion nach 1945 und der Frage nach der politischen Neugestaltung Deutschlands ausführlich Stellung bezogen hätte[63]. Hingegen hielt er Vorträge zu den drängenden Problemen der Nachkriegszeit – und diese ließen sich für ihn sämtlich auf die eine Kernfrage zurückführen, aus welchen geistigen Quellen das individuelle wie auch das gemeinschaftliche Leben nach der Katastrophe des Dritten Reichs neue Kraft und Orientierung würde schöpfen können. Bultmann veröffentlichte seine Vorträge zu diesen Themen bezeichnenderweise nicht in theologischen Fachzeitschriften, sondern in literarischen Periodika, die sich ohne fachwissenschaftliche Begrenzungen ebenfalls der Aufgabe verschrieben, an der geistigen Neuorientierung mitzuwirken, in Zeitschriften wie »Merkur«, »Studium generale«, »Universitas« oder »Die Wandlung«[64].

Im November 1945 erschien das erste Heft der unter Mitwirkung von Karl Jaspers, Werner Krauss und Alfred Weber von Dolf Sternberger herausgegebenen Monatsschrift »Die Wandlung«. Seinem Beitrag zu diesem Heft gab Bultmann den Titel »Adam, wo bist du?« Das war der Ruf, mit dem nach dem biblischen Mythos vom Sündenfall Gott den ersten Menschen aus seinem Versteck rief (Gen 3,9). Bultmann

62 Vgl. Bultmann an F.C. Sell, 11.2.1947, Mn 2-2380; dazu Bultmann an G. Krüger, 26.1.1947, in: F. Lilie (Hg.), Bultmann-Krüger Bw. IV, ZNThG 6 (1999), (142–144) 143f. – Vgl. F. Meinecke, Die deutsche Katastrophe. Betrachtungen und Erinnerungen, 1946[1]; A. Weber, Abschied von der bisherigen Geschichte. Überwindung des Nihilismus?, 1946. – In seiner Korrespondenz der Jahre 1945–1947 erwähnt Bultmann ferner Anna Seghers' Erfolgsroman »Das siebte Kreuz«, der ein anschauliches Bild von den Unterdrückungs- und Verfolgungsmechanismen der Nationalsozialisten vermittle. Vgl. Bultmann an F.C. Sell, 24.4.1947, Mn 2-2380. Mit Karl Barths »Schweizer Stimme« erklärte sich Bultmann unbeschadet einzelner abweichender Urteile »im Ganzen durchweg einverstanden«. Ohne sich selbst für sachverständig zu halten, meinte er aber, das Lutherverständnis Barths sei allzu sehr »nach dem Bilde des Epigonen-Luthertums gefärbt« (Bultmann an G. Harbsmeier, 25.11.1945, Mn 2-2232). Bultmann distanzierte sich auch von Barths Studie »Rechtfertigung und Recht«. Vgl. Bultmann an G. Krüger, 16.12.1945, in: Lilie (Hg.), aaO (139f.) 140. – Vgl. K. Barth, Eine Schweizer Stimme 1938–1945, 1945.

63 Vgl. M. Dibelius, Selbstbesinnung des Deutschen (1946), hg. von F.W. Graf, 1997; dazu S. Geiser, Verantwortung und Schuld. Studien zu Martin Dibelius, 2001, 225–276.

64 Vgl. H.U. Gumbrecht, Zorn über die Verdorbenheit der Atmosphäre. Rudolf Bultmanns Zeitungsveröffentlichungen in den frühen Jahren der Bundesrepublik, FAZ Nr. 68, 21.3.2001, N5.

fragt, wo denn inmitten der Trümmer der Gegenwart der Mensch zu finden sei, dem der Ruf Gottes gilt, und wie sein Bild beschaffen sei. Das Alte Testament und der Mythos der Griechen sehen »alle Menschen in ihrer Menschlichkeit – und das heißt: gegenüber dem jenseitigen Gott –«, in ihrer Hinfälligkeit und Geschöpflichkeit als *gleich* an[65]. Während das griechische Denken aber den Menschen in die kosmische Natur eingefügt weiß, begreift die biblische Tradition die Geschichte als die Wirklichkeit, in der der Mensch Gott begegnet. Bildet das Griechentum die rational konstruierte Polis als exemplarische Form menschlicher Gemeinschaft aus, so ist für die Bibel das Gottesvolk, die allein durch Gott geschaffene Gemeinde, das Idealbild kommunitären Lebens. Freilich besteht die »Tragik der Geschichte Israels und des Judentums« darin, daß die Gleichsetzung des Gottesvolkes mit dem konkreten, in der Geschichte existierenden Volk an ihrem inneren Widerspruch scheitern mußte[66]. Das Neue Testament hat im Durchdenken des Christusgeschehens das Gottesverhältnis »von der Zugehörigkeit zu einem bestimmten geschichtlichen Volke« abgelöst[67]. Die Gründungsurkunde des Christentums sieht in Christus alle Eigenheiten, die die Differenzen unter den Menschen in der sichtbaren Welt ausmachen, grundsätzlich aufgehoben. Das Neue Testament propagiert damit nicht das – illusorische – Programm politischer oder sozialer Gleichmacherei, ermutigt aber durchaus dazu, bestehende Ungleichheiten kritisch zu befragen. Vor allem vermag der Glaube durch jene Ungleichheiten hindurch »die letzte innere Gleichheit« zu erkennen, die in der Bestimmung des Menschen zur *imago Dei* ihre irreversible Begründung hat[68] und die deshalb auch der Verweis auf die angebliche ursprüngliche Ungleichheit der Menschen, Rassen und Völker keinesfalls relativieren kann. So gilt denn der Ruf »Adam, wo bist du?« dem Menschen, wie Gott ihn gemeint hat.

Der Nationalsozialismus hatte den Menschen, der als Person seine Würde in sich selbst trägt, für seine Interessen instrumentalisiert. Die Gefahr, daß »der Mensch immer mehr als Mittel zu Zwecken mißbraucht ... und damit um den Sinn seines Lebens betrogen« werde, ist für Bultmann mit dem Ende des Nationalsozialismus keineswegs gebannt. Sie bedroht den Menschen vielmehr als permanente Begleiterscheinung »einer immer mehr technisierten und durchorganisierten Welt«[69]. Der systematischen Entleerung des Personenbewußtseins entgegenzutreten, erklärt Bultmann 1948 daher zur gemeinsamen Aufgabe von Humanismus und christlichem Glauben. Er wendet sich vehement gegen das in kirchlichen Kreisen verbreitete Mißverständnis, der Humanismus mit seinem Glauben an die absolute Autonomie des Menschen habe den modernen Relativismus und Nihilismus allererst generiert. Tatsächlich kämpfe der echte Humanismus gemäß seinen Ursprüngen in der griechischen Antike gegen die Willkür des Subjektivismus, indem er das Individuum an das

65 R. Bultmann, Adam, wo bist du? (1945), GuV II, 1968^5, (105–116) 108.
66 AaO 111.
67 AaO 114.
68 AaO 116.
69 R. Bultmann, Humanismus und Christentum (1948), GuV II, 1968^5, (133–148) 147.

den Kosmos durchwaltende Gesetz und damit zugleich an die das Gesetz gebende göttliche Macht binde[70].

Die Differenzen zwischen dem Humanismus, der als geistige Haltung »*die Welt zur Heimat des Menschen*« mache, und dem Christentum, für dessen dialektisches Weltverhältnis gemäß I Kor 7,29–31 zunächst »*die Welt die Fremde*« sei[71], stellt Bultmann im systematischen Vergleich der humanistischen Ideen der Wahrheit, des Guten und des Schönen mit dem christlichen Verständnis dieser Vorstellungen heraus. Den entscheidenden Unterschied sieht er darin, daß der Humanist die Wahrheit seines Lebens selbsttätig zu realisieren bemüht sei, während der Glaubende sich diese Wahrheit durch das ihn, den Sünder, rechtfertigende Wort der Vergebung Gottes je neu zusagen lasse[72]. Aus diesem bleibenden Gegensatz darf man Humanismus und christlichen Glauben nun aber nicht vollständig voneinander distanzieren. Auch wenn beide Daseinsentwürfe einander in einem letzten Sinne nicht bedürfen, ist es doch ein untilgbares Erbe der abendländischen Geschichte, daß sie in gegenseitiger Bereicherung und kritischer Begrenzung ein fruchtbares Verhältnis zueinander ausgebildet haben. Mag in früheren Zeiten das Christentum mit Recht seine Distanz zum Humanismus betont haben, – in der Gegenwart hält Bultmann es für erforderlich, daß der christliche Glaube und der Humanismus miteinander eine falsch verstandene Autonomie des Menschen bekämpfen und für seine unzerstörbare Würde als Person eintreten[73].

Wie können das Christentum und der Humanismus ihrer Wahlverwandtschaft am besten Ausdruck verleihen? Angesichts der Katastrophe, die über die abendländische Kultur hereingebrochen ist, haben sie zuvörderst das höchste Gut der gemeinsamen Tradition, die Idee der Freiheit, neu zu entdecken, deren Fehlentwicklungen in der Moderne zu analysieren und ihren genuinen Gehalt gegenüber den gegenwärtigen politischen und sozialen Gefährdungen zur Geltung zu bringen. Bultmann geht es hier nicht in erster Linie darum, gewissen innerkirchlichen Tendenzen gegen Ende der 1940er Jahre kritisch entgegenzutreten. Dies tut er auch, indem er sich unter Berufung auf die christliche Freiheit gegen jegliche Form von Klerikalismus, die neu aufkommende kirchliche Bürokratie und die Auffassung der

70 Vgl. aaO 145 f.

71 AaO 134 f.

72 Vgl. aaO 135–141.

73 Vgl. aaO 142–145. – Das Verhältnis von Bultmanns Humanismusbegriff zu M. Heideggers 1947 veröffentlichtem »Brief über den Humanismus« kann ich hier nicht erörtern. Vgl. M. HEIDEGGER, Brief über den »Humanismus« (1946), in: DERS., Wegmarken, GA I/9, 1976, 313–364; dazu G. KRÜGER, Martin Heidegger und der Humanismus, ThR 18 (1950), 148–178. – Im zeitgenössischen theologischen Diskurs über die Bestimmung des Verhältnisses von Humanismus und Christentum vertrat Bultmann eine singuläre Position. Er beschritt, so könnte man etwas vereinfachend sagen, einen Mittelweg zwischen römisch-katholischen Konzeptionen, die das Christentum als idealtypische Überhöhung des Humanismus begriffen, und dem im evangelischen Bereich insbesondere von Vertretern der Theologie des Wortes Gottes bevorzugten Modell, nach dem der Humanismus als vermeintlich selbstmächtiger Ausdruck menschlicher Religion von der Selbstoffenbarung Gottes her zu negieren war.

christlichen Lehre als eines starren, von den überlieferten Bekenntnissen dominierten »orthodoxen« Systems wendet[74]. Allerdings soll die Rückbesinnung auf den Gedanken der Freiheit nicht allein der Kirche, sondern umfassend der Selbstverständigung der abendländischen Kultur über ihren Sinn und ihre Zukunft zugute kommen.

Die Idee der Freiheit des Geistes, die sich das Christentum als Erbe der griechischen Antike anverwandelt hat, eine Idee, der nach Bultmann seit dem 19. Jahrhundert der innere Bezug zur Gebundenheit verlorenging, ist heute von neuem schweren Gefahren ausgesetzt. In der Frühzeit der Bundesrepublik Deutschland macht Bultmann im politischen, ökonomischen und sozialen Bereich Entwicklungen aus, die den Gedanken der Freiheit bedrohen. Überall ist man bestrebt, Ordnungen zu schaffen, den Staat zum Kultur- und Wohlfahrtsstaat zu machen, das Wirtschaftsleben zu regulieren und selbst die Kultur als eine Sache der Organisation anzusehen[75]. Organisation freilich kann nie einen Weg zur Freiheit bahnen. Der Einzelne hat diesen Weg selbst zu suchen. Er wird ihn finden, wenn er dem Raum gewährt, was über den Nutzen und die Verwertbarkeit menschlichen Lebens weit hinausreicht, der Freiheit des Festes, der Muße des Spiels und der Selbstreflexion wie auch der Besinnung auf die Geschichte, die Freiheit von der Vergangenheit und im Verhältnis zur Gegenwart zu schenken vermag. Solche Erfahrungen und nicht zuletzt das religiöse Innewerden des Zusammenhangs zwischen dem Glauben an Gott den Schöpfer und der Freiheit mögen den Einzelnen in die Einsamkeit führen. Er wird die Freiheit gleichwohl im Wagnis erfahren, selbst zu werden, was er von Gott her ist[76].

In den Nachkriegsjahren entzündeten sich an der Frage, ob die staatlichen Schulen als Bekenntnisschulen mit einem konfessionell gebundenen Religionsunterricht einzurichten seien oder nicht, kontroverse Diskussionen in der kirchlichen und politischen Öffentlichkeit. In diesem Kontext erhielt Bultmann die Gelegenheit, Vorstellungen zur Umsetzung seines humanistischen Bildungsideals im Praxisfeld der Schule und des Religionsunterrichts zu entwickeln. In Oldenburg legte der für schulische Angelegenheiten zuständige Oberkirchenrat Edo Osterloh, ein Schüler Bultmanns, 1947 ein Konzept vor, das auf eine von der Kirche zu verantwortende Christliche Unterweisung im Raum der Schule abzielte. Osterloh wollte nicht etwa die 1919 abgeschaffte geistliche Schulaufsicht unter der Hand wieder einführen. Sein Plan entsprach aber in etwa dem Programm der Evangelischen Unterweisung, das Helmuth Kittel ebenfalls 1947 entwickelte[77]. Innerhalb der oldenburgischen Lehrerschaft rief Osterlohs Konzeption sowohl heftigen Widerspruch als auch lebhafte Zu-

74 Vgl. R. Bultmann, Für die christliche Freiheit, Die Wandlung 4 (1949), 417–422.

75 Vgl. R. Bultmann, Die Bedeutung des Gedankens der Freiheit für die abendländische Kultur (1950), GuV II, 1968[5], (274–293) 283–287. Bultmann hielt diesen Vortrag am 12. 7. 1950 in Göttingen. Vgl. Bultmanns Chronik 1946–1961, Mn 2-225, Bl. 11.

76 Vgl. Bultmann, aaO 286–293.

77 Vgl. H. Kittel, Vom Religionsunterricht zur Evangelischen Unterweisung, 1947.

stimmung hervor[78]. Im Frühjahr 1948 erreichte Bultmann die Bitte, er möge in dieser Diskussion als eine Art Sachverständiger Stellung beziehen[79].

Die Bemerkungen Bultmanns zum Konzept Osterlohs und zu zwei weiteren Voten der Oldenburger Kontroverse vom 7. Mai 1948 konzentrieren sich auf drei Themenkreise, die Frage nach dem Subjekt des Religionsunterrichts, die Bestimmung des Erziehungsgedankens und die Forderung nach Verständlichkeit der religiösen Unterweisung[80]. Bultmann unterscheidet zwischen der Kirche des Glaubens und ihrer institutionalisierten Gestalt. Die verfaßte Kirche sollte schon deshalb nicht das Subjekt des schulischen Religionsunterrichts sein, weil jeder Anschein von Klerikalismus zu vermeiden ist. Als Trägerin der religiösen Unterweisung kommt dagegen die Kirche des Glaubens in Betracht, die am Lernort Schule in Gestalt der Religionslehrer präsent ist. Jedenfalls darf sich die Schule nicht von einem kirchlichen Anspruchsdenken das Recht beschneiden lassen, den Religionsunterricht in eigener Verantwortung zu erteilen[81].

Dazu ist freilich ein Erziehungskonzept notwendig, in dessen Rahmen die Aufgabe des schulischen Religionsunterrichts allererst beschrieben werden kann. Bultmann stimmt Osterloh darin zu, daß der Charakterbildung der Schüler ein zentraler Stellenwert in der schulischen Arbeit zukomme. Sie hat sich dabei an einem Erziehungsideal zu orientieren. Dies kann für Bultmann nur der humanistische Bildungsgedanke sein, der allerdings in der Gegenwart besonders im Hinblick auf die Herausforderung der Technik zu reflektieren ist[82]. Die humanistische Bildung erschöpft sich nicht in der Vermittlung bestimmter Lehren, sie ist vielmehr »durch die platonische Weise des Philosophierens« bestimmt[83]. Religion in der Schule zu unterrichten, erscheint schon von daher als unerläßlich, daß sich die abendländische Geschichte und Literatur ohne Kenntnis der christlichen Religion nicht verstehen lassen. Überdies sind die existentiellen Fragen, die der humanistische Unterricht weckt, dieselben, die die christliche Religion bewegen. Von diesen Prämissen her weist Bultmann dem Religionsunterricht die mäeutische Aufgabe zu, »den Geist und damit

78 Zu Einzelheiten vgl. G. Eberhard, Existentiale Theologie und Pädagogik. Das Beispiel Rudolf Bultmanns, 1974, 123–126; R. Rittner, Die evangelische Kirche in Oldenburg im 20. Jahrhundert, in: R. Schäfer u. a. (Hg.), Oldenburgische Kirchengeschichte, 1999, (643–787) 763–767; P. Zocher, Edo Osterloh – Vom Theologen zum christlichen Politiker, 2007, 177–185.

79 Es muß offen bleiben, ob E. Osterloh oder ein anderer an der Diskussion Beteiligter Bultmann um eine Stellungnahme ersuchte. Vgl. Zocher, aaO 185 Anm. 250.

80 Der 1948 nicht publizierte Text Bultmanns ist abgedruckt in: Eberhard (s. Anm. 78), 332–336; H. Stock, Ein religionspädagogischer Nachtrag zum Bultmann-Gedenkjahr. Erinnerung an einen vergessenen Text, JRP 1 (1984), (165–174) 166–171.

81 Stock, aaO 172, weist darauf hin, daß es zu dem Zeitpunkt, als Bultmann den Religionsunterricht der Schule zuwies, das Grundgesetz der Bundesrepublik Deutschland mit seinem Artikel 7, Absatz 3, noch nicht gab.

82 Vgl. R. Bultmann, Einige Bemerkungen zu Edo Osterloh ..., in: Eberhard (s. Anm. 78), 333; Stock, aaO 168, unter Verweis auf K. Jaspers, Die Idee der Universität, 1946. S. o. Anm. 61.

83 Bultmann, ebd.

das existentielle Fragen der Schüler« zu entbinden[84]. Der Religionsunterricht soll aber nicht die Funktion der direkten Verkündigung des Evangeliums übernehmen. Gegen dieses Postulat der Evangelischen Unterweisung macht Bultmann außer pädagogischen Erwägungen das theologische Axiom geltend, die Wirklichkeit Gottes könne durch keine menschliche Bemühung und also auch nicht durch eine christliche Unterweisung erschlossen werden. In der Oldenburger Debatte über die Neugestaltung des schulischen Religionsunterrichts blieb Bultmanns Gutachten ohne nennenswerte Wirkungen[85]. Immerhin kann man seinen Text als frühen Impuls zur konzeptionellen Fundierung des hermeneutischen Religionsunterrichts betrachten[86]. An dem humanistischen Bildungsideal, das er in seinem Votum von 1948 vertrat, hielt Bultmann im übrigen zeitlebens fest[87].

Die verschiedenen thematischen Stränge in Bultmanns Beiträgen zur geistigen Neuorientierung nach 1945 bündelten sich in seinen 1952 im »Merkur« veröffentlichten Reflexionen über ein neues Verhältnis zwischen dem deutschen Volk und Israel. Mit diesem Aufsatz nahm Bultmann ein Gespräch auf, zu dem Leo Baeck sieben Jahre nach seiner Befreiung aus Theresienstadt eingeladen hatte[88]. Im Einverständnis mit dem jüdischen Theologen sah Bultmann die radikale Selbstbesinnung von Juden und Deutschen als Voraussetzung für einen echten Frieden zwischen beiden Völkern an. Zu dieser kollektiven Katharsis gehörte die Einsicht in das wahre, durch den Nationalsozialismus völlig entstellte Wesen von Mensch, Volk und Staat hinzu. Bultmann wiederholte seine schon mehrfach vorgetragene Interpretation, der Nationalsozialismus stelle den Abschluß einer bereits im 19. Jahrhundert begonnenen Entwicklung dar. Als deren Kennzeichen nannte er die Preisgabe des Verständnisses des Menschen als Person und der Welt als einer göttlichen Ordnung, den Wahn, die Herrschaft des Menschen auch auf das Schicksal und die Geschichte ausweiten zu können, sowie die durch den totalitären Machtstaat unter utilitaristischen Vorzeichen bewirkte Instrumentalisierung des Menschen zu politischen und ökonomischen Zwecken[89]. In diesem Kontext stellte Bultmann die Frage, ob nicht ein Teil

84 Bultmann, aaO, in: Eberhard, 334; Stock, 169.

85 Vgl. Zocher (s. Anm. 78), 188.

86 So Stock (s. Anm. 80), 174. – Nicht zufällig waren M. Stallmann und H. Stock, die beiden Hauptvertreter der hermeneutischen Religionspädagogik, Schüler Bultmanns.

87 Vgl. R. Bultmann, Ist humanistische Bildung zeitgemäß?, Die alte Schulglocke. Mitteilungsbl. des Vereins ehemaliger Schüler des Mariengymnasiums zu Jever Nr. 8 (1954), o.P.; Ders., Erziehung und christlicher Glaube (1959), GuV IV, 1975^3, 52–55; Ders., Ein Wort über Bildung, Strix. Schülerzeitung des Alten Gymnasiums in Oldenburg Nr. 1 (1960), 4–6.

88 Vgl. L. Baeck, Israel und das deutsche Volk (1952), in: Ders., Werke, Bd. 5, hg. von A. H. Friedlander / B. Klappert, 2002, 50–61; zum Folgenden vgl. auch K. Hammann, Rudolf Bultmanns Begegnung mit dem Judentum, ZThK 102 (2005), (35–72) 35–38.

89 Bultmanns bereits während des Dritten Reichs vorgetragene Kritik an der Moderne war die schöpfungstheologische Variante jener Kritik an der Neuzeit und ihrer Tendenz zur totalen Weltbemächtigung und Instrumentalisierung des Menschen durch Technik, Wissenschaft und Organisation, die M. Heidegger ebenfalls schon während des Dritten Reichs entwickelte und nach 1945 publizierte. Vgl. M. Heidegger, Die Zeit des Weltbildes (1938), in: Ders., Holzwege, GA I/5, 1977, 75–96; dazu Hammann, aaO 38 Anm. 15.

des Judentums mitverantwortlich für die skizzierte Entwicklung sei, nämlich diejenigen Juden, die sich nicht als Vertreter »eines echten und reinen Judentums« erwiesen hätten[90]. Freilich bestand sein primäres Anliegen darin, von der ungleich größeren Schuld der Deutschen am Judentum zu reden. Diese sah Bultmann mit dem Begriff der Kollektivschuld nicht angemessen zum Ausdruck gebracht. Denn nach theologischem Verständnis ist mit Schuld die Schuld vor Gott gemeint, die es nur in je individueller Ausprägung geben kann. Unter den Kritikern des Begriffs der Kollektivschuld war Bultmann allerdings einer der wenigen, die von einer kollektiven Verantwortung des deutschen Volkes gegenüber dem Judentum sprachen. »Wohl aber gibt es eine Kollektiv-Verantwortung, in der der Unschuldige die Schuld des Schuldigen mitübernimmt. Wer ein Deutscher ist, haftet für das, was im Namen Deutschlands den Juden angetan worden ist, auch wenn er persönlich daran unbeteiligt war.«[91]

In seiner Antwort an Leo Baeck führte Bultmann als eine weitere Schuld Deutschlands an, das geschichtliche Erbe der alttestamentlich-jüdischen Tradition verleugnet zu haben. Dieses Themas hatte er sich bereits in zwei 1949 in Bremen und München gehaltenen Vorträgen angenommen. Dabei stellte er besonders die Bedeutung des Alten Testaments für die jüdisch-christliche Auffassung der Geschichte und die Einsicht in die Geschichtlichkeit der menschlichen Existenz heraus. Zu den eng damit verbundenen Vorstellungen rechnete er die in der Gottesbeziehung begründete Personalität des Menschen und die in der jüdisch-christlichen Tradition voll erfaßte Transzendenz Gottes[92]. Jedoch behielt er den qualitativen Vorrang des Christusgeschehens gegenüber der alttestamentlichen-jüdischen Geschichte unter der Perspektive von Erfüllung und Weissagung im Auge.

In seinen 1949 an mehreren Orten vorgetragenen Überlegungen zum Verhältnis von Altem und Neuem Testament bezieht sich Bultmann kritisch auf die von Johann Christian Konrad von Hofmann mithilfe der Hegelschen Geschichtsphilosophie entwickelte These, Christus sei als das im Alten Testament geweissagte Ziel der Geschichte Israels das Ende der Heilsgeschichte[93]. Demgegenüber betont Bultmann den eschatologischen Charakter des Christusgeschehens. Ihm gilt die alttestamentlich-jüdische Geschichte durchaus als Weissagung. Als Verheißung ist sie freilich nur von ihrer neutestamentlichen Erfüllung her zu verstehen, und dies auch nur »*in ihrem inneren Widerspruch, in ihrem Scheitern*«[94]. Dieser Widerspruch ist mit dem Selbstverständnis Israels gegeben, das von Gott erwählte Volk zu sein. Israel will sich

90 R. Bultmann, Das deutsche Volk und Israel (1952), GuV III, 1960[1], (55–60) 57.

91 AaO 58. – Zur zeitgenössischen Diskussion vgl. K. Jaspers, Die Schuldfrage, 1946; Dibelius (s. Anm. 63), 34–48; M. Greschat (Hg.), Die Schuld der Kirche. Dokumente und Reflexionen zur Stuttgarter Schulderklärung vom 18./19. Oktober 1945, 1982.

92 Vgl. R. Bultmann, Das Christentum als orientalische und als abendländische Religion (1949), GuV II, 1968[5], 187–210; Ders., Die Bedeutung der alttestamentlich-jüdischen Tradition für das christliche Abendland (1950), aaO 236–245.

93 Vgl. R. Bultmann, Weissagung und Erfüllung (1949), GuV II, 1968[5], (162–186) 168–171.

94 AaO 183.

zwar vom überweltlichen Gott her verstehen, Gottes Handeln aber in der eigenen empirischen Volksgeschichte abgebildet sehen. Damit hat es den radikal eschatologischen Sinn des Handelns Gottes verkannt. Die zentralen alttestamentlichen Gedanken des Bundes, der Königsherrschaft Gottes und des Gottesvolkes lassen sich denn auch nicht innerweltlich realisieren. Diese Geschichte eines *tragischen* Scheiterns[95] kann man ausschließlich vor der neutestamentlichen Erfüllung her als Verheißung begreifen. Bultmann bestimmt die Relation zwischen Altem und Neuem Testament im Rahmen der paulinischen Unterscheidung von Gesetz und Evangelium. Den Glauben als exklusiven, allein durch das Evangelium eröffneten Heilsweg erkennen kann nur derjenige, der das Gesetz als falschen, zum Scheitern führenden Weg erfaßt. »Wie der Glaube den Gesetzesweg als überwundenen ständig in sich enthält, um wirklich Rechtfertigungsglaube zu sein, so enthält er ebenfalls auch jenen Versuch der Identifikation weltlichen und eschatologischen Geschehens ständig als überwundenen in sich, um eschatologische Haltung zu sein.«[96]

Die theologische Arbeit, wie Bultmann sie in den Nachkriegsjahren im Bemühen um eine geistige Neuorientierung nach dem Zusammenbruch des Dritten Reichs vollzog, sollte nicht das Unternehmen einzelner bleiben. Um den Austausch innerhalb der theologischen Wissenschaft wie auch zwischen der akademischen Theologie und den in der kirchlichen oder schulischen Praxis tätigen Theologen wieder in Gang zu bringen, bemühte sich Bultmann seit dem Herbst 1946 um das Neuerscheinen der »Theologischen Rundschau«. Die Reichsschrifttumskammer hatte mit Wirkung vom 1. Januar 1944 die Zusammenlegung der Zeitschrift mit der »Deutschen Theologie« angeordnet. Trotzdem konnte vom Jahrgang 1944 lediglich ein Heft erscheinen. Im Oktober 1946, am Rande einer Tagung der Gesellschaft für evangelische Theologie in Bad Boll, trug Bultmann seine Pläne bezüglich der »Theologischen Rundschau« Madame Hoffet vor, der in der französischen Militärregierung für das evangelisch-theologische Schrifttum zuständigen Zensorin[97]. Freilich kam die Realisierung des Projekts nur mühsam voran. Papiermangel[98], aber auch das langwierige Verfahren, von der Zensurstelle der französischen Militärregierung in Baden-Baden die Genehmigung für wissenschaftliche Publikationen zu erhalten[99], waren dafür verantwortlich. Um das Wiedererscheinen der »Theologischen Rundschau« zu beschleunigen, wies Bultmann Madame Hoffet ausdrücklich darauf hin, daß die Zeitschrift während des Dritten Reichs keinerlei Konzessionen an die Herrschenden gemacht, im Gegenteil – unbemerkt von den Nazi-Zensoren – sowohl etliche Beiträge jüdischer Autoren als auch solche Aufsätze gebracht hatte, die gegensätzliche Auffassungen zu nationalsozialistischen Anschauungen vertraten[100]. Einen

95 S. o. Anm. 66.
96 Bultmann (s. Anm. 93), 186.
97 Vgl. Bultmann an F. C. Sell, 21. 11. 1946, Mn 2-2380.
98 Vgl. Bultmann an F. C. Sell, 16. 12. 1946, Mn 2-2380.
99 Vgl. dazu F. W. Graf, Nachwort des Herausgebers, in: Dibelius (s. Anm. 63), (51–93) 83–88.
100 Vgl. Bultmann an Mme. Hoffet, 2. 12. 1946, Mn 2-2127.

wichtigen Part sollte die »Theologische Rundschau« nach Bultmanns Vorstellungen als Plattform für den während des Dritten Reichs fast vollständig unterbundenen internationalen wissenschaftlichen Austausch übernehmen[101]. Als die Zeitschrift 1948 wieder erschien, gehörten denn auch sogleich einige ausländische Gelehrte zu den Beiträgern[102].

Die Initiative Gerhard Ebelings und Hanns Rückerts, eine neue Zeitschrift für historische Theologie zu gründen, begleitete Bultmann von Anfang an ebenfalls mit lebhaftem Interesse. Dies um so mehr, als Ebeling und Rückert mit ihrem Projekt in dem gegen Ende der 1940er Jahre voll entbrannten Streit um Bultmanns Entmythologisierungsprogramm entschieden für das Recht der historisch-kritischen Methode in der Theologie eintraten[103]. In dem 1950 erschienenen ersten Heft der neuen, bewußt unter dem alten Namen firmierenden »Zeitschrift für Theologie und Kirche« fanden die Leser zwei Beiträge, die beide je auf ihre Weise das Programm skizzierten, dem sich die Herausgeber und Mitarbeiter der Zeitschrift verpflichtet wußten: Gerhard Ebelings grundsätzlichen Aufsatz »Die Bedeutung der historisch-kritischen Methode für die protestantische Theologie und Kirche« und Rudolf Bultmanns nicht minder prinzipielle Studie »Das Problem der Hermeneutik«[104].

In kritischer Weiterführung der von Friedrich Schleiermacher und Wilhelm Dilthey vorgelegten Beiträge zu einer Kunstlehre des Verstehens entfaltet Bultmann in diesem Aufsatz die hermeneutischen Implikationen der existentialen Interpretation biblischer Texte. Die verstehende Analyse *»der biblischen Schriften unterliegt nicht anderen Bedingungen des Verstehens als jede andere Literatur«*[105]. Für das Verstehen ist generell das Lebensverhältnis des Interpreten zu der im Text zur Sprache kommenden Sache die unerläßliche Voraussetzung[106]. Aus dieser Verbundenheit von Text und Interpret ergibt sich zugleich ein gewisses Vorverständnis von der zur Debatte stehenden Sache. Aus dem sachlichen Interesse und dem Vorverständnis des Interpreten erwächst wiederum die Fragestellung der Interpretation, die durchaus unterschiedlich ausgerichtet sein kann. Im Hinblick auf dichterische, philosophische und religiöse Texte hält Bultmann *»die Frage nach dem menschlichen als dem*

101 Vgl. R. Bultmann, Geleitwort, ThR NF 17 (1948/49), 1.

102 U.a. Walter Baumgartner (Basel), Aage Bentzen (Hellerup), Kendrick Grobel (Nashville), Paul Kahle (Wadhurst/Sussex), Friedrich C. Sell (South Hadley).

103 Vgl. J. Wallmann, Die Wiedergründung der Zeitschrift für Theologie und Kirche nach dem Zweiten Weltkrieg, ZThK 100 (2003), (497–519) 506 f. 508 f.

104 Bultmann hatte den diesem Aufsatz zugrunde liegenden, gleichnamigen Vortrag am 6. 8. 1948 in Hermannsburg bei Celle vor einer Arbeitsgemeinschaft von Dozenten der Religionspädagogik, am 23. 2. 1949 in Göttingen auf Einladung der Theologischen Fachschaft und während der ersten Tagung der »Alten Marburger« nach dem Zweiten Weltkrieg, die vom 10.–14. 10. 1949 in Herborn stattfand, gehalten.

105 R. Bultmann, Das Problem der Hermeneutik (1950), GuV II, 1968[5], (211–235) 231.

106 Bultmann, aaO 221 f., vertritt dabei wie Schleiermacher und Dilthey die Auffassung, daß selbstverständlich auch Werke der Dichtung und der Kunst dem Interpreten Seinsmöglichkeiten erschließen können.

eigenen Sein« für das angemessene hermeneutische Prinzip[107]. Denn das Verstehen ist ja dem menschlichen Dasein inhärent.

Von daher setzt die Interpretation biblischer Texte ein Vorverständnis von dem voraus, was – im Unterschied zu menschlichem Handeln – »überhaupt Handeln Gottes heißen kann«[108]. In den Fragen des Menschen nach dem Glück, dem Heil, dem Sinn des Weltgeschehens und der Eigentlichkeit seines Daseins spricht sich für Bultmann immer schon ein existentielles Wissen um Gott aus. Freilich muß die an das Neue Testament gerichtete Frage des Verstehens die Bereitschaft mit einschließen, gegebenenfalls das Vorverständnis der Sache im Hören auf den Text zu korrigieren. Für die wissenschaftliche Interpretation der biblischen Schriften kommt es dabei darauf an, die an den jeweiligen Text herangetragene Frage sachgemäß, nämlich als Frage nach dem menschlichen Existenzverständnis, zu stellen. Denn wer sich von der Frage nach Gott bewegt weiß, fragt nach nichts anderem als »nach der Wahrheit der menschlichen Existenz«[109].

3. »Das Urchristentum im Rahmen der antiken Religionen«

> *Ist es für die Theologie heute ein konkretes und drückendes Problem, das christliche Daseinsverständnis in seinem Verhältnis zum idealistischen zu bestimmen und für die Explikation des christlichen Daseinsverständnisses die rechten Begriffe zu finden, so ist es allerdings eine dringende Aufgabe, dem Ursprung unserer traditionellen Begrifflichkeit bis in die Antike nachzugehen und klar zu stellen, welches Seinsverständnis sie impliziert.*[110]

Sein erstes neues Buch nach dem Zweiten Weltkrieg veröffentlichte Bultmann 1949 in der von Walter Rüegg betreuten Erasmus-Bibliothek des Zürcher Artemis-Verlags: »Das Urchristentum im Rahmen der antiken Religionen«. Der Schweizer Soziologe hatte Bultmann während der Marburger Hochschulgespräche 1946/47 kennengelernt. Seine Diskussionen mit Bultmann kreisten um die Frage, welche Rolle die humanistische Tradition der Antike im Prozeß der geistigen Neuorientierung nach der Katastrophe der nationalsozialistischen Gewaltherrschaft spielen könnte. Aus diesem Dialog ging der Plan hervor, die von Bultmann zuletzt im Sommersemester 1947 gehaltene Vorlesung »Das Urchristentum im Zusammenhang der antiken Religionen« in der Erasmus-Bibliothek zu veröffentlichen[111]. Bultmanns Werk, »ein

107 AaO 228.

108 AaO 231.

109 AaO 233.

110 R. BULTMANN, Rez. über W. Jaeger, Die geistige Gegenwart der Antike, 1929 (1930), in: DERS., Theologie als Kritik, 2002, (243 f.) 243.

111 Vgl. W. Rüegg an Bultmann, 18. 1. 1947; 19. 10. 1947; 8. 12. 1947; 12. 3. 1948, Mn 2-1661. – Bultmann hatte freilich schon 1940 den Wunsch geäußert, diese Vorlesung irgendwann einmal als Buch zu publizieren. Vgl. Bultmann an G. Bornkamm, 28. 3. 1940, Mn 2-2147.

Kabinettstück vergleichender Religionsbetrachtung«[112], hob sich in charakteristischer Weise von den damals vorliegenden Darstellungen der Geschichte des Urchristentums ab. In ihm verband Bultmann nämlich die religionsgeschichtliche Perspektive, die das Urchristentum aus seiner komplexen historischen Verflechtung mit den antiken Religionen und Weltanschauungen zu profilieren suchte, mit der Intention, die religionsgeschichtlichen Gegebenheiten einer existentialen Interpretation zugänglich zu machen. Dabei lag ihm jede »apologetische Absicht fern«. Weder ging es ihm darum, in den Bahnen etwa der Hegelschen Geschichtsphilosophie das Christentum »als die Krönung der antiken Religionsgeschichte« zu präsentieren, noch verfolgte er das Ziel, die Wahrheit des Christentums durch eine Analyse der Gründe für dessen weltgeschichtlichen Erfolg nachzuweisen. Wohl aber stellte er sich der Aufgabe, »die Phänomene der vergangenen Geschichte ... als die Möglichkeiten auch gegenwärtigen Existenzverständnisses« transparent zu machen. Hier galt sein zentrales Interesse zumal der Frage, ob und inwiefern das Urchristentum eine »neue Möglichkeit menschlichen Existenzverständnisses« ausgebildet habe[113].

Als sein Buch über das Urchristentum im Frühjahr 1949 erschien, hielt Bultmann sich bei seinem Vetter Fritz Bultmann in Ganderkese auf. Zum Abschied trug er in das Gästebuch des Vetters ein Gedicht ein. Das Poem gibt auf seine Weise Momente jenes Daseinsverständnisses zu erkennen, das Bultmann auch für das Urchristentum als eigentümlich ansah[114]:

Wir sind als Zeitliche geboren,
Und nie bleibt unser Jetzt bestehn.
So ist denn, was wir tun, verloren?
Und müssen wir mit ihm vergehen?

Getrost! Es will der Zeiten Schwinden
Uns von uns selber machen frei,
Damit im Kommenden wir finden
Uns selber ständig wieder neu.

So sagt das WORT, und bist du offen
Und dem Begegnenden bereit,
So darfst du glaubend, liebend hoffen,
Und aus der Zeit wird Ewigkeit.

In der Einleitung zu seiner Darstellung des Urchristentums betont Bultmann, er wolle nicht etwa einen Beitrag zur historischen Forschung – verstanden als bloße Rekonstruktion der religionsgeschichtlichen Sachverhalte – liefern. Seine Interpretation des Existenzverständnisses der antiken Religionen setze solche Forschung

112 G. Klein, Rudolf Bultmann – ein unerledigtes theologisches Vermächtnis, ZThK 94 (1997), (177–201) 188.

113 R. Bultmann, Das Urchristentum im Rahmen der antiken Religionen, 1949^1, 7 f.

114 Eintrag R. Bultmanns in das Gästebuch F. Bultmanns, Ganderkese, 3.–7. 3. 1949, in: R. Rittner (Hg.), Rudolf Bultmann und Oldenburg, 2002, 16.

aber voraus[115]. An den einzelnen Stationen des Weges, auf dem Bultmann diese Forschungsarbeit auf dem Gebiet der Geschichte des Urchristentums rezipierte und sich selbst an ihr beteiligte, läßt sich nun zugleich die Genese des Bildes vom Urchristentum nachvollziehen, das er in seinem Buch von 1949 zeichnete.

In den Jahrzehnten um die Wende vom 19. zum 20. Jahrhundert hatte die Erforschung der Geschichte des Urchristentums einen Zenit erreicht, den die einschlägigen Darstellungen von Carl Weizsäcker, Otto Pfleiderer, Rudolf Knopf und Johannes Weiß je auf ihre Weise markierten. Das klassische Dokument jener Blütezeit in der Rekonstruktion der Anfänge des Christentums war Carl Weizsäckers Werk »Das apostolische Zeitalter der christlichen Kirche«[116]. Bultmann galt dieser Entwurf, mit dem Weizsäcker das von seinem Lehrer Ferdinand Christian Baur entwickelte Verständnis der Geschichte des Urchristentums modifizierte, als Musterbeispiel einer die neutestamentlichen Texte strikt historisch-kritisch analysierenden Geschichtsschreibung[117]. In seinem Lexikonartikel »Urgemeinde« von 1913 bewegte sich Bultmann noch weitgehend im Rahmen des Baur-Weizsäckerschen Geschichtsbildes, auch wenn er hier schon kräftig die eschatologische Stimmung der Urgemeinde hervorhob. Freilich sei der mit der eschatologischen Haltung eng verbundene ethische Geist der Urgemeinde, wie sich an ihrer zwiespältigen Stellung zum Gesetz zeige, merkwürdig ambivalent geblieben. »Man wollte das wahre Israel sein, und man war eine jüdische Sekte« – so konstatierte Bultmann[118]. »Da die Heidenkirche nicht die organische Fortsetzung der Urgemeinde« darstelle, sei deren Geschichte abgerissen. Bultmann brachte nun Ferdinand Christian Baurs Bewertungskriterium ins Spiel, daß im apostolischen Zeitalter »die Idee, das Prinzip des Christentums, in Jesus als Persönlichkeit gegeben, in die Wirklichkeit des Bewußtseins eintrete, sich realisiere«. Diese Idee des Christentums habe die Urgemeinde indes nicht zur Geltung gebracht, sei sie doch nicht »zur Gesetzesfreiheit, zur Ueberwindung der nationalen Schranken, zum Verständnis des Christentums als einer sittlichen Erlösungsreligion« vorgestoßen. Die geschichtliche Bedeutung der Urgemeinde bestehe immerhin darin, daß in ihr Jesu Geist unbewußt weitergelebt habe, daß sie die evangelische Überlieferung an die Heidenkirche weitergegeben habe[119].

In seiner Relativierung des Gewichts der Urgemeinde konnte Bultmann sich bestärkt sehen, als man in der Religionsgeschichtlichen Schule mit einer bemerkenswerten Variante die Kräfteverhältnisse zwischen den urchristlichen Strömungen neu austarierte. Zuerst entwickelte Wilhelm Heitmüller 1912, im Zusammenhang der

115 Vgl. Bultmann, Urchristentum (s. Anm. 113), 8.

116 Vgl. C. Weizsäcker, Das apostolische Zeitalter der christlichen Kirche, 1886[1]; 1902[3]; vgl. dazu W. G. Kümmel, Das Neue Testament im 20. Jahrhundert, 1970, 72 f.

117 Bultmann zählte das Werk Weizsäckers zu den sechs Büchern, die für seinen eigenen Weg als Theologe und Interpret des Neuen Testaments von entscheidender Bedeutung waren. Vgl. R. Bultmann, Milestones in Books. IV., ET 70 (1958/59), 125; auch in: Ders., Theologie als Kritik, 513.

118 R. Bultmann, Art. Urgemeinde, christliche, RGG[1] V, 1913, (1514–1523) 1520.

119 AaO 1523.

Frage nach dem Verhältnis zwischen der Verkündigung Jesu und der Theologie des Paulus, die Unterscheidung zwischen der palästinischen Urgemeinde und dem hellenistischen Christentum. Paulus wurzele mit wesentlichen Elementen seiner Theologie im hellenistischen Christentum, das folglich in der Kette der Entwicklung zwischen Jesus und Paulus als weiteres Glied zwischen der Urgemeinde und dem Apostel zu veranschlagen sei[120]. Wenig später vertrat Wilhelm Bousset in seinem Buch »Kyrios Christos« die These, erst das hellenistisch-heidenchristliche Urchristentum habe Jesus als Kyrios verehrt und das Christentum als Erlösungsreligion aufgefaßt. Sowohl die kultisch geprägte Religion des Paulus als auch die geistig geformte Mystik des Evangelisten Johannes seien dem Wurzelgeflecht jenes hellenistischen Urchristentums entwachsen, beide in großer geschichtlicher Distanz zu dem einfachen Evangelium Jesu von der Sündenvergebung[121].

Bultmann stufte die Bousset-Heitmüllersche Differenzierung zwischen palästinischem und hellenistischem Urchristentum 1919 »als die tiefstgreifende Erkenntnis über die Geschichte des Urchristentums« ein. Die durch die Einsicht in die Entstehung der christlichen Religion auf hellenistischem Boden aufgeworfenen Probleme seien freilich weder gelöst noch teilweise überhaupt erkannt[122]. Ein Jahr später, in seinem Wartburg-Vortrag »Ethische und mystische Religion im Urchristentum«, unternahm Bultmann selbst einen ersten Versuch zur Lösung dieser Probleme[123]. Anders als die liberale Theologie vorgegeben habe, seien nicht der historische Jesus und seine Religion, sondern der Christus-Mythus und -Kult der hellenistischen Gemeinde geschichtswirksam gewesen. In kritischer Anknüpfung an Ernst Troeltschs Beschreibung der soziologischen Struktur des Urchristentums wies Bultmann sodann Jesus und die palästinische Urgemeinde religionstypologisch einer ethischen Religion, das hellenistische Urchristentum hingegen einer mystisch-kultischen Religion zu. Religionsgeschichtlich und religionssoziologisch gesehen gehörten Jesus und die palästinische Urgemeinde in das Judentum – als »eine jüdische Sekte, wenn man so will«. Demgegenüber beginne erst in der hellenistischen Gemeinde das »›Christentum‹ als selbstständige geschichtliche Größe, als eine religiöse Gemeinschaft mit eigenen Formen des Mythus und des Kultus und des Gemeinschaftslebens«[124]. Ohne die Frage explizit diskutieren zu wollen, deutete Bultmann am Ende seines Vortrags an, daß »Übergänge und Kombinationen«, ja eine große Verwandt-

120 Vgl. W. Heitmüller, Zum Problem Paulus und Jesus, ZNW 13 (1912), (320–337) 330.

121 Vgl. W. Bousset, Kyrios Christos. Geschichte des Christusglaubens von den Anfängen des Christentums bis Irenaeus, 1913[1]. – Bultmann hat die Bedeutung dieses Buches mehr als fünfzig Jahre nach seinem ersten Erscheinen gewürdigt. Vgl. R. Bultmann, Geleitwort zur fünften Auflage, in: W. Bousset, Kyrios Christos, 1965[5], Vf.

122 R. Bultmann, Die neutestamentliche Forschung im 20. Jahrhundert (1919), in: Ders., Theologie als Kritik, (96–104) 102 f.

123 Vgl. R. Bultmann, Ethische und mystische Religion im Urchristentum (1920), in: J. Moltmann (Hg.), Anfänge der dialektischen Theologie II, 1967[2], 29–47; dazu die Interpretation bei M. Evang, Bultmann, 290–332.

124 Bultmann, aaO 36.

schaft zwischen dem ethischen und mystischen Religionstypus auf eine mögliche höhere Einheit beider Typen hindeuteten[125].

In den folgenden Jahren unterzog Bultmann Autoren wie Eduard Meyer, Adolf Deißmann, Karl Holl oder Hans Lietzmann schärfster Kritik, weil sie die seines Erachtens konstitutive Bedeutung des hellenistischen Urchristentums für die Anfänge der christlichen Religion verkannten[126]. Für ihn stand mit der »Hellenismus-These« nicht bloß ein marginales historisches oder religionsgeschichtliches Problem zur Debatte. Vielmehr sah er das Verhältnis zwischen palästinischer und hellenistischer Urgemeinde als »das Grundproblem der Geschichte des Urchristentums« an[127]. Dessen Klärung galt ihm als *conditio sine qua non* für die Erstellung eines kohärenten Bildes des Urchristentums. Die dazu erforderliche »synthetische Geschichtsdarstellung«[128] wiederum mußte die Anfänge des Christentums im präzisen Sinne als Ursprung des Glaubens an Jesus Christus als eschatologischen Heilsmittler historisch plausibel machen[129]. Sie hatte zugleich die Frage nach dem Sinn der geschichtlichen Entwicklung, »nach dem spezifisch Christlichen in den Phänomenen«, durch die Analyse des Daseinsverständnisses des Urchristentums im Horizont der antiken Religionen und Weltanschauungen zu beantworten[130].

Die eine Seite dieser doppelten Aufgabe beschrieb Bultmann Anfang April 1921 in seiner Antwort auf die Frage Hans von Sodens, »ob die Weltgeschichte den Irrtum begangen haben könne, für [den] Stifter und Heros der höchstentwickelten ethischen Religion einen Menschen anzusehen, der vielleicht selbst gar nicht dies Niveau erreicht hat ...: *einen* Irrtum hat die Geschichte sicher begangen, indem sie den Jesus von Nazareth als Heros der christlichen Religion ansieht, während es in Wahrheit der Κύριος Χριστός des Kultus ist, dessen Gestalt in allen Epochen der Entwicklung aus eigenem Gute bereichert wird. Luther und Schleiermacher stehen doch nicht, wie sie meinen, unter dem Einfluß Jesu von Nazareth, sondern unter dem Einfluß des Christus der Kirche, des paulinischen (hellenistischen) Christus-Mythos, des Johannesevangeliums«[131]. Die andere Seite der Aufgabe umriß Bultmann im Dezember 1922 gegenüber Karl Barth. Die Phänomene der antiken Religionsge-

125 AaO 46.

126 Vgl. R. Bultmann, Eduard Meyers Werk über die Evangelien (1921), in: Ders., Theologie als Kritik, (111–114) 113; Ders., Aus der Geschichte des Urchristentums (1922), in: Ders., aaO (122–125) 124; Ders., Rez. über A. Deißmann, Licht vom Osten, 1923[4] (1924), in: Ders., aaO (129–133) 130; Ders., Urchristentum (1926), in: Ders., aaO 154–156; Ders., Urchristentum und Religionsgeschichte (1932), in: Ders., aaO (269–283) 270–273; Ders., Rez. über H. Lietzmann, Geschichte der Alten Kirche. 1. Die Anfänge, 1932 (1934), in: Ders., aaO (293–299) 295 f.

127 Bultmann, Eduard Meyers Werk über die Evangelien (s. Anm. 126), 113.

128 Bultmann, Urchristentum (s. Anm. 126), 154.

129 Vgl. dazu die eindrückliche Kritik an Holl in: Bultmann, Urchristentum und Religionsgeschichte (s. Anm. 126), 269–283.

130 Vgl. dazu bereits in existentialtheologischer Begrifflichkeit Bultmanns Auseinandersetzung mit H. Lietzmann: Bultmann, Rez. über H. Lietzmann, op.cit. (s. Anm. 126), 295.

131 Bultmann an H. v. Soden, 3. 4. 1921, Mn 2-2385.

schichte waren für ihn nicht in erster Linie die zeitgeschichtliche Folie, auf der sich etwa gewisse Aussagen des Paulus aufhellen ließen. Vielmehr begriff Bultmann jene Erscheinungen als »Repräsentanten bestimmter geistiger Haltungen, die in ihrem Ringen in den Quellen festzustellen bedeutet: den Forscher in die Auseinandersetzung mit ihnen hineinziehen und sich die entscheidenden Fragen durch sie stellen zu lassen«[132].

Diese Auseinandersetzung führte Bultmann nicht zuletzt in seinen Marburger Lehrveranstaltungen, in denen er ab dem Sommersemester 1921 verstärkt religionsgeschichtliche Themen zur Geschichte des Urchristentums behandelte[133]. Die Fragen, von denen er sich dabei leiten ließ, brachte er auch in seiner Kritik an den ersten beiden Bänden der von Hans Lietzmann vorgelegten »Geschichte der Alten Kirche« zur Geltung. Ob nicht eine Darstellung der Anfänge des Christentums »aus der Analyse der geschichtlichen Phänomene den Sinn des Kerygmas« deutlich machen müsse? Sei nicht von daher auch zu klären, »was *Kirche* ihrem Sinne nach ist«? Müsse nicht eine solche Darstellung »dem heutigen Leser das ›*tua res agitur*‹ stärker zum Bewußtsein« bringen, als dies durch Lietzmann geschehen sei?[134] Habe nicht auch der Historiker der Anfänge der Kirche seine Aufgabe als eine theologische aufzufassen und sich also der Wahrheitsfrage innerhalb seiner Geschichtsdarstellung zu stellen, müsse nicht auch er danach fragen, was als eigentlicher Sinn des christlichen Glaubens zu gelten habe?[135]

Lietzmann ließ sich die Anfragen Bultmanns an seine Geschichtsauffassung wohl gefallen[136]. Aber er bekannte sich in geradezu entwaffnender Offenheit zu der von Leopold von Ranke klassisch beschriebenen Zielsetzung einer Geschichtsschreibung, die »einfach zu erzählen« versuche, »›wie es eigentlich gewesen ist‹«. Es verstand sich für Lietzmann von selbst, daß dies methodisch reflektiert und kontrolliert zu geschehen habe – und in der Hoffnung, so dem Wirken Gottes in der Geschichte nachspüren zu können[137]. Bultmann sah die eigentliche Differenz zwischen sich und dem Harnack-Schüler darin, daß Lietzmann »die glaubende und wertende Auffassung der Geschichte von ihrer wissenschaftlichen Erforschung ... scheiden und auf sie folgen lassen« wolle, während er selbst »meine, daß sich die historische und die ›theologische‹ Erforschung der Geschichte in Einem vollziehen« müsse. Dies impliziere natürlich nicht, etwa die historisch-kritische Exegese der Bibel von einem zuvor festgelegten Standpunkt aus zu betreiben. Aber die Exegese wie die kirchenge-

132 Bultmann an K. Barth, 31. 12. 1922, in: B. Jaspert (Hg.), Barth-Bultmann Bw., 1994^2, (14–18) 15.

133 Vgl. die Übersicht bei B. Jaspert (Hg.), Sachgemäße Exegese. Die Protokolle aus Rudolf Bultmanns Neutestamentlichen Seminaren 1921–1951, 1996, 210–221.

134 Bultmann, Rez. über H. Lietzmann, op.cit. (s. Anm. 126), 295 f.

135 R. Bultmann, Rez. über H. Lietzmann, Geschichte der Alten Kirche. 2. Ecclesia catholica, 1936 (1939), in: Ders., Theologie als Kritik, (377–384) 380 f.

136 Vgl. H. Lietzmann an Bultmann, 23. 2. 1935, in: K. Aland (Hg.), Glanz und Niedergang der deutschen Universität, 1979, 808.

137 H. Lietzmann an Bultmann, 20. 5. 1939, in: Aland (Hg.), aaO (961–963) 962.

schichtliche Forschung müsse doch bewegt sein von den Fragen, um die es in den Texten wie auch in den geschichtlichen Zusammenhängen gehe[138]. Bultmann und Lietzmann respektierten in ihrem Dialog die von der eigenen Auffassung differierende Anschauung des anderen mit erkennbarer Achtung. Dies gehörte zu der wissenschaftlichen Kultur, der beide Gelehrte sich verpflichtet wußten.

Ab dem Sommersemester 1931 las Bultmann *publice* ein dann regelmäßig wiederholtes einstündiges Kolleg, zunächst unter dem Titel »Urchristentum und Religionsgeschichte«, ab dem Sommersemester 1944 unter dem Titel »Das Urchristentum in der Geschichte bzw. im Zusammenhang der antiken Religionen«. Wie diese Vorlesung wandte sich auch das aus ihr hervorgegangene Buch von 1949 an eine breite gebildete Öffentlichkeit. Das Buch widmete Bultmann den von den Nationalsozialisten vertriebenen Freunden, denen schon 1941 die Widmung des Johannes-Kommentares gegolten hatte: Erich Frank, Paul Friedländer, Friedrich Carl Sell. Sie, die inzwischen in den USA lehrten, nahmen das Zeichen der freundschaftlichen Gesinnung Bultmanns mit Dank und großer Freude entgegen. Zumal Frank rief die Lektüre »die schönen Stunden ins Gedächtnis«, in denen Bultmann mit ihm vor dem Krieg »im alten Hexenhaus« die im Buch interpretierten Texte gelesen und besprochen hatte[139].

Entsprechend seinem existentialtheologischen Ansatz geht Bultmann in seiner Schilderung auf die äußere Entwicklung der Religionen und geistigen Strömungen der Antike und die von ihnen ausgebildeten religiösen Erscheinungsformen des Kultes, der mythischen Tradition und des Gemeinschafts- und Rechtslebens nur am Rande ein. Freilich faßt er das hellenistische Urchristentum mit der Religionsgeschichtlichen Schule als synkretistisches Phänomen auf[140]. Mit der religionsgeschichtlichen Kennzeichnung des hellenistischen Christentums als Synkretismus ist zunächst ein geeigneter Ansatzpunkt für die Disposition des Buches gewonnen. Denn die geistig-religiösen Kräfte und Formationen, die das Urchristentum maßgeblich beeinflußt haben, das Judentum und der heidnische Hellenismus, bewahren ihrerseits Traditionen, ohne die ihre eigene Gedankenwelt und damit auch die des Urchristentums nicht verständlich wären. Daraus ergibt sich die überaus durchsichtige Disposition des Buches. Die vergleichsweise knappe Darstellung des Urchristentums im fünften Kapitel wird vorbereitet durch zwei Kapitel über das Judentum und den Hellenismus, denen wiederum jeweils ein Kapitel über das für sie maßgebliche alttestamentliche bzw. griechische Erbe vorgeschaltet ist.

138 Bultmann an H. Lietzmann, 21. 6. 1939, in: Aland (Hg.), aaO (966–968) 967.

139 E. Frank an Bultmann, 29. 4. 1949, Mn 2-760; vgl. auch P. Friedländer an Bultmann, 24. 4. 1949, Mn 2-787. – Mit dem »alten Hexenhaus« war das Häuschen am Schloßberg in Marburg gemeint, das Frank bis zu seiner Emigration 1939 bewohnt hatte.

140 Bultmann, Urchristentum (s. Anm. 113), 195–200; vgl. aaO 255 Anm. 1 zur Anwendung des Synkretismus-Begriffs auf das Urchristentum; dazu H. Gunkel, Zum religionsgeschichtlichen Verständnis des Neuen Testaments, 1903[1], 1.35.95.

Im ersten Kapitel handelt Bultmann von der Religion des alten Israel, wie sie im Alten Testament literarisch greifbar ist. Die Darstellung orientiert sich leitmotivisch an den Relationen »Gott und Welt«, »Gott und Volk« sowie »Gott und Mensch«. Von daher liest sich das Ganze fast wie eine Theologie des Alten Testaments *en miniature*. Freilich behält Bultmann von Beginn an die intendierte Verknüpfung von Religionsvergleichung und existentialer Interpretation im Auge. So hebt er die eigentümlichen Konturen der Religion und des Glaubens Israels durchgängig im Kontrast zur griechischen Vorstellungswelt hervor. Der Schöpfungsgedanke des Alten Testaments, der Glaube an Jahwe als den Herrn der Welt und des Menschen, unterscheidet sich signifikant von der griechischen Vorstellung des nach einem ewigen Gesetz harmonisch gefügten Kosmos. Ebenso charakteristisch faßt der Glaube Israels die Geschichte als das »eigentliche Herrschaftsgebiet Gottes« auf. Während sich die Geschichtsschreibung der Griechen auf die Vergangenheit konzentriert, »um aus ihr die ewig gleichen Gesetze geschichtlichen Geschehens zu erkennen«, richtet sich die Darstellung der Geschichte im Alten Testament an der Zukunft aus und bemißt sie die einzelnen Vorgänge an ihrem Verhältnis zu dem der Geschichte von Gott gesetzten Ziel[141].

Gottes Handeln in der Geschichte vollzieht sich zumal so, daß Gott sich zu seinem Volk ins Verhältnis setzt, daß er Israel zu seinem Volk erwählt. Die Treue des Volkes zu seinem Gott muß freilich vom Einzelnen bewährt werden. Da solcher Gehorsam aber faktisch nicht geleistet wird, erhält der Begriff des Bundes zunehmend eine eschatologische Qualität. Denn »der Bund ist in der realen Geschichte nicht realisierbar; seine Realisierung ist nur denkbar in einer mythischen Zukunft des Heils«[142]. Wie die volle Verwirklichung des Gottesbundes projiziert Israel schließlich auch die Idee des heiligen Volkes notgedrungen »in eine mythische Zukunft«. Nach Bultmanns Auffassung hat Israel durch diese Antizipation der eschatologischen Zukunft freilich den Gedanken »Gottes als des Kommenden« und als des »Herrn der Geschichte« preisgegeben[143]. Wie schon die jeweils gebräuchlichen anthropologischen Begriffe ausweisen, unterscheidet sich das alttestamentliche Verständnis des Menschen fundamental vom griechischen Menschenbild. Anders als die griechische Pflicht- und Tugendethik geht das Alte Testament nicht von einem Idealbild des Menschen aus. Vielmehr lehrt die Ethik Israels, daß der Wille Gottes auf ein gemeinschaftskonformes Verhalten, letztlich auf den radikalen Gehorsam des Menschen abzielt. Wo der Mensch durch seinen Eigensinn und Hochmut als die eigentliche »Sünde der Undankbarkeit gegen Gott« seine schöpfungsgemäße Bestimmung verfehlt, weiß er sich doch auf die vergebende Gnade Gottes angewiesen. Freilich erwartet Israel auch die vollständige Vergebung der Sünde letztlich erst von der eschatologischen Zukunft[144].

141 Bultmann, Urchristentum (s. Anm. 113), 17–19.
142 AaO 41.
143 AaO 46.
144 AaO 56–59.

In der Darstellung des nachexilischen Judentums erläutert Bultmann die religiösen Vorstellungen des palästinischen und des hellenistischen Judentums je für sich. Weniger diese Anlage des zweiten Kapitels als vielmehr die Entscheidung, die Verkündigung Jesu im Kontext des palästinischen Judentums zu behandeln, sorgte schon unter den ersten Lesern des Buches für Aufsehen. Die Botschaft Jesu in die Vorstellungswelt des palästinischen Judentums einzuordnen, bot in mehrfacher Hinsicht brisanten Diskussionsstoff. Dieses Verfahren konnte indes nur dem merkwürdig erscheinen[145], der Bultmanns bisherige Veröffentlichungen zum Thema nicht zur Kenntnis genommen hatte.

Die Hoffnung des jüdischen Volkes ist in ihrer populären Gestalt auf die Restitution des davidischen Reichs unter einem messianischen König fokussiert. Neben diesem traditionellen nationalen Hoffnungsbild etabliert sich eine kosmologische Eschatologie, die dem Judentum mit einer dualistisch-pessimistischen Weltsicht auch neue Vorstellungen wie die von der Auferstehung der Toten zuführt. Mitunter werden beide Zukunftsbilder, das nationale und das kosmologische, durch diverse Varianten miteinander kombiniert[146]. Seit dem Exil bindet sich das Judentum an die Geschichte, indem es sich an die Schrift bindet. Die Treue gegen das heilige Buch führt aber dazu, daß Gott »nicht mehr in echtem Sinne [als] der Gott der Geschichte – und als ... der stets Kommende« gedacht wird. Das Judentum erfährt Gott ja nicht mehr in der Gegenwart, allenfalls von seinem vergangenen Offenbarungshandeln liest es noch[147]. Kennzeichnend für die Religion des Judentums ist der hohe Stellenwert des Gesetzes. Dem Leben der Gemeinde unter dem Gesetz kommt zunehmend kultische Heiligkeit zu. Allerdings vermag das Judentum nur einen formalen Gehorsam gegenüber dem Gesetz aufzubringen, zum radikalen, den ganzen Menschen beanspruchenden Gehorsam gegen die Forderung Gottes stößt es nicht vor. Indem die jüdischen Autoritäten den Gesetzesgehorsam juristisch auffassen, bahnen sie zunehmend der Heilsunsicherheit wie auch der Selbstgerechtigkeit des Frommen den Weg. Zweifellos hat Bultmann hier unter der problematischen Überschrift »Die jüdische Gesetzlichkeit« die Thoraobservanz des nachexilischen Judentums zum Teil verzeichnet[148]. Damit blieb er hinter seinen eigenen Ansätzen einer positiven Würdigung jüdischer Gesetzesfrömmigkeit – etwa im Aufsatz »Christus des Gesetzes Ende« von 1940 – zurück. Offenbar vermochte auch er sich nicht ohne weiteres von alten Erblasten der protestantischen Theologie restlos zu befreien.

145 Vgl. exemplarisch W. G. Kümmel, Rez. über R. Bultmann, Das Urchristentum im Rahmen der antiken Religionen, 1949, ThLZ 75 (1950), (733–737) 734.

146 Vgl. Bultmann, Urchristentum (s. Anm. 113), 88–96.

147 AaO 64.

148 Vgl. aaO 71 f.: »Die Kleinlichkeit der Vorschriften geht ins Absurde und Lächerliche ... die Spitzfindigkeit der schriftgelehrten Juristen ist doch symptomatisch für den Charakter der jüdischen Gesetzlichkeit«. Vgl. aber auch die Einschränkungen ebd.: »Man darf das [*sc.* die erdrückende Last von Geboten] jedoch nicht übertreiben«. Der fromme Jude empfindet die kultischen Gebote »gar nicht als Last«.

Bultmanns Schilderung der Verkündigung Jesu bietet im wesentlichen eine Kurzfassung des Jesus-Buches von 1926. Jesu Predigt, »ein großer *Protest gegen die jüdische Gesetzlichkeit*«, ersetzt das überkommene göttliche Recht durch den in der Forderung der Liebe sich bekundenden Willen Gottes. Wie das Alte Testament und das Judentum faßt Jesus Gott als den Schöpfer auf. Nur ist für Jesus Gott als der Jenseitige der stets auf den Menschen Zukommende. Anders als im Judentum gibt sich Gott nicht mehr in der Volksgeschichte zu erkennen. Gott und Mensch sind wie im Judentum auch bei Jesus entgeschichtlicht. Allerdings wird bei ihm diese Entweltlichung nicht künstlich durch das Gesetz vermittelt, sondern durch die konkrete Nähe des schenkenden und fordernden Gottes im Alltag des Menschen begründet[149]. An die apokalyptisch-kosmologische Zukunftserwartung des Judentums anknüpfend, verkündigt Jesus die Nähe der Gottesherrschaft. Seine eschatologische Predigt qualifiziert die Gegenwart zur Zeit der Entscheidung. Auch wenn Jesus sich selbst nicht als den Messias proklamiert hat, verkörpert er doch »*in seiner Person* das ›Zeichen der Zeit‹«. Denn er ruft durch sein Wort alle in die radikale Entscheidung für die anbrechende Gottesherrschaft. In seiner Erwartung des nahen Endes der Welt hat Jesus sich geirrt. Gleichwohl ist seine Botschaft in der christlichen Gemeinde insofern aufgenommen worden, als sie den Verkünder der nahen Gottesherrschaft nunmehr als den Verkündigten neu zur Sprache gebracht hat[150].

Bultmann hat die Behandlung der Verkündigung Jesu im Zusammenhang der jüdischen Religion mit einem Satz begründet, der offenkundig ein berühmtes Diktum Julius Wellhausens[151] aufnimmt: »Jesus war kein ›Christ‹, sondern ein Jude, und seine Predigt bewegt sich im Anschauungskreis und in der Begriffswelt des Judentums, auch wo sie im Gegensatz gegen die traditionelle jüdische Religion steht«[152]. Werner Georg Kümmel wandte sich vehement gegen diese religionsgeschichtliche Lozierung Jesu in das Judentum. Zwar sei Jesus kein Christ gewesen, aber mit seinem messianischen Selbstbewußtsein und seiner eschatologischen Geschichtsanschauung sprenge er den Rahmen des jüdischen Offenbarungsglaubens[153]. Dieser Einwand konnte Bultmann schwerlich überzeugen. Denn für ihn blieb Jesus gerade mit seiner eschatologischen und ethischen Predigt religionsgeschichtlich völlig im Rahmen der jüdischen Religion. Diesen Kontext hätte Jesus auch dann nicht verlassen, wenn er sich selbst – was Bultmann für unwahrscheinlich hielt – als Messias ausgegeben hätte. Zudem brachte Bultmann ja in seinem Buch über das Urchristentum den autorita-

149 AaO 78–88.

150 AaO 96–103.

151 J. Wellhausen, Einleitung in die drei ersten Evangelien, 1905[1], 113: »Das Evangelium bedeutet ebenso viel wie das Christentum. Jesus war kein Christ, sondern Jude.«

152 Bultmann, Urchristentum (s. Anm. 113), 78.

153 Vgl. Kümmel, Rez. über R. Bultmann (s. Anm. 145), 735; Ders., Das Neue Testament (s. Anm. 116), 76.

tiven persönlichen Anspruch Jesu der Sache nach mit dem schon 1929 geprägten Gedanken der impliziten Christologie sehr wohl zum Ausdruck[154].

Mit den griechischen Klassikern hatte sich Bultmann jahrzehntelang beschäftigt. Mit den maßgeblichen zeitgenössischen Interpretationen der griechischen Philosophie – nicht zuletzt denjenigen seiner Freunde Erich Frank, Paul Friedländer, Gerhard Krüger und Hans-Georg Gadamer – war er bestens vertraut[155]. All dies kam seiner Darstellung des griechischen Erbes im dritten Kapitel des Büchleins über das Urchristentum zugute. Hier ist ein weiter Bogen gespannt vom Wesen der Polis bis zur griechischen Weltanschauung und Wissenschaft. Die Polis mit ihrem Recht und Gesetz ist begründet in der Gottheit. Daher besteht die Religion des Bürgers letztlich in seinem Verhältnis zur Polis. Freilich bemächtigen sich die Menschen der Gesetze mehr und mehr zu ihrem eigenen Nutzen. So tritt, gefördert durch die sophistische Aufklärung, an die Stelle der εὐσέβεια, der *»scheue[n] Verehrung der göttlichen Mächte«*[156], zunehmend ein Schicksalsglaube. Daneben entsteht im Schoß der ionischen Philosophie die nach der ἀρχή, dem Ursprung, fragende Wissenschaft. Sokrates markiert hier insofern eine Wende, als er die in der Naturphilosophie auf den Kosmos bezogene Perspektive wieder auf den Menschen ausrichtet. Plato schließlich rückt an die Stelle der alten, die Polis begründenden Religion die Schau der Welt der Ideen als des ewig Seienden. Der Mensch sucht nun verstärkt seine Existenz im Kosmos zu verstehen, indem er analog zu dem als Kunstwerk gedachten Kosmos seine Lebensführung unter das Ideal des Schönen und Guten stellt. Tugend und Bildung verhelfen ihm dazu, sich selbst in den verschiedenen Lebensformen, auch in der Gemeinschaft, zu perfektionieren[157].

Der Hellenismus führt die klassische griechische Tradition fort, modifiziert sie und bereichert sie um neue Motive. In der Stoa geschieht dies, indem eine entweltlichte Existenz als Ideal der Lebensführung ausgegeben wird. Freilich beschränkt sich der stoische Weise nicht auf sich selbst, sondern übernimmt durchaus auch die ethische Verantwortung gegenüber der Gemeinschaft. Im Vergleich zum Christentum, das die Zeitlichkeit als konstitutiv für das Wesen des Menschen erachtet, erscheint indes als Problem der Stoa, daß sie die Entweltlichung durch die Eliminierung der Zeitlichkeit des menschlichen Daseins meint erreichen zu können[158]. Wäh-

154 Vgl. R. Bultmann, Die Bedeutung des geschichtlichen Jesus für die Theologie des Paulus (1929), GuV I, 1933, (188–213) 204 f.; Ders., Urchristentum (s. Anm. 113), 98–100.

155 Vgl. die Anmerkungen in Bultmann, Urchristentum (s. Anm. 113), 245–249; dort auch 246 Anm. 17 den Hinweis auf Bultmanns eigenen Aufsatz: Polis und Hades in der Antigone des Sophokles (1936), GuV II, 1968[5], 20–31. – Freilich meinte W. Kamlah, Die Theologie und das »griechische Denken«, StGen 3 (1950), (686–692) 688, Bultmann habe verkannt, daß die platonische Vernunft »nicht rational bemächtigende, sondern im Gegenteil vernehmende Vernunft« sei. Vgl. dazu Bultmanns nachdenkliche Reaktion in: Bultmann an G. Krüger, 28. 1. 1951, in: F. Lilie (Hg.), Bultmann-Krüger Bw. V, ZNThG 6 (1999), (287 f.) 288.

156 Bultmann, Urchristentum (s. Anm. 113), 123.

157 Vgl. aaO 115–148.

158 Vgl. aaO 151–162.

rend der Kaiserzeit dringen mit der orientalischen Gestirnreligion ein solarer Pantheismus und der Schicksalsglaube in die griechisch-römische Welt ein. Diese Vorgänge und ihre religionsgeschichtlichen Auswirkungen hatte Bultmann soeben in einer Studie zur antiken Lichtsymbolik näher beleuchtet[159]. Übernimmt die Astrologie die Rolle, anhand der Gestirnkonstellationen die Zukunft zu berechnen, so bieten vielstimmige Heilsbotschaften den dem Fatum Ausgelieferten an, sie aus den über sie verhängten Zwängen zu befreien. Die hellenistischen Mysterienreligionen, die in solcher Weise das Heil (σωτηρία) vermitteln, gründen unbeschadet mancher kultischer Gemeinsamkeiten nicht in einer einheitlichen Theologie. Ihnen fehlt daher auch ein einheitliches Existenzverständnis[160].

Ein solches ist dagegen in der Gnosis entwickelt, die Bultmann als »religiöse Bewegung vorchristlichen Ursprungs« charakterisiert[161]. Der von ihm – in Aufnahme der Forschungen Richard Reitzensteins und Wilhelm Boussets sowie der religionsphänomenologischen Analyse Hans Jonas' – dargestellte gnostische Mythos vom erlösten Erlöser gibt das Daseinsverständnis der Gnosis paradigmatisch zu erkennen. Der Mensch weiß hier um seine Einsamkeit in der Welt, um die Fremdheit des eigentlichen Ich in der leiblich-seelischen Sphäre. Aus dieser mit furchtbarer Angst verbundenen Gefangenschaft kann der Mensch nur befreit werden durch ein eschatologisch-mythologisches Geschehen, durch die im Tode erfolgende Trennung des Ich von Leib und Seele. Diese Erlösung vermag nur eine aus dem Jenseits ergehende Botschaft zu vermitteln. Im Hören auf den Ruf der Offenbarung, im Glauben an die Wahrheit des gepredigten Wortes realisiert sich folglich die gnostische Existenz. Aus der »Gnosis« des menschlichen Daseins entwickelt sich so die »Gnosis« in der Schau Gottes. Dazwischen existiert der Gnostiker radikal entweltlicht. Sein Handeln wie auch die ihm zugrunde liegende Ethik sind rein negativ darauf ausgerichtet, seine vollständige Entweltlichung zu demonstrieren[162].

Das von Bultmann hier gezeichnete Bild der Gnosis, gleichsam eine seine bisherigen Äußerungen zum Thema mit wenigen Strichen zusammenfassende Skizze, ist von den Rezensenten des »Urchristentums« sehr unterschiedlich aufgenommen worden. Wilhelm Kamlah und Werner Georg Kümmel fanden Bultmanns Schilderung der Gnosis besonders wertvoll, da sie sein hermeneutisches Interesse an der Rezeption und Modifikation gnostischer Motive durch die urchristliche Verkündigung transparent werden lasse[163]. Der in Harvard lehrende Religionshistoriker Arthur Darby Nock dagegen meldete, spätere Einwände gegen Bultmanns Gnosisverständnis vorwegnehmend, grundsätzliche Zweifel an der vorchristlichen Existenz der Gnosis als eines regelrechten religiös-weltanschaulichen Systems an. Auch

159 Vgl. R. Bultmann, Zur Geschichte der Lichtsymbolik im Altertum (1948), in: Ders., Exegetica, 323–355.

160 Vgl. Bultmann, Urchristentum (s. Anm. 113), 163–180.

161 AaO 181.

162 Vgl. aaO 181–192.

163 Vgl. Kamlah (s. Anm. 155), 689f.; Kümmel, Rez. über R. Bultmann (s. Anm. 145), 735.

schätzte Nock den Umfang der einzelnen gnostischen Vorstellungen, die Paulus tatsächlich beeinflußt hätten, weitaus geringer ein als Bultmann[164].

Da sich die palästinische Urgemeinde nach Bultmanns Auffassung zumal unter religionssoziologischen Aspekten zunächst als eine jüdische Sekte darstellt, laufen die verschiedenen Fäden der antiken Religionsgeschichte recht eigentlich erst im hellenistischen Urchristentum zusammen. Dieses Urchristentum erscheint denn auch, sofern es mannigfache Motive und Vorstellungen aus den religiösen Traditionen des Judentums und des Hellenismus aufnimmt, modifiziert oder auch ausscheidet, als eine synkretistische Legierung, jedenfalls auf den ersten Blick. Genauere Analyse hat daher zu klären, ob sich das Urchristentum durch ein neues, ihm eigentümliches Daseinsverständnis von den es beeinflussenden religiösen Formationen signifikant abhebt. Methodisch geht Bultmann dabei so vor, daß er das Urchristentum hauptsächlich im Rekurs auf Paulus und Johannes, die maßgeblichen Interpreten des christlichen Existenzverständnisses, darstellt[165].

Das Urchristentum versteht das Menschsein im Kern als ein Wollen, das faktisch der Rebellion gegen Gott gleichkommt. Diese Macht des Bösen kann aber nicht, wie das Griechentum meint, der Mensch selbst durch Vernunft und Bildung überwinden. Auch vermag er nicht, wie das Judentum wähnt, durch die Erfüllung des Gesetzes von der Sünde frei zu werden. Der mit seinem bösen Willen identische Mensch kann nur von Gott befreit werden. Dies geschieht, indem der Mensch darauf verzichtet, sich vor Gott zu rühmen, sich selbst abzusichern, um sich statt dessen im Glauben radikal der Gnade Gottes anheimzugeben. Der Glaube schenkt die »radikale Offenheit für die Zukunft«, die die spezifische Freiheit des Christen ausmacht. Derart durch die Gnade Gottes von der Macht der Sünde, von der eigenen Vergangenheit befreit, vermag sich der Mensch in Freiheit zu öffnen »für die Zukunft, für die Begegnungen, in denen er Gottes Gnade immer aufs neue als die auf ihn zukommende erfahren wird«[166]. Dieses Existenzverständnis bringt das Neue Testament allerdings, da es die jüdisch-apokalyptische Erwartung eines endzeitlichen Heilszustandes »mitgeschleppt« hat, nicht durchgängig zum Ausdruck. Gleichwohl spricht nun Gott nicht mehr aus der empirischen Geschichte des Volkes Israel zu uns, »*sondern durch Christus*, der das Ende der Geschichte ist, und durch das Wort, das ihn verkündigt«. Die Verkündigung der Gnade Gottes aber vereinzelt den Menschen vor Gott. Denn das Wort ruft stets den Einzelnen in die Entscheidung, sich in der Preisgabe an die göttliche Gnade zur Eigentlichkeit des Seins befreien zu lassen[167].

Das Neue Testament bedient sich bevorzugt gnostischer Vorstellungen, um deutlich zu machen, daß der Mensch in der Welt unter kosmischen Mächten versklavt ist.

164 Vgl. A. D. Nock, Rez. über R. Bultmann, Das Urchristentum im Rahmen der antiken Religionen, 1949, NSNU 5 (1951), (35–40) 37–39. Bultmanns Freund A. Fridrichsen hatte Nock diese Besprechung übertragen. Vgl. A. Fridrichsen an Bultmann, 4. 6. 1949, Mn 2-783.

165 Vgl. Bultmann, Urchristentum (s. Anm. 113), 195–200.

166 AaO 206 f.

167 AaO 207–210.

Indes begreift Paulus – anders als die Gnosis – diese Situation nicht nur als schicksalhaftes Verhängnis, sondern zugleich als Schuld des Menschen. Denn der Mensch, der sein Sein selbst konstituieren will, liefert sich schuldhaft und unausweichlich den Mächten des Fleisches, des Gesetzes, der Sünde und des Todes aus. Aus der Fremde der durch ihn selbst mit konstituierten Welt wird der Mensch dadurch erlöst, daß Gott im Kreuz Christi »das Urteil über die Welt spricht« und »alles Rühmen zerschlägt«, um darin seine Gnade als »*seine ständige Zukünftigkeit*, sein ständiges Voraussein« zu erweisen[168]. Auch für die Interpretation der in Christus geschehenen Erlösung greift das Urchristentum auf diverse Vorstellungen aus seiner religiösen und paganen Umwelt zurück. Dabei bezieht es sich bevorzugt auf den gnostischen Erlösermythos, kann es doch mit dessen Begrifflichkeit das eschatologische Heilsereignis »als ein in der Gegenwart anhebendes Geschehen« aussagen. Im Unterschied zur Gnosis, die das Kommen des Erlösers in einer mythischen Vorzeit verortet, identifiziert der christliche Glaube das eschatologische Geschehen allerdings mit einem historischen Ereignis, dem Auftreten und der Kreuzigung Jesu. Anders als in der Gnosis vollzieht sich nach urchristlicher Auffassung das eschatologische Geschehen stets neu im verkündigten Wort, in dem der Erlöser präsent ist und dem der Glaube sich öffnet. Eben dieser Glaube, der dem Menschen die Freiheit von sich selbst zu sich selbst und damit ein neues Selbstverständnis schenkt, ist der charakteristische Ausdruck dafür, »daß das Neue Testament *das menschliche Sein als ein geschichtliches* versteht«. Die Entscheidung des Glaubens ist nämlich kein aufweisbarer Besitz, sie begründet vielmehr alle echten Lebensentscheidungen des Christen. Sofern diese sein Verhältnis zur Welt betreffen, sind sie von der I Kor 7,29–31 beschriebenen Dialektik zwischen innerer Distanz und liebender Teilnahme geprägt. Nicht zuletzt darin, daß der Christ die Unweltlichkeit seiner Existenz durch die Liebe aktuell vergegenwärtigt, spiegelt sich die grundsätzliche Offenheit der christlichen Existenz auf die Zukunft des kommenden Gottes wider[169].

»Das Urchristentum im Rahmen der antiken Religionen« erzielte im fachwissenschaftlichen Diskurs nicht einen solch hohen Wirkungsgrad wie die übrigen Bücher Bultmanns[170]. Die Beschäftigung mit der Religionsgeschichte war um die Mitte des 20. Jahrhunderts in der evangelischen Theologie nicht gerade *en vogue*. Die vehemente, offenbarungstheologisch begründete Kritik vor allem Karl Barths an der Religion als dem vermeintlich selbstmächtigen Versuch des Menschen, sich vor einem Eigenentwurf Gottes selbst zu rechtfertigen, zeigte Wirkung. Dieser Angriff erzeugte ein Klima, das einer unbefangenen Zuwendung der neutestamentlichen Wissenschaft zur antiken Religionsgeschichte nicht günstig war. Bultmann brachte gleichwohl mit seinem Buch über das Urchristentum das Vermächtnis der Religionsge-

168 AaO 210–218.

169 AaO 218–233. – Zum Inhalt des Buches vgl. auch E. Dinkler, Rez. über R. Bultmann, Das Urchristentum im Rahmen der antiken Religionen, 1949, VF 5 (1949/50), 67–75.

170 Symptomatisch sind die folgenden Zahlen: Der Johannes-Kommentar Bultmanns erfuhr 63, das Urchristentums-Buch lediglich vier Rezensionen.

schichtlichen Schule in ganz eigenständiger Weise zur Geltung. Das Unternehmen der existentialen Interpretation des Neuen Testaments schloß notwendig mit ein, auch den religionsgeschichtlichen Kontext des Urchristentums wahrzunehmen. Das antike Judentum wie insbesondere der Hellenismus in seinen Ausprägungen der stoischen Popularphilosophie, der Mysterienreligionen und der mythologischen Gnosis bildeten den legitimen Sprach- und Vorstellungshorizont, vor dem das Urchristentum die Eigenart des christlichen Glaubens zum Leuchten brachte.

Bultmanns Buch über das Urchristentum erfüllte freilich in den Kreisen, für die es geschrieben war, unter den gebildeten, aber nicht unbedingt theologisch versierten Lesern, offenkundig seinen Zweck. Die Startauflage von 4.400 Exemplaren[171] war binnen weniger Jahre restlos verkauft[172]. Bis 1998 erschienen sechs Auflagen des Buches[173], dazu zwei Taschenbuch- sowie sieben fremdsprachige Ausgaben[174]. Zu diesem verlegerischen Erfolg dürften neben dem Inhalt die klare, einprägsame Sprache und die historisch wie systematisch transparente Disposition des Buches beigetragen haben. Darüber hinaus verlieh Bultmann seinem Werk eine poetische Note, indem er ausgiebig Dichtungen aus den antiken Religionen und Weltanschauungen in die Darstellung einflocht. Diese Texte fungierten offenkundig nicht bloß als gelehrter Zierat. Vielmehr brachten sie das in ihnen vertretene Daseinsverständnis in unmittelbarer Anschaulichkeit authentisch zur Sprache. Ernst Beutler, dem Goethekenner, gefielen Bultmanns Ausführungen wegen ihrer »sauberen Klarheit«[175]. »Das Urchristentum« sei ein bemerkenswertes Buch, das den Leser wie eine musikalische Komposition, man könne auch sagen: wie eine Komposition Wagners, berühre und bewege, befand Arthur Darby Nock[176]. Für Bultmanns Freund Ernst Moering erbrachte das Werk »wieder den Beweis, daß das Wahre auch schön ist«[177]. Die Heidelberger Akademie der Wissenschaften schließlich nahm gerade dieses Buch zum Anlaß, um seinen Autor für die Verleihung des Reuchlin-Preises 1957 vorzuschlagen[178].

171 Vgl. Artemis-Verlag an Bultmann, 12. 8. 1949, Mn 2-2440.

172 Vgl. Artemis-Verlag an Bultmann, 20. 7. 1953, Mn 2-2440.

173 Das Buch erschien bis zur fünften Auflage 1986 im Artemis-Verlag, in der sechsten Auflage 1998 im Patmos-Verlag.

174 Als Taschenbuchausgaben sind zu verzeichnen: rde 157/158 (1962) und dtv 4580 (1992). Außerdem erschien das Buch in folgenden Sprachen: englisch, französisch, dänisch, italienisch, ungarisch, portugiesisch, japanisch.

175 E. Beutler an A. Schweitzer, 24. 4. 1949, in: W. Zager (Hg.), A. Schweitzer. Theologischer und philosophischer Briefwechsel 1900–1965, 2006, (82–84) 83.

176 Vgl. Nock (s. Anm. 164), 39.

177 E. Moering an Bultmann, 22. 10. 1950, Mn 2-1410.

178 S. dazu u. 478 f.

4. Das Ende der akademischen Lehrtätigkeit

Herr, ich bin zu gering aller Barmherzigkeit und aller Treue, die du an deinem Knechte getan hast. (Gen 32,11)

Was hast du, das du nicht empfangen hast? So du es aber empfangen hast, was rühmst du dich denn, als ob du es nicht empfangen hättest? (I Kor 4,7)[179]

In seinem letzten regulären Marburger Semester legte Bultmann im Kolleg den zweiten Korintherbrief aus. Die Vorlesung über diesen Paulusbrief, der stärker als wohl jede andere Schrift des Neuen Testaments seine Theologie prägte[180], war ihm »immer besonders lieb gewesen«[181]. Denn der zweite Korintherbrief gab Bultmann zentrale Themen für sein theologisches Denken vor: das Wort der Verkündigung als eschatologisches Geschehen, die Begründung des apostolischen Amtes durch das Christusgeschehen, die Paradoxie, daß sich das eschatologische Ereignis – die Versöhnung Gottes mit der Welt – in einem historischen Faktum – dem Kreuz Jesu – vollzogen habe und in der Verkündigung jeweils neu vergegenwärtige, sowie die exemplarische Bedeutung der apostolischen Existenz für den Glaubens- und Lebensvollzug des Christen. Im Seminar behandelte Bultmann das Thema »Paulus und die Gnosis«. Am 16. Juli 1951 schloß er »die letzte Seminarsitzung des Semesters mit der Feststellung, daß Paulus natürlich nicht nur Gnostiker sei; daß es aber notwendig ist, Paulus im Zusammenhang mit allen religiösen und geistigen Bewegungen seiner Zeit verstehen zu lernen«[182].

Seine Abschiedsvorlesung vor der Emeritierung hielt Bultmann am 24. Juli 1951 im überfüllten Auditorium maximum[183]. Ein Vertreter der Studentenschaft überreichte ihm als Zeichen des Dankes und der Verehrung eine Ausgabe der gesammelten Werke Georg Christoph Lichtenbergs. Für die Schüler würdigte Günther Bornkamm die theologische Arbeit des Lehrers, dessen weitgespannte Forschungstätigkeit sich in bahnbrechenden Werken niedergeschlagen habe. Bultmann habe sich nicht mit der bloßen historischen Rekonstruktion geschichtlicher Gegebenheiten begnügt, sondern die neutestamentliche Botschaft stets im Horizont gegenwärtigen Wahrheitsbewußtseins sachgemäß zu verstehen gesucht. Der Dekan der Marburger Theologischen Fakultät, Emil Balla, hob in seinen Dankesworten den außergewöhnlichen Lehrerfolg Bultmanns hervor. Tausende von jungen Theologen seien durch seine Schule gegangen. Für diesen Gelehrten, der der bedeutendste Neutestamentler

179 Bibelworte, mit denen Bultmann seine Abschiedsvorlesung am 24. 7. 1951 in Marburg beschloß.

180 Vgl. E. Dinkler, Vorwort, in: R. Bultmann, Der zweite Brief an die Korinther, hg. von E. Dinkler, 1976, (9–12) 11 f.

181 Bultmann, aaO 7 (Vorwort).

182 B. Jaspert (Hg.), Sachgemäße Exegese. Die Protokolle aus Rudolf Bultmanns Neutestamentlichen Seminaren 1921–1951, 1996, 160.

183 Alle Daten in diesem Kapitel werden nach Bultmanns Chronik 1946–1961, Mn 2-225, gegeben.

der evangelischen Welt geworden sei, einen Nachfolger zu finden, werde schwer werden. Für die beiden hessischen Kirchen sprach Bischof Adolf Wüstemann, der selbst zum Kreis der Schüler Bultmanns gehörte. Wüstemann dankte Bultmann für sein mutiges und unbeugsames Engagement in der Bekennenden Kirche und nicht zuletzt für den Dienst, den er der evangelischen Kirche durch sein unbeirrtes Suchen nach begründeter Wahrheitserkenntnis geleistet habe und hoffentlich weiterhin leisten werde. Bultmann dankte seinen Hörern und den Rednern mit schlichten Worten und verlieh seiner Dankbarkeit über die mehr als dreißigjährige Lehrtätigkeit in Marburg Ausdruck mit den beiden Bibelworten Gen 32,11 und I Kor 4,7, in denen er leitende Motive seiner theologischen Existenz ausgesprochen fand[184].

Über seine Emeritierung, die der hessische Kultusminister mit Wirkung vom 1. Oktober 1951 verfügte[185], war Bultmann »sehr glücklich«[186]. Der neue Status eines Emeritus verhieß die erfreuliche Aussicht, sich unbelastet von den Verpflichtungen des Lehramtes und der akademischen Gremienarbeit bislang aufgeschobenen Forschungsprojekten widmen zu können. Immerhin war die »Theologie des Neuen Testaments« noch nicht zu Ende geschrieben. Für die »Geschichte der synoptischen Tradition«, das Jesus-Buch, den Johannes-Kommentar und den ersten Band von »Glauben und Verstehen« galt es Neuauflagen vorzubereiten. Außerdem stand die Drucklegung eines zweiten Bandes von »Glauben und Verstehen« an, ganz zu schweigen von den Anforderungen, die die zunehmend heftiger werdende Debatte um das Entmythologisierungsprogramm an Bultmann stellte. Die für all dies erforderliche Muße wollte sich freilich nicht recht einstellen. Die Wiederbesetzung der Professur Bultmanns kam nur schleppend voran. So ließ er sich dazu bewegen, im Sommersemester 1952 mit einer zweistündigen Vorlesung wenigstens partiell den Lehrausfall im Neuen Testament zu kompensieren[187].

Trotz der anhaltenden Verpflichtungen konnte sich Bultmann im Sommer 1952 zu zwei Reisen gleichsam in die eigene Vergangenheit freimachen. Die eine führte ihn und seine Frau in den Pfingstferien in das geliebte Oldenburg. Dort besuchte er Verwandte, auch legte er zum Gedenken der Eltern Blumen auf ihr Grab. Er zeigte Leni noch einmal das Ammerland mit seinem Geburtsort Wiefelstede und Rastede, wo er zuerst zur Schule gegangen war, und ließ sich »von der Geest-Landschaft mit ihren Kornfeldern und Eichenkamps, ihren Knicks und Bauernhöfen« zurück in seine Kindheit und Jugend versetzen[188]. Sodann winkten intensive Bildungserlebnisse, als Bultmann, seine Frau und die beiden Töchter Gesine und Heilke vom 5. Septem-

184 S.o. Anm. 179. – Vgl. Kl., Dank an einen weltbekannten Marburger Gelehrten, OP Nr. 169, 25.7. 1951, 3; O. Kaiser, Worte des Gedenkens an Rudolf Bultmann, in: Freundeskreis Marburger Theologie, Mitgliederrundbrief Nr. 8 (März 2007), (40–43) 41.

185 Vgl. Hessischer Minister für Erziehung und Volksbildung an Bultmann, 29.6. 1951 (Privatbesitz G. Diesselhorst).

186 Bultmann an G. Krüger, 8.7. 1951, in: F. Lilie (Hg.), Bultmann-Krüger Bw. V, ZNThG 6 (1999), (288f.) 289.

187 Vgl. Bultmann an F.C. Sell, 3.8. 1952, Mn 2-2380.

188 Bultmann an A. Bultmann Lemke, 15.6. 1952, Mn 2-3452.

Abb. 35: Während der letzten Marburger Vorlesung im Juni 1951.

Abb. 36: Tagung der »Alten Marburger« 17.–21. Oktober 1960 in Bethel: Heinrich Ott, Martin Heidegger und Rudolf Bultmann.

ber bis zum 3. Oktober 1952 nach Italien fuhren. Über Basel erreichten die Bultmanns ihre Reiseziele: Bologna, Ravenna, Florenz, Pisa, Lucca, Siena und San Gimignano. Die Eindrücke vor den Bildern und Kunstwerken in den Uffizien, im Palazzo Pitti und auch in den Kirchen und Museen außerhalb von Florenz fielen wieder so überwältigend aus wie bei der ersten Italienreise, die Bultmann als Student 1904 unternommen hatte. Freilich schienen Florenz und die anderen besuchten Städte den eigentümlichen Reiz, den sie auf ihn vor fast fünfzig Jahren ausgeübt hatten, infolge des »rasenden Verkehrs und des damit verbundenen Lärms« verloren zu haben. Bultmann kam es so vor, »daß in Italien wenigstens die Hälfte der Bewohner auf Motorrädern sitzt«. Um so erfreulicher empfand er die Ruhe, wie er sie in dem mittelalterlichen Bergstädtchen San Gimignano erfuhr[189].

Im Sommer 1952 nahm Werner Georg Kümmel, der im Jahr zuvor von Zürich nach Mainz gegangen war, den Ruf auf den Lehrstuhl Bultmanns in Marburg an. Freilich kam es zu Schwierigkeiten bei der Neubesetzung der zuletzt von Kümmel versehenen neutestamentlichen Professur in Zürich. Die Zürcher Theologische Fakultät bat daher Bultmann darum, im Wintersemester 1953/54 die Lehrstuhlvertretung für (seinen Marburger Nachfolger) Kümmel zu übernehmen. Bultmann kam dieser Bitte nach, da er seit seinen wissenschaftlichen Anfängen freundschaftliche Beziehungen zu Schweizer Theologen pflegte, zu Walter Baumgartner in Basel sowie Walter Gut und Ludwig Köhler in Zürich. Mehrfach war er in die Schweiz zu Vorträgen eingeladen worden[190]. Bultmann konnte sich zur Übernahme des Lehrauftrags auch deshalb bereiterklären, weil sich die mit ihm verbundene Lehrverpflichtung in Grenzen hielt. Er hatte eine vierstündige Vorlesung über die Briefe des Paulus an die Galater und die Philipper sowie ein zweistündiges Seminar über den Begriff des Glaubens im Neuen Testament anzubieten[191].

In Zürich bezog Bultmann Quartier im Augustinerhof, St. Peterstraße 8. Er richtete sich darauf ein, »wieder recht als Einsiedler« in seinem Zimmer und in der Universität zu leben[192]. Die Arbeit mit den Studenten machte ihm Freude, zumal sie bereit waren, auf seine Gedanken einzugehen[193]. Und sein Eremitendasein wurde immer wieder unterbrochen durch Einladungen seines Freundes Ludwig Köhler, des Alttestamentlers Hans Wildberger und Walter Rüeggs, des Herausgebers der Erasmus-Bibliothek im Artemis-Verlag. Dank seiner guten Beziehungen zu Rüegg erreichte Bultmann die Veröffentlichung der nachgelassenen Aufsätze Erich Franks in der Erasmus-Bibliothek. In seinem vom Verleger erbetenen Vorwort zu dieser Aufsatzsammlung wies er auf den fragmentarischen Charakter der philosophischen Ar-

189 Bultmann an A. Bultmann Lemke, 7. 10. 1952; vgl. auch 19. 7. 1952, Mn 2-3452.

190 Vgl. H. Urner-Astholz, Erinnerungen an Rudolf Bultmann, in: Dies., Spiegelungen, 1984, (206–209) 206.

191 Vgl. Erziehungsdirektion des Kantons Zürich an Bultmann, 23. 6. 1953 (Privatbesitz G. Dieselhorst).

192 Bultmann an A. Bultmann Lemke, 13. 1. 1954, Mn 2-3452.

193 Vgl. Bultmann an A. Bultmann Lemke, 7. 3. 1954, Mn 2-3452; dazu P. Biehl / P. Schulz, Autobiographische Miniaturen, 2006, 50 f.

Abb. 37: Rudolf Bultmann um 1955.

beit seines Freundes hin. Gleichwohl, so fügte er hinzu, lasse die Anthologie wie ein Vermächtnis das leidenschaftliche Interesse Franks deutlich werden, »die Grundprobleme des gegenwärtigen Bewußtseins, die Fragen nach dem Sinn von Mensch und Leben, zu klären«[194]. Da seine Lehrtätigkeit nicht sonderlich arbeitsreich war, kam Bultmann sich in Zürich »fast wie in den Wiesbadener Ferien vor«[195]. So fand er auch genügend Zeit zum Besuch der Oper und des Theaters[196].

194 R. Bultmann, Vorwort, in: E. Frank, Wissen, Wollen, Glauben. Ges. Aufs. zur Philosophiegeschichte und Existentialphilosophie, hg. von L. Edelstein, 1955, 11–13; vgl. dazu R. Bultmann, Zum Thema: Christentum und Antike, ThR NF 23 (1955), (207–229) 220–222.224–226.

195 Bultmann an A. Bultmann Lemke, 5. 11. 1953, Mn 2-3452.

196 Vgl. Bultmann an A. Bultmann Lemke, 24. 1. 1954, Mn 2-3452.

Zudem ersuchte man Bultmann hin und wieder um Vorträge und andere Dienste, die über seinen Lehrauftrag hinausgingen. Als der Zürcher Kirchenrat einmal die Theologische Fakultät einlud, hatte er »einen kleinen Bericht« über seinen theologischen Werdegang zu erstatten[197]. Die »Neue Zürcher Zeitung« bat ihn um eine Besinnung für ihre Weihnachtsausgabe 1953. Bultmann nahm die Gelegenheit wahr, um die Weihnachtsbotschaft zu entfalten. »Wir sind nicht die, die wir zu sein scheinen, zu sein meinen. Wir sind die, die wir im Lichte der Gnade Gottes sind. Wir sind, was wir hier und jetzt nie sind, aber das, was wir hier und jetzt nie sind, *gerade das ist unser eigentliches Sein*. Das ist der Weihnachtsglaube.«[198] Zwar spürte Bultmann in Zürich, daß den Schweizern die Erfahrung der beiden Weltkriege erspart geblieben war. Aber »das Gefühl der Sekurität wie der sich in Geschäften oder im Theater präsentierende Reichtum« kamen ihm »etwas unheimlich vor«[199]. Indes konnte für ihn auch die äußere Saturiertheit des Lebens in der Schweiz nicht darüber hinwegtäuschen, daß gerade die Nachkriegszeit mit ihren »politischen und wirtschaftlichen Verwirrungen« jene »Unheimlichkeit und Dunkelheit der Welt« repräsentierte, die der Ausdruck einer strukturellen Diesseitsorientierung der menschlichen Existenz war. Dazu gehörten für ihn auch die Technik mit ihrer »dämonischen Macht« und die Arbeitswelt, die die »von ihnen besessenen Menschen« nicht in die Eigentlichkeit ihres Daseins gelangen ließen. Das genuine Licht der Weihnacht – Bultmann legte das Symbol anhand der vierten Strophe von Luthers Choral »Gelobet seist du, Jesu Christ« aus – leuchtete nicht zuletzt, damit die Menschen im Glauben zu Kindern des Lichtes, zu freien und zur Liebe fähigen Menschen werden konnten[200].

Im Januar 1954 trug Bultmann in Basel auf Einladung der dortigen Theologenschaft seine Überlegungen zur »Geschichte und Eschatologie im Neuen Testament« vor. Der Vortrag gehörte schon in den Umkreis der Vorbereitungen zu den *Gifford Lectures*, die er im Frühjahr 1955 in Schottland zum Thema »Geschichte und Eschatologie« halten sollte[201]. Im Basler Vortrag beschreibt Bultmann zunächst das Geschichtsverständnis des Alten Testaments und der jüdischen Apokalyptik als Voraussetzung der im Neuen Testament unter eschatologischen Vorzeichen vollzogenen Neubestimmung der Geschichte. Nicht die nationale Geschichte Israels und auch nicht die gesamte Weltgeschichte bilden die eigentliche Geschichte. Vielmehr ereignet sich diese dort, wo der Mensch sich durch das Kerygma von seiner Vergangenheit befreien und in die für die Zukunft offene eschatologische Existenz versetzen läßt. Eben dies machen im Neuen Testament insbesondere Paulus und Johannes deutlich, indem sie das Eschaton nicht mehr als endgeschichtliches, sondern als prä-

197 Bultmann an E. Käsemann, 31. 12. 1953, Mn 2-2251.

198 R. Bultmann, Weihnachten (1953), GuV III, 1960^1, (76–80) 79; vgl. dazu H. U. Gumbrecht, Zorn über die Verdorbenheit der Atmosphäre, FAZ Nr. 68, 21. 3. 2001, N5.

199 Bultmann an E. Käsemann (s. Anm. 197).

200 Bultmann (s. Anm. 198), 77–79.

201 S. u. 417–419.

sentisches Geschehen interpretieren[202]. Auch Karl Barth erschien zu Bultmanns Vortrag. Er nahm aber an der folgenden Diskussion nicht teil. In Basel besuchte Bultmann seinen alten Freund Walter Baumgartner, mit dem zu reden sich für ihn immer lohnte[203].

Einen weiteren Vortrag hielt Bultmann am 16. Februar 1954 im Auditorium maximum der Technischen Hochschule Zürich. Im Rahmen eines *studium generale* sprach er über »Wissenschaft und Existenz«. Zwei Wochen vorher hatte Martin Heidegger am gleichen Ort über »Wissenschaft und Besinnung« referiert. Bultmann fand Heideggers Darbietungen sprachlich und rhetorisch »eine glänzende Leistung«, ihm fehlten freilich neue Gedanken. »Daß die objektivierende, methodische Wissenschaft nicht bis zum Sinn des Lebens vordringt, weiß man ja allmählich.«[204] Dies betonte Bultmann freilich auch in seinem eigenen Vortrag, in dem er sein Verständnis von der Geschichtlichkeit des menschlichen Daseins im übrigen ebenfalls im Rekurs auf zahlreiche schon früher entwickelte Gedanken ausbreitete. Neu an diesem Vortrag war allenfalls, daß Bultmann nicht mehr – wie etwa noch in der Einleitung zum Jesus-Buch – die Annahme der klassischen Physik teilte, die Naturwissenschaften könnten zu einer objektiven Erkenntnis der Phänomene an sich gelangen. Vielmehr nahm er die Einsichten Niels Bohrs und Werner Heisenbergs zur Veränderung von Elementarteilchen unter dem Einfluß experimenteller Eingriffe positiv auf, um verschärft nun auch auf den Gebieten der Geschichtswissenschaft und der Theologie die Verabschiedung jeglichen objektivierenden Denkens und Redens zu reklamieren[205].

Die erneute Begegnung mit Heidegger fand zunächst am 3. Februar 1954 in einem größeren Kreis im Hause des mit Heidegger befreundeten Zürcher Psychiaters Medard Boss statt. Einen Tag später suchte Heidegger Bultmann in dessen Hotel auf. Es kam zu einer denkwürdigen Unterredung[206]. Bultmann berichtete seiner in den USA lebenden ältesten Tochter ausführlich darüber: »Am Vormittag darauf besuchte Heidegger mich im Augustinerhof, und wir hatten zuerst ein erfreuliches Gespräch über sachliche Fragen. Er ist auch empört über Jaspers' Angriff auf mich. Dann erklärte ich ihm, warum ich mich an der Festschrift für ihn[207] nicht beteiligt habe, und sagte ihm, nach meiner Meinung müsse er endlich Retractationen schreiben und seine Verfehlungen in der Nazi-Zeit offen zugeben. Er war auch nicht unzugänglich und behauptete, daß er das auch schon erwogen hätte, daß er sich aber nicht hätte entschließen können, denn es widerstrebe ihm, so viele Einzelheiten wie-

202 Vgl. R. BULTMANN, Geschichte und Eschatologie im Neuen Testament (1954), GuV III, 1960^1, 91–106.

203 Vgl. Bultmann an A. Bultmann Lemke, 30. 1. 1954, Mn 2-3452.

204 Bultmann an A. Bultmann Lemke, 6. 2. 1954, Mn 2-3452.

205 Vgl. R. BULTMANN, Wissenschaft und Existenz (1955), GuV III, 1960^1, 107–121.

206 Die Darstellung der Szene bei H. JONAS, Erinnerungen, hg. von Ch. WIESE, 2003, 302, ist in mehrfacher Hinsicht nach dem im Folgenden mitgeteilten zeitnahen Bericht Bultmanns zu korrigieren.

207 Vgl. [W. F. OTTO u. a.,] Anteile. Martin Heidegger zum 60. Geburtstag, 1950.

der zur Sprache zu bringen; so viele Behauptungen seien Verleumdungen gewesen. Ich sagte: wenn er jetzt seine Fehler eingestünde, so dürfe er das nicht in apologetischer Weise tun und sich gegen Verleumdungen verteidigen, sondern er müsse nur seine Fehler offen zugeben. – Ich bin nun gespannt, ob er sich dazu entschließen wird.«[208] Bultmanns Hoffnung, Heidegger werde sein Versagen in der Nazi-Zeit öffentlich eingestehen, sollte sich nicht erfüllen[209].

Als sich das Zürcher Semester seinem Ende zuneigte, konnte Bultmann auf Monate ungestörter Arbeit und fruchtbarer Begegnungen zurückblicken. Der Abschied von Zürich fiel ihm schwer, zumal die Studenten ihn mit Gesang empfangen hatten, als er am 25. Februar 1954 zum letzten Mal das Auditorium betrat. Walter Gut eröffnete seine Abschiedsrede gar mit dem Satz: »Es gibt nur *einen* Rudolf Bultmann, und der war unser!« Das fand der so Geehrte denn doch reichlich pathetisch[210]. Ihn erfreute gleichwohl, daß eine aus Fritz Blanke, Ludwig Köhler und Victor Maag bestehende Delegation der Zürcher Theologischen Fakultät ihn eigens aufsuchte, um ihn zur Verlängerung der Lehrstuhlvertretung im Sommersemester 1954 zu bewegen. Jedoch mußte er nach Abwägung aller Gesichtspunkte den Zürchern eine Absage erteilen[211].

Im Sommer 1954 arbeitete Bultmann weiter an den *Gifford Lectures*. Eine willkommene Abwechslung boten ihm zwei Ereignisse, die seine Gedanken an lange zurückliegende Stationen seiner Lebensgeschichte zurückwandern ließen. Zunächst beging die Hessische Stipendiatenanstalt am 12. Juli 1954 mit einem Festakt im Rittersaal des Marburger Schlosses ihr 425jähriges Jubiläum. Unter Heinrich Frick, dem ersten Ephorus der Nachkriegszeit, hatte das *Collegium Philippinum* als regelrechter Stipendiatenkonvikt im ehemaligen Marstall des Schlosses eine neue Bleibe gefunden[212]. In der Geburtstagsfeier der Stipendiatenanstalt hielt Bultmann, der von 1907–1916 Repetent an der altehrwürdigen, von Landgraf Philipp dem Großmütigen gegründeten Bildungseinrichtung gewesen war, den Festvortrag zum Thema »Geschichte und Eschatologie im Neuen Testament«. Die Feierstunde nahm einen so nicht vorgesehenen Verlauf. Zunächst verzögerte sich durch die Probe des Chores ihr Beginn, dann zog sie sich durch die große Zahl und den Umfang der Grußworte über Gebühr in die Länge. Als Bultmann mit über einstündiger Verspätung seinen Vortrag begann, war ein Teil der Gäste bereits zum Mittagessen entflohen. Ihm blieb nichts anderes übrig, als möglichst schnell zu reden und seine Ausführungen noch zu kürzen[213]. Immerhin brachte ihm das Jubiläum einen Auftritt im neuen Medium des

208 Bultmann an A. Bultmann Lemke (s. Anm. 204).

209 Vgl. Jonas (s. Anm. 206); zum Problem R. Safranski, Ein Meister aus Deutschland. Heidegger und seine Zeit, 1994, 480–488.

210 Bultmann an A. Bultmann Lemke, 27. 2. 1954, Mn 2-3452.

211 Bultmann an A. Bultmann Lemke (s. Anm. 193).

212 Vgl. Th. Siegfried, 425jähriges Jubiläum der Hessischen Stipendiaten-Anstalt, OP Nr. 157, 10. 7. 1954, 5.

213 Vgl. Bultmann an A. Bultmann Lemke, 18. 7. 1954, Mn 2-3452.

Fernsehens ein. Der Hessische Rundfunk befragte ihn als ehemaligen Repetenten in einem Bericht über die Stipendiatenanstalt zu deren Aufgabe und Geschichte.

Erfreulicher für ihn verlief das Stiftungsfest seiner Verbindung »Igel« am 24./25. Juli 1954 in Tübingen. Am Sonntag hielt Bultmann in der Tübinger Schloßkirche den Gottesdienst zum Gedenken der verstorbenen und gefallenen Bundesbrüder[214]. Anschließend begaben sich die Verbindungsmitglieder und ihre Ehefrauen per Automobil in das Zisterzienserkloster Bebenhausen bei Tübingen und nach Hohenentringen, wo sich dem weiten Ausblick die Schönheit der Täler der Ammer und des Neckar erschloß. In Niedernau bei Rottenburg klang das Fest aus. Zwischen dem Kaffeetrinken und dem Abendessen gab es Tanz, »schöne Musik und eine lustige Aufführung, in der die Götter des Olymp eine Rolle spielten und dagegen protestierten, entmythologisiert zu werden«. Bultmann war froh, das Stiftungsfest mitgefeiert, alte Bekannte wiedergesehen und neue Bekanntschaften gemacht zu haben. Unter den erschienenen Bundesbrüdern gehörte er zu den ältesten, und so rückte ihm das Fest auch das unerbittliche Gesetz der vergehenden Zeit deutlich ins Bewußtsein[215].

Er war nun, wie sein 70. Geburtstag am 20. August 1954 ebenfalls, wenn auch auf heitere Weise anzeigte, in die letzte Phase seines Lebens eingetreten. Zwar kehrte an seinem Geburtstag nicht die Ruhe ein, die er sich eigentlich gewünscht hatte, aber er erlebte eine schöne Feier. Ein Mozart-Streichquartett am Morgen stimmte ihn auf den Tag ein, an dem sich zahlreiche Gratulanten in der Calvinstraße 14 einstellten, Walther Eltester ihm eine Festschrift und der Ministerialdirektor Willy Viehweg die Goetheplakette des Landes Hessen überreichte. Heinrich Schlier gab folgenden distanzierten Bericht von diesem Tag: »Bultmann wurde sehr gefeiert von Verwandten, Freunden, Schülern und Behörden. Man sah, wie sehr er in Kommunikation mit den Menschen lebt. Dabei hat er andrerseits eine moralische Schärfe, die nur das Alter etwas gemildert hat.«[216] Für Bultmann selbst gab »nicht zum wenigsten ... auch die Anteilnahme der Freunde aus nah und fern dem Festtag seinen Glanz«[217].

Während er sich noch für die mehr als 260 schriftlichen Glückwünsche zu seinem Geburtstag bedankte, hatte er sich auch schon der nächsten Verpflichtung zu stellen, den letzten Vorbereitungen zur neunten Jahrestagung der *Studiorum Novi Testamenti Societas*, die vom 7. bis 10. September 1954 in Marburg stattfand. Da der Präsident der Gesellschaft, Vincent Taylor, an diesem Treffen nicht teilnehmen konnte, oblag Bultmann außer der Organisation auch die Leitung der Tagung. Als *Chairman of the conference* eröffnete er die gemeinsame Arbeit am 7. September mit einer Andacht[218]. Ansonsten beschränkte er sich darauf, die Diskussionen nach den Vorträgen zu leiten und für das Gelingen des geselligen und kulturellen Beiprogramms der

214 Vgl. R. Bultmann, VW, 342 (Predigt Nr. 124).

215 Bultmann an A. Bultmann Lemke, 1. 8. 1954, Mn 2-3452.

216 H. Schlier an E. Peterson, 19. 10. 1954, zit. bei R. von Bendemann, Heinrich Schlier. Eine kritische Analyse seiner Interpretation paulinischer Theologie, 1995, 90 Anm. 334.

217 Bultmann an G. Krüger, 29. 8. 1954, in: Lilie (s. Anm. 186), (298 f.) 298.

218 Vgl. R. Bultmann, VW, 342 (Predigt Nr. 125).

Tagung zu sorgen[219]. Längst als Doyen der neutestamentlichen Wissenschaft international anerkannt[220], überließ er es jüngeren Kollegen, mit neuen Erkenntnissen hervorzutreten und die Diskussion über exegetische Einzelfragen zu führen. Es konnte den Anschein haben, als wolle sich Bultmann langsam auf das Altenteil der wissenschaftlichen Theologie zurückziehen. Hatte er nicht auch nahezu alles, was er zum Neuen Testament zu sagen hatte, bereits in der 1953 zum Abschluß gebrachten »Theologie des Neuen Testaments« gesagt?

5. Die »Theologie des Neuen Testaments«

Dieses Werk hat es nicht nötig, gerühmt zu werden; es spricht selbst für sich durch seine Sachlichkeit. Gerade da, wo sich kritische Fragen erheben, verstärkt sich der Eindruck der bis ins Detail sorgsamen Arbeit, der Fülle des eingearbeiteten Stoffes, der Präzision der Fragestellungen. Die Darstellung ist in Gliederung und Diktion meisterhaft.[221]

Nach der »Geschichte der synoptischen Tradition« und dem Kommentar zum Johannesevangelium legte Bultmann 1948 bis 1953 mit seiner »Theologie des Neuen Testaments« ein weiteres *opus magnum* vor. Das Werk enthielt nichts weniger als die Summe seiner jahrzehntelangen Arbeit an der Erschließung der Botschaft des Neuen Testaments. Auf diese zusammenfassende Darstellung, so nahm Nils Alstrup Dahl es in der Retrospektive wahr, waren Bultmanns Bemühungen um die Auslegung des Neuen Testaments seit den 1920er Jahren mit einer inneren Folgerichtigkeit zugelaufen[222]. Das Buch erschien als einer der von Bultmann selbst herausgegebenen »Neuen theologischen Grundrisse« im Verlag Mohr Siebeck in Tübingen. Der vom Verleger am 6. Dezember 1929 und vom Autor vierzehn Tage später unterzeichnete Verlagsvertrag sah für den Band einen Umfang von 25 Druckbogen vor. Als Honorar sollte Bultmann, bezogen auf je 1.000 Exemplare einer Auflage, für jeden Bogen von sechzehn Druckseiten sechzig Reichsmark erhalten. Der Termin für die Abgabe des Manuskripts wurde auf den 31. Dezember 1932 festgelegt[223].

Tatsächlich begann Bultmann mit der Niederschrift der Druckvorlage erst unmittelbar nach dem Ende des Zweiten Weltkriegs, als die Schließung der Universität

219 Vgl. G.H. Boobyer, The Ninth General Meeting, NTS 1 (1954/55), 227f.

220 Bultmann war 1953/54 Präsident der *Studiorum Novi Testamenti Societas* und hatte schon deren achte Jahrestagung vom 8.–10.9. 1953 in Cambridge geleitet. Vgl. G.H. Boobyer, The Eight General Meeting, NTS 1 (1954/55), 69f.

221 H. Conzelmann, Rez. über R. Bultmann, Theologie des Neuen Testaments, 1953, ZKG 66 (1954/55), (151–157) 151; vgl. auch M. Barth, Die Methode von Bultmanns »Theologie des Neuen Testaments«, ThZ 11 (1955), (1–27) 1.

222 Vgl. N.A. Dahl, Die Theologie des Neuen Testaments, ThR 22 (1954), (21–54) 22.

223 Vgl. den Verlagsvertrag vom 6./21.12. 1929, Mn 2-2485.

Marburg ihm den dafür erforderlichen Freiraum verschaffte[224]. Im Juni 1945 ließ er verlauten, er hoffe, den Text »in einigen Wochen abschließen zu können«[225]. Dazu kam es freilich nicht. Die mangelhafte Ernährung und die Kälte in den ersten Nachkriegswintern hemmten den zügigen Fortgang der Arbeit außerordentlich[226]. So erschien die erste Lieferung seiner »Theologie des Neuen Testaments« erst 1948. Ihr folgten 1951 die zweite und 1953 die dritte Lieferung[227]. Die Höhe der ersten Auflage belief sich auf 8.000 Exemplare[228]. Dem von Bultmann vor der Drucklegung der dritten Lieferung geäußerten Wunsch, der eigentlichen Darstellung noch *Epilegomena* hinzuzufügen, kam der Verleger gern nach[229].

In den *Epilegomena* erläutert Bultmann programmatisch sein Verständnis von der *Aufgabe* einer neutestamentlichen Theologie. Zudem sucht er hier seine Konzeption anhand einer kritischen Sichtung der Wissenschaftsgeschichte der Disziplin »Theologie des Neuen Testaments« zu bewähren und theologiegeschichtlich zu verorten. In partieller Anknüpfung an Ferdinand Christian Baur weist Bultmann der Theologie des Neuen Testaments die Aufgabe zu, das dem Glauben inhärente Selbstverständnis gedanklich zu explizieren. Sie hat den Glauben darzustellen, wie er sich selbst auslegt, nicht einfach seinen Gegenstand. Nun bezieht sich der Glaube im Neuen Testament auf »*das Kerygma*, das von dem Handeln Gottes in dem Menschen Jesus von Nazareth redet«. Von daher ist in der Theologie des Neuen Testaments »das Kerygma und das durch dieses erschlossene Selbstverständnis, in dem sich der Glaube expliziert«, zu entfalten[230]. Dies kann nicht durch die einfache Reproduktion der theologischen Sätze des Neuen Testaments erreicht werden. Denn diese theologischen Sätze können nicht Gegenstand des Glaubens sein, sie sind situationsbedingt und unvollständig, sie unterliegen als mehr oder weniger sachgemäße Explikationen des glaubenden Selbstverständnisses der stetigen Sachkritik, wie sie Luther

224 Vgl. R. Bultmann, Bericht über unser Ergehen in Marburg seit 28. März 1945 (1945), in: H.G. Göckeritz (Hg.), Bultmann-Gogarten Bw., 2002, (308–317) 311. – Mit Vorarbeiten zur Abfassung der »Theologie des Neuen Testaments« hatte Bultmann nach dem Abschluß des Manuskripts für den Johannes-Kommentar begonnen. Vgl. Bultmann an G. Bornkamm, 3.8. 1940, Mn 2-2147.

225 Bultmann an F. Gogarten, 10.6.1945, in: Göckeritz, aaO (232–237) 233.

226 Vgl. Bultmann (s. Anm. 224), 310–312.

227 Bultmann hatte den Text des letzten Teils am 31.12.1952 abgeschlossen. Vgl. Bultmann an G. Krüger, 28.1.1953, in: F. Lilie (Hg.), Bultmann-Krüger Bw. V, ZNThG 6 (1999), (293f.) 294.

228 Vgl. H.G. Siebeck an Bultmann, 3.5.1948, Mn 2-2500. – Für 5.000 Exemplare bewilligte die französische Militärregierung in Baden-Baden Papierschecks, für 3.000 Exemplare stellte das Evangelische Hilfswerk Papier zur Verfügung.

229 Vgl. Bultmann an H.G. Siebeck, 7.1.1953, Mn 2-2624; H.G. Siebeck an Bultmann, 9.1.1953, Mn 2-2504.

230 R. Bultmann, Theologie des Neuen Testaments, 1961^4, 587; vgl. O. Merk, Art. Biblische Theologie II. Neues Testament, TRE 6 (1980), (455–477) 464f.; J. Frey, Zum Problem der Aufgabe und Durchführung einer Theologie des Neuen Testaments, in: C. Breytenbach u. J. Frey (Hg.), Aufgabe und Durchführung einer Theologie des Neuen Testaments, 2007, (3–53) 18.29–32.

exemplarisch an einzelnen neutestamentlichen Schriften geübt hat[231]. Insbesondere durch die sachkritische Unterscheidung zwischen dem Kerygma und den theologischen Sätzen gilt es jenes Kerygma allererst zu eruieren, in dessen Licht das Selbstverständnis des Glaubens »als eine Möglichkeit menschlichen Selbstverständnisses verstanden« werden kann[232].

Das zentrale Problem der *Darstellung* sieht Bultmann in der Gewichtung der beiden zueinander in einem reziproken Verhältnis stehenden Interessen der historischen Rekonstruktion einerseits und der gegenwartsbezogenen Interpretation andererseits. Das Neue Testament ist als Dokument der Geschichte selbstverständlich historisch-kritisch und religionsgeschichtlich zu erforschen. Was dies anbelangt, weiß sich Bultmann in nicht wenigen historischen Einzelfragen und im Aufriß seiner »Theologie des Neuen Testaments« der Religionsgeschichtlichen Schule und ihren Hauptrepräsentanten William Wrede und Wilhelm Bousset verpflichtet[233]. Freilich geht er über die Religionsgeschichtler darin hinaus, daß er die historische Arbeit entschlossen in den Dienst der Interpretation der neutestamentlichen Schriften nimmt – »unter der Voraussetzung, daß diese der Gegenwart etwas zu sagen haben«[234]. Um die Gegenwartsbedeutung des Neuen Testaments zu erfassen, genügt es keineswegs, die Geschichte des Urchristentums oder die Entwicklung bestimmter Lehren als Gegebenheiten der Vergangenheit zu rekonstruieren. Vielmehr hat die Theologie des Neuen Testaments auch in der historischen Rekonstruktion das Selbstverständnis des Glaubens in seiner Relation zum Kerygma durchsichtig zu machen.

Dieses Programm spiegelt sich im Aufbau der Bultmannschen »Theologie des Neuen Testaments« konzis wider. Als »Voraussetzungen und Motive der neutestamentlichen Theologie« gelangen im ersten Teil die Verkündigung Jesu, das Kerygma der Urgemeinde und das Kerygma der hellenistischen Gemeinde vor und neben Paulus zur Darstellung. Die eigentliche Theologie des Neuen Testaments bietet der zweite Teil, der sich auf Paulus und Johannes beschränken kann. Denn nur diese beiden Zeugen entwickeln in jeweils eigentümlicher Begrifflichkeit das Selbstverständnis des Glaubens in seinem Bezug auf das Kerygma. Zwischen ihnen läßt sich im Hinblick auf die religionsgeschichtliche Atmosphäre eine tiefe Gemeinsamkeit konstatieren. Ihre sachliche Nähe zueinander ist unverkennbar. Das ist für Bultmann der hinreichende Grund dafür, Paulus und Johannes entgegen der historischen Abfolge nebeneinander in das Zentrum der neutestamentlichen Theologie zu stellen[235]. Nur bedingt und nur noch im Einzelfall lassen sich dann in der »Entwicklung zur alten Kirche«, die der dritte Teil in den Blick nimmt, mehr oder weniger sachgemäße Explikationen des glaubenden Selbstverständnisses wahrnehmen.

231 Vgl. Bultmann, aaO 586f.
232 AaO 589.
233 Vgl. Merk (s. Anm. 230), 463.465.
234 Bultmann (s. Anm. 230), 599.
235 Vgl. Bultmann, aaO 357–362.

Die einleitenden und wohl auch berühmtesten Sätze des Buches ziehen eine erste Konsequenz aus dem in den *Epilegomena* skizzierten Theologieverständnis: »*Die Verkündigung Jesu* gehört zu den Voraussetzungen der Theologie des NT und ist nicht ein Teil dieser selbst. Denn die Theologie des NT besteht in der Entfaltung der Gedanken, in denen der christliche Glaube sich seines Gegenstandes, seines Grundes und seiner Konsequenzen versichert. Christlichen Glauben aber gibt es erst, seit es ein christliches Kerygma gibt, d.h. ein Kerygma, das Jesus Christus als Gottes eschatologische Heilstat verkündigt, und zwar Jesus Christus, den Gekreuzigten und Auferstandenen.«[236] Das Bild, das Bultmann von der Verkündigung Jesu zeichnet, entspricht im wesentlichen dem Inhalt des Jesus-Buches und dem von Jesus handelnden Kapitel im Buch über das Urchristentum. Breiter als dort behandelt Bultmann freilich das Problem des messianischen Selbstbewußtseins Jesu, eine Frage, deren Behandlung sich im Rahmen einer Theologie des Neuen Testaments aus Sachgründen nahelegte.

Jesus verkündigt die nahe Gottesherrschaft, die im Anbruch ist und deren Kommen den Menschen in die Entscheidung zwischen Gott und den weltlichen Gütern stellt. Der eschatologischen Botschaft Jesu entspricht sachlich seine ethische Verkündigung. Auch wenn Jesus die im Liebesgebot gipfelnde Forderung Gottes radikaler auslegt als das Judentum seiner Zeit, bleibt er mit seiner ethischen wie mit seiner eschatologischen Verkündigung grundsätzlich im Rahmen des Judentums. Beide Gedankenkreise bilden eine Einheit, denn »die Erfüllung des Willens Gottes« stellt in einem absoluten, nicht äußerlichen Sinne »die Bedingung für die Teilnahme am Heil der Gottesherrschaft« dar[237]. Als *Person* hat Jesus mit dieser Verkündigung soweit zu tun, als er deren Träger ist. Freilich tritt er nicht als eschatologischer Heilbringer auf, er fordert nicht den Glauben an seine Person. Immerhin, als der letzte prophetische Rufer Gottes vor dem Ende der Zeit repräsentiert er persönlich »die Forderung der Entscheidung«[238]. Glauben an ihn jedoch gibt es erst seit und mit dem Kerygma, also in der Gemeinde. Deshalb kann sich die historische Rückfrage nach dem messianischen Selbstbewußtsein Jesu auch von Glaubensinteressen völlig freihalten. Wenn ich Jesus als Heilbringer anerkenne, vollziehe ich nämlich einen Akt des Glaubens, der als persönliche Entscheidung nicht davon abhängig sein kann, wie man die historische Frage nach dem Selbstverständnis Jesu auch immer beantworten mag[239]. Bultmann hält William Wredes Erklärung des historischen Befundes im ganzen für plausibel. Die Urgemeinde hat den Glauben an Christus nicht aus dem Selbstbewußtsein Jesu abgeleitet. Die älteste Überlieferungsschicht der synoptischen Tradition und das älteste Kerygma fassen das Leben und Wirken Jesu noch nicht als messianisches auf. Im hellenistischen Christentum unternimmt erstmals der Evangelist Markus den Versuch, die Diskrepanz zwischen dem urchristlichen

236 AaO 1 f.
237 AaO 20.
238 AaO 8.
239 Vgl. aaO 27.

Bekenntnis zu Jesus Christus und der Wirklichkeit des unmessianischen Lebens Jesu nachträglich – durch die literarische Theorie vom Messiasgeheimnis – auszugleichen[240].

Die Urgemeinde erhebt den Verkündiger zum Verkündigten, indem sie Jesus als den kommenden Messias erwartet, als den Menschensohn. Sie bewegt sich damit freilich noch in den Bahnen der eschatologischen Hoffnung des Judentums, die sie auch mit ihrem Selbstverständnis, die eschatologische Sammlung der Endzeit zu sein, nicht verläßt. Auf Grund des Osterglaubens und in seinem Licht erkennen die ersten Christen, daß nicht die Lehre Jesu, sondern sein »Gekommensein das entscheidende eschatologische Geschehen ist«[241]. Implizierte »Jesu Entscheidungsruf ... eine Christologie«[242], so wird diese nunmehr ansatzweise explizit im Kerygma der Urgemeinde. Es interpretiert Jesu Bedeutung für den Glauben mit Herrenworten – tatsächlich Gemeindebildungen – , die von seinem Gekommen-, seinem Gesendetsein reden. Die Urgemeinde gibt ferner vom Osterglauben her erste Deutungen des anstößigen Kreuzestodes Jesu, dessen heilsgeschichtliche Notwendigkeit aufgewiesen und der schon früh als Sühneopfer verstanden wird. Eine Bedeutung für die Gegenwart erhält die Gestalt Jesu vollends dort, wo ihr – zumeist der jüdischen Tradition entnommene – Hoheitstitel beigelegt werden. Daß bereits die Urgemeinde Jesus als κύριος bezeichnet habe, hält Bultmann allerdings mit Wilhelm Bousset für wenig wahrscheinlich. Zumindest hat sie Jesus noch nicht im Kult als ihren Herrn verehrt[243]. Die kultischen und organisatorischen Formen der Urgemeinde sind auf Grund ihrer Bindung an die jüdische Synagoge unausgebildet. Neben der Taufe geben die gemeinsamen Mahlzeiten, die freilich noch nicht das Herrenmahl darstellen, Haftpunkte für die Entstehung eines eigenen Kultes ab. Die Leitung der Gemeinde haben zuerst die Zwölf inne, die primär die endzeitliche Sammlung als wahres Israel repräsentieren. Die Ältesten üben dann ein regelrechtes Leitungsamt aus, das an die Wortverkündigung gebunden, aber noch nicht durch eine institutionell vermittelte Sukzession reguliert ist. Die im Kerygma und den Lebensformen der Urgemeinde angelegten offenen Fragen drängen danach, in Zukunft als solche erfaßt und beantwortet zu werden.

Dies geschieht vorläufig in der hellenistischen Gemeinde, die gemäß dem von Wilhelm Heitmüller und Wilhelm Bousset kreierten Bild der Urchristentumsgeschichte ein eigenständiges Stadium zwischen der Urgemeinde und Paulus darstellt. Bultmann zeichnet, über Boussets »Kyrios Christos« weit hinausgehend, in höchst differenzierter Weise die Entwicklungslinien und Motive des hellenistischen Urchristentums nach, die teils in die Theologie des Paulus eingehen, teils auch an ihr vorbeiführen[244]. Dabei rekonstruiert er die komplexe Größe der hellenistischen Ge-

240 Vgl. aaO 33 f.
241 AaO 45.
242 AaO 46.
243 Vgl. aaO 54 f.
244 Vgl. aaO 66–68; dazu Conzelmann (s. Anm. 221), 153; Dahl (s. Anm. 222), 33; H. Braun,

meinde aus den Paulusbriefen, anderen Texten des Neuen Testaments sowie außerkanonischen frühchristlichen Schriften. Methodisch bestimmen die formkritische Analyse sowie begriffsgeschichtliche Untersuchungen das Vorgehen. Bultmann kann sich auf die von ihm und anderen angestellten lexikalischen Forschungen stützen, die in dem von Gerhard Kittel herausgegebenen »Theologischen Wörterbuch zum Neuen Testament« ihren Niederschlag gefunden haben.

Das Erfordernis, das Kerygma in der außerpalästinischen Umwelt verständlich zu machen, löst die hellenistische Gemeinde durch ihre Missionspredigt ein. Sie bringt zunächst den Heiden den Monotheismus nahe, und zwar in einer von der hellenistischen Synagoge und der hellenistischen Philosophie – zumal der Stoa – geprägten Sprache. Des weiteren entfaltet die hellenistische Gemeinde die Bedeutung Christi durch die Modifizierung der überkommenen Hoheitstitel. Als *terminus technicus* für die christliche Verkündigung kommt das Substantiv εὐαγγέλιον in Gebrauch, das sich in seiner absoluten Verwendung weder aus der alttestamentlich-jüdischen noch aus hellenistisch-paganen Traditionen ableiten läßt[245]. Die Annahme der Botschaft wird mit πίστις bzw. πιστεύειν bezeichnet. Auch wenn der Glaubensbegriff noch nicht ein persönliches Gottesverhältnis inkludiert, gewinnt er doch als zentraler Terminus zur Bezeichnung der Relation zwischen Mensch und Gott im Christentum eine Bedeutung, die er in der religiösen Umwelt der Antike bisher nicht hatte[246]. Die hellenistische Gemeinde bildet das Kirchenbewußtsein im eschatologischen Sinne weiter aus und existiert in Distanz zur Welt. Sie relativiert die kultischen Gebote des Alten Testaments, behält seine ethischen Weisungen aber bei. Weiterhin entwickelt sie erste kultische Formen, die Taufe und die Mahlzeiten der Urgemeinde gewinnen nach Analogie der Mysterien sakramentalen Charakter. Freilich stehen manche Motive noch unausgeglichen nebeneinander, etwa in der Auffassung des Geistes, der einerseits als eschatologische Gabe der Gemeinde gegeben ist, andererseits in besonderen Erlebnissen und Situationen sich konkretisiert.

In religionsgeschichtlicher Perspektive hat sich das hellenistische Christentum vor allem gegenüber der Gnosis, der ihm am nächsten verwandten und darum gefährlichsten Konkurrentin, zu behaupten. Es »steht im Strudel des synkretistischen Prozesses; das genuin christliche Motiv steht im Ringen mit anderen Motiven; die ›Rechtgläubigkeit‹ steht nicht am Anfang, sondern wird sich erst herausbilden«[247]. Das Verhältnis, das das hellenistische Christentum zur gnostischen Bewegung entwickelt, ist gekennzeichnet sowohl durch die theologische Abgrenzung von der Gnosis als auch durch die Rezeption gnostischer Begriffe und Motive. Damit ist auch der geschichtliche Ort des Paulus angegeben. Indem er die theologischen Mo-

Die Überwindung des Liberalismus auf der Ebene des Kritizismus, VF 5 (1949/50), (49–67) 54–57.

245 Vgl. dazu (gegen J. Schniewind) schon Bultmann an G. Bornkamm, 19. 5. 1937, Mn 2-2147.

246 Vgl. Bultmann, aaO 89–93; Ders., Art. πιστεύω usw. [A, C u. D], ThWNT 6 (1959), 174–182.197–230.

247 Bultmann (s. Anm. 230), 175 (im Anschluß an Walter Bauer).

tive und Fragen des hellenistischen Kerygmas »zur Klarheit des theologischen Gedankens erhoben ... und zur Entscheidung geführt hat«, ist er »zum Begründer einer christlichen Theologie geworden«[248].

Unter chronologischen Gesichtspunkten nimmt Bultmann viele der bisher gesponnenen Fäden im dritten Teil seiner Darstellung wieder auf. Den Übergang des Urchristentums zur Alten Kirche verfolgt er anhand dreier Themen, der Ausbildung kirchlicher Ordnung, der Lehrentwicklung und der christlichen Lebensführung. Mit Rudolph Sohm betont Bultmann gegen Adolf von Harnack, die Kirche habe sich zunächst als durch den Geist konstituierte eschatologische Größe aufgefaßt. Nur darf man nicht wie Sohm Geist und Recht gegeneinander ausspielen. Mit Karl Holl ist vielmehr davon auszugehen, daß der Geist sehr wohl eine regulative Rechtsordnung schaffen kann[249]. Die Entwicklung zur Ausbildung regelrechter Ämter sowie die Annäherung zwischen den charismatischen Wortverkündigern und den fest installierten Gemeindebeamten führen schließlich dazu, daß das Amt aus einer regulierenden zu einer die Kirche konstituierenden Größe wird. Damit geht ein Wandel im Selbstverständnis der Kirche einher. Sie nimmt mehr und mehr den Charakter einer sakramentalen Heilsanstalt an. Der christliche Lebenswandel wird zunehmend Bedingung für die Teilhabe am zukünftigen Heil. Das Christentum versteht sich, eingebunden in die Weltgeschichte, als neue Religion neben Judentum und Heidentum.

Als äußerst vielgestaltig erweist sich die Lehre, die sukkzessiv gegen die Irrlehre abgegrenzt wird. Die verschiedenen Motive und Themen, die hier festzustellen sind, mustert Bultmann durch unter der Frage, ob jeweils der dialektische Charakter christlicher Existenz erkannt und zur Geltung gebracht ist. Das betrifft das Verhältnis von Glaube und Geschichte, die Paradoxie der Paradosis, die vom eschatologischen als einem zugleich historischen Geschehen redet, und die Dialektik zwischen Indikativ und Imperativ als Kennzeichen des christlichen Lebens. An diesen Einzelheiten gemessen, bringen innerhalb der urchristlichen Literatur am ehesten die Ignatianen die eschatologische Ausrichtung des christlichen Glaubens in seiner existentiellen Relevanz zum Ausdruck. Ihnen folgen in der Paulusschule die Deuteropaulinen und die Pastoralbriefe. Das Paradox der christlichen Existenz ist dagegen etwa im Hebräer-, dem zweiten Petrus-, Judas- und ersten Klemensbrief weitgehend, im Hirten des Hermas, dem Jakobusbrief, der Didache oder der Apokalypse des Johannes sogar vollständig verlorengegangen. Freilich setzen diese Werturteile Bultmanns die Prämisse voraus, daß im Neuen Testament das Selbstverständnis des Glaubens vor allem in der paulinischen und johanneischen Theologie sachgemäß expliziert ist.

Die Darstellung der Theologie des Paulus bildet das umfangreichste Kapitel in der Bultmannschen »Theologie des Neuen Testaments«, ja deren eigentliches Herzstück.

248 AaO 188.
249 Vgl. aaO 446–452.

Dem hellenistischen Judentum entstammend, knüpft der christliche Theologe Paulus materialiter nicht an die palästinische Jesustradition, sondern an das Kerygma der hellenistischen Gemeinde an. An der »Persönlichkeit« des Apostels hat Bultmann überhaupt kein Interesse, an seinem geschichtlichen Ort nur insoweit, als dessen Kenntnis das Verstehen seiner Theologie fördert[250]. Im Aufbau dem RGG-Artikel »Paulus« folgend, führt Bultmann in der Darstellung das 1930 skizzierte Programm aus[251]. Die existentiale Interpretation hat davon auszugehen, daß die paulinische Theologie nicht spekulativ vom Wesen Gottes, des Menschen und der Welt je an sich handelt, sondern stets von Mensch und Welt in der Relation zu Gott. »Jeder Satz über Gott ist zugleich ein Satz über den Menschen und umgekehrt. Deshalb und in diesem Sinne ist *die paulinische Theologie zugleich Anthropologie.*« Weil sich aber Gottes Beziehung zu Mensch und Welt in seinem geschichtlichen Handeln realisiert, redet Paulus von Christus als dem, durch den Gott »zum Heil von Welt und Mensch wirkt. So ist auch jeder Satz über Christus ein Satz über den Menschen und umgekehrt; und *die paulinische Christologie ist zugleich Soteriologie.*« Entsprechend ihrer anthropologischen und soteriologischen Anlage ist die paulinische Theologie am besten als Anthropologie darzustellen[252]. Daraus ergeben sich unmittelbare dispositionelle Konsequenzen. Zunächst ist der Mensch vor der Offenbarung der πίστις, danach der Mensch unter der πίστις zu thematisieren. Zum besseren Verständnis der menschlichen Beziehung zu Gott arbeitet Bultmann freilich zuerst – anhand der von Paulus verwendeten anthropologischen Begriffe – die ontologische Struktur des menschlichen Seins heraus. Paulus zeichnet das vorgläubige Sein des Menschen durchaus vom Glauben her. Gleichwohl dient es dem Verständnis seiner anthropologischen Aussagen, sich die spezifischen Strukturen des menschlichen Daseins klarzumachen[253].

Die Anstrengung des Begriffs erweist den zentralen Stellenwert des σῶμα für das Denken des Paulus. Mit σῶμα ist der ganze Mensch gemeint, der ein Verhältnis zu sich selbst hat und Verantwortung für sein Sein trägt. Allerdings, das zeigen die anthropologischen Begriffe ψυχή, πνεῦμα und ζωή, νοῦς und συνείδησις sowie καρδία, ist das Sein als erfülltes dem Menschen nicht einfach zuhanden, sondern liegt ihm stets voraus. Σῶμα bezeichnet also die Möglichkeit des Menschen, sich selbst zu gewinnen oder zu verlieren[254]. Diese ontologische Grundstruktur des menschlichen Seins bildet die Voraussetzung für die Erfassung seiner ontischen Verfaßtheit. Paulus sieht das vorgläubige Dasein des Menschen, wie es in der Perspektive des Glaubens erscheint, als immer schon verfehlt an. Unter der Überschrift »Fleisch, Sünde und Welt« rekonstruiert Bultmann durch eingehende begriffsge-

250 Vgl. aaO 187–190.

251 S. o. 177 f.; vgl. O. Merk, Paulus-Forschung 1936–1985, ThR 53 (1988), (1–81) 43–48.

252 Bultmann (s. Anm. 230), 192.

253 AaO 193. Bultmann redet hier von den »formalen Strukturen« menschlichen Seins. Bekanntlich sind diese für ihn theologisch neutral.

254 Vgl. aaO 193–226.

schichtliche Analysen zu σάρξ, καυχᾶσθαι und ἁμαρτία sowie κόσμος und νόμος die Anschauungen des Paulus von der Verfallenheit des vorgläubigen Seins an die Mächte Fleisch, Sünde und Tod und von der Aufdeckung dieses Zusammenhangs durch das Gesetz[255].

Der »Übergang vom alten zum neuen Sein vollzieht sich nicht als geistige Entwicklung von der Sünde zum Glauben, sondern der Glaube ist die Entscheidung gegenüber der im verkündigten Worte begegnenden χάρις«. Dieses Wort konfrontiert den Einzelnen, den Sünder, mit der Frage, »ob er sich neu verstehen und sein Leben von Gott her empfangen will«[256]. Bultmann nimmt den Menschen unter der πίστις sodann von den zentralen Aspekten und Begriffen der paulinischen Theologie her in den Blick. In impliziter Abgrenzung gegen die Religionsgeschichtliche Schule rückt er die Rechtfertigungslehre sogleich an den Beginn der Darstellung. Als forensisch-eschatologischer Begriff bezeichnet δικαιοσύνη θεοῦ das Heilsgut, das dem Sünder von Gott geschenkt wird. Die χάρις, der Grund der Rechtfertigung, meint nicht eine Eigenschaft Gottes, sondern die im Tod und in der Auferstehung Christi vollzogene eschatologische Gnadentat Gottes. Das Heilsgeschehen aber wird präsent im Wort der Verkündigung, das den Hörer vor die Entscheidung stellt, ob er sein bisheriges Selbstverständnis preisgeben und sich aus der Gnade Gottes neu verstehen will. Die πίστις bildet anstatt der Werke des Gesetzes die »Bedingung für den Empfang der δικαιοσύνη«[257]. Alles andere als ein Werk, ist die πίστις »die freie Tat des Gehorsams, in der das neue Ich an Stelle des alten sich konstituiert. Als solche Entscheidung ist sie *Tat* im eigentlichen Sinne, in der der Mensch als er selbst ist, während er beim ἔργον neben dem steht, was er tut.«[258] Die Ausführungen zum Leben im Glauben und seinem eschatologischen Charakter leiten bereits über zur Entfaltung der ethischen und eschatologischen Anschauungen des Paulus. Unter dem Oberbegriff der ἐλευθερία behandelt Bultmann abschließend die dem Glaubenden mit der πίστις geschenkte Freiheit von den Mächten Sünde, Gesetz und Tod sowie die aus dieser Freiheit erwachsende Existenz im Geist, die Liebe als Erfüllung des Gesetzes und die Gegenwart des zukünftigen Lebens.

Neben Paulus kommt auch Johannes das Prädikat zu, die Theologie des Neuen Testaments authentisch zu repräsentieren. Nach der Entfaltung der paulinischen Theologie wirkt die Interpretation der johanneischen Gedankenwelt wie ein weiterer Höhepunkt des ganzen Buches. Was für Bultmanns Paulusbild gilt, trifft auch hier zu: »... indem Bultmann Johannes darstellt, stellt er seine eigene Theologie dar«[259]. Er kann seine kritische Analyse der johanneischen Schriften im Johannes-Kommentar und in der Jülicher-Festgabe sowie seine sonstigen exegetischen und

255 Vgl. aaO 226–270.

256 AaO 270.

257 AaO 315.

258 AaO 317.

259 Conzelmann (s. Anm. 221), 155, der freilich hinzufügt, daß seine Feststellung »kein Argument gegen die Richtigkeit« der Darstellung der johanneischen Theologie durch Bultmann sei.

begriffsgeschichtlichen Studien zum Thema voraussetzen und zusammenfassen[260]. Hinsichtlich des geschichtlichen Ortes des Johannes erklärt Bultmann die Frage nach dem Verfasser des Evangeliums wie im Kommentar für irrelevant. Die große thematische und historische Distanz des Johannes zu den Synoptikern ist augenfällig. Als seine religionsgeschichtliche Umwelt läßt sich das orientalische Christentum ausmachen, ein hellenistisches Judenchristentum mit gnostisierenden Tendenzen. Johannes zeichnet die Gestalt Jesu in den Formen des gnostischen Erlösermythos. Er weist keine unmittelbare Beziehung zu Paulus auf, dessen spezifische Terminologie er denn auch nicht aufgenommen hat. Berührungen und Entsprechungen zwischen Paulus und Johannes, die namentlich in der dualistischen Begrifflichkeit anklingen, rühren aus dem gnostisierenden Hellenismus her, in dem beide zu verorten sind[261]. Trotz ihrer tiefen sachlichen Verwandtschaft unterscheiden sich die beiden Hauptzeugen der neutestamentlichen Theologie signifikant voneinander. »Für Johannes steht *nicht wie für Paulus die Frage nach dem Heilsweg zur Diskussion, sondern die Frage nach dem Heil selbst*«[262]. Deshalb muß die Disposition der Darstellung der johanneischen Theologie auch anders ausfallen als die der Theologie des Paulus, gerade wenn und weil sie ebenfalls existential interpretiert werden soll. Bultmann führt zunächst anhand des eigentümlichen Dualismus in das Denken des Johannes ein. Sodann beschreibt er das Offenbarungsgeschehen in seiner Wirkung als κρίσις der Welt sowie den Glauben als das erkennende Hören, dem sich die Offenbarung erschließt, und als Inbegriff der eschatologischen Existenz. Wie Paulus zielt demnach auch Johannes darauf ab, die Grundsituation des Menschen, der sich zwischen dem Unglauben und dem Glauben als den beiden alternativen Daseinsmöglichkeiten zu entscheiden hat, theologisch herauszuarbeiten[263].

»Aus dem kosmologischen Dualismus der Gnosis ist bei Johannes ein *Entscheidungs-Dualismus* geworden.« Die dem gnostischen Dualismus entstammenden Gegensatzbegriffe Licht und Finsternis, Wahrheit und Lüge, Leben und Tod haben existentialen Sinn, sie »bezeichnen die doppelte Möglichkeit menschlichen Existierens: entweder von Gott her oder vom Menschen selbst her«[264]. Die κρίσις der Welt wird heraufgeführt durch das eschatologische Ereignis des Kommens Jesu. Dieses vollzieht sich nicht als kosmisches Drama, sondern in der geschichtlichen Offenbarung. Der Offenbarer erscheint in dem konkreten historischen Menschen Jesus von Nazareth. Seine Worte sind mit seinem Werk identisch. Nur beschränkt sich ihr Inhalt auf das Daß seiner Sendung. Seine Selbstaussagen, die bedeutungsschweren Sätze des ἐγώ εἰμι, geben sämtlich zu verstehen, daß Jesus als Offenbarer »*nichts offenbart, als*

260 S. o. 295–307.
261 Vgl. Bultmann (s. Anm. 230), 354–366.
262 AaO 427.
263 Vgl. aaO 375 f.; dazu Dahl (s. Anm. 222), 45 f.; Frey (s. Anm. 230), 30 f.; H. Braun, Die Paradoxie der Offenbarung, VuF 6 (1951/52), (25–34) 26 f.
264 Bultmann, aaO 373.

daß er der Offenbarer ist«[265]. Freilich bleibt das Daß der Offenbarung kein leeres, denn die Offenbarung wird als »Negierung aller menschlichen Selbstbehauptung und aller menschlichen Maßstäbe und Wertungen dargestellt«[266]. Gerade solche Negierung stellt aber für den Glauben die Erfüllung der menschlichen Sehnsucht nach dem eigentlichen Leben dar. Der Glaube ist der einzige Weg zum Heil. Er überwindet den Anstoß des ὁ λόγος σὰρξ ἐγένετο (Joh 1,14), indem er sich für Gott und gegen die Welt entscheidet. Freilich beruht die Glaubensentscheidung nicht auf innerweltlichen Motiven. Vielmehr vollzieht sich in ihr Gottes Wirken. Der Glaubende ist der Welt entnommen, der Glaube also als Entweltlichung verstanden. In der eschatologischen Existenz wird dem Glaubenden die δόξα zuteil, die in der Erkenntnis Gottes als der einzigen Wirklichkeit besteht und die Freiheit und Liebe, Frieden und Freude als Kennzeichen eines sich selbst durchsichtigen Seins mit einschließt.

Martin Heidegger erfreute sich »an der klaren und scharfen Luft«, die in Bultmanns Darstellung wehe. Indes fügte Heidegger seinem Lob eine für seine eigene Position bezeichnende Bemerkung hinzu: »Ich vertrage die heutigen eilfertigen Falschmünzereien der Theologen nicht und gehe deshalb daran vorbei.«[267] Die frühen Rezensenten rühmten Bultmanns »Theologie des Neuen Testaments« einhellig als meisterhafte Durchführung eines in der Geschichte der Disziplin neuartigen Ansatzes[268] und sahen im Erscheinen des Werkes »ein theologiegeschichtliches Ereignis«[269]. Ihre kritischen Rückfragen, soweit sie nicht exegetische Details betrafen, machten Einwände geltend, die auch in der weiteren Diskussion argumentatives Gewicht behielten. Hans Conzelmann nahm zunächst die Einordnung der Verkündigung Jesu in die Voraussetzungen der Theologie des Neuen Testaments in den Blick. Wenn Jesu Entscheidungsruf eine Christologie impliziere, lege sich doch die Frage nahe, inwieweit nicht auch umgekehrt eine Christologie ein historisches Jesusbild zwingend aus sich heraussetze[270]. Nils Alstrup Dahl stellte zwar noch nicht Bultmanns Rekonstruktion des Urchristentums als ganze in Frage, bezweifelte aber unter Berufung auf Arthur Darby Nock die Existenz einer einheitlichen vorchristlichen gnostischen Bewegung[271], die ja – zumal mit dem postulierten gnostischen Erlösermythos – als Folie für Bultmanns Paulus- und Johannesinterpretation eine heuristische Funktion hatte. Während Dahl die Paulusdarstellung Bultmanns »als eine ganz

265 AaO 418.
266 AaO 420.
267 M. Heidegger an Bultmann, 22.12.1948, in: A. Grossmann / Ch. Landmesser (Hg.), Bultmann-Heidegger Bw., 2009, (205 f.) 205.
268 Vgl. Conzelmann (s. Anm. 221), 151; H. Braun, Die Geschichte der beginnenden Mißverständnisse, VF 7 (1953/55), (169–174) 173 f.; O. Michel, Rez. über R. Bultmann, Theologie des Neuen Testaments, 2. u. 3. Lfg., 1951/53, ThLZ 79 (1954), (146–149) 147 f.
269 Dahl (s. Anm. 222), 21.
270 Vgl. Conzelmann (s. Anm. 221), 153; ähnlich Barth (s. Anm. 221), 7 f.; Michel (s. Anm. 268), 148; dazu auch Merk (s. Anm. 230), 465; E. Lohse, Rudolf Bultmann als lutherischer Theologe, Luther 45 (1974), (49–54) 52. – S. auch u. 433–441.
271 Vgl. Dahl (s. Anm. 222), 34; dazu später Lohse, aaO 51 f.

große Leistung« anerkannte[272], wies Conzelmann darauf hin, daß die bestechende Geschlossenheit des von Bultmann gezeichneten Paulusbildes in der Vernachlässigung bestimmter Themen wie der Heilsgeschichte, der Prädestination und des Verhältnisses zwischen Kirche und Israel ihre Kehrseite habe. Auch schien ihm bei Bultmann die Analyse des vorgläubigen Daseins des Menschen ein Gewicht zu haben, das es in den Paulusbriefen – unbeschadet der beiden einschlägigen Texte Röm 7 und Phil 3 – so nicht besaß[273]. Zu den Vorzügen der Darstellung Bultmanns rechneten die ersten Rezensenten durchweg, daß sie in hohem Maße fruchtbare Fragestellungen aufgreife und zur weiteren Diskussion der Sachfragen anrege. Eben dies entsprach den Intentionen Bultmanns, der auch mit seiner »Theologie des Neuen Testaments« keine *theologia perennis* vorlegen wollte[274].

Die erste Auflage des Buches war wenige Monate nach seinem vollständigen Erscheinen ausverkauft, so daß der Verlag bereits 1954 eine zweite Auflage herausbringen mußte[275]. Das Werk erfuhr bis 1984 neun Auflagen, weit mehr als jeder andere Entwurf einer neutestamentlichen Theologie im 20. Jahrhundert[276]. Bultmanns »Theologie des Neuen Testaments« avancierte nicht nur zu einem im Lehr- und Forschungsbetrieb des Faches beständig konsultierten Standardwerk, sondern auf Grund ihrer bis zur Gegenwart unerreichten konzeptionellen Geschlossenheit zu einem Klassiker der gesamten theologischen Wissenschaft[277].

272 Dahl, aaO 38.

273 Vgl. Conzelmann (s. Anm. 221), 154 f.; dazu auch differenziert Braun (s. Anm. 244), 65; später Merk (s. Anm. 230), 465; Lohse (s. Anm. 270), 52.

274 Bultmann (s. Anm. 230), 585 f., betont explizit, »daß es ... nicht möglich ist, die theologische Aufgabe definitiv zu lösen ... Die Kontinuität der Theologie durch die Zeiten hindurch besteht nicht im Festhalten an einmal formulierten Sätzen, sondern in der ständigen Lebendigkeit, mit der der Glaube von seinem Ursprung her die ständig neue geschichtliche Situation verstehend bewältigt.« – Diesen Aspekt hat Barth (s. Anm. 221), 1.6.26, verkannt.

275 Vgl. die Ankündigung von H. G. Siebeck an Bultmann, 10. 4. 1953, Mn 2-2504; Bultmann an H. G. Siebeck, 13. 4. 1953, Mn 2-2624.

276 Vgl. R. Bultmann, Theologie des Neuen Testaments, 1984[9] (durchgesehen und ergänzt von O. Merk).

277 Vgl. Merk (s. Anm. 230), 465; Frey (s. Anm. 230), 32; C. Lauer, Art. Theologie des Neuen Testaments. Rudolf Bultmann, in: M. Eckert (Hg.), Lexikon der theologischen Werke, 2003, (728–730) 730.

6. Vortragsreisen

Alle wissenschaftlichen Gedankenaustausche und Diskussionen, sowohl in Marburg als auch in anderen Ländern, halfen mir nicht nur in meiner eigenen Arbeit am Neuen Testament, sondern auch in meinem theologischen Denken überhaupt.[278]

In den autobiographischen Bemerkungen, die er im Januar 1956 in Marburg niederschrieb, hat Bultmann einige der Auslandsreisen erwähnt, die ihn in skandinavische Länder, die Schweiz, die Niederlande, nach England und Schottland sowie in die USA führten. Er empfand große Dankbarkeit und Freude über diese Vortragsreisen und den mit ihnen verbundenen persönlichen und wissenschaftlichen Austausch mit ausländischen Gelehrten. Dies nicht von ungefähr, hatte doch der Dialog mit seinen neutestamentlichen Fachkollegen, den Vertretern der übrigen theologischen Disziplinen und anderer Wissenschaften für Bultmann eine enorme lebensgeschichtliche Bedeutung. Wie auch seine umfangreiche Korrespondenz belegt, vollzog sich seine theologische Existenz in der lebendigen Kommunikation mit zahlreichen Gesprächspartnern von Rang. Im übrigen bildete sich in den Einladungen zu Gastvorlesungen, die Bultmann aus dem europäischen Ausland und den USA erhielt, auch das internationale Renomee ab, das er sich mit seiner theologischen Arbeit erworben hatte.

Zwischen der Marburger Theologischen Fakultät und den niederländischen Fakultäten in Groningen und Leiden kam es von 1923 bis 1933 zu gelegentlichen Kontakten. Bultmann beteiligte sich an dieser Zusammenarbeit, indem er im September 1929 einen Vortrag vor einem Ferienkurs in Langewissche hielt[279] und Ende März 1933 in Groningen, Amsterdam, Utrecht und Leiden über die Bedeutung Jesu für den christlichen Glauben referierte[280]. Der Werkstattcharakter dieser auf die theologische Praxis abzielenden Beiträge entsprach im wesentlichen dem Zuschnitt der Vorträge, die Bultmann in großer Zahl auf Pfarrkonferenzen, Tagungen und den von der Marburger Theologenschaft in jedem Semester angebotenen Freizeiten darbot. Von diesen Verpflichtungen, die Bultmann in der theologischen Verantwortung für die kirchliche Verkündigung regelmäßig wahrnahm, hoben sich die stärker auf fachwissenschaftliche Fragen ausgerichteten Veranstaltungen ab, zu denen er als Referent ins Ausland eingeladen wurde.

In Dänemark sprach Bultmann wiederholt vor Pfarrern, die im Umfeld der von der Dialektischen Theologie inspirierten Zeitschrift »Tidehverv« einen theologi-

278 Autobiographische Bemerkungen R. Bultmanns vom 28. 1. 1956, in: B. Jaspert (Hg.), Barth-Bultmann Bw., 1994², (302–311) 308.

279 Vgl. Bultmanns Chronik 1917–1945, Mn 2-224, Bl. 16. Das Thema des Vortrags ist unbekannt.

280 Vgl. Bultmanns Chronik 1917–1945, Mn 2-224, Bl. 23; H.G. Göckeritz (Hg.), Bultmann-Gogarten Bw., 2002, 205 Anm. 2.

schen Arbeitskreis gebildet hatten. Der Tidehverv-Kreis suchte das Erbe Søren Kierkegaards für die Gegenwart fruchtbar zu machen. Das Jesus-Buch Bultmanns mit seinen durchgängigen Bezugnahmen auf die Existenzdialektik Kierkegaards hatte diese dänischen Theologen bewogen, Bultmann um Vorträge zu bitten. So handelte er in ihrer Arbeitsgemeinschaft Ende August 1928 in Hindsgavl bei Middelfort auf Fünen in drei Vorträgen über das Kommen der Gottesherrschaft in der Verkündigung Jesu[281]. Auf der Sommertagung des Tidehverv-Kreises vom 8.–10. August 1939 hielt Bultmann mehrere Referate über »Die Verkündigung des Neuen Testaments und die christliche Mythologie«, die wohl eine Vorform seines Alpirsbacher Vortrags von 1941 darstellten. Vom 26.–30. Juli 1949 schließlich griff er in drei weiteren Vorträgen vor den dänischen Theologen in der Krabbesholm Höjeskole bei Skive Themen aus dem Umkreis der Entmythologisierungsdiskussion auf. Bultmann folgte den Einladungen des Tidehverv-Kreises nicht zuletzt deshalb gern, weil die gemeinsame Affinität zum Denken Kierkegaards eine gute Voraussetzung für fruchtbare Gespräche bot[282]. Mit der Zeit entwickelten sich zu einigen der jüngeren dänischen Theologen freundschaftliche Beziehungen, zu Tage Wilhjelm und Børge Krag Diderichsen, die beide Anfang der dreißiger Jahre als Gasthörer an den Lehrveranstaltungen Bultmanns in Marburg teilgenommen hatten, sowie zu Kristoffer Olesen Larsen und Knud Ejler Løgstrup. Rudolf und Helene Bultmann erholten sich mehrfach in dem Landpastorat von Tage und Tove Wilhjelm in Praestholm. Nach ihrem Besuch vom 30. Juli – 10. August 1949 verlieh Bultmann seinem Dank im Gästebuch der Wilhjelms mit folgendem Gedicht Ausdruck[283]:

Man rief aus Marburg mich herbei,
Man wollte ja studieren
Und recht ergründen, was es sei:
»*Ent*mythologisieren«.

So gut ich's konnte, legt' ich's dar;
Doch wohin sollt' es führen?
Ich lernt': hier weiß man wunderbar
Zu *my*thologisieren!

Das Land, wo Milch und Honig fließt,
Ist's Mythos alter Tage,
Wie er dem Wunsch des Traums entspricht?
Eine verklung'ne Sage?

281 Vgl. R. Bultmann, Guds Riges Komme i Jesu Forkyndelse [ins Dänische übersetzt von N. Otto Jensen], Tidehverv 3 (1929), 139–147; 4 (1930), 8–13.21–26; dazu Göckeritz, aaO 138 Anm. 8; T. Bramming, Tidehvervs historie, 1993, 21–23. – Zu Bultmanns Kierkegaard-Rezeption vgl. W. Anz, Zur Wirkungsgeschichte Kierkegaards in der deutschen Theologie und Philosophie, ZThK 79 (1982), (451–482) 460–466.

282 Vgl. Bultmann an F. Gogarten, 8. 9. 1949, in: Göckeritz, aaO (238 f.) 239; dazu ebd. Anm. 6; Bramming, aaO 71 f.

283 Eintrag Bultmanns in das Gästebuch Tage und Tove Wilhjelms, Praestholm, 30.7.–10. 8. 1949 (Kopie), Mn 2-2419.

O nein! Ich sah: es muß allhie
Der Mythos triumphieren;
Hier kennt man die Paradoxie:
Mythisch zu *existieren*.

Der Mythos kann (stets sagt ich's schon)
Realität enthalten.
Die rechte Interpretation
Muß sie nur erst entfalten.

Doch *hier* in der Realität
Der Mythos ist zu finden.
Und die Methode, die's versteht,
Ihn daraus zu entbinden?

Es ist der Freunde Lieb' und Treu,
Die dankbar wir genossen
Im myth'schen Land, da täglich neu
Uns Milch und Honig flossen.

Eine längere Reise durch Skandinavien unternahm Bultmann vom 10.–21. Oktober 1930. Sein Freund Anton Fridrichsen hatte die organisatorische Vorbereitung der Fahrt übernommen und mit ihm die Vortragsthemen abgesprochen[284]. Bultmann wiederholte in Uppsala, Oslo und Kopenhagen den Vortrag über den »Begriff des Wortes Gottes im Neuen Testament«, den er soeben, am 6. Oktober 1930, auf dem Dritten deutschen Theologentag in Breslau gehalten hatte[285]. Außerdem trug er in Uppsala und Oslo seine Überlegungen zur »Christologie des Neuen Testaments« vor[286]. Einen besonderen Akzent setzte er mit dem in Uppsala, Stockholm, Oslo und Lund gehaltenen Vortrag »Das Urchristentum und die Religionsgeschichte«. In ihm entwickelte er in der kritischen Auseinandersetzung mit Karl Holls gleichlautender Schrift von 1925 seine Sicht des religionsgeschichtlichen Problems des Urchristentums. Bultmann stimmte Holl darin lebhaft zu, daß er der Rechtfertigungslehre entgegen ihrer Geringschätzung durch die Religionsgeschichtliche Schule eine zentrale Funktion in der Theologie des Paulus zuwies. Ebenso entschieden widersprach er aber dem Versuch Holls, die religionsgeschichtliche Eigenart des Urchristentums ideengeschichtlich aus dem von Jesus wie von Paulus vertretenen Gottesgedanken abzuleiten. Hier schienen Bultmann die Einsichten Heitmüllers und Boussets in die Bedeutung des hellenistischen Urchristentums für die Genese des genuin christlichen Glaubens verkannt zu sein. Vor allem habe Holl das entscheidende religionsgeschichtliche Problem gar nicht erfaßt, daß nämlich das Urchristentum das Gottesverhältnis an die Person Jesu als das eschatologische Heilsfaktum gebunden habe. Die Eigentümlichkeit der urchristlichen Religion müsse also in dem eschatologi-

284 Vgl. A. Fridrichsen an Bultmann, 27. 3., 15. 4., 13. 7., 23. 8., 27. 9. 1930, Mn 2-783.

285 Vgl. R. Bultmann, Der Begriff des Wortes Gottes im Neuen Testament, GuV I, 1933[1], 268–293.

286 Vgl. R. Bultmann, Die Christologie des Neuen Testaments, GuV I, 1933[1], 245–267.

schen Charakter sowohl der Predigt Jesu als auch der Theologie des Paulus und des Johannes gesehen werden[287]. Die skandinavische Bibelexegese war traditionell stark religionswissenschaftlich ausgerichtet. Daher stießen gerade Bultmanns Ausführungen zur religionsgeschichtlichen Lozierung des Urchristentums bei seinen Zuhörern auf großes Interesse. Im übrigen führte ihn die Skandinavienreise wieder mit seinem Freund Anton Fridrichsen zusammen. Erzbischof Nathan Söderblom lud ihn in Uppsala zum Lunch ein, und in Oslo konnte Bultmann der Doktorpromotion seines Schülers Ragnar Asting beiwohnen. Darüber hinaus machte er die für ihn lehrreiche persönliche Bekanntschaft mit den Exegeten Lyder Brun und Sigmund Mowinckel (Oslo), Erling Eidem (Lund) und Frederik Torm (Kopenhagen)[288], mit Kollegen, deren Arbeit er zu jener Zeit teilweise auch in Personenartikeln in der zweiten Auflage der RGG würdigte[289].

Während des Dritten Reiches verschlechterten sich für deutsche Wissenschaftler, zumal für nicht systemtreue, die Möglichkeiten, zu Vorträgen in das Ausland zu reisen. Bultmann gelang es immerhin, 1937 die Genehmigung zu Vorträgen in Basel und Zürich erwirken. Freilich war die Reise in die Schweiz mit Auflagen verbunden. Bultmann hatte sich sofort nach seiner Ankunft bei den Deutschen Konsulaten in Basel und Zürich zu melden und ebenda mit den Auslandsvertretungen der NSDAP Kontakt aufzunehmen[290]. Er unterzog sich diesen lästigen Pflichten und ließ sich über die in der Schweiz herrschenden politischen Stimmungen im Blick auf die deutschen Verhältnisse »informieren«. Freilich blieb er sich selbst treu. In dem Bericht über seine Schweizreise teilte er dem Reichs- und preußischen Minister für Wissenschaft, Erziehung und Volksbildung unverblümt mit, daß seine Kollegen in Basel und Zürich »ein Verständnis für die Behandlung der kirchlichen Fragen durch die Deutsche Regierung nicht aufbringen können«[291].

Am 22. November 1937 referierte Bultmann in der Aula der Basler Universität über das »Verständnis von Welt und Mensch im Neuen Testament und im Griechentum«. Einen Tag später wiederholte er diesen Vortrag in der Technischen Hochschule Zürich. Mit dem Thema seines Vortrags nahm er eine Frage auf, die seine Arbeit immer schon begleitet hatte und die er in den kommenden Jahrzehnten in stets neuen Anläufen weiter bedenken sollte. Wie ließen sich die beiden großen Traditionen, aus denen die abendländische Kultur ihre Kraft bezogen hatte, so aufeinander

287 Vgl. R. Bultmann, Urchristentum und Religionsgeschichte (1932), in: Ders., Theologie als Kritik, 2002, 269–283; K. Holl, Urchristentum und Religionsgeschichte (1924/25), in: Ders., Ges. Aufs. zur Kirchengesch., II. Der Osten, 1928, 1–32.

288 Vgl. Bultmanns Chronik 1917–1945, Mn 2-224, Bl. 18; dazu Bultmann an G. Krüger, 16. 10. 1930, in: F. Lilie (Hg.), Bultmann-Krüger Bw. I, ZNThG 4 (1997), (296 f.) 297.

289 Vgl. R. Bultmann, Art. Brun, Johann Lyder, RGG² I, 1927, 1287; Ders., Art. Eidem, Erling, RGG² II, 1928, 55; Ders., Art. Fridrichsen, Anton Johnson, RGG² II, 784; Ders., Art. Torm, Frederik, RGG² V, 1931, 1232.

290 Vgl. Rektor der Philipps-Universität Marburg an Bultmann, 19.7. u. 9. 9. 1937 (Privatbesitz G. Diesselhorst).

291 Bultmann an den Reichs- und preußischen Minister für Wissenschaft, Erziehung und Volksbildung, 27. 11. 1937 (Privatbesitz G. Diesselhorst).

beziehen, daß der Christ in seiner eschatologischen Existenz zu einem verantwortlichen In-der-Welt-Sein gelangen konnte? Eine eindeutige Lösung dieser Frage, so Bultmann, sei durch die eschatologische Existenz des Christen ausgeschlossen. Aber diese begrenze immerhin – und dies war deutlich auch auf die politischen Verhältnisse in Deutschland gemünzt – das dämonische Streben, Staat und Wissenschaft als Mittel einer hemmungslosen Weltbemächtigung zu instrumentalisieren[292]. Über die Aussprache, die nach den Vorträgen jeweils unter großer Beteiligung stattfand, zeigte sich Bultmann ebenso erfreut wie über den persönlichen Austausch mit seinen Gastgebern, seinem alten Freund Walter Baumgartner in Basel und dem ebenfalls mit ihm befreundeten Alttestamentler Ludwig Köhler in Zürich[293].

Die restriktive Wissenschaftspolitik des NS-Regimes und der Zweite Weltkrieg machten solche Vorträge außerhalb der Grenzen des Deutschen Reiches zunehmend praktisch unmöglich. Um so größer war die Freude Bultmanns, als das Schwedische Institut für Kulturaustausch ihn nach dem Ende des Dritten Reichs für den Herbst 1947 zur wissenschaftlichen Arbeit und zu Vorträgen nach Schweden einlud[294]. Wie schon 1930 bereitete Anton Fridrichsen den neuerlichen Aufenthalt in dem, wie Bultmann fand, gastfreundlichen und heiteren Land[295] vor[296]. Bultmann hielt auch diesmal – in Uppsala und Stockholm sowie auf dem Rückweg in Lund und Kopenhagen – einige Vorträge[297]. Daneben lag ein Schwerpunkt auf seinen eigenen Forschungen, die er in der hervorragend bestückten Universitätsbibliothek von Uppsala betreiben konnte. Hier hatte er Zugang zu der angelsächsischen und skandinavischen Literatur, von der er in den letzten Jahren im nationalsozialistischen Deutschland ganz abgeschnitten gewesen war. Durch die Mitarbeit am neutestamentlichen Seminar Fridrichsens und das Gespräch mit weiteren Fachkollegen blieb Bultmann allerdings nicht verborgen, daß die skandinavische Forschung weniger an hermeneutischen und prinzipiellen theologischen als vielmehr an historischen und religionsgeschichtlichen Fragestellungen interessiert war[298].

Nach seiner Emeritierung brach Bultmann am 22. September 1951 mit seiner Frau zu einer dreimonatigen Reise in die USA auf. Er hatte dem Unternehmen nicht ohne Sorge hinsichtlich der zu erwartenden Strapazen entgegengesehen. Wider Erwarten überstanden die Eheleute Bultmann die Fahrt nicht nur gut, sondern sie erholten sich dabei sogar. Weniger das Gefühl, als Emeritus von den bisherigen Verpflichtungen befreit zu sein, als vielmehr die ungezwungene Atmosphäre der Humanität und herzliche Gastfreundschaft, die er in den USA erfuhr, machte Bultmann

292 Vgl. R. Bultmann, Das Verständnis von Welt und Mensch im Neuen Testament und im Griechentum (1940), GuV II, 1968[5], 59–78.

293 Vgl. Bultmanns Bericht (s. Anm. 291).

294 Vgl. die autobiographischen Bemerkungen R. Bultmanns vom 28. 1. 1956 (s. Anm. 278), 307.

295 Vgl. Bultmann an G. Krüger, 23. 10. 1947, in: F. Lilie (Hg.), Bultmann-Krüger Bw. IV, ZNThG 6 (1999), 146 f.

296 Vgl. A. Fridrichsen an Bultmann, 13. 5. 1947 u. o.D., Mn 2-783.

297 Vgl. Bultmanns Chronik 1946–1961, Mn 2-225, Bl. 4 f.

298 Vgl. Bultmann an G. Krüger, 19. 12. 1947, in: Lilie (s. Anm. 295), 147 f.

für das Gelingen der Reise verantwortlich[299]. Unter all seinen Vortragsreisen wurde ihm diese zu einem ganz außergewöhnlichen Erlebnis[300]. Nach einer stürmischen Überfahrt auf dem Motorschiff »Westerdam« erreichten die Bultmanns am Morgen des 2. Oktober New York, begrüßt von der ihre Fackel emporreckenden Freiheitsstatue und der ihnen wie eine »phantastische Gralsburg« anmutenden Silhouette von Manhattan[301]. In New Haven (Connecticut) dienten die ersten vierzehn Tage des Amerikaaufenthaltes der Erholung. Auch galt es, die englischen Fassungen der Vorträge Bultmanns zu redigieren. Erich Dinkler und Paul Schubert, die damals beide an der Divinity School der Yale University lehrten, leisteten dabei wertvolle Hilfe. Danach begann ein wahrer Vorlesungsmarathon, den Bultmann an sechzehn Stationen zu bewältigen hatte. Dabei hielt er außer den Einzelvorlesungen »Humanismus und Christentum« und »Die Bedeutung der Idee der Freiheit für die abendländische Kultur« die mehrstündige Vorlesung »Jesus Christus und die Mythologie«[302]. Letztere trug er insbesondere an der Yale University als *Shaffer Lectures* und an der Vanderbilt University in Nashville (Tennessee) als *Cole Lectures*, aber auch an anderen Universitäten, Colleges und Seminaren der verschiedensten Denominationen vor.

In »Jesus Christus und die Mythologie« entwickelt Bultmann sein Entmythologisierungsprogramm, indem er auf die eschatologische Gestalt der Botschaft Jesu rekurriert. Jesus verkündigte das Kommen der Gottesherrschaft in der Erwartung, daß sie in nächster Zukunft anbrechen werde. Doch der von ihm wie von der ganzen Urchristenheit in apokalyptischen Bildern als kosmisches Enddrama aufgefaßte Einbruch der Gottesherrschaft fand nicht statt. Allerdings hat nicht nur der tatsächliche Lauf der Geschichte Jesu Naherwartung der Gottesherrschaft widerlegt, sondern insbesondere hat das moderne Weltbild das mythologische Weltbild, das sowohl der Predigt Jesu als auch der urchristlichen Verkündigung von Jesus Christus zugrunde lag, als unhaltbar erwiesen und abgelöst. Dieser Befund legt nun nicht etwa den Schluß nahe, man habe die mythologischen Aussagen der Eschatologie Jesu und des Urchristentums gänzlich zu eliminieren. Vielmehr lassen sich die mythologischen Vorstellungen des Neuen Testaments entmythologisieren, d. h. interpretieren. Dafür beruft sich Bultmann auf das Neue Testament selber. Denn Paulus und noch radikaler Johannes haben bereits die Eschatologie entmythologisiert.

Indem die Entmythologisierung die christliche Botschaft von einer veralteten Weltanschauung löst, »entfernt sie einen falschen Anstoß und bringt dafür den ech-

299 Vgl. Bultmann an F. Gogarten, 5. 1. 1952, in: Göckeritz (s. Anm. 280), (242–244) 243 f.

300 Zum Folgenden vgl. die Einzelheiten in Bultmanns Reiseplan, in: Jaspert (s. Anm. 278), 286 f.; sowie seinen für die Marburger Theologische Fakultät erstatteten Bericht, in: Jaspert, aaO 287–290. Noch ausführlicher R. Bultmann, Bericht über unsere Amerika-Reise 1951, Typoskript o.J. (1952), Mn 2-231.

301 Bultmann, aaO Bl. 1.

302 Vgl. R. Bultmann, Humanismus und Christentum (1952/53), GuV III, 1960[1], 61–75; Ders., Die Bedeutung des Gedankens der Freiheit für die abendländische Kultur, GuV II, 1968[5], 274–293; Ders., Jesus Christus und die Mythologie (engl. 1958/dt. 1964), GuV IV, 1975[3], 141–189.

ten Anstoß in den Blickpunkt, nämlich das Wort vom Kreuz«[303]. Von daher kommt der Einwand, die Entmythologisierung rationalisiere die christliche Botschaft, einem Mißverständnis gleich. Denn tatsächlich erschließt sie den wahren Sinn des göttlichen Geheimnisses. Die Entmythologisierung macht deutlich, daß das Wort Gottes den Menschen von seinem durch Angst und Sorge bestimmten Streben nach Sicherheit befreit, um ihm die echte Freiheit – Freiheit von der Welt und Freiheit für die Zukunft Gottes – zuzueignen. In diesem Zusammenhang begründet Bultmann nochmals die hermeneutische Notwendigkeit seiner Anknüpfung an die Existentialanalyse, wie er sie von Kierkegaard und dem frühen Heidegger übernommen hat. Für ihn ist die philosophische Existentialanalyse rein formal und neutral angelegt, da sie die Relation zwischen Mensch und Gott sistiert. Gerade so eignet sie sich aber als hermeneutisches Prinzip der Bibelauslegung, vermag sie doch den Menschen »offen für das Wort der Bibel« zu machen[304]. Schließlich erwägt Bultmann, ob nicht in letzter Konsequenz seines Ansatzes sogar die Rede von Gott als dem Handelnden entmythologisiert werden müsse. Notwendig wäre dies lediglich dann, wenn man sich unter dem Handeln Gottes ein mirakelhaftes, die natürlichen Kausalzusammenhänge durchbrechendes Geschehen vorstellen würde. Erforderlich ist eine solche weitgehende Entmythologisierung aber keineswegs, sofern der Glaube das Handeln Gottes verborgen in den weltlichen Ereignissen wahrnimmt. Dieses Handeln vollzieht sich für den Glauben ohnehin so, daß es stets auf mich und meine Existenz bezogen ist. Wir können, dies betont Bultmann einmal mehr mit Wilhelm Herrmann, also vom Handeln Gottes und von Gott selbst nicht objektiv reden, »sondern nur von dem, was er an uns und mit uns tut«[305].

An den meisten akademischen Einrichtungen, die er in den USA besuchte, traf Bultmann ein hohes wissenschaftliches Niveau an. Die Diskussionen und Gespräche nach seinen Vorlesungen fanden in einer freundlichen und vornehmen Atmosphäre statt. Wer Kritik an seinen Ausführungen zur Entmythologisierung zu üben hatte, tat dies ohne jede Polemik und Rechthaberei. Besonders empfänglich für sein Denken zeigte man sich dort, wo die historisch-kritische Forschung traditionell eine große Wertschätzung genoß, etwa an der Drew University in Madison oder am Theologischen Seminar in Hartford. Dies galt auch für das Wellesley College in Boston. Hier lehrte Louise Pettibone Smith, die 1934 gemeinsam mit Erminie Huntress das Jesus-Buch ins Englische übersetzt hatte und die sich nun an den theologischen Diskussionen mit dem Autor beteiligen konnte[306]. Eilte Bultmann auch weithin der Ruf voraus, er sei neben Karl Barth einer der Hauptvertreter der »Neoorthodoxie«, so wußte man doch im Einzelfall zu differenzieren. An der Vanderbilt University in

303 Bultmann, Jesus Christus und die Mythologie (s. Anm. 302), 157.

304 AaO 170.

305 AaO 181.

306 Vgl. P. Lehmann, Louise Pettibone Smith, Rudolf Bultmann, and Wellesley, in: E.C. Hobbs (Ed.), Bultmann, Retrospect and Prospect: The Centenary Symposium at Wellesley, 1985, 91–101.

Nashville galt er primär als der Verfasser der »Geschichte der synoptischen Tradition«. Einmal, an dem konservativ ausgerichteten Seminar der Presbyterianer in Princeton, betonte dessen Präsident nach Bultmanns Vortrag und der ihm folgenden Diskussion, »was die Kirche den Häretikern verdanke, und wie immer die wichtigsten Anregungen für die Theologie von den Häretikern ausgegangen seien«[307].

Während der drei Monate in den USA begegnete Bultmann zahlreichen Gelehrten, unter ihnen Martin Buber und Paul Tillich, dem Orientalisten William Foxwell Albright und dem Religionswissenschaftler Joachim Wach, dem Historiker Hajo Holborn sowie den Kirchenhistorikern Roland Herbert Bainton und William Pauck, den Systematischen Theologen Paul Lehmann und Amos Wilder (dem Bruder Thornton Wilders), den Philosophen Fritz Kaufmann, Richard Kroner und Leo Strauss sowie den Brüdern Reinhold und Richard Niebuhr. Zumal diejenigen unter ihnen, die Deutschland während der NS-Zeit hatten verlassen müssen, bekundeten in den Gesprächen mit Bultmann ihre große Anteilnahme »an dem Schicksal des heutigen Deutschland«[308]. Dieses Thema bestimmte natürlich auch das Wiedersehen und den Austausch mit den Freunden und Kollegen aus seinem engeren Umfeld, die ebenfalls während des Dritten Reichs emigriert waren, mit Karl Löwith und Friedrich Carl Sell, den Romanisten Erich Auerbach und Leo Spitzer sowie dem Klassischen Philologen Ludwig Edelstein. Angesichts der Freude über das Zusammensein mit ihnen war es für Bultmann besonders schmerzlich, Paul Friedländer in Los Angeles wegen der großen Entfernung nicht besuchen zu können[309].

Die amerikanischen Gastgeber taten nahezu alles, um Bultmann und seiner Frau den Aufenthalt in den USA so angenehm wie möglich zu gestalten. Sie zeigten ihnen Städte und Landschaften, die sich während des *Indian summer* in den leuchtenden Farben des Herbstes präsentierten. Sie ermöglichten ihnen den Besuch von Museen und den Genuß von Konzerten. Jedoch, so schien es Bultmann zumindest, mangelte es ihnen an Verständnis für seinen Wunsch, den charakteristischen *American way of life* außerhalb des Milieus der Colleges und Universitäten kennenzulernen. Freilich gewann er auch so reiche Eindrücke, von denen hier einige wenige in lockerer Folge mitgeteilt seien. Bultmann staunte über den »rasenden Auto-Verkehr, der übrigens glänzend geregelt ist«[310]. Er erfreute sich an dem herrlichen Blick auf die Smoky Mountains, den ihm der erste Flug seines Lebens – von Washington nach Nashville – ermöglichte. Die Bauten der Down Towns in Chicago und New York (mit dem Empire State Building) kamen ihm besonders bei der Abendbeleuchtung wie die Paläste einer Märchenstadt vor – »grossartig, aber doch zugleich unheimlich«. Er dachte an den Turmbau von Babel und registrierte mit Erschrecken, »wie weit sich das technisierte Leben von der Natur-Basis entfernt hat«[311]. Bultmann zeigte sich

307 Bultmann, Bericht über unsere Amerika-Reise 1951 (s. Anm. 300), Bl. 9.

308 Bultmanns Bericht, in: Jaspert (s. Anm. 300), 289 f.

309 Vgl. Bultmann, Bericht über unsere Amerika-Reise 1951 (s. Anm. 300), Bl. 8.

310 AaO Bl. 1.

311 AaO Bl. 7.

befremdet über die Glücksspielapparate und die Musikautomaten, die die Restaurants mit Songs wie »You are my Star« oder »Sweet Girl, let me kiss you« beschallten. Es ärgerte ihn, daß in manchen öffentlichen Räumen permanent die Television lief, ein technisch ausgezeichneter »Fern-Seh und -Hör-Apparat«[312]. Die amerikanische Küche goutierte er in begrenztem Maße. Die Gelegenheit, im Hofbräuhaus New Havens deutsche Kost zu genießen, nahm er gern wahr. Um vor dem Schlafengehen ein Bier trinken zu können, mußte er sich einen kleinen Vorrat an Dosenbier anlegen, was nicht einfach war in einer Umgebung, in der man sich der Pflicht unterwarf, *dry* zu sein. In das Rassenproblem, mit dem er im Osten der USA nicht direkt konfrontiert war, ließ er sich im Süden, in Nashville, bei einer Fahrt durch das »Negerviertel« einführen.

Die *Liberty* an der Einfahrt zum Hafen in New York schien Bultmann »ein echtes Symbol für den Geist des Landes zu sein«[313]. Sein insgesamt positives Bild von den USA kam vor dem Hintergrund seiner Erfahrungen in der NS-Zeit zustande. Als der Pfarrer Karl-Bernhard Ritter 1952 in einer Betrachtung in der Marburger Lokalzeitung den Materialismus, das Gewinnstreben und die Traditionslosigkeit Amerikas anprangerte, reagierte Bultmann empört in einem Leserbrief. Er stellte nicht in Abrede, daß es in den USA wie anderswo auch Egoisten und Materialisten gebe. Jedoch nahm er das Land vor einem Pauschalverdikt in Schutz. Er verwies auf die Rolle, die die USA in Deutschland seit 1945 gespielt hatten, und vor allem auf die Hochschätzung der persönlichen Freiheit und der Toleranz, die in Nordamerika seit dem 18. Jahrhundert eine bedeutsame Tradition aufweisen konnte[314].

Mit zunehmendem Alter sah sich Bultmann immer weniger in der Lage, Gastvorlesungen im Ausland zu übernehmen. Eine Einladung der Columbia University in New York für das Frühjahr 1958 mußte er aus gesundheitlichen Gründen ablehnen[315]. Allein das Drängen seiner Tochter Antje konnte ihn dazu bewegen, im Frühjahr 1959 an der University of Syracuse (New York) Vorlesungen zu halten und dort einen Ehrendoktor in Empfang zu nehmen[316]. Vier Jahre zuvor, vom 7. Februar bis zum 2. März 1955, hatte er in Edinburgh die *Gifford Lectures* gehalten, seinen letzten größeren Vorlesungszyklus im Ausland. Der Aufenthalt in Schottland war anstrengend. Trotz grimmiger Kälte und schwerer Winterstürme begnügten sich die sparsamen Schotten in Bultmanns Hotel mit der Kaminfeuerung. Immerhin entschädigte

312 AaO Bl. 14.

313 Bultmann an F. Gogarten, 5. 1. 1952 (s. Anm. 299), 244.

314 Vgl. R. Bultmann, Der »traditionslose« Amerikaner, OP Nr. 172 vom 30. 7. 1972, 6. – Dieser Leserbrief brachte Bultmann einige anonyme Schmähbriefe ein. Vgl. Bultmann an F. C. Sell, 3. 8. 1952, Mn 2-2380.

315 Vgl. Bultmann an G. Krüger, 28. 1. 1957, in: F. Lilie (Hg.), Bultmann-Krüger Bw., V, ZNThG 6 (1999), 305 f.

316 Vgl. Bultmann an F. Gogarten, 28. 9. 1958, in: Göckeritz (s. Anm. 280), (259 f.) 259; dazu G. Vahanian, Rudolph [!] Bultmann at Syracuse, Syracuse University Library Associates courier 9 (1972), 57–65.

ihn und seine Frau die Rückreise mit Stationen in Durham, York, London und Canterbury für alle Mühsal[317].

In den *Gifford Lectures* legt Bultmann sein Verständnis von Geschichte im Kontext der sukzessiven Ausbildung der diversen Geschichtsanschauungen seit der Antike dar. Namentlich die Eschatologie hat mit der Vorstellung von einem Ende der Geschichte die Voraussetzung geschaffen, um überhaupt nach dem Sinn der Geschichte zu fragen. Die jüdische Apokalyptik rechnete noch mit einem transzendenten Ende der Geschichte. Im Urchristentum sorgte das Ausbleiben der Parusie je länger, je mehr dafür, daß man die Zwischenzeit zwischen der Gegenwart und der Wiederkunft Christi rein chronologisch bestimmte. Die Kirche als sakramentale Heilsanstalt übernahm Funktionen, die bisher die Eschatologie wahrgenommen hatte. Die Historisierung der Eschatologie, die sich im Interesse an der Geschichte der Kirche und deren Einbindung in die Weltgeschichte ausdrückte, führte zu einer teleologischen Betrachtung der Geschichte, die den gesamten Geschichtsverlauf vom Heilsplan Gottes her als sinnvoll zu erweisen suchte. Bultmann schildert die Säkularisierung der teleologischen Geschichtsauffassung in der Aufklärung, im Idealismus und im Marxismus im wesentlichen nach Karl Löwiths einschlägigen Studien[318]. Am Ende der Entwicklung naturalisierte der Historismus die Geschichte. Die geschichtsphilosophische Prämisse, die Geschichte vollziehe sich als permanenter Fortschritt, mußte aufgegeben werden.

Im Realismus der modernen Romanliteratur sieht Bultmann mit Erich Auerbach die Geschichtlichkeit des Menschen zuerst, wenn auch nur ansatzweise erfaßt[319]. Er bescheinigt auch Karl Jaspers, den Historismus überwinden zu wollen, aber Jaspers könne zu einem Gesamtbild der Geschichte letztlich nur von einer Position außerhalb der Geschichte gelangen[320]. Demgegenüber betrachtet Bultmann den geschichtsphilosophischen Entwurf Robin George Collingwoods als weiterführend. Denn Collingwood habe den wechselseitigen Bezug zwischen historischem Prozeß und historischer Erkenntnis klar erkannt. In seinem Geschichtsverständnis komme

317 Vgl. Bultmann an F.C. Sell, 9. 10. 1955, Mn 2-2380.

318 Vgl. R. Bultmann, Geschichte und Eschatologie, 1958, 65–83; K. Löwith, Weltgeschichte und Heilsgeschehen, 1952. – Freilich urteilte Bultmann intern, Löwith habe den »Sinn von Eschatologie ... nicht wirklich verstanden und damit auch nicht den von Geschichte« (Bultmann an F. Gogarten, 26. 9. 1954, in: Göckeritz [s. Anm. 280], [247 f.] 248).

319 Bultmann, aaO 116–122; vgl. E. Auerbach, Mimesis, 1946[1]; dazu Bultmann an F. Gogarten, 9. 1. 1955, in: Göckeritz (s. Anm. 280), (248–250) 249. – Vgl. auch die Bultmann gewidmete Studie von F. Gogarten, Das abendländische Geschichtsdenken. Bemerkungen zu dem Buch von Erich Auerbach »Mimesis«, ZThK 51 (1954), (270–360) 270. – Zu den vielfältigen Bezugnahmen Bultmanns auf Auerbachs Hauptwerk »Mimesis« in den *Gifford Lectures* vgl. M. Vialon, Erich Auerbach und Rudolf Bultmann. Probleme abendländischer Geschichtsdeutung, in: M. Bormuth / U. von Bülow (Hg.), Marburger Hermeneutik zwischen Tradition und Krise, 2008, (176–206) 198–204. – S. auch u. 484 Anm. 50.

320 Vgl. Bultmann, aaO 148–154; K. Jaspers, Vom Ursprung und Ziel der Geschichte, 1949. Zu Bultmanns Kritik an Jaspers vgl. kritisch W. Lohff, Rez. über R. Bultmann, Geschichte und Eschatologie, 1958, ThLZ 86 (1961), (66–69) 69.

lediglich die Verantwortlichkeit des Menschen noch nicht hinreichend zur Geltung[321]. Aus der Sicht des christlichen Glaubens verfügt der Mensch allerdings nicht von sich aus über die Freiheit, die mit der Geschichtlichkeit seiner Existenz gegebene Verantwortung zu übernehmen. Denn der Mensch ist derart durch die Vergangenheit bestimmt, daß ihm sein eigentliches Selbst entzogen bleibt. Die Freiheit wird ihm ausschließlich als Geschenk zugeeignet, und zwar durch die Verkündigung der Gnade Gottes. Die Verkündigung Jesu Christi als des eschatologischen Ereignisses zielt darauf ab, daß der von ihr Angeredete die Entscheidung des Glaubens vollzieht. In der Tat des Glaubens verifiziere ich »ein neues Verständnis meiner selbst als des durch Gottes Gnade von sich selbst befreiten und sich neu geschenkten Menschen«[322]. Von daher kann für Bultmann der Sinn der Geschichte nur in der Gegenwart liegen, nicht in der Universalgeschichte. Realisiert ist der Sinn der Geschichte, sofern die Gegenwart in ihrer »Möglichkeit, der eschatologische Augenblick zu sein«, wahrgenommen wird[323].

321 Vgl. Bultmann, aaO 155–163; R.G. Collingwood, The Idea of history, 1946 (dt.: Philosophie der Geschichte, 1955); vgl. auch Bultmann an G. Krüger, 2. 1. u. 3. 6. 1954, in: Lilie (s. Anm. 315), 295–298.

322 Bultmann, aaO 181.

323 AaO 184.

VII. Alte und neue Auseinandersetzungen (ca. 1947–ca. 1970)

1. Der Streit um die Entmythologisierung

Manche Briefschreiber wollen mich in einer Weise belehren, die ich nur als eine hochmütige bezeichnen kann. Sie weisen mich auf Bibelstellen hin, ohne zu bedenken, daß mir diese längst vertraut sind, und ohne mir zuzutrauen, daß ich schon von Berufs wegen über ihren Sinn nachgedacht habe. Sie trauen mir also keine Gewissenhaftigkeit zu, sondern werfen mir unverantwortlichen Leichtsinn vor. Ich halte das für ebenso unverschämt wie hochmütig. Und wenn es auch als rührend erscheinen mag, daß manche Briefschreiber mir versichern, daß sie für meine Bekehrung beten, so verbirgt sich dahinter der gleiche Hochmut. Daß mich das alles nicht berührt, soweit es meine Person betrifft, brauche ich wohl kaum zu versichern. Aber es bewegt mich, weil es symptomatisch ist für eine bestimmte Atmosphäre der Kirchlichkeit, und in das Mitleid mit den durch blinde Blindenführer Irregeleiteten mischt sich der Zorn über die Verdorbenheit dieser Atmosphäre.[1]

Am 7. Mai 1947 richtete der evangelikale Marburger Pfarrer Hans Bruns an den Rat der Evangelischen Kirche in Deutschland die Eingabe, die Einrichtung weiterer Kirchlicher Hochschulen in Erwägung zu ziehen. Die Kirche dürfe die Ausbildung der jungen Theologen nicht länger den Theologischen Fakultäten überlassen, durch die der theologische Nachwuchs verwirrt und in die Irre geführt werde. In Marburg gehe eine schädliche Wirkung insbesondere von Bultmann aus, der zentrale Heilstatsachen leugne[2]. Der Vorsitzende des Rates der Evangelischen Kirche in Deutschland, Landesbischof Theophil Wurm, erkannte sofort die theologische und kirchliche Brisanz der von Bruns exemplarisch angeführten Frage der Interpretation des Auferstehungsglaubens und der Geschichte vom leeren Grab. Wurm bat, um die Meinungsbildung des Rates in dieser Sache zu fördern, Karl Barth um eine Stellungnahme[3]. Barth riet in seinem Votum dringend davon ab, sich in der von Bruns angezeigten Motivation und Richtung mit der Theologie Bultmanns auseinanderzuset-

1 R. Bultmann, Ein Rückblick (1960), in: H.-W. Bartsch (Hg.), KuM 1, 1960^4, (7 f.) 8.

2 Vgl. H. Bruns an den Rat der EKiD, 7. 5. 1947, in: B. Jaspert (Hg.), Barth-Bultmann Bw., 1994^2, 268–270.

3 Vgl. Der Vorsitzende des Rates der EKiD Th. Wurm an K. Barth, 20. 5. 1947, in: Jaspert, aaO 271–275.

zen. Bruns habe mit seinem »Mönchsgeschrei« verkannt, daß die von ihm inkriminierten Spitzensätze Bultmanns nur Konklusionen aus zuvor getroffenen Grundentscheidungen darstellten. Wenn überhaupt, dann müsse man Bultmanns fundamentale Häresie, nämlich die Verbindung der Theologie »mit einer bestimmten philosophischen Ontologie«, bekämpfen[4]. Dies könne die Kirche aber wirksam nicht tun, indem sie Zensuren erteile oder Lehrurteile fälle, sondern nur so, daß sie ihren Glauben an den Auferstandenen glaubhaft bezeuge[5].

Der Rat der Evangelischen Kirche in Deutschland erklärte sich nach wiederholter Behandlung des Themas für nicht befugt, den zwischenzeitlich heftig entbrannten Streit um Bultmanns Entmythologisierungsprogramm durch eine lehramtliche Festlegung zu beenden[6]. In ihrer ersten, von 1948 bis etwa 1954 reichenden Phase entwickelte die Kontroverse um die Entmythologisierung bald eine enorme, von Bultmann so nicht vorausgesehene Eigendynamik. Dies hatte sowohl mit den höchst divergenten Ebenen zu tun, auf denen der Streit ausgetragen wurde, als auch mit den unterschiedlichen Interessen, Motiven und Voraussetzungen derjenigen, die als Hauptakteure der Auseinandersetzung in Erscheinung traten. Vertreter der akademischen Theologie befaßten sich ebenso wie Theologen im Pfarrdienst und in den Kirchenleitungen mit der Entmythologisierungsfrage, nicht zu vergessen die sogenannten Laien. Wortführer evangelikaler und pietistischer Gruppierungen sowie Repräsentanten des konfessionellen Luthertums bezogen Stellung. Anhänger der theologischen Ansätze Barths und Bultmanns beteiligten sich ebenso an der Debatte, dazu einzelne Philosophen oder auch katholische Theologen. Die Komplexität der Diskussion bildete sich nicht zuletzt in der publizistischen Vielfalt ab, in der Meinungen vorgetragen und erläutert, kritisiert und bekämpft wurden: in wissenschaftlichen Publikationen, kirchenamtlichen und synodalen Erklärungen, Denkschriften und Gutachten, Artikeln in Zeitungen, Gemeinde- und Kirchenblättern, Flugblättern, Broschüren und Streitschriften. Die zum Teil unversöhnliche Härte, in der um die Entmythologisierung gestritten wurde, spiegelte auch die Defizite und beständigen Schwierigkeiten der wissenschaftlichen Theologie wider, den Sinn und die Ergebnisse zumal ihrer historisch-kritischen Forschungsarbeit auf dem Gebiet der Bibelauslegung einer breiteren Kirchenöffentlichkeit zu vermitteln. Schließlich geriet der Streit um die Entmythologisierung, auch wenn dies bei weitem nicht allen an der Debatte Beteiligten bewußt war, zu einem Stellvertreterkrieg um die grundsätzliche Frage: In welchem Verhältnis zu der maßgeblich von der Aufklärung her

4 K. Barth an Th. Wurm, 29. 5. 1947, in: Jaspert, aaO (276–285) 280.

5 Vgl. auch als Reaktion Bultmann an G. Krüger, 10. 8. 1947, in: F. Lilie (Hg.), Bultmann-Krüger Bw. IV, ZNThG 6 (1999), (144f.) 145: »Du wirst wissen, daß ich beim Rat der Evangelischen Kirche in Deutschland wegen Ketzerei angeklagt wurde, und daß mir Karl Barth, von Wurm um ein Gutachten gebeten, mir meine Häresie bescheinigt hat.«

6 Vgl. C. Nicolaisen u. N. A. Schulze (Bearb.), Die Protokolle des Rates der Evangelischen Kirche in Deutschland, Bd. 2: 1947/48, 1997, 181.204f.456.573.575f.587.647; dazu (auch zum Folgenden) H. Günther, Die außerakademische Entmythologisierungsdebatte in den Jahren 1948–1953, Diss. theol. masch. Leipzig 1974, 99f.

geprägten Moderne konnte und sollte sich das protestantische Christentum selbst verstehen?

Für die Evangelikalen fiel die Antwort auf diese Frage eindeutig aus. In einem Hirtenbrief erklärten die Lüdenscheider Pfarrer Paul Deitenbeck und Walter Köllner ihren Gemeinden zu Ostern 1950, die Theologie Bultmanns greife die Grundlagen der Kirche an und sie habe die Kirche in das letzte geistliche Ringen der Endzeit versetzt. Der Vorstand des Gnadauer Gemeinschaftsverbandes forderte im Februar 1951 alle Theologen in verantwortlichen Positionen dazu auf, die Entmythologisierung abzulehnen, da sie Kreuz und Auferstehung Jesu Christi als das Zentrum der neutestamentlichen Botschaft entleere[7]. Die Gemeinschaftsführer, die sich während des Dritten Reiches nicht eben durch Bekennermut hervorgetan hatten, spielten sich nun als Gralshüter der reinen christlichen Lehre auf. Dabei verbreiteten sie in ihren Verlautbarungen nicht selten regelrechte Zerrbilder der theologischen Anliegen Bultmanns. Sie scheuten sich nicht, in einer hochgiftigen Mixtur aus Selbstgerechtigkeit und intellektueller Naivität Ketzerhüte an Bultmann und dessen Schüler zu verteilen. Indem sie die von ihnen so bezeichneten objektiven Heilstatsachen vor ihrer angeblichen Zersetzung durch die historische Kritik bewahren wollten, erreichten sie allerdings auch nicht annähernd das theologische Niveau, auf dem die mit dem Schlagwort »Entmythologisierung« bezeichnete Sache zu verhandeln gewesen wäre.

Indes gab es kaum eine deutsche Landeskirche, in der dies Thema nicht diskutiert wurde. Einzelne Kirchenleitungen baten Theologische Fakultäten um Gutachten, die dazu beitragen sollten, die um Bultmanns Entmythologisierungsprogramm geführten Debatten in Gemeinden und kirchlichen Gremien zu versachlichen. Die Theologische Schule Bethel legte 1952 eine im Auftrag der Leitung der Evangelischen Kirche von Westfalen erarbeitete Stellungnahme vor[8]. In der vom Pietismus stark geprägten württembergischen Landeskirche kam es zu besonders hitzigen Auseinandersetzungen um die Entmythologisierung. Hier versuchte eine von Hanns Rückert in Zusammenarbeit mit Gerhard Ebeling verfaßte Denkschrift der Tübinger Theologischen Fakultät die Wogen der Erregung zu glätten und die von überzogener Polemik und simplifizierenden Polarisationen beherrschte Debatte in die ruhigen Bahnen seriöser theologischer Arbeit zu überführen[9]. Die Synode der Evange-

7 Vgl. H. Stratmann, Kein anderes Evangelium. Geist und Geschichte der neuen Bekenntnisbewegung, 1970, 16–33; E. Busch, Der Pietismus in Deutschland seit 1945, in: U. Gäbler (Hg.), Der Pietismus im neunzehnten und zwanzigsten Jahrhundert, 2000, (533–562) 538 f.

8 Vgl. U. H. J. Körtner, Noch einmal Fragen an Rudolf Bultmann. Zur Kritik der Theologischen Schule Bethel am Programm der Entmythologisierung, WuD 18 (1985), 159–180.

9 Vgl. G. Ebeling an Bultmann, 4. 2. 1952, u. Ders. an Dekan Th. Dipper, 4. 2. 1952 (Abschrift), Mn 2-669; H. Rückert [u. G. Ebeling], Für und wider die Theologie Bultmanns (1952), in: H. Rückert, Vorträge und Aufsätze zur historischen Theologie, 1972, 404–433; dazu H. Wassmann, Der »Fall Bultmann« in Württemberg (1941–1953), in: V. Schäfer (Hg.), Bausteine zur Tübinger Universitätsgeschichte, Folge 4, 1989, (137–176) 167–172; vgl. auch aaO 171 Bultmanns Dankesschreiben an die Tübinger Fakultät vom 13. 3. 1952.

lischen Kirche in Hessen-Nassau hatte im Mai 1951 über den aus pietistischen Kreisen gestellten Antrag zu befinden, die Landeskirche solle Bultmann aus ihrem Prüfungsamt ausschließen und seine Theologie verurteilen. Der Kirchenpräsident Martin Niemöller, der für einen konstruktiven Umgang mit dem theologischen Problem der Entmythologisierung eintrat, trug maßgeblich dazu bei, daß die Synode diesen Antrag ablehnte[10]. Bultmann nahm den Synodenbeschluß als erfreuliches Zeichen, das für die Zukunft der Diskussion hoffen ließ[11]. In der Evangelischen Kirche von Kurhessen-Waldeck verhinderte Bischof Adolf Wüstemann, ein Schüler Bultmanns und von Sodens, daß sich die Synode gegen die von Bultmann repräsentierte Arbeit der wissenschaftlichen Theologie positionierte. Schon früh engagierte sich Wüstemann als Moderator des innerkirchlichen Gesprächs über die Entmythologisierung, in das Bultmann im übrigen von Anfang an eingebunden war[12].

Trotz solcher Anzeichen einer zunehmenden Versachlichung prägten nach wie vor teilweise erschreckende Begleiterscheinungen die Debatte. Bultmann hatte eine umfangreiche Korrespondenz in der Entmythologisierungsfrage zu erledigen, ein Geschäft, das ihn viel Arbeitszeit kostete, ihm aber wenig Freude bereitete[13]. Es erreichte ihn freilich auch mancher Droh- oder Schmähbrief. Das Ketzergericht, das neben fundamentalistischen Kreisen auch einige Kirchenleitungen über ihn abhielten, vollzog sich in mannigfachen Formen. Der bayerische Evangelische Presseverband weigerte sich 1950, Bultmanns »Theologie des Neuen Testaments« in der Kirchenzeitung Bayerns anzuzeigen. Die maßgeblichen Stellen der Landeskirche lehnten seine Theologie ab, lautete die Begründung[14]. Ernst Fuchs, der in Württemberg die Notwendigkeit der existentialen Interpretation des Neuen Testaments argumentativ zu erweisen suchte, erhielt als Quittung für sein Engagement für mehrere Monate ein kirchliches Predigtverbot. Als Fuchs auf eine neutestamentliche Professur in Bonn berufen werden sollte, verhinderte die Leitung der Evangelischen Kirche im Rheinland dies, indem sie gutachtlich feststellen ließ, Fuchs vertrete wie sein Lehrer Bultmann häretische Anschauungen[15].

Den Tiefpunkt der gegen die Theologie Bultmanns sich richtenden Kampagnen markierte die Generalsynode der Vereinigten Evangelisch-Lutherischen Kirche Deutschlands im April 1952. In ihrem Vorfeld gab der Münsteraner Systematiker

10 Der Meinungsbildung in dieser Landeskirche diente das besonnene Gutachten von K. Herbert, Zur Frage der Entmythologisierung. Veröffentlichung der Evangelischen Kirche in Hessen-Nassau, 1950, das sich ein Jahr später auch die Evangelische Kirche im Rheinland zu eigen machte.

11 Vgl. Bultmann an S. Hamm, 5. 5. 1952, Mn 2-3479.

12 Vgl. Bultmann an G. Krüger, 27. 1. 1949, in: Lilie (s. Anm. 5), 152 f.; dazu den Rückblick von A. Wüstemann an G. Ebeling, 18. 6. 1954, Mn 2-3044, Bl. 23–26.

13 Vgl. Bultmann an G. Krüger, 29. 1. 1952, in: F. Lilie (Hg.), Bultmann-Krüger Bw. V, ZNThG 6 (1999), (291–293) 292.

14 Vgl. J. Wallmann, Die Wiedergründung der Zeitschrift für Theologie und Kirche nach dem Zweiten Weltkrieg, ZThK 100 (2003), (495–519) 506 Anm. 29.

15 Vgl. G. Schunack, Einleitung, in: Ernst Fuchs Lesebuch. Ausgewählte Texte, hg. von E. Jüngel u. G. Schunack, 2003, (VII–XL) IX f.

Ernst Kinder eine Sammlung von Vorträgen lutherischer Theologen zur Entmythologisierung heraus, eine Schrift, die Kirchenleitungen an ihre Pfarrer versandten und die auch die Mitglieder der Generalsynode auf das Tagungsthema einstimmen sollte. Die Beiträge zu jener Positionsbestimmung lutherischer Theologie wiesen durchaus unterschiedliche Qualität auf, waren aber allesamt dem Ziel verpflichtet, »eine Krankheit protestantischer Theologie zu erkennen und zu überwinden, die von langer Hand her nun in ihr akutes Stadium zu treten scheint«[16]. Die Diagnose jener Krankheit, wie sie zumal der Erlanger Systematiker Walter Künneth stellen zu können glaubte, fiel ebenso grobschlächtig wie polemisch aus. Bultmann betreibe die »Selbstauflösung der Theologie in eine atheistische Philosophie« und beraube das Kerygma seines objektiven Fundamentes[17]. Angesichts dieses Befundes war es konsequent, daß Künneth am Ende seines Textes feierlich den *status confessionis* ausrief.

Auf der Generalsynode der Vereinigten Evangelisch-lutherischen Kirche Deutschlands, die vom 24.–29. April 1952 in Flensburg tagte, forderten etliche Synodale eine offizielle Verurteilung der Theologie Bultmanns durch die lutherische Kirche. Jedoch rieten einige Theologen und Bischöfe von einer solchen Lehrentscheidung ab. Die von der Synode verabschiedete Entschließung vermied eine förmliche Verurteilung Bultmanns[18]. *Wie* sich die Synode mit der Entmythologisierungsthematik befaßte, kam aber einer öffentlichen Abkanzelung seiner Theologie gleich. Auf der betreffenden Sitzung, die am 27. April 1952 in der Flensburger Marienkirche unter großem Publikumsandrang stattfand, kamen nur Gegner der Entmythologisierung wie Künneth zu Wort. Die Synode hatte weder Bultmann selbst noch einen anderen Theologen, der sein Anliegen hätte vertreten können, eingeladen. Auf diese Weise verabschiedete sich das kirchlich verfaßte Luthertum, sehr zum Bedauern Bultmanns, früh aus dem offenen theologischen Diskurs[19].

Die Generalsynode erteilte der Bischofskonferenz der Vereinigten Evangelisch-Lutherischen Kirche Deutschlands den Auftrag, eine Klärung der durch die Entmy-

16 E. Kinder (Hg.), Ein Wort lutherischer Theologie zur Entmythologisierung, 1952, 5; vgl. dazu G. Bornkamm, Die Theologie Bultmanns in der neueren Diskussion (1963), in: Ders., Geschichte und Glaube. Erster Teil, Ges. Aufs. III, 1968, (173–275) 201–216. – Gegen die lutherische Stellungnahme und die Verlautbarungen der VELKD zur Entmythologisierung wandte sich F. Gogarten, Entmythologisierung und Kirche, 1953; vgl. dazu Bornkamm, aaO 211–214.

17 W. Künneth, Bultmanns Philosophie oder Heilswirklichkeit, in: Kinder, aaO (61–90) 84; vgl. auch aaO 88–90.

18 Vgl. die Entschließung der Generalsynode in: H.-W. Bartsch (Hg.), KuM 2, 1952[1], 6 f.; dazu E. Lohse, Die evangelische Kirche vor der Theologie Rudolf Bultmanns, ZThK 82 (1985), (173–191) 183–186.

19 Vgl. Bultmann an S. Hamm (s. o. Anm. 11): »Ich glaube freilich, daß es weniger der *Macht*-Wille als die einfache *Angst* ist, die so viele Kirchenführer und Pastoren blind macht, – die Angst nämlich ..., es könne der Kirche ihr Fundament entzogen werden. Indem man Gott gleichsam zur Hilfe kommen will mit dem Mittel der kirchlichen Autorität, hat man vergessen, was echtes Gottvertrauen ist und was christliche Freiheit ist.«

thologisierung aufgeworfenen Fragen herbeizuführen. Die Bischofskonferenz entledigte sich dieser Aufgabe, indem sie am 30. September 1953 in Tutzing eine Kundgebung beschloß, die am Ewigkeitssonntag dieses Jahres als Kanzelabkündigung in den Gemeinden verlesen werden sollte. Die Kundgebung vermied es, den Namen Bultmanns zu nennen. Sie stellte jedoch – im Gewand einer rhetorischen Frage – fest, einige theologische Lehrer stünden in der Gefahr, bei ihren Bemühungen um die Entmythologisierung der neutestamentlichen Texte »den Inhalt der Verkündigung zu vermindern oder gar zu verlieren«. Diese Theologen müßten sich fragen lassen, ob sie nicht die von der Schrift bezeugten Tatsachen verleugneten. »Männer der Kirche« hätten nunmehr »die Auseinandersetzung mit diesen Lehrern der Theologie zu führen« – von einem Gespräch mit den vermeintlich vom Bekenntnis zu Jesus Christus abgefallenen Theologen war nicht mehr die Rede[20]. Bultmann reagierte mit einigem Sarkasmus, als er von der Kanzelabkündigung der Bischofskonferenz erfuhr. Falls ihm das Dokument offiziell zugestellt werde, könne er es ja auf dem Marktplatz in Marburg verbrennen, wie einst Luther in Wittenberg mit der Bannandrohungsbulle verfahren war[21]. Helene Bultmann fand es traurig, daß die lutherischen Bischöfe eine der »wichtigsten Lebensaufgaben« ihres Mannes verkannten, nämlich die, den für viele verschlossenen Zugang zum Christentum wieder zu eröffnen. »Und wie pharisäisch ist diese Absicht der Kirche, gerade am Totensonntag [dem Gedenktag des Jüngsten Gerichts] meinen Mann zu verdammen!«[22]

In den Jahren, als die Vereinigte Evangelisch-Lutherische Kirche Deutschlands die Entmythologisierung des Neuen Testaments für unvereinbar mit der kirchlichen Lehre erklärte, meldete sich Bultmann mit zwei Voten in der aufgeregten öffentlichen Diskussion zu Wort. In einer Stellungnahme zu verschiedenen nach 1948 erschienenen kritischen Beiträgen nahm er 1952 die Gelegenheit wahr, seine Position in der Entmythologisierungsfrage nochmals zu verdeutlichen. Dabei begnügte er sich nicht einfach damit, das 1941 im Alpirsbacher Vortrag Gesagte zu repetieren. Vielmehr setzte er sein Bemühen daran, im Lichte der an ihn gerichteten kritischen Anfragen das theologische Problem in seinen wichtigsten Aspekten systematisch in den Blick zu nehmen und die Intentionen seiner eigenen Gedanken zu präzisieren. Daher rückte er thematisch den Sinn des Mythos und der Entmythologisierung, das Verhältnis der existentialen Interpretation zur philosophischen Daseinsanalyse so-

20 Kundgebung der Bischofskonferenz der Vereinigten Evangelisch-Lutherischen Kirche Deutschlands vom 30. 9. 1953, in: H.-W. Bartsch (Hg.), KuM 1, 1954^3, 11; vgl. dazu Lohse (s. Anm. 18), 185 f.

21 Vgl. Bultmann an A. Bultmann Lemke, 5. 11. 1953, Mn 2-3452.

22 H. Bultmann an E. Käsemann, 29. 10. 1953, Mn 2-2933. – In Tutzing hatte sich der hannoversche Landesbischof Hanns Lilje von der Kanzelabkündigung der Bischofskonferenz der VELKD distanziert. Lilje untersagte auch das Verlesen der Abkündigung in den Gemeinden der Evangelisch-lutherischen Landeskirche Hannovers. Dies erfreute Bultmann. Vgl. Bultmann an A. Bultmann Lemke, 11. 4. 1954, Mn 2-3452. – Über Liljes Einstellung zu Bultmanns Entmythologisierungsprogramm informiert J. J. Siegmund, Bischof Johannes Lilje, Abt zu Loccum. Eine Biographie, 2003, 136.308 f.595.

wie das Reden vom Handeln Gottes in das Zentrum der Erörterung. Weil die Entmythologisierung das im Blick auf Gott unangemessene objektivierende Denken und Reden ausschloß, konnte Bultmann prononciert – und gewiß auch gegen die Vertreter lutherischer Kirchlichkeit, die seiner Theologie das Prädikat »lutherisch« entziehen wollten, – formulieren: »... *die radikale Entmythologisierung ist die Parallele zur paulinisch-lutherischen Lehre von der Rechtfertigung ohne des Gesetzes Werk allein durch den Glauben. Oder vielmehr: sie ist ihre konsequente Durchführung für das Gebiet des Erkennens.* Wie die Rechtfertigungslehre zerstört sie jede falsche Sicherheit und jedes falsche Sicherheitsverlangen des Menschen, mag sich die Sicherheit auf sein gutes Handeln oder auf sein konstatierendes Erkennen gründen.«[23]

Das mit der Entmythologisierung verbundene Anliegen auch einem philosophisch und theologisch nicht vorgebildeten Adressatenkreis zu erschließen, entsprach dem Interesse Bultmanns. Gemeinsam mit Günther Bornkamm und Friedrich Karl Schumann gestaltete er daher für den Süddeutschen Rundfunk im Juli 1953 eine Sequenz von drei Vorträgen und ein an diese anknüpfendes Gespräch[24]. Bultmann gab in seinem Vortrag ein Exempel der Entmythologisierung im Vollzug. In Gedanken betrachtete er mit seinen Hörern das ihnen vertraute Bilderbuch der christlichen Hoffnung. Die biblischen Hoffnungsbilder, seien sie nun aus jüdischen oder gnostischen Quellen geschöpft, wegen ihres mythologischen Gehalts aus dem Glaubensbestand des modernen Menschen zu eliminieren, war Bultmanns Meinung nicht. Vielmehr wollte er die verschiedenen mythologischen Zukunftsvisionen des Neuen Testaments auf das in ihnen explizierte Verständnis der menschlichen Existenz hin befragen. Hatte das Christentum in seiner langen Geschichte die Bilderwelten seiner Hoffnung nicht immer schon entmythologisiert, nämlich säkularisiert, spiritualisiert oder ästhetisiert? »Der durch die Entmythologisierung freigelegte Sinn der mythologischen Hoffnungsbilder aber ist der, daß sie von der Zukunft Gottes reden als von der Erfüllung des menschlichen Lebens.« Der Glaube an die Zukunft des kommenden Gottes schloß für Bultmann mit ein, auf sämtliche Wunschbilder eines postmortalen Daseins zu verzichten[25].

Besonders hellhörig registrierten die Theologiestudenten in ganz Deutschland, was sie im Streit um die Entmythologisierung zu hören und zu lesen bekamen. Teilweise, etwa in Württemberg, schalteten sie sich aktiv in die theologischen Kontroversen ein[26]. In Basel konnten die Studenten Karl Barth dazu bewegen, im Winterse-

23 R. Bultmann, Zum Problem der Entmythologisierung, in: H.-W. Bartsch (Hg.), KuM 2, 1952[1], (179–208) 207; vgl. dazu E. Hauschildt, Was heißt »lutherisch«? Erörtert am Beispiel der Theologie Rudolf Bultmanns, Luther 61 (1990), 20–36.

24 Vgl. G. Bornkamm – R. Bultmann – F.K. Schumann, Die christliche Hoffnung und das Problem der Entmythologisierung, 1954, 7.

25 R. Bultmann, Die christliche Hoffnung und das Problem der Entmythologisierung, GuV III, 1960[1], (81–90) 90.

26 Vgl. Wassmann (s. Anm. 9), 158–161.166f.; H.F. Geisser, Barth und Bultmann im Streit um Stiftlerseelen, in: F. Hertel (Hg.), In Wahrheit und Freiheit. 450 Jahre Evangelisches Stift in Tübingen, 1986, 297–315.

mester 1951/52 in seinem Seminar das Thema »Kerygma und Mythos« zu behandeln[27]. Als Barth und Bultmann am 18. April 1952 im Basler Wirtshaus »Charon« wieder einmal beisammensaßen, tauschten sie sich in freundschaftlicher Atmosphäre über einige Fragen aus dem Umkreis der existentialen Interpretation aus. Wenig später, im Sommer 1952, faßte Barth die Arbeit seines Seminars vom vorangegangenen Winter in dem Versuch, Bultmann zu verstehen, literarisch zusammen. »O Engel, verzeih' mir ...!« – mit diesem Zitat aus »Figaros Hochzeit« dedizierte Barth ein Exemplar seiner Schrift der Person, deren Denken den Gegenstand seiner aktuellen Verstehensbemühung bildete[28]. Freilich glitt sein zunächst unter der Kautele möglicher eigener Verstehensgrenzen begonnener Versuch unmerklich über in eine grundsätzliche Auseinandersetzung mit dem theologischen Anliegen Bultmanns[29]. In glänzender eristischer Diktion trug Barth seine Anfragen an das Programm vor, dem sich sein einstiger Weggefährte in den Anfängen der Dialektischen Theologie verschrieben hatte. Wie weit Barths Kritik an den hermeneutischen Voraussetzungen und Implikationen der Bibelauslegung Bultmanns, an seiner Verhältnisbestimmung von Theologie und Anthropologie, Christologie und Soteriologie wirklich geeignet war, eine Verständigung über die strittigen Fragen anzubahnen, kann man im Rückblick immerhin fragen.

Beide Kontrahenten schätzten die Möglichkeiten, zu einem Einverständnis darüber zu gelangen, was die Theologie als ihre Aufgabe anzusehen und wie sie diese zu bearbeiten habe, 1952 als äußerst gering ein. Bultmann antwortete Barth nicht mit einer Publikation, sondern in einem – allerdings umfangreichen – Brief. In dieser Replik setzte er sich zum einen mit zahlreichen Aufstellungen und Aussagen Barths kritisch auseinander. Zum anderen nahm er – einmal mehr mit Erstaunen – zur Kenntnis, daß Barth offenbar gar nicht die ihn selbst allerdings bewegende Aufgabe der Theologie erkannte, nach den Möglichkeiten des Verstehens der biblischen Botschaft zu fragen und deshalb auch die ontologische Besinnung auf die von der Theologie verwendeten Begriffe wie Geschehen, Offenbarung, Sein oder Wirklichkeit für notwendig zu erachten[30]. Bultmann schloß seinen Brief, indem er das von Barth verwendete Figaro-Zitat fortsetzte: »Wie könnt' ich denn zürnen? Mein Herz spricht für dich!« – und dem die letzte Zeile des Figaro hinzufügte: »Ewig sei der Gram verbannt!«[31] Barth wiederum sah sich durch die Reaktion Bultmanns in seiner Meinung bestätigt, von ihm in der Auffassung der zentralen theologischen Aufgabe geschieden zu sein. Freilich hoffte Barth, im Eschaton möchten die jetzt unüberbrückbaren Gegensätze sich auflösen lassen. Einstweilen, so beschrieb er sein Verhältnis zu Bultmann, hätten beide schlicht zu akzeptieren, daß ihnen der gemeinsame Schlüs-

27 Vgl. zum Folgenden E. Busch, Karl Barths Lebenslauf, 1978[3], 401–405.

28 Vgl. Bultmann an K. Barth, 11.–15. 11. 1952, in: Jaspert (s. Anm. 2), (167–191) 167 Anm. 1. – Vgl. K. Barth, Rudolf Bultmann. Ein Versuch, ihn zu verstehen, 1952[1].

29 Vgl. dazu Bornkamm (s. Anm. 16), 221.224 f.

30 Vgl. Bultmann an K. Barth (s. Anm. 28), 168–171.

31 AaO 190 f.

sel zum gegenseitigen Verstehen fehle – einem Walfisch und einem Elefanten vergleichbar, die einander zu ihrem Erstaunen begegneten und sich doch nicht zu verständigen vermochten[32].

Kaum hatte dieser Versuch zu verstehen einen schiedlich-friedlichen Ausgang genommen, sah Bultmann sich durch einen anderen unerwarteten Gegner herausgefordert: durch Karl Jaspers. Der Philosoph setzte sich 1953 auf dem Schweizer Theologentag mit Bultmanns Entmythologisierungsprogramm auseinander, wohl wissend, sich dabei »wie ein Wanderer in einem fremden Lande« zu bewegen[33]. Dieser Angriff berührte Bultmann im Unterschied zu vielen sonstigen Kritiken schmerzlich[34]. Martin Heidegger und Hannah Arendt fanden Bultmann nach der Attacke von Jaspers niedergeschlagen vor[35]. Beide konnten die heftige Kritik ihres Kollegen an Bultmann nicht nachvollziehen[36]. Diese Kritik hatte *ein* Motiv in einer persönlichen Verstimmung des Philosophen über den Theologen[37]. Bei einer Begegnung in Heidelberg im Februar 1930 hatte Jaspers auf indirektem Wege Bultmann Worte zu entlocken versucht, die ihm dessen »christliche Seele, zu nutz und frommen der eigenen« aufdecken sollten. Bultmann aber reagierte »einwandfrei nichtmerkend oder berechtigterweise überhörend«. So gelangte Jaspers zu der Einschätzung, die dann sein Schüler Erich Frank an Bultmann weitergab: »Er ist ein Oldenburger, unbeweglich wie ein Granitblock, nur in Vordergründen berührbar – man kann nicht erfahren, was in ihm geschieht«[38].

32 Vgl. K. Barth an Bultmann, 24. 12. 1952, in: Jaspert, aaO (191–198) 192. – Der von beiden Theologen empfundene Dissens fand seinen Ausdruck auch in ihrer Interpretation von Röm 5,12–21. Vgl. K. Barth, Christus und Adam nach Röm. 5. Ein Beitrag zur Frage nach dem Menschen und der Menschheit, 1952[1]; R. Bultmann, Adam und Christus nach Römer 5 (1959), in: Ders., Exegetica, 1967, 424–444; dazu K. Barth an Bultmann, 18. 12. 1959, in: Jaspert, aaO 198–201. – Zu den Einzelheiten vgl. M. Wolter, »Christus und Adam« oder »Adam und Christus«? Karl Barths und Rudolf Bultmanns Interpretation von Römer 5, 12–21, in: W. Schmithals (Hg.), Existenz und Sein. Karl Barth und die Marburger Theologie, 1989, 15–36.

33 K. Jaspers, Wahrheit und Unheil der Bultmannschen Entmythologisierung (1953), in: Ders. / R. Bultmann, Die Frage der Entmythologisierung, 1981[2], (29–80) 29.

34 Vgl. Bultmann an K. Jaspers, 15. 6. 1953, DLA Marbach, Bestand A: Jaspers, ZN 75.10579/5.

35 Vgl. M. Heidegger an H. Arendt, 21. 4. 1954; H. Arendt an M. Heidegger, 8. 5. 1954, in: U. Ludz (Hg.), Arendt-Heidegger Bw., 2002[3], (140–143) 141.(144–147) 146.

36 Vgl. (zu Heidegger) Bultmann an A. Bultmann Lemke, 4. 2. 1954, Mn 2-3452; H. Arendt an K. Jaspers, 13. 7. 1953 u. 6. 10. 1954, in: L. Köhler u. H. Saner (Hg.), Arendt-Jaspers Bw., 1993[3], (257–260) 257–259.(248–286) 286.

37 Vgl. die Andeutungen von K. Jaspers, Erwiderung auf Rudolf Bultmanns Antwort, in: Ders. / Bultmann (s. Anm. 33), (189–142) 138.

38 K. Jaspers (im Rückblick auf die Begegnung von 1930) an Bultmann, 3. 1. 1939, Mn 2-1067. Ob und warum Bultmann sich Jaspers gegenüber nicht öffnete, läßt sich nicht mehr eruieren. In einem analogen Fall lehnte Bultmann es ab, öffentlich ein von ihm erbetenes persönliches Glaubensbekenntnis abzulegen. Dieses Ersuchen verkenne in grotesker Weise, daß sein persönlicher Glaube niemanden etwas angehe. Zudem helfe auch die Demonstration seines Glaubens nicht denjenigen, die an seiner theologischen Arbeit Anstoß nähmen. Das Recht seiner theologischen Arbeit erweise sich dann, wenn sie dazu beitrage, den Sinn und das Wesen des Glaubens zu klären. Vgl. R. Bultmann, Theologie und Glaube. Ein Brief, Unterwegs 5 (1951), 273 f.

Vor diesem Hintergrund fuhr Jaspers 1953 schweres Geschütz auf, um den »Granitblock« aufzubrechen. Bultmann setze ein unangemessenes Verständnis der modernen Wissenschaften voraus. Er verstehe nichts von der Philosophie und knüpfe zudem mit der existentialen Interpretation ausschließlich an *ein* Buch an, Heideggers »Sein und Zeit«. Mit seiner Forderung, der Mythos müsse wegen seiner Bindung an ein überholtes Weltbild existential ausgelegt werden, habe Bultmann die Eigenart mythischen Denkens verkannt. Dieses sei nämlich nicht etwa vergangen, wie es sich auch nicht einfach übersetzen lasse. Es gelte vielmehr, die mythische Chiffrenschrift vor ihrer Transformation in die Sprache der leibhaftigen Realität zu bewahren. Denn der Mythos berge in der Sprache der Chiffren das Geheimnis des bildlosen Gottes, der absoluten Transzendenz, die sich als das »Umgreifende« dem direkten Zugang entziehe. Eben deshalb lehnte Jaspers im Namen aufgeklärter Liberalität den Offenbarungsgedanken, auf dem Bultmann beharre, als Relikt einer überholten Orthodoxie ebenso ab wie zumal den »für unser Philosophieren fremdesten Gedanken ... von der Rechtfertigung allein durch den Glauben«[39].

In seinem vehementen Plädoyer für die *nobilitas ingenita* des Menschen legte Jaspers keinen sonderlichen Wert darauf, in eine echte Kommunikation mit seinem – häufig genug selbsterstellten – Gegner einzutreten[40]. Auf seine *ex cathedra* gegen den Absolutheitsanspruch des christlichen Glaubens gesprochenen Worte angemessen zu reagieren, fiel Bultmann daher nicht leicht[41]. Er versuchte es, indem er dem Philosophen den genuin theologischen Sinn der Entmythologisierung transparent zu machen unternahm. Die Entmythologisierung wolle nicht das Quantum dessen verringern, was der moderne Mensch glauben könne, sondern den Sinn des christlichen Glaubens klären. Dies aber sei eine hermeneutische Aufgabe, der sich Jaspers mit seiner Rede von den Chiffren der Transzendenz nicht wirklich gestellt habe. In seiner Kritik am Absolutheitsanspruch des christlichen Offenbarungsglaubens verkenne Jaspers den eigentlichen Anspruch der biblisch bezeugten Offenbarung. Diese könne man nämlich nicht anerkennen, nachdem man sich zuvor der Wahrheit ihres Anspruchs vergewissert habe. Vielmehr – und dies expliziere die Lehre von der Rechtfertigung aus Glauben – öffne sich der Mensch der Offenbarung, indem er sich im *Ereignis des Glaubens* aus der Gnade Gottes empfange und so zu einem neuen Verständnis seiner selbst gelange. »Der Mensch lebt nicht von der *Idee* der Gnade Gottes, sondern von der *je ihm zugesprochenen* Gnade.«[42] Es mag diese Konzentration des Themas auf die dem Theologen obliegende Auslegung der biblischen Bot-

39 Jaspers (s. Anm. 33), 47.

40 Vgl. dazu entsprechend kritisch H. Fahrenbach, Philosophische Existenzerhellung und theologische Existenzmitteilung. Zur Auseinandersetzung zwischen Karl Jaspers und Rudolf Bultmann, ThR NF 24 (1957/58), (77–99.105–135) 80–85.

41 Vgl. R. Bultmann, Zur Frage der Entmythologisierung. Antwort an Karl Jaspers, in: Jaspers / Bultmann (s. Anm. 33), (83–97) 83 f.

42 Bultmann, aaO 95 f.

schaft gewesen sein, die unter damaligen Basler Studenten auf eine positive Resonanz stieß[43].

Die Wogen, die der Streit um die Entmythologisierung ausgelöst hatte, ebbten nach 1954 spürbar ab. In der wissenschaftlichen Theologie wandten Neutestamentler und Systematiker ihr Interesse nun zunehmend der neuen Frage nach dem historischen Jesus zu. Kirche und Theologie aber befaßten sich mehr und mehr mit Themen, die nicht unmittelbare Bezüge zur biblischen Botschaft und der Aufgabe ihrer Vergegenwärtigung aufwiesen, mit gesellschaftspolitischen und sozialethischen Problemen, aktuellen politischen Fragen oder auch der Forderung nach einer Strukturreform der Kirche. In gewisser Weise hatte sich die öffentliche Debatte um die Entmythologisierung auch erschöpft. Die wesentlichen Argumente waren ausgetauscht worden. Die gemeinte Sache weiter unter dem unglücklichen Begriff »Entmythologisierung«[44] zu erörtern, schien wenig verheißungsvoll zu sein. Hatte doch der Ausdruck dem Mißverständnis Vorschub geleistet, es gehe um die Eliminierung der mythologischen Aussagen des Neuen Testaments. Mochte Bultmann unermüdlich daran erinnern, die Entmythologisierung habe als hermeneutische Methode den Mythos nicht zu liquidieren, sondern sachgemäß auszulegen, – es blieb der Eindruck, die Konfusion der öffentlichen Entmythologisierungsdebatte sei wesentlich durch jenen ungeeigneten Begriff mit verursacht worden[45].

Um 1961 nahmen verschiedene evangelikale Gruppierungen ihren innerkirchlichen Kampf gegen die »moderne Theologie« verstärkt wieder auf[46]. Sie schlossen sich im Januar 1966 zur »Bekenntnisbewegung ›Kein anderes Evangelium‹« zusammen. Deren Angriffe richteten sich nun nicht mehr allein gegen Bultmann, sondern generell gegen die wissenschaftliche Theologie, speziell gegen die in der Schule Bultmanns von Exegeten wie Herbert Braun, Ernst Fuchs, Ernst Käsemann, Günter Klein und Willi Marxsen betriebene kritische Bibelauslegung. Da jetzt seine Schüler die Hauptlast der Auseinandersetzung mit der sogenannten Bekenntnisbewegung trugen, konnte sich Bultmann aus der vordersten Frontlinie des Konflikts zurückziehen. Die Bekenntnisbewegung distanzierte sich am 6. März 1966 in einer Großkundgebung in der Dortmunder Westfalenhalle, zu der sie 22.000 Anhänger zusammengetrommelt hatte, von allen »ungläubigen« Tendenzen in der evangelischen Kirche und Theologie. Das Nachrichtenmagazin »DER SPIEGEL« nahm aus diesem Anlaß ein Interview mit Bultmann auf, in dem er noch einmal – diesmal im Gegenüber zur Bekenntnisbewegung – die Intentionen und Konsequenzen der Entmytho-

43 H. Glossner, Basel, 1953. Der große Disput mit Bultmann, DASBl Nr. 8, 25. 2. 1979, 12: »Mich und viele meiner Studienkollegen damals in Basel konnte Jaspers nicht überzeugen, die größere Wahrhaftigkeit, das stärkere Engagement hatte Bultmann auf seiner Seite.«

44 Zur Herkunft des Begriffs s.o. 319 Anm. 292. – Zur Kritik vgl. Rückert [u. Ebeling] (s. Anm. 9), 420; dazu später R. Bultmann, Jesus Christus und die Mythologie (1964), GuV IV, 1975^3, (141–189) 146.

45 Vgl. Lohse (s. Anm. 18), 182 f.

46 Vgl. Stratmann (s. Anm. 7), 34–169; Busch (s. Anm. 7), 539–543.

logisierung aufzuzeigen versuchte[47]. Der von Martin Heidegger 1964 ausgesprochene Wunsch, Bultmanns »ganzes Werk möge künftig nicht allzusehr durch die Etikette ›Entmythologisierung‹ verdeckt bleiben«[48], erfüllte sich freilich kaum, wenn man an die heftigen Auseinandersetzungen um das Entmythologisierungsprogramm denkt.

Bis in seine letzten Lebensjahre war Bultmann damit befaßt, briefliche Anfragen besorgter oder einfach um Aufklärung bittender Christen zu beantworten. Bis zuletzt meinten einige Briefschreiber ihn auch auffordern zu müssen, von seinem »Irrweg« abzulassen und sich endlich zu Jesus Christus zu bekehren. »Es wäre«, ließ ein Neffe zweiten Grades ihn 1974 wissen, »sicherlich die beste Entscheidung, wenn auch Du unserem gekreuzigten und auferstandenen Heiland Jesus Christus, der sein Blut und Leben für uns Sünder gab, *allein* die Ehre geben würdest ... Diesen notwendigen Wandel Deiner Auffassung brauchtest Du ganz bestimmt in Ewigkeit nicht zu bereuen.«[49] Was Bultmann von derartigen geistlichen Ratschlägen hielt, hatte er bereits 1960 zu Protokoll gegeben[50]. Versöhnlich stimmte ihn allerdings der Besuch, den ihm der hannoversche Landesbischof Eduard Lohse am 12. Mai 1972 abstattete. Sein Fachkollege hatte die Bischofskonferenz der Vereinigten Evangelisch-Lutherischen Kirche Deutschlands davon überzeugt, daß sie Bultmann ein Wort des Bedauerns über die beschämenden Stellungnahmen schulde, die die Repräsentanten der lutherischen Kirchen einst zu seiner Theologie abgegeben hatten. Als Lohse dies bei seinem Besuch in Marburg zum Ausdruck brachte, nahm Bultmann seine »Worte mit spürbarer Bewegung und Dankbarkeit« auf[51].

47 Vgl. Ist Jesus auferstanden wie Goethe? SPIEGEL-Gespräch mit dem Marburger Theologieprofessor D. Dr. Rudolf Bultmann, DER SPIEGEL, 20. Jg., Nr. 31, 25. 7. 1966, 42–45.

48 M. Heidegger an Bultmann, 17. 8. 1964, in: A. Grossmann / Ch. Landmesser (Hg.), Bultmann-Heidegger Bw., 2009, (223 f.) 224.

49 M. Trentepohl an Bultmann, 17. 10. 1974, Mn 2-2728.

50 S. o. Anm. 1.

51 Lohse (s. Anm. 18), 186; Ders., Erneuern und Bewahren. Evangelische Kirche 1970–1990, 1993, 163.

2. Die neue Frage nach dem historischen Jesus

Dann, wenn der Lernende wagt,
Dem Ruf der Sache zu folgen,
Ehrt er den Lehrer zumeist,
Bleibt seine Stimme ihm nah.[52]

Im Tübinger Verlag Mohr Siebeck erschien 1951 Bultmanns Jesus-Buch in dritter, nur geringfügig veränderter Ausgabe, zunächst als 13.–14. Tausend[53]. Ernst Käsemann begrüßte das Wiedererscheinen des Buches, zumal die Darstellung ihre Aktualität und Frische über ein Vierteljahrhundert bewahrt und bislang noch niemand die ihr zugrundeliegende Konzeption überholt habe. Freilich liege im Ansatz der klassischen Interpretation Bultmanns zugleich ihre Problematik. Denn bei Bultmann könne von Jesus nur in Anführungszeichen geredet werden, lasse sich doch allenfalls die älteste Überlieferungsschicht der synoptischen Tradition in ihrer mehr oder weniger plausiblen Nähe zu Jesus rekonstruieren. Bultmann habe aus dem Scheitern der Leben-Jesu-Forschung zu Recht die Konsequenz gezogen, an die Stelle der für die liberale Theologie zentralen Frage nach dem historischen Jesus die Frage nach dem ursprünglichen Kerygma zu rücken. Allerdings sei damit das Problem, welche Relevanz die Historie Jesu für den christlichen Glauben habe, noch keinesfalls erledigt[54].

Zwei Jahre später setzte Käsemann die Frage nach dem historischen Jesus von neuem auf die theologische Agenda. Er war unter den Schülern Bultmanns der erste, der den im Einflußbereich der Dialektischen Theologie herrschenden Konsens in Frage stellte, der Rekurs auf den historischen Jesus verheiße nur wenig Erfolg und sei im übrigen theologisch illegitim. Die formgeschichtliche Analyse der synoptischen Tradition hatte Bultmann in der skeptischen Einschätzung der Möglichkeiten bestärkt, historisch verwertbare Aussagen zu einem Leben Jesu zusammenfügen zu können. Vor allem lehnte Bultmann mit Karl Barth jeglichen Versuch, den Glauben an Jesus Christus mit historischen Sachverhalten zu begründen, aus prinzipiellen theologischen Erwägungen ab. Die Theologie dürfe »nicht hinter das Kerygma zurückgehen, … um einen ›historischen Jesus‹ … zu rekonstruieren. Das wäre gerade der Χριστὸς κατὰ σάρκα, der vergangen ist. Nicht der historische Jesus, sondern Jesus Christus, der Gepredigte, ist der Herr.«[55] Bei diesem Kontrast zwischen dem

52 Von Johannes Wallmann verfaßte Xenie, mit der das Neutestamentliche Seminar von Ernst Fuchs an der Kirchlichen Hochschule Berlin Rudolf Bultmann zum 75. Geburtstag am 20. August 1959 seine Ehrerbietung bezeugte, zit. nach W. Harnisch, Theologie der Verkündigung. Zum 90. Geburtstag des Marburger Theologen Rudolf Bultmann, OP Nr. 191, 20. 8. 1974, 11.

53 Vgl. W. Schmithals, Jesus verkündigt das Evangelium – Bultmanns Jesus-Buch, in: Paulus, die Evangelien und das Urchristentum. Beiträge von und zu Walter Schmithals zu seinem 80. Geburtstag hg. von C. Breytenbach, 2004, (388–428) 390 f.

54 Vgl. E. Käsemann, Ein neutestamentlicher Überblick, VF 5 (1949/50), (191–218) 197.

55 R. Bultmann, Die Bedeutung des geschichtlichen Jesus für die Theologie des Paulus (1929), GuV I, 1933¹, (188–213) 208.

historischen Jesus und dem kerygmatischen Christus dürfe es die Theologie jedoch nicht belassen, befand demgegenüber Ernst Käsemann. Er trug sein Plädoyer für die Wiederaufnahme der Frage nach dem historischen Jesus auf der Tagung der »Alten Marburger« am 20. Oktober 1953 in Jugenheim an der Bergstraße vor.

In der gegenwärtigen Diskussion macht Käsemann drei Punkte aus, die Zweifel an der radikalen Auffassung Bultmanns, dem historischen Jesus komme keine Relevanz für den christlichen Glauben zu, nahelegen. Zum einen enthalten die Synoptiker weitaus mehr authentische Überlieferung, als die radikale historische Kritik wahrhaben möchte. Sodann kann man die älteste Passions- und Ostertradition in den Evangelien als zuverlässig betrachten. Dies impliziert, daß das Kerygma im Rahmen der von ihm vermittelten Tradition auch Tatsachen weitergibt. Drittens schließlich meint man »zu der systematischen Konzeption einer der Weltgeschichte parallelen, in sie eingebetteten, von ihr jedoch auch ablösbaren Heilsgeschichte mit eigenen Gesetzen und eigener Kontinuität« vorstoßen zu können[56].

Mit Bultmann weiß sich Käsemann zunächst darin einig, daß die Leben-Jesu-Forschung des 19. Jahrhunderts nicht repristiniert werden könne. Er distanziert sich denn auch von dem Versuch der liberalen Theologie, die religiöse Persönlichkeit des Jesus von Nazareth mittels historischer Rekonstruktion – und zumeist unter Vernachlässigung des neutestamentlichen Christuszeugnisses – als Grund des Glaubens zu erweisen. Die Evangelien dürfen nicht als Tatsachenberichte von mehr oder weniger historischer Zuverlässigkeit mißverstanden werden. Jedoch hat die Urchristenheit ihr Kerygma in den Evangelien bewußt mit der Botschaft ihres Herrn verquickt. Auf paradoxe Weise bewahrt sie die geschichtliche Kontinuität mit Jesus, indem sie die Historie seines Lebens weitgehend durch ihre Botschaft von Jesus Christus ersetzt. Indem die Urchristenheit den irdischen Jesus mit dem erhöhten Christus identifiziert, stellt sie klar, ihren Glauben bei der Darstellung der Geschichte Jesu nicht sistieren zu können. Zugleich aber gibt sie damit ihren Willen zu verstehen, nicht etwa »einen Mythos an die Stelle der Geschichte, ein Himmelswesen an die Stelle des Nazareners treten zu lassen«[57]. Die Evangelien nehmen die Historie Jesu zwar durchweg von Ostern her in den Blick, messen ihr aber eine konstitutive Bedeutung für den Glauben zu. Nachdem die Urchristenheit bereits den gekreuzigten und auferstandenen Christus als ihren Herrn erkannt, geglaubt und verkündigt hatte, ist sie in den Evangelien gleichsam noch einmal in die Geschichte des irdischen Jesus zurückgekehrt.

Allerdings will es, so räumt Käsemann ein, der historisch-kritischen Methode nicht gelingen, Wort und Tat des Nazareners zweifelsfrei zu erschließen. Die historische Kritik hat nämlich höchst unterschiedliche, einander teilweise widersprechende Jesusbilder kreiert. Aus dem verwirrenden Durcheinander dieser vermeintlich

56 E. Käsemann, Das Problem des historischen Jesus (1954), in: Ders., Exegetische Versuche und Besinnungen, Bd. I, 1970[6], (187–214) 189.

57 AaO 196.

zuverlässigen Jesusbilder vermag nur eine radikale Kritik, die sich der Sachproblematik bewußt ist, den Weg zum irdischen Jesus zu bahnen. Dazu bedarf es eines methodischen Instrumentariums, mit dem die authentische Jesusüberlieferung in den Evangelien relativ sicher zu ermitteln ist. Käsemann bezieht das später sogenannte doppelte Differenzkriterium, das Bultmann in seiner »Geschichte der synoptischen Tradition« ausschließlich auf die Gleichnisse Jesu angewendet hatte[58], nunmehr auf die gesamte Evangelienüberlieferung. Danach liegt authentisches Jesusgut mit großer Wahrscheinlichkeit dort vor, wo sich eine Tradition weder aus dem Judentum ableiten noch dem Urchristentum zuweisen läßt[59]. Die Eigenart der Sendung des irdischen Jesus tritt exemplarisch in den authentischen Antithesen der Bergpredigt sowie in Jesu Umgang mit dem Sabbatgebot und seiner Kritik an den jüdischen Reinheitsgesetzen zutage. Wie auch das häufig zu Beginn seiner Reden gebrauchte »Amen« zu erkennen gibt, erhebt Jesus den unerhörten Anspruch, in der unmittelbaren Vollmacht Gottes die Gottesherrschaft anzusagen und zu bringen. Auch wenn er sich selbst nicht für den Messias gehalten haben wird, sprengt die Souveränität seiner Predigt den Rahmen der zeitgenössischen jüdischen Frömmigkeit. So zeichnen sich, wie dunkel die Historie Jesu auch sein mag, doch die Konturen seiner Verkündigung ab, mit der das Urchristentum dann seine eigene Botschaft verband. Von daher ist die Frage nach dem historischen Jesus für Käsemann »legitim die Frage nach der Kontinuität des Evangeliums in der Diskontinuität der Zeiten und in der Variation des Kerygmas«[60].

Bereits in Jugenheim löste der Vortrag Käsemanns eine lebhafte Debatte aus[61]. Die Diskussion kreiste um das Verständnis von Geschichte. Welche Bedeutung hatte die Historie Jesu für den Glauben an Christus? Zwei Positionen prallten unvermittelt aufeinander. Bultmann, der von Friedrich Gogarten argumentative Unterstützung erhielt, erklärte, das Wesen der Geschichte lasse sich durch kein objektivierendes Verfahren, weder durch eine chronistische noch durch eine ideengeschichtliche Historiographie, erfassen. Um die historische Kontinuität zwischen dem irdischen Weg Jesu und dem urchristlichen Christuskerygma zu wahren, reiche es aus, das Daß der Geschichte Jesu zur Geltung zu bringen. Käsemann und mit ihm der junge Wolfhart Pannenberg insistierten dagegen darauf, daß das Kerygma nicht nur das pure Daß des Gekommenseins Jesu voraussetze, sondern in inhaltlich qualifizierter Weise an die Botschaft des historischen Jesus anknüpfe. Käsemann vermutete gar, Bultmann denke bei dem Daß nicht an ein raumzeitlich lokalisierbares Ereignis, sondern an das eschatologische Geschehen. Diese Differenzierung mußte Bultmann natürlich

58 Vgl. R. Bultmann, Die Geschichte der synoptischen Tradition, 1931², 222. S. o. 110.

59 Vgl. Käsemann (s. Anm. 56), 205.

60 AaO 213.

61 An der Diskussion beteiligten sich außer Bultmann und Käsemann Wilhelm Anz, Günther Bornkamm, Herbert Braun, Hans Conzelmann, Hermann Diem, Friedrich Gogarten und Wolfhart Pannenberg.

als unzulässig zurückweisen, fiel doch für ihn das eschatologische Ereignis mit einem bestimmten geschichtlichen Geschehen zusammen[62].

Bultmann bedauerte, daß die zwischen ihm und Käsemann bestehende Differenz in Jugenheim nicht ausgetragen werden konnte. Immerhin hatte ihm einer seiner Schüler in einem nicht eben nebensächlichen Punkt die Gefolgschaft aufgekündigt. Darüber zeigte sich Bultmann zwar nicht gerade betrübt, aber doch leicht irritiert. Er hoffte einstweilen, der wissenschaftliche Austausch und die persönliche Verbundenheit mit Käsemann möchten unter dem aufgebrochenen Dissens nicht leiden[63]. Im August 1954 reagierte Bultmann auf den von Käsemann inzwischen publizierten Vortrag mit einigen vorläufigen Bemerkungen. Er konnte sich mit den ersten fünf Teilen des Aufsatzes weitgehend einverstanden erklären. Seine Bedenken bezogen sich vor allem auf den sechsten Abschnitt, auf Käsemanns Ausführungen zum Vollmachtsanspruch Jesu. Bultmann stellte exegetisch-historisch in Frage, daß die von seinem Schüler für die analogielose Souveränität Jesu geltend gemachten Texte sämtlich authentisch seien. Grundsätzlich sprenge das Auftreten Jesu und seine eschatologische Botschaft mitnichten den Rahmen der jüdischen Religion[64]. Bultmann konnte sich allenfalls auf die Erwägung einlassen, »daß in Jesu Verkündigung die Predigt des Gesetzes in die des Evangeliums *umschlägt*«[65].

Der Vorstoß Käsemanns löste eine Publikationsflut zum Problem des historischen Jesus aus. An der Diskussion beteiligten sich Schüler Bultmanns, aber auch Theologen, die seinem Denken eher distanziert gegenüberstanden, deutsche ebenso wie angelsächsische und skandinavische Neutestamentler. Im Unterschied zum Streit um die Entmythologisierung blieb die Auseinandersetzung um die Frage nach dem historischen Jesus allerdings im wesentlichen auf den Bereich der akademischen Theologie begrenzt. Da Bultmann durch die Entmythologisierungsdebatte, aber auch durch die Vorbereitung der *Gifford Lectures* 1955 in Anspruch genommen war, kam er lange Zeit nicht dazu, seine eigene Sicht der neu in Bewegung gekommenen Dinge darzulegen. Er beließ es vorerst dabei, eine von seinem Famulus Peter Biehl erarbeitete Dokumentation des Diskussionsstandes in der »Theologischen Rundschau« zu veröffentlichen[66]. Als Ernst Käsemann ihm 1957 die zweite Auflage seiner Untersuchung zum Hebräerbrief widmete, ließ Bultmann in seinen Dank für dieses Zeichen der Treue eine Reflexion über sein Verhältnis zu seinem Schüler mit einflie-

62 Vgl. Protokolle der Tagung der Marburger Theologen 20.10.–23. 10. 1953 in Jugenheim an der Bergstraße, o.J. [1953], Mn 2-3079.

63 Vgl. Bultmann an Käsemann, 8. 11. 1953, Mn 2-2251. – Die Schilderung der Jugenheimer Tagung bei P. Biehl / P. Schulz, Autobiographische Miniaturen. Ein Beitrag zur kommunikativen Religionspädagogik, 2006, 63, wird weder durch das Tagungsprotokoll (s. Anm. 62) noch durch die der Tagung sich anschließende Korrespondenz zwischen Bultmann und Käsemann gedeckt.

64 Vgl. Bultmann an E. Käsemann, 7. 8. 1954, Mn 2-2251.

65 Bultmann an E. Käsemann, 23. 8. 1954, Mn 2-2251.

66 Vgl. Bultmann an E. Käsemann, 29. 10. 1956, Mn 2-2251; P. Biehl, Zur Frage nach dem historischen Jesus, ThR NF 24 (1957/58), 54–76; dazu Biehl / Schulz (s. Anm. 63), 63.

ßen: »Natürlich ist es für jeden Lehrer eine Freude, wenn das Verhältnis seiner Schüler zu ihm ein bleibendes ist. Sie ist umso größer, je mehr er sich der Verbundenheit mit solchen Schülern freuen kann, die ihre Selbständigkeit und Eigenart gewonnen haben, und deren Kritik auch für ihn selbst bedeutsam ist. Eben das darf ich bei Ihnen erfahren.«[67]

Im Frühjahr 1959 hielt Bultmann an der University of Syracuse (New York) ein Seminar zur Frage nach dem historischen Jesus. Die Veranstaltung gab ihm den letzten Anstoß, das Thema auch in dem wenig später anstehenden Vortrag in der Heidelberger Akademie der Wissenschaften zu erörtern[68]. In dem Vortrag, den er am 25. Juli 1959, einem überaus heißen Sommertag, in Heidelberg hielt[69], berücksichtigte er die wichtigsten bis dahin erschienenen Diskussionsbeiträge. Auf die ihm zu seinem 75. Geburtstag gewidmeten, im ersten Beiheft zur »Zeitschrift für Theologie und Kirche« abgedruckten Aufsätze von Hans Conzelmann, Gerhard Ebeling und Ernst Fuchs konnte Bultmann erst in der Druckfassung des Heidelberger Akademievortrags eingehen[70].

In seiner Akademieabhandlung will Bultmann das historische und das sachliche Verhältnis zwischen dem historischen Jesus und dem urchristlichen Christuskerygma voneinander unterschieden wissen. Da das Kerygma das eschatologische Ereignis mit der Geschichte Jesu, also einem historischen Geschehen, identifiziert, setzt es selbstverständlich das Wirken des historischen Jesus voraus. Wenn Jesus dem Judentum zuzurechnen ist – und daran hält Bultmann gegenüber Käsemann fest[71] –, stellt sich freilich die Frage, ob »*der historische Jesus mit dem Christus des Kerygmas identisch*« ist[72]. Schon Paulus und Johannes zeigen in je unterschiedlicher Weise, daß sie in ihrer Verkündigung nicht mehr als das Daß der Geschichte Jesu voraussetzen. Die Synoptiker wiederum verfolgen, wenn sie historischen Bericht und kerygmatische Christologie miteinander verknüpfen, nicht die Intention, »das Christus-Kerygma durch die Historie zu legitimieren, sondern umgekehrt, die Geschichte Jesu als messianische sozusagen zu legitimieren, indem sie sie in das Licht der kerygmatischen Christologie« stellen[73]. Um sich als glaubwürdig auszuweisen, rekurriert das Kerygma jedenfalls nicht auf das Was und Wie des Wirkens Jesu. Bultmann bekräftigt

67 Bultmann an E. Käsemann, 2. 6. 1957, Mn 2-2251; vgl. E. Käsemann, Das wandernde Gottesvolk, 1957², 3; dazu auch aaO 4. – Bultmann trug 1960 neben Ernst Würthwein nicht zufällig auch Ernst Käsemann die Herausgeberschaft der »Forschungen zur Religion und Literatur des Alten und Neuen Testaments« an. Vgl. Bultmann an E. Käsemann, 7. 6. 1960, Mn 2-2251.

68 Vgl. Bultmann an G. Bornkamm, 12.5. u. 18. 6. 1959, Mn 2-2147.

69 Vgl. den Bericht Bultmanns an A. Bultmann Lemke, 2. 8. 1959, Mn 2-3452.

70 Vgl. Bultmann an G. Bornkamm, 27. 10. 1959, Mn 2-2147; vgl. G. Ebeling (Hg.), ZThK. Beiheft 1: Die Frage nach dem historischen Jesus, 1959.

71 R. Bultmann, Das Verhältnis der urchristlichen Christusbotschaft zum historischen Jesus (1960), in: Ders., Exegetica, 1967, (445–469) 449, macht dafür außer den bereits früher genannten Gründen auch geltend, »daß moderne jüdische Theologen Jesus für sich in Anspruch nehmen«.

72 Ebd.

73 AaO 453.

seine Auffassung, Jesu eschatologische Botschaft und sein Auftreten implizierten eine Christologie. Allerdings besagt der historische Nachweis, daß das Kerygma an Jesu Wirken und seinen besonderen Anspruch anknüpft, noch nichts im Hinblick auf eine sachliche Kontinuität zwischen der Verkündigung sowie dem Wirken Jesu und der urchristlichen Christusbotschaft[74].

Die Theologen, die von neuem nach dem historischen Jesus fragen, kommen in der Sicht Bultmanns über das distanzierte objektivierende Betrachten des Wirkens Jesu kaum hinaus[75]. Vonnöten wäre aber eine existentiale Interpretation der Geschichte, die sich in der Begegnung mit dem Wort und der Tat Jesu offen hält für die Möglichkeit, ein neues Selbstverständnis zu gewinnen[76]. Gerade für diesen hermeneutischen Zugang zur Verkündigung und dem Wirken Jesu erweist sich die Frage, warum aus dem Verkündiger der Verkündigte wurde, nicht als »Frage nach der Kausalität des historischen Vorgangs, sondern als die Frage nach der inneren Notwendigkeit«[77]. Bultmann knüpft in der Beantwortung dieser zentralen Frage an Überlegungen James M. Robinsons und Hans Conzelmanns sowie eine Formulierung Ernst Käsemanns an: »Die Lösung des Problems liegt darin, daß das Kerygma das ›Einmal‹ des historischen Jesus in das ›Ein-für-allemal‹ verwandelt hat«[78]. Das Urchristentum hat mit zunehmender Klarheit in der Geschichte Jesu das definitive eschatologische Geschehen erkannt, das im Unterschied zu bloßen historischen Ereignissen, die der Vergangenheit anheimfallen, in der Verkündigung präsent bleibt. Indem das Kerygma Jesus als das eschatologische Ereignis verkündigt, »hat es sich an die Stelle des historischen Jesus gesetzt«[79]. Von daher ist der Glaube an Christus immer auch Glaube an die Kirche als die Trägerin des Christuszeugnisses[80]. Und Jesus ist insofern in das Kerygma auferstanden, als »es *sein* Wort ist, das den Hörer im Kerygma trifft«[81]. Den Sinn des Osterglaubens sieht Bultmann eben darin, an den im Kerygma gegenwärtigen Christus zu glauben.

Karl Barth las Bultmanns Heidelberger Akademieabhandlung mit großer Zustimmung in der Sache: »Ein wahrer Ehrenfriedhof, auf dem Sie da ihre sämtlichen Schüler solenn begraben: einen Jeden mit Kreuzlein, Helm und Namensschild!«[82] Diese Schüler freilich konnten der Argumentation ihres Lehrers nicht ohne weiteres folgen. Unter ihnen versuchte Ernst Fuchs der Frage nach dem historischen Jesus im

74 Vgl. aaO 457 f.

75 Bultmann, aaO 459–465, setzt sich vor allem mit Arbeiten von E. Fuchs, G. Ebeling, G. Bornkamm, E. Käsemann und J.M. Robinson auseinander.

76 Vgl. aaO 459; dazu schon die Einleitung zum Jesus-Buch. S.o. 182–184.

77 AaO 465.

78 AaO 467; vgl. Käsemann (s. Anm. 56), 200 f.

79 Bultmann, aaO 468.

80 Bultmann, aaO 468 Anm. 80, weist ausdrücklich darauf hin, daß er hier nicht die Kirche als Institution, sondern als eschatologisches Geschehen im Blick habe. Vgl. auch Bultmann an E. Käsemann, 9. 9. 1960, Mn 2-2251.

81 Bultmann, aaO 469.

82 K. Barth an Bultmann, 3. 1. 1961, in: B. Jaspert (Hg.), Barth-Bultmann Bw., 1994[2], 201.

hermeneutischen Bewußtsein der Relevanz der Sprache für das Erschließen und Verstehen der Wirklichkeit nachzugehen. Im Kontext seiner Sprachlehre des Glaubens entwickelte Fuchs ein tiefes Verständnis für die sprachliche Verfaßtheit des Wortes Gottes, das in der Verkündigung zum Sprachereignis wird. In diesem Sprachgeschehen kommt Gottes Liebe zu Wort, ereignet sie sich als das Ja Gottes zum Menschen. Fuchs gelangte von daher zu originellen Einsichten in die Bedeutung von Wort und Tat des historischen Jesus für den Glauben. Jesu Verhalten erweist sich als Zuwendung der Liebe, wie sich seine Botschaft als Wort der Liebe ausspricht. Der Glaube, der sich an dem Wort Jesu entzündet, birgt für Fuchs einen Sprachgewinn. Denn der Glaubende vermag in dem Ja-Wort Gottes, das Jesus in ursprünglicher Weise zugesagt hat, die sein Leben konstituierende und tragende Liebe zu entdekken[83].

Die wichtigsten Einwände gegen die Argumentation Bultmanns faßte Gerhard Ebeling 1962 in seiner Schrift »Theologie und Verkündigung« zusammen. Zunächst erschien ihm Bultmanns Auffassung, die historische Kontinuität zwischen Jesus und dem nachösterlichen Kerygma beschränke sich auf das Daß des Gekommenseins Jesu, als aporetisch. Denn jedes Wissen um das Daß eines historischen Ereignisses setzt immer auch eine Kenntnis von dem Was und Wie jenes Geschehens voraus, und umgekehrt[84]. Insofern abstrahiert die Eingrenzung der historischen Kontinuität auf das pure Daß von dem konkreten Bezug des Kerygmas auf den bestimmten Menschen Jesus von Nazareth. Ebeling verwies hier auch darauf, daß die neutestamentlichen Zeugen entgegen der Interpretation Bultmanns durchaus ein, wenn auch nur minimal ausgeprägtes Interesse an dem historischen Was und Wie des Auftretens Jesu hatten[85]. Falls die Person Jesu, auf die sich das Kerygma doch bezieht, sich historisch nicht näher bestimmen ließe, wäre das Kerygma ein bloßer Mythos[86]. Ebeling stimmte Bultmann darin zu, daß der christliche Glaube in seinem Wahrheitsanspruch nicht auf sogenannte historische Tatsachen und also auch nicht auf den historischen Jesus gegründet werden könne und dürfe. Gleichwohl bedürfe das Kerygma der Rückbindung an Jesu Wort und Tat. Denn es verstehe selber Jesus als Grund des Glaubens und expliziere genau das, was in der Person, dem Auftreten und der Verkündigung Jesu impliziert sei. Bei dem impliziten christologischen Kerygma handele es sich um das »Wortgeschehen, in dem die Begegnung mit Jesus Gott ... so zur Sprache bringt, daß diese Begegnung ... zum Glauben gründenden Geschehen wird«[87].

83 Vgl. E. Fuchs, Zur Frage nach dem historischen Jesus, Ges. Aufs. II, 1960. – Bultmann setzte sich mit dem von (Ebeling und) Fuchs verwendeten Begriff des Sprachereignisses in grundsätzlicher Absicht auseinander vor allem in: Bultmann an E. Fuchs, 8. 3. 1960 (Durchschrift), UA Tübingen, Nachlaß G. Ebeling, 633/616.

84 Vgl. G. Ebeling, Theologie und Verkündigung. Ein Gespräch mit Rudolf Bultmann, 1963[2], 68 f.

85 Vgl. Ebeling, aaO 69.125–127.

86 Vgl. aaO 63.

87 AaO 81.

Ebeling griff mithin Bultmanns Unterscheidung zwischen der in Jesu Botschaft und Wirken implizierten und der durch das Kerygma explizierten Christologie auf und führte sie konstruktiv weiter[88]. Ernst Käsemann hingegen reagierte sichtlich gereizt auf Bultmanns Beitrag zur Debatte über die neue Frage nach dem historischen Jesus. Er führte seine Auseinandersetzung mit Bultmanns Akademiebericht in dem Bewußtsein, daß es um der theologischen Wahrheit willen unerläßlich sei, den harten Disput mit dem Lehrer fortzusetzen und die dabei entstehenden persönlichen Spannungen auszuhalten[89]. Bultmann wiederum nahm den Fehdehandschuh auf, den ihm der streitbarste unter seinen Schülern hingeworfen hatte. Er suchte den Angriff zunächst mit einem achtseitigen Brief zu parieren, den er dann etwas später in wenig modifizierter Form als »Antwort an Ernst Käsemann« publizierte[90].

Käsemann konnte sich mit Bultmanns Auffassung, das Daß der Historie Jesu bilde die einzige urchristliche Identifikation des Evangeliums, nicht abfinden. Die Frage, die im Zentrum des Streits stehe, ob nämlich das Neue Testament »den irdischen Jesus zu den Kriterien seiner selbst« rechne, sei zu bejahen. Sogar Paulus verstehe unter dem Christus des Hymnus Phil 2,5–11 unbeschadet aller gattungsbedingten »überquellenden Mythologie« die unvertretbare Gestalt des irdischen Jesus und verbinde mit ihr das Kerygma[91]. Um der Gefahr des Doketismus zu wehren, hätten die Evangelisten zwar keine Biographie Jesu geschrieben, aber doch die unverwechselbaren Züge des Nazareners in das Evangelium hineingezeichnet. Dabei seien die Evangelien bereits als kritische Reaktion auf enthusiastische Tendenzen im Urchristentum entstanden. Diese These zur Entstehung der Evangelien konnte sich Bultmann nicht zu eigen machen. Er stellte überdies nach wie vor in Abrede, daß Paulus und Johannes ein über das Daß der Geschichte Jesu hinausgehendes, qualifiziertes Interesse am historischen Jesus hatten[92].

Käsemann profilierte seine Position weiterhin in der Kritik an der von Bultmann zustimmend wiedergegebenen Aussage Herbert Brauns, für das urchristliche Kerygma sei das Selbstverständnis des Glaubenden die Konstante und die Christologie die Variable[93]. Dagegen wandte Käsemann ein, im Neuen Testament bilde die Christuszugehörigkeit der Glaubenden die entscheidende Konstante, wohingegen »nichts so variabel« wie »das Selbstverständnis des Glaubenden« erscheine[94]. Bultmann konnte auch diese Kritik nicht als berechtigt anerkennen. Denn Käsemann habe das Selbstverständnis des Glaubenden zu einem anthropologischen Phänomen verkürzt,

88 In diesem Zusammenhang ist auch auf E. Jüngel, Paulus und Jesus. Eine Untersuchung zur Präzisierung der Frage nach dem Ursprung der Christologie, 1962[1], zu verweisen.

89 Vgl. E. Käsemann, Sackgassen im Streit um den historischen Jesus (1964), in: Ders., Exegetische Versuche und Besinnungen, Bd. II, 1970[3], (31–68) 42.

90 Vgl. Bultmann an E. Käsemann, 2. 4. 1965, Mn 2-2251; R. Bultmann, Antwort an Ernst Käsemann (1965), GuV IV, 1975[3], 190–198.

91 Käsemann, Sackgassen (s. Anm. 89), 53.

92 Vgl. Bultmann, Antwort (s. Anm. 90), 195 f.

93 Vgl. Bultmann, Verhältnis (s. Anm. 71), 463.

94 Käsemann, Sackgassen (s. Anm. 89), 45.

das der objektivierenden Betrachtung zugänglich sei. Tatsächlich aber schließe das Sich-Verstehen des Menschen in theologischer Perspektive den Bezug zu einer transzendenten Wirklichkeit ein[95].

Theologisch inakzeptabel fand Käsemann schließlich die These seines Lehrers, der Glaube an den im Kerygma präsenten Christus impliziere immer auch den Glauben an die Kirche als die Trägerin des Kerygmas. Die von Bultmann zur Absicherung dieser Aussage vorgenommene Unterscheidung zwischen der Kirche als Institution und als eschatologischem Geschehen komme letztlich einem unhistorischen Dualismus gleich. Denn das eschatologische Geschehen, sofern es sich wirklich im Irdischen abspiele, bedürfe stets des Substrats, der Verleiblichung, institutioneller Formen. Wer weiterhin sage *credo in ecclesiam*, gebe die Möglichkeit preis, der kirchlichen Tradition kritisch zu begegnen. Als Kriterium des Glaubens des einzelnen Christen wie der Gemeinde der Glaubenden komme allein Christus in Betracht, der im Kerygma nicht nur präsent sei, sondern sich zugleich auch über uns erhöht habe[96]. Dieser Aussage Käsemanns, allein Christus sei Grund und Herr des Glaubens, pflichtete Bultmann bei. Allerdings wies er darauf hin, daß der so verstandene Christus den Glaubenden doch allein in der Verkündigung, dem anredenden Wort der Kirche begegne. Daher faßte Bultmann das Verhältnis zwischen der Kirche als Institution und als eschatologischem Geschehen nicht dualistisch, sondern dialektisch auf[97].

Der Schlagabtausch zwischen Käsemann und Bultmann war auf beiden Seiten nicht frei von Redundanzen und Mißverständnissen. Einverständnis über den theologischen Sinn der Rückfrage nach dem historischen Jesus konnten Lehrer und Schüler nicht herstellen[98]. Langfristig setzte sich gegen Bultmanns extreme Position die Einsicht durch, daß sich der Glaube an Jesus Christus an der Verkündigung und dem Wirken Jesu zu vergewissern hat. Allerdings konnte sich die von Ernst Käsemann vorgeschlagene Lösung des Problems des historischen Jesus mitsamt dem doppelten Differenzkriterium, jedenfalls soweit dieses ausschließlich verwendet wurde, auf Dauer auch nicht durchsetzen. So scheint der weitere Verlauf der Debatte um den historischen Jesus das berühmte Wort zu bestätigen, mit dem einst Albert Schweitzer seine »Geschichte der Leben-Jesu-Forschung« beschloß. »Als ein Unbekannter und Namenloser« kommt Jesus zu einer jeden Generation, »wie er am Gestade des Sees an jene Männer, die nicht wußten, wer er war, herantrat«. Diejenigen aber, die seinem Ruf in die Nachfolge gehorchen, werden in seiner Gemeinschaft »als ein unaussprechliches Geheimnis … erfahren, wer er ist«[99].

95 Vgl. Bultmann, Antwort (s. Anm. 90), 195.
96 Vgl. Käsemann, Sackgassen (s. Anm. 89), 61–64.
97 Vgl. Bultmann, Antwort (s. Anm. 90), 198.
98 Die Beharrlichkeit, mit der Bultmann im Streit um die Relevanz des historischen Jesus für den christlichen Glauben seine früh gewonnene Position verteidigte, dürfte Käsemann darin bestärkt haben, sich auch auf anderen Themenfeldern an der Theologie seines Lehrers abzuarbeiten. Vgl. schon Käsemann, Sackgassen (s. Anm. 89), 62.66.
99 Vgl. A. Schweitzer, Geschichte der Leben-Jesu-Forschung, 1984^9, 630.

3. Theologische Zeitgenossenschaft

Was wir tun, ist selbst, wenn wir andere Lösungen ausprobieren, von Ihnen als Problem gestellt. Ich habe nie eine Zeile geschrieben und selten eine Vorlesung gehalten, ohne dabei an Sie zu denken, und werde es wohl auch zukünftig nicht tun. Unsere Differenzen sind wesentlich durch die andern Verhältnisse bedingt, und auch bei ihnen haben Sie Pate gestanden. Dass Sie menschlich mir auch darüber hinweg Treue halten, wird von mir zutiefst erwidert.[100]

In der »Theologischen Rundschau« veröffentlichte Günther Bornkamm 1963 einen Bericht über die Diskussion, die die theologische Arbeit Bultmanns – insbesondere das Entmythologisierungsprogramm und die ihm zugrundeliegende Hermeneutik – angestoßen hatte. Dieser Sammelrezension war eine von Egon Brandenburger erarbeitete Bibliographie vorangestellt, die nicht weniger als 453 Titel umfaßte[101]. Der enorme Umfang des nicht einmal auf Vollständigkeit hin angelegten Literaturverzeichnisses zeigte seismographisch die Breite und Intensität der durch die Theologie Bultmanns ausgelösten Debatte an. Die öffentliche Auseinandersetzung um die Entmythologisierung machte den Namen Bultmanns weit über den Raum von Kirche und Theologie hinaus bekannt. Er war zweifellos ein berühmter Mann geworden.

Die Medien suchten das Interesse einer weiteren Öffentlichkeit, nähere Auskunft über das Denken und die Person des umstrittenen Marburger Theologieprofessors zu erhalten, nach Kräften zu befriedigen. Mehrere Rundfunksender übertrugen zwischen 1958 und 1963 sechs Vorträge Bultmanns zu verschiedenen Themen[102]. Der Süddeutsche Rundfunk strahlte am 23. August 1964 in seinem zweiten Programm ein Interview aus, das Hans Fischer-Barnicol mit Bultmann geführt hatte[103]. Das Nachrichtenmagazin »DER SPIEGEL« befragte ihn im Sommer 1966 vor dem Hintergrund der heftigen Attacken der »Bekenntnisbewegung ›Kein anderes Evangelium‹« gegen seine »Irrlehre« nach dem Gehalt und den Intentionen seines theologischen Denkens[104]. Bultmann war allerdings nicht daran gelegen, seine Person medialer Aufmerksamkeit auszusetzen. Anfragen wegen Fernsehinterviews beschied er jahrelang abschlägig. Nur auf Drängen Heinz Zahrnts, des Herausgebers des »Sonntagsblatts«, machte Bultmann eine Ausnahme und unterzog sich am 9. Januar 1969 den Strapazen eines Fernsehinterviews. Freilich bestärkte ihn die Prozedur in seiner

100 E. Käsemann an Bultmann, 4. 2. 1970, Mn 2-1083.

101 Vgl. G. Bornkamm, Die Theologie Bultmanns in der neueren Diskussion (1963), in: Ders., Geschichte und Glaube. Erster Teil, Ges. Aufs. III, 1968, (173–275) 173–184.

102 Vgl. die Zusammenstellung der Tonträger in Mn 2-317–322.

103 Vgl. H. Fischer-Barnicol, Freiheit zur Zukunft: Der Glaube an das Wort bei Rudolf Bultmann. Ein Porträt im Dialog, 1964, Mn 2-323.

104 Vgl. [R. Bultmann,] Ist Jesus auferstanden wie Goethe? SPIEGEL-Gespräch mit dem Marburger Theologieprofessor D. Dr. Rudolf Bultmann, DER SPIEGEL, 20. Jg., Nr. 31, 25. 7. 1966, 42–45. – Der Titel des Interviews stammte nicht von Bultmann, sondern von dem SPIEGEL-Redakteur Werner Harenberg, der das Interview mit Bultmann durchführte.

Meinung: »... nie wieder!«[105] Vergleichsweise harmlos gestalteten sich demgegenüber die Beleitumstände, wenn Maler oder Photographen ihn porträtierten[106]. Eines der ausdrucksstärksten Porträts Bultmanns – die Augen! – gelang 1961 dem Photographen Paul Swiridoff aus Schwäbisch Hall, gemäß seiner Maxime, der Betrachter müsse in einem photographisch festgehaltenen Gesicht wie in einer Landschaft lesen können. Swiridoff nahm das Bildnis Bultmanns 1965 auch in die Galerie der von ihm zusammengestellten neunzig »Porträts aus dem geistigen Deutschland« auf[107]. Einer Bitte des US-amerikanischen Theologen Schubert Miles Ogden folgend, schrieb Bultmann im Januar 1956 in Marburg zur Orientierung seiner amerikanischen Leserschaft autobiographische Bemerkungen nieder[108]. Für die amerikanische Zeitschrift »The Expository Times« stellte er 1958 eine Liste derjenigen sechs Bücher zusammen, denen er für seine Arbeit als Theologe und Interpret des Neuen Testaments eine entscheidende Bedeutung beimaß[109]:

1. Carl Weizsäcker, Das Apostolische Zeitalter der Christlichen Kirche, 1886^1.
2. William Wrede, Das Messiasgeheimnis in den Evangelien, 1901^1.
3. Johannes Weiß, Die Predigt Jesu vom Reiche Gottes, 1900^2.
4. Wilhelm Herrmann, Ethik, 1904^3.
5. Karl Barth, Der Römerbrief, 1922^2.
6. Martin Heidegger, Sein und Zeit I, 1927^1.

In Anbetracht des großen Einflusses, den das Denken Bultmanns auf den theologischen Diskurs während der beiden ersten Jahrzehnte nach 1945 ausübte, konnte es nicht ausbleiben, daß sich die gelehrte Forschung seines Werkes oder einzelner Aspekte desselben annahm. Noch zu der Zeit, in der er selbst aktiv für seine Sache eintrat, wurden sein theologischer Ansatz und die von ihm beschrittenen Denkwege zum Gegenstand zahlreicher wissenschaftlicher Untersuchungen. Junge Theologen befaßten sich in ihren akademischen Qualifizierungsarbeiten mit Fragestellungen wie dem Stellenwert des Eschatologischen in der Theologie Bultmanns, seiner Auffassung des Verhältnisses von Glaube und Geschichte, der Bedeutung Wilhelm Herrmanns oder der Martin Heideggers für sein Denken[110].

105 Bultmann an G. Krüger, 17. 1. 1969, in: F. Lilie (Hg.), Bultmann-Krüger Bw. VI, ZNThG 7 (2000), 163; vgl. auch Bultmann an G. Krüger, 25. 1. 1969, aaO (163–165) 164. – Das von H. Zahrnt für den Norddeutschen Rundfunk aufgezeichnete Interview (vgl. Mn 2-234) wurde aus nicht mehr eruierbaren Gründen nicht ausgestrahlt.

106 Das Marburger Universitätsmuseum für Kunst und Kulturgeschichte bewahrt Porträtzeichnungen Bultmanns von Effi Bantzer (1962), Inv. 14187, und Gerhard Stengel (1965), Inv. 14186, auf. Ein von Bernd Jaspert 1974 geschaffenes Ölgemälde ist abgebildet in: B. Jaspert (Hg.), Rudolf Bultmanns Werk und Wirkung, 1984 (Frontispiz).

107 Vgl. P. Swiridoff, Das Gesicht, 1961, 64 (Bildnis); Ders., Porträts aus dem geistigen Deutschland, 1965, 178 (Bildnis) u. 179 (Text).

108 Vgl. B. Jaspert (Hg.), Barth-Bultmann Bw., 1994^2, 302–311.

109 Vgl. R. Bultmann, Milestones in Books. IV, ET 70 (1958/59), 125; auch in: Ders., Theologie als Kritik, 2002, 513.

110 Vgl. (in Auswahl) J. Körner, Eschatologie und Geschichte, 1957; H. Ott, Geschichte und Heilsgeschichte in der Theologie Rudolf Bultmanns, 1955; F.W. Sticht, Die Bedeutung Wil-

Bereits vor dem Zweiten Weltkrieg hatte Bultmann als Vertreter der Dialektischen Theologie außerhalb Deutschlands, insbesondere im angelsächsischen und skandinavischen Bereich, Beachtung gefunden. Die internationale Bultmannrezeption setzte freilich erst nach 1950 in aller Breite ein. Der Glasgower Systematiker John Macquarrie vermittelte den Denkansatz Bultmanns in zwei Büchern an die schottische Theologie. Macquarrie trat für das grundsätzliche Recht der existentialen Interpretation des Kerygmas ein. Er wollte aber zugleich die der Entmythologisierung durch das Kerygma gesetzten Grenzen beachtet wissen und betonte, der Mythos weise neben seiner existentialen auch eine ontologische Dimension auf[111]. Für den frankophonen Raum erwies sich die Bultmann-Interpretation des katholischen Theologen René Marlé als bedeutsam. Der Jesuit gab eine verständnisvolle Einführung in Bultmanns Interpretation des Neuen Testaments. Die von Marlé an Bultmann gerichteten kritischen Fragen bezogen ihre Schärfe aus dem Widerspruch der katholischen Theologie gegen die lutherische Rechtfertigungslehre und das in ihr explizierte Verständnis des Menschen[112]. Eben darin, diesen grundsätzlichen Gegensatz klar herausgestellt zu haben, sah Bultmann den eigentlichen Wert der der Sache verpflichteten Kritik Marlés[113].

Als konstruktive Auseinandersetzung mit seiner Theologie nahm Bultmann auch die Beiträge des amerikanischen Systematikers Schubert Miles Ogden wahr, insbesondere dessen Buch »Christ without Myth«. Ogden bejahte die Intention der theologischen Arbeit Bultmanns, sah sie jedoch nicht konsequent durchgeführt. Bultmann verstehe die Offenbarung Gottes zu Recht als Freilegung der dem Menschen zukommenden Möglichkeit eigentlicher Existenz, beschränke die Offenbarung aber unnötiger Weise auf das partikulare historische Ereignis des Lebens und Sterbens Jesu. Die Anfälligkeit der existentialen Interpretation für die Bedrohung des Subjektivismus könne und müsse minimiert werden durch eine metaphysische Theologie, die nicht nur den Glauben als ein Phänomen menschlicher Existenz, sondern auch und vor allem Gott als die den Glauben begründende Realität direkt aussage. Ogden empfahl, zu diesem Zweck auf die Prozeßphilosophie Charles Hartshornes zurückzugreifen[114]. Bultmann indes schätzte das von Ogden anvisierte Projekt einer »philosophischen Theologie« als zutiefst problematisch ein. Er ließ sich freilich von neu-

helm Herrmanns für die Theologie Rudolf Bultmanns, Diss. theol. Berlin 1965; G. Noller, Sein und Existenz, 1962.

111 Vgl. J. Macquarrie, An Existentialist Theology. A Comparison of Heidegger and Bultmann, 1955; Ders., The Scope of Demythologizing, 1960.

112 Vgl. R. Marlé, Bultmann et l'interprétation du Nouveau Testament, 1956 (dt.: Bultmann und die Interpretation des Neuen Testamentes, 1959).

113 Vgl. R. Bultmann, In eigener Sache (1957), GuV III, 1960[1], (178–189) 185–189; dazu Ders., Rez. über R. Marlé, Bultmann und die Interpretation des Neuen Testamentes, 1959, ThLZ 85 (1960), 440. – Vgl. auch P. Corset (Hg.), Correspondance Rudolf Bultmann – René Marlé, RSR 83 (1995), 537–542. – Vgl. auch Bultmann an A. Malet, 14. 2. 1963, in: A. Malet, Mythos et Logos. La pensée de Rudolf Bultmann, 1962, o.P. [IX f.].

114 Vgl. S. M. Ogden, Christ without Myth, 1961.

em auf die Frage ein, in welchem Sinne man angemessen von Gott reden könne, ohne schon genau angeben zu können, in welche Richtung er diese Frage weiter bedenken werde[115]. Ogdens Vorwurf der Inkonsequenz ließ Bultmann im übrigen nicht gelten. Das neutestamentliche Kerygma dürfe keineswegs reduziert werden auf ein Bild Jesu »as a symbol of authentic existence«. Vielmehr habe man den Ereignis- und Entscheidungscharakter der Christusbotschaft zu beachten. Denn es entspreche zutiefst dem Skandalon des Kerygmas, daß dieses sich im Wort, in der persönlichen Anrede an seine Hörer wende[116].

Ein erstaunliches Echo löste die theologische Arbeit Bultmanns im katholischen akademischen Milieu aus. Die Aufbruchstimmung des Zweiten Vatikanischen Konzils und namentlich die Lockerung der die katholische Exegese bislang stark restringierenden lehramtlichen Fesseln sorgten für ein Klima, das der Beschäftigung katholischer Theologen mit dem Denken Bultmanns zuträglich war. Die konstruktive Rolle, die der protestantische Theologe der Philosophie zuwies, oder auch seine Auffassung, als Trägerin des Wortes gehöre die Kirche zum eschatologischen Geschehen hinzu, schienen ökumenisches Potential zu enthalten. So befaßten sich denn katholische Exegeten und Fundamentaltheologen mit dem Werk Bultmanns in einer sachlichen Offenheit, die auf die alten unfruchtbaren Muster der kontroverstheologischen Auseinandersetzung verzichten konnte[117]. Soweit Bultmann die Ergebnisse dieser Untersuchungen bekannt wurden, würdigte er sie als Beiträge nicht nur zur Interpretation seiner eigenen Theologie, sondern auch zum ökumenischen Gespräch[118]. Besondere Anerkennung zollte er der sorgfältigen und verständnisvollen Darstellung seiner Gedanken durch Gotthold Hasenhüttl. Dessen Buch »Der Glaubensvollzug« bedeutete in der Geschichte der katholischen Bultmannrezeption einen Durchbruch, der sich nicht zufällig in zeitlicher Nähe zum Zweiten Vatikanum vollzog[119]. Hasenhüttls dialogisch angelegte, ebenso aspektreiche wie subtile Analyse eröffnete gerade dadurch neue, fruchtbare Perspektiven, daß sie reformatorische Grundeinsichten und das katholische Glaubensverständnis in Beziehung zueinander setzte. Obwohl sich das Einverständnis zwischen dem evangelischen Theologen und seinem katholischen Interpreten auf beinahe alle relevanten Themenfelder bezog, war ihnen beiden ein bleibender Dissens im Verständnis der Kirche bewußt.

115 Vgl. R. Bultmann, Zur Frage einer »Philosophischen Theologie« (1962), GuV IV, 1975³, 104–106.

116 Vgl. R. Bultmann, Rez. über S.M. Ogden, Christ without Myth, 1961 (1962), in: Ders., Theologie als Kritik, 2002, (504–507) 507; vgl. auch Ders., Reply, in: Ch.W. Kegley (ed.), The Theology of Rudolf Bultmann, 1966, (257–287) 271–273.

117 Vgl. (in Auswahl) F. Theunis, Offenbarung und Glaube bei Rudolf Bultmann, 1960; K. Hollmann, Existenz und Glaube. Entwicklung und Ergebnisse der Bultmann-Diskussion in der katholischen Theologie, 1972; M. Boutin, Relationalität als Verstehensprinzip bei Rudolf Bultmann, 1974.

118 Vgl. R. Bultmann, Zum Geleit, in: F. Peerlinck, Rudolf Bultmann als Prediger. Verkündigung als Vollzug seiner Theologie, 1970, 9.

119 Vgl. Bornkamm (s. Anm. 101), 246–259; H. Hering, Ungeliebter Kronzeuge. Zur Bultmannrezeption in der katholischen Theologie, in: Jaspert (s. Anm. 106), (379–395) 380f.

Der Empfehlung Hasenhüttls, man möge das dialektische Verhältnis zwischen sichtbarer und unsichtbarer Kirche als paradoxe Identität des Zeichens der durch das Papsttum repräsentierten sichtbaren Kirche mit dem Bezeichneten – der *ecclesia invisibilis* als eschatologischem Phänomen – verstehen und realisieren, konnte Bultmann allerdings unmöglich folgen. Denn er erachtete eine bestimmte Form des Amtes und des Rechtes nicht als konstitutiv für die Kirche[120].

Die Bemühungen jüngerer deutscher evangelischer Dogmatiker, in verschiedenen Teilbereichen der systematischen Theologie neue Wege zu beschreiten, nahm Bultmann mit kritischer Distanz wahr. Er bejahte etwa die von Helmut Gollwitzer verfolgte Intention, Gott als eine dem Menschen gegenüberstehende Wirklichkeit und von daher die Offenbarung als ein der Freiheit Gottes entspringendes Geschehen zu begreifen. *Wie* Gollwitzer dieses Anliegen in seinem Buch »Die Existenz Gottes im Bekenntnis des Glaubens« zur Geltung brachte, erachtete Bultmann jedoch für weithin nicht überzeugend. In einer ausführlichen Stellungnahme begegnete er der Kritik Gollwitzers an seiner Theologie, indem er dessen Monenda auf gravierende Mißverständnisse einzelner Aussagen und Begriffe zurückführte und damit relativierte[121]. Wie er Ogdens Forderung nach einer philosophischen Theologie zurückgewiesen hatte, distanzierte sich Bultmann nun von dem Postulat Gollwitzers, die Theologie habe zunächst einmal von Gottes An-und-für-sich-Sein zu reden, bevor sie sein Für-uns-Sein thematisiere[122]. Ähnlich reserviert reagierte Bultmann auch auf Wolfhart Pannenbergs Büchlein »Was ist der Mensch?« Er fand Pannenbergs Ausführungen teilweise recht gut – etwa die Passagen über den Marxismus –, teilweise aber auch oberflächlich – hier insbesondere das über den Menschen als Geschichte handelnde Kapitel. Insgesamt sah Bultmann in jener Schrift »eine unangenehme Apologie«, da Pannenberg »in billiger Weise aus der Offenheit des Menschen für die Welt und für die Zukunft die Gott-Bezogenheit des Menschen« abgeleitet habe[123].

Dagegen erfreute sich Bultmann an der theologischen Arbeit Gerhard Ebelings, in der ihm sein eigenes Denken »in Freiheit und mit fruchtbarem Ertrag« fortgeführt zu werden schien[124]. Ebeling seinerseits verstand sich, wie er Bultmann schon 1949 bekundete, »in erster Linie als Ihr Schüler«[125]. Bultmann wiederum beschwor Ebe-

120 Vgl. R. Bultmann, Geleitwort, in: G. Hasenhüttl, Der Glaubensvollzug. Eine Begegnung mit Rudolf Bultmann aus katholischem Glaubensverständnis, 1963, (9–11) 10f.; Ders., Reply (s. Anm. 116), 276–278.

121 Vgl. Bultmann an H. Gollwitzer, 26.7. 1963, Mn 2-3449; dazu H. Gollwitzer, Die Existenz Gottes im Bekenntnis des Glaubens, 1963.

122 Vgl. Bultmann an H. Gollwitzer (s. Anm. 121); dazu auch E. Jüngel, Gottes Sein ist im Werden, 1976[3], 113f.117.

123 Bultmann an E. Dinkler, 21.12. 1963, Mn 2-643; vgl. W. Pannenberg, Was ist der Mensch?, 1962[1].

124 Bultmann an G. Ebeling, 20.9. 1959, UA Tübingen, Nachlaß G. Ebeling, 633/616. Bultmann bezog sich hier auf G. Ebeling, Das Wesen des christlichen Glaubens, 1959[1].

125 G. Ebeling an Bultmann, 17.8. 1949, Mn 2-669.

ling 1961 eindringlich, einen an ihn ergangenen Ruf nach Marburg anzunehmen: »*Sie* sind der Mann!« – nämlich der Systematiker, der in der im Neuaufbau begriffenen Marburger Theologischen Fakultät die »Einheit des theologischen Arbeitens« zu gewährleisten vermöge[126]. Selbstverständlich schloß auch in diesem Fall die gemeinsame theologische Intention gegebenenfalls wechselseitige Kritik mit ein[127].

Einen weiterführenden Beitrag zur Gottesfrage sah Bultmann in dem Buch John Arthur Thomas Robinsons »Honest to God«. Der anglikanische Bischof plädierte in Aufnahme von Gedanken Dietrich Bonhoeffers, Rudolf Bultmanns und Paul Tillichs dafür, dem theistischen Gottesbild endgültig den Abschied zu geben. Das traditionelle supranaturalistische Gottesverständnis, dem zufolge Gott ein sei es räumlich, sei es metaphysisch oder geistig außerhalb der Welt seiendes Wesen darstelle, müsse entmythologisiert werden. Um dem modernen Menschen den Gedanken der Transzendenz plausibel zu machen, griff Robinson auf Tillichs Rede von Gott als dem Grund und der Tiefe des Seins und auf Bonhoeffers Forderung zurück, das Jenseits Gottes müsse als solches inmitten unseres Lebens erfaßt werden. Von daher verstand Robinson Gott als die Wirklichkeit der Liebe, wie sie in den persönlichen Beziehungen zwischen Menschen zum Ausdruck kommt. Und zwar sei die Liebe als letzte Wirklichkeit in dem Menschen Jesus von Nazareth offenbar geworden. Denn Jesus mache als »Man for Others« die göttliche Wirklichkeit der Liebe mitten in unserem Leben transparent[128].

In einem von der Wochenzeitung »Die ZEIT« erbetenen[129] Beitrag zur deutschen Diskussion über Robinsons Buch erklärte sich Bultmann mit dem Anliegen einverstanden, zu einer Neuformulierung des Gottesgedankens zu gelangen. Das theistische Gottesbild sei in der Moderne unhaltbar geworden. Die Theologie habe daher den für den christlichen Glauben an Gott unverzichtbaren Gedanken der Transzendenz Gottes neu zu fassen, nämlich die Dialektik zwischen Transzendenz und Immanenz, die Paradoxie der Gegenwart des transzendenten Gottes im Diesseits herauszuarbeiten. In der Sicht Bultmanns hätte Robinson diese Intention allerdings noch überzeugender umsetzen können, wenn er zentrale Aussagen der neutestamentlichen Eschatologie – die paradoxe Identität eines historischen Ereignisses mit dem eschatologischen Geschehen und die Auffassung der Kirche als eines eschatologischen Phänomens – berücksichtigt hätte[130]. Zudem deutete Bultmann in jenem Zeitungsartikel an, daß er die von Robinson behandelten Themen bereits in dem

126 Bultmann an G. Ebeling, 12. 12. 1961, UA Tübingen, Nachlaß G. Ebeling, 633/626. – Ebeling erläuterte seine Bedenken gegen die Annahme des Rufes in einem siebenseitigen Brief; vgl. G. Ebeling an Bultmann, 18. 12. 1961, Mn 2-669.

127 Bultmann hegte etwa Bedenken gegenüber dem Sprachverständnis Ebelings. Vgl. Bultmann an G. Ebeling, 21. 12. 1964, UA Tübingen, Nachlaß G. Ebeling, 633/616; sowie mehrere Briefentwürfe Bultmanns an G. Ebeling, o.D. [1971], Mn 2-2189. – Vgl. umgekehrt G. Ebeling, Theologie und Verkündigung. Ein Gespräch mit Rudolf Bultmann, 1963².

128 Vgl. J. A. T. Robinson, Honest to God, 1963.

129 Vgl. Bultmann an E. Käsemann, 23. 5. 1963, Mn 2-2251.

130 Vgl. R. Bultmann, Ist der Glaube an Gott erledigt? (1963), GuV IV, 1975³, (107–112) 110. –

Buch des französischen Theologen Gabriel Vahanian »The Death of God« auf höchst anregende Weise bearbeitet sah.

Am 21. Juni 1963 sprach Bultmann im Rahmen des Marburger Universitätsfestes über das Thema »Der Gottesgedanke und der moderne Mensch«[131]. Ausgehend von Jean Pauls und Friedrich Nietzsches Rede vom Tod Gottes, in der der Atheismus jeweils als Nihilismus verstanden ist, erörterte Bultmann die Auswirkungen des Nihilismus auf den christlichen Gottesgedanken. Der sich als Nihilismus gerierende Atheismus muß als Konsequenz der Säkularisierung der Welt begriffen werden. Da sich diese Säkularisierung – im Sinne einer Entgötterung und Verweltlichung der Welt – als eine legitime Folge des Christentums vollzogen hat[132], ist dem christlichen Gottesglauben mit dem Atheismus der Moderne gleichsam aus seinem eigenen Schoß ein Widerpart erwachsen. In diesem Kontext rekurriert Bultmann auf Vahanians Untersuchungen zum »Tod Gottes« in der Kultur der Moderne. Wie Vahanian an der Geschichte Nordamerikas – insbesondere an der sukzessiven Verdiesseitigung des ursprünglich eschatologischen Gottesglaubens der puritanischen Pilgerväter – demonstriert, kann man gerade die exklusive Betonung der Jenseitigkeit der Transzendenz für die Verwandlung des Christentums in eine Diesseitsreligion verantwortlich machen. Als »Tod Gottes« bezeichnet Vahanian die aus jenem Prozeß hervorgegangene Abwesenheit Gottes in der modernen amerikanischen Kultur. Wo der Mensch seine eigene Religiosität an die Stelle des christlichen Offenbarungsglaubens gesetzt hat, geht die Transzendenz Gottes im Säkularismus der Moderne verloren, befinden wir uns in einer nachchristlichen Ära[133].

Für Bultmann tritt Vahanian – in einer gewissen Parallele zu dem von Karl Barth in seinem »Römerbrief« geführten Kampf gegen Schleiermacher und jegliche Erlebnisreligion – dafür ein, den christlichen Glauben von seiner Überfremdung durch die Religiosität zu befreien[134]. Eben dies macht es erforderlich, den verlorengegangenen Bezug des modernen Menschen zur Transzendenz durch eine vertiefte Reflexion über das dialektische Verhältnis zwischen Weltlichkeit und Glauben wiederherzustellen. Bultmann nimmt dazu die einschlägigen, freilich fragmentarisch gebliebenen Hinweise Bonhoeffers auf, Gott sei inmitten des Diesseits als unser Jenseits zu erkennen. Auch die Rede Ernst Barlachs von den Wandlungen Gottes sieht er als hilfreich an, wenn es darum geht, Gott als den zu verstehen, der sich im Bedingten

Der exegetischen Arbeit Robinsons stand Bultmann reserviert gegenüber. Vgl. R. Bultmann, Rez. über J. A. T. Robinson, Twelve New Testament Studies, 1962, ThR 29 (1963), 359 f.

131 Vgl. M. Vogtmann, Das Jenseits als geistiger Ort. Festvortrag von Prof. D. Rudolf Bultmann als Auftakt der Universitätsfeiern, OP Nr. 142, 24. 6. 1963.

132 Vgl. R. Bultmann, Der Gottesgedanke und der moderne Mensch (1963), GuV IV, 1975[3], (113–127) 116–118, im Anschluß bes. an F. Gogarten, Verhängnis und Hoffnung der Neuzeit, 1953.

133 Vgl. G. Vahanian, The Death of God. The Culture of Our Post-Christian Era, 1961.

134 Vgl. Bultmann an G. Vahanian, o.D. [12. 8. 1962], in: G. Vahanian, Kultur ohne Gott?, 1973, (155–160) 155 f.; Bultmann (s. Anm. 132), 119 f.; vgl. M. Arnold, Gabriel Vahanian et Rudolf Bultmann, FV 95 (1996), 59–76.

Abb. 38: Rudolf Bultmann 1964.

als das Unbedingte mitteilt. Unabhängig davon, wie Theologie und Philosophie diesen Sachverhalt auch immer im einzelnen zu klären versuchen[135], kann sich der moderne Mensch »für die *Begegnungen Gottes in der Welt, in der Zeit*« öffnen. Bultmann selbst findet vor allem in Jesu Gleichnis vom Weltgericht Mt 25,31–46 die Botschaft »von den ›Wandlungen‹ Gottes und von der Gegenwart der Ewigkeit in der Zeit« ausgesagt[136].

Der Beitrag zum Marburger Universitätsfest 1963 sollte Bultmanns letzte öffentliche Rede werden. »Als der große alte Mann der Marburger Theologie nach seinem

135 Bultmann (s. Anm. 132), 123–125, nennt als Beispiele die Geschichtsphilosophie Ernst Troeltschs, Hans Jonas' Mythos vom leidenden Gott und Schubert M. Ogdens Bestimmung der Ewigkeit Gottes als dessen Zeitlichkeit und Geschichtlichkeit.

136 AaO 126 f.

Abb. 39: Rudolf Bultmann in Marburg im August 1968.

Vortrag in Begleitung des Rektors und seiner Angehörigen den Saal verließ, erhob sich das Publikum zu einer spontanen Reverenz, in der sich Dank, Verbundenheit und Ehrfurcht vor einer Person und ihrer Leistung still und nobel ausdrückten« – so schloß die Lokalzeitung ihren Bericht ab[137]. Karl Barth nahm den gedruckten Vortrag nicht so positiv auf, begnügte sich in seinem Dankesschreiben aber damit, in heiterer Gelassenheit die zwischen ihm und Bultmann bestehenden Differenzen in der Beurteilung zumal des Buches Robinsons zu notieren[138]. Da Bultmann den Begriff »Tod Gottes« mit Vahanian als Chiffre für die Gottesvergessenheit der westlichen Zivilisation nahm, bestand für ihn von vornherein kein Anlaß, den späteren

137 Vogtmann (s. Anm. 131).

138 Vgl. K. Barth an Bultmann, 28. 12. 1963, in: Jaspert (s. Anm. 108), 202 f.

Verirrungen der sogenannten »Tod-Gottes-Theologie« zu folgen. Allerdings war es ihm auch nicht mehr gegeben, den christologischen Ursprung und guten theologischen Sinn der Rede vom Tod Gottes herauszuarbeiten[139].

Die Frage, welchen Sinn es habe, von Gott angesichts der Herausforderung durch den Atheismus zu reden, ließ Bultmann nicht mehr los. In einem seiner letzten Texte unterschied er zwischen dem unbewußten Atheismus, der die Frage nach einer transzendenten Wirklichkeit nicht einmal stelle, und dem bewußten Atheismus, der sich in verschiedenen Formen aussprechen könne. Bultmann nahm nun in die bereits 1963 verwendete Formel von den »Wandlungen Gottes« den von Eberhard Jüngel entwickelten Gedanken »Gottes Sein ist im Werden« auf, freilich in der Weise, daß er diese Aussage auf das innerweltliche Vernehmen der Offenbarung Gottes bezog[140]. Der Mensch ist immer schon von der Frage nach der Eigentlichkeit seiner Existenz bewegt. Der dabei lebendig werdende Glaube an das »Unbedingte im Bedingten« entspricht zwar noch nicht dem christlichen Gottesglauben, aber die kirchliche Verkündigung kann gerade für den von der Frage nach seiner Existenz und damit von der Frage nach Gott bewegten Menschen verständlich werden. Das von der Kirche verkündigte Wort Gottes lädt dazu ein, stets neu Glauben an Gott zu fassen und diesen Glauben im persönlichen Bekenntnis auszusprechen. Der Glaube, durch den das Leben neu wird, kann sich dabei auf das von Paulus II Kor 12,9 bezeugte Wort Christi verlassen: »Genug ist für dich meine Gnade; denn die Kraft kommt in der Schwachheit zur Vollendung.«[141]

In seinen letzten Lebensjahrzehnten sah sich Bultmann als theologischer Zeitgenosse auf dem Gebiet der neutestamentlichen Exegese insbesondere durch die kritischen Impulse seines Schülers Ernst Käsemann herausgefordert. Als die Debatte über die Frage nach dem historischen Jesus noch mitten im Gang war, erklärte Käsemann 1957 in einem programmatischen Aufsatz die Auseinandersetzung mit dem gesamten Werk Bultmanns zur »vordringlichste[n] Aufgabe der gegenwärtigen Generation von Neutestamentlern in Deutschland«[142]. Für Käsemann stand der überragende Rang seines Lehrers in der jüngeren Geschichte des Faches Neues Testament außer Frage. Bultmann habe sowohl zu den Synoptikern als »auch zu Paulus und Johannes eine neue Forschungsepoche« eingeleitet[143]. Wie kein anderer Exeget sei-

139 Vgl. dazu E. Jüngel, Vom Tod des lebendigen Gottes. Ein Plakat (1968), in: Ders., Unterwegs zur Sache. Theologische Bemerkungen, 1972, 105–125; später Ders., Gott als Geheimnis der Welt, 1977[1].

140 Vgl. R. Bultmann, Die protestantische Theologie und der Atheismus (ital.: 1970; dt.: 1971), in: Ders., Neues Testament und christliche Existenz, hg. von A. Lindemann, 2002, (294–298) 296; dazu (mit anderer Intention) Jüngel (s. Anm. 122), *passim*.

141 Bultmann, aaO 298; vgl. Bultmann an G. Ebeling, 1. 3. 1971, UA Tübingen, Nachlaß G. Ebeling, 633/616.

142 E. Käsemann, Neutestamentliche Fragen von heute (1957), in: Ders., Exegetische Versuche und Besinnungen, Bd. II, 1970[3], (11–31) 19. – Vgl. U. H. J. Körtner, Über Bultmann hinaus: Biblische Hermeneutik bei Ernst Käsemann, in: Wiener Jb. f. Theologie 6 (2006), 205–216.

143 AaO 22.

ner Generation verbinde er historische Gelehrsamkeit und systematisches Problembewußtsein miteinander. Er habe die theologische Krise, die den Protestantismus seit mehr als zwei Jahrhunderten begleite, rückhaltlos aufgedeckt und zugleich Möglichkeiten eröffnet, die durch die historische Kritik erzeugten Aporien zu verarbeiten. Nun aber sei gerade den Schülern Bultmanns aufgegeben, die historischen Voraussetzungen seiner theologischen Konzeption zu überprüfen. Bultmann komme das seltene Verdienst zu, seine Schüler zu solcher – sich gegebenenfalls gegen ihn selbst richtenden – Kritik und Wahrhaftigkeit erzogen zu haben. Käsemann stellte in seiner Bestandsaufnahme der forschungsrelevanten Fragen 1957 durchweg zentrale exegetische Optionen Bultmanns zur Disposition. Neben dem Problem des historischen Jesus gelte es die Johannes- und Paulusdeutung Bultmanns kritisch in den Blick zu nehmen. Auch die religionsgeschichtliche Lozierung des Urchristentums bedürfe der erneuten Aufmerksamkeit.

Unter den Schülern Bultmanns war Käsemann besonders konsequent darum bemüht, die reklamierte Eigenständigkeit gegenüber dem Lehrer durch seine exegetisch-theologische Arbeit unter Beweis zu stellen. Ein jüngerer, Bultmann ebenfalls nahestehender Theologe konstatierte 1968 bissig, einige von dessen Schülern verbrächten ihr Leben damit, »die Nabelschnur zum großen Lehrer durchzuschneiden«[144]. Die zweifellos auf Käsemann bezogene Bemerkung berührte diesen durchaus schmerzlich[145], zumal er seine Schülerschaft zu Bultmann als vielschichtiges Lebensverhältnis auffaßte und gestaltete. Von diesem komplexen Verhältnis des Schülers zum Lehrer und umgekehrt gibt die Korrespondenz zwischen beiden Theologen eindrücklich Zeugnis. Käsemann gab Bultmann 1965 in der für ihn charakteristischen Weise zu verstehen, daß »Verehrung, Dankbarkeit und – darf ich sagen? – Liebe nicht einen Angriff länger hindern dürfen, der unser Verhältnis trüben mag, mich in den Schein der Undankbarkeit bringt und gemeinsame Gegner sich freuen lässt«. Er sei Bultmann dreißig Jahre bedingungslos gefolgt. Nun gelange auch er langsam an das Ende seines Weges und habe Bilanz zu ziehen, was für ihn »dabei herausgekommen« sei[146].

Käsemann entwickelte seine Johannesdeutung durchgängig im Bezug zu Bultmanns Auslegung des vierten Evangeliums[147]. Er hielt etwa die Hypothese, der Evangelist habe eine gnostische Quelle von Offenbarungsreden benutzt, redigiert und kommentiert, für unbeweisbar, ja unglaubwürdig[148]. Bultmann erwiderte darauf, Käsemann müsse seinerseits allererst den Beweis dafür antreten, daß eine solche

144 W. SCHMITHALS, Herausforderung zu selbständigem Denken, EK 1 (1968), (51 f.) 51.

145 Vgl. E. KÄSEMANN, Jesu letzter Wille nach Johannes 17, 1971³, 8.

146 E. Käsemann an Bultmann, 17. 4. 1965, Mn 2-1083. Mit dem »Angriff« spielte Käsemann an auf E. KÄSEMANN, Sackgassen im Streit um den historischen Jesus, in: DERS. (s. Anm. 142), 31–68.

147 Zu den Einzelheiten vgl. J. FREY, Die johanneische Eschatologie, Bd. I. Ihre Probleme im Spiegel der Forschung seit Reimarus, 1997, 160–170; M. RESE, Käsemanns Johannesdeutung – ihre Vor- und Nachgeschichte, EThL 82 (2006), 1–33.

148 Vgl. KÄSEMANN (s. Anm. 142), 25.

Quelle nicht vorausgesetzt werden könne. Im übrigen sei von entscheidender Bedeutung, *wie* der Evangelist Johannes die Quelle kommentiert und die wahre Intention der ἐγώ εἰμι-Worte zur Geltung gebracht habe[149]. Bultmann und Käsemann erkannten sodann in der unterschiedlichen Gewichtung der Christologie des vierten Evangeliums die Hauptdifferenz ihrer Johannesinterpretationen. Käsemann sah in Joh 1,14c (»und wir sahen seine Herrlichkeit«) den Schlüssel für das Verständnis des Evangeliums, das die *praesentia dei* in Christus bezeugen wolle und daher Jesus als Epiphanie des auf Erden wandelnden Gottes auffasse[150]. Für Bultmann war in dieser Deutung die Paradoxie der Fleischwerdung des Logos verkannt. Er hielt daher an seiner Auffassung fest, das Johannesevangelium sei von der Aussage Joh 1,14a her (»und das Wort wurde Fleisch«) zu verstehen[151]. Unbeschadet dieses Gegensatzes und weiterer Differenzen in der Detailexegese stimmten Käsemann und Bultmann aber in manchen Fragen der Johannesauslegung durchaus überein[152]. Vielleicht lag es darin und in dem interpretatorisch immer schon schwer zu erfassenden Gehalt des vierten Evangeliums begründet, daß Bultmann sich nicht literarisch mit der Johannesauslegung seines Schülers auseinandersetzte.

Anders verhielt es sich, als Käsemann die Apokalyptik zur »Mutter aller christlichen Theologie« erklärte[153]. Diese These enthielt zwei Momente, die den direkten Gegensatz zu Bultmanns Verständnis der Geschichte der urchristlichen Theologie markierten. Einmal verortete Käsemann den Ursprung historischen Bewußtseins in der Apokalyptik, die mit ihrer starken Ausrichtung auf die Zukunft Gottes das Verständnis der Geschichte als eines linearen Prozesses mit einem Anfang und einem Ziel überhaupt erst möglich gemacht habe. Zum anderen betonte er besonders die von der Apokalyptik geprägte futurische Heilserwartung der Urchristenheit in ihrer die christliche Existenz begründenden und tragenden Funktion. Die Apokalyptik und ihre Auffassung der Welt als eines Kampfplatzes der Mächte und der menschlichen Existenz als eines stets unter einer Herrschaft stehenden Daseins gaben so für Käsemann gleichsam den Rahmen ab, in dem er die urchristliche Theologie, Johannes und insbesondere Paulus interpretierte[154]. Bultmann setzte sich mit Käsemanns Einschätzung der Apokalyptik als Mutter der christlichen Theologie mehrfach brieflich sowie in einem Aufsatz kritisch auseinander[155]. Seine Ablehnung dieser These

149 Vgl. Bultmann an E. Käsemann, 22. 7. 1957, Mn 2-2251.

150 Vgl. E. Käsemann, Aufbau und Anliegen des johanneischen Prologs (1957), in: Ders. (s. Anm. 142), (155–180) 171–177.

151 Vgl. Bultmann an E. Käsemann (s. Anm. 149).

152 Vgl. auch Bultmann an E. Käsemann, 11. 12. 1966, Mn 2-2251, zu E. Käsemann, Jesu letzter Wille nach Joh 17, 1966[1].

153 Vgl. E. Käsemann, Die Anfänge christlicher Theologie (1960), in: Ders. (s. Anm. 142), (82–104) 100; Ders., Zum Thema der urchristlichen Apokalyptik (1962), aaO (105–131) 130.

154 Vgl. ausführlich B. Ehler, Die Herrschaft des Gekreuzigten. Ernst Käsemanns Frage nach der Mitte der Schrift, 1986, 291–299.

155 Vgl. Bultmann an E. Käsemann, 16.1. u. 16. 5. 1961, 23. 5. 1963, Mn 2-2251. Passagen aus dem Brief vom 23. 5. 1963 sind – teilweise wörtlich – eingegangen in: R. Bultmann, Ist die Apoka-

begründete er vor allem mit dem Verweis auf Paulus. Bei Paulus seien zwar präsentische und futurische Eschatologie nebeneinander zu finden, er messe aber der präsentischen Eschatologie ein größeres Gewicht bei als der apokalyptischen Enderwartung. Das paulinische Denken habe in geradezu genialer Weise ein neues teleologisches Geschichtsverständnis hervorgebracht, und zwar »nicht aus der Apokalyptik, sondern aus der Anthropologie, nämlich einem Verständnis der menschlichen Existenz«[156]. Paulus entnehme der Apokalyptik wohl das Motiv zur eschatologischen Auffassung von Gegenwart und Zukunft, deren Ausgestaltung aber verdanke sich allein dem neuen Existenzverständnis des begnadigten Sünders.

Der Disput über den Stellenwert der Apokalyptik berührte bereits das zwischen Käsemann und Bultmann strittige Kernthema, die Theologie des Paulus, seine Rechtfertigungslehre, seine Anthropologie. Käsemann meldete in seiner Problemskizze von 1957 erste Vorbehalte gegen Bultmanns Interpretation der paulinischen Rechtfertigungslehre an[157]. Er provozierte die Zunft der Neutestamentler 1961 mit einer neuen Auslegung des Begriffs δικαιοσύνη θεοῦ. Mit Gerechtigkeit Gottes bezeichne Paulus nicht nur die eschatologische Heilsgabe, sondern – untrennbar damit verbunden – auch die endzeitliche Herrschaft Gottes über den ganzen Kosmos, den in Christus offenbarten Machterweis, mit dem der Schöpfergott sein Recht in der von ihm abgefallenen Schöpfung durchsetze[158]. Von daher hielt Käsemann es für geboten, die Auslegung der paulinischen Rechtfertigungslehre neu zu justieren. Gottes Gerechtigkeit beziehe sich nicht primär auf das Individuum, sondern impliziere das Heil der ganzen Welt. Die paulinische Theologie habe man statt von der Anthropologie her unter dem Primat der Christologie zu vergegenwärtigen. Bultmann lehnte diesen interpretatorischen Neuansatz rundweg ab. Weil Käsemann durch seine »Vorstellung von Christus als dem Kosmokrator und von der kosmischen Weite der Erlösung gebannt« sei, erscheine bei ihm die paulinische Rechtfertigungslehre und seine – Bultmanns – Auslegung derselben von vornherein »in einem falschen Lichte«[159]. Bultmann sah weder durch Käsemann noch durch dessen Schüler Peter Stuhlmacher den Beweis für die Behauptung erbracht, daß »der paulinische Begriff der Gottesgerechtigkeit eine Radikalisierung und Universalisierung des jüdischen Gedankens von der Gerechtigkeit Gottes« darstelle[160]. Paulus habe

lyptik die Mutter der christlichen Theologie? Eine Auseinandersetzung mit Ernst Käsemann (1964), in: Ders., Exegetica, 1967, 476–482.

156 Bultmann, aaO 481.

157 Vgl. Käsemann (s. Anm. 142), 24.

158 Vgl. E. Käsemann, Gottesgerechtigkeit bei Paulus (1961), in: Ders. (s. Anm. 142), (181–193) 187.192.

159 Bultmann an E. Käsemann, 22. 7. 1957, Mn 2-2251.

160 Bultmann an E. Käsemann, 26. 3. 1964, Mn 2-2251. Bultmann, ebd., würdigte aber die Monographie Stuhlmachers wegen ihrer Aufarbeitung des religionsgeschichtlichen Horizonts des paulinischen Begriffs der Gerechtigkeit Gottes. (Käsemann hatte Bultmann die Arbeit Stuhlmachers vor ihrer Drucklegung zur Verfügung gestellt.) Vgl. P. Stuhlmacher, Gerechtigkeit Gottes bei Paulus, 1966[2].

nicht einen angeblich vorgeprägten *terminus technicus* übernommen, sondern den Begriff δικαιοσύνη θεοῦ in seiner genuinen Bedeutung allererst geschaffen[161]. So wenig bei Paulus ein einheitlicher Sprachgebrauch vorliege, so sehr eigne der Gerechtigkeit Gottes doch überwiegend der Charakter einer Gabe, die gewiß nicht von ihrem Geber gelöst werden dürfe, die gewiß die Empfänger der Gabe unter die Herrschaft Christi stelle. Kurz, Bultmann hielt in der Tradition der Rechtfertigungslehre Luthers – wohl mit der Mehrheit der Exegeten[162] – gegen Käsemann daran fest, daß die Gerechtigkeit Gottes ausschließlich die durch das Evangelium proklamierte und im Glauben zu ergreifende Heilsgabe des barmherzigen Gottes darstelle.

Seit der Problemanzeige von 1957 fokussierte Käsemann seine Kritik auf Bultmanns konzeptionelle Entscheidung, die paulinische Theologie als Anthropologie zu erfassen und darzustellen. Infolgedessen komme es bei Bultmann zu einer fatalen individualisierenden Engführung des Denkens des Apostels, der doch mit seiner Anthropologie »die Realität und Radikalität der Machtergreifung Christi als des Kosmokrators zum Ausdruck gebracht« habe[163]. Das Denken Ernst Käsemanns war zutiefst bewegt von der Frage nach den Herrschafts- und Machtstrukturen irdischer Existenz. Er bekämpfte alle Bestrebungen, die die auf die ganze Welt sich erstreckende Herrschaft Christi auf die Privatsphäre des frommen Individuums begrenzen wollten. Lebensgeschichtlich nachhaltig durch Erfahrungen während des Dritten Reiches geprägt[164], entwarf Käsemann in rigoroser Ausweitung einschlägiger Textsignale des Neuen Testaments ein riesiges Panorama, das den Kampf des Schöpfergottes mit den widergöttlichen Mächten als kosmisches Drama zu erkennen gab. Der Mensch war in diesen Konflikt zwischen den Herrschaftsbereichen hineingezogen. Nur im Glauben, im Gehorsam gegenüber Christus als ihrem Herrn, vollzog sich der rettende Herrschaftswechsel, der die Christen zugleich zum leiblichen Dienst an der Welt verpflichtete. Bultmann distanzierte sich von Anfang an von diesem Interpretationsansatz. Die von Käsemann gebrauchten Begriffe wie »Machtergreifung« oder »Christus als Kosmokrator« seien ganz unpaulinisch. Sie zeigten bereits an, daß Käsemann die Aussagen des Paulus über das Herrsein Christi in unzulässiger Weise verabsolutiert habe. Im übrigen sei und bleibe von der Herrschaft Christi primär der Mensch betroffen. Damit aber wurde für Bultmann wie für Käsemann die Frage vi-

161 Vgl. Bultmann an E. Käsemann, 23. 5. 1963, Mn 2-2251; Passagen aus diesem Brief sind eingegangen in: R. Bultmann, ΔΙΚΑΙΟΣΥΝΗ ΘΕΟΥ (1964), in: Ders., Exegetica, 1967, (470–475) 474f.

162 Vgl. dazu E. Lohse, Der Brief an die Römer, 2003, 78 Anm. 24 (Lit.).

163 Vgl. Käsemann (s. Anm. 142), 23.

164 Zur Bedeutung dieser Erfahrungen für Käsemanns theologisches Denken vgl. Ehler (s. Anm. 154), 283. Man wird auch mit einem langfristigen Einfluß E. Petersons auf Käsemanns Verständnis des Menschen als des Objektes einander widerstrebender kosmischer Mächte zu rechnen haben. Vgl. G. Sellin, Sturz der Götzen. Ernst Käsemann hat eine Wende in der Erforschung des Neuen Testaments eingeleitet, zeitzeichen 7 (2006), (19–21) 21.

rulent, wie der für die paulinische Anthropologie zentrale Begriff σῶμα adäquat zu verstehen sei[165].

Entgegen der Auffassung Bultmanns, mit σῶμα meine Paulus den ganzen Menschen in seinem Verhältnis zu sich selbst, sah Käsemann mit jenem Begriff den Weltbezug des Menschen ausgedrückt. »Es ist für den Apostel der Mensch in seiner Weltlichkeit, also in seiner Kommunikationsfähigkeit.«[166] Käsemann unterstellte von daher, Bultmanns Kategorie des Selbstverständnisses mache »den Christen faktisch zu einem unpolitischen Wesen« und reduziere »seine Verantwortung auf die personalen innermenschlichen Relationen«[167]. Bultmann wies – doch wohl zu Recht, wie ihm ein späterer Kommentator seines Disputs mit Käsemann bescheinigte[168], – diesen Vorwurf seines Schülers als unbegründet zurück. Er konnte darauf verweisen, an mehr als nur einer Stelle gesagt zu haben, daß der Mensch als σῶμα immer auch in einem geschichtlichen Zusammenhang existiere. Der von Käsemann inkriminierte Begriff des Selbstverständnisses schloß für Bultmann die Sozialität und den Weltbezug des Menschen durchaus mit ein[169]. Ebenso wie Käsemann und schon vor ihm wußte Bultmann von den überindividuellen Mächten und Wirkungszusammenhängen zu sprechen, die den Menschen schicksalhaft derart in Beschlag nehmen, daß er sich selbst zunächst in der leiblichen Abhängigkeit von fremden Mächten erfährt[170]. Desgleichen bezeichnete Bultmann die neue Situation der Gnade, »in die die Glaubenden … versetzt worden sind«, als den »Herrschaftsbereich der göttlichen Tat«[171]. Umgekehrt stellte er den Kosmos, wie Paulus ihn verstand, als »das Herrschaftsgebiet dämonischer Mächte« dar[172], als die durch das Sorgen und Tun der einzelnen Menschen konstituierte widergöttliche Macht, die ihrerseits die Herrschaft über die ihr verfallenen Menschen ausübt[173]. Von daher sah Bultmann auch keinen Anlaß, sich von den aus seiner Sicht teilweise »aggressiven und provozierenden Sätzen« in Käsemanns 1969 erschienenem Aufsatz »Zur paulinischen Anthropologie« zur Revision seiner eigenen Sicht der Dinge bewegen zu lassen[174]. Vielmehr wies der inzwischen 85jährige den Vorwurf, er bleibe mit seiner Interpretation des paulinischen σῶμα-Begriffs dem von ihm »sonst perhorreszierten Subjekt-Objekt-

165 Vgl. Bultmann an E. Käsemann, 22. 7. 1957, Mn 2-2251.

166 Käsemann, Apokalyptik (s. Anm. 153), 129 f.

167 E. Käsemann, Zur paulinischen Anthropologie, in: Ders., Paulinische Perspektiven, 1969[1], (9–60) 48 f.

168 Vgl. mit zahlreichen Belegen G. Klein, Rudolf Bultmann – Ein Lehrer der Kirche, DtPfBl 74 (1974), (614–619) 617 f.; kritisch zu Käsemann auch O. Merk, Paulus-Forschung 1936–1985, ThR 53 (1988), (1–81) 36.

169 Vgl. Bultmann an E. Käsemann (s. Anm. 165).

170 Vgl. R. Bultmann, Theologie des Neuen Testaments, 1961[4], 197.245.

171 AaO 290.

172 AaO 258 (dort gesperrt gedruckt).

173 Vgl. aaO 257.

174 Bultmann an E. Käsemann, 27. 1. 1970, Mn 2-2251, zu E. Käsemann (s. Anm. 167).

Gegensatz« verhaftet, und die Kritik Käsemanns am Begriff des Selbstverständnisses als unberechtigt zurück[175].

So blieben die Differenzen zwischen beiden Theologen, die zentrale Aspekte der Paulusexegese betrafen, bestehen. Als Ernst Käsemann seinen Kommentar zum Römerbrief herausgebracht hatte, gratulierte Bultmann: »... wirklich ein großes Opus«. In die Bewunderung, die er Käsemann für seine Leistung zollte, ließ er freilich die Bemerkung mit einfließen, daß sich beim Hören des Kommentars bei ihm »auch einige Fragen« geregt hätten[176].

4. Späte exegetische Früchte

> *Was uns Exegeten trotz verschiedener theologischer Einstellungen verbindet, ist die Verpflichtung gegenüber dem Text. In diesem Kommentar [zu den drei Johannesbriefen] zeigt Bultmann aufs neue seine exegetische Verantwortung und Meisterschaft. Man kann nur hoffen, daß uns die jetzige Welle hermeneutischer Überlegungen nicht so weit überflutet, daß sich das theologische Gespräch von den Texten löst. Bei Bultmann ist das nicht der Fall.*[177]

Mit zunehmendem Alter ging die Arbeitskraft Bultmanns deutlich zurück. Aus dem von ihm selbst registrierten Sachverhalt zog er Konsequenzen. Er entschied sich dafür, die ihm verbliebenen Kapazitäten ganz für die Ausarbeitung seines Kommentars zu den Johannesbriefen einzusetzen. Andere wissenschaftliche Pläne stellte er zurück. Ihre Realisierung legte er teilweise in die Hände Erich Dinklers, den er mit der weiteren Verwendung und Druckvorbereitung seines Kollegmanuskripts zum zweiten Korintherbrief wie auch mit der Publikation seiner Vorlesung über die »Theologische Enzyklopädie« beauftragte. Des weiteren überließ Bultmann in seinen letzten Lebensjahren Vorlesungsmanuskripte, Aufzeichnungen und Exzerpte zu verschiedenen neutestamentlichen Schriften und Themen denjenigen unter seinen Schülern, die selbst mit den betreffenden Gegenständen wissenschaftlich befaßt waren[178]. Immerhin erschienen noch drei exegetische Werke Bultmanns im letzten Dezennium seines Lebens: die Aufsatzsammlung »Exegetica« sowie die Kommentare zu den Johannesbriefen und zum zweiten Korintherbrief.

175 Ebd.

176 Bultmann an E. Käsemann, 8. 8. 1973, Mn 2-2251, zu E. Käsemann, An die Römer, 1973^{1}. – Da Bultmann nicht mehr selbst lesen konnte, las H. Leipold ihm »einige entscheidende Abschnitte« aus dem Kommentar vor (Bultmann an E. Käsemann, aaO.).

177 R. Schnackenburg, Rez. über R. Bultmann, Die drei Johannesbriefe, 1967$^{7/1}$, ThLZ 94 (1969), (586 f.) 587.

178 E. Dinkler erhielt Bultmanns Römerbriefvorlesung, O. Merk Materialien zu den Synoptikern und die Vorlesung über den ersten Thessalonicherbrief sowie H. Thyen Unterlagen zum Johannesevangelium und zur johanneischen Theologie.

Die Initiative zur Veröffentlichung eines Bandes mit den wichtigsten exegetischen Aufsätzen Bultmanns ging von Erich Dinkler aus. Er traf auch – in Absprache mit dem Verfasser – die Auswahl der Studien, die in den »Exegetica« zum Abdruck gelangten[179]. Die Sammlung sollte keinesfalls einem musealen Archiv gleichen und also nicht bloß »aus wissenschafts-biographischem oder theologiegeschichtlichem Interesse« Einblick in Bultmanns Forschungen zum Neuen Testament gewähren[180]. Dinkler stellte vielmehr die exegetischen und religionsgeschichtlichen Arbeiten zusammen, die er auch für den aktuellen wissenschaftlichen Diskurs als relevant ansah. Freilich dokumentierten die vierundzwanzig Beiträge durchaus Entwicklungen und Schwerpunktsetzungen, die sich zumal dem Rückblick auf ihren beinahe ein halbes Jahrhundert umfassenden Entstehungszeitraum aufdrängten. In chronologischer Reihenfolge abgedruckt, ließen die Studien ihren ursprünglichen Sitz im Leben deutlich werden, Bultmanns Arbeit an einem Kommentar, einer Monographie oder allgemein an einer für ihn wichtigen Problemkonstellation. So gehörten die sieben Studien zur johanneischen Begriffswelt und Theologie in das Vorfeld der Kommentare zum Johannesevangelium und den Johannesbriefen. Neun Beiträge unterstrichen schon rein quantitativ das Gewicht, das Bultmann der paulinischen Theologie beimaß. Weitere Aufsätze befaßten sich mit der synoptischen Tradition, insbesondere mit Themen im Umkreis der Frage nach der Bedeutung des historischen Jesus.

In seiner Einleitung erläuterte Erich Dinkler den Entstehungskontext und den forschungsgeschichtlichen Rang der einzelnen Studien. Dabei hob er die starke religionsgeschichtliche Fundierung der fachexegetischen Untersuchungen Bultmanns hervor. In der Zusammenschau gaben sie einmal mehr zu erkennen, daß die historisch-kritische Analyse und die theologische Interpretation des Neuen Testaments für Bultmann unauflöslich miteinander verbunden waren[181]. Diesen Hinweis des Herausgebers nahm Bultmann in seinem eigenen Vorwort auf. Es sei stets sein besonderes Anliegen gewesen, »die Einheit von Exegese und Theologie zu erstreben, und zwar in der Weise, daß der Exegese der Primat zukommt«[182]. Dinkler erinnerte an den konstitutiven Zusammenhang von Exegese und Theologie bei Bultmann nicht nur, um ein sachgemäßes Verständnis seines Werks anzubahnen. Offenkundig wollte er mit seinen Bemerkungen auch einen kräftigen Kontrapunkt zu gewissen Tendenzen innerhalb der zeitgenössischen evangelischen Theologie setzen. Denn in den ausgehenden 1960er Jahren meinten nicht wenige Theologen den christlichen Glauben – oder gar nur seine gesellschaftlichen und politischen Implikationen –

179 Vgl. E. Dinkler an Bultmann, 4. u. 13. 5. 1966, Mn 2-643; Bultmann an E. Dinkler, 17.5., 6. u. 13. 7. 1966, Mn 2-2176.

180 E. Dinkler, Einleitung, in: R. Bultmann, Exegetica. Aufsätze zur Erforschung des Neuen Testaments, hg. von E. Dinkler, 1967, IX.

181 Vgl. E. Dinkler, Einleitung, in: Bultmann, aaO XXI–XXIII; vgl. auch W. Schmithals, Rez. über R. Bultmann, Exegetica. Aufsätze zur Erforschung des Neuen Testaments, 1967, ThLZ 94 (1969), 500.

182 Bultmann, aaO VII.

verantworten zu können, ohne ihre Interpretationen an den biblischen Texten auszuweisen.

Bereits 1918 hatte Bultmann die Aufgabe übernommen, für den Meyerschen »Kritisch-exegetischen Kommentar über das Neue Testament« außer dem Johannesevangelium auch die Johannesbriefe neu auszulegen[183]. Die wegen anderer Verpflichtungen lange hinausgeschobene Kommentierung der Johannesbriefe nahm Bultmann erst nach seinem 80. Geburtstag in Angriff. Dabei konnte er immerhin auf eigene Vorarbeiten zurückgreifen. In der Jülicher-Festgabe hatte er 1927 eine literarkritische Analyse des ersten Johannesbriefes vorgelegt, die auf der Basis vor allem stilkritischer Beobachtungen zu dem Ergebnis führte, daß der Verfasser des ersten Johannesbriefes eine Quellenschrift benutzt und diese dann kommentiert habe[184]. Sodann versuchte Bultmann in der Gedenkschrift für Ernst Lohmeyer 1951 den Nachweis zu führen, daß eine kirchliche Redaktion in einer dem Johannesevangelium vergleichbaren Weise dem ersten Johannesbrief durch verschiedene Interpolationen und Zusätze seine endgültige literarische Gestalt gegeben habe[185]. Die Übernahme des RGG-Artikels zu den Johannesbriefen bot die Möglichkeit, den bis 1959 erreichten Forschungsstand zu reflektieren und einen gerafften Überblick über die Johannesbriefe zu geben[186]. Schließlich regte die von dem katholischen Neutestamentler Rudolf Schnackenburg 1953/1963 vorgelegte Erklärung der Johannesbriefe Bultmann zum weiteren Durchdenken und zur kritischen Überprüfung seiner eigenen Auffassung von der literarischen Eigenart und dem theologischen Gehalt der Johannesbriefe an[187].

Obwohl Bultmann sich nach 1964 auf die Ausarbeitung seines Kommentars konzentrierte, kam er nur langsam voran. Infolge des Abnehmens seiner Kräfte und wetterbedingter gesundheitlicher Einschränkungen verzögerte sich die Vollendung des Werkes[188]. Dank der Unterstützung, die er durch seinen persönlichen Assistenten Otto Merk bei der Literaturbeschaffung und dem Lesen der Korrekturen erfuhr[189], gelang es ihm dann aber doch, den Kommentar bis Ende 1966 zu schreiben und im Spätsommer 1967 die Korrekturen zu erledigen[190]. Das Buch erschien im Oktober 1967 in einer Auflage von 10.000 Exemplaren. Auf Grund der guten Nachfrage wurde binnen zweier Jahre eine weitere Auflage erforderlich[191].

183 Vgl. M. Evang, Bultmann, 1988, 72 f.; s. o. 295 f.

184 Vgl. R. Bultmann, Analyse des ersten Johannesbriefes (1927), in: Ders., Exegetica (s. Anm. 180), 105–123.

185 Vgl. R. Bultmann, Die kirchliche Redaktion des ersten Johannesbriefes (1951), aaO 381–393.

186 Vgl. R. Bultmann, Art. Johannesbriefe, RGG^3 III, 1959, 836–839.

187 Vgl. R. Bultmann, Rez. über R. Schnackenburg, Die Johannesbriefe. Auslegung, 1963^2 (1967), in: Ders., Theologie als Kritik, 2002, 507–510.

188 Vgl. Bultmann an G. Krüger, 8. 1. 1967, in: F. Lilie (Hg.), Bultmann-Krüger Bw. VI, ZNThG 7 (2000), 154.

189 Vgl. Bultmann an E. Dinkler, 20.6. u. 7. 11. 1967, Mn 2-2176.

190 Vgl. Bultmann an G. Krüger, 15. 9. 1967, in: Lilie (s. Anm. 188), (156 f.) 156.

191 Vgl. R. Bultmann, Die drei Johannesbriefe, 1967$^{7/1}$; 1969$^{8/2}$.

In der knappen Einleitung des Kommentars geht Bultmann zunächst auf das Verhältnis des ersten Johannesbriefes zum Johannesevangelium ein. Er hält die Hypothese, beide Schriften stammten von ein und demselben Verfasser, nicht für plausibel. Denn während sich das Evangelium gegen den durch die Juden repräsentierten ungläubigen Kosmos richtet, bekämpft der Brief Irrlehrer innerhalb der christlichen Gemeinschaft. So ist der Brief einer späteren Zeit als das Evangelium zuzuweisen. Die gedankliche und sprachliche Verwandtschaft zwischen beiden Schriften läßt sich damit erklären, daß der Verfasser des ersten Johannesbriefes das Evangelium im Sinne der ihm vertrauten kirchlichen Tradition benutzt hat[192]. Sodann erneuert Bultmann in geringfügig modifizierter Form seine literarkritische Annahme, in I Joh 1,5–2,27 liege ein ursprünglich selbständiges Schreiben vor, dessen Themen der Verfasser des Briefes in den folgenden Abschnitten aufgegriffen und variiert habe[193]. Ebenfalls rechnet Bultmann weiterhin mit einer kirchlichen Redaktion, der er den Schlußabschnitt I Joh 5,14–21, Formulierungen im Sinne der traditionellen apokalyptischen Eschatologie (I Joh 2,28; 3,2; 4,17) und Aussagen einer Sühnechristologie (I Joh 1,7b; 2,2; 4,10b) zuschreibt.

Was das Verhältnis der drei Johannesbriefe zueinander angeht, setzt Bultmann insofern einen besonderen Akzent, als er das zweite Schreiben als einen unechten Brief ansieht. Dessen Verfasser habe, um eine Gemeinde nachdrücklich vor den Irrlehren zu warnen, inhaltlich und stilistisch den ersten sowie in der Form und den Schlußgrüßen den dritten Johannesbrief imitiert[194]. Bultmann hält im übrigen die von Ernst Käsemann vertretene Auffassung für wahrscheinlich, daß der Verfasser des dritten Johannesbriefes das theologische Recht der alten johanneischen Tradition gegenüber dem sich sukzessive ausbildenden Frühkatholizismus wahren wolle[195]. Dem ersten Brief schließlich fehlen wesentliche Gattungsmerkmale einer neutestamentlichen Epistel, weswegen Bultmann dafür plädiert, in ihm ein apostolisches Mahnschreiben oder Manifest zu sehen.

Während Rudolf Schnackenburg in seinem Kommentar die prägende Wirkung der alttestamentlichen und jüdischen Tradition auf die Johannesbriefe hervorhebt, nimmt Bultmann als Denkhorizont dieser Schreiben ähnlich wie beim Johannesevangelium gnostische Vorstellungen an. Hier wie dort kommt es jedoch im Reflex des Christusgeschehens zur Korrektur gnostischer Motive. So ist, wie I Joh 1,5–7 zeigt, der kosmologische Dualismus der Gnosis zu einem Entscheidungsdualismus vergeschichtlicht worden, der dem Glaubenden abverlangt, zwischen zwei alternati-

192 Vgl. Bultmann, aaO 9 f.

193 Diese Hypothese fand zunächst bei Exegeten wie H. Braun und H. Preisker weitgehende Zustimmung (vgl. Bultmann, aaO 10 f.). Sie konnte sich aber langfristig nicht durchsetzen. Vgl. schon E. Haenchen, Neuere Literatur zu den Johannesbriefen (1960), in: Ders., Die Bibel und wir. Ges. Aufs., II. Bd., 1968, (235–311) 243–246; Schnackenburg (s. Anm. 177), 586; W. Schmithals, Johannesevangelium und Johannesbriefe, 1992, 129 f.

194 Vgl. Bultmann, aaO 10.105.109 f.

195 Vgl. aaO 10.98–100.

ven Seinsmöglichkeiten zu wählen[196]. Auch redet der erste Johannesbrief häufig von der wahren Gotteserkenntnis. Im Unterschied zur Gnosis versteht er darunter aber »nicht ein theoretisches oder spekulatives Wissen von Gott«, sondern eine Beziehung zu Gott, in der sich der Erkennende – und dies kann ausschließlich der Glaubende sein – in seinem Dasein und also auch in seinem Handeln von Gott bestimmen läßt (vgl. I Joh 2,3–11)[197]. Wie mit dem Glauben untrennbar die Liebe verbunden ist, so vergegenwärtigt sich in ihr das Leben (vgl. I Joh 3,14). Eben diese Erkenntnis des Glaubens, daß die eschatologische Gabe des Lebens bereits in der christlichen Gemeinschaft der einander Liebenden präsent ist, relativiert die traditionellen Aussagen der futurischen Eschatologie. Freilich weiß der Verfasser darum, daß die endgültige Schau des verherrlichten Sohnes Gottes der Zukunft vorbehalten ist. In dieser zukünftigen Schau werden sich die Glaubenden endgültig als die erkennen, die sie bereits sind: Kinder Gottes (vgl. I Joh 3,2).

In der Einzelexegese gelangte Bultmann nicht selten zu ähnlichen Ergebnissen wie Schnackenburg. Der evangelische und der katholische Theologe rezensierten denn auch ihre beiden Kommentare recht wohlwollend[198]. Schnackenburg konnte sich die literarkritischen und redaktionsgeschichtlichen Thesen Bultmanns zwar nicht zu eigen machen, würdigte seine Auslegung aber als ein sorgfältig auf die Texte hörendes, auf einseitige Urteile verzichtendes und mit anderen exegetischen Optionen irenisch umgehendes »reifes Alterswerk«[199].

Nicht in einer solchen ausgereiften Gestalt erschien Bultmanns Auslegung des zweiten Korintherbriefs 1976, in seinem Todesjahr. Es hatte mit der besonderen Vorgeschichte dieses Kommentars zu tun, daß er lediglich die philologischen und historischen Materialien darbot, die Bultmann zwischen 1940 und 1951 seiner Vorlesung über den zweiten Korintherbrief zugrundegelegt hatte[200]. Nachdem Erich Dinkler wegen anderweitiger Verpflichtungen nicht dazu gekommen war, unter Heranziehung des Kollegmanuskripts Bultmanns einen eigenen Kommentar auszuarbeiten, kamen der Göttinger Verleger und Dinkler nach Rücksprache mit Bultmann überein, dessen Vorlesungsmanuskript mit den für eine Buchveröffentlichung erforderlichen Zusätzen (Übersetzung, Bibliographie und Register) als Sonderband der Meyerschen Kommentare zu publizieren. Der inzwischen 91jährige Bultmann teilte Dinkler lakonisch mit, daß dies Verfahren zwar nicht den früheren Abmachungen mit dem Verlag entspreche, ihm »aber persönlich völlig gleichgültig« sei. Denn auf Grund seines hohen Alters verlören wichtige Dinge ihre Bedeutung für ihn. Er »vegetiere nur noch«[201].

196 Vgl. aaO 23–25.

197 AaO 31.

198 Vgl. Bultmann (s. Anm. 187), 507–510; Schnackenburg (s. Anm. 177), 586 f. – Vgl. auch Ch. Brütsch, Rez. über R. Bultmann, Die [drei] Johannesbriefe, 1967, ThZ 24 (1968), 470 f.

199 Schnackenburg, aaO 586. S. auch o. Anm. 177.

200 Zur Vorgeschichte des Kommentars vgl. E. Dinkler, Vorwort und Einleitung, in: R. Bultmann, Der zweite Brief an die Korinther, 1976, (9–12) 9 f.

201 Bultmann an E. Dinkler, 29. 10. 1975, Mn 2-2176.

In seinem Kommentar behandelt Bultmann die mit dem zweiten Korintherbrief verbundenen literarkritischen Fragen nicht ausführlich. Er geht allerdings davon aus, daß das Schreiben Stücke aus zwei ursprünglich selbständigen Paulusbriefen enthält. Danach sind II Kor 2,14–7,4; 10–13 und 9 dem Zwischenbrief C zuzuweisen, in dem Paulus sich als Apostel gegen gnostisierende Pneumatiker – wohl nicht gegen Judaisten – verteidigt (II Kor 10–13). Dem Brief D lassen sich die Abschnitte II Kor 1,1–2,13; 7,5–16 sowie 8 zuweisen. Obwohl der zweite Korintherbrief also als eine Komposition zu betrachten ist, weist er ein einheitliches Thema auf: das apostolische Amt oder auch das Wort der Verkündigung[202].

Da der Kommentar Bultmanns Kollegvorlage wiedergibt, bietet er primär philologische Erläuterungen zu einzelnen Begriffen und religionsgeschichtliche Parallelen aus der hellenistischen Umwelt des Paulus. Gnostische Motive tragen zum besseren Verständnis der Wahrnehmung der apostolischen Verkündigung als »Duft der Erkenntnis« (II Kor 2,14) bei[203]. Den Gedanken einer Verwandlung durch das Schauen (vgl. II Kor 3,18) illustrieren Belegstellen aus dem hellenistischen Bereich[204]. Und die Auseinandersetzung des Paulus mit seinen Gegnern, die sich danach sehnen, im Tode entkleidet zu werden (vgl. II Kor 5,3), wird erst verständlich, wenn man gnostisches Vergleichsmaterial heranzieht[205].

Über der Detailanalyse des Textes, die Bultmann im beständigen kritischen Gespräch mit den älteren Kommentaren von Hans Lietzmann und Hans Windisch durchführt, kommt die Entfaltung der theologischen Probleme und Zusammenhänge nicht etwa zu kurz. Im Gegenteil, Bultmann interpretiert den zweiten Korintherbrief entschlossen von seinem Kernthema her, dem apostolischen Amt, das ausschließlich im Dienst der Verkündigung besteht. Alles, was Paulus in diesem Schreiben zu seiner Person zu sagen hat, betrifft ihn nur soweit, als ihm das apostolische Amt der Wortverkündigung übertragen ist[206]. Daher fügt Paulus die Apologie seines Apostolats in die Darlegung der Aufgabe und des Vollzugs der christlichen Verkündigung ein. Diese proklamiert das Christusgeschehen als dasjenige Ereignis, in dem Gott die Welt mit sich versöhnt hat. Indem das apostolische Amt das Wort von der Versöhnung ausrichtet, läßt es das in Christus geschehene Heil gegenwärtig werden. Allein in der Predigt und dem sie annehmenden Glauben realisiert sich die Versöhnung für uns heute. Und wie mit der Versöhnung zugleich das Amt der Versöhnung gestiftet ist, so gehört die Verkündigung mit zum eschatologischen Geschehen hinzu (vgl. II Kor 5,14–21; 6,2)[207].

Die zumal in II Kor 3–5 zu beobachtende Verknüpfung von Aussagen über den Apostel mit Worten über die Gemeinde legt es nahe, die apostolische Existenz als

202 Vgl. Bultmann (s. Anm. 200), 21–23; dazu Dinkler (s. Anm. 200), 11 f.
203 Vgl. Bultmann, aaO 69 f.
204 Vgl. aaO 93–99.
205 Vgl. aaO 138 f.
206 Vgl. aaO 21.
207 Vgl. aaO 152–171, bes. 162.

Exempel der christlichen Existenz aufzufassen. Bezeichnenderweise beschreibt Paulus in dem zentralen Abschnitt II Kor 5,16–21 die Grundzüge christlicher Existenz nicht in der individuellen Ich-Form, sondern in der alle Glaubenden einschließenden Wir-Form. Das Sein ἐν Χριστῷ (II Kor 5,17) bedeutet näherhin »die durchgängige Bestimmtheit des Lebens durch Christus ..., nicht aber eine mysteriöse Qualität, eine höhere Natur«.[208] Als neue Schöpfung können sich die Glaubenden insofern begreifen, als sie in der eschatologischen Existenz »vermöge der Aneignung des Todes Christi zum eigentlichen Leben gekommen sind«[209].

Die Auslegung Bultmanns ließ die prägende Wirkung, die vom zweiten Korintherbrief auf sein theologisches Denken ausging, deutlich hervortreten. Freilich bestimmten mitunter auch problematische dogmatische Vorgaben die Einzelexegese. So wertete Bultmann II Kor 5,16 als Beleg für die These, daß die Frage nach dem historischen Jesus theologisch illegitim sei: »Der Χριστὸς κατὰ σάρκα ist Christus in seiner weltlichen Vorfindlichkeit, vor Tod und Auferstehung.«[210] Unbeschadet solcher strittigen Auslegungsfragen würdigte der hannoversche Landesbischof Eduard Lohse den Kommentar in einem Dankesschreiben an Bultmann als »ein Vermächtnis nicht nur an uns Neutestamentler, sondern darüber hinaus an die evangelische Kirche«[211]. Bultmann habe mit seiner Erklärung des zweiten Korintherbriefes ein »eindrucksvolles Zeugnis für die Theologie des Wortes« in reformatorischer Tradition vorgelegt. »Wie seine wissenschaftliche Arbeit einst mit einer Untersuchung zur paulinischen Theologie begonnen hat, so endet sie nach mehr als sechs Jahrzehnten mit der Interpretation der Christusbotschaft des Apostels.«[212] Ernst Käsemann äußerte die Hoffnung, der Kommentar könne der Gegenwart, in der die Erinnerung an die Dialektische Theologie mehr und mehr verblasse, transparent machen, weshalb Bultmann seinen theologischen Weg gegangen sei. Seine Auslegung des zweiten Korintherbriefs rege erneut zum kontroversen Gespräch an. Indessen schlug Käsemann in seinem letzten Brief an den Lehrer versöhnliche Töne an: »Für mich selber gilt vielleicht, dass ich Ihnen nirgends näher komme als hier.«[213] Bultmann selbst ließ den Text seiner Vorlesung über den zweiten Korintherbrief, mit der er seine offizielle Lehrtätigkeit in Marburg 1951 beschlossen hatte, als Abschiedsgabe an seine Hörer in Druck gehen[214].

208 AaO 100 (zu II Kor 3,18).

209 AaO 154 (zu II Kor 5,15); vgl. auch aaO 158 f. (zu II Kor 5,17).

210 AaO 156; vgl. dazu kritisch J. Eckert, Rez. über R. Bultmann, Der zweite Brief an die Korinther, 1976, ThRv 73 (1977), (460–462) 461 f.

211 E. Lohse an Bultmann, 23. 2. 1976, Mn 2-1317.

212 E. Lohse, Rez. über R. Bultmann, Der zweite Brief an die Korinther, 1976, ThLZ 103 (1978), 352 f.) 353.

213 E. Käsemann an Bultmann, 23. 2. 1976, Mn 2-1083.

214 Vgl. Bultmann (s. Anm. 200), 7.

5. Politische Theologie?

... die Liebe, die weiß, was sie zu tun hat, weiß um die jeweilige Situation und deren Forderung; und zu dieser können durchaus das Planen und das Entwerfen einer Ordnung des menschlichen Lebens gehören. Ob ein konkreter Entwurf die Aufgabe einer christlichen Ethik ist, kann man freilich bezweifeln. Ich meine (und ich glaube darin mit Gogarten einig zu sein), daß dafür die menschliche Vernunft genügt, in deren Bereich doch das Wissen um Recht und Gerechtigkeit fällt.[215]

Während der 1960er Jahre vollzog sich in der Bundesrepublik Deutschland ein tiefgreifender gesellschaftlicher Wandel. Die Veränderung des geistigen Klimas fand ihren unmittelbaren Ausdruck im studentischen Protest gegen das Establishment, die gesellschaftlichen Institutionen und die als verkrustet empfundenen Strukturen zumal an den Universitäten. Bultmann, schon lange emeritiert, war von der Studentenrevolte persönlich nicht tangiert. Über die Aktionen, mit denen eine Gruppe radikalisierter Studenten den Lehrbetrieb an der Marburger Theologischen Fakultät störte, erhielt er Kenntnis durch Werner Georg Kümmel[216]. Bultmann führte die Studentenunruhen hauptsächlich auf den »Mangel an Bildung« zurück, der seinerseits durch die Senkung des Abiturniveaus begründet sei. Zu differenzierten Einsichten in die komplexen gesellschaftlichen und politischen Ursachen der studentischen Proteste gelangte er nicht. Seine Perspektive war weitgehend auf die Universität begrenzt. Den in jener Zeit drohenden Übergang der Universität zur Fachhochschule hielt er für verhängnisvoll[217]. Bultmann unterzeichnete das »Marburger Manifest vom 17. April 1968«, mit dem 1500 deutsche Hochschullehrer der »Politisierung und sogenannten Demokratisierung« der Universitäten eine Absage erteilten[218].

Auch durch den Fall Kahl wurde Bultmann mit gewissen Symptomen des Umbruchs konfrontiert. Joachim Kahl hatte sich während des Theologiestudiums im Säurebad der historischen Kritik derart gravierende Verätzungen zugezogen, daß er ab etwa 1965 innerlich auf Distanz zum christlichen Glauben ging. Dies schloß für ihn allerdings nicht aus, in einem Akt der Unaufrichtigkeit erst noch in Marburg mit einer Arbeit über Gogarten zu promovieren, bevor er unmittelbar danach, 1967, seinen Austritt aus der Kirche erklärte. In einem Interview mit einer linksgerichteten Marburger Studentenzeitung versuchte Kahl sein ungewöhnliches Handeln zu rechtfertigen. Dabei verstieg er sich in seiner Kritik an der protestantischen Universitätstheologie zu der Behauptung, das Entmythologisierungsprogramm Bultmanns sei »reiner Bluff, historische Leichenfledderei, Frevel an unliebsamen Texten«[219]. Der

215 Bultmann an D. Sölle, 16. 6. 1965, Mn 2-2386.

216 Vgl. Bultmann an E. Dinkler, 21./22. 12. 1967, Mn 2-2176.

217 Bultmann an E. Dinkler, 27. 8. 1968, Mn 2-2176.

218 Vgl. Marburger Manifest vom 17. April 1968, FAZ Nr. 153 vom 5. 7. 1968, 42.

219 M. Buckmiller, Theologischer »Kahl«-Schlag. Doktor der Theologie tritt aus der Kirche aus. mb-Gespräch, Marburger Bl. Nr. 125 (1967), (13 f.) 14.

Dekan der Theologischen Fakultät forderte Kahl daraufhin auf, sich für diese beleidigende Äußerung bei Bultmann zu entschuldigen[220]. Kahl lehnte dies ab, schrieb Bultmann lediglich einen gewundenen Brief, in dem er unterstellte, »nur ein Mißverständnis« habe seine »Kritik an der Entmythologisierung auf diese persönliche Ebene« rücken können[221].

Bultmann dankte der Theologischen Fakultät dafür, daß sie seine Arbeit »gegen die beleidigenden Äußerungen des Herrn Kahl« in Schutz genommen habe, und empfahl ihr, Kahl keiner Erwiderung zu würdigen. Er jedenfalls werde sich an der Diskussion um Kahls Aufstellungen nicht beteiligen. Bultmann fügte erläuternd hinzu: »Für mich ist das Verhalten meines einstigen Großherzogs von Oldenburg vorbildlich. In meiner Oldenburger Schülerzeit verhaftete die Polizei einen Landstreicher wegen beleidigender Äußerungen gegen den Großherzog. Als es diesem mitgeteilt wurde, sagte er: ›Sofort laufen lassen! Kann mich nicht beleidigen!‹ Diesem Vorbild möchte ich folgen.«[222] So verfuhr er auch, als Kahl in seinem Pamphlet »Das Elend des Christentums« die Theologie Bultmanns der Irrationalität und des Dogmatismus meinte bezichtigen zu müssen. Kahls »Plädoyer für eine Humanität ohne Gott« war ein fader Aufguß der Religionskritik des 19. Jahrhunderts, ergänzt um eine tendenziöse »Realbilanz der Theologiegeschichte« und eine die simpelsten Regeln der Wissenschaftlichkeit mißachtende Auseinandersetzung mit der modernen evangelischen Theologie. In den halbgebildeten Kreisen linksgerichteter Kirchenkritiker wurde sein Machwerk eifrig konsumiert. Dies stellte allerdings für Bultmann noch keinen hinreichenden Grund dar, um unter sein Niveau zu gehen und auf Kahls Polemik zu reagieren[223].

Anders verhielt es sich mit der Kritik, die Dorothee Sölle an der Theologie Rudolf Bultmanns übte. Die Schülerin Gogartens war bei den Treffen der »Alten Marburger« mit Bultmann ins Gespräch gekommen. Unter den »Alten Marburgern« gab es allerdings Vorbehalte dagegen, daß Sölle auf den Tagungen auch als Referentin in Erscheinung treten sollte. Wilhelm Anz und Erich Dinkler befürchteten, die Diskussionen würden dann »noch mehr in das Fahrwasser von Blochs ›Prinzip Hoffnung‹ geraten«. Bultmann hingegen sprach sich dafür aus, Sölle die Möglichkeit zum Vortrag einzuräumen[224]. Ihre frühen Schriften – etwa »Stellvertretung. Ein Kapitel Theologie nach dem ›Tode Gottes‹« (1965) oder »Leiden« (1973) – beeindruckten Bultmann durchaus[225], hauptsächlich auf Grund der in ihnen sich aussprechenden Sensibilität und Fähigkeit Sölles, literarische Texte in die theologische Erörterung mit einzubeziehen. Strittig jedoch war zwischen beiden Theologen von Anfang an,

220 Vgl. Dekan der Theologischen Fakultät Marburg an J. Kahl, 21. 12. 1967, Mn 2-1953.

221 J. Kahl an Bultmann, 3. 1. 1968, Mn 2-1085; Ders. an die Theologische Fakultät Marburg, 3. 1. 1968, Mn 2-1085.

222 Bultmann an den Dekan der Theologischen Fakultät Marburg, 13. 1. 1968, Mn 2-2403.

223 Vgl. J. Kahl, Das Elend des Christentums oder Plädoyer für eine Humanität ohne Gott, 1968, bes. 98–100; dazu kritisch J. M. Lohse (Hg.), Menschlich sein mit oder ohne Gott?, 1969.

224 Bultmann an E. Dinkler, 7. 11. 1965, Mn 2-2176.

225 Vgl. Bultmann an E. Käsemann, 12./13. 1. 1976, Mn 2-2251.

wie das Verhältnis zwischen Glaube und sittlicher Verantwortung, zwischen Theologie und Ethik zu bestimmen sei. Sölle monierte insbesondere, Bultmann reduziere die Geschichtlichkeit des menschlichen Seins auf das punktuelle Ereignis der Entscheidung. Dieser machte im Gegenzug geltend, er verstehe das menschliche Sein sehr wohl umfassend als ein Leben in Verantwortung für das Erbe der Vergangenheit ebenso wie für die Zukunft. Nur stelle sich die Frage, ob es Aufgabe der christlichen Predigt oder einer christlichen Ethik sei, ein regelrechtes Programm für die Ordnung menschlichen Lebens zu entwerfen. Genüge es nicht vielmehr, daß die christliche Predigt die Verantwortung für eine derartige Ordnung dringlich mache?[226]

In dem internen Dialog, den er 1952 mit Götz Harbsmeier über die Frage der Remilitarisierung Deutschlands führte, hatte Bultmann schon ganz ähnlich votiert. Ein politisches Mandat konnte er der Kirche nur in der Ausnahmesituation eines totalitären Staates zugestehen. Im demokratischen Staat hatte die Kirche wie andere von geistigen Tendenzen getragene Institutionen – etwa die Universität – allenfalls eine indirekte politische Funktion. Die einzelnen Christen mußten sehr wohl politische Entscheidungen treffen und verantworten, hatten sich dabei aber an profanen, politischen Gesichtspunkten zu orientieren. Es war für Bultmann nicht akzeptabel, die Zustimmung zur Wiederbewaffnung oder auch deren Ablehnung mit einer angeblich christlichen Ideologie zu begründen[227].

In diesem Sinne äußerte sich Bultmann 1958 gelegentlich der Debatte um die Nutzung der Kernenergie und die atomare Bewaffnung der Bundesrepublik Deutschland programmatisch zur Frage einer politischen Ethik. Nach seiner Überzeugung mußte die Kirche die an sie herangetragene Zumutung, sie möge zu bestimmten Fragen der Politik konkrete Weisung erteilen, entschieden zurückweisen. Denn die Kirche hat »das Wort Gottes zu verkündigen, aber nicht politische Urteile abzugeben. Ein politisches Urteil in einer konkreten politischen Situation ist nicht das Wort Gottes. Die Theologie hat streng darüber zu wachen, daß keine Vermischung des christlichen Glaubens mit einem politischen Programm eintritt.« So strikt Bultmann jeglichen politisierenden Klerikalismus ablehnte, so eindringlich betonte er die politische Verantwortung des einzelnen Christen. Um diese Verantwortung im Geist der *libertas christiana* wahrzunehmen, muß sich der Christ Sachverstand aneignen und, zumal in einer pluralistischen Gesellschaft, im Diskurs mit anderen ein selbständiges Urteil bilden, um von der politischen Vernunft geleitete Entscheidungen treffen zu können. Theologie und Kirche haben diese politische Verantwortung transparent zu machen und einzuschärfen. Es ist aber nicht ihre »Aufgabe, politisch verbindliche Regeln aufzustellen und damit den einzelnen Menschen die Verantwortung für die eigene Entscheidung abzunehmen«[228].

226 Vgl. D. Sölle an Bultmann, 13. 7. 1964 u. 22. 12. 1965, Mn 2-1834; Bultmann an Sölle, 16. 6. 1965, Mn 2-2386.

227 Vgl. Bultmann an G. Harbsmeier, 15. 5. 1952, Mn 2-2232. – Vgl. zum akuten Problem J. Vogel, Kirche und Wiederbewaffnung, 1978.

228 R. Bultmann, Gedanken über die gegenwärtige theologische Situation (1958), GuV III, 1960[1],

Ernst Käsemanns »Ruf der Freiheit« vernahm Bultmann so, wie sein Schüler ihn zunächst gemeint hatte, als Fanal der kritischen, mitunter auch polemischen Auseinandersetzung mit der sogenannten »Bekenntnisbewegung ›Kein anderes Evangelium‹«, volkskirchlicher Saturiertheit und dem auf dem Für-wahr-Halten der rechten Lehre bestehenden Dogmatismus in Kirche und Theologie[229]. Freilich mahnte Bultmann gegenüber manchen Pauschalverdikten Käsemanns an, es dürften nicht alle Dogmatiker und Theologen in kirchenleitenden Ämtern für Fehlentwicklungen verantwortlich gemacht werden. Er nannte als Ausnahmen exemplarisch Bischof Erich Vellmer (Kurhessen-Waldeck) und Präses Joachim Beckmann (Rheinland), dachte aber auch an einzelne Pfarrer, die durch ihre Amtsausübung die christliche Freiheit bezeugten, ohne sich von der Angst der offiziellen Christlichkeit lähmen zu lassen. In seiner Reaktion auf Käsemanns Streitschrift diskutierte Bultmann einmal mehr verschiedene exegetische und systematisch-theologische Optionen seines Schülers. Hier und da konzedierte er selbstkritisch, etwa »die Bedeutung der Herrschaft Christi und der ›Freiheit‹ für die ganze Welt nicht hinreichend zur Geltung gebracht« zu haben. Freilich fand er nach wie vor, Käsemann habe die insgesamt zurückhaltenden Aussagen des Neuen Testaments über die Herrschaft Christi über Gebühr strapaziert[230]. Bultmann stimmte der Meinung zu, *unter bestimmten Voraussetzungen* müßten Christen sich »von Staat und Nation abwenden oder sogar gegen sie stellen«[231]. Jedoch hielt er daran fest, daß sich die Lehre Luthers von den beiden Reichen – unbeschadet ihres Mißbrauchs durch Teile des Protestantismus – am besten dazu eigne, um sowohl den Bezug des Evangeliums zur Politik als auch die Differenz zwischen beiden Größen immer wieder neu erfassen zu können.

Bultmanns bereits 1958 ausgesprochene Warnung vor einer Politisierung der Kirche und vor der Vermischung von Gesetz und Evangelium wurde in den folgenden Jahrzehnten von Teilen des deutschen Protestantismus, sehr zum Schaden von Theologie und Kirche, überhört oder bewußt übergangen. Nicht wenige »progressive« Kräfte traten dafür ein, das Verhältnis von Theologie und Gesellschaft, von kirchlicher Verkündigung und politisch-gesellschaftlicher Wirklichkeit neu auszutarieren. Manche Kanzel mutierte gar zum religiösen Podest, von dem aus gesellschaftskritische und unmittelbar politische Agitation betrieben wurde. Gewiß war die zuneh-

(190–196) 195f. Veranlaßt war dies Votum wohl durch die von den Kirchlichen Bruderschaften an die EKD-Synode in Berlin 1958 gerichtete Forderung, die atomare Bewaffnung der Bundesrepublik theologisch zu ächten.

229 Vgl. Bultmann an E. Käsemann, 27.1.968, Mn 2-2251, zu E. Käsemann, Der Ruf der Freiheit, 1968[1]; 1972[5]; dazu Bultmann an G. Krüger, 28.1. u. 3.3. 1968, in: F. Lilie (Hg.), Bultmann-Krüger Bw. VI, ZNThG 7 (2000), (158–160) 160f.

230 Vgl. Bultmann an E. Käsemann, ebd. – S. o. 453–457.

231 Ebd., zu Käsemann (s. Anm. 229), 143. – An den Sorgen E. Käsemanns um seine jüngste Tochter Elisabeth, die sich in Südamerika – zuerst in Montevideo, später in Buenos Aires – politisch engagierte (vgl. E. Käsemann an Bultmann, 15.8. 1968; 6.7. u. 17.8. 1975, Mn 2-1083), nahm Bultmann herzlich teil (vgl. Bultmann an E. Käsemann, 15.9. 1968; 13.4. 1975 u.ö., Mn 2-2251).

mende Tendenz zur direkten theologischen Legitimierung bestimmter politischer Auffassungen, Forderungen und Urteile auch ein Ergebnis der Defizite, die sich während der Nachkriegszeit in Kirche und Theologie angehäuft hatten. Es mangelte weithin an innovativen sozialethischen Konzeptionen, die angesichts der gesellschaftlichen Wandlungsprozesse in den 1960er Jahren und der drängenden globalen Probleme die politischen Implikationen des christlichen Glaubens hätten adäquat aufzeigen können. So schien es manchen zeitgemäß zu sein, Konzepte einer »politischen Theologie« zu entwickeln. Freilich erwies sich die Halbwertszeit dieser Entwürfe, nicht nur wegen ihrer meist engen Anlehnung an die neomarxistische Philosophie, als vergleichsweise gering. Einig waren sich die Protagonisten der politischen Theologie in der Forderung, die Privatisierungstendenzen, die man der Theologie des Wortes Gottes unterstellte, müßten korrigiert werden[232].

Dorothee Sölle stellte ihre Version von politischer Theologie 1971 in Gestalt einer Auseinandersetzung mit dem Denken Bultmanns vor[233]. Die von Gogarten herkommende Theologin meinte, Bultmanns Auffassung von der Geschichtlichkeit des menschlichen Daseins sei geradezu prädestiniert für eine Ausweitung der Perspektive durch eine politische Theologie. Bultmann habe die seinem eigenen Ansatz inhärente Möglichkeit nicht realisiert, weil er das Heil individualisiert und quasi punktuell existenzialisiert habe. Dadurch sei die Einbindung der menschlichen Existenz in die Gesellschaft verdeckt worden. Zudem denke Bultmann »bürgerlich vorsoziologisch«, ihm fehle als »wesentliche Voraussetzung der neuzeitlichen politischen Theorie ... die Unterscheidung von Staat und Gesellschaft«[234]. Nun gelte es, wie Sölle Johann Baptist Metz beipflichtete, die individualistische Verengung und Privatisierung des Glaubens aufzugeben und entschlossen die gesellschaftskritische und -verändernde Funktion der Theologie wahrzunehmen. Die aufklärerische Intention der historisch-kritischen Methode müsse konsequent durch eine politisch-soziologische Hermeneutik des Evangeliums zur Geltung gebracht werden. Nicht allein das mythische Weltbild der Bibel, sondern auch die Deformationen des Christentums, die gesellschaftlichen Strukturen und ihr ideologischer Überbau seien der Ideologiekritik auszusetzen. Dabei habe die politische Theologie »ihr Wahrheitsverständnis auf die jetzt noch nicht erschienene Einheit von Theorie und Praxis« hin auszurichten. Von daher gab Sölle als »das Verifikationskriterium jedes theologischen Satzes ... die zukünftig ermöglichte Praxis« aus. Theologische Aussagen enthielten nur »so viel an Wahrheit, wie sie praktisch in der Veränderung der Wirklichkeit her-

232 Vgl. W. Schmithals, Gesellschaftliches Engagement der Christen – aber wie? Die »Theologie des Wortes Gottes« und die »politische Theologie«, EK 4 (1971), 21–25; G. Klein, Rudolf Bultmann – Ein Lehrer der Kirche. Zum 90. Geburtstag des Marburger Theologen, DtPfBl 74 (1974), (614–619) 616–618; H. Fischer, Protestantische Theologie im 20. Jahrhundert, 2002, 189–195.

233 Vgl. D. Sölle, Hoffnung verändert die Welt. Kritische Auseinandersetzung mit der Theologie Rudolf Bultmanns, EK 4 (1971), 15–20; Dies., Politische Theologie. Auseinandersetzung mit Rudolf Bultmann, 1971[1].

234 Sölle, Politische Theologie, 58 f.

geben«[235]. Zur kritischen Norm dieser politischen Theologie erhob Sölle den historischen Jesus, den sie ihren Lesern als politischen Jesus, als den Initiator des Exodus aus ungerechten Herrschaftsstrukturen glaubte empfehlen zu können.

Da Bultmann selbst nicht mehr lesen konnte, ließ er sich von Heinrich Leipold drei ausgewählte Kapitel aus Sölles Buch vorlesen[236]. Wegen seines angegriffenen Gesundheitszustandes beschränkte sich der inzwischen 87jährige in seiner persönlichen Antwort an seine Kritikerin auf einige knappe Bemerkungen zu deren »Politischer Theologie«[237]. Daß Sölle den Begriff der Entweltlichung denunzierte, weil sie die ihm eigene Dialektik verkannte, und seine Theologie pauschal als apolitisch einstufte, empfand Bultmann als ärgerliches Mißverständnis und unzutreffende Verkürzung der ethischen Implikationen seines Denkens. Es erschien ihm theologisch grundsätzlich verfehlt zu sein, wie Sölle den Autoritätsbegriff politisch diskreditierte und das Kerygma mit dem Verdikt des Dezisionismus belegte. Denn auf diese Weise verbaute sie sich von vornherein die Möglichkeit, mit dem im Kerygma begegnenden und autoritativ Glauben fordernden Wort Gottes auch diesen Glauben in seiner Eigentümlichkeit als denjenigen Akt zu erfassen, der das glaubende Subjekt in seinem Gottes- und Selbstverhältnis allererst konstituiert.

Im einzelnen monierte Bultmann Sölles Auffassung, der als Entweltlichung verstandene Glaube sei »orientiert am Verständnis der Schicksalhaftigkeit der Zustände und Ordnungen« und fordere die »Preisgabe der sozialen, politischen Vernunft, die die Welt für veränderbar hält«[238]. Im Gegenteil, für Bultmann schenkt der Glaube »die Freiheit zur Veränderung der Welt«. Theorie und Praxis miteinander zu vermitteln, ist indes die Aufgabe nicht etwa einer »politischen« Theologie, sondern »der Theologie überhaupt«, hat diese doch auch »die *Verantwortung* des Glaubens für die Strukturen der gegenwärtigen Welt zu bedenken«[239]. Dabei ist jedoch die von Sölle als Postulat des Evangeliums verstandene Realisierung »eines authentischen Lebens für alle Menschen ... im Kontext der gesellschaftlichen Hoffnungen«[240] in der Sicht Bultmanns eine – vom Glauben durchaus bejahte – *Rechts*forderung. Denn die »innere Freiheit, die den Glauben unabhängig von den politischen Strukturen macht, entbindet ihn nicht von dieser Verantwortung [für die gesellschaftlichen Strukturen und gegebenenfalls ihre Veränderung], sondern fordert sie«[241]. Allerdings – und dies schien Bultmann von seiner Kritikerin nicht genügend beachtet worden zu sein – bedarf jede anvisierte gesellschaftliche Änderung *in concreto* einer Reflexion darüber, daß ihre Verwirklichung, wenn sie vom Glauben her als legitim erscheint, doch stets konkrete Entscheidungen des glaubenden Individuums erforderlich machen.

235 Sölle, aaO 96f.

236 Vgl. Sölle, aaO 71–89 (»5. Politische Theologie als Hermeneutik«), 105–116 (»7. Sünde, politisch interpretiert«), 117–134 (»8. Vergebung, politisch interpretiert«).

237 Das Folgende mit Zitaten nach Bultmanns Brief an Sölle aus dem August 1971, Mn 2-2386.

238 Sölle, Politische Theologie (s. Anm. 233), 79.

239 S. Anm. 237.

240 Sölle, aaO 77.

241 S. Anm. 237.

In diesem Zusammenhang stieß zumal Sölles »politische Interpretation« der Sünde als eines wesentlich durch politisch-soziale Strukturen bedingten kollektiven Fehlverhaltens bei Bultmann auf schwere Bedenken. Er stellte nicht in Abrede, daß das Gemeinschaftsleben durch Zwänge belastet sein kann, die solche kollektiven Verfehlungen nach sich ziehen. Was Sölle als Sünde bezeichnete – etwa die Kollaboration »mit dem strukturell begründeten, zumeist anonymen Unrecht«[242] –, war aber für Bultmann angemessen nur unter dem Begriff der Schuld zu subsumieren. Er insistierte auf seiner »individualistischen« Auffassung, daß »von einer Sünde, die durch die Zwänge der gesellschaftlichen Strukturen veranlaßt wird, keine Rede sein« könne. Als persönliches Fehlverhalten sei die Sünde nämlich von einer unter welchen Zwängen auch immer zustandegekommenen Schuld oder Gesamtschuld genauestens zu unterscheiden[243]. Bultmann stimmte Sölle zwar darin zu, daß im Sündenbegriff »Zwang und Freiheit ... dialektisch aufeinander bezogen« zu denken seien und daß der Widerspruch zwischen Zwang und Freiheit nur »in einem Neuwerden des ganzen Menschen in einer neuen Welt« aufgelöst werden könne[244]. Jedoch, so wandte er ein, bleibe »das Neuwerden der Welt« eine bloße Utopie, wenn es nicht »als eine ständige Aufgabe«, als die vom Menschen in der Welt zu vollziehende Umkehr begriffen werde. Im übrigen trat Bultmann der Behauptung Sölles, in seinem theologischen Ansatz sei der Übergang von der existentialen zur politischen Theologie schon angelegt, entschieden entgegen. Dazu machte er außer den genannten Punkten die grundlegende Differenz geltend, daß er an »dem dialektischen Verhältnis zwischen einer jenseitigen, transzendenten Wirklichkeit und der innerweltlichen Wirklichkeit« interessiert sei, während für Sölle dieses Problem offenbar überhaupt nicht existiere, da sie sich ausschließlich mit der innerweltlichen Wirklichkeit beschäftige[245].

Sölle ließ sich weder von diesen Einwänden Bultmanns noch von der kritischen Auseinandersetzung Hans Hübners mit ihrer Position[246] zu einem Überdenken oder gar zur Revision ihrer politischen Theologie bewegen[247]. Unmittelbar nachdem Bultmann auf ihr Buch reagiert hatte, machte sie ihm gegenüber freilich eine »existentielle Bemerkung« zum Thema der Entweltlichung. Sie war soeben bei ihrem ersten Versuch gescheitert, sich in Köln zu habilitieren. In dieser Situation ging ihr, wie sie kleinlaut einräumte, »die Sache mit der christlichen Distanz von der Welt noch einmal richtig auf. Verlieren können ὡς μή, daran lernt man.« So war sie »auf einigen Umwegen« dazu gekommen, ihre Kritik an Bultmann »etwas abzubauen«[248].

242 Sölle, aaO 112.
243 S. Anm. 237.
244 Sölle, aaO 112.
245 S. Anm. 237.
246 Vgl. H. Hübner, Politische Theologie und existentiale Interpretation. Zur Auseinandersetzung Dorothee Sölles mit Rudolf Bultmann, 1973.
247 Vgl. D. Sölle, Rudolf Bultmann und die politische Theologie, in: Stadt Oldenburg, Kulturdezernat (Hg.), Rudolf Bultmann 100 Jahre. Oldenburger Vorträge, 1985, 62–79.
248 D. Sölle an Bultmann, 10. 9. 1971, Mn 2-1834.

Lange hielt diese Bereitschaft zur selbstkritischen Bescheidung indes nicht an. Bultmann seinerseits zeigte sich zunehmend besorgt über die eben auch von Sölle propagierte Politisierung der kirchlichen Verkündigung und die zunehmende Mißachtung der neutestamentlichen Exegese[249]. Die desaströsen Folgen, die die ungeschminkte Verkehrung des Evangeliums zu einer direkten politischen Handlungsanweisung in den Konflikten der folgenden Jahre hatte, gaben ihm nachträglich Recht in dem Beharren darauf, daß die Theologie gut beraten sei, stets von neuem die rechte Kunst des Unterscheidens einzuüben, des Unterscheidens gerade auch zwischen dem ewigen Heil und dem irdischen Wohl der Menschen.

249 Vgl. Bultmann an E. Lohse, ca. April 1971 (Briefentwurf), Mn 2-2288.

VIII. *Ausklang (ca. 1964–1976)*

1. Ehrungen

Wenn ich in der Sprache Ihrer schwäbischen Heimat, die mir in meiner Tübinger Studentenzeit so vertraut geworden ist, meiner Empfindung Ausdruck verleihen darf, so möchte ich sagen: »Dees isch mir jetzt ä rechte Verlägeheit«.[1]

An dem für Bultmann »unvergeßlichen Vormittag des 19. August« 1964, einen Tag vor seinem 80. Geburtstag, erschienen Erich Dinkler, Ernst Fuchs, Werner Georg Kümmel und Hartwig Thyen in der Calvinstraße 14, um dem Jubilar die Dankesgabe »Zeit und Geschichte« zu überreichen[2]. Wie Hans Jonas, der am 20. August die Festansprache zu Ehren des Geburtstagskindes hielt[3], hob auch Erich Dinkler in seinem Grußwort zur Festschrift hervor, Bultmann habe vielen – nicht nur seinen Freunden, Kollegen und Schülern – forschend und lehrend die Freiheit des Glaubens und den Wagnischarakter christlicher Existenz erschlossen. Er pflege seine Auffassung von der prinzipiellen Unabgeschlossenheit der Theologie stets mit der Forderung zu unterstreichen, man möge doch um der Sache willen gerade auch über seine eigenen Forschungen hinausgehen[4]. Dinkler selbst lieferte mit seiner Analyse der Caesarea-Perikope Mk 8,27–9,1 ein Exempel solch kritischer Freiheit des Schülers von den Erkenntnissen des Lehrers[5]. Bultmann reagierte in bezeichnender Weise auf diese Untersuchung, die sein eigenes Verständnis des Petrusbekenntnisses der Kritik unterzog. Er fand die Argumentation Dinklers plausibel und stimmte ihr lebhaft zu[6].

Die Festgabe zu Bultmanns 80. Geburtstag präsentierte sich auch sonst keinesfalls bloß als Spiegelbild einer gegen neue Einsichten und kritische Anfragen hermetisch abgeschlossenen »Bultmann-Schule«. Vielmehr dokumentierten die in ihr vereinigten Beiträge von 45 Autoren die vielfältigen Anregungen und Wirkungen, die von

1 Bultmann an Bundespräsident Th. Heuss (in seinem Dank für die Verleihung des Großen Bundesverdienstkreuzes), 28. 7. 1959, Mn 2-3074.

2 Bultmann an E. Dinkler, 13. 9. 1964, Mn 2-2176.

3 Vgl. das Fragment des Entwurfs der Ansprache von H. Jonas, Mn 2-3444.

4 Vgl. E. Dinkler (Hg.), Zeit und Geschichte. Dankesgabe an Rudolf Bultmann zum 80. Geburtstag, 1964, VII.

5 Vgl. E. Dinkler, Petrusbekenntnis und Satanswort. Das Problem der Messianität Jesu, in: Ders. (Hg.), aaO 127–153.

6 Vgl. Bultmann an E. Dinkler, 13. 9. 1964 (s. Anm. 2).

der theologischen Arbeit Bultmanns ausgegangen waren. Bultmann brauchte mehrere Wochen, um den Mitarbeitern an der Festschrift für ihre Beiträge zu danken und die zahlreichen Glückwunschschreiben zu seinem Geburtstag zu beantworten. Er dankte allen, die sich in die *Tabula Gratulatoria* hatten aufnehmen lassen, für die Verbundenheit, die sie ihm durch ihre Wünsche bezeugt hatten. »Aber ich bin auch beschämt und kann meinen Dank nur beschließen, indem ich mir die Bibelworte zum Bewußtsein bringe, mit denen ich einst auch meine Vorlesung beim Abschied von meinem Amt beschloß: 1 Mose 32,10; 1 Kor 4,7.«[7] Beide Texte zusammen brachten das Leitmotiv der theologischen Existenz Bultmanns zum Ausdruck. Nun, im Rückblick auf die vergangenen acht Jahrzehnte seines Lebens, fand er in ihnen die Summe seiner theologischen Arbeit gezogen: »Herr, ich bin zu gering aller Barmherzigkeit und aller Treue, die du an deinem Knechte getan hast.« (Gen 32,11)[8] – »Was hast du, das du nicht empfangen hast? So du es aber empfangen hast, was rühmst du dich denn, als ob du es nicht empfangen hättest?« (I Kor 4,7) Zu dieser wohlbegründeten persönlichen Bescheidenheit stand nicht im Widerspruch, daß Bultmann sich am publizistischen Erfolg der Festschrift herzlich erfreute, zumal er ihn als Zeichen der Anerkennung für das Engagement der Mitarbeiter wertete[9].

»Zeit und Geschichte« war bereits der dritte Sammelband, der zu Ehren Bultmanns erschien. Seine Freunde und Schüler hatten schon 1944 geplant, ihm zum 60. Geburtstag eine Festgabe zu widmen. Wegen der Kriegswirren konnten sie diese Absicht nicht realisieren. Bultmann meinte damals, eigentlich sei erst der 70. Geburtstag der angemessene Anlaß für eine solche wissenschaftliche Gabe. Er hoffte freilich, daß zu diesem Datum die vorbereitete Festschrift würde erscheinen können, weniger um seinetwillen als vielmehr deshalb, weil so die Arbeit seiner Freunde und Schüler wie »auch das Wiedererstehen wissenschaftlicher Arbeit und ihrer Möglichkeiten überhaupt« nach dem erhofften Ende des Krieges sichtbar werden könnten[10]. Diese Festschrift wurde ihm dann, fünf Jahre später als ursprünglich geplant, zu seinem 65. Geburtstag überreicht. Ernst Wolf als Initiator des Unternehmens würdigte in seinem Vorwort Bultmanns Anliegen, die vom Geist der Wahrhaftigkeit geleitete historische Kritik in den Dienst der vom Neuen Testament bezeugten Freiheit zu stellen. Bultmann sei »von da aus zugleich zur eindrucksvollen Bejahung des Weges der Bekennenden Kirche gelangt«[11].

Erstreckten sich die Beiträge zur Festschrift von 1949 auf alle theologischen Disziplinen vom Alten Testament bis hin zur Praktischen Theologie, so war der Kreis der Autoren noch begrenzt auf Bultmanns deutsche Schüler und Kollegen. Diese

7 Bultmanns Dankesbrief ist zit. in: Ders., VW, VI.

8 Bultmann gab den Text nach der Verszählung der alten Lutherbibel wieder.

9 Von August bis Dezember 1964 wurde die Festschrift »so gut gekauft ..., daß Siebeck weitere 1500 Exemplare drucken lassen« wollte (Bultmann an E. Dinkler, 18. 12. 1964, Mn 2-2176).

10 Bultmann an G. Krüger, 27. 8. 1944, in: Lilie (Hg.), Bultmann-Krüger Bw. IV, ZNThG 6 (1999), 135.

11 E. Wolf, Vorwort, in: Ders. (Hg.), Festschrift Rudolf Bultmann, 1949, (Vf) V.

durch den Krieg und die Nachkriegszeit bedingte Einschränkung ließ sich in einer weiteren Festschrift zu Bultmanns 70. Geburtstag aufheben. An ihr beteiligten sich auch zahlreiche ausländische Theologen, deren Mitarbeit das internationale Ansehen seiner wissenschaftlichen Arbeit widerspiegelte. Um den Umfang dieses Buches in Grenzen zu halten und auch um das Zentrum der theologischen Interessen Bultmanns deutlich zu machen, legten die Autoren der von dem Marburger Neutestamentler und Patristiker Walther Eltester herausgegebenen Festschrift ausschließlich exegetische Beiträge zum Neuen Testament vor[12].

Über einen Mangel an akademischen Ehrungen brauchte sich Bultmann auch sonst nicht zu beklagen. Die Marburger Theologische Fakultät verlieh ihm schon 1920 die Würde eines *D. theol. h.c.* Diese Auszeichnung hatte einen eher prosaischen Hintergrund. Bultmann war 1910 in Marburg zum *Lic. theol.* promoviert worden, nicht jedoch zum *D. theol.*, da zu jenem Zeitpunkt an den deutschen Theologischen Fakultäten die Promotion zum *Lic. theol.* den Regelfall bildete. An der Gießener Theologischen Fakultät, der Bultmann seit dem Wintersemester 1920/21 angehörte, konnten wiederum nur Inhaber des Doktorgrades an den Promotionsverfahren teilnehmen. Daher ersuchte der Dekan der Gießener Fakultät, Martin Schian, die Marburger Theologische Fakultät am 1. November 1920 darum, Bultmann die Würde eines *D. theol. h.c.* zu verleihen. Dieser Bitte kam die Marburger Fakultät nach. Sie verlieh Bultmann die Ehrendoktorwürde am 25. Dezember 1920 – gleichsam als Weihnachtsgeschenk. Er widmete ihr als Dank dafür seine »Geschichte der synoptischen Tradition«[13]. Als Bultmann 1935 mit dem *D. D.* der University of St. Andrews in Schottland ausgezeichnet werden sollte, war er sich unsicher, wie er sich bei der Zeremonie verhalten müsse. Er bat Karl Barth, der schon früher den *Doctor of Divinity* von Glasgow erhalten hatte, um »Anweisungen über das richtige Verhalten«. Ob er eine Rede halten müsse? Wie er mit der schwierigen Kleiderfrage umzugehen habe? »Man tritt wohl im Frack an? Muß man sich dort ein Doktor-Kostüm erstehen? ganz oder teilweise? oder genügt es, sich ein Kostüm zu leihen? (Eine Offerte von einem Edinburgher Geschäft ist bereits eingetroffen.)«[14] Barth erteilte bereitwillig und witzig Auskunft[15], so daß Bultmann den feierlichen Doktorierungsakt am 28. Juni 1935 unbeschädigt überstand[16]. Weitere Ehrendoktortitel empfing er 1959 von der University of Syracuse/New York und von der Philosophischen Fakultät der Universität Marburg. Darüber hinaus wählten mehrere wissenschaftliche Institutionen Bultmann zu ihrem Mitglied, die Akademie der Wissenschaften zu Oslo 1932,

12 Vgl. W. Eltester (Hg.), Neutestamentliche Studien für Rudolf Bultmann, 1954.

13 Vgl. das Schreiben des Dekans der Gießener Theologischen Fakultät an die Marburger Theologische Fakultät vom 1. 11. 1920, die Kopie der Doktorurkunde Bultmanns vom 25. 12. 1920, das Dankesschreiben Bultmanns an die Marburger Theologische Fakultät vom 5. 1. 1921 sowie seine Ankündigung vom 14. 2. 1921, der Marburger Theologischen Fakultät die »Geschichte der synoptischen Tradition« widmen zu wollen, in: UA Marburg, 307a acc. 1962/12 Nr. 8.

14 Bultmann an K. Barth, 29. 3. 1935, in: B. Jaspert (Hg.), Barth-Bultmann Bw., 1994², 157 f.

15 K. Barth an Bultmann, 31. 3. 1935, in: Jaspert, aaO 158 f.

16 Vgl. auch University of Saint Andrews an Bultmann, 12.6. u. 20. 6. 1935, Mn 2-1963.

Abb. 40: Der Träger des Ordens *Pour le mérite* 1969.

Abb. 41: Verleihung des Großen Verdienstkreuzes mit Stern und Schulterband des Verdienstordens der Bundesrepublik Deutschland am 19. August 1974: Bischof D. Erich Vellmer, Ministerpräsident Albert Osswald, Rudolf Bultmann, Oberbürgermeister Dr. Hanno Drechsler.

die Academia Nazionale dei Lincei zu Rom 1968. Die Society of Biblical Literature and Exegesis ernannte ihn 1950 zum *Honorary Member*[17], die Wissenschaftliche Gesellschaft für Theologie verlieh ihm 1969 die Ehrenmitgliedschaft. Zu ihrem korrespondierenden Mitglied beriefen ihn die Academia Goetheana zu Sao Paulo (1949) sowie die Akademien der Wissenschaften Heidelberg (1958) und Göttingen (1960).

Zu diesen akademischen Auszeichnungen kamen noch diverse öffentliche Ehrungen seitens des Staates hinzu. Das Land Hessen verlieh Bultmann 1954 in Würdigung seiner »besonderen Verdienste im kulturellen Leben des Landes Hessen«, namentlich um das Ansehen der Universität Marburg in Deutschland und im Ausland, die Goethe-Plakette[18]. Den Verdienstorden der Bundesrepublik Deutschland erhielt er in den Klassen des Großen Verdienstkreuzes (1959) mit Stern (1964) und Schulterband (1974)[19]. Der hessische Ministerpräsident Albert Osswald überreichte Bultmann das Große Bundesverdienstkreuz mit Stern und Schulterband einen Tag vor seinem 90. Geburtstag. In der Rede, die er im Rahmen der Verleihung des Ordens hielt, würdigte Osswald die theologische Arbeit Bultmanns, ihre Intentionen, Ergebnisse und Perspektiven, in einer erstaunlich kompetenten Weise[20]. Offenkundig hatte sich der Ministerpräsident durch Schüler Bultmanns die notwendigen Hintergrundinformationen beschaffen lassen.

Bultmann nahm all diese Ehrungen mit außerordentlicher Bescheidenheit entgegen. Freilich verhehlte er nicht, daß die öffentliche Anerkennung seines wissenschaftlichen Werkes gerade angesichts der zahlreichen Angriffe fundamentalistischer, aber auch anderer kirchlicher Kreise gegen seine Theologie und seine Person für ihn eine gewisse Genugtuung bedeutete[21]. Dies um so mehr, als man auf evangelikaler Seite sogar die Verleihung des Großen Bundesverdienstkreuzes 1959 zum Anlaß nahm, um den Feldzug gegen den Marburger »Häretiker« zu intensivieren. Ein Dr. Richard vom Baur, Leiter des Mannheimer Philadelphia-Verlags, schrieb an Bundespräsident Theodor Heuss, Bultmanns Tätigkeit sei seit langem »ein wachsendes Ärgernis für Millionen evangelischer-bibelgläubiger Christen in Deutschland«. Denn er leugne »das gesamte offizielle Glaubenbekenntnis der evangelischen Kirchen«. Bevor eine »landesweite Protestaktion in Wort und Schrift in dieser Angelegenheit« einsetze, bat vom Baur den Bundespräsidenten, ihm die Erwägungen mitzuteilen, die für die Verleihung des Ordens an Bultmann bestimmend gewesen sei-

17 Bultmann nahm dies so auf: »... ich begrüße es mit einem Lächeln, da es in der Zeit geschieht, in der meine Arbeit in Deutschland den heftigsten Angriffen ausgesetzt ist (was mich im übrigen ja nicht bekümmert)« (Bultmann an A. Bultmann Lemke, 22. 4. 1951, Mn 2-3452).

18 Vgl. die Verleihungsurkunde vom 20. 8. 1954 sowie das Glückwunschschreiben des Hessischen Ministers für Erziehung und Volksbildung Arno Henning vom 19. 8. 1954, Mn 2-3072.

19 Vgl. die Urkunden in Mn 2-3074, -3075, -3077.

20 Vgl. A. Osswald, Ansprache anläßlich der Verleihung des Großen Bundesverdienstkreuzes mit Stern und Schulterband an Prof. D. Dr. Rudolf Bultmann, 19. August 1974, Marburg, HMH 50 (1974/75), 133 f.

21 Vgl. H. Stegemann, Bultmanns Entmythologisierung. Verstehenshilfe für Theologen, OP Nr. 175 vom 3. 8. 1976, 6.

en[22]. Heuss reagierte souverän auf diesen perfiden Versuch, die Integrität des von ihm Geehrten zu desavouieren. Er habe nicht die Absicht, die Auszeichnung Bultmanns, eines Gelehrten von internationalem Rang, »gegenüber Personen, die mir schreiben, zu kommentieren«. Zudem sei die Ordensverleihung kein religiös-kirchlicher, sondern ein säkularer Vorgang, der eine ihm voraufgehende dogmatische Prüfung ausschließe. Schließlich wies Heuss den Schlußabschnitt des Briefes vom Baurs unmißverständlich zurück. Christlich sei eine derartige »Art von Einschüchterung, gar Drohung« gerade nicht. Die angekündigte Protestaktion gegen Bultmann stelle vielmehr »die Ansage eines organisierten (›landesweit‹!) Pharisäismus« dar, den Heuss »schlicht gesprochen, einfach verächtlich« fand[23]. Der Bundespräsident, so notierte Bultmann zufrieden, als er von der ganzen Angelegenheit Kenntnis erhielt, habe jenem frommen Eiferer »kurz und ausgezeichnet« geantwortet[24].

Unter den verschiedenen Auszeichnungen, die Bultmann zuteil wurden, kamen dem Reuchlin-Preis 1957 und der Aufnahme in den Orden *Pour le mérite* 1969 noch einmal ein besonderer Stellenwert zu. Die Stadt Pforzheim hatte den Reuchlin-Preis 1955 anläßlich des 500. Geburtstages des Hebraisten und Humanisten Johannes Reuchlin gestiftet. Nach dem Historiker Werner Näf war Bultmann erst der zweite Träger des Preises. Er erhielt im Vorfeld der Ehrung aus Pforzheim allerdings auch einen anonymen Drohbrief »von ›Einem, der es gut meint und für viele spricht‹«, und der ihn vor der Annahme des Preises warnte: »Freude werden Sie damit nicht erleben!« Bultmann ignorierte die Drohung[25]. Der Orientalist Adam Falkenstein begründete den Vorschlag der Heidelberger Akademie der Wissenschaften, Bultmann den Reuchlin-Preis zuzuerkennen. Bultmanns Lebensarbeit umspanne alle Bereiche der Geschichte und Literatur des Urchristentums, der klassischen und spätantiken Geistes- und Religionsgeschichte. Seine historischen Forschungen zeichneten sich aus durch das Bemühen um »eine echte Vergegenwärtigung der Geschichte, die sich nicht in blosser Rekonstruktion des Gewesenen erschöpft«. Bultmann habe einen herausragenden Beitrag zur Erforschung und zum Verständnis des Christentums und der griechisch-römischen Antike, der beiden großen, die abendländische Kultur bis heute prägenden Bewegungen, geleistet. Insbesondere sein Buch »Das Urchristentum im Rahmen der antiken Religionen« eröffne Fachwissenschaftlern und Laien gleichermaßen neue Zugänge zu einer zentralen Epoche der Religions- und Geistesgeschichte[26].

Oberbürgermeister Dr. Johann Peter Brandenburg überreichte Bultmann den Reuchlin-Preis am 22. März 1958 im Stadttheater Pforzheim. Das Südwestdeutsche Kammerorchester Pforzheim unter dem Dirigat Friedrich Tilegants sorgte für die

22 R. vom Baur an Bundespräsident Th. Heuss, 11. 8. 1959 (Kopie), Mn 2-3074.

23 Th. Heuss an R. vom Baur, 13. 8. 1959 (Kopie), Mn 2-3074.

24 Bultmann an A. Bultmann Lemke, 23. 8. 1959, Mn 2-3452.

25 Zit. nach Bultmann an G. Bornkamm, 16. 2. 1958, Mn 2-2147.

26 Vorschlagsbegründung der Philosophisch-historischen Klasse der Heidelberger Akademie der Wissenschaften, unterzeichnet von A. Falkenstein, o.D., Mn 2-3073.

musikalische Gestaltung der Feier. In seinem Festvortrag sprach Bultmann über das antike und christliche Verständnis der Freiheit[27]. Die hier zu konstatierenden Differenzen gehen auf die Unterschiede in der Auffassung vom Menschen zurück. Während die griechische Antike den Menschen als Wesen versteht, das sich mittels der Vernunft als Glied des harmonisch geordneten Kosmos zu erkennen vermag, sieht die christliche Tradition das Eigentümliche des Menschen in seiner Geschichtlichkeit, die sich aus dem Willen ergibt und in der Verantwortung für die Geschichte äußert. Bezeichnenderweise begegnet weder im Alten Testament noch in der Verkündigung Jesu ein dem griechischen Begriff »Freiheit« äquivalentes Wort. Erst Paulus hat diesen Begriff aus dem hellenistischen in den christlichen Sprachgebrauch übernommen, ihn dabei allerdings erheblich modifiziert.

Die mannigfachen Ausformungen des Freiheitsgedankens in der griechischen Antike weisen eine Gemeinsamkeit auf. Freiheit gilt als eine Qualität, die der vernunftbegabte und seiner selbst mächtige Mensch *per se* hat und aus eigener Kraft realisiert. Demgegenüber ist der Gedanke der Freiheit im Christentum, zumal bei Paulus, vergeschichtlicht. Hier bedeutet Freiheit eine Möglichkeit, die nur in der Entscheidung des Menschen stets neu Ereignis werden kann. Allerdings, und darum weiß Paulus, ist der Mensch immer schon durch seine Vergangenheit an sein altes Selbst gebunden. Indem er diese Bindung bejaht, läßt er sich von der Macht der Sünde versklaven. Von ihr befreit werden kann der Mensch allein durch die Gnade Gottes, die im Glauben je und je Ereignis wird. Die göttliche Gnade befreit den Menschen allererst von sich selbst. Gerade so macht sie ihn zum neuen Menschen, der sich als Geschenk der Gnade Gottes empfängt und der die geschenkte Freiheit in der Liebe zu existieren versucht[28].

Im Umfeld der Preisverleihung in Pforzheim nahm Paul Kuder, der Vorsitzende der Reuchlin-Gesellschaft, die Verbindung zu Bultmann auf, um ihn für einen weiteren Vortrag zu gewinnen[29]. So trat Bultmann am 18. Februar 1960 in Pforzheim erneut in den Dialog zwischen Antike und Christentum ein, diesmal auf das Thema der unterschiedlichen Weltauffassungen konzentriert. Wie im Buch über das »Urchristentum im Rahmen der antiken Religionen« schritt er das gesamte Terrain der antiken Religions- und Geistesgeschichte vom Alten Testament und dem Judentum, von der griechischen Klassik, der Stoa, den hellenistischen Mysterienkulten und Astralreligionen über die Gnosis bis hin zum Urchristentum ab. Ansatzweise bereits in der Verkündigung Jesu, vor allem aber im Johannesevangelium und in der Theologie des Paulus wird das dem Christentum eigentümliche dialektische Verhältnis zur Welt sichtbar. In der paradoxen eschatologischen Existenz des Glaubens, der sich

27 Der Süddeutsche Rundfunk sendete die am 8. 9. 1958 nochmals in Heidelberg aufgenommene Rede Bultmanns am 21. 12. 1958 in seinem 1. Programm. Vgl. Mn 2-317.

28 Vgl. R. Bultmann, Der Gedanke der Freiheit nach antikem und christlichem Verständnis, GuV IV, 1975^3, 42–51.

29 Vgl. die Korrespondenz zwischen P. Kuder und Bultmann, Mn 2-1607 u. -2342.

in der Zeit aus dem Jenseits der Zeit begreift, ist die Alternative zwischen Optimismus und Pessimismus in der Relation zur Welt überwunden[30].

Neben dem Reuchlin-Preis maß Bultmann auch der Aufnahme in den Orden *Pour le mérite* einen besonderen Wert bei. Denn hier wie dort hatten Laien außerhalb des akademischen und kirchlichen Milieus seiner theologischen Arbeit die öffentliche Anerkennung ausgesprochen. König Friedrich Wilhelm IV. von Preußen, der Stifter des Ordens *Pour le mérite* für Wissenschaften und Künste (der sog. Friedensklasse des Ordens Friedrichs des Großen), hatte in der Satzung des Ordens 1842 ursprünglich vorgesehen, daß die »theologische Wissenschaft ... ihrem Geiste gemäß« für ihre Vertreter eine Mitgliedschaft in der Ordensgemeinschaft ausschließe[31]. Auch nach Aufhebung dieser Klausel gehörten dem Orden nur wenige Theologen an. Nach Adolf von Harnack, Albert Schweitzer und Gerhard von Rad war Rudolf Bultmann der vierte evangelische Theologe, der dem Orden zugewählt wurde[32].

Der Ordenskanzler, der Göttinger Historiker Percy Ernst Schramm, übergab Bultmann am 23. Juni 1969 in Braunlage in einer schlichten Feierstunde das Ordenszeichen[33]. Da Bultmann bereits 83 Jahre als war, als er Mitglied des Ordens wurde, konnte er nicht mehr an den Zusammenkünften des Ordenkapitels teilnehmen. Infolgedessen trat er 1970 in die Altmitgliedschaft im Orden ein. Hatte Bultmann im Ordenskapitel 1969 die Stelle des katholischen Religionsphilosophen Romano Guardini eingenommen, so rückte nun an seiner statt mit Karl Rahner *SJ* wiederum ein katholischer Theologe nach. Bultmann begrüßte die Zuwahl Rahners in den Orden als Zeichen ökumenischer Gesinnung. Er hielt zwar die Hoffnung auf eine Einigung der beiden christlichen Konfessionen für illusorisch, sah es aber als fruchtbar an, wenn die konfessionellen Gegensätze im gegenseitigen Verstehen und Respekt ausgetragen würden[34]. Bultmann nahm auch als Altmitglied regen Anteil an den Geschicken des Ordens und seiner Mitglieder. Er übermittelte etwa seiner »verehrte[n] Ordens-Schwester« Marie Luise Kaschnitz zu deren 70. Geburtstag seine Glückwünsche und gedachte dabei der Zeit des gemeinsamen Austausches im Literaturkreis während der ersten Kriegsjahre. Bultmann und seine Frau hatten den Weg der Dichterin seither mit großem Interesse verfolgt. Den Respekt vor ihrem Werk brachte Bultmann nun mit dem Eingeständnis zum Ausdruck, er empfinde

30 Vgl. R. Bultmann, Optimismus und Pessimismus in Antike und Christentum, GuV IV, 1975³, 69–90. Der Vortrag erschien – trotz der Angabe »Jahresgabe 1959 der Reuchlin-Gesellschaft Pforzheim e.V. an ihre Mitglieder« (aaO 69 Anm. *) – erstmals 1960.

31 Zit. nach H. Fuhrmann, Pour le mérite. Über die Sichtbarmachung von Verdiensten, 1996², 52. Zu den Hintergründen der Klausel vgl. aaO 52–55.

32 Julius Wellhausen gehörte dem Orden als Historiker und Orientalist an.

33 Vgl. Orden Pour le mérite für Wissenschaften und Künste, Reden und Gedenkworte, 9. Bd. 1968/69, 209. – Bultmann und seine Frau hielten sich im Juni 1969 zu einer Kur im Sanatorium Barner in Braunlage auf.

34 Vgl. Bultmann an den Ordenskanzler P.E. Schramm, 21.7. 1970, in: Orden Pour le mérite für Wissenschaften und Künste, Reden und Gedenkworte, 10. Bd. 1970/71, 195.

deutlich »die Überlegenheit des künstlerischen Schaffens über die wissenschaftliche Arbeit«[35].

Laut dem Gründungsstatut von 1842 wurde der Friedens-*Pour le mérite* für »hervorragende Verdienste auf dem Gebiete der Wissenschaft und Kunst« verliehen[36]. Für seine Verdienste im Bereich der wissenschaftlichen Theologie erhielt Bultmann diesen Orden wie auch seine übrigen Auszeichnungen. Für einen evangelischen Theologen waren (und sind) freilich mit dem Begriff *le mérite* oder lateinisch *meritum* problematische Konnotationen verbunden. Luther unterzog den Begriff des *meritum*, den die scholastische Theologie in höchst subtilen Differenzierungen in die Gnadenlehre eingeführt hatte, wiederholt scharfer Kritik. Im Kleinen Katechismus brachte er – bereits in der Auslegung des ersten Artikels von der Schöpfung – zur Geltung, daß sich die Rechtfertigung des Sünders allein aus Glauben, »aus lauter väterlicher, göttlicher Güte und Barmherzigkeit ohn alle mein Verdienst [*sine nullis meis meritis*] und Wirdigkeit« ereigne[37]. Ebenso kategorisch statuierte die Confessio Augustana 1530, vor Gott könne kein Mensch »propriis viribus, meritis aut operibus« gerecht werden[38]. Auf dieser Linie interpretierte Bultmann den rechtfertigenden Glauben im neuzeitlichen Problemzusammenhang als radikalen »Gegensatz zur καύχησις«[39]. Auch wenn ein Mensch mit den ihm gegebenen Kräften in seinem Leben etwas Sinnvolles geleistet hat, dürfen wir dies doch »vor Gott nicht rühmend nennen, vor dem menschliche Größe keinen Anspruch erheben kann«. Denn es gilt die Einsicht I Kor 4,7: »Was hast du, das du nicht empfangen hast? So du es aber empfangen hast, was rühmst du dich denn, als ob du es nicht empfangen hättest?« Im Glauben gibt der Mensch alle auf seinen Werken, Leistungen und Verdiensten beruhende Selbstherrlichkeit preis, um »sich der Gnade Gottes vertrauend auszuliefern«[40].

Von daher war Bultmann vor der Gefahr gefeit, seinen Meriten eine Valenz beizumessen, die ihnen nach dem Rechtfertigungsglauben nicht zukommen konnte. Die Verlegenheit, in die ihn 1959 die Verleihung des Bundesverdienstkreuzes versetzte, bezog sich denn auch nur auf die Frage, wie er in geziemender Weise seinen Dank für diese Auszeichnung zum Ausdruck bringen könnte[41]. Gerade weil Bultmann sich dessen bewußt war, daß der Mensch *coram Deo* schlechterdings keine Meriten vor-

35 Bultmann an M.L. Kaschnitz, 30.1. 1971, DLA Marbach, Nachlaß Kaschnitz, Bestand A: Kaschnitz.

36 Zit. nach Fuhrmann (s. Anm. 31), 55; vgl. auch die sorgsam formulierte Bestimmung Friedrich Wilhelms IV., bei der Auswahl der Ordensträger sei an diejenigen zu denken, »die sich durch weit verbreitete Anerkennung ihrer Verdienste ... einen ausgezeichneten Namen erworben haben« (aaO 56).

37 M. Luther, Der Kleine Katechismus (1529), BSLK, 1976^{7}, 511,3–5.

38 Die Augsburgische Konfession (1530), BSLK, 1976^{7}, 56,2 f.

39 R. Bultmann, Theologie des Neuen Testaments, 1961^{4}, 281.

40 R. Bultmann, Worte, gesprochen am Sarge Katharina Kippenbergs (12. 6. 1947), in: Katharina Kippenberg zum Gedächtnis, Privatdruck, o.J. (1947), (4–10) 5.

41 Vgl. Bultmann an Th. Heuss, 28.7. 1959 (s. Anm. 1).

zuweisen hat, konnte er sich über die Würdigung seiner Verdienste *coram mundo* freuen. Freilich – noch auf dieser Ebene nahm Bultmann sich selbst zurück. Wenn er für seine Auszeichnungen dankte, ließ er nie den Hinweis darauf fehlen, daß mit seiner Arbeit zugleich diejenige seiner theologischen Lehrer geehrt werde. Er habe sich lediglich darum bemüht, die wissenschaftliche Tradition fortzuführen, in die er gekommen sei[42].

2. Familiäres, Persönliches, Freundschaften

Ja, man kann sagen: der Glaube bringt die verborgene Gemeinschaft aller Menschen zur Erscheinung. Denn der Mensch ist geschaffen, er selbst zu sein, und zwar er selbst zu sein im Nehmen und Schenken von Gemeinschaft.[43]

Im Dezember 1945 hatte Bultmann beklagt, daß unter dem Nationalsozialismus und zumal während des Krieges »das Leben der jungen Menschen aller Möglichkeiten entbehren musste, die sonst jungen Jahren ihren Inhalt und ihre Freude geben«[44]. Indes normalisierten sich nach dem Ende des Dritten Reichs sukzessive, wenn auch langsam, die Lebensverhältnisse. So eröffneten sich der jungen Generation neue Perspektiven auf die Bildung und den Aufbau einer beruflichen Existenz. Bultmanns älteste Tochter Antje, die in den Nachkriegsjahren als Bibliothekarin in Jena gearbeitet hatte, entschloß sich 1952, in die USA zu gehen. Sie trat an der Syracuse University Library (New York) eine Stelle als Musikbibliothekarin an. Nachdem sie 1959/60 ein Ergänzungsstudium in Bibliothekswissenschaften absolviert hatte, lehrte sie ab 1960 als Professorin für dieses Fach an der University of Syracuse. Gesine Bultmann erhielt im Herbst 1945 ein Engagement als erste Flötistin am Symphonieorchester Freiburg sowie als Solistin an dem Kammerorchester, das dem Freiburger Bachchor kooptiert war. Heilke, die jüngste der Bultmann-Töchter, ließ sich am Konservatorium in Heidelberg sowie an den Musikhochschulen in Detmold und Freiburg zur Cellistin ausbilden. Ab 1952 prangte an der Tür des Hauses Calvinstraße 14 in Marburg das Messingschild: »Heilke Bultmann, staatlich geprüfte Cello-Lehrerin«[45].

Helene und Rudolf Bultmann begleiteten den Weg ihrer Töchter in ein selbstverantwortetes Leben mit dem natürlichen Interesse und Wohlwollen der Eltern. Der Kreis der Familie begann sich zu erweitern, als Gesine 1953 den Juristen Malte Dieselhorst heiratete. Bultmanns Schwiegersohn promovierte 1956 in Freiburg, habili-

42 Vgl. Bultmann an Th. Heuss, aaO; Bultmann an Bundespräsident H. Lübke, 8.9. 1964, Mn 2-3075; Bultmann an die Theologische Fakultät Marburg, 14.11. 1960, zit. bei Stegemann (s. Anm. 21), 6.

43 R. Bultmann, Formen menschlicher Gemeinschaft, GuV II, 1968⁵, (262–273) 273.

44 R. Bultmann, Bericht über unser Ergehen in Marburg seit 28. März 1945, o.J. [1945], in: H.G. Göckeritz (Hg.), Bultmann-Gogarten Bw., 2002, (308–317) 310.

45 Bultmann an F.C. Sell, 18.1. 1953, Mn 2-2380.

tierte sich 1966 in Göttingen und war dort seit 1970 als Professor für Zivilrecht und Rechtstheorie tätig. Aus der Ehe Gesine und Malte Diesselhorsts gingen drei Kinder hervor: Jan, Annette und Viola. Die Enkel bereiteten ihren Großeltern schon durch ihr Dasein und ihre strahlende Heiterkeit viel Freude. Bultmann sang dem dreijährigen Jan alte Kommerslieder vor, die der vor ihm auf dem Schreibtisch stehende Junge rasch lernte, darunter sogar ein lateinisches. »Also ein Anfang im Lateinischen ist auch schon gemacht«, notierte der Großvater amüsiert und erfreut[46]. Er unterzog sich bereitwillig mancherlei großväterlichen Pflichten, erzählte den Enkeln selbst ausgedachte Märchen und zeichnete für sie Bilder, die mit der Zeit zu einem regelrechten Bilderbuch wurden. Als Jan und Annette schon etwas älter waren, betrachtete er mit ihnen beim regelmäßigen Dämmerschoppen Bilder und kam mit ihnen über historische Themen oder biblische Geschichten ins Gespräch[47]. Den schulischen und musikalischen Werdegang seiner Enkel verfolgte Bultmann mit lebhaftem Interesse[48].

In den ersten Nachkriegsjahren waren die Möglichkeiten, Ferienreisen zu unternehmen, eingeschränkt. Daher nahmen Helene und Rudolf Bultmann 1948, 1949, 1950 und 1953 die Einladung ihrer Freunde zu Erholungsaufenthalten in der Schweiz dankbar an. Die Bultmanns pflegten in Basel bei Walter Baumgartner, in Zürich bei Walter Gut und Ludwig Köhler Station zu machen. Jeweils eine oder zwei Wochen hielten sie sich bei Hans Urner und Hildegard Urner-Astholz im Pfarrhaus auf Burg in Stein am Rhein, bei Pfarrer Alfred Vögeli in Nussbaumen (Thurgau) sowie in Fleurier nahe Neuchâtel bei Christoph Senft, einem Schüler und angeheirateten Verwandten Bultmanns, auf. Bei den Ferien in der Schweiz wußte Bultmann Erholung und geistigen Austausch mit den Gastgebern miteinander zu verbinden. Die Lektüre wichtiger Neuerscheinungen wie Erich Auerbachs »Mimesis« oder der »Holzwege« Martin Heideggers führte zu intensiven Diskussionen, in die auch weitere Gäste – Hans Conzelmann, Walter Gut, der Zwingliexperte Gottfried W. Locher und der japanische Klassische Philologe Goro Mayeda – mit einbezogen waren[49]. Bultmann hatte »nicht oft ein so faszinierendes Buch« wie das zwischen 1942 und 1945 im Istanbuler Exil entstandene Hauptwerk Erich Auerbachs gelesen: »Franks ›Philoso-

46 Bultmann an G. Krüger, 28.1. 1957, in: F. Lilie (Hg.), Bultmann-Krüger Bw. V, ZNThG 6 (1999), (305 f.) 306.

47 Vgl. Bultmann an G. Krüger, 24.5. 1966; 8.1. u. 26.3. 1967, in: Lilie (Hg.), Bultmann-Krüger Bw. VI, ZNThG 7 (2000), 152–155.

48 Vgl. Bultmann an G. Krüger, 28.1. u. 3.3. 1968, in: Lilie, aaO (158–162) 159.162; Bultmann an E. Dinkler, 18.4. 1971, Mn 2-2176.

49 Vgl. das Gedicht Bultmanns vom 3.10. 1948 im Gästebuch der Urners (Kopie), Mn 2-2409; dazu H. Urner-Astholz, Erinnerungen an Rudolf Bultmann, in: Dies., Spiegelungen. Neue Studien zur Kunst- und Kulturgeschichte, 1984, (206–209) 208 f. – Ch. Senft war verheiratet mit Emma Senft, einer Tochter von Bultmanns Vetter Friedrich Bultmann. – Im Oktober 1948 trafen sich die Bultmanns auf ihrer Rückreise aus der Schweiz am Notschrei zwischen Oberried und Todtnau für ein paar Stunden mit Martin und Elfride Heidegger. Dies war wohl das erste Wiedersehen nach dem Dritten Reich. Vgl. M. Heidegger an E. Blochmann, 26.10. 1948, in: J.W. Storck (Hg.), Heidegger-Blochmann Bw., 1990^2, (96–98) 97.

phical religious truth‹ und Ihre ›Mimesis‹ sind die eindrucksvollsten Bücher, die mir seit Jahren begegneten.«[50] Außer solchen erfreulichen Lektüreeindrücken trugen natürlich die im Vergleich zum Nachkriegsdeutschland günstigen Lebensbedingungen in der Schweiz zu Bultmanns Wohlbefinden bei[51].

Freilich machte das Wirtschaftswunder bald auch wieder Ferienreisen innerhalb Deutschlands möglich. So verbrachte Bultmann mit seiner Frau im August 1951 eine Woche in Rothenburg ob der Tauber, Nördlingen und Dinkelsbühl. Ein Urlaub auf Wangerooge 1956 rief Jugenderinnerungen in Bultmann wach. Von Karlshafen aus besichtigten die Eheleute im September 1960 die romanischen Kirchen in Bursfelde, Lippoldsberg und Corvey. Ein Ferienquartier, das er mit seiner Frau, einmal auch mit Antje, besonders gern aufsuchte (1958, 1962, 1963 und 1964), war das Hotel »Spielweg« im Obermünstertal. Denn hier, im badischen Schwarzwald, schienen ihm alle Voraussetzungen erfüllt zu sein, um sich erholen zu können: zumeist gutes Wetter, eine schöne landschaftliche Umgebung, Ruhe und dazu ein »Viertele« Markgräfler Wein[52]. Die letzte Auslandsreise, die Bultmann und seine Frau im Frühjahr 1962 an den Comer See, nach Menaggio, führte, wurde dagegen nicht zuletzt wegen des schlechten Wetters ein eher anstrengendes als erholsames Unternehmen[53].

Zur Linderung seines Beinleidens absolvierte Bultmann wie schon vor dem Zweiten Weltkrieg mehrfach Badekuren in Wiesbaden (1951, 1955, 1966, 1967) sowie – wegen der Nähe zu der damals in Freiburg lebenden Familie Gesines – in Bad Krozingen (1957, 1958). Mit zunehmendem Alter machten ihm verstärkt Kopfschmerzen, Migräneattacken, Müdigkeit und Schwindelanfälle zu schaffen[54], die er auf den

50 Bultmann an E. Auerbach, 16. 10. 1948, DLA Marbach, Bestand A: Auerbach; vgl. M. Vialon, Erich Auerbach und Rudolf Bultmann. Probleme abendländischer Geschichtsdeutung, in: M. Bormuth / U. von Bülow (Hg.), Marburger Hermeneutik zwischen Tradition und Krise, 2008, (176–206) 187–191; zu Auerbach vgl. K. Barck / M. Treml (Hg.), Erich Auerbach. Geschichte und Aktualität eines europäischen Philologen, 2007. – Bultmann nahm Auerbachs Darstellung des abendländischen Realismus im Spiegel der Literatur zum Anlaß, um Auerbach zu fragen, »ob nicht die spezifisch abendländische Art des Humors auf eine Säkularisierung des christlichen Verständnisses des Leidens zurückgeht« (Bultmann an E. Auerbach, aaO). Vgl. auch R. Bultmann, Das Christentum als orientalische und als abendländische Religion (1949), GuV II, 1968[5], (187–210) 206–210. Vialon, aaO 191–195, hat gezeigt, daß und wie Auerbach der Anregung Bultmanns folgte, in der zweiten Auflage der »Mimesis« auch den humoristischen Realismus zu berücksichtigen. Vgl. das neu eingefügte Kapitel »Die verzauberte Dulcinea« in: E. Auerbach, Mimesis. Dargestellte Wirklichkeit in der abendländischen Literatur, 1959[2], 319–342; dazu die Widmung an Bultmann in: E. Auerbach, Dante's Addresses to the Reader (1953/54), in: Ders., Ges. Aufs. zur romanischen Philologie, 1957, (145–155) 145.

51 Vgl. Bultmann an G. Krüger, 23. 12. 1950, in: Lilie (Hg.), Bultmann-Krüger Bw. IV, ZNThG 6 (1999), (156 f.) 157.

52 Vgl. Bultmann an E. Dinkler, 5. 9. 1962, Mn 2-2176.

53 Vgl. Bultmann an G. Krüger, 1. 6. 1962, in: Lilie (Hg.), Bultmann-Krüger Bw. V, ZNThG 6 (1999), 309 f.; Bultmann an E. Käsemann, 4. 9. 1962, Mn 2-2251.

54 Vgl. z. B. Bultmann an F. Gogarten, 10. 1. 1957 u. 20. 10. 1963, in: Göckeritz (s. Anm. 44), 254.260 f.

häufigen Wetterwechsel und den »bedrückenden Marburger Nebel« zurückführte[55]. Noch mehr als die eigenen Altersbeschwerden belastete ihn jedoch, daß seine Frau seit 1959 von Schwindelanfällen heimgesucht wurde, die sich als Symptome der Menièrschen Krankheit herausstellten[56]. Eine solche Erkrankung ließ sich in den 1960er Jahren noch nicht wirksam therapieren. So begleitete Bultmann fortan die Sorge um seine Frau. Ihre Liebe und Zuneigung zueinander bewahrten sich Rudolf und Helene Bultmann auch weiterhin. In einem vom Dank für die erfahrene Gemeinschaft geprägten Gedicht zur Goldenen Hochzeit am 6. August 1967 formulierte Bultmann den Vers: »Es ruhte auf uns Gottes Segen / Auf hellen und auf schatt'gen Wegen.«[57] Auch sonst widmete er seiner Frau manches Gedicht. Zu Neujahr 1965 fand er folgende Worte[58]:

> *Wunder* war es, daß wir einst uns fanden,
> *Wunder*, daß wir uns in Liebe banden.
> Hat durch Jahre im Zusammenleben
> Sich das Wunder seiner Kraft begeben?
> Ist Gewohntes nur, was einstens Wunder war?
> Nein! *Das Gewohnte ist jetzt wunderbar.*

Nach seiner Emeritierung lag Bultmann daran, die bestehenden Kontakte zu Freunden und Kollegen in der Marburger Universität weiterhin zu pflegen. Der wöchentliche Stammtisch in der »Sonne« mit dem Alttestamentler Emil Balla, dem Zoologen Jürgen Wilhelm Harms sowie den beiden Medizinern Paul Haendly und Felix Klewitz sorgte für kurzweilige Unterbrechungen des Alltags. Seiner einst blühenden, während des Krieges aber eingestellten *Graeca* suchte Bultmann 1953 neues Leben einzuhauchen. Es kam auch zu vielversprechenden Anfängen der gemeinsamen Lektüre. Allerdings trug die wechselnde Zusammensetzung der Gruppe langfristig nicht zur Konsolidierung der *Graeca* bei[59]. Mit dem Philosophen Julius Ebbinghaus stand Bultmann im beständigen, zumeist kontroversen Gespräch. Dabei wollte es nur selten zum Ausgleich zwischen den Positionen des eingeschworenen Kantianers und des überzeugten Existentialtheologen kommen. Ihrer Leidenschaft für die Literatur konnten Bultmann und seine Frau in dem Lesezirkel frönen, der sie alle vierzehn Tage mit den Ehepaaren Wilhelm und Margarete Anz, Arthur und Elisabeth Henkel sowie Kurt und Jane Steinmeyer zusammenführte. Freilich ließen Berufungen an andere Universitäten und nicht zuletzt der Tod einiger Gesprächspartner den Marburger Freundeskreis Bultmanns nach und nach zusammenschmelzen[60].

55 Bultmann an G. Krüger, 3. 12. 1967, in: LILIE (s. Anm. 47), 158; vgl. auch aaO 152.154.157 u. ö.
56 Vgl. Bultmann an E. Dinkler, 19. 6. 1959, Mn 2-2176.
57 R. BULTMANN, Gedichte (»Zum 6. August 1967«), Mn 2-247, Bl. 11.
58 R. BULTMANN, Gedichte (»Neujahr 1965«), Mn 2-247, Bl. 7.
59 Außer Bultmann gehörten damals zu seiner *Graeca* die Neutestamentler Walther Eltester und Werner Georg Kümmel, der Graezist Friedrich Müller sowie die beiden Latinisten Hellfried Dahlmann und Carl Becker.
60 Vgl. Bultmann an F. C. Sell, 5. 8. 1956, Mn 2-2380; Ders. an G. Krüger, 3. 6. 1954, 28.1, 1.5. u.

Die Literatur blieb Bultmanns Lebenselixier bis ins hohe Alter. Mit den Freunden Walther Fischer und Gerhard Krüger tauschte er sich noch in den letzten Briefen über literarische Werke und seine Leseeindrücke aus[61]. In dem Rundfunkinterview, das Hans Fischer-Barnicol 1964 aufnahm, deutete Bultmann an, welch große Bedeutung er der Literatur zumal für die Theologie beimaß. Seinen Studenten habe er auf die Frage, welche Bücher sie sich anschaffen sollten, stets geraten, jeweils die Hälfte ihres Büchergeldes für theologische und literarische Werke auszugeben. Denn wer von der Existenz des modernen Menschen reden wolle, müsse sich ein Bild davon verschaffen, wie der Mensch in der zeitgenössischen Lyrik und in den Dramen und Romanen der Gegenwart verstanden werde[62]. Bultmann nahm oft auch selbst den Griffel der Calliope in die Hand. Er schrieb Gedichte zu konkreten Anlässen im Familien- und Freundeskreis, aber auch allein zu dem Zweck, um seinen Gedanken und Empfindungen zu Naturphänomenen, den Gestirnen und den Jahreszeiten oder Erinnerungen an Vergangenes Ausdruck zu verleihen. Einen künstlerischen Anspruch verband er mit seinen lyrischen Erzeugnissen freilich nicht[63].

Zur deutschsprachigen Nachkriegsliteratur gewann Bultmann insgesamt kein positives Verhältnis. 1957 erschienen die Antworten von achtzehn Schriftstellern auf die ihnen von Karlheinz Deschner vorgelegte Frage »Was halten Sie vom Christentum?«[64] Diese Stellungnahmen hinterließen bei Bultmann einen deprimierenden Eindruck. Denn für ihn hatte kaum einer der Autoren erfaßt, was eigentlich christlicher Glaube sei. Soweit sich ihre Kritik auf das historische Phänomen oder eine bestimmte Idee des Christentums bezog, machten sie mitunter ihre eigene Vorstellung von Humanität zum Maß des Christlichen. Das Befremdliche am Christentum, die ihm eigentümliche Auffassung von der Geschichtlichkeit des menschlichen Daseins und den daraus hervorgehenden Entscheidungscharakter christlicher Existenz, verkannten alle Schriftsteller. Allein ein katholischer Autor – Stefan Andres – erkannte das eigentliche Skandalon des christlichen Glaubens, das Paradox nämlich, daß das historische Ereignis des Kommens und Gehens Jesu, seines Kreuzes, das eschatologische Geschehen ist. Diese Paradoxie wiederholt sich noch einmal in der Verkündi-

21. 12. 1955, in: Lilie (s. Anm. 53), (296–304) 297.300.303 f. – Vgl. auch J. Ebbinghaus, Beitrag o.T., in: L. J. Pongratz (Hg.), Philosophie in Selbstdarstellungen, Bd. III, 1977, (1–59) 46 f.

61 Vgl. Bultmann an W. Fischer, 10. 11. 1967 u. 17. 2. 1969, Mn 2-2198; dazu Th. Kucharz, Theologen und ihre Dichter, 1995, 183 f.; Bultmann an G. Krüger, 17. 11. 1967, in: Lilie (s. Anm. 47), 157 f.

62 Vgl. H. Fischer-Barnicol, Freiheit zur Zukunft: Der Glaube an das Wort bei Rudolf Bultmann. Ein Porträt im Dialog (Rundfunkinterview vom 23. 8. 1964), Mn 2-323.

63 Vgl. z. B. [R. Bultmann,] Variationen über ein Thema, KiZ 14 (1959), 289–291; zur Autorschaft Bultmanns für einige der hier abgedruckten Gedichte vgl. E. Dinkler, Rudolf Bultmann als Lehrer und Mensch (1959), in: Ders., Im Zeichen des Kreuzes. Aufsätze, 1992, (421–432) 429–431. – Zahlreiche Gedichte Bultmanns sind aufbewahrt in Mn 2-247. Vgl. auch Bultmanns Gedicht »Es war einmal«, in: Bultmann an M. Heidegger, 20. 9. 1975, in: A. Grossmann / Ch. Landmesser (Hg.), Bultmann-Heidegger Bw., 2009, 258.

64 Vgl. K. Deschner (Hg.), Was halten Sie vom Christentum? 18 Antworten auf eine Umfrage, 1957.

gung, die Menschenwort und Gotteswort zugleich ist und die, ohne einer vorhergehenden Legitimation zu bedürfen oder fähig zu sein, den Hörer in die Entscheidung stellt, ob er das ihm erschlossene neue Verständnis seiner selbst realisieren kann und möchte[65].

Immerhin erfaßten einige der bei Deschner zu Wort gekommenen Schriftsteller ansatzweise das zweite befremdliche Moment am christlichen Glauben. Es handelt sich dabei um das dialektische Weltverhältnis der eschatologischen Existenz, das Dasein des Glaubenden in der Entweltlichung nach I Kor 7,29–31. Zwischen beiden Befremdlichkeiten besteht insofern ein Zusammenhang, als »*beide Anstoß sind für das Streben des Menschen nach Sicherung*«[66]. Da Bultmann in seiner Reaktion auf die Voten der achtzehn Schriftsteller vor allem sein eigenes, von Paulus und Johannes geprägtes Verständnis des Befremdlichen am Christentum darlegte, waren dem Gespräch mit jenen Autoren jedoch von vornherein erkennbare Grenzen gesetzt[67].

Die persönlichen und wissenschaftlichen Verbindungen zwischen Bultmann und seinen Schülern fanden auf dem Korrespondenzweg oder durch gegenseitige Besuche ihre Fortsetzung. Dabei kam es allerdings im Falle Heinrich Schliers zu einer erheblichen Belastung der freundschaftlichen Beziehung zwischen Lehrer und Schüler. Schlier hatte gegenüber Bultmann seit dem August 1947 anklingen lassen, er ziehe in Erwägung, zur römisch-katholischen Kirche überzutreten. Denn die evangelische Kirche vertrete mit ihrem Kirchen-, Sakraments- und Traditionsverständnis gravierende Irrtümer[68]. Am 2. November 1953 teilte Schlier – bezeichnenderweise von Rom aus – seinem Lehrer mit, er habe die Konsequenzen seiner schon lange herangereiften Überlegungen gezogen und sei der römisch-katholischen Kirche beigetreten[69]. Bultmann empfand es bereits als stillos, daß Schlier ihn mit einer Postkarte von der Konversion in Kenntnis gesetzt hatte. Die Gründe, die Schlier für seinen Schritt anführte, konnte Bultmann nicht anerkennen[70]. In der Folgezeit brachen

65 Vgl. R. Bultmann, Das Befremdliche des christlichen Glaubens (1958), GuV III, 1960[1], (197–212) 198–207. Bultmann, aaO 205–207, nimmt Bezug auf seine Kontroverse mit K. Jaspers, insbesondere auf dessen Forderung, daß die christliche Verkündigung sich in ihrem Offenbarungsanspruch allererst ausweisen müsse. Jaspers dankte Bultmann für die Zusendung des Aufsatzes, ging aber auf dessen Kritik nicht näher ein. Vgl. K. Jaspers an Bultmann, 17. 7. 1959, Mn 2-1067.

66 Bultmann, aaO 211.

67 Vgl. Kucharz (s. Anm. 61), 225–229, der darauf hinweist, daß Bultmann allerdings englischsprachige und französische Autoren des Existentialismus (Albert Camus, Thomas S. Eliot, Jean Girandoux, Jean Paul Sartre und Thornton Wilder) zu schätzen wußte.

68 Vgl. R. von Bendemann, Heinrich Schlier. Eine kritische Analyse seiner Interpretation paulinischer Theologie, 1995, 88–90.

69 Vgl. H. Schlier an Bultmann, 2. 11. 1953, Mn 2-1726. Entgegen den Angaben bei Bendemann, aaO 90 Anm. 334, endete die Korrespondenz Bultmann – Schlier nicht 1950, sondern setzte sich bis 1970 fort.

70 Vgl. (schon im Vorfeld der Konversion Schliers) Bultmann an H. Urner-Astholz, 15. 4. 1949, Mn 2-2409. Wie Bultmann gegenüber Schlier selbst auf dessen Konversion reagierte, läßt sich nicht mehr genau sagen. Denn gemäß einer testamentarischen Verfügung Schliers wurden alle an ihn gerichteten Briefe in seinem Nachlaß nach seinem Tod vernichtet.

die Kontakte zwischen Lehrer und Schüler zwar nicht völlig ab, sie vollzogen sich aber nur noch sporadisch und in einer stark abgekühlten Atmosphäre.

Anders entwickelte sich nach 1952 das Verhältnis zwischen Bultmann und Hans Jonas[71]. Trotz der großen Entfernung – Jonas lehrte seit 1949 in Montreal und Ottawa, seit 1955 in New York – sahen sich beide regelmäßig, während der USA-Aufenthalte Bultmanns 1951 und 1959 sowie der häufigen Besuche Jonas' in Europa. Aus der Lehrer-Schüler-Beziehung zwischen dem Theologen und dem Philosophen erwuchs mit der Zeit eine intensive Freundschaft[72]. Bultmann nahm regen Anteil am Fortgang der Gnosisstudien und der philosophischen Arbeit Jonas'. Die Gespräche zwischen den Freunden kreisten um diejenigen philosophischen und theologischen Fragen, denen beide zentralen Stellenwert beimaßen. Hans Jonas suchte im Anschluß an die alte jüdische Lehre vom Zimzum, der Kontraktion Gottes, mit einem hypothetischen Mythos die Erschaffung der Welt und des Lebens als einen Akt der Selbstbegrenzung und Selbstentäußerung Gottes zu begreifen, um Gott nach Auschwitz überhaupt denken zu können[73]. Bultmann gab demgegenüber zu bedenken, ob die aus diesem Mythos folgende Verantwortung *für* Gott den Menschen nicht überfordere. Auch schien ihm der von Jonas unternommene Versuch, mit jenem Mythos den Sinn des mit dem Sein gegebenen Rätsels zu erschließen und eine Antwort auf die Theodizeefrage zu geben, problematisch zu sein. Denn Leidenden und ihren Hinterbliebenen zu versichern, ihr Leiden sei »ein sinnvolles Geschehen im Schicksal der Gottheit«, könne ihnen schwerlich Trost vermitteln. Zudem bleibe der Mythos vom Geschick der Gottheit einer objektivierenden Betrachtungsweise verhaftet. Es sei aber erforderlich, die Frage nach dem Sinn des Seins dezidiert als Frage nach dem »Sinn *je meines* Seins« zu stellen[74]. In ähnlicher Weise besprachen Bultmann und Jonas auch andere Themen miteinander, etwa das Problem, was die Eigentlichkeit menschlicher Existenz ausmache und wie sie zu erlangen sei[75].

Hans Jonas war Bultmann in einer geradezu rührenden Anhänglichkeit verbunden. Bultmann war der einzige Lehrer gewesen, von dem Jonas 1933 vor seiner Emigration Abschied nahm[76]. Im Sommer 1945 hatte ihn der Besuch bei Rudolf und Helene Bultmann »am Ende der großen Finsternis zuerst wieder Licht in Deutsch-

71 Vgl. H. Jonas an Bultmann, 11. 12. 1952, in: A. Grossmann (Hg.), »Und die Gnosis ruft mich immer noch ...«. Hans Jonas' Denkwege im Lichte seines Briefwechsels mit Rudolf Bultmann, Journal Phänomenologie 20 (2003), (18–32) 23–25.

72 Vgl. Bultmann an H. Jonas, 15. 3. 1959, Mn 2-3451; H. Jonas, Erinnerungen, hg. von Ch. Wiese, 2003, 237.

73 Vgl. H. Jonas, Unsterblichkeit und heutige Existenz, in: Ders., Zwischen Nichts und Ewigkeit, 1963, (44–62) 55–58; später Ders., Der Gottesbegriff nach Auschwitz, in: O. Hofius (Hg.), Reflexionen finsterer Zeit. Zwei Vorträge von Fritz Stern und Hans Jonas, 1984, 61–84.

74 Bultmann an H. Jonas, o.J. [1963], in: Jonas, Zwischen Nichts und Ewigkeit (s. Anm. 73), (63–67) 66 f.; dazu H. Jonas an Bultmann, o.J. [1963], aaO 67–72.

75 Vgl. H. Jonas an Bultmann, 23. 12. 1962, Mn 2-3444; Bultmann an H. Jonas, 6. 5. 1963, Mn 2-3451.

76 Vgl. das Fragment der Ansprache, die H. Jonas am 20. 8. 1964 in Marburg zum 80. Geburtstag Bultmanns hielt, Mn 2-3444.

land ... sehen lassen«[77]. 1960 setzte sich Bultmann für die Berufung seines jüdischen Schülers auf einen philosophischen Lehrstuhl in Marburg ein. Allerdings sah sich Jonas in Rücksicht auf die von der jüngeren deutschen Geschichte auf sein Schicksal geworfenen Schatten nicht imstande, dem Wunsch Bultmanns zu entsprechen und den Ruf nach Marburg anzunehmen[78]. Später trug Bultmann durch ein Gutachten entscheidend dazu bei, daß das Land Hessen Jonas zum Ausgleich für das 1933 nicht mehr durchgeführte Habilitationsverfahren eine kleine Pension bewilligte[79]. Während eines seiner Deutschland-Aufenthalte hielt Jonas 1964 in Göttingen, Marburg und Tübingen seinen vielbeachteten Vortrag »Heidegger und die Theologie«, in dem er die Philosophie zumal des späten Heidegger und die aus ihr erwachsene Sprache einer scharfen Kritik unterzog. Dabei schrieb er, der jüdische Philosoph, den christlichen Theologen die Warnung ins Stammbuch, sich von der zutiefst heidnischen Auffassung Heideggers, der »Mensch sei der Hirte des Seins«, nicht dazu verführen zu lassen, die schlichte biblische Weisung zu überhören, der gemäß sich der Mensch als »der Hüter seines Bruders« (vgl. Gen 4,9) zu erweisen hat[80].

Martin Heidegger und Rudolf Bultmann versicherten sich ihrer bleibenden Freundschaft in den Briefen, die sie einander zu Weihnachten, Neujahr und den Geburtstagen schrieben. Die Erinnerung an die außergewöhnliche gemeinsame Zeit von 1923–1928 verdichtete sich zumal Heidegger mit fortschreitendem Alter zur beglückenden Erfahrung eines kostbaren Geschenks, dessen Geheimnis sich allein dem Dank erschloß[81]. Heidegger sandte Bultmann 1969 die französische Ausgabe seines 1927/28 in Tübingen und Marburg gehaltenen Vortrags »Phänomenologie und Theologie« zu – mit der charakteristischen Begleitnotiz: »Es dürfte fraglich sein, ob heute noch solche grundsätzlichen Überlegungen nach- und mitgedacht werden.«[82] Heidegger sah nämlich die zeitgenössische Theologie, soweit ihre Arbeit ihm durch seinen theologisch interessierten Bruder Fritz bekannt wurde, dort Irrwege beschreiten, wo sie den wenig verläßlichen Anschluß an die Politologie, Psychologie bzw. Psychoanalyse und die Soziologie suchte[83]. Er widmete die deutsche Fassung seines Vortrags »RUDOLF BULTMANN ... in freundschaftlichem Gedenken an die Marburger Jahre 1923 bis 1928«[84]. Bultmann reagierte auf Heideggers

77 Eintrag H. Jonas' in das Gästebuch Bultmanns, 1.–9. 12. 1962, Mn 2-3041. S. o. 351 f.

78 Vgl. dazu Grossmann (s. Anm. 71), 21 f.

79 Vgl. R. Bultmann, Erklärung [zu H. Jonas, Gnosis und spätantiker Geist, Teil I, 1934], o.J. [ca. 1970], Mn 2-246; dazu den Dank H. Jonas' an Bultmann (Fragment), o.J. [ca. 1973], Mn 2-3444.

80 H. Jonas, Heidegger und die Theologie, EvTh 24 (1964), (621–642) 639.

81 Vgl. z.B. M. Heidegger an Bultmann, 17. 8. 1974, in: Grossmann / Landmesser (s. Anm. 63), (252 f.) 252, u. ö.

82 M. Heidegger an Bultmann, 27. 11. 1969, aaO (232 f.) 233.

83 Vgl. M. Heidegger an Bultmann, 12. 10. 1954 u. 2. 1. 1975, aaO (207 f.) 208, 255; dazu A. Grossmann, Zwischen Phänomenologie und Theologie. Heideggers »Marburger Religionsgespräch« mit Rudolf Bultmann, ZThK 95 (1998), (37–59) 58.

84 M. Heidegger, Phänomenologie und Theologie, 1970, 5; vgl. M. Heidegger an Bultmann, 24. 10. 1970, in: Grossmann / Landmesser (s. Anm. 63), 237.

Publikation mit einigen »Gedanken und Fragen«, die er zwischen dem Oktober und Dezember 1970 niederschrieb und Heidegger am 15. Dezember 1970 übersandte[85]. Er interpretierte hier das Verhältnis zwischen dem objektivierenden und dem nichtobjektivierenden Denken und Reden der Theologie als ein dialektisches. Dies entsprach für ihn der paradoxen Struktur des Glaubens, dessen Ereignis zwar als ein im Dasein sich ereignendes Phänomen, aber nicht als ein objektiv wahrnehmbares Geschehen ausgesagt werden könne. In diesem Kontext nahm Bultmann die Anregung Heideggers, in der Dichtung nach exemplarischen Spuren eines nichtobjektivierenden Denkens und Redens zu suchen, allerdings nicht auf. Die Theologie konnte sich offenkundig von der dichterischen Sprache eines Hölderlin oder eines Rilke ihr Reden von Gott nicht präjudizieren lassen[86].

An den Tagungen seines Schülerkreises, die seit 1949 wieder alljährlich im Herbst stattfanden, nahm Bultmann bis 1962 teil. In den folgenden Jahren verwehrten ihm das Alter und sein labiler Gesundheitszustand, mit den »Alten Marburgern« zusammenzukommen[87]. 1965 kleidete er die Absage seiner Teilnahme an der Tagung in Höchst in Gedichtform[88]:

Wieder muss ich's mir versagen,
Froh vereint mit Euch zu tagen,
Muss am Schreibtisch einsam sitzen,
während Ihr Euch könnt erhitzen
Streitbar kämpfend Worte schwingend,
Brüderlich um Klarheit ringend.
Gern wär' dabei auch ich
Doch Ihr könnt's auch ohne mich.
Das zu wissen ist mir tröstlich.
Dankbar bin ich, dass so köstlich
Weiterlebt, was einst gemeinsam
Wir begannen. Drum auch einsam
Bin ich doch mit Euch verbunden,
Grüss' Euch, wünschend reiche Stunden.

Über den Verlauf der Tagungen der »Alten Marburger« erstatteten in der Regel Erich Dinkler, aber auch andere Schüler dem abwesenden Bultmann Bericht[89].

85 Vgl. Bultmann an M. Heidegger, 15. 12. 1970, aaO 237–245.

86 Vgl. dazu Grossmann (s. Anm. 83), 58 f. bes. Anm. 69; O. Pöggeler, Heidegger und Bultmann. Philosophie und Theologie, in: M. Happel (Hg.), Heidegger – neu gelesen, 1997, (41–53) 51.

87 Vgl. Bultmann an E. Dinkler, 21. 10. 1963, Mn 2-3491. – An den Tagungen der »Alten Marburger« in Höchst/Odenwald (1959), Bethel (1960) und Marburg (1962) nahm auch M. Heidegger teil. Er leitete am 29. 10. 1959 in Höchst eine Übung zum Thema »Christlicher Glaube und Denken« und hielt am 25. 10. 1962 in Marburg ein Referat über »Zeit und Sein«. Vgl. M. Heidegger, Zeit und Sein, in: Ders., Zur Sache des Denkens, 1988³, 1–25.

88 Bultmann an die »Alten Marburger«, 25. 10. 1965, Mn 2-3491.

89 Vgl. E. Dinkler an Bultmann, 14. 10. 1968, Mn 2-3487.

Vor Ort hielten insbesondere die beiden Fachkollegen Werner Georg Kümmel und Ernst Fuchs, der zum Sommersemester 1961 einem Ruf nach Marburg gefolgt war, durch regelmäßige Besuche in der Calvinstraße 14 die Verbindung mit Bultmann aufrecht[90]. Beständig im Gespräch blieb Bultmann auch mit seinen auswärtigen Schülern Günther Bornkamm und Ernst Käsemann sowie mit Erich Dinkler, der eigentlich Schüler Hans von Sodens war, nach 1945 aber zunehmend die Rolle eines getreuen theologischen Sachwalters Bultmanns übernahm. Dinkler und Kümmel, die die Hauptlast der Redaktionsarbeit an der »Theologischen Rundschau« trugen, bezogen Bultmann nach wie vor in die Vergabe der Buchreferate und Literaturüberblicke an die Rezensenten mit ein[91]. So konnte er sich noch hochbetagt als der eigentliche Herausgeber der »Theologischen Rundschau« fühlen.

Als Emeritus stand Bultmann nicht mehr das Recht zu, die Dienste der Assistenten an der Marburger Theologischen Fakultät in Anspruch zu nehmen. Allerdings unterstützte ihn Peter Biehl, der hauptamtlich in einem Marburger Heim eine Gruppe von Jugendlichen betreute, von 1956–1961 in der wissenschaftlichen Arbeit. Botengänge, die Beschaffung von Literatur und das Korrekturlesen von Publikationen gehörten zu den Aufgaben, die Biehl für Bultmann wahrnahm[92]. Wie einst Hans von Soden seinen Assistenten Werner Georg Kümmel zur Mithilfe bei Adolf Jülicher freigestellt hatte, ermöglichte Kümmel es seinem Vorgänger Bultmann ab 1963, seinen Assistenten Otto Merk mit Hilfsdiensten zu betrauen. Da Merk sich in jenen Jahren für die akademische Lehre im Fach Neues Testament qualifizierte, stand Bultmann ein kompetenter persönlicher Assistent zur Verfügung, dessen Tätigkeit er sehr zu schätzen wußte[93].

Etwa ab 1964 fiel Bultmann auf Grund seiner schwächer werdenden Augen das Lesen zunehmend schwerer. Nunmehr oblag es dem Privatassistenten insbesondere, Bultmann jeweils am Freitagnachmittag über Neuerscheinungen zu berichten und ausgewählte Passagen aus Sonderdrucken, die er erhalten hatte, vorzulesen[94]. Dem Vorlesen kam für Bultmann – und für den Vorleser – atmosphärische Bedeutung zu. Bultmann – mitunter auch seine Frau – und Merk saßen sich an einem kleinen runden Tisch gegenüber, Bultmann zunächst einen Korn, dann ein Bier trinkend und dazu seine Pfeife oder eine Brasilzigarre rauchend, während Merk sich an einem Glas Madeira oder Portwein erfreute. An das Vorgelesene knüpften sich Unterhaltungen an, wobei besonders die Erwähnung von Namen Bultmann öfter einhaken ließ. Nicht selten hatte er auf seinem Tisch einen Karton mit Photographien ihm

90 Vgl. Bultmann an E. Dinkler, 27. 8. 1968, Mn 2-3491; G. Schunack, Einleitung, in: Ernst Fuchs Lesebuch. Ausgewählte Texte, hg. von E. Jüngel u. G. Schunack, 2003, (VII–XL) XII.

91 Vgl. z. B. Bultmann an E. Dinkler, 27. 8. 1968 (s. Anm. 90).

92 Vgl. P. Biehl / P. Schulz, Autobiographische Miniaturen. Ein Beitrag zur kommunikativen Religionspädagogik, 2006, 66–75.

93 Vgl. Bultmann an E. Dinkler, 7. 11. 1967 u. 18./19. 4. 1971, Mn 2-3491.

94 Es war Bultmann ein wichtiges akademisches und menschliches Anliegen, sich bei den Autoren für solche Zusendungen zu bedanken und ihre Texte sei es anerkennend, sei es kritisch zu würdigen.

nahe stehender Personen, unter anderem seiner akademischen Lehrer und Kollegen, stehen. So konnte er beim Betrachten des einen oder anderen Bildnisses eigene Erinnerungen vergegenwärtigen. Als Otto Merk 1974 einem Ruf nach Erlangen folgte, übernahm sein Freund Heinrich Leipold den Part des Vorlesers. Der Assistent des Systematikers Hans Grass trug auf diese Weise dazu bei, daß Bultmann auch in seinen letzten Lebensjahren am Fortgang der theologischen Arbeit partizipieren konnte[95].

Nach seinem 80. Geburtstag begann Bultmann damit, seine Papiere und Unterlagen zu sichten und manches davon zu vernichten. Er war der Auffassung, Briefe oder auch Predigten müßten nicht unbedingt erhalten oder gar publiziert werden, da sie in einer bestimmten Zeit geschrieben worden seien und sich an bestimmte Adressaten gerichtet hätten. Freunde und seine Familie versuchten ihn jedoch davon zu überzeugen, daß auch solche kontextgebundenen Dokumente für die Nachwelt interessant und von Bedeutung sein könnten. Unter dem Eindruck dieses Argumentes überließ Bultmann seinen Angehörigen die Entscheidung darüber, was von dem umfangreichen Material erhalten bleiben sollte[96]. Seine Bibliothek verkaufte Bultmann 1965 zu großen Teilen an die Evangelisch-Theologische Fakultät der Universität Bochum. Er hatte etliche ausgewählte Bücher bereits 1951 Ernst Käsemann überlassen und seinen Bücherbestand 1951 bis 1954 durch Teilverkäufe an die Evangelisch-Theologische Fakultät der Universität Mainz weiter verringert[97]. Lediglich eine kleine Handbibliothek behielt Bultmann sich 1965 zurück. Sie bestand im wesentlichen aus Werken, die ihm bei der Arbeit am Kommentar zu den Johannesbriefen und für spätere Literaturberichte über das ihm am Herzen liegende Thema »Christentum und Antike« von Nutzen sein sollten. Der Abschied von den Büchern erfüllte ihn schon mit etwas Wehmut. Noch wehmütiger stimmte ihn, daß er den früher einmal gehegten Plan aufgeben mußte, anhand seiner Korrespondenzen Lebenserinnerungen niederzuschreiben: »... aber dazu bin ich jetzt doch zu alt und müde geworden«[98].

In seinen Gesprächen mit Otto Merk griff Bultmann wiederholt das Thema der Transzendenz des menschlichen Lebens auf. Für längere Zeit stand auf seinem Schreibtisch die Abbildung eines Gemäldes von Caspar David Friedrich, die Darstellung des Kreuzes Christi auf einem Felsen in gebirgiger Landschaft. Zur religiösen Landschaftsmalerei Friedrichs, dessen Kreuzigungsszenen er in jüngeren Jahren gar

95 Auch Bernd Jaspert, der einige Jahre im Haus Bultmanns wohnte, nahm regelmäßig den Vorlesedienst für Bultmann wahr.

96 Vgl. A. Bultmann Lemke, Der unveröffentlichte Nachlaß von Rudolf Bultmann, in: H. Wassmann u.a. (Bearb.), Rudolf Bultmann (1884–1976). Nachlaßverzeichnis, 2001, (11–25) 11; B. Jaspert (Hg.), Barth-Bultmann Bw., 1994², VII f.

97 Vgl. die Dokumente zur Bibliothek Bultmanns, Mn 2-3067–3071; dazu Bultmann an E. Dinkler, 1. 2. u. 10. 3. 1951, Mn 2-2176; Bultmann an E. Käsemann, 27. 5. u. 10. 9. 1951, Mn 2-2251; E. Käsemann an Bultmann, 1. 6. u. 3. 8. 1951, Mn 2-1083.

98 Bultmann an A. Bultmann Lemke, 1. 8. 1965, Mn 2-3452; vgl. Ders. an G. Krüger, 8. 8. 1965, in: Lilie (s. Anm. 47), 151.

nicht gemocht hatte, fand Bultmann im Alter einen neuen Zugang. Unter den geistlichen Liedern schätzte er besonders das Abendlied von Matthias Claudius »Der Mond ist aufgegangen« (EG 482). Dessen mittlere Strophen hatte Bultmann schon 1948 als Ausdruck auch seines Glaubens und theologischen Denkens herausgestellt sowie als das nach dem Vaterunser schönste Gebet der Christenheit bezeichnet[99]. Zum Ende seines Lebens hin wurde ihm die fünfte Strophe besonders wichtig. Er bedachte sie allabendlich mit seiner Frau[100]:

Gott, laß dein Heil uns schauen,
auf nichts Vergänglichs trauen,
nicht Eitelkeit uns freun;
laß uns einfältig werden
und vor dir hier auf Erden
wie Kinder fromm und fröhlich sein.

3. Abschied, Tod und Begräbnis

Das einzig Gewisse der menschlichen Zukunft ist ja, daß jedem Menschen der Tod bevorsteht. Für den, der offen ist für alle Zukunft als die Zukunft des kommenden Gottes, hat der Tod seine Schrecken verloren. Er wird darauf verzichten, die Zukunft, die Gott im Tode schenkt, auszumalen; denn alle Bilder von einer Herrlichkeit nach dem Tode können nur Wunschbilder der Phantasie sein; und der Verzicht auf Wunschbilder gehört zur radikalen Offenheit des Glaubens an Gottes Zukunft.[101]

Wer alt wird, dem werden viele Abschiede zugemutet. Bultmann wurde sehr alt. Die Liste der Freunde, Gesprächspartner und Weggefährten, von denen er im letzten Jahrzehnt seines Lebens Abschied zu nehmen hatte, fiel entsprechend lang aus. Bultmann konnte Friedrich Gogarten zu dessen 80. Geburtstag noch seinen Dank für das von ihm Empfangene und seine Freude über die gemeinsamen theologischen Intentionen bezeugen[102], bevor der Freund im Herbst 1967 starb. Karl Barth, dem Bultmann ebenfalls zum 80. Geburtstag »aus dem alten Marburg« einen Gruß sand-

99 Vgl. W. Schmithals, Das wissenschaftliche Werk Rudolf Bultmanns, in: Stadt Oldenburg (Hg.), Gedenkfeier für Rudolf Bultmann 1884–1976, 1985, (19–28) 28. – Gemeint waren die Strophen 4 (»Wir stolzen Menschenkinder ...«) und 5 (»Gott, laß dein Heil uns schauen ...«).

100 Vgl. Bultmann an M. Heidegger, 30. 1. 1970, in: Grossmann / Landmesser (s. Anm. 63), (234–236) 234; dort geringfügig anders wiedergegeben als in EG 482,5. – Vgl. auch F. Peerlinck, Rudolf Bultmann und das Kirchenlied, MuK 41 (1971), (290–297) 292.296 f.

101 R. Bultmann, Die christliche Hoffnung und das Problem der Entmythologisierung, GuV III, 1960[1], (81–90) 90.

102 Vgl. Bultmann an F. Gogarten, 11. 1. 1967, in: H.G. Göckeritz (Hg.), Bultmann-Gogarten Bw., 2002, 263.

te und »getrosten Mut« wünschte[103], verstarb am 10. Dezember 1968. Auf denselben Tag fiel der Tod Paul Friedländers im fernen Los Angeles. Angesichts der langen, intensiven und zumal in der Zeit der Naziherrschaft bewährten Freundschaft mit dem Klassischen Philologen empfand Bultmann den Verlust Friedländers besonders schmerzlich[104]. Bereits Jahre zuvor hatten zwei Freunde, die ebenfalls während der NS-Zeit in die USA emigriert waren, das Zeitliche gesegnet, der Literaturhistoriker Friedrich Carl Sell 1956 und der Romanist Erich Auerbach 1957[105].

Im Februar 1969 starb Karl Jaspers, Bultmanns philosophischer Kontrahent im Streit um die Entmythologisierung. Im August desselben Jahres erhielt Bultmann die Nachricht vom Ableben seines Freundes Walther Fischer, für ihn »ein harter Schlag«. War Bultmann doch, wie er in seinem Kondolenzbrief an Hanna Fischer vergegenwärtigte, seit Jahrzehnten mit dem Mediziner »in herzlicher Freundschaft verbunden«. Die Beziehung hatte 1903 begonnen, als Bultmann in Tübingen sein Studium aufnahm. Im »Igel« gehörte Fischer »zur Elite des Bundes, ausgezeichnet durch seine Bildung und seinen Geist, allgemein beliebt auch durch seinen Humor und Witz«. Bultmann empfand es als beglückend, daß der ältere Bundesbruder ihm damals »seine Freundschaft schenkte, die durch Jahrzehnte bis heute festgehalten hat«, auch wenn sich die Kommunikation zuletzt auf die gegenseitige Korrespondenz beschränkte[106]. Am 31. Januar 1970 verschied in Basel Walter Baumgartner. Dem Alttestamentler war Bultmann von seiner Marburger Privatdozentenzeit an freundschaftlich verbunden gewesen. Er widmete dem Freund einen Nachruf in der »Theologischen Rundschau«, zu deren Mitherausgebern Baumgartner seit dem Neuerscheinen der Zeitschrift 1929 gehört hatte[107].

In der Beziehung zu Gerhard Krüger hatte sich Bultmann, zumal nach Krügers schwerem Hirnschlag 1953, mehr und mehr als der Gebende erwiesen. Er ließ den Freund über Jahrzehnte hin an seinem persönlichen Ergehen und an den Geschikken seiner Familie teilnehmen, er hielt ihn über seine wissenschaftliche Arbeit auf dem Laufenden, tauschte sich mit ihm über neu erschienene philosophische und theologische Literatur aus und betätigte sich nicht zuletzt als *curator animae* des gesundheitlich angeschlagenen Philosophen. Mit dem Tod Gerhard Krügers am 14. Februar 1972 endete auch diese langjährige Freundschaft. Heideggers Schüler Karl Löwith und Hannah Arendt überlebte Bultmann ebenfalls. Hans Jonas übermittelte Bultmann die Gedenkrede, die er am 8. Dezember 1975 für die vier Tage zuvor ver-

103 Bultmann an K. Barth, 9.5. 1966, in: B. Jaspert (Hg.), Barth-Bultmann Bw., 1994², 203.

104 Vgl. Bultmann an G. Krüger, 25.1. 1969, in: F. Lilie (Hg.), Bultmann-Krüger Bw. VI, ZNThG 7 (2000), (151–167) 164.

105 Vgl. C. Sell an Bultmann, 16.8. 1956, Mn 2-1815; Bultmann an M. Auerbach, 10.11. 1957, DLA Marbach, Bestand A: Auerbach; dazu M. Vialon, Erich Auerbach und Rudolf Bultmann. Probleme abendländischer Geschichtsdeutung, in: M. Bormuth / U. von Bülow (Hg.), Marburger Hermeneutik zwischen Tradition und Krise, 2008, (176–206) 177 f.

106 Bultmann an H. Fischer, 10.8. 1969, Mn 2-2197.

107 Vgl. R. Bultmann, E. Dinkler, W.G. Kümmel, Walter Baumgartner †, ThR 35 (1970), 93. Zur Verfasserschaft Bultmanns vgl. Mn 2-265.

storbene jüdische Philosophin gehalten hatte[108]. Bultmann war Hannah Arendt zwar »nicht durch so lange und enge Freundschaft verbunden« wie Jonas, aber er schätzte sie »nicht nur wegen ihrer Freundlichkeit, sondern auch wegen ihres Geistes und Charakters«[109]. Und dann ging Martin Heidegger am 26. Mai 1976, acht Wochen vor Bultmann, den Weg alles Zeitlichen. Bultmann nahm das bereits 1966 aufgezeichnete SPIEGEL-Gespräch mit Heidegger »Nur noch ein Gott kann uns retten«, das das Magazin verabredungsgemäß erst nach Heideggers Tod in der Ausgabe vom 31. Mai 1976 publizierte, wohl nicht mehr zur Kenntnis. Zu diesem Zeitpunkt waren seine eigenen physischen Kräfte schon geschwächt. Ohnehin hatte sich Heidegger zu einem öffentlichen Widerruf seines politischen Verhaltens im Jahre 1933, zu dem Bultmann ihn am 4. Februar 1954 bei der Begegnung in Zürich aufgefordert hatte, auch in jenem posthum veröffentlichten Interview nicht durchringen können[110].

So sehr der Abbruch all dieser Beziehungen bei Bultmann auch Wehmut über unwiderruflich Vergangenes hervorrief, empfand er doch in erster Linie Dankbarkeit für die Begegnung mit den Verstorbenen, für das kostbare Geschenk intensiver Erfahrungen mit ihnen[111]. Jene Todesfälle und seine zunehmende Einsamkeit riefen ihm freilich auch still das *Memento mori* ins Gedächtnis[112]. Einschneidende Bedeutung für ihn hatte zumal – gerade auf Grund seiner im Alter zunehmend eingeschränkten Lebensverhältnisse – der Tod seiner Ehefrau. Leni Bultmann litt in ihren letzten Jahren verstärkt unter Depressionen und Schwindelanfällen, die Symptome der Menièrschen Krankheit waren. Sie befand sich deswegen in ärztlicher und psychiatrischer Behandlung. Sanatoriums-Aufenthalte in Wiesbaden (1967) und Braunlage (1967, 1969) sorgten jeweils nur kurzfristig für Linderung. Auch stationäre Behandlungen in Gießen, Hofgeismar und Marburg vermochten ihr Leiden nicht wirksam zu beheben. Solange er dazu in der Lage war, las Bultmann seiner Frau am Krankenbett Predigten und schöngeistige Literatur vor. Helene Bultmann starb 80jährig am 1. April 1973 in einer Marburger Klinik.

108 Vgl. Mn 2-1076 (Kopie).

109 Bultmann an H. Jonas, 12. 2. 1976, in: A. Grossmann (Hg.), Bultmann-Jonas Bw., Journal Phänomenologie 20 (2003), (18–32) 31.

110 Vgl. »Nur noch ein Gott kann uns retten«. Gespräch mit Martin Heidegger am 23. September 1966, in: Der SPIEGEL, 30. Jg., Nr. 23, 31. 5. 1976, 193–219.

111 Vgl. M. Dorhs, Über den Tod hinaus. Grundzüge einer Individualeschatologie in der Theologie Rudolf Bultmanns, 1999, 79–85.

112 Vgl. Bultmann an M. Heidegger, 14. 7. 1969, in: A. Grossmann / Ch. Landmesser (Hg.), Bultmann-Heidegger Bw., 2009, (230–232) 231 f.: »Nun, ich gehöre nicht zu den Menschen, die Einsamkeit nicht ertragen können. Ja, sie ist eine Vorbereitung auf die Letzte Stunde, die für mich ja nicht sehr entfernt sein kann.« Bultmann an M. Heidegger, 15. 12. 1970, aaO 237–239: »Ich bin ja so alt, daß ich an das Abschied-Nehmen denken muß, und ich nehme Abschied von einem Leben, das reich an Arbeit und Freude, an Liebe und Freundschaft war, – Abschied voll Dankbarkeit.«

Über ihre Todesanzeige ließ Bultmann das Wort II Kor 4,18 setzen: »Denn was sichtbar ist, das ist zeitlich; was aber unsichtbar ist, das ist ewig.«[113] Diesen Text legte Pfarrer Dr. Christian Zippert auch seiner Predigt in der Trauerfeier für Leni Bultmann am 4. April 1973 zugrunde. In seine Worte flocht er eine Passage aus den »Marburger Predigten« ein, die Rudolf Bultmann seiner »lieben Frau« einst gewidmet hatte[114]. Bultmann nahm am Begräbnis der treuen Gefährtin wegen seiner Gehbehinderung, vielleicht auch aus zunehmender Scheu nicht teil. Pfarrer Zippert besuchte ihn vor und nach der Beerdigung. Am Ende des Nachbesuchs sprach er ein freies Gebet, das er mit den beiden letzten Strophen aus Paul Gerhardts Lied »O Haupt voll Blut und Wunden« (EG 85,9+10) ausklingen ließ:

> Wenn ich einmal soll scheiden, so scheide nicht von mir,
> wenn ich den Tod soll leiden, so tritt du dann herfür;
> wenn mir am allerbängsten wird um das Herze sein,
> so reiß mich aus den Ängsten kraft deiner Angst und Pein.
>
> Erscheine mir zum Schilde, zum Trost in meinem Tod,
> und laß mich sehn dein Bilde in deiner Kreuzesnot.
> Da will ich nach dir blicken, da will ich glaubensvoll
> dich fest an mein Herz drücken. Wer so stirbt, der stirbt wohl.

Als sich Zippert einige Monate später, vor seinem Wechsel in das Amt des Direktors des Predigerseminars in Hofgeismar, von Bultmann verabschiedete, gab dieser ihm folgenden Rat mit auf den Weg: »Sagen Sie Ihren Kandidaten, daß sie die alten Choräle lernen sollen. Es ist gut, sie im Gedächtnis zu haben, wenn die Augen nicht mehr lesen können. Das ist es, was mich jetzt aufrecht hält.« Ähnlich äußerte sich Bultmann auch gegenüber Heinrich Leipold. Den wohl bewegendsten Brief zum Tod seiner Frau erhielt Bultmann von Hans Jonas. Der längst zum Freund gewordene Schüler gedachte, während ihm beim Schreiben die Tränen flossen, Helene Bultmanns mit der ihm eigenen großen Geste der Empathie: »Sie war ein so zartes, fühlendes Gemüt, und wie sonst niemand, den ich gekannt, eine *anima naturaliter Christiana*.« Und Jonas erinnerte an das unvergeßliche, von ihm immer wieder durchlebte Wiedersehen mit Helene und Rudolf Bultmann nach den zwölf dunklen Jahren der Trennung im Sommer 1945[115].

Nachdem Heilke Bultmann nach Murnau am Staffelsee übergesiedelt war, bezog Auguste Luksch ihre Wohnung. Sie organisierte nun als Haushälterin die Betreuung Bultmanns und sorgte für die Zubereitung der Mahlzeiten. Stundenweise nahm auch Anna Schlienbecker Aufgaben im Haushalt Bultmanns wahr. Ihr Sohn Jürgen Schlienbecker und Helgard Weiss bewohnten seit 1973 die Dachgeschoßwohnung in der Calvinstraße 14. Jürgen Schlienbecker war Bultmann jeweils nach dem Mittags-

113 Vgl. OP vom 3. 4. 1973; dazu Bultmann an H. Mundle, 24. 5. 1973, AEKR Boppard, Nachlaß W. Mundle, 7 NL 124 B, Nr. 907.

114 Vgl. Ch. Zippert, Begräbnispredigt für Helene Bultmann über 2. Kor. 4,16–18, Typoskript o.J. [1973].

115 H. Jonas an Bultmann, 12. 5. 1973, in: Grossmann (s. Anm. 109), 30 f.

schlaf beim Aufstehen und Ankleiden behilflich, um ihn dann anschließend in sein Arbeitszimmer zu geleiten. Der Jurastudent las Bultmann auch allsonntäglich um 10.00 Uhr eine Predigt aus Sammlungen zeitgenössischer Theologen vor. Helgard Weiss kümmerte sich ebenfalls regelmäßig um Bultmann, erfreute ihn mit Blumen und las ihm täglich am späten Nachmittag eine Stunde lang vor.

Bultmanns Tagesablauf blieb auch in seinen letzten Jahren von großer Disziplin bestimmt. Er verließ sein Haus höchst selten, nur wenn eine ärztliche Untersuchung anstand. Den obligatorischen Bach-Choral, mit dem er früher jeden Tag am Flügel begonnen hatte, konnte er altersbedingt nicht mehr spielen. Den Vormittag verbrachte er bis 12.00 Uhr an seinem Schreibtisch, wo er bis in die letzten Wochen seines Lebens seine umfangreiche Korrespondenz pflegte. Mühsam mit der Lupe lesend und schreibend, suchte er all seinen Briefpartnern gerecht zu werden. Nach wie vor galt es, auf Anfragen zumal zur Entmythologisierung einzugehen[116]. Nach dem Mittagessen ruhte er dann bis 15.00 Uhr. Am Nachmittag empfing er regelmäßig erscheinende Gäste, seien es Mitglieder der Marburger Theologischen Fakultät wie Werner Georg Kümmel oder Ernst Würthwein, seien es Elsita Bantzer, Maria von Boxberger oder Lotte Grüneisen, Freundinnen seiner Frau, die oft zum Vorlesen in die Calvinstraße kamen. Mit seinen Schülern, Erich Dinkler, Günther Bornkamm und anderen Fachkollegen, die in Abständen nach Marburg reisten, besprach Bultmann den Fortgang in der neutestamentlichen Wissenschaft. Erich Vellmer, der Bischof der Evangelischen Kirche von Kurhessen-Waldeck, suchte seinen Lehrer wiederholt auf, um mit ihm Fragen der kirchlichen Arbeit zu erörtern. Mit Kardinal Franz König erwies einmal, am 6. Juli 1973, sogar ein hochrangiger Vertreter der römisch-katholischen Kirche dem in seiner eigenen Kirche umstrittenen protestantischen Theologen seine Reverenz. Gewiß ebbte der Besucherstrom in die »Pilgerstätte Calvinstraße«[117] nach 1973 ein wenig ab, aber Bultmann konnte weiterhin den ihm wichtigen persönlichen und wissenschaftlich-theologischen Austausch mit anderen Menschen pflegen.

Natürlich erhielt er regelmäßigen Besuch auch von seinen Töchtern, von Antje aus den USA, von Gesine, die mit ihrer jüngsten Tochter Viola einmal im Monat über das Wochenende kam, und von Heilke. Mit seinen Cousinen Anni Thurmann und Maxi Cold frischte Bultmann von Zeit zu Zeit gemeinsame alte Erinnerungen an unbeschwerte Jugendtage im Hammelwardener Pfarrhaus auf. Bultmann empfand überaus große Dankbarkeit für alle persönlichen Kontakte, die ihm im hohen Alter ermöglicht wurden. Dabei war ihm gerade die Begegnung mit jungen Menschen wichtig. Er freute sich, wenn seine jungen Untermieter nach dem Betreten des Hauses zunächst einmal bei ihm vorbeischauten, sich nach seinem Befinden erkun-

116 Vgl. exemplarisch Bultmann an C.A. Frazier, Juni 1973, Mn 2-2201; abgedruckt auch bei A. Bultmann Lemke, Der unveröffentlichte Nachlaß von Rudolf Bultmann, in: H. Wassmann u.a. (Bearb.), Rudolf Bultmann (1884–1976). Nachlaßverzeichnis, 2001, (11–25) 24.

117 H. Stegemann, Bultmanns Entmythologisierung. Verstehenshilfe für Theologen, OP Nr. 175 vom 3.8.1976, 6.

digten oder einfach »Guten Tag« sagten. Wenn Jürgen Schlienbecker und Helgard Weiss mit ihren Studienfreunden im Dachgeschoß feierten, empfand er dies niemals als störend. Er sei froh darüber, daß Leben im Hause sei, beschied er sie. Und wenn er am Nachmittag einmal keinen Besuch empfing, vertiefte er sich gern in das Betrachten von Ansichtspostkarten und Bildbänden über die Länder, die er gemeinsam mit seiner Ehefrau bereist hatte. Insbesondere seine Reisen nach Italien und Sizilien holte er so in sein Gedächtnis zurück, und sprachen ihn eintretende Besucher darauf an, erzählte er freudig von seinen Reiseerlebnissen. Mitunter unternahm Bultmann auch imaginäre Reisen in ferne Länder, auf die er sich durch historische und kunstgeschichtliche Studien akkurat vorbereitete und die seine Phantasie so weit anregten, daß er sich gleichsam im Spiel ausmalte, welche Routen er nehmen, welche Züge und Hotels er buchen würde[118]. Wie das Bier, das er regelmäßig – aus einem Zinnbecher – zum Essen trank, gehörten auch ein Schnäpschen – meist ein Korn – und das Rauchen einer Zigarre oder der Pfeife zu den leiblichen Genüssen, an denen er sich bis ins hohe Alter hinein erfreute. Unmittelbar nach dem Abendessen, das er um 19.00 Uhr einnahm, begab er sich dann zur Nachtruhe.

Alt und müde geworden, war Bultmann zu wissenschaftlicher Produktion jetzt nicht mehr in der Lage. Den letzten Texten aus seiner Feder – einer kleinen auslegungsgeschichtlichen Studie zum Gleichnis vom Sämann Mk 4,3–9 sowie einer posthum erschienenen biographischen Skizze über seinen Freund Paul Friedländer – spürt man denn auch ab, daß ihre Abfassung ihm einige Mühen bereitet hatte[119]. Zu den Festschriften für den Marburger Kirchenhistoriker Winfried Zeller sowie für Hans Jonas steuerte er statt wissenschaftlicher Beiträge nurmehr kurze Grußworte bei[120]. Einem kulturhistorischen Sammelband seiner Schülerin Hildegard Urner-Astholz gab er ein Geleitwort mit auf den Weg[121].

Seinen 90. Geburtstag am 20. August 1974 beging Bultmann im Kreis der Familie. Am Tag zuvor überreichte ihm in einer kleinen Feierstunde der hessische Ministerpräsident Albert Osswald das Große Verdienstkreuz mit Stern und Schulterband des Verdienstordens der Bundesrepublik Deutschland. Bischof Erich Vellmer und der Marburger Oberbürgermeister Dr. Hanno Drechsler ehrten Bultmann durch ihre Teilnahme an der Feier. Abgesehen von seinen Altersbeschwerden erfreute sich Bultmann guter Gesundheit, und mit wacher Beteiligung nahm er die Gratulationen

118 Vgl. H.-G. Gadamer, Gedenkworte für Rudolf Bultmann, in: Orden Pour le mérite für Wissenschaften und Künste, Reden und Gedenkworte, 13. Bd. 1976/77, (131–139) 134.

119 Vgl. R. Bultmann, Die Interpretation von Mk 4,3–9 seit Jülicher (verfaßt 1973), in: E.E. Ellis u. E. Grässer (Hg.), Jesus und Paulus. FS W.G. Kümmel, 1975, 30–34; Ders., Paul Friedländer (1882–1968), in: I. Schnack (Hg.), Marburger Gelehrte in der ersten Hälfte des 20. Jahrhunderts, 1977, 91 f. (–95).

120 Vgl. Bultmann an W. Zeller, in: B. Jaspert u. R. Mohr (Hg.), Traditio – Krisis – Renovatio aus theologischer Sicht. FS W. Zeller, 1976, X; Bultmann an H. Jonas, in: B. Aland (Hg.), Gnosis. FS H. Jonas, 1978, 13.

121 Vgl. R. Bultmann, Geleitwort, in: H. Urner-Astholz, Mosaiksteine. Studien zur Kunst- und Kulturgeschichte, 1978, 9.

entgegen, die ihm an seinem Geburtstag auch die Vertreter der Marburger Theologischen Fakultät, einige Schüler und Freunde persönlich überbrachten[122]. Unter den Geschenken war ihm besonders willkommen ein neues Sitzkissen für seinen Schreibtischstuhl, zunächst einmal ein nützliches Präsent. Zudem stellte es sich seinem neuen »Besitzer« persönlich vor – in Form eines von Claus Bantzer verfaßten und von Elsita Bantzer vorgetragenen Gedichts[123]:

Das neue Kissen spricht:
Heut' an diesem Freudentage
bin ich in der guten Lage,
daß ich mich anbieten kann
Ihnen, hoch verehrter, großer Mann,
als ein rund bescheidenes Kissen
für Ihr großes, hohes Wissen!
...
Auf mir kann man lange sitzen,
denken und die Feder spitzen,
für den geistigen Erguß,
der ja zu Papier mal muß!
Doch ich bin kein Ruhekissen
für des Denkers hohes Wissen –
nein – ich stütz' von unten her
unser's Meisters große Lehr!

Martin Heidegger gedachte in seinem Geburtstagsgruß dankbar der fünfjährigen gemeinsamen Lehrtätigkeit, der Begegnung und des freundschaftlichen Austausches mit Bultmann als eines unverrechenbaren Geschenks. »Seine stille und seine öffentliche Auswirkung läßt sich nicht nachrechnen. Die eigentliche Ausstrahlung bleibt ein Geheimnis, ist nicht unser Verdienst, gehört jedoch in den Gang unseres Lebens und verlangt darum eine stets neue, sich prüfende Vergegenwärtigung. Ihr folgt und bleibt der Dank bis ins hohe und höchste Alter.«[124] Heinrich Leipold las Bultmann später einige Aufsätze und Briefe vor, die ihm und seinem Werk aus Anlaß des 90. Geburtstages gewidmet waren[125]. All diese ehrenden Äußerungen nahm er in großer Bescheidenheit zur Kenntnis, ohne viel Aufhebens davon zu machen. Der Geburtstagsbrief Eduard Lohses und ein Aufsatz, in dem der Fachkollege und hannoversche

122 Vgl. Stegemann (s. Anm. 117), 6.

123 C. Bantzer, Das neue Kissen spricht (Gedicht zum 90. Geburtstag R. Bultmanns), 1974, Mn 2-2652.

124 M. Heidegger an Bultmann, 17. 8. 1974, in: Grossmann / Landmesser (s. Anm. 112), (252 f.) 252.

125 Vgl. unter 37 Zeitungsartikeln und Zeitschriftenaufsätzen z. B. W. Harnisch, Theologie der Verkündigung. Zum 90. Geburtstag des Marburger Theologen Rudolf Bultmann, OP Nr. 191 vom 20. 8. 1974; E. Schulz, Das Christentum – hinter dem Vorhang der Mythologie. Zum neunzigsten Geburtstag des Marburger Theologen Rudolf Bultmann, FAZ Nr. 191 vom 20. 8. 1974, 19; B. Jaspert, Das Lebenswerk Rudolf Bultmanns, alma mater philippina WS 1974/75, 11–13; WS 1975/76, 16–18; G. Klein, Rudolf Bultmann – Ein Lehrer der Kirche, DtPfBl 74 (1974), 614–619.

Landesbischof ihn ausdrücklich als lutherischen Theologen würdigte, taten Bultmann nach den Anfeindungen aus den Kirchen und manchen unverständlichen Synodalbeschlüssen zur Entmythologisierung allerdings sichtlich wohl[126]. Auch Eberhard Jüngels Hommage an die »Klarheit der Theologie Rudolf Bultmanns« nahm der Geehrte dankbar zur Kenntnis[127]. Nachdem er den Text des Tübinger Theologen gehört hatte, äußerte Bultmann gegenüber Leipold, Jüngel habe ihn am besten verstanden. Überhaupt schätzte Bultmann unter den jüngeren Theologen besonders Eberhard Jüngel. Als ihn zum 90. Geburtstag auch der Dankesgruß eines Pfarrers erreichte, dem seine Theologie die Freude an der Predigt vermittelt und erhalten hatte, bemerkte Bultmann spontan: »Nichts anderes habe ich gewollt!«

Im Frühjahr 1976 gingen Bultmanns physische Kräfte weiter spürbar zurück. Zwar blieb er für den jeweiligen Augenblick geistig präsent, doch ab dem April mußte »er traurigen Herzens« auf die Dienste Heinrich Leipolds verzichten, »weil er von einer zur anderen Woche den Inhalt des Gelesenen nicht mehr« im Gedächtnis behalten konnte[128]. Bultmann war nun sehr schwach geworden. Dem Tod sah er gefaßt entgegen. Im Juni beschrieb er in seinem letzten Brief an Antje, einem bewegenden Dokument, illusionslos seinen körperlichen Zustand. Frau Luksch müsse ihm jetzt »nicht nur die Schuhe zubinden«, sondern »auch beim Aus- und Einkleiden« behilflich sein. »Ich bin so alt und unbeholfen geworden, daß ich mir nicht mehr allein helfen kann. Leider leide ich nachts oft an starken Schmerzen, gegen die auch die von Dr. Ferlemann verordnete Salbe nur teilweise hilft.« Zugleich ließ der nun im 92. Lebensjahr stehende Greis seine Tochter wissen: »Wie sehr hoffe ich auf Dein Kommen im August, das ich ja wohl noch erleben werde –, auch Weihnachten? hoffentlich! ... In Liebe Dein Vater«[129]. Bultmanns Wunsch sollte sich nicht erfüllen. Nach einem Klinikaufenthalt vom 26. Juni bis zum 12. Juli erlebte er zuhause noch zehn »relativ gute Tage am Schreibtisch und mit guten Gesprächen«. Am 23. Juli fiel er in ein Koma, aus dem er nicht mehr erwachte[130]. In seinen letzten Tagen und Stunden waren seine Töchter abwechselnd bei ihm. Sie verständigten sich mit seinem Hausarzt Dr. Johannes Ferlemann darauf, den Vater wegen seines hohen Alters nicht mehr in eine Klinik zu überweisen und ihn dort künstlich ernähren zu lassen. Am Morgen des 30. Juli 1976 verstarb Rudolf Bultmann friedlich in seinem Haus. Beim letzten Atemzug hielt Antje, die älteste Tochter, ihm die Hand.

Bultmann wurde am 4. August 1976 in Marburg bestattet. Auf Wunsch seiner Töchter hielt der Direktor des Predigerseminars in Hofgeismar Dr. Christian Zip-

126 Vgl. E. Lohse, Rudolf Bultmann als lutherischer Theologe. Zum 90. Geburtstag des Marburger Neutestamentlers am 20. August 1974, Luther 45 (1974), 49–54; Bultmann an E. Lohse, 23. 10. 1974 (Privatbesitz E. Lohse): »Es ist für mich eine große Freude, daß Sie mich als Lutherischen Theologen anerkennen.«

127 Vgl. E. Jüngel, Redlich von Gott reden. Bemerkungen zur Klarheit der Theologie Rudolf Bultmanns, EK 7 (1974), 475–477.

128 A. Bultmann Lemke an H. Leipold, 10. 8. 1976 (Privatbesitz H. Leipold).

129 Bultmann an A. Bultmann Lemke, 19. 6. 1976, Mn 2-3452.

130 A. Bultmann Lemke an G. Ebeling, 12. 8. 1976, UA Tübingen, Nachlaß G. Ebeling, 633/616.

Abb. 42: Das Grab Helene und Rudolf Bultmanns auf dem Marburger Stadtfriedhof.

pert, früher der für Bultmanns Gemeindebezirk zuständige Pfarrer, die Trauerfeier in der nahe dem Friedhof gelegenen Ockershäuser Matthäuskirche. Eine Predigt bekam die Trauergemeinde – zum Erstaunen vieler und zum Befremden mancher – nicht zu hören. Der Verstorbene hatte dies so gewollt. Es sollte keine Predigt und erst recht keinen Nachruf geben. Nicht alle Trauergäste verstanden dies. Einige von ihnen versuchten noch unmittelbar vor der Feier, in der Sakristei dem Liturgen die Erlaubnis abzuringen, Nachrufe sprechen zu dürfen. Die Einsicht in den Sinn der Verfügung Bultmanns war ihnen nur mühsam zu vermitteln. Daß sie den Herzschlag seiner Theologie vernommen hätten, zeigten sie in dieser Situation nicht. Bultmann hatte der Versuchung wehren wollen, daß man ihn als Menschen oder als Theologen doch irgendwie ehren und daß an seinem Sarg die καύχησις die biblische Verheißung überdecken könnte. Hier schloß sich ein Kreis. Bereits Bultmanns Vater Arthur Kennedy hatte sich 1919 für sein Begräbnis ausdrücklich eine Predigt und ehrende Nachrufe verbeten.

Die Gestaltung der Trauerfeier orientierte sich an dem Wunsch Bultmanns, »daß diese Stunde ganz dem Wort der Heiligen Schrift gehören« sollte[131]. Nach der Eröffnung durch den Orgelchoral »Vor deinen Thron ...« von Johann Sebastian Bach sang der Chor die Motette von Melchior Franck »Herr, nun lässest du ...«. Dem Gruß und der Anrede der Gemeinde durch den Pfarrer folgten, gerahmt durch Instrumentalsätze von Wolfgang Amadeus Mozart und Johann Sebastian Bach, die beiden Schriftlesungen II Kor 4,6–10; 5,1–7 und Joh 5,21–25. Zwischen den Lesungen sang der Chor die Bach-Motette »Jesu meine Freude«. Ein stilles Gebet mündete ein in das Beten des Psalms 103, den Bultmanns Töchter ebenso wie die Lesung aus dem zweiten Korintherbrief und die Musikstücke unter Berücksichtigung der persönlichen Präferenzen ihres Vaters und der Familientradition ausgewählt hatten. Die Gemeinde sang schließlich mit dem Choral von Georg Neumark »Wer nur den lieben Gott läßt walten« ein »Lied, das Rudolf Bultmann viel bedeutet hat«[132]. Nach dem Trauergottesdienst wurde Bultmann auf dem Marburger Friedhof im Familiengrab neben seiner Frau beigesetzt. Das Verheißungswort des johanneischen Christus Joh 11,25 f., das Vaterunser und der Segen schlossen die Begräbnisfeier ab.

In die Grabsteine einiger Theologen, die auf dem Marburger Friedhof ihre letzte irdische Ruhestätte fanden, sind Grabsprüche eingemeißelt, gleichsam als Glaubens- und Lebenszeugnisse. Bei August Friedrich Christian Vilmar ist dies der Bezug auf das apostolische Glaubensbekenntnis (»Ich habe geglaubet eine Vergebung der Sünden, eine Auferstehung des Fleisches und ein ewiges Leben«), bei Adolf Jülicher Lk 23,46 (»Vater, ich befehle meinen Geist in deine Hände«). Auf Rudolf Ottos Grabstein liest der Besucher Jes 6,3 (»Heilig, heilig, heilig ist der Herr Zebaoth«) und auf dem Hans von Sodens Hhld 8,6 (»Die Liebe ist stark wie der Tod«). Derartiges ist auf dem Grabstein Rudolf Bultmanns nicht zu finden. Lediglich sein Name sowie sein Geburts- und Todesdatum sind unter dem Namen und den Lebensdaten seiner Frau auf dem schlichten Grabmal aus hessischem Buntsandstein festgehalten. Offenkundig sollte jeder Hinweis auf die besondere Bedeutung dieses Menschen vermieden werden. Wer Bultmanns Grab besucht, wird allerdings auf seinem Grabstein etliche kleinere Steine niedergelegt sehen. Mit diesem Brauch bewahren Juden ihren eigenen Verstorbenen und ihren nichtjüdischen Lehrern ein ehrendes Gedenken. »Die Juden haben, von der Geschichte gelehrt, ein langes Gedächtnis für ihre Freunde«[133]. Die stummen Steine auf dem Grabmal Bultmanns erinnern den, der ihre Botschaft zu hören versteht, eindrücklich an die Treue, die der evangelische Theologe seinen jüdischen Freunden einst in dunkler Zeit erwiesen hatte.

131 [Ch. Zippert,] Trauerfeier für Rudolf Bultmann am 4. 8. 1976, Typoskript o.J. [1976], 1.

132 [Zippert,] aaO 3.

133 O. Kaiser, Theologengräber auf dem Marburger Friedhof, in: Freundeskreis Marburger Theologie, Mitgliederrundbrief Nr. 5 (März 2004), (7–9) 8.

4. Öffentliches Gedenken

Die Würdigung eines Denkers sollte vielleicht den Mann von dem Werke trennen und sich nur auf das Gedachte seines Denkens beschränken. Im Falle Rudolf Bultmanns ist mir dies nicht möglich – aus persönlich übermächtigen Gründen und auch aus der sachlichen Überzeugung, daß dies zu Wesentliches und zu Kostbares auslassen würde. Bultmann lebte, was er dachte, dachte auch so, daß dies zu-Leben des Gedachten als dessen eigenster Sinn hervortrat. Vor allem steht die Tatsache, daß er mir Lehrer und Freund war in bewegender, mein Leben mit einem stillen Licht durchstrahlender Bedeutsamkeit … Für mein Leben gern würde ich dies vor so langer, langer Zeit begonnene Gespräch mit dem Lebenden fortführen und kann es nur mit dem teuren Schatten tun. Ein Mann von ergreifender Reinheit ist dahingegangen, ein vollendetes Leben, immer einig mit sich selbst. Er ist nicht zu beklagen, aber wieder einmal ist die Welt ärmer geworden um einen derer, an denen sie den immer bedrohten Glauben aufrichten kann, es sei »der Mühe wert, ein Mensch zu sein«.[134]

Angesichts der überragenden Bedeutung, die dem wissenschaftlichen Werk Bultmanns in vielfacher Hinsicht zukommt, verstand es sich von selbst, seiner und seiner theologischen Arbeit nach seinem Tod in der Öffentlichkeit zu gedenken. Solche Akte des Gedenkens hatten dem Sachverhalt Rechnung zu tragen, daß es ganz außerhalb der Intentionen Bultmanns lag, als Person oder gar mit seiner »Lebensleistung« zum Gegenstand öffentlicher Ehrungen erhoben zu werden. Solches Gedenken konnte sich zudem nicht darin erschöpfen, das Erbe Bultmanns unkritisch zu repristinieren. Es galt also die Gefahr zu vermeiden, seine theologischen Einsichten einfach dem Bestand einer vergangenen Ära der Theologiegeschichte zuzuweisen und sein Werk auf diese Weise lediglich museal zu archivieren. Die verschiedenen Gedenkfeiern, die nach seinem Tod und aus Anlaß seines 100. Geburtstages abgehalten wurden, sind – so wird man sagen können – diesen Erfordernissen weitgehend gerecht geworden.

Dies gilt zumal von der Akademischen Gedenkfeier, die am 16. November 1976 im Auditorium maximum der Marburger Universität stattfand. Rund 800 Gäste aus dem In- und Ausland, Vertreter der Kirchen und zahlreicher deutscher und ausländischer Universitäten, waren nach Marburg gereist, um ihrer Verbundenheit mit dem großen Gelehrten Ausdruck zu verleihen. Otto Kaiser, der Dekan des Fachbereichs Evangelische Theologie, brauchte in seiner Begrüßung allein acht Minuten, um die Ehrengäste, unter ihnen Bultmanns ehemalige Schülerin Hilda Heinemann, die Witwe des früheren Bundespräsidenten Gustav Heinemann, namentlich willkommen zu heißen. Die Feier wurde zu einer »Versammlung der deutschen prote-

134 H. Jonas, Im Kampf um die Möglichkeit des Glaubens, in: O. Kaiser (Hg.), Gedenken an Rudolf Bultmann, 1977, (41–70) 41.70.

stantischen Geistigkeit, wie sie in solcher Zahl und nach dem Gewicht der Namen in diesem Jahrhundert nicht gesehen wurde«[135].

Für eine würdige musikalische Gestaltung der Gedenkfeier sorgten Universitätsmusikdirektor Prof. Martin Weyer, der Orgelwerke von Johann Sebastian Bach und Johann Nepomuk David spielte, sowie das Kammerorchester Marburg unter Leitung von Horst Pusch, das eine Trauermusik von Paul Hindemith und das *Adagio* aus einem *Concerto grosso* Francesco Geminianis vortrug. Worte des Gedenkens sprachen für die Marburger Philipps-Universität Präsident Rudolf Zingel sowie für die Evangelische Kirche von Kurhessen-Waldeck und die Evangelische Kirche in Hessen und Nassau Bischof D. Erich Vellmer, selbst ein Schüler Bultmanns. Für den Orden *Pour le mérite* erinnerte Karl Rahner *SJ* daran, daß Bultmann »einer der ganz wenigen Theologen« war, »die der Orden zu den Seinen wählte«. Bultmann habe allerdings »als Mitglied diesen Orden viel mehr« geehrt, »als der Orden diesen großen Theologen durch seine Zuwahl ehrte«[136].

Den einen der beiden Vorträge des Tages hielt für Bultmanns theologische Schüler Erich Dinkler. Teilweise auf noch nicht edierte Texte Bultmanns wie die »Theologische Enzyklopädie« und seine Briefe an Hans von Soden zurückgreifend, gab Dinkler einen instruktiven Einblick in das denkerische Movens Bultmanns, die christliche Wahrheitsfrage, und in sein Verständnis der Theologie als einer prinzipiell unabgeschlossenen Wissenschaft[137]. Auf Wunsch der Familie Bultmann hatte Hans Jonas den anderen Vortrag übernommen. Er erinnerte in bewegenden Worten an eindrückliche persönliche Erfahrungen mit dem Lehrer und Freund, die authentisch dokumentierten, daß »Bultmann lebte, was er dachte«. Aus philosophischer Perspektive diskutierte Jonas sodann Bultmanns Entmythologisierungsthese. Gleichsam wie in einem posthumen »Zwiegespräch mit ihm, von Philosoph zu Theologe, von Jude zu Christ, vor allem aber: von Freund zu Freund« stellte er die kritische Frage, ob Bultmann nicht dem von den modernen Naturwissenschaften bestimmten wissenschaftlichen Weltbild mehr Konzessionen eingeräumt habe, als eigentlich erforderlich gewesen wäre. Vermochte nicht demgegenüber gerade die Philosophie die Möglichkeit des Glaubens zumindest offenzuhalten? Sollte sich da die Theologie etwa voreilig dem metaphysisch überhöhten Wahrheitsanspruch des naturwissenschaftlichen Determinismus beugen?[138]

Sowohl Dinkler als auch Jonas gaben mit ihren Vorträgen zu verstehen, daß der Sinn der Gedenkfeier nicht darin bestand, das Ableben Bultmanns traurig zu beklagen und auf das von ihm Gedachte lediglich zurückzuschauen. Vielmehr galt es, das Vermächtnis des Lehrers durch die kritische Fortführung des von ihm begonnenen

135 K.A. Odin, Die Paradoxie des Glaubens. Gedenkfeier für Bultmann, FAZ Nr. 261 vom 10. 11. 1976, 27.

136 K. Rahner, Gedenkwort für den Orden Pour Le Mérite, in: Kaiser (s. Anm. 134), (13 f.) 13.

137 Vgl. E. Dinkler, Die christliche Wahrheitsfrage und die Unabgeschlossenheit der Theologie als Wissenschaft, in: Kaiser (s. Anm. 134), 15–40.

138 Jonas (s. Anm. 134), 41.70.68; vgl. auch Ders., Erinnerungen, 2003, 237 f.

Dialogs in eigener Verantwortung einzulösen. Im Rahmen der Feierlichkeiten zeichnete der Fachbereich Evangelische Theologie der Universität Marburg Hans Jonas mit der theologischen Ehrendoktorwürde aus. Die Ehrung galt dem jüdischen Philosophen, mit ihr würdigte der Fachbereich zugleich aber auch die außergewöhnliche Wirkungsgeschichte der Theologie Bultmanns. Denn dieser hatte einst mit Martin Heidegger seinem jüdischen Schüler den Weg eines fragenden Denkens eröffnet, ihm in bedrängender Zeit die Treue gehalten und war bis an sein Lebensende mit ihm in unverbrüchlicher Freundschaft verbunden.

Der 100. Geburtstag Bultmanns 1984 bot von neuem die Gelegenheit, sein Lebenswerk in der Öffentlichkeit zu würdigen. Im Jahr zuvor war im geteilten Deutschland des 500. Geburtstags Martin Luthers gedacht worden. Gemessen an dem in großem Stil und mit einer enormen Zahl von Veranstaltungen begangenen Lutherjubiläum, nahmen sich die öffentlichen Gedenkakte zu Ehren des Marburger Theologen natürlich vergleichsweise bescheiden aus. Gleichwohl kam es 1984 zu einer Reihe von Veranstaltungen, die durchaus über den Binnenraum der akademischen Theologie hinaus auszustrahlen vermochten.

Mit den Themenkreisen »Bultmann and the Past« und »Bultmann and the Future« befaßte sich ein wissenschaftliches Symposium, das 1984 vom Department of Religion am Wellesley College in Boston abgehalten wurde. Das Wellesley College war 1951 eine der Stationen auf Bultmanns erster Reise in die USA gewesen. Hier hatte über lange Jahre hin Louise Pettibone Smith gelehrt, die einst Bultmanns Jesus-Buch ins Englische übersetzt und eine maßgebliche Rolle bei der Vermittlung seines Denkens an die US-amerikanische Theologie gespielt hatte. An diese alten Beziehungen, die Paul Lehmann in Erinnerung rief[139], knüpfte das Symposium in Wellesley an. Unter den Referenten befanden sich Hans Jonas als einer der ersten philosophischen Schüler Bultmanns[140] und Helmut Koester, einer seiner letzten neutestamentlichen Schüler, der über Bultmanns religionsgeschichtliche Einordnung des Urchristentums referierte[141]. Weitere Beiträge lieferten zwei amerikanische Theologen, die sich schon in den 1960er Jahren in die Diskussion um die Theologie Bultmanns eingeschaltet hatten. Schubert Miles Ogden erörterte Bultmanns Beitrag zur Neuformulierung der Christologie, James M. Robinson ging den zeitgeschichtlichen Bezügen im Werk Bultmanns nach[142]. Antje Bultmann Lemke informierte über den Stand der Planungen im Blick auf die Edition von unveröffentlichten Werken

139 Vgl. P. Lehmann, Louise Pettibone Smith, Rudolf Bultmann and Wellesley, in: E.C. Hobbs (Ed.), Bultmann, Retrospect and Prospect: The Centenary Symposium at Wellesley, 1985, 91–101.

140 Vgl. H. Jonas, A Philosopher Remembers Bultmann, in: Hobbs (s. Anm. 139), 13–16.

141 Vgl. H. Koester, Early Christianity from the Perspective of the History of Religions: Rudolf Bultmann's Contribution, in: Hobbs (s. Anm. 139), 59–74.

142 Vgl. S.M. Ogden, Rudolf Bultmann and the Future of Revisionary Christology, in: Hobbs (s. Anm. 139), 37–58; J.M. Robinson, Bultmann and Time: Ecstasies of his Temporality, in: Hobbs (s. Anm. 139), 17–34.

und Briefen ihres Vaters und gab einen Einblick in seinen Nachlaß[143]. Zum Berichtsband über dieses Symposium steuerte zusätzlich noch Dieter Georgi einen Essay über Bultmanns »Theologie des Neuen Testaments« bei[144]. Die Veranstaltung ließ insgesamt deutlich werden, daß Bultmann eine beträchtliche und anhaltende Wirkung in amerikanischen Theologenkreisen hatte erzielen können. Allerdings fand die wertvolle Dokumentation des Wellesley Symposiums in der deutschsprachigen Theologie kaum die ihr gebührende Beachtung.

Die Stadt Marburg ehrte Bultmann zu seinem 100. Geburtstag, indem sie der Ortenbergstraße seinen Namen gab. Der entsprechende Beschluß der Stadtverordnetenversammlung beendete einen »vorausgegangenen längeren (und nicht für alle Beteiligten rühmlichen) Streit, welche Straße für die Umbenennung geeignet sei, wobei der grundsätzliche Widerstand gegen den Namen ›Bultmann‹ wohl auch eine Rolle gespielt hatte«[145]. Die schließlich getroffene Entscheidung, die Ortenbergstraße umzubenennen, stellte sich nicht nur als Notlösung heraus. Denn durch ihre Nähe zur von Harnack-Straße und zum Hans von Soden-Haus der Evangelischen Studentengemeinde verweist die Rudolf Bultmann-Straße auf zentrale lebensgeschichtliche Bezüge ihres Namengebers.

Der Magistrat der Stadt Marburg hatte Heinrich Leipold gebeten, für das Straßenschild einen kurzen Zusatztext zu formulieren, der Bultmanns Anliegen und Bedeutung in einem Satz würdigen sollte. Trotz Bedenken gegenüber dieser Auflage arbeitete Leipold zunächst folgenden Vorschlag aus: »Sein Anliegen war, die Botschaft des Neuen Testaments den Menschen der Gegenwart als Ruf zum Glauben verständlich zu machen in existentialer Interpretation mythischen Denkens«. Von Leipold um ihre Stellungnahme gebeten, einigten sich die Marburger Neutestamentler Wolfgang Harnisch, Dieter Lührmann und Gerd Schunack auf eine etwas kürzere Formulierung, die dann weitgehend in den Zusatztext zum Straßenschild übernommen wurde[146]: »Prof. D. Bultmann D. D. (1884–1976) suchte die christliche Botschaft gegenüber dem Wahrheitsbewußtsein der Neuzeit zu verantworten.« Am 20. August 1984, dem 100. Geburtstag Bultmanns, enthüllte Oberbürgermeister Dr. Hanno Drechsler in einer kleinen Feier das neue Straßenschild. Daß sogar der – notgedrungen knapp ausgefallene – Zusatztext von einem auswärtigen Theologen mit harscher Kritik bedacht wurde[147], gehörte zu den Merkwürdigkeiten der an Mißverständnissen nicht gerade armen Kontroversen um Bultmann. Die Stadt Marburg

143 Vgl. A. Bultmann Lemke, Bultmann's Papers, in: Hobbs (s. Anm. 139), 3–12.

144 Vgl. D. Georgi, Bultmann's *Theology of the New Testament* Revisited, in: Hobbs (s. Anm. 139), 75–87.

145 E. Dettmering, Ein Name, der sich mit einem Begriff verbindet: Rudolf Bultmann und die Entmythologisierung des Neuen Testaments, Studier' mal Marburg, Juli/August 1984, (5–7) 5.

146 H. Leipold an den Dekan des Fachbereichs Ev. Theologie Marburg, 30. 10. 1984, Privatbesitz.

147 Vgl. OP, 30. 10. 1984: »Zwischen Stolz und Irritation. Die Kontroversen um Rudolf Bultmann finden kein Ende.«

ließ später auch an dem Haus Barfüßertor 2, in dem Bultmann von 1910 bis 1916 gewohnt hatte, eine Gedenktafel für ihn anbringen[148].

Der Fachbereich Evangelische Theologie der Philipps-Universität Marburg veranstaltete zu Ehren Bultmanns am 26. und 27. Oktober 1984 ein wissenschaftliches Symposium, das große Beachtung fand. Walter Schmithals zeigte in seinem Vortrag auf, daß und wie die »Glaubensgewißheit bei Rudolf Bultmann« in der geschichtlichen Offenbarung Gottes in Jesus Christus begründet ist und durch das verkündigte Wort vermittelt wird. Gotthold Hasenhüttl, einer der katholischen Gesprächspartner Bultmanns, erörterte die Frage, die ein zentrales Motiv in dessen theologischer Arbeit bildete: »Wie ist Glaube an Gott heute möglich?« Eine Kammermusik, gestaltet von Birgit Sedlatschek, Horst Pusch, Heilke Bultmann und Roland Knocke, ließ den ersten Tag des Symposiums in der Alten Aula der Universität ausklingen.

Am darauffolgenden Samstag erreichte die Veranstaltung im nahezu vollbesetzten Auditorium maximum ihren Höhepunkt. Eduard Lohse, der Ratsvorsitzende der EKD, erinnerte in seiner Gedenkvorlesung »Rudolf Bultmann und seine Kirche« daran, daß der Marburger Theologe seine wissenschaftliche Arbeit durchgängig als Dienst an der Kirche und der ihr aufgetragenen Verkündigung verstanden habe[149]. Eberhard Jüngel legte eine luzide Interpretation des Theologieverständnisses Bultmanns vor: »*Vera theologia est practica.* Gotteserkenntnis und Selbstverständnis nach Rudolf Bultmann«. Dabei griff er insbesondere auch auf die soeben edierte Enzyklopädie-Vorlesung Bultmanns zurück[150]. Ein von Wilfried Härle geleitetes Podiumsgespräch mit den Referenten schloß das Symposium ab. Im Nachhinein versuchte ein Marburger Theologieprofessor, die Veranstaltung durch Leserbriefe in der lokalen Presse zu diskreditieren, die Theologie Bultmanns der Unwissenschaftlichkeit zu bezichtigen und ihm vorzuwerfen, »die Bibel und vor allem das Johannes-Evangelium mit Gewalt verdreht« zu haben[151]. Das durchsichtige Unternehmen vermochte den Erfolg des Symposiums jedoch nicht zu überschatten. Denn in der universitären Öffentlichkeit war jener Kritiker, durch die Studentenrevolte in einen irrationalen Fundamentalismus gedrängt, schon länger als nicht ernst zu nehmender Zeitgenosse unliebsam bekannt.

In Oldenburg hielt man anläßlich des 100. Geburtstages Bultmanns am 2. September 1984 eine Gedenkstunde ab. Die der Feier folgenden Vorträge erreichten – mit Ausnahme der Ausführungen Hartwig Thyens über »Rudolf Bultmann als Historiker und Theologe« – indes nicht das Niveau dessen, was auf dem Marburger Symposium dargeboten wurde. Außer Thyen sprachen in Oldenburg Siegfried Vier-

148 Leider weist diese Gedenktafel zwei Fehler auf.

149 Vgl. E. Lohse, Die evangelische Kirche vor der Theologie Rudolf Bultmanns, ZThK 82 (1985), 173–191.

150 Vgl. E. Jüngel, Glauben und Verstehen. Zum Theologiebegriff Rudolf Bultmanns, in: Ders., Wertlose Wahrheit. Zur Identität und Relevanz des christlichen Glaubens. Theologische Erörterungen III, 1990, 16–77.

151 Vgl. E.-W. Kohls, Den Glauben verraten, OP Nr. 261 vom 7. 11. 1984, 10; Ders., Blinde Blindenleiter, OP Nr. 278 vom 28. 11. 1984, 19.

zig über »Rudolf Bultmann und die Pädagogik« sowie Dorothee Sölle über »Rudolf Bultmann und die politische Theologie«[152].

Anläßlich des 20. Todestages von Rudolf Bultmann stifteten die beiden Norweger Dr. *phil.* Arild Haaland und Dr. *art.kand.* Bjørn Olav Roaldseth (Universität Bergen) der Philipps-Universität Marburg eine Büste Bultmanns. Die von Hugo Wathne nach Bildvorlagen geschaffene Büste, die freilich kaum eine Ähnlichkeit mit Bultmann erkennen läßt, wurde am 1. November 1996 im Innenhof der Alten Universität feierlich enthüllt. Am Tag zuvor hatte Bischof Dr. Christian Zippert in der Universitätskirche einen Gottesdienst zum Reformationsfest gestaltet. Der Präsident der Philipps-Universität Werner Scheel eröffnete dann den Akademischen Festakt in der Aula der Alten Universität, zu dem auch Familienangehörige Bultmanns erschienen waren. Umrahmt durch die musikalische Darbietung von Werken Chopins, hielt Günter Klein den Festvortrag »Rudolf Bultmann – ein unerledigtes theologisches Vermächtnis«[153]. Nach der Enthüllung der Büste schloß ein Empfang des Präsidenten der Universität im Kreuzgang der Alten Universität den Akademischen Festakt ab.

Auf Anregung des ehemaligen Stadtrats Dr. Ekkehard Seeber realisierte der Ev.-luth. Oberkirchenrat Oldenburg acht Jahre später mit Hilfe privater und öffentlicher Sponsoren den Plan, die Reihe Oldenburger Köpfe im Stadtbild um eine Büste Bultmanns zu ergänzen. Eine Kommission bereitete das Vorhaben konzeptionell sorgfältig vor. Nach einem kleinen Wettbewerb beauftragte sie den Bildhauer Michael Mohns (Tarnow bei Güstrow) damit, eine Porträtbüste Bultmanns zu schaffen. Die Gestaltung des Werkes sollte hauptsächlich eine Vorgabe erfüllen. Es galt nämlich eine Persönlichkeit darzustellen, »in deren Wesen es lag, keinerlei öffentliche Verehrung zu wollen«. Die Porträtbüste hatte also die persönliche Bescheidenheit des Geehrten, das menschliche Maß, »wie es ihm und seinem Denken entsprach«, angemessen zu berücksichtigen[154]. Dies, so wird man urteilen können, ist den Initiatoren und dem Künstler in ausgezeichneter Weise gelungen.

Michael Mohns und die ausführende Firma Weidner (Oldenburg) stellten das Denkmal am 5. September 2002 am Theaterwall auf, in unmittelbarer Nähe des Alten Gymnasiums Oldenburg, der Schule, die Rudolf Bultmann gern besucht hatte. Am 7. September 2002 fand im Beisein seiner beiden Töchter Antje Bultmann Lemke und Gesine Diesselhorst der Festakt zur Einweihung der Büste statt. Nachdem Pfarrer Reinhard Rittner die Versammlung eröffnet hatte, sprach Walter Schmithals über »Glauben und Verstehen. Rudolf Bultmann und die moderne Lebenswelt«[155]. Bernd Küster stellte die Bultmann-Büste und den Künstler, der sie geschaffen hatte,

152 Vgl. Stadt Oldenburg, Kulturdezernat (Hg.), Rudolf Bultmann 100 Jahre. Oldenburger Vorträge, 1985.

153 Vgl. G. Klein, Rudolf Bultmann – ein unerledigtes theologisches Vermächtnis, ZThK 94 (1997), 177–201.

154 B. Küster, Die Bultmann-Büste von Michael Mohns, in: R. Rittner (Hg.), Die Bultmann-Büste in Oldenburg. Eine Dokumentation, 2002, (16–21) 16.

155 Vgl. W. Schmithals, Glauben und Verstehen. Rudolf Bultmann und die moderne Lebenswelt, in: Rittner, aaO 5–15.

vor. Seine Einführung in das Werk und in dessen kunstgeschichtlichen Kontext begann Küster mit Worten, die Bultmann 1941 in der Trauerfeier für den hessischen Maler Carl Bantzer gesprochen hatte[156]. Bischof Peter Krug für die oldenburgische Landeskirche und Oberbürgermeister Dietmar Schütz für die Stadt Oldenburg erinnerten in ihren Grußworten an die wissenschaftliche Bedeutung und das von der christlich-humanistischen Weltsicht bestimmte Lebensexempel Bultmanns wie auch an seine Beziehungen zur Stadt Oldenburg[157]. Zur Einweihung der Büste gab Reinhard Rittner zudem ein kleines Heft mit Informationen und Quellen über Bultmanns enges Verhältnis zu seiner oldenburgischen Heimat heraus[158].

Inzwischen sind nach dem Theologen, der sich durch seine wissenschaftliche Arbeit internationales Ansehen erworben hatte, wie in Marburg, so auch in Oldenburg und Rastede Straßen benannt. Der oldenburgische Bischof Peter Krug enthüllte im Rahmen der Feierlichkeiten zum 950jährigen Bestehen der St. Johannes-Kirche in Wiefelstede am Pfingstsonntag (27. Mai) 2007 am Pfarrhaus in Wiefelstede eine Gedenktafel für Bultmann. So ist der am 20. August 1884 im Vorgängerbau des heutigen Pfarrhauses in Wiefelstede geborene und am 30. Juli 1976 in Marburg verstorbene Neutestamentler auf vielfältige Weise »gleichsam symbolisch an den vertrauten Ort seiner Herkunft« zurückgekehrt[159].

156 Küster (s. Anm. 154), 16–21.
157 Vgl. Rittner (s. Anm. 154), 22.
158 Vgl. R. Rittner (Hg.), Rudolf Bultmann und Oldenburg, 2002.
159 Küster (s. Anm. 154), 16.

Bibliographie

1. Bibliographien, Hilfsmittel

DINKLER, Erich: Veröffentlichungen von Rudolf Bultmann, in: R. BULTMANN, Exegetica. Aufsätze zur Erforschung des Neuen Testaments, hg. von E. DINKLER, 1967, 483–507.

HACKENBERG, Oskar: Bibliographie zu Rudolf Bultmann, ergänzt von M. DREHER u. B. PETRI-HASENÖHRL (http://www.univie.ac.at/bultmann/bilder/Bibliographie_neu.doc), 2007.

HAUSCHILDT, Eberhard: Veröffentlichte Schriften [R. Bultmanns], in: DERS., Rudolf Bultmanns Predigten. Existentiale Interpretation und lutherisches Erbe (MThSt 26), 1989, XIX–XXXIX.

LATTKE, Michael: Register zu Rudolf Bultmanns Glauben und Verstehen Band I–IV, 1984.

WASSMANN, Harry – OSTHOF, Jakob Matthias – BRUCKHAUS, Anna-Elisabeth (Bearb.), Rudolf Bultmann (1884–1976). Nachlaßverzeichnis (Nachlaßverzeichnisse der Universitätsbibliothek Tübingen, Bd. 2), 2001.

2. Ungedruckte Quellen

Archiv der Ev.-luth. Kirchengemeinde Wiefelstede

Taufregister 1884.

Archiv des Ev.-luth. Oberkirchenrats Oldenburg

Konfirmationsbuch Oldenburg, Konfirmierte 1899.

Archiv der Ev. Kirchengemeinde Essen-Altstadt

Trauungsbuch, Trauregister 1917.

Archiv der Ev. Kirche im Rheinland, Boppard

Briefe Bultmanns an W. Mundle, Nachlaß W. Mundle, 7 NL 124 B, Nr. 874.

Briefe Bultmanns an H. Mundle, Nachlaß W. Mundle, 7 NL 124 B, Nr. 907.

Deutsches Literaturarchiv Marbach a.N.

Briefe Bultmanns an E. u. M. Auerbach, Bestand A: Auerbach, noch ohne ZN.

Briefe Bultmanns an H.-G. Gadamer, Bestand A: Gadamer, ZN: HS. 2005.0056.

Briefe Bultmanns an K. Jaspers, Bestand A: Jaspers, ZN: 75.10579/1–5.

Briefe Bultmanns an M.L. Kaschnitz, Bestand A: Kaschnitz/Briefe zum Tod von Guido Kaschnitz von Weinberg, noch ohne ZN.

Brief Bultmanns an E. Kommerell, 24.9. 1944, Bestand D: Kommerell, ZN: HS. 2002.0166.00001.

Briefe Bultmanns an M. Kommerell, Bestand A: Kommerell, ZN: 84.1523/1–3.

Geheimes Staatsarchiv Preußischer Kulturbesitz Berlin

Briefe Bultmanns an E. Lohmeyer, VI. HA Familienarchive und Nachlässe, Nachlaß E. Lohmeyer (Dep.), Nr. 5.
Briefe Bultmanns an M. Lohmeyer, VI. HA Familienarchive und Nachlässe, Nachlaß E. Lohmeyer (Dep.), Nr. 6.

Hannah Arendt-Zentrum Oldenburg

Briefe Bultmanns an H. Arendt, Hannah Arendt Archiv.

Julius-Ebbinghaus-Archiv der Bergischen Universität Wuppertal

Karten Bultmanns an J. Ebbinghaus.
Brief M. Heideggers an J. Ebbinghaus, 4. 1. 1924, H 4.

Niedersächsisches Staatsarchiv Oldenburg

Personalakte Rudolf Karl Bultmann, 250 B. XXIX a Nr. 316.
Prüfungsakte Rudolf Karl Bultmann, 250 B. XXIX Nr. 316.

Philosophisches Archiv der Universität Konstanz

Karten Bultmanns an W. Kamlah, Wilhelm-Kamlah-Sammlung, WK 2-12-2.
Briefe Bultmanns an W. Kamlah, Wilhelm-Kamlah-Sammlung, WK 2-13-2.
Bultmann, Rudolf: Bemerkungen zu W. Kamlah, Christentum und Selbstbehauptung, 1940, Typoskript o.J. [1941], Wilhelm-Kamlah-Sammlung, WK 2-13-2.

Privatbesitz

Brief Bultmanns an H. Hübner, 5. 6. 1972 (H. Hübner).
Brief Bultmanns an E. Lohse, 23. 10. 1974 (E. Lohse).
Brief Bultmanns an den Reichs- und Preußischen Minister für Wissenschaft, Erziehung und Volksbildung, 27. 11. 1937 (G. Diesselhorst).
Brief A. Bultmann Lemkes an H. Leipold, 10. 8. 1976 (H. Leipold).
Brief H. Koesters an K. Hammann, 28. 10. 2005 (K. Hammann).
Brief H. Leipolds an den Dekan des Fachbereichs Ev. Theologie Marburg, 30. 10. 1984 (H. Leipold).
Brief H. Leipolds an K. Hammann, 29. 7. 2004 (K. Hammann).
Brief O. Merks an K. Hammann, 2./10. 1. 2006 (K. Hammann).
Brief der Erziehungsdirektion des Kantons Zürich an Bultmann, 23. 6. 1953 (G. Diesselhorst).
Brief des Hessischen Ministers für Erziehung und Volksbildung an Bultmann, 29. 6. 1951 (G. Diesselhorst).
Briefe des Rektors der Philipps-Universität Marburg an Bultmann, 19.7. u. 9. 9. 1937 (G. Diesselhorst).
Hölscher, Gustav: Aus meinem Leben, Teil 2, Manuskript o.J. [nach 1945] (L. Hölscher).
Zippert, Christian: Begräbnispredigt für Helene Bultmann über 2. Kor. 4,16–18, Typoskript o.J. [1973] (Ch. Zippert †).
–, Trauerfeier für Rudolf Bultmann am 4. 8. 1976, Typoskript o.J. [1976] (Ch. Zippert †).

Universitätsarchiv Gießen

Akten, betreffend die Wiederbesetzung der durch das Ableben des Dr. Bousset erledigten ordentlichen Professur für das Neue Testament, 1920, PrA Theol 2.

Brief Bultmanns an den Dekan der Theologischen Fakultät, 3.7. 1920, Akten der Theologischen Fakultät, Theol K 11.

Universitätsarchiv Marburg

Promotionsakte Rudolf Bultmann, 307a acc. 1950/1 Nr. 63.
Habilitationsakte Rudolf Bultmann, 307a acc. 1950/1 Nr. 24.
Akademische Gottesdienste. Studentische Seelsorge, 1920–1929, 307a acc. 1950/1 Nr. 52.
BREDT, Johann Victor: Das Amt des Universitäts-Predigers in Marburg, Typoskript 1923, 307a acc. 1950/1 Nr. 52.
Berufungsakten der Theologischen Fakultät Marburg 1921–1924, 307a acc. 1962/12 Nr. 7.
Ehrendoktoren der Theologischen Fakultät Marburg 1921–1932, 307a acc. 1962/12 Nr. 8.
Brief Bultmanns an den Prorektor der Universität Marburg P. Gieseke, 4.10. 1936, 305a acc. 1975/79 Nr. 728, Bl. 24.
Brief H. von Sodens an den Prorektor der Universität Marburg P. Gieseke, 3.10. 1936, 305a acc. 1975/79 Nr. 728, Bl. 25 f.

Universitätsarchiv Tübingen

Briefe Bultmanns an G. Ebeling, Nachlaß G. Ebeling, 633/616 u. 626.
Brief Bultmanns an E. Fuchs, 8.3. 1960 (Durchschlag), Nachlaß G. Ebeling, 633/616.
Brief A. Bultmann Lemkes an G. Ebeling, 12.8. 1976, Nachlaß G. Ebeling, 633/616.

Universitätsbibliothek Gießen

Brief Bultmanns an W. Fischer, 21.11. 1958, Hs N.F. 137-18.

Universitäts- und Landesbibliothek Sachsen-Anhalt in Halle (Saale)

Briefe und Karten Bultmanns an J. Schniewind, Nachlaß J. Schniewind, Yi 25 I B 6-20.
Briefentwürfe J. Schniewinds an Bultmann, Nachlaß J. Schniewind, Yi 25 I B 6-20.

Universitätsbibliothek Heidelberg

Brief Bultmanns an M. Dibelius, 21.4. 1921, u. Karte Bultmanns an M. Dibelius, 17.8. 1930, Nachlaß M. Dibelius, Heid. Hs. 3814.

Universitätsbibliothek Marburg

Brief Bultmanns u. H. von Sodens an F. Heiler, 25.7. 1932, Nachlaß M. Rade, Ms. 839/65.
Briefe Bultmanns an A. Jülicher, Nachlaß A. Jülicher, Ms. 695/294–296.
Briefe Bultmanns an M. Rade, Nachlaß M. Rade, Ms. 839/14–31.

Universitätsbibliothek Tübingen

Nachlaß Rudolf Bultmann, Mn 2:
ADAMEK, Helmut: Aus der Tätigkeit der Theologischen Arbeitsgemeinschaft mit Rudolf Bultmann von 1942–1967, Hektographie o.J. [1967], Mn 2-3085, Bl. 19–32.
BULTMANN, Rudolf: Lebenslauf, Typoskript (Fragment) o.J., Mn 2-3437.
–, Bericht über unsere Amerika-Reise 1951, Typoskript o.J. [1952], Mn 2-231.
–, Erklärung [zu H. Jonas, Gnosis und spätantiker Geist, Teil I, 1934], o.J. [ca. 1970], Mn 2-246.
–, Gedichte, o.J. [1900–1970], Mn 2-247.
–, Sammlung von Witzen, o.J., Mn 2-3053.
–, Zitate aus deutscher Literatur, o.J., Mn 2-3058.
–, Zitate aus griechischer Literatur: Homer, Euripides ..., o.J., Mn 2-3059.
Chronik Rudolf Bultmanns 1917–1945, Mn 2-224.

Chronik Rudolf Bultmanns 1945–1961, Mn 2-225.
Chronik Rudolf Bultmanns 1962–1974, Mn 2-226.
Fischer-Barnicol, Hans: Freiheit zur Zukunft: Der Glaube an das Wort bei Rudolf Bultmann. Ein Porträt im Dialog (Rundfunkinterview vom 23. 8. 1964), Mn 2-323.
Fuchs, Ernst: Protokoll der Gesamttagung der Gesellschaft für evangelische Theologie in Alpirsbach 1941, Typoskript 1941, Mn 2-3086.
Gästebücher Rudolf und Helene Bultmanns, 1: 1917–1954; 2: 1954–1970, Mn 2-3041.
Gästebuch Tage und Tove Wilhjelms, Praestholm (Eintrag Bultmanns, 30. 7.–10. 8. 1949, Kopie), Mn 2-2419.
Protokolle der Tagung der Marburger Theologen 20. 10.–23. 10. 1953 in Jugenheim an der Bergstraße, Typoskript o.J. [1953], Mn 2-3079.
von Rohden, Wilhelm: Geschichte der »Alten Marburger« bis 1934, Typoskript 1977, Mn 2-3084.
Tonträger von Radiovorträgen Rudolf Bultmanns, Mn 2-317-322.
Unveröffentlichte Korrespondenzen Rudolf Bultmanns, Mn 2.
Unveröffentlichte Predigten Rudolf Bultmanns, Mn 2-34-169.
Vorlesungsnachschriften Rudolf Bultmanns, Mn 2-3090-3107.
Nachlaß Gerhard Krüger, Mn 13:
Brief M. Heideggers an G. Krüger, 15. 9. 1925.
Brief H. Jonas' an G. Krüger, 23. 5. 1929.

Universitätsmuseum für Kunst und Kulturgeschichte Marburg

Bantzer, Effi: Bildnis des Rudolf Bultmann, 1962, Inv. 14187.
Stengel, Gerhard: Bildnis Prof. Dr. Rudolf Bultmann, 1965, Inv. 14186.

University of California Los Angeles Library

Briefe Bultmanns an P. Friedländer, Department of Special Collections, Paul Friedländer collection, collection 1551.

3. Veröffentlichungen und Werke Rudolf Bultmanns

Artikel, Aufsätze und Rezensionen, die in den (im Folgenden mit verzeichneten) Sammelbänden Bultmanns, in den unter Nr. 4 dieser Bibliographie aufgeführten Briefeditionen oder in den unter Nr. 7 verzeichneten Sammelbänden abgedruckt sind, werden hier nicht eigens aufgeführt.

Inselkirchhof, in: Nachrichten für Stadt und Land. Zeitschrift für oldenburgische Gemeinde- und Landesinteressen 37 (1903), Nr. 160 vom 11. 7. 1903.
Leserbrief o.T. [Nr. 18], AdF Nr. 29, 1. 8. 1909, 298 f.
Der Stil der paulinischen Predigt und die kynisch-stoische Diatribe (FRLANT 13), 1910; Nachdruck der 1. Aufl. 1984 mit einem Geleitwort von H. Hübner.
Das religiöse Moment in der ethischen Unterweisung des Epiktet und das Neue Testament, ZNW 13 (1912), 97–110.177–191.
Rez. über F. M. Dostojewski, Schuld und Sühne, 1912, ChW 26 (1912), 1206.
Art. Urgemeinde, christliche, RGG[1] V, 1913, 1514–1523.
Was läßt die Spruchquelle über die Urgemeinde erkennen?, Oldenburgisches Kirchenbl. 19 (1913), 35–37.41–44.

Theologische Wissenschaft und kirchliche Praxis, Oldenburgisches Kirchenbl. 19 (1913), 123–127.133–135.

Rez. über L. Pirot, L'Oeuvre exégétique de Thédore de Mopsueste, 1913, ThLZ 39 (1914), 363 f.; auch in: R. Bultmann, Die Exegese des Theodor von Mopsuestia, posthum hg. von H. Feld u. K.H. Schelkle, 1984, 134 f.

Beitrag o.T., in: Akademische Vereinigung (Hg.), Ockershäuser Bl. 4 (1916), 13–17.

Die Bedeutung der Eschatologie für die Religion des Neuen Testaments, ZThK 27 (1917), 76–87.

Vom geheimnisvollen und vom offenbaren Gott. Pfingstpredigt 1917, ChW 31 (1917), 572–579; auch in: VW, 135–147.

Nachruf o.T. [auf Dr. Leonhard Frank], in: Der Ammerländer Nr. 162 vom 14. 7. 1917, 3.

Religion und Kultur (1920), in: J. Moltmann (Hg.), Anfänge der dialektischen Theologie II, 1967^{2}, 11–29.

Ethische und mystische Religion im Urchristentum (1920), in: J. Moltmann (Hg.), Anfänge der dialektischen Theologie II, 1967^{2}, 29–47.

Die Geschichte der synoptischen Tradition (FRLANT 29), 1921^{1}; 1931^{2}; 1995^{10} (mit einem Nachwort von G. Theißen).

Gott in der Natur, ChW 36 (1922), 489–491.513 f.553 f.

Karl Barths »Römerbrief« in zweiter Auflage (1922), in: J. Moltmann (Hg.), Anfänge der dialektischen Theologie I, 1977^{4}, 119–142.

Religion und Sozialismus, Sozialistische Monatshefte 28 (1922/I), 442–447.

Unruhe und Ruhe, ChW 36 (1922), 569 f.

Vom Beten, ChW 36 (1922), 593 f.

Vom Schicksal, ChW 36 (1922), 609 f.

Zur Frankfurter Tagung, AdF Nr. 78, 5. 11. 1924, 853 f.

Der christliche Sinn von Glaube, Liebe, Hoffnung. Skizze des am 11. Juni 1925 vor der 50. Versammlung evangelischer Religionslehrer an den höheren Lehranstalten der Rheinprovinz gehaltenen Vortrages, ZEvRU 36 (1925), 170–172.197–199.

Die Frage der »dialektischen« Theologie. Eine Auseinandersetzung mit Peterson (1926), in: J. Moltmann (Hg.), Anfänge der dialektischen Theologie II, 1967^{2}, 72–92.

Jesus (Die Unsterblichen. Die geistigen Heroen der Menschheit in ihrem Leben und Wirken 1), o.J. [1926^{1}]; (UTB 1272), 1988.

Wilhelm Heitmüller, ChW 40 (1926), 209–213.

The New Approach to the Synoptic Problem, JR 6 (1926), 337–362.

Urchristliche Religion (1915–1925), ARW 24 (1926), 83–164.

Rez. über L. Köhler, Das formgeschichtliche Problem des Neuen Testamentes, 1927, ThLZ 52 (1927), 578–580.

Art. Brun, Johann Lyder, RGG^{2} I, 1927, 1287.

Urchristentum und Staat. Rede zur Reichsgründungsfeier der Philipps-Universität am 18. Januar 1928, Universitätsbund Marburg e.V. Mitteilungen Nr. 19 (Februar 1928), 1–4.

Art. Eidem, Erling, RGG^{2} II, 1928, 55.

Art. Fridrichsen, Anton Johnson, RGG^{2} II, 1928, 784.

Art. Heidegger, Martin, RGG^{2} II, 1928, 1687 f.

Mitarbeit an der Straßburger *Revue d'Histoire et de Philosophie religieuses?*, ThBl 8 (1929), 251 f.

Zur Geschichte der Paulus-Forschung, ThR NF 1 (1929), 26–59.

Guds Riges Komme i Jesu Forkyndelse [ins Dänische übersetzt von N.O. Jensen], Tidehverv 3 (1929), 139–147; 4 (1930), 8–13.21–26.

Antwort [auf einen Beitrag von P. Diesner], ThBl 9 (1930), 360–362.
Art. Paulus, RGG² IV, 1930, 1019–1045.
Die Erforschung der synoptischen Evangelien (AWR.NT 1), 1930².
Art. Torm, Frederik, RGG² V, 1931, 1232.
Glauben und Verstehen. Gesammelte Aufsätze, (Bd. I,) 1933¹; 1954²; Bd. II, 1968⁵; Bd. III, 1960¹; Bd. IV, 1975³.
Neueste Paulusforschung, ThR NF 6 (1934), 229–246.
Die Bergpredigt Jesu und das Recht des Staates, in: Forschungen und Fortschritte. Nachrichtenbl. der Deutschen Wissenschaft und Technik 12 (1936), 100–102.
Jesus und Paulus, in: Jesus Christus im Zeugnis der Heiligen Schrift und der Kirche (BEvTh 2), 1936, 68–90.
Der Sinn des christlichen Schöpfungsglaubens, ZMRW 51 (1936), 1–20.
Johannes Weiß zum Gedächtnis, ThBl 18 (1939), 242–246.
Das Evangelium des Johannes (KEK 2), 1941¹⁰ᐟ¹.
Offenbarung und Heilsgeschehen. I. Die Frage der natürlichen Offenbarung; II. Neues Testament und Mythologie (BEvTh 7), 1941.
Zur Frage der Entmythologisierung des Neuen Testaments, DtPfBl 47 (1943), 3 f.
Zur Frage der wissenschaftlichen Ausbildung der Theologen, in: E. Fascher (Hg.), Studienbetreuung der Kriegsteilnehmer der Martin-Luther-Universität Halle, November 1944, 34–40.
Hans Frhr. von Soden †, Marburger Presse 1 Nr. 9 vom 9. 10. 1945, 3.
Hochschule, Antike und Christentum, in: Marburger Hochschulgespräche 12. bis 15. Juni 1946. Referate und Diskussionen, 1947, 137–143.
Worte, gesprochen am Sarge Katharina Kippenbergs (12. 6. 1947), in: Katharina Kippenberg zum Gedächtnis, Privatdruck, o.J. [1947], 4–10.
Geleitwort, ThR NF 17 (1948/49), 1.
Für die christliche Freiheit, Die Wandlung 4 (1949), 417–422.
Das Urchristentum im Rahmen der antiken Religionen (ErasB), 1949¹.
Theologie und Glaube. Ein Brief, Unterwegs 5 (1951), 273 f.
Vorwort, in: H. von Soden, Urchristentum und Geschichte, Bd. 1. Grundsätzliches und Neutestamentliches, hg. von H. von Campenhausen, 1951, V–IX.
Der »traditionslose« Amerikaner, OP Nr. 172 vom 30. 7. 1952, 6.
Zum Problem der Entmythologisierung, in: H.-W. Bartsch (Hg.), KuM 2, 1952¹, 179–208.
Theologie des Neuen Testaments, 1953¹; 1961⁴; 1984⁹ (durchges. u. erg. von O. Merk).
Ist humanistische Bildung zeitgemäß?, Die alte Schulglocke. Mitteilungsbl. des Vereins ehemaliger Schüler des Mariengymnasiums zu Jever Nr. 8 (1954), o.P.
Bemerkungen zur Lehrprobe »Der Auferstandene«, EvErz 6 (1954), 98–100.
Vorwort, in: E. Frank, Wissen, Wollen, Glauben. Ges. Aufs. zur Philosophiegeschichte und Existentialphilosophie (ErasB), hg. von L. Edelstein, 1955, 11–13.
Zum Thema: Christentum und Antike, ThR NF 23 (1955), 207–229.
Geschichte und Eschatologie, 1958.
Milestones in Books. IV., ET 70 (1958/59), 125.
Art. Johannesbriefe, RGG³ III, 1959, 836–839.
Art. Johannesevangelium, RGG³ III, 1959, 840–850.
Art. πιστεύω usw. [A, C u. D], ThWNT 6 (1959), 174–182.197–230.
Variationen über ein Thema, KiZ 14 (1959), 289–291. (Die Autorschaft Bultmanns ist nur für einen Teil der hier abgedruckten Gedichte gesichert.)
Ein Rückblick (1960), in: H.-W. Bartsch (Hg.), KuM 1, 1960⁴, 7 f.

Ein Wort über Bildung, Strix. Schülerzeitung des Alten Gymnasiums in Oldenburg Nr. 1 (1960), 4–6.
Sermon. Hendricks Chapel. Syracuse, NY, 26. April 1959, in: H. Gollwitzer u. H. Traub (Hg.), Hören und Handeln. FS E. Wolf, 1962, 47–51.
Geleitwort, in: G. Hasenhüttl, Der Glaubensvollzug. Eine Begegnung mit Rudolf Bultmann aus katholischem Glaubensverständnis (Koin. 1), 1963, 9–11.
Rez. über J. A. T. Robinson, Twelve New Testament Studies, 1962, ThR 29 (1963), 359 f.
Geleitwort zur fünften Auflage, in: W. Bousset, Kyrios Christos. Geschichte des Christusglaubens von den Anfängen des Christentums bis Irenäus, 1965[5], Vf.
Reply, in: Ch.W. Kegley (ed.), The Theology of Rudolf Bultmann, 1966, 257–287.
Ist Jesus auferstanden wie Goethe? SPIEGEL-Gespräch mit dem Marburger Theologieprofessor D. Dr. Rudolf Bultmann, DER SPIEGEL, 20. Jg., Nr. 31, 25. 7. 1966, 42–45. (Der Titel des Interviews stammt nicht von Bultmann, sondern von der Redaktion des SPIEGEL.)
Die drei Johannesbriefe (KEK 14), 1967[7/1]; 1969[8/2].
Exegetica. Aufsätze zur Erforschung des Neuen Testaments, hg. von E. Dinkler, 1967.
Christentum und Antike, ThR NF 33 (1968), 1–17.
Marburger Predigten, 1968[2].
Walter Baumgartner †, ThR NF 35 (1970), 93. (Dieser von E. Dinkler und W. G. Kümmel mit unterzeichnete Nachruf wurde von Bultmann verfaßt; vgl. Mn 2-265.)
Zum Geleit, in: F. Peerlinck, Rudolf Bultmann als Prediger. Verkündigung als Vollzug seiner Theologie (ThF 50), 1970, 9.
Die Interpretation von Mk 4,3–9 seit Jülicher, in: E. E. Ellis u. E. Grässer (Hg.), Jesus und Paulus. FS W. G. Kümmel, 1975, 30–34.
Der zweite Brief an die Korinther (KEK, Sonderbd.), hg. von E. Dinkler, 1976.
Paul Friedländer (1882–1968), in: I. Schnack (Hg.), Marburger Gelehrte in der ersten Hälfte des 20. Jahrhunderts (VHKH 35/1), 1977, 91 f.(–95).
Geleitwort, in: H. Urner-Astholz, Mosaiksteine. Studien zur Kunst- und Kulturgeschichte, 1978, 9.
Das verkündigte Wort. Predigten – Andachten – Ansprachen 1906–1941, in Zusammenarbeit mit M. Evang hg. von E. Grässer, 1984.
Die Exegese des Theodor von Mopsuestia, posthum hg. von H. Feld u. K.H. Schelkle, 1984.
Theologische Enzyklopädie, hg. von E. Jüngel u. K. W. Müller, 1984.
Theologie als Wissenschaft (1941), ZThK 81 (1984), 447–469.
Neues Testament und Mythologie. Das Problem der Entmythologisierung der neutestamentlichen Verkündigung. Nachdruck der 1941 erschienenen Fassung, hg. von E. Jüngel (BEvTh 96), 1988.
Neues Testament und christliche Existenz. Theologische Aufsätze, hg. von A. Lindemann, 2002.
Theologie als Kritik. Ausgewählte Rezensionen und Forschungsberichte, hg. von M. Dreher u. K. W. Müller, 2002.
Wachen und Träumen. Märchen, hg. u. eingeleitet von W. Zager, 2005.

4. Briefe und Tagebücher

Aland, Barbara (Hg.): Gnosis. FS H. Jonas, 1978, 13 (Bultmann an H. Jonas).
Aland, Kurt (Hg.): Glanz und Niedergang der deutschen Universität. 50 Jahre deutscher Wissenschaftsgeschichte in Briefen an und von Hans Lietzmann (1892–1942), 1979.

BIEMEL, Walter u. SANER, Hans (Hg.): Martin Heidegger / Karl Jaspers. Briefwechsel 1920–1963, 1990.

BONHOEFFER, Dietrich: Widerstand und Ergebung. Briefe und Aufzeichnungen aus der Haft, hg. von Ch. GREMMELS, E. BETHGE u. R. BETHGE in Zusammenarbeit mit I. TÖDT (DBW 8), 1998.

–, Konspiration und Haft 1940–1945, hg. von J. GLENTHØJ, U. KABITZ u. W. KRÖTKE (DBW 16), 1996.

BULTMANN, Rudolf: Brief an den Reichskirchenausschuß vom 22.10. 1936, in: Protokoll der Tagung »Alte Marburger« 3.–5. Januar 1994 in Hofgeismar, o.J. [1995], 6.

CORSET, Paul (Hg.): Correspondance Rudolf Bultmann – René Marlé, RSR 83 (1995), 537–542.

DINKLER, Erich u. DINKLER-VON SCHUBERT, Erika (Hg.): Theologie und Kirche im Wirken Hans von Sodens. Briefe und Dokumente aus der Zeit des Kirchenkampfes 1933–1945 (AKIZ.A 2), 1986[2].

DINKLER-VON SCHUBERT, Erika (Hg.): Feldpost: Zeugnis und Vermächtnis. Briefe und Texte aus dem Kreis der evangelischen Studentengemeinde Marburg/Lahn und ihrer Lehrer (1939–1945), 1993.

GÖCKERITZ, Hermann Götz (Hg.): Rudolf Bultmann – Friedrich Gogarten. Briefwechsel 1921–1967, 2002.

GROSSMANN, Andreas (Hg.): »Und die Gnosis ruft mich immer noch ...«. Hans Jonas' Denkwege im Lichte seines Briefwechsels mit Rudolf Bultmann, Journal Phänomenologie 20 (2003), 18–32.

–, u. LANDMESSER, Christof (Hg.): Rudolf Bultmann / Martin Heidegger. Briefwechsel 1925–1975. Mit einem Geleitwort von Eberhard Jüngel, 2009.

HAERING, Hermann: Theodor Haering 1848–1928. Christ und systematischer Theologe. Ein Lebens- und Zeitbild, 1963, 400 f. (Bultmann an Th. Haering, o.D. [1927]).

HEIDEGGER, Gertrud (Hg.): »Mein liebes Seelchen!« Briefe Martin Heideggers an seine Frau Elfride 1915–1970, 2005.

HEISE, Jürgen u. SCHOENBORN, Ulrich (Hg.): Kostproben aus dem Briefwechsel zwischen Ernst Fuchs und Rudolf Bultmann, in: Ch. MÖLLER (Hg.), Freude an Gott. Hermeneutische Spätlese bei Ernst Fuchs, 2003, 290–322.

HOLTMANN, Stefan / ZOCHER, Peter (Hg.): Als Laien die Führung der Bekenntnisgemeinde übernehmen. Briefe aus dem Kirchenkampf von Karl Barth und Karl und Dorothee Stoevesandt (1933–1938), 2007.

HUCH, Ricarda: Briefe an die Freunde. Ausgewählt und eingeführt von M. BAUM, 1955.

HUTTER, Ulrich: Theologie als Wissenschaft. Zu Leben und Werk Ernst Lohmeyers (1890–1946). Mit einem Quellenanhang, JSKG 69 (1990), 123–169 (154–158 E. Lohmeyer an Bultmann).

ITTEL, Gerhard Wolfgang: Der Einfluß der Philosophie M. Heideggers auf die Theologie R. Bultmanns, KuD 2 (1956), (90–108) 92 f. (Bultmann an G.W. Ittel, 13.5. 1955).

JASPERT, Bernd (Hg.): Karl Barth – Rudolf Bultmann. Briefwechsel 1922–1966, 1971[1].

–, Karl Barth – Rudolf Bultmann. Briefwechsel 1911–1966, 1994[2].

– u. MOHR, Rudolf (Hg.): Traditio – Krisis – Renovatio aus theologischer Sicht. FS W. Zeller, 1976, X (Bultmann an W. Zeller, 7.9. 1973).

JEHLE, Peter (Hg.), Werner Krauss. Briefe 1922 bis 1976 (Analecta Romanica 65), 2002.

JENS, Inge (Hg.): Max Kommerell. Briefe und Aufzeichnungen 1919–1944, 1967.

JONAS, Hans: Zwischen Nichts und Ewigkeit. Drei Aufsätze zur Lehre vom Menschen (KVR 165), 1963 (Bultmann an H. Jonas [1963] u. H. Jonas an Bultmann [1963]).

Köhler, Lotte u. Saner, Hans (Hg.): Hannah Arendt / Karl Jaspers. Briefwechsel 1926–1969, 1993³.

Körtner, Ulrich H. J. (Hg.): Jesus im 21. Jahrhundert. Bultmanns Jesusbuch und die heutige Jesusforschung, 2001, 207 f. (Bultmann an D. Meyer, 10. 10. 1952).

Lilie, Frank (Hg.): Rudolf Bultmann und Gerhard Krüger. Briefwechsel 1925–1971, ZNThG 4 (1997), 281–309; 5 (1998), 133–153.274–307; 6 (1999), 134–158.287–313; 7 (2000), 127–150.

Ludz, Ursula (Hg.): Hannah Arendt / Martin Heidegger. Briefe 1925 bis 1975 und andere Zeugnisse, 2002³.

Malet, André: Mythos et Logos. La pensée de Rudolf Bultmann (NSTh 14), 1962, o.P. [IX f.] (Bultmann an A. Malet, 14. 2. 1963).

Orden Pour le mérite für Wissenschaften und Künste: Reden und Gedenkworte, 10. Bd. 1970/71, 195 (Bultmann an P. E. Schramm, 21. 7. 1970).

Rittner, Reinhard (Hg.): Ein Brief Rudolf Bultmanns aus dem Jahre 1937, in: Protokoll der Tagung »Alte Marburger« 2.–4. Januar 1995 in Hofgeismar, o.J. [1996], 7–14.

Schmithals, Walter (Hg.): Aus einem Briefwechsel. Rudolf Bultmann an Hans von Soden, RKZ 119 (1978), 228–231.

–, Ein Brief Rudolf Bultmanns an Erich Foerster, in: B. Jaspert (Hg.), Rudolf Bultmanns Werk und Wirkung, 1984, 70–81.

–, Ein unveröffentlichter Brief Rudolf Bultmanns, ThR 54 (1989), 212–214 (Bultmann an W. de Boor, 22. 3. 1926).

Schütte, Hans-Walter: Religion und Christentum in der Theologie Rudolf Ottos (TBT 15), 1969, 130–139 (Bultmann an R. Otto, 6. 4. 1918).

von der Schulenburg, Sigrid (Hg.): Briefwechsel zwischen Wilhelm Dilthey und dem Grafen Paul Yorck von Wartenburg 1877–1897 (Philosophie und Geisteswissenschaften I), 1923.

Schwöbel, Christoph (Hg.): Karl Barth – Martin Rade. Ein Briefwechsel, 1981.

Sticht, Friedrich Wolfgang: Die Bedeutung Wilhelm Herrmanns für die Theologie Rudolf Bultmanns, 1965, 35 (Bultmann an F. W. Sticht, 11. 3. 1964).

Storck, Joachim W. (Hg.): Martin Heidegger / Elisabeth Blochmann. Briefwechsel 1918–1969 (Marbacher Schriften), 1990².

Tent, James F. (Ed.): Academic Proconsul. Harvard Sociologist Edward Y. Hartshorne and the Reopening of German Universities 1945–1946. His Personal Account (Mosaic. Studien und Texte zur amerikanischen Kultur und Geschichte 5), 1998.

Thurneysen, Eduard (Hg.): Karl Barth – Eduard Thurneysen. Briefwechsel, Bd. 2, 1921–1930, 1974.

Vahanian, Gabriel: Kultur ohne Gott? Analysen und Thesen zur nachchristlichen Ära (ThÖ 12), 1973, 155–160 (Bultmann an G. Vahanian, o.D. [12. 8. 1962]).

Wolf, Ernst (Hg.): Mythologie und Kerygma. Das hermeneutische Problem evangelischer Verkündigung (Jahresgabe der Gesellschaft für evangelische Theologie 1946), Hektographie 1945, 91 f. (Bultmann an P. Althaus, 22. 1. 1943); dieser Brief ist auch abgedruckt in: Protokoll der Tagung Alte Marburger 3.–5. Januar 1994 in Hofgeismar, 1994, 9 f.

Zager, Werner (Hg.): Albert Schweitzer. Theologischer und philosophischer Briefwechsel 1900–1965 (Albert Schweitzer. Werke aus dem Nachlaß), 2006.

5. Forschungsberichte

Bornkamm, Günther: Die Theologie Bultmanns in der neueren Diskussion (1963), in: Ders., Geschichte und Glaube. Erster Teil. Ges. Aufs. Bd. III (BEvTh 48), 1968, 173–275.

Hübner, Hans: Rückblick auf das Bultmann-Gedenkjahr, ThLZ 110 (1985), 641–652.

–, Rudolf Bultmanns Her-Kunft und Hin-Kunft. Zur neueren Bultmann-Literatur, ThLZ 120 (1995), 3–22.

–, Der Begriff »Wahrheit« in der Theologie, ThLZ 127 (2002), 576–586.

Schmithals, Walter: Zu Rudolf Bultmanns 100. Geburtstag, ThR 51 (1986), 79–91.

6. Monographien

Achelis, Ernst Christian: Lehrbuch der Praktischen Theologie, Bd. I, 1898².

Althaus, Paul: Paulus und Luther über den Menschen, 1938¹.

Astholz, Hildegard: Das Problem »Geschichte« untersucht bei Johann Gustav Droysen (HS 231), 1933.

Auerbach, Erich: Mimesis. Dargestellte Wirklichkeit in der abendländischen Literatur, 1946¹; 1959².

Baasland, Ernst: Theologie und Methode. Eine historiographische Analyse der Frühschriften Rudolf Bultmanns, 1992.

Bartels, Cora: Kierkegaard receptus I. Die theologiegeschichtliche Bedeutung der Kierkegaard-Rezeption Rudolf Bultmanns, 2008.

Barth, Karl: Der Römerbrief, 1919¹; 1922².

–, Die Auferstehung der Toten. Eine akademische Vorlesung über 1. Kor. 15, 1924¹.

–, Die christliche Dogmatik im Entwurf, Bd. I. Die Lehre vom Worte Gottes. Prolegomena zur christlichen Dogmatik, 1927.

–, Theologische Existenz heute! (1933), hg. von H. Stoevesandt, 1984².

–, Rudolf Bultmann. Ein Versuch, ihn zu verstehen (ThSt[B] 34), 1952¹.

–, Christus und Adam nach Röm. 5. Ein Beitrag zur Frage nach dem Menschen und der Menschheit (ThSt[B] 35), 1952¹.

Barth, Ulrich: Die Christologie Emanuel Hirschs. Eine systematische und problemgeschichtliche Darstellung ihrer geschichtsmethodologischen, erkenntniskritischen und subjektivitätstheoretischen Grundlagen, 1992.

Bauer, Walter: Das Johannesevangelium (HNT 6), 1925².

Becker, Heinz: Die Reden des Johannesevangeliums und der Stil der gnostischen Offenbarungsrede, hg. von R. Bultmann (FRLANT 68/NF 50), 1956.

von Bendemann, Reinhard: Heinrich Schlier. Eine kritische Analyse seiner Interpretation paulinischer Theologie (BEvTh 115), 1995.

Bethge, Eberhard: Dietrich Bonhoeffer. Theologe – Christ – Zeitgenosse, 1978⁴.

Biehl, Peter / Schulz, Petra: Autobiographische Miniaturen. Ein Beitrag zur kommunikativen Religionspädagogik. Lebenswege – Denkwege – Leidenswege (AHRp 5), 2006.

Bloch, Ernst: Das Prinzip Hoffnung, GA 5, 1959.

Bonhöffer, Adolf: Epiktet und das Neue Testament (RVV 10), 1911.

Bornkamm, Günther: Mythos und Legende in den apokryphen Thomas-Akten. Beiträge zur Geschichte der Gnosis und zur Vorgeschichte des Manichäismus (FRLANT 31), 1933.

Boschwitz, Friedemann: Julius Wellhausen. Motive und Maßstäbe seiner Geschichtsschreibung, Diss. 1938.

Bousset, Wilhelm: Kyrios Christos. Geschichte des Christusglaubens von den Anfängen des Christentums bis Irenaeus, 1913[1].

Boutin, Maurice: Relationalität als Verstehensprinzip bei Rudolf Bultmann (BEvTh 67), 1974.

Bramming, Torben: Tidehvervs historie, 1993.

Bronnen, Barbara: Fliegen mit gestutzten Flügeln. Die letzten Jahre der Ricarda Huch 1933–1947, 2007.

Buber, Martin: Zwei Glaubensweisen, 1950.

von Buggenhagen, Arnold: Philosophische Autobiographie, 1975.

Bultmann, Arthur Kennedy: Staat – Kirche – Religion [-] Schule. Sonderdruck des Oldenburgischen Landeslehrervereins, 1919.

Busch, Eberhard: Karl Barths Lebenslauf, 1978[3].

Christ, Karl: Klios Wandlungen. Die deutsche Althistorie vom Neuhumanismus bis zur Gegenwart, 2006.

Christophersen, Alf: Kairos. Protestantische Zeitdeutungskämpfe in der Weimarer Republik (BHTh 143), 2008.

Cohen, Hermann: Der Begriff der Religion im System der Philosophie (PhilArb X/1), 1915.

Collingwood, Robin G.: The Idea of History, 1946 (dt.: Philosophie der Geschichte, 1955).

Colpe, Carsten: Die religionsgeschichtliche Schule. Darstellung und Kritik ihres Bildes vom gnostischen Erlösermythos (FRLANT 78), 1961.

Crystall, Andreas: Gustav Frenssen. Sein Weg vom Kulturprotestantismus zum Nationalsozialismus (Religiöse Kulturen der Moderne 10), 2002.

Davies, Norman / Moorhouse, Roger: Die Blume Europas. Breslau – Wroclaw – Vratislavia. Die Geschichte einer mitteleuropäischen Stadt, 2002[1].

Dibelius, Martin: Die Formgeschichte des Evangeliums, 1919[1].

–, Geschichtliche und übergeschichtliche Religion im Christentum, 1925.

–, Selbstbesinnung des Deutschen (1946), hg. von F. W. Graf, 1997.

Dorhs, Michael: Über den Tod hinaus. Grundzüge einer Individualeschatologie in der Theologie Rudolf Bultmanns (EHS.T 665), 1999.

Dreher, Matthias: Rudolf Bultmann als Kritiker in seinen Rezensionen und Forschungsberichten. Kommentierende Auswertung (BVB 11), 2005.

Ebeling, Gerhard: Das Wesen des christlichen Glaubens, 1959[1].

–, Theologie und Verkündigung. Ein Gespräch mit Rudolf Bultmann (HUTh 1), 1963[2].

–, Studium der Theologie. Eine enzyklopädische Orientierung (UTB 446), 1975[1].

–, Evangelische Evangelienauslegung. Eine Untersuchung zu Luthers Hermeneutik, 1991[3].

Eberhard, Gertraud: Existentiale Theologie und Pädagogik. Das Beispiel Rudolf Bultmanns (TW 4), 1974.

Ehler, Bernhard: Die Herrschaft des Gekreuzigten. Ernst Käsemanns Frage nach der Mitte der Schrift (BZNW 46), 1986.

Evang, Martin: Rudolf Bultmann in seiner Frühzeit (BHTh 74), 1988.

Feine, Paul: Theologie des Neuen Testaments, 1911[2].

Fischer, Hermann: Protestantische Theologie im 20. Jahrhundert, 2002.

Flashar, Hellmut: Inszenierung der Antike. Das griechische Drama auf der Bühne der Neuzeit 1585–1990, 1991.

Frey, Jörg: Die johanneische Eschatologie, Bd. I. Ihre Probleme im Spiegel der Forschung seit Reimarus (WUNT 96), 1997.

Fridrichsen, Anton: Le problème du miracle dans le christianisme primitif (EHPhR 12), 1925.

Friedländer, Paul: Platon. I. Eidos – Paideia – Dialogos, 1928[1]; II. Die platonischen Schriften, 1930[1].
Fuchs, Ernst: Glaube und Tat in den Mandata des Hirten des Hermas, 1931.
–, Christus und der Geist bei Paulus. Eine biblisch-theologische Untersuchung, 1932.
Fuhrmann, Horst: Pour le mérite. Über die Sichtbarmachung von Verdiensten. Eine historische Besinnung, 1996[2].
Gadamer, Hans-Georg: Plato und die Dichter (Wissenschaft und Gegenwart 5), 1934.
–, Philosophische Lehrjahre. Eine Rückschau, 1977.
Geiser, Stefan: Verantwortung und Schuld. Studien zu Martin Dibelius (Hamburger Theologische Studien 20), 2001.
von Gersdorff, Dagmar: Marie Luise Kaschnitz. Eine Biographie, 1993[2].
Gestrich, Christof: Neuzeitliches Denken und die Spaltung der dialektischen Theologie. Zur Frage der natürlichen Theologie (BHTh 52), 1977.
Gimbel, John: Eine deutsche Stadt unter amerikanischer Besatzung. Marburg, 1945–1952, 1964.
Gogarten, Friedrich: Religion weither, 1917.
–, Die religiöse Entscheidung, 1921.
–, Wider die Ächtung der Autorität, 1930.
–, Einheit von Evangelium und Volkstum?, 1933.
–, Gericht oder Skepsis. Eine Streitschrift gegen Karl Barth, 1937.
–, Entmythologisierung und Kirche, 1953.
–, Verhängnis und Hoffnung der Neuzeit. Die Säkularisierung als theologisches Problem, 1953.
Gollwitzer, Helmut: Die Existenz Gottes im Bekenntnis des Glaubens (BEvTh 34), 1963.
Grisebach, Eberhard: Gegenwart. Eine kritische Ethik, 1928.
Grondin, Jean: Hans-Georg Gadamer. Eine Biographie, 1999.
Günther, Hilmar: Die außerakademische Entmythologisierungsdebatte in den Jahren 1948–1953. Versuch einer zeitgeschichtlichen, theologischen und semantischen Analyse, Diss. theol. masch. Leipzig 1974.
Gumbrecht, Hans Ulrich: 1926. Ein Jahr am Rand der Zeit, 2001.
Gunkel, Hermann: Zum religionsgeschichtlichen Verständnis des Neuen Testaments (FRLANT 1), 1903[1].
–, Elias. Jahve und Baal (RV II/8), 1906.
Haering, Theodor: Das christliche Leben auf Grund des christlichen Glaubens. Christliche Sittenlehre, 1902[1].
–, Der christliche Glaube (Dogmatik), 1906[1].
Harnack, Adolf: Das Wesen des Christentums, 1905[52. Tsd.]; (GTBS 227) 1977.
Hartshorne, Edward Yarnall: The German Universities and National Socialism, 1937.
Hasenhüttl, Gotthold: Der Glaubensvollzug. Eine Begegnung mit Rudolf Bultmann aus katholischem Glaubensverständnis (Koin. 1), 1963.
Hauschildt, Eberhard: Rudolf Bultmanns Predigten. Existentiale Interpretation und lutherisches Erbe (MThSt 26), 1989.
Heidegger, Martin: Sein und Zeit I (JPPF 8), 1927[1].
–, Phänomenologie und Theologie, 1970.
–, Logik. Die Frage nach der Wahrheit (Marburger Vorlesung Wintersemester 1925/26), GA II/21, hg. von W. Biemel, 1976.
–, Prolegomena zur Geschichte des Zeitbegriffs (Marburger Vorlesung Sommersemester 1925), GA II/20, hg. von P. Jaeger, 1979[1].

–, Die Selbstbehauptung der deutschen Universität (1933), durchgesehene Neuauflage, hg. von H. HEIDEGGER, 1983.
–, Der Begriff der Zeit. Vortrag vor der Marburger Theologenschaft Juli 1924, hg. von H. TIETJEN, 1989[1].
HERBERT, Karl: Zur Frage der Entmythologisierung. Veröffentlichung der Evangelischen Kirche in Hessen-Nassau, 1950.
HERRMANN, Wilhelm: Ethik, 1904[3].
–, Die Wirklichkeit Gottes, 1914.
HESSE, Hermann: Demian. Die Geschichte von Emil Sinclairs Jugend, Gesammelte Werke, Bd. 5, 1970, 5–163.
HIRSCH, Emanuel: Jesus Christus der Herr. Theologische Vorlesungen, 1926[1].
–, Das vierte Evangelium in seiner ursprünglichen Gestalt verdeutscht und erklärt, 1936.
–, Das Wesen des Christentums, 1939.
–, Das Wesen des reformatorischen Christentums, 1963.
HOFFMANN, Veronika: Leben und Werk von Walther Fischer, Diss. med. masch. Rostock 1999.
HOLLMANN, Klaus: Existenz und Glaube. Entwicklung und Ergebnisse der Bultmann-Diskussion in der katholischen Theologie (KKTS 30), 1972.
HOLTZMANN, Heinrich Julius: Lehrbuch der neutestamentlichen Theologie, 2 Bde., 1911[2].
HÜBINGER, Gangolf: Kulturprotestantismus und Politik. Zum Verhältnis von Liberalismus und Protestantismus im wilhelminischen Deutschland, 1994.
HÜBNER, Hans: Politische Theologie und existentiale Interpretation. Zur Auseinandersetzung Dorothee Sölles mit Rudolf Bultmann, 1973.
IWAND, Hans Joachim: Theologiegeschichte des 19. und 20. Jahrhunderts. »Väter und Söhne«, hg. von G.C. DEN HERTOG (Nachgelassene Werke NF 3), 2001.
JASPERS, Karl: Die Schuldfrage, 1946.
–, Die Idee der Universität, 1946.
–, Vom Ursprung und Ziel der Geschichte, 1949[1].
JEHLE, Frank: Emil Brunner. Theologe im 20. Jahrhundert, 2006.
JONAS, Hans: Augustin und das paulinische Freiheitsproblem (FRLANT 44), 1930[1].
–, Der Begriff der Gnosis (FRLANT 48), 1930.
–, Gnosis und spätantiker Geist. I. Die mythologische Gnosis (FRLANT 51), 1934[1].
–, Erinnerungen. Nach Gesprächen mit R. Salamander hg. von Ch. WIESE, 2003.
JÜLICHER, Adolf: Die Entmündigung einer preußischen theologischen Fakultät in zeitgeschichtlichem Zusammenhange, 1913.
JÜNGEL, Eberhard: Paulus und Jesus. Eine Untersuchung zur Präzisierung der Frage nach dem Ursprung der Christologie (HUTh 2), 1962[1].
–, Gottes Sein ist im Werden. Verantwortliche Rede vom Sein Gottes bei Karl Barth. Eine Paraphrase, 1976[3].
–, Gott als Geheimnis der Welt. Zur Begründung der Theologie des Gekreuzigten im Streit zwischen Theismus und Atheismus, 1977[1].
KÄSEMANN, Ernst: Leib und Leib Christi (BHTh 9), 1933.
–, Das wandernde Gottesvolk (FRLANT 55), 1957[2].
–, Jesu letzter Wille nach Johannes 17, 1966[1]; 1971[3].
–, Der Ruf der Freiheit, 1968[1]; 1972[5].
–, An die Römer (HNT 8a), 1973[1]; 1974[3].
KAHL, Joachim: Das Elend des Christentums oder Plädoyer für eine Humanität ohne Gott, 1968[1].

KAMLAH, Wilhelm: Christentum und Selbstbehauptung. Historische und philosophische Untersuchungen zur Entstehung des Christentums und zu Augustins »Bürgerschaft Gottes«, 1940.

KARLAUF, Thomas: Stefan George. Die Entdeckung des Charisma. Biographie, 2007[4].

KASCHNITZ, Marie Luise: Gesammelte Werke, Bd. 5. Die Gedichte, 1985.

KISIEL, Theodore: The Genesis of Heidegger's *Being and Time*, 1993.

KITTEL, Gerhard: Die Judenfrage, 1933[1]; 1933[2].

KITTEL, Helmuth: Vom Religionsunterricht zur Evangelischen Unterweisung, 1947.

KLATT, Werner: Hermann Gunkel. Zu seiner Theologie der Religionsgeschichte und zur Entstehung der formgeschichtlichen Methode (FRLANT 100), 1969.

KNAPPENBERGER-JANS, Silke: Verlagspolitik und Wissenschaft. Der Verlag J.C.B. Mohr (Paul Siebeck) im frühen 20. Jahrhundert (Mainzer Studien zur Buchwissenschaft 13), 2001.

KOCH, Ernst: Prinz Rosa=Stramin. Mit Bildschmuck von Otto Ubbelohde nebst einem Nachwort von W. Eckhardt, (1834) 1965 (Nachdruck von 1922).

KÖHN, Andreas: Der Neutestamentler Ernst Lohmeyer. Studien zu Biographie und Theologie (WUNT II 180), 2004.

KOEPCKE, Cordula: Ricarda Huch. Ihr Leben und ihr Werk, 1996.

KÖPF, Peter: Die Mommsens. Von 1848 bis heute – die Geschichte einer Familie ist die Geschichte der Deutschen, 2004.

KÖRNER, Johannes: Eschatologie und Geschichte. Eine Untersuchung des Begriffes des Eschatologischen in der Theologie Rudolf Bultmanns (ThF 13), 1957.

KOMMERELL, Max: Gedanken über Gedichte, 1943.

KONUKIEWITZ, Enno: Hans Asmussen. Ein lutherischer Theologe im Kirchenkampf (LKGG 6), 1985[2].

KROEGER, Matthias: Friedrich Gogarten. Leben und Werk in zeitgeschichtlicher Perspektive – mit zahlreichen Dokumenten und Materialien, Bd. 1, 1997.

KUCHARZ, Thomas: Theologen und ihre Dichter. Literatur, Kultur und Kunst bei Karl Barth, Rudolf Bultmann und Paul Tillich (Theologie und Literatur 4), 1995.

KÜMMEL, Werner Georg: Römer 7 und die Bekehrung des Paulus (UNT 17), 1929.

–, Das Neue Testament im 20. Jahrhundert. Ein Forschungsbericht (SBS 50), 1970.

KÜSTER, Bernd: Carl Bantzer, 1993.

KUHN, Dieter: Metaphysik und Geschichte. Zur Theologie Ernst Lohmeyers (TBT 131), 2005.

LEMBERG, Margret: »... eines deutschen akademischen Grades unwürdig«. Die Entziehung des Doktortitels an der Philipps-Universität Marburg 1933–1945 (Schriften der Universitätsbibliothek Marburg 113), 2002.

LIETZMANN, Hans: Ein Beitrag zur Mandäerfrage, 1930.

LIPPMANN, Andreas: Marburger Theologie im Nationalsozialismus (Academia Marburgensis 9), 2003.

LÖWITH, Karl: Mein Leben in Deutschland vor und nach 1933. Ein Bericht (1940), 1986.

–, Weltgeschichte und Heilsgeschehen. Die theologischen Voraussetzungen der Geschichtsphilosophie, 1952[1].

LOHMEYER, Ernst: Grundlagen paulinischer Theologie (BHTh 1), 1929.

–, Gottesknecht und Davidsohn (FRLANT 61/NF 43), 1953[2].

LOHSE, Eduard: Erneuern und Bewahren. Evangelische Kirche 1970–1990, 1993.

–, Der Brief an die Römer (KEK 4), 2003[15/1].

LUTHER, Martin: Der Kleine Katechismus (1529), BSLK, 1976[7], 499–542.

–, Werke. Kritische Gesamtausgabe, 1883 ff.

MACQUARRIE, John: An Existentialist Theology. A Comparison of Heidegger and Bultmann (LPTh), 1955.

–, The Scope of Demythologizing (LPTh), 1960.
Marlé, René: Bultmann et l'interprétation du Nouveau Testament (Theol[P] 33), 1956 (dt.: Bultmann und die Interpretation des Neuen Testaments [KKTS 1], 1959).
Meier, Kurt: Die Theologischen Fakultäten im Dritten Reich, 1996.
Meinecke, Friedrich: Die deutsche Katastrophe. Betrachtungen und Erinnerungen, 1946[1].
Meiser, Martin: Paul Althaus als Neutestamentler. Eine Untersuchung der Werke, Briefe, unveröffentlichten Manuskripte und Randbemerkungen (CThM.BW, Reihe A, 15), 1993.
[Melanchthon, Philipp:] Die Augsburgische Konfession (1530), BSLK, 1967[7], 31–137.
Mühling, Andreas: Karl Ludwig Schmidt. »Und Wissenschaft ist Leben« (AKG 66), 1997.
Müller, Karl: Kirchengeschichte (Grundriß der theologischen Wissenschaften 1/4), Bd. I, 1892[1]; Bd. II/1, 1902[1]; Bd. II/2, 1919[1].
Mundle, Wilhelm: Die Eigenart der paulinischen Frömmigkeit, 1920.
–, Das religiöse Leben des Apostels Paulus, 1923.
Nagel, Anne Christine: Martin Rade – Theologe und Politiker des Sozialen Liberalismus. Eine politische Biographie (Religiöse Kulturen der Moderne 4), 1996.
Nichtweiss, Barbara: Erik Peterson. Neue Sicht auf Leben und Werk, 1994[2].
Niethammer, Lutz: Die Mitläuferfabrik. Die Entnazifizierung am Beispiel Bayerns, 1982.
Noller, Gerhard: Sein und Existenz. Die Überwindung des Subjekt-Objektschemas in der Philosophie Heideggers und in der Theologie der Entmythologisierung (FGLP 10,22), 1962.
Nowak, Kurt: Evangelische Kirche und Weimarer Republik. Zum politischen Weg des deutschen Protestantismus zwischen 1918 und 1932, 1988[2].
–, Geschichte des Christentums in Deutschland. Religion, Politik und Gesellschaft vom Ende der Aufklärung bis zur Mitte des 20. Jahrhunderts, 1995.
Ogden, Schubert Miles: Christ without Myth, 1961.
Ott, Heinrich: Geschichte und Heilsgeschichte in der Theologie Rudolf Bultmanns (BHTh 19), 1955.
Ott, Hugo: Martin Heidegger. Unterwegs zu seiner Biographie, 1988.
Otto, Rudolf: Das Heilige. Über das Irrationale in der Idee des Göttlichen und sein Verhältnis zum Rationalen, 1917[1].
Pannenberg, Wolfhart: Was ist der Mensch? Die Anthropologie der Gegenwart im Lichte der Theologie (KVR 139/140A), 1962[1].
–, Problemgeschichte der neueren evangelischen Theologie in Deutschland. Von Schleiermacher bis zu Barth und Tillich, 1997.
Peterson, Erik: Was ist Theologie?, 1925.
Pöggeler, Otto: Schicksal und Geschichte. Antigone im Spiegel der Deutungen und Gestaltungen seit Hegel und Hölderlin, 2004.
Ramsauer, Peter: Zieh aus deines Vaters Hause. Die Lebenswanderung des Pädagogen Johannes Ramsauer im Bannkreis Pestalozzis, 2005.
Ranke-Heinemann, Uta: Nein und Amen. Mein Abschied vom traditionellen Christentum. Ergänzte Taschenbuchausgabe, 2002.
Rathje, Johannes: Die Welt des freien Protestantismus. Ein Beitrag zur deutsch-evangelischen Geistesgeschichte. Dargestellt an Leben und Werk von Martin Rade, 1952.
Reitzenstein, Richard: Poimandres. Studien zur griechisch-ägyptischen und frühchristlichen Literatur, 1904.
Robinson, John Arthur Thomas: Honest to God, 1963 (dt.: Gott ist anders, 1963).
Safranski, Rüdiger: Ein Meister aus Deutschland. Heidegger und seine Zeit, 1994.
Saner, Hans: Karl Jaspers in Selbstzeugnissen und Bilddokumenten, 1970[1].

SCHLATTER, Adolf: Die Theologie des Neuen Testaments, 2 Bde., 1909/10.
SCHLEIERMACHER, Friedrich: Kurze Darstellung des theologischen Studiums zum Behuf einleitender Vorlesungen. Kritische Ausgabe, hg. von H. SCHOLZ (QGP 10), 1910.
SCHLIER, Heinrich: Religionsgeschichtliche Untersuchungen zu den Ignatiusbriefen (BZNW 8), 1929.
–, Christus und die Kirche im Epheserbrief (BHTh 6), 1930.
SCHMIDT, Karl Ludwig: Der Rahmen der Geschichte Jesu. Literarkritische Untersuchungen zur ältesten Jesusüberlieferung, 1919[1].
SCHMITHALS, Walter: Johannesevangelium und Johannesbriefe. Forschungsgeschichte und Analyse (BZNW 64), 1992.
SCHWEITZER, Albert: Geschichte der Leben-Jesu-Forschung, 1984[9].
–, Die Mystik des Apostels Paulus, 1930.
SEIM, Jürgen: Hans Joachim Iwand. Eine Biografie, 1999[2].
SIEGMUND, Johannes Jürgen: Bischof Johannes Lilje, Abt zu Loccum. Eine Biographie. Nach Selbstzeugnissen, Schriften und Briefen und Zeitzeugenberichten, 2003.
SINN, Gunnar: Christologie und Existenz. Rudolf Bultmanns Interpretation des paulinischen Christuszeugnisses (TANZ 4), 1991.
SMEND, Rudolf: Julius Wellhausen. Ein Bahnbrecher in drei Disziplinen, 2006.
SÖLLE, Dorothee: Politische Theologie. Auseinandersetzung mit Rudolf Bultmann, 1971[1].
SOHM, Walter: Territorium und Reformation in der hessischen Geschichte 1526–1555 (VHKH 11,1), 1915[1].
STALLMANN, Edith: Martin Stallmann – Pfarramt zwischen Republik und Führerstaat (SPSGNC 5), 1989.
STICHT, Friedrich Wolfgang: Die Bedeutung Wilhelm Herrmanns für die Theologie Rudolf Bultmanns, Diss. theol. Berlin 1965.
STOWERS, Stanley Kent: The Diatribe and Paul's Letter to the Romans (SBLD 57), 1981.
STRATMANN, Hartmut: Kein anderes Evangelium. Geist und Geschichte der neuen Bekenntnisbewegung, 1970.
STRAUSS, David Friedrich: Das Leben Jesu, kritisch bearbeitet, 2 Bde. 1835.
STUHLMACHER, Peter: Gerechtigkeit Gottes bei Paulus (FRLANT 87), 1966[2].
THEUNIS, Franz: Offenbarung und Glaube bei Bultmann (ThF 19), 1960.
THIELICKE, Helmut: Zu Gast auf einem schönen Stern. Erinnerungen, 1984[4].
TRAUTWEIN, Dieter: Komm Herr segne uns. Lebensfelder im 20. Jahrhundert, 2003.
TROELTSCH, Ernst: Die Soziallehren der christlichen Kirchen und Gruppen (GS I), 1923[3].
VAHANIAN, Gabriel: The Death of God. The Culture of Our Post-Christian Era, 1961.
VAHLENKAMP, Werner: Die Geschichte der Westersteder Juden. Aufstieg und Vernichtung einer kleinen Minderheit, 1988.
DE VALERIO, Karolina: Altes Testament und Judentum im Frühwerk Rudolf Bultmanns (BZNW 71), 1994.
VOGEL, Johanna: Kirche und Wiederbewaffnung. Die Haltung der Evangelischen Kirche in Deutschland in den Auseinandersetzungen um die Wiederbewaffnung der Bundesrepublik 1949–1956 (AKIZ.B 4), 1978.
WEBER, Alfred: Abschied von der bisherigen Geschichte. Überwindung des Nihilismus?, 1946.
WEINEL, Heinrich: Biblische Theologie des Neuen Testaments. Die Religion Jesu und des Urchristentums (Grundriß der Theologischen Wissenschaften 1,3/2), 1911.
WEISS, Johannes: Die Predigt Jesu vom Reiche Gottes, 1900[2].
–, (Hg.) Die Schriften des Neuen Testaments neu übersetzt und für die Gegenwart erklärt, I, 1907[2]; II, 1908[2].

–, Die Aufgaben der Neutestamentlichen Wissenschaft in der Gegenwart, 1908.
Weizsäcker, Carl: Das apostolische Zeitalter der christlichen Kirche, 1886[1]; 1902[3].
Wellhausen, Julius: Einleitung in die drei ersten Evangelien, 1905[1].
–, Israelitische und jüdische Geschichte, 1907[6].
Winkler, Heinrich August: Weimar 1918–1933. Die Geschichte der ersten deutschen Demokratie, 1993[1].
Wrede, William: Über Aufgabe und Methode der sogenannten Neutestamentlichen Theologie, 1897.
–, Das Messiasgeheimnis in den Evangelien. Zugleich ein Beitrag zum Verständnis des Markusevangeliums, 1901[1].
–, Paulus (RV I/5–6), 1904[1].
Wünsch, Georg: Evangelische Ethik des Politischen, 1936.
Young-Bruehl, Elisabeth: Hannah Arendt. Leben, Werk und Zeit. Aus dem Amerikanischen von H.G. Holl, 1986[1].
Zimmermann, Rainer: Franz Frank. Leben und Werk des Malers, 1985.
Zocher, Peter: Edo Osterloh – Vom Theologen zum christlichen Politiker. Eine Fallstudie zum Verhältnis von Theologie und Politik im 20. Jahrhundert (AKIZ.B 48), 2007.

7. Festschriften, Sammelbände, Aufsätze, Artikel, Interviews, Rezensionen

Einzeltitel, die in (den im Folgenden aufgeführten) Festschriften und Sammelbänden enthalten sind, werden nicht eigens aufgeführt.

Althaus, Paul: Neues Testament und Mythologie. Zu R. Bultmanns Versuch der Entmythologisierung des Neuen Testamentes, ThLZ 67 (1942), 337–344.
Anz, Wilhelm: Zur Wirkungsgeschichte Kierkegaards in der deutschen Theologie und Philosophie, ZThK 79 (1982), 451–482.
Arnold, Matthieu: Gabriel Vahanian et Rudolf Bultmann, FV 95 (1996), 59–76.
Assel, Heinrich: »Barth ist entlassen ...«. Emanuel Hirschs Rolle im Fall Barth und seine Briefe an Wilhelm Stapel, ZThK 91 (1994), 445–475.
Auerbach, Erich: Gesammelte Aufsätze zur romanischen Philologie, 1967.
Baeck, Leo: Israel und das deutsche Volk (1952), in: Ders., Werke, Bd. 5, hg. von A.H. Friedlander / B. Klappert, 2002, 50–61.
Barck, Karlheinz / Treml, Martin (Hg.): Erich Auerbach. Geschichte und Aktualität eines europäischen Philologen, 2007.
Barth, Karl: Der Römerbrief. Vorwort zur dritten Auflage (1922), in: J. Moltmann (Hg.), Anfänge der dialektischen Theologie I, 1977[4], 147–152.
–, Das Wort Gottes als Aufgabe der Theologie (1922), in: J. Moltmann (Hg.), Anfänge der dialektischen Theologie I, 1977[4], 197–218.
–, Kirche und Theologie (1926), in: Ders., Die Theologie und die Kirche. Ges. Vorträge, Bd. 2, 1928, 302–328.
–, Das erste Gebot als theologisches Axiom, ZZ 11 (1933), 297–315.
–, Abschied, ZZ 11 (1933), 536–544.
–, Eine Schweizer Stimme 1938–1945, 1945.
–, Nachwort, in: H. Bolli (Hg.), Schleiermacher-Auswahl, 1968, 290–312.
Barth, Markus: Die Methode von Bultmanns »Theologie des Neuen Testaments«, ThZ 11 (1955), 1–27.

BARTSCH, Hans-Werner (Hg.): Kerygma und Mythos [Bd. 1]. Ein theologisches Gespräch (ThF 1), 1954[3].

–, Kerygma und Mythos, Bd. 2. Diskussion und Stimmen zum Problem der Entmythologisierung (ThF 2), 1952[1].

BAUER, Johannes: Predigten über Worte Jesu, 1903.

BAUER, Walter: Zur Erinnerung an Anton Fridrichsen, ZNW 45 (1954), 123–129.

BAUMGARTNER, Walter: Rudolf Bultmann. Zu seinem 70. Geburtstag, ThR NF 22 (1954), 1 f.

BECKMANN, Joachim (Hg.): Kirchliches Jahrbuch für die Evangelische Kirche in Deutschland 1933–1944, 1976[2].

BERNSDORFF, Walter / VIALON, Martin: Vom Um-Erzieher zum Freund. Interview mit Samson B. Knoll – Offizier der amerikanischen Militärregierung in Marburg, in: B. HAFENEGER u. W. SCHÄFER (Hg.), Aufbruch zwischen Mangel und Verweigerung. Marburg in den Nachkriegsjahren 2 (Marburger Stadtschriften zur Geschichte und Kultur 68), 2000, 21–44.

BERTRAM, Georg: Die Geschichte der synoptischen Tradition, ThBl 1 (1922), 9–13.

BIEHL, Peter: Zur Frage nach dem historischen Jesus, ThR NF 24 (1957/58), 54–76.

BONHÖFFER, Adolf: Epiktet und das Neue Testament, ZNW 13 (1912), 281–292.

BOOBYER, George Henry: The Eight General Meeting, NTS 1 (1954/55), 69 f.

–, The Ninth General Meeting, NTS 1 (1954/55), 227 f.

BORNKAMM, Günther: *In memoriam* Rudolf Bultmann. * 20. 8. 1884 † 30. 7. 1976, NTS 23 (1977), 235–242.

BORNKAMM, Günther – BULTMANN, Rudolf – SCHUMANN, Friedrich Karl: Die christliche Hoffnung und das Problem der Entmythologisierung, 1954.

BRAUN, Herbert: Die Überwindung des Liberalismus auf der Ebene des Kritizismus (Rez. über R. Bultmann, Theologie des Neuen Testaments, 1. Lfg., 1948), VF 5 (1949/50), 49–67.

–, Die Paradoxie der Offenbarung (Rez. über R. Bultmann, Theologie des Neuen Testaments, 2. Lfg., 1951), VF 6 (1951/52), 25–34.

–, Die Geschichte der beginnenden Mißverständnisse (Rez. über R. Bultmann, Theologie des Neuen Testaments, 3. Lfg., 1953), VF 7 (1953/55), 169–174.

VOM BROCKE, Bernhard: Marburg im Kaiserreich 1866–1918, in: E. DETTMERING u. R. GRENZ (Hg.), Marburger Geschichte. Rückblick auf die Stadtgeschichte in Einzelbeiträgen, 1982[2], 367–540.

BRÜTSCH, Charles: Rez. über R. Bultmann, Die [drei] Johannesbriefe, 1967[7/1], ThZ 24 (1968), 470 f.

BRUNNER, Emil: Gesetz und Offenbarung. Eine theologische Grundlegung (1925), in: J. MOLTMANN (Hg.), Anfänge der dialektischen Theologie I, 1977[4], 290–298.

BUBER, Martin: Offener Brief an Gerhard Kittel (1933), in: DERS., Der Jude und sein Judentum. Gesammelte Aufsätze und Reden, 1993[2], 607–610.

BUCKMILLER, Michael: Theologischer »Kahl«-Schlag. Doktor der Theologie tritt aus der Kirche aus. mb-Gespräch, Marburger Bl. Nr. 115 (1967), 13 f.

BÜHLER, Winfried: Paul Friedländer †, Gnomon 41 (1969), 619–623.

BULTMANN, Arthur Kennedy: Die Zeichen der Zeit und ihre Mahnung. Predigt am 2. Adventssonntage, in: Drei Wahlpredigten. Gehalten in der Lambertikirche zu Oldenburg am 1., 2. und 3. Advent 1902, o.J. [1903], 12–20.

–, Die Mission und die sog. moderne Theologie, Oldenburgisches Kirchenblatt 12 (1906), 53 f.

BULTMANN LEMKE, Antje: Theology for Freedom and Responsibility: Rudolf Bultmann's Views on Church and State, Syracuse University Library Associates courier 21 (1986), 3–15.

–, Der unveröffentlichte Nachlaß von Rudolf Bultmann, in: H. WASSMANN – J.M. OSTHOF – A.E. BRUCKHAUS (Bearb.), Rudolf Bultmann (1884–1976). Nachlaßverzeichnis, 2001, 11–25.

BUSCH, Eberhard: Der Pietismus in Deutschland seit 1945, in: U. GÄBLER (Hg.), Der Pietismus im neunzehnten und zwanzigsten Jahrhundert (Geschichte des Pietismus 3), 2000, 533–562.

BUSCH, Walter u. PICKERODT, Gerhart (Hg.): Max Kommerell. Leben – Werk – Aktualität, 2003.

CONZELMANN, Hans: Rez. über R. Bultmann, Theologie des Neuen Testaments, 1953, ZKG 66 (1954/55), 151–157.

DAHL, Nils Alstrup: Die Theologie des Neuen Testaments, ThR 22 (1954), 21–54.

DENNISON, William D.: Rudolf Bultmann: Pastor?, CTJ 34 (1999), 179–187.

DESCHNER, Karlheinz: Was halten Sie vom Christentum? 18 Antworten auf eine Umfrage, 1957.

DETTMERING, Erhart: Ein Name, der sich mit einem Begriff verbindet: Rudolf Bultmann und die Entmythologisierung des Neuen Testaments, Studier' mal Marburg, Juli/August 1984, 5–7.

DIBELIUS, Martin: Rez. über R. Bultmann, Die Geschichte der synoptischen Tradition, 1921, DLZ 43 (1922), 128–134.

–, Zur Formgeschichte der Evangelien, ThR NF 1 (1929), 185–216.

–, Rez. über R. Bultmann, Die Geschichte der synoptischen Tradition, 1931², DLZ 53 [NF 3] (1932), 1105–1111.

–, Ein neuer Kommentar zum Johannes-Evangelium, ThLZ 67 (1942), 257–264.

DIECKMANN, Bernhard: Entmythologisierung als Lebensaufgabe. Zur Veröffentlichung von Bultmanns Habilitationsschrift und seinen frühen Predigten, ThGl 77 (1987), 88–107.

DIESNER, Paul: Noch einmal: Mitarbeit an der Straßburger *Revue d'Histoire et de Philosophie religieuses*?, ThBl 9 (1930), 359 f.

DILSCHNEIDER, Otto: Mythus?! Gedanken über ein Thema unserer Zeit, DtPfBl 46 (1942), 153 f.

DINKLER, Erich: Rez. über R. Bultmann, Das Urchristentum im Rahmen der antiken Religionen, 1949, VF 5 (1949/50), 67–75.

–, (Hg.) Zeit und Geschichte. Dankesgabe an Rudolf Bultmann zum 80. Geburtstag, 1964.

–, Im Zeichen des Kreuzes. Aufsätze, hg. von O. MERK u. M. WOLTER (BZNW 61), 1992.

EBBINGHAUS, Julius: Beitrag o.T., in: L.J. PONGRATZ (Hg.), Philosophie in Selbstdarstellungen, Bd. III, 1977, 1–59.

EBELING, Gerhard: Zum Verständnis von R. Bultmanns Aufsatz: »Welchen Sinn hat es, von Gott zu reden?«, in: DERS., Wort und Glaube II. Beiträge zur Fundamentaltheologie und zur Lehre von Gott, 1969, 343–371.

–, Mein theologischer Weg, Hermeneutische Bl., Sonderheft 2006, 5–66.

ECKERT, Jost: Rez. über R. Bultmann, Der zweite Brief an die Korinther, 1976, ThRv 73 (1977), 460–462.

ELTESTER, Walther (Hg.): Neutestamentliche Studien für Rudolf Bultmann. Zu seinem 70. Geburtstag am 20. August 1954 (BZNW 21), 1954.

FAHRENBACH, Helmut: Philosophische Existenzerhellung und theologische Existenzmitteilung. Zur Auseinandersetzung zwischen Karl Jaspers und Rudolf Bultmann, ThR NF 24 (1957/58), 77–99.105–135.

FOERSTER, Erich: Rudolf Bultmanns Jesusbuch, ZThK NF 9 (1928), 28–50.

–, Kirche wider Kirche. Rez. über F. Heiler, Im Ringen um die Kirche, 1931, ThR NF 4 (1932), 131–170.

Frenssen, Gustav: Dorfpredigten. Gesamtausgabe, o.J. [= I, 1905^{9}; II, 1906^{8}; III, 1905^{5}].

Frey, Jörg: Zum Problem der Aufgabe und Durchführung einer Theologie des Neuen Testaments, in: C. Breytenbach u. J. Frey (Hg.), Aufgabe und Durchführung einer Theologie des Neuen Testaments (WUNT 205), 2007, 3–53.

Fuchs, Ernst: Zur Frage nach dem historischen Jesus. Ges. Aufs. II, 1960.

–, Wagnis des Glaubens. Aufsätze und Vorträge, hg. von E. Grötzinger, 1979.

Gadamer, Hans-Georg: Die neue Platoforschung (1933), in: Ders., Griechische Philosophie I, 1985, 212–229.

–, Rez. über E. Frank, Philosophical Understanding and Religious Truth, 1945, ThR NF 18 (1950), 260–266.

–, Gedenkworte für Rudolf Bultmann, in: Orden Pour le mérite für Wissenschaften und Künste, Reden und Gedenkworte, 13. Bd. 1976/77, 131–139.

–, Einzug in Marburg, in: G. Neske (Hg.), Erinnerung an Martin Heidegger, 1977, 109–113.

Geisser, Hans Friedrich: Barth und Bultmann im Streit um Stiftlerseelen, in: F. Hertel (Hg.), In Wahrheit und Freiheit. 450 Jahre Evangelisches Stift in Tübingen (QFWKG 8), 1986, 297–315.

Gerhardsson, Birger: Anton Fridrichsen, Rudolf Bultmann, Form Criticism and Hermeneutics, in: H. Cancik, H. Lichtenberger, P. Schäfer (Hg.), Geschichte – Tradition – Reflexion. FS für M. Hengel zum 70. Geb., Bd. III, 1996, 657–675.

Glossner, Herbert: Basel, 1953. Der große Disput mit Bultmann, DASBl Nr. 8, 25. 2. 1979, 12.

Gogarten, Friedrich: Die Krisis unserer Kultur (1920), in: J. Moltmann (Hg.), Anfänge der dialektischen Theologie II, 1967^{2}, 101–121.

–, Offenbarung und Zeit, in: Ders., Von Glauben und Offenbarung. Vier Vorträge, 1923, 20–40.

–, Wahrheit und Gewißheit, ZZ 8 (1930), 96–119.

–, Das abendländische Geschichtsdenken. Bemerkungen zu dem Buch von Erich Auerbach »Mimesis«, ZThK 51 (1954), 270–360.

Graf, Friedrich Wilhelm: Die »antihistoristische Revolution« in der protestantischen Theologie der zwanziger Jahre, in: J. Rohls u. G. Wenz (Hg.), Vernunft des Glaubens. Wissenschaftliche Theologie und kirchliche Lehre. FS zum 60. Geb. von Wolfhart Pannenberg, 1988, 377–405.

–, Geschichte durch Übergeschichte überwinden. Antihistoristisches Geschichtsdenken in der protestantischen Theologie der 1920er Jahre, in: W. Küttler, J. Rüsen, E. Schulin (Hg.), Geschichtsdiskurs 4: Krisenbewußtsein, Katastrophenerfahrungen und Innovationen 1880–1945, 1997, 217–244.

–, Individualismus, aber bitte nur methodisch. Das Rezept des Rezensenten: Auch Langweiler wußte Rudolf Bultmann geisteserotisch aufzubereiten, FAZ Nr. 93, 22. 04. 2002, 48.

Greschat, Martin (Hg.): Die Schuld der Kirche. Dokumente und Reflexionen zur Stuttgarter Schulderklärung vom 18./19. Oktober 1945 (Studienbücher zur kirchlichen Zeitgeschichte 4), 1982.

Grossmann, Andreas: Zwischen Phänomenologie und Theologie. Heideggers »Marburger Religionsgespräch« mit Rudolf Bultmann, ZThK 95 (1998), 37–62.

–, Reformatorische Impulse. Heidegger und Luther, in: Ders., Heidegger-Lektüren. Über Kunst, Religion und Politik, 2005, 11–26.

Gumbrecht, Hans Ulrich: Zorn über die Verdorbenheit der Atmosphäre. Rudolf Bultmanns Zeitungsveröffentlichungen in den frühen Jahren der Bundesrepublik, FAZ Nr. 68, 21. 3. 2001, N5.

Gunkel, Hermann: Ziele und Methoden der alttestamentlichen Exegese, MKP 4 (1904), 521–540.

Haenchen, Ernst: Das Johannesevangelium und sein Kommentar, ThLZ 89 (1964), 881–898.

–, Neuere Literatur zu den Johannesbriefen (1960), in: Ders., Die Bibel und wir. Ges. Aufs., II. Bd., 1968, 235–311.

Härle, Wilfried: Rez. über Bultmann, Rudolf: Theologische Enzyklopädie, hg. von E. Jüngel u. K.W. Müller, 1984, RBS 13 (1986), 162–164.

–, / Leipold, Heinrich (Hg.): Lehrfreiheit und Lehrbeanstandung, Bd. 1. Theologische Texte, 1985.

Hahn, Ferdinand: Die Formgeschichte des Evangeliums. Voraussetzungen, Ausbau und Tragweite, in: Ders. (Hg.), Zur Formgeschichte des Evangeliums (WdF 81), 1985, 427–477.

Hammann, Konrad: Rudolf Bultmann und der Universitätsgottesdienst in Marburg, ZThK 90 (1993), 87–116.

–, Der Gießener Universitätsgottesdienst 1917–1936, JHKGV 45 (1994), 99–123.

–, Rudolf Bultmanns Begegnung mit dem Judentum, ZThK 102 (2005), 35–72.

–, Heinrich Hermelink in Marburg – Kirchenhistoriker in der Weimarer Ära, in: Verein für hessische Geschichte und Landeskunde (Hg.), Die Philipps-Universität Marburg zwischen Kaiserreich und Nationalsozialismus (Hessische Forschungen zur geschichtlichen Landes- und Volkskunde 45), 2006, 85–106.

Harbsmeier, Götz: Die »nicht-religiöse Interpretation biblischer Begriffe« bei Bonhoeffer und die Entmythologisierung, in: E. Bethge (Hg.), Die mündige Welt, II. Bd., 1956, 74–91.

–, Gedruckte Predigten, MPTh 46 (1957), 226–235.

Harnisch, Wolfgang: Theologie der Verkündigung. Zum 90. Geburtstag des Marburger Theologen Rudolf Bultmann, OP Nr. 191 vom 20. 8. 1974.

Hasler, Victor: Rez. über R. Bultmann, Der zweite Brief an die Korinther, 1976, ThZ 33 (1977), 414 f.

Hauschildt, Eberhard: Was heißt »lutherisch«? Erörtert am Beispiel der Theologie Rudolf Bultmanns, Luther 61 (1990), 20–36.

Hausmann, Frank-Rutger: Heidegger zieht die Hand zurück, FAZ Nr. 106, 7. 5. 2008, 36.

Heidegger, Martin: Zur Geschichte des philosophischen Lehrstuhles seit 1866, in: H. Hermelink u. S.A. Kaehler, Die Philipps-Universität zu Marburg 1527–1927. Fünf Kapitel aus ihrer Geschichte (1527–1866). – Die Universität Marburg seit 1866 in Einzeldarstellungen, 1927, 681–687.

–, Die Zeit des Weltbildes (1938), in: Ders., Holzwege, GA I/5, 1977, 75–96.

–, Brief über den »Humanismus« (1946), in: Ders., Wegmarken, GA I/9, 1976, 313–364.

–, Zeit und Sein (1962), in: Ders., Zur Sache des Denkens, GA I/14, 2007, 3–30.

[-,] »Nur noch ein Gott kann uns retten«. SPIEGEL-Gespräch mit Martin Heidegger am 23. September 1966, Der SPIEGEL, 30. Jg., Nr. 23, 31. 5. 1976, 193–219.

Heiler, Friedrich: Wider gröbliche Verkennung unseres evangelischen Denkens. Berichtigung der Kritik Erich Försters »Kirche wider Kirche«, HKi 14 (1932), 343–349.

Heinemeyer, Walter (Hg.): Studium und Stipendium. Untersuchungen zur Geschichte des hessischen Stipendiatenwesens (VHKH 37), 1977.

Heitmüller, Wilhelm: Zum Problem Paulus und Jesus, ZNW 13 (1912), 320–337.

HENKEL, Arthur: Die erste – und folgenreiche, in: G. FIGAL (Hg.), Begegnungen mit Hans-Georg Gadamer, 2000, 11–20.
HERMS, Eilert: Art. Glauben und Verstehen. Gesammelte Aufsätze, Rudolf Bultmann, in: M. ECKERT u. a. (Hg.), Lexikon der theologischen Werke, 2003, 346–348.
HERRIGEL, Hermann: Ein protestantischer Theologe, FZ vom 23. 9. 1934.
HERRMANN, Wilhelm: Der Christ und das Wunder (1908), in: DERS., Schriften zur Grundlegung der Theologie, hg. von P. FISCHER-APPELT, Teil II, 1967, 170–205.
HESS, Jörg: Art. Jesus, Rudolf Bultmann, in: M. ECKERT u. a. (Hg.), Lexikon der theologischen Werke, 2003, 413 f.
HIRSCH, Emanuel: Eine Randglosse zu 1. Kor 7, ZSTh 3 (1926), 50–62.
–, Bultmanns Jesus, ZW 2 (1926), 309–313.
–, Antwort an Rudolf Bultmann, ZSTh 4 (1927), 631–661.
–, Stilkritik und Literaranalyse im vierten Evangelium, ZNW 43 (1950/51), 128–143.
HOBBS, Edward C. (Ed.): Bultmann, Retrospect and Prospect: The Centenary Symposium at Wellesley (HThS 35), 1985.
HOLL, Karl: Urchristentum und Religionsgeschichte (1924/25), in: DERS., Ges. Aufs. zur Kirchengeschichte, II. Der Osten, 1928, 1–32.
HÜBNER, Hans: Rudolf Bultmann und das Alte Testament. Zum 100. Geburtstag von Rudolf Bultmann am 20. 8. 1984, KuD 30 (1984), 250–272.
–, Bultmanns »existentiale Interpretation« – Untersuchungen zu ihrer Herkunft, ZThK 100 (2003), 280–324.
–, Wahrheit und Wort. Heideggers »Vom Wesen der Wahrheit« und Wahrheit im Johannes-Evangelium, in: DERS., Wahrheit und Wirklichkeit. Exegese auf dem Weg zur Fundamentaltheologie. Ges. Aufs., hg. von A. LABAHN u. M. LABAHN, 2005, 139–161.
–, »Existentiale« Interpretation bei Rudolf Bultmann und Martin Heidegger, ZThK 103 (2006), 533–567.
IHLENFELD, Kurt: Marburger Predigten, EvW 14 (1960), 192 f.
JASPERS, Karl / BULTMANN, Rudolf: Die Frage der Entmythologisierung, 1981[2].
JASPERT, Bernd: Das Lebenswerk Rudolf Bultmanns, alma mater philippina WS 1974/75, 11–13; WS 1975/76, 16–18.
–, (Hg.) Rudolf Bultmanns Werk und Wirkung, 1984.
–, Sachkritik und Widerstand. Das Beispiel Rudolf Bultmanns, ThLZ 115 (1990), 161–182.
–, (Hg.) Sachgemäße Exegese. Die Protokolle aus Rudolf Bultmanns Neutestamentlichen Seminaren 1921–1951 (MThSt 43), 1996.
JEREMIAS, Joachim: Johanneische Literarkritik, ThBl 20 (1941), 33–46.
–, Rez. über Rudolf Bultmann, Das Evangelium des Johannes, 1941[10/1], DLZ 64 (1943), 414–420.
JONAS, Hans: Zwischen Nichts und Ewigkeit. Drei Aufsätze zur Lehre vom Menschen (KVR 165), 1963.
–, Heidegger und die Theologie, EvTh 24 (1964), 621–642.
–, Der Gottesbegriff nach Auschwitz, in: O. HOFIUS (Hg.), Reflexionen finsterer Zeit. Zwei Vorträge von Fritz Stern und Hans Jonas, 1984, 61–84.
JONES, S. Gareth J.: »The Play of a Delicate Shadow«: Bultmann and Hesse in the Magic Theatre, JLT 2 (1988), 96–111.
JÜLICHER, Adolf: Die Religion Jesu und die Anfänge des Christentums bis zum Nicaenum (325), in: P. HINNEBERG (Hg.), Die Kultur der Gegenwart, I/4/1, 1906, 41–128.
–, Ein moderner Paulus-Ausleger (1920), in: J. MOLTMANN (Hg.), Anfänge der dialektischen Theologie I, 1977[4], 87–98.

Jüngel, Eberhard: Vom Tod des lebendigen Gottes. Ein Plakat (1968), in: Ders., Unterwegs zur Sache. Theologische Bemerkungen (BEvTh 61), 1972, 105–125.

–, Redlich von Gott reden. Bemerkungen zur Klarheit der Theologie Rudolf Bultmanns, EK 7 (1974), 475–477.

–, Gott entsprechendes Schweigen? Theologie in der Nachbarschaft des Denkens von Martin Heidegger, in: [J. Busche u. a.,] Martin Heidegger. Fragen an sein Werk. Ein Symposion, 1977, 37–45.

–, Barth-Studien (ÖTh 9), 1982.

–, Glauben und Verstehen. Zum Theologiebegriff Rudolf Bultmanns, in: Ders., Wertlose Wahrheit. Zur Identität und Relevanz des christlichen Glaubens. Theologische Erörterungen III (BEvTh 107), 1990, 16–77.

–, Art. Glaube IV. Systematisch-theologisch, RGG[4] III, 2000, 953–974.

Jung, Matthias: Heidegger und die Theologie. Konstellationen zwischen Vereinnahmung und Distanz, in: D. Thomä (Hg.), Heidegger-Handbuch. Leben – Werk – Wirkung, 2003, 474–481.

Käsemann, Ernst: Rez. über Rudolf Bultmann, Das Evangelium des Johannes, 1941[10/1], VuF 3 (1942/46), 182–201.

–, Ein neutestamentlicher Überblick, VF 5 (1949/50), 191–218.

–, Paulinische Perspektiven, 1969[1]; 1972[2].

–, Exegetische Versuche und Besinnungen, Bd. I, 1970[6]; Bd. II, 1970[3].

–, Kirchliche Konflikte, Bd. 1, 1982.

–, 70 Jahre Theologie in meinem Leben, in: J. Adam – H. J. Eckstein – H. Lichtenberger (Hg.), Dienst in Freiheit. Ernst Käsemann zum 100. Geburtstag (Theologie interdisziplinär 4), 2008, 91–104.

Kaiser, Otto (Hg.): Gedenken an Rudolf Bultmann mit Beiträgen von R. Zingel, E. Vellmer, K. Rahner, E. Dinkler und H. Jonas, 1977.

–, Theologengräber auf dem Marburger Friedhof, in: Freundeskreis Marburger Theologie, Mitgliederrundbrief Nr. 5 (März 2004), 7–9.

–, Worte des Gedenkens an Rudolf Bultmann an seinem Grabe anläßlich seines 30. Todestages am 30. Juli 1976 gehalten am 31. Juli 2006, in: Freundeskreis Marburger Theologie, Mitgliederrundbrief Nr. 8 (März 2007), 40–43.

Kamlah, Wilhelm: Zur christlichen Glaubenslehre, Erscheinungsort und -datum noch nicht verifiziert.

–, Die Theologie und das »griechische Denken«. Anmerkungen aus der anderen Fakultät zu: Rudolf Bultmann, Das Urchristentum im Rahmen der antiken Religionen (Zürich 1949) und Hans von Campenhausen, Glaube und Bildung im Neuen Testament, StGen 3 (1950), 686–692.

Kampmann, Jürgen: Engagiert – positioniert – wagemutig. Ernst Käsemann und die verfaßte evangelische Kirche, in: J. Adam / H.-J. Eckstein / H. Lichtenberger (Hg.), Dienst in Freiheit. Ernst Käsemann zum 100. Geburtstag (Theologie interdisziplinär 4), 2008, 23–57.

Kinder, Ernst (Hg.): Ein Wort lutherischer Theologie zur Entmythologisierung. Beiträge zur Auseinandersetzung mit dem theologischen Programm Rudolf Bultmanns, 1952.

Kinzig, Wolfram: Evangelische Patristiker und Christliche Archäologen im »Dritten Reich«. Drei Fallstudien: Hans Lietzmann, Hans von Soden, Hermann Wolfgang Beyer, in: B. Näf (Hg.), Antike und Altertumswissenschaft in der Zeit von Faschismus und Nationalsozialismus. Kolloquium Universität Zürich 14.–17. Oktober 1998 (Texts and Studies in the History of Humanities 1), 2001, 535–601.

Kl. (Kürzel, bisher noch nicht aufgelöst): Dank an einen weltbekannten Marburger Gelehrten. Universität, Studentenschaft u. Kirche nehmen Abschied von Prof. Bultmann, OP Nr. 169 vom 25. 7. 1951, 3.

Klein, Günter: Rudolf Bultmann – Ein Lehrer der Kirche. Zum 90. Geburtstag des Marburger Theologen, DtPfBl 74 (1974), 614–619.

-, Rudolf Bultmann – ein unerledigtes theologisches Vermächtnis, ZThK 94 (1997), 177–201.

Klein, Thomas (Hg.): Die Lageberichte der Geheimen Staatspolizei über die Provinz Hessen-Nassau 1933–1936, 2 Bde., 1986.

Koch, Hugo: Rez. über H. Jonas, Augustin und das paulinische Freiheitsproblem, 1930, ThLZ 55 (1930), 469 f.

Körtner, Ulrich H. J.: Noch einmal Fragen an Rudolf Bultmann. Zur Kritik der Theologischen Schule Bethel am Programm der Entmythologisierung, WuD 18 (1985), 159–180.

–, Rez. über R. Bultmann, Theologie als Kritik, hg. von M. Dreher u. K.W. Müller, 2002, ThR 69 (2004), 228–232.

–, Über Bultmann hinaus: Biblische Hermeneutik bei Ernst Käsemann, Wiener Jb. für Theologie 6 (2006), 205–216.

Kohls, Ernst-Wilhelm: Den Glauben verraten, OP Nr. 261 vom 7. 11. 1984, 10.

–, Blinde Blindenleiter, OP Nr. 278 vom 28. 11. 1984, 19.

Konrad, Joachim: Zu Form und Gehalt der Marburger Predigten Rudolf Bultmanns, ThLZ 82 (1957), 481–494.

Korsch, Dietrich: Religion – ein Bezugsbegriff der liberalen, dialektischen und hermeneutischen Theologie Rudolf Bultmanns, in: U.H.J. Körtner (Hg.), Wort Gottes – Kerygma – Religion. Zur Frage nach dem Ort der Theologie, 2003, 119–137.

Krüger, Gerhard: Martin Heidegger und der Humanismus, ThR NF 18 (1950), 148–178.

Kümmel, Werner Georg: Rez. über R. Bultmann, Das Urchristentum im Rahmen der antiken Religionen, 1949, ThLZ 75 (1950), 733–737.

Kuhlmann, Gerhardt: Zum theologischen Problem der Existenz. Fragen an Rudolf Bultmann, ZThK NF 10 (1929), 28–57.

–, Krisis der Theologie?, ZThK NF 12 (1931), 123–146.

Landmesser, Christof: Rudolf Bultmann: Religion, Kultur und Existenz, in: V. Drehsen, W. Gräb u. B. Weyel (Hg.), Kompendium Religionstheorie, 2005, 121–134.

Lattke, Michael: Rudolf Bultmann on Rudolf Otto, HThR 78 (1985), 353–360.

Lauer, Carolin: Art. Theologie des Neuen Testaments. Rudolf Bultmann, in: M. Eckert u.a. (Hg.), Lexikon der theologischen Werke, 2003, 728–730.

Lenin, Wladimir Iljitsch: Staat und Revolution. Die Lehre des Marxismus vom Staat und die Aufgabe des Proletariats in der Revolution, Werke 25, 1981[6], 393–507.

Lesky, Albin: Rez. über P. Friedländer, Studien zur antiken Literatur und Kunst, 1969, DLZ 92 (1971), 862–865.

Liebing, Heinz (Hg.): Die Marburger Theologen und der Arierparagraph in der Kirche, 1977.

–, Die Marburger Theologische Fakultät im Preußischen Staate, in: Ders., Humanismus – Reformation – Konfession. Beiträge zur Kirchengeschichte (MThSt 20), hg. von W. Bienert u. W. Hage, 1986, 261–275.

Lindemann, Andreas: Neutestamentler in der Zeit des Nationalsozialismus. Hans von Soden und Rudolf Bultmann in Marburg, WuD 20 (1989), 25–52.

–, Zur Geschichte der Theologischen Rundschau, ThR 69 (2004), 1–3.

Löwith, Karl: Grundzüge der Entwickelung der Phänomenologie zur Philosophie und ihr Verhältnis zur protestantischen Theologie, ThR NF 2 (1930), 26–64.

–, Phänomenologische Ontologie und protestantische Theologie, ZThK NF 11 (1930), 365–399.

LOHFF, Wenzel: Rez. über R. Bultmann, Geschichte und Eschatologie, 1958, ThLZ 86 (1961), 66–69.

LOHMEYER, Ernst: Rez. über R. Bultmann, Jesus, 1926, ThLZ 52 (1927), 433–439.

LOHSE, Eduard: Rudolf Bultmann als lutherischer Theologe. Zum 90. Geburtstag des Marburger Neutestamentlers am 20. August 1974, Luther 45 (1974), 49–54.

–, Rez. über R. Bultmann, Der zweite Brief an die Korinther, 1976, ThLZ 103 (1978), 352 f.

–, Die evangelische Kirche vor der Theologie Rudolf Bultmanns, ZThK 82 (1985), 173–191.

LOHSE, Jens Marten (Hg.): Menschlich sein mit oder ohne Gott?, 1969.

LÜDEMANN, Gerd: Emanuel Hirsch als Erforscher des frühen Christentums, in: J. RINGLEBEN (Hg.), Christentumsgeschichte und Wahrheitsbewußtsein. Studien zur Theologie Emanuel Hirschs (TBT 50), 1991, 15–36.

LÜHRMANN, Dieter: Der Staat und die Verkündigung. Rudolf Bultmanns Auslegung von Joh 18,28 bis 19,16, in: C. ANDRESEN u. G. KLEIN (Hg.), Theologia crucis – signum crucis. FS E. Dinkler, 1979, 359–375.

–, Ernst Lohmeyers exegetisches Erbe, in: W. OTTO (Hg.), Freiheit in der Gebundenheit. Zur Erinnerung an den Theologen Ernst Lohmeyer anläßlich seines 100. Geburtstages, 1990, 53–87.

–, Günther Bornkamm (8. 10. 1905–18. 2. 1990), JWKG 85 (1991), 284–286.

MAIER-METZ, Harald: Hermann Jacobsohn: Sein Leben, in: R. VERROEN / W. BURGER / R. STUMM (Hg.), Leben Sie? Die Geschichte der deutsch-jüdischen Familie Jacobsohn, 2000, 71–80.

MARTIN, Bernd: Heidegger zwischen Marburg und Freiburg, in: VEREIN FÜR HESSISCHE GESCHICHTE UND LANDESKUNDE (Hg.), Die Philipps-Universität Marburg zwischen Kaiserreich und Nationalsozialismus (Hessische Forschungen zur geschichtlichen Landes- und Volkskunde 45), 2006, 107–122.

MERK, Otto: Art. Biblische Theologie II. Neues Testament, TRE 6 (1980), 455–477.

-, Paulus-Forschung 1936–1985, ThR 53 (1988), 1–81.

–, Wissenschaftsgeschichte und Exegese. Gesammelte Aufsätze zum 65. Geburtstag, hg. von R. GEBAUER, M. KARRER u. M. MEISER (BZNW 95), 1998.

MEYER, Dietgard: Predigt zu Mk 7,31–37 (1952), in: U. H. J. KÖRTNER (Hg.), Jesus im 21. Jahrhundert. Bultmanns Jesusbuch und die heutige Jesusforschung, 2001, 201–206.

MEYER, Dietrich: Zur Geschichte der evangelisch-theologischen Fakultät der Universität Breslau (1811–1945), JSKG 68 (1989), 149–174.

MICHEL, Otto: Rez. über R. Bultmann, Theologie des Neuen Testaments, 2. u. 3. Lfg., 1951/53, ThLZ 79 (1954), 146–149.

MÖLLER, Christian (Hg.): Freude an Gott. Hermeneutische Spätlese bei Ernst Fuchs, 2003.

MÖRCHEN, Hermann: Heidegger und die Marburger Theologie, in: P. KEMPER (Hg.), Martin Heidegger – Faszination und Erschrecken. Die politische Dimension einer Philosophie, 1990, 72–85.

MOERING, Ernst: In ungemessene Weiten. Kanzelreden I/II, 1922.

MÜLLER, Klaus W.: Zu Rudolf Bultmanns Alpirsbacher Vortrag über »Theologie als Wissenschaft«, ZThK 81 (1984), 470 f.

–, Rudolf Bultmanns erste Veröffentlichung, DtPfBl 102 (2002), 235 f.

MÜLLER, Paul-Gerhard: Altes Testament, Israel und das Judentum in der Theologie Rudolf Bultmanns, in: DERS. / W. STENGER (Hg.), Kontinuität und Einheit. Für Franz Mußner, 1981, 439–472.

Mundle, Wilhelm: Religion und Sittlichkeit bei Paulus in ihrem inneren Zusammenhang, ZSTh 4 (1926), 456–482.

[Nachruf:] Kirchenrat Bultmann †, Oldenburgisches Kirchenbl. 25 (1919), 51.

[Nachruf:] † Kirchenrat Bultmann, Oldenburgisches Kirchenbl. 25 (1919), 99.

Nagel, Anne Christine: »Der Prototyp der Leute, die man entfernen soll, ist Mommsen«. Entnazifizierung in der Provinz oder die Ambiguität moralischer Gewißheit, Jb. zur Liberalismusforschung 10 (1998), 55–91.

–, (Hg.) Die Philipps-Universität Marburg im Nationalsozialismus. Dokumente zu ihrer Geschichte (Pallas Athene. Beiträge zur Universitäts- und Wissenschaftsgeschichte 1), 2000.

Nicolaisen, Carsten u. Schulze, Nora Andrea (Bearb.): Die Protokolle des Rates der Evangelischen Kirche in Deutschland, Bd. 2: 1947/48 (AKIZ.A 6), 1997.

Nock, Arthur Darby: Rez. über R. Bultmann, Das Urchristentum im Rahmen der antiken Religionen, 1949, NSNU 5 (1951), 35–40.

Nowak, Kurt: Die »antihistoristische Revolution«. Symptome und Folgen der Krise historischer Weltorientierung nach dem Ersten Weltkrieg in Deutschland, in: H. Renz u. F.W. Graf (Hg.), Umstrittene Moderne. Die Zukunft der Neuzeit im Urteil der Epoche Ernst Troeltschs (Troeltsch-Studien 4), 1987, 133–171.

–, Protestantische Universitätstheologie und »nationale Revolution«. Ein Beitrag zur Wissenschaftsgeschichte des »Dritten Reiches«, in: L. Siegele-Wenschkewitz u. C. Nicolaisen (Hg.), Theologische Fakultäten im Nationalsozialismus (AKIZ.B 18), 1993, 89–112.

Odin, Karl Alfred: Die Paradoxie des Glaubens. Gedenkfeier für Bultmann, FAZ Nr. 261 vom 10. 11. 1976, 27.

Oelke, Harry: Bultmann und Weimar. Rudolf Bultmanns wissenschaftliches Wirken in den zwanziger Jahren aus kirchenhistorischer Sicht, in: U.H.J. Körtner (Hg.), Wort Gottes – Kerygma – Religion. Zur Frage nach dem Ort der Theologie, 2003, 77–117.

Orden Pour le mérite für Wissenschaften und Künste: Reden und Gedenkworte, 9. Bd. 1968/69.

Osswald, Albert: Ansprache anläßlich der Verleihung des Großen Bundesverdienstkreuzes mit Stern und Schulterband an Professor D. Dr. Rudolf Bultmann, 19. August 1974, Marburg, HMH 50 (1974/75), 133 f.

[Otto, Walter F. u. a.:] Anteile. Martin Heidegger zum 60. Geburtstag, 1950.

Paulus, Rudolf: Wahrheit und Gewißheit, ChW 43 (1929), 1018–1026.

Peerlinck, Franz: Rudolf Bultmann und das Kirchenlied, MuK 41 (1971), 290–297.

Pöggeler, Otto: Neue Wege mit Heidegger, 1992.

–, Heidegger und Bultmann. Philosophie und Theologie, in: M. Happel (Hg.), Heidegger – neu gelesen, 1997, 41–53.

–, Heideggers Weg von Luther zu Hölderlin, in: N. Fischer / F.-W. von Herrmann (Hg.), Heidegger und die christliche Tradition. Annäherungen an ein schwieriges Thema, 2007, 167–187.

Rade, Martin: Beitrag o.T., AdF Nr. 78, 5. 11. 1924, 854.

–, Eisenach 1929, AdF Nr. 92, 15. 3. 1929, 1059 f.

–, Eine ungehaltene Diskussionsrede, AdF Nr. 94, 5. 11. 1929, 1098 f.

–, Zur Orientierung für die nächste Vorstandssitzung des BGC, AdF Nr. 94, 5. 11. 1929, 1099 f.

–, Missio canonica für die evangelischen Fakultäten?, ChW 44 (1930), 170 f.

Ramsauer, Helene: Johannes Ramsauer, geb. 28. Mai 1790, gest. 15. April 1848, Lehrer und Prinzenerzieher, Oldenburger Jb. 74 (1974), 33–45.

–, Johannes Ramsauer und Pestalozzi, Oldenburger Jb. 83 (1983), 49–86.

–, Rudolf Bultmann als Mensch und Lehrer, in: STADT OLDENBURG (Hg.), Gedenkfeier für Rudolf Bultmann 1884–1976, 1985, 11–17.
REBENICH, Stefan: Die Guten und die Bösen. Peter Köpf banalisiert die Geschichte der Familie Mommsen, SZ Nr. 259, 8. 11. 2004, 16.
RESE, Martin: Käsemanns Johannesdeutung – ihre Vor- und Nachgeschichte, EThL 82 (2006), 1–33.
RITTNER, Reinhard: Die evangelische Kirche in Oldenburg im 20. Jahrhundert, in: R. SCHÄFER u. a. (Hg.), Oldenburgische Kirchengeschichte, 1999, 643–787.853–874.
–, Hans Roth und Rudolf Bultmann – oder das Ringen um moderne Theologie, Oldenburger Jb. 100 (2000), 137–159.
–, Rudolf Bultmann und Oldenburg, 2002.
–, Die Bultmann-Büste in Oldenburg. Eine Dokumentation, 2002.
ROBINSON, James M.: Vorwort, in: E. HAENCHEN, Das Johannesevangelium. Ein Kommentar, hg. von U. BUSSE, 1980, V–IX.
ROHLS, Jan: Rudolf Bultmanns frühe Marburger Theologie, in: VEREIN FÜR HESSISCHE GESCHICHTE UND LANDESKUNDE (Hg.), Die Philipps-Universität Marburg zwischen Kaiserreich und Nationalsozialismus (Hessische Forschungen zur geschichtlichen Landes- und Volkskunde 45), 2006, 63–83.
RÜCKERT, Hanns [u. EBELING, Gerhard]: Für und wider die Theologie Bultmanns. Denkschrift der Ev.-theol. Fakultät Tübingen, dem württembergischen Landeskirchentag überreicht am 11. 3. 1952 (1952), in: H. RÜCKERT, Vorträge und Aufsätze zur historischen Theologie, 1972, 404–433.
SCHLIER, Heinrich: Denken im Nachdenken, in: G. NESKE (Hg.), Erinnerung an Martin Heidegger, 1977, 217–221.
SCHMIDT, Karl-Ludwig: Eschatologie und Mystik im Urchristentum, ZNW 21 (1922), 277–291.
–, Rez. über Bultmann, Rudolf: Die Geschichte der synoptischen Tradition, 1921, ThLZ 47 (1922), 396–398.
–, Evangelisch-Theologische Fakultät und Evangelische Kirche, ThBl 9 (1930), 235–240.
SCHMITHALS, Walter: Herausforderung zu selbständigem Denken, EK 1 (1968), 51 f.
–, Rez. über R. Bultmann, Exegetica. Aufsätze zur Erforschung des Neuen Testaments, hg. von E. Dinkler, 1967, ThLZ 94 (1969), 500.
–, Gesellschaftliches Engagement der Christen – aber wie? Die »Theologie des Wortes Gottes« und die »politische Theologie«, EK 4 (1971), 21–25.
–, Kritik der Formkritik, ZThK 77 (1980), 149–185.
–, Johannes Weiß als Wegbereiter der Formgeschichte, ZThK 80 (1983), 389–410.
–, Das wissenschaftliche Werk Rudolf Bultmanns, in: STADT OLDENBURG (Hg.), Gedenkfeier für Rudolf Bultmann 1884–1976, 1985, 19–28.
–, Zum Problem der Entmythologisierung bei Rudolf Bultmann, ZThK 92 (1995), 166–206.
–, Jesus verkündigt das Evangelium – Bultmanns Jesus-Buch (2001), in: Paulus, die Evangelien und das Urchristentum. Beiträge von und zu Walter Schmithals zu seinem 80. Geburtstag hg. von C. BREYTENBACH (AGJU 54), 2004, 388–428.
SCHNACKENBURG, Rudolf: Rez. über R. Bultmann, Die drei Johannesbriefe, 1967$^{7/1}$, ThLZ 94 (1969), 586 f.
SCHNEIDER, Hans: Marburg, das irdische Paradies der Theologen. Eindrücke des niederländischen Studenten Jonkheer van Lennep im Sommersemester 1933, alma mater philippina WS 1995/96, 24–30.

Schnelle, Udo: Die Begründung und die Gestaltung der Ethik bei Paulus, in: R. Gebauer u. M. Meiser (Hg.), Die bleibende Gegenwart des Evangeliums. FS für O. Merk zum 70. Geb. (MThSt 76), 2003, 109–131.

Schniewind, Julius: Zur Synoptiker-Exegese, ThR NF 2 (1930), 129–189.

Schulz, Eberhard: Das Christentum – hinter dem Vorhang der Mythologie. Zum neunzigsten Geburtstag des Marburger Theologen Rudolf Bultmann, FAZ Nr. 191 vom 20. 8. 1974, 19.

–, Die frühe Auslöschung des Mythos. Wieder gelesen: Rudolf Bultmanns »Jesus« (1926), FAZ Nr. 245 vom 21. 10. 1977, 25.

Schulz, Walter: Beitrag o.T., in: L. J. Pongratz (Hg.), Philosophie in Selbstdarstellungen, Bd. II, 1975, 270–315.

Schunack, Gerd: Einleitung, in: Ernst Fuchs Lesebuch. Ausgewählte Texte, hg. von E. Jüngel u. G. Schunack, 2003, VII–XL.

Schwerendt, Rudolf: Heinrich Schlier als Schüler seiner Lehrer Rudolf Bultmann, Martin Heidegger und Karl Barth in den Jahren 1920–1926, Cath(M) 57 (2003), 263–286.

Sellin, Gerhard: Sturz der Götzen. Ernst Käsemann hat eine Wende in der Erforschung des Neuen Testamentes eingeleitet, zeitzeichen 7 (2006), 19–21.

Siegfried, Theodor: 425jähriges Jubiläum der Hessischen Stipendiaten-Anstalt, OP Nr. 157 vom 10. 7. 1954, 5.

Silberer, Gerhard: Wilhelm Stern, der Freund Henhöfers, und das badische Lehrerseminar, in: G. Schwinge (Hg.), Die Erweckung in Baden im 19. Jahrhundert. Vorträge und Aufsätze aus dem Henhöfer-Jahr 1989 (VVKGB 42), 1990, 139–153.

Simons, Eduard: Prediger=Professoren?, ChW 31 (1917), 305–309.

Sinn, Gunnar: Existenz durch das Wort. Rudolf Bultmanns Paulusdeutung angesichts der theologischen Gegenwart, LM 32 (1993), 27–31.

Smend, Rudolf: Hermann Gunkel. 1862–1932, in: Ders., Deutsche Alttestamentler in drei Jahrhunderten, 1989, 160–172.

von Soden, Hans: Rez. über U. Stutz, Das Bonner evangelische Universitätspredigeramt in seinem Verhältnis zu Staat, Kirche und Gemeinde (SPAW.PH 1921, 171–193), Korrespondenzbl. des Gesamtvereins der deutschen Geschichts- und Altertumsvereine 96 (1921), 262–264.

Sölle, Dorothee: Hoffnung verändert die Welt. Kritische Auseinandersetzung mit der Theologie Rudolf Bultmanns, EK 4 (1971), 15–20.

Stadt Oldenburg, Kulturdezernat (Hg.): Rudolf Bultmann 100 Jahre. Oldenburger Vorträge, 1985.

Stegemann, Ekkehard W.: Zwischen religionsgeschichtlicher Rekonstruktion und theologischer Interpretation. Rudolf Bultmanns »Theologie des Neuen Testaments« in ihrem forschungsgeschichtlichen Kontext, ThZ 55 (1999), 136–155.

Stegemann, Hartmut: Bultmanns Entmythologisierung. Verstehenshilfe für Theologen, OP Nr. 175 vom 3. 8. 1976, 6.

Steinmann, Alfons: Rez. über R. Bultmann, Der Stil der paulinischen Predigt und die kynisch-stoische Diatribe, 1910, BZ 9 (1911), 217.

Stephan, Horst: Rez. über Rudolf Bultmann, Glauben und Verstehen, 1933, ZThK NF 14 (1933), 282 f.

Stier, Ewald: Bund für Gegenwartschristentum, AdF Nr. 94, 5. 11. 1929, 1078–1098.

Stock, Hans: Ein religionspädagogischer Nachtrag zum Bultmann-Gedenkjahr. Erinnerung an einen vergessenen Text, JRP 1 (1984), 165–174.

Stock, Konrad: Das Ethos des Glaubens nach Rudolf Bultmann, in: U. H. J. Körtner (Hg.), Christliche Ethik – evangelische Ethik? Das Ethische im Konflikt der Interpretationen, 2004, 69–89.

STRATHMANN, Hermann: Rez. über W. Herrmann, Ethik, 1913^5, ThLB 37 (1914), 143.
STURM, Erdmann: Rudolf Bultmann über Paul Tillich, Internationales Jb. für die Tillich-Forschung 1 (2005), 175–181.
SWIRIDOFF, Paul: Das Gesicht (Swiridoff-Bildbände 9), 1961.
–, Porträts aus dem geistigen Deutschland (Swiridoff-Bildbände 14), 1965.
TAYLOR, Vincent: Die Formung der Evangelienüberlieferung (1933), in: F. HAHN (Hg.), Zur Formgeschichte des Evangeliums (WdF 81), 1985, 364–414.
THEISSEN, Gerd: Die »Formgeschichte des Evangeliums« von Martin Dibelius und ihre gegenwärtige Bedeutung, in: Ch. BURCHARD u. G. THEISSEN (Hg.), Lese-Zeichen für Annelies Findeiß zum 65. Geburtstag am 15. März 1984 (BDBAT 3), 1984, 143–158.
–, Theologie und Exegese in den neutestamentlichen Arbeiten von Günther Bornkamm, EvTh 51 (1991), 308–332.
THIELICKE, Helmut: Von der Entmythologisierung des Neuen Testaments, DtPfBl 46 (1942), 129–131.
TITIUS, Arthur (Hg.): Deutsche Theologie. Bericht über den ersten deutschen Theologentag zu Eisenach (1927), 1928.
TROELTSCH, Ernst: Die Mission in der modernen Welt, ChW 20 (1906), 8–12.26–28.56–59.
URNER-ASTHOLZ, Hildegard: Erinnerungen an Rudolf Bultmann, in: DIES., Spiegelungen. Neue Studien zur Kunst- und Kulturgeschichte, 1984, 206–209.
VAHANIAN, Gabriel: Rudolph [!] Bultmann at Syracuse, Syracuse University Library Associates courier 9 (1972), 57–65.
VIALON, Martin: Erich Auerbach und Rudolf Bultmann. Probleme abendländischer Geschichtsdeutung, in: M. BORMUTH / U. VON BÜLOW (Hg.), Marburger Hermeneutik zwischen Tradition und Krise (marbacher schriften. neue folge 3), 2008, 176–206.
VISCHER, Eberhard: Rez. über R. Bultmann, Der Stil der paulinischen Predigt und die kynisch-stoische Diatribe, 1910, ThR 16 (1913), 259 f.
VOGEL, Lothar (Hg.): Die Sondervoten von Rudolf Bultmann und Karl Barth zugunsten Friedrich Gogartens aus dem Jahre 1929. Drei Aktenstücke zur Geschichte der Dialektischen Theologie, ZNThG 7 (2000), 127–150.
VOGTMANN, Martha: Das Jenseits als geistiger Ort. Festvortrag von Prof. D. Rudolf Bultmann als Auftakt der Universitätsfeiern, OP Nr. 142 vom 24. 6. 1963.
WAGNER, Petra: Jesus als Spiegelbild der *conditio humana*. Zum Jesusbild im Werk von Marie Luise Kaschnitz, in: G. LANGENHORST (Hg.), Auf dem Weg zu einer theologischen Ästhetik. Eine Freundesgabe für Karl-Josef Kuschel zum 50. Geburtstag (Ästhetik – Theologie – Liturgik 2), 1998, 57–72.
WALLMANN, Johannes: Die Wiedergründung der Zeitschrift für Theologie und Kirche nach dem Zweiten Weltkrieg, ZThK 100 (2003), 497–519.
WALTER, Richard: Ernst Käsemanns Wirken als Gemeindepfarrer im Kirchenkampf in Westfalen 1933–1946, KZG 12 (1999), 199–224.
WARTENBERG, Günther: Verpaßte Chance oder vergebliche Mühe? Dokumente zu dem Versuch, Rudolf Bultmann Anfang des Jahres 1930 nach Leipzig zu berufen, in: DERS., Wittenberger Reformation und territoriale Politik. Ausgewählte Aufsätze (AKThG 11), 2003, 285–301.
WASSMANN, Harry: Der »Fall Bultmann« in Württemberg (1941–1953). Der Alpirsbacher Mythologievortrag im Spannungsfeld von Kirchenleitung und Universitätstheologie, in: V. SCHÄFER (Hg.), Bausteine zur Tübinger Universitätsgeschichte, Folge 4, 1989, 137–176.
WEISCHEDEL, Wilhelm: Beitrag o.T., in: L.J. PONGRATZ (Hg.), Philosophie in Selbstdarstellungen, Bd. II, 1975, 316–341.

WERNER, Martin: Zwei Schriften zum Christusproblem der Gegenwart, Kirchenbl. für die reformierte Schweiz 38 (1923), 29–31.33–35.

WILBRAND, Wilhelm: Rez. über R. Bultmann, Der Stil der paulinischen Predigt und die kynisch-stoische Diatribe, 1910, ThRv 10 (1911), 273 f.

WINDISCH, Hans: Das Problem des neutestamentlichen Imperativs, ZNW 23 (1924), 265–281.

WINKLER, Robert: Rez. über Bultmann, Rudolf: Glauben und Verstehen, 1933, ThLZ 59 (1934), 164 f.

WITTEKIND, Folkart: Gott – die alles bestimmende Wirklichkeit? Zum Verständnis von Bultmanns Deutung der Gottesvorstellung Jesu, in: I. U. DALFERTH u.a. (Hg.), Denkwürdiges Geheimnis. Beiträge zur Gotteslehre. FS für E. Jüngel zum 70. Geburtstag, 2004, 583–604.

–, Eschatologie zwischen Religion und Geschichte. Zur Genese der Theologie Bultmanns, in: U. H. J. KÖRTNER (Hg.), Die Gegenwart der Zukunft. Geschichte und Eschatologie, 2008, 55–84.

WOLF, Ernst (Hg.): Festschrift Rudolf Bultmann. Zum 65. Geburtstag überreicht, 1949.

WOLFES, Matthias: Art. Wünsch, Georg, BBKL 14 (1998), 103–156.

WOLFF, Fritz: Das Zirkular des Professor D. Dr. Rudolf Bultmann vom 9. November 1925, in: G. BEZZENBERGER (Hg.), Marburg im Kontext. Gedenkbuch an das Marburger Religionsgespräch (Monographia Hassiae 7), 1980, 49–59.

WOLTER, Michael: »Christus und Adam« oder »Adam und Christus«? Karl Barths und Rudolf Bultmanns Interpretation von Römer 5,12–21, in: W. SCHMITHALS (Hg.), Existenz und Sein. Karl Barth und die Marburger Theologie, 1989, 15–36.

–, Das Judentum in der Theologie Rudolf Bultmanns, in: B. JASPERT (Hg.), Erinnern – Verstehen – Versöhnen. Kirche und Juden in Hessen 1933–1945 (Didaskalia 40), 1992, 15–32.

ZAGER, Werner: Liberale Exegese des Neuen Testaments. David Friedrich Strauß – William Wrede – Albert Schweitzer – Rudolf Bultmann, 2004.

VON ZASTROW, Constantin: Die Theologie der Christlichen Welt in Laienbeurteilung, AdF Nr. 27, 8. 2. 1909, 257–270.

ZIMMERMANN, Ruben: Jenseits von Indikativ und Imperativ. Entwurf einer »impliziten Ethik« des Paulus am Beispiel des 1. Korintherbriefes, ThLZ 132 (2007), 259–284.

8. Sonstiges

Regulativ für die Stipendiaten-Anstalt zu Marburg vom 11. Februar 1849, o.J. [1849].

Verlobungsanzeige Helene Feldmanns und Rudolf Bultmanns, ChW 30 (1916), 655.

Abbildungsnachweis

Abb. auf dem Schutzumschlag: Rudolf Bultmann im März 1938, Privatbesitz Gesine Diesselhorst.

Abb. 1: Die Eltern Arthur Kennedy Bultmann und Helene geb. Stern um 1900, UB Tübingen, Nachlaß R. Bultmann, Mn 2-3088 A/2.

Abb. 2: Die Geschwister Rudolf, Peter, Arthur und Helene Bultmann um 1901, UB Tübingen, Nachlaß R. Bultmann, Mn 2-3088 A/9.

Abb. 3: Rudolf Bultmann als Abiturient, UB Tübingen, Nachlaß R. Bultmann, Mn 2-3088 A/12.

Abb. 4: Zeichnung Bultmanns aus dem Jahre 1901, UB Tübingen, Nachlaß R. Bultmann, Mn 2-3057.

Abb. 5: Eduard Thurmann, Annemarie Bultmann (später: Thurmann), Maria Bultmann (später: Cold) und Rudolf Bultmann 1911 auf Wangerooge, UB Tübingen, Nachlaß R. Bultmann, Mn 2-3088 A/15.

Abb. 6: Karl Müller, UB Tübingen, Nachlaß R. Bultmann, Mn 2-3089/41.

Abb. 7: Hermann Gunkel, aus: R. Smend, Deutsche Alttestamentler in drei Jahrhunderten, 1989, 161; Verlag Vandenhoeck & Ruprecht (Göttingen).

Abb. 8: Adolf von Harnack, aus: A. von Harnack, Aus der Werkstatt des Vollendeten. Als Abschluss seiner Reden und Aufsätze hg. von A. von Harnack (Reden und Aufsätze NF 5), 1930; Verlag Alfred Töpelmann (Gießen).

Abb. 9: Wilhelm Herrmann, UB Tübingen, Nachlaß R. Bultmann, Mn 2-3089/33.

Abb. 10: Wilhelm Heitmüller, UB Tübingen, Nachlaß R. Bultmann, Mn 2-3089/30.

Abb. 11: Johannes Weiß, UB Tübingen, Nachlaß R. Bultmann, Mn 2-3089/50.

Abb. 12: Adolf Jülicher, UB Tübingen, Nachlaß R. Bultmann, Mn 2-3089/36.

Abb. 13: Die Universität Marburg – Aula mit Universitätskirche, UB Tübingen, Nachlaß R. Bultmann, Mn 2-3088 B/36.

Abb. 14: Ein Lieblingsaufenthaltsort Bultmanns (Dammühle bei Marburg), UB Tübingen, Nachlaß R. Bultmann, Mn 2-3088 B/19.

Abb. 15: Rudolf Bultmann als Repetent in Marburg um 1912, Privatbesitz Gesine Diesselhorst.

Abb. 16: »So wie auf dem Bilde muß ich nächsten Sonnabend meine Probevorlesung halten ...« – Zeichnung Bultmanns für seine Nichte Elisabeth Pleus, 22. Juli 1912, UB Tübingen, Nachlaß R. Bultmann, Mn 2-3455.

Abb. 17: Helene Feldmann 1916, Privatbesitz Gesine Diesselhorst.

Abb. 18: Rudolf Bultmann 1916, UB Tübingen, Nachlaß R. Bultmann, Mn 2-3088 A/16.

Abb. 19: Ordinarius in Marburg, um 1922, UB Tübingen, Nachlaß R. Bultmann, Mn 2-3088 A/21.

Abb. 20: Dialektische Theologie: Friedrich Gogarten, Eduard Thurneysen und Karl Barth auf dem »Bergli« im Sommer 1922, UB Tübingen, Nachlaß R. Bultmann, Mn 2-3089/2.

Bibelstellenregister

Institutionen- und Periodikaregister

Ortsregister

Personenregister

Die Autoren von Sekundärliteratur und die Korrespondenzpartner, die in den Anmerkungen angeführt oder zitiert werden, sind hier nur in begründeten Ausnahmefällen berücksichtigt.

Sachregister